HANDBUCH DES GEOGRAPHIEUNTERRICHTS

HANDBUCH DES GEOGRAPHIEUNTERRICHTS

Gründungsherausgeber:
Helmuth Köck, Bockenem

Koordinierende Herausgeber:
Dieter Böhn, Kitzingen; *Dieter Börsch*, Urbar; *Helmuth Köck*, Bockenem

Die Herausgeber der einzelnen Bände:
Volker Albrecht, Dietzenbach; *Dieter Böhn*, Kitzingen; *Dieter Börsch*, Urbar; *Wolf Gaebe*, Königswinter; *Helmuth Köck*, Bockenem; *Hartmut Leser*, Basel; *Heinz Nolzen*, Stegen; *Eike W. Schamp*, Frankfurt/M.; *Wolfgang Taubmann*, Bremen; *Dieter Uthoff*, Stromberg

Wissensch. Redakteur:
Diether Stonjek, Georgsmarienhütte

Mitarbeiter:
Volker Albrecht, Dietzenbach; *Ulrich Ante*, Würzburg; *Gerhard Bahrenberg*, Bremen; *Josef Birkenhauer*, Seefeld; *Hans-Heinrich Blotevogel*, Bochum; *Hans Böhm*, St. Augustin; *Dieter Böhn*, Kitzingen; *Dieter Börsch*, Urbar; *Michael Boßmann*, Bonn; *Peter Bratzel*, Stutensee; *Jochen Bürkner*, Göttingen; *Ekkehard Buchhofer*, Marburg; *Edgar Enzel*, Mülheim-Kärlich 2; *Gerd Feller*, Bremen; *Wolf Gaebe*, Königswinter; *Folkwin Geiger*, Merzhausen; *Hermann Goßmann*, St. Peter; *Friedhelm Hädrich*, Kirchzarten; *Josef Härle*, Wangen; *Roswitha Hantschel*, Langen; *Jürgen Hasse*, Bunderhee; *Günter Heinritz*, München; *Wilfried Heller*, Göttingen; *Lutz Holzner*, Milwaukee; *Manfred Hommel*, Bochum; *Armin Hüttermann*, Marbach; *Dieter Jesgarz*, Meckenheim; *Franz-Josef Kemper*, Bonn; *Gerhard Kirchlinne*, Bonn; *Peter Knoth*, Bonn; *Helmuth Köck*, Bockenem; *Wolfgang Kuls*, Bonn; *Heinrich Lamping*, Frankfurt/M.; *Hans Dieter Laux*, Meckenheim; *Hartmut Leser*, Basel; *Christoph Leusmann*, Bonn; *Ulrich Lipperheide*, Bonn; *Jörg Maier*, Bayreuth; *Bernhard Metz*, Teningen; *Holger Möller*, Dresden; *Heinz Nolzen*, Stegen; *Wilfried Nübler*, Gundelfingen; *Reinhard Paesler*, Gröbenzell; *Gert Ratz*, Weingarten; *Theo Rauch*, Berlin; *Wolfgang Reimann*, Niederkassel-Rheidt; *Wolfgang Riedel*, Eckernförde; *Hans-Gottfried von Rohr*, Hamburg; *Dietrich Soyez*, Saarbrücken; *Ludwig Schätzl*, Hannover; *Eike Wilhelm Schamp*, Frankfurt/M.; *Irmgard Schickhoff*, Frankfurt/M.; *Konrad Schliephake*, Würzburg; *Karl-Ludwig Schmidt*, Frankenthal; *Fritz Schmithüsen*, Baden-Baden; *Hermann Schrand*, Münster; *Jürgen Schultz*, Aachen; *Jörg Stadelbauer*, Mainz; *Wolfgang Taubmann*, Bremen; *Elke Tharun*, Frankfurt/M.; *Ulrich Theißen*, Dortmund; *Günter Thieme*, Königswinter; *Eckhard Thomale*, Karlsruhe; *Dieter Uthoff*, Stromberg; *Stefan Waluga*, Bochum; *Jürgen Weber*, Bayreuth; *Herbert Wetzler*, Staufen; *Wilfried Wittenberg*, Karlsruhe

AULIS VERLAG DEUBNER & CO KG · KÖLN

HANDBUCH DES GEOGRAPHIEUNTERRICHTS

BAND 2

BEVÖLKERUNG UND RAUM

Herausgegeben von:
Dieter Börsch

Verfaßt von:
*Hans Böhm, Dieter Börsch, Michael Boßmann, Edgar Enzel,
Dieter Jesgarz, Franz-Josef Kemper, Gerhard Kirchlinne,
Wolfgang Kuls, Hans Dieter Laux, Günter Thieme*

AULIS VERLAG DEUBNER & CO KG · KÖLN

Die Deutsche Bibliothek – CIP-Einheitsaufnahme

Handbuch des Geographieunterrichts / Gründungshrsg.:
Helmuth Köck. Koordinierende Hrsg.: Dieter Böhn ... Mitarb.:
Volker Albrecht ... – Köln : Aulis-Verl. Deubner.
Teilw. mit der Angabe Mitarb.: Ulricht Ante ... –
NE: Köck, Helmuth [Hrsg.]; Ante, Ulrich; Albrecht, Volker

Bd. 2. Bevölkerung und Raum / hrsg. von: Dieter Börsch.
Verf. von: Hans Böhm ... – 1994
ISBN 3-7614-1484-6
NE: Börsch, Dieter [Hrsg.]; Böhm, Hans

Zu den Autoren

Böhm, Hans, Prof. Dr.
Institut für Wirtschaftsgeographie der Universität Bonn
Börsch, Dieter, Dr. OStD
Staatliches Studienseminar für das Lehramt an Gymnasien Koblenz
Boßmann, Michael, StD
Städtisches Gymnasium Rheinbach
Enzel, Edgar, OStR
Bundeswehrfachschule Koblenz
Jesgarz, Dieter, OStR
Städtisches Gymnasium Rheinbach
Kemper, Franz-Josef, Prof. Dr.
Geographisches Institut der Universität Bonn
Kirchlinne, Gerhard, StR
Clara-Schumann-Gymnasium Bonn
Kuls, Wolfgang, Prof. Dr.
Geographisches Institut der Universität Bonn
Laux, Hans Dieter, Priv. Doz. Dr.
Geographisches Institut der Universität Bonn
Thieme, Günter, Prof. Dr.
Geographisches Institut der Universität Bonn

Das vorliegende Werk wurde sorgfältig erarbeitet. Dennoch übernehmen Autoren, Herausgeber und Verlag für die Richtigkeit von Angaben, Hinweisen und Ratschlägen sowie für eventuelle Druckfehler keine Haftung.

Best.-Nr. 8102
© AULIS VERLAG DEUBNER & CO KG · Köln · 1993
Einbandgestaltung: Atelier Warminski, Büdingen
Gesamtherstellung: Konrad Triltsch, Graph. Betrieb GmbH, 97070 Würzburg
ISBN 3-7614-1484-6

Inhaltsverzeichnis

1	**Einführender Teil** (*Hans Böhm und Wolfgang Kuls*)	1
1.1	Bereiche bevölkerungsgeographischer Forschung	1
1.2	Hinweise auf Quellen bevölkerungsgeographischer Forschung	7
2	**Allgemeingeographischer Teil**	9
2.1	*Natürliche Bevölkerungsbewegung* (*Hans Dieter Laux*)	9
2.1.1	Komponenten der Bevölkerungsbewegung: Die demographische Grundgleichung	9
2.1.2	Komponenten der natürlichen Bevölkerungsbewegung	11
2.1.2.1	Fruchtbarkeit und Heiratsverhalten: Begriffe und Analyseverfahren	11
2.1.2.2	Sterblichkeit: Begriffe und Maßzahlen	20
2.1.3	Die Dynamik der natürlichen Bevölkerungsbewegung und das Konzept des demographischen Übergangs	28
2.1.3.1	Das Modell des demographischen Übergangs	28
2.1.3.2	Die raum-zeitliche Differenzierung des demographischen Transformationsprozesses: Zum Bevölkerungswandel in Industrie- und Entwicklungsländern	31
2.1.3.3	Theoretische Begründung und Kritik des Modells der demographischen Transformation	38
2.1.4	Tendenzen und Ursachen der Sterblichkeitsentwicklung in Industrie- und Entwicklungsländern: Das Modell des epidemiologischen Übergangs	40
2.1.5	Raum-zeitliche Entwicklung der Fruchtbarkeit	46
2.1.5.1	Generatives Verhalten und Formen der Fertilitätskontrolle	46
2.1.5.2	Der säkulare Fruchtbarkeitsrückgang in Europa: Ansätze zu einer Erklärung	50
2.1.5.3	Soziale und räumliche Unterschiede der Fruchtbarkeitsentwicklung	55
2.1.5.4	Zum Stand des Fertilitätsrückgangs in den Ländern der Dritten Welt	57
2.2	*Räumliche Bevölkerungsbewegungen* (*Hans Böhm*)	60
2.2.1	Wanderungsbegriff und Erfassung von Wanderungsfällen	60
2.2.1.1	Formen der räumlichen Mobilität	60
2.2.1.2	Definition des Begriffs und Möglichkeiten der statistischen Erfassung von Wanderungen	61
2.2.1.3	Messen von Wanderungen	66
2.2.2	Wanderungstheorien	67
2.2.2.1	Wanderungstypen	67
2.2.2.2	Wanderungsmodelle	70
2.2.3	Wanderung als raumzeitlicher Prozeß	74
2.2.3.1	Internationale Wanderungen	76
2.2.3.2	Interregionale Wanderungen	86
2.2.3.3	Innerregionale Wanderungen	90
2.2.4	Pendelwanderung und Zirkulation	92
2.2.5	Möglichkeiten der Steuerung von Wanderungsvorgängen: Wanderungspolitik	96
2.3	*Bevölkerungsverteilung und Bevölkerungsdichte* (*Wolfgang Kuls*)	97
2.3.1	Die Bevölkerungsverteilung als Thema geographischer Untersuchungen	97
2.3.2	Bevölkerungsverteilung und Bevölkerungsdichte – Begriffe und Wege zur Erfassung und Darstellung	99
2.3.3	Grundzüge der Bevölkerungsverteilung auf der Erde	105
2.3.4	Bevölkerungsverteilung innerhalb von Ländern und größeren Teilregionen der Erde	108

2.3.5	Bevölkerungsverteilung in Großstädten und Verdichtungsräumen	115
2.4	*Bevölkerungsstruktur*	119
2.4.1	Geschlechterproportion und Altersstruktur (*Franz-Josef Kemper*)	119
2.4.1.1	Regionale Unterschiede in der Geschlechterproportion	119
2.4.1.2	Typen des Altersaufbaus und Altersindizes	122
2.4.1.3	Empirische und modellhafte Altersstrukturen	125
2.4.1.4	Regionale Unterschiede der Altersstruktur	128
2.4.1.5	Altersspezifische Selektion und Segregation und deren Konsequenzen	131
2.4.2	Familien- und Haushaltsstruktur (*Franz-Josef Kemper*)	134
2.4.2.1	Familienstandsquoten und Heiratsmuster	134
2.4.2.2	Familientypen und Familienzyklen	139
2.4.2.3	Haushaltsstrukturen	142
2.4.3	Ethnische, religiöse und kulturelle Differenzierung der Bevölkerung (*Günter Thieme*)	145
2.4.4	Erwerbsstruktur (*Günter Thieme*)	149
2.4.4.1	Die Beteiligung der Bevölkerung am Erwerbsleben	149
2.4.4.2	Die Gliederung der Erwerbsbevölkerung nach Wirtschaftssektoren	154
2.4.5	Sozialstruktur (*Günter Thieme*)	158
2.4.5.1	Dimensionen sozialer Schichtung und Aspekte ihrer räumlichen Verteilung	158
2.4.5.2	Soziale Mobilität	165
2.4.5.3	Segregation	167
2.5	*Bevölkerungsentwicklung, Tragfähigkeit und Bevölkerungsprognose*	171
2.5.1	Modelle und Typen der Bevölkerungsentwicklung (*Franz-Josef Kemper*)	171
2.5.1.1	Wachstum der Erdbevölkerung und Wachstumsmodelle	171
2.5.1.2	Typen der Bevölkerungsentwicklung	175
2.5.2	Faktoren und Komponenten der Bevölkerungsentwicklung (*Franz-Josef Kemper*)	177
2.5.3	Bevölkerungswachstum und Unterhaltsquellen – die Frage der Tragfähigkeit (*Wolfgang Kuls*)	178
2.5.4	Regionale Bevölkerungsprognose (*Franz-Josef Kemper*)	182
2.5.4.1	Funktion und Annahmen von Prognosen	182
2.5.4.2	Allgemeine Verfahren der Bevölkerungsprognose	183
2.5.4.3	Multiregionale Bevölkerungsprognose	186
2.5.5	Weltbevölkerungsentwicklung und Bevölkerungspolitik	187
2.5.5.1	Weltbevölkerungsentwicklung (*Hans Dieter Laux*)	187
2.5.5.2	Bevölkerungstheorien (*Franz-Josef Kemper*)	192
2.5.5.3	Bevölkerungspolitik (*Günter Thieme*)	194
3	**Regionalgeographischer Teil**	197
3.1	*Natürliche Bevölkerungsbewegung*	197
3.1.1	Grundzüge der Bevölkerungsentwicklung in den beiden deutschen Staaten bis zur Wiedervereinigung (*Hans Dieter Laux*)	197
3.1.2	Räumliche Aspekte des Heiratsverhaltens – Beispiele aus Mitteleuropa (*Günter Thieme*)	207
3.2	*Räumliche Bevölkerungsbewegungen*	215
3.2.1	Wanderungen griechischer Gastarbeiter in der Bundesrepublik Deutschland (*Hans Böhm*)	215
3.2.2	Altenwanderungen in Frankreich (*Franz-Josef Kemper*)	228
3.2.3	Europäische Überseewanderung nach Südamerika (*Hans Böhm*)	236

3.3	*Bevölkerungsverteilung und Bevölkerungsdichte*	244
3.3.1	Gebirgsentvölkerung – das Beispiel des Apennin (*Wolfgang Kuls*)	244
3.4	*Bevölkerungsstruktur*	252
3.4.1	Entwicklung der Familien- und Haushaltsstrukturen in Österreich seit vorindustrieller Zeit (*Franz-Josef Kemper*)	252
3.4.2	Segregation in nordamerikanischen Großstädten – das Problem der schwarzen Ghettos (*Günter Thieme*)	258
3.4.3	Soziokulturelle Einflüsse auf Bevölkerungsentwicklung und Bevölkerungsstruktur – das Beispiel des Islam (*Günter Thieme*)	265
3.5	*Bevölkerungsentwicklung, Tragfähigkeit und Bevölkerungsprognose*	273
3.5.1	Untersuchungen über agrare Tragfähigkeit – Beispiele aus Venezuela (*Wolfgang Kuls*)	273
4	**Unterrichtspraktischer Teil**	279
4.0	*Einführung (Dieter Börsch)*	279
4.1	*Natürliche Bevölkerungsbewegung (Gerhard Kirchlinne)*	279
4.1.0	Ursachen und Auswirkungen der Bevölkerungsentwicklung in Industrie- und Entwicklungsländern	279
4.1.1	Das Wachstum der Weltbevölkerung	280
4.1.2	Verlauf und Ursachen des demographischen Übergangs in den Industrieländern, untersucht am Beispiel Deutschlands	283
4.1.3	Das Modell des demographischen Übergangs	291
4.1.4	Vergleich von Industrie- und Entwicklungsländern nach ihrem demographischen Entwicklungsstand (demographisches Vergleichsdiagramm)	294
4.1.5	Auswirkungen der Bevölkerungsexplosion auf die Altersstruktur und die wirtschaftliche Entwicklung Ägyptens	296
4.1.6	Möglichkeiten und Grenzen einer Überwindung der Bevölkerungsexplosion durch Geburtenregelung, untersucht am Beispiel der VR China	302
4.1.7	Ökonomische, soziale und sozialpolitische Konsequenzen der Bevölkerungsentwicklung in der Bundesrepublik Deutschland	312
4.2	*Räumliche Bevölkerungsbewegungen*	319
4.2.1	Gastarbeiterwanderungen zwischen der Türkei und der Bundesrepublik Deutschland (*Edgar Enzel*)	319
4.2.2	Die europäische Überseewanderung (*Michael Boßmann*)	333
4.3	*Bevölkerungsstruktur (Dieter Jesgarz)*	343
4.3.1	Segregation in nordamerikanischen Großstädten	343
4.3.2	Soziokulturelle Differenzierung der Bevölkerung, dargestellt am Beispiel des Kastenwesens in Indien	353
4.4	*Das Problem der agrarischen Tragfähigkeit (Michael Boßmann)*	363
5	**Literatur**	379
6	**Glossar**	393
7	**Register**	401

Gliederung des Gesamtwerkes
HANDBUCH DES GEOGRAPHIEUNTERRICHTS

Band 1: Grundlagen des Geographieunterrichts
  Herausgeber *Helmuth Köck*
Band 2: Bevölkerung und Raum
  Herausgeber *Dieter Börsch*
Band 3: Industrie und Raum
  Herausgeber *Wolf Gaebe*
Band 4: Städte und Städtesysteme
  Herausgeber *Helmuth Köck*
Band 5: Agrarwirtschaftliche und ländliche Räume
  Herausgeber *Wolfgang Taubmann*
Band 6: Freizeit und Erholungsräume
  Herausgeber *Dieter Uthoff*
Band 7: Politische Räume – Staaten, Grenzen, Blöcke
  Herausgeber *Volker Albrecht*
Band 8: Entwicklungsräume
  Herausgeber *Dieter Böhn*
Band 9: Großräumige Verflechtungen
  Herausgeber *Eike W. Schamp*
Band 10: Physische Geofaktoren (Teilbände I und II)
  Herausgeber *Heinz Nolzen*
Band 11: Umwelt: Geoökosysteme und Umweltschutz
  Herausgeber *Hartmut Leser*
Band 12: Geozonen
  Herausgeber *Heinz Nolzen*

1 Einführender Teil (*Hans Böhm und Wolfgang Kuls*)

1.1 Bereiche bevölkerungsgeographischer Forschung

Wie in anderen Teilbereichen der Bevölkerungswissenschaft ist auch in der Bevölkerungsgeographie besonders in den beiden letzten Jahrzehnten eine bemerkenswerte Zunahme der Forschungsaktivitäten zu verzeichnen. Es gibt zahlreiche neue Ansätze, aber auch seit langem verfolgte Fragestellungen sind weiter berücksichtigt und ausgeweitet worden, wobei nicht zuletzt in theoretischer Hinsicht bedeutende Fortschritte erzielt werden konnten. Die Anwendung moderner Arbeitsmethoden hat bei der Erfassung von Entwicklungsprozessen und Zusammenhängen neue Möglichkeiten geschaffen, und eine – wenigstens im globalen Rahmen zu verzeichnende – Erweiterung der Datenbasis hat entscheidend dazu beigetragen, daß heute umfassendere Einblicke in Bevölkerungsprozesse und Bevölkerungsstrukturen gewonnen werden können als jemals zuvor.

Geographen haben sich bei ihren Arbeiten seit langem mit der Bevölkerung befaßt. Bis weit ins 19. Jahrhundert ist dies besonders im Zusammenhang mit der fortschreitenden Entschleierung und Erschließung der außereuropäischen Kontinente zu sehen. Man war bestrebt, genauere Kenntnisse von physischen und kulturellen Eigenheiten fremder Völker, von deren Wirtschafts- und Ernährungsweise, Kleidung etc. zu erwerben und natürlich auch Informationen über Zahl und Verbreitung einzelner Bevölkerungsgruppen zusammenzutragen. Die Entwicklung einer Bevölkerungsgeographie als Zweig der Allgemeinen Geographie des Menschen begann in Deutschland mit den Arbeiten von *Friedrich Ratzel* und in Frankreich etwa zur gleichen Zeit im ausgehenden 19. Jahrhundert durch *Vidal de la Blache*. Besondere Aufmerksamkeit galt dabei dem Beziehungsgeflecht zwischen Mensch und Umwelt und neben Fragen nach Zahl, Verbreitung und Dichte verschiedener Bevölkerungsgruppen fanden auch Wanderungsbewegungen zunehmende Aufmerksamkeit. Für längere Zeit wurde die Bevölkerung vor allem im Zusammenhang mit den Siedlungen gesehen, so daß der Umfang spezieller bevölkerungsgeographischer Publikationen zunächst recht bescheiden blieb. Entscheidende Veränderungen setzten erst nach dem Zweiten Weltkrieg ein, in Deutschland, wo die gesamte Bevölkerungswissenschaft durch die geopolitischen und rassistischen Doktrinen der nationalsozialistischen Gewaltherrschaft in Mißkredit geraten war, sehr viel später als im Ausland.

In jüngerer Zeit ist das Interesse an bevölkerungsgeographischer Forschung in dem Maße gewachsen, in dem Probleme der Bevölkerungsentwicklung, insbesondere das extreme Wachstum in den meisten Ländern der Dritten Welt und der rapide Geburtenrückgang in zahlreichen Industrieländern, in das Bewußtsein einer breiten Öffentlichkeit gelangten und dabei höchst kontrovers erörtert und bewertet werden.

Die speziellen Aufgaben der heutigen Bevölkerungsgeographie ergeben sich aus dem traditionellen Selbstverständnis der Geographie des Menschen, die in der Beziehung Mensch–Raum den tragenden Aspekt der Forschung sieht. Insbesondere Verteilung, Gliederung und Bewegung der Bevölkerung im Raum sind Gegenstände der Forschung. Dabei spielen der jeweils gewählte Maßstab für die zu untersuchenden Sachverhalte und die anzuwendenden Methoden eine wichtige Rolle. Das heißt, daß bei der Untersuchung der Bevölkerungsgliederung und der Bevölkerungsprozesse etwa innerhalb einer Stadt andere Merkmale und Zusammenhänge Bedeutung haben können als auf Landesebene oder gar im globalen Rahmen. Entsprechend finden auch jeweils spezifische Quellen und Arbeitsmethoden Verwendung. Und was für die Bevölkerung insgesamt gilt, gilt auch für Teile von ihr, wie etwa Erwerbspersonen, Migranten oder Bevölkerungsgruppen in einem bestimmten Stadium des Lebenszyklus. In jedem Falle ist dabei ein enger, bisher nicht immer in ausreichendem Maße vorhandener Kontakt zu Nachbarwissenschaften erforderlich. Ohne eine gründliche Kenntnis bevölkerungsstatistischer Grundlagen und demographischer Arbeitsverfahren, ohne die Verwertung soziologischer, anthropologischer, psychologischer und wirtschaftswissenschaftlicher Erkenntnisse über Bevölkerungsvorgänge ist bevölkerungsgeographische Forschung heute nicht mehr zu leisten, sofern sie über die bloße Beschreibung von Sachverhalten hinaus auch zu deren Erklärung und Bewertung gelangen will.

Dem Bestimmungszweck dieses Handbuchs entsprechend konnte es nicht darum gehen, einen möglichst umfassenden Überblick über alle Bereiche bevölkerungsgeographischer Forschung zu geben, vielmehr erschien eine Schwerpunktbildung geboten. Abweichend von vielen zusammenfassenden Darstellungen der Bevölkerungsgeographie finden im vorliegenden Band zunächst die Bevölkerungsprozesse Berücksichtigung, indem der natürlichen Bevölkerungsbewegung und den Wanderungen jeweils größere Abschnitte gewidmet sind. Anschließend wird der Blick auf die räumliche Verteilung der Bevölkerung gerichtet, wobei auch Dichtefragen erörtert werden. Die Kapitel, in denen auf das Ergebnis der zuvor behandelten Prozesse, die Bevölkerungsstruktur, eingegangen wird, befassen sich mit den biologischen Merkmalen Alter und Geschlecht, der Familien- und Haushaltszusammensetzung sowie der wirtschaftlichen und sozialen Gliederung der Bevölkerung unter Einschluß von Aspekten ethnischer und kultureller Differenzierung wie auch von Fragen der Segregation. Schließlich werden Modelle und Typen der Bevölkerungsentwicklung vorgestellt, Fragen der Tragfähigkeit und das Weltbevölkerungsproblem umrissen.

In einem knappen Überblick werden nachfolgend Hinweise auf Forschungsanliegen in einzelnen Teilbereichen der Bevölkerungsgeographie gegeben.

Veränderungen von Zahl und Zusammensetzung einer Bevölkerung sind das Ergebnis der sog. natürlichen Bevölkerungsbewegung wie zugleich auch von Wanderungen. Letztere haben im allgemeinen um so mehr Bedeutung, je kleiner das jeweilige Untersuchungsgebiet ist. Für die Veränderung der Weltbevölkerung insgesamt ist allein das natürliche Wachstum maßgeblich. Von entscheidender Bedeutung für die jüngere Entwicklung sind dabei der außerordentlich hohe jährliche Zuwachs von etwa 2% und der Gegensatz zwischen Ländern unterschiedlichen wirtschaftlichen Entwicklungsstandes. Während zahlreiche Entwicklungsländer natürliche Zuwachsraten von bis zu 3% und mehr zu verzeichnen haben, gibt es Industrieländer, in denen sich Geburten- und Sterberate auf niedrigem Niveau annähernd die Waage halten oder die Bilanz der natürlichen Entwicklung gar negativ ist (Beispiel Bundesrepublik Deutschland).

Für die nähere Analyse der natürlichen Bevölkerungsbewegung reicht es nun nicht aus, allein die am ehesten verfügbaren rohen Geburten- und Sterberaten zu verwenden, denn die dabei berücksichtigte Bezugsbevölkerung kann ja eine ganz unterschiedliche Zusammensetzung aufweisen, so daß über Fruchtbarkeit und Sterblichkeit kaum Näheres ausgesagt wird. In beiden Fällen sind also spezifische Maßzahlen/Indices erforderlich. So kann bei den Geburten die Bezugsbevölkerung aus Frauen im reproduktionsfähigen Alter bestehen, doch zeigt sich, daß zahlreiche weitere Faktoren, die regional vielfach sehr unterschiedlich ausgeprägt sind, nachhaltigen Einfluß auf die Fruchtbarkeit auszuüben vermögen, so daß Rückschlüsse und Vergleiche auch auf dieser Basis noch problematisch sind. Ein für die Fruchtbarkeit maßgeblicher Faktor kann u. a. das jeweils anzutreffende Heiratsmuster sein, dem deshalb auch neben anderen Faktoren in den Abschnitten über die natürliche Bevölkerungsentwicklung und die Bevölkerungsstruktur größere Aufmerksamkeit zugewandt wurde. Zur Kennzeichnung und Erklärung der Fertilität ist es also in vielen Fällen erforderlich, auch Indices der ehelichen und der außerehelichen Fruchtbarkeit zu verwenden.

Mehr Beachtung als die räumliche Differenzierung hat in der Bevölkerungsforschung die zeitliche Veränderung der Fruchtbarkeitsverhältnisse gefunden. Besonders eingehend untersucht ist das größtenteils während des 19. Jahrhunderts einsetzende, lang anhaltende Absinken der Geburtenraten in den heutigen Industrieländern. Es ging, wenn auch mit zeitlichen Verschiebungen, im großen und ganzen mit einer spürbaren Verbesserung der Lebensbedingungen weiter Bevölkerungskreise einher, begann regional zu verschiedenen Zeiten und führte von Geburtenraten um 35‰ zu solchen um 15‰ und weniger. Natürlich liegt die Frage nahe, wie weit eine ähnliche Entwicklung auch in den heutigen

Entwicklungsländern zu erwarten ist. Bei der Betrachtung der dort anzutreffenden Fruchtbarkeitsverhältnisse muß zunächst davon ausgegangen werden, daß die entscheidenden Bestimmungsfaktoren großräumig und auch kleinräumig bedeutende Unterschiede aufweisen und auch in der Vergangenheit aufgewiesen haben, so daß die Entwicklungsländer allein aus dieser Sicht keineswegs als Einheit betrachtet werden können. Besondere Beachtung verlangen bei dem Versuch, maßgebliche Bestimmungsfaktoren zu fassen, kulturspezifische Einstellungen und Verhaltensweisen neben der heutigen wirtschaftlichen und sozialen Situation der jeweiligen Bevölkerung, und gewiß fallen hier der bevölkerungsgeographischen Forschung wichtige Aufgaben zu. In jedem Falle ist bei der Beurteilung der Situation in den Ländern der Dritten Welt zu berücksichtigen, daß sich die dort anzutreffenden Verhältnisse von denen der Industrieländer vor etwa 100 Jahren nachhaltig unterscheiden, und daß vor allem deshalb jede Annahme über die wahrscheinliche künftige Entwicklung mit erheblicher Unsicherheit belastet ist.

Weniger Aufmerksamkeit als der Fertilität ist – wenigstens bei geographischen Studien – lange Zeit der Mortalität in ihrer räumlichen und zeitlichen Differenzierung zugewandt worden. Neben den rohen Sterberaten sind hier alters- und geschlechtsspezifische wie auch sozialgruppenspezifische Mortalitätsunterschiede wichtig, um nähere Einblicke in die Bedingungen der Sterblichkeit eines Landes zu gewinnen. Von besonderer Bedeutung ist die nach wie vor hohe Säuglings- und Kindersterblichkeit in den meisten (wenn auch durchaus nicht allen) Entwicklungsländern, wobei auch hierbei wiederum große regionale Unterschiede angetroffen werden können, die sich in aller Regel nicht monokausal erklären lassen. In wirtschaftlich hoch entwickelten Ländern mit einem völlig anderen Spektrum der Todesursachen sind – wenngleich auf einem weit niedrigerem Niveau – ebenfalls räumliche Unterschiede der Mortalität zu verzeichnen, die bisher keineswegs ausreichend erforscht sind.

Eine hohe und zugleich starken Schwankungen unterworfene Sterblichkeit infolge von weit verbreiteten Infektionskrankheiten, schweren Epidemien, Hungersnöten und z. T. auch Kriegen gab es in den heutigen Industrieländern vielfach noch bis weit ins 19. Jahrhundert. Zwar läßt sich vor allem im Norden und Westen Europas schon frühzeitig ein Rückgang der Sterblichkeit registrieren, dieser verlief anfangs jedoch nicht kontinuierlich und erstreckte sich zudem über einen Zeitraum von mehreren Generationen. Dabei ist ein Zusammenhang vor allem mit der Verbesserung der allgemeinen Lebensbedingungen breiter Bevölkerungsschichten deutlich (Ernährung, Kleidung, Wohnung, Hygiene). In den Ländern der dritten Welt ist dagegen eine erheblich schnellere Senkung der Sterblichkeit zustande gekommen, im wesentlichen als Ergebnis von ‚importierten' Seuchenbekämpfungsmaßnahmen und medizinischen Fortschritten bei der Behandlung schwerer Infektionskrankheiten, weit weniger dagegen aufgrund von Verbesserungen der wirtschaftlichen Situation der Menschen, obwohl auch hierbei bestehende Unterschiede nicht übersehen werden dürfen.

Der Rückgang der Geburten- und Sterberaten von einem sehr hohen und schwankenden zu einem dauerhaft niedrigen Niveau, der in den heutigen Industrieländern höchst unterschiedliche Zeiträume beanspruchte, wird bekanntlich mit dem Modell des ‚demographischen Übergangs' beschrieben. Im allgemeinen setzt zunächst ein deutliches Absinken der Sterberaten, dann erst der Geburtenraten ein, und aus dem zeitlich ungleichen Verlauf der Transformation von Mortalität und Fertilität resultiert zunächst ein sehr starkes, dann wieder abnehmendes Bevölkerungswachstum, das nach dem Abschluß des demographischen Übergangs wieder ähnliche Werte aufweist wie vor dessen Beginn, allerdings unter völlig veränderten Bedingungen. Bei allen Vorbehalten gegenüber dem Modell des demographischen Übergangs hinsichtlich seines Erklärungsgehalts und seiner prognostischen Brauchbarkeit ist der große Wert für die Beschreibung und Klassifikation von Prozessen mit den daraus resultierenden Strukturen jedoch unbestreitbar.

Ein sehr umfangreiches weiteres Arbeitsfeld der Bevölkerungsgeographie ist das der Migrationsforschung. Gerade dazu sind in jüngerer Zeit zahlreiche ergebnisreiche Untersuchungen mit erweiterten und neuen Fragestellungen beigesteuert worden, wobei sich vielfach auch enge Berührungspunkte mit sozialgeographischen Forschungsansätzen ergeben haben. Das Interesse galt in erster Linie den mit einem Wohnungswechsel verbundenen Ortsveränderungen, aber auch andere Arten räumlicher Bewegung, wie Pendelwanderung, Bewegungen bei Versorgung und Freizeitverhalten (Zirkulation), auf die hier nicht näher eingegangen werden kann, fanden im Rahmen einer umfassenden Mobilitätsforschung zunehmend Berücksichtigung.

Um Wanderungen mit ihren räumlichen Bedingungen und Auswirkungen erfassen, erklären und bewerten zu können, bedarf es einer Unterscheidung von Wanderungstypen. Dies kann mit Hilfe verschiedenartiger Kriterien geschehen. Das grundsätzlich wichtige Merkmal der Distanz allein erweist sich dabei als häufig nicht ausreichend, zumal wenn eine Distanzmessung lediglich absolut – etwa in Kilometern – erfolgt. Bedeutsam kann ferner die Unterscheidung von Binnen- und Außenwanderung bzw. von intranationalen und internationalen Wanderungen sein. Außerdem haben sich in vielen Fällen Klassifikationen, die auf unterschiedlichen Wanderungsursachen aufbauen, als sehr nützlich erwiesen. Hierbei werden Kriterien wie innovativ und konservativ verwendet, oder es wird berücksichtigt, ob eine Verlegung des Wohnsitzes freiwillig bzw. mehr oder weniger erzwungen erfolgt.

Typen und Umfang der räumlichen Mobilität haben sich im Laufe der Zeit mit den Veränderungen von Wirtschaft und Gesellschaft und vor allem mit der Entwicklung des Verkehrswesens nachhaltig gewandelt. Dabei sind in den meisten Industrieländern ähnliche Prozesse abgelaufen, die *Zelinsky* in seiner anregenden „Hypothese des Mobilitätsübergangs" erfaßt und in Verbindung mit Phasen des demographischen Übergangs gebracht hat.

Jede Untersuchung von Wanderungsvorgängen wird sich in besonderem Maße mit den Migranten selbst und den für sie maßgeblichen Wanderungsgründen zu befassen haben. Den dabei auftretenden Selektionsprozessen und deren Auswirkungen auf die Zu- und Abwanderungsgebiete ist gerade im geographischen Kontext besonderes Interesse zuzuwenden. Geht man von einer Unterscheidung zwischen interregionalen und intraregionalen Wanderungen aus, dann ist festzustellen, daß die Wanderungsgründe der daran Beteiligten erheblich differieren. Im Falle der interregionalen Wanderungen spielen zwar ökonomische Faktoren meist eine besonders wichtige Rolle, daneben gibt es aber in erheblich größerem Umfang als früher Bildungs- und Alterswanderungen sowie Wanderungen aus anderen nicht-ökonomischen Gründen. Bei den intraregionalen Wanderungen ist besonders das Streben nach einer Verbesserung der Wohnsituation bedeutsam; ein großer Teil dieser Wanderungen wird allerdings auch erzwungen durch Kündigung von Mietwohnungen, Vernichtung von Wohnraum durch tertiäre Nutzungen oder städtebauliche Maßnahmen. Mehr als bisher sollte sich die Migrationsforschung einzelnen Personengruppen zuwenden, für deren Entschluß zu wandern – oder nicht zu wandern – spezifische Gründe entscheidend sind. Es sind Personengruppen, die sich voneinander durch demographische, soziale und/oder ökonomische Kriterien unterscheiden.

Der am längsten zurückreichende Bereich bevölkerungsgeographischer Forschung liegt wohl in der Frage nach der Verteilung der Bevölkerung im Raum und den dabei auftretenden Dichteverhältnissen. War man früher in erster Linie daran interessiert, die Rolle der natürlichen Umwelt für die Bevölkerungsverteilung zu klären, so wandte sich das Interesse später verstärkt anderen Einflußfaktoren wie den Auswirkungen sich ändernder wirtschaftlicher Bedingungen, der Entwicklung des Verkehrs oder den Folgen der Verstädterung zu. Erst durch die moderne Industrie und den sich mehr und mehr ausweitenden und wandelnden tertiären Wirtschaftssektor sind Bevölkerungskonzentrationen bis dahin unbekannten Ausmaßes zustande gekommen. In vielen Fällen wiesen dabei einmal in Gang gekommene Verdichtungsprozesse deutliche Tendenzen zur Selbstverstärkung auf; es bildeten sich ‚Ballungsräume', ‚industrielle Verdichtungsräume', ‚großstädtische Agglomerationen' zunächst in den alten Industrieländern, inzwischen aber auch – wenn auch auf durchaus anderen Grundlagen – in zahlreichen Ländern der dritten Welt, denen vielfach ‚Entleerungsräume' mit ganz anderen Problemen gegenüberstehen.

Der lang andauernde Konzentrationsvorgang mit all seinen wirtschaftlichen, sozialen und politischen Konsequenzen scheint in jüngster Zeit in wirtschaftlich weit entwickelten Ländern – so in den Vereinigten Staaten von Amerika – zum Stillstand gekommen zu sein bzw. sogar eine Umkehr zu erfahren. Nicht mehr allein die in der Nachbarschaft von Großstädten und Verdichtungsräumen gelegenen Teile des ländlichen Raumes, sondern auch großstadtferne, periphere Regionen haben einen positiven Wanderungssaldo aufzuweisen, während die Kernräume der Verdichtung Teile ihrer Bevölkerung verlieren.

Die gründliche Erfassung und Analyse der ständig ablaufenden Veränderungen in der Bevölkerungsverteilung und der dabei auftretenden Regelhaftigkeiten gehören ebenso wie die Untersuchung der daraus resultierenden Konsequenzen zu den nach wie vor bedeutsamen Aufgaben bevölkerungsgeographischer Forschung, wofür heute nicht zuletzt durch die Möglichkeiten elektronischer Datenverarbeitung neue Wege geöffnet sind. Das heißt freilich nicht, daß traditionelle und fachspezifische Arbeitsweisen, wie insbesondere die Verwendung der Karte als Darstellungs- und Erkenntnismittel, überflüssig geworden sind.

Mehr noch als Fragen der Bevölkerungsverteilung galt in der Vergangenheit das Interesse der Geographen den Dichteverhältnissen als Ausdruck unmittelbarer Beziehungen zwischen Bevölkerung und Raum. Neben der Notwendigkeit, je nach Fragestellung besondere Dichtemaße zu verwenden und auf ihren Aussagewert hin zu prüfen, erfordern hier Untersuchungen von Ursachen und Auswirkungen der jeweiligen Dichteverhältnisse besondere Aufmerksamkeit. Maßstäbe für Aussagen über zu hohe, zu geringe oder vielleicht auch eine anzustrebende ‚optimale' Dichte lassen sich nur aus den besonderen Bedingungen des jeweiligen Untersuchungsraumes und aus dem Untersuchungsziel selbst ableiten, wobei heute auch Erkenntnisse geographisch orientierter Wahrnehmungsforschung nicht mehr unberücksichtigt bleiben können.

Ein eigenes, aus den Anfängen der Bevölkerungswissenschaft herrührendes Forschungsfeld ist das der Tragfähigkeit. Die Kernfrage, wieviel Menschen können auf begrenztem Raum – und sei es die gesamte Erdoberfläche – einen auf Dauer gesicherten Lebensunterhalt finden, wird als Frage nach der Ernährungskapazität 1924 von *Albrecht Penck* als das Hauptproblem einer ‚Physischen Anthropogeographie' bezeichnet und von verschiedenen Ansätzen her zu lösen versucht. Ohne Zweifel liegt in der Auseinandersetzung mit Tragfähigkeitsproblemen eine wichtige Forschungsaufgabe auch der Bevölkerungsgeographie. Indessen zeigt sich hier, daß weiterführende Erkenntnisse zu der entscheidenden Fragestellung nach den Grenzen menschlicher Existenz in einem globalen und allgemeinen Rahmen durch die Geographie allein kaum zu gewinnen sind. Das Hauptanliegen bevölkerungsgeographischer Forschung sollte vielmehr in Untersuchungen ‚mittleren Maßstabes' liegen, in der gründlichen Erforschung der Verhältnisse in konkreten Regionen, und dies in erster Linie unter dem Aspekt einer ‚agraren Tragfähigkeit'.

Bei allen bevölkerungsgeographischen Untersuchungen muß davon ausgegangen werden, daß sich die Bewohner eines Raumes durch zahlreiche Merkmale voneinander unterscheiden und dementsprechend auch unterschiedlich agieren. Insbesondere handelt es sich um demographische, soziale, ökonomische und auch kulturelle Merkmale, die unter dem Begriff der Bevölkerungsstruktur zusammengefaßt werden.

Zu den demographischen Merkmalen, denen für die natürliche Bevölkerungsbewegung besondere Bedeutung zukommt, gehören in erster Linie die Zusammensetzung der Bevölkerung nach Geschlecht und Alter, aber auch die Art des Zusammenlebens in Familien und Haushalten. Allgemein bekannt ist, daß hierbei bedeutende regionale Unterschiede auftreten, oft ist jedoch weniger klar, wie sie begründet sind und was sie, nicht allein für Fertilität und Mortalität, sondern auch für die ökonomischen und sozialen Verhältnisse innerhalb einzelner Regionen bedeuten.

Am häufigsten Beachtung findet die Altersgliederung, die sich etwa mit Hilfe von Alterspyramiden oder auch verschiedener Indices kennzeichnen läßt. Der Altersaufbau einer Bevölkerung ist das Resultat von Bevölkerungsvorgängen in der Vergangenheit, von Geburten und Sterbefällen einerseits und von Wanderungen andererseits. Zugleich ist die Zusammensetzung der Bevölkerung nach einzelnen Altersgruppen Grundlage künftiger Bevölkerungsentwicklung, außerdem hat sie entscheidende Bedeutung für die Gliederung der Bevölkerung nach Familienstand, Erwerbstätigkeit und einer Reihe weiterer Merkmale.

Weniger häufig als die Altersgliederung werden die vorhandenen Unterschiede in der Geschlechterproportion einer Bevölkerung beachtet, obwohl sich auch hierbei sowohl weltweit als auch innerhalb einzelner Länder und Landesteile beträchtliche Diskrepanzen aufdecken lassen. So ist bei der Durchsicht internationaler Statistiken festzustellen, daß in vielen Industrieländern der Anteil der weiblichen Bevölkerung ganz erheblich über dem der männlichen Bevölkerung liegt, während unter den Ländern mit einem hohen Männeranteil hauptsächlich arabische und südasiatische Staaten (Pakistan z. B. 1981: 1105 Männer auf 1000 Frauen aller Altersklassen) zu finden sind. Eine weitere Differenzierung zeigt sich beim Vergleich einzelner Altersklassen: Bei den jungen Jahrgängen überwiegt, in erster Linie durch die höhere Zahl der Knabengeburten bedingt, der männliche Bevölkerungsanteil. Die geschlechtsspezifische Sterblichkeit bewirkt dann, daß in den Industrieländern mit hoher Lebenserwartung ein Ausgleich und bei höheren Altersgruppen schließlich ein starkes Übergewicht der Frauen zustande kommt. In zahlreichen Entwicklungsländern ist die Lebenserwartung der Frauen infolge hoher Müttersterblichkeit, die ihrerseits auf starke körperliche Beanspruchung, unzureichende hygienische Bedingungen, schlechte Wohnverhältnisse usw. zurückzuführen ist, geringer als die der Männer, so daß sich deren Übergewicht auch in den höheren Altersklassen ergeben kann.

Auch Wanderungen können entscheidenden Einfluß auf eine Verschiebung der Sexualproportion haben. Beispiele dafür finden sich bei Einwanderergruppen, in Zu- und Abwanderungsgebieten und innerhalb der Großstädte oft in den Altbauquartieren.

Die Auswirkungen einer mehr oder minder starken Unausgeglichenheit der Sexualproportion zeigen sich u. a. in Schwierigkeiten bei der Familienbildung, im wirtschaftlichen Bereich oder auch im Auftreten schwer lösbarer sozialer Konflikte. Gerade bei der Wanderung von Arbeitskräften aus dem Mediterranbereich in die Industrieländer Westeuropas werden viele Probleme dieser Art deutlich, so daß eine Anzahl von geographischen Untersuchungen über ‚Gastarbeiterwanderungen' in jüngster Zeit den räumlichen Auswirkungen alters- und geschlechtsspezifischer Selektionsvorgänge gewidmet ist.

Die Beschäftigung mit dem Altersaufbau und dem zahlenmäßigen Verhältnis der Geschlechter führt unmittelbar zur Frage nach den in einer Bevölkerung anzutreffenden Familien- und Haushaltsstrukturen, denen geographische Arbeiten bislang allerdings bemerkenswert wenig Aufmerksamkeit geschenkt haben. Erstaunlich ist dies vor allem deshalb, weil doch Familien und Haushalte häufig Aktionseinheiten des räumlichen Verhaltens bilden. Einen Weg zur näherungsweisen Erfassung vorhandener Familienstrukturen bietet – sofern nicht auf eine besondere Familienstatistik zurückgegriffen werden kann – die Unterscheidung von Einzelpersonen nach dem Familienstand (Ledige, Verheiratete, Verwitwete und Geschiedene). Dabei muß man allerdings berücksichtigen, daß die Institution der Ehe bedeutende kulturspezifische und auch sozialgruppenspezifische Unterschiede aufweisen kann, daß also die entsprechenden Angaben zum Familienstand keineswegs immer (etwa beim Vergleich lateinamerikanischer und europäischer Länder) die gleiche Bedeutung haben.

In den Rahmen von Untersuchungen über Familien- und Haushaltsstrukturen gehört auch das Konzept des Familienlebenszyklus, bei dem sich gegenwärtig in zahlreichen europäischen Ländern weitreichende Veränderungen feststellen lassen, die eine Modifikation und Ergänzung bislang vorhandener Modelle erfordern. In unserer Gesellschaft sind es namentlich die Auswirkungen im Wohnungsbereich (Wohnung und Wohnstandort) wie auch im Versorgungs- und Freizeitbereich, die im Zusammenhang mit dem Lebenszyklus bedeutsam werden. In ähnlicher Weise gilt das auch für die Haushaltsstrukturen, die sich – wie die Familienstrukturen – seit dem Beginn von Industrialisierung und weitreichender Verstädterung grundlegend gewandelt haben. Die außerordentliche Zunahme kleiner Haushalte ist ein Teil dieses Wandlungsprozesses, bei dem es wiederum bedeutsame räumliche Unterschiede gibt. Sowohl innerhalb einzelner Städte als auch beim Vergleich von größeren Regionen zeigen sich spezifische Verteilungsmuster von Haushaltstypen, die im engen Zusammenhang mit dem jeweiligen Altersaufbau und der Erwerbsstruktur der Bevölkerung sowie mit den vorhandenen Wohnungsverhältnissen und dem Wohnumfeld stehen.

Daß Fragen der wirtschaftlichen, sozialen, ethnischen und kulturellen Differenzierung der Bevölkerung auch im Rahmen bevölkerungsgeographischer Untersuchungen besondere Beachtung erfordern, dürfte durch Hinweise auf die engen Zusammenhänge mit demographischen Strukturen und Prozessen deutlich geworden sein. Ihnen wird deshalb innerhalb dieses Bandes ebenso wie den anderen Strukturmerkmalen ein größeres Kapitel gewidmet, wobei auch die besonders häufig mit sozialen und ethnischen Differenzierungen verknüpften Segregationsvorgänge Beachtung finden.

Unter den zahlreichen Aspekten bevölkerungsgeographischer Forschung kommt schließlich der Frage nach der künftigen Bevölkerungsentwicklung innerhalb bestimmter Räume und weltweit große Bedeutung zu. Eine eingehende Kenntnis von Wachstumsfunktionen und Wachstumsmodellen ist die Voraussetzung für die Erstellung von Prognosen, nach denen im regionalen Rahmen zunehmend gefragt wird, um Entwicklungsmöglichkeiten und -hemmnisse beurteilen zu können. Wenn Prognosen gegenüber gleichwohl eine weit verbreitete Skepsis herrscht, dann ist dies teilweise auf unzureichende bzw. unsichere Annahmen über die zu erwartende Entwicklung maßgeblicher Faktoren zurückzuführen, teilweise aber auch auf ein Mißverständnis dessen, was Prognosen zu leisten vermögen. Die Kenntnis ihres Zustandekommens ist unerläßliche Voraussetzung für eine Beurteilung, doch wird diese Voraussetzung oft nicht erfüllt.

1.2 Hinweise auf Quellen bevölkerungsgeographischer Forschung

Daß bevölkerungsgeographische Untersuchungen im besonderen Maße auf ausreichende Daten angewiesen sind, bedarf kaum einer Erwähnung. Einige Hinweise an dieser Stelle sollen dazu dienen, zumindest auf solche Quellen zu verweisen, die relativ leicht zugänglich sind. Dabei handelt es sich in erster Linie um statistische Publikationen, die überwiegend von staatlichen und kommunalen Behörden und als internationale Übersichten von überstaatlichen Organisationen herausgegeben werden.

Für internationale Vergleiche an erster Stelle zu nennen ist das Demographic Yearbook der Vereinten Nationen, das neben fortlaufenden allgemeinen Übersichten in einzelnen Jahrgängen noch spezielle Statistiken (u.a. über Mortalität, Natalität, Heirat, Scheidung und internationale Wanderungen) enthält, wobei jeweils nähere Angaben über das Zustandekommen der Daten zu finden sind und deutlich wird, wie sehr es im internationalen Rahmen noch an Grunddaten mangelt, die für Aussagen über die zu erwartende Bevölkerungsentwicklung dringend erforderlich wären. Eine aktuelle weltweite Übersicht mit Angaben zur Bevölkerungsentwicklung und einigen Strukturmerkmalen bieten außerdem das vom Population Reference Bureau in den Vereinigten Staaten jährlich herausgegebene World Population Data Sheet und der Entwicklungsbericht der Weltbank.

Im nationalen Rahmen stehen im allgemeinen Ergebnisse von Volkszählungen zur Verfügung. Sie werden in der Bundesreplublik vom Statistischen Bundesamt bzw. den Landesämtern neben Ergebnissen der Bevölkerungsfortschreibung und von Sondererhebungen veröffentlicht. Wichtige aktuelle Informationen lassen sich auch dem jährlich einmal in der Zeitschrift für Bevölkerungswissenschaft erscheinenden Bericht über die demographische Lage entnehmen. Hinzuweisen ist weiter auf zahlreiche statistische Veröffentlichungen von Städten, die teilweise auf eigenen Erhebungen der Kommunen beruhen und oft eine recht tiefe räumliche Aufgliederung der Daten aufweisen. Für Vergleiche von Städten kann außerdem noch auf das Statistische Jahrbuch deutscher Gemeinden verwiesen werden.

Kleinräumig sowie für die Untersuchung früherer Verhältnisse bieten sich durchaus weitere Möglichkeiten, wenn auch Datenschutzbestimmungen manche Einschränkung bedingen. Einige Angaben lassen sich beispielsweise (vor allem älteren) Adreßbüchern entnehmen. Für die Vergangenheit stehen häufig Einwohnerkarteien bzw. -listen zur Verfügung, außerdem lassen sich Kirchenbücher auswerten, um Bevölkerungsprozesse zu erfassen. Für manche Fragestellungen – z. B. im Bereich der Migrationsforschung – werden natürlich Primärerhebungen durch Stichprobenbefragungen von besonderem Wert sein, doch erfordern solche Befragungen, sollen sie einen hinreichenden Aussagewert besitzen, d. h. repräsentativ sein, im allgemeinen bereits einen beträchtlichen Aufwand an Zeit und Kosten. Soweit es sich darum handelt, Einblicke in die Situation und das Verhalten bestimmter Bevölkerungsteile, wie einzelne Altersgruppen, Schüler oder Ausländer, zu gewinnen, werden sich oft noch weitere Quellen, wie z. B. Tageszeitungen, Mitgliederkarteien von Vereinen u. ä. erschließen lassen.

2 Allgemeingeographischer Teil

2.1 Natürliche Bevölkerungsbewegung (*Hans Dieter Laux*)

2.1.1 Komponenten der Bevölkerungsbewegung: Die demographische Grundgleichung

In allen von Menschen bewohnten Teilräumen der Erde, von der kleinen Landgemeinde bis hin zu Staaten oder Kontinenten, vollzieht sich eine ständige Veränderung des Bevölkerungsbestandes. Kinder werden geboren, und Menschen aller Altersgruppen sterben; Einzelpersonen, Familien oder ganze Bevölkerungsgruppen ziehen zu, andere wandern ab. Diese Prozesse beeinflussen nicht nur die absolute Bevölkerungszahl, sie haben darüber hinaus entscheidende Auswirkungen auf die Verteilung und Zusammensetzung der verschiedenen Bevölkerungen. Während die Themenkreise der *Bevölkerungsverteilung* und *Bevölkerungsstruktur* in späteren Abschnitten dieses Buches (Kap. 2.3 und 2.4) behandelt werden, sollen in den folgenden Kapiteln die Formen und Bestimmungsgründe der *Bevölkerungsbewegung* betrachtet werden. Richtung und Ausmaß der Bevölkerungsveränderung eines Gebietes zwischen zwei Zeitpunkten lassen sich durch die *demographische Grundgleichung* quantitativ bestimmen:

$$P_2 = P_1 + (B-D) + (E-A).$$

Dabei bedeuten P_1 und P_2 die Bevölkerungsbestände zu Beginn und Ende des jeweils betrachteten Zeitraumes, B und D stehen für die Zahl der Geburten und Todesfälle im Zeitintervall, während E und A den Umfang von Einwanderung und Auswanderung repräsentieren. Der Ausdruck $(B-D)$ entspricht der *natürlichen Bevölkerungsbilanz,* deren Wert negativ wird, wenn die Zahl der Sterbefälle die der Geburten übersteigt. Das Gleichungsglied $(E-A)$ symbolisiert die Höhe des *Wanderungssaldos* ($=$ *Nettowanderung*), dessen Wert je nach der überwiegenden Richtung der Wanderungsströme sowohl positiv wie negativ ausfallen kann. Ein Beispiel mag die Wirksamkeit der verschiedenen Komponenten des Bevölkerungsprozesses erläutern (vgl. Tab. 2.1.1/1): Im Jahre 1988 zeigte die Bundesrepublik Deutschland einen negativen Saldo der natürlichen Bevölkerungsbewegung von annähernd 10 000 Personen. Dieser Überschuß an Sterbefällen, der den seit 1972 anhaltend negativen Trend des natürlichen Wachstums fortsetzte, wurde allerdings durch einen Wanderungsgewinn von über 480 000 Personen mehr als kompensiert, so daß die Gesamteinwohnerzahl noch eine Zunahme von mehr als

Tab. 2.1.1/1: Komponenten der Bevölkerungsentwicklung in der Bundesrepublik Deutschland 1988

	in 1000	in 1000
Bevölkerung am Jahresanfang (P_1)		61 238,1
Geburten (B)	677,2	
Sterbefälle (D)	687,5	
natürliche Bevölkerungsbilanz (B−D)		−10,3
Einwanderer (E)	903,9	
Auswanderer (A)	422,0	
Wanderungsbilanz (E−A)		+481,9
Bevölkerung am Jahresende (P_2)		61 715,1[1])

Quelle: Statistisches Jahrbuch für die Bundesrepublik Deutschland 1990

[1]) Da die Wanderungszahlen nicht die Fälle enthalten, bei denen Herkunfts- bzw. Zielland ungeklärt ist oder keine Angaben darüber vorliegen, ergibt sich eine leichte Differenz zwischen dem Bevölkerungsstand zum Jahresende und der nach den Bilanzen erwarteten Zahl.

470 000 verzeichnete. Das Bevölkerungswachstum erreichte damit aufgrund der erhöhten Zuzüge aus dem Ausland ein Niveau, wie es zuletzt im Jahre 1971 beobachtet wurde.

Im vorliegenden Beispiel wurde die demographische Grundgleichung dazu benutzt, um, von einem bestimmten Bevölkerungsbestand ausgehend, unter Berücksichtigung der verschiedenen Wachstumskomponenten die Bevölkerungszahl am Ende eines genau definierten Betrachtungszeitraumes zu ermitteln. Dieses Vorgehen entspricht dem in der amtlichen Statistik üblichen Verfahren der *Bevölkerungsfortschreibung,* mit deren Hilfe der Bevölkerungsbestand der verschiedenen Gebietseinheiten in den Jahren zwischen den großen Volkszählungen ermittelt, genauer gesagt, geschätzt wird. Zuverlässige Ergebnisse können dabei, wie leicht einzusehen ist, nur unter der Voraussetzung einer möglichst vollständigen Registrierung sämtlicher Bevölkerungsereignisse erzielt werden. Während in der Bundesrepublik Deutschland, wie auch in den meisten übrigen Industrieländern, die amtliche Erfassung der Geburten und Sterbefälle als nahezu lückenlos betrachtet werden kann, ist die Erfassung der Wanderungsbewegungen – sowohl über die Grenzen hinweg als auch innerhalb des Landes – nach wie vor mit gewissen, häufig schwer abschätzbaren Fehlern verbunden, da sich immer wieder Einzelpersonen oder ganze Gruppen der gesetzlichen Verpflichtung zur An- und Abmeldung entziehen.

Diese Fehlerquellen führen häufig dazu, daß die Fortschreibungsergebnisse für den Stichtag einer Volkszählung *über* dem durch die Zählung erfaßten Bevölkerungsbestand liegen. So ergab die Fortschreibung des Bevölkerungsbestandes der Bundesrepublik von der Volkszählung am 27. 5. 1970 auf das Datum des Zensus von 1987 (25. 5.) eine um rund 70 000 oder 0,1% zu hohe Bevölkerungszahl. Dieser für das gesamte Zählgebiet überraschend geringen Differenz standen jedoch für die einzelnen Bundesländer z. T. deutlich größere Abweichungen gegenüber. Im internationalen Maßstab, und selbst im Vergleich zu anderen Industrieländern, dürften jedoch die Fortschreibungsergebnisse für die Bundesrepublik als recht zuverlässig angesehen werden. So lag z. B. die bei der Volkszählung des Jahres 1980 in den USA ermittelte Einwohnerzahl von 227 Mill. um etwa 5,5 Mill. höher als erwartet. Dieses Defizit von etwa 2,4% dürfte in erster Linie auf ein verbessertes Zählverfahren sowie die hohe Zahl illegaler Einwanderer zurückzuführen sein (U.S. Population: Where We Are; Where We're Going 1982, S. 20).

Eine weitere Anwendungsmöglichkeit der demographischen Grundgleichung eröffnet sich dann, wenn keine oder nur sehr unvollständige Angaben über Wanderungsbewegungen vorliegen. In diesem Fall kann das Ausmaß der Nettowanderung im nachhinein aus der Differenz zwischen den Bevölkerungsbeständen zweier Volkszählungen unter Berücksichtigung der natürlichen Bevölkerungsbewegung errechnet werden. Dieses als *Residual- oder Differenzmethode* bezeichnete Verfahren ist heute noch in vielen Ländern die einzige Methode, den Umfang von Wanderungen zwischen einzelnen Teilräumen zu bestimmen (vgl. 2.2.1.2). Auch für historische Untersuchungen ist dieses Verfahren unentbehrlich, stellt es doch die einzige Möglichkeit dar, das Ausmaß der Land-Stadt-Wanderung zur Zeit der Industrialisierung und Verstädterung in Mitteleuropa in der zweiten Hälfte des 19. Jahrhunderts räumlich detailliert und annähernd zuverlässig zu erfassen. Dabei muß jedoch beachtet werden, daß dieses Verfahren stets nur Aussagen über die Wanderungs*bilanzen,* nicht aber über Richtung und Stärke der einzelnen Wanderungs*ströme* erlaubt.

Betrachtet man das Verhältnis von natürlicher Bevölkerungsbewegung und Wanderungsgeschehen, so scheint die allgemeine Regel zu gelten, daß die Bevölkerungsentwicklung kleinerer Raumeinheiten stärker durch Wanderungsbewegungen beeinflußt wird, während mit zunehmendem Gebiets- bzw. Bevölkerungsumfang die natürliche Bewegung von immer größerer Bedeutung für die Veränderung von Bevölkerungsbeständen wird. Als Grenzfall kann die Weltbevölkerung angesehen werden, deren Entwicklung insgesamt allein durch Geburten und Sterbefälle gesteuert wird.

Der genannten Faustregel kann eine strengere Gültigkeit jedoch nur für Teilräume innerhalb eines Territoriums oder für Raumeinheiten vergleichbaren sozial-ökonomischen Entwicklungsstandes zugesprochen werden. Die Bedeutung von natürlicher Bevölkerungsbewegung und Wanderung darf dabei allerdings nicht an der Höhe der Bilanzen oder Salden gemessen werden, da diese, trotz beachtlicher Größe der Einzelkomponenten, u.U. einen sehr niedrigen Wert annehmen und damit wesentliche Aspekte der Bevölkerungsdynamik verschleiern können. Daher ist es sinnvoller, statt der Differenzen die Summen aus den einzelnen Entwicklungskomponenten als Intensitätsmaße zu verwenden. Die Summe aus den Geburten und Sterbefällen ($B+D$) wird dabei als *demographischer Umsatz*, die Summe der Zu- und Abwanderungen ($E+A$) als Wanderungsumschlag oder *Wanderungsvolumen* bezeichnet. Unter Berücksichtigung dieser für mancherlei bevölkerungsgeographische Aussagen sehr wichtigen Größen kann nun in der Tat gezeigt werden, daß mit wachsendem Gebiets- bzw. Bevölkerungsumfang die Wanderungsbewegungen an relativer Bedeutung verlieren. So sinkt im Jahre 1988 das Verhältnis von Wanderungsvolumen zu natürlichem Bevölkerungsumsatz von 3,71:1 für den Stadtstaat Hamburg über die Werte von 1,80:1 bei Niedersachsen und 1,54:1 bei Nordrhein-Westfalen auf eine Relation von lediglich 0,97:1 für die gesamte Bundesrepublik Deutschland (*Statistisches Bundesamt* (Hg.) 1990: Gebiet und Bevölkerung 1988).

2.1.2 Komponenten der natürlichen Bevölkerungsbewegung

Die bisher nur summarisch behandelten Komponenten der Bevölkerungsentwicklung sollen im folgenden einer differenzierten Darstellung unterzogen werden. Dabei steht zunächst der Prozeß der *natürlichen Bevölkerungsbewegung* im Vordergrund. Unter diesem in der deutschsprachigen Literatur allgemein geläufigen Begriff wird die Bevölkerungsveränderung durch Geburten und Sterbefälle verstanden. Dieser Begriff erscheint jedoch in mancher Hinsicht zu eng gefaßt, denn Geburt und Tod, durch die der Mensch in eine Bevölkerung eintritt und wieder ausscheidet, sind zwar in erster Linie biologische Vorgänge, sie werden jedoch in vielfältiger Weise durch soziale und ökonomische Faktoren beeinflußt und können daher nicht losgelöst von den jeweiligen gesellschaftlichen Bedingungen gesehen werden. Aus diesem Grunde haben *Bolte* u.a. (1980) den Begriff der ‚biosozialen Bevölkerungsbewegung' als Alternative vorgeschlagen. Ob sich diese Bezeichnung durchsetzen wird, muß allerdings abgewartet werden.

2.1.2.1 *Fruchtbarkeit und Heiratsverhalten: Begriffe und Analyseverfahren*

Bevor wir uns mit dem historischen Wandel, den räumlichen Unterschieden sowie den sozialen, ökonomischen und kulturellen Determinanten des natürlichen Bevölkerungsprozesses beschäftigen, erscheint es notwendig, sich mit den wichtigsten Verfahren der beschreibenden Analyse von Bevölkerungsvorgängen vertraut zu machen. Die Kenntnis und Beherrschung der hierzu entwickelten demographischen Kennziffern ist eine entscheidende Voraussetzung für den Vergleich und die Deutung der unterschiedlichen Ausprägungen des Bevölkerungsgeschehens. Dabei ist zu beachten, daß kaum ein Lebensbereich den Bedingungen der quantitativen Analyse so entgegenkommt wie der Prozeß der natürlichen Bevölkerungsbewegung. Von den beiden Komponenten der natürlichen Bevölkerungsentwicklung, der Fruchtbarkeit (Fertilität) und Sterblichkeit (Mortalität), ist die letztere unter methodisch-statistischen Aspekten der elementarere und einfacher zu analysierende Vorgang. Es erschiene von daher gerechtfertigt, mit der Analyse der Mortalitätsphänomene zu beginnen, zumal dies einem Nachvollzug der historischen Entwicklung demographischer Forschung gleichkäme (vgl. *Feichtinger* 1973, S. 54). Dennoch soll hier, dem ‚natürlichen Ablauf des Lebens' und der Mehrzahl der Lehrbücher folgend, mit der Analyse der Fruchtbarkeit, einschließlich des Heiratsverhaltens, begonnen werden.

Fruchtbarkeit

Unter dem Begriff *Fruchtbarkeit* oder *Fertilität* soll die aktuelle Reproduktionsleistung einer Bevölkerung, d.h. die Zahl der auf eine Frau bzw. die Frauen einer bestimmten Population entfallenden Geburten verstanden werden. Davon zu trennen ist der Begriff der *Fekundität*, der allein auf die biologische Fortpflanzungsfähigkeit der Frauen abzielt.

Die am häufigsten verwendete Maßzahl für die natürliche Reproduktionsleistung einer Population stellt die *allgemeine Geburtenrate* (auch: *Geburtenziffer, Geborenenziffer*) dar:

$$b = \frac{B}{P} * 1000.$$

Dabei ist: B = Zahl der Lebendgeborenen im betrachteten Kalenderjahr und P = mittlere Bevölkerungszahl desselben Jahres.

Für die Bundesrepublik Deutschland ergibt sich demnach für das Jahr 1988 folgende allgemeine Geburtenrate (vgl. Tab. 2.1.1/1):

$$b = \frac{677259}{1/2 * (61238100 + 61715100)} * 1000 = 11{,}0\,(‰).$$

Am Beispiel der Geburtenrate können einige prinzipielle Anmerkungen zur Konstruktion und Aussagefähigkeit von Bevölkerungsraten gemacht werden (vgl. *Feichtinger* 1973, S. 55f.).

1. Demographische Raten messen Aspekte der Bevölkerungsbewegung in der Form, daß die Anzahl von Ereignissen in einem bestimmten Zeitintervall auf die Anzahl der Einheiten bezogen wird, an welchen diese Ereignisse auftreten können. Diese Einheiten werden in der Fachsprache auch als *Risikobevölkerung* bezeichnet.
2. Voraussetzung für die Berechnung zuverlässiger Kennziffern ist das Vorliegen exakter statistischer Angaben sowohl über die einzelnen Bevölkerungsereignisse wie auch über den jeweiligen Bevölkerungsbestand. Kann in den westlichen Industrienationen und in den ehemals sozialistischen Staaten Europas die Registrierung der Geburten, Sterbefälle und Eheschließungen aufgrund des ausgebauten amtlichen Meldewesens (Standesämter) als weitgehend zuverlässig angesehen werden, so sind demgegenüber in den Ländern der Dritten Welt oft ganz erhebliche Mängel anzunehmen, die sich dementsprechend auch in den Fortschreibungsergebnissen niederschlagen. Viele der im „Demographic Yearbook", der offiziellen Bevölkerungsstatistik der UNO, veröffentlichten Zahlen zur natürlichen Bevölkerungsbewegung beruhen lediglich auf Stichproben oder Schätzungen und sind daher mit Vorbehalten zu verwenden.
3. Weitere Fehlerquellen sind bei der Einordnung der Bevölkerungsereignisse in die verschiedenen vital-statistischen Kategorien zu beachten. So werden auf der Basis bestimmter medizinischer Kriterien, deren Definition jedoch starken zeitlichen und räumlichen Schwankungen unterlag bzw. unterliegt, drei Kategorien von Geburten bzw. Geborenen unterschieden, und zwar Fehlgeburten, Totgeburten und Lebendgeborene. Während die Fehlgeburten nicht amtlich beurkundet und damit auch nicht statistisch registriert werden, erscheinen die Totgeborenen neben den Gestorbenen und den Lebendgeborenen als eigene statistische Kategorie. Für die Berechnung der verschiedenen Fruchtbarkeitsmaße aber werden allein die *Lebendgeborenen* herangezogen.
4. Ein weiteres Problem bei der Berechnung demographischer Raten betrifft die möglichst exakte statistische Bestimmung des mittleren Bevölkerungsbestandes in einem bestimmten Zeitraum, d.h. der jeweiligen *Risikobevölkerung*. Deren Ermittlung bereitet insbesondere dann Schwierigkeiten, wenn die Bevölkerungszahl im Jahresablauf, etwa infolge von saisonalen Wanderungen, starken Schwankungen unterliegt. Im allgemeinen haben sich jedoch der Bevölkerungsstand zur Jahresmitte (30. 6.) bzw. das arithmetische Mittel aus den Bevölkerungszahlen zu Anfang und Ende eines Kalenderjahres als brauchbare Näherungslösungen bewährt.

Bei näherer Betrachtung zeigt sich nun, daß die *allgemeine Geburtenrate* nur ein recht grobes Maß für die Kennzeichnung und insbesondere den Vergleich der Reproduktionsleistung verschiedener Bevölkerungen darstellt. Dies liegt daran, daß die Gesamtbevölkerung eines Raumes nicht mit der Bevölkerung identisch ist, die in Wirklichkeit dem ‚Risiko' einer Geburt ausgesetzt ist, denn dies ist allein die

Teilgruppe der Frauen im Alter von etwa 15–45 Jahren. So ist es leicht einzusehen, daß die allgemeine Geburtenrate von verschiedenen Merkmalen der Bevölkerungsstruktur, so insbesondere vom Altersaufbau, der Sexualproportion und der Familienstandsgliederung, entscheidend beeinflußt wird. Eine relativ niedrige Geburtenrate kann demnach in einer Bevölkerung auftreten, in der die durchschnittliche Kinderzahl der verheirateten Frauen weit hinter dem biologisch möglichen Maximum zurückbleibt; dieselbe Rate wird aber u.U. auch dann erreicht, wenn bei einer überdurchschnittlich hohen Zahl von Kindern pro Frau der Anteil der Frauen im reproduktionsfähigen Alter an der Gesamtbevölkerung sehr niedrig ist.

Da die allgemeine Geburtenrate diese Differenzierungen nicht erfassen kann, weil sie sich allein auf die unstrukturierte Gesamtbevölkerung stützt, wird sie in der Literatur in Anlehnung an den englischen Sprachgebrauch auch als *rohe Geburtenrate* (crude birth rate) bezeichnet.

Im Gegensatz hierzu stehen die verschiedenen *spezifischen Fertilitätsraten*, von denen die *allgemeine Fruchtbarkeitsrate* am gebräuchlichsten ist. Bei ihr wird die Zahl der Lebendgeborenen auf den Bestand der Frauen im gebärfähigen Alter, d.h. die weibliche Bevölkerung vom 15. bis zum vollendeten 49. Lebensjahr, bezogen. Alternativ hierzu wird zuweilen auch das Intervall von 15–44 Jahren zugrunde gelegt. Bei fehlenden Angaben zur Geburtenzahl findet anstelle der allgemeinen Fruchtbarkeitsrate häufig eine aus Volkszählungsdaten abgeleitete Maßzahl Verwendung, bei der die Zahl der Kinder bis zum 5. oder 6. Lebensjahr auf 1000 Frauen in den genannten Altersgruppen bezogen wird (vgl. Tab. 2.1.2/1). Bei dieser Kennziffer ist zu beachten, daß ihr Wert durch das Ausmaß der Säuglings- und Kindersterblichkeit beeinflußt wird.

Da in den meisten Gesellschaften die Heirat bzw. eine eheliche oder eheähnliche Lebensgemeinschaft die Voraussetzung für eine ‚legale', d.h. den sozialen Normen entsprechende Fruchtbarkeit darstellt, kann die allgemeine Fruchtbarkeitsrate u.U. allein aufgrund eines unterschiedlichen Anteils an verheirateten Frauen variieren. Dieser ‚Störeffekt' kann eliminiert werden durch die Ermittlung von *familienstandsspezifischen Fruchtbarkeitsraten*, bei denen die ehelichen und die nichtehelichen Lebendgeborenen jeweils auf die verheirateten bzw. unverheirateten Frauen der o.g. Altersgruppe bezogen werden.

Für eine genauere Analyse von Strukturen und Veränderungen des generativen Verhaltens ist allerdings eine weitere Differenzierung der Meßverfahren notwendig. Die Geburten einer Frau verteilen sich in der Regel sehr ungleichmäßig über die Phase der potentiellen Fruchtbarkeit. Die erste Niederkunft erfolgt – in Abhängigkeit vom Heiratsalter – gewöhnlich erst mehrere Jahre nach der biologischen Reife. Die weiteren Geburten folgen dann meist in relativ kurzen Zeitabständen, während die letzte Geburt, zumindest in Gesellschaften mit verbreiteter Familienplanung, lange vor dem natürlichen Ende der Gebärfähigkeit stattfindet. Dieser von Bevölkerung zu Bevölkerung unterschiedliche Verlauf der Fruchtbarkeit läßt sich durch die sog. *altersspezifischen Fruchtbarkeitsraten* (b_i) erfassen. Hierbei werden die von den Frauen einer bestimmten Altersgruppe in einem Kalenderjahr Lebendgeborenen (B_i) auf die mittlere Anzahl dieser Frauen (= Risikobevölkerung) (F_i) bezogen:

$$b_i = \frac{B_i}{F_i} * 1000.$$

Aus Übersichtsgründen empfiehlt sich dabei die Wahl von Fünfjahresintervallen für die Altersgruppen von 15 bis 50 Jahren. Diese Raten werden in der Regel in Analogie zur allgemeinen Fruchtbarkeitsrate, d.h. ohne Berücksichtigung des Familienstandes, berechnet.

In Abb. 2.1.2/1 sind zur Erläuterung einige charakteristische Kurvenverläufe von altersspezifischen Fruchtbarkeitsraten dargestellt. Die Kurven der verschiedenen Länder geben in erster Linie Auskunft über Verbreitung und Ausmaß von Familienplanung bzw. Geburtenkontrolle; bei ihrer Interpretation sind allerdings die Einflüsse des vorherrschenden Heiratsmusters, d.h. von Heiratsalter und Heiratshäufigkeit, zu beachten (vgl. 2.4.2). So spiegelt die Kurve für Afghanistan ohne Zweifel auch das für islamisch-orientalische Gesellschaften typische Muster von früher und allgemeiner Heirat der Frauen

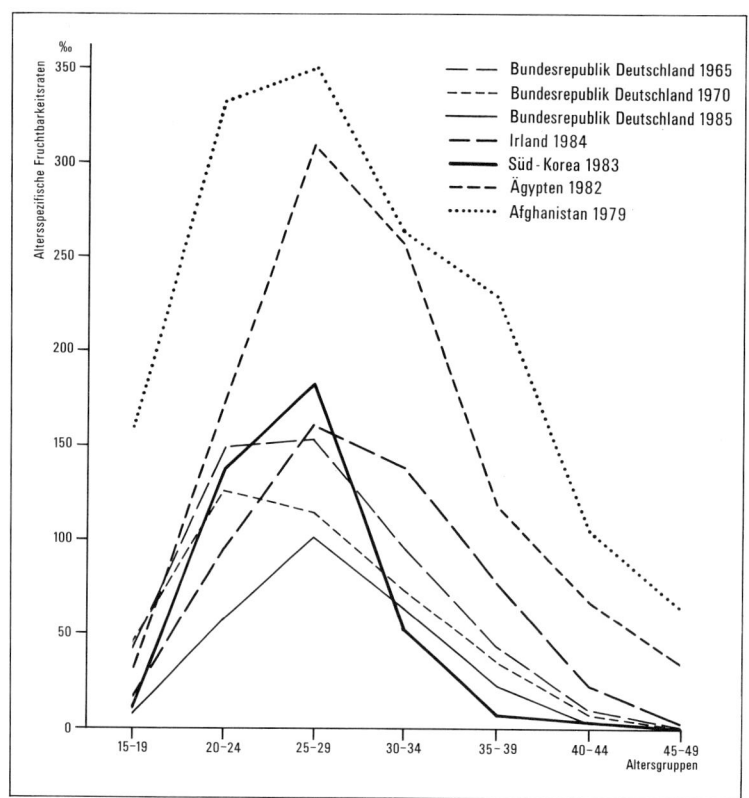

Abb. 2.1.2/1
Altersspezifische Fruchtbarkeitsraten ausgewählter Staaten
Entwurf: H. D. Laux; Datenquellen: Population Reference Bureau (Hg.) 1981.1: *World Fertility; Demographic Yearbook 1988.*

wider. In erster Linie aber weisen die bis zum Ende der weiblichen Fruchtbarkeitsphase extrem hohen Fertilitätsraten auf das weitgehende Fehlen jeglicher bewußter Familienplanung hin. Denn eine Rate von 230,4‰ für die Altersgruppe von 35–39 Jahren bedeutet, daß jede Frau während dieser fünf Jahre ihres Lebens im Durchschnitt noch 1,15 Kinder zur Welt bringt. Demgegenüber gibt die Kurve für Ägypten, auch wenn sie bei der Altersgruppe der 25–29jährigen noch fast an den Wert Afghanistans heranreicht, bereits deutliche Hinweise auf eine beginnende Familienplanung, sei es durch Rückverlegung des Heiratsalters, sei es durch eine Einschränkung der Geburten in der zweiten Hälfte der weiblichen Fruchtbarkeitsphase.

Als Beispiel für ein Land mit effektiver Geburtenplanung darf das an der Schwelle zur Industrienation stehende Süd-Korea gewertet werden. Das starke Absinken der Fruchtbarkeitsraten nach dem Alter von 30 Jahren ist Ausdruck einer Strategie, die sich weniger in der Verlängerung der Geburtenintervalle als vielmehr im Stoppen der Gebärtätigkeit nach einer bestimmten Zahl von Kindern äußert. Einen ganz anderen Verlauf nimmt demgegenüber die Kurve für Irland. Charakteristisch sind hier die noch relativ hohen Fruchtbarkeitsraten für die Altersgruppen von über 30 Jahren. Dies kann als Ausdruck einer sich eher zögernd durchsetzenden innerehelichen Geburtenbeschränkung in diesem durch traditionelle Werthaltungen geprägten katholischen Land gewertet werden. Darüber hinaus wird der Kurvenverlauf durch das traditionell späte Heiratsalter und die hohe Ledigenquote beeinflußt. Ohne dieses bis in die Gegenwart charakteristische Heiratsmuster (vgl. 2.4.2.1) läge die Geburtenrate Irlands, die nach Albanien die zweite Stelle in Europa einnimmt, noch beträchtlich höher.

Die Kurven für die Bundesrepublik Deutschland schließlich verdeutlichen Struktur und Entwicklung der Fruchtbarkeit für den Zeitraum zwischen dem Nachkriegs-Maximum und einem in der Welt einzigartigen Tiefstand. Dabei ist neben dem generellen Absinken der Fertilitätsraten in allen Altersgruppen eine deutliche Verschiebung des Geburtenmaximums auf die Gruppe der 25–29- sowie

30–34jährigen zu erkennen. Hierin spiegeln sich neben dem leichten Anstieg des Heiratsalters offenbar auch neue Muster der Familienbildung wider (vgl. 2.4.2.2).

Am Beispiel der altersspezifischen Fruchtbarkeitsraten läßt sich auch die für die Analyse von Bevölkerungsprozessen grundlegende Unterscheidung zwischen *Längsschnitt-* und *Querschnittanalyse* erläutern: Die *Längsschnittanalyse* geht von einer bestimmten Personengruppe, d. h. in der Regel einem Geburtsjahrgang (Generation), aus und untersucht die demographischen Ereignisse und Prozesse, denen diese Personen im Zeitablauf unterworfen sind. Für diese Betrachtungsweise ist auch der Begriff der *Kohortenanalyse* gebräuchlich, da die einzelnen Geburts- oder auch Heiratsjahrgänge in der Fachsprache als *Kohorten* bezeichnet werden. Bei der Analyse der Fertilität führt dieser Ansatz zu einer detaillierten Erfassung der Fruchtbarkeitsgeschichte aufeinanderfolgender Frauengenerationen. Die Längsschnittanalyse liefert somit sehr genaue Aussagen über demographische Entwicklungsprozesse in der Vergangenheit, da sie das Verhalten bzw. Schicksal realer Geburtsjahrgänge beschreibt. Abgesehen vom Problem der Datenerfassung aber liegt der entscheidende Nachteil der Kohortenanalyse darin, daß sie ihre Aussagen nur mit erheblicher zeitlicher Verzögerung machen kann und daher für die Diagnose aktueller Entwicklungstrends kaum geeignet ist. So konnte z. B. erst im Jahre 1980 die Kinderzahl des Geburtenjahrganges 1930 abschließend und vollständig erfaßt werden.

Die *Querschnittanalyse,* auch als *Periodenanalyse* bezeichnet, untersucht demgegenüber demographische Ereignisse, die während eines bestimmten Beobachtungszeitraumes – in der Regel ein Kalenderjahr – an den Personen unterschiedlicher Geburtsjahrgänge beobachtet werden können. Dabei werden die Personen verschiedenen Alters gleichsam wie eine hypothetische oder fiktive Kohorte behandelt. Diese Betrachtungsweise wird in der Regel bei Bevölkerungsanalysen angewendet, da sie allein ein Bild der jeweils aktuellen Bevölkerungssituation zu liefern vermag. Die Interpretation von Querschnittsdaten im Bereich der Fertilität wird allerdings dadurch erschwert, daß den Fruchtbarkeitsraten für bestimmte Kalenderjahre die Geburten von Frauen unterschiedlicher Geburtsjahrgänge (Kohorten) zugrunde liegen. Es muß jedoch angenommen werden, daß verschiedene Frauengenerationen in Abhängigkeit von den jeweiligen sozialen und ökonomischen Rahmenbedingungen auch voneinander abweichende zeitliche Muster im Reproduktionsverhalten zeigen. So kann gezeigt werden, daß die z. T. beträchtlichen Schwankungen der Geburten- bzw. Fruchtbarkeitsraten in Deutschland im Laufe des 20. Jahrhunderts, einschließlich der Entwicklung vom Geburtenhoch der 60er Jahre zum gegenwärtigen Tiefstand, deutlich abgemildert erscheinen, wenn statt der üblichen Querschnittsdaten für Kalenderjahre die Fruchtbarkeitsraten für aufeinanderfolgende Frauengenerationen (Kohorten) verwendet werden (vgl. *Dinkel* 1983; *Birg* 1989). So kann der Baby-Boom zwischen 1960 und 1970 zumindest teilweise als Resultat vorverschobener Geburten gedeutet werden, während seitdem eine Rückverlegung des durchschnittlichen Gebäralters zu beobachten ist.

Ein Nachteil der altersspezifischen Fruchtbarkeitsraten besteht nun darin, daß die Einzelwerte für die verschiedenen Altersgruppen – etwa im Rahmen einer vergleichenden Betrachtung – leicht zur Unübersichtlichkeit führen können. Es empfiehlt sich daher die Konstruktion einer zusammenfassenden Kennziffer der Fruchtbarkeitsverhältnisse. Als solche Maßzahl findet die *totale Fertilitätsrate* (*TFR*) eine breite Anwendung; sie errechnet sich aus der einfachen Addition der einzelnen altersspezifischen Fruchtbarkeitsraten:

$$TFR = \sum b_i .$$

Bei einer Verwendung von Fünf-Jahres-Intervallen sind dabei die Einzelwerte bzw. die Summe mit dem Faktor 5 zu multiplizieren. So ergibt sich aus den in Abb. 2.1.2/1 dargestellten Werten für Afghanistan (1979) eine totale Fertilitätsrate von 7603 und für die Bundesrepublik Deutschland (1985) eine Ziffer von 1296. Das bedeutet im Rahmen der Querschnittsbetrachtung, daß eine fiktive Kohorte von 1000 Frauen – unter Annahme der im bestimmten Kalenderjahr gültigen Fruchtbarkeitsverhältnisse und bei Ausschaltung des Sterblichkeitsrisikos – die angegebene Zahl von Kindern bis zum Ende ihrer reproduktiven Periode zur Welt bringen würde. Im Rahmen der Kohortenanalyse gibt die totale Fertilitätsrate die Gesamtzahl der Kinder von 1000 Frauen eines realen Geburtsjahrgangs an. Diese große Anschaulichkeit läßt die totale Fertilitätsrate als standardisiertes Maß der Fruchtbarkeit für internationale Vergleiche besonders brauchbar erscheinen. Dabei werden aus Gründen der Vereinfachung die Zahlenwerte in der Regel um den Faktor 1000 verkleinert.

Ein in der demographischen Analyse häufig verwendetes Konzept der Fruchtbarkeitsmessung, das bereits in Fragen der Populationsdynamik einschließlich der Bevölkerungsprognose hineinführt, stellt die Berechnung von sog. *Reproduktionsraten* dar. Diese Raten, die genauer als Reproduktions*indizes* zu bezeichnen sind, beantworten die Frage, ob und in welchem Maße ein gegebenes Muster altersspezifischer Fertilitätsraten ausreicht, um den Bestand einer Bevölkerung langfristig zu erhalten. Dabei finden aus naheliegenden Gründen nur die Lebendgeborenen weiblichen Geschlechts Berücksichtigung.

Die *Bruttoreproduktionsrate* errechnet sich, in Analogie zur totalen Fertilitätsrate, aus der Summe der weiblichen altersspezifischen Fruchtbarkeitsraten. Der Wert für die Bundesrepublik Deutschland im Jahre 1985 von 0,62 bedeutet, daß unter den damaligen Fruchtbarkeitsstrukturen eine Frau bis zum Alter von 50 Jahren im Durchschnitt lediglich 0,62 Töchter gebären würde. Dabei bleibt die Sterblichkeit unberücksichtigt, d. h. die Bruttoreproduktionsrate fragt nicht, ob die Töchter überhaupt das Alter ihrer Mütter erreichen und diese damit wirklich ‚ersetzen‘ können. Diese Frage kann allein durch die *Nettoreproduktionsrate* beantwortet werden, bei der neben den jeweiligen Fruchtbarkeitsraten auch die Überlebenschancen der Töchter bis zum Alter ihrer Mütter in die Kalkulation eingehen. Daraus folgt, daß bei ungünstigen Sterblichkeitsverhältnissen Brutto- und Nettoreproduktionsrate z. T. beträchtlich voneinander abweichen können (vgl. Tab. 2.1.2/1). In Ländern mit einem geringen Sterberisiko in der ersten Lebenshälfte sind die Differenzen allerdings sehr gering. Es ist hier nicht notwendig, auf die genaue Berechnung der Nettoreproduktionsrate einzugehen; für ihr Verständnis genügt die Erläuterung, daß bei einem Wert von 1,00 eine Frauengeneration exakt durch ihre Töchter ersetzt und damit die Bevölkerung langfristig auf dem gleichen Stand bleiben würde (= *Nullwachstum*). Bei einer Rate von unter 1,00 verkleinert sich die Bevölkerung innerhalb einer Generation um den entsprechenden Faktor, während Werte über 1,00 ein andauerndes Bevölkerungswachstum anzeigen. Für die Abschätzung langfristiger Entwicklungstrends erscheint somit die Nettoreproduktionsrate besonders geeignet. Sie kann bereits Werte unter 1,00 annehmen und auf einen Schrumpfungsprozeß hindeuten, wenn die natürliche Bevölkerungsbilanz aufgrund günstiger Altersstrukturen noch positiv ist (vgl. *Feichtinger* 1973, S. 101).

Eine Zusammenstellung der bisher diskutierten Fertilitätsmaße für einige ausgewählte Länder und verschiedene Stichjahre liefert die Tab. 2.1.2/1. Eine Interpretation der Zahlen kann nach den vorangegangenen Ausführungen dem Leser selbst überlassen werden.

Heiratsverhalten

Wie bereits ausgeführt, wird die natürliche Reproduktionsleistung einer Bevölkerung maßgeblich durch den Anteil der verheirateten Frauen, d. h. durch das spezifische Muster des *Heiratsverhaltens* (*Nuptialität*), beeinflußt. Dabei können als entscheidende Komponenten das *Alter bei der Erstheirat* und die *Heiratshäufigkeit* sowie als ergänzende Elemente die *Scheidungshäufigkeit* und die *Wiederverheiratungsquote* angesehen werden. Die Strukturen des Heiratsverhaltens zeigen eine große zeitliche und räumliche Vielfalt in Abhängigkeit von den jeweiligen kulturellen, sozialen und ökonomischen Rahmenbedingungen (vgl. 2.4.2.1). Hier sei etwa auf das in Westeuropa über lange Jahrhunderte vorherrschende ‚*European marriage pattern*‘ (*Hajnal* 1965) hingewiesen, das durch ein hohes Heiratsalter und eine relativ geringe Heiratshäufigkeit gekennzeichnet war. Neben dem *durchschnittlichen Heiratsalter*, differenziert nach dem Familienstand vor der Eheschließung, findet die *allgemeine Eheschließungsziffer* (*rohe Heiratsquote*) als elementare Maßzahl der Heiratshäufigkeit weite Verbrei-

Tab. 2.1.2/1: Ausgewählte Fertilitätsmaße im räumlichen und zeitlichen Vergleich

Land und Jahr	rohe Geburtenrate (‰)	allgemeine Fruchtbarkeitsrate[1]	Verhältnis Kinder/Frauen[2]	totale Fertilitätsrate	Bruttoreproduktionsrate	Nettoreproduktionsrate
England und Wales 1861	34,6	133,6	.	4,52	2,21	1,37
England und Wales 1950	15,8	62,5	333,9	2,19	1,06	1,02
England und Wales 1985	13,1	54,0	259,1	1,79	0,87	0,86
Frankreich 1851	27,1	103,7	.	3,49	1,70	0,97
Frankreich 1950	20,7	83,4	380,5	2,92	1,43	1,33
Frankreich 1985	13,9	57,3	283,8	1,83	0,89	0,87
Bundesrepublik Deutschland 1950	15,8	58,1	252,6	2,09	1,01	0,93
Bundesrepublik Deutschland 1985	9,6	37,5	191,1	1,30	0,62	0,60
USA 1950	23,5	92,2	417,1	3,08	1,51	1,44
USA 1984	15,5	59,3	288,0	1,81	0,88	0,86
Mauritius 1955	41,1	183,4	774,7	5,69	2,80	2,15
Mauritius 1985	18,5	68,3	380,9	1,95	0,97	0,96
Singapur 1967	26,8	124,9	657,5	4,02	2,00	1,82
Singapur 1985	16,6	56,4	275,2	1,62	0,78	0,76

Quellen: Demographic Yearbook, Historical Supplement 1979; *Demographic Yearbook* 1986; Woods 1979, S. 115

[1]) Lebendgeborene auf 1000 Frauen im Alter von 15–49 Jahren
[2]) Kinder unter 5 Jahren auf 100 Frauen im Alter von 15–49 Jahren

tung. Dabei wird in Analogie zur rohen Geburtenrate die Zahl der Eheschließungen eines Kalenderjahres auf den mittleren Bevölkerungsstand bezogen. Eine differenziertere Betrachtung führt auch hier zur Ableitung von *spezifischen Heiratsraten* entsprechend der jeweiligen nach Alter, Geschlecht und Familienstand definierten Risikobevölkerung. Hierauf soll jedoch, ebenso wie auf die analoge Berechnung von Ehescheidungsraten, nicht weiter eingegangen werden. Statt dessen sei bereits hier darauf hingewiesen, daß häufig bestimmte Merkmale der Bevölkerungsstruktur, genauer der Familienstandsgliederung, als Indikatoren des Heiratsverhaltens verwendet werden. So wird in der Regel der Ledigenanteil der 20–24jährigen Frauen als Hinweis auf das Heiratsalter gewertet, während die entsprechende Quote für die 45–49jährigen Frauen als Maß für die Heiratshäufigkeit interpretiert wird (vgl. 2.4.2.1).

Standardisierte Fruchtbarkeitsindizes

Zum Abschluß dieses Teilkapitels sollen einige weitere Indizes vorgestellt werden, die bei der Analyse von raum-zeitlichen Mustern der Bevölkerungsentwicklung immer häufiger Verwendung finden. Der Vorzug dieser Kennziffern liegt darin, daß sie keine detaillierten vital-statistischen Angaben voraussetzen und daher sowohl für kleinräumige wie auch historische Untersuchungen besonders geeignet sind. Zur Herleitung dieser Indizes sei an den bereits kurz erwähnten Begriff der *Fekundität* angeknüpft.

Hierunter wird das biologische Potential einer Bevölkerung, d.h. die maximale Fortpflanzungsfähigkeit der Frauen, verstanden. Deren exakte Bestimmung ist eher von biologischem oder medizinischem als bevölkerungsgeographischem Interesse. Es kann jedoch als sicher gelten, daß sich während der vergangenen drei Jahrhunderte in Mitteleuropa die potentielle Fruchtbarkeit deutlich erhöht hat (*Imhof* 1981, S. 162 ff.). Dies ist einerseits auf die generelle Verlängerung der mittleren Reproduktionsphase von einst 29 auf gegenwärtig 39 Jahre – durch Vorverlegung der Geschlechtsreife (Menarche) und Zurückdrängung der Menopause – zurückzuführen, zum anderen aber auch auf eine durch verbesserte Ernährung und größere Gesundheit verursachte Reduzierung der permanenten oder periodischen Sterilität. In der Bevölkerungsforschung häufiger verwendet wird das von *Henry* entwickelte Konzept der *natürlichen Fruchtbarkeit*. Hierunter wird die eheliche Fruchtbarkeit verstanden, die sich ohne eine bewußte und effektive Form der Geburtenkontrolle ergibt (vgl. *van de Walle/Knodel* 1980, S. 10). Untersuchungen haben gezeigt, daß in Abhängigkeit von kulturellen und sozioökonomischen Rahmenbedingungen, wie z.B. Ernährungsweisen und Krankheiten, sexuellen Tabus und Stillgewohnheiten etc., von Bevölkerung zu Bevölkerung recht unterschiedliche Niveaus der natürlichen Fruchtbarkeit auftreten können. Dabei gehört die Fertilität der in Nordamerika lebenden *Hutterer* – eine strenggläubige, jede Empfängnisverhütung ablehnende Sekte von Wiedertäufern mitteleuropäischen Ursprungs (vgl. *Holzach* 1980) – zu den höchsten bei einer geschlossenen Bevölkerungsgruppe beobachteten Werten. Hier wurden von den in den Jahren 1921 bis 1930 verheirateten Frauen im Durchschnitt etwa 11 Kinder geboren (vgl. *Imhof* 1981, S. 179 f.). Diese maximalen Fruchtbarkeitsverhältnisse wurden von *Coale* und seiner Forschergruppe an der Princeton University als Vergleichs- oder Standardwerte verwendet, um raumzeitliche Veränderungen im generativen Verhalten zu studieren und das Ausmaß der Geburtenkontrolle zu erfassen.

Tab. 2.1.2/2: Altersspezifische Fruchtbarkeitsraten der verheirateten Hutterer-Frauen 1921–1930

Altersgruppe	altersspezifische Fruchtbarkeitsrate[1])
15–19	0,300
20–24	0,550
25–29	0,502
30–34	0,447
35–39	0,406
40–44	0,222
45–49	0,061

Quelle: nach *Knodel* 1974, S. 33f.
[1]) Zahl der Geburten pro Frau

Ausgehend von den in Tab. 2.1.2/2 aufgeführten altersspezifischen Fruchtbarkeitsraten der verheirateten Hutterer-Frauen (HFRi) wurden hierzu vier inhaltlich miteinander verbundene Indizes gebildet. Dabei werden folgende Ausgangsdaten benötigt:

B = jährliche Zahl der Lebendgeborenen,
B_L = jährliche Zahl der ehelich Lebendgeborenen,
B_I = jährliche Zahl der unehelich Lebendgeborenen,
F_i = Zahl der Frauen in der i-ten 5jährigen Altersgruppe zwischen 15 und 49 Jahren,
F_{Hi} = Zahl der verheirateten Frauen in der i-ten Altersgruppe und
F_{Ui} = Zahl der unverheirateten Frauen in der i-ten Altersgruppe.

Der Index der *Gesamtfruchtbarkeit* (I_f) gibt an, bis zu welchem Ausmaß sich die Geburten in einer Bevölkerung der Zahl nähern, die erreicht würde, wenn alle Frauen zwischen 15 und 49 Jahren dem Fruchtbarkeitsverhalten der verheirateten Hutterer-Frauen folgen würden:

$$I_f = \frac{B}{\sum F_i * HFR_i}.$$

Der Index der *ehelichen Fruchtbarkeit* (I_g) verdeutlicht, in welchem Maß die verheirateten Frauen der Vergleichsbevölkerung das Fertilitätsniveau der Hutterer erreichen:

$$I_g = \frac{B_L}{\sum FH_i * HFR_i}.$$

Eine entsprechende Aussage für die unverheirateten Frauen macht der Index der *unehelichen Fruchtbarkeit*:

$$I_h = \frac{B_I}{\sum FU_i * HFR_i}.$$

Als vierter Index schließlich liefert die *Verheiratetenquote* (I_m) den mittleren gewichteten Anteil der verheirateten weiblichen Bevölkerung im gebährfähigen Alter:

$$I_m = \frac{\sum FH_i * HFR_i}{\sum F_i * HFR_i}.$$

Zwischen den einzelnen Indizes besteht ein systematischer Zusammenhang, der sich in der folgenden Gleichung ausdrückt:

$$I_f = I_g * I_m + I_h * (1 - I_m).$$

Hierin wird der besondere Vorzug dieser Kennziffern deutlich, insofern sie das Phänomen der Gesamtfruchtbarkeit in ihre mehr oder weniger voneinander unabhängigen Einzelkomponenten zerlegen. Dabei erweisen sich die eheliche Fruchtbarkeit und die Verheiratetenquote als die wesentlichen Dimensionen, deren rechnerisches Produkt im Falle einer geringen unehelichen Fertilität weitgehend dem Index der Gesamtfruchtbarkeit entspricht.

Diese Kennziffern haben im letzten Jahrzehnt in einer Vielzahl von Untersuchungen Anwendung gefunden, so insbesondere in den umfangreichen Studien des ‚*European Fertility Project*' der Princeton University. Ziel dieses Forschungsprojektes war es, auf der Basis möglichst kleinräumiger Untersuchungseinheiten zu vertieften Einsichten in den Ablauf und die Ursachen des säkularen Fruchtbarkeitsrückganges in Europa seit der Mitte des 19. Jahrhunderts zu gelangen. Die vorliegenden Ländermonographien, so z. B. über Deutschland (*Knodel* 1974), Frankreich (*v. d. Walle* 1974), Italien (*Livi-Bacci* 1977), Belgien (*Lesthaeghe* 1977) oder Rußland (*Coale/Anderson/Härm* 1979) sowie die zusammenfassende Darstellung der Forschungsergebnisse (*Coale/Watkins* 1986) liefern gerade auch für den an regionalen Unterschieden interessierten Bevölkerungsgeographen wertvolle Daten und Erkenntnisse (vgl. *Kuls* 1979). Die Aussagekraft der Indizes sei abschließend an einigen ausgewählten Werten verdeutlicht (vgl. Tab. 2.1.2/3).

Die Tabelle zeigt am Beispiel der Metropole Berlin, dem industrialisierten Regierungsbezirk Arnsberg (Ruhrgebiet) sowie der ländlich-agrarischen Region Niederbayern sowohl das regional sehr unterschiedliche Niveau als auch die differenzierte zeitliche Entwicklung der Gesamtfruchtbarkeit und ihrer Komponenten. Auffallend sind die beachtlichen Unterschiede in der ehelichen Fruchtbarkeit bereits im Jahre 1871, d. h. vor Beginn des säkularen Geburtenrückganges. Dabei rangiert der Wert für Berlin am unteren Ende der Skala, während Niederbayern nach den Regierungsbezirken Schwaben und Aachen die höchste eheliche Fruchtbarkeit aller deutschen Verwaltungsbezirke aufweist. Dieser fast an das Niveau der Hutterer heranreichende Indexwert wird in seinem Einfluß auf die Gesamtfruchtbarkeit allerdings durch die überaus niedrige, mit Anerbenrecht und Gesindeverfassung verbundene Verheiratetenquote entscheidend gedämpft. So zeigt die vornehmlich industrielle Bevöl-

Tab. 2.1.2/3: Kennziffern zur Fertilität nach A. *Coale* für das Deutsche Reich und ausgewählte Teilgebiete 1871–1933

	Gesamtfruchtbarkeit (I_f)			eheliche Fruchtbarkeit (I_g)			uneheliche Fruchtbarkeit (I_h)			Verheiratetenquote (I_m)		
	1871	1900	1933	1871	1900	1933	1871	1900	1933	1871	1900	1933
Deutschland	0,396	0,373	0,157	0,760	0,664	0,264	0,071	0,066	0,033	0,472	0,513	0,534
Berlin	0,314	0,217	0,090	0,636	0,394	0,152	0,074	0,061	0,024	0,427	0,467	0,512
Reg.-Bez. Arnsberg	0,471	0,477	0,150	0,839	0,781	0,253	0,023	0,029	0,013	0,549	0,595	0,571
Reg.-Bez. Niederbayern	0,439	0,455	0,240	0,921	0,912	0,473	0,134	0,125	0,080	0,388	0,419	0,409

Quelle: nach *Knodel* 1974, S. 271–275

kerung des Ruhrreviers aufgrund der relativ frühen und generellen Heirat der Frauen noch im Jahre 1900 eine höhere Gesamtfruchtbarkeit als die Agrarbevölkerung Niederbayerns, auch wenn dort die unehelichen Geburten ein weit überdurchschnittliches Niveau erreichten.

2.1.2.2 Sterblichkeit: Begriffe und Maßzahlen

Die am häufigsten verwendete Maßzahl für die Sterblichkeit einer Bevölkerung stellt die *allgemeine* oder *rohe Sterberate* (auch: *Sterbeziffer, Todesrate*) dar. Hierbei wird in Analogie zur allgemeinen Geburtenrate die Zahl der innerhalb eines Kalenderjahres Gestorbenen (D) auf 1000 Personen der mittleren Bevölkerung (P) bezogen:

$$m = \frac{D}{P} * 1000 .$$

Nach den Zahlen der Tab. 2.1.1/1 ergibt sich im Jahr 1988 für die Bundesrepublik Deutschland ein Wert von 11,2‰. Obwohl die allgemeine Sterberate bei der Darstellung von demographischen Entwicklungsabläufen und in internationalen Übersichten eine universelle Anwendung findet, ist sie für solche Vergleiche im Grunde nur bedingt geeignet. Diese Schwäche wird z.B. darin deutlich, daß Mexiko im Jahre 1966 mit 9,6‰ eine rohe Sterberate aufwies, die deutlich unter dem Wert der Bundesrepublik Deutschland (1967) mit 11,5‰ lag. Was den zeitlichen Aspekt angeht, so wurde z.B. der in der Bundesrepublik Deutschland im Jahre 1988 gemessene Wert von 11,2‰ bereits im Jahre 1930 für die Bevölkerung des damaligen Deutschen Reiches mit 11,1‰ unterschritten; die Entwicklung bis zur Gegenwart war dann durch Sterberaten gekennzeichnet, die nur noch leicht um dieses schon vor nahezu 60 Jahren erreichte Niveau schwankten. Diese auf den ersten Blick sicherlich überraschenden Tatsachen finden ihre Erklärung in dem unterschiedlichen Altersaufbau der jeweiligen Bevölkerungen. Zwar sind, im Gegensatz zur Fruchtbarkeit, sämtliche Mitglieder einer Population dem Risiko der Sterblichkeit ausgesetzt; dieses Risiko ist indes sehr ungleich über die beteiligten Altersgruppen und – in abgemilderter Form – auch auf die beiden Geschlechter verteilt. Aus diesem Grunde vermag allein die Berechnung von *geschlechts-* und insbesondere *altersspezifischen Sterberaten* ein genaueres Bild von den Sterblichkeitsverhältnissen in einer Bevölkerung zu vermitteln. Die Berechnung erfolgt analog zur allgemeinen Sterberate, d.h. die Zahl der Todesfälle (D_i) in einer bestimmten Bevölkerungsgruppe wird auf den jeweiligen Bestand (P_i) dieser Gruppe bezogen:

$$m_i = \frac{D_i}{P_i} * 1000 .$$

Als Altersklassen (i) finden je nach Untersuchungsziel und Genauigkeit des Ausgangsmaterials Ein-, Fünf- oder Zehnjahresgruppen Verwendung.

Aufgrund ihrer besonderen Bedeutung wird die Sterblichkeit im ersten Lebensjahr, die sog. *Säuglingssterblichkeit*, in der Sterbestatistik meist gesondert ausgewiesen. Die Berechnung dieser Maßzahl erfolgt abweichend von dem oben beschriebenen Verfahren, insofern als Bezugsgröße für die in einem Kalenderjahr vor Vollendung ihres ersten Lebensjahres verstorbenen Kinder (D_o) die Zahl der im selben Kalenderjahr Lebendgeborenen (B) verwendet wird:

$$m_o = \frac{D_o}{B} * 1000 .$$

Einen Eindruck von den beträchtlichen alters- und auch geschlechtsspezifischen Unterschieden in der Mortalität sowie von deren Veränderungen in Deutschland zwischen 1930 und 1980 vermittelt die Abb. 2.1.2/2. Um sämtliche altersspezifischen Raten in einer Graphik darstellen zu können, wurde für die y-Achse eine logarithmische Skala gewählt; die Spannweite der Werte erscheint dadurch optisch vermindert. Die leicht asymmetrische, U-förmige Gestalt der Kurven mit den höchsten Raten im Säuglingsalter und bei den ältesten Jahrgängen sowie dem geringsten Sterblichkeitsrisiko im Alter von etwa 10 Jahren spiegelt ein universelles Mortalitätsmuster wider, dessen zeitliche und räumliche Modifikationen im wesentlichen durch die absoluten Höhen der Raten und die Differenzen zwischen Minimum und Maximum gekennzeichnet sind (vgl. die Beispiele bei *Woods* 1979, S. 56).

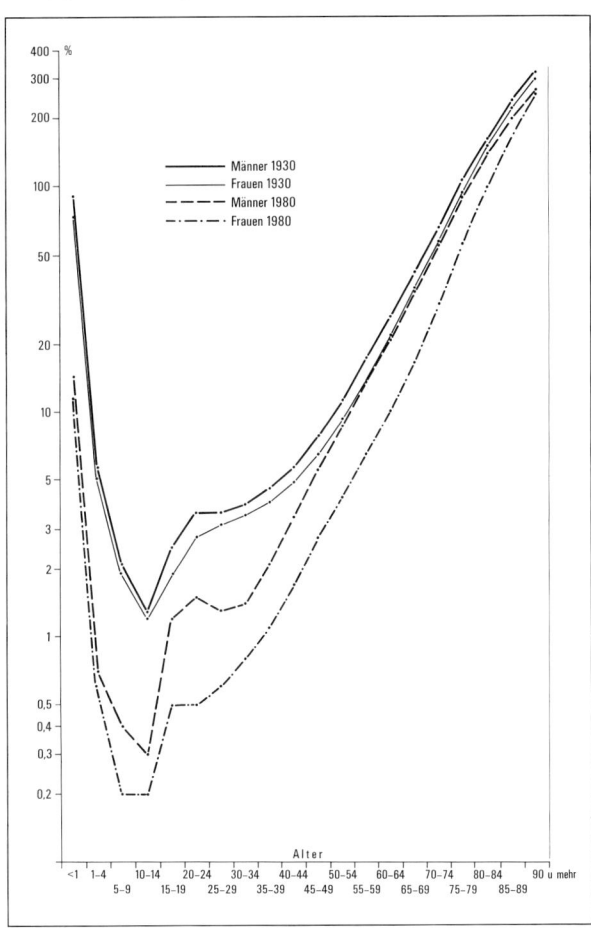

Abb. 2.1.2/2
Altersspezifische Sterberaten – Deutsches Reich 1930 und Bundesrepublik Deutschland 1980
Entwurf: H. D. Laux; Datenquellen: Statistisches Bundesamt (Hg.) 1972: Bevölkerung und Wirtschaft 1872–1972; Statistisches Jahrbuch für die Bundesrepublik Deutschland 1982.

In beiden Stichjahren spielt die Säuglingssterblichkeit relativ gesehen noch eine beachtliche Rolle; ihr Niveau wird im Jahre 1930 erst wieder von der Gruppe der 75–79jährigen erreicht, und selbst im Jahre 1980 übersteigt erst die Sterblichkeit der 65–69jährigen wieder das Mortalitätsrisiko der jüngsten Altersgruppe.

Ein weiterhin auffallendes Merkmal der Kurvenverläufe ist die generelle, d. h. bei sämtlichen Altersgruppen zu beobachtende *Übersterblichkeit* des männlichen Geschlechts. Dieses Phänomen hat sich in den letzten Jahrzehnten verstärkt herausgebildet: Zeigte im Jahre 1930 die Altersgruppe der 15–19jährigen Frauen mit 76% des Sterblichkeitsniveaus der entsprechenden männlichen Bevölkerung den stärksten Abstand, so liegt im Jahre 1980 bereits in 14 von 20 Altersklassen die Sterberate der Frauen um mehr als 40% unter derjenigen der Männer. Die stärksten Differenzen zeigen sich dabei im Alter zwischen 15 und 30 Jahren. Dieses zunehmende Auseinanderklaffen der Sterblichkeitskurven für die beiden Geschlechter, das auch in der Entwicklung der mittleren Lebenserwartung (s. u.) zum Ausdruck kommt, ist eine für die Industrieländer typische, insgesamt jedoch relativ junge Erscheinung. Noch heute sind in zahlreichen Ländern der Dritten Welt – und ähnliches galt bis in unser Jahrhundert hinein auch für Mittel- und Westeuropa (vgl. *Imhof* 1981, S. 144ff.) – die Mortalitätsunterschiede sehr viel weniger ausgeprägt. Dabei liegt nicht selten die Sterblichkeit der Frauen, insbesondere in den Altersgruppen zwischen 20 und 35 Jahren, über derjenigen der Männer. Dieser ausgeprägte Gegensatz zu den gegenwärtigen Verhältnissen in den industrialisierten Ländern ist u. a. auf die höhere Müttersterblichkeit, die stärkere körperliche Beanspruchung in der Landwirtschaft, die mangelnde medizinische Betreuung und nicht zuletzt auf eine geringere Wertschätzung des weiblichen Geschlechts zurückzuführen (vgl. 2.4.1.1).

Anhand der Abb. 2.1.2/2 bleibt ein weiterer Aspekt zu erwähnen. Wie oben angeführt, lag bereits im Jahre 1930 die allgemeine Sterberate geringfügig unter dem Wert von 1988. Der in dieser Zeit erfolgte Rückgang der Sterblichkeit wird also durch die Entwicklung der allgemeinen Sterberate verschleiert. Die Notwendigkeit differenzierter Maßzahlen wird damit unmittelbar einsichtig.

Nun hat jedoch die Verwendung einer Vielzahl von Einzelkennziffern häufig den Effekt, daß der Gewinn an Genauigkeit der Information durch den Verlust an Übersichtlichkeit erkauft wird. Um diesen Nachteil zu vermeiden, lassen sich auf der Basis der altersspezifischen Sterberaten zusammenfassende Maßzahlen entwickeln, die den störenden Einfluß des unterschiedlichen Bevölkerungsaufbaus ausschalten. Hier bietet sich zunächst das einfach zu handhabende Verfahren der *Standardisierung* an. Dabei wird die Frage gestellt, welche allgemeine Sterbeziffer sich ergeben würde, wenn die jeweils beobachteten altersspezifischen Mortalitätsraten einer Population auf den Altersaufbau einer Vergleichs- bzw. Standardbevölkerung einwirken würden. Die *standardisierte Sterbeziffer* einer Bevölkerung (m^*) errechnet sich somit aus:

$$m^* = \frac{\sum m_i * P_{si}}{\sum P_{si}},$$

wobei m_i = altersspezifische Mortalitätsziffern der beobachteten Bevölkerung und P_{si} = Personen in den jeweiligen Altersklassen der ausgewählten Standardbevölkerung.

Wählt man z. B. als Standard den Altersaufbau der Bevölkerung in der Bundesrepublik Deutschland im Jahre 1967 und unterwirft diesen der altersspezifischen Sterblichkeit Mexikos 1966, so ergibt sich für dieses Land eine *standardisierte Sterbeziffer* der Gesamtbevölkerung von 15,4‰. Dieser Wert ist unmittelbar mit der rohen Sterberate für die Bundesrepublik (1967) von 11,5‰ vergleichbar, liegt doch beiden Maßzahlen die gleiche Altersstruktur zugrunde. In gleicher Weise läßt sich zeigen, daß die standardisierte Sterberate für die Bevölkerung des Deutschen Reiches im Jahre 1930 noch 18,7‰ betragen hätte, wenn das in Abb. 2.1.2/2 dargestellte Mortalitätsmuster auf den Altersaufbau der Bundesrepublik im Jahre 1980 getroffen wäre. Statt einer Stagnation, wie sie die rohen Sterberaten von 11,1 (1930) und 11,6‰ (1980) suggerieren, hat somit das Sterblichkeitsniveau während dieser Zeit noch eine Senkung um 38% erfahren.

Die Methode der Standardisierung läßt sich sowohl bei regionalen wie auch zeitlichen Vergleichen anwenden. Dabei kann als Standardpopulation etwa die Weltbevölkerung, die Bevölkerung eines Landes oder der Altersaufbau eines bestimmten Vergleichsjahres gewählt werden. Bei der Interpretation der standardisierten Ziffern ist jedoch stets zu beachten, daß es sich dabei im gewissen Sinne um ‚fiktive Größen' handelt, deren Wert in entscheidendem Maße von der Wahl der Standardbevölkerung abhängt und nur in diesem Kontext korrekt beurteilt werden kann.

Ein auf den ersten Blick sicherlich anschaulicheres Gesamtmaß für die Sterblichkeit einer Bevölkerung stellt die *mittlere Lebenserwartung* dar. Diese demographische Maßzahl gibt an, wieviel Lebensjahre die Personen eines bestimmten Alters (z. B. Neugeborene) durchschnittlich noch bis zu ihrem Tode vor sich haben. Grundlage für die Berechnung der mittleren Lebenserwartung ist die sog. *Sterbetafel,* die wohl als das älteste demographische Analysemodell angesehen werden kann. Es ist hier nicht notwendig, das mathematisch zwar einfache, jedoch relativ zeitaufwendige Berechnungsverfahren von Sterbetafeln im Detail darzustellen; hierzu sei auf die grundlegenden Ausführungen etwa in dem Lehrbuch von *Feichtinger* (1973, S. 63 ff.) verwiesen. Es sollen statt dessen nur die wichtigsten, für das Lesen und die Interpretation von Sterbetafeln entscheidenden Begriffe und Sachverhalte erläutert werden.

Eine Sterbetafel kann als ausführliches Protokoll der Lebensgeschichte eines bestimmten Geburtsjahrganges, d. h. einer *Kohorte* von Personen interpretiert werden. Entsprechend den jeweiligen Sterblichkeitsverhältnissen verliert die Kohorte in jedem Altersjahr einen gewissen Teil ihrer Mitglieder bis zu ihrem völligen Aussterben. Dieser Prozeß des ‚Absterbens' einer Generation von Neugeborenen wird in der Sterbetafel genauestens registriert. Sie kann damit Antwort auf Fragen folgender Art geben: Wie groß ist die mittlere Lebenserwartung eines Neugeborenen? Wieviel zusätzliche Lebensjahre kann eine Person noch erwarten, die bereits ein bestimmtes Alter x erreicht hat? Wie groß ist die Wahrscheinlichkeit einer x-jährigen Person, innerhalb des nächsten Lebensjahres zu sterben bzw. ein bestimmtes Alter zu erreichen?

Die Beantwortung solcher Fragestellungen ist von großer praktischer und theoretischer Bedeutung. So sind exakte Angaben zu den Sterbe- bzw. Überlebenswahrscheinlichkeiten ihrer Versicherten für kommerzielle Versicherungsunternehmen ebenso von elementarer Wichtigkeit wie für die Träger der gesetzlichen Rentenversicherung. Darüber hinaus hängt die Erstellung von zuverlässigen Bevölkerungsvorausschätzungen ganz entscheidend von genauen Annahmen zum ‚Überlebensverhalten' der Menschen ab (vgl. 2.5.4), und auch das u. a. für die Idee des ‚Nullwachstums' bedeutsame Modell der *stationären Bevölkerung* (vgl. 2.4.1.3) basiert auf dem Konzept der Sterbetafel.

Dieses Konzept leidet indes in seiner bisher vorgestellten Form unter einer entscheidenden Schwäche. Da die Lebensgeschichte eines Geburtsjahrganges erst dann vollständig geschrieben werden kann, wenn *alle* Kohortenmitglieder gestorben sind, können entsprechende Sterbetafeln streng genommen nur für jeweils etwa 100 Jahre zurückliegende Generationen konstruiert werden. Die Berechnung solcher *Generationen-* bzw. *Kohortensterbetafeln* ist jedoch mit kaum lösbaren statistischen Problemen verbunden, die nicht zuletzt aus der unvollständigen Registrierung von Todesfällen als Folge von Wanderungsbewegungen resultieren. Darüber hinaus sind solche Längsschnittanalysen der Sterblichkeit aufgrund der mangelnden Aktualität der Aussagen für prognostische Zwecke nur bedingt verwendbar. Aus diesem Grund bedient man sich üblicherweise auch bei der Berechnung von Sterbetafeln eines bei der Fruchtbarkeitsmessung bereits ausführlich beschriebenen ‚Kunstgriffs'; d. h., eine hypothetische Kohorte von Neugeborenen wird während ihres Lebensablaufs den in einer bestimmten Beobachtungsperiode herrschenden altersspezifischen Mortalitätsraten unterworfen. Die so ermittelte *Periodensterbetafel* prognostiziert also das Überlebensverhalten und die Lebenserwartung von Personen aufgrund der gegenwärtig beobachteten Sterblichkeitsverhältnisse und unter der Annahme, daß diese künftig konstant bleiben. In diesem Ansatz liegt jedoch zugleich die entscheidende Schwäche von Periodentafeln: Sie führen unter den Bedingungen einer ständigen Verbesserung der Lebensverhältnisse und der damit einhergehenden Reduzierung des Sterberisikos zu einer systematischen

Unterschätzung der ‚wahren' Lebenserwartung realer Bevölkerungskohorten. So lag z. B. die *wirkliche* Lebenserwartung der männlichen Neugeborenen des Jahrganges 1880 in Deutschland mit geschätzten 41,8 Jahren um 4,6 Jahre höher als der aufgrund der Periodentafel von 1881/90 *erwartete* Wert von 37,2 Jahren (*Höhn* 1984, S. 132). Die tendenzielle Unterschätzung der wahren Lebenserwartung von Generationen durch die allgemein verwendeten Periodentafeln vermittelt nicht nur interessante Einblicke in die säkularen Veränderungen der Sterblichkeit, sondern hat auch weitreichende Konsequenzen für Bevölkerungsprognosen. So führt die den Bevölkerungsvorausschätzungen für die Bundesrepublik häufig zugrundeliegende Annahme einer konstanten Sterblichkeit nicht nur zur Unterschätzung des künftigen Bevölkerungsbestandes, sondern vor allem auch zu Fehlangaben hinsichtlich der erwarteten Alterszusammensetzung. Es muß demnach angenommen werden, daß bei einem weiteren Anstieg der Lebenserwartung der Anteil alter Menschen in der Bundesrepublik Deutschland noch weit über den bisher prognostizierten Wert hinaus ansteigen wird (vgl. *Dinkel* 1984).

Am Beispiel der in Tab. 2.1.2/4 aufgeführten Periodentafel für die männliche Bevölkerung der Bundesrepublik Deutschland 1978/80 sollen kurz der Aufbau und die wichtigsten Funktionen einer Sterbetafel erläutert werden. Die Sterbetafel ist in einer abgekürzten Form wiedergegeben, d. h. die Tafelwerte sind, mit Ausnahme der ersten Lebensjahre, für Fünfjahresintervalle berechnet. Grundlage und Ausgangspunkt aller Kalkulation bilden die in einem bestimmten Zeitraum beobachteten altersspezifischen Sterberaten (m_i). Hieraus werden in einem ersten Schritt die in der zweiten Spalte der Tabelle angeführten sog. *Sterbewahrscheinlichkeiten* ($_nq_x$) ermittelt. Sie geben an, wie hoch die Wahrscheinlichkeit ist, daß eine männliche Person, die das Alter x erreicht hat, innerhalb der nächsten n Jahre stirbt. So beträgt z. B. das Risiko eines 20jährigen, das Alter von 25 Jahren nicht mehr zu erreichen $q=0,0077$ oder, anders ausgedrückt, 0,77%. (Entsprechend lassen sich auch sog. Überle-

Tab. 2.1.2/4: Abgekürzte Sterbetafel für die männliche Bevölkerung der Bundesrepublik Deutschland 1978/80

vollendetes Alter in Jahren (x)	Wahrscheinlichkeit vom Alter x bis zum Alter x+n[1]) zu sterben ($_nq_x$)	Überlebende im Alter x (l_x)	durchschnittliche Lebenserwartung im Alter x in Jahren (e_x)
0	0,01534	100 000	69,60
1	0,00105	98 466	69,68
2	0,00186	98 363	68,75
5	0,00212	98 180	65,87
10	0,00171	97 972	61,01
15	0,00617	97 804	56,11
20	0,00770	97 201	51,44
25	0,00661	96 453	46,82
30	0,00763	95 815	42,11
35	0,01096	95 084	37,42
40	0,01726	94 042	32,80
45	0,02830	92 419	28,33
50	0,04295	89 804	24,08
55	0,06774	85 947	20,04
60	0,10456	80 125	16,30
65	0,16636	71 747	12,90
70	0,26229	59 811	9,95
75	0,38427	44 123	7,57
80	0,52289	27 168	5,74
85	0,65746	12 962	4,45
90	1,000[2])	4 440	3,74

Quelle: Statistisches Bundesamt (Hg.) 1982: Bevölkerungsbewegung 1980, S. 62
[1]) n = Zahl der Jahre bis zum nächstgenannten Alter x
[2]) bis zum Alter 100

benswahrscheinlichkeiten definieren, die angeben, welche Chancen eine Person hat, ein bestimmtes Lebensalter zu erreichen.) Den Sterbewahrscheinlichkeiten wird nun eine fiktive Kohorte von 100 000 Neugeborenen (l_0) sukzessive unterworfen; dabei wird ermittelt, wieviel Personen des Ausgangsbestandes jeweils bis zu einem bestimmten Alter überleben. Die entsprechenden Zahlenwerte in Spalte 3 lassen sich folgendermaßen berechnen: Durch die Multiplikation der Sterbewahrscheinlichkeit mit dem Bestand der Kohorte zu Beginn des jeweiligen Altersintervalls wird die Zahl der Todesfälle in dieser Altersgruppe errechnet, deren Subtraktion vom Ausgangsbestand die Anzahl der Überlebenden am Ende des entsprechenden Intervalls (l_x) ergibt. Aus diesen Daten läßt sich in einem weiteren, hier nicht im einzelnen aufgeführten Schritt die Summe der von den Mitgliedern der Kohorte bis zu einem bestimmten Alter durchlebten bzw. in Zukunft noch zu durchlebenden Jahre ermitteln, aus der dann schließlich die in der letzten Spalte der Tabelle verzeichnete *durchschnittliche Lebenserwartung* (e_x) berechnet wird. Diese Zahlen geben an, wieviel Lebensjahre die Personen eines gegebenen Alters im Mittel noch bis zu ihrem Tode vor sich haben. So kann ein neugeborener Knabe unter den Sterblichkeitsbedingungen der Jahre 1978–1980 mit einer Lebenserwartung von 69,6 Jahren rechnen, während z. B. Männer, die bereits das Alter von 40 Jahren erreicht haben, im Durchschnitt weitere 32,8 und damit insgesamt 72,8 Jahre alt werden.

Die verschiedenen Funktionen der Sterbetafel lassen sich graphisch in recht einfacher Weise darstellen; durch diese Veranschaulichung wird der räumliche und zeitliche Vergleich von Sterblichkeitsmustern erheblich erleichtert. Da die Kurve der Sterbewahrscheinlichkeiten ($_nq_x$) weitgehend dem bereits diskutierten Verlauf der altersspezifischen Sterberaten (m_i) (vgl. Abb. 2.1.2/2) entspricht, sollen hier nur die Graphen für die durchschnittliche Lebenserwartung (e_x) und die Zahl der Überlebenden im Alter x (l_x) wiedergegeben werden. Von diesen beiden Funktionen besitzt insbesondere die letztere, die auch als *Überlebenskurve* bezeichnet wird, ein besonderes Maß an Anschaulichkeit. Als Beispiele sind die Werte aus den Sterbetafeln für das Deutsche Reich bzw. die Bundesrepublik Deutschland der Jahre 1871/80, 1924/26 und 1978/80 dargestellt (Abb. 2.1.2/3). Ein Vergleich dieser Kurven ermöglicht einen Einblick in Ausmaß und Ablauf des säkularen Sterblichkeitsrückganges in Mitteleuropa. Die Überlebenskurven für die männliche und weibliche Bevölkerung der Geburtsjahrgänge 1871–1880 (Abb. 2.1.2/3 (b)) zeigen einen sehr steilen Abfall in den ersten 5 Lebensjahren: Dieses Alter erreicht infolge einer extrem hohen Säuglings- und Kleinkindersterblichkeit – in dem genannten Zeitraum starben 235 von 1000 Neugeborenen in ihrem ersten Lebensjahr – nur mehr knapp ein Drittel des Ausgangsbestandes. Etwa vom 10. Lebensjahr an geht die Kurve in eine leicht konvexe Form über und deutet damit das spürbar verminderte Sterberisiko in den mittleren Lebensjahrzehnten an. Dabei ist erkennbar, daß z. B. ein Alter von 40 Jahren nur noch von der Hälfte und ein Alter von 65 Jahren gar nur von 25–30% eines Geburtsjahrganges erreicht werden.

Die zugehörigen Kurven der mittleren Lebenserwartung (Abb. 2.1.2/3 (a)) zeigen den für ein hohes frühkindliches Sterberisiko typischen Verlauf. Von einer mittleren Lebenserwartung bei der Geburt von lediglich 35,58 (Knaben) bzw. 38,45 Jahren (Mädchen) steigen die Ziffern für die weiterhin zu erwartende Lebensspanne bis zum Alter von 5 Jahren auf etwa 50 Jahre, um von dort mit zunehmendem Lebensalter relativ gleichmäßig abzufallen.

Als vorläufiges Endresultat des säkularen Sterblichkeitsrückganges präsentieren sich die Kurvenverläufe für die Periode 1978/80. Zunächst ist auffallend, daß sich die geschlechtsspezifischen Mortalitätsunterschiede deutlich verstärkt haben. Hieraus resultiert eine Differenz der durchschnittlichen Lebenserwartung bei der Geburt von 6,76 Jahren zugunsten des weiblichen Geschlechts mit der Tendenz zu weiterem Anstieg. Dieses geringere Sterberisiko der Frauen läßt sich besonders eindrucksvoll an den Überlebenskurven ablesen, insofern unter den um 1980 herrschenden Sterbeverhältnissen fast 50% eines Geburtsjahrganges von Frauen das Alter von 80 Jahren erreichen, während von den Männern bis dahin nur wenig mehr als 25% überleben. Insgesamt aber nähern sich die Überlebenskurven einem nahezu rechtwinkligen Idealverlauf, bei dem der Tod bis ins hohe Alter weitgehend ausgeschaltet ist und sich das Sterben nur noch auf einen kurzen Altersabschnitt konzentriert.

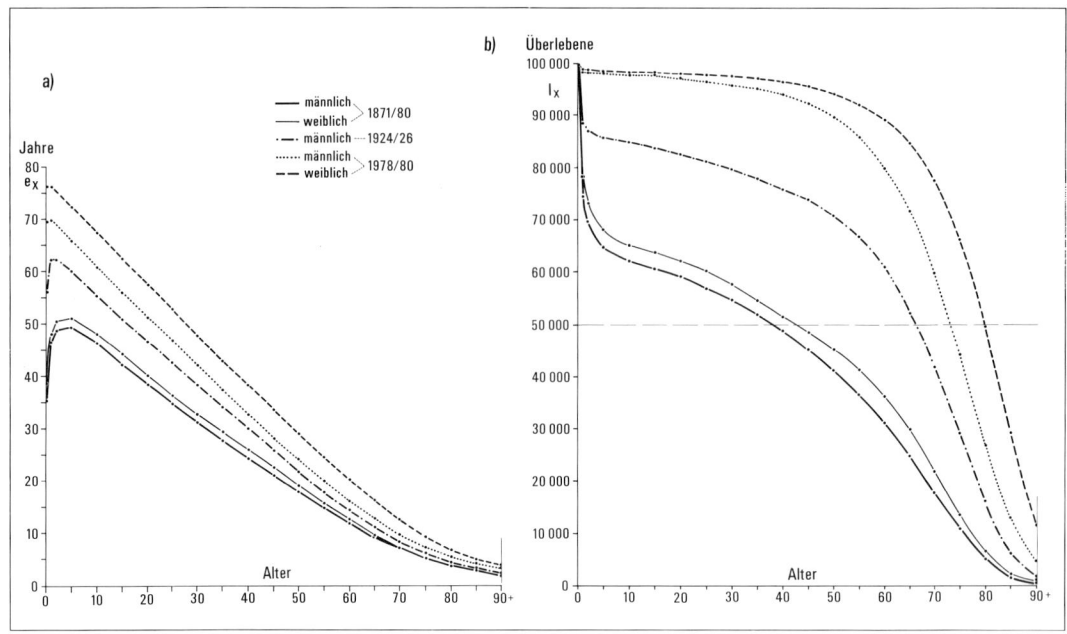

Abb. 2.1.2/3
Mittlere Lebenserwartung (a) und Überlebenskurven (b) für das Deutsche Reich bzw. die Bundesrepublik Deutschland 1871/80 bis 1978/80
Entwurf: H. D. Laux; Datenquellen: Statistisches Bundesamt (Hg.) 1972: Bevölkerung und Wirtschaft 1872–1972; Statistisches Jahrbuch für die Bundesrepublik Deutschland 1982.

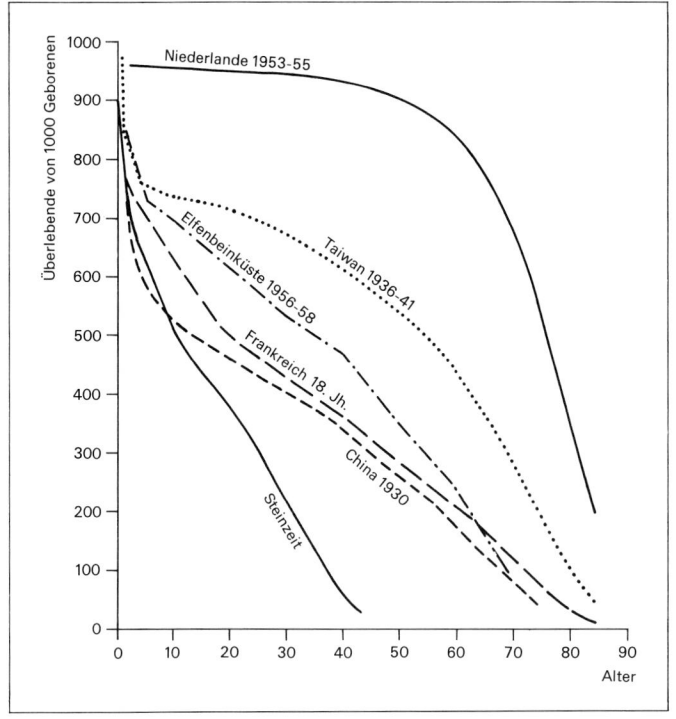

Abb. 2.1.2/4
Ausgewählte Überlebenskurven nach: *Clark* 1977.

Tab. 2.1.2/5: Ausgewählte Mortalitätsmaße im zeitlichen und räumlichen Vergleich

Land und Jahr	allgemeine Sterberate (‰)	Säuglingssterblichkeit (‰)	Lebenserwartung in Jahren			
			bei der Geburt		im Alter von 50 Jahren	
			männl.	weibl.	männl.	weibl.
England u. Wales 1871	22,6	182,4	39,22	42,43	19,13	20,58
England u. Wales 1931	12,3	70,1	58,15	62,34	21,43	23,92
England u. Wales 1983/85	11,8[1])	9,4[1])	71,80	77,74	24,77	29,92
Deutsches Reich 1871/80	28,2[2])	244[3])	35,58	38,45	17,98	19,29
Deutsches Reich 1932/34	11,2[4])	74[4])	59,86	62,81	22,54	23,85
Bundesrepublik Deutschland 1986/88	11,2[5])	7,6[5])	72,13	78,65	25,41	30,75
Japan 1939/41	16,5	98,1	47,71	50,54	18,68	21,99
Japan 1987	6,2	5,0	75,61	81,39	28,21	33,07
Indien 1961	19,5	165,6	46,02	44,03	19,38	20,24
Indien 1980/85	11,8[6])	97,0[6])	55,60	55,20	.	.
Mexiko 1959/61	11,3	102,0	55,64	58,61	23,75	24,84
Mexiko 1975/80	5,8[7])	47,0[7])	61,94	66,34	24,59	27,02
Zentralafrik. Republik 1960	25,4	190,4	34,26	38,26	14,68	22,43
Zentralafrik. Republik 1980/85	19,7[7])	132,0[7])	41,40	44,60	.	.

Quellen: Keyfitz/Flieger 1971; *Hubbard* 1983; Statistisches Jahrbuch für die Bundesrepublik Deutschland 1982, 1990; Demographic Yearbook 1980, 1985, 1988
[1]) 1985   [2]) 1871/75   [3]) 1872/75   [4]) 1931/35   [5]) 1988   [6]) 1985   [7]) 1987

Welche Konsequenzen die jeweils herrschenden Sterbeverhältnisse für den *Altersaufbau* einer Bevölkerung besitzen, läßt sich aus den Funktionen der Sterbetafel relativ leicht ableiten, insofern das in Kapitel 2.4.1.3 näher erläuterte Modell der *stationären Bevölkerung* auf dem Konzept der Sterbetafel basiert. So entspricht die hier nicht näher diskutierte, aber aus der Zahl der Überlebenden im Alter x (l_x) relativ leicht abzuleitende Anzahl der von diesen Überlebenden bis zum Alter $x+n$ durchlebten Jahre (L_x) genau dem Personenbestand der entsprechenden Altersklasse in der stationären Bevölkerung (vgl. *Feichtinger* 1973, S. 75 u. 124).

Hinter dem dramatischen Wandel der Mortalitätsverhältnisse während der vergangenen 100 Jahre, wie er aus den Kurven in Abb. 2.1.2/3 und der ungefähren Verdoppelung der mittleren Lebenserwartung sowohl für die männliche wie die weibliche Bevölkerung deutlich wird, verbirgt sich indes eine nach Geschlecht und insbesondere nach Altersgruppen höchst differenzierte Sterblichkeitsentwicklung (vgl. hierzu u. a. *Marschalck* 1984, S. 41 f. u. 56; *Woods* 1979, S. 67).

Zunächst konzentrierte sich die Sterblichkeitssenkung auf die Kinder über einem Jahr und die jungen Erwachsenen, insbesondere Frauen, bis zum Alter von etwa 30–35 Jahren. Demgegenüber konnte bei den mittleren und älteren Jahrgängen und auch bei den Säuglingen bis um die Jahrhundertwende keine entscheidende Minderung des Mortalitätsrisikos erzielt werden. Diese Altersgruppen schließen sich im Zuge einer beschleunigten Aufholbewegung erst zu Beginn des 20. Jahrhunderts dem allgemeinen Mortalitätsrückgang an. Dabei sinkt die Säuglingssterblichkeit in Deutschland nach einer besonders dramatischen Abnahme bis Anfang der 30er Jahre bis 1988 auf einen auch im europäischen Vergleich niedrigen Wert von 7,6‰, dessen weitere Reduzierung keinen nennenswerten Effekt mehr auf die Erhöhung der mittleren Lebenserwartung haben wird. Deren Erhöhung wird in den westlichen Industrieländern im wesentlichen nur noch durch eine anhaltende Verbesserung der Alterssterblichkeit, insbesondere in den Altersgruppen über 70 Jahren, verursacht (vgl. *Myers* 1984). Daß mit diesen tiefgreifenden Veränderungen der Sterblichkeitsverhältnisse ein fundamentaler Wandel in den vorherrschenden Todesursachen korrespondiert, der durch die Berechnung von *ursachenspezifischen Sterberaten* auch quantitativ erfaßt werden kann, soll hier nicht weiter vertieft werden, da im Rahmen der ‚Theorie des epidemiologischen Überganges' hierauf näher einzugehen sein wird. Ebensowenig können an dieser Stelle die weitreichenden Konsequenzen des säkularen Mortalitätsrückganges – mit seiner völligen Umkehr in der Altersverteilung der Gestorbenen – für die persönliche und gesellschaftliche Wahrnehmung und Bewältigung des Phänomens Tod diskutiert werden (vgl. hierzu *Imhof* 1985). Statt dessen sei zur Ergänzung und Vertiefung der vorangegangenen Ausführungen auf einige weitere charakteristische Beispiele von Überlebenskurven (vgl. Abb. 2.1.2/4) sowie eine Reihe von Mortalitätsmaßen für ausgewählte Länder und Zeitpunkte (vgl. Tab. 2.1.2/5) verwiesen.

2.1.3 Die Dynamik der natürlichen Bevölkerungsbewegung und das Konzept des demographischen Übergangs

2.1.3.1 Das Modell des demographischen Übergangs

Mit einer jährlichen Wachstumsrate von etwas weniger als 2% und einer entsprechenden Verdoppelungszeit von rund 38 Jahren zeigt die Weltbevölkerung gegenwärtig ein Entwicklungstempo, das in keiner früheren Phase der Menschheitsgeschichte erreicht wurde und durch den Begriff *Bevölkerungsexplosion* plakativ, aber zutreffend charakterisiert werden kann. Auch wenn die verschiedenen Regionen der Erde zu unterschiedlichen Zeiten und mit unterschiedlicher Intensität von diesem beschleunigten Wachstumsprozeß ergriffen wurden, so kann die Wende vom 18. zum 19. Jahrhundert doch als Beginn einer neuen, bis in die Gegenwart andauernden Periode der Weltbevölkerungsentwicklung angesetzt werden: Zu dieser Zeit überschritt die globale Zuwachsrate, d.h. die Differenz zwischen Geburten- und Sterbeziffer, erstmals die Schwelle von 0,5% pro Jahr (*Bähr* 1983, S. 247 f.).

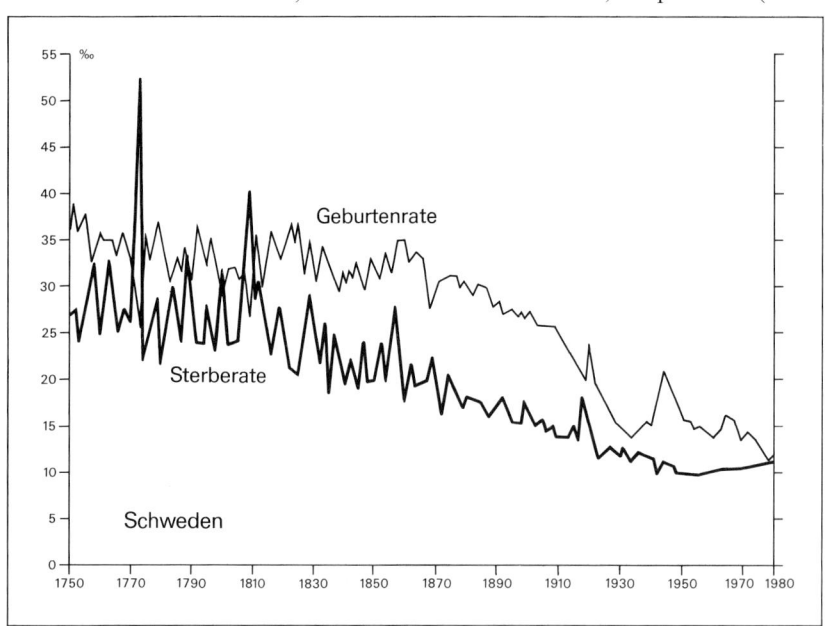

Abb. 2.1.3/1
Entwicklung der Geburten- und Sterberaten in Schweden 1750–1980
Entwurf: H. D. Laux; Datenquellen: Mitchell 1981, S. 104–123; Statistisches Jahrbuch für die Bundesrepublik Deutschland 1982.

Um die Ursachen für diesen zunächst in Europa einsetzenden Umschwung verstehen zu können, erscheint es notwendig, das Zusammenwirken von Mortalität und Fertilität in raumzeitlicher Differenzierung genauer zu analysieren. Ausgangspunkt hierfür sei die Darstellung der natürlichen Bevölkerungsentwicklung in Schweden von der Mitte des 18. Jahrhunderts bis in die Gegenwart (vgl. Abb. 2.1.3/1). Die in der Welt einzigartige Quellenlage mit einer bis etwa 1730 zurückreichenden amtlichen Registrierung der Geburten, Sterbefälle und Eheschließungen sowie regelmäßigen Volkszählungen seit der Mitte des 18. Jahrhunderts macht Schweden zusammen mit den übrigen nordischen Ländern zu einem herausragenden Arbeitsfeld für bevölkerungshistorische Untersuchungen.

Will man den Verlauf der Geburten- und Sterbeziffern mit wenigen Worten charakterisieren, so erscheint folgendes bemerkenswert: Während sich die Geburtenrate bis zum Jahre 1980 um $\frac{2}{3}$ ihres Ausgangsniveaus, d. h. von etwa 36 auf 12‰, verringerte, sank die Sterberate um knapp 60% von ca. 28 auf 11‰. Diese in ihrer Intensität recht ähnlichen Veränderungen verliefen jedoch weder in sich gleichmäßig noch parallel zueinander. So ist der Zeitraum bis etwa 1815 durch ein insgesamt gleichbleibendes Niveau von Fertilität und Mortalität gekennzeichnet, wobei allerdings starke Schwankungen der Kurven zu beobachten sind. Dies gilt insbesondere für den Verlauf der Sterberaten, die nicht selten krisenhafte Ausschläge zeigen, die in einigen Jahren sogar über das Niveau der Geburtenziffern hinausreichen und damit negative Wachstumsraten verursachen. Von etwa 1815 an zeigt die Kurve der Sterberaten einen insgesamt anhaltenden, bis 1875 allerdings noch von starken Schwankungen begleiteten Rückgang auf einen bereits Mitte der 40er Jahre unseres Jahrhunderts erreichten Tiefstand von 10–11‰.

Von diesem Verlauf deutlich unterschieden, bleiben die Geburtenraten bis in die 60er Jahre des 19. Jahrhunderts hinein auf einem stark oszillierenden, insgesamt aber anhaltend hohen Niveau von über 30‰. Dies führt seit etwa 1815 zu einem merklichen Öffnen der Schere zwischen den beiden Kurven und damit zu einem deutlichen Anstieg der natürlichen Wachstumsraten von 0,55% im Mittel der Jahre 1780–1790 auf den Maximalwert von 1,23% zwischen 1860–1870. Erst vom Ende dieses Jahrzehnts an, d. h. mit einem Abstand von etwa 55 Jahren auf das Absinken der Sterberaten, zeigt auch die Kurve der Geburten einen Rückgang, der sich ab 1910 spürbar beschleunigt und bis Mitte der 30er Jahre zur damals niedrigsten Geburtenrate der Welt von knapp unter 14‰ führt (vgl. *Höhn/Schubnell* 1986, S. 43). Dabei vermindert sich die natürliche Wachstumsrate auf 0,2–0,3%. Der weitere Verlauf der Geburtenkurve bis zur unmittelbaren Gegenwart ist schließlich durch langwellige Schwankungen mit einem ersten Gipfel in der Mitte der 40er Jahre und einem weiteren, jedoch deutlich niedrigeren Anstieg um 1965 gekennzeichnet.

Die hier am Beispiel Schwedens vorgestellten Beobachtungen zur Bevölkerungsentwicklung in den Industrieländern Europas und den USA seit der Mitte des 18. Jahrhunderts wurden zum Ausgangspunkt für die Formulierung eines allgemeinen Modells des Bevölkerungswachstums. Als Experte der Vereinten Nationen konfrontiert mit den Problemen und Folgen einer beschleunigten Bevölkerungszunahme in Afrika, Asien und Lateinamerika, entwickelte der Demograph *Notestein* – aufbauend auf den Vorarbeiten von *Landry* und *Thompson* – das Konzept des ‚demographischen Übergangs' (demographic transition) einer Bevölkerung von einer Phase sehr langsamen Wachstums über eine Periode starker Zunahme zu einem erneuten Stadium weitgehend stationärer Entwicklung. Man glaubte, mit diesem demographischen Zyklus ein universelles Gesetz des Bevölkerungswachstums gefunden zu haben, das nicht nur geeignet war, die bereits in den Industrieländern abgelaufene Entwicklung adäquat zu beschreiben, sondern auch Prognosen für den weiteren Bevölkerungsverlauf in den sog. Entwicklungsländern zu ermöglichen. Die Gedanken *Notesteins* wurden in der Folgezeit von zahlreichen Bevölkerungswissenschaftlern aufgenommen und erweitert; dabei entwickelte sich das *Modell des demographischen Übergangs* trotz aller Kritik, die immer wieder an ihm geübt wurde, zu einem der bedeutendsten Basiskonzepte der modernen Bevölkerungswissenschaft.

Der Prozeß der demographischen Transformation einer Bevölkerung ist gekennzeichnet durch die Abfolge regelhafter Veränderungen im Niveau der Fruchtbarkeit und Sterblichkeit. Unter der Vor-

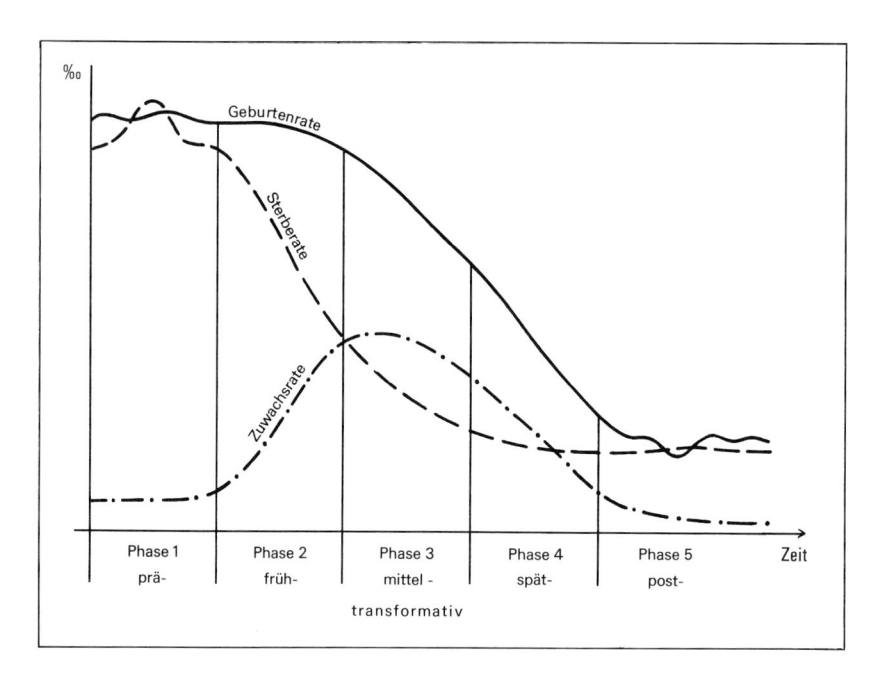

Abb. 2.1.3/2
Idealtypischer Verlauf
des demographischen
Übergangs
Entwurf: H. D. Laux.

aussetzung, daß diese Veränderungen durch den Verlauf der rohen Geburten- und Sterberaten hinreichend genau erfaßt werden können, zeigt die Abb. 2.1.3/2 den idealtypischen Verlauf des demographischen Übergangs. Dabei werden heute gewöhnlich fünf Phasen der Entwicklung unterschieden (vgl. u. a. *Bähr* 1983, S. 250ff.; *Schmid* 1984, S. 74ff.):

1. Die *prätransformative Phase* oder *Vorbereitungsphase,* d. h. die Ausgangssituation vor Beginn des eigentlichen Transformationsprozesses, ist charakterisiert durch hohe, nahe beieinander liegende und stark schwankende Geburten- und Sterberaten, wobei die Sterberaten, etwa verursacht durch Hungersnöte oder Epidemien, die größeren, nicht selten über das Niveau der Geburtenraten hinausgehenden Ausschläge zeigen. Bei hohen demographischen Umsatzziffern (vgl. 2.1.1) bleibt die natürliche Wachstumsrate auf einem sehr niedrigen, nahezu stationären Niveau.
2. Die *frühtransformative Phase* oder *Einleitungsphase* als Beginn des eigentlichen Transformationsprozesses ist gekennzeichnet durch ein deutliches Absinken der Sterbeziffern bei noch weitgehend konstanter, infolge des verbesserten Gesundheitszustandes der reproduktiven Generation nicht selten sogar leicht ansteigenden Geburtenraten. Diese zunehmende Divergenz zwischen dem Niveau der Fertilität und Mortalität führt zu einem deutlichen Anstieg der Zuwachsrate. Es folgt:
3. Die *mitteltransformative Phase* oder *Umschwungphase,* in der die Sterbeziffern weiter absinken und gleichzeitig ein spürbarer Rückgang der Geburtenraten einsetzt. Infolge der weiten ‚Scherenöffnung' der Kurven erreicht die natürliche Wachstumsrate zu Beginn dieses Stadiums ihren Maximalbetrag.
4. In der *spättransformativen Phase* oder *Einlenkungsphase* kommt die Abnahme der Sterberaten zu einem weitgehenden Stillstand, während die Geburtenraten noch einem raschen Abfall unterliegen. Die Bevölkerungsschere schließt sich langsam wieder, und die Zuwachsraten fallen auf einen niedrigen Wert zurück.
5. Die *posttransformative Phase* oder *Phase des Ausklingens* ist schließlich durch ein gleichermaßen niedriges Niveau von Sterblichkeit und Fruchtbarkeit ausgezeichnet, wobei die Geburtenraten allerdings gewissen Schwankungen unterliegen können und auch ein vorübergehendes Absinken unter die Sterberaten nicht auszuschließen ist. Die natürliche Wachstumsrate der Bevölkerung bewegt sich, ähnlich wie in der ‚prätransformativen Phase', im Bereich von Null, jedoch mit dem

entscheidenden Unterschied, daß hiermit ein sehr viel geringerer Bevölkerungsumsatz verbunden ist.

Für die Entwicklung der absoluten Bevölkerungszahl ergibt sich aus diesem Phasenverlauf die Gestalt einer S-Kurve mit der stärksten Steigung im Bereich der mitteltransformativen Periode. Dieser Kurvenverlauf entspricht dem in Kapitel 2.5.1.1 näher diskutierten Modell des logistischen Wachstums.

Es stellt sich nun die Frage, ob und in welchem Umfang diesem durch induktive Verallgemeinerung gewonnenen Schema der natürlichen Bevölkerungsentwicklung die Eigenschaft eines allgemeinen Bevölkerungsgesetzes bzw. einer Theorie des Bevölkerungswachstums zugesprochen werden kann. Um diesen Anspruch zu erfüllen, werden von einer wissenschaftlichen Theorie in der Regel drei Funktionen verlangt, und zwar die Funktionen der *Beschreibung* bzw. *Klassifikation,* der *Erklärung* und der *Prognose*. Auf das Konzept des demographischen Übergangs übertragen bedeutet dies (vgl. hierzu u. a. *Bähr* 1983, S. 252):

1. Das Modell muß in der Lage sein, das natürliche Bevölkerungswachstum in den Industrieländern Europas und Übersees unter Reduzierung auf die entscheidenden Dimensionen adäquat zu erfassen und die übrigen Länder hinsichtlich ihres demographischen Entwicklungsstandes einer der genannten Phasen eindeutig zuzuordnen.
2. Das zunächst nur in seiner formalen Struktur vorgestellte Modell sollte mit einem System von widerspruchsfreien inhaltlichen Aussagen zu verknüpfen sein, die eine hinreichende und empirisch überprüfbare Erklärung für den Ablauf des Transformationsprozesses erlauben.
3. Die theoretische Begründung des demographischen Übergangs muß schließlich als Grundlage für eine halbwegs zuverlässige Prognose der künftigen Bevölkerungsentwicklung auf der Erde wie auch in einzelnen Großräumen und Ländern dienen können.

Diese drei Funktionen des Konzepts der demographischen Transition sollen im folgenden einer genaueren Prüfung unterzogen werden.

2.1.3.2 Die raum-zeitliche Differenzierung des demographischen Transformationsprozesses: Zum Bevölkerungswandel in Industrie- und Entwicklungsländern

Die deskriptive und klassifikatorische Aufgabe ist sicherlich die am wenigsten umstrittene Funktion des Übergangsmodells. Ein Vergleich zwischen der Bevölkerungsentwicklung in Schweden (Abb. 2.1.3/1) und dem idealtypischen Verlauf (Abb. 2.1.3/2) zeigt einen hohen Grad von Übereinstimmung: So reicht die prätransformative Phase des demographischen Übergangs in Schweden etwa bis zum Jahre 1810, während der eigentliche Transformationsprozeß nach einer Dauer von ca. 120 Jahren um 1930 sein Ende findet. Auch die übrigen Phasen sind deutlich voneinander zu trennen; so kann die Grenze zwischen der früh- und mitteltransformativen Periode um 1870, der Beginn des spättransformativen Stadiums um 1910 angesetzt werden.

Ein Vergleich der Bevölkerungsentwicklung in Schweden mit den Abläufen in Frankreich und Deutschland (Abb. 2.1.3/3) zeigt jedoch, daß selbst in den Industrieländern Europas der demographische Transformationsprozeß mit einer sehr viel größeren Variationsbreite ablief, als dies das idealtypische Vorlaufmodell zunächst anzudeuten vermag. Auch wenn in beiden Ländern das Datenmaterial nicht so weit zurückreicht wie im Falle Schwedens, so lassen die Kurven doch die entscheidenden Unterschiede erkennen. Diese Unterschiede betreffen sowohl die Höhe der Raten und ihre Abstände zueinander als auch den Zeitpunkt der Phasenübergänge sowie die Geschwindigkeit der Kurvenabfälle und damit die Dauer des Transformationszyklus.

In Deutschland ist bereits zu Beginn einer zuverlässigen Datenlage im Jahre 1817 ein deutlicher Abstand zwischen der Geburtenrate und der Sterberate erkennbar, wobei beide Raten mit etwa 40 bzw. 27‰ recht hohe Werte zeigen. Das daraus resultierende natürliche Bevölkerungswachstum von

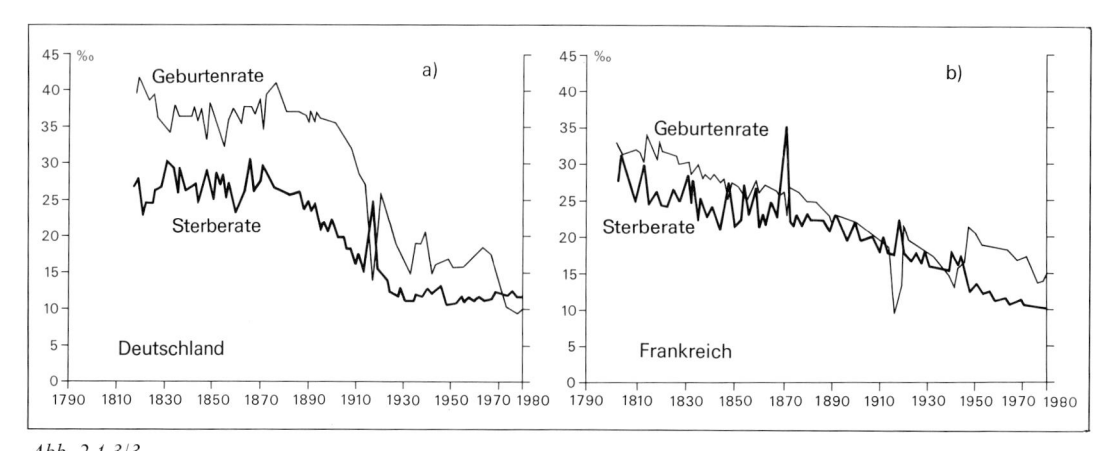

Abb. 2.1.3/3
Entwicklung der Geburten- und Sterberaten: (a) in Deutschland (ab 1946: Bundesrepublik Deutschland) 1817–1980, (b) in Frankreich 1801–1980
Entwurf: H.D. Laux; Datenquellen: Mitchell 1981, S. 104–123; Statistisches Jahrbuch für die Bundesrepublik Deutschland 1982.

über 1% pro Jahr bleibt bei in sich schwankenden, aber anhaltend hohen Werten von Fruchtbarkeit und Sterblichkeit bis etwa zum Jahre 1870 erhalten. Erst von diesem Zeitpunkt an zeigt die Sterberate einen deutlichen Rückgang, während die Geburtenziffer noch bis zur Jahrhundertwende auf einem Niveau von über 35‰ verharrt. Hieraus folgt, daß die höchsten in der Bevölkerungsgeschichte Deutschlands über mehrere Jahre hinweg registrierten Wachstumsraten von etwa 1,5% nach dem Zeitraum von 1820–1825 nochmals im Jahrzehnt zwischen 1895 und 1905 erreicht werden. Nach 1900 schließlich erlebt die Geburtenrate einen geradezu dramatischen Abfall um annähernd 60% bis zur Mitte der 30er Jahre.

Ist damit das Ende des Transformationsprozesses in Deutschland eindeutig bestimmbar und mit dem entsprechenden Datum in Schweden identisch, so bestehen über den Beginn des demographischen Übergangs und die genaue Phasenabgrenzung durchaus unterschiedliche Auffassungen (vgl. hierzu u.a. *Schmid* 1976, S. 283 ff.; *Bolte/Kappe/Schmid* 1980, S. 46 ff.). Auch wenn das bereits erwähnte Auseinanderklaffen von Geburten- und Sterberaten für den Beginn des Transformationsprozesses in der massenstatistisch nicht belegbaren Zeit vor 1817 sprechen mag, so soll doch erst der Beginn eines nachhaltigen Sterblichkeitsrückganges, und damit der Zeitraum um 1870, als Eintritt in den demographischen Übergang gewertet werden. Damit konzentriert sich der fundamentale Wandel des Bevölkerungsgeschehens in Deutschland auf einen Zeitraum von nur 65 Jahren. Innerhalb dieser Periode ist die frühtransformative Phase bis etwa 1900 und die mitteltransformative Periode – sieht man von den Auswirkungen des Ersten Weltkriegs einmal ab – ungefähr bis zum Jahre 1920 anzusetzen.

Kann die Entwicklung in Deutschland durchaus noch als Variante des demographischen Übergangsmodells interpretiert werden, so scheint der Bevölkerungswandel in Frankreich (Abb. 2.1.3/3) auf den ersten Blick völlig von dem idealtypischen Verlaufsmuster abzuweichen. So zeigen seit dem Beginn des 19. Jahrhunderts die Geburten- und Sterbeziffern eine weitgehend parallel verlaufende kontinuierliche Abnahme. Dabei lagen die Raten ständig so nahe beieinander, daß nur in den ersten Jahrzehnten des 19. Jahrhunderts natürliche Zuwachsraten von knapp über 0,5% erreicht wurden. Dieses völlige Ausbleiben einer Phase rapiden Bevölkerungswachstums führte dazu, daß Frankreich, das im Jahre 1801 mit 27,4 Millionen Einwohnern mit Abstand das bevölkerungsreichste Land Europas war – Rußland sei hier ausgenommen –, bis 1911 von Deutschland und Großbritannien und bis zum Jahre 1936 auch von Italien in der Einwohnerzahl überholt wurde (Zahlenangaben: *Mitchell* 1981). Die Sonderstellung Frankreichs wird auch darin deutlich, daß es unmittelbar nach dem Zweiten Weltkrieg einen Wiederanstieg der Geburtenrate auf ein Niveau erlebte, das zuletzt um die Jahrhundertwende erzielt worden war. Dieses Geburtenhoch, das bis Ende der 60er Jahre anhielt, bescherte Frankreich natürliche Wachstumsraten, die es während des gesamten 19. Jahrhunderts nicht erreicht hatte.

Bevor entschieden werden soll, ob das Beispiel Frankreich noch als Grenzfall dem Modell des demographischen Übergangs zuzuordnen ist oder als Ausnahme betrachtet werden muß, seien kurz die Ergebnisse weiterer Überprüfungen des Konzepts an den Ländern zusammengefaßt, die den Transformationsprozeß bereits weitgehend abgeschlossen haben. Hierzu zählen neben den meisten Staaten Europas und den europäisch geprägten Neusiedlerländern in Übersee noch Japan und mit gewissen Einschränkungen auch Taiwan, Süd-Korea, Israel, Kuba und Uruguay sowie die Stadtstaaten Hongkong und Singapur (vgl. *Noin* 1983, S. 178–179).

Auch wenn sich der Transformationsprozeß in den genannten Ländern zu unterschiedlichen Zeiten und mit unterschiedlicher Geschwindigkeit vollzogen hat, so beginnt doch in sämtlichen Fällen der Bevölkerungsumschwung mit einer nachhaltigen Verminderung des Sterblichkeitsniveaus. Dieser Rückgang der Mortalität verläuft – sieht man von den Folgen kriegerischer Ereignisse ab – weitgehend stetig und ohne Trendumkehr bis zum historischen Tiefstand in der Gegenwart. Demgegenüber ist die Entwicklung der Fertilität durch eine sehr viel größere Bandbreite der Verläufe gekennzeichnet, was als Hinweis auf die besondere Stellung der Fruchtbarkeit unter den Bevölkerungsvorgängen gewertet werden kann. Was schließlich die Dauer des eigentlichen Transformationsprozesses betrifft, so verlief dieser offenbar um so langsamer, je früher der Umschwung einsetzte. So benötigte England etwa 200 Jahre, Schweden ca. 120 Jahre und die Niederlande 100 Jahre, während sich in Deutschland der Übergang auf etwa 65 und in Japan auf lediglich 40 Jahre zusammendrängte (vgl. *Bähr* 1983, S. 252).

Angesichts dieser Befunde hat *Woods* (1982, S. 163) ein ‚variables' Modell des demographischen Übergangs vorgeschlagen, das die große Bandbreite der konkreten Entwicklungsabläufe dem Grundmuster des Transformationsprozesses zuzuordnen versucht. Wie die Abb. 2.1.3/4 zeigt, geschieht dies dadurch, daß unterschiedlich steile und in unterschiedlichem Abstand voneinander verlaufende Pfade der Sterblichkeits- und Fruchtbarkeitsentwicklung angenommen werden, von denen in der Graphik nur jeweils drei Beispiele dargestellt sind, wobei, wie bereits beim Ausgangsmodell (Abb. 2.1.3/2), Zeit- und Merkmalsachse keine konkreten Zahlenangaben zeigen.

Auf der Basis dieses Schemas läßt sich nun auch die Entwicklung in Frankreich als Variante des demographischen Übergangs interpretieren, die dem undramatischen, ‚sanften' Verlauf der Raten nach $m'b'$ entspricht. Demgegenüber ist das deutsche Übergangsmuster etwa dem Verlauf von $m'b''$ gefolgt, während die extrem offene Wachstumsschere der Varianten $m''b'''$ oder gar $m'''b''$ die Entwicklung in einigen asiatischen oder afrikanischen Bevölkerungen adäquat abbilden dürfte.

Wie im weiteren Verlauf dieses Buches noch genauer darzustellen ist (vgl. 2.4.1.2), wird der Altersaufbau einer Bevölkerung durch das jeweilige Zusammenspiel unterschiedlicher Fruchtbarkeits- und

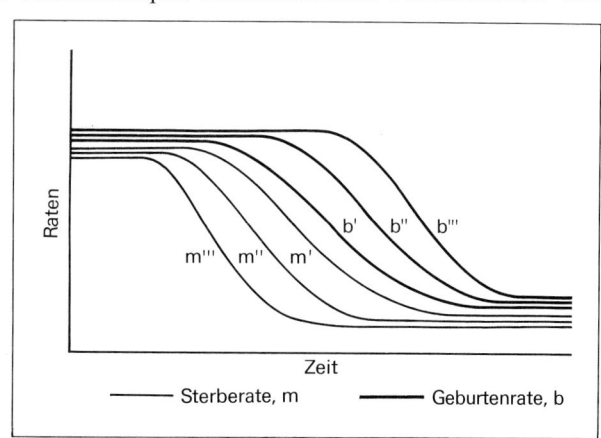

Abb. 2.1.3/4
Variables Modell des demographischen
Übergangs
nach: *Woods* 1982, S. 163.

Sterblichkeitsverhältnisse bestimmt. Daraus folgt, daß den einzelnen Phasen des demographischen Übergangs nicht nur charakteristische Bevölkerungsprozesse, sondern zugleich auch bestimmte Typen der Bevölkerungsstruktur zugeordnet werden können (vgl. hierzu die Übersicht bei *Schmid* 1984, S. 75). Dabei ist zu erwarten, daß das prätransformative Entwicklungsstadium eher durch einen stationären Bevölkerungsaufbau mit der Tendenz zur Glockenform gekennzeichnet ist, während sich im Lauf des eigentlichen Transformationsprozesses ein ausgesprochen pyramidenförmiger Altersaufbau mit breiter Basis in den jüngeren Altersgruppen entwickelt, der dann in der posttransformativen Phase wieder in eine glockenförmige, bei starker Reduzierung der Fruchtbarkeit sogar in eine urnenförmige Bevölkerungspyramide übergeht.

Einige Hinweise hierauf für das Beispiel Schweden kann die Tab. 2.1.3/1 liefern, in der für je ein Stichjahr aus der prä-, mittel- und posttransformativen Phase Daten zum Altersaufbau sowie ausgewählte Kennziffern der natürlichen Bevölkerungsdynamik zusammengestellt sind.

Hat sich das Modell des demographischen Übergangs bei der Beschreibung des säkularen Bevölkerungswandels in den Industrieländern Europas und Übersees weitgehend bewährt, so ist nun zu prüfen, ob auch die bisher zu beobachtenden Bevölkerungsprozesse in den sog. Entwicklungsländern durch das Transformationsmodell zutreffend erfaßt werden können. Zwei Länder mit relativ langen Datenreihen zur natürlichen Bevölkerungsbewegung, und zwar Ägypten und Sri Lanka, mögen hier als Beispiel dienen (vgl. Abb. 2.1.3/5).

Ohne Zweifel lassen sich die Kurvenverläufe in ihrem Grundmuster durch das modifizierte Modell des demographischen Übergangs mit einer weiten Öffnung der Bevölkerungsschere (vgl. Abb. 2.1.3/4) adäquat beschreiben: In beiden Fällen läuft der Rückgang der Sterbeziffern ohne Trendumkehr dem Absinken der Geburtenrate voraus. Verglichen mit der Entwicklung in den Industrieländern ergeben

Tab. 2.1.3/1: Ausgewählte Kennziffern zum demographischen Übergang in Schweden

	1790	1900	1940
Bevölkerungszahl (in Mill.)	2,19	5,14	6,37
rohe Geburtenrate (‰)	33,6	26,8	15,8
rohe Sterberate (‰)	27,7	16,2	11,1
Rate des natürlichen Wachstums (‰)	5,9	10,6	4,6
totale Fertilitätsrate	4,35	3,98	1,92
Nettoreproduktionsrate	1,15	1,43	0,86
Säuglingssterblichkeit	255,3	106,8	31,3
Lebenserwartung bei der Geburt in Jahren			
männlich	33,34	51,53	65,62
weiblich	37,32	54,26	68,42
Anteil der Bevölkerung			
unter 15 Jahre	32,0	32,3	20,5
15–30 Jahre	24,9	24,6	25,0
30–45 Jahre	20,6	17,5	23,4
45–60 Jahre	13,9	13,5	17,2
über 60 Jahre	8,7	12,1	14,1

Quellen: Keyfitz/Flieger 1971; S. 100ff.; *Mitchell* 1981, S. 59f.

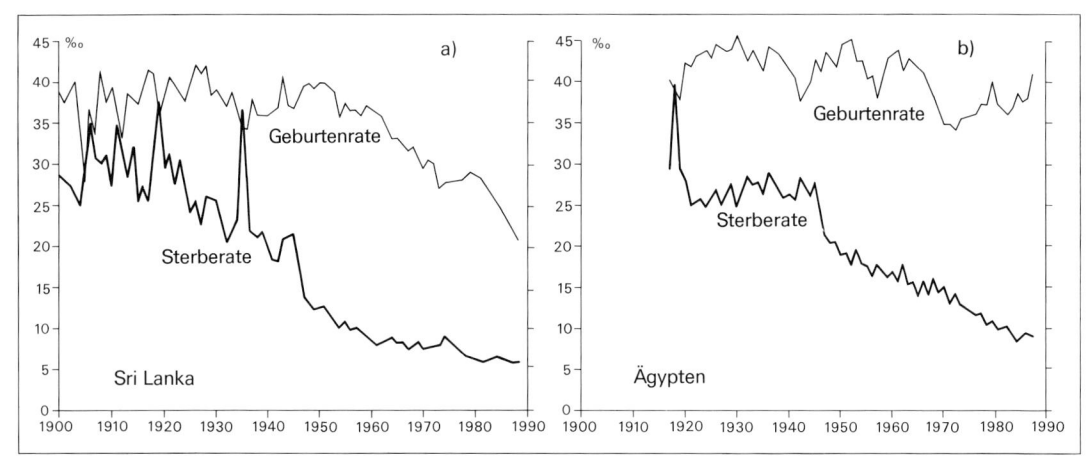

Abb. 2.1.3/5
Entwicklung der Geburten- und Sterberaten: (a) in Sri Lanka 1900–1988, (b) in Ägypten 1917–1988
Entwurf: H. D. Laux; Datenquellen: Mitchell 1982, S. 73–77; Demographic Yearbook 1980, 1985, 1986, 1988.

sich dabei jedoch bemerkenswerte und für die Intensität des Bevölkerungswachstums höchst folgenreiche Unterschiede. So zeigen die Kurvenverläufe für Sri Lanka noch bis ungefähr 1925 und Ägypten bis zu Beginn der 40er Jahre eine Entwicklung, die derjenigen in Deutschland bis etwa 1870 durchaus ähnlich ist. Dies gilt sowohl für das – allerdings etwas erhöhte – Niveau der Geburten- und Sterberaten als auch für die daraus resultierenden Wachstumsziffern von meist über 10‰. (Hierbei sei angemerkt, daß der sowohl in Ägypten wie in Sri Lanka zu beobachtende Sterblichkeitsgipfel um 1920 auf eine weltweite Grippeepidemie zurückzuführen ist.)

Von den genannten Zeitpunkten an sinken die Sterberaten steil und kontinuierlich auf Werte, die in der Gegenwart aufgrund des günstigen Altersaufbaus der Bevölkerungen sogar unter den rohen Sterbeziffern der Industrieländer liegen. Lediglich in Sri Lanka wird der Rückgang der Sterblichkeit durch zwei Malariaepidemien in der Mitte der 30er und 40er Jahre kurzfristig unterbrochen (*Hauser* 1974, S. 76f.). Die Geschwindigkeit dieser Mortalitätsabnahme ist allerdings bedeutend höher als während des Transformationsprozesses in Europa. Waren in Schweden mehr als 100 und in Deutschland etwa 60 Jahre dazu notwendig, um die Sterberaten von ca. 30 auf 10‰ zu senken, so geschah dies in Ägypten in 35 und in Sri Lanka innerhalb von nur 30 Jahren.

Dieser beschleunigte Mortalitätsrückgang wird in den meisten Ländern der Dritten Welt zunächst von einem anhaltend hohen, infolge verbesserter Lebensbedingungen häufig sogar vorübergehend ansteigenden Niveau der Fruchtbarkeit begleitet. Die ausgewählten Beispiele können dies belegen: So ist in Ägypten bis Ende der 80er Jahre noch keine nachhaltige Abnahme der Geburtenziffern erfolgt, da sich der Fertilitätsrückgang zwischen 1960 und 1970 als nur vorübergehend herausstellte. Demgegenüber zählt Sri Lanka zwar zu den Ländern, die in den letzten zwei Jahrzehnten ein sehr deutliches Sinken der Geburtenraten erlebten, doch folgte dieser Rückgang erst mehr als 40 Jahre nach dem Beginn der Mortalitätsabnahme. Zum Vergleich sei erwähnt, daß in Deutschland die Geburtenrate bereits 30 Jahre nach dem Start des Sterblichkeitsrückganges nachhaltig zu sinken begann (vgl. Abb. 2.1.3/3). Hieraus folgt, daß die oben für die Industrieländer formulierte Regel, daß ein später Beginn einen besonders raschen Verlauf des demographischen Transformationsprozesses zur Folge hat, offenbar für zahlreiche Entwicklungsländer keine Gültigkeit besitzt.

Die weite und z.T. andauernde Öffnung der Bevölkerungsschere führte bzw. führt in den meisten Ländern der Dritten Welt zu natürlichen Wachstumsraten, die in der europäischen Bevölkerungsgeschichte nie oder allenfalls nur für sehr kurze Zeit erreicht wurden. Diese Unterschiede können augenfällig gemacht werden, wenn man etwa die Kurven eines Entwicklungslandes über diejenigen eines europäischen Landes legt, wie dies *Bähr* (1984) für Belgien und Indien getan hat. In Zahlen ausgedrückt bedeutet dies, daß z. B. Ägypten seit den 20er Jahren – mit Ausnahme von 1940 – ständig eine natürliche Wachstumsrate von mehr als 1,5% pro Jahr zeigte, die sich nach 1945 auf über 2,0% erhöhte und schließlich 1987 mit 3,16% ein historisches Maximum erzielte. Die letzte Zahl entspricht einer Verdopplungszeit der Bevölkerung von rund 22 Jahren (vgl. 2.5.1.1); und in der Tat erhöhte sich die Einwohnerzahl des Landes zwischen 1960 und 1989 von 26 auf etwa 54 Mill. Menschen (*Hellen* 1981; World Population Data Sheet 1989). Für etwa die gleiche Bevölkerungszunahme benötigte demgegenüber das im 19. Jahrhundert für europäische Verhältnisse stark wachsende Deutschland – in den Grenzen des Deutschen Reiches von 1871 – den Zeitraum von 1820 bis etwa 1900 (vgl. *Marschalck* 1984, Tab. 1.1–1.3). Die höchsten je erzielten Zuwachsraten lagen hier, wie bereits erwähnt, nur für zwei kurze Zeiträume knapp über dem Wert von 1,5%.

Diese wenigen Zahlen lassen die z.T. dramatischen und folgenschwere Unterschiede zwischen dem gegenwärtigen Bevölkerungswachstum in den Entwicklungsländern und der vergleichsweise moderaten, in ihren Konsequenzen durch das Ventil der Überseeauswanderung noch abgemilderten Bevölkerungszunahme in den Industrieländern Europas überaus deutlich werden.

Da sich die unterschiedlichen Verläufe der Bevölkerungstransformation in den Industrie- und Entwicklungsländern als Varianten eines allgemeinen Modells des demographischen Übergangs interpretieren lassen, kann dieses Konzept auch als Grundlage für zeitliche Querschnittsanalysen dienen. Ziel einer solchen vergleichenden Analyse ist die Typisierung von Staaten oder anderen Raumeinheiten hinsichtlich ihrer Stellung im demographischen Transformationsprozeß. Dabei ist allerdings zu beachten, daß die einzelnen Phasen des Übergangs aufgrund der beschriebenen Variabilität der Kurvenverläufe kaum durch eindeutige Schwellenwerte der Geburten-, Sterbe- und natürlichen Wachstumsraten zu begrenzen sind.

Bei vergleichender Betrachtung über verschiedene Zeitschnitte hinweg ermöglicht dieser klassifikatorische Ansatz zugleich Aussagen über die raum-zeitliche Ausbreitung des demographischen Übergangs. Ein Beispiel hierfür liefert die Arbeit von *Chung* (1970); sie dokumentiert in einer Kartenfolge, die von *Bähr* (1983, S. 254) bis zum Jahre 1980 fortgeschrieben wurde, den weltweiten Bevölkerungswandel seit Beginn des 20. Jahrhunderts. Dabei zeigt sich, daß um die Mitte der 40er Jahre ein tiefgreifender Umbruch im globalen Bevölkerungsgeschehen einsetzte. Hatten bis zu diesem Zeitpunkt die meisten Industriestaaten den demographischen Übergang weitgehend abgeschlossen, so öffnete sich nun für eine große Zahl von lateinamerikanischen und asiatischen Ländern die Bevölkerungsschere mit dem Eintritt in die frühtransformative Phase des Übergangsprozesses. Etwa ein Jahrzehnt später, d.h. bis 1960, hatte die ‚Bevölkerungsexplosion', die sich in einem sprunghaften Anstieg der globalen Zuwachsrate von 1,00% um 1950 auf 1,86% um das Jahr 1960 bemerkbar machte, auch auf weite Teile Afrikas sowie Ost- und Südostasiens übergegriffen.

Die Situation zu Ende der 80er Jahre, die *Bähr* (1990) in einer Reihe von analytischen Weltkarten dokumentiert hat, soll zum Abschluß in einem mehr zusammenfassenden Ansatz charakterisiert werden. Als Instrument hierzu dient das *demographische Vergleichs*- bzw. *Ablaufdiagramm*, in dem gleichzeitig die Geburten-, Sterbe- und natürlichen Wachstumsraten verzeichnet werden können. Damit eignet sich diese Darstellungsform sowohl für die Analyse von zeitlichen Entwicklungsverläufen als auch für den Vergleich von Ländern im Rahmen von Querschnittsbetrachtungen (vgl. *Kuls* 1980, S. 140ff.). Für unseren Zweck wurden in Abb. 2.1.3/6 die vital-statistischen Kennziffern für 63 ausgewählte Staaten aus allen Teilen der Erde zusammengestellt. Die Darstellung zeigt die große Spannweite des Bevölkerungsgeschehens zwischen den Extremen Kenia mit einer Wachstumsrate von über 4% im Jahr und der Bundesrepublik Deutschland mit einem Wert von −0,2%. Weiterhin ist erkennbar, daß die Variabilität der Geburtenrate die Schwankungen des Mortalitätsniveaus deutlich übersteigt: Sterberaten von mehr als 20‰ werden nur noch von einer Reihe afrikanischer Staaten erreicht.

Was die Stellung der Länder im demographischen Transformationsprozeß betrifft, so müßte sich bei einem gleichzeitigen Vorkommen sämtlicher Entwicklungsphasen, d.h. von niedrigen Wachstums-

Abb. 2.1.3/6
Demographisches Vergleichsdiagramm für ausgewählte Länder um 1990
1 Bundesrepublik Deutschland
2 USA
3 Japan
4 Kuba
5 Sowjetunion
6 Irland
7 China
8 Sri Lanka
9 Albanien
10 Mexiko
11 Tunesien
12 Ägypten
13 Bolivien
14 Jordanien
15 Somalia
16 Kenia

Entwurf: H. D. Laux; Datenquelle: Population Reference Bureau (Hg.) 1990: World Population Data Sheet 1990.

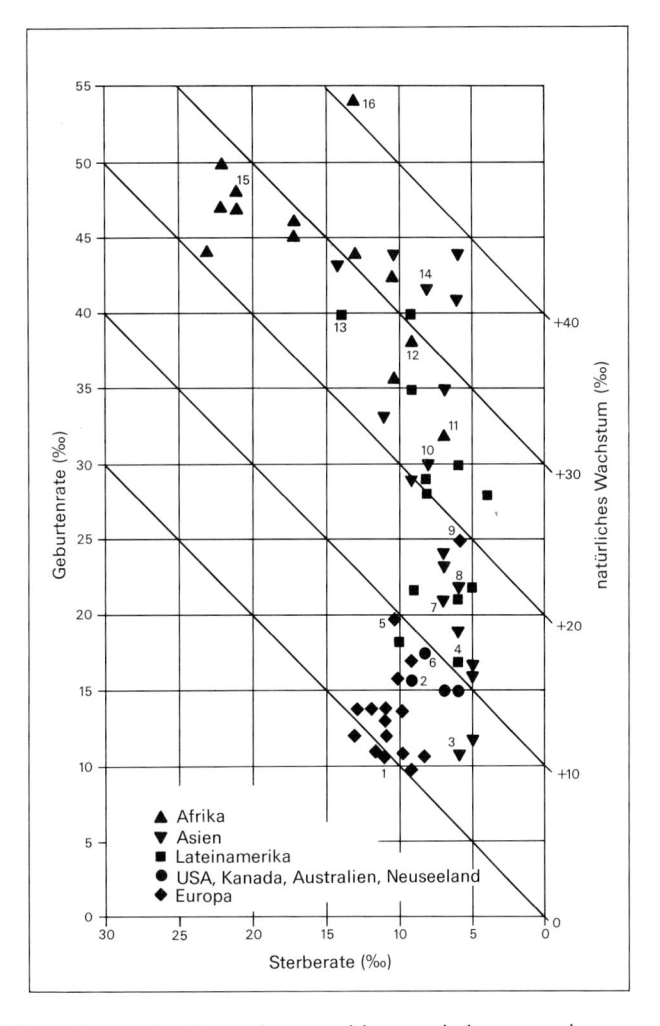

raten bei hohen Geburten- und Sterbeziffern über hohe Zuwachsraten hin zu wiederum geringem Wachstum bei allerdings niedrigen Bevölkerungsumsätzen, eine halbkreisförmige Anordnung der Punkte im Diagramm ergeben. Da hiervon jedoch nur der Kulminationsbereich und der rechte Halbbogen realisiert sind, folgt daraus, daß die prätransformative Phase des demographischen Übergangs von allen und die frühtransformative Periode bereits von den meisten Ländern der Erde durchschritten worden sind. Während sich die europäischen Staaten – mit Ausnahme Albaniens – sowie die europäisch besiedelten Länder USA, Kanada, Australien und Neuseeland am unteren Ende der Punktwolke konzentrieren und den Transformationsprozeß abgeschlossen haben, sind die afrikanischen Staaten ganz überwiegend im linken oberen Teil der Graphik und damit im Übergang von der früh- zur mitteltransformativen Phase zu finden. Die asiatischen und lateinamerikanischen Staaten zeigen demgegenüber ein viel breiteres Spektrum, so etwa zwischen Japan und Kuba auf der einen sowie Bolivien und Jordanien auf der anderen Seite. Hier scheint es daher notwendig, nochmals zwischen verschiedenen Regionen, wie z. B. den islamisch geprägten Staaten des Orients und Ostasien oder den tropischen und außertropischen Ländern Südamerikas zu differenzieren. In diesem Sinne versucht die Abb. 2.1.3/7 gleichsam durch die Kombination von Längsschnitt- und Querschnittbetrachtung einen zusammenfassenden Überblick über den Stand des demographischen Übergangs in den Großräumen der Erde zu geben.

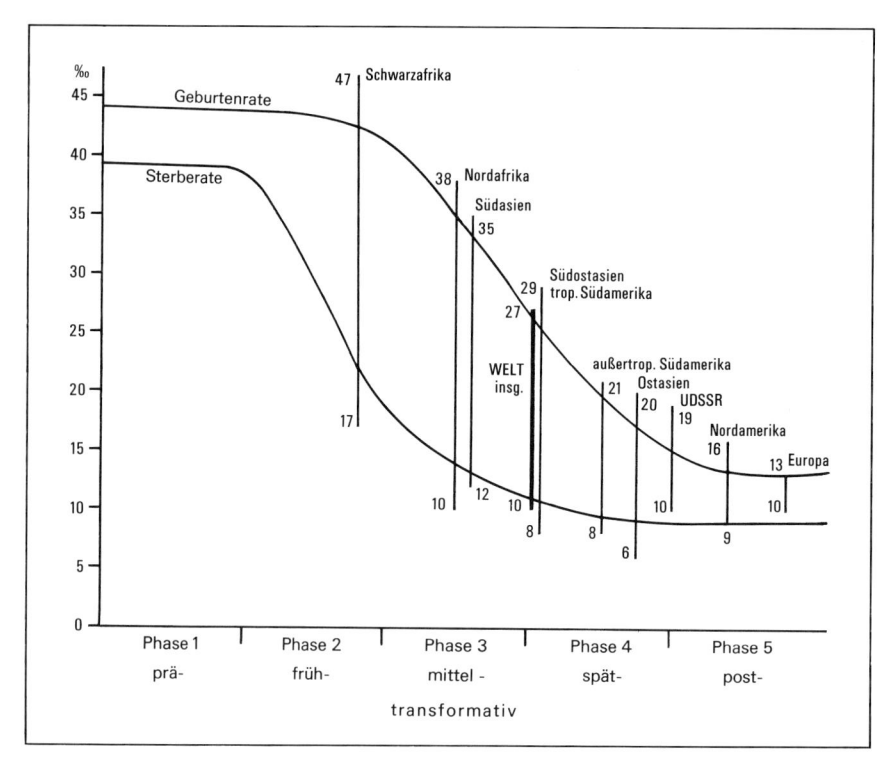

*Abb. 2.1.3/7
Stand des demographischen Übergangs in ausgewählten Großräumen der Erde um 1990
Entwurf: H. D. Laux; Datenquelle: Population Reference Bureau* (Hg.) *1990: World Population Data Sheet 1990.*

2.1.3.3 Theoretische Begründung und Kritik des Modells der demographischen Transformation

Nachdem die deskriptive bzw. klassifikatorische Funktion des Modells der demographischen Transformation eingehend diskutiert wurde, ist nun die Frage nach dem Erklärungsgehalt dieses Bevölkerungskonzepts zu stellen. Dabei ist zu prüfen, ob das formale Schema des demographischen Übergangs mit einem System von widerspruchsfreien inhaltlichen Hypothesen und theoretischen Aussagen verknüpft und damit als gesetzmäßiger Ablauf des Bevölkerungswandels interpretiert werden kann. Bei der inhaltlich-theoretischen Begründung gingen die Autoren des Modells – in Anlehnung an die Konzepte der ‚strukturell-funktionalen Gesellschaftstheorie' – von der Hypothese aus, daß jede Gesellschaft zwecks Erhaltung ihrer sozialen und ökonomischen Strukturen dazu tendiert, die Bevölkerungsvorgänge langfristig in einem annähernden Gleichgewicht zu halten, und damit ein eher langsames Wachstum nahe dem Ersatzniveau zum Ziel hat. Hieraus folgt, daß die Gesellschaft ein System von Kontroll- und Anpassungsmechanismen entwickeln muß, mit deren Hilfe bei nachhaltigen Störungen des demographischen Gleichgewichts eine Angleichung von Geburten- und Sterberaten vollzogen werden kann. Da indes die Verminderung der Sterblichkeit sowohl aus ethischen wie ökonomischen Motiven als universelles gesellschaftliches Ziel unterstellt werden darf, erscheint nach dieser Auffassung eine Erhöhung der Sterberaten als mögliche Anpassungsstrategie undenkbar. Das bedeutet, daß eine sinkende Sterblichkeit als der entscheidende Stimulus des Bevölkerungswandels angesehen werden muß und ein spürbarer Rückgang der Fruchtbarkeit immer erst nach dem Rückgang der Mortalität erfolgen kann. Da jedoch die Anpassung des Fertilitätsverhaltens keinen automatischen Reflex darstellt, sondern sich nur im Rahmen eines umfassenden sozialen und kulturellen Wandlungsprozesses vollziehen kann, kommt es unvermeidlich zu einem Auseinanderklaffen der Geburten- und Sterberaten und damit zu einer mehr oder weniger langen Periode beschleunigten Bevölkerungswachstums. Diese Phase ist jedoch nur als vorübergehend anzusehen, da sie allein in der Logik der Entwicklung begründet ist und von der auf Ausgleich bedachten Gesellschaft weder vorgesehen noch gewünscht wird (vgl. *Schmid* 1976, S. 277).

Nach Auffassung der entschiedenen Vertreter des Konzepts vollzieht sich der demographische Übergang in Europa im Rahmen eines allgemeinen *Modernisierungsprozesses* der Gesellschaft von einem vorindustriellen oder traditionellen zu einem industriellen bzw. modernen Zustand. Diese Modernisierung äußert sich u. a. in einem fundamentalen Wandel der Produktionsformen und -techniken, der politischen und sozialen Organisationsformen, der materiellen Lebensbedingungen sowie der kulturellen Normen und Werthaltungen. In ihrem Zentrum stehen die Prozesse der Industrialisierung und Urbanisierung, denen auf der personalen Ebene die Herausbildung von Rationalismus und Individualismus als dominante Verhaltensmuster entspricht. Demographischer Übergang bedeutet damit zunehmende Kontrolle und Rationalisierung des Fruchtbarkeitsverhaltens einer Gesellschaft als Antwort auf den durch Verbesserungen der Ernährung und des Lebensstandards sowie durch sanitäre und medizinische Fortschritte verursachten Rückgang der Sterblichkeit. Das Bevölkerungsgleichgewicht der posttransformativen Phase kann demnach im Sinne des Rationalitätskonzepts als Realisierung eines ‚sparsamen Reproduktionsmodus' (*Schmid* 1984, S. 13) interpretiert werden, bei dem Gesundheit, Bildung und materielles Wohlergehen der Nachkommen die entscheidenden Ziele generativen Handelns darstellen.

Mit diesem Erklärungsansatz für den säkularen Bevölkerungswandel in Europa glaubte man zugleich, ein gesellschaftliches Entwicklungsmodell formuliert zu haben, das auch auf die Länder Afrikas, Asiens und Lateinamerikas übertragbar sei. Damit war die Hoffnung verbunden, daß die sich dort abzeichnenden Bevölkerungsprobleme lösbar seien, sobald auch diese Gesellschaften den Weg des ökonomischen und sozialen Wandels im Sinne der Modernisierung und Industrialisierung einschlagen würden.

Die Theorie des demographischen Übergangs hat in der hier vorgestellten Fassung vielfältige Kritik erfahren. Diese Kritik bezieht sich sowohl auf die Grundannahmen des Konzepts als auch auf seine Fähigkeit, die zahlreichen Varianten des Bevölkerungswandels schlüssig zu erklären und künftige Entwicklungen vorauszusagen. Die wichtigsten Einwände lassen sich wie folgt zusammenfassen (vgl. hierzu u. a. *Schmid* 1976, S. 292 ff.; 1984, S. 52 ff. u. 77 ff.; *Bähr* 1983, S. 259 ff.; *Linde* 1984, S. 9 ff.):

1. Die Basishypothese einer engen Abstimmung zwischen den Sterblichkeits- und Fruchtbarkeitsverhältnissen in einer Gesellschaft zur Aufrechterhaltung eines demostatistischen Gleichgewichts und damit zur Sicherung stabiler sozial-ökonomischer Strukturen besitzt sicherlich unter modelltheoretischen Aspekten ein hohes Maß an Plausibilität und Anziehungskraft. Angesichts der Vielfalt konkreter Bevölkerungsabläufe muß diese optimistische Annahme einer demographischen Selbstregulierung ganzer Gesellschaften jedoch als unzulässige Vereinfachung, ja reine Spekulation angesehen werden. So ist weder die extreme Öffnung der Bevölkerungsschere in den Entwicklungsländern noch das Absinken der Fruchtbarkeit unter das Ersatzniveau in den meisten europäischen Staaten (vgl. *van de Kaa* 1987, S. 27) mit dem Konzept des demographischen Gleichgewichts vereinbar. Daraus aber folgt, daß die Entwicklung von Fertilität und Mortalität als relativ autonome und voneinander unabhängige, d. h. durch unterschiedliche Faktorenkomplexe beeinflußte Prozesse betrachtet werden müssen. Mit dieser Aufgabe der Gleichgewichtshypothese wird jedoch die Übergangstheorie eines ihrer zentralen Argumente beraubt.
2. Der Erklärungsansatz ist kulturspezifisch und historisch zu relativieren, da er lediglich eine Verallgemeinerung der Bevölkerungsgeschichte europäischer Industriestaaten darstellt. Die Modernisierungstheorie mit ihren Konzepten der Urbanisierung und Industrialisierung definiert den sozialökonomischen Wandel in erster Linie von einem in den Industrieländern erreichten Endzustand her. Damit wird die Theorie des demographischen Übergangs durch einen europäischen Ethnozentrismus und die unzulässige Verallgemeinerung westlicher Wertvorstellungen und Entwicklungskonzepte geprägt.

3. Die für den demographischen Übergang entscheidenden Faktoren und ihre wechselseitigen Abhängigkeiten werden durch den Ansatz der Modernisierungstheorie nicht ausreichend geklärt. Dies äußert sich insbesondere in einer mangelnden Differenzierung zwischen den verschiedenen Ebenen und Aggregaten der Analyse, wie z. B. dem generativen Verhalten von Individuen, dem gesamtgesellschaftlichen Wertesystem sowie den Prozessen der Industrialisierung und Urbanisierung. Die Wechselbeziehungen zwischen diesen Ebenen bleiben häufig ebenso ungeklärt wie ihr gemeinsamer Einfluß auf den Ablauf des Bevölkerungswandels. So ist nach den Befunden des *European Fertility Project* selbst in den europäischen Ländern die Beziehung zwischen dem Grad der Urbanisierung und Industrialisierung und dem Beginn des Fruchtbarkeitsrückganges offenbar sehr viel schwächer als dies die Modernisierungshypothese vermuten läßt (vgl. hierzu *van de Walle/Knodel* 1980).

4. Aus diesen Einwänden folgt, daß die Theorie des demographischen Übergangs nur einen beschränkten Prognosewert besitzt. Es läßt sich zwar aus dem Übergangsmodell ableiten, daß irgendwann nach dem Absinken der Sterblichkeit wahrscheinlich auch ein Rückgang der Geburtenraten folgen wird. Über den Wert indes, um den das Mortalitätsniveau sinken muß, damit die Fruchtbarkeit ebenfalls zurückgeht, oder gar über die Dauer der einzelnen Transformationsphasen und damit über das Ausmaß des Bevölkerungswachstums vermag die Transformationstheorie keine schlüssigen Aussagen zu machen.

Diese Einwände gegen den Erklärungsgehalt und die prognostische Leistungsfähigkeit des Konzepts der demographischen Transition bedeuten nun, daß dieser Modellvorstellung kaum der Status einer wissenschaftlichen Theorie im strengen Sinne zugesprochen werden kann. Da jedoch die deskriptive bzw. klassifikatorische Funktion des Übergangsmodells von der Kritik unberührt bleibt und bisher kein einheitlicher und konsistenter Erklärungsansatz für Fruchtbarkeit *und* Sterblichkeit verfügbar ist, kann die Transformationsvorstellung zumindest als Rahmenkonzeption verwendet werden, die – in Ermangelung einer umfassenden Theorie des Bevölkerungswandels – Platz läßt und Anregungen gibt für die Suche nach Teilerklärungen für die Entwicklung von Mortalität und Fertilität als den beiden relativ unabhängigen Komponenten des natürlichen Bevölkerungsprozesses.

2.1.4 Tendenzen und Ursachen der Sterblichkeitsentwicklung in Industrie- und Entwicklungsländern: Das Modell des epidemiologischen Übergangs

Zu den entscheidenden Unterschieden zwischen den säkularen Bevölkerungsveränderungen in den Industrie- und Entwicklungsländern gehört das ungleich schnellere, im wesentlichen auf die Jahrzehnte nach dem Zweiten Weltkrieg konzentrierte Absinken der Sterblichkeit in den Staaten der Dritten Welt. So konnte die mittlere Lebenserwartung bei der Geburt in Sri Lanka in den 20 Jahren von 1946 bis 1966 von etwa 43 auf 64 Jahre gesteigert werden. Die Volksrepublik China zeigte eine ähnliche Erhöhung ihrer Lebenserwartung von 46 auf 65 Jahre im Zeitraum von 1950/55 bis 1980, und Indien erlebte zwischen der Mitte der 40er und dem Anfang der 70er Jahre eine Steigerung von ca. 32 auf 49 Jahre (*Gwatkin* 1980; Demographic Yearbook: Historical Supplement 1979; World Population Data Sheet 1982). Ein Vergleich mit den Industrieländern zeigt, daß sich dort die entsprechenden Veränderungen des Mortalitätsniveaus in erheblich längeren Zeiträumen vollzogen: So benötigte z. B. Schweden für die in Sri Lanka innerhalb von nur zwei Jahrzehnten abgelaufene Entwicklung ein Intervall von etwa 110 Jahren (1825–1935), und für die mit Indien vergleichbare Veränderung muß ein noch längerer Zeitraum angesetzt werden (vgl. *Keyfitz/Flieger* 1971).

Was sind die Ursachen dieser im Tempo und historischen Kontext so unterschiedlichen Prozesse? Können diese Abläufe mit Hilfe eines übergreifenden Konzepts der Sterblichkeitsentwicklung erklärt werden, oder sind sie nur aus einer jeweils historisch spezifischen Faktorenkonstellation heraus deutbar?

Der Mediziner *Omran* hat in den 70er Jahren zum ersten Mal versucht, den Wandel der Krankheits-

und Mortalitätsverhältnisse von der vorindustriellen Zeit bis zur Gegenwart durch das Modell des ‚*Epidemiologischen Übergangs*' (epidemiologic transition) und seine Varianten systematisch zu beschreiben (vgl. *Omran* 1980). In Anlehnung an dieses Konzept läßt sich die Sterblichkeitsentwicklung in den westlichen Industrieländern in drei Hauptphasen gliedern, die durch das Vorherrschen bestimmter Krankheiten und Todesursachen, durch charakteristische Niveaus und Schwankungen der Sterblichkeit sowie damit verbundene alters- und geschlechtsspezifische Mortalitätsmuster gekennzeichnet sind. Im einzelnen sind dies (vgl. *Imhof* 1981, S. 198 ff.):

1. das *Zeitalter der Seuchen und Hungersnöte*,
2. die *Epoche der zurückweichenden Infektionskrankheiten* und
3. die *Periode der degenerativen und zivilisatorischen Krankheiten*.

Auch wenn eine exakte Abgrenzung der einzelnen Phasen recht schwierig sein mag, so kann das Ende der ersten Epoche in Westeuropa etwa mit dem Beginn des 19. Jhs. angesetzt werden. Bis dahin waren Kriege, Hungersnöte und Seuchen die Ursachen einer hohen und stark schwankenden Mortalität. Diese Schwankungen, die immer wieder einen Anstieg der Sterbeziffern über das Niveau der Geburtenraten hinaus verursachten, konnten oft krisenhafte Ausmaße annehmen und als Folge von Hungersnöten oder anhaltenden Epidemien, wie z. B. den großen Pestzügen des späten Mittelalters, zu längerfristig sinkenden Bevölkerungszahlen führen. Die mittlere Lebenserwartung bei der Geburt war sehr gering, sie schwankte zwischen etwa 20 und 35 Jahren. Die Altersverteilung der Gestorbenen war durch ein starkes Übergewicht der Säuglinge und Kleinkinder gekennzeichnet. Das Ausklingen dieser Epoche der Mortalitätsentwicklung wird am Beispiel Schwedens (vgl. Abb. 2.1.3/1) noch recht gut faßbar; hier zeigen die Jahre um 1770 und 1810 zum letzten Mal ausgesprochen extreme, das Niveau der Geburten überragende Sterblichkeitsspitzen.

Die Epoche der zurückweichenden Infektionskrankheiten, die in Westeuropa und den USA bis in die 30er Jahre unseres Jahrhunderts hinein andauert, wird durch einen Anstieg der mittleren Lebenserwartung auf etwa 60 Jahre gekennzeichnet. Hinter dieser nachhaltigen Verbesserung der Überlebenschancen, von der in erster Linie die Säuglinge und Kleinkinder sowie die jungen Erwachsenen profitierten, verbirgt sich in einer ersten Phase ein deutliches Abschleifen ausgesprochener Sterblichkeitsspitzen. Auch wenn es im Laufe des 19. Jhs. immer wieder einmal zu epidemischen Ausbrüchen von Seuchen kam (Hamburg erlebte noch im Jahre 1892 die letzte große Choleraepidemie Mitteleuropas), so verloren doch die akuten Infektionskrankheiten wie Cholera, Pocken, Ruhr oder Typhus bis zur Jahrhundertwende weitgehend ihre Wirksamkeit. Ähnliches gilt für die akuten Kinderkrankheiten, wie z. B. Diphterie, Masern oder Scharlach. Statt dessen wurde das Spektrum der Todesursachen ganz entscheidend durch die Krankheiten der Verdauungsorgane, von denen in Form von Durchfallerkrankungen in erster Linie die Säuglinge und Kleinkinder betroffen waren, sowie durch die verschiedenen Krankheiten der Atmungsorgane bestimmt. Unter diesen standen an erster Stelle die Lungenentzündung sowie die als ‚weiße Pest' bezeichnete chronische Infektionskrankheit Tuberkulose. Erst mit der erfolgreichen Eindämmung dieser Todesursachen konnte die entscheidende Senkung des Mortalitätsniveaus erreicht werden.

Die vorläufig letzte Periode des epidemiologischen Übergangs wird von einem weiteren Anstieg der Lebenserwartung begleitet, der nun in erster Linie durch eine Senkung der Alterssterblichkeit verursacht wird. Die Altersverteilung der Gestorbenen erlebt in dieser Phase eine zunehmende Konzentration auf die höheren Jahrgänge der Bevölkerung. Waren im Durchschnitt der Jahre 1904 bis 1906 in Preußen noch 33,5% aller Gestorbenen Kinder im Alter von unter einem Jahr, so sank diese Zahl bis 1980 für die Bundesrepublik Deutschland auf nur mehr 1,1%. Im gleichen Zeitraum erhöhte sich der Anteil der Sterbefälle von Personen über 70 Jahre von 16,2 auf 67,3%. Parallel hierzu gewinnen im Spektrum der Todesursachen die degenerativen und sog. zivilisatorischen Krankheiten immer stärker die Oberhand. Zählen zu den letzteren etwa durch Streß verursachte Erkrankungen, wie z. B. Magengeschwüre, oder auch Drogenmißbrauch sowie Todesfälle infolge von Unfällen und Selbstmord, so

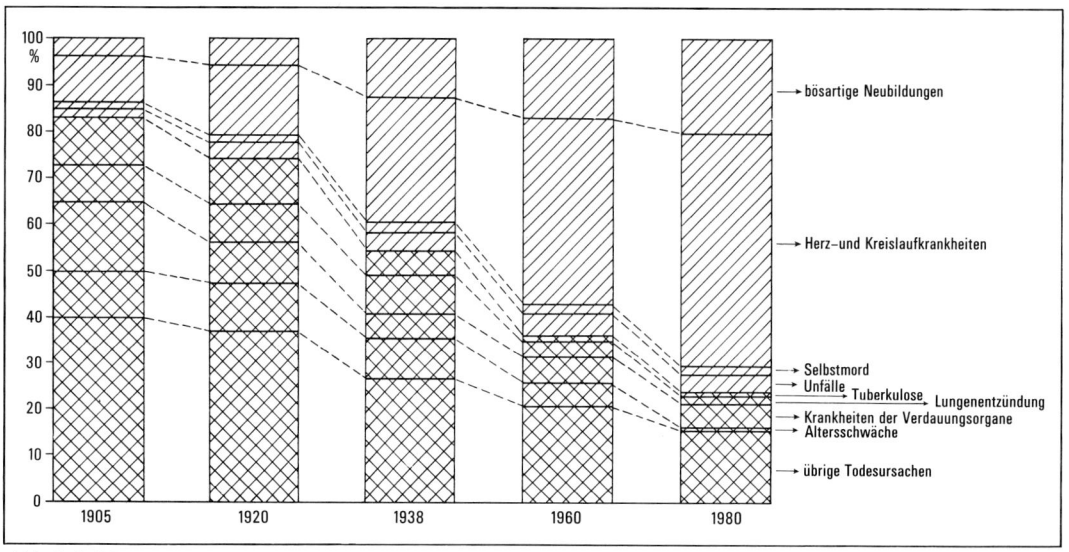

Abb. 2.1.4/1
Anteile wichtiger Todesursachen an den Sterbefällen im Deutschen Reich bzw. in der Bundesrepublik Deutschland 1905–1980
Entwurf: H. D. Laux; Datenquelle: Statistisches Bundesamt (Hg.) 1972: Bevölkerung und Wirtschaft 1872–1972; *Statistisches Bundesamt* (Hg.) 1982: Wirtschaft und Statistik, Heft 5, S. 322.

werden die degenerativen Erkrankungen in erster Linie durch die bösartigen Neubildungen (Krebs) und die Krankheiten des Herz-Kreislaufsystems bestimmt. Diese beiden Gruppen verursachten in der Bundesrepublik Deutschland im Jahre 1980 bereits 71% aller Todesfälle. Einen Eindruck von den dramatischen Verschiebungen in der Häufigkeitsverteilung der Todesursachen seit Beginn des Jahrhunderts vermittelt die Abb. 2.1.4/1. Zur Interpretation der Graphik sei angemerkt, daß sich hinter der Residualkategorie ‚übrige Todesursachen' zu Beginn des Jahrhunderts vor allem noch infektiöse und parasitäre Erkrankungen verbergen. Darüber hinaus ist zu berücksichtigen, daß sich im Laufe der Zeit auch die Möglichkeiten der Diagnose verbesserten und allein von dieser Seite her eine gewisse Verschiebung im Spektrum der Todesursachen zu erklären ist. Dies wird z. B. am abnehmenden Anteil der Kategorie ‚Altersschwäche' deutlich.

Die Vielzahl möglicher Bestimmungsgründe für den Sterblichkeitsrückgang und den Wandel der Todesursachen im Verlauf des epidemiologischen Übergangs lassen sich in drei große Gruppen zusammenfassen (vgl. *Bähr* 1983, S. 205).

1. *Ökobiologische Faktoren:* Hierunter ist das Zusammenspiel von Krankheitserregern (Mikroorganismen), Umweltbedingungen und der Widerstandsfähigkeit des menschlichen Organismus zu verstehen.
2. *Sozio-ökonomische und sozio-kulturelle Determinanten:* Hierzu zählt ein breites Spektrum von Einflußgrößen, von der Verbesserung des Lebensstandards, insbesondere der Ernährungslage, über den Wandel der Wohn- und Arbeitsbedingungen bis hin zu Maßnahmen der privaten und öffentlichen Hygiene, wie z. B. der Kanalisation, der zentralen Wasserversorgung oder der Nahrungsmittelüberwachung.
3. *Medizinische Determinanten:* Hiermit sind die Fortschritte der präventiven und kurativen Medizin (Immunisierung und Therapie) sowie die Verbesserungen der medizinischen Versorgung und Infrastruktur in Form steigender Ärztezahlen und Krankenhausbetten gemeint.

War man über lange Zeit hinweg der Auffassung, daß der säkulare Rückgang der Sterblichkeit in West- und Mitteleuropa vor allem auf die Fortschritte der Medizin und Hygiene zurückzuführen sei, so ist insbesondere seit den Forschungen des Sozialmediziners *McKeown* (1976) zwischen Demographen, Sozialhistorikern und Medizinern ein Streit über die wirklich entscheidenden Ursachen der Sterblichkeitssenkung ausgebrochen. So konnte *McKeown* zeigen, daß direkte medizinische Maßnahmen erst seit Beginn des 20. Jahrhunderts mit der Bekämpfung der Infektionskrankheiten durch Antibiotika und Sulfonamide zur Verbesserung der Überlebenschancen beitrugen; zu dieser Zeit aber waren die Sterberaten in Westeuropa bereits deutlich gesunken, und eine Reihe von Krankheiten hatten ihre Bedrohlichkeit weitgehend eingebüßt. Bei dieser sicherlich überraschenden Einschätzung des medizinischen Fortschritts ist zu beachten, daß zwischen der Entdeckung der Krankheitserreger und der Entwicklung und Durchsetzung wirksamer Therapiemethoden meist ein beträchtlicher Zeitraum lag. In diesem Zusammenhang muß auch das immer wieder als Beleg für einen frühen Erfolg der Medizin angeführte Beispiel der Pockenschutzimpfung kritisch betrachtet werden. Zwar seit Beginn des 19. Jahrhunderts bekannt, hat diese Maßnahme sicherlich weniger zur allgemeinen Reduzierung der Sterblichkeit beigetragen als lange Zeit angenommen. Schließlich müssen auch die Einflüsse der medizinischen Infrastruktur mit Vorsicht bewertet werden. Auch wenn die Bezeichnung der Hospitäler als ‚gateways to death' sicherlich zu einseitig ist, so haben die hygienischen Zustände und Behandlungsmethoden in den Krankenhäusern des 19. Jahrhunderts kaum nennenswerte Auswirkungen auf die allgemeine Senkung des Mortalitätsniveaus gehabt; die wesentlichen Verbesserungen wurden auch hier erst seit Beginn des 20. Jahrhunderts erzielt (vgl. *Bähr* 1983, S. 208).

Angesichts dieser Befunde sind die entscheidenden Ursachen für die ersten Phasen des säkularen Mortalitätsrückgangs offenbar außerhalb des medizinischen Bereichs im engeren Sinne zu suchen. Auch wenn die Abläufe im einzelnen noch einer genaueren Klärung bedürfen, so erscheinen doch folgende Aussagen als gesichert:

Es kann nicht ausgeschlossen werden, daß einige Krankheiten eine Art von ‚autonomem' oder spontanem Rückzug erlebten, der auf die geänderte Virulenz des Krankheitserregers und/oder eine größere Immunisierung der Bevölkerung zurückzuführen ist. Eine solche Entwicklung ist etwa für den Rückgang der Scharlachsterblichkeit anzunehmen. Auch beim Erlöschen der Pest bereits im 17.–18. Jahrhundert dürfte dieser Faktor von Bedeutung gewesen sein, auch wenn hierbei ökologische Einflüsse wie das Verschwinden der ‚schwarzen Ratte' als wichtigster Wirt des Pestüberträgers sicherlich eine wesentliche Rolle gespielt haben. Für die ‚Periode der zurückweichenden Infektionskrankheiten' müssen indes sozio-ökonomische und kulturelle Umweltbedingungen, die sowohl zu einer Stärkung der Widerstandskraft der Menschen als auch zu einer Verminderung des Infektionsrisikos führten, als die entscheidenden Ursachen des Sterblichkeitsrückgangs angesehen werden. Unter diesen Einflüssen sind an erster Stelle die quantitativen und qualitativen Verbesserungen der Ernährung zu nennen, die zu einem Abbau von Mangelerkrankungen und einer Erhöhung der Resistenz gegenüber Infektionskrankheiten geführt haben. Solche Verbesserungen der Ernährungslage sind seit der 2. Hälfte des 18. Jahrhunderts in den Ländern West- und Mitteleuropas zu beobachten. Die Einführung neuer Anbaufrüchte (z. B. Kartoffeln), verbesserte Düngemethoden und Ackergeräte, aber auch die Fortschritte im Transportwesen führten zu einer Erhöhung der landwirtschaftlichen Produktion und zum Abbau von regionalen Versorgungslücken. Nach Meinung von *McKeown* ist diese Verbesserung der Ernährungssituation die entscheidende Ursache für den relativ frühen Sterblichkeitsrückgang bei den Krankheiten, die, wie z. B. die Tuberkulose, vornehmlich durch die Luft übertragen werden. Demgegenüber gingen diejenigen Infektionskrankheiten, die durch Wasser und Nahrungsmittel verbreitet werden, wie z. B. Cholera, Typhus oder Durchfallerkrankungen, erst seit dem späten 19. Jahrhundert verstärkt zurück. Hierfür sind zusätzlich die Fortschritte der öffentlichen Hygiene, wie z. B. die Einführung und Verbreitung der geordneten Trinkwasserversorgung und Fäkalienbeseitigung oder die amtliche Nahrungsmittelüberwachung, verantwortlich zu machen. Daß neben diesen zentralen Faktoren auch die Veränderungen der persönlichen Hygiene und die sukzessiven Verbesserungen der Wohnungsverhältnisse einen Einfluß auf den Mortalitätsrückgang besaßen, darf natürlich nicht unerwähnt bleiben.

Was schließlich die Rolle der Medizin angeht, so kann und soll deren Wirksamkeit in der zweiten Phase des epidemiologischen Übergangs in Europa nicht geleugnet werden. Verglichen mit den erwähnten sozialen und ökonomischen Faktoren ist sie allerdings nur von sekundärer Bedeutung für die Senkung des Sterberisikos während des 19. Jahrhunderts. Ebenso unbestritten ist jedoch, daß seit Beginn des 20. Jahrhunderts und mit dem Übergang in die ‚Periode der vorherrschenden degenerativen und zivilisatorischen Krankheiten' die Fortschritte in der medizinischen Technik und Therapie von immer größerer, ja wohl ausschlaggebender Bedeutung für die weitere Verbesserung der Überlebenschancen werden. Das gilt unbeschadet der Tatsache, daß die individuellen Lebensstile und die damit verbundenen ‚selbstverschuldeten Risiken' (*Howe* 1979) einen nicht zu unterschätzenden Einfluß auf die Lebensspanne eines jeden einzelnen besitzen.

Wie ist nun angesichts der Entwicklung in den westlichen Industrienationen die dramatische Verbesserung der Sterblichkeitsverhältnisse in zahlreichen Ländern der Dritten Welt nach dem Zweiten Weltkrieg zu bewerten? Nach den vorliegenden Untersuchungen besteht kein Zweifel mehr darüber, daß die revolutionäre Verbesserung der Überlebenschancen in den Staaten Asiens, Afrikas und Lateinamerikas seit dem Ende der 40er Jahre in erster Linie das Ergebnis von *exogenen,* d.h. von außen kommenden und von den jeweiligen sozialen und ökonomischen Verhältnissen der Länder weitgehend unabhängigen Einflüssen ist (vgl. *Hauser* 1974, S. 82 ff.).

Diese Einflüsse umfaßten das ganze Spektrum der in den Industrieländern verfügbaren medizinischen Erkenntnisse und therapeutischen Maßnahmen. Von besonderer Bedeutung war dabei die Entwicklung von effektiven, preiswerten und auf breiter Basis anwendbaren Mitteln im Kampf gegen endemisch und epidemisch auftretende Krankheiten. Die Übertragung dieser Methoden aus den Industriestaaten in die Dritte Welt und deren breite Anwendung wurde nicht zuletzt dadurch erleichtert, daß hiermit bereits vor dem Übergang zahlreicher Länder in die staatliche Unabhängigkeit begonnen wurde. Darüber hinaus standen der raschen Verbreitung dieser Maßnahmen keine entscheidenden Hindernisse im Wege, da das Ziel einer Verbesserung der Überlebenschancen weder auf politischer noch auf religiöser oder kultureller Ebene auf Ablehnung stieß und nur in Ausnahmefällen (z.B. bei Impfungen) die Mitarbeit des einzelnen Individuums notwendig war.

Der Erfolg dieser direkten und relativ kostengünstigen Maßnahmem ist unbestritten. So kann die starke Eindämmung von Krankheiten wie Cholera, Pocken, Tuberkulose, Masern oder Malaria, deren Rückgang einen entscheidenden Einfluß auf das schnelle Absinken des allgemeinen Mortalitätsniveaus hatte, in erster Linie auf den massiven Einsatz von Antibiotika und Insektiziden oder die Durchführung von Impfaktionen zurückgeführt werden. Als Beispiel mag die besonders gut dokumentierte Entwicklung in Sri Lanka (Ceylon) angeführt werden (vgl. *Hauser* 1974, S. 76 ff.). Jahrhundertelang war hier die Malaria in endemisch und epidemisch auftretender Form eine der Haupterkrankungs- und -todesursachen. So ist z.B. die Sterblichkeitsspitze der Jahre 1934/35 (vgl Abb. 2.1.3/5) auf einen epidemischen Ausbruch dieser Krankheit zurückzuführen. Der entscheidende Schlag gegen die Malaria gelang mit der Erfindung und Anwendung des heute sehr kritisch betrachteten Giftes DDT. Mit seiner Hilfe konnte der Überträger der Krankheit – die Anophelesmücke – durch Besprühen vernichtet bzw. stark dezimiert werden. Nach den ersten Einsätzen des Giftes Ende 1945 gelang es im Rahmen einer groß angelegten DDT-Kampagne innerhalb von nur wenigen Jahren, die Malariasterblichkeit von 140,5 Todesfällen auf 100 000 Einwohner (1946) über 92,1 (1948) auf nahezu Null zu Beginn der 60er Jahre zu senken. Selbstverständlich ist das rapide Absinken der rohen Sterbeziffer von 20,3 auf 12,6% zwischen 1946 und 1949 nicht allein dem Rückgang der Malariatoten zuzuschreiben, hieran war auch die Eindämmung von anderen infektiösen und parasitären Krankheiten, wie z.B. Ruhr oder Grippe, beteiligt. Wie in Ceylon, so versuchte man auch in anderen Ländern, diese exogen verursachten Erfolge der Sterblichkeitssenkung durch einen raschen Ausbau des öffentlichen Gesundheitswesens, d.h. den Einsatz von medizinischem Fachpersonal und Hebammen sowie die Errichtung von Kliniken, Gesundheitsstationen und Beratungsdiensten, langfristig zu sichern. Verfolgt man nun die Entwicklung der Sterblichkeit in den Ländern der Dritten Welt bis zur Gegenwart, so zeigt sich, daß der Mortalitätsrückgang seit Beginn der 70er Jahre im allgemeinen einen deutlich langsameren Verlauf genommen hat, als nach den z.T. spektakulären Anfangserfolgen der 50er und 60er Jahre gemeinhin erwartet worden war (vgl. *Gwatkin* 1980; *Tabah* 1981). Aus dieser Verlangsamung bzw. Stagnation der Sterblichkeitsentwicklung – die im Fall von Sri Lanka während der 70er Jahre sogar in einen leichten Rückgang der Lebenserwartung umschlug (*Gwatkin* 1980, S. 623) – wird deutlich, daß sich in vielen Entwicklungsländern das Mortalitätsniveau allein durch relativ kostengünstige exogene Maßnahmen einschließlich einer Verbesserung der medizinischen Infrastruktur offenbar nicht mehr entscheidend senken läßt. Eine weitere und dauerhafte Reduzierung der Sterblichkeit ist hier nur noch im Rahmen und als Resultat eines endogenen sozialen und ökonomischen Wandels zu erreichen. Dabei erscheinen die nachhaltige Verbesserung der allgemeinen Ernährungslage, Fortschritte im Bereich der öffentlichen und privaten Hygiene sowie eine deutliche Hebung des Bildungsniveaus von entscheidender Bedeutung (vgl. *Tabah* 1981, S. 323). Diese Ziele sind jedoch nur recht langsam und unter beträchtlichen finanziellen Investitionen und gesellschaftlichen Anstrengungen zu erreichen, so daß zu erwarten ist, daß die meisten Staaten der Dritten Welt noch einen weiten Weg vor sich haben bis zur Erreichung des Mortalitätsniveaus der alten Industrieländer. Die aufgrund der Altersstruktur häufig sehr niedrigen rohen Sterbeziffern sollten nicht über die Länge dieses Weges hinwegtäuschen.

Damit werden die Gemeinsamkeiten und Unterschiede der Sterblichkeitsentwicklung in den Industrie- und Entwicklungsländern nochmals deutlich greifbar: Während der für einen nachhaltigen Mortalitätsrückgang offensichtlich unabdingbare soziale und ökonomische Strukturwandel in den westlichen Ländern bereits *vor* den entscheidenden Fortschritten der medizinischen Wissenschaft einsetzte und deren Entwicklung begleitete, stehen zahlreiche Länder der Dritten Welt vor der schwierigen Aufgabe, dem durch exogene Einflüsse erzeugten relativ niedrigen Sterblichkeitsniveau *nachträglich* die notwendigen sozialen und ökonomischen Grundlagen zu schaffen und damit eine weitere und dauerhafte Verbesserung der Überlebenschancen zu sichern.

Dabei ist zu beachten, daß die quantitativ nur schwierig faßbaren kulturellen und sozialen Dimensionen des gesamtgesellschaftlichen Strukturwandels meist wichtiger sind als globale ökonomische Entwicklungsabläufe. Dies mag an der Abb. 2.1.4/2 verdeutlicht werden: Sie zeigt für 112 Staaten der Erde die Beziehung zwischen der mittleren Lebenserwartung bei der Geburt um 1987 und dem

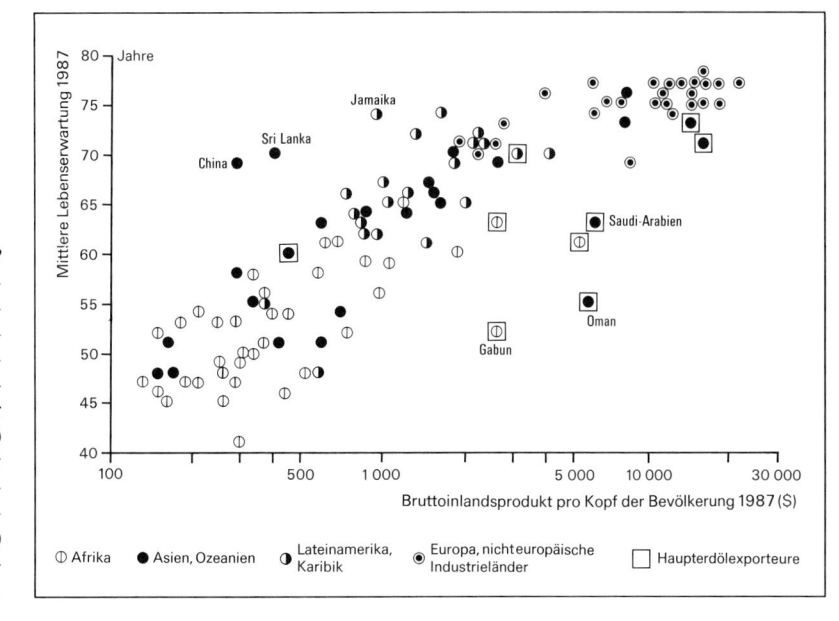

Abb. 2.1.4/2 Zusammenhang zwischen Bruttoinlandsprodukt pro Kopf der Bevölkerung und Lebenserwartung bei der Geburt 1987 (Staaten über 1 Mill. Einwohner) *Entwurf: H.D. Laux; Datenquelle: Internationale Bank für Wiederaufbau/Weltbank* (Hg.) 1989: Weltentwicklungsbericht 1989.

Bruttoinlandsprodukt pro Kopf der Bevölkerung im Jahre 1987 als Maß der wirtschaftlichen Leistungskraft einer Volkswirtschaft. Um eine graphische Darstellung zu ermöglichen, erscheint diese Maßzahl in logarithmischer Form. Auch wenn insgesamt eine relativ hohe positive Korrelation zwischen dem ökonomischen Entwicklungsstand eines Landes und dessen Sterblichkeitsniveau unverkennbar ist ($r = 0{,}86$), so zeigen sich im einzelnen doch recht deutliche Abweichungen vom allgemeinen Trend. Dies gilt nicht nur für einige der erdölexportierenden Staaten mit eher geringer Lebenserwartung bei einem hohen Bruttoinlandsprodukt pro Kopf der Bevölkerung, sondern auch für Länder wie China, Sri Lanka oder Jamaika, die in Relation zum gesamtwirtschaftlichen Entwicklungsstand eine recht beachtliche mittlere Lebenserwartung zeigen. Die eingeschränkte Bedeutung rein ökonomischer Sachverhalte für die Mortalitätsentwicklung aber wird insbesondere darin deutlich, daß – wie genauere Analysen gezeigt haben – nur ein sehr schwacher Zusammenhang zwischen der Veränderung des Pro-Kopf-Einkommens und der Verbesserung der Überlebenschancen zu beobachten ist (vgl. *Bähr* 1983, S. 199).

2.1.5 Raum-zeitliche Entwicklung der Fruchtbarkeit

2.1.5.1 Generatives Verhalten und Formen der Fertilitätskontrolle

Wie bereits in den vorangegangenen Abschnitten näher erläutert, wird der säkulare Fruchtbarkeitswandel in den Industriestaaten im Vergleich zur Entwicklung in den Ländern der Dritten Welt durch zwei entscheidende Unterschiede geprägt: Zum einen zeigen die Entwicklungsländer seit Beginn einer halbwegs zuverlässigen Registrierung des Bevölkerungsgeschehens bis in die Gegenwart hinein in der Regel ein Fruchtbarkeitsniveau, das erheblich über demjenigen der Industrieländer vor Beginn ihrer Fertilitätstransformation liegt, und zum anderen bleibt die Schere zwischen Geburten- und Sterberaten in der Dritten Welt weiter und offenbar auch länger geöffnet als dies in den westlichen Industrienationen der Fall war. Hieraus folgt, daß eine Erklärung der Fruchtbarkeitsentwicklung, die halbwegs allgemeingültig und historisch übergreifend sein will, nicht nur die Gründe für den Geburtenrückgang in Europa aufzeigen muß, sondern auch die genannten Unterschiede zu den übrigen Regionen der Erde einsichtig zu machen hat.

Angesichts der z. T. verwirrenden Vielfalt der vorliegenden Fruchtbarkeitstheorien soll und kann im folgenden lediglich ein relativ offener Erklärungsrahmen formuliert werden, der versucht, eine Integration verschiedener mikro- und makroanalytischer Theorieansätze vorzunehmen. Im Zentrum dieses Erklärungskonzepts steht der Begriff des *generativen Verhaltens*. Darunter soll die Gesamtheit der Handlungsalternativen und Entscheidungen im Bereich der menschlichen Fortpflanzung verstanden werden, die sich auf der Mikroebene der Familie als Kinderzahl oder Familiengröße, auf der Makroebene der Gesellschaft als Fruchtbarkeitsniveau einer Bevölkerung niederschlagen (vgl. *Schmid* 1984, S. 109). Obwohl stets von Individuen bzw. Paaren getragen, ist das generative Handeln immer auch gesellschaftlich bedingt und geprägt. Soziale Verhältnisse und Ziele bestimmen, in welcher Form und in welchem Umfang das biologische Reproduktionspotential ausgeschöpft wird; gesellschaftliche Normen und Wertvorstellungen haben Einfluß auf die Einstellungen und Umstände, an denen sich das individuelle Verhalten mit seinen je unterschiedlichen Graden des Bewußtseins und der Entscheidungsfreiheit orientiert.

In diesem Sinne kann das generative Verhalten in Anlehnung an *Max Weber* (1921/1972, S. 11 ff.) als ‚soziales Handeln' verstanden werden: Es ist ausgerichtet am Verhalten anderer und sinnorientiert, wobei das jeweilige Verhalten den Kategorien des zweckrationalen, wertrationalen, traditionalen und affektuellen Handelns folgen kann. Von dieser Annahme einer grundsätzlichen Sinnorientierung des generativen Verhaltens her muß jede Vorstellung einer blinden, unkontrollierten, allein dem Geschlechtstrieb unterworfenen Fortpflanzung von Populationen, etwa im Sinne des ‚Bevölkerungsgesetzes' von *T. R. Malthus* (vgl. 2.5.5), als Vorurteil zurückgewiesen werden. Es ist vielmehr davon auszugehen, daß die Fruchtbarkeit bei nahezu allen Bevölkerungen einer mehr oder weniger starken und effektiven *Kontrolle* unterworfen ist; dabei folgt das generative Verhalten einer bestimmten Rationalität, sei es auf der Basis von bewußten individuellen Entscheidungen, sei es im Rahmen von weitgehend unreflektierten kollektiven Handlungsmustern.

Bevor die verschiedenen Mechanismen der Fruchtbarkeitskontrolle im einzelnen diskutiert werden sollen, ist ein weiterer Grundgedanke des gewählten Erklärungsansatzes zu erläutern. Generatives Handeln realisiert sich vor allem im Bereich der Familie, in ihrem Rahmen fallen in der Regel die ‚Entscheidungen' über die Nachkommenschaft eines Paares; in Familien oder familienähnlichen Gemeinschaften wird bis heute die weitaus überwiegende Zahl der Kinder geboren. Hieraus folgt, daß der Institution der Familie, ihren Funktionen und ihrem Strukturwandel, eine zentrale Rolle bei der Deutung der Fruchtbarkeitsentwicklung zukommt. Da jedoch die Familie als Ort des generativen Handelns stets in die jeweiligen Gesellschaftsstrukturen eingebunden ist und von deren Wandel entscheidend beeinflußt wird, erscheint eine Integration von mikro- und makroanalytischen Erklärungsansätzen des Fertilitätswandels am erfolgversprechendsten. Auf der Basis eines solchen Mehrebenenkonzepts ist das generative Verhalten von Individuen bzw. Paaren als Ausdruck der ökonomischen, sozialen und kulturellen Funktionen der Familie bzw. der Nachkommenschaft im Rahmen der gesamtgesellschaftlichen Existenzbedingungen zu deuten. Entsprechend kann ein spürbarer Rückgang des allgemeinen Fertilitätsniveaus durch einen Funktionswandel des Familiensystems unter dem Einfluß veränderter Gesellschaftsstrukturen erklärt werden (vgl. hierzu u.a. *Linde* 1984, S. 37ff.). Dieser noch recht allgemein formulierte Ansatz soll im weiteren Verlauf dieses Kapitels genauer belegt und ausgeführt werden.

Das Reproduktionsniveau einer Bevölkerung läßt sich nach den Erläuterungen in Kap. 2.1.2.1 in drei Komponenten untergliedern. Es sind dies die Verheiratetenquote einer Population sowie die Höhe ihrer ehelichen und nichtehelichen Fruchtbarkeit. Diese Elemente bestimmen in ihrer jeweils spezifischen Konstellation in Anlehnung an die Terminologie von *Mackenroth* (1953, S. 110) die ‚*generative Struktur*' oder ‚*Bevölkerungsweise*' einer Gesellschaft. Als massenstatistisch faßbare Strukturkomponenten spiegeln sie die in einer Bevölkerung dominierenden Formen des generativen Verhaltens wider. Eine gesellschaftliche und/oder individuelle Kontrolle des allgemeinen Fertilitätsniveaus kann über jedes der drei Elemente erfolgen. Dabei kommt der Regulierung der unehelichen Fruchtbarkeit die geringste Bedeutung zu. Durch wirksame Sanktionen eingeschränkt, spielte und spielt die illegitime Fruchtbarkeit, trotz einiger bemerkenswerter Ausnahmen, in den meisten Bevölkerungen nur eine untergeordnete Rolle. Es sollen daher nur die Kontrollmechanismen im Bereich des Heiratsverhaltens und der ehelichen Fruchtbarkeit näher diskutiert werden, zumal die Strategien zur Verhinderung unehelicher Geburten hierunter zu subsumieren sind.

Auf zweierlei Weise kann das Fertilitätsniveau einer Bevölkerung durch die *Regulierung des Heiratsverhaltens* gesenkt werden: zum einen durch die Einschränkung der Heiratshäufigkeit und zum anderen durch das Hinausschieben des Heiratsalters. Im ersten Fall wird die *Zahl* der Frauen, die dem ‚Risiko' einer Geburt ausgesetzt sind, reduziert, während durch die zweite Strategie der *Zeitraum* des Geburtenrisikos vermindert wird. Da verheiratete Frauen in der Regel im Alter von 18–25 Jahren – nicht zuletzt aufgrund der biologischen Voraussetzungen – die höchste Fruchtbarkeit zeigen, kann eine deutliche Erhöhung des Heiratsalters zu einer spürbaren Reduzierung der mittleren Kinderzahlen pro Familie führen. Im Gegensatz zu den Industriegesellschaften der Gegenwart, in denen das Eingehen einer Ehe und der Zeitpunkt der Eheschließung weitgehend in die freie Entscheidung eines Paares gestellt sind, war das Heiratsverhalten im vorindustriellen Europa mehr oder weniger strengen gesellschaftlichen Reglementierungen bis hin zu gesetzlichen Einschränkungen unterworfen. So war die Zulassung zur Heirat und Familiengründung in der Regel an den Nachweis einer sog. Vollstelle gebunden, d.h. eines Bauernhofes, eines Handwerksbetriebes oder einer sonstigen beruflichen Position, die die Ernährung einer Familie sicherzustellen vermochte. Damit blieb ein beträchtlicher Teil der Bevölkerung wie etwa Knechte, Mägde, Tagelöhner, Handwerksgehilfen oder Hausbedienstete von der Familiengründung ausgeschlossen, während die Erben eines landwirtschaftlichen Betriebes oder die Gesellen im zunftgebundenen Handwerk u.U. bis zum Tode des Altbauern bzw. eines Meisters mit der Eheschließung warten mußten. Diese sozialen und rechtlichen Beschränkungen der Familiengründung bilden den sozialgeschichtlichen Hintergrund des von *Hajnal* (1965) als ‚european marriage pattern' bezeichneten *west- und mitteleuropäischen Heiratsmusters*. Gekennzeichnet durch ein spätes Heiratsalter und eine geringe Heiratshäufigkeit, schlägt sich dieses Muster im Bevölkerungsaufbau durch einen hohen Anteil von Ledigen unter der Erwachsenenbevölkerung nieder. Das spezifische Heiratsverhalten hat sich in Mittel- und Westeuropa spätestens seit dem 16. Jahrhundert herausgebildet. Auch wenn seine Ursachen und Hintergründe noch nicht eindeutig geklärt sind, so darf doch angenommen werden, daß durch die Heraufsetzung des Heiratsalters ein Nebeneinander von Angehörigen dreier Generationen in einem Haushalt vermieden oder jedenfalls auf eine kurze Phase beschränkt werden sollte (vgl. *Mitterauer* 1980, S. 54), denn ein Dreigenerationenhaushalt bedeutete in der vorindustriellen Agrargesellschaft insbesondere für die Besitzer kleiner oder mittlerer Bauernhöfe eine beträchtliche ökonomische Belastung. Damit wird auch die weitgehende Dominanz der *Kernfamilie* im vorindustriellen Europa verständlich (vgl. 2.4.2.2).

Dieses ‚european marriage pattern' aber steht in deutlichem Gegensatz zu den gleichzeitigen Mustern in Osteuropa, insbesondere aber zu den bis heute herrschenden Verhältnissen in zahlreichen Ländern der Dritten Welt. Auch hier war und ist das Heiratsverhalten, nicht nur was die Auswahl des Partners betrifft, sozialen Normen unterworfen, wobei insbesondere die gezielten Absprachen zwischen einzelnen Familien eine große Rolle spielten. Dabei ist das vorherrschende Heiratsmuster durch eine universelle und frühe, d.h. bald nach der Geschlechtsreife der Frau erfolgende Eheschließung gekennzeichnet. Zu den besonderen Verhältnissen in Lateinamerika sei auf die näheren Ausführungen in Kap. 2.4.2.1 hingewiesen. Da dort die bevölkerungsstrukturellen Indikatoren und Konsequenzen der unterschiedlichen Heiratsmuster eingehend behandelt werden, sollen in Tab. 2.1.5/1 lediglich die Schätzwerte für das mittlere Heiratsalter der Frauen in einigen Ländern Europas und der Dritten Welt genannt werden.

Auch wenn im Gefolge der ökonomischen und sozialen Veränderungen in Europa während des 19. Jahrhunderts die traditionellen Eherestriktionen an Bedeutung verloren und eine bis in die jüngere Vergangenheit anhaltende langsame Reduzierung des mittleren Heiratsalters sowie insbesondere eine Ausweitung der Eheschließung einsetzten (vgl. 2.4.2.1), so spiegeln die Verhältnisse um 1900 dennoch recht eindrucksvoll das überkommene europäische Heiratsverhalten wider. Dies gilt insbesondere für die Länder Nordeuropas, in denen nicht nur das Heiratsalter, sondern zugleich auch der Anteil der im Alter von 45–50 Jahren noch unverheirateten Frauen überdurchschnittlich hoch waren (Schweden: 19%, Island: 29%; *Hajnal* 1965, S. 102). Im krassen Gegensatz hierzu stehen Länder wie Bangladesch, Indien oder Kenia mit einem mittleren Alter bei der Eheschließung von unter 20 Jahren und einem Ledigenanteil der 45–50jährigen von nahezu null Prozent. Bemerkenswert ist das relativ hohe Heiratsalter in Sri Lanka, das ähnlich wie in Taiwan, Korea oder Singapur auf eine spürbare Änderung der traditionellen Heiratsmuster zurückzuführen ist.

Tab. 2.1.5/1: Durchschnittliches Heiratsalter der Frauen in ausgewählten Ländern

Europäische Staaten um 1900	Alter	Außereuropäische Staaten um 1980	Alter
Deutschland	25,0	Bangladesch	16
England und Wales	25,5	Indien	17
Österreich	26,2	Kenia	19
Schweden	26,3	Indonesien	20
Norwegen	26,9	Mexiko	21
Irland	27,4	Ägypten	22
Island	28,7	Sri Lanka	24

Quellen: nach *Schmid* 1984, S. 137; *Population Reference Bureau* (Hg.) 1981.2: Fertility and the Status of Women

Aus all diesen Beobachtungen läßt sich folgern, daß die Unterschiede zwischen dem vergleichsweise moderaten Fruchtbarkeitsniveau im vorindustriellen Mittel- und Westeuropa und den gegenwärtigen Geburtenraten in den Ländern der Dritten Welt zu einem wesentlichen Teil, wenn nicht sogar ausschließlich, auf das Vorherrschen unterschiedlicher gesellschaftlicher Strategien des Heiratsverhaltens zurückzuführen sind. So haben zahlreiche Untersuchungen gezeigt, daß die Werte der ehelichen Fruchtbarkeit in den Entwicklungsländern häufig sogar unter dem Niveau in Europa vor Beginn des nachhaltigen Geburtenrückganges lagen (vgl. *Caldwell* 1982, S. 218). Damit aber eröffnet sich für die Länder der Dritten Welt die Möglichkeit, durch einen Wandel im Heiratsverhalten zu einer spürbaren Dämpfung des Bevölkerungswachstums beizutragen.

Für das Fertilitätsniveau einer Bevölkerung sicherlich bedeutsamer ist jedoch die Regulierung der Empfängnis- bzw. Geburtenhäufigkeit innerhalb der Ehen bzw. eheähnlichen Lebensgemeinschaften. Hierzu stehen eine Vielzahl von Verhaltensweisen zur Verfügung, die im wesentlichen auf zwei Grundstrategien hinauslaufen. Dies ist zum einen die Verringerung der Geburtenzahl durch die Verlängerung der Abstände zwischen den Niederkünften (*spacing*) und zum anderen das Vermeiden weiterer Geburten, nachdem in einer Familie die gewünschte Kinderzahl erreicht wurde (*stopping*). Auch wenn diese Strategien durchaus miteinander kombiniert werden können, so ist ihre Unterscheidung sowohl aus theoretischen Erwägungen als auch unter historischen Gesichtspunkten gerechtfertigt. Während das Stoppen von Geburten vor dem Ende der fruchtbaren Phase einer Frau ein bewußtes Verhalten, sei es als Anwendung empfängnisverhütender Maßnahmen, sei es in Form der Abtreibung, voraussetzt, kann eine Variation der Geburtenabstände allein in einer weitgehend unbewußten Befolgung unterschiedlicher kultureller Verhaltensweisen begründet sein. Hierunter zählen vor allem Beischlaf-Tabus im Anschluß an eine Geburt sowie mehr oder weniger ausgedehnte Stillzeiten, während denen aufgrund der weit verbreiteten Laktations-Amenorrhöe die Wahrscheinlichkeit einer erneuten Empfängnis erheblich reduziert ist. Ein häufig genanntes Beispiel hierfür stellt das Volk der Dobe Kung-Buschmänner dar, bei denen aufgrund eines Stillens der Kinder bis ins dritte Lebensjahr hinein mittlere Geburtenabstände von über 4 Jahren und damit im Durchschnitt weniger als 5 Geburten pro Frau beobachtet wurden (vgl. *Lutz* 1984, S. 450).

Aus diesen Überlegungen folgt, daß die z.T. beträchtlichen Unterschiede im Niveau der ehelichen Fruchtbarkeit zwischen traditionellen Gesellschaften in erster Linie auf eine unterschiedliche Regulierung der Geburtenabstände im Rahmen kulturspezifischer, kollektiver Verhaltensweisen zurückzuführen sind. Von einer *Geburtenkontrolle* im engeren Sinne kann aber erst gesprochen werden, wenn das Fruchtbarkeitsverhalten einer Bevölkerung eindeutige Hinweise auf die Einschränkung der Geburten in Abhängigkeit von der bereits erreichten Kinderzahl liefert. Für dieses in der Fachliteratur auch als paritätsspezifische Fruchtbarkeitskontrolle (Parität = Rangnummer einer Geburt) bezeichnete Verhalten hat sich als Synonym zum englischen Begriff ‚family limitation' der deutsche Terminus ‚Nachwuchsbeschränkung' eingebürgert. Wie bereits angedeutet, verlangt diese Form der Fruchtbarkeitskontrolle ein bewußtes Verhalten; sie ist letztlich nur unter Anwendung kontrazeptiver Maßnahmen oder in Form der Abtreibung zu realisieren. Ausschlaggebend hierbei ist allerdings die Motivation zur Geburtenbeschränkung, d.h. die bewußte Entscheidung eines Paares gegen weitere Nachkommenschaft. Eine solche Entscheidung ist stets die Vorbedingung für die Übernahme und Anwendung empfängnis- bzw. geburtenverhütender Praktiken und Hilfsmittel. Die Kenntnis und Verfügbarkeit solcher Techniken können zwar das Risiko unerwünschter Geburten ausschalten oder zumindest entscheidend vermindern und damit zur Senkung des Fertilitätsniveaus beitragen; hierin eine ‚Ursache' des allgemeinen Geburtenrückganges sehen zu wollen, hieße jedoch Ziel und Mittel verwechseln.

Die verschiedenen Strategien des generativen Verhaltens, die sich auf der Makroebene in charakteristischen Kurvenverläufen der altersspezifischen ehelichen, ersatzweise auch der allgemeinen Fruchtbarkeitsraten niederschlagen (vgl. Abb. 2.1.2/1), führen auf der Ebene der Individuen zu unterschiedlichen Mustern im *Lebens- und Familienzyklus* (vgl. 2.4.2.2). Dies läßt sich insbesondere am Lebenslauf verheirateter Frauen zeigen, mit seinen durch den Eintritt der Geschlechtsreife, die Heirat, die Geburt des ersten und letzten Kindes, die Menopause, das Erwachsenwerden und den Wegzug des letztgeborenen Kindes sowie den Tod des Partners markierten Phasen (vgl. *Imhof* 1981, S. 161 ff.). Mit zunehmender Nachwuchsbeschränkung und gleichzeitig steigender Lebenserwartung haben sich die Dauer und das relative Gewicht dieser Lebensphasen z. T. entscheidend verändert. So wird der Abschnitt der Mutterschaft und der Erziehung der Kinder immer kürzer, während die Zeit der nachelterlichen Gefährtenschaft im ‚leeren Nest' stetig an Bedeutung gewinnt. Diese Verschiebungen haben nicht nur beträchtliche Konsequenzen für Familienleben und Partnerschaft, sondern stellen auch die Gesamtgesellschaft vor neue Aufgaben und Probleme.

2.1.5.2 Der säkulare Fruchtbarkeitsrückgang in Europa: Ansätze zu einer Erklärung

Auf der Basis der vorangegangenen allgemeinen Überlegungen soll im folgenden eine Erklärung des säkularen Fruchtbarkeitswandels in Europa von der vorindustriellen Zeit bis in die Gegenwart versucht werden (vgl. hierzu vor allem *Linde* 1984, S. 37 ff. u. *Schmid* 1984, S. 95 ff.).

Das wirtschaftliche und soziale Leben in den Ländern West- und Mitteleuropas wurde, sieht man einmal von dem frühindustrialisierten Großbritannien ab, bis ins 19. Jahrhundert hinein durch die Agrargesellschaft bestimmt. Die darin vorherrschende Produktionsform war das System der *Familienwirtschaft*. Hierbei bildeten Betrieb und Familie nicht nur eine räumliche, sondern auch eine untrennbare funktionale Einheit. Dies galt sowohl für den Sektor der Landwirtschaft, als auch für weite Teile des städtischen Handwerks sowie das ländliche Heimgewerbe: Familienleben realisierte sich weitgehend in gemeinschaftlicher Arbeit. Da die menschliche Arbeitskraft in der vorindustriellen Wirtschaft neben Grund und Boden den wichtigsten Produktionsfaktor darstellte, war die Produktionskapazität und damit der ökonomische Erfolg der Familienbetriebe in erster Linie an die Verfügbarkeit einer ausreichenden Zahl von familieneigenen Arbeitskräften gebunden. Dies war insbesondere für den Bereich der Landwirtschaft bedeutsam, wo der Umfang des bebaubaren Landes den Bedarf an Arbeitskräften entscheidend beeinflussen konnte. Dieser Bedarf aber war in der Regel nur im Rahmen einer kinderreichen Familie zu decken, denn eine große Zahl von Kindern bedeutete unter den Bedingungen der familienzentrierten Produktionsweise ein denkbar billiges, leicht verfügbares und bereits in jungen Jahren einsetzbares Potential an Arbeitskräften.

Zu dieser ökonomischen Funktion zahlreicher Nachkommen trat als weitere Aufgabe der Kinder, die soziale und wirtschaftliche Existenz der Eltern im Alter, bei Krankheit und Invalidität zu sichern. Die in traditionellen Gesellschaften zu beobachtende Präferenz für männliche Nachkommen sowie die hohe gesellschaftliche Wertschätzung, die einer söhnereichen Familie entgegengebracht wurde bzw. wird, sind Ausdruck dieser häufig durch religiöse Gebote zusätzlich gestützten sozialen und ökonomischen Funktion von Kindern. Aus alledem folgt, daß unter den Wirtschafts- und Lebensbedingungen des vorindustriellen Europa und angesichts des Risikos einer beachtlichen Säuglings- und Kindersterblichkeit nur eine hohe eheliche Fruchtbarkeit gesellschaftlich und ökonomisch sinnvoll und damit systemkonform sein konnte. Dies erklärt auch, warum das Fertilitätsniveau durchweg im Rahmen der natürlichen Fruchtbarkeit lag und damit eine bewußte Geburtenkontrolle im Sinne der Nachwuchsbeschränkung in den europäischen Gesellschaften – sieht man von dem Sonderfall Frankreich ab – bis tief ins 19. Jahrhundert hinein weitgehend unbekannt bzw. unüblich war.

Wie ist nun unter der Voraussetzung einer Wechselbeziehung zwischen der Wirtschafts- und Sozialstruktur und den Formen des generativen Verhaltens der säkulare Fertilitätswandel von einer weitgehend unbeschränkten ehelichen Fruchtbarkeit hin zur zeitgenössischen, massiven Nachwuchsbeschränkung zu deuten? Mit dem Übergang von der Agrar- zur Industriegesellschaft kommt es in Europa zu tiefgreifenden ökonomischen, sozialen und kulturellen Strukturveränderungen, in deren Rahmen auch die Rolle der Familie und die Funktion bzw. der ‚Wert' der Nachkommenschaft einem weitgehenden Wandel unterworfen werden (vgl. hierzu u. a. *Schmid* 1984, S. 115 ff.). Die Ausbreitung der industriellen Wirtschaftsweise führt zu einer radikalen Umstellung der Produktionsfaktoren. Der in der Agrarwirtschaft dominierende Grund und Boden verliert zunehmend an Bedeutung, und an seine Stelle tritt der Faktor Kapital. Zugleich erhöhen sich unter dem Zwang zur Arbeitsteilung die Anforderungen an die manuellen und geistigen Fähigkeiten der menschlichen Arbeitskraft. Die Mechanisierung der Produktionsabläufe und der Zwang zum effektiven Kapitaleinsatz führen zur Vergrößerung der Betriebe und zur räumlichen Konzentration der Produktionsstätten. Im Rahmen dieser Entwicklung löst sich die überkommene räumliche und funktionale Einheit von Familie und Betrieb, von Produktion und Verbrauch weitgehend auf. An die Stelle eines gemeinschaftlich erarbeiteten Naturalertrags tritt der individuelle Geldlohn für eine außer Haus erbrachte Arbeitsleistung. Gesellschaftlicher Status und Einkommen des einzelnen hängen damit immer weniger von der Position im Familienverband, sondern zunehmend von der erreichten beruflichen Stellung, mit anderen Worten vom Marktwert der Arbeitskraft ab. Individuelle Fähigkeiten und die Qualität der Ausbildung werden die entscheidenden Voraussetzungen für wirtschaftlichen Erfolg und sozialen Aufstieg.

Für die Binnenstruktur der Familie bedeutete dies eine Schwächung der traditionellen Autoritätsstellung des Familienoberhaupts und eine wachsende Unabhängigkeit der übrigen Familienmitglieder. Der Vater verlor die ökonomische Verfügungsgewalt über die Familie und wurde zum Lohnempfänger wie die Kinder oder auch die Ehefrau. Mit der zunehmenden wirtschaftlichen Selbständigkeit der nachwachsenden Generation aber fielen auch die überlieferten Heiratsrestriktionen. Unter den Bedingungen der kapitalintensiven industriellen Wirtschaft lieferte jeder männliche Arbeitsplatz prinzipiell die Basis zur Familiengründung (vgl. *Mackenroth* 1953, S. 439).

Förderte das eigene Einkommen der berufstätigen Kinder die Lösung aus dem Familienverband und die Möglichkeiten der individuellen Lebensgestaltung, so führte dies gleichzeitig auch zu einer Lockerung der traditionellen Verpflichtungen gegenüber der Elterngeneration. Zu diesen Verpflichtungen zählte in erster Linie die Versorgung der Eltern im Alter und bei Krankheit. Mit dem Aufbau einer öffentlichen Sozialversicherung, bei der die Solidarität des Familienverbandes durch die Solidarität der Gesellschaft ergänzt bzw. ersetzt wurde, verloren diese Aufgaben der Nachkommenschaft immer mehr an Bedeutung. Für Deutschland entscheidend ist in diesem Zusammenhang die Sozialgesetzgebung gegen Ende des 19. Jahrhunderts mit der Einführung der Krankenversicherung (1883), der Unfallversicherung (1884) sowie der Alters- und Invaliditätsversicherung (1889). Eine weitere gesellschaftliche Maßnahme, die den wirtschaftlichen ‚Nutzen' von Kindern zunehmend beeinträchtigte, war das Verbot der Kinderarbeit, das z. B. in Preußen zum ersten Mal im Jahre 1839 erlassen wurde. Auch wenn sich dieses Verbot insbesondere in den Wirtschaftsbereichen, in denen die traditionelle Familienwirtschaft noch weiterlebte (Landwirtschaft, Handwerk), nur langsam durchzusetzen vermochte, so führte es doch dazu, daß der Beitrag der Kinder zum Familieneinkommen immer unbedeutender wurde und schließlich ganz entfiel. Im Gegenteil, mit der Durchsetzung der allgemeinen Schulpflicht und der zunehmenden Anforderung an die Qualität der beruflichen Ausbildung wurden Kinder zu einer nicht unbeträchtlichen Belastung für das Familienbudget. Dieser Kostenfaktor wurde vor allem dort wirksam, wo sich ein starker sozialer Aufstiegswille der Elterngeneration in einem besonderen Bemühen um die Erziehung und Ausbildung der Kinder niederschlug.

All diese Prozesse, die im Kern auf einen Verlust der ökonomischen Funktion der Familie bzw. der Nachkommenschaft hinausliefen, bildeten schließlich die entscheidenden Voraussetzungen für den fundamentalen Wandel des generativen Verhaltens von einer weitgehend unbeschränkten ehelichen Fruchtbarkeit zu einer Strategie der bewußten Nachwuchsbeschränkung. Unter den Produktions- und Lebensbedingungen der entwickelten Industriegesellschaft erscheint somit die Entscheidung für eine niedrige Kinderzahl als ausgesprochen rationales und zielkonformes generatives Handeln. Seine Übernahme wurde durch zwei Faktoren begünstigt und erleichtert. Zum einen ist dies die Verminderung der Säuglings- und Kindersterblichkeit und zum anderen die wachsende Verbreitung und Verfügbarkeit von wirkungsvollen kontrazeptiven Techniken. Auch wenn nach den Erkenntnissen der Bevölkerungsgeschichte zwischen der Verbesserung der Überlebenschancen der Kinder und der Reduzierung des Fruchtbarkeitsniveaus keine eindeutige Beziehung im Sinne von Ursache und Wirkung besteht, so hat der Rückgang des Sterberisikos doch dazu geführt, daß für die Realisierung einer gewünschten Kinderzahl immer weniger zusätzliche Geburten notwendig wurden. Die Ausbreitung empfängnisverhütender Maßnahmen hat demgegenüber das Risiko unerwünschter Schwangerschaften bzw. Geburten immer mehr vermindern helfen und damit die Effektivität des auf Nachwuchsbeschränkung gerichteten generativen Verhaltens erhöht.

Die hier geschilderten Zusammenhänge stehen im Zentrum einer Reihe von *theoretischen Ansätzen* zur Erklärung des Fertilitätsrückganges, wie z.B. der klassischen Wohlstandstheorie oder der mikroökonomischen Konzepte des ‚value of children'-Ansatzes. Die zu Anfang des 20. Jahrhunderts in Deutschland entwickelte *Wohlstandstheorie* deutete den Geburtenrückgang als Ausdruck einer mit steigender Industrieproduktion und wachsendem Einkommen zunehmenden Konkurrenz zwischen dem Wunsch nach Kindern und alternativen ‚Genüssen' in Form von Angeboten der Konsumgesellschaft (vgl. *Schmid* 1984, S. 62ff. u. 125). Die daraus resultierende Entscheidung zur Nachwuchsbeschränkung sicherte nicht nur der Familie einen wachsenden Lebensstandard, sondern ermöglichte zugleich eine bessere Bildung und berufliche Qualifizierung der Kinder.

Dieser Erklärungsansatz hat bis heute seine Gültigkeit kaum verloren; er findet sich daher in modifizierter und verfeinerter Form auch in den verschiedenen *mikroökonomischen Fruchtbarkeitstheorien* wieder (vgl. hierzu *Schmid* 1984, S. 120ff.; *Felderer/Sauga* 1988, S. 56ff.). Diese Theorien gehen davon aus, daß die Entscheidung über die Kinderzahl von den Eltern im Rahmen eines ökonomischen Kosten-Nutzen-Kalküls getroffen werden. Dabei wird angenommen, daß Haushalte wie andere Wirtschaftsträger über Ressourcen verfügen und daß Kinder dem Familienhaushalt wie wirtschaftliche Güter einen materiellen und immateriellen Nutzen im Austausch gegen die eingesetzten Ressourcen liefern. Unter die ‚Kosten' fallen sowohl monetäre als auch psychische Lasten der Kinderaufzucht einschließlich etwaiger Einkommensverluste bei Verzicht auf die Erwerbstätigkeit der Mutter, während unter dem ‚Nutzen' der Kinder der potentielle Zuwachs an Familieneinkommen, aber auch der Gewinn der Eltern an Freude und Befriedigung, an Ansehen und sozialer Sicherheit verstanden wird (vgl. *Wander* 1979, S. 84). Auch wenn die analytische Schärfe der ökonomischen Fruchtbarkeitstheorien bestechen mag, so leidet deren Erklärungskraft doch an zwei unübersehbaren Schwächen, und zwar zum einen an der Prämisse eines prinzipiell rational-ökonomischen individuellen Entscheidungsverhaltens und zum anderen an der Schwierigkeit, die immateriellen, d.h. emotionalen und psychologischen Komponenten der Kosten-Nutzen-Überlegungen überzeugend zu operationalisieren.

Einen umfassenden Versuch, den Wandel des generativen Verhaltens in Europa, aber auch die Fruchtbarkeitsverhältnisse in den Ländern der Dritten Welt zu erklären, liefert die sog. *‚wealth flows'-Theorie* des australischen Bevölkerungswissenschaftlers *Caldwell* (1982). Im Mittelpunkt dieses Konzepts steht die Betrachtung des ökonomischen und emotionalen Reichtumstransfers (flow of wealth) zwischen der Eltern- und Kindergeneration. Solange der Transfer an Gütern und Sicherheiten aufwärts zu den Eltern gerichtet ist und diese von der Existenz der Kinder ‚profitieren', erscheint eine hohe Fruchtbarkeit systemkonform; erst das Umschlagen des Reichtumsflusses in Richtung auf die Nachkommenschaft liefert die Motivation für eine bewußte, individuelle Fruchtbarkeitskontrolle.

Auch wenn *Caldwell* im Wechsel der Produktionsverhältnisse von der vorherrschenden Familienwirtschaft zur kapitalistischen, industriellen Wirtschaftsweise die entscheidende Voraussetzung für den Strukturwandel der Familie und die Änderung des generativen Verhaltens sieht, so sind seiner Auffassung nach diese Veränderungen keineswegs allein auf sozio-ökonomische Ursachen zurückzuführen. Vielmehr ist anzunehmen, daß die Einflüsse kultureller Entwicklungen die Wirksamkeit der sozio-ökonomischen Faktoren überlagern und sowohl zur Beschleunigung wie zur Verzögerung des Fertilitätswandels führen können. Für diese Vermutung sprechen die in Tab. 2.1.5/2 mitgeteilten Befunde des ‚European Fertility Project' (vgl. *van de Walle/Knodel* 1980; *Bähr* 1983, S. 219ff.). Die Übersicht enthält ausgewählte Daten zur sozial-ökonomischen Situation in verschiedenen Ländern Europas zu Beginn des nachhaltigen Geburtenrückganges. Dessen Einsetzen wird in einer Abnahme

Tab. 2.1.5/2: Die demographische und sozio-ökonomische Situation zu Beginn des Fertilitätsrückgangs in Europa*)

Land	Zeitpunkt des Rückgangs der ehelichen Fruchtbarkeit um 10%	Eheliche Fruchtbarkeit (I_g) vor dem Rückgang	Verheiratetenquote (I_m)	Säuglingssterblichkeit (pro 1000)	Anteil der männl. Arbeitskräfte in der Landwirtschaft (in %)	Bevölkerung in Städten über 20000 Einwohner (in %)	Analphabetenanteil (in %) [2]
Frankreich	ca. 1800	0,70	0,51[1]	185	70	7	hoch
Belgien	1882	0,82	0,44	161	30	22	30
Schweiz	1885	0,72	0,44	165	33	9	niedrig
Deutschland	1890	0,76	0,50	221	38	21	niedrig
Ungarn	ca. 1890	0,63	0,70	250	73	11	49
England/Wales	1892	0,68	0,48	149	15	57	niedrig
Schweden	1892	0,71	0,42	102	49	11	niedrig
Schottland	1894	0,75	0,42	124	13	49	niedrig
Niederlande	1897	0,85	0,45	153	29	42	niedrig
Dänemark	1900	0,68	0,47	131	42	23	niedrig
Norwegen	1904	0,75	0,42	76	37	18	niedrig
Österreich	1908	0,68	0,51	205	40	19	21
Finnland	1910	0,70	0,46	114	66	9	44
Italien	1911	0,68	0,54	146	46	28	39
Bulgarien	1912	ca. 0,70	ca. 0,74	159	70	7	60
Spanien	1918	0,64	0,51	158	66	26	46
Irland	1929	0,71	0,35	69	48	20	niedrig

Quellen: nach *van de Walle/Knodel* 1980, S. 32f.

*) Mit Ausnahme der Spalte 2 (=eheliche Fruchtbarkeit vor dem Rückgang) beziehen sich alle Angaben auf den in Spalte 1 genannten Zeitpunkt eines Rückgangs der ehelichen Fruchtbarkeit um 10%
[1] 1831
[2] beide Geschlechter, ab 10 oder ab 15 Jahre (Ungarn ab 5 Jahre)

der ehelichen Fruchtbarkeit um 10% gesehen. Als Indikatoren des generativen Verhaltens finden die in Kap. 2.1.2.1 näher erläuterten Indizes der ehelichen Fruchtbarkeit und der Verheiratetenquote Verwendung.

Die Tabelle macht einige bemerkenswerte Aussagen. So beginnt, mit Ausnahme des Vorreiters Frankreich und zweier Nachzügler, in sämtlichen aufgeführten Ländern der nachhaltige Geburtenrückgang in einem relativ eng begrenzten Zeitraum von nicht mehr als 30 Jahren (1882–1912), dies allerdings vor dem Hintergrund sehr unterschiedlicher sozial-ökonomischer Verhältnisse und Modernisierungsindikatoren, wie etwa dem Verstädterungsgrad oder dem Anteil der Beschäftigten in der Land- und Forstwirtschaft. Hieraus ist zu folgern, daß der ökonomische Funktionswandel der Familie zwar entscheidende Impulse und Voraussetzungen für die Entwicklung neuer Muster des generativen Verhaltens lieferte, daß deren Durchsetzung und Ausbreitung aber maßgeblich durch die Wirkung kultureller Strömungen beeinflußt wurde.

Diese Strömungen führten innerhalb des west- und mitteleuropäischen Kulturkreises zur Ausbildung von neuen Weltbildern und Normen der Lebensführung, die sich am facettenreichen Begriff der *Säkularisierung* festmachen lassen. Gemeint ist damit eine in den Ideen von Humanismus und Aufklärung wurzelnde weltanschaulich-kulturelle Entwicklung, die den Menschen aus der engen Einbindung in einen göttlichen Heilsplan herauslöste und der Einzelperson das Recht auf Selbstbestimmung und Selbstverwirklichung zuerkannte (vgl. hierzu *Linde* 1984, S. 165 ff.). Merkmale dieser – durch eine Abkehr von kirchlich-religiösen Bindungen und Normen geprägten – rationalistischen Geisteshaltung sind der Glaube an die Kontrollierbarkeit der Natur, das Vertrauen in die Planbarkeit sozialer und ökonomischer Entwicklungen, die Verantwortung für das materielle und geistige Wohlergehen der

Mitmenschen sowie der Anspruch auf autonome Gestaltung der individuellen Lebenspläne. Im Bereich des Familienlebens äußern sich diese geistesgeschichtlichen Prozesse in einer durch die geschilderten ökonomischen Veränderungen mitverursachten ‚Individualisierung' und ‚Psychologisierung' der Beziehungen der Eltern untereinander und zu den Kindern.

In diesem Kontext von besonderer Bedeutung ist die offenbar von Frankreich ausgehende ‚Entdeckung' der eigenständigen Persönlichkeit des Kindes (vgl. *Ariès* 1980). Dieser Vorgang wird begleitet von einer wachsenden Emotionalisierung des Eltern-Kind-Verhältnisses: Das Kind wird als Quelle von Freude und Selbstbestätigung der Eltern zum Adressaten besonderer affektiver Zuwendung. Damit verbunden ist die Sorge um das materielle Wohl der Nachkommen und die Sicherung ihrer ökonomischen und sozialen Zukunft. Das Bemühen um eine solide Ausbildung ist Beleg hierfür. Dies aber bedeutet im Sinne des Ansatzes von *Caldwell* eine weitgehende Umkehrung des emotionalen und materiellen Reichtumsflusses in Richtung von den Eltern zu den Kindern und bildet damit die Voraussetzung für eine bewußte Beschränkung der Geburten. Die privilegierte Stellung des Kindes in der Familie ist nur noch zu sichern durch die Konzentration der elterlichen Liebe und Fürsorge auf eine kleine Zahl von Nachkommen.

Eine weitere Veränderung im familiären Rollensystem, die besonders in den letzten Jahrzehnten und damit in der Schlußphase des säkularen Fertilitätsrückgangs von Bedeutung war, betrifft die Stellung der Frau als Ehepartnerin und Mutter. Der mit dem Begriff der ‚Emanzipation der Frau' umschriebene Statuswandel meint nicht nur die wachsende Teilnahme auch der verheirateten Frauen am außerhäuslichen Erwerbsleben. Vielmehr fördern ein steigendes Bildungsniveau und der steigende Beitrag zum Familieneinkommen die ökonomische Unabhängigkeit, das Selbstbewußtsein und die Mitbestimmung der Frauen in familiären Entscheidungsprozessen. Neben die traditionelle Rolle als Mutter und Hausfrau treten die Aufgaben und Belastungen des Berufslebens. Der damit gegebene Rollenkonflikt führt meist zu einer weiteren Reduzierung der Geburtenzahlen. Allerdings darf die Beziehung zwischen der wachsenden Berufstätigkeit der Frauen und sinkender Fruchtbarkeit nicht nur einseitig gesehen werden, denn die Nachwuchsbeschränkung eröffnete in vielen Fällen erst die Möglichkeit der Übernahme einer außerhäuslichen Erwerbstätigkeit.

Die vorausgegangenen Ausführungen sollten deutlich machen, daß eine befriedigende Erklärung des säkularen Fertilitätswandels in Europa nur möglich ist, wenn die Wechselbeziehungen zwischen den ökonomischen und gesellschaftlichen Prozessen und Rahmenbedingungen auf der einen sowie dem sozialen Normenwandel und den Strukturveränderungen im Mikrobereich der Familie auf der anderen Seite genügend beachtet werden. Ohne den Rückbezug auf die familiäre Ebene des generativen Handelns müssen daher Erklärungsansätze, die allein mit makroanalytischen Begriffen wie Modernisierung, Industrialisierung oder Urbanisierung arbeiten, als zumindest einseitig angesehen werden. Will man die wichtigsten Bestimmungsfaktoren des säkularen Geburtenrückganges abschließend zusammenfassen, so sind folgende Kategorien zu nennen:

1. *Sozio-ökonomische Determinanten*

   Diese resultieren in erster Linie aus dem Strukturwandel der Wirtschaft von einer agrarisch-handwerklichen, familienorientierten zu einer kapitalintensiven, industriellen Produktionsweise. Merkmale dieses Industrialisierungsprozesses sind die Umwertung der Produktionsfaktoren, die Aufnahme außerhäuslicher Lohnarbeit einschließlich einer wachsenden Erwerbstätigkeit der Frauen, die räumliche Konzentration der Produktion in Städten und die damit verbundene Tendenz zur Urbanisierung sowie eine steigende räumliche und soziale Mobilität der Bevölkerung bei insgesamt wachsendem Einkommen und Wohlstand.

2. *Sozio-kulturelle Einflüsse*

   Hierunter soll der als Säkularisierung bezeichnete Wandel gesellschaftlicher Normen und Leitbilder verstanden werden. Die Lösung von kirchlich-religiösen Bindungen und traditionellen Wertvorstellungen, die Entdeckung des Individuums auch in Gestalt der noch nicht erwachsenen Kinder, der Statuswandel der Frau sowie die Forderung nach eigenverantwortlicher, vorausplanender

Lebensgestaltung sind dabei als wichtigste Impulse für den Wandel im generativen Verhalten zu nennen.
3. *Institutionell-gesellschaftliche Rahmenbedingungen*
Es sind dies die mit dem Aufbau eines modernen, dem Gemeinwohl verpflichteten Staatswesens verbundenen rechtlich-institutionellen Regelungen vor allem im Bereich des Bildungswesens und der Sozialpolitik. Darunter fallen in erster Linie die Abschaffung der Kinderarbeit, die Durchsetzung der allgemeinen Schulpflicht sowie der Ausbau eines auf dem Solidaritätsprinzip gegründeten leistungsfähigen Netzes sozialer Sicherungen.
4. *Veränderungen auf der Ebene der Familie*
Damit ist der Verlust der ökonomischen Funktionen der Familie sowie der Wandel im innerfamiliären Rollensystem gemeint. Die Veränderungen im Kosten-Nutzen-Verhältnis von Kindern sowie die zunehmende wirtschaftliche Selbständigkeit der Frauen sind die wichtigsten ökonomischen, die Individualisierung und Emotionalisierung des Verhältnisses der Eltern zueinander sowie zu den Kindern die entscheidenden sozial-psychologischen Aspekte dieser Entwicklung.

2.1.5.3 Soziale und räumliche Unterschiede der Fruchtbarkeitsentwicklung

Die Darstellung des säkularen Fertilitätsrückgangs in Europa wäre unvollständig, ohne kurz auf die *sozialen* und *regionalen* Unterschiede dieses Prozesses einzugehen. Wie zahlreiche bevölkerungshistorische Untersuchungen gezeigt haben, sind in Mitteleuropa – sieht man einmal von der Sondersituation des Adels ab – die Angehörigen der gehobenen Mittelschicht, d. h. des städtischen Besitz- und Bildungsbürgertums, die Vorreiter der Nachwuchsbeschränkung. Ihnen folgt sehr schnell der sog. ‚neue Mittelstand' der aufstiegsorientierten Angestellten und Beamten. Demgegenüber geht die Industriearbeiterschaft erst mit Verzögerung zur nachhaltigen Geburtenreduzierung über, während die landwirtschaftliche Bevölkerung, die bis in die Gegenwart hinein die höchsten Kinderzahlen aufweist, in der Regel am spätesten einen spürbaren Rückgang der Fruchtbarkeit zeigt.

Dieser nach Sozialschichten differenzierte Wandel des generativen Verhaltens wurde im Anschluß an *Mackenroth* (1953) häufig als Innovations- und Assimilationsprozeß gedeutet, der über Vorbild und Nachahmung die Gesellschaftspyramide sukzessive von oben nach unten durchläuft (vgl. hierzu *Linde* 1984, S. 60). Abgesehen davon, daß die Agrarbevölkerung nur schwer in ein hierarchisches Schichtenmodell einzuordnen ist, vereinfacht diese Vorstellung die eigentlichen Vorgänge allzusehr. Es ist vielmehr anzunehmen, daß die schichtspezifischen Änderungen des Reproduktionsverhaltens voneinander relativ unabhängige Entwicklungen darstellten, die in erster Linie durch die jeweiligen ökonomischen Bedingungen und familiären Strukturen der einzelnen Sozialgruppen bestimmt wurden (vgl. *Linde* 1984, S. 51 ff.). So war für das vermögende Besitz- und Bildungsbürgertum, dessen familiäres Positions- und Rollengefüge ganz auf die Darstellung, Festigung und Tradierung des sozialen Status gerichtet war, eine entsprechende Zukunftssicherung des Nachwuchses unter der zusätzlichen Bedingung sinkender Säuglings- und Kindersterblichkeit nur durch eine spürbare Reduzierung der Geburten möglich. Der neue Stand der Angestellten und Beamten sah indes in der Nachwuchsbeschränkung die entscheidende Möglichkeit, den einmal eingeschlagenen Weg zu sozialer Anerkennung und wachsendem Wohlstand für sich und die nachfolgende Generation nicht mehr zu gefährden.

Demgegenüber entfielen bei der großen Mehrheit der Industriearbeiterschaft sowohl die Orientierung auf ein zu vererbendes Einkommen oder die Sicherung des sozialen Status als auch die Kosten einer qualifizierten Ausbildung der Kinder. Im Gegenteil, der weitgehende außerhäusliche Miterwerb der heranwachsenden Kinder und deren früher Beitrag zum Familieneinkommen ließen den ‚Reichtumsfluß' weniger schnell in die Richtung von den Eltern zu den Nachkommen umschlagen. Damit aber wird das verzögerte Einsetzen einer nachhaltigen Geburtenbeschränkung verständlich. In der Landwirtschaft schließlich blieb die traditionelle Produktionsweise nicht nur am längsten erhalten, vielmehr hatte sich die familienbetriebliche Ausrichtung der Bauernhöfe bis in die jüngere Vergangenheit sogar laufend verstärkt. Die Kinder behielten zumindest so lange ihre Funktion als preiswerte Arbeitskräfte, wie in den Betrieben ein Arbeitsbedarf von mehr als zwei Personen gegeben war, denn die mit dem technischen Fortschritt verbundene Reduzierung des Produktionsfaktors Arbeit wurde in erster Linie durch den Abbau der familienfremden Arbeitskräfte erreicht.

Von besonderem geographischen Interesse sind die z. T. beträchtlichen *regionalen Unterschiede* im Ablauf des säkularen Fertilitätsrückganges. Diese Unterschiede äußern sich nicht nur im Beginn und Tempo der Geburtenabnahme, sondern auch in einer zuweilen beachtlichen Persistenz der räumlichen Fruchtbarkeitsdifferenzen über einen längeren Zeitraum hinweg. Die bereits erwähnten Ländermonographien des ‚European Fertility Project' liefern hierfür eindrucksvolle Belege.

Die formale Analyse dieser raum-zeitlichen Entwicklungsabläufe hat eine Reihe von Regelhaftigkeiten zutage gefördert (vgl. hierzu *Bähr* 1983, S. 222ff.). So läßt sich der Fertilitätswandel innerhalb eines Landes offenbar in einem idealtypischen Schema zusammenfassen. Danach ist vor Beginn der Fertilitätstransformation die Fruchtbarkeit in allen Teilräumen recht hoch, bei einer nur geringfügigen Streuung um den Gesamtdurchschnitt. Mit dem Beginn des Geburtenrückganges in einigen führenden Gebieten vergrößern sich die regionalen Gegensätze. Sie erreichen ihr Maximum, nachdem die meisten Regionen vom Fertilitätswandel erfaßt wurden und nur noch wenige ‚Nachzügler' vorhanden sind. Im weiteren Verlauf verringern sich die räumlichen Kontraste wieder, bis mit dem Abschluß des Fertilitätsrückganges die Streuung der Werte erneut ein Minimum erreicht. Dabei kann das räumliche Muster dieses Wandlungsprozesses häufig durch ein Diffusionsmodell adäquat beschrieben werden, insofern der Geburtenrückgang – von einem oder mehreren meist städtischen Innovationszentren ausgehend – sukzessive immer weitere Landesteile bis hin zu den peripheren Regionen erfaßt und schließlich eine weitgehend Nivellierung des generativen Verhaltens zur Folge hat.

Diese formalen Modelle können indes noch keine Antworten auf die Frage nach den eigentlichen Ursachen der räumlichen Unterschiede des Fertilitätswandels geben. Hierzu ist eine sehr sorgfältige Analyse der spezifischen regionalen Bestimmungsfaktoren des generativen Verhaltens notwendig. Es hat sich nämlich gezeigt, daß monokausale Erklärungsansätze, die lediglich einen als bedeutsam erkannten Faktor, wie etwa den unterschiedlichen Industrialisierungsgrad, das Ausmaß der Verstädterung oder den Einfluß der Alphabetisierung in den Vordergrund stellen, keine befriedigenden Resultate zu liefern vermögen (vgl. hierzu *Kuls* 1979; *Gehrmann* 1979).

Zu den auffallendsten Merkmalen des säkularen Bevölkerungswandels gehören ohne Zweifel die weitverbreiteten Fruchtbarkeitsunterschiede zwischen den *Raumkategorien Stadt und Land*. Bereits sehr früh beobachtet und eingehend dokumentiert, haben diese Gegensätze das besondere Interesse der Bevölkerungsforschung beansprucht. Entsprechend vielfältig sind daher auch die angebotenen Erklärungen. Sicherlich zu einseitig ist dabei die Deutung des Fruchtbarkeitsgefälles zwischen Stadt und Land allein über die Ausbreitung kontrazeptiver Kenntnisse und Techniken von den Metropolen zur Peripherie im Sinne eines Innovationsprozesses. Statt dessen sind die Unterschiede des generativen Verhaltens eher als relativ unabhängige Reaktionen der lokalen Bevölkerungen auf die spezifischen ökonomischen und sozialen Rahmenbedingungen zu interpretieren. So wurde die moderne, kapitalintensive Produktionsweise am frühesten und konsequentesten in den Städten verwirklicht; hier boten sich die größeren Chancen für eine außerhäusliche Erwerbstätigkeit der Frauen, und in den Städten erfolgte die Herausbildung der neuen, auf sozialen Aufstieg orientierten Schicht der Beamten und Angestellten. Darüber hinaus waren es selbstverständlich auch die urbanen Zentren, in denen sich die Säkularisierung der Lebensbereiche, die Lösung von religiösen und kirchlichen Bindungen (Laizismus) und die Herausbildung einer rationalistischen Geisteshaltung am nachhaltigsten verwirklichten und von denen aus sich diese Ideen in die übrige Gesellschaft hinein ausbreiteten.

So wichtig die Stadt-Land-Gegensätze des generativen Verhaltens auch sein mögen, so werden sie nicht selten von den Unterschieden zwischen den Regionen überlagert und übertroffen. Bei seinen Untersuchungen zum Geburtenrückgang in Deutschland konnte *Knodel* (1979) feststellen, daß etwa um 1880, d. h. zu Beginn des nachhaltigen Fertilitätswandels, die Stadt-Land-Unterschiede der ehelichen Fruchtbarkeit innerhalb der Provinzen bzw. Länder deutlich geringer waren als die Differenzen zwischen diesen Raumeinheiten. Diese Differenzen blieben, wie *Kuls* (1979) gezeigt hat, bis in die 30er Jahre unseres Jahrhunderts hinein in ihren Grundzügen weitgehend erhalten. Zur Erklärung dieser regionalen Unterschiede aber reichen offenbar sozio-ökonomische Strukturmerkmale nicht aus. Es ist vielmehr anzunehmen, daß sich hinter den überraschend stabilen ‚Räumen gleichen demographischen Verhaltens' – im einzelnen sicherlich schwierig zu fassende – sozio-kulturelle Raummuster verbergen, d. h. Gebiete unterschiedlicher kultureller Traditionen und damit verbundener Wertvorstellungen und Verhaltensnormen.

Die Erfassung dieser kulturräumlichen Einheiten ist meist nur über bestimmte Indikatoren möglich. Unter diesen spielt die *Verteilung ethnischer und sprachlicher Gruppen* eine herausragende Rolle. So konnte *Lesthaege* (1977) für Belgien zeigen, daß die französischen und flämischen Landesteile recht unterschiedlichen demographischen Verhaltensweisen folgen. Die Sprachgrenze stellt hierbei nicht nur eine Kommunikationsbarriere dar, sondern sie bildet zugleich eine signifikante kulturelle Grenzlinie.

Der *Religions- bzw. Konfessionszugehörigkeit* von Bevölkerungsgruppen kommt gleichfalls eine große Bedeutung für die räumliche Differenzierung der Fruchtbarkeitsverhältnisse zu. Ist es bei der Erklärung der weltweiten Fertilitätsunterschiede meist recht schwierig, zwischen sozio-ökonomischen Determinanten und religiös-weltanschaulichen Faktoren zu unterscheiden (zur demographischen Relevanz der Weltreligionen vgl. *Schubnell* 1985), so kann der Einfluß religiöser Bekenntnisse auf die innergesellschaftliche bzw. innerstaatliche Differenzierung des generativen Verhaltens vielfältig belegt werden. Dies gilt sowohl für Länder wie Israel oder Libanon mit ihren unterschiedlichen Religionsgemeinschaften als auch für die Staaten Europas mit starken konfessionellen Gegensätzen. So zeigten nach den Untersuchungen von *Knodel* (1974, S. 130 ff.) die überwiegend katholischen Gebiete Deutschlands zwischen 1880 und 1933 sowohl ein deutlich höheres Niveau der ehelichen Fruchtbarkeit als die protestantischen Landesteile wie auch einen schwächeren Rückgang der Geburtenzahlen. Diese regionalen Gegensätze haben sich allerdings in der jüngeren Vergangenheit abgeschliffen, insofern sich die katholischen Gebiete in Form einer Nachholbewegung durch einen beschleunigten Fertilitätswandel zunehmend dem allgemeinen Trend angeschlossen haben. Der Einfluß der Konfession auf das generative Verhalten ist damit in der Bundesrepublik Deutschland weitgehend geschwunden.

Die Deutung dieser Zusammenhänge wird ohne Zweifel dadurch erschwert, daß die Konfessionszugehörigkeit häufig von anderen Merkmalen – wie etwa der Zuordnung zu bestimmten Sozialschichten oder Berufsgruppen oder der Verteilung auf Stadt und Land – überlagert wird. Dennoch darf angenommen werden, daß die stärkere Personalisierung religiöser Bindungen im Protestantismus mit dazu beigetragen hat, daß es hier offenbar früher zu einer Verbreitung säkularisierter, rationalistischer Geisteshaltungen und damit verbundener Formen des generativen Verhaltens kam als bei den Angehörigen der katholischen Konfession. Die in der Gegenwart prägende Kraft dieser Einstellungen über die Konfessionsgrenzen hinweg wird durch die wachsende Diskrepanz zwischen der eher pro-natalistischen Lehrmeinung der katholischen Kirche und dem Verhalten ihrer Gläubigen eindrucksvoll dokumentiert (vgl. *Schubnell* 1985, S. 227).

2.1.5.4 Zum Stand des Fertilitätsrückgangs in den Ländern der Dritten Welt

Welche Folgerungen lassen sich nun aus all diesen Aussagen zum säkularen Fertilitätswandel in Europa für die gegenwärtige demographische Situation in den Ländern der Dritten Welt ziehen? Da in dem späteren Kapitel zur Bevölkerungspolitik und zur Weltbevölkerungsentwicklung (vgl. 2.5.5) sowie in den regionalgeographischen (vgl. 3.4.3) und unterrichtspraktischen Teilen (vgl. 4.1) noch näher auf die Lage der Entwicklungsländer eingegangen wird, kann hier eine mehr summarische Beantwortung der gestellten Frage gegeben werden. Als Ausgangspunkt dient die Abb. 2.1.5/1, in der

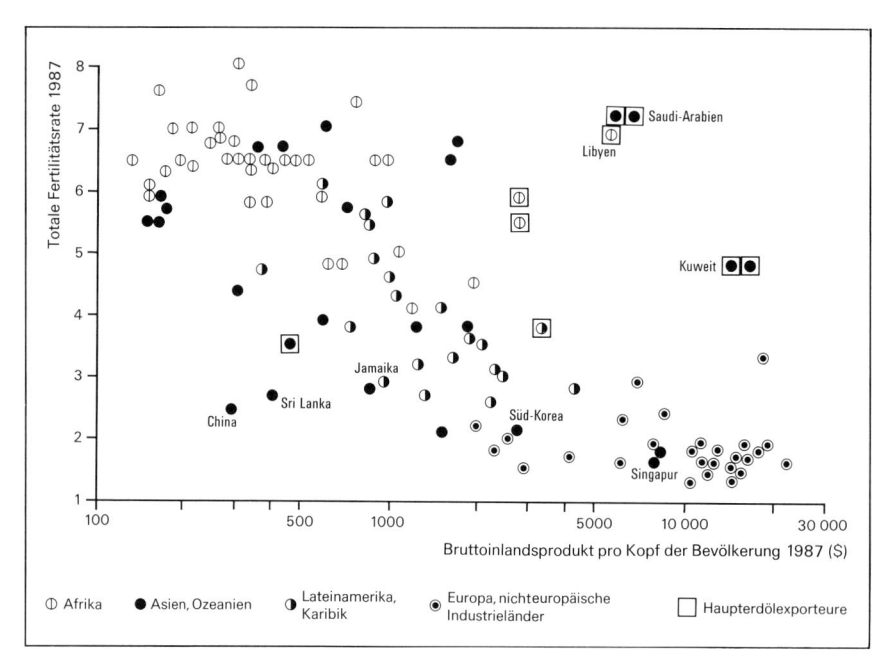

Abb. 2.1.5/1 Zusammenhang zwischen Bruttoinlandsprodukt pro Kopf der Bevölkerung und der totalen Fertilitätsrate 1987 (Staaten über 1 Mill. Einwohner) Entwurf: H. D. Laux; Datenquelle: Internationale Bank für Wiederaufbau/Weltbank (Hg.) 1989: Weltentwicklungsbericht 1989.

für 112 Staaten der Erde die Beziehung zwischen der totalen Fertilitätsrate und dem Bruttoinlandsprodukt pro Kopf der Bevölkerung im Jahre 1987 dargestellt ist.

Die Graphik zeigt recht eindrucksvoll, in welchem Maße die verschiedenen Großregionen der Erde den Transformationsprozeß von einem weitgehend natürlichen Fruchtbarkeitsniveau zu einer mittleren Kinderzahl im Bereich des Ersatzniveaus und darunter bereits zurückgelegt haben. Daraus lassen sich eine Reihe von Aussagen zum jüngeren Fertilitätswandel in der Dritten Welt ableiten.

Während die meisten Länder Afrikas bis in die Gegenwart hinein kaum Anzeichen eines spürbaren Geburtenrückgangs zeigen, ist in einigen Teilen Asiens und Lateinamerikas seit Mitte der 60er Jahre ein z. T. bemerkenswertes Absinken des Fertilitätsniveaus erfolgt (vgl. *Bähr* 1990). An der Spitze stehen hierbei die Staaten Ost- und Südostasiens, allen voran die Stadtstaaten Singapur und Hongkong sowie China mit einem Rückgang der totalen Fertilitätsrate zwischen 1965 und 1987 von jeweils mehr als 60% (vgl. Weltentwicklungsbericht 1989, S. 246 f.). Neben den bereits stärker industrialisierten Ländern Taiwan und Süd-Korea haben aber auch Thailand, die Philippinen und Indonesien in der jüngeren Vergangenheit einen spürbaren Geburtenrückgang erfahren, hinter dem die Entwicklungen in Südasien – mit Ausnahme Sri Lankas – und insbesondere in den islamisch geprägten Staaten des Nahen Ostens deutlich zurückbleiben (vgl. *Clarke* 1985, S. 118 ff.).

Unter den lateinamerikanischen und karibischen Staaten zeigen Kuba mit einem Wert von 56,8% und Kolumbien (49,2%) den stärksten Rückgang der totalen Fertilitätsrate zwischen 1965 und 1987. Auch in einer Reihe von anderen Staaten (z. B. Brasilien, Jamaika, Mexiko, Peru) ist in diesem Zeitraum eine spürbare, jedoch keineswegs spektakuläre Abnahme der Geburtenrate zu beobachten (vgl. Weltentwicklungsbericht 1989, S. 246 f.).

Wie die Abb. 2.1.5/1 weiterhin erkennen läßt, besteht zwischen dem wirtschaftlichen Entwicklungsstand der Staaten und der totalen Fertilitätsrate durchaus eine regelhafte Beziehung, insofern mit wachsendem Bruttoinlandsprodukt pro Kopf der Bevölkerung ein deutliches Absinken des Fertilitätsniveaus einhergeht ($r = -0{,}72$). Die zahlreichen Abweichungen von diesem Trend sind jedoch unübersehbar. Hierzu zählen nicht nur die meisten erdölexportierenden Länder mit einem relativ hohen Fruchtbarkeitsniveau, sondern auch solche Staaten, die trotz geringer wirtschaftlicher Leistungsfähigkeit bereits eine vergleichsweise niedrige Fertilitätsrate erreicht haben. Als Beispiele seien wiederum China und Sri Lanka – die beiden asiatischen Ausreißer im linken unteren Bereich der Graphik – genannt. Aber auch von diesen Ausnahmen abgesehen ist gerade die Ländergruppe mit einer Wertschöpfungsrate von etwa 500–2000 Dollar pro Kopf der Bevölkerung durch ein ausgesprochen breites Spektrum der Fruchtbarkeitswerte ausgezeichnet.

Aus diesen Beobachtungen kann zweierlei gefolgert werden. Zum einen ist offenbar die Höhe des Bruttoinlandsprodukts nur bedingt ein Maß für den sozio-ökonomischen Entwicklungsstand eines Landes bzw. die Teilhabe seiner Bewohner am ökonomischen Fortschritt. Zum anderen aber, und dies ist – in auffallender Parallelität zu den Erfahrungen in Europa – die entscheidende Erkenntnis, reichen ökonomische Faktoren allein nicht aus, um in den Gesellschaften der Dritten Welt einen nachhaltigen Geburtenrückgang zu induzieren. Von mindestens gleichberechtigter, wenn nicht gar übergeordneter Bedeutung sind die sozialen und kulturellen Rahmenbedingungen und deren Einfluß auf das generative Verhalten (vgl. hierzu u. a. *Tabah* 1981, S. 329 ff.). Dessen Änderung in Richtung auf eine wirksame Nachwuchsbeschränkung kann nur erfolgen unter der Voraussetzung einer allgemein verbreiteten und gesellschaftlich akzeptierten *Motivation zur Kleinfamilie*. Diese Motivation aber wird so lange nicht bestimmend werden, wie der ökonomische, soziale und emotionale ‚Nutzen‘ und ‚Gewinn‘ von zahlreichen Kindern deren ‚Kosten‘ übersteigt und damit der Reichtumsfluß im Sinne von *Caldwell* (1982) noch überwiegend von den Nachkommen zur Elterngeneration gerichtet ist. Dies aber ist in den Entwicklungsländern nicht zuletzt aufgrund von religiösen und kulturellen Traditionen und den damit verbundenen Wertvorstellungen noch weitgehend der Fall. Neben die ökonomische Funktion der Kinder, durch Arbeitsleistungen, Hilfsdienste oder gar Bettelei bereits in frühen Jahren zum Lebensunterhalt der Familie beizutragen und den Eltern im Alter Schutz und wirtschaftliche Sicherheit zu gewähren, treten zahlreiche religiöse und kultische Verpflichtungen der männlichen Nachkommen, wie z. B. die Wahrnehmung bestimmter Riten beim Begräbnis der Eltern oder Großeltern.

Diese Funktionen finden ihren Ausdruck in der weitverbreiteten *Sohnespräferenz* sowie in der allgemeinen Wertschätzung kinderreicher Familien, die nicht zuletzt auch darin begründet ist, daß zahlreiche Nachkommen als Beweis für die Billigung einer Ehe durch die Vorfahren oder als Zeichen göttlichen Segens und Wohlwollens betrachtet werden (vgl. *Schubnell* 1985, S. 228 ff.). Mit alldem verbunden ist in der Regel die Institution der Großfamilie mit ihrem z. T. komplizierten System von klar definierten verwandtschaftlichen Rollen und Beziehungen. Im Gegensatz zu den Verhältnissen im vorindustriellen Europa dominiert dieser Familientyp noch heute in zahlreichen traditionellen Gesellschaften Afrikas und Asiens. Charakteristisch für diese Familienorganisation ist meist eine untergeordnete Stellung der Frau, ihre geringe Selbständigkeit und mangelnde Mitwirkung bei familiären Entscheidungsprozessen. Die weite Verbreitung der Frühehe ist ein deutlicher Beleg hierfür. All diese gesellschaftlichen Strukturen aber begünstigen die Aufrechterhaltung einer hohen ehelichen Fruchtbarkeit.

Daraus folgt, daß eine nachhaltige Absenkung des allgemeinen Fertilitätsniveaus nur bei einer Auflösung dieser überkommenen, tief in religiösen und kulturellen Traditionen verwurzelten Familienformen und einer Ausbreitung des in den Industriegesellschaften dominierenden Modells der Kernfamilie möglich erscheint (vgl. *Caldwell* 1982, S. 222 ff.). Dieser nicht mehr in einer großfamiliären Solidargemeinschaft verankerte Familientyp besitzt offenbar die entscheidenden Voraussetzungen für das Umschlagen des Reichtumsflusses in die Richtung von den Eltern zu den Kindern.

Bei diesem tiefgreifenden sozialen Wandlungsprozeß scheinen nun die verschiedenen Kulturen – weitgehend unabhängig von dem jeweiligen ökonomischen Entwicklungsstand – eine recht unterschiedliche Aufnahmebereitschaft zu besitzen. So ist der chinesische, durch konfuzianische Traditionen geprägte Kulturkreis offenbar stärker aufgeschlossen gegenüber neuen Familienmustern und den damit verbundenen Formen des generativen Verhaltens (vgl. *Greenhalgh* 1988), während die islamische Welt ein hohes Beharrungsvermögen zeigt. Von ausschlaggebender Bedeutung in diesem sozio-kulturellen Transformationsprozeß der Entwicklungsländer aber ist die nachhaltige Verbesserung des Status der Frauen (vgl. *Höhn* 1987). Ihre rechtliche Gleichstellung in Familie und Gesellschaft, ihre Teilhabe an einer qualifizierten Bildung und Ausbildung sowie die Beteiligung am Erwerbsleben führen nicht nur zur Erhöhung des mittleren Heiratsalters und damit zu einer Reduzierung der möglichen ehelichen Fruchtbarkeit; all dies fördert auch, wie zahlreiche Untersuchungen gezeigt haben (vgl. Weltentwicklungsbericht 1984, S. 127), den raschen Übergang zu einer Strategie bewußter und wirksamer Nachwuchsbeschränkung.

2.2 Räumliche Bevölkerungsbewegungen (*Hans Böhm*)

Eine globale Betrachtung der Bevölkerungsentwicklung wird sich lediglich mit Komponenten der natürlichen Bevölkerungsbewegung zu befassen haben. Untersuchungen von Teilräumen werden jedoch neben den Geburten und Sterbefällen auch räumliche Bevölkerungsbewegungen als wesentliche Bestimmungsfaktoren der Bevölkerungsentwicklung und Raumstruktur berücksichtigen müssen. Die einen Raum bestimmenden demographischen und/oder sozialen Merkmale können durch den Ortswechsel von Personen oder Personengruppen in u. U. sehr kurzen Zeiträumen verändert werden, wodurch Standorteigenschaften nachhaltig modifiziert werden können. Man denke nur an die Süd-Nord-Wanderung der schwarzen Bevölkerung Nordamerikas, an die Flüchtlingsströme, die in den Nachkriegsjahren beispielsweise von den Gemeinden Schleswig-Holsteins oder Oberfrankens aufgenommen wurden oder an die Menschen, die in der jüngsten Zeit aus den östlichen Ländern in die Bundesrepublik Deutschland gekommen sind.

2.2.1 Wanderungsbegriff und Erfassung von Wanderungsfällen

2.2.1.1 Formen der räumlichen Mobilität

Unter Mobilität wird in den Sozialwissenschaften ganz allgemein der Wechsel eines Individuums oder einer Gruppe von Individuen zwischen definierten Einheiten eines Systems verstanden (*Vanberg* 1971). Ist das System sozial definiert, wird der oder werden die Positionswechsel als soziale Mobilität (vgl. 2.4.5.2) bezeichnet. Da in der Regel von einem hierarchischen Schichten- bzw. Klassenmodell ausgegangen wird (vgl. 2.4.5.1), sind Positionswechsel sowohl zwischen als auch innerhalb der Schichten bzw. Klassen möglich. Die erstgenannte Bewegung, also der soziale Auf- oder Abstieg, wird vertikale, die letztgenannte horizontale Mobilität genannt. Demgegenüber wird zur Beschreibung aller Bewegungen eines Individuums oder einer Gruppe von Individuen zwischen Einheiten eines räumlich definierten Systems der Oberbegriff räumliche Mobilität (vereinzelt auch regionale oder geographische Mobilität) verwendet. *Horstmann* (1969) hat diese Form der Mobilität unglücklicherweise unter dem Begriff „horizontale Mobilität" erfaßt, und damit zu Unklarheiten in der Terminologie beigetragen.

In einer fest definierten Zeiteinheit vollzieht jeder Mensch bzw. jede Gruppe von Menschen (z. B. Haushalt) durch die Wahrnehmung kategorialer Daseinsfunktionen (arbeiten, sich versorgen, sich bilden, sich erholen) regelmäßige Bewegungen zwischen einer begrenzten Zahl von Standorten (vgl. auch *Hägerstrand* 1957). Die Zielpunkte dieser Bewegungen sind die Aktivitätenstandorte oder nach *Roseman* (1971) Knoten bzw. Haltepunkte im Aktivitätsraum. Ausgangs- und Endpunkt aller zurückgelegten Wege ist die Wohnung bzw. der Wohnstandort (vgl. Abb. 2.2.1/1). Letzterer ist somit das Zentrum des individuellen Bewegungszyklus, der die raumzeitliche Projektion aller Bewegungen eines Individuums oder einer Gruppe von Individuen während einer Zeitperiode darstellt.

Fragt man nun danach, welche der relativ regelmäßig aufgesuchten Aktivitätenstandorte im Verlaufe eines Beobachtungszeitraumes aufgegeben und durch neue ersetzt werden, dann lassen sich grundsätzlich drei verschiedene Formen der räumlichen Mobilität unterscheiden:

- Alle Bewegungen, die von einem Wohnplatz ausgehen und zu diesem zurückkehren. Wir nennen diese zyklische oder reziproke Bewegungen. Hierzu gehören sowohl die täglichen Pendelwanderungen als auch die Einkaufsfahrten, Wochenendausflüge, Urlaubsfahrten, Geschäftsreisen oder Pilgerfahrten. Es sind Formen der räumlichen Mobilität ohne Wohnsitzveränderung.
- Alle Bewegungen, bei denen der Bezugspunkt der täglichen Aktivitäten einer Person oder einer Personengruppe periodisch oder episodisch über eine größere Distanz hinweg verlegt wird. Als Beispiele wären hier zu nennen: Periodische oder episodische Ortsveränderungen von Hirten, Nomaden oder Zigeunern, die Ortsveränderungen von Wanderfeldbauern, Wanderarbeitern oder afrikanischen Mekkapilgern. Es sind Formen der räumlichen Mobilität, bei denen ein Wohnstandort immer nur vorübergehend gewählt wird.
- Alle Bewegungen, bei denen ein Dauerwohnplatz (Hauptwohnsitz) durch einen neuen ersetzt wird. Der Hauptwohnsitz ist Ort bzw. Bezugspunkt aller täglichen Aktivitäten. Nur die mit einem Wechsel des Dauerwohnsitzes verbundene räumliche Mobilität wird als Wanderung oder Migration bezeichnet. Einbezogen werden auch kurzfristige, berufsbedingte Wohnungswechsel, sofern dabei der Hauptwohnsitz verändert wird.

2.2.1.2 Definition des Begriffs und Möglichkeiten der statistischen Erfassung von Wanderungen

Wanderung ist immer nur ein Einzelakt, eine Bewegung von einem Punkt i zu einem Punkt j, ausgeführt von einer Person oder einer Personengruppe. Diese Definition verzichtet bewußt auf die Einbeziehung weiterer Kriterien etwa der Distanz, verwaltungspolitischer Grenzen oder der Zeit. Sie ist allgemein gehalten und somit in der Lage, verschiedene Formen der räumlichen Mobilität, die mit dem Wechsel der Wohnung bzw. des Wonstandortes verbunden sind, zu subsumieren. Jede Zusammenfassung einzelner Wanderungsfälle zu Wanderungsströmen, die Analyse von Wanderungen als Verhaltensformen bzw. Reaktion auf Verhältnisse in Ziel- und Herkunftsgebieten oder die Kennzeichnung von Wirtschaftsräumen durch den Indikator Wanderung bzw. Mobilität setzen voraus, daß die Einheiten des räumlichen Systems nicht nur als Punkte (Wohnung, Wohnstandort) definiert werden, sondern auch festgelegt wird, nach welchen Kriterien Punkte zu räumlichen Aggregaten zusammenzufassen sind. D.h. hier muß im Rahmen eines konkreten Forschungsansatzes eine Entscheidung für einen bestimmten Maßstab getroffen werden.

Welche Probleme in diesem Zusammenhang auftreten können, sei an einem konstruierten Beispiel erläutert. In Abb. 2.2.1/1 sind insgesamt 20 Wanderungsbewegungen in einem Gebiet durch Pfeile dargestellt. Sieht man dieses ‚räumliche System' in 17 Untereinheiten aufgeteilt, dann sind als Bewegungen zwischen diesen Einheiten 18 Ein- bzw. Auszüge festzuhalten, bei einer Maßstabsreduzierung auf nur 6 Gebietseinheiten (A–F) ergeben sich lediglich 8 Ein- bzw. Auszüge (vgl. Tab. 2.2.1/1). Alle übrigen Bewegungen vollzögen sich innerhalb der Einheiten und wären nicht mehr zu berücksichtigen.

Die rückläufige Zahl der Wanderungsfälle zwischen den Gemeinden der Bundesrepublik Deutschland (Tab. 2.2.1/2) ist im Zeitraum nach 1974 u.a. auf eine Maßstabsreduzierung, die durch die kommunale Gebietsreform bewirkt wurde, zurückzuführen. Damit ist ein Problem angeschnitten, das immer dann auftaucht, wenn eine operationale Definition des Begriffes Wanderung unter Verwendung des Materials der amtlichen Statistik angestrebt wird. Diese wird in der Bundesrepublik Deutschland auf der Grundlage der Reichsmeldeverordnung von 1938, des Gesetzes über die Fortschreibung des Bevölkerungsstandes von 1957 und neuerer landesgesetzlicher Regelungen erstellt. Es wird „jeder Wohnungswechsel von einer Gemeinde nach einer anderen gezählt, einschließlich der Fälle, in denen jemand unter Beibehaltung seiner bisherigen Wohnung eine weitere Wohnung bezieht oder unter Aufgabe dieser weiteren Wohnung in die beibehaltene Wohnung zurückkehrt" (*Stat. Jahrbuch f. die Bundesrepublik Deutschland* 1990, S. 42). Bei Wanderungen innerhalb des Bundesgebiets, den sog. Binnenwanderungen, werden von den Statistischen Landesämtern nach bundeseinheitlichen Kriterien nur die Anmeldescheine des Zuzugsortes ausgewertet, da Anmeldungen vollständiger und gewissen-

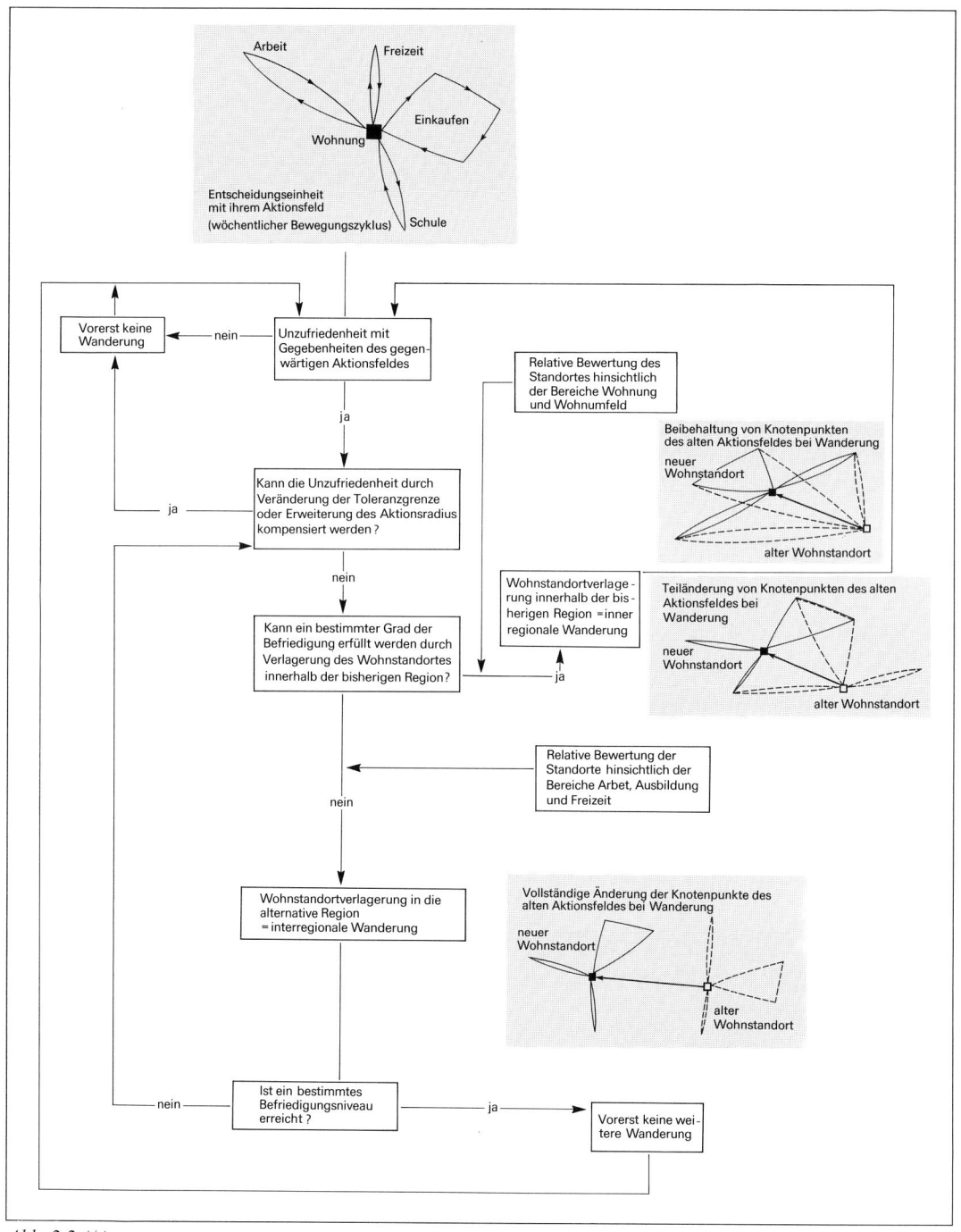

Abb. 2.2.1/1
Allgemeines Entscheidungsmodell von Wanderungen
nach: *Roseman* 1971, S. 590 ff; *Gatzweiler* 1975, S. 36; *Nipper* 1975, S. 13; *Bähr* 1983, S. 305.

Tab. 2.2.1/1: Zahl der Ein- und Auszüge bei unterschiedlichen räumlichen Aggregatstufen (vgl. Abb. 2.2.1/2)

		Zahl der Wanderungsfälle bei Berücksichtigung der			
		Untereinheiten		Gebietseinheiten	
Gebietseinheiten	Untereinheiten	Einzüge	Auszüge	Einzüge	Auszüge
A	1	1	1	1	1
	2	1	1		
B	1	1	–	1	1
	2	–	1		
	3	1	1		
C	1	1	1	2	3
	2	1	1		
	3	2	3		
	4	2	2		
D	1	2	–	1	–
	2	–	1		
E	1	1	2	1	3
	2	–	1		
	3	1	1		
F	1	–	1	1	3
	2	–	1		
	3	1	1		
Insgesamt		18	18	8	8

Quelle: Abb. 2.2.1/2

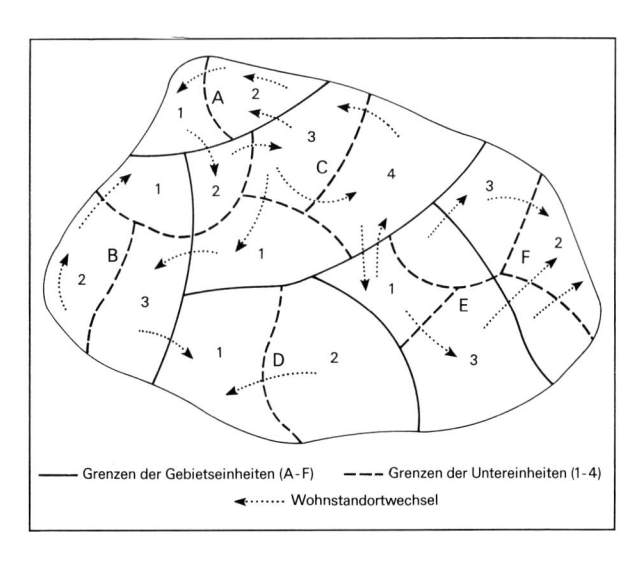

Abb. 2.2.1/2
Schematische Darstellung von
Wanderungsbewegungen
Entwurf: H. Böhm.

—— Grenzen der Gebietseinheiten (A-F)   ——— Grenzen der Untereinheiten (1-4)
◄······ Wohnstandortwechsel

Tab. 2.2.1/2: Wanderungen nach einer anderen Gemeinde im Gebiet der Bundesrepublik Deutschland 1960–1988 (in 1000)

Jahr	insgesamt	Zielgemeinde liegt	
		in einem anderen Bundesland	innerhalb desselben Bundeslandes
1960	3353,2	1060,1	2293,1
1965	3600,0	1099,0	2500,9
1970	3661,5	1117,6	2544,0
1974	3432,1	929,7	2502,4
1975	2983,6	816,3	2167,3
1980	3023,8	819,9	2203,9
1981	2969,0	798,4	2170,5
1982	2905,8	768,3	2137,5
1983	2732,6	674,2	2058,4
1984	2527,7	633,6	1894,1
1985	2572,7	640,0	1932,4
1986	2538,4	646,6	1891,8
1987	2510,0	655,5	1854,5
1988	2552,4	655,2	1897,2

Quelle: Statistisches Jahrbuch für die Bundesrepublik Deutschland 1967 ff.

hafter erfolgen als Abmeldungen und die wichtigsten Merkmale (Herkunftsgemeinde, Geburtsjahr, Geschlecht, Familienstand, Beteiligung am Erwerbsleben, Staats- und Religionszugehörigkeit) in diesen Unterlagen enthalten sind. Lediglich in den Fällen, in denen der Wohnsitz über die Grenzen der Bundesrepublik Deutschland verlegt wird, den sog. Außenwanderungen, müssen An- und Abmeldungen ausgewertet werden. Ähnliche Regelungen kennen die Benelux-Staaten, Dänemark, Schweden, Norwegen, Schweiz und Italien (*Schwarz* 1969). Aus Sicht der Gemeinden spricht man bei den Zu- und Abwanderungen in der Regel von Zu- und Fortzügen, deren Saldo eine wichtige Größe bei der jährlichen Fortschreibung der Bevölkerungszahl ist. Unberücksichtigt bleibt in der amtlichen Statistik jeder Wohnungswechsel innerhalb einer Gemeinde. Da derartige Umzüge in großflächigen Kommunen oft über sehr große Distanzen erfolgen und zu nicht unerheblichen innergemeindlichen Umschichtungen führen können, sind viele kommunale Statistische Ämter nicht erst nach dem Zweiten Weltkrieg, sondern schon gegen Ende des 19. Jahrhunderts dazu übergegangen, Umzüge ebenfalls zu erfassen.

Gesondert geführt wurde seit dem 19. Jahrhundert die Ein- und Auswandererstatistik. Hierbei legte man besonderen Wert auf die Erfassung der ‚Auswanderung nach Übersee'. Erhebungsgrundlage waren bis zum Zweiten Weltkrieg die Schiffslisten der deutschen Seehäfen sowie diejenigen der ausländischen Auswanderungshäfen Antwerpen, Rotterdam und Le Havre. Nach 1947 wurden nach internationaler Übereinkunft nur solche Personen als Aus- bzw. Einwanderer erfaßt, die ihren Wohnsitz im Herkunftsland für mehr als ein Jahr aufzugeben beabsichtigten. Zu dieser Gruppe gehören u. a. auch Personen, die als Entwicklungshelfer, Mitglieder des diplomatischen und konsularischen Dienstes, als Techniker, Kaufleute, Ärzte, Missionare etc. für längere Zeit ins Ausland gehen, später jedoch in die Bundesrepublik Deutschland zurückkehren. Daher gibt die in der Nachkriegszeit ausgewiesene Zahl der Fortzüge von Deutschen nach dem außereuropäischen Ausland keinen sicheren Aufschluß über den Umfang der überseeischen Auswanderung im Sinne der Vorkriegszeit.

Neben der direkten Erfassung von Wanderungsfällen über Befragungen oder An- und Abmeldungen bzw. Melderegister läßt sich das Ergebnis von Wanderungen auch indirekt mit Hilfe der Differenz- bzw. Residualmethode als Wanderungssaldo oder Nettowanderung bestimmen (vgl. 2.1.1 und Tab. 2.2.1/3).

Tab. 2.2.1/3: Stand und Entwicklung der Bevölkerung in den Städten mit über 500 000 Einwohnern 1984

Stadt	Wohnbevölkerung am			Natürliche Bevölkerungsbewegung 1984		Nettowanderung	
	01.01.84	30.06.84	31.12.84	Geborene	Gestorbene	abs.	Rate
Berlin[1])	1 854 502	1 851 783	1 848 585	17 799	32 411	8 695	+ 4,7
Hamburg	1 609 531	1 600 343	1 592 447	12 407	22 021	– 7 470	– 4,7
München	1 283 457	1 276 985	1 267 451	9 853	12 857	–13 002	–10,2
Köln	940 663	932 418	922 286	8 312	10 330	–16 359	–17,5
Essen	631 608	628 768	625 705	5 046	8 460	– 2 489	– 4,0
Frankfurt	610 244	604 568	599 634	4 886	7 314	– 8 182	–13,5
Dortmund	589 955	584 848	579 697	5 155	7 571	– 7 842	–13,4
Düsseldorf	575 805	570 737	565 843	4 515	7 376	– 7 101	–12,4
Stuttgart	567 020	563 201	561 567	4 690	6 114	– 4 029	– 7,1
Bremen	540 442	535 790	530 520	4 128	6 766	– 7 284	–12,1
Duisburg	536 402	528 015	522 829	4 806	6 662	–11 717	–22,2
Hannover	523 033	517 855	514 010	4 012	6 945	– 6 090	–11,8

Quelle: Statistisches Jahrbuch Deutscher Gemeinden, 72., Jg., Köln 1985
[1]) West

In Deutschland wurde diese Methode bis in die 30er Jahre benutzt, um Wanderungsdaten für größere Gebietseinheiten zu erhalten. Gegenwärtig ist sie in Frankreich, Griechenland, Großbritannien, Irland, Österreich sowie in vielen außereuropäischen Staaten das wichtigste Instrument zur Ermittlung von Wanderungsvorgängen (*Schwarz* 1969). Da die Bevölkerung bei Volkszählungen nach den Merkmalen Geschlecht und Geburtsjahr ausgewiesen wird und diese Merkmale auch für die Gestorbenen vorliegen, läßt sich die Differenzmethode auch anwenden, um geschlechts- und geburtsjahrgangsspezifische Wanderungssalden, insbesondere für kleinere Gebietseinheiten zu bestimmen.
Fehlen für die zu untersuchenden Gebietseinheiten Angaben über die nach Alter bzw. Geburtsjahrgängen und Geschlecht aufgeschlüsselten Sterbefälle, so lassen sich diese unter Zuhilfenahme von überregionalen alters- bzw. geschlechtsspezifischen Sterbewahrscheinlichkeiten (vgl. 2.1.2.2) schätzen (*Woods* 1979, S. 167f.). In der Literatur wird dieses Verfahren auch Kohortenmethode (vgl. 2.1.2) genannt.

Differenz- oder Residualmethode:

a) Allgemein: $NM_x = P_{xt} - P_{x0} - NB_x$
   NM_x = Nettowanderung oder Wanderungssaldo im Beobachtungszeitraum 0 bis t
   P_{xt} = Bevölkerung am Ende des Beobachtungszeitraumes
   P_{x0} = Bevölkerung am Anfang des Beobachtungszeitraumes
   NB_x = Natürlicher Bevölkerungszuwachs im Zeitraum 0 bis t

b) Spezifisch: $NM_x = P_{xt} - P_{x0} + D_x$ oder
   $NM_x = P_{xt} - P_{x0} + (1 - \pi_x) \cdot P_{x0}$
   D_x = Gestorbene der Kohorte x im Beobachtungszeitraum 0 bis t
   NM_x = Nettowanderung der Kohorte x im Beobachtungszeitraum 0 bis t
   P_{xt} = Personenzahl der Kohorte x am Ende des Beobachtungszeitraumes
   P_{x0} = Personenzahl der Kohorte x am Anfang des Beobachtungszeitraumes
   π_x = Überlebenswahrscheinlichkeit der Kohorte x für den Beobachtungszeitraum 0 bis t

Der Nachteil dieser Verfahren liegt darin, daß weder die Gesamtzahl der Zu- bzw. Fortzüge noch die Herkunfts- bzw. Zielgebiete zu ermitteln sind und der Zeitraum zwischen Volkszählungen meist sehr groß ist. Gemindert wird dieser Nachteil oft dadurch, daß bei den Vollerhebungen nach dem Wohnsitz zu einem früheren Zeitpunkt gefragt wird. Die Antworten auf diese Frage lassen natürlich nur sehr grobe Rückschlüsse auf Wanderungsverflechtungen zu, da alle zwischenzeitlich aufgetretenen Wanderungen und die Migrationen ausgewanderter oder unterdessen verstorbener Personen nicht berücksichtigt werden.

Abschließend sei noch auf eine weitere Möglichkeit der indirekten Erfassung von Zuwanderungsströmen durch die Ermittlung der Geburtsorte in Einwohner- und Bürgerverzeichnissen sowie auf die Gebürtigkeitsstatistik der älteren Volkszählungen hingewiesen. In historisch-geographischen Arbeiten wird häufig auf diese Quellen in Verbindung mit der Differenzmethode zurückgegriffen, da anderweitige Unterlagen zur Erfassung von Wanderungsvorgängen bis zur Mitte des 19. Jahrhunderts selten verfügbar sind. Es darf allerdings nicht übersehen werden, daß die so ermittelten Zuwanderungen auch länger zurückliegende Wanderungsbewegungen mit einschließen.

2.2.1.3 Messen von Wanderungen

Im Einzelfall mag die absolute Zahl der Wanderungen zur Kennzeichnung der Mobilität einer Gebietseinheit oder die Gesamtzahl der Wohnsitzwechsel im Laufe eines Lebens zur Beschreibung der räumlichen Mobilität eines Individuums nützlich und aussagefähig sein. In der Regel werden aber unter einer bestimmten Fragestellung Vergleiche notwendig, die nur dann zu Ergebnissen führen, wenn die Populationen und/oder Zeiteinheiten vergleichbar gemacht, d. h. normiert werden. In der Migrationsforschung wird diese Normierung bei Konstanthalten der Zeiteinheit üblicherweise durch Berechnung von Maßzahlen erreicht. Diese charakterisieren entweder

– die Wanderungshäufigkeit einer Bevölkerung bzw. Bevölkerungsgruppe oder
– die Stärke von Wanderungsströmen oder
– die ‚Effektivität' von Wanderungen (*Schwarz* 1969, S. 61 f.).

Zur Darstellung dieser Sachverhalte sind Häufigkeitsziffern zu berechnen, d. h. es müssen etwa analog zu den Geburten- oder Sterbeziffern (vgl. 2.1.1) bestimmte Ereignismengen (Wanderungsfälle) zu den Populationen in Beziehung gesetzt werden, die dem ‚Risiko' des Ereignisses ausgesetzt waren. Bei Wanderungen kommen aber grundsätzlich zwei Bevölkerungen als Bezugsgrößen in Betracht: die mittlere Bevölkerung des betrachteten Zeitraumes im Herkunfts- oder im Zielgebiet. Die Zahl der Zuwanderer (E) im Verhältnis zu 1000 der mittleren Bevölkerung im Zielgebiet (P_z) ergibt die Zuwanderungsrate, die entsprechende Relation für die Abwanderer (A) und die mittlere Bevölkerung im Herkunftsgebiet (P_h) die Abwanderungsrate.

Diese Quotienten geben an, um welchen relativen Betrag die Bevölkerung eines Gebietes durch Zuwanderungen gewinnt bzw. verliert. Sie können daher auch als Maß für die Zuwanderungsintensität (Zuwanderungsdrang, pull) bzw. Abwanderungsintensität (Abwanderungsdrang, push) verwendet werden. Da für jede Raumeinheit Zu- und Abwanderungen möglich sind, wird die Wanderungs-Attraktivität in der Regel durch den Quotienten aus Zu- und Fortzügen ausgedrückt und die Auswirkungen der Wanderungsbewegungen auf die Bevölkerungsentwicklung durch die relative Wanderungsbilanz (Nettowanderungsrate = $NM_x/P_x \cdot 1000$; $NM_x = E_x - A_x$) und das relative Wanderungsvolumen (Bruttowanderungsrate = $SM_x/P_x \cdot 1000$; $SM_x = E + A$) festgehalten.

Die letztgenannte Relation wird auch allgemeine oder rohe Mobilitätsziffer genannt, und zwar im Gegensatz zu den speziellen Mobilitätsziffern, die für Alters-, Berufs-, Sozial- oder sonstige Teilgruppen einer Bevölkerung entsprechend berechnet werden. Solche Ziffern dienen zur Beurteilung der ‚differentiellen Mobilität', d. h. durch sie kann nachgewiesen werden, daß das Wanderungsverhalten einzelner Bevölkerungsgruppen voneinander abweicht.

Die Auswirkungen der räumlichen Mobilität auf die regionale Bevölkerungsverteilung läßt sich zusammenfassend durch das Verhältnis zwischen Wanderungssaldo und Wanderungsvolumen beschreiben. Der entsprechende Zahlenausdruck heißt Effektivitätsziffer und kann zwischen +1 (nur

Zuzüge) und −1 (nur Fortzüge) schwanken. Ein Wert von 0 ergibt sich bei ausgeglichener Bilanz und einem beliebig großen u. U. sogar sehr hohen Wanderungsumfang. In diesem Fall hätten wir eine Gebietseinheit mit einer sehr hohen, aber ‚uneffektiven' Mobilität.

2.2.2 Wanderungstheorien

2.2.2.1 Wanderungstypen

In der wissenschaftlichen Literatur der letzten 100 Jahre sind Wanderungen unterschiedlich definiert worden bzw. es wurden nur ganz bestimmte historische Ereignisse untersucht. Daher sind auch zur Strukturierung des Phänomens ‚Wanderung' verschiedenartige Gliederungsprinzipien verwendet worden, die sich nur als Alternativen, nicht aber im Sinne einer einheitlichen, aus einer allgemeinen Wanderungstheorie abgeleiteten Typologie darstellen lassen.

Die älteste Klassifikation stammt von *Ravenstein* (1885). Aufgrund der zurückgelegten Distanz und der für die Wanderung benötigten Zeit unterscheidet er:

– die ‚lokalen Wanderer', die ihren Wohnsitz innerhalb einer Stadt oder Gemeinde wechseln,
– die ‚Nahwanderer', die ihren Wohnsitz in eine Nachbargemeinde verlegen,
– die ‚Fernwanderer', die über größere Entfernungen wandern,
– die ‚Etappen-Wanderer', die die Entfernung zwischen Herkunfts- und Zielort unter Einschaltung einer oder mehrerer Zwischenstationen während eines längeren Zeitraumes zurücklegen und
– die ‚temporären Wanderer', die ihren Wohnort im Verlauf einer Zeiteinheit relativ häufig wechseln.

Mit dem Terminus ‚Wanderung in Etappen' beschreibt *Ravenstein* (1885) u. a. auch den Prozeß einer sukzessiven Bevölkerungsverschiebung vom ländlichen Umland in schnell wachsende (Industrie-)Städte, so daß sich vom Zuwanderungszentrum zur Peripherie abnehmende Zuwanderungsintensitäten ergeben (vgl. Abb. 2.2.2/1).

In Weiterführung dieser frühen Ansätze hat *Kant* (1953, S. 208/209) folgendes Klassifikationsschema, das sich aber nur auf die Binnenwanderung bezieht, vorgeschlagen:

I. Ortsinnere (intralokale) und gebietsinterne (intraregionale) Wanderungen, d. h. Wanderungen innerhalb eines mehr oder minder einheitlichen Gebietes, innerhalb einer Stadt oder Stadtballung, innerhalb einer ländlichen Gemeinde, innerhalb einer geographischen Landschaft oder eines Teilarbeitsmarktes:
   (1) Stadtinnere Wanderungen (intraurbane Wanderungen, intra-city migrations);
   (2) Landinnere Wanderungen (intrarurale Wanderungen, rural intracommunity migrations).
II. Zwischenörtliche (interlokale) und zwischengebietliche (interregionale) Wanderungen:
   (1) Umweltwechselnde Wanderungen, d. h. Wanderungen zwischen geographischen oder sozialökonomisch verschiedenartigen Landesteilen, Landschaften, Verwaltungseinheiten, Orten, Teilstaaten und räumlichen Teilarbeitsmärkten;
   (2) Umweltständige Wanderungen, d. h. Wanderungen zwischen geographischen und sozialökonomisch gleichartigen Landesteilen, Landschaften, Verwaltungseinheiten, Orten, Teilstaaten und räumlichen Teilarbeitsmärkten:

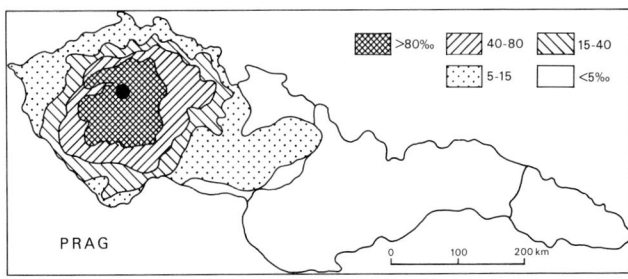

Abb. 2.2.2/1
Das Zuwanderungsgebiet von Prag 1921
– Anzahl der Zuzüge je 1000 Einwohner der Herkunftsgemeinde
nach: *Kant* 1953, S. 198.

(a) zwischenstädtische Wanderungen (interurbane Wanderungen, inter-city migrations);
(b) zwischengebietliche Wanderungen auf dem flachen Lande (inter-rurale Wanderungen, rurale inter-community migrations).

Derartige mit Distanzen und Raumkategorien operierende Typologien hält *Heberle* (1955) für wenig brauchbar. Er versucht demgegenüber, ebenfalls mit Bezug auf *Ravenstein* (1885), durch die Unterscheidung von freiwilligen und unfreiwilligen Wanderungen in ‚Verbänden‘, kleineren Gruppen bzw. als Individuen, die historisch bedeutsamen Wanderungen seit der Völkerwanderung zu ordnen. Für die moderne westliche Industriegesellschaft ist nach dieser Typologie lediglich „die Einzelwanderung freier Arbeitskräfte" charakteristisch, die nach *Heberle* „historisch gesehen eine Ausnahme" darstellt (vgl. *Hoffmann-Nowotny* 1970, S. 58 f.). Damit kann man aber der Vielfalt der Wanderungen in den westlichen Industrienationen während des 19. und 20. Jahrhunderts keineswegs gerecht werden. Wichtig erscheint der Gesichtspunkt, der später von *Mackensen* (1981) aufgegriffen wurde, daß Wanderungen historische Formen sozialen Verhaltens sind, sich in ihrer Zusammensetzung und geographischen Konstellation periodisch ändern und innerhalb jeder Periode andersartige Wanderungsprozesse charakteristisch sind.

Eine umfassendere und auch geschlossenere Wanderungstypologie legte *Petersen* (1958) vor. Als zentrales Klassifikationskriterium wählte er die Dichotomie ‚konservativ-innovativ‘ und wies der Migrationsforschung damit ebenso neue Richtungen wie *Kant* (1953) durch die Unterscheidung von ‚umweltwechselnden‘ und ‚umweltständigen‘ Wanderungen. Als konservativ werden räumliche Bewegungen bezeichnet, die eine Reaktion auf Veränderungen bisheriger Lebensbedingungen mit dem Ziel sind, den sozialen und materiellen Besitzstand zu wahren bzw. in ähnlichen Landschaften oder gewohnter Umgebung zu bleiben.

Demgegenüber sind Wanderungen innovativ, wenn sie mit dem Ziel verbunden sind, Art und Weise der Lebensbedingungen grundlegend zu verändern. Fruchtbar ist weiterhin die Unterscheidung von Interaktionstypen und Wanderungsursachen (Tab. 2.2.2/1), deren Verbindung allerdings auch die Schwäche der Typologie erkennen läßt, da hier Klassifikation und Erklärung nicht mehr streng getrennt sind.

Tab. 2.2.2/1: Typologie der Migrationen nach Petersen

Typ der Interaktion	Ursache der Migration	Art (Klasse) der Migration	Typ der Migration	
			konservativ	innovativ
Mensch und Natur	ökologischer Druck	ursprünglich (primitiv)	Völkerwanderung, Wanderung von Sammler- und Jägervölkern, Nomadenwanderung	Landflucht
Mensch und Staat (od. Äquivalent)	Migrationspolitik	gewaltsam erzwungen	Verschleppung, Flucht	Sklaven- und Kulihandel
Mensch und seine Normen	höhere Ansprüche	freiwillig	Gruppenwanderung	Wanderung von Pionieren
Mensch und andere Menschen (kollektives Verhalten)	soziale Impulse	massenhaft	ländliche Niederlassung	Land-Stadt-Wanderung

Quelle: Bähr 1983, S. 290

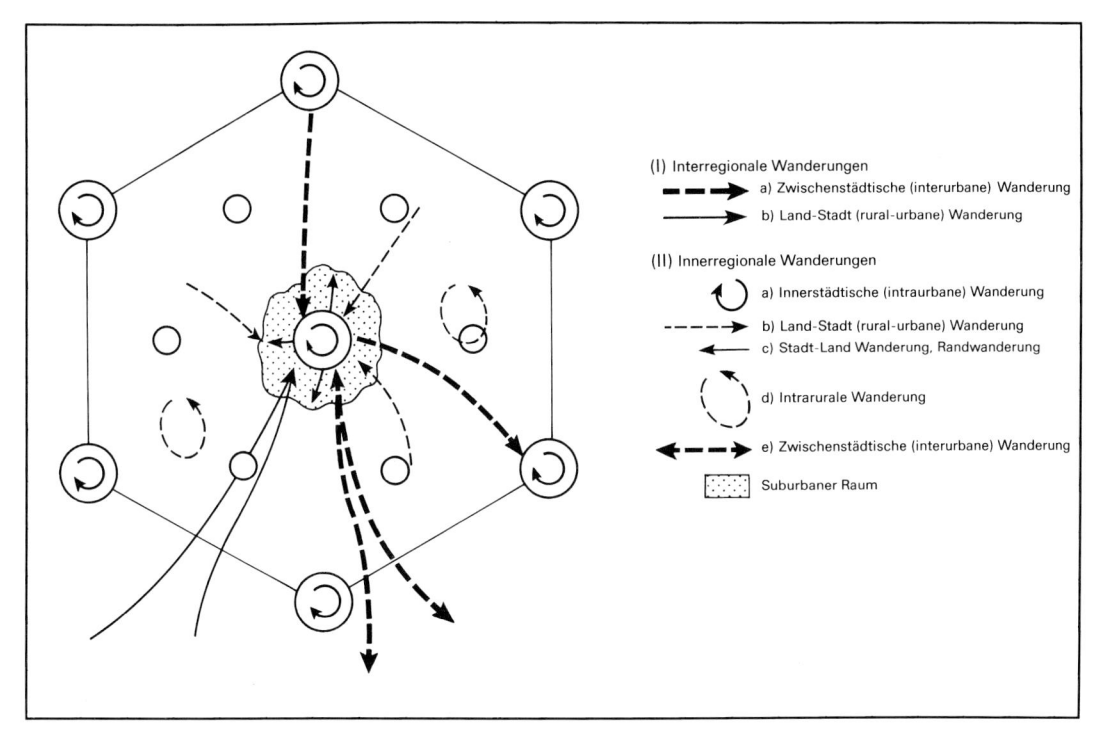

Abb. 2.2.2/2
Räumliche Mobilitätstypen in einem Modellraum
nach: *Kortum* 1979.

Abschließend sei der aktionsräumliche bzw. verhaltenstheoretische Ansatz aufgegriffen, aufgrund dessen bereits oben die verschiedenen Formen der räumlichen Mobilität (2.2.1.1) definiert wurden. Dieser läßt folgende, weitgehend auf *Roseman* (1971) zurückgehende Unterscheidung von Wanderungstypen zu (Abb. 2.2.1/1):

– Wohnstandortveränderungen unter a) völliger, b) teilweiser Beibehaltung der Aktivitätenstandorte des wöchentlichen Bewegungszyklus. Dies sind innerregionale Wanderungen oder Umzüge.
– Wohnstandortveränderungen unter Aufgabe aller bisherigen Bezugspunkte im räumlichen Aktionsfeld. Dies sind interregionale Wanderungen.

Dieser Ansatz erlaubt innerhalb eines Bezugssystems Wanderung in allen Maßstäben zu behandeln. Vorausgesetzt ist aber, daß eine befriedigende Definition und Operationalisierung jener Bereiche gefunden wird, innerhalb derer bzw. zwischen denen Wanderungen stattfinden. Im Sinne des skizzierten mikroanalytischen Konzepts besitzt jedes Individuum bzw. jede Gruppe von Individuen einen Aktionsraum, der durch regelmäßig wiederkehrende Bewegungsabläufe konstituiert wird (*Hägerstrand* 1957). Da die einzelnen Aktivitäten einer nach Sozialgruppen zu differenzierenden unterschiedlichen Bewertung unterliegen und im Laufe eines Lebens von sehr verschiedenartiger Bedeutung sein können, sind die Reaktionsreichweiten innerhalb des Aktionsraumes nicht einheitlich und vor allem zeitlich nicht konstant. Die ‚individuellen Regionen' sind dynamisch, sie werden in einem Lebenszyklus (vgl. 2.4.2.2) u. U. mehrmals aufgebaut, erweitert, umgestaltet und wieder abgebaut. Nun sind aber Bezugspunkte der individuellen Aktionsfelder überwiegend Standorte von Einrichtungen oder Funktionen, die von einer größeren Bevölkerungszahl aufgesucht bzw. beansprucht werden. Bei der Annahme von gruppenspezifisch ähnlichen Wert- und Normvorstellungen dürften sich daraus für eine Makroanalyse räumlich und zeitlich koinzidierende Aktionsfelder ableiten lassen (vgl. *Maier* u. a.

1977, S. 49f.). Deren Summe wäre das funktionsgesellschaftliche Interaktionsfeld bzw. die funktionale Region, die *Gatzweiler* (1975, S. 32) durch „die Anziehungskraft und Reichweite eines Oberzentrums oder Mittelzentrums" begrenzt sieht.

Wanderungen sind also Prozesse, bei denen sich räumliche Interaktionsfelder ändern. Die daraus abgeleitete Unterscheidung von inner- und interregionaler Mobilität ermöglicht eine Zuordnung der Wanderungen zu verschiedenen Motivationsfeldern und Erklärungsansätzen. Die hier zu subsumierenden Mobilitätstypen hat *Kortum* (1979) in einem Schema, das in Abb. 2.2.2/2 leicht abgewandelt wurde, auf der Grundlage eines zentralörtlichen Sechseckmodells abgebildet. Dabei ist zu beachten, daß die dargestellten Formen der räumlichen Bevölkerungsbewegung in historischer Zeit durchaus unterschiedliche Bedeutung gehabt haben (vgl. 2.2.3).

2.2.2.2 Wanderungsmodelle

Typisierungen oder Kategorisierungen von Wanderungen beinhalten aus sich heraus noch keine Erklärungen. Sie stehen häufig am Anfang der wissenschaftlichen Auseinandersetzung mit einer neuen Fragestellung, so z. B. bei *Esser* (1980), um darzulegen, daß nicht alle denkbaren Wanderungsfälle untersucht werden. Grundsätzlich lassen sich zwei unterschiedliche Formen der Analyse unterscheiden:

– Die Analyse auf der Individualebene, die mit der Annahme arbeitet, daß Wanderungen Folgen von Entscheidungsprozessen einzelner Personen oder Haushalte sind und nur dann erklärbar werden, wenn die entscheidungsrelevanten Faktoren (z. B. Wanderungsmotive) ermittelt werden können.
– Die Analyse auf der Basis gebietsspezifischer Aggregatdaten, die davon ausgeht, daß regional unterschiedliche Lebensbedingungen Wanderungen auslösen bzw. beeinflussen. Ziel derartiger Ansätze ist in der Regel eine Erklärung von Wanderungsströmen.

Diese Analyse- bzw. Erklärungsebenen bilden isoliert oder kombiniert die Basis für die Auswahl von Mobilitätsparametern bei der Formulierung von Migrationsmodellen oder bestimmen entscheidend die Art und Qualität der aus dem vielfältigen Wanderungsgeschehen abgeleiteten empirischen Regelmäßigkeiten.

Zu letzteren gehören u. a. auch die 1885 bzw. 1889 von *Ravenstein* formulierten ‚Migrationsgesetze‘, die die Migrationsstudien der Folgezeit nachhaltig beeinflußt haben. Auslösendes Moment der Wanderungsbewegungen ist nach *Ravenstein* (vgl. *Széll* 1972, S. 41 ff.) der Arbeitskräftebedarf wachsender Industrie- und Handelszentren. In den ‚Gesetzen‘ versucht er zusammenfassend zu beschreiben, nach welchen Regeln dieser Bedarf aus dem Bevölkerungsüberschuß des übrigen Landes gedeckt wird. Eindeutig belegt sieht er folgende Regularitäten:

– Wanderungen erfolgen überwiegend über kurze Distanzen.
– Wanderungen verlaufen meistens in Etappen.
– Die Zahl der Wanderer im Zielgebiet sinkt proportional zur Entfernung des entsprechenden Herkunftsgebietes.
– Wanderer, die größere Entfernungen zurücklegen, bevorzugen die großen Handels- und Industriezentren.
– Jeder Wanderungsstrom erzeugt einen Gegenstrom.
– An den Wanderungen ist die ländliche Bevölkerung stärker beteiligt als die städtische.
– Frauen sind an den kurzdistantiellen Wanderungen stärker beteiligt als Männer.
– Städte wachsen durch Wanderungsgewinne stärker als durch die natürliche Bevölkerungsbewegung.
– Der Wanderungsumfang wächst mit der Entwicklung von Industrie, Handel und Verkehrstechnologie.

Die Ursache räumlicher Bevölkerungsbewegungen wird in den nach *Ravenstein* publizierten Migrationsstudien entweder in sozioökonomischen Disparitäten gesehen, die als push-Faktoren (ab-

Abb. 2.2.2/3
Gastarbeiter aus der Region Izmir
(Januar 1962 bis Juni 1966)
Erfaßte Gastarbeiterbewerbungen
nach Deutschland (M) je 100 000
Einwohner des jeweiligen Erhebungsbezirks (E) in Abhängigkeit
von der Straßenentfernung zum
Zentrum Izmir
aus: *Bartels* 1968.

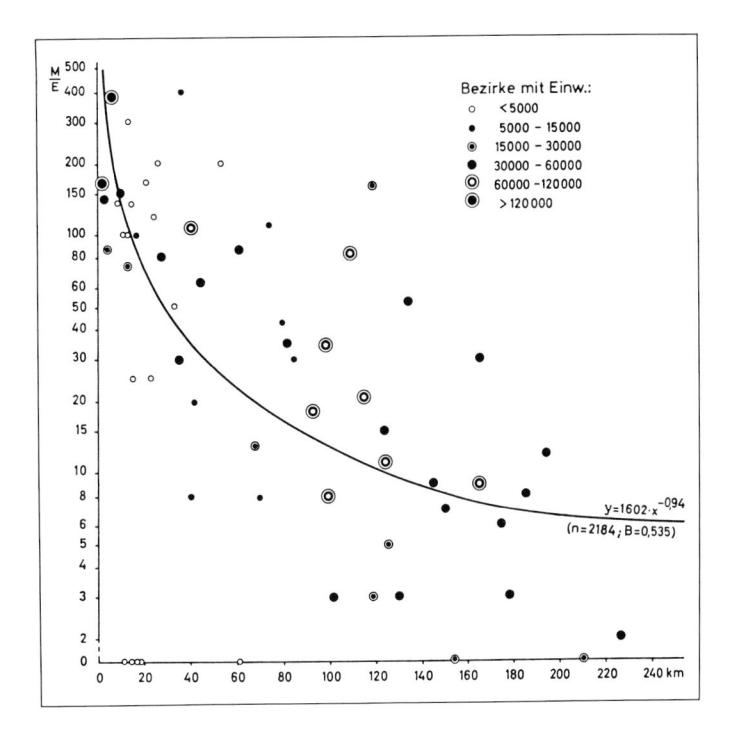

stoßende Kräfte des Herkunftsgebietes) bzw. als pull-Faktoren (anziehende Kräfte des Zielgebietes) interpretiert werden, oder es werden Umfang und Intensität der Wanderungsströme aus der Distanz zwischen Abwanderungs- und Zielgebiet erklärt. Beide Ansätze sind bestrebt, aufgrund weniger Determinanten die beobachteten Wanderungsströme möglichst exakt abzubilden.

Die einfachsten Formen quantitativer Wanderungsmodelle basieren auf der bereits von *Ravenstein* (1885) erkannten umgekehrten Proportionalität von Wanderungsumfang und Entfernung. Vor allem in skandinavischen Arbeiten wurde versucht, diese Beziehung durch Anpassungskurven vom Pareto-Typ $M_{ij} = a \cdot d_{ij}^{-b}$ zu beschreiben (Abb. 2.2.2/3), dabei sind:

M_{ij} = Zahl der Wanderer nach j aus der Distanzzone i je 1000 der mittleren Bevölkerung der Zone i;
d_{ij} = mittlere Entfernung zwischen den Bevölkerungen von i und j;
k = Konstante und b = Distanzexponent.

Die für verschiedene Orte Schwedens mittels statistischer Schätzverfahren bestimmten Distanzexponenten schwanken zwischen den Extremen 0,4 und 3,0. Ein kleiner Exponent besagt, daß das Wanderungsfeld sehr ausgedehnt, d.h. der Distanzwiderstand nicht sehr groß ist, und ein hoher b-Wert deutet auf ein enges, meist sehr scharf begrenztes Wanderungsfeld. Vergleichende Untersuchungen ergaben zudem, daß die Distanzexponenten zeitlich nicht konstant sind, sondern im Zeitverlauf generell kleiner werden (z. B. für *Asby* 1860/69 $b=3,0$; 1930/39 $b=2,4$; *Hägerstrand* 1957), d.h. die durch die Wanderungsverflechtungen repräsentierten Kontaktfelder dehnen sich im Laufe der Zeit aus. Außerdem zeigte sich, daß mit der Pareto-Funktion kurzdistantielle Wanderungen systematisch überschätzt werden.

Diese Ansätze sind zwar geeignet, formale Parameter zur Beschreibung von Wanderungs-, Kontakt- bzw. Interaktionsfeldern zu liefern, sie geben aber keine Anhaltspunkte für die Erklärung von Wanderungsverflechtungen. Daher haben *Zipf* (1946) und *Stewart* (1947) Wanderungsmodelle formuliert, die von der zunächst plausiblen Annahme ausgehen, daß jede Interaktion zwischen zwei Orten nicht allein von der Entfernung, sondern vor allem von der Bevölkerungszahl in beiden Orten abhängig ist. Sie verwenden daher das *Newton*sche Gravitationsgesetz, um die ‚soziale Gravitation' zwischen zwei Bevölkerungskonzentrationen zu messen. Auf die Wanderungen M_{ij} zwischen den Orten/Regionen i und j angewendet lautet dieser Ansatz in leicht modifizierter Form:

$$M_{ij} = k \cdot \frac{P_i^a \cdot P_j^b}{d_{ij}^c}$$

P_i = Bevölkerung im Herkunftsgebiet,
P_j = Bevölkerung im Zielgebiet, k = Konstante; a, b, c = Parameter

Von den meisten Autoren, die diesen Ansatz aufgegriffen haben, wird der Distanzexponent c als Indikator für Informationsbarrieren, Umzugskosten oder den Distanzwiderstand angesehen. In einer jüngeren Arbeit haben *Schweizer* und *Müller* (1979) das Gravitationsmodell benutzt, um die Wanderungen zwischen den Ländern der Bundesrepublik Deutschland zu beschreiben. Sie konnten mit diesem Modell ca. 90% der Gesamtvarianz aller Wanderungsströme erfassen. So befriedigend dieses Ergebnis auch sein mag, so wenig darf übersehen werden, daß Erklärungen daraus nicht resultieren und eine ‚Vorhersage' von Wanderungsströmen auf dieser Basis unmöglich ist, weil die Konstanten zeitlich nicht invariant sind und diese immer erst im Nachhinein ermittelt werden können.

Eine Verbesserung der Distanz- bzw. Gravitationsmodelle geht auf *Stouffer* (1940) zurück. Er führt den Begriff der ‚intervening opportunities' (intervenierende Gelegenheiten, konkurrierende bzw. alternative Möglichkeiten) ein und postuliert, daß die Menge der zwischen dem Herkunfts- und potentiellen Zielgebiet wahrgenommenen Alternativen, also etwa freie Wohnungen, Arbeitsplätze, Baugrundstücke etc., im Vergleich zu den entsprechenden Gelegenheiten am potentiellen Zielort einen maßgeblichen Einfluß auf den Umfang der Wanderungsbewegungen haben. Dieser Ansatz wurde für die Migrationsforschung in dreierlei Hinsicht bedeutsam. Erstens wurde die reine physische Distanz zwischen zwei Orten durch einen Indikator mit größerem Erklärungsgehalt ersetzt, zweitens der Blick nicht mehr nur auf die Gelegenheiten im Herkunfts- und Zielgebiet gerichtet und drittens die Annahme vollständiger Information und gleichartiger Bewertung durch die Differenzierung von objektiv und subjektiv wahrgenommenen Gelegenheiten aufgegeben. Bei allen empirischen Tests dieses Modells stellte sich allerdings das Problem einer operationalen Definition des Indikators ‚opportunities', das bislang nicht befriedigend gelöst wurde (*Albrecht* 1972).

Den deterministisch/probabilistischen Wanderungsmodellen ist auch der Ansatz von *Lee* (1966; Übersetzung in *Széll* 1972) zuzuordnen. Er faßt die verschiedenen Faktoren, die eine Wanderungsentscheidung und den Wanderungsverlauf beeinflussen können, zu folgenden vier Gruppen zusammen:

– Faktoren in Verbindung mit dem Herkunftsgebiet;
– Faktoren in Verbindung mit dem Zielgebiet;
– intervenierende Hindernisse (intervening obstacles);
– persönliche Faktoren.

Lee geht davon aus, daß es in jedem Gebiet unzählige Faktoren gibt, die abstoßend (push), anziehend (pull) oder indifferent wirken (Abb. 2.2.2/4), also Wanderungen sowohl verursachen als auch verhindern oder auch nicht beeinflussen können. Damit führt er die reine Aggregatbetrachtung zu einer Analyse individueller Bewertungen und Motivationen. Er setzt voraus, daß die einzelnen Faktoren, zunächst wertneutral, erst durch die von Person zu Person möglicherweise sehr unterschiedliche und zeitlich keineswegs konstante Bewertung positive, negative oder indifferente Eigenschaften zugewiesen bekommen. Es lassen sich aber Personen, die in ähnlicher Weise auf eine bestimmte Zahl von Faktoren im Herkunfts- und Zielgebiet reagieren, zu Gruppen zusammenfassen. Eine Operationali-

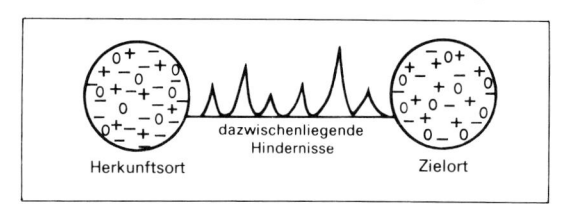

Abb. 2.2.2/4
Das Wanderungsmodell von *E.S. Lee*
nach: *Kuls* 1980, S. 171.

sierung dieses Ansatzes ist daher nur möglich, wenn es gelingt, die große Zahl der beeinflussenden Faktoren auf eine überschaubare Zahl besonders bedeutsamer Faktoren, die von den Entscheidungsträgern in ähnlicher Weise bewertet werden, zu reduzieren. Zu berücksichtigen ist allerdings, daß das Herkunftsgebiet in der Regel besser bekannt ist als das Zielgebiet und dadurch bedingt jede Aufbruchsentscheidung mit einer Ungewißheit behaftet ist, die sich aus der Sicht des Herkunftsortes auch als ‚Trägheit' oder ‚Haftung' interpretieren läßt. Neben dem Abwägen positiver und negativer Faktoren wird der Entscheidungsprozeß noch durch die Art der zwischen den Bezugspunkten gelegenen Hindernisse beeinflußt. Diese stellen im Gegensatz zu den ‚intervening opportunities' von *Stouffer* (1940), die eher die Funktion von Filtern einnehmen, echte Barrieren in Form von Einwanderungsgesetzen, Transportkosten etc. dar.

Empirische Untersuchungen und quantitative Analysen von Wanderungsfällen lassen sich auf der Basis dieses Modells nur durchführen, wenn vor der Analyse festgelegt wird, welche Faktoren als Plus- bzw. als Minusfaktoren gelten sollen. Letztlich wird aber ungeklärt bleiben, wieviel Wanderungsfälle durch das Überwiegen der Minusfaktoren im Herkunftsgebiet und wieviel durch das Überwiegen der Plusfaktoren im Zielgebiet zu erklären sind.

Im Prinzip stellt sich dieses Problem bei allen ‚push-pull'-Modellen. Sie dienen vor allem der Beschreibung und Erklärung interregionaler Wanderungen. Als push- bzw. pull-Faktoren werden Einkommens- und Beschäftigungsdisparitäten sowie in jüngster Zeit auch außerökonomische Faktoren wie klimatische Verhältnisse, konfessionelle Unterschiede („soziale Distanz'), Infrastrukturausstattung u. ä. herangezogen.

Von Untersuchungen, die auf derartigen deterministischen Wanderungsmodellen beruhen, heben sich diejenigen ab, die von den individuellen Einstellungs- und Verhaltensweisen ausgehen und das Wanderungsgeschehen als einen stochastischen, zufallsgesteuerten Prozeß auffassen. Dabei wird angenommen, daß das Konfliktpotential des Alltags, in das die Entscheidungseinheiten (Haushalte) eingebunden sind, die maßgeblichen Impulse für eine Wohnstandortverlagerung liefert. Ausgangspunkt der Analyse ist daher das Wahrnehmungs-, Such- und Bewertungsverhalten der Entscheidungsträger, das in Anlehnung an *Roseman* (1971), *Gatzweiler* (1975), *Nipper* (1975) und *Bähr* (1983) in dem in Abbildung 2.2.1/1 wiedergegebenen Entscheidungsmodell schematisch zusammengefaßt ist.

Unzufriedenheiten mit den Standortbedingungen des gegenwärtigen Aktionsraumes lösen den Wunsch nach einer Wohnstandortverlagerung aus. Diese Unzufriedenheiten können aus den im Verlauf des Lebenszyklus (vgl. 2.4.2.2) veränderten Ansprüchen und Bedürfnissen oder auch weitgehend unabhängig von der Stellung im Lebenszyklus aus der Qualität der Lebensbedingungen einer Region resultieren. Die Qualität wird durch die Bereiche Wohnung und Wohnumfeld sowie Arbeit, Ausbildung, Freizeit und natürliche Umwelt wesentlich bestimmt. Erfüllt eine Region die Ansprüche einer Entscheidungseinheit nicht und ist auch nicht zu erwarten, daß die erwünschten Lebensbedingungen in naher Zukunft vorhanden sein werden, wird eine Toleranzgrenze überschritten, die eine Wohnstandortveränderung wahrscheinlich macht. Besteht die Möglichkeit, die Unzufriedenheit durch ein verändertes Anspruchsniveau oder eine Erweiterung des Aktionsraumes (PKW) zu kompensieren, und überwiegen die negativen Bewertungen aus den Bereichen Wohnung und Wohnumfeld, betreffen sie also den Mikrostandort, dann ist eine innerregionale Wanderung wahrscheinlicher als eine interregionale. Sind es hingegen die mit der Arbeit, Ausbildung etc. verbundenen, in der Regel regionsspezifischen Bedingungen, so ist eine interregionale Wanderung zu erwarten.

Die Suche nach einem neuen Wohnstandort wird sich bei einer innerregionalen Wanderung zunächst auf den engeren Wahrnehmungsraum, der durch den wöchentlichen Bewegungszyklus konstituiert wird, beziehen. Erst wenn in diesem, durch direkten Kontakt bekannten Raum kein den Ansprüchen entsprechender Wohnstandort gefunden wird, ist eine Suche in dem weiteren Wahrnehmungsraum auf der Basis von indirekten Kontakten (Verwandte, Bekannte, Makler etc.) anzunehmen. Vom Wohnstandort ausgehend resultiert aus diesem Suchverhalten eine in Richtung Innenstadt bzw. Stadtrand weniger nach allen anderen Richtungen deutlicher abnehmende Informationsdichte (Abb. 2.2.2/5),

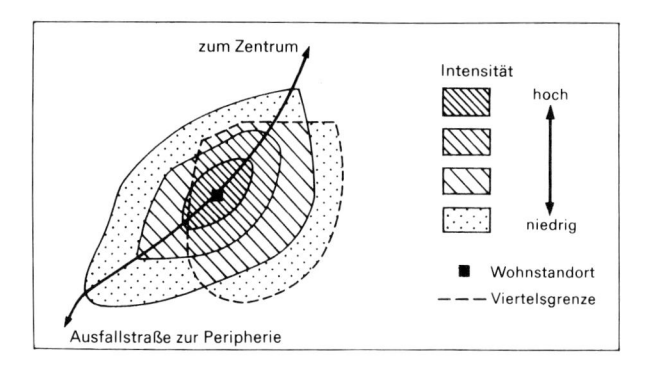

Abb. 2.2.2/5
Differenzierung des Suchraumes in Abhängigkeit von Distanz, Richtung und Viertelsanordnung
aus: *Böhm/Kemper/Kuls* 1975, S. 91.

die das Phänomen der Nah- bzw. Viertelswanderung bei innerregionalen Wohnstandortverlagerungen sehr gut erklärt (*Böhm/Kemper/Kuls* 1975). Kann die Unzufriedenheit mit dem gegenwärtigen Wohnstandort durch eine innerregionale Wanderung nicht behoben werden, so wird sich die Suche auf alternative Zielregionen konzentrieren. In diesem Fall muß sich das Suchverhalten überwiegend auf indirekte Kontakte stützen. Daher ist die Entscheidung für eine bestimmte Region immer mit einer gewissen Unsicherheit hinsichtlich der relativen Bewertung aller Lebensbedingungen behaftet. Es ist somit nicht auszuschließen, daß sich nach einer kurzen Verweilzeit am neuen Wohnstandort erneut eine Unzufriedenheit einstellt, die dann eine innerregionale Wanderung zur Folge hat.
Wahrnehmung und Bewertung von Standorteigenschaften sind von mancherlei individuellen Momenten abhängig und verändern sich im Verlauf des Lebenszyklus einer Entscheidungseinheit u.U. mehrfach. So konnte durch zahlreiche Studien belegt werden (*Rossi* 1955; *Schaffer* 1968; *Böhm/Kemper/Kuls* 1975), daß in den einzelnen Phasen des Familienlebenszyklus, der in Abbildung 2.4.2/3 in idealisierter Form dargestellt ist, eine unterschiedliche Wanderungsbereitschaft bzw. Wanderungswahrscheinlichkeit besteht.
Das Ausscheiden aus der Herkunftsfamilie bzw. die Gründung eines eigenen Haushaltes erfolgt in der Regel in einer Situation, in der die Bereiche Arbeit, Ausbildung und u.U. Freizeit sowie ‚Beschränkungen' finanzieller Art den Entscheidungsrahmen festlegen. In dieser Phase überwiegen interregionale Wanderungen, die vorwiegend auf die städtischen Agglomerationen und dort wieder auf die Stadtzentren gerichtet sind. Mit dem Eintritt in die Phase der wachsenden Familie treten Ansprüche an Wohnung und Wohnumfeld stärker in den Vordergrund und lösen zentral-peripher gerichtete innerregionale Wanderungen aus, die auch noch in der Konsolidationsphase anhalten bzw. in dieser möglicherweise erst in vollem Umfang realisiert werden können, weil jetzt erst die finanziellen Voraussetzungen bestehen oder ‚Beschränkungen' des Wohnungsangebotes nicht mehr vorhanden sind. Das Ausscheiden der Kinder aus dem elterlichen Haushalt führt nach einer in der Regel längeren Periode der Seßhaftigkeit wieder zu einer erhöhten Wanderungsbereitschaft. In dieser Phase haben Räume guter Erreichbarkeit mit vielfältigen Freizeit- und Erholungsmöglichkeiten eine besondere Anziehungskraft. Dies können sowohl innenstadtnahe, gehobene Wohnviertel als auch Fremdenverkehrsorte mit guter infrastruktureller Ausstattung sein.
Diese Wanderungsbewegungen, die sich in Abhängigkeit von der lebenszyklischen Entwicklung vollziehen, hat *Kuls* (1980) in ihren Grundzügen für die Großstadtbereiche westlicher Industriestaaten schematisch dargestellt (Abb. 2.2.2/6). Dieser Ansatz bildet einen geeigneten Rahmen zur Erklärung altersspezifischer selektiver Wanderungsverflechtungen und leistet damit auch einen Beitrag zur regional differenzierten Bevölkerungsprognose (2.5.4).

2.2.3 Wanderung als raumzeitlicher Prozeß

Sind Wanderungen Formen des sozialen Verhaltens, dann ergibt sich zwangsläufig, daß Erklärungsansätze für Bevölkerungsbewegungen auf dem einmaligen sozialen und wirtschaftlichen Hintergrund der zugehörigen Zeit gesucht werden müssen.

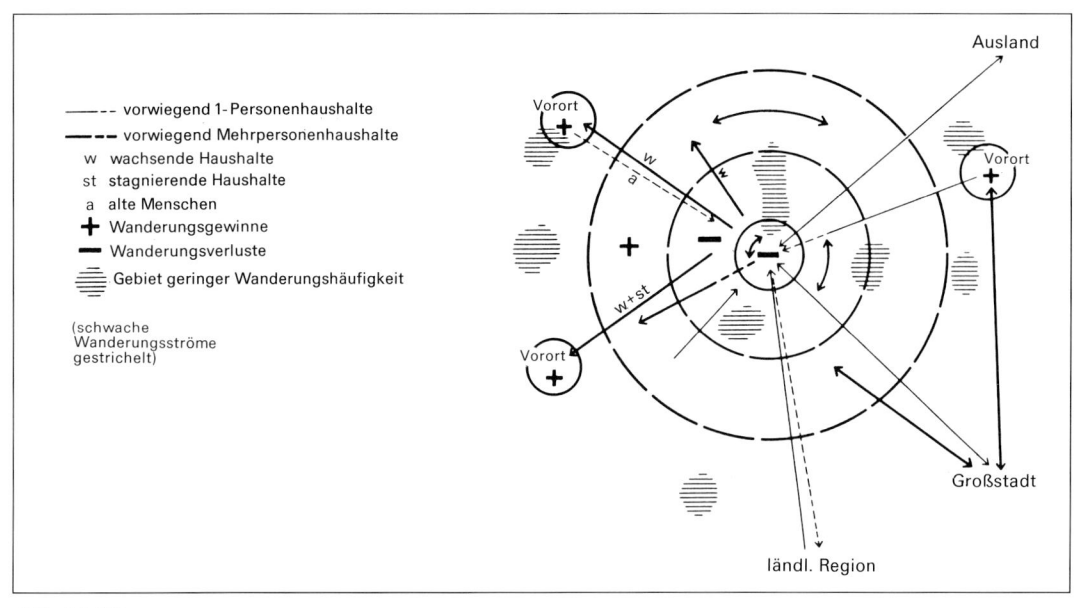

Abb. 2.2.2/6
Schema typischer Wanderungsvorgänge im Großstadtbereich
nach: *Kuls* 1980, S. 209.

Für die westlichen Industriestaaten hat *Zelinsky* (1971) in dem Modell des Mobilitätsübergangs (mobility transition) eine Beschreibung der zeitlichen Abfolge und Substitution der verschiedenen Mobilitätsvorgänge gegeben (Abb. 2.2.3/1). In Analogie zum Modell des demographischen Übergangs (2.1.3.1) formuliert er die Hypothese, daß im Verlaufe des Modernisierungsprozesses während der jüngeren Geschichte eine regelhafte Zunahme und Veränderung der räumlichen Bevölkerungsbewegungen stattgefunden hat und der Übergang von einer weitgehend immobilen zu einer hochmobilen Gesellschaft in irreversiblen Phasen abgelaufen ist. Im einzelnen unterscheidet er vier bzw. fünf Phasen, die zu den Stadien des demographischen Übergangs in Beziehung gesetzt werden.

– In der traditionellen präindustriellen Gesellschaft, deren Bevölkerungsentwicklung durch hohe Geburten- und Sterberaten gekennzeichnet ist, beschränken sich die räumlichen Bevölkerungsbewegungen weitgehend auf den engeren Sozial- und Wirtschaftsraum. Darüber hinausgehende Bewegungen sind nur in Verbindung mit Pilgerfahrten, dem Besuch von Messen und Märkten möglich, kehren nach einiger Zeit zum Ausgangspunkt zurück, sind also zirkulärer Natur.

Abb. 2.2.3/1
Schematische Darstellung verschiedener Formen räumlicher Bewegung in den Phasen des Mobilitäts-Übergangs
A = Auswanderung, L = Land-Stadt-Wanderung, St = Stadt-Stadt-Wanderung und innerstädtische Wanderung, V = sonstige räumliche Bewegungen
nach: *Zelinsky* 1971, S. 233.

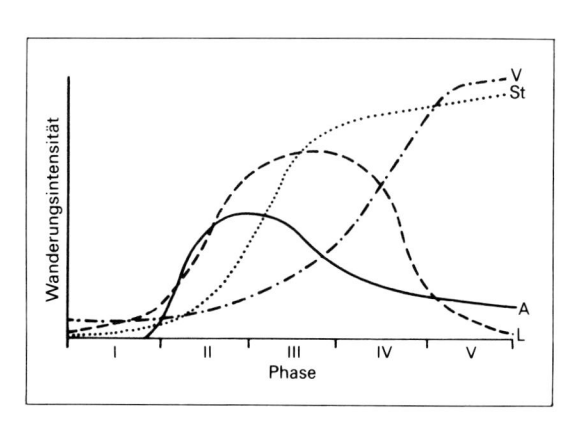

- In der frühen Transformationsphase, die im Vergleich zur zweiten Phase des demographischen Übergangs mit einer zeitlichen Verzögerung anzusetzen ist, löst der Bevölkerungsdruck in den europäischen Ländern eine Auswanderungswelle in die weniger dicht besiedelten überseeischen Gebiete aus. Gleichzeitig werden in Europa Räume geringer Besiedlungsdichte durch die Binnenkolonisation erschlossen. In West- und Mitteleuropa setzt, durch den Arbeitskräftebedarf der wachsenden Industriestädte bedingt, eine massive Land-Stadt-Wanderung im letzten Abschnitt dieser zweiten Phase ein.
- In der späten Transformationsphase dauern die räumlichen Bevölkerungsbewegungen der vorhergehenden Phase in abgeschwächter und leicht modifizierter Form an. Infolge rückläufiger Geburten- und Zuwachsraten läßt der Bevölkerungsdruck in den Ländern West- und Mitteleuropas nach, die überseeische Auswanderung tritt ganz zugunsten der Land-Stadt-Wanderungen zurück.
- In der Phase der modernen Gesellschaft, in der der demographische Transformationsprozeß seinen Abschluß findet, bleiben die Wanderungsbewegungen zwischen ländlichen und städtischen Räumen in verminderter Form erhalten. Bedeutender werden aber: die Zuwanderung wenig qualifizierter ausländischer Arbeitskräfte in die Verdichtungsräume, die Wanderungen zwischen den Städten und vor allem die innerstädtischen Wanderungen. Begünstigt durch die moderne Verkehrstechnologie treten als neue Form der räumlichen Mobilität verstärkt Pendelwanderungen in Erscheinung. Durch diese wird ein Teil der Land-Stadt-Wanderungen substituiert. Darüber hinaus werden freizeitorientierte Mobilitätsformen für das Bild der hochmobilen Gesellschaft charakteristisch.
- Für die letzte Phase, die der zukünftigen postmodernen Gesellschaft, erwartet *Zelinsky* einen Rückgang der räumlichen Mobilität, weil die Weiterentwicklung der Kommunikationstechnik einen Teil der Bevölkerungsbewegungen überflüssig machen wird. Andererseits dürften durch die Verkürzung der Arbeitszeit und sonstige Zeitersparnisse freizeitorientierte Mobilitätsformen an Bedeutung gewinnen.

Zelinskys Modell des Mobilitätsübergangs ist keine ausgereifte Theorie, sondern ein Konzept, das die Beschreibung und Erklärung historischer Wanderungsvorgänge auch im Sinne von *Mackensen* (1981) erleichtert. Es bestimmt neben dem Konzept der Maßstabsveränderung die Strukturierung der folgenden Abschnitte.

2.2.3.1 Internationale Wanderungen

Einer der bedeutendsten Vorgänge im Rahmen der internationalen Wanderungen der Neuzeit ist die europäische Überseewanderung. Durch sie hat die ökonomische und gesellschaftliche Entwicklung der transatlantischen Einwanderungsländer und auf dem Wege der Rückkopplung auch die der europäischen Auswanderungsländer nachhaltige Impulse erhalten. Dies im einzelnen nachzuweisen ist aufgrund der sehr komplexen Wechselwirkungen zwischen Migration und sozialem Wandel äußerst schwierig und gegenwärtig wohl nur in einem regional begrenzten Kontext möglich.

Die transozeanische Wanderungsbewegung setzt bereits im 16. Jahrhundert ein, konzentriert sich jedoch vorerst auf die spanischen und portugiesischen Besitzungen. Nordamerika wird erst nach dem Niedergang der spanischen Vorherrschaft auf den Weltmeeren und dem allmählichen Aufstreben Englands als See- und Handelsmacht zum bedeutendsten Einwanderungsland. Um 1800 wurden in den Vereinigten Staaten ca. 5,3 Mill. Menschen europäischer Abstammung gezählt. In anderen großen Einwanderungsländern wie Kanada, Argentinien, Brasilien, Chile, Südafrika, Australien oder Neuseeland lebten zur gleichen Zeit nur sehr wenige Europäer (*Bouvier* u. a. 1979).

Erst nach 1820 wird die „transozeanische Trift" zur Massenauswanderung. Dies hat vor allem folgende Gründe:

> Erstens waren die Voraussetzungen für eine freie Auswanderung in weiten Teilen Europas erst durch die Französische Revolution und die Napoleonischen Kriege geschaffen worden.

Zweitens wurde in Europa ein Arbeitskräftepotential durch den Zusammenbruch der traditionellen agrarischen Gesellschaft freigesetzt, das in den Heimatländern keine ausreichenden Alternativen vorfand.

Drittens trat in allen europäischen Ländern, wenn man von gewissen Zeitverzögerungen absieht, infolge rückläufiger Sterberaten und annähernd konstanter Geburtenraten ein starker Bevölkerungsdruck auf.

Viertens war durch die Erfindung der Dampfschiffahrt eine wesentliche Voraussetzung geschaffen worden, um größere Menschenmengen in relativ kurzer Zeit in überseeische Gebiete zu bringen.

Von den ca. 60 Mill. Menschen, die zwischen 1800 und 1940 Europa verlassen haben, haben ca. 38 Mill. die USA, 7,0 Mill. Argentinien, 6,7 Mill. Kanada und 4,6 Mill. Brasilien als neue Heimat gewählt. Aus europäischer Sicht sind die Vereinigten Staaten, berücksichtigt man nur diese absoluten Zahlen, das wichtigste Einwanderungsland. Legt man jedoch die Einwanderungsraten bezogen auf 100 000 der jeweiligen Landesbvölkerung zugrunde, dann zeigt sich, daß die Intensität der europäischen Einwanderung in den südamerikanischen Ländern zeitweilig weit höher als in Nordamerika gewesen ist. Nach *Thistlethwaite* (1972) betragen die Einwanderungsraten für den Zeitraum 1901 bis 1910 für die USA ca. 1000 und für Argentinien 3000. Die Einwanderung nach Südamerika unterscheidet sich außerdem von der nordamerikanischen deutlich durch die geringere Zahl ethnisch unterschiedlicher Bevölkerungsgruppen. Es kam hier zu einer auffälligen Konzentration südeuropäischer Zuwanderer, u.a. dadurch bedingt, daß Südamerika erst in einer späten Phase verstärkt Ziel europäischer Überseewanderer wurde.

Bei der Einwanderung in die Vereinigten Staaten lassen sich vier Phasen unterscheiden: Die koloniale, die alte (frühe) Einwanderung, die neue (späte) Einwanderung und die restriktive (kontrollierte) Einwanderung (Tab. 2.2.3/1). Die koloniale Einwanderungsphase dauerte bis etwa 1800. Ca. 80% der Immigranten waren britischer Abstammung. Die restlichen 20% verteilten sich auf Deutsche, Schweden, Niederländer, Franzosen und Spanier. Die Phase der alten Einwanderung bestimmte die Zeit zwischen 1800 und 1890. In dieser Periode kamen ca. 95% der Zuwanderer aus Nord- und Westeuropa, und zwar in stärkerem Maße als in der vorhergehenden Phase aus Irland, Schottland, Deutsch-

Tab. 2.2.3/1: Europäische Einwanderung in die USA 1831–1938 (Zahl der Einwanderer in Tausend)

Herkunftsland	1831/1860	1861/1890	1891/1920	1921/1938
Großbritannien	766,8	1 962,3	1 138,9	350,4
Irland	1 902,3	1 528,1	837,7	231,7
Deutschland	1 538,8	2 958,6	990,6	507,7[1]
Skandinavien	41,4	1 025,9	1 080,3	225,2
Holland/Belgien	31,2	113,5	212,3	50,0
Schweiz	34,4	133,6	89,3	32,8
Frankreich	199,2	158,7	166,1	57,7
Alte Einwanderung insgesamt	4 514,1	7 880,7	4 551,0	1 455,5
Südeuropa	29,5	427,5	4 098,9[2]	575,7[2]
Österreich/Ungarn	–	434,5	3 637,8	35,3[3]
Südost-, Osteuropa	3,2	332,0	3 783,9	646,1
Neue Einwanderung insgesamt	32,7	1 194,0	11 520,6	1 257,1
Europäische Einwanderung insgesamt	4 546,8	9 074,6	16 071,6	2 712,6

Quelle: Köllmann 1955, S. 184, 257, 258   [1] mit Österreich   [2] Griechenland unter Südosteuropa   [3] nur Ungarn

land und Frankreich. Um 1890 wurde diese Phase von der neuen Einwanderung abgelöst, durch die der Auswanderungsschwerpunkt von West- über Mittel- nach Süd- und Osteuropa verlagert wurde. Die Schließung der amerikanischen Siedlungsgrenzen im Jahr 1890, die zunehmenden Einwanderungszahlen aus südeuropäischen Ländern und die wachsende Inhomogenität der Zuwanderungsgruppen führten 1921 zu einer gesetzlichen Begrenzung der freien Einwanderung in die Vereinigten Staaten. Die Phase der restriktiven Einwanderung, die hierdurch eingeleitet bis in die Gegenwart andauert, wurde bis zum Zweiten Weltkrieg durch ein gesetzlich festgelegtes Quotensystem bestimmt, das darauf abgestellt war, die Zuwanderung auf die „alten" Auswanderungsländer zu begrenzen.
Nach der Typologie *Petersens* (1958) ist die frühe, vorwiegend auf die ländliche Kolonisation orientierte Einwanderung überwiegend dem konservativen Wanderungstyp zuzuordnen. Die Aufbruchsentscheidung der Handwerker- und Bauernfamilien erfolgte unter dem Druck europäischer Agrarkrisen (Kartoffelmißernte, Getreidepreisverfall) und des Zerfalls der städtischen Handwerksordnung. Sie war mit dem Ziel verbunden, in Übersee eine neue Existenz aufzubauen, die es ermöglichen sollte, alte Lebensformen und soziale Positionen zu bewahren. Wie in der vorausgegangenen Phase der kolonialen Einwanderung wirkte auch hier das reichlich vorhandene Landangebot in den Kolonisationsgebieten Nordamerikas als der wohl entscheidende pull-Faktor, vor allem bei bäuerlichen Auswandererfamilien. Betrachtet man nur diese Gruppen, dann ist die Periode als Siedlungswanderung durchaus richtig gekennzeichnet. Ein größerer Teil der Einwanderer aus Deutschland und England ist aber nicht der bäuerlichen, sondern der städtischen Bevölkerungsschicht zuzuordnen. Im Verlauf des Siedlungsausbaus hatten die gut ausgebildeten deutschen Handwerker im Vergleich zu anderen Einwanderungsgruppen einen spürbaren wirtschaftlichen Vorteil, den sie jedoch nur zur sozialen und wirtschaftlichen Besitzstandswahrung nutzten. Diese konservative Grundhaltung macht es verständlich, daß die deutschen Einwanderer in dieser frühen Phase kaum in den expandierenden Wirtschaftszweigen anzutreffen sind (*Kamphoefner* 1983). Dagegen kamen sehr viele Briten infolge der in ihrem Heimatland bereits eingeleiteten Industrialisierung als Kaufleute oder gelernte Techniker in die Vereinigten Staaten. Sie setzten ihre Kenntnisse beim Eisenbahnbau sowie auf dem Gebiet der Textil-, Eisen-, Stahl-, Bergbau- und Töpfereiindustrie ein und trugen damit wesentlich zur Verbreitung neuer Technologien bei. Die Masse der einfachen Arbeiter stammte aus Irland und mit der neuen Einwanderung in zunehmendem Maße aus Ost- und Südosteuropa. Nach der Jahrhundertwende waren es vor allem ledige Einzelwanderer, die den wachsenden Industriestädten Nordamerikas zuströmten. Diese Industriearbeiterzuwanderung kann man, wie die Wanderung der Techniker und Kaufleute in der vorhergehenden Phase, dem innovativen Wanderungstyp im Sinne von *Petersen* (1958) zuordnen. Es darf aber nicht übersehen werden, daß die Chancen für einen sozialen Aufstieg bei den süd- und südosteuropäischen Zuwanderern ungleich geringer gewesen sind als bei den Einwanderern aus West- und Mitteleuropa. Einwanderung war daher nicht unbedingt gleichbedeutend mit Siedlung und Akkulturation, sondern vielfach lediglich ein kurzfristiger, möglicherweise nur saisonaler Aufenthalt mit anschließender Rückwanderung. Für die Zeit bis zum Ersten Weltkrieg werden Rückwanderungsquoten im Fall der USA von ca. 30% und von Argentinien in Höhe von 53% geschätzt. Die Südamerika betreffenden Rückwanderungsquoten sollen zwischen 1908 und 1923 sogar 86–89% betragen haben, d.h. vielfach hat es sich gar nicht um eine ‚echte' Einwanderung, sondern um eine interkontinentale Wanderung landwirtschaftlicher Saisonarbeiter gehandelt, die die unterschiedlichen Saat- und Erntezeiten auf der Nord- und Südhalbkugel ausnutzten (*Thistlethwaite* 1972).
Die Arbeiterzuwanderung in die Industriestädte Nordamerikas war eine sowohl inneramerikanische als auch interkontinentale Land-Stadt-Wanderung, die der Industrie billige Fremdarbeitskräfte zuführte, den Lebensstandard der alten Arbeiterschaft rasch absinken und Massenarbeitslosigkeit in den Rezessionsphasen des beginnenden 20. Jahrhunderts aufkommen ließ. Gegen Ende des 19. Jahrhunderts waren diese negativen Auswirkungen mitverantwortlich für eine restriktivere Einwanderungspolitik und das Abklingen des Einwanderungsstromes aus West- und Mitteleuropa.
Die europäische Überseewanderung wurde spätestens in den 70er Jahren des 19. Jahrhunderts infolge

Tab. 2.2.3/2: Herkunft der Zuwanderer nach Oberhausen, (Essen-) Borbeck und Dortmund zwischen 1865 und 1870

Herkunftsgebiet (Geburtsort)	Oberhausen 1869/71		E.-Borbeck 1865/70		Dortmund 1865, 1868/70	
	abs.	%	abs.	%	abs.	%
Ostdeutschland	77	1,1	119	0,9	940	4,6
Nordwestdeutschland	92	1,3	162	1,2	1 500	7,3
Mitteldeutschland	66	0,9	153	1,1	1 227	6,0
Hessen	226	3,2	1 240	9,1	2 151	10,5
Westdeutschland	5 831	83,6	11 282	82,4	13 413	65,4
Süddeutschland	42	0,6	41	0,3	288	1,4
Holland	546	7,8	538	3,9	713	3,5
Belgien/Luxemburg	50	0,7	57	0,4	54	0,3
Österreich	2	–	13	0,1	99	0,5
Sonst. Ausland	43	0,6	88	0,6	106	0,5
Gesamt	6975		13693		20491	

Quelle: nach *Degen* 1916, S. 28f

der in den alten Auswanderungsländern wesentlich verbesserten Arbeitsmarktsituation sukzessive von einer europäischen Binnenwanderung abgelöst, die in Deutschland auf Berlin, das Ruhrgebiet, das Rhein-Main-Gebiet, das Saargebiet, auf das mitteldeutsche und das schlesische Industriegebiet gerichtet war. Berücksichtigt man nur die die Landes- bzw. Provinzgrenzen überschreitenden Wanderungen, so waren an dieser innereuropäischen Bevölkerungsbewegung zwischen 1860 und 1914 im Bereich des Deutschen Reiches ca. 20 Mill. Menschen beteiligt, bei einem Bevölkerungsstand von ca. 65 Mill. zu Beginn des Ersten Weltkrieges. Die Zahl der in dieser Zeit am europäischen Binnenwanderungsprozeß beteiligten Bevölkerung erhöht sich für das Gebiet des Deutschen Reiches wesentlich, wenn man auch die Nahwanderungen innerhalb der Länder bzw. Provinzen einbezieht. Diese sind neben der Ost-West-Fernwanderung für die Konzentrationsvorgänge verantwortlich, die sich im Rahmen der deutschen Binnenwanderung vollzogen und die Grundzüge der Bevölkerungsverteilung Mitteleuropas bis in die Gegenwart nachhaltig bestimmt haben (2.3.4).

Der Arbeitskräftebedarf der wachsenden Industriezentren wurde in West- und Mitteleuropa zunächst aus dem Bevölkerungspotential des jeweiligen ländlichen Nahbereichs gedeckt (Tab. 2.2.3/2). Bis in die 90er Jahre weitete sich das Abwanderungsgebiet in der Umgebung der Wachstumszentren rasch

Tab. 2.2.3/3: Herkunft der Binnenwanderer in den Provinzen Rheinland und Westfalen 1880 und 1907

Herkunftsgebiet (Geburtsort)	Rheinland				Westfalen			
	1880		1907		1880		1907	
	abs.	%	abs.	%	abs.	%	abs.	%
Ostdeutschland	32 147	12,4	211 599	27,3	28 192	15,1	301 080	44,9
Berlin/Brandenburg	8 991	3,5	27 577	3,6	4 246	2,2	14 625	2,2
Nordwestdeutschland	18 106	7,0	68 034	8,8	29 275	15,6	85 839	12,8
Mitteldeutschland	22 085	8,5	75 058	9,7	15 650	8,4	53 455	8,0
Hessen	50 689	19,5	96 303	12,4	39 658	21,2	58 197	8,7
Nachbarprovinz	98 537	37,9	210 138	27,1	66 802	35,7	141 837	21,2
Süddeutschland	29 241	11,3	86 205	11,2	3 267	1,7	15 082	2,2

Nachbarprovinz = Westfalen bzw. Rheinland

Quelle: Köllmann 1971, S. 368 f.

aus. Ausnahmen bildeten nur Berlin und die rohstoffgebundenen Industriestandorte zwischen Ruhr und Lippe. Hier setzte früher als in anderen Teilen Mitteleuropas eine Massenzuwanderung aus dem Osten ein, die nicht nur ungelernte Arbeitskräfte umfaßte, sondern vor allem aus Oberschlesien nach dem Niedergang der dortigen Montanindustrie qualifizierte Handwerker und gelernte Berg- und Hüttenarbeiter ins Ruhrgebiet brachte (*Degen* 1916). Letztere ersetzten bzw. ergänzten die bereits im Ruhrgebiet beschäftigten belgischen Facharbeiter, die wesentlich zur Einführung neuerer Technologien im Bergbau und im Hüttenwesen beigetragen hatten. Die regionale Herkunft der Binnenwanderungsströme in den Provinzen Rheinland und Westfalen zeigt die Tabelle 2.2.3/3 für die Jahre 1880 und 1907.

Diese, auf statistischen Momentaufnahmen beruhende, die Wanderungsbilanzen der Provinzen und Städte berücksichtigende Charakterisierung der europäischen Binnenwanderung gibt selbstverständlich nur einen sehr groben Anhalt über das Ausmaß der räumlichen Mobilität in der Hochindustrialisierungsphase. *Langewiesche* (1977), *Heberle* und *Meyer* (1937) sowie schon vor ihnen *Wirminghaus* (1895) haben darauf hingewiesen, daß die europäische Binnenwanderung nicht als eine Art Einbahnstraße in Form einer Land-Stadt-Wanderung gesehen werden darf. Nur schwer erfaßbar, aber untrennbar mit diesen Vorgängen verbunden war eine Rückwanderung von den Städten aufs Land und von den größeren zu den kleineren Städten. D. h. für viele Zuwanderer, und das betraf vor allem den Nahbereich, war mit der Wanderung nur ein vorübergehender Aufenthalt in der jeweiligen Stadt verbunden. Dies betraf insbesondere Bauhandwerker, die in den Städten einer saisonalen Beschäftigung nachgingen, sowie Angehörige städtischer Dienstleistungsberufe, unter denen sich sehr viele Frauen befanden. Der Rückstrom von der Stadt aufs Land fand aber, wie *Langewiesche* (1977) nachweisen konnte, nicht nur in den Herbst- und Wintermonaten, sondern auch im Sommer statt. In dieser Jahreszeit bot der nicht-industrielle Arbeitsmarkt in der Umgebung der großen Städte vielfältige Beschäftigungsmöglichkeiten. So konnte der durch die Zuwanderung von Arbeitskräften im Frühjahr vielfach überlastete städtische Arbeitsmarkt entlastet werden. Die Rückwanderungswelle vom Land in die Stadt nahm der städtische Arbeitsmarkt im Oktober wieder auf. Dieser pulsierende Wechsel zwischen Land und Stadt, der den Städten letztlich einen Wanderungsgewinn einbrachte, war nur möglich, weil in der Hochindustrialisierungsphase noch keine strenge Trennung zwischen einer agrarischen und einer industriellen Bevölkerung bestand.

Die europäischen Binnenwanderungsströme wiesen hinsichtlich der Zusammensetzung nach Alter, Geschlecht, Familienstand und sozialer Position der Migranten z. T. erhebliche Unterschiede auf. Bei Wanderungen über kürzere Distanzen war der weibliche Bevölkerungsanteil überproportional vertreten. Die aus dem ländlichen Umland in die Städte zuziehenden Frauen waren überwiegend im privaten Dienstleistungsbereich tätig und kehrten zum Jahresende in ihre Heimat- bzw. Geburtsgemeinde zurück. Demgegenüber überwog bei den Fernwanderungen der männliche Bevölkerungsanteil offenbar um so stärker, je größer die Distanz zwischen Geburtsort und Zielgemeinde war. Dies ist mit ein Grund für die unterschiedliche Geschlechterzusammensetzung der in den westlichen Regierungsbezirken Preußens 1890 registrierten Bevölkerung mit einer nichtdeutschen Muttersprache (Abb. 2.2.3/2). In den Zuwanderungszentren führte das Zusammentreffen der unterschiedlich strukturierten Binnenwanderungsströme zu annähernd ausgeglichenen Geschlechterproportionen, wobei allerdings in den städtischen Dienstleistungszentren und traditionellen Textilverarbeitungsstandorten der weibliche und in den Zentren des Bergbaus und der Eisenindustrie der männliche Bevölkerungsanteil leicht überwog.

Die Einzelwanderung vor allem der 16–30jährigen Bevölkerung war ein wesentliches Kennzeichen dieser ökonomisch bedingten Bevölkerungsbewegungen in der Industrialisierungsphase. Über 30jährige waren an den internationalen Wanderungen weniger beteiligt. Dies ist auf die mit zunehmendem Alter geringeren Berufschancen zurückzuführen, die sich nicht zuletzt darin äußerten, daß Arbeiter in der Hochindustrialisierungsphase mit ca. 35 Jahren ihr Verdienstmaximum erreichten. Wer in diesem Alter den Leistungsanforderungen am bisherigen Arbeitsplatz nicht entsprechen

Abb. 2.2.3/2
Altersaufbau der in den Regierungsbezirken Arnsberg, Koblenz, Düsseldorf, Köln, Trier und Aachen ortsanwesenden (1890) Bevölkerung mit polnischer, italienischer, niederländischer sowie deutscher und einer anderen Muttersprache
Entwurf: H. Böhm; Datenquelle: Preußische Statistik (Bd. 121).

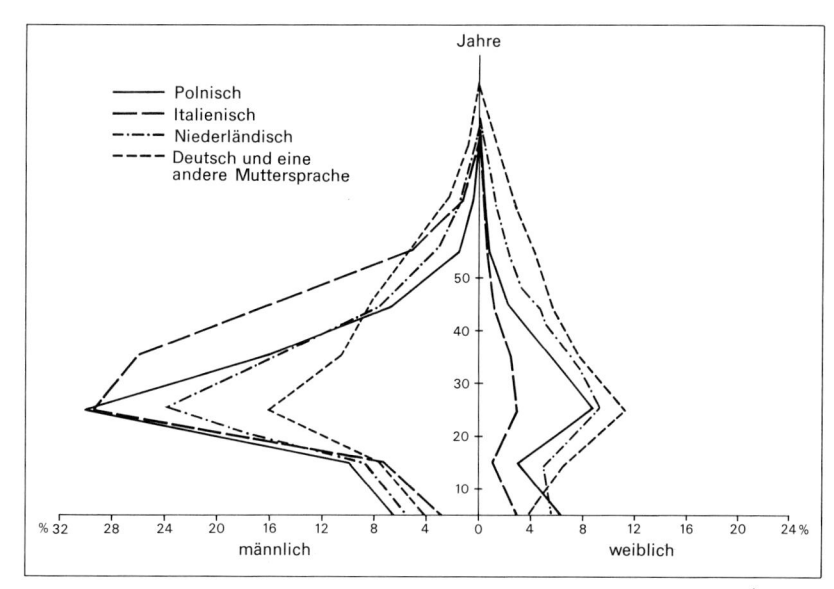

konnte, mußte abwandern bzw. sich mit einer minderbezahlten Tätigkeit begnügen (*Langewiesche* 1977). Ziel der auf diese Weise initiierten Abwanderung waren kleinere und mittlere Städte bzw. die weniger expandierenden Industriestandorte. Diese ‚Altersmobilität' wird man nicht als „Chancen-Wanderung zur Verbesserung der sozialen Position deuten dürfen, sondern eher als Wanderung zur Erhaltung des Existenzminimums" (*Langewiesche* 1977, S. 31).

Im Vergleich zu Mitteleuropa, wo die überseeische Auswanderung in der zweiten Hälfte des 19. Jahrhunderts langsam zurückging und in die europäische Binnenwanderung umschlug, hatte Frankreich (Tab. 2.2.3/1) infolge eines geringeren Bevölkerungsdrucks nur einen kleinen Anteil an der Überseewanderung und ergänzte fehlende Arbeitskräfte im ausgehenden 19. Jahrhundert bei der verzögert einsetzenden Industrialisierung durch ‚Fremdarbeiter' aus Italien, Polen, Spanien und Belgien. Nach dem Ersten Weltkrieg war die Zahl der ‚Fremdarbeiter' auf ca. 2 Mill. angestiegen und Frankreich eines der bedeutendsten Einwanderungsländer der Erde (*Thistlethwaite* 1972). Ein großer Teil, vor allem der südeuropäischen Einwanderer, waren gelernte Handwerker, die in ihren Heimatgemeinden gezielt auf eine zeitlich befristete Tätigkeit in Frankreich vorbereitet wurden. Die Einwanderung war also nicht auf Dauer und baldige Integration im Einwanderungsland ausgerichtet, sondern auf Beibehaltung der Nationalität und Rückkehr in das Heimatland. Insofern ist diese Einwanderungswelle mit jenem Zustrom ausländischer Arbeitnehmer zu vergleichen, der während der 60er Jahre unseres Jahrhunderts nach dem wirtschaftlichen Aufschwung in West- und Mitteleuropa einsetzte. Frankreich war daher bereits in der Zwischenkriegszeit eher ein ‚Gastarbeiter-' als ein Einwanderungsland im klassischen Sinn. Entsprechend verstanden sich alle europäischen Länder bis in die Gegenwart nicht als Einwanderungsländer.

Solange eine Rotation ausländischer Arbeitnehmer stattfand, sich also Zu- und Fortzüge im Rahmen eines zeitlich begrenzten Aufenthaltes immer wieder ausglichen und Familienangehörige nur vorübergehend im Gastland ansässig wurden, war diese Ausländerpolitik relativ unproblematisch. In Zeiten des Arbeitskräftemangels waren die z.T. systematisch angeworbenen Fremdarbeitskräfte für die Gastländer willkommene Arbeitskraftreserven, auf die man in Abhängigkeit von der gesamtwirtschaftlichen Entwicklung mehr oder weniger zurückgreifen konnte. Mit der Rücksendung nunmehr qualifizierter Arbeitskräfte glaubte man, zur wirtschaftlichen Entwicklung in den Herkunftsländern beitragen zu können. Diese Politik geriet in ein Dilemma als deutlich wurde, daß die Geldüberweisungen der ausländischen Arbeitnehmer und die Ersparnisse der Rückwanderer in den Heimatländern nur selten produktiv eingesetzt und Remigranten keineswegs ihren Fähigkeiten entsprechend in die heimische Wirtschaft integriert wurden. Hinzu kam, daß seit Mitte der 70er Jahre Arbeitnehmer aus den klassischen Gastarbeiterländern Italien, Griechenland, Spanien und Portugal durch Arbeiter aus Jugoslawien und der Türkei ersetzt wurden (Abb. 2.2.3/3) und damit auch eine Schwerpunktverlagerung zugunsten von Nationalitätengruppen stattfand, die sich nach kultureller Tradition, Verhaltens- und Lebensweise erheblich von den Aufnahmeländern unterschieden (*Mertins* 1983).

Der Zustrom ausländischer Arbeitskräfte aus den Mittelmeerstaaten wurde seit den 50er Jahren durch bilaterale Verträge gesteuert. Diese gestatteten den Industriestaaten, Anwerbebüros zu errichten und über diese die Auswahl der Arbeitskräfte vorzunehmen und Arbeitsgenehmigungen zu erteilen. Mit außereuropäischen Ländern hatte in größerem Umfang nur Frankreich derartige Abkommen getroffen. Daher ist der Anteil afrikanischer Gastarbeiter in diesem Land im Gegensatz zur Bundesrepublik Deutschland relativ hoch.

Der Zuwanderungsprozeß ausländischer Arbeitnehmer in die Bundesrepublik Deutschland läßt sich in drei Phasen gliedern, die durch die Rezession der Jahre 1966/67 und den 1973 verfügten Anwerbestopp für Arbeitnehmer aus Nicht-EG-Staaten voneinander getrennt werden. Während der ersten Hälfte der 60er Jahre erhöhte sich binnen weniger Jahre der jährliche Wanderungsgewinn mit den Gastarbeiterländern von rund 100 000 auf 250 000 und ließ die Zahl der Ausländer in der Bundesrepublik Deutschland von ca. 600 000 auf über 2,5 Mill. ansteigen. Beteiligt waren an diesem Zustrom vor allem Italiener, Griechen und Spanier. Nachdem die Zahl der Remigranten während der Rezession 1966/67 erstmals erheblich über der der Zuwanderer lag, brachten die Jahre 1969 bis 1971 wieder Wanderungsgewinne, die nunmehr aber weit über 400 000 pro Jahr betrugen. Mit diesem plötzlichen Anstieg war die bereits erwähnte Veränderung in der Zusammensetzung des Einwanderungsstromes zugunsten von türkischen und jugoslawischen Arbeitnehmern verbunden. Hatten die Türken 1960 nur einen Anteil von 1,4% am europäischen Außenwanderungsgewinn der Bundesrepublik Deutschland, so stieg ihr Anteil Anfang der 70er Jahre auf 37,6% und erhöhte sich zu Beginn der 80er Jahre sogar auf 75% (Tab. 2.2.3/4). Die ‚klassischen' Gastarbeiterländer Italien, Spanien und Griechenland erhöhten ihr Wanderungsvolumen mit der Bundesrepublik Deutschland nach den Rezessionsjahren 1966/67 dagegen nicht mehr über das alte Maß.

Die erheblichen Wanderungsgewinne mit der Türkei und Jugoslawien resultierten vorwiegend aus der Zuwanderung von direkten Familienangehörigen, die im Rahmen der Familienzusammenführung nicht vom Anwerbestopp betroffen waren. Da dies vor allem türkische Familien betraf, verschob sich das Problem der ausländischen Arbeitnehmer seit Ende der 70er Jahre zunehmend auf das ‚Türkenproblem'. Die kulturellen und mentalen Unterschiede zur deutschen Bevölkerung führten in vielen Städten der Bundesrepublik Deutschland zu einer mehr oder weniger freiwilligen Segregation und

Tab. 2.2.3/4: Ausländer-Wanderungen über die Grenzen der Bundesrepublik Deutschland nach ausgewählten europäischen Herkunfts- und Zielländern 1960[1]), 1971 und 1988

Herkunfts- und Zielland	1960			1971			1988		
	Zuzüge	Fortzüge	Wanderungs-Gewinn/Verlust	Zuzüge	Fortzüge	Wanderungs-Gewinn/Verlust	Zuzüge	Fortzüge	Wanderungs-Gewinn/Verlust
Italien	143 353	57 332	86 021	167 570	139 040	28 530	41 838	37 150	4 688
Portugal	593	226	367	23 793	8 312	15 481	3 587	1 944	1 643
Spanien	31 145	3 297	27 848	52 434	35 924	16 510	3 905	6 007	−2 102
Griechenland	27 181	2 974	24 207	71 064	40 119	30 945	33 046	12 754	20 292
Jugoslawien	7 073	3 487	3 586	159 398	107 709	51 689	55 752	26 059	29 693
Türkei	3 549	963	2 586	186 955	60 883	126 072	78 402	39 876	38 526
Übrige europäische Länder	72 270	36 409	35 861	138 464	72 618	65 846	321 460	167 080	154 380
Europäisches Ausland insg.	285 164	104 688	180 476	799 678	464 605	335 073	537 990	290 870	247 120

Quelle: Statistisches Jahrbuch für die Bundesrepublik Deutschland 1962, 1973, 1990   [1]) ohne Berlin

Abb. 2.2.3/3
Arbeiterwanderungen nach Frankreich
und in die Bundesrepublik Deutschland
1960 und 1970
nach: *Salt/Clout* 1976, S. 89 ff.

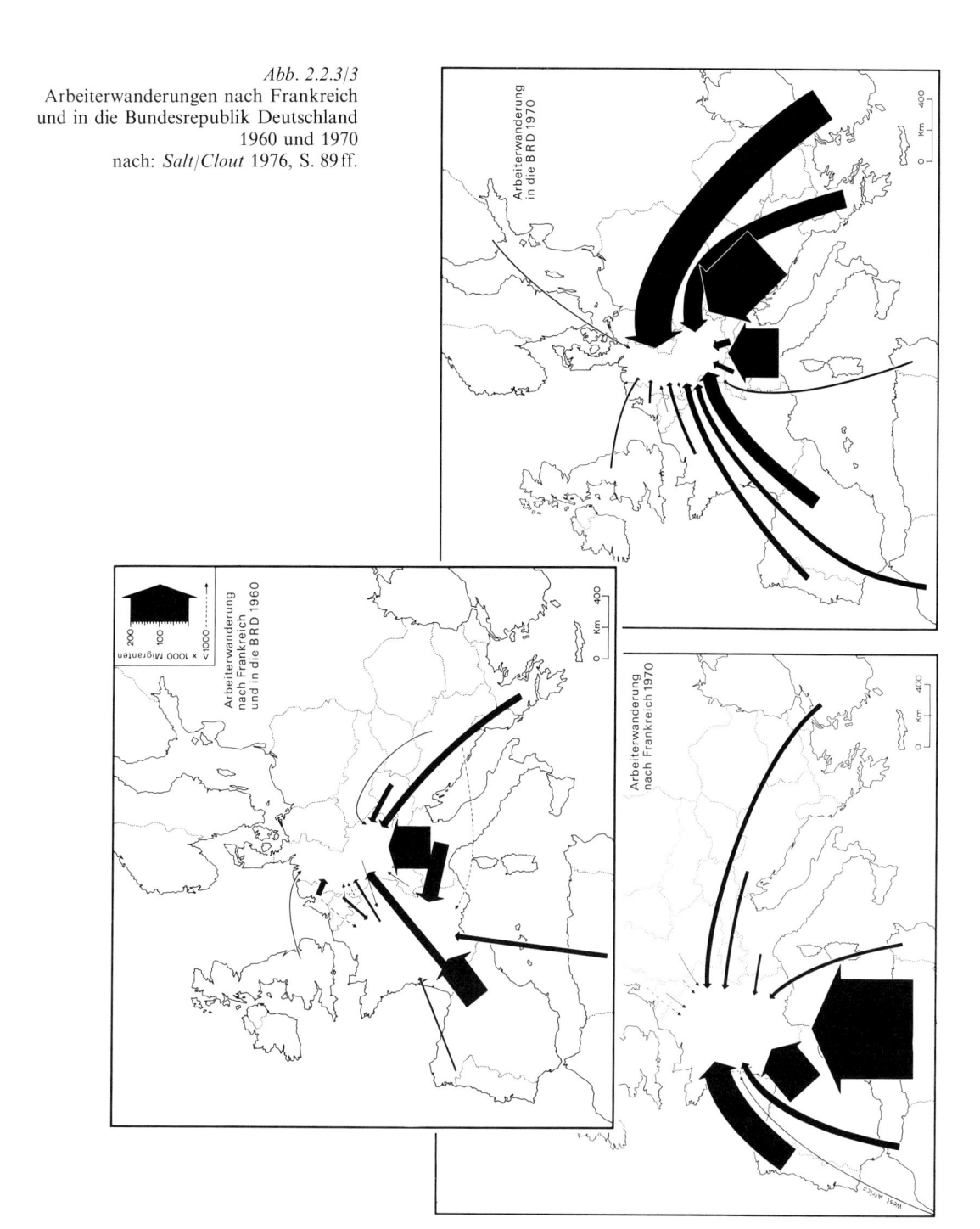

räumlichen Konzentration der türkischen Gastarbeiter (Tab. 2.2.3/5). Da sich diese Bevölkerung auf einen Daueraufenthalt einzurichten begann, die Reintegration vor allem der zweiten Generation im Heimatland nicht gesichert schien und die Fruchtbarkeitsrate fast das Dreifache der bundesrepublikanischen Bevölkerung betrug, wuchs bei der deutschen Bevölkerung die Angst vor einer Überfremdung.

Tab. 2.2.3/5: Ausländer in Großstädten mit höchstem und niedrigstem Ausländeranteil am 30.9.1981 nach ausgewählten Staatsangehörigkeiten

Stadt	Wohnbevölkerung 1000	Ausländer 1000	Ausländer je 1000 Einw.	Darunter Türken 1000	Türken %[1]	Jugoslawen 1000	Jugoslawen %[1]	Italiener 1000	Italiener %[1]	Griechen 1000	Griechen %[1]
Frankfurt a. M.	625,7	145,0	232	27,3	18,8	28,2	19,5	19,3	13,3	8,9	6,1
Offenbach a. M.	110,8	23,6	213	3,0	12,5	4,3	18,2	4,5	19,3	3,3	13,9
Stuttgart	582,4	106,7	183	18,1	17,0	28,5	26,8	18,8	17,7	14,4	13,5
München	1 294,0	223,5	173	41,5	18,6	53,5	23,9	24,1	10,8	21,2	9,5
Köln	972,9	147,8	152	65,0	44,0	9,2	6,2	23,4	15,8	8,1	5,5
Remscheid	128,4	19,5	152	5,4	27,6	2,4	12,2	4,8	24,6	0,2	1,1
Mannheim	304,1	46,1	151	16,2	35,1	6,4	14,0	8,3	18,1	2,9	6,2
Düsseldorf	588,8	87,2	148	14,8	17,0	13,5	15,5	9,5	10,8	9,9	11,3
Ulm	100,7	14,5	144	5,2	35,8	3,6	24,6	2,6	17,7	0,5	3,7
Duisburg	556,4	76,5	138	47,8	62,4	6,4	8,4	5,2	6,7	2,1	2,7
Kiel	249,8	15,2	61	8,4	55,4	0,7	4,7	0,3	1,7	0,1	0,7
Saarbrücken[2]	364,3	21,6	59	3,6	16,8	0,7	3,4	7,5	34,9	0,2	0,9
Braunschweig	260,7	15,5	59	6,6	42,7	1,2	7,9	1,8	11,5	0,6	3,9
Göttingen	130,2	7,5	58	–	–	–	–	–	–	–	–
Essen	645,0	35,7	55	12,2	34,3	5,2	14,7	2,8	8,0	2,0	5,5
Koblenz	113,3	5,6	49	2,0	35,2	0,8	14,4	0,7	12,0	0,1	1,0
Münster	269,9	12,3	45	1,9	15,9	1,2	10,1	0,5	4,3	0,1	1,1
Regensburg	132,2	5,7	43	1,8	31,5	1,2	20,6	0,3	4,7	0,1	1,4
Würzburg	128,7	5,2	40	1,2	23,4	0,8	14,9	0,7	14,0	0,2	4,1
Oldenburg	137,0	4,8	35	2,1	43,8	0,2	5,0	0,3	7,1	0,1	1,8

Quelle: Schwarz 1982, S. 135   1) Anteil an der jeweiligen Gesamtzahl der Ausländer   2) Stadtverband

Auffallend ist die Persistenz der Wanderungsverflechtungen zwischen einzelnen Regionen West- und Mitteleuropas. So wanderten beispielsweise 1970 von den Arbeitskräften aus Italien jene mit Heimatwohnsitz Ligurien oder Piemont nach Frankreich und diejenigen aus der Lombardei vorwiegend in die Schweiz. Als jüngstes Fremdarbeiterland beschäftigte die Bundesrepublik Deutschland hauptsächlich Arbeitskräfte aus Sizilien, Sardinien, Venedig und Kalabrien. Die Wanderungsverflechtungen der nördlichen Regionen Italiens lassen sich teilweise auf die Arbeiterwanderungen des 19. Jahrhunderts zurückführen. Die übrigen Wanderungsströme können als Kettenwanderung gedeutet oder dadurch erklärt werden, daß insbesondere größere Industrieunternehmen bestrebt waren, ausländische Arbeitnehmer nur eines Landes und einer Region zu beschäftigen.

Wie in den übrigen mediterranen Ländern löste auch in Jugoslawien der wachsende Bevölkerungsdruck bei einer überwiegend agrarisch bestimmten Volkswirtschaft eine Arbeiterwanderung nach West- und Mitteleuropa aus, die seit 1963 offiziell geduldet und 1965 völlig liberalisiert wurde. Die Folge dieser Liberalisierung war eine Massenwanderung von Arbeitskräften aus relativ gut strukturierten, stärker verstädterten und industrialisierten Regionen Sloweniens, Kroatiens, Bosniens und der Herzegowina. Diese Auswanderer verfügten, im Gegensatz zu den Migranten der ‚klassischen' Gastarbeiterländer über eine sehr gute Ausbildung und über Erfahrungen in der städtischen bzw. industriellen Arbeitswelt. Vor allem bundesdeutsche und österreichische Unternehmen konnten diese Facharbeiter an sich ziehen, während sich die französische Industrie aufgrund geringerer Wirtschaftskraft und des niedrigeren Lohnniveaus auf die Anwerbung weniger qualifizierter Facharbeiter der ländlichen Regionen Serbiens beschränken mußte (Abb. 2.2.3/4). Auch nachdem die Abwanderung qualifizierter Facharbeiter Mitte der 70er Jahre durch die staatlichen Kontrollen eingeschränkt und die Anwerbung auf weniger entwickelte Regionen Kosovos und Makedoniens gerichtet wurde, blieb

Abb. 2.2.3/4
Arbeiteremigration aus Jugoslawien nach Frankreich und in die Bundesrepublik Deutschland 1970 nach: *Salt/Clout* 1976, S. 151.

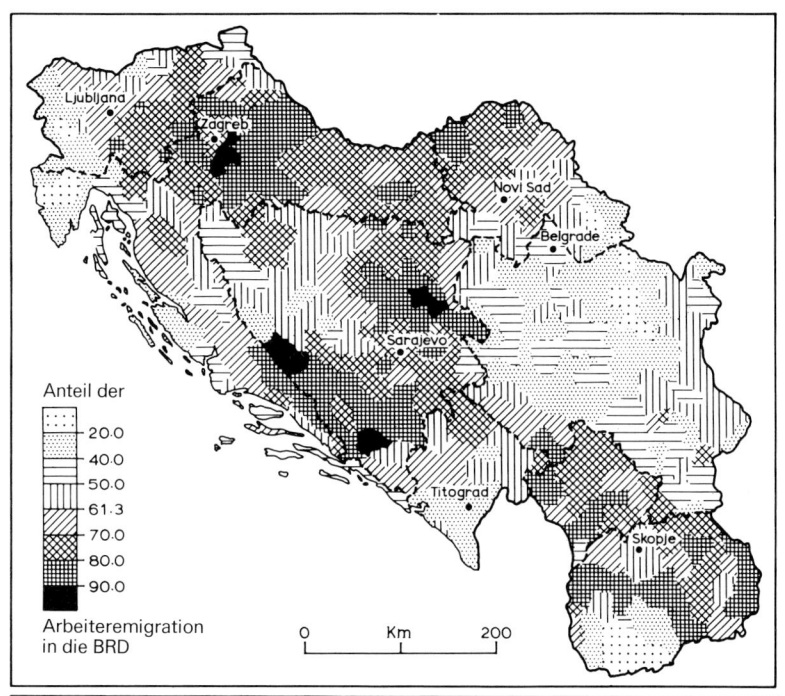

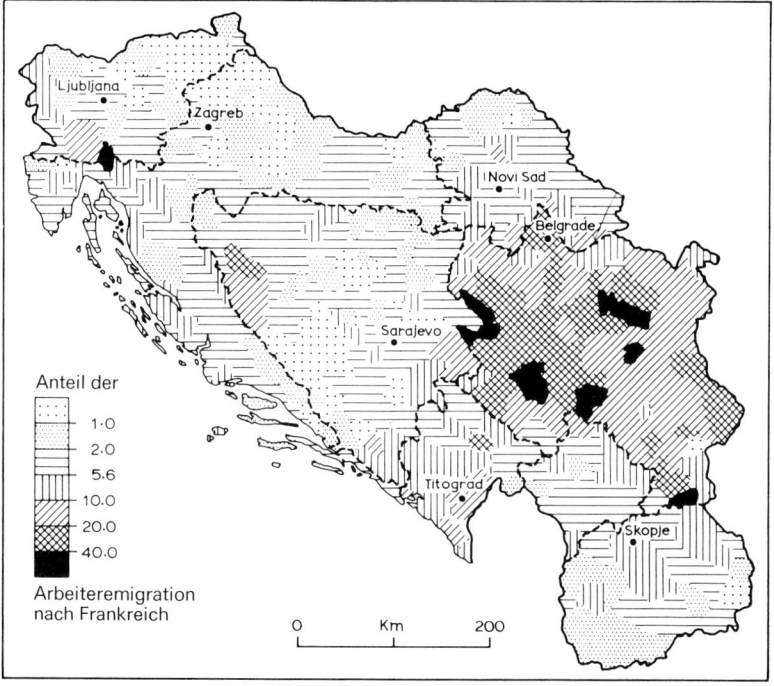

ein deutlicher Unterschied im Ausbildungsniveau zwischen Migranten und Nichtmigranten erhalten. Nach Untersuchungen von *Baucic* (1975) hat diese selektive Abwanderung in schwach strukturierten Räumen zu einem Mangel an Führungskräften und zu einer Zunahme von Analphabeten unter den Industriebeschäftigten, also zu einer merklichen sozialen Erosion geführt.

Auch in der Türkei stellte die städtische Bevölkerung zu Beginn der 70er Jahre das Hauptkontingent der Arbeiteremigranten. *Bartels* (1968) deutete am Beispiel der Region Izmir die zeitliche und regionale Differenzierung der Abwanderungsraten als einen von der städtischen Metropole ausgehenden Innovations- und Diffusionsvorgang. Als wichtigsten Faktor konnte er die Information über alternative Erwerbsmöglichkeiten im Ausland herausstellen und damit erklären, daß sich Arbeitskräfte mit einer guten Schulbildung eher und in größerer Zahl zu einer Emigration entschlossen. Bei einer Verallgemeinerung dieses Erklärungsansatzes dürfte in Ländern mit großen Bildungsunterschieden immer mit einer überproportionalen Abwanderung höher qualifizierter Arbeitskräfte und im Sinne von *Petersen* (1958) mit einer mehr innovativen als konservativen Wanderung zu rechnen sein. Hier sind auch die jugoslawischen Untersuchungsergebnisse einzuordnen, nach denen durch Abwanderung frei werdende Arbeitsplätze in der Industrie zu einem nur ganz geringen Teil von Remigranten besetzt werden konnten, weil deren Qualifikation schlechter war als diejenige der Abwanderer (*Baucic* 1975).

2.2.3.2 Interregionale Wanderungen

Im vorangehenden Abschnitt wurde an verschiedenen Beispielen verdeutlicht, daß internationale Wanderungen sehr eng mit inter- und intraregionalen Bevölkerungsbewegungen verknüpft, Art und Umfang dieser Verknüpfung jedoch von raum-zeitlich variierenden ökonomischen Parametern abhängig und daher nicht eindeutig prognostizierbar sind. Alle ex-post-Erklärungen erfolgen primär auf dem Hintergrund divergierender volkswirtschaftlicher Entwicklungspotentiale bzw. heben die in den Zielländern als attraktiv wahrgenommenen Arbeits- und Einkommenschancen als verantwortlich für das Zustandekommen von Wanderungen hervor. Die Analyse interregionalen Wanderungen verbleibt hingegen in der Regel im strukturellen Kontext einer einzigen Volkswirtschaft. Bei der dadurch zwangsläufig notwendigen Vergrößerung des Betrachtungsmaßstabes richten sich die Untersuchungen auf die Frage nach dem Zustandekommen bzw. dem Erhalt regionaler Disparitäten durch Wanderungsbewegungen. Zur Erklärung müssen auf dieser Analyseebene neben ökonomischen auch nicht-ökonomische Merkmale in größerem Umfang hinzugenommen werden. So haben beispielsweise zahlreiche Untersuchungen im In- und Ausland nachweisen können, daß regionale Unterschiede des Bildungsangebotes und der Bildungsnachfrage sowie regionale Unterschiede der Umweltqualität Wanderungsbewegungen in größerem Umfang zur Folge haben. Daher richtet sich das Augenmerk in jüngster Zeit, vor allem in der anwendungsorientierten bevölkerungsgeographischen Forschung, auf die Frage nach der Existenz von verhaltenshomogenen Gruppen unter den Migranten.
Bis in die 60er Jahre wurden die Wanderungsbewegungen innerhalb der Bundesrepublik Deutschland durch den Rückstrom der Evakuierten, den Zustrom und die Weiterwanderung von Vertriebenen und Flüchtlingen sowie durch die Zuwanderung aus der DDR bestimmt. Diese, mit anderen räumlichen Bevölkerungsbewegungen kaum vergleichbaren Zwangs- oder politisch-weltanschaulich begründeten Wanderungen trugen mit einem Zustrom von schätzungsweise 11 Mill. Menschen bis 1961 wesentlich zur Wiederherstellung der alten Siedlungsstruktur bei. *Mackensen* (1981) bezeichnet daher diesen Zeitraum als ‚Restaurationsphase der Bevölkerungsentwicklung', in der, parallel zu dem großräumigen Umverteilungsprozeß, Landgemeinden im Umfeld größerer Agglomerationen leichte Bevölkerungsverluste durch Freisetzung landwirtschaftlicher Arbeitskräfte aufwiesen. Der vor dem Zweiten Weltkrieg bereits vorhandene Gegensatz zwischen Verdichtungsgebieten und ländlichen Räumen wurde in dieser Phase nicht nur wiederhergestellt, sondern noch verstärkt. Die Standorte der verbraucher- und klientenbezogenen Dienstleistungen orientierten sich an der Bevölkerungsverteilung und -konzentration in den verschiedenen Zentralitätsstufen und waren damit nicht unbedingt deckungsgleich mit den Schwerpunkten der industriellen Produktion, die bis Ende der 50er Jahre das räumliche Muster der interregionalen Wanderungen bestimmt hatten. Außerdem orientierten die deutschen Erwerbstätigen in der Periode 1961–1973 ihre Wohnstandortentscheidungen weniger an den zusätzli-

Tab. 2.2.3/6: Binnenwanderungssaldo 1980–1985 auf 1000 Einwohner 1980 für Ländergruppen

Ländergruppe	Saldo gesamt	Saldo Erwerbspersonen
Nord (SH, HH, NS, HB, NRW)	−5,5	−4,3
Mitte (HS, RHPF, SAAR)	−1,1	−2,0
Süd (BW, BY)	9,9	6,3

Quelle: Eigene Zusammenstellung nach: *Informationen zur Raumentwicklung* 1986, H. 11/12, S. 950

chen Verdienst- und Aufstiegsmöglichkeiten als vielmehr an der Qualität von Wohnung und Wohnumfeld. In dieser Zeit löste sich das Wanderungsgeschehen von der ausschließlichen Erwerbsorientierung und diese wiederum zunehmend von vorgegebenen Siedlungsstrukturen. D. h. die aus der alten Polarität zwischen Verdichtungsgebieten und ländlichen Räumen resultierenden Wanderungsbewegungen traten zurück zugunsten von Wanderungsverflechtungen zwischen den altindustrialisierten und den ‚attraktiven' Verdichtungsräumen, die durch ein vielseitiges Arbeitsplatzangebot, bessere Aufstiegsmöglichkeiten und ein in der Regel größeres Freizeitangebot gekennzeichnet sind. Da letztere, vor allem im Süden der Bundesrepublik Deutschland gelegene Agglomerationen, auch über die 70er Jahre hinaus im Gegensatz zu den nördlichen Verdichtungsräumen positive Wanderungssalden aufzuweisen hatte, wurde dieser Tatbestand mit dem Schlagwort ‚Nord-Süd-Wanderung' belegt und als ein für die jüngere Wirtschaftentwicklung der Bundesrepublik Deutschland typischer interregionaler Wanderungsprozeß interpretiert. Die in Tabelle 2.2.3/6 für Ländergruppen zusammengefaßten Binnenwanderungssalden bestätigen diesen Trend sowohl für Erwerbs- wie auch für Nicht-Erwerbspersonen. D. h. es müssen für diese Nord-Süd-Disparität nicht nur ökonomische, sondern auch nicht-ökonomische Faktoren verantwortlich sein. Da für die zweite Hälfte der 60er Jahre nachgewiesen werden konnte, daß Distanzen von mehr als 200 km lediglich bei weniger als 10% aller Binnenwanderungsfälle zurückgelegt wurden, dürfte sich der ‚Nord-Süd-Trend' überwiegend aus Wanderungen über mittlere Distanzen zusammensetzen, bei denen jeweils die südliche Wanderungsrichtung dominiert.

Interregionale Wanderungen lassen sich somit als Folge regional unterschiedlicher Lebens- und Arbeitsbedingungen erklären. Es ist daher angebracht, Wanderungsfälle zu differenzieren und zu Gruppen ähnlicher Wanderungsentscheidung bzw. ähnlichen Wanderungsverhaltens zusammenzufassen. In der Praxis der Bundesraumordnung und laufenden Raumbeobachtung hat sich, aufbauend auf der Arbeit von *Gatzweiler* (1975), eine Gliederung der Binnenwanderungsfälle in vier Altersgruppen unter Berücksichtigung bestimmter Lebenszyklusstadien als praktikabel erwiesen. Im einzelnen sind es folgende Altersgruppen, die auch als Motivgruppen interpretiert werden:

– Die 18- bis unter 25jährigen, die als ‚Bildungswanderer' das differenziertere und attraktivere Bildungsangebot der Oberzentren bzw. Verdichtungsräume wahrnehmen. Die Wanderungsströme auf die größeren Agglomerationen wurden durch diese Gruppe verstärkt, andererseits wurden aber auch nach dem Ausbau von Bildungseinrichtungen in Mittelstädten strukturschwacher Gebiete gerade durch diese Gruppe neue Wanderungsströme hervorgerufen.
– Die 25- bis unter 30jährigen, die aus Peripherräumen sowie aus Regionen mit monostruktureller und damit konjunkturanfälliger Wirtschaft in Gebiete mit einem qualifizierten Arbeitsplatzangebot in möglichst wachstumsintensiven Wirtschaftsbereichen abwandern („qualifizierte Arbeitsplatzwanderer').
– Die 30- bis unter 50jährigen einschließlich der bis unter 18jährigen (‚Familienwanderer'), die bei interregionalen Wanderungen unterrepräsentiert sind, aber als ‚Wohn- und Wohnumfeldwanderer' einen bedeutenden Anteil an der innerregionalen Mobilität (2.2.3.3) haben.
– Die über 49jährigen ‚Altersruhesitzwanderer', deren interregionale Wanderungen durch ein starkes

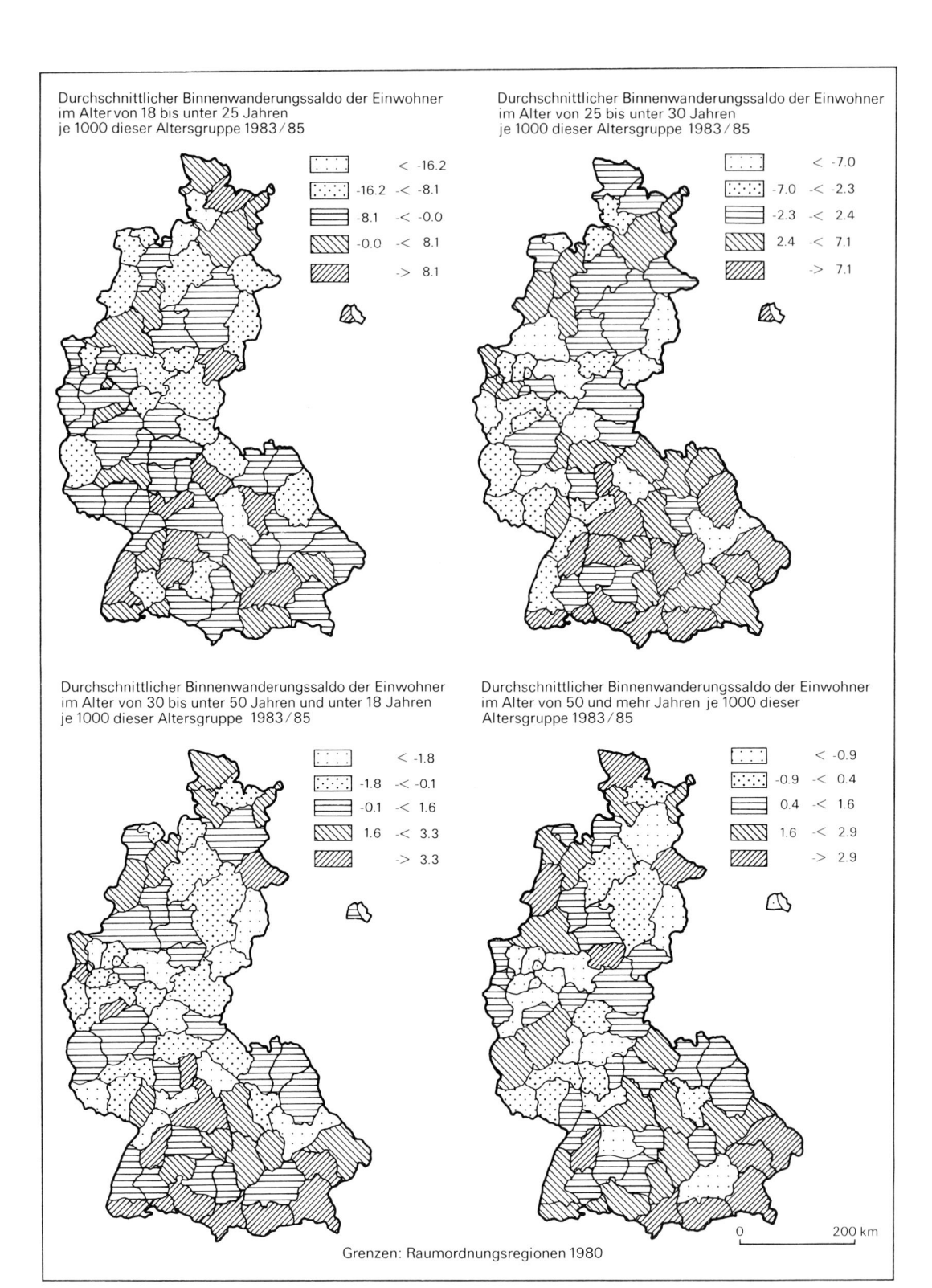

Durchschnittlicher Binnenwanderungssaldo der Einwohner im Alter von 18 bis unter 25 Jahren je 1000 dieser Altersgruppe 1983/85

< -16.2
-16.2 -< -8.1
-8.1 -< -0.0
-0.0 -< 8.1
-> 8.1

Durchschnittlicher Binnenwanderungssaldo der Einwohner im Alter von 25 bis unter 30 Jahren je 1000 dieser Altersgruppe 1983/85

< -7.0
-7.0 -< -2.3
-2.3 -< 2.4
2.4 -< 7.1
-> 7.1

Durchschnittlicher Binnenwanderungssaldo der Einwohner im Alter von 30 bis unter 50 Jahren und unter 18 Jahren je 1000 dieser Altersgruppe 1983/85

< -1.8
-1.8 -< -0.1
-0.1 -< 1.6
1.6 -< 3.3
-> 3.3

Durchschnittlicher Binnenwanderungssaldo der Einwohner im Alter von 50 und mehr Jahren je 1000 dieser Altersgruppe 1983/85

< -0.9
-0.9 -< 0.4
0.4 -< 1.6
1.6 -< 2.9
-> 2.9

Grenzen: Raumordnungsregionen 1980

0   200 km

Abb. 2.2.3/5 (links)
Altersspezifische Binnenwanderungssalden 1983–1985
Entwurf: H. Böhm; Datenquelle: Seminare, Symp. Arbeitsp. BfLR, H. 28, 1987.

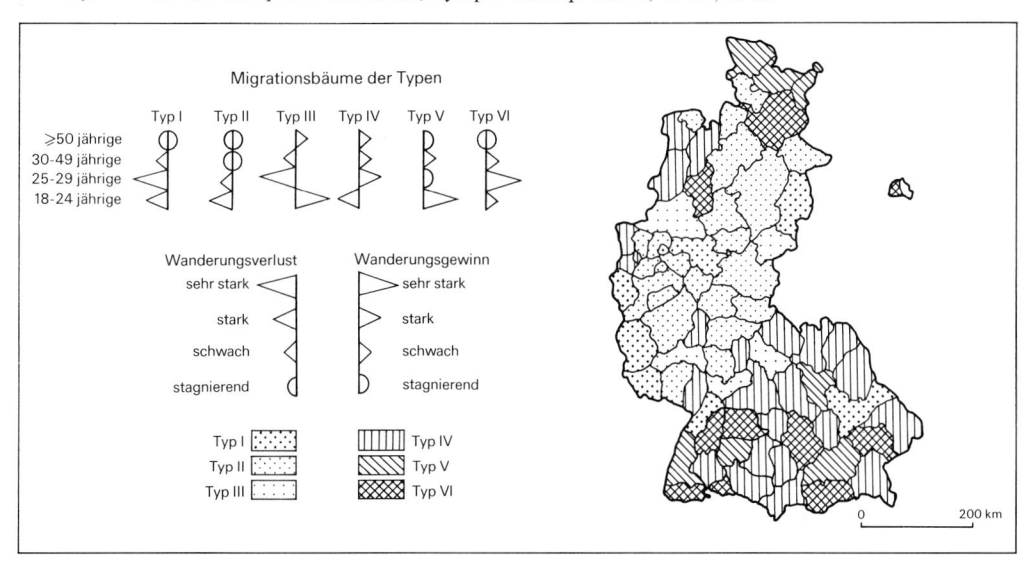

Gefälle von den Oberzentren zu den Peripherräumen geprägt wird. Diese Altenwanderung (vgl. 3.2.2) ist ein Effekt der längeren Lebenserwartung, der Stabilisierung der Einkommen, der zunehmenden sozialen Sicherheit und der Trennung der älteren Menschen von den Familien.

Die auf der Basis der Raumordnungsregionen für die Jahre 1983–1985 berechneten durchschnittlichen Binnenwanderungssalden (Abb. 2.2.3/5) dokumentieren die selektive Umverteilung der Bevölkerung in der Bundesrepublik Deutschland mit der Tendenz zu einer relativen Überalterung in den ländlichen Regionen und einer direkten oder indirekten Verjüngung in den attraktiven Verdichtungsgebieten. Während der letzten Jahrzehnte bestimmte die Altenwanderung in zunehmendem Maße Richtung und Umfang sowohl der Nah- als auch der Fernwanderungen. Letztere resultierten aus der Suche nach landschaftlich und klimatisch attraktiven Räumen, die außerdem eine gute infrastrukturelle Ausstattung besitzen und von denen Verdichtungsgebiete gut erreichbar sind. In der Bundesrepublik Deutschland befinden sich diese Gebiete vor allem in den südlichen Teilen, die bei der nach demographischen und sozioökonomischen Merkmalen differenzierten Analyse der Wanderungssalden und -ströme (Abb. 2.2.3/5) eine überproportionale Zuwanderung älterer Menschen, vor allem höherer Einkommensschichten, aufweisen. Die Ruhestandswanderung ökonomisch weniger leistungsfähiger Gruppen vollzieht sich dagegen mehr innerhalb von größeren Migrationsfeldern, die die Verdichtungsräume der Bundesrepublik Deutschland umgeben (*Kemper/Kuls* 1986).

Wie die zusammenfassende Typisierung der altersspezifischen Binnenwanderungssalden in Form von Migrationsbäumen in Abb. 2.2.3/6 zeigt, waren es im Zeitraum 1983/85 aber nicht nur Gebiete im Süden der Bundesrepublik Deutschland, die Wanderungsgewinne in fast allen Altersgruppen aufzuweisen hatten, ähnlich profitierten von der Binnenwanderung auch landschaftlich attraktive Regionen Schleswig-Holsteins und bei den über 24jährigen Raumordnungsregionen NW- sowie fast alle Regionen Süddeutschlands. Da es sich hierbei überwiegend um ländliche Regionen handelt und die großstädtischen Agglomerationen mit nur wenigen Ausnahmen Wanderungsverluste in allen Alters-

Abb. 2.2.3/6
Typen altersspezifischer Binnenwanderungssalden 1983–1985
Entwurf: H. Böhm; Datenquelle: Seminare, Symp. Arbeitsp. BfLR, H. 28, 1987.

gruppen aufzuweisen hatten, kann hierin eine Tendenz zur interregionalen Dekonzentration, d. h. zur ‚Counterurbanization' gesehen werden. Die Wanderungsgewinne in Regionen mit Universitätsstandorten bei den unter 25jährigen und den -verlusten bei den über 24jährigen (Abb. 2.2.3/6, Typ III) lassen sich demgegenüber auf dem Hintergrund des Humankapital-Ansatzes (*Birg* 1986) beschreiben, d. h. bei hohen Investitionen in die Berufsausbildung wird ein Erwerbstätiger eher bereit sein, Beschäftigungsprobleme durch eine interregionale Mobilität zu lösen, um damit einen Nutzen aus seinen Investitionen zu ziehen als bei einer geringeren beruflichen Qualifikation.

Seit Anfang der 60er Jahre wurde die interregionale Wanderung der deutschen Bevölkerung von der Zu- und Binnenwanderung ausländischer Arbeitnehmer überlagert. Diese Zuwanderungen breiteten sich wellenförmig von Süden nach Norden im Sinne eines hierarchisch gestaffelten Diffusionsprozesses (Abb. 3.2.1/3) aus. Die Ausländerwanderungen unterscheiden sich von den ökonomisch orientierten Wanderungen deutscher Arbeitnehmer durch eine eingeschränkte Freizügigkeit, die vor allem die Angehörigen der Nicht-EG-Staaten betrifft, die geringeren Ansprüche an den Wohnwert sowie durch die Festlegung auf wenige, meist unterprivilegierte Tätigkeitsfelder.

2.2.3.3 Innerregionale Wanderungen

Seit Beginn der Industrialisierung in Europa haben die umfangreichen Wanderungen vom Land in die Stadt ein rasches Wachstum der Städte über die historisch bedingten kommunalen Grenzen hinaus hervorgerufen und immer wieder Korrekturen der administrativen Grenzen erzwungen. Es ist daher wenig sinnvoll bei einer Maßstabsvergrößerung, Wanderungen nur im Rahmen der mehr oder weniger zufälligen kommunalen Grenzen zu betrachten. Daher werden unter dem Begriff innerregionale Wanderungen sowohl Stadt-Umland-Wanderungen, innerstädtische Wanderungen als auch Nahwanderungen in überwiegend ländlich strukturierten Räumen verstanden. Entscheidend für die Abgrenzung gegenüber den interregionalen Wanderungen ist, wie bereits oben (2.2.1) erwähnt, der durch den wöchentlichen Bewegungszyklus einer Person oder einer Familie definierte Aktionsraum innerhalb dessen eine Wohnstandortverlagerung erfolgt. Als Aktionsraum der städtischen Bevölkerung, in dem kurzdistantielle Wohnstandortverlagerungen vorkommen können, wird hier die Stadtregion und als wesentliche, die innerregionalen Mobilitätsvorgänge steuernde Größe werden die aus dem Lebenszyklusmodell abgeleiteten Wohnansprüche und die mit der Wohnungssuche verbundenen Standortbewertungen unter Berücksichtigung verfügbarer Wohngelegenheiten zugrundegelegt.

Unterstellt man eine ringzonale Anordnung der nach Baualter, Größe und Ausstattung differierenden Wohngelegenheiten, dann nimmt die innerregionale Mobilität im Großstadtbereich (Abb. 2.2.2/6) folgenden idealtypischen Verlauf: In die zentralen Wohngebiete ziehen vorwiegend junge Ein- und Zweipersonenhaushalte als interregionale Wanderer (Abb. 2.2.3/7). Hinzu kommen Ausländer als Einzelpersonen oder im Familienverband. Beide Gruppen orientieren ihre Standortwahl am Angebot preiswerter Wohnungen und an der Nähe zu Arbeitsplatz, Ausbildungsstätte und innerstädtischen Infrastruktureinrichtungen. Die letztgenannten Standortbedingungen müssen oft durch Inanspruchnahme marginaler Wohnverhältnisse erkauft werden. Damit ist aber bereits ein weiterer Wanderungsschritt vorgezeichnet, der nach kurzer Verweilzeit am erstgewählten Standort in zentrumsnahe Bereiche mit höherem Wohnkomfort führt. Erlauben die wirtschaftlichen Verhältnisse der zugezogenen Haushalte bzw. Familien einen solchen Schritt nicht, so kann die sozioökonomisch bedingte Immobilität zu einer Konzentration von einkommensschwächeren Schichten bzw. Ausländern in innenstadtnahen Wohngebieten führen. Abwertung des Wohnviertels, sinkende Mietpreise und der Verfall der Bausubstanz können folgen und im Extremfall eine Ghettobildung (vgl. 2.5.5.3) einleiten. Die Regel dürften aber weitere zentralperiphere Wanderungen sein, die durch Veränderungen im Familienlebenszyklus, sei es durch Heirat oder durch die Geburt von Kindern, ausgelöst werden. Junge Familien in der Expansions- oder Konsolidationsphase verlassen die innenstadtnahen Wohnbereiche und ziehen in die Neubaugebiete am Stadtrand bzw. in der suburbanen Zone. Sie machen damit Platz für den Zuzug neuer Ein- und Zweipersonenhaushalte. Im Idealfall müßte dieser regelmäßige Austausch

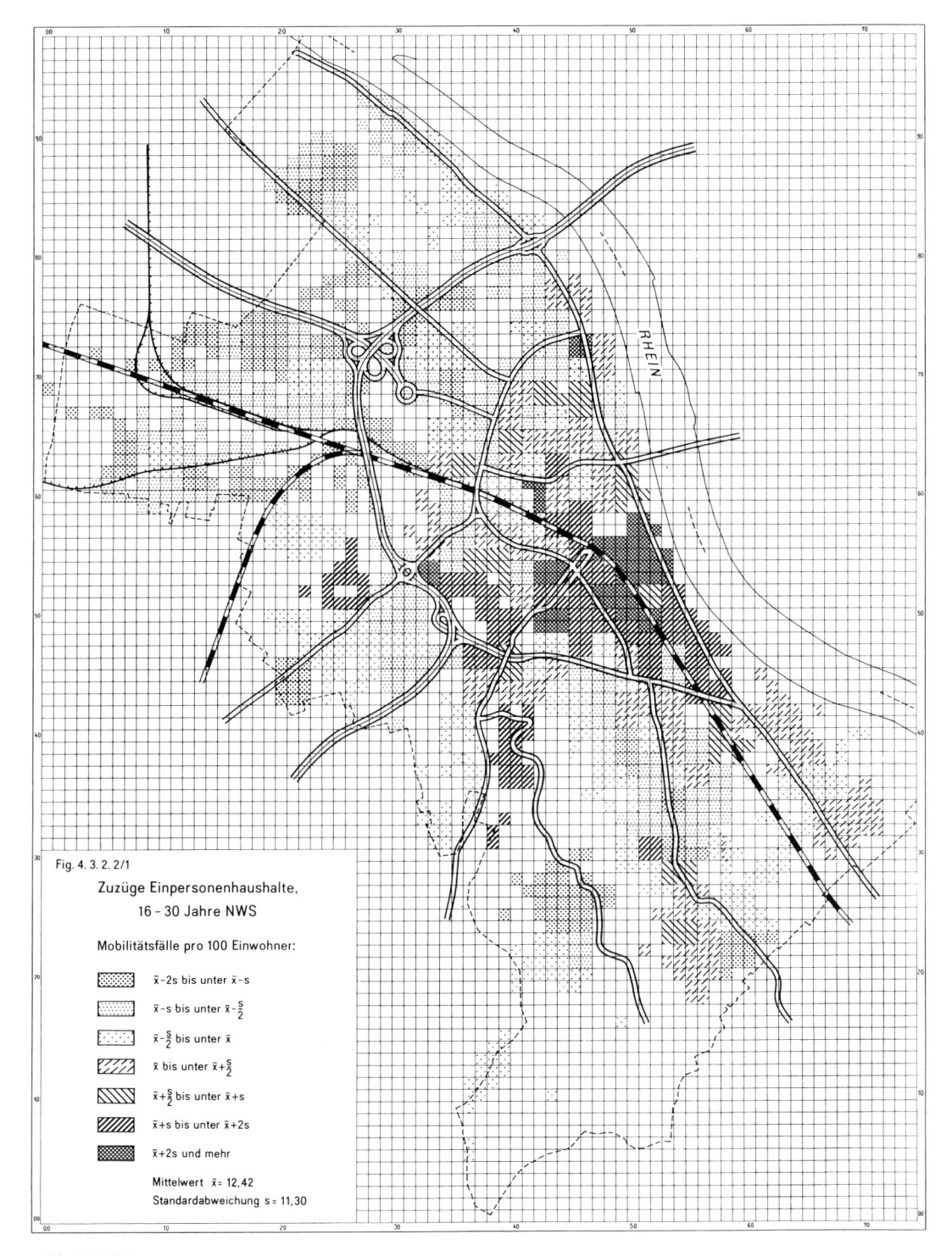

Abb. 2.2.3/7
Zuzüge von Einpersonenhaushalten mit Nebenwohnsitz in Bonn 1965–1969
aus: *Böhm/Kemper/Kuls* 1975, S. 55.

ein stationärer Prozeß sein, dem ein evolutionärer am Stadtrand oder im Umland entspricht. Es ergäbe sich eine u-förmige Abwandlung von hohen Mobilitätsziffern im Zentrum zu niedrigen in den ‚alternden' Wohngebieten am Rand und hohen in den Neubaugebieten der suburbanen Zone. ‚Motor' dieses idealtypischen innerregionalen Wanderungsablaufs sind einerseits die Veränderungen der Wohnansprüche im Verlauf des Lebenszyklus, zum anderen die Neubautätigkeit im städtischen Umland sowie die Verdrängung der Wohnnutzung durch andere Nutzungen insbesondere in Form einer Expansion des tertiären Sektors in den innenstadtnahen Wohngebieten. Diese Faktoren können die Freiheit der Individuen wesentlich einschränken und Aufenthaltsdauer sowie Umzugsrichtungen nachhaltig bestimmen.

In Abschnitt 2.2.2.2 wurde unterstellt, daß das sektoral verzerrte Aktivitäts- bzw. Informationsfeld der Entscheidungsträger das innerregionale Umzugsverhalten weitgehend festlegt. In empirischen Arbeiten haben *Nipper* (1975), *Marel* (1980) und *Gans* (1983) dieses Konzept überprüft und gezeigt, daß hierdurch die für innerregionale Umzüge charakteristischen Nah- bzw. Viertelswanderungen sehr gut erklärt werden können, der Erklärungsgehalt jedoch rasch abnimmt, wenn die Voraussetzungen des Modells, d.s. Entscheidungsfreiheit der Individuen und freier Wohnungsmarkt, nicht gegeben sind. Solche Einschränkungen liegen vor, wenn der Wohnungsmarkt auf verschiedene Teilmärkte aufgesplittert ist, Wohnungszuweisungen über unterschiedliche Bauträger erfolgen oder extreme Mietsteigerungen bzw. Arbeitslosigkeit die Handlungsspielräume einengen. Nach den Untersuchungen in Bonn (*Böhm/Kemper/Kuls* 1975) sind nur 11% der innerstädtischen Umzüge Wanderungen innerhalb eines Viertels. Beteiligt waren daran vorwiegend in Bonn geborene Arbeiter mit großen Familien sowie Ausländer.

Seit 1978 hat die innerregionale Mobilität in der Bundesrepublik Deutschland merklich abgenommen. Dies ist auf die geringe Wohnungsbautätigkeit in den Kernstädten und unmittelbaren Randbereichen zurückzuführen. Dadurch wird der idealtypische innerregionale Wanderungsverlauf blockiert, die Austauschvorgänge im Sinne des Schemas funktionieren nicht mehr. Dies hat zur Folge, daß die Wohnungsversorgung für die in die Kernstädte zuziehenden Ein- und Zweipersonenhaushalte nicht mehr sichergestellt ist. Es tritt daher wieder einmal das ‚Paradoxon' auf, daß die Bautätigkeit dort am geringsten ist, wo der Wohnungsbedarf am größten ist. Ursache sind nicht zuletzt die extrem gestiegenen Baulandpreise, die den Bau eines Eigenheims oder einer Mietwohnung in den Kernstädten und hochverdichteten Umlandbereichen weitgehend unterbinden. Eine angemessene Wohnungsversorgung zu tragbaren Kosten scheint auf lange Sicht nur in größerer Entfernung zu den Zentren möglich zu sein. Dies müssen sich aber die Wohnungs- und Wohnumfeldwanderer mit immer längeren Pendelwegen erkaufen.

2.2.4 Pendelwanderung und Zirkulation

Das Modell des Mobilitäts-Übergangs (2.2.3) von *Zelinsky* (1971) postuliert, daß im Verlauf des Modernisierungsprozesses in zunehmendem Maß innerregionale Wanderungsbewegungen durch zirkuläre Bevölkerungsbewegungen ersetzt bzw. letztere durch Umzüge der städtischen Bevölkerung in den suburbanen Raum verstärkt ausgelöst werden. Der Pendelverkehr resultiert aus der räumlichen Trennung von Wohn- und Arbeitsplatz, die sich im Verlauf der Industrialisierung gebildet hat.

In der vorindustriellen Gesellschaft bildeten Wohnen und Arbeiten in der Hausgemeinschaft eine räumliche und soziale Einheit. Mit Beginn des 19. Jahrhunderts erfolgte im gewerblichen Bereich eine Vergrößerung und Konzentration der Produktionsstätten. Dies machte eine Trennung der Funktionen Wohnen und Arbeiten notwendig, zunächst noch unter Beibehaltung der räumlichen Nachbarschaft. Zeugen dieser Entwicklungsphase sind die dicht bebauten Wohnviertel in der Umgebung frühindustrieller Produktionsstandorte in vielen Städten West- und Mitteleuropas. Ein über den engeren Raum hinausgehender Bedarf an Arbeitskräften entstand erst nach Auflösung der Zunftordnungen und Einführung der Gewerbefreiheit. Viele Städte und Gemeinden versuchten in der Frühphase des industriellen Wachstums, eine ungeregelte Zuwanderung insbesondere ärmerer Bevölkerungsschichten durch die Erhebung von Zuzugsgeldern zu unterbinden. Für die Bewohner der Umlandgemeinden war die Aufnahme der Pendelwanderung vielfach eine Möglichkeit, unbeschadet dieser Zuzugsbeschränkung das wachsende Arbeitsplatzangebot in den Städten wahrzunehmen. Diese Tatsache sowie der geringe Stand der Verkehrstechnologie legten den Einzugsbereich in vielen Fällen bis in die 70er Jahre des 19. Jahrhunderts fest. Arbeitskräfte, die außerhalb der Fußwegentfernung wohnten, wanderten zu oder waren auf die Übernahme von Saisonarbeiten, vor allem im Baugewerbe oder häuslichen Dienst, angewiesen. Sie hielten sich meist kurzfristig, oft mehrmals im Jahr, in den Städten auf, wo sie bei Bekannten oder Freunden als ‚Schlafgänger' Unterkunft fanden (*Reulecke* 1985). Mit dem Ausbau des Nahverkehrsnetzes in der Umgebung der großen Städte Ende des 19. Jahrhunderts traten die zirkulären Wanderungsbewegungen und das Wanderarbeitertum der Übergangsphase immer mehr zurück und wurden durch den täglichen Pendelverkehr zwischen Wohn- und Arbeitsort ersetzt. Ein besonders instruktives Beispiel, das nicht nur die zirkulären Wanderungen, sondern auch die vielfach geringe Trennung zwischen agrarischen und handwerklich-gewerblichen Tätigkeiten in dieser Übergangsphase kennzeichnet, hat *Uthoff* (1967) für den Raum Hildesheim beschrieben. Es handelt sich hier um Bauhandwerker, die in den Nachbargemeinden von Hildesheim wohnten, in den Sommermonaten auf Baustellen in der Stadt arbeiteten und mit Beginn der ungünstigen Winterwitterung in ihren Heimatorten eine Tätigkeit als Hausschlachter aufnahmen.

Bei der Mehrzahl der deutschen Großstädte betrugen die Pendlerreichweiten um die Jahrhundertwende kaum mehr als 8 km. In diesem Nahbereich um die Industriestandorte vollzogen sich 85–95% der Pendlerbewegungen (*Böhm* 1979). Die Ausweitung dieses relativ geschlossenen Pendlerraumes wurde bis in die 30er Jahre weitgehend durch die Netzentwicklung der Eisenbahn und des Nahverkehrs gesteuert. In dieser Zeit dürfte sich, vor allem in den durch die Verkehrsführung vorbestimmten Sektoren, ein rascher Wechsel von der agrarischen zur industriellen Tätigkeit vollzogen und ein deutliches „sozialräumliches Pendlergefälle" ausgebildet haben. Hierbei handelt es sich um eine räumlich ineinander übergreifende, zentral-periphere Differenzierung der Pendlerströme nach der Qualifikation der Pendler, die *Schöller* (1956) am Beispiel des Siegerlandes für die 50er Jahre nachweisen konnte. Auf die Bedeutung des Pendelverkehrs für die kleinräumige Gliederung der Kulturlandschaft hinsichtlich funktionaler Verflechtungen und Reichweiten und die Umwandlung von Agrar- zu Wohngemeinden wies *Hartke* bereits 1938 hin.

Die quantitative Erfassung der Pendelwanderung ist seit Beginn der statistischen Erhebungen dieses Phänomens im Jahr 1900 davon ausgegangen, daß eine Pendelwanderung nur dann vorliegt, wenn bei dem täglichen Weg zur Arbeit mindestens eine Gemeindegrenze überschritten wird. Dieses Kriterium ist bis in die Gegenwart beibehalten worden, obwohl immer wieder darauf hingewiesen wurde, daß die Weg-Zeit-Kosten im innergemeindlichen Berufsverkehr oft wesentlich höher sein können als im zwischengemeindlichen. Berücksichtigt wurde die Kritik nur insofern, als bei den Volkszählungen 1961 und 1970 der Zeitaufwand für den täglichen Weg zur Arbeits- bzw. Ausbildungsstätte erfragt, dieses Merkmal aber nur für die letzte Zählung ausgewertet wurde. Wie problematisch eine Einengung der Pendelwanderung auf den gemeindegrenzüberschreitenden Verkehr ist, sei an folgendem Beispiel erläutert. Nach den Ergebnissen der Volkszählung 1970 hatten die deutschen Großstädte im Durchschnitt eine Berufspendlerquote von 27%. Von diesem Wert hob sich Augsburg mit 34% deutlich ab. Von den 49 300 Augsburger Einpendlern wurden allerdings bei Abschluß der kommunalen Gebietsreform im Jahr 1972 ca. 8000 zu Binnenpendlern und damit der Sonderfall Augsburg wieder zum Normalfall.

Allgemein üblich ist die Unterscheidung von Ein- und Auspendlern aufgrund der Bezugseinheiten Arbeits- bzw. Ausbildungsort und Wohnort. Die Differenz zwischen Ein- und Auspendlern ergibt den Pendlersaldo, der sich auch indirekt aus der Differenz zwischen Erwerbstätigen und Beschäftigten errechnen läßt. Pendler, die aus Berufsgründen eine andere Gemeinde aufsuchen, werden Berufspendler genannt, ist die Ausbildung Anlaß, so handelt es sich um Ausbildungspendler. Darüber hinaus hat es sich als zweckmäßig erwiesen, aufgrund des Kriteriums ‚gerade noch zumutbare Pendelzeit' (meist 1 Stunde) eine Nah- von einer Fernpendlergruppe zu unterscheiden.

Ein für regionale Strukturuntersuchungen sehr brauchbares Maß zur Bestimmung der Identität bzw. Diskrepanz zwischen Arbeits- und Wohnfunktion hat *Linde* (1952) vorgeschlagen:

$$I = \frac{E - (a + al)}{E + e} \cdot 100$$

I = Identität, a = Auspendler, e = Einpendler, E = Erwerbsperson, al = Arbeitslose, Diskrepanz $D = 100 - I$.

Im übrigen werden viele Verfahren, die in der Migrationsforschung verwendet werden (2.2.1.3), insbesondere die deterministischen Modelle, auch zur Messung von Pendlerströmen eingesetzt.

Über die statistische Festlegung des Pendlerbegriffs hinaus hat *de Vooys* (1968) eine Typologie der Pendler vorgeschlagen, die als weiteres Unterscheidungskriterium den vorwiegenden Aufenthaltsort der Pendler bis zu deren 15. Lebensjahr berücksichtigt. Dadurch ist es möglich, die Pendler hinsichtlich ihrer Motivation und Verhaltensweise in zwei Kategorien einzuteilen, in die Gruppe der autochthonen und die der allochthonen Pendler. Erstere sind in einer bestimmten, häufig ländlich geprägten Gemeinde, in der sie zum Untersuchungszeitpunkt noch wohnen, aufgewachsen, sie arbeiten aber in einer benachbarten Gemeinde bzw. Stadt. Die allochthonen Pendler wohnen dagegen nicht mehr in der Gemeinde, in der sie aufgewachsen sind, sondern in einer benachbarten Gemeinde, haben ihren Arbeitsplatz aber in der Herkunftsgemeinde. In einer empirischen Studie hat *Laux* (1971) nachweisen können, daß die autochthonen und die allochthonen Pendler Träger unterschiedlicher Prozesse im Urbanisierungsfeld der Städte, und zwar der inneren und äußeren Wohnvorortbildung sind. Es ist naheliegend, daß die genannte Kategorisierung zur Analyse von Pendlerverflechtungen in hochverdichteten Räumen mit einer starken innerregionalen Zuwanderung weniger geeignet ist.

Einen weiteren Ansatz haben *Ganser* (1969) und *Klingbeil* (1969) in Verbindung mit empirischen Untersuchungen in Rheinland-Pfalz vorgestellt. Sie gehen davon aus, daß die Entscheidung zum Pendeln oder zur Abwanderung in der Zeit vor dem Ersten Weltkrieg und auch noch bis in die 50er Jahre allein von der Arbeitsfunktion bestimmt wurde, zur Erklärung der gegenwärtigen Prozesse jedoch die Vorstellungen von einem besseren Wohnort zumindest gleichrangig zu berücksichtigen sind. Beide Autoren sehen in der Pendelwanderung „eine notwendige und nützliche Erscheinung industriegesellschaftlicher Ordnungsformen" (*Ganser* 1969, 5). Sie ergibt sich aus der räumlich ungleichen Verteilung der Arbeitsstätten mit einem differenzierten Angebot von Arbeitsmöglichkeiten und einer regional möglicherweise sogar noch stärker differenzierten Nachfrage nach Beschäftigungsmöglichkeiten. Die Analyse der Nachfrage geht davon aus, daß in der Nachkriegszeit in zunehmendem Maße bestimmte Berufe bzw. berufsspezifische Einkommen zu Leitbildern wurden, die die Vorstellungen von erreichbarem Wohlstand, Konsumfähigkeit und sozialem Ansehen für die Masse der Bevölkerung festlegten. Eine Chance, diese Vorstellungen zu verwirklichen, ist aber nur dort gegeben, wo ein ausreichend differenziertes Berufsangebot und ein breites Spektrum von Aufstiegsmöglichkeiten vorliegen. Können diese Ansprüche in einem Raum nicht befriedigt werden, so stellen sich für die Bevölkerung nur die Alternativen: Abwanderung, Pendelwanderung oder Beibehaltung der Diskrepanz zwischen Anspruch und Wirklichkeit. Eine Entscheidung zugunsten einer dieser Alternativen ist von der Bewertung des jeweiligen Wohnstandortes abhängig. Geht man bei der Analyse der Pendelwanderungen dagegen vom Arbeitsplatzangebot und den regionalen Unterschieden in der Nachfrage nach Arbeitskräften aus, dann ist in erster Linie auf die zunehmende Spezialisierung der Tätigkeiten, die fortschreitende Verflechtung einzelner Branchen untereinander und die Konzentration auf wenige Standorte hinzuweisen. Daraus resultiert eine wachsende Nachfrage nach qualifizierten Arbeitskräften, die sich nur in den Verdichtungsräumen decken läßt. Diese entsprechen nun aber nicht unbedingt den Vorstellungen von einem erstrebenswerten Wohnort, so daß sich bei einem durch Einkommenssteigerungen bedingtem sozialem Aufstieg auch wieder die oben genannten Alternativen stellen können.

Fügt man beide Analyse- bzw. Bewertungsebenen zusammen, dann lassen sich zwei konträre Verhaltensmuster herausarbeiten.

– Das traditional gestaltete Verhaltensmuster:
  Der Arbeitsort wird hier im Hinblick auf die Möglichkeit bewertet, die in kurzer Zeit eine Verdienstaufbesserung verspricht. Den Mitgliedern dieser meist aus Landwirten und kleineren Gewerbetreibenden bestehenden Gruppe ist die Diskrepanz zwischen Einkommen und Konsumvermögen und der damit verbundene soziale Abstieg erstmals bewußt geworden. Die traditionellen Bindungen an die Familie und den erlernten Beruf räumen nur einen beengten Reaktionsspielraum ein. Die Bereitschaft zur Berufsumstellung und sozialen Mobilität ist sehr gering. Entschließt sich diese Gruppe zum Pendeln, wird der vertraute Wohnort gegenüber dem fremden Arbeitsort emotional stark überbewertet. Die auswärtige Tätigkeit, die ja nur vorübergehend sein soll, setzt meist keine besonderen Qualifikationen voraus. Um die erhofften Verbesserungen des Lebensstandards in möglichst kurzer Zeit zu erreichen, werden oft lange Pendelwege in Kauf genommen. In meist recht kurzer Zeit verschiebt sich aber der Vergleichsmaßstab für das soziale Ansehen unmerklich, so daß die auswärtige Tätigkeit, will man den Standard halten, nicht aufgegeben werden kann. Dieses Verhaltensmuster ist für weite Teile des ländlichen Raumes charakteristisch. Einen Extremfall stellen hier die Fernpendler dar. Ihre Abwanderung ist nicht zu befürchten, da die emotionalen Bindungen an den Wohnort zu groß sind. Anders ist das Verhalten der heranwachsenden Generation zu beurteilen. Sie strebt ebenfalls nach sozialem Aufstieg, aber aufgrund einer besseren beruflichen Qualifikation. Kann diese am Ort oder im Gebiet nicht erworben werden, ist die Tendenz zur Abwanderung sehr stark.
  Räume mit derartigen sozialen Strukturen und Verhaltensweisen bezeichnet *Klingbeil* (1969) als ‚labile Pendlerräume'. Qualität und Quantität des Arbeitsplatzangebots sind unbefriedigend, das Bildungsangebot ist mangelhaft, und somit sind die Startchancen für einen sozialen Aufstieg schlecht. Die starke soziale Kontrolle im dörflichen Leben sowie die lückenhafte Ausstattung mit Versorgungseinrichtungen machen den Wohnort für die jüngere Generation nicht gerade attraktiv.
– Das mobil gestaltete Verhaltensmuster:
  Die Auswahl von Wohn- und Arbeitsort erfolgt bei dieser Verhaltensdisposition ganz bewußt so, daß die Vielfalt der Aufstiegschancen wahrgenommen werden kann, ohne daß auf gestiegene bzw. noch zu steigernde Wohnwertansprüche verzichtet werden muß.
  Räume, in denen dieses Verhaltensmuster dominiert, bezeichnet *Klingbeil* (1969) als ‚stabile Pendlerräume'. Es sind die bereits länger und stärker verstädterten Gebiete, in denen keine quantitativen und qualitativen Disproportionalitäten im Arbeitsplatzangebot bestehen, die starke Nachfrage nach qualifizierten Arbeitskräften ein hohes Lohnniveau ergeben hat, ein differenziertes Bildungsangebot vorliegt und ein anspruchsvolles Dienstleistungs- und Freizeitangebot vorhanden ist.
  Für Anfang der 60er Jahre hat sich am Beispiel von Rheinland-Pfalz gezeigt, daß eine Zweiteilung in einen stabilen Zentralbereich und einen labilen Außenbereich sinnvoll ist, wenn man den Unterschied in der Sozialstruktur der pendelnden Arbeitskräfte berücksichtigt. „Im labilen Außenring sind die Pendler noch stärker an die Landwirtschaft gebunden, die berufliche Qualifikation ist deutlich niedriger, angezeigt durch den höheren Anteil der im Baugewerbe Beschäftigten. Tertiäre Berufe treten hier selten auf. Der stabile Zentralbereich weitet sich aber zunehmend durch Wanderungsgewinne aus, während der labile Außenring durch Wanderungsverluste an Bedeutung verliert" (*Klingbeil* 1969, 125). Die Entwicklung der letzten 20 Jahre hat gezeigt, daß sich aufgrund der Arbeitsmarktsituation auch in stabilen Pendlerräumen Zellen bilden können, die Strukturmerkmale aufweisen, die denen labiler Pendlerräume gleichen.

2.2.5 Möglichkeiten der Steuerung von Wanderungsvorgängen: Wanderungspolitik

Das geringe Bevölkerungswachstum der vergangenen 20 Jahre und die starke Bevölkerungs- und Arbeitsplatzkonzentration in Regionen Nord- und Westeuropas haben dazu geführt, daß im Rahmen der nationalen und regionalen Entwicklungspolitik nach Konzepten gesucht wurde, internationale, interregionale und auch innerregionale Wanderungsbewegungen effektiv zu beeinflussen, zu steuern oder zu prognostizieren. Die auf eine Lenkung von Migrationsprozessen abzielenden Maßnahmen orientieren sich überwiegend an nationalen oder regionalen Arbeitsmarkterfordernissen oder an den wirtschaftlich bzw. gesellschaftlich negativ bewerteten Entwicklungen, die als Folge von Wanderungsvorgängen angesehen werden. Ähnlich zu beurteilen sind auch Maßnahmen in Entwicklungsländern, die eine Ansiedlung von Nomaden bezwecken, um zwischenstaatliche oder interregionale Konfliktpotentiale abzubauen.

Ein in allen Ländern der Erde wohl am häufigsten eingesetztes Instrument zur Steuerung von Wanderungsvorgängen ist die Verordnung von Wanderungsbarrieren, sei es in Form von Einwanderungsbeschränkungen, Aufenthaltsbeschränkungen, Anwerbestopps für ausländische Arbeitnehmer oder wie im frühen 19. Jahrhundert durch die Erhebung von Einzugsgeldern. Hintergrund all dieser Maßnahmen ist die Angst vor einer ‚Überfremdung'. In diesem Kontext müssen aber auch Instrumente erwähnt werden, die unter dem Begriff Mobilitätszwänge zusammengefaßt werden können, z. B. Abschiebung, Ausweisung oder Umsiedlung. Wo dirigistische Maßnahmen dieser Art aufgrund der in nationalen Verfassungen garantierten Grundrechte der individuellen Bewegungsfreiheit unzulässig sind, werden im Hinblick auf eine erwünschte Rückwanderung bestimmter Bevölkerungsgruppen Rückkehrhilfen in unterschiedlicher Form gewährt.

Ein weites Feld staatlicher Maßnahmen, insbesondere im Bereich der Regionalpolitik orientiert sich an tatsächlichen oder vermeintlichen Ursachen bzw. Folgen von Wanderungen. Dabei wird angenommen, daß interregionale Wanderungen überwiegend ausbildungs- oder arbeitsplatzorientiert, innerregionale hingegen mehr wohn- und wohnumfeldorientiert sind. Die regionale Wachstums- und Entwicklungspolitik konzentriert sich vornehmlich auf die Mobilisierung des Faktors Arbeit. Sollen in einem Problemgebiet Strukturschwächen behoben werden, sind Strategien angezeigt, die geeignet sind, die vorhandenen Arbeitskräfte in der Region zu halten und darüber hinaus neue Betriebe und gegebenenfalls auch zusätzliche Arbeitskräfte von außerhalb in die Region zu ziehen. Andernfalls müßten Maßnahmen ergriffen werden, die die Menschen in die Lage versetzen, sich in einer anderen Region eine Existenzgrundlage aufzubauen, d.h. es müßten Wanderungsanreize geschaffen werden. Dies setzt voraus, daß die Mobilitätsbereitschaft und die regionalen Präferenzen der Zielgruppen bekannt sind.

In der Bundesrepublik Deutschland wird in der Regel eine Politik verfolgt, die durch Förderung im Unternehmerbereich (Investitionshilfen, Steuererleichterungen etc.) eine Verbesserung der Arbeitsmarktsituation hinsichtlich Qualität und Quantität der Arbeitsplätze anstrebt. Hinzu kommen können im Einzelfall auch haushaltsbezogene Wanderungsanreize durch das Angebot billiger Baugrundstücke, zinsgünstiger Baudarlehen oder durch den Erlaß bestimmter Kommunalsteuern. Seit Ende der 70er Jahre hat sich aber gezeigt, daß mit einer isolierten Unternehmensförderung, vor allem in den ländlichen Regionen, nur kurzfristige Erfolge zu verbuchen sind, weil vorwiegend Zweigbetriebe etablierter Unternehmen angesiedelt wurden, die sich bei einer rezessiven Wirtschaftsentwicklung wieder auf ihre alten Standorte in den Verdichtungsgebieten zurückzogen. Wirkungsvoll sind wohl nur jene Strategien, die weniger auf die Ansiedlung von Industriebetrieben mit einem einseitigen Bedarf an an- und ungelernten Arbeitskräften ausgerichtet sind, sich vielmehr bei der Auswahl auf Branchen konzentrieren, die nicht nur Arbeitsplätze schaffen, sondern auch einen größeren Bedarf an qualifizierten Arbeitskräften haben. Diese Politik läßt sich nur dann realisieren, wenn Defizite in der regionalen Infrastruktur beseitigt werden. Dies ist aber nur bei bestimmten Mindestbevölkerungsdichten und dem Vorhandensein eines ausbaufähigen Mittelzentrums mit ca. 100 000 Einwohnern gesamtwirtschaftlich vertretbar. In diesen Zentren und in ihrer Umgebung müßte ein Wohnungsangebot vorhanden sein oder geschaffen werden, das den gestiegenen Wohnansprüchen – mehr Wohnfläche, größere Zimmerzahl, ‚grünes' Wohnumfeld, Eigentumsbildung – Rechnung trägt. Außerdem müßten sich die regionalen Pendlerströme im Sinne eines stabilen Pendlerraumes hierarchisch auf den mittelstädtischen Zentralort ausrichten lassen. Die Konsequenz einer solchen, auf der Steuerung von Wanderungsvorgängen aufbauenden regionalen Entwicklungspolitik wäre aber in Anbetracht eines rückläufigen Bevölkerungswachstums, daß in allen Räumen, in denen die Voraussetzungen für eine so gestaltete Politik nicht vorliegen, Abwanderungsanreize geschaffen werden.

Anders stellt sich die Problematik der Wanderungsbeeinflussung innerhalb von Verdichtungsräumen. Hier entwickelten Kernstädte und Randgemeinden vielfach konträre Strategien, die sich bis Ende der 60er Jahre an den Einstellungen und Präferenzen bei der Wohnungsnachfrage orientierten, die als entscheidende Triebkräfte der Randwanderung angesehen wurden. D.h. man konzentrierte sich auf jene gebietstypischen Merkmale, die als besonders negativ empfunden wurden, suchte die Verkehrsinfrastruktur zu verbessern oder durch eine bewußte Imagepflege emotionale Schranken abzubauen. Die Kommunen sahen das Problem der Wanderung als eine Folge ungünstiger Wohnstandortverteilungen und weniger als ein Problem der Wohnungsversorgung verschiedener sozialer Schichten und sich rasch wandelnder Wohnflächenansprüche. In jüngster Zeit reagierten die Kernstädte mit Programmen zum Bau von ‚urbanen' Eigenheimen, umfassenden Modernisierungskonzepten, Verkehrsberuhigungsmaßnahmen, Dezentralisierung von Infrastruktureinrichtungen und Aufwertung von Stadtteilzentren.

Die räumliche Abstimmung der Maßnahmen zwischen den Kommunen setzt siedlungsstrukturelle Vorstellungen voraus, die sich in den letzten Jahren darauf konzentrieren, die flächenhafte Suburbanisierung im Umfeld der Kernstädte zugunsten einer am schienengebundenen Nahverkehr orientierten Schwerpunktbildung aufzulösen und die noch vorhandenen Freiflächen vor weiteren Umwidmungen zu schützen, damit das noch vorhandene ökologische Potential möglichst geschont wird.

2.3 Bevölkerungsverteilung und Bevölkerungsdichte (*Wolfgang Kuls*)

2.3.1 Die Bevölkerungsverteilung als Thema geographischer Untersuchungen

Das Streben nach gesicherten Kenntnissen über Anzahl, Zusammensetzung und Verteilung der Bevölkerung in einzelnen Erdregionen und die Klärung dafür maßgeblicher Ursachen gehören zu den ältesten Anliegen geographischer Forschung. Aber allein die Frage nach der bloßen Zahl der Bewohner eines Landes oder auch einzelner Städte bzw. ländlicher Siedlungsräume, deren große Bedeutung für eine wirtschaftliche und kulturelle Entwicklung ebenso wie für politische und militärische Macht früh erkannt wurde, ließ sich zumindest solange nur unpräzise oder auch gar nicht beantworten, als es keine umfassenden Volkszählungen gab, solange man auf mehr oder weniger grobe Schätzungen, auf Ermittlungen über Feuerstellen, Gebäude, Steuerzahler und auf andere Quellen, wie etwa Berichte von Reisenden, Kaufleuten oder Missionaren, zurückgreifen mußte. Noch schwieriger war es, Näheres über die Zusammensetzung der Bevölkerung in Erfahrung zu bringen und die wenigen darüber aus einzelnen Ländern vorliegenden Angaben miteinander zu vergleichen und zu bewerten. Es gibt zwar Nachrichten über weit zurückliegende Volkszählungen im alten China, im Römischen Reich und im Inkareich, über die dabei ermittelten Fakten ist jedoch wenig bekannt. Im übrigen hat es sich um seltene Ausnahmen gehandelt. Die erste als Volkszählung im heutigen Sinne zu wertende Erhebung fand 1666 im französischen Kanada statt. Es folgten dann weitere Zählungen während des 18. Jahrhunderts in verschiedenen europäischen Ländern (s. *Witthauer* 1969, S. 29), aber erst seit etwa der Mitte des vergangenen Jahrhunderts gibt es eine größere Zahl von Staaten, die mit Zählungen in mehr oder weniger regelmäßigen Abständen begannen. Selbst heute stehen trotz vieler Bemühungen internationaler Organisationen, insbesondere der UNO, keineswegs überall sichere Unterlagen über Bevölkerungszahl, Bevölkerungszusammensetzung und -verteilung zur Verfügung, sei es, daß eine vollständige Erfassung bislang noch gar nicht erfolgte, oder sei es, daß sie so lange zurückliegt, daß die entsprechenden Daten längst überholt sind. Immerhin gibt es in der Gegenwart mehr Möglichkeiten als in der Vergangenheit, wenigstens mit Hilfe geeigneter Stichprobenverfahren oder auch – was die Verteilung betrifft – durch Auswertung von Luftaufnahmen.

Ob man nun die Verhältnisse auf der ganzen Erde oder innerhalb von mehr oder weniger eng umgrenzten Regionen bzw. Ländern betrachtet, ob man sich mit der Situation in der Gegenwart oder zu einem beliebigen Zeitpunkt der Vergangenheit befaßt: Stets zeigen sich deutlich ausgeprägte Unterschiede der Bevölkerungsverteilung. Ebenso wie in jedem größeren Teilraum der Erde, wie in jedem Land, gibt es auch in enger begrenzten ländlichen Regionen, in Verdichtungsräumen und Städten Teilgebiete, in denen die Menschen eng beieinander leben, und andere, wo zwischen den einzelnen Wohnstätten bzw. Siedlungen größere – bisweilen gleichartige, oft aber auch ganz unregelmäßige – Abstände vorhanden sind. Schließlich sind auch Gebiete anzutreffen, die gar nicht oder vielleicht nur periodisch oder episodisch bewohnt sind. Daß auf jeden Flächenanteil ein entsprechend großer Bevölkerungsanteil entfällt, ist lediglich ein theoretischer Grenzfall, dem die vollständige Konzentration aller Menschen – etwa innerhalb einer einzigen großen Stadt eines sonst unbewohnten Landes – als anderes Extrem gegenübersteht.

Bei der Analyse der Bevölkerungsverteilung muß davon ausgegangen werden, daß der jeweils erfaßte Zustand lediglich eine Momentaufnahme darstellt, führen doch natürliche Bevölkerungsbewegung und Migrationsvorgänge ständig zu Veränderungen. Zwar kann sich ein bestimmtes Grundmuster der Verteilung über längere Zeiträume hinweg als weitgehend konstant erweisen, es können aber auch sehr rasch – bisweilen schon im Verlauf von wenigen Jahren – radikale Wandlungen eintreten, etwa als Folge wirtschaftlicher, sozialer und politischer Umwälzungen oder auch aufgrund von Natur- und Umweltkatastrophen.

Aussagen über die Bevölkerungsverteilung werden also in aller Regel auch den zeitlichen Aspekt zu berücksichtigen haben, um einen – beispielsweise durch eine Volkszählung – für einen bestimmten Stichtag ermittelten Zustand als Stadium unterschiedlich rasch ablaufender Wandlungen begreifen zu können.

Im übrigen werden sich Untersuchungen dieser Art nicht allein auf die Gesamtbevölkerung beschränken können, vielmehr kann in vielen Fällen die Berücksichtigung einzelner Bevölkerungsgruppen erforderlich werden. Es mag sich dabei um verschiedene Altersgruppen, um ethnische Gruppen oder um Gruppen von Erwerbspersonen handeln, oft zeigen sich dabei jeweils andersartige Verteilungsmuster, die es zu erklären und in ihren Auswirkungen zu erforschen gilt.

Eine große Zahl heute vorliegender Untersuchungen hat ergeben, daß die Verteilung der Bevölkerung innerhalb eines bestimmten Raumes und die dabei im zeitlichen Ablauf auftretenden Veränderungen zwar von einer Vielzahl regionsspezifischer Bedingungen bestimmt werden, daß sich aber auch gewisse allgemeine Regeln und Abhängigkeiten feststellen lassen, d. h. daß im Verlauf von wirtschaftlichen und gesellschaftlichen Entwicklungsprozessen einzelner Länder ähnliche Zustände und ähnliche Abläufe zu verzeichnen sind. Dies ist von einiger Bedeutung für die Beurteilung der jeweils anzutreffenden Situation und darüber hinaus für Aussagen über künftig zu erwartende Veränderungen.

Es ist verhältnismäßig leicht, eine ganze Reihe von Faktoren zu nennen, die auf die Bevölkerungsverteilung und deren Veränderungen innerhalb eines bestimmten Raumes Einfluß nehmen bzw. genommen haben. Sehr viel schwieriger ist es indessen, das Gewicht solcher Faktoren zu ermitteln oder gar eine Rangfolge ihrer Wirksamkeit aufzustellen, denn jede nähere Analyse zeigt, daß deren Bedeutung ebenso wie die Zusammensetzung von Faktorenkomplexen zeitlich und räumlich variieren, abhängig von unterschiedlichen und sich ändernden Einstellungen, Zielen und Möglichkeiten der jeweiligen Bevölkerungsgruppen. Im übrigen muß bei der Frage nach den Ursachen auch der Betrachtungsmaßstab Berücksichtigung finden. Wenn man sich mit der räumlichen Verteilung der gesamten Menschheit auf der Erde befaßt, dann muß davon ausgegangen werden, daß hier andere Faktoren und andere Wirkungszusammenhänge eine Rolle spielen, als wenn es um die Erklärung der Verhältnisse innerhalb eines Staatsgebietes, eines enger umgrenzten Wirtschaftsraumes oder einer Stadtregion geht. Nicht zuletzt aus diesem Grunde erscheint es sinnvoll, den Fragen nach Unterschieden der Bevölkerungsverteilung in der Weise nachzugehen, daß der Betrachtungsmaßstab schrittweise vergrößert wird. Die nachfolgenden Ausführungen beginnen daher mit einem globalen Überblick, dann wird in einem mittleren Maßstab auf die im Rahmen von Ländern oder anderen größeren Erdregionen anzutreffenden Verhältnisse eingegangen, schließlich soll die Situation innerhalb städtischer Agglomerationen Berücksichtigung finden. Zuvor allerdings ist es erforderlich, einige Begriffe zu erläutern und auf verschiedene Möglichkeiten zur Erfassung und Darstellung von Bevölkerungsverteilung und Bevölkerungsdichte hinzuweisen.

2.3.2 Bevölkerungsverteilung und Bevölkerungsdichte – Begriffe und Wege zur Erfassung und Darstellung

Um die räumliche Verteilung der Bevölkerung zu kennzeichnen und damit Einblicke in bevölkerungsgeographische Grundstrukturen von Gebieten zu gewinnen, stehen zahlreiche Wege zur Verfügung. Es geht dabei in erster Linie darum, Ausmaß und Art der Streuung zu ermitteln und vorhandene Dichteverhältnisse zu erfassen, die sich aus der Relation Bevölkerung–Fläche ergeben. Dazu dienen neben verschiedenen Verteilungs- und Dichtemaßen in erster Linie *Karten,* die räumliche Strukturen und Beziehungsgefüge deutlich werden lassen und die Möglichkeit für den Vergleich von Raumeinheiten bieten. Durch geeignete Auswertungsverfahren können aus Karten, die viel zu oft noch lediglich als Anschauungsmittel verstanden werden, quantifizierbare Aussagen über das Verhältnis von Bevölkerung und Raum gewonnen werden, die auf andere Weise nicht möglich sind.

Gewöhnlich wird zwischen sog. ‚Absolutdarstellungen' und ‚Dichtekarten' unterschieden. Bei der absoluten Darstellung wird ein Punkt oder auch ein anderes geometrisches Symbol für eine bestimmte Anzahl von Menschen möglichst lagerichtig auf der Karte eingetragen. Die Bevölkerungszahl ist dabei nicht auf eine andere Größe bezogen. Sofern in dem darzustellenden Raum große Unterschiede in der Bevölkerungsverteilung vorliegen, ist man gezwungen, für Gebiete hoher Bevölkerungsverdichtung Symbole zu verwenden, deren Größe nicht proportional zur Bevölkerungszahl anwächst.

Bei Dichtekarten oder relativen Darstellungen dienen bestimmte Raumeinheiten als Bezugsflächen für die dort lebende Bevölkerung. Das heißt, die gesamte Bezugsfläche – etwa ein Verwaltungsgebiet oder eine naturräumliche Einheit – erhält ohne Rücksicht auf die Verteilung der Bevölkerung innerhalb dieser Fläche eine einheitliche Signatur. Beim Vergleich von Dichtekarten und Karten der Bevölkerungsverteilung in absoluter Darstellung zeigen sich um so stärkere Abweichungen, je größer die den Dichteberechnungen zugrunde liegenden Bezugsflächen sind. So läßt eine Karte der Bundesrepublik Deutschland, in der die Bevölkerungsdichte auf der Ebene von Ländern oder Regierungsbezirken wiedergegeben ist, nur wenig von der realen Verteilung der Bevölkerung erkennen, während sie auf Gemeindebasis kaum andere Einsichten vermittelt als eine Absolutdarstellung im gleichen Maßstab, bei der ja auch nicht jeder Einwohner nach der Lage seines Wohnstandortes erfaßt werden kann.

Neben Karten, in denen der zu kennzeichnende Raum seiner tatsächlichen Fläche entsprechend wiedergegeben wird, haben zur Verdeutlichung von ausgeprägten Unterschieden in der Bevölkerungsverteilung und -dichte in jüngerer Zeit häufiger auch ‚isodemographische' Karten (Kartogramme) Verwendung gefunden. Hierbei werden die Flächen von Ländern oder von Teilräumen eines Landes proportional zu ihrer Einwohnerzahl wiedergegeben. Man ist bestrebt, sich möglichst weitgehend an die reale Lage und Gestalt der jeweiligen Raumeinheiten anzulehnen, kann aber eine erhebliche Verzerrung besonders dann nicht vermeiden, wenn große Diskrepanzen zwischen Bevölkerungszahl

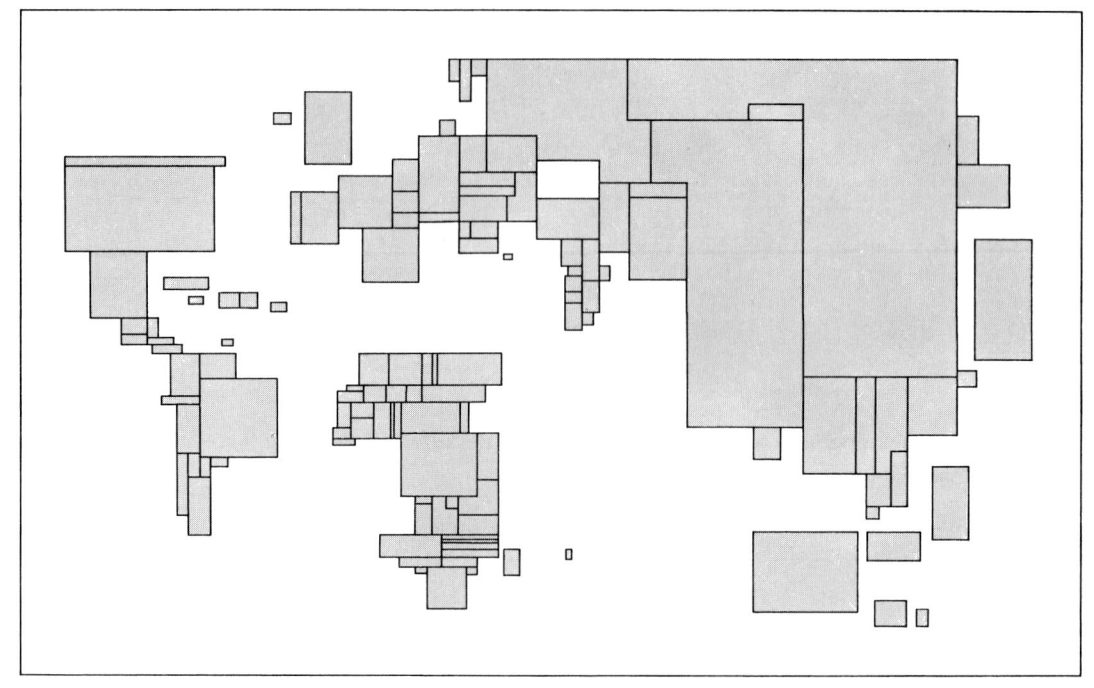

Abb. 2.3.2/1
Globale Bevölkerungsverteilung 1983
Isodemographische Darstellung. Ländergröße propotional der Bevölkerungszahl
vereinfacht nach: *International Bank of Reconstruction/The World Bank* (Hg.) 1986: The World Bank Atlas 1986.
Kleinere Staaten z. T. zusammengefaßt..

und Fläche vorhanden sind. Bisweilen werden die einzelnen Raumeinheiten lediglich in Rechtecke umgewandelt, aber auch dann noch vermitteln Darstellungen dieser Art in eindrucksvoller Weise Einsichten in bestehende Ungleichheiten (Abb. 2.3.2/1).

Grundformen der räumlichen Bevölkerungsverteilung sind *Dispersion* und *Konzentration*. Im Falle vorherrschender Dispersion läßt sich dann weiter unterscheiden zwischen mehr oder weniger gleichmäßiger und zufälliger Streuung, meßbar etwa mit Hilfe der Nächst-Nachbar-Methode (s. z. B. *Bähr* 1983, S. 47f.), die sich vor allem bei Untersuchungen über die Siedlungsverteilung als geeignet erwiesen hat. Auch Konzentration kann in unterschiedlichen Formen auftreten, indem einmal die Bevölkerung weitgehend in einem Zentrum zusammenlebt, in anderen Fällen mehrere solcher – oft hierarchisch gestufter – Zentren in einer im übrigen nur spärlich oder gar nicht besiedelten Region existieren.

Als *Maß für Streuung bzw. Konzentration* der Bevölkerung eines Landes werden häufig *Lorenzkurven* und daraus abgeleitete Indices verwendet. Zur Konstruktion der Lorenzkurve unterteilt man den zu untersuchenden Raum in möglichst gleich große Gebietseinheiten und stellt für diese die Anteile an der Gesamtfläche wie an der Gesamtbevölkerung fest. Erforderlich ist dann die Berechnung der Dichtewerte, die in eine Rangordnung gebracht werden. Es folgt – beginnend mit der Gebietseinheit geringster Dichte – die Übertragung der kumulierten Werte in ein Diagramm, in dem die Abszisse die Flächenanteile, die Ordinate die Bevölkerungsanteile angibt. Je stärker die Bevölkerung konzentriert ist, desto mehr nähert sich die so konstruierte Lorenzkurve den beiden Achsen des Diagramms. Unter der Voraussetzung, daß gleich große räumliche Bezugseinheiten verwendet werden können, eignet sich die Lorenzkurve auch für einen Vergleich mehrerer Länder; außerdem können zeitliche Änderungen der Bevölkerungskonzentration unter eben der gleichen Voraussetzung – die allerdings in den meisten

Abb. 2.3.2/2
Lorenzkurven der Bevölkerungsverteilung
Entwurf: W. Kuls.

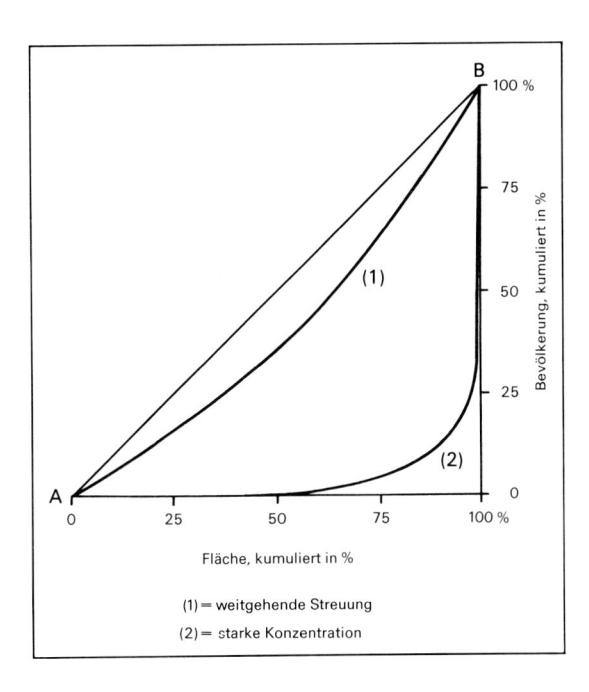

(1) = weitgehende Streuung
(2) = starke Konzentration

Fällen aufgrund von Änderungen der Verwaltungsgrenzen nicht gegeben ist – eindrucksvoll deutlich gemacht werden (Abb. 2.3.2/2).

Aus der Lorenzkurve lassen sich dann verschiedene Indices für das Ausmaß von Konzentration bzw. Dispersion entwickeln (s. a. 2.4.5.3). Ihr Wert besteht darin, daß vergleichbare Maßzahlen zur Verfügung stehen, bei denen allerdings zu berücksichtigen ist, daß sie ebenso wie die Lorenzkurven selbst von der Größe der für die Berechnung gewählten Bezugsflächen abhängen. Bekannt ist z. B. der früher häufiger verwendete GINI-Index. Er entspricht dem Quotienten

$$\frac{\text{Fläche zwischen der Diagonalen und der Lorenzkurve}}{\text{Fläche zwischen der Diagonalen und den Koordinatenachsen}}.$$

Die Werte liegen zwischen 1 (vollständige Konzentration) und 0 (völlige Dispersion). Die zunehmende Konzentration in der Bundesrepublik Deutschland zwischen 1946 und 1970 zeigt sich in einer Steigerung des Indexwertes von 0,70 auf 0,786. Ein eindrucksvolles Beispiel fortschreitender Konzentration der Bevölkerung eines Landes mit dem Wandel vom Agrar- zum Industriestaat bietet die Veränderung des Konzentrationsindex von Finnland zwischen 1880 und 1980 (*Alestalo* 1983, S. 278): 1880 lag der Wert bei 0,575, 1920 bei 0,609, 1950 bei 0,657 und 1980 bei 0,754.

Eine andere Möglichkeit zur Kennzeichnung der Bevölkerungsverteilung bietet die Berechnung des *Bevölkerungsschwerpunktes*. Dabei werden im allgemeinen kleinere Verwaltungseinheiten (Gemeinden, Kreise) oder auch Quadratraster ähnlicher Größenordnung zugrunde gelegt. Für die dort lebende Bevölkerung wird ein Punkt mit geographischen Koordinaten (x, y) festgelegt (in der Regel geschätzt). Der Mittelwert aller dieser Basiseinheiten, gewichtet mit ihrer jeweiligen Bevölkerungszahl ergibt den Schwerpunkt für das gesamte Untersuchungsgebiet:

$$x_s = \frac{\sum_{i=1}^{n} x_i \cdot b_i}{\sum_{i=1}^{n} b_i}, \quad y_s = \frac{\sum_{i=1}^{n} y_i \cdot b_i}{\sum_{i=1}^{n} b_i}$$

x_s, y_s : Koordinaten des Bevölkerungsschwerpunktes des Untersuchungsgebiets
n : Zahl der Basiseinheiten
x_i, y_i : Koordinaten des i-ten Ortes
b_i : Einwohnerzahl des i-ten Ortes

Derartige Berechnungen sind besonders für zeitliche Vergleiche von Interesse. So ist für die USA – das bekannteste Beispiel – der jeweilige Schwerpunkt seit 1790 fortlaufend ermittelt worden. Am Ende des 18. Jahrhunderts noch nahe der Ostküste, findet er sich heute westlich des Mississippi.

Auch für die Bundesrepublik Deutschland wurde (u. a. von *Schwarz* 1970) der Bevölkerungsschwerpunkt berechnet; er lag hier 1950 östlich von Marburg/Lahn und hat sich in der Folgezeit bis 1984 (*Kunz* 1986) vor allem aufgrund der vorherrschenden Wanderungsströme um insgesamt etwa 18 km zunächst nach Südwesten, dann mehr und mehr nach Süden verlagert.

Für kleinere Gebiete, insbesondere auch für Aussagen über die Verteilung einzelner Bevölkerungsgruppen berechnet man anstelle des Schwerpunktes besser denjenigen Punkt, zu dem die Summe der Entfernungen den niedrigsten Wert aufweist. Dieser wird als *Zentralpunkt* oder besser wohl als *Distanzminimalpunkt* (*Marr* 1964) bezeichnet und kann beispielsweise für die Standortplanung öffentlicher Einrichtungen, wie Schulen, Krankenhäuser oder auch Behörden, von Nutzen sein. Die Berechnung ist allerdings recht umständlich.

Ein weiterer Ansatz liegt in der aus dem physikalischen Gravitationsgesetz abgeleiteten Berechnung des *Bevölkerungspotentials*, dessen Werte sich für jeden einzelnen Ort eines größeren Gebietes ermitteln lassen, so daß Karten mit Linien gleichen Bevölkerungspotentials angefertigt werden können. Auch in diesem Fall führt es zu wichtigen Erkenntnissen, wenn Potentialberechnungen für mehrere Zeitpunkte und/oder für einzelne Teile der Bevölkerung – etwa Erwerbspersonen – vorgenommen werden. In der Bundesrepublik Deutschland zeigen sich z. B. während der Nachkriegszeit recht gravierende Veränderungen, indem zwischen 1950 und 1961 der stärkste Zuwachs des Bevölkerungspotentials im Rheinisch-Westfälischen Industriegebiet, zwischen 1961 und 1970 dagegen in den süddeutschen Verdichtungsräumen um Stuttgart und München zu verzeichnen ist (*Kemper* u. a. 1979).

Besonders häufig wird zur Kennzeichnung räumlicher Unterschiede der Bevölkerungsverteilung und zugleich zur Kennzeichnung bedeutsamer Strukturmerkmale von Ländern, Landesteilen oder auch von Natur- und Wirtschaftsräumen mit der *Bevölkerungsdichte* gearbeitet, also mit dem Verhältnis

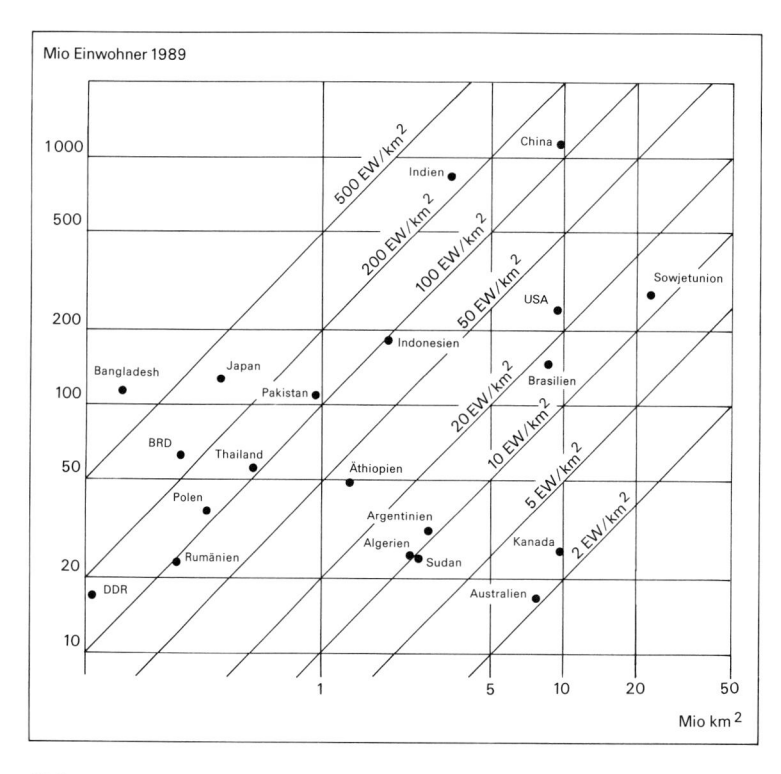

Abb. 2.3.2/3
Fläche, Bevölkerungszahl und Bevölkerungsdichte ausgewählter Länder
Entwurf: W. Kuls; Datenquelle: Population Reference Bureau (Hg.) 1990; World Population Data Sheet 1990.

von Bevölkerungszahl und Fläche. Für Vergleiche von Ländern ebenso wie für die Darstellung von zeitlichen Veränderungen läßt sich die Dichte mit Hilfe von Diagrammen mit logarithmischen Skalen verdeutlichen, bei denen die Abszissenwerte die Flächen, die Ordinatenwerte die Einwohnerzahlen und die Diagonalen die Dichte angeben (Abb. 2.3.2/3).

Der Begriff Bevölkerungsdichte ist so geläufig, daß er kaum einer Erläuterung bedarf; dennoch ergeben sich Fragen, die zunächst beantwortet werden müssen, bevor mit Dichtewerten operiert und argumentiert werden kann.

Neben der üblichen Dichteberechnung, bei der die Bevölkerungszahl je Flächeneinheit (qkm, ha usw.) ermittelt wird (Bevölkerungsdichte d), finden zwei weitere Maße zur Kennzeichnung des Verhältnisses Bevölkerung und Raum Verwendung. Das ist zum einen die Arealitätsziffer f; sie drückt das umgekehrte Verhältnis (Fläche : Bevölkerung) aus. Zum anderen handelt es sich um die Proximität oder Abstandsziffer $e = 1{,}0774 \cdot \sqrt{f}$. Der Berechnung der Abstandsziffer wird eine gleichmäßige Verteilung der Bevölkerung zugrunde gelegt; man stellt sich das jeweilige Untersuchungsgebiet mit regelmäßigen Sechsecken bedeckt vor und jeden Einwohner im Mittelpunkt eines solchen Sechsecks, e ist dann der Abstand zwischen diesen Punkten. Tab. 2.3/1 enthält Angaben über die Bundesrepublik Deutschland zwischen 1950 und 1988. Ihnen ist zu entnehmen, daß nur die Veränderung von d proportional zur Veränderung der Bevölkerungszahl erfolgt.

Tab. 2.3/1: Dichtemaße für die Bundesrepublik Deutschland

Jahr	Bev. Zahl (Mio.)	Bev. Dichte d (qkm)	Arealitätsziffer f (qm)	Abstandsziffer e (m)
1950	49989	201	4975	75,99
1961	56175	226	4427	71,69
1970	60651	246	4100	68,99
1981	61682	248	4031	68,40
1988	61715	248	4029	68,39

Eine wichtige Frage bei Dichteberechnungen ist die nach der jeweils sinnvollen Bezugsfläche; ihre Beantwortung hängt ganz von dem Ziel ab, das mit einer Dichteberechnung verfolgt werden soll. Am geläufigsten ist die Verwendung der Gesamtfläche von Staaten und Verwaltungsgebieten, unabhängig von Unterschieden ihrer Ausstattung, Bewohnbarkeit und den vorhandenen Nutzungsmöglichkeiten. Gerade dort, wo innerhalb der Grenzen eines Landes aber ausgedehnte Bereiche vorhanden sind, die gänzlich oder doch weitgehend unbevölkert sind, weil sie aus Wüsten bestehen, versumpft oder vom Eis bedeckt sind, wird zu prüfen sein, ob nicht andere Bezugsflächen für die Berechnung der Bevölkerungsdichte sinnvoller sind, wenn die Dichtewerte der Kennzeichnung bestimmter Zustände dienen oder zu Vergleichen herangezogen werden sollen. Ein Beispiel, auf das oft verwiesen wird, ist Ägypten. Dort ergibt sich bei Berücksichtigung der Gesamtfläche des Landes um 1990 ein Dichtewert von rund 54 Einwohnern/qkm, beim Verhältnis von Bevölkerung und Kulturland jedoch ein solcher von weit mehr als 1000. Ähnliche, wenn auch nicht ganz so krasse Unterschiede zeigen sich bei Angaben von Dichteverhältnissen in Kanada, Sibirien oder Australien, wenn einerseits die jeweilige Gesamtfläche, andererseits die landwirtschaftliche Nutzfläche oder auch die landwirtschaftlich nutzbare Fläche als Bezugsflächen Verwendung finden.

Für Dichteberechnungen, bei denen die Bevölkerung auf die vorhandene landwirtschaftliche Nutzfläche bezogen wird, ist der Begriff der ‚physiologischen Dichte' oder auch der ‚Ernährungsdichte' geprägt worden. Damit zu arbeiten hat sich u.a. in Gebirgsräumen wie den Alpen als vorteilhaft erwiesen, und zwar vor allem, solange die Mehrzahl der Bevölkerung noch von der Landwirtschaft lebte. Ein anschauliches Beispiel für Unterschiede von Bevölkerungsdichte und physiologischer Dichte mag die Gegenüberstellung zweier Karten des indischen Punjab sein (Abb. 2.3.2/4). Statt des

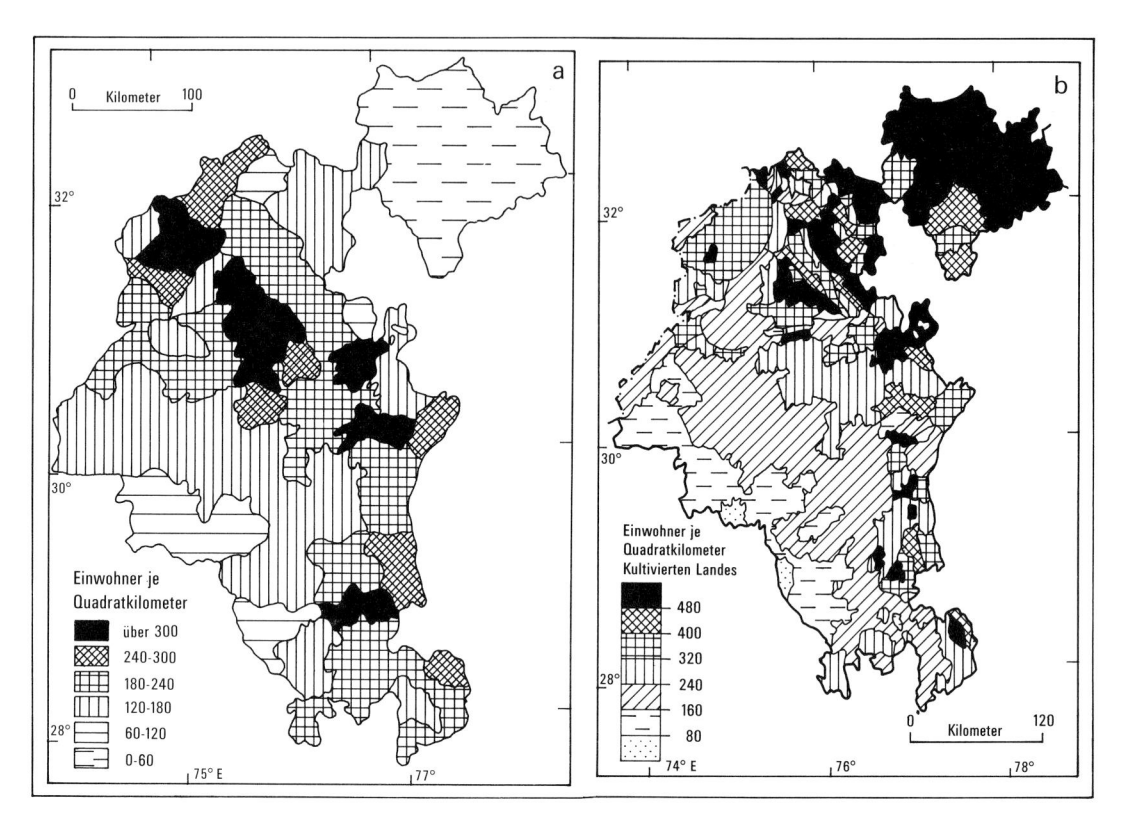

Abb. 2.3.2/4
Bevölkerungsdichte im Punjab 1961   (a) nach Verwaltungsbezirken   (b) je km² kultivierten Landes
nach: *Gosal* 1970, S. 444f.

Ausscheidens unproduktiver, unbewohnter oder unbewohnbarer Flächen sind auch immer wieder Versuche unternommen worden, sich von den Verwaltungsgebieten als räumliche Bezugseinheiten zu lösen – Beispiele dafür sind Karten der Bevölkerungsdichte von Natur-, Wirtschafts- und Siedlungsräumen. Das ist allerdings in der Regel mit einigen Schwierigkeiten verbunden, weil die für derartige Berechnungen erforderlichen Daten ja nicht ohne weiteres verfügbar sind.

In städtischen Räumen spielen heute Baublöcke, Baublockseiten und Straßenabschnitte als Bezugsflächen eine wichtige Rolle; daneben werden hier häufiger auch Quadratraster benutzt. Diese bieten v. a. für massenstatistische Erhebungen den Vorteil einheitlicher Bezugsflächen, die sich leicht zu größeren Einheiten aggregieren lassen. Gewisse Schwierigkeiten, die auf eine Zerschneidung von Parzellen, Baublöcken oder anderen strukturellen Raumeinheiten durch die Gitternetzlinien zurückzuführen sind, lassen sich mit geeigneten Zuordnungsverfahren zu den Rasterquadraten beseitigen.

Im übrigen sind in Städten unter dem Oberbegriff ‚Wohndichte' meist noch besondere Dichtemaße erforderlich, um möglichst konkrete Einblicke in die Lebensbedingungen der Stadtbevölkerung zu gewinnen. Dabei kann die Bevölkerungszahl in Beziehung gesetzt werden zum vorhandenen Wohnbauland, zur Wohnfläche oder auch zur Zahl der Wohnräume. Bei der Belegungsziffer handelt es sich um die Zahl der Bewohner je Wohnung, die Behausungsziffer gibt die Bewohnerzahl je Wohngebäude an.

Daß sich bei Wohndichteberechnungen zwischen Städten verschiedener Kultur- und Wirtschaftsräume ebenso wie zwischen einzelnen Quartieren einer jeden großen Stadt beträchtliche Unterschiede ergeben, bedarf keiner besonderen Betonung. Weniger bekannt dürfte dagegen sein, daß derartige, wenn auch meist weniger krasse Unterschiede auch zwischen verschiedenen Teilräumen eines einzelnen Landes – wie der Bundesrepublik – feststellbar sind. Sie lassen sich teilweise mit den anzutreffenden Familien- und Haushaltsstrukturen in Verbindung bringen, sind aber bisweilen auch auf regionale Verschiedenheiten von Bau- und Siedlungsformen zurückzuführen.

Die verschiedenartigen Dichteberechnungen werden im allgemeinen durchgeführt, um Vorstellungen von den Lebensbedingungen der Menschen innerhalb von Ländern bzw. anderen Raumheiten zu gewinnen. Trotz zahlreicher Unzulänglichkeiten dienen sie vielfach auch als Basis von Bewertungen, die jedoch nur im Zusammenhang mit anderen Kriterien vorgenommen werden sollten. Es trifft nicht zu, daß mit zunehmender Dichte Verbesserungen oder Verschlechterungen der Lebensbedingungen einhergehen. Ob ein Land, eine Region oder auch ein städtisches Wohngebiet übervölkert ist oder ob Schwierigkeiten bestehen bzw. nicht beseitigt werden können, weil es zu wenig Menschen gibt (Untervölkerung), ob und auf welche Weise sich ein Bevölkerungsmaximum, -minimum oder -optimum ermitteln lassen, hängt von zahlreichen, keineswegs ausschließlich wirtschaftlichen Faktoren ab, um deren Erfassung sich viele Wissenschaftler bemüht haben und bemühen (vgl. 2.5.3).

2.3.3 Grundzüge der Bevölkerungsverteilung auf der Erde

Die heutigen großen Verdichtungsräume der Menschheit liegen im Osten und Süden Asiens, außerdem gehören zu ihnen beträchtliche Teile des europäischen Kontinents, der Osten der Vereinigten Staaten und – von der Ausdehnung allerdings deutlich kleiner – einige Regionen Lateinamerikas und Afrikas. Ihnen gegenüber stehen als auch gegenwärtig noch dünn besiedelte Großräume vor allem Sibirien und weite Bereiche Zentralasiens, der Norden Amerikas, das Amazonasbecken, Australien, der altweltliche Wüstengürtel und die Polargebiete. Bei der Aufgliederung nach Kontinenten ergibt sich für Asien, das – ohne die Sowjetunion – rund 20% der Landoberfläche umfaßt, ein Bevölkerungsanteil von nahezu 60%. Die entsprechenden Zahlen für Europa sind 3,6% Flächenanteil und unter 10% Bevölkerungsanteil, der – wie Tabelle 2.3/2 zeigt – vor allem nach dem zweiten Weltkrieg stark zurückgegangen ist. In den anderen Kontinenten und in der Sowjetunion liegt der Bevölkerungsanteil jeweils deutlich unter dem Anteil an der Landoberfläche.

Tab. 2.3/2: Anteile der Kontinente an der Weltbevölkerung

	1650	1750	1800	1850	1900	1950	1989
Afrika	18,3	13,1	9,9	8,1	7,4	8,4	12,3
Amerika	2,4	1,6	2,8	5,1	9,0	13,4	13,8
Nordamerika					5,0	6,6	5,3
Lateinamerika					4,0	6,5	8,4
Asien	60,6	65,8	66,4	63,9	58,3		
ohne SU					56,3	55,1	58,5
Europa einschl. Rußland	18,3	19,2	20,7	22,7	24,9		
ohne Rußland bzw. SU					19,2	15,7	9,5
Rußland bzw. SU					7,6	7,2	5,5
Austr./Ozeanien	0,4	0,3	0,2	0,2	0,4	0,5	0,5
Gesamtbevölkerung (Millionen)	545	728	906	1171	1608	2500	5234

Quelle: Witthauer 1969, S. 49f; World Population Data Sheet 1989

Selbstverständlich läßt sich aus solchen Feststellungen noch keine Aussage über eine etwa vorliegende Übervölkerung von Teilen der Erde und noch weniger eine solche über die Ursachen der vorhandenen großen Unterschiede ableiten, sind doch die Voraussetzungen für eine dauerhafte Besiedlung und eine mehr oder weniger starke Bevölkerungsverdichtung äußerst ungleich und im Laufe der Geschichte auch durchaus verschiedenartig bewertet worden.

Bei der Frage nach bedeutsamen Zusammenhängen zwischen globaler Bevölkerungsverteilung und Raumausstattung muß davon ausgegangen werden, daß die gegenwärtige Situation zwar nicht erst im Laufe der letzten Jahrzehnte zustande gekommen ist, daß sie aber auch keineswegs seit jeher mehr oder weniger unverändert besteht. Tab. 2.3/2 bietet eine Übersicht über den Bevölkerungsanteil der Kontinente seit der Mitte des 17. Jahrhunderts. Auch wenn insbesondere die älteren Zahlen weitgehend auf Schätzungen beruhen, dürften doch die Relationen annähernd den tatsächlich herrschenden Verhältnissen entsprechen und entscheidende Veränderungen deutlich werden lassen.

Die Verhältniszahlen sind unter Berücksichtigung des enormen Bevölkerungszuwachses vor allem seit dem Beginn des 20. Jahrhunderts zu interpretieren (s. hierzu 2.5). Kein Kontinent hat einen etwa gleichen Anteil an der Weltbevölkerung behalten, besonders weitreichend aber sind die Veränderungen in Amerika und in Afrika. Afrika hat in der Vergangenheit allein durch den Sklavenhandel enorme Menschenverluste erlitten und um 1800 bedeutend weniger Bewohner als 150 Jahre vorher. Ein wesentlicher Zuwachs ist hier erst im Laufe der letzten Jahrzehnte zu verzeichnen. Das Bevölkerungsgewicht beider Teile Amerikas hat seit der Mitte des vergangenen Jahrhunderts deutlich zugenommen. In der Gegenwart sinkt jedoch der Anteil Nordamerikas an der Weltbevölkerung, während die Zuwachsraten Lateinamerikas die aller anderen Kontinente übertreffen und davon ausgegangen werden kann, daß der Prozentsatz der dort lebenden Bevölkerung schon in naher Zukunft über dem Europas liegen wird. Der Anteil Europas an der Weltbevölkerung hat sich seit 1900 halbiert, er wird am Ende dieses Jahrhunderts bei etwa 8% liegen (vgl. Abb. 2.3.3/1).

Die Veränderungen der jüngeren Vergangenheit beruhen in erster Linie auf den bekannten weitreichenden Unterschieden der natürlichen Bevölkerungsbewegung. Wanderungen, die über den Rahmen von Kontinenten und Teilkontinenten hinausgreifen, haben in der Gegenwart keinen entscheidenden

Abb. 2.3.3/1
Anteile der Kontinente an der Weltbevölkerung 1930–2000
nach: *Cook* 1972, S. 29.

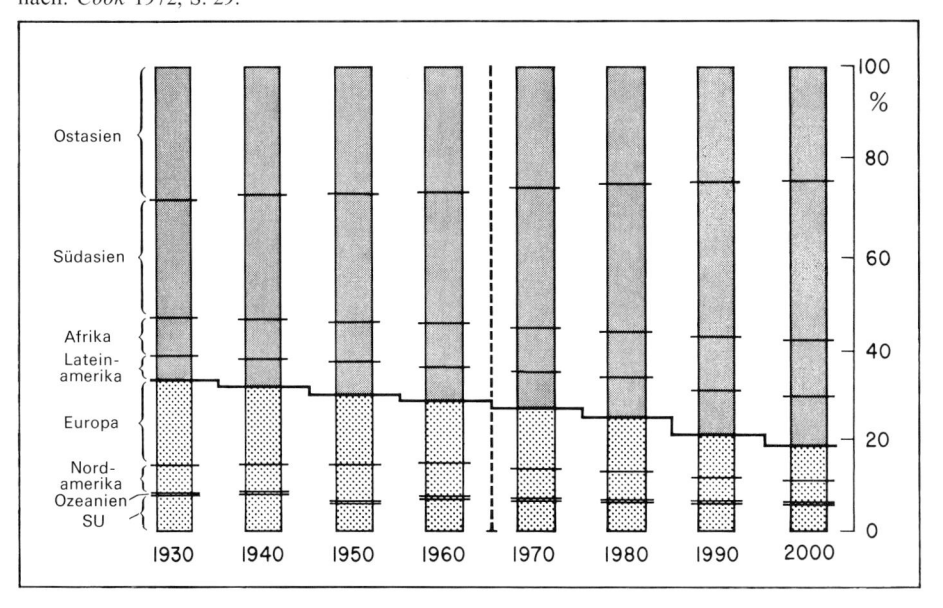

Einfluß auf Veränderungen der globalen Bevölkerungsverteilung. Ihnen ist dagegen ein erhebliches Gewicht nicht nur in den frühen Phasen der Menschheitsgeschichte, sondern bis weit in unser Jahrhundert hinein beizumessen. Von besonderer Bedeutung war die europäische Überseewanderung, die vor allem die Bevölkerungsentwicklung von Nordamerika bestimmt und maßgeblich zur Entstehung des Dichtezentrums im Osten der USA beigetragen hat (s. 2.2.3.1). Auch in Lateinamerika, Australien und in Teilen von Afrika sind einzelne Phasen der Bevölkerungsentwicklung durch starke Einwandererströme gekennzeichnet, außerdem fallen in den in Tab. 2.3/2 erfaßten Zeitraum Überseewanderungen von Chinesen und Indern und die russische Kolonisation Sibiriens. Nicht unberücksichtigt darf schließlich bleiben, daß für die unterschiedliche Bevölkerungsentwicklung auch in den Großräumen der Erde lange Zeit Seuchen, Hungersnöte und Kriege eine große Rolle gespielt haben.

Gerade in einem globalen Rahmen können nun aber unter den vielfältigen Einflußfaktoren auf die Bevölkerungsverteilung und Bevölkerungsentwicklung die *Bedingungen des Naturraumes* nicht vernachlässigt werden. Ihnen ist deshalb von geographischer Seite seit langem viel Aufmerksamkeit geschenkt worden. Um die Zusammenhänge zwischen Bevölkerungsverteilung und *Klima* zu erfassen, wurden u.a. der Anteil der auf einzelne Klimazonen entfallenden Weltbevölkerung ermittelt und Dichteberechnungen durchgeführt. Die Dichtezentren der Menschheit liegen größtenteils im Bereich der gemäßigten und der sommerfeuchten warmen Klimate, während sowohl die kalten Zonen höherer Breiten als auch die großen Trockenräume der Tropen und Subtropen weit geringere Bevölkerungsanteile aufzuweisen haben als es ihren Anteilen an der Landoberfläche entspricht. Gegensätzliche Verhältnisse sind in den immerfeuchten Tropen anzutreffen: Teile des Amazonas- und des Kongobeckens sind auch heute noch nur dünn besiedelt oder gar weitgehend menschenleer, demgegenüber stößt man im Südosten Asiens auf Räume mit extrem hohen Dichten, und zwar auch dann, wenn es sich um eine ganz überwiegend agrarische Bevölkerung handelt.

Gewiß haben die in den einzelnen Klimazonen sehr verschiedenartigen Lebensbedingungen, insbesondere die dort anzutreffenden landwirtschaftlichen Nutzungsmöglichkeiten, Einfluß auf die Ausbildung des Grundmusters der Bevölkerungsverteilung gehabt, und zwar vor allem solange wesentliche Teile der Bevölkerung auf die Selbstversorgung mit pflanzlichen und tierischen Nahrungsmitteln angewiesen und andere Erwerbszweige ebenso wie ein weitreichender Güteraustausch noch wenig entwickelt waren. Daß sich indessen damit nur Teilerklärungen finden lassen, macht das Beispiel der feuchten Tropen deutlich, wo als wichtige Voraussetzung für eine in einigen Teilräumen vorhandene Bevölkerungsverdichtung noch andere Ausstattungsmerkmale des Naturraumes, wie insbesondere Relief und Böden, außerdem aber auch zahlreiche kulturelle Faktoren zu berücksichtigen sind.

In ähnlicher Weise, d.h. nicht durch bestimmte Merkmale der Landesnatur allein bedingt, sind die Unterschiede in der Verteilung der Bevölkerung auf einzelne Höhenstufen des Festlandes zu sehen. Wenn in den tropischen Hochländern Südamerikas und Afrikas Höhenzonen zwischen 2000 und 3000 m oder gar noch darüber dichter besiedelt sind als die tiefer gelegenen Landesteile, dann wird man gewiß darauf hinweisen müssen, daß die klimatischen Bedingungen der Höhengebiete manche Vorteile für eine dauerhafte Besiedlung und Nutzung bieten, sei es aufgrund reichlich vorhandener und günstig verteilter Niederschläge bei noch voll ausreichenden thermischen Bedingungen für den Anbau wichtiger Kulturpflanzen, oder sei es auch aufgrund der Tatsache, daß in größerer Höhe manche der schweren Tropenkrankheiten wie Malaria, Schlafkrankheit oder Gelbfieber nicht mehr auftreten. Aber der Hinweis auf das Klima tropischer Gebirgsräume allein reicht nicht aus, um die dichtere oder weniger dichte Besiedlung einzelner Höhenzonen zu erklären. Das läßt sich an zahlreichen Beispielen aus Ost- und Nordostafrika zeigen. So stößt man etwa in Äthiopien auf ausgeprägte Höhengrenzen zwischen einzelnen Völkern mit ihren jeweils eigenen Lebens- und Wirtschaftsformen, die ihrerseits wiederum in Unterschieden der Bevölkerungsdichte zum Ausdruck kommen. Der geschlossene Siedlungsraum der dort lebenden amharischen Pflugbauern mit einer relativ hohen Bevölkerungsdichte findet seine Untergrenze bei etwa 1800 m, an der Grenze zwischen der Woina Dega (Zone des gemäßigten Höhenklimas) und der Kolla (heiße Zone). Die tiefer gelegenen Landesteile sind bzw. waren bis vor nicht langer Zeit von anderen ethnischen Gruppen mit anderen Formen der Bodenbewirtschaftung und Viehhaltung bei insgesamt meist deutlich geringerer Dichte besiedelt.

Mit dem Klima im engen Zusammenhang stehen die für die landwirtschaftliche Nutzung und damit für eine auf agrarischer Basis mögliche Bevölkerungsverdichtung maßgeblichen *Bodenverhältnisse*. Ihnen ist zwar insbesondere im Rahmen kleinerer Raumeinheiten, d. h. von einzelnen Ländern und Landesteilen, Beachtung zu schenken, aber auch weltweit zeigen sich zwischen den Böden der großen Klimazonen bedeutsame Differenzierungen, die lange Zeit nicht erkannt und deshalb als wichtige Einflußfaktoren auf landwirtschaftliche Nutzungsmöglichkeiten und Bevölkerungsverdichtung nicht berücksichtigt oder auch falsch beurteilt wurden. Am bekanntesten ist die Fehleinschätzung tropischer Böden, indem von der Üppigkeit der in den Feuchttropen anzutreffenden natürlichen Vegetation auf eine hohe Bodenfruchtbarkeit geschlossen wurde.

Nicht unerwähnt sollte bei einem Überblick über Grundzüge der Bevölkerungsverteilung auf der Erde noch die Tatsache bleiben, daß die meisten Menschen in relativ meeresnahen Räumen leben. Es gibt hierzu zwar nur Berechnungen für einen rund 40 Jahre zurückliegenden Zeitraum (*Staszewski* 1959), doch läßt sich wohl davon ausgehen, daß wesentliche Veränderungen hier nicht eingetreten sind. In einem Streifen bis zu 50 km Küstenferne, der 12% der bewohnten Erde umfaßt, lebten 1950 28% aller Menschen und bis zu einem Abstand von 200 km von der Küste (30% der Fläche) waren es bereits 50%. In Australien als Extremfall unter den in üblicher Weise abgegrenzten Kontinenten ergab sich für den Streifen bis zu 50 km Entfernung von der Küste ein Bevölkerungsanteil von 76% bei einem Flächenanteil von nur 11%. Von den Berechnungen durch *Straszewski*, auf die hier zurückgegriffen wird, verdienen besonderes Interesse auch die Zahlen für 1850: Zwischen 1850 und 1950 ergibt sich eine beträchtliche, mit weitreichenden Veränderungen von Wirtschaftsstrukturen und Handelsbeziehungen in Verbindung zu bringende Zunahme des Bevölkerungsanteils relativ küstennaher Räume, und zwar fallen die Veränderungen vor allem in Asien und Afrika ins Gewicht, während in beiden Teilen Amerikas, die ja erst in diesem Zeitraum stärker von Europäern erschlossen wurden, eine umgekehrte Tendenz festzustellen ist. Es kann hier nicht darum gehen, die im einzelnen sehr verschiedenen Ursachen dieses Verteilungsprinzips und seiner Veränderungen zu erfassen; daß in jedem konkreten Fall mehrere Faktoren – insbesondere auch solche politischer und wirtschaftlicher Art – zusammengewirkt haben, liegt auf der Hand.

Insgesamt dürfte deutlich geworden sein, daß die Grundzüge der Bevölkerungsverteilung auf der Erde zwar in einen Zusammenhang mit den sehr unterschiedlichen Bedingungen des Naturraumes für Wirtschaft und Siedlung gebracht werden können, daß aber eben diese Bedingungen allein keine ausreichende Erklärung der heute und in der Vergangenheit bestehenden Zustände ermöglichen. Vielmehr sind in jedem Falle kulturelle, wirtschaftliche, technologische und nicht zuletzt politische Faktoren mitzuberücksichtigen, über deren konkrete Bedeutung sich freilich erst bei der Untersuchung einzelner Länder und Regionen Aussagen machen lassen. Die Feststellung von bedeutenden Unterschieden der Bevölkerungsverteilung und Bevölkerungsdichte in den großen Klima-, Boden- und Vegetationszonen der Erde, in den Höhenstufen tropischer und außertropischer Gebirge, in meeresnahen und meeresfernen Teilräumen der Kontinente, erfordert indessen durchaus das Interesse gerade des Geographen, ist es doch für die Beurteilung gegenwärtiger Strukturen und künftiger Entwicklungsmöglichkeiten keineswegs gleichgültig zu wissen, wieviele Menschen unter welchen Bedingungen der natürlichen Umwelt leben und sich damit auseinandersetzen müssen, sei es bei der Erzeugung von Nahrung, bei der Produktion von Gütern verschiedenster Art, bei der Wohn- und Siedlungsweise und in vielen anderen Bereichen der Daseinssicherung.

2.3.4 Bevölkerungsverteilung innerhalb von Ländern und größeren Teilregionen der Erde

Mit der Vergrößerung des Betrachtungsmaßstabes bei der Untersuchung von Grundzügen der Bevölkerungsverteilung und Bevölkerungsdichte und deren Veränderungen innerhalb einzelner Staaten oder auch größerer Wirtschafts- und Siedlungsräume lassen sich viele der dafür bedeutsamen Faktoren meist konkreter fassen als dies im Rahmen einer globalen Übersicht möglich ist. Auch hier werden selbstverständlich die Bedingungen des inzwischen kaum irgendwo mehr vom Menschen unbeeinflußten Naturraumes große Aufmerksamkeit erfordern, besonders in Räumen mit einem vielgestaltigen Relief, mit Gegensätzen von Gebirgen und Tiefländern, mit ausgeprägten Unterschieden der Bodenbeschaffenheit, des Wasserhaushalts oder auch des natürlichen Pflanzenkleides. Zugleich aber tritt der Einfluß kultureller und anderer anthropogener Faktoren auf Art und Umfang der wirtschaftlichen Nutzung, auf die Siedlungsweise und damit auch die Bevölkerungsverteilung und deren Veränderung in aller Regel noch stärker in Erscheinung.

Im Zuge der wirtschaftlichen Entwicklung einzelner Länder bzw. von Völkern und Kulturräumen, wie sie durch verschiedene „Stufenmodelle" beschrieben wird – verwiesen sei hier auf die Arbeit von *Bobek* (1959) über die Hauptstufen der Gesellschafts- und Wirtschaftsentfaltung –, kommt es nicht nur zu einer Zunahme der Bevölkerungszahl und Bevölkerungsdichte, sondern auch zu weitreichenden Änderungen der Bevölkerungsverteilung. Darauf wird nachfolgend näher eingegangen.

Solange die Landwirtschaft die wesentliche Lebensgrundlage einer Bevölkerungsgruppe bildet, und die dabei gewonnenen Produkte in erster Linie der Selbstversorgung dienen, herrscht bei der Bevölkerungsverteilung die Tendenz zur Dispersion vor, resultierend aus der erforderlichen räumlichen Nähe von Wohnplätzen und landwirtschaftlich nutzbaren Flächen. Oft sind es kleinere Gruppensiedlungen, vielfach aber auch große Dörfer und anderswo Einzelhöfe, von denen aus das Land gemeinschaftlich oder individuell bewirtschaftet wird. Die Siedlungen verteilen sich – sofern es sich nicht um Anfangsstadien gelenkter oder ungelenkter Kolonisation handelt – mehr oder weniger regelmäßig über die zur Verfügung stehenden und für eine landwirtschaftliche Nutzung geeigneten Flächen. Erst mit stärkeren Änderungen der natürlichen Produktionsbedingungen, insbesondere der Böden und/oder der Weidegrundlagen treten bei sonst gleichartigen Voraussetzungen kultureller, wirtschaftlicher und technologischer Art auch Änderungen von Zahl, Verteilung und Größe der Siedlungen auf. Auch die Verbreitung von Krankheiten kann eine wichtige Rolle für Besiedlung und Bevölkerungsverteilung spielen. Beispiele dafür gibt es heute vor allem in tropischen und subtropischen Ländern. So können in vielen Teilen von Afrika Malaria, Schlafkrankheit oder auch Flußblindheit nicht unberücksichtigt bleiben, wenn man nach Faktoren fragt, die die Bevölkerungsverteilung dort beeinflußt haben. Allerdings sind die Zusammenhänge hier wie in vielen anderen Fällen, wo mehr oder weniger deutliche Übereinstimmungen in der Verbreitung von kennzeichnenden Merkmalen des Naturraumes und der Bevölkerungsverteilung zu konstatieren sind, meist doch nicht so einfach, wie statistisch feststellbare Korrelationen vermuten lassen. Als Beispiel mögen die Zusammenhänge von Bevölkerungsverteilung und Verbreitung der Schlafkrankheit in Ostafrika angeführt sein. Eine weitreichende Deckung von Gebieten hoher Bevölkerungsverdichtung und solchen, in denen die Tsetsefliege als Überträgerin der Schlafkrankheit fehlt, läßt vermuten, daß die Verdichtung zustande gekommen ist, weil das betreffende Gebiet Tsetse-frei war. *Gillmann* (1936) konnte jedoch zeigen, daß erst durch die dichte Besiedlung mit weitreichenden Rodungen der an schattige Gehölze gebundenen Überträgerfliege die Entwicklungsmöglichkeiten entzogen werden. Umgekehrt breitete sich die Schlafkrankheit dort wieder aus, wo mit Bevölkerungsverlusten durch Kriege und andere Seuchen auch die offenen Wirtschaftsflächen wieder verbuschten.

Im einzelnen können besondere Standortfaktoren, wie das Vorhandensein von ausreichend Wasser, geeignetem Baugrund oder auch von topographisch besonders begünstigten Plätzen (Schutzlage u. ä.) das Verteilungsmuster wie auch die Größe landwirtschaftlicher Siedlungen modifizieren, ohne daß das Grundprinzip der Dispersion entscheidend verändert wird.

Beispiele für eine weitgehend disperse Verteilung der Bevölkerung finden sich heute hauptsächlich in jenen Entwicklungsländern, in denen der weitaus größte Teil der Menschen immer noch auf eine technisch wenig entwickelte kleinbetriebliche Landwirtschaft als – oft unzureichende – Lebensgrundlage angewiesen ist. Nicht wesentlich anders war es in der Vergangenheit auch in Europa, ehe es zum stärkeren Wachstum nichtagrarischer Wirtschaftszweige und zur Entwicklung eines differenzierten Städtewesens mit entsprechenden Konzentrationsvorgängen kam.

Das bisher herausgestellte Prinzip der Dispersion, das die Bevölkerungsverteilung agrarischer Räume bzw. in Industrieländern die Verbreitung der in der Landwirtschaft tätigen Menschen, kennzeichnet, ist im wesentlichen für einen mittleren Betrachtungsmaßstab gültig. Vergrößert man diesen Maßstab, dann können sich durch die jeweils anzutreffende Siedlungsweise, durch das Vorhandensein unterschiedlicher Ortsformen sehr bedeutsame Abweichungen ergeben, wobei der mehr oder weniger gleichmäßig über die Fläche verteilte Einzelhof eher die Ausnahme als die Regel darstellt. Durch die siedlungsgeographische Forschung ist eine Vielzahl von Typen ländlicher Siedlungen systematisch erfaßt und unter genetischer und funktionaler Fragestellung eingehend untersucht worden. Darauf braucht hier nicht näher eingegangen zu werden, wohl aber ist mit Nachdruck darauf zu verweisen, daß die zu ganz verschiedenen Zeiten unter sehr unterschiedlichen Bedingungen entstandenen Ortsformen mit ihren jeweils charakteristischen Merkmalen wie Größe, Grundrißgestalt und Wohnplatzdichte eine bemerkenswerte Persistenz aufweisen, obwohl die Faktoren, die bei der Entstehung bedeutsam waren, oft längst nicht mehr wirksam sind. Vielfach wäre eine Veränderung der ererbten Strukturen zweckmäßig, wenn nicht gar dringend erforderlich, um den heutigen Bedürfnissen der dort lebenden Menschen, von denen ein großer Teil nichts mehr mit der Landwirtschaft zu tun hat, gerecht zu werden. Es gibt auch in hoch industrialisierten Ländern noch weite Landesteile (ländliche Räume) mit einem Siedlungsgefüge, das im Mittelalter oder doch lange vor dem Beginn der Industrialisierung entstanden ist und bis zur Gegenwart ein bestimmendes Element der Kulturlandschaft geblieben ist. Beispiele sind die Regionen der Einzelhöfe und kleinen Gruppensiedlungen in Nordwestdeutschland, Gebiete mit großen Haufendörfern im Südwesten oder die Siedlungsräume östlich der Elbe, wo die im Zuge von Kolonisationsvorgängen entstandenen Straßen-, Anger- und Waldhufendörfer dominieren.

Einen Hinweis auf die aus der jeweiligen Siedlungsweise resultierenden Unterschiede der Bevölkerungsverteilung bietet Abb. 2.3.4/1. Selbst in dem hier verwendeten Maßstab 1 : 1 Mio. treten bedeutsame regionale Besonderheiten hervor, wie etwa das Streusiedlungsgebiet im Nordwesten des Kartenausschnittes oder die Bereiche der langgestreckten „Hagenhufendörfer" und der recht regelmäßig verteilten Haufendörfer weiter südöstlich. Daß sich aus derartigen Verteilungsmustern Konsequenzen für die dort lebenden Menschen (Kontakte mit Nachbarn, Standorte und damit Erreichbarkeit von Schulen, Arbeitsstätten, Einzelhandelsgeschäften usw.) ergeben, bedarf keiner besonderen Betonung.

Die Vielfalt der ländlichen Siedlungsformen ist keineswegs auf Europa allein beschränkt, sie findet sich vielmehr in den verschiedensten Teilen der Erde. Verwiesen sei auf die Verhältnisse im indischen Subkontinent, in Südostasien oder auch in weiten Bereichen von Afrika. Durch relativ große Einheitlichkeit ist dagegen häufig das ländliche Siedlungswesen in überseeischen europäischen Kolonisationsgebieten gekennzeichnet. In den Vereinigten Staaten hat z.B. das 1785 festgelegte Prinzip der quadratischen Landvermessung, bei der auf die Geländeverhältnisse wenig Rücksicht genommen wurde, zur weit verbreiteten einförmigen Einzelsiedlung auf geschlossenen Besitzblöcken geführt, auch wenn im Laufe der Zeit unterschiedliche Wege bei der Landzuteilung (besonders bedeutsam war hier das Heimstättengesetz, Homestead Act von 1862) beschritten wurden.

Mit fortschreitender Differenzierung des Wirtschaftslebens kommt es in aller Regel auch zu weitreichenden Änderungen der Bevölkerungsverteilung. Die Produktionsstätten des sich ausweitenden sekundären Wirtschaftssektors, in erster Linie der Industrie, sind an andere Standortvoraussetzungen gebunden als die landwirtschaftlichen Betriebe, und der Handel folgt ebenso wie andere Zweige des tertiären Wirtschaftssektors wiederum spezifischen Lokalisationsprinzipien, die aus der Theorie der Zentralen Orte bekannt sind. Nicht mehr überall können, wie das bei weitreichender Selbstversorgungswirtschaft der Fall ist, Güter erzeugt und Dienste angeboten werden; die dafür geeigneten Standorte stellen eine Auswahl unter den vorhandenen Siedlungsplätzen dar, außerdem kommt es zur Entwicklung neuer Siedlungen, sofern die bestehenden die notwendigen Voraussetzungen zur Weiterentwicklung auf der Grundlage außeragrarischer Wirtschaftszweige nicht erfüllen. Es bilden sich also Schwerpunkte der Bevölkerungsentwicklung, in denen die Mehrzahl der Menschen im produzierenden Gewerbe und/oder im Dienstleistungssektor tätig ist.

Abb. 2.3.4/1
Die Siedlungsflächen im Bereich von Hannover
H = Hannover, M = Minden,
N = Nienburg
nach: *Schulz* 1970, S. 24.

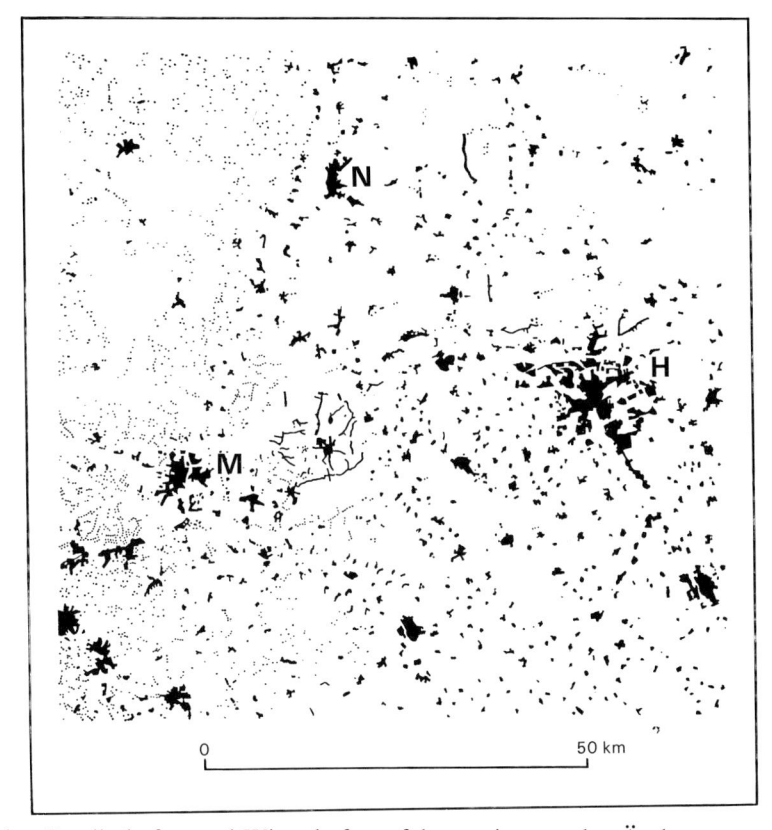

Die in den einzelnen Stufen der Gesellschafts- und Wirtschaftsentfaltung eintretenden Änderungen der Bevölkerungsverteilung lassen sich hier nicht näher verfolgen. Der Entwicklung eines älteren und jüngeren Städtewesens sowie des Verkehrs und besonders auch den Konsequenzen, die sich aus der Einführung von neuen Produktionstechniken ergeben, wäre dabei besondere Aufmerksamkeit zu schenken. Hier soll allein auf die Folgen von Industrialisierung und Großstadtentwicklung hingewiesen werden, die in der Mehrzahl der europäischen Länder während des 19. Jahrhunderts einsetzten. Entsprechend den eben genannten unterschiedlichen Standortanforderungen von Industrie und Einrichtungen des tertiären Sektors ergibt sich für die in diesen beiden Sektoren tätige Bevölkerung, deren Wohngebiete ja an die Nähe zu den Arbeitsstätten gebunden sind, ein jeweils charakteristisches Verteilungsmuster.

Im Zuge der Industrialisierung entstanden – gebunden an Rohstoffvorkommen, geeignete Verkehrswege, Absatzmärkte oder auch vorhandene Arbeitskraftreserven – einzelne industrielle Verdichtungsräume, die großenteils hohe Wanderungsgewinne zu verzeichnen hatten. Sie wurden zu gewöhnlich eng umgrenzten und unregelmäßig verteilten Räumen der Bevölkerungskonzentration.

Für die Verteilung der von Tätigkeiten im tertiären Sektor abhängigen Bevölkerung ist im Gegensatz dazu eher eine ‚hierarchische Konzentration' in weitgehend regelmäßig verteilten Mittelpunktsiedlungen unterschiedlichen Ranges kennzeichnend. Natürlich haben sich sekundärer und tertiärer Wirtschaftssektor in ihrer räumlichen Entwicklung gegenseitig beeinflußt. Es gibt kaum eine größere Stadt, die nicht zugleich auch bedeutender Industriestandort ist, aber für die Bevölkerungsverteilung sind doch die beiden eben genannten Grundmuster von Standorten der Industrie und des Dienstleistungssektors von erheblicher Bedeutung, wobei für die Entwicklung von ‚Verdichtungsräumen' noch hervorzuheben ist, daß sich das Verhältnis der Wirtschaftssektoren zueinander im Laufe der Zeit zugunsten des tertiären Sektors verschoben hat (s. 2.4.4.2).

Die Bevölkerungskonzentration erfolgte auf Kosten peripher gelegener agrarischer Räume, aus denen oft weit mehr Menschen abwanderten als durch den Geburtenüberschuß ersetzt werden konnten. Gerade für die Phase der Hochindustrialisierung, die in Deutschland in der Zeit vor dem Ersten Weltkrieg anzusetzen ist, ist eine rasche Verstärkung regionaler Disparitäten, eine Verstärkung des Gegensatzes von dicht und dünn besiedelten Räumen kennzeichnend. Es gibt Landesteile, die seit der Mitte des vergangenen Jahrhunderts fast ständig Bevölkerungsverluste aufzuweisen haben, während die industriellen Verdichtungsräume vor allem um die Jahrhundertwende Wanderungsgewinne verzeichnen konnten, die in wenigen Jahrzehnten eine Vervielfachung der Bevölkerungszahl zur Folge hatten.

Gemeinden und Kreise mit einem bereits in der ersten Hälfte des 19. Jahrhunderts einsetzenden Bevölkerungsrückgang, der lediglich kurzfristig nach dem Zweiten Weltkrieg durch den Zustrom von Flüchtlingen unterbrochen wurde, gibt es in vielen Teilen der Bundesrepublik, namentlich in abseits von den Verdichtungsräumen gelegenen Bergländern, so beispielsweise im Rheinischen Schiefergebirge und in östlich angrenzenden Teilen des hessischen Raumes. Dies zeigt eine für den Band Nordrhein-Westfalen des Deutschen Planungsatlasses von *Barthels/Blotevogel/Schöller* (1978) erarbeitete Darstellung der Bevölkerungsentwicklung zwischen 1837 und 1970, auf die noch näher eingegangen wird (2.5.1.2). Mit Hilfe eines quantitativen Klassifikationsverfahrens konnten beim Entwicklungsablauf elf Typen unterschieden werden, die in einzelnen zeitlichen Phasen höchst unterschiedliche Tendenzen aufweisen.

Die in Nordrhein-Westfalen und Nachbarräumen durch die eben angeführte Untersuchung erfaßte Bevölkerungsentwicklungen und die daraus resultierenden Veränderungen der Bevölkerungsverteilung sind durchaus charakteristisch für zahlreiche andere Regionen mit einer vergleichbaren, unter ähnlichen Bedingungen abgelaufenen wirtschaftlichen Entwicklung. Stark vereinfacht ist festzustellen, daß die mit der Industrie- und Großstadtentwicklung einhergehende Bevölkerungskonzentration zunächst auf enge Räume – oft allein auf einzelne Städte – begrenzt ist, und die Abwanderung anfangs relativ nahe gelegene Landgemeinden, aber auch Klein- und Mittelstädte erfaßt. Im weiteren Verlauf dehnen sich die Räume überdurchschnittlichen Bevölkerungswachstums aus; es kommt zur Bildung mehr oder weniger ausgedehnter Verdichtungsräume/Stadtregionen, deren Kerne dann schließlich im Zuge der Randwanderung Bevölkerungsverluste aufzuweisen haben. Gleichzeitig setzt sich in den weiter von den Verdichtungsräumen abgelegenen Landesteilen, in den Gebieten außerhalb der sich ausweitenden Pendlerbereiche bis in jüngste Zeit vielfach Stagnation oder Bevölkerungsrückgang fort, so daß im Endeffekt räumliche Ungleichheiten der Bevölkerungsverteilung und Gegensätze in der Bevölkerungsdichte kaum ausgeglichen, vielmehr nicht selten auch gegenwärtig noch verstärkt werden. Ob und wie weit heute Anzeichen für eine Trendwende vorhanden sind bzw. wie weit eine grundsätzliche Änderung der Bevölkerungsverteilung im Sinne des Ausgleichs regionaler Unterschiede künftig erwartet werden kann, wird gleich zu erörtern sein. Zunächst ist noch zu betonen, daß die eben geschilderte Entwicklung in den heutigen Industrieländern und auch in den Teilregionen dieser Länder nicht gleichzeitig eingesetzt hat und sich auch nicht mit gleicher Geschwindigkeit vollzogen hat. Das bedeutet, daß die Rahmenbedingungen für den Wandel der Bevölkerungsverteilung jeweils verschiedenartig waren und allein dadurch unterschiedliche Ergebnisse zustande kamen. Man denke an die tiefgreifenden Änderungen im Verkehrswesen, wie sie mit dem Ausbau von Eisenbahnnetzen begannen, an die damit verbundenen Möglichkeiten zur Ausweitung von Aktionsräumen, und man denke auch an die zeitlich unterschiedlichen politischen, gesellschaftlichen und wirtschaftlichen Rahmenbedingungen.

Grundtendenzen des jüngeren Wandels der Bevölkerungsverteilung innerhalb europäischer Industrieländer lassen sich aufgrund einer Studie von *Dematteis* (1982) am Beispiel Italien aufzeigen. Hier werden die Veränderungen der Bevölkerungszahl in drei Phasen zwischen 1957 und 1979 näher analysiert. Die erste Phase von 1957–1963 ist gekennzeichnet als Phase des ‚Wirtschaftswunders' mit einem Maximum der Bevölkerungskonzentration in den ‚zentralen Zonen' (Nordwestitalien) bei gleichzeitiger Entvölkerung ‚peripherer' (Nordost- und Mittelitalien) und ‚marginaler' (Mezzogiorno) Landesteile. Zwischen 1967 und 1973 verlangsamt sich das Wachstum der ‚zentralen Zonen', gleichzeitig treten verstärkte Dezentralisationstendenzen auf, das Wirtschaftswachstum erfaßt auch die ‚peripheren Regionen'. Die Periode 1973–1979, gekennzeichnet durch Ölkrise und Wirtschaftskrise in den alten Zentren, führt zu einer relativen Stärkung der ‚peripheren Regionen' und zum Rückgang der Abwanderung aus dem Süden.

Eine Karte der Bevölkerungsentwicklung in den eben angeführten Phasen zwischen 1957 und 1979 (Abb. 2.3.4/2) zeigt die räumliche Verbreitung von drei Regionstypen:

Typ A: Regionen mit andauerndem Wachstum, das zwar nicht nur, aber doch zu einem großen Teil auf positive Wanderungsbilanzen zurückzuführen ist – weit ausgedehnt im Nordwesten, in den toskanischen Becken und im übrigen hauptsächlich in küstennahen Bereichen (23% der Fläche und 64% der Bevölkerung ganz Italiens).

Typ B: Regionen mit Bevölkerungsabnahme in der ersten Phase, danach jedoch mit positiver Bilanz – sie umfassen mit 37% der Fläche einen sehr beträchtlichen Teil des Landes auch im Süden und auf den Inseln. Der Bevölkerungsanteil beträgt 25%.

Typ C: Regionen mit anhaltenden Bevölkerungsverlusten nicht nur im Süden, sondern auch im Norden (Alpen, ligurischer Apennin) und in Mittelitalien (Toskana, Umbrien, Marken und Latium). Der Flächenanteil erreicht 40%, der Bevölkerungsanteil dagegen nur 11% (*Dematteis* 1982).

Insgesamt zeigt sich eine merkliche Schrumpfung der Räume mit Bevölkerungsverlusten. Die noch vorhandenen sind in Italien fast ausschließlich Gebirgsregionen, in denen die Entvölkerung (Bergflucht) teilweise extreme Ausmaße angenommen hat. In vielen Teilen des Apennin sind in den letzten Jahrzehnten zahlreiche Wüstungen entstanden; es wurden vor allem viele der dort vorhandenen Einzelhöfe aufgegeben, gleichzeitig ist die obere Siedlungsgrenze deutlich herabgedrückt worden (s. 3.3.1). Derartige Vorgänge sind keineswegs auf Italien allein beschränkt, hier waren sie nur in jüngerer Zeit besonders gravierend und sind wegen der vielen damit verbundenen Probleme auch eingehender untersucht worden (u.a. *Tichy* 1966, *Kühne* 1974, *Rother/Wallbaum* 1975).

Nitz (1982) hat sich ausführlich mit Ursachen und Folgen der Bevölkerungsentleerung (der verschiedentlich, etwa durch moderne Erholungs- und Freizeitfunktionen auch Konzentrationen auf engem Raum gegenüberstehen können) in der ‚Randökomene' westlicher Industriestaaten befaßt und den dort zu beobachtenden Verfall bzw. den ‚Umbau der Kulturlandschaft' in seiner zeitlichen und räumlichen Differenzierung näher verfolgt. Von besonderem Interesse ist dabei der Versuch einer historisch-genetischen Typisierung von Räumen der ‚Randökomene', auf den hier allerdings nur verwiesen werden kann. Eines der Probleme, die sich aus andauernder Abwanderung mit entsprechendem Bevölkerungsrückgang ergeben können, ist die Unterschreitung einer Mindestbevölkerungsdichte, die freilich nicht allein Vorgänge in der von *Nitz* so bezeichneten ‚Randökomene' kennzeichnet, sondern auch in abseits von leistungsfähigen Zentren gelegenen Teilen des sog. ländlichen Raumes eintreten kann. Mindestbevölkerungsdichte bedeutet hier eine Zahl von Menschen, die notwendig ist, um eine hinreichende Ausstattung der betreffenden Räume mit lebensnotwendigen bzw. als notwendig angesehenen Einrichtungen im Bereich der Infrastruktur zu sichern, sofern das Ziel der Raumordnungspolitik darin besteht, durch Bereitstellung von ausreichenden und differenzierten Arbeitsplätzen, von genügend Bildungsmöglichkeiten usw. gleichwertige Lebensbedingungen sowohl in Verdichtungsräumen als auch in ländlichen Räumen zu schaffen.

Sicher kann nicht davon ausgegangen werden, daß die in den heutigen Industrieländern anzutreffenden großen Unterschiede der Bevölkerungsverteilung und Bevölkerungsdichte, die im Zuge von Industrialisierung und Großstadtentwicklung entstanden sind, in absehbarer Zukunft durch Dezentralisationsprozesse entscheidend abgebaut werden, auch wenn die Raumordnungspolitik vieler Länder darauf abzielt, durch direkte oder indirekte Maßnahmen die Bevölkerungsverteilung so zu beein-

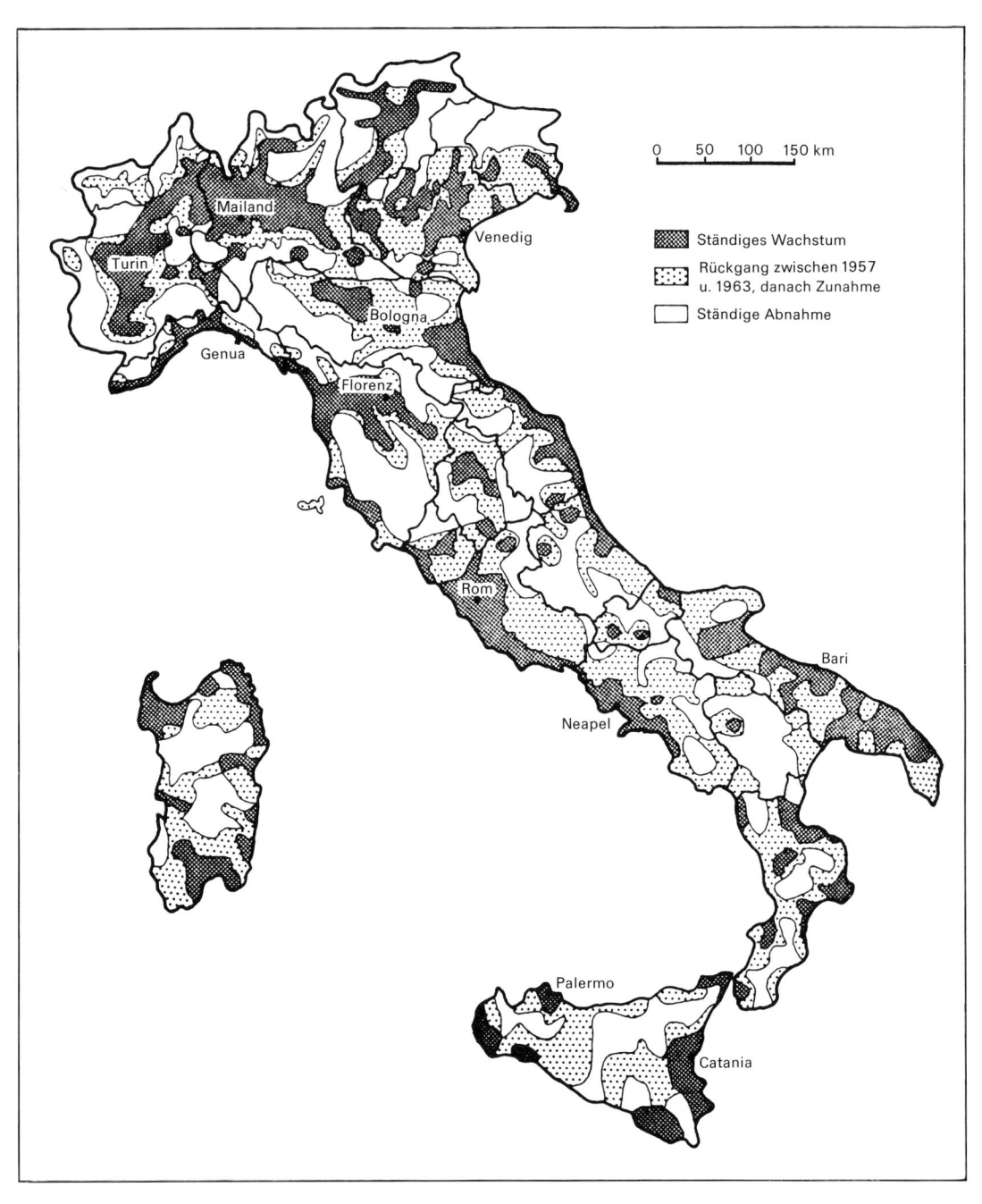

Abb. 2.3.4/2
Gebiete unterschiedlicher Bevölkerungsentwicklung in Italien 1957–1979
nach: *Dematteis* 1982, S. 136.

flussen bzw. zu ändern, daß die vielen mit übermäßiger Konzentration verbundenen Probleme zugunsten eines Ausgleichs zwischen dicht und dünn besiedelten Landesteilen beseitigt oder doch zumindest verringert werden.

Wohl scheint in den meisten Industrieländern aufgrund der zunehmenden Schwierigkeiten in Verdichtungsräumen der Höhepunkt der Konzentration überschritten zu sein – wobei man allerdings davon ausgehen muß, daß es auch innerhalb dieser Länder regionale Unterschiede in den Stadien der Konzentration gibt –, aber es dürften auch weiterhin Räume mit Bevölkerungsverlusten durch Abwanderung übrig bleiben, denen andere sich ausweitende Wachstumsräume in der Peripherie alter Dichtezentren ebenso wie im Bereich von neuen Entwicklungspolen gegenüberstehen. Die zu erwartende Entwicklung ist nicht zuletzt von der Größe der Staaten oder einzelner Wirtschaftsregionen abhängig. Daß innerhalb kleiner Staaten nicht die gleichen Bedingungen herrschen wie in großen Ländern, ist nicht zu übersehen. Es kann ja durchaus der Fall sein, daß die bereits ausgebildeten und die in naher Zukunft wahrscheinlichen Aktionsräume der meisten Bewohner eines kleineren Landes das gesamte Staatsgebiet umfassen oder gar noch darüber hinausgreifen und damit die Wahl des Wohnplatzes nicht mehr entscheidend abhängig ist von der Lage zur Arbeitsstätte, zum Einkaufszentrum, zu den Bildungseinrichtungen usw.

Zur Frage einer grundlegenden Trendwende bei der Bevölkerungsverteilung in westlichen Industrieländern, wie sie mit dem von *Berry* (1976) geprägten und seitdem umfassend diskutierten Begriff der ‚Counterurbanization' beschrieben wird, gibt es zwar inzwischen eine ganze Anzahl empirischer Untersuchungen, wie weit es sich dabei aber um eine allgemeine Konsequenz fortschreitenden Wandels moderner Industriegesellschaften handelt, ist bislang kaum sicher zu beurteilen (s. u. a. *Koch* 1980). Man versteht unter ‚Counterurbanization' vermindertes Wachstum oder Bevölkerungsverlust der großen Verdichtungsräume, Bevölkerungszunahme in peripheren ländlichen Gebieten, Verlagerung von Arbeitsplätzen in ländliche Regionen und vielfach auch die Zuwanderung älterer aus dem Berufsleben ausgeschiedener Menschen, die in ländlichen Räumen (außerhalb des nahen Umlandes der bestehenden Verdichtungsräume) eine höhere Umweltqualität suchen.

Gewiß gibt es hierbei Unterschiede zwischen einzelnen Ländern, und zwar nicht nur solche, die mit deren Größe in Verbindung zu bringen sind. Sie wurden bisher in den meisten Fällen nicht näher erforscht, aber insgesamt ist auch bei fortschreitender Dezentralisation in Zukunft nicht mit einer so weitreichenden Dispersion der Bevölkerung zu rechnen, wie sie früher einmal bestanden hat.

2.3.5 Bevölkerungsverteilung in Großstädten und Verdichtungsräumen

Besondere Aufmerksamkeit erfordern bei weiterer Maßstabsvergrößerung jetzt noch die Grundzüge der Bevölkerungsverteilung und deren zeitliche Veränderungen innerhalb großstädtischer Siedlungsräume. Die moderne Großstadt, wie sie sich in Europa und den außereuropäischen Industrieländern seit dem 19. Jahrhundert entwickelt hat, ist vor allem seit der starken Zunahme des Individualverkehrs weit über die alten Stadtgrenzen hinausgewachsen. Der Bevölkerungszunahme entsprach in aller Regel eine überproportionale Ausdehnung der städtischen Siedlungsfläche mit dem kennzeichnenden Merkmal einer nach außen hin fortschreitenden Auflockerung der Bebauung. Heute werden die höchsten Werte der Bevölkerungsdichte ebenso wie der Wohndichte gewöhnlich in den mit vielgeschossigen Mietshäusern bebauten citynahen Bereichen erreicht. Mehr als 500 Einw./ha sind hier in Großstädten der Bundesrepublik Deutschland und anderer europäischer Länder auch gegenwärtig durchaus nicht seltene Ausnahmen. Bisweilen steigt in einzelnen Baublöcken die Dichte auf über 1000 Einw./ha an; in größeren Stadtbezirken ist das allerdings nur ausnahmsweise der Fall. Eine ungleich stärkere Bevölkerungsverdichtung kennzeichnet die Situation innerstädtischer Wohnbereiche von zahlreichen Großstädten in Entwicklungsländern; so wurden in einem zentralen Bezirk von Bombay 1961 weit über 3000 Einwohner/ha gezählt (*Dwyer* 1975, S. 27), und ähnlich hohe Werte ergaben sich bei Erhebungen in Teilen afrikanischer und latein-amerikanischer Städte.

Bei derartigen Vergleichen und bei der Erfassung von zeitlichen Veränderungen der städtischen Bevölkerungsdichte muß natürlich darauf geachtet werden, daß die jeweiligen Bezugsflächen und die zu Wohnzwecken genutzten Flächenanteile annähernd gleich groß sind. Sicher wäre es oft zweckmäßig, die Bevölkerungszahl nicht auf die Gesamtfläche, sondern auf die mit Wohnhäusern bebaute

Fläche zu beziehen; die dafür erforderlichen Daten sind nur im allgemeinen nicht vorhanden bzw. nur mit größerem Aufwand zu beschaffen.

Allgemein zeigt sich bei der Ermittlung von Dichtewerten in verschiedenen Distanzzonen vom Zentrum, daß der Kernraum unserer Großstädte, in dem der größte Teil der Gebäude von tertiären Funktionen eingenommen wird (City), entsprechend der geringen Wohnbevölkerung (Bevölkerungskrater) auch eine relativ geringe Dichte aufweist, daß in der angrenzenden Zone dann Höchstwerte und nach außen hin ein fortschreitender Abfall der Dichte festzustellen sind. Sektoral können allerdings die Dichtewerte in den äußeren Bereichen wieder ansteigen, nämlich dort, wo in den heutigen Stadtkörper ehemals selbständige Siedlungen einbezogen wurden, die sich zu Subzentren entwickelt haben, und ebenso dort, wo im Zuge moderner Stadtrandbebauung Hochhauskomplexe neben sonst dominierenden Kleinwohnhäusern errichtet wurden. Im übrigen können sich bedeutende Abweichungen vom durchschnittlichen Dichtewert aus der sektoral verschiedenartigen Zusammensetzung der Bevölkerung nach sozio-ökonomischen Merkmalen ergeben.

Ein Modell zeitlicher Veränderungen der Dichteverhältnisse hat *Newling* (1969) entwickelt (s. Abb. 2.3.5/1). Hier wird zum Ausdruck gebracht, daß die Bevölkerungsdichte in den Anfangsstadien der Großstadtentwicklung in einem noch relativ eng begrenzten Stadtgebiet ziemlich rasch und gleichförmig vom Zentrum nach außen abfällt, daß im weiteren Verlauf dann die Dichte im Zentrum immer weniger zunimmt, um schließlich dort – eben durch den Vorgang der Citybildung – deutlich abzusinken.

Die Zusammenhänge zwischen Bevölkerungsdichte und Distanz vom Stadtzentrum sind bereits 1951 von *Clark* durch folgende Formel ausgedrückt worden:

$$D_x = D_O \cdot e^{-bx}$$

wobei D_x = Bevölkerungsdichte in der Distanz
D_O = Bevölkerungsdichte im Zentrum
b = Dichtegradient
e = Eulersche Zahl (Basis d. nat. Log.)

Diese Formel ist ein späteren Arbeiten modifiziert bzw. erweitert worden, worauf hier nicht einzugehen ist. Die Ermittlung von Dichtegradienten sowohl für die Gesamtstadt als auch für einzelne Sektoren des Stadtgebietes hat sich für vergleichende Analysen der Stadtentwicklung und für den Vergleich von Städten in verschiedenen Teilen der Erde als sehr fruchtbar erwiesen. Wie aus dem

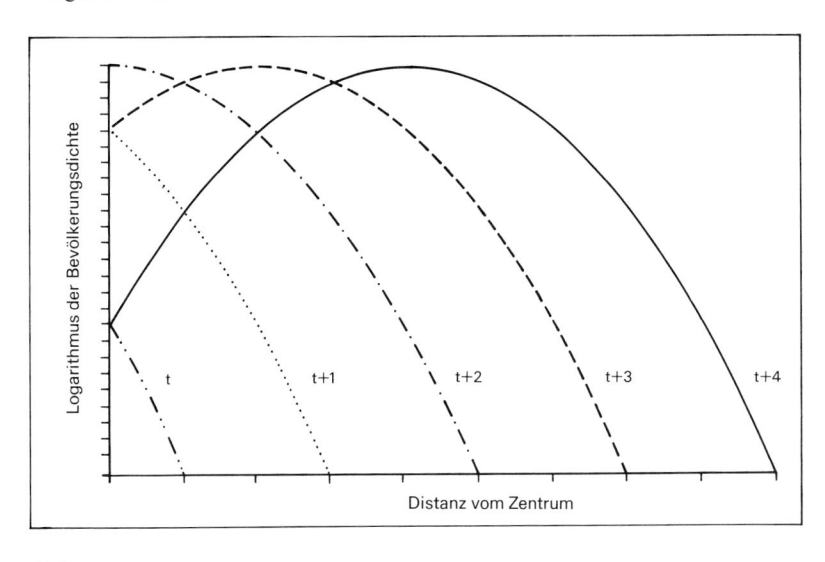

Abb. 2.3.5/1
Modell des städtischen Wachstums: Veränderung der Bevölkerungsdichte im zeitlichen Ablauf t bis $t+4$
nach: *Newling* 1969, S. 136.

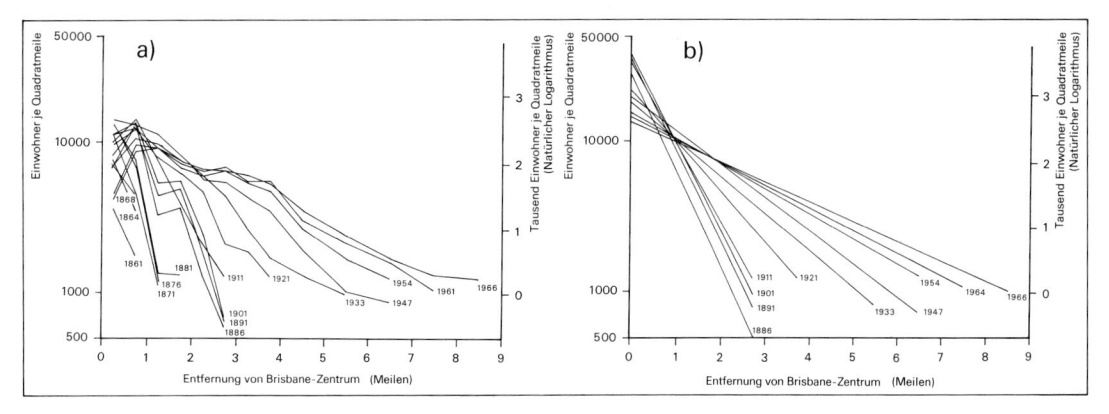

Abb. 2.3.5/2
Dichteverhältnisse in Brisbane 1861–1966 (a) Veränderungen der Dichte mit der Distanz vom Zentrum
(b) Dichtegradienten
nach: *Marsden* 1970, S. 80, 82.

Vorstehenden bereits abzuleiten ist, zeigt sich, daß b zumindest in den Städten westlicher Industrieländer im Laufe der Zeit erheblich kleiner wird, und daß die zentrale Dichte – ein fiktiver Wert, der die Ausbildung einer City unberücksichtigt läßt – zunächst zwar ansteigt, dann aber deutlich absinkt. Als Beispiel für diese Veränderungen mögen die Verhältnisse in Brisbane/Australien angeführt sein (s. Abb. 2.3.5/2). Im linken Diagramm sind die Veränderungen der Dichtewerte zwischen 1861 und 1966 dargestellt, das rechte Diagramm zeigt verallgemeinernde Trends (Regressionslinien) für einzelne Zeiträume zwischen 1886 und 1966 (*Marsden* 1970).

Bisher vorliegende Untersuchungen über zeitliche Veränderungen der Dichteverhältnisse in Großstädten von Entwicklungsländern deuten darauf hin, daß sich die Situation dort in mancher Beziehung von der in den heutigen Industrieländern unterscheidet. Das kann kaum überraschen, muß man doch zumindest berücksichtigen, daß die Großstadtentwicklung in Entwicklungsländern i. a. erst später als in den heutigen Industrieländern begann, und daß die Bedingungen, unter denen die Städte in den Entwicklungsländern wuchsen, wesentlich von denen in den heutigen Industrieländern während des 19. und frühen 20. Jahrhunderts verschieden sind.

Neben zahlreichen anderen Autoren haben sich mit der Bevölkerungsverteilung und Bevölkerungsdichte in Städten von Industrie- und Entwicklungsländern in jüngerer Zeit *Mills/Tan* (1980) befaßt. Die Autoren gehen bei ihrem Vergleich der realen Verhältnisse von der Hypothese aus, daß ein Absinken des Dichtegradienten einhergeht mit einer Verbesserung des innerstädtischen Verkehrs, mit einer Steigerung des Einkommens und mit dem Bevölkerungswachstum der Gesamtstadt, das mit der Ausweitung des städtischen Siedlungsraumes verbunden ist. Auch wenn die zentrale Dichte noch zunimmt, verringert sich der Dichtegradient, weil es mit dem Flächenwachstum der Stadt zur Bildung von Subzentren in den Außenbezirken mit Arbeits- und Einkaufsstätten und einer entsprechenden Zunahme der Wohnbevölkerung in deren Umgebung kommt.

Zur Situation in wirtschaftlich weit entwickelten Ländern wird, wie andere Untersuchungen und eben auch das Beispiel Brisbane gezeigt haben, in der angeführten Arbeit festgestellt, daß der Dichtegradient im Verlauf der Zeit mehr oder weniger kontinuierlich absinkt. In London fiel er z. B. von 0,78 im Jahre 1801 auf 0,23 im Jahre 1901 und auf 0,09 im Jahre 1961.

Unterschiede zwischen Städten einzelner Länder zeigen sich vor allem insofern, als die Veränderungen nicht zur gleichen Zeit begannen, dementsprechend ungleiche Entwicklungsstadien vorliegen und die Ausgangswerte zu Beginn der Großstadtentwicklung aufgrund von städtebaulichen Besonderheiten, deren Entwicklung weit zurückreichen kann (z. B. die Errichtung von Mietshäusern unterschiedlicher Größe), beträchtlich variieren. In Entwicklungsländern weisen die zeitlichen Veränderungen bei den großen Städten grundsätzlich ähnliche Tendenzen auf. Daß es bei Wachstum der Gesamtbevölkerung nicht gleichzeitig auch zu einer Veränderung des Dichtegradienten, sondern zu einem Anstieg der Dichte in allen Stadtbereichen einschließlich des Zentrums kommt (vgl. *Berry* u. a. 1963), ist offenbar nur für einen enger begrenzten Zeitraum der Stadtentwicklung charakteristisch: Soweit eingehendere Untersuchungen vorliegen, scheinen die Veränderungen im Sinne einer Abflachung des Dichtegradienten allerdings weniger rasch als z. Z. in Europa oder Nordamerika zu verlaufen. Schließlich wirkt sich aber auch in den Entwicklungsländern die starke Ausweitung des städtischen Siedlungsraumes aus, und es gibt zumindest statistische Zusammenhänge zwischen Dichtegradient und pro-Kopf-Einkommen, indem mit steigendem Einkommen der Gradient absinkt. Im übrigen zeigen sich zwischen Ländern mit einem annähernd ähnlichen wirtschaftlichen Entwicklungsstand doch manche Unterschiede, deren Erklärung weiterreichende Untersuchungen erfordert. Um 1960 ergab sich – um auf einige Beispiele zu verweisen – für 20 Großstädte in den USA ein besonders geringer Gradientwert von 0,199. Bei 12 japanischen Städten betrug der Wert dagegen 1965 0,457. Angaben für Indien, Brasilien, Mexiko und Korea sind Tab. 2.3/3 zu entnehmen. Die koreanischen Städte wiesen einen weitaus steileren Gradienten auf als die indischen Städte, obwohl zum Zeitpunkt der Untersuchung das pro-Kopf-Einkommen in Korea mehr als doppelt so hoch lag wie in Indien. Die 3 mexikanischen Städte hatten einen steileren Dichtegradienten als die 4 in Brasilien untersuchten Städte, während die wirtschaftliche Situation der Länder, gemessen am pro-Kopf-Einkommen eher ein gegenteiliges Ergebnis hätte erwarten lassen.

Tab. 2.3/3: Durchschnittliche Dichtegradienten von Städten ausgewählter Länder

Indien (12 Städte)		Brasilien (4 Städte)		Mexiko (3 Städte)		Korea (12 Städte)	
1951	0,675	1950	0,182	1950	0,359	1966	0,701
1961	0,652	1960	0,171	1960	0,335	1970	0,670
		1970	0,157	1970	0,284	1973	0,639

Quelle: Mills/Tan 1980, S. 320

Die über die Großstädte in das angrenzende Umland hinausreichenden Veränderungen der Bevölkerungsverteilung sind in den Industrieländern im Rahmen der Agglomerationsforschung mit besonderer Aufmerksamkeit verfolgt worden, weshalb an dieser Stelle noch einiges dazu anzuführen ist. Legt man das bekannte, von *Boustedt* entwickelte Modell der Stadtregion zugrunde, so zeigt sich, wie Tab. 2.3/4 für die Stadtregionen der Bundesrepublik ausweist, während der letzten Jahrzehnte eine deutliche Verlagerung der in erster Linie auf Wanderungen zurückzuführenden Hauptzuwachsraten: Nachdem in der ersten Hälfte der 50er Jahre die Kernstädte im Zuge des Wiederaufbaus nach den Kriegszerstörungen noch eine beträchtliche Zunahme der Bevölkerung zu verzeichnen hatten, ging der Wanderungsüberschuß hier anschließend ständig zurück, um seit der ersten Hälfte der 60er Jahre in vielen Fällen negativ zu werden. Es gibt zahlreiche Städte, die heute als Kerne von Stadtregionen bedeutend weniger Einwohner haben als um 1955 oder 1960, im wesentlichen als Folge der sog. ‚Randwanderung' (s. 2.2), bei der zunächst die ‚Ergänzungsgebiete', später die ‚Verstädterten Zonen' und anschließend auch die ‚Randzonen' größere Gewinne aufweisen konnten. Insgesamt wächst die Bevölkerung von Stadtregionen bis zum Beginn der 60er Jahre deutlich stärker als die der übrigen Räume. Erst während des letzten in der Tabelle angeführten Zeitabschnittes von 1965–1970 entspricht mit fortschreitenden Veränderungen der gesamtwirtschaftlichen Situation der Bevölkerungszuwachs in den Stadtregionen dem des Bundesgebietes insgesamt, ohne daß es dabei schon zu einem spürbaren Ausgleich zwischen Verdichtungsräumen und ländlichen Räumen kommt. Viele Gebiete, die jetzt Wanderungsgewinne zu verzeichnen haben, liegen an der Peripherie der bestehenden Verdichtungsräume, während die Abwanderung aus abseits von größeren Zentren gelegenen Regionen zwar

Tab. 2.3/4: Bevölkerungsveränderungen in den einzelnen Zonen der Stadtregionen der Bundesrepublik Deutschland 1950–1970

Veränderungen in %/Jahr	1950–56	1956–61	1961–65	1965–70
Kernstädte	2,4	1,5	0,5	0,2
Ergänzungsgebiete	2,5	2,8	2,7	1,2
Verstädterte Zonen	0,8	2,1	3,3	0,8
Randzonen	−0,5	0,8	1,8	0,5
Stadtregionen insges.	2,0	1,8	1,3	0,5
Übrige Gemeinden	−0,5	0,6	1,2	0,6
Bundesrepublik insges.	0,8	1,3	1,2	0,5

Quelle: Friedrichs 1977, S. 171

abnimmt, aber großenteils doch nicht aufhört. Bei näherer Untersuchung des gegenwärtigen Wanderungsgeschehens stellt sich im übrigen heraus, daß es sich keineswegs nur um Gegensätze zwischen Verdichtungsräumen und ländlichen Räumen handelt, sondern daß eben auch innerhalb dieser beiden Raumkategorien gegensätzliche Tendenzen vorhanden sind. Dazu kommt, daß sich einzelne Wanderungsströme unterschiedlich zusammensetzen und damit auch unterschiedliche räumliche Auswirkungen zeitigen (vgl. 2.2).

2.4 Bevölkerungsstruktur

Im vorangehenden Kapitel wurde gezeigt, wie und warum die Bevölkerung ungleich verteilt ist. Für die geographische Analyse sind nicht nur die unterschiedliche Verteilung und Dichte der Bevölkerung von Raumeinheiten bedeutungsvoll, sondern auch die unterschiedliche Zusammensetzung nach demographischen, ökonomischen, sozialen, kulturellen u. a. Merkmalen, also die Bevölkerungsstruktur. Um aus der Fülle möglicher Merkmale bedeutsame auszuwählen, wird mit *Friedrichs* (1977) davon ausgegangen, daß die räumliche Organisation einer Gesellschaft, in die verschiedenartige Bevölkerungsstrukturen eingebettet sind, wesentlich aus ihrer sozialen Organisation abzuleiten ist. Das Hauptziel der sozialen Organisation, das Überleben in einer vorgegebenen Umwelt zu sichern, wird einerseits durch die ökonomische Produktion, andererseits durch die biologische Reproduktion, also die Fortpflanzung und die Sorge für die Nachkommen, erreicht. Da die ökonomische Produktion durch ein für eine Gesellschaft spezifisches Ausmaß an Arbeitsteilung gesichert wird, stehen für die Mitglieder der Gesellschaft entsprechende Positionen (Berufe, Einkommenspositionen ...) bereit. Dies führt zur Differenzierung einer Bevölkerung nach sozio-ökonomischen Merkmalen, in denen auch der Stadt-Land-Gegensatz eingeschlossen ist. In unmittelbarer Verknüpfung damit können ‚Überbauphänomene' der kulturellen und religiösen Struktur eingeordnet werden. Demgegenüber können Bedingungen und Möglichkeiten der biologischen Reproduktion durch demographische Merkmale im engeren Sinne beschrieben werden, also durch die Gliederung nach Alter und Geschlecht sowie nach Art des Zusammenlebens in Haushalten und Familien. In diesem Kapitel werden daher vor allem die räumlichen Unterschiede der Bevölkerung nach demographischen und sozio-ökonomischen Merkmalen behandelt.

2.4.1 Geschlechterproportion und Altersstruktur (*Franz-Josef Kemper*)

2.4.1.1 Regionale Unterschiede in der Geschlechterproportion

Abweichungen von einem ausgeglichenen Verhältnis beider Geschlechter werden mit Hilfe der *Sexualproportion* (Geschlechterverhältnis) gemessen, bei der die Anzahl der Männer auf 1000 Frauen bezogen wird. In der deutschsprachigen Literatur wird auch das reziproke Verhältnis benutzt.

Nur wenige Staaten der Erde haben eine ausgeglichene Sexualproportion. Niedrige Werte mit deutlichem Frauenüberschuß besitzen vor allem die Sowjetunion, die 1979 eine Maßzahl von 873 aufwies, und die meisten europäischen Industrieländer. Dagegen verzeichnen die arabischen Staaten, die Länder Südasiens (z. B. Indien: 1072 im Jahre 1980, Pakistan 1105 im Jahr 1981) und China ein Überwiegen der männlichen Bevölkerung. Auch innerhalb eines Landes sind oft ausgeprägte Ungleichgewichte der Geschlechterverteilung festzustellen. Während Ende 1979 die Sexualproportion der Bundesrepublik Deutschland 917 ausmachte, waren die Werte in Berlin für die deutsche Bevölkerung 774, für die Ausländer dagegen 1178. Dieses Beispiel zeigt, daß neben regionalen auch gruppenspezifische Unterschiede zu beachten sind, wobei besonders an ethnische Gruppen zu denken ist. Die wenigen genannten Zahlen mögen verdeutlichen, daß es ausgeprägte regionale Unterschiede in der Zusammensetzung der Geschlechter gibt, die erhebliche Auswirkungen auf das Zusammenleben der Menschen, den Heiratsmarkt und die Familienbildung sowie gegebenenfalls auf den Bedarf an spezifischer Infrastruktur besitzen.

Auf welche Faktoren sind nun die Unterschiede in der Sexualproportion zurückzuführen? Betrachten wir dazu die verschiedenen Bevölkerungsprozesse, durch die sich die Bevölkerung einer Region verändert. Im Rahmen der natürlichen Bevölkerungsbewegung ist als erster Faktor die ungleiche Verteilung von Knaben- und Mädchengeburten zu nennen. In den meisten Ländern kommen auf 100 Mädchen etwa 105 Knaben. Geschlechtsspezifische Mortalitätsziffern machen den zweiten Faktor aus. Für die Bevölkerung der Industrieländer ist die höhere Lebenserwartung der Frauen charakteristisch (vgl. 2.1). Mit zunehmender Alterung einer Bevölkerungskohorte geht daher der Männerüberschuß in ein Übergewicht der Frauen über. Dieser Übergang erfolgte bei der Bevölkerung der Bundesrepublik 1986 in der Altersgruppe 55–59 Jahre mit einem geringen Frauenüberschuß, während bei den über 84jährigen auf 1000 Frauen nur noch 343 Männer kamen. In anderen Industrieländern ist der Frauenüberschuß der älteren Kohorten nicht so stark ausgeprägt, weil in Deutschland die erhöhte Mortalität der Männer im Zweiten Weltkrieg zu berücksichtigen ist. Für eine Reihe von Entwicklungsländern liegt, bedingt durch hohe Müttersterblichkeit, starke Beanspruchung und geringe Wertschätzung der Frau, die weibliche Lebenserwartung nicht über der männlichen, so daß der Männerüberschuß der Neugeborenen in allen Altersgruppen, z.T. noch verstärkt, anzutreffen ist.

In Kapitel 2.2 wurde gezeigt, daß Wanderungen im allgemeinen selektiv verlaufen. Für viele Wanderungsströme ist geschlechtsspezifische Selektivität charakteristisch, so daß als dritter Faktor zur Erklärung regionaler Unterschiede der Sexualproportion die Zuwanderung, als vierter Faktor die Abwanderung zu nennen ist. Von besonderer Bedeutung sind hier internationale Wanderungen, bei denen oftmals Männer überproportional vertreten sind, wie bei den meisten Arbeiterwanderungen, in Phasen der europäischen Überseewanderung (vgl. 3.2.3) und bei der Gastarbeiterwanderung (vgl. 3.2.1). Als Beispiel für ein Zuwanderungsgebiet sei das festländische Malaysia genannt (*Sidhu* 1978), das unter kolonialer Herrschaft der Briten eine starke Einwanderung von Chinesen und Indern erfuhr, die als Plantagenarbeiter, im Bergbau und in den Städten Beschäftigung fanden. Zunächst sind hauptsächlich Männer zugewandert, die teilweise ihre Familien im Herkunftsland zurückließen und durch Geldbeträge unterstützten. So wies das Land 1921 eine Sexualproportion von 1543 auf, die sich bis 1970 durch Nachzug von Frauen und Kindern auf 1018 normalisierte. Dennoch sind als Folge der kolonialen Arbeiterwanderungen auch 1970 noch deutliche Unterschiede im Geschlechterverhältnis der ethnischen Gruppen vorhanden. Während die Malayen einen Wert von 989 aufwiesen, wurde bei den Chinesen, die 35% der Bevölkerung ausmachten, eine Sexualproportion von 1021, bei den Indern (11% der Bevölkerung) sogar von 1134 gemessen. Besonders hohe Männerüberschüsse der Chinesen und Inder finden sich dort, wo diese Gruppen als Minderheiten leben, während in den Gebieten stärkerer ethnischer Konzentration eine ausgeglichenere Familien- und Geschlechterstruktur vorherrscht. Da die Einwanderung unter anderem die Städte bevorzugte und die malayische Bevölkerung lange einer städtischen Lebensweise fremd gegenüber stand, sind in den Städten bis in die jüngste Zeit Überschüsse an Männern zu vermerken.

Solche unterschiedlichen Sexualproportionen von städtischer und ländlicher Bevölkerung sind in vielen Gebieten vorhanden, jedoch in verschiedener Richtung. Wie in Malaysia ist für die städtischen Bevölkerungen vieler süd- und südostasiatischer sowie afrikanischer Staaten ein höherer Männeranteil als auf dem Lande charakteristisch. Dagegen ist in Europa und in Gebieten, die stark durch europäische Kultur- und Stadtentwicklung beeinflußt wurden, wie Australien, Anglo- und Lateinamerika, in der Regel der Frauenanteil der Städte höher als der auf dem Lande, weil Frauen wegen der Beschäftigungsmöglichkeiten im tertiären Sektor der Städte, sei es in einfachen Positionen als Dienstpersonal, sei es in gehobeneren Qualifikationen der Büroberufe, in die Städte abwandern. Je nach funktionalem Typ der Stadt ist diese Aussage allerdings zu differenzieren. So weisen Bergbaustädte, vor allem wenn die Industrie im Aufbau begriffen ist, meist Männerüberschüsse auf. Auch hat bei der Binnenwanderung in hoch entwickelten Ländern die geschlechtsspezifische Selektivität oft an Bedeutung verloren.

Die Sexualproportion der Abwanderungsgebiete ist ein Spiegelbild der geschlechtsspezifischen Selektion der geschilderten Zuwanderungen. Während in den Herkunftsgebieten der Gastarbeiter in Südeuropa meist ein deutlicher Frauenüberschuß herrscht, gibt es in Teilen des ländlichen Raumes vieler Industrieländer ein Übergewicht der Männer. Eine detaillierte Untersuchung hierüber hat vor einiger Zeit *Franklin* (1956) am Beispiel von Neuseeland durchgeführt. Danach hing das Ausmaß der Abwanderung von Frauen aus ländlichen Regionen von der Siedlungsstruktur, der landwirtschaftlichen Struktur und der verkehrsmäßigen Erschlossenheit ab. Je eher Einzelhöfe das Siedlungsbild bestimmten, je mehr extensive Weidewirtschaft dominierte und je weiter die Entfernung zu zentralen Orten war, um so höher war der Männerüberschuß durch Abwanderung der Frauen und um so schwieriger wurde die Familienbildung für die in der Landwirtschaft tätigen Männer.

Die Behandlung der Einflußfaktoren der Sexualproportion hat die Zusammenhänge mit der Altersstruktur eines Gebietes deutlich gemacht. Für Industrieländer gilt, daß mit steigendem Anteil der älteren Menschen der Frauenanteil eines Gebietes wachsen wird. Es ist daher von besonderem Interesse, neben der Sexualproportion für die gesamte Bevölkerung auch altersspezifische Werte zu ermitteln. Dies sei am Beispiel der Bundesrepublik Deutschland demonstriert, wobei gleichzeitig das Zusammenwirken der oben geschilderten Einflußfaktoren aufgezeigt werden kann. In der Tabelle 2.4.1/1 sind die altersspezifischen Sexualproportionen für die sechs großräumigen Gebietskategorien der Bundesrepublik, die durch die Bundesforschungsanstalt für Landeskunde und Raumordnung abgegrenzt wurden, dargestellt.

Während bei den Kindern erwartungsgemäß keine wesentlichen regionalen Unterschiede auftreten, gibt es in der Altersgruppe 20–39 Jahre überdurchschnittliche Frauenanteile, also niedrige Sexualproportionen, in den hochverdichteten Regionen, mit besonders ausgeprägten Werten in den Räumen

Tab. 2.4.1/1: Sexualproportionen (Männer auf 1000 Frauen) für Altersgruppen der Wohnbevölkerung der Bundesrepublik Deutschland am 31.12.1986 nach Regionstypen

Altersgruppe	BRD	Hochverdichtete Regionen	Altindustrielle Regionen	Berlin West	Regionen mit Verdichtungsansätzen	ländliche Regionen	Voralpenland
0–19	1048	1047	1041	1059	1050	1048	1050
20–39	1066	1035	1056	1130	1078	1094	1052
40–59	1007	1022	1005	1009	1009	989	999
60 u. mehr	567	563	559	402	573	574	583
gesamt	922	915	912	866	929	928	917

Quelle: Berechnungen nach Angaben der BfLR

Düsseldorf, Mönchengladbach, Frankfurt und Wiesbaden, sowie in den Fremdenverkehrsregionen, beides zurückzuführen auf die Zuwanderung weiblicher Arbeitskräfte. Die altindustrialisierten Regionen mit geringer Bedeutung des tertiären Sektors weisen nur leicht unterdurchschnittliche Werte auf. Die relativ hohen Männerüberschüsse in Berlin und in den ländlichen Gebieten sind vermutlich auf unterschiedliche Ursachen zurückzuführen, weil in Berlin die Zuwanderung von jüngeren Männern, insbesondere von Studenten, eine wichtige Rolle spielt, während der ländliche Raum Wanderungsverluste bei den Frauen aufweisen dürfte. In der Altersgruppe 40–59 Jahre fällt der Männerüberschuß in den Verdichtungsräumen auf. Er ist wesentlich auf die ausländische Bevölkerung zurückzuführen, denn bei den 40–59jährigen Ausländern ist eine Sexualproportion von 1540 für die Bundesrepublik festzustellen, während bei den jüngeren Ausländern inzwischen eine ausgewogenere Geschlechterproportion vorhanden ist (1123). In der letzten Altersgruppe steigt aufgrund der geschilderten Mortalitätsdifferenz der Anteil der Frauen stark an, wobei die Frauen über 59 Jahren besonders in den Verdichtungsräumen überwiegen.

2.4.1.2 Typen des Altersaufbaus und Altersindizes

Die Altersgliederung einer Bevölkerung zählt zu deren wichtigsten Strukturmerkmalen, denn einerseits ist sie Rahmenbedingung für Mortalität und Natalität und damit für die natürliche Bevölkerungsbewegung, andererseits sind mit verschiedenen Altersstufen spezifische Pflichten und Rechte, Normen und Rollen verbunden, die den Lebenslauf eines Individuums in einer Gesellschaft bestimmen. Im Altersaufbau spiegeln sich in der Vergangenheit liegende Prozesse der Bevölkerungsveränderung wider, die sogar mehr als ein Jahrhundert zurückliegen können, etwa wenn die geringe Besetzung einer Generation sich in deren Kinder- und Kindeskindergenerationen mit allmählicher Abschwächung wiederholt. Sieht man von Wanderungsbewegungen ab, sind auch zukünftige Entwicklungen durch den gegenwärtigen Altersaufbau mit hoher Wahrscheinlichkeit vorauszusagen, man denke z. B. an mittelfristige Prognosen von Arbeitskräften, Rentnern, Studenten. Es ist daher heute bei räumlichen Analysen und Prognosen der Bevölkerung üblich und oft unumgänglich, die Altersgliederung wenigstens durch grobe Altersklassen zu berücksichtigen.

Aus den altersspezifischen Rollenerwartungen ergeben sich für die unterschiedlichen Gesellschaften der Erde zumindest drei verschiedene Lebensphasen, die man mit Kindheit und Jugend, ‚aktivem' Erwachsenenstatus und Alter kennzeichnen kann. Die Übergänge von einer Phase zur nächsten erfolgen durch Initiationsriten oder Volljährigkeitsregeln, Aufnahme oder Aufgabe einer Erwerbstätigkeit, oder auch Gründung bzw. Aufgabe eines eigenen Haushalts und einer eigenen Familie. Dabei sind manche Übergänge fließend, andere an konkreten Zeitpunkten festgemacht. So ist der in vorindustriellen Gesellschaften häufig langsam sich vollziehende Wechsel zur Altersphase in den Industrieländern durch feste Regelungen des Rentenalters stärker determiniert. Wenn auch die Zeitpunkte der Übergänge kulturspezifisch variieren, so werden doch als grobe Anhaltspunkte folgende Schwellenwerte zur Abgrenzung allgemein benutzt:

– Kinder (K): bis 14 oder 19 Jahre
– Erwerbsfähige Bevölkerung (E): von 15 oder 20 Jahren bis 59 oder 64 Jahre
– Ältere Menschen (A): ab 60 oder 65 Jahren

Auf der Basis dieser drei Altersgruppen lassen sich einfache Indizes zur Beschreibung des Altersaufbaus einer Bevölkerung konstruieren. Neben der Berechnung von Prozentwerten jeder Gruppe an der Gesamtbevölkerung ist es üblich, Verhältnisse zwischen den Altersgruppen zu bilden. Dazu gehören die *Abhängigkeitsrelation* (K + A)/E, die das zahlenmäßige Verhältnis der wirtschaftlich abhängigen jungen und alten Generation zur mittleren Generation der potentiell aktiven Bevölkerung mißt, und der Index A/K, der eine Aussage über die Zusammensetzung der ‚Abhängigen' machen soll. Diese Indizes beziehen sich auf die Stellung beim Erwerbsleben, wohingegen zur Erfassung des generativen Potentials einer Bevölkerung andere Altersgruppen gewählt werden. Als Beispiel sei der *Index von*

Billeter genannt, bei dem die Differenz der unter 15jährigen (K) und der ab 50jährigen (A 1) auf die potentiell reproduktionsfähigen 15–49jährigen (E 1) bezogen wird: (K – A 1)/E 1. Der Index schwankt im allgemeinen zwischen −1 und +1, wobei +1 eine sehr jugendliche, −1 eine stark überalterte Bevölkerung bezeichnet. Diese gebräuchlichen Altersindizes lassen sich je nach Fragestellung durch weitere ergänzen oder ersetzen.

Für die Staaten der Erde lassen sich die Anteile der drei Altersgruppen und darauf aufbauende Indizes mit Hilfe der regelmäßig im ‚Demographic Yearbook' der UN publizierten Daten leicht ermitteln. Berechnet man auf der Grundlage von Daten für die Mitte der siebziger Jahre die Prozentanteile der unter 15jährigen, der 15–59jährigen und der ab 60jährigen und trägt die Werte in ein Dreiecksdiagramm ein (vgl. *Kuls* 1980, S. 70), so treten deutlich zwei verschiedene Hauptgruppen von Ländern hervor. Die erste Gruppe, die aus den meisten europäischen Staaten, den USA, Kanada und Japan besteht, weist geringe Kinderanteile – meist unter 25% –, Anteile der mittleren Altersgruppe von 55–65% und der älteren Personen von 15–25% auf. Dagegen ist für die zweite Gruppe, der eine Vielzahl von Entwicklungsländern angehört, der hohe Kinderanteil zwischen 40 und 50%, ein sehr geringer Altenanteil um 5% und ein Anteil der 15–59jährigen zwischen 45 und 55% charakteristisch. In der ersten Gruppe zählt die Bundesrepublik Deutschland zu den Ländern mit dem geringsten Kinderanteil. Im Jahr 1987 lag er bei 14,6% – 1970 noch bei 23,2% –, während der Anteil der älteren Menschen ab 65 Jahre zwischen 1970 und 1987 von 13,2% auf 15,3% anstieg.

In Tabelle 2.4.1/2 sind für die oben genannten regionalen Kategorien der Bundesrepublik Prozentangaben der drei Altersklassen ausgewiesen, wobei die Schwellenwerte bei 20 und 60 Jahren liegen, sowie Werte der vorgeführten Altersindizes zusammengestellt. Dabei wurde der *Billetersche* Index etwas modifiziert, insofern die untere Altersgrenze bei 20 statt 15 Jahren angesetzt wurde. Dies hat zur Folge, daß die Werte auf der Zahlengeraden nach rechts verschoben werden. Die hier besonders interessierenden regionalen Unterschiede bleiben aber erhalten. Aus der Tabelle ist abzulesen, daß der Kinderanteil mit dem Grad der Verdichtung abnimmt. Dagegen ist die mittlere Altersgruppe am geringsten im ländlichen Raum vertreten. Berlin fällt durch seinen hohen Altenanteil auf. Wenn man aus den verdichteten Regionen die Kernstädte herauslöst, ergeben sich ebenfalls überdurchschnittliche Anteile (z. B. Hamburg 23,7%, Bremen 23,6%, Essen 23,8%). Insgesamt bestehen aber zwischen Verdichtungsräumen und ländlichen Räumen kaum Unterschiede im Altenanteil.

In der Tabelle wird weiterhin die unterschiedliche Aussage der Altersindizes deutlich. Während die Indizes für Berlin eine klare Überalterung wiedergeben, weisen die beiden Gebietskategorien des

Tab. 2.4.1/2: Anteile von Altersgruppen und Altersindizes für die Wohnbevölkerung der Bundesrepublik Deutschland 1986 nach Regionstypen

Anteil der	BRD	Hochverdichtete Regionen	Altindustrielle Regionen	Berlin West	Regionen mit Verdichtungsansätzen	ländliche Regionen	Voralpenland
0–19jähr.	22,1	21,2	21,6	19,6	23,3	24,9	23,8
20–59jähr.	57,3	58,3	57,6	57,5	56,4	54,6	55,0
über 59jähr.	20,6	20,6	20,9	22,9	20,3	20,5	21,3
Abhängigkeitsrelation	74,6	72	74	74	77	83	82
Alte/Kinder	0,93	0,98	0,97	1,17	0,88	0,84	0,90
Billeter-Index	−0,240	−0,264	−0,293	−0,308	−0,199	−0,180	−0,214

Quelle: Berechnungen nach Angaben der BfLR

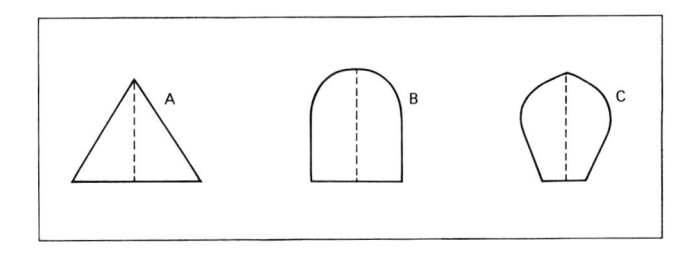

Abb. 2.4.1/1
Grundtypen von Bevölkerungspyramiden
Entwurf: F.J. Kemper.

ländlichen Raumes zwar eine ähnliche Abhängigkeitsrelation auf, unterscheiden sich aber im Verhältnis von Kindern zu alten Menschen, das in den Fremdenverkehrsregionen des Alpenvorlands mehr zugunsten der alten Menschen ausgeprägt ist. Daß das Ausmaß der ‚Überalterung' von den gewählten Schwellenwerten der Altersgruppen abhängt, zeigt die Gegenüberstellung der hochverdichteten und der altindustrialisierten Regionen. Nach dem Index A/K sind erstere etwas mehr durch ältere Personen charakterisiert, während nach dem Index von *Billeter* die letzteren mehr überaltert sind. Diese Diskrepanz beruht auf dem hohen Anteil der 50–59jährigen in den altindustrialisierten Gebieten und den entsprechend niedrigen Werten der jüngeren Erwachsenen, die u.a. auf Abwanderung zurückzuführen sind.

Bislang wurden einzelne Altersklassen und darauf aufbauende Indizes behandelt. Will man einen Eindruck von der gesamten Altersverteilung erhalten, so empfiehlt es sich, auf die bekannte graphische Darstellung der *Bevölkerungs-* oder *Alterspyramide* zurückzugreifen, in der neben dem Altersaufbau auch die Geschlechterverteilung abgebildet wird. Auf der Ordinate werden die Altersgruppen – meist Einjahres- oder Fünfjahresgruppen – dargestellt, auf der Abszisse rechts vom Nullpunkt wird die Zahl der Frauen einer Altersgruppe aufgetragen, links davon die Zahl der Männer. Wenn man verschiedene Bevölkerungspyramiden miteinander vergleichen will, muß man statt absoluter relative Werte nehmen. Man berechnet dazu den Prozentanteil einer Altersgruppe eines Geschlechts an der Gesamtbevölkerung, nicht etwa an der Zahl der Männer oder Frauen. Die Pyramide einer realen Bevölkerung ist in Abb. 2.4.1/2 dargestellt, während Abb. 2.4.1/1 drei unterschiedliche Typen von Pyramiden zeigt.

Lediglich Typ A mit der Form eines gleichschenkligen Dreiecks hat die Form einer Pyramide. Hier ist der Kinderanteil hoch, und die Besetzung aufeinanderfolgender Altersgruppen wird immer geringer. Dieser Typ ist charakteristisch für wachsende Bevölkerungen mit hoher Fruchtbarkeit, aber auch für Bevölkerungen, die in ihrer Gesamtzahl stagnieren, wenn sowohl Fruchtbarkeit wie Mortalität, besonders bei den Kindern, hoch sind. In vielen der heutigen Entwicklungsländer, in denen die Mortalität abgesunken und die Fruchtbarkeit sogar noch zugenommen hat (vgl. 2.1.3.2), tritt Typ A mit verbreiterter Basis in einer modifizierten Form auf, in der die beiden gleichseitigen Dreiecksschenkel durch konkave Kurven ersetzt werden. Die Glocken- oder Bienenkorbform des Typs B findet sich bei Bevölkerungen mit niedriger Sterblichkeit, in denen Jahr für Jahr etwa die gleiche Zahl von Kindern geboren werden. Tritt neben eine niedrige Mortalität eine niedrige Fertilität, so daß die Geburtenbilanz negativ wird, ergibt sich der Urnentyp C für schrumpfende Bevölkerungen.

Die Zuordnung einer realen Alterspyramide zu einem der drei Typen ist unter Umständen schwierig, besonders wenn einzelne Einbuchtungen oder Spitzen zu Singularitäten führen. Eine Gruppierung zahlreicher Raumeinheiten zu Typen mit ähnlicher Altersstruktur kann deshalb im allgemeinen nicht durch unmittelbaren Vergleich der Bevölkerungspyramiden erfolgen. In einem ersten Schritt muß vielmehr die detaillierte Information verdichtet werden, wobei man Altersindizes zu Rate ziehen kann. Mit Hilfe von komplexen mathematischen Ansätzen bestehen heute Möglichkeiten, auch solche Indizes zu wählen, die auf dem gesamten Altersaufbau basieren, nicht nur auf wenigen groben Altersklassen.

2.4.1.3 Empirische und modellhafte Altersstrukturen

Empirisch erhobene Bevölkerungspyramiden werden beeinflußt vom längerfristigen Stand und von der allmählichen Veränderung der Fertilität und der Mortalität, wie die Typen der Abb. 2.4.1/1 gezeigt haben. Kurzfristige Änderungen der natürlichen Bevölkerungsbewegung führen zu Diskontinuitäten im Altersaufbau. Dazu zählen besonders a) die Reduzierung bestimmter Jahrgänge durch Kriege, Naturkatastrophen, Hungersnöte oder Seuchen, b) die Anpassung der Geburtenzahlen an ökonomische Konjunkturbewegungen, c) der Ausfall von Geburten durch Kriegseinflüsse. Auf die Fruchtbarkeit können weiter bevölkerungspolitische Maßnahmen einwirken. Während die unter a) genannten Einflußfaktoren der Mortalität sich im allgemeinen auf viele Altersjahrgänge verteilen, wirken sich die Faktoren b) und c) durch Konzentrierung auf einige Geburtsjahrgänge meist sehr deutlich im Bild der Bevölkerungspyramide aus. Dies läßt sich an der Bevölkerungspyramide der Bundesrepublik Deutschland vom 1.1.1989 klar erkennen (Abb. 2.4.1/2).

Die Einschnitte bei etwa 43, 55 und 71 Jahren sind auf den Geburtenausfall am Ende der Weltkriege und während der Weltwirtschaftskrise zu Beginn der dreißiger Jahre zurückzuführen. Die Maxima bei den um 50jährigen und den 20–25jährigen hängen zusammen mit der pro-natalistischen Bevölkerungspolitik der Nationalsozialisten und dem wirtschaftlichen Aufschwung der späten dreißiger Jahre sowie mit dem Wirtschaftswachstum der Adenauerzeit (vgl. baby boom in Amerika). Ab Mitte der sechziger Jahre erfolgt dann der Geburtenrückgang, der zu einer schmaleren Basis der Pyramide

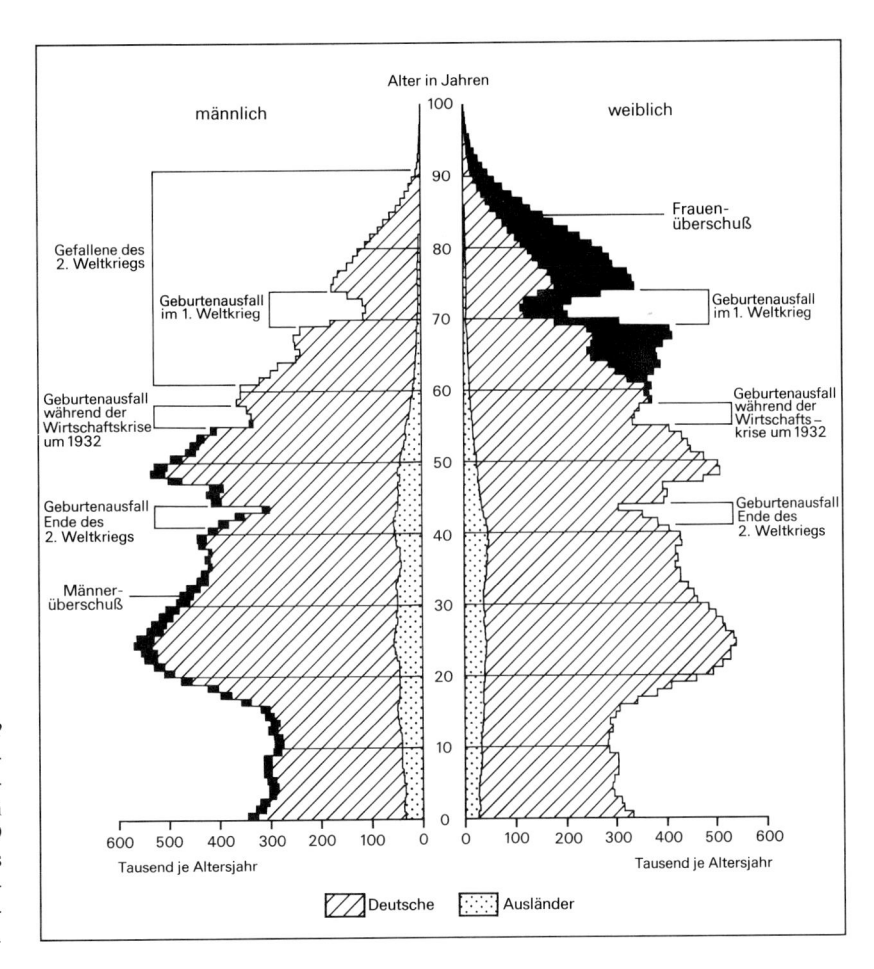

Abb. 2.4.1/2 Bevölkerungspyramide der Bundesrepublik Deutschland am 1.1.1989 nach: Statistisches Jahrbuch für die Bundesrepublik Deutschland 1990, S. 53.

führt. Die Kriegsverluste der Weltkriege, die insbesondere die Männer betrafen, sind ab dem Geburtsjahrgang 1926 zu erkennen, wo der leichte Männerüberschuß, der für die jüngere Bevölkerung charakteristisch ist, in einen relativ starken Frauenüberschuß übergeht. Aufgrund der zahlreichen Unregelmäßigkeiten und Sprünge kann die Bevölkerungspyramide der Bundesrepublik keinem der in Abb. 2.4.1/1 vorgestellten Typen zugeordnet werden.

Die behandelte Pyramide kann als Beispiel für die Bevölkerung einer großen Raumeinheit, wie sie ein Staat darstellt, angesehen werden, für deren Bevölkerungsveränderungen die Prozesse der natürlichen Bewegung entscheidend sind. Je kleiner nun die betrachtete Raumeinheit ist, um so mehr werden altersspezifisch selektive Wanderungen das Bild einer Bevölkerungspyramide bestimmen. Dazu werden weiter unten noch Beispiele für Stadtteile angeführt werden. An dieser Stelle soll den von kurz- und langfristigen Prozessen abhängigen empirischen Altersverteilungen der Altersaufbau von modellhaft erzeugten Populationen gegenübergestellt werden, bei denen alle kurzfristigen Veränderungen bewußt ausgeschaltet sind und der Altersaufbau zeitlich konstant ist.

Es handelt sich hierbei um die Modelle der stationären und der stabilen Bevölkerung, die in der demographischen Analyse eine zentrale Stellung einnehmen. In geographischen Untersuchungen sind die Modelle bislang erst selten angewendet worden, doch sind sie von solch großer Bedeutung sowohl für eingehende demographische Strukturanalysen als auch für Bevölkerungsprojektionen, daß eine kurze Einführung in wichtige Begriffe und Aussagen sinnvoll erscheint.

Modelle als vereinfachte Abbilder von gesetzlichen Strukturen der Wirklichkeit gehen von festen Annahmen aus, die in der Realität nur annähernd erfüllt werden. Zur Definition einer *stationären Bevölkerung* werden drei Voraussetzungen gemacht: 1. Es handelt sich um eine geschlossene Bevölkerung, die sich allein durch natürliche Bewegung verändert. 2. Die altersspezifischen Mortalitätsziffern sind zeitlich konstant. 3. Die Geburtenzahlen sind in jedem Jahr gleichbleibend, etwa gleich B. Unter diesen Voraussetzungen sind der Bevölkerungsbestand P und die Besetzung jeder Altersgruppe gleichfalls zeitlich konstant. Wenn e_0 die Lebenserwartung bei der Geburt ist, so gilt: $P = B \cdot e_0$, d.h. die Gesamtbevölkerung ist gleich dem jährlichen Zuwachs durch Geburten multipliziert mit der durchschnittlichen ‚Verweildauer'. An dieser Gleichung ist der enge Zusammenhang der Konzepte der stationären Bevölkerung und der Sterbetafel (vgl. 2.1.2.2) zu erkennen, der noch deutlicher wird, wenn B auf die Ausgangsbasis l_o einer Sterbetafel gesetzt wird. Dann ist der Altersaufbau der stationären Bevölkerung gerade an den Tafelwerten L_x abzulesen also der Anzahl der von allen überlebenden x-jährigen bis zum Alter $x+1$ durchlebten Jahre. Zu jeder Sterbetafel gehört also genau eine stationäre Bevölkerung.

Viele empirische Populationen lassen sich durch das stationäre Modell insbesondere wegen der Annahme des Nullwachstums nicht sinnvoll beschreiben. Es soll deshalb die dritte Voraussetzung des Modells durch die Annahme modifiziert werden, daß die jährliche Zahl der Geburten um einen konstanten Faktor k wächst: $B_{t+1} = k \, B_t$. Eine Population, die neben den oben genannten ersten beiden Voraussetzungen diese Modifizierung erfüllt, heißt *stabil*. Wenn $k>1$ ist, wächst die Bevölkerung nach dem Prinzip der diskreten geometrischen Reihe (2, 4, 8, 16, ...), was einem exponentiellen Wachstum im kontinuierlichen Fall entspricht (vgl. 2.5.1.1). Für $k<1$ geht die Bevölkerung zurück, während $k=1$ zum Sonderfall der Stationarität führt. Aus den Annahmen läßt sich ableiten, daß die Gesamtpopulation und die Bevölkerung jeder Altersgruppe ebenfalls mit dem Faktor k wachsen, aber die Prozentanteile jeder Altersgruppe zeitlich konstant bleiben. Auch die stabile Bevölkerung weist daher, relativ gesehen, einen invarianten Altersaufbau aus. Zur Konstruktion eines stabilen Bevölkerungsmodells benötigt man einerseits die Informationen einer Sterbetafel zur Kennzeichnung der Mortalität, andererseits den Wachstumsfaktor k zur Kennzeichnung der Fertilität. Es lassen sich dann leicht Parameter der natürlichen Bevölkerungsbewegung wie Geburten- oder Sterbeziffer ausrechnen (vgl. *Feichtinger* 1973 oder *Woods* 1979).

Die große Bedeutung des stabilen Bevölkerungsmodells ist vor allem auf eine zentrale Aussage der Demographie, den Ergodensatz von *Lotka*, zurückzuführen. Dieser gestattet es, empirische und

Abb. 2.4.1/3
Modelle stabiler Bevölkerungen
aus: *Stat. Bundesamt* (Hg.): Fachserie A,
Reihe 1, VZ 61, H. 1, S. 22.

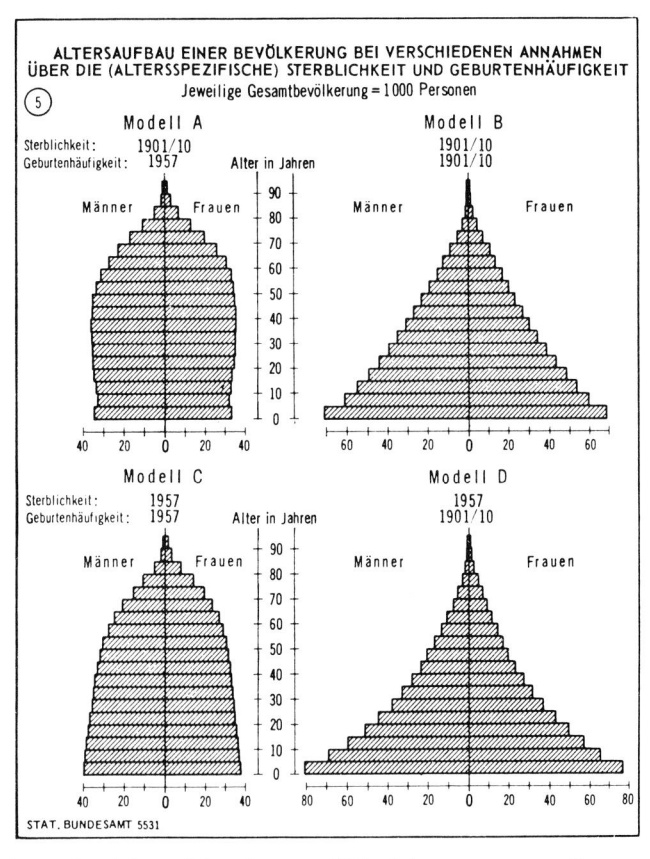

modellhafte Altersverteilungen aufeinander zu beziehen. Seine Aussage läßt sich so zusammenfassen: Gegeben sei eine Bevölkerung mit beliebiger Altersstruktur, aber zeitlich konstanten Sterblichkeits- und Fruchtbarkeitsverhältnissen. Dann nähert sich mit der Zeit die Bevölkerung immer mehr einer stabilen Population mit konstanten Anteilen der Altersgruppen an. Diese Anteile sind unabhängig von der Altersverteilung der Ausgangspopulation.

Nach diesem Satz würde also auch der unregelmäßige Altersaufbau der Bundesrepublik einmal in eine regelmäßige Altersstruktur übergehen, wenn sich Mortalität und Fertilität nicht mehr verändern. Über die Dauer bis zur Erreichung einer stabilen Bevölkerung sagt der Satz allerdings nichts aus. Die Anwendungsmöglichkeiten der Modelle sollen nun anhand von drei Aufgabenstellungen demonstriert werden. Erstens werden sie zur näheren Analyse demographischer Prozesse eingesetzt. Als Beispiel sei die Untersuchung des gleichzeitigen Einflusses von Mortalität und Fertilität auf die Altersstruktur genannt. Durch Modellrechnungen ergibt sich, daß der Altersaufbau bei einer geschlossenen Bevölkerung mehr von der Fruchtbarkeit als von der Sterblichkeit beeinflußt wird. Die ‚Überalterung' einer solchen Bevölkerung wird durch den Rückgang der Fruchtbarkeit bedingt, nicht durch den Rückgang der Sterblichkeit, wie man an Abb. 2.4.1/3 erkennt. Man vergleiche dort den Übergang vom Modell B nach A (alleiniger Geburtenrückgang) mit dem Übergang von B nach D (alleiniger Mortalitätsrückgang). Zweitens benötigt man die Modelle für Bevölkerungsprojektionen und zur Bestimmung des einer Bevölkerung ‚inhärenten' Wachstums (s. 2.5.4). Drittens eröffnen sie die Möglichkeit, wichtige demographische Parameter aus unvollständigen Daten zu schätzen. Dazu sei auf ein konkretes Beispiel eingegangen, das ausführlich bei *Woods* (1979, S. 208 ff) behandelt wird. Für eine Reihe von Entwicklungsländern, so auch für Ghana, liegen oft keine zuverlässigen Angaben über jährliche Geburten- und Sterbefälle vor. Allerdings gibt es meist relativ detaillierte Angaben über die Altersgliederung zur Zeit von Volkszählungen. Für Ghana konnte auf eine Aufteilung nach 5-Jahres-Altersgruppen, getrennt nach Geschlecht, für 1960 und 1970 zurückgegriffen werden. Es fragt sich, ob aus der Altersstruktur auf die Parameter der natürlichen Bevölkerungsbewegung zurückgeschlossen werden kann. Dies ist dann möglich, wenn der Altersaufbau zu zwei verschiedenen Zeitpunkten erhoben wurde. Dann lassen sich nämlich Überlebenswahrscheinlichkeiten (vgl. 2.1.2.2) berechnen. So konnte für Ghana nach vorgeschalteter Korrektur einiger Unstimmigkeiten für jede Alterskohorte von 1960 die zehnjährige Überlebensquote ermittelt werden, denn die 10–14jährigen 1960 bilden z. B. im Jahr 1970 gerade die 20–24jährigen. Diese empirischen Wahrscheinlichkeiten wurden nun mit entsprechenden Wahrscheinlichkeiten von stabilen Modellbevölkerungen unterschiedlicher Mortalität verglichen und dasjenige Modell mit der besten Anpassung bestimmt. Hieraus und aus der Berechnung der jährlichen Wachstumsrate der Bevölkerung Ghanas im Zeitraum 1960–1970 konnte ein stabiles Bevölkerungsmodell gefunden werden, dessen Altersaufbau demjenigen des Landes entsprach. Aus dem Modell wurden die gesuchten Parameter ermittelt. So ergaben sich für 1960 eine mittlere Lebenserwartung bei der Geburt von 38,75 Jahren bei den Frauen und 36,10 bei den Männern. Diese Schätzung gilt allerdings nur unter den Annahmen, die das stabile Bevölkerungsmodell macht. So muß die Geschlossenheit der Bevölkerung und die Konstanz von Mortalität und Fertilität über einen gewissen Zeitraum vorausgesetzt werden. Trotz solcher fragwürdiger Annahmen ist es aber gelungen, einigermaßen zuverlässige Werte sowohl für Bevölkerungen der Dritten Welt als auch für solche vergangener Zeiten zu gewinnen, über die ohne Anwendung der Modelle nur vage Vermutungen möglich wären.

2.4.1.4 Regionale Unterschiede der Altersstruktur

Der Altersaufbau der Wohnbevölkerung eines Staates hängt, wie oben am deutschen Beispiel gezeigt, insbesondere von Stand und längerfristiger Entwicklung von Mortalität und Fertilität ab. Betrachtet man die räumliche Differenzierung der Altersstruktur innerhalb eines Landes, so wird man im allgemeinen auf beachtliche regionale Abweichungen von der allgemeinen Struktur stoßen. Im Atlas zur Raumentwicklung sind z. B. auf der Basis der Kreise der Bundesrepublik die Altenquote 1970, d. h. der Anteil der über 64jährigen an der Bevölkerung, und die Abhängigkeitsrelation 1970 mit den Schwellenwerten von 15 und 65 Jahren dargestellt. Die Altenquote, die für die gesamte Bundesrepublik 13,2 betrug, schwankte dabei zwischen 7,3 (Wolfsburg) und 21,4 (Berlin). Große regionale Unterschiede im Anteil der erwerbsfähigen Bevölkerung zeigte die Abhängigkeitsrelation mit Werten zwischen 40,2 und 78,6. Worauf sind diese Unterschiede zurückzuführen?
Die Abweichungen im Altersaufbau beruhen zunächst einmal auf den demographischen Prozessen, also auf Wanderungsbewegungen und auf regionalen Unterschieden in der Sterblichkeit und vor allem der Fruchtbarkeit. Diese Prozesse wiederum hängen mit räumlichen Variationen der Wirtschafts- und Sozialstruktur zusammen. Dabei werden die interregionalen Wanderungen eher von der ökonomischen Situation der Zu- und Abwanderungsgebiete bestimmt, die Fertilität mehr von sozio-kulturellen Verhaltensweisen verschiedener Bevölkerungsgruppen. Am Beispiel der Bundesrepublik Deutschland können einige dieser Faktoren näher erläutert werden. Die Abhängigkeitsrelation im Jahre 1970 ist vor allem durch einen Stadt-Land-Gegensatz geprägt, der auch 20 Jahre später noch Gültigkeit hat. Niedrige Werte zeigen die Kerne der großen Verdichtungsräume, z. B. die Städte München, Nürnberg, Stuttgart, Frankfurt, Köln, Düsseldorf und Hamburg. Die Ursachen liegen in der Zuwanderung von Erwerbstätigen, in der niedrigen Fruchtbarkeit und der Abwanderung von Familien mit Kindern in das Umland, das entsprechend höhere Werte des Abhängigkeitsverhältnisses aufweist. Geringe Werte sind daneben in Hochschulstandorten anzutreffen (z. B. Tübingen, Heidelberg, Münster, Gießen). Hohe Anteile abhängiger Bevölkerung charakterisieren besonders solche Teile des peripheren ländlichen Raumes, die hohe Fruchtbarkeit mit Abwanderung von erwerbsfähiger Bevölkerung verbinden, wie Eifel, Emsland, Ostbayern und Teile Frankens. Insgesamt werden die räumli-

chen Unterschiede der Abhängigkeitsrelation mehr durch die Variationen des Kinder- als des Altenanteils bestimmt. Die Altenquote ist dort besonders hoch, wo neben Abwanderungstendenzen schon seit längerer Zeit eine niedrige Fruchtbarkeit vorherrschte, so in ländlichen Regionen Schleswig-Holsteins, Südost-Niedersachsens, in Nord- und Mittelhessen und in Oberfranken.

Will man zur Erfassung der regionalen Unterschiede nicht nur auf einzelne Altersgruppen oder Altersindizes zurückgreifen, so bietet sich eine Typisierung von Raumeinheiten auf der Basis mehrerer Altersgruppen an. Eine solche Typisierung wurde hier für die Raumordnungsregionen der Bundesrepublik vorgenommen, wobei einige Regionen in Teilregionen aufgegliedert wurden (vgl. Abb. 2.4.1/4 und Tab. 2.4.1/3). Für fünf Altersgruppen der Wohnbevölkerung 1979 wurden die Prozentanteile an der Bevölkerung gebildet und für je zwei Regionen deren Ähnlichkeit in der Verteilung aller Altersgruppen ermittelt. Aufgrund der Ähnlichkeiten wurden die Regionen mit Hilfe eines statistischen Gruppierungsverfahrens (nicht-hierarchische Clusteranalyse (vgl. *Steinhausen/Langer* 1977)) in sechs Typen zusammengefaßt, die in Abb. 2.4.1/4 dargestellt sind. Die Mittelwerte der Tab. 2.4.1/3 kennzeichnen den Altersaufbau der Typen.

Auf der Karte sind großräumige Unterschiede der Altersstruktur abzulesen, nur in Ausnahmefällen wie bei Hamburg auch innerregionale Variationen. Im Typ 3 finden sich die meisten großen Verdichtungsräume vereinigt, die einen überproportionalen Anteil an 30–44jährigen, aber unterdurchschnittlich viele Kinder und ältere Menschen aufweisen. Davon abgehoben ist der Typ 2, der altindustrialisierte Räume im Ruhrgebiet und im Saarland sowie angrenzende weitere Regionen wie die Westpfalz und den Raum Ludwigshafen umfaßt. Im Gegensatz zum Typ 3 kennzeichnet diesen Typ eine stärkere Überalterung der erwerbsfähigen Bevölkerung, was auf die einseitige und stagnierende Industriestruktur zurückzuführen sein dürfte. Typ 1 mit einer noch deutlicher ausgeprägten Überalterung umfaßt sowohl verdichtete Regionen wie die Kernstädte Hamburg, Bremen, Berlin und Essen als auch Gebiete im ländlichen Raum wie das durch ländliche Industrie geprägte Oberfranken Ost sowie die Räume Ostholstein und bayerisches Oberland mit Altenzuwanderung. Der größte Teil des ländlichen Raumes entfällt auf die Typen 4 und 6. Während Typ 4 einen Durchschnittstyp mit leichter Unterrepräsentanz der 30–44jährigen und leichter Überrepräsentanz der über 64jährigen darstellt, weist Typ 6 durch hohe Fruchtbarkeit eine junge Bevölkerungsstruktur auf. Typ 5 schließlich verdankt seinen überdurchschnittlichen Anteil an 15–29jährigen vor allen den Bildungswanderern (Universitäten Münster, Göttingen, Aachen, Marburg, Gießen, Würzburg, Freiburg, Tübingen).

Eine quantitative Untersuchung über die Bedeutung ausgewählter Faktoren der Wirtschafts- und Sozialstruktur für den Altersaufbau hat *Backé* (1971) am Beispiel Niedersachsens durchgeführt. Auf der Grundlage von Daten, die auf Gemeindebasis für 1961 vorlagen, ergab sich, daß die Bevölkerung einer Gemeinde um so jünger war, je kleiner die Gemeinde, je höher der Anteil der Erwerbstätigen in der Landwirtschaft, je höher der Katholikenanteil war und je mehr Wohnungen es in Ein- und Zweifamilienhäusern gab. Für die städtischen Siedlungen konnte nachgewiesen werden, daß die

Tab. 2.4.1/3: Mittelwerte der clusteranalytisch abgegrenzten Typen gleicher Altersstruktur 1979 (vgl. Abb. 2.4.1/4)

Typ	Zahl der Regionen	Anteile der Altersgruppen in Prozent				
		0–14	15–29	30–44	45–64	65 Jahre u. mehr
1	9	16,7	21,0	21,3	22,3	18,7
2	13	17,8	22,9	20,6	23,3	15,4
3	13	17,9	22,7	23,7	21,2	14,5
4	24	19,7	22,6	20,1	21,5	16,0
5	10	19,4	25,5	20,2	20,5	14,4
6	17	21,9	23,7	20,0	20,6	13,9
Gesamt	86	19,2	23,0	20,9	21,5	15,4

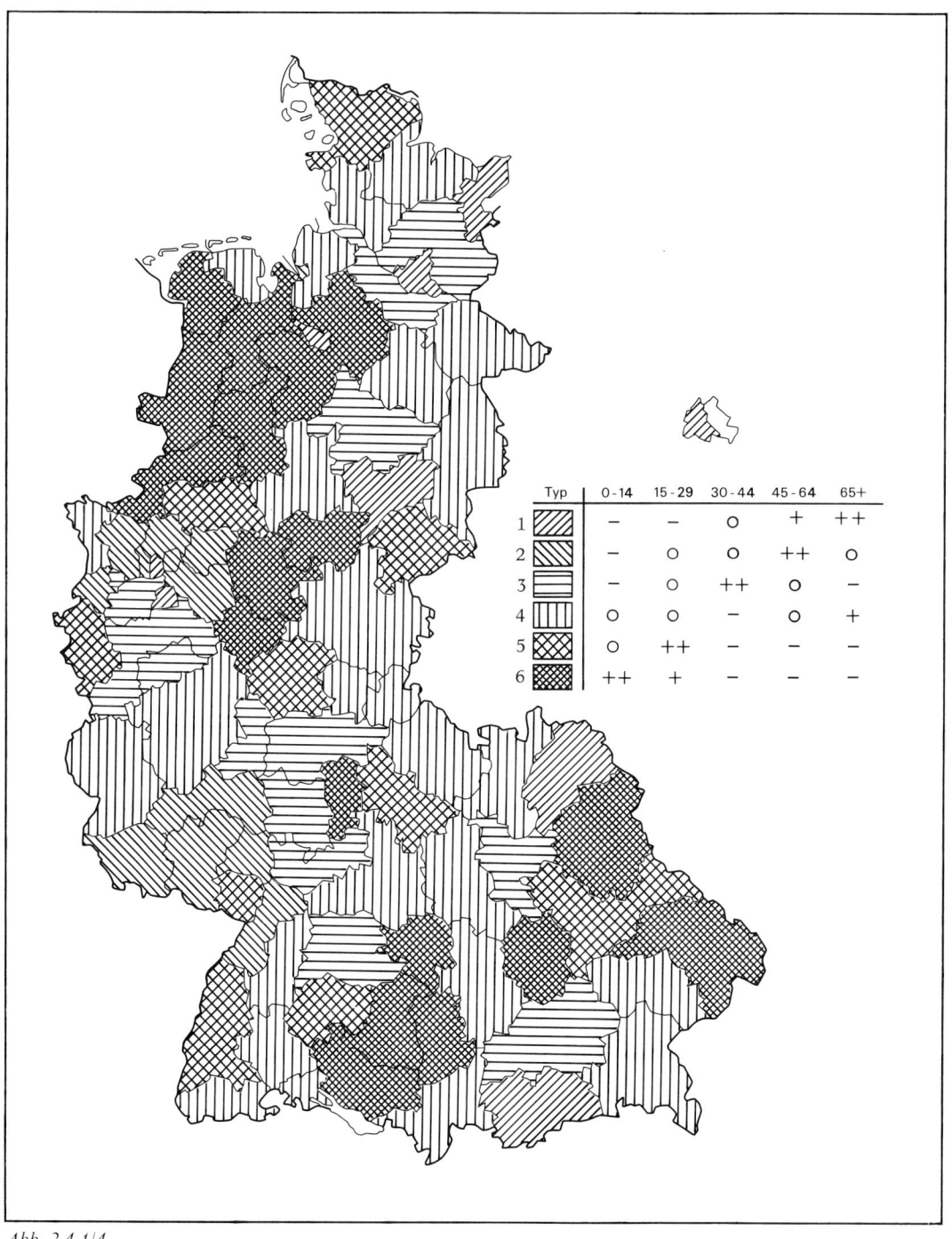

Abb. 2.4.1/4
Regionstypen gleicher Altersstruktur der Wohnbevölkerung 1979
Entwurf: F.J. Kemper; Datenquelle: BfLR.

Überalterung um so stärker war, je größer die Stadt, je höher der Anteil der Mehrfamilienhäuser und je geringer der Arbeiteranteil war.

Die Altersstruktur von Städten hängt darüber hinaus mit ihrer großräumigen Lage, ihrer Erwerbsbasis und anderen Merkmalen zusammen, wobei auch die zeitliche Veränderung des Altersaufbaus von Interesse ist. Als Beispiel sei eine Arbeit über die Entwicklung der Altersstruktur der Städte in Neu-Süd-Wales, Australien, genannt (*Wilson* 1979). In den Jahren 1966 bis 1976 stieg in den meisten Städten das durchschnittliche Alter der Bevölkerung an, bedingt durch den landesweiten Rückgang der Fruchtbarkeit. Die Überalterung war besonders stark in kleinen zentralen Orten im landwirtschaftlich geprägten Inneren in großer Entfernung von der Metropole. Daneben aber gab es Städte, bei denen das Durchschnittsalter sank, vor allem stark wachsende Orte im suburbanen Raum und solche in landschaftlich attraktiver Küstenlage, in denen einer vorangehenden Ruhesitzwanderung ein Zustrom von jüngeren Erwerbstätigen folgte.

2.4.1.5 Altersspezifische Selektion und Segregation und deren Konsequenzen

Die räumlichen Unterschiede der Altersstruktur im innerregionalen Bereich, z. B. zwischen den Vierteln einer Großstadt, sind im allgemeinen noch weit ausgeprägter als diejenigen zwischen größeren Regionen. Sie werden im wesentlichen durch Wanderungsprozesse verursacht, an denen einzelne Altersgruppen in sehr unterschiedlichem Ausmaß beteiligt sind (vgl. 2.2.3.3). Durch solche altersspezifischen Selektionsvorgänge kommt es zu einseitigen Bevölkerungsstrukturen einzelner Viertel oder Gemeinden und zur Konzentration bzw. Segregation von Altersgruppen.

Zahlreiche Untersuchungen von Großstädten in Industrieländern haben beachtliche Regelmäßigkeiten in der räumlichen Verteilung der Altersgruppen aufgezeigt. Allgemein steigt mit zunehmender Distanz zum Stadtzentrum der Kinderanteil und sinkt das durchschnittliche Alter der Bevölkerung. Diese Aussage ist allerdings insofern zu konkretisieren, als die Kombination verschiedener Altersgruppen den Bevölkerungsaufbau vieler Stadtviertel bestimmt, nicht eine kontinuierliche Abfolge von Alterskohorten. So ist für viele citynahe Stadtgebiete die Kombination von jüngeren Erwachsenen zwischen etwa 20 und 35 Jahren mit älteren Menschen charakteristisch. Bei der ersten Gruppe handelt es sich um mobile Alleinstehende oder junge Paare, bei der zweitgenannten besonders um immobile ältere Frauen, oft mit geringem Einkommen. In vielen Fällen ist allerdings in den siebziger und achtziger Jahren der Altenanteil deutlich zurückgegangen, sowohl infolge von Verdrängung durch zahlungskräftigere junge Personen als auch durch die Alterssterblichkeit. Typisch ist der Altersaufbau eines Bonner zentrumsnahen Viertels im Jahre 1984 (Abb. 2.4.1/5a, Bezirk 15). Man beachte den niedrigen Kinderanteil, wobei die Kleinkinder bis 5 Jahren etwas stärker als die 5–9jährigen vertreten sind. Der erhebliche Männerüberschuß bei den 30–54jährigen ist im wesentlichen auf ausländische Arbeitsmigranten zurückzuführen.

Eine ganz andere Altersstruktur weisen Neubaugebiete an der Peripherie der Stadt auf. Die Abbildung 2.4.1/5b (Bezirk 64) zeigt die Bevölkerungspyramide eines Bonner Stadtviertels, in dem in den späten siebziger und frühen achtziger Jahren Miet- und Eigentümerwohnungen errichtet wurden. Durch den Zuzug von Familien mit Kindern ergibt sich ein Altersaufbau mit relativ breiter Basis. Auch wenn der Kinderanteil hier seinen höchsten Wert unter den Bonner Stadtbezirken erreicht, wird die Elterngeneration nicht mehr voll durch die Kindgeneration ersetzt. Abbildung 2.4.1/5c zeigt den Altersaufbau im Jahre 1984 eines in den sechziger Jahren gebauten Wohnquartiers (Bezirk 73). Deutlich sind die Eltern- und ein Teil der Kindergeneration zu erkennen, die beide mit der Bausubstanz gealtert sind. Der ältere Teil der nachwachsenden Generation (Altersgruppe 25–30 Jahre) hat den elterlichen Haushalt bereits verlassen. Ein Stadtviertel mit einer Bausubstanz, die aus Altbauten eines ehemaligen Dorfkerns und Neubauten sowie aus Miet- wie Eigentümerwohnungen gemischt ist, weist im Gegensatz zu den anderen vorgestellten Quartieren eine relativ ausgeglichene Altersstruktur auf mit Beteiligung aller Alterskohorten (Abb. 2.4.1/5d, Bezirk 88). Diese Beispiele sollten auf die engen Beziehungen zwischen Altersaufbau und Lage sowie Entwicklung des Viertels und Merkmalen der Wohnungen wie Alter, Größe, Eigentumsverhältnis, Formenvielfalt aufmerksam machen.

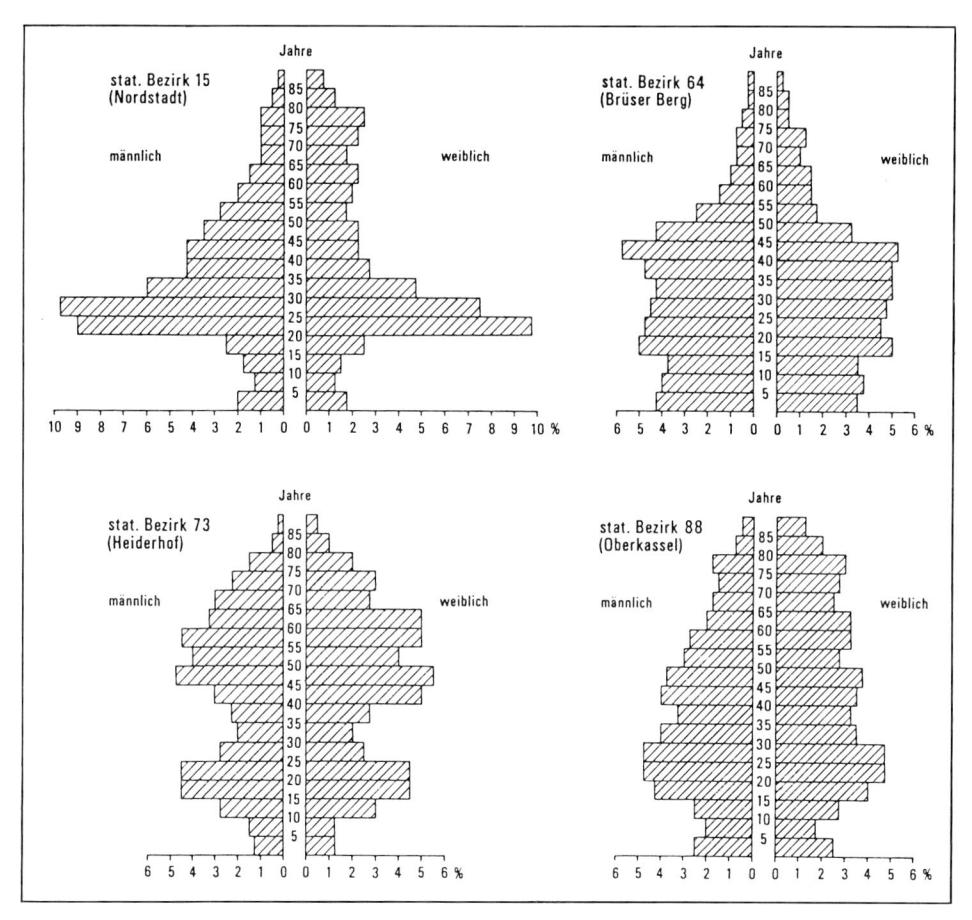

Abb. 2.4.1/5
Bevölkerungspyramiden ausgewählter Stadtviertel in Bonn 1984
aus: *Kemper/Kosack* 1988, S. 22.

Als Ergebnis der altersspezifischen Zu- und Abwanderungen kommt es zu einer mehr oder weniger starken Konzentration einzelner Altersgruppen in bestimmten Teilen der Verdichtungsräume. Um diese zu messen, verwendet man einen *Segregationsindex*. Ein solcher Index, der leicht zu berechnen ist und auch weiter unten noch benutzt wird, sei hier kurz vorgestellt. Gegeben seien eine Bevölkerungsgruppe A und die übrige Bevölkerung B in einem Untersuchungsraum, der in n Teilgebiete gegliedert ist. Für jedes Gebiet i berechnet man den Prozentanteil x_i der Personen von A in i an der Gesamtheit X aller Personen der Gruppe A im Untersuchungsraum sowie den entsprechenden Prozentanteil y_i an der Gesamtheit Y der übrigen Bevölkerung B. Dann bildet man die Summe

$$S_1 = \frac{1}{2} \sum_{i=1}^{n} |x_i - y_i|$$

der absoluten Differenzen über die Gebiete i. Dieser Segregationsindex S_1, auch Dissimilaritätsindex oder Index von *Taeuber* genannt, schwankt zwischen 0 und 100. Die untere Grenze 0 wird dann erreicht, wenn in jedem Gebiet $x_i = y_i$ ist, also die Verteilung der Gruppe A derjenigen von B genau entspricht. Wenn dagegen die Gruppe A völlig von der übrigen Bevölkerung isoliert lebt, erreicht S_1 den oberen Grenzwert 100. Der Index S_1 ermöglicht eine besonders durchsichtige Interpretation, denn sein Wert gibt an, wieviel Prozent der Gruppe A mindestens umziehen müßte, um dieselbe

Tab. 2.4.1/4: Segregationsindizes für Altersgruppen der Wohnbevölkerung Kölns 1987 auf der Basis von 83 Stadtteilen

Altersgruppe	Index
0– 5 Jahre	9,0
6– 9 Jahre	10,7
10–14 Jahre	11,2
15–17 Jahre	10,3
18–29 Jahre	6,6
30–44 Jahre	5,4
45–59 Jahre	5,1
60–64 Jahre	6,8
65 Jahre u. mehr	10,9

Quelle: Berechnet nach: Statistisches Jahrbuch der Stadt Köln 1987

räumliche Verteilung wie B zu erreichen. In S_1 ist allerdings die absolute Größe von A nicht berücksichtigt, von der die Aussagekraft des Indexes auch abhängt. Man hat daher einen modifizierten Index S_2 entwickelt (vgl. *Timms* 1965), in dem statt y_i der Prozentsatz z_i der Wohnbevölkerung von i an der Gesamtbevölkerung Z einschließlich der Gruppe A ($Z = X + Y$) genommen wird:

$$S_2 = \frac{\sum_{i=1}^{n} |x_i - z_i|}{1 - X/Z}$$

Je höher der Wert von S_2 ist, desto größer ist die Segregation der Bevölkerungsgruppe A, wobei in seltenen Fällen auch der Wert 100 überschritten werden kann.

Als Beispiel seien die Segregationsindizes S_2 für Altersgruppen der Kölner Bevölkerung von 1987 angeführt (Tab. 2.4.1/4). Grundlage der Berechnung waren 83 Stadtteile mit durchschnittlich 11 720 Einwohnern. Am stärksten segregiert sind die 6–14jährigen, verursacht durch deren räumliche Konzentration auf die Neubaugebiete an der Peripherie der Stadt, und die über 64jährigen. Die Altersgruppe der 30–44jährigen ist dagegen relativ gleichmäßig über das Stadtgebiet verteilt, da sie neben der Elterngeneration der 6–14jährigen auch zahlreiche kinderlose Paare und Alleinstehende mit Wohnungen in innerstädtischen Quartieren enthält. So zeigt sich die für viele Großstädte in Industrieländern typische u-förmige Verteilung der altersspezifischen Segregation mit den höchsten Werten bei Kindern und älteren Menschen. Ähnliche Tendenzen hat *Schütz* (1985) für Hamburg und Wien nachgewiesen und Zusammenhänge mit der Wohnungsstruktur überprüft. Auch für Warschau konnte *Dangschat* (1985) die u-förmige Verteilung bestätigen, bei deutlich höheren Segregationswerten als in westlichen Großstädten. Diese hohen Indexwerte werden auf die geplante Wohnraumbewirtschaftung zurückgeführt, denn einerseits wurden die Neubauwohnungen einer Periode ganz überwiegend jungen, kinderreichen Familien zugeteilt, andererseits blieb in den übrigen Wohnvierteln die Bevölkerung weitgehend immobil, so daß keine altersspezifischen Mischungen auftreten konnten.

Von besonderem Interesse nicht zuletzt für eine bevölkerungsbezogene Raumplanung ist die Entwicklung der altersspezifischen Segregation innerhalb eines Zeitraumes. Auf der Basis von vergleichbaren Zensusbezirken wurde eine solche Untersuchung für die ältere Bevölkerung von neun Städten unterschiedlicher Größe in den USA für die Entwicklung 1960–1970 vorgenommen, wobei die Segregation mit dem Index S_1 gemessen wurde (*Clark* 1975). In den meisten Städten wuchs die Segregation der über 64jährigen leicht an und erreichte einen durchschnittlichen Wert von 23,7 im Jahre 1970. Von größerem Gewicht ist das Ergebnis, daß eine enge Korrelation zwischen dem Wachstum einer Stadt und der Steigerung der Segregation zu verzeichnen war. Je stärker das Bevölkerungswachstum war, um so mehr nahm die Segregation der älteren Menschen zu. Die Erklärung hierfür liegt in der

Entwicklung der Siedlungs- und Wohnungsstruktur, denn die neuen Wohngebiete der wachsenden Städte waren bezüglich Haustyp und Wohnungsgröße homogen und ganz auf junge Familien zugeschnitten, was zu einem suburbanen ‚no-old-man's-land' führte. Man sollte daher nicht übersehen, daß neben der oft allein betrachteten Segregation der Bevölkerung nach sozio-ökonomischen und ethnischen Merkmalen auch beachtliche Segregationserscheinungen nach demographischen Strukturen bestehen, die wichtige Auswirkungen besitzen.

Auswirkungen altersspezifischer Segregation treten vor allem im Bereich von Infrastruktureinrichtungen auf. Es liegt auf der Hand, daß der Bedarf an Einrichtungen für bestimmte Altersgruppen von Kindergärten, Schulen bis zu Altentagesstätten vom Altersaufbau eines Wohnviertels abhängig ist. Verändert sich der Altersaufbau, so wird sich auch die Auslastung an und die Nachfrage nach bestimmten Einrichtungen ändern, die aber oftmals Beharrungstendenzen aufweisen. Solche Probleme betreffen etwa Neubaugebiete, deren Mobilität nach dem Einzug jüngerer Familien stark zurückgeht und deren Bevölkerung altert. Für neue Städte hat man in diesem Zusammenhang von Bevölkerungswellen gesprochen, die sich aufgrund der einseitigen Altersstruktur beim Bezug und der daraus zu erwartenden Geburtenhochs und Geburtentiefs in der nächsten Generation prognostizieren lassen. Als weiteres Beispiel sei angemerkt, daß es durch die Randwanderung der Bevölkerung in den Großstädten der Bundesrepublik Deutschland im suburbanen Raum zu einer verstärkten Nachfrage nach Kindergärten gekommen ist, während Kindergärten in den Innenstädten geschlossen werden mußten. Problematisch bei einer allzu starken altersspezifischen Segregation ist daneben der Verlust an Kontaktmöglichkeiten zwischen den Generationen, denn es ist vielfach nachgewiesen, daß die Frequenz persönlicher Kontakte auch bei guten Verkehrsmöglichkeiten eng mit der räumlichen Distanz zusammenhängt.

2.4.2 Familien- und Haushaltsstruktur (*Franz-Josef Kemper*)

2.4.2.1 *Familienstandsquoten und Heiratsmuster*

Bei der Behandlung des Altersaufbaus einer Bevölkerung wurde darauf hingewiesen, daß in jeder Gesellschaft mit dem Lebenslauf einer Person verschiedene soziale Positionen und Rollen verbunden sind. Von besonderer Bedeutung auch für geographische Analysen sind hierbei die durch gesellschaftliche Normen geregelten Formen des Zusammenlebens in Familien und Haushalten. Nicht die Individuen, sondern die zusammenlebenden Gruppen sind häufig Aktionseinheiten des räumlichen Verhaltens, wie am Beispiel von innerregionalen Wanderungen und von Urlaubs- oder Naherholungsfahrten erkennbar ist. Auch werden regionale Unterschiede der Versorgung mit Wohnraum und Wohnungseinrichtungen, Energie, privaten Verkehrsmitteln usw. in der Regel in bezug auf Haushalte gemessen. In agrarischen Gebieten sind oft enge Zusammenhänge zwischen Siedlungs- und Familienstrukturen konstatiert worden. Die Familienstruktur eines Raumes bildet sich in vereinfachter Weise in der Verteilung des Familienstands der Personen ab.

Die Familienstandsgliederung der Tabelle 2.4.2/1, in der für ausgewählte Staaten die Anteile an der Bevölkerung im Alter von 15 und mehr Jahren um 1980 berechnet wurden, zeigt erhebliche Unterschiede der einzelnen Quoten. So schwanken die Anteile der Ledigen zwischen 18% in Ungarn und 39% in Irland und die Verwitwetenquoten zwischen 5,5% in Tansania und 11% in der DDR. Diese Unterschiede, die wenig mit der Einordnung als Entwicklungs- oder Industrieland zu tun haben, sind auf ein komplexes Faktorenbündel zurückzuführen, zu dem die Alters- und Geschlechtsstruktur, die Mortalität und das vorherrschende *Heiratsmuster* (Heiratsalter und -häufigkeit, Scheidungsmöglichkeit) zählen. Dazu seien einige Beispiele genannt. Die recht ähnlichen Ledigenquoten in Pakistan und der Bundesrepublik Deutschland sind im ersten Fall durch eine sehr junge Bevölkerung, verbunden mit einem niedrigen Heiratsalter, bedingt, im zweiten Fall durch eine relativ ‚überalterte' Bevölkerung mit einem hohen Heiratsalter. Zwei Staaten mit demselben durchschnittlichen Heiratsalter, Hongkong und Dänemark, weisen aufgrund des verschiedenen Altersaufbaus unterschiedliche Ledigen-

Tab. 2.4.2/1: Familienstandsgliederung der Bevölkerung ausgewählter Länder um 1980

Land	Jahr	Prozentanteil an der Bevölkerung im Alter von 15 Jahren und mehr:			
		ledig	verheiratet	verwitwet	geschieden
USA	1980	26,3	59,6	7,7	6,3
Schweden	1980	32,0	52,9	8,1	6,9
Dänemark	1981	28,9	56,6	8,4	6,1
Bundesrepublik Deutschland	1980	26,4	59,7	10,7	3,2
DDR	1981	21,7	61,5	11,0	5,8
Irland	1981	38,8	53,7	7,5	0,0
Spanien	1981	28,8	62,2	8,0	0,9
Italien	1981	27,5	63,4	8,8	0,3
Ungarn	1980	17,7	67,4	10,2	4,7
Rumänien	1977	19,4	68,8[1])	9,1	2,6
Japan	1980	24,6	65,8	7,6	1,9
Hongkong	1981	38,2	55,0[1])	6,2	0,6
China	1982	28,6	63,7	7,2	0,6
Indien	1981	19,3	71,6	8,5	0,5
Pakistan	1981	25,2	68,8	5,7	0,3
Tansania	1978	24,0	65,6	5,5	4,5
Mali	1976	23,9	65,5	7,4	1,3

Quelle: Demographic Yearbook 39. Bd. 1987   [1]) einschl. nichteheliche Lebensgemeinschaften

quoten auf. Es mag zunächst überraschen, daß Dänemark und Indien fast dieselbe hohe Verwitwetenquote aufweisen. Sie ist in Dänemark auf den hohen Altenanteil, in Indien aber auf eine relativ hohe Mortalität und eine geringe Wiederverheiratungsquote zurückzuführen. Dies ist an den altersspezifischen Familienstandsquoten zu erkennen. So sind von den 40–44jährigen Frauen in Dänemark nur 2,1% verwitwet, in Indien dagegen schon 10,9%. Zu einer genaueren Analyse regional differenzierter Familienstandsquoten empfiehlt es sich daher, alters- und geschlechtsspezifische Anteile heranzuziehen, wann immer die Datenlage dies zuläßt.

Greifen wir zunächst die Altersgruppe der 20–24jährigen Frauen heraus. Der Ledigenanteil in dieser Gruppe kann als Indikator für das durchschnittliche Alter bei der Erstheirat angesehen werden. So weist der Anteil von 14% für Indien (1981) auf ein sehr geringes Heiratsalter hin, während in Japan mit einem Anteil von 78% (1980) die meisten Frauen erst nach dem 24. Lebensjahr eine Ehe eingehen. In beiden Staaten sind also unterschiedliche Heiratsmuster anzutreffen. Auf solche Muster und insbesondere das ältere ‚European marriage pattern' wurde schon unter 2.1.2.1 eingegangen, als es um Bestimmungskomponenten des generativen Verhaltens ging. Das europäische Muster mit hohem Heiratsalter und geringer Heiratshäufigkeit, das von *Hajnal* (1965) dem in anderen Kontinenten üblichen ‚traditionellen Heiratsmuster' mit Frühheiraten und universaler Bedeutung der Ehe sowie der Zwischenform des osteuropäischen Musters gegenübergestellt wurde, läßt sich heute noch insofern erkennen, als in Ost- und Südosteuropa die Ledigenanteile sowohl bei den 20–24jährigen Frauen als auch bei den 45–49jährigen Frauen gering sind, wobei der letztgenannte Wert als Indikator für die Heiratshäufigkeit zu interpretieren ist (vgl. Abb. 2.4.2/1). Diese Persistenz jahrhundertealter Verhaltensformen ist um so bemerkenswerter, als die Grundlagen für die unterschiedlichen Heiratsmuster, die in Heiratsverboten und der Bindung einer Eheschließung an eine ökonomisch vollwertige Berufsposition einerseits, in der Integration junger Eheleute in eine patriarchalische Großfamilie andererseits bestanden, längst entfallen sind. Dennoch sollten entscheidende Wandlungen der Heiratsmuster nicht übersehen werden. So zeigt Abb. 2.4.2/1, daß das ältere europäische Heiratsmuster nur noch für einige periphere Staaten wie Spanien, Italien, Finnland und insbesondere Irland charakteristisch ist. In den meisten Industrieländern ist im Gefolge der ökonomischen Leistungssteigerung

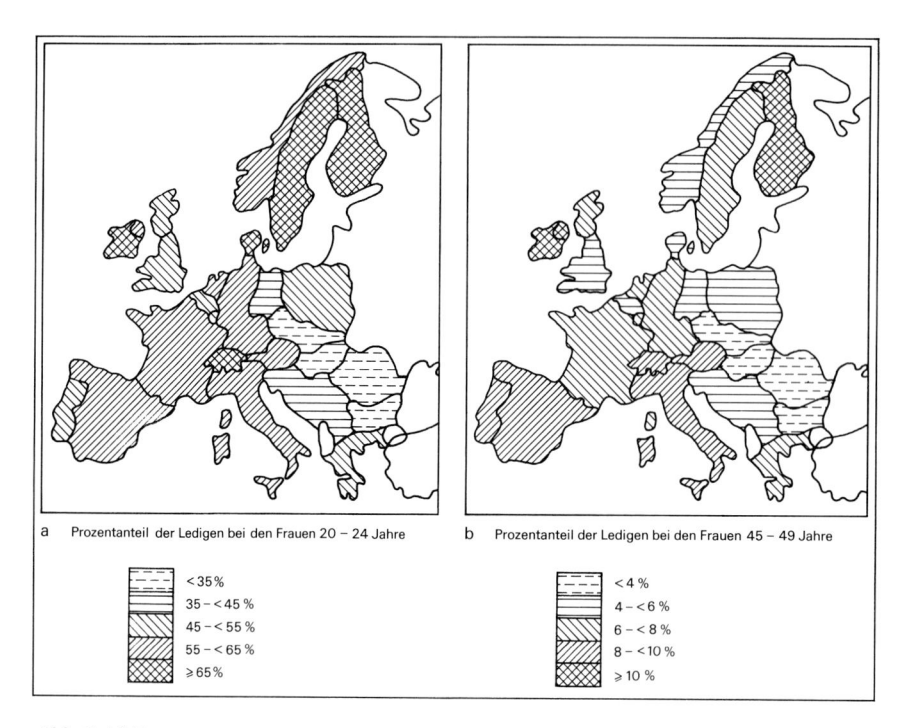

Abb. 2.4.2/1
Indikatoren für (a) Heiratsalter
(b) Heiratshäufigkeit bei Frauen in Europa um 1980
Entwurf: F.J. Kemper; Datenquelle: Demographic Yearbook 1987.

in der Nachkriegszeit das Heiratsalter deutlich abgesunken. Die Entwicklung seit 1940 zeigt Abb. 2.4.2/2. Dort ist zu erkennen, daß bis zum Beginn der sechziger Jahre in den ausgewählten europäischen Ländern und in den USA das Heiratsalter sank, wobei das unterschiedliche Ausgangsniveau zu beachten ist. In den ökonomisch am weitesten entwickelten Staaten steigt aber ab Ende der sechziger Jahre das Heiratsalter wieder an, wobei die skandinavischen Länder eine besonders hohe Veränderungsrate zeigen. Dies hängt mit einer längeren Ausbildung der Frau, aber auch mit veränderten Einstellungen zu Ehe und Familie zusammen, über die weiter unten noch berichtet wird. Inwiefern sich hieraus längerfristig neue Heiratsmuster ergeben, muß zur Zeit noch offenbleiben.
Zum Vergleich wurden in Abb. 2.4.2/2c die Ledigenquoten der 20–24jährigen Frauen für einige asiatische Staaten zusammengestellt. Überall ist ein deutlicher Anstieg des Heiratsalters zu konstatieren, das heute um so höher liegt, je weiter die ökonomische Entwicklung fortgeschritten ist. Die Entwicklung verläuft also gegenläufig zur Verringerung des Heiratsalters in Europa im Zusammenhang mit der Industrialisierung! Dies ist auf die unterschiedliche historische Ausgangsposition zurückzuführen, denn beim traditionellen Heirats- und Familienmuster in Asien waren sehr frühe Heirat und Partnerwahl durch die Eltern üblich, was durch die ‚Modernisierung' der Gesellschaft in Frage gestellt wurde. So lag in Indien 1921 das durchschnittliche Alter bei der Erstheirat für die Frauen bei nur 12,7 Jahren. Aufgrund der gegenläufigen Entwicklungen in Europa und Asien hat *Dixon* (1971) von einer Konvergenz der Heiratsmuster gesprochen, die aber durch die geschilderten jüngeren Veränderungen des Heiratsalters in einigen Industrieländern wieder in Frage gestellt werden muß.
Während in den meisten Teilen Afrikas frühe und universelle Heirat im Sinne des ‚traditionellen Musters' von *Hajnal* üblich ist, weist Lateinamerika ein davon abweichendes Heiratsmuster auf.

Abb. 2.4.2/2
Entwicklung der Ledigenanteile bei den Frauen von 20 bis 24 Jahren für ausgewählte Staaten
Entwurf: F.J. Kemper; Datenquellen: Demographic Yearbook 1976, 1982, 1987 und Taiwan-Fukien Demographic Fact Book 1974.

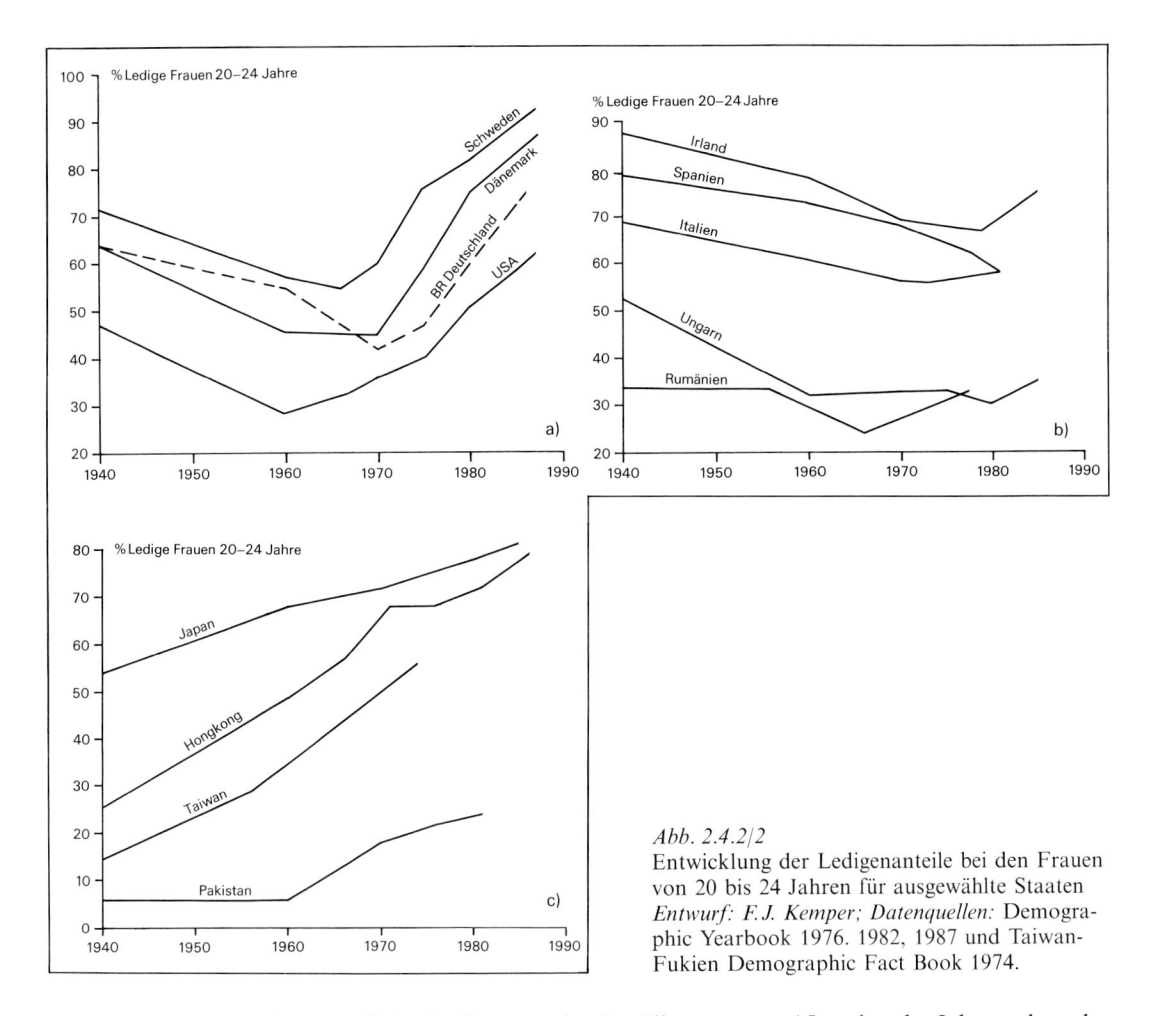

Betrachtet man nur den Anteil der Ledigen an der Bevölkerung von 15 und mehr Jahren, der sehr hoch liegt – z. B. in Venezuela 1971 bei 43,5% –, so könnte man an ein dem European marriage pattern verwandtes Muster denken. Dies trifft jedoch nicht zu. Für viele Länder Lateinamerikas ist nämlich zu berücksichtigen, daß die ‚freien Lebensgemeinschaften' neben der legalisierten Ehe traditionell eine große Bedeutung haben und daß die Auflösung dieser Lebensgemeinschaften, auch wenn Kinder vorhanden sind, durch die ‚Desertion' des Mannes häufig ist. So waren 1982 in Haiti, das die genannten Verhältnisse in extremer Form zeigt, 18,4% der über 14jährigen verheiratet, 32,6% lebten in nicht-legalisierter Form zusammen und 6,9%, vor allem Frauen, wohnten getrennt von ihrem Partner.

Heiratsmuster beeinflussen unmittelbar die Bevölkerungsprozesse der Geburtenbewegung und der räumlichen Mobilität. Darüber hinaus sind sie mittelbar mit ökonomischen Aktivitäten, dem Wohnungswesen u. a. verbunden. Schichtspezifische und regionale Unterschiede der Muster sind daher auch für geographische Fragestellungen von Interesse. Solche Unterschiede gab es und gibt es auch innerhalb der beschriebenen großräumigen Gebiete ähnlicher Heiratsmuster. So variiert das Heiratsalter im allgemeinen mit der Ausbildungszeit und der sozialen Position. In Großstädten sind die altersspezifischen Ledigenquoten oft überdurchschnittlich hoch, vor allem bei den Frauen. Die Persistenz traditioneller regionaler Unterschiede der Heiratshäufigkeit hat *Watkins* (1981) für Europa aufgezeigt. Die Grenzen solcher homogener Regionen stimmten mit Grenzen der Sprache, der Konfession und der ethnischen Zugehörigkeit überein und wurden als Grenzen des Heiratsmarktes interpretiert, denn in der Regel wird die Partnerwahl durch Homogamie bestimmt, also die Übereinstimmung der Ehegatten hinsichtlich kultureller, sozialer, ethnischer u. a. Merkmale.

Schränkt einerseits das Prinzip der Homogamie den Kreis der potentiellen Ehepartner ein, so wird dieser andererseits durch die Aktionsräume der Partner bzw. der ehestiftenden Personen bestimmt. Diese räumlichen Eingrenzungen führen zu *Heiratskreisen* mehr oder weniger großer Ausdehnung, über die zahlreiche Untersuchungen unterschiedlicher Forschungsdisziplinen vorliegen. Das besondere Interesse der Geographen zielt darauf, Heiratsdistanzen als Indikator für funktionale Verflechtungen und für Aktionsreichweiten menschlicher Gruppen zu benutzen. Konsequenterweise werden daher im allgemeinen Distanzen zwischen den Wohnorten der Partner vor der Eheschließung erhoben, während anthropologische Untersuchungen, die das genetische Potential einer Bevölkerung bestimmen wollen, eher an der Distanz zwischen den Geburtsorten interessiert sind. Die unterschiedlichen Studien haben durchweg zu dem Ergebnis geführt, daß auch in Ländern hohen Urbanisierungsgrades mit mobiler Bevölkerung die Ausdehnung der Heiratskreise erstaunlich begrenzt ist. So konnte *Thieme* (1980) für eine Gemeinde am Niederrhein ermitteln, daß im Zeitraum 1968–1978 die gute Hälfte aller Heiratsdistanzen unter 5 km verblieb, während es Ende des 19. Jahrhunderts etwa zwei Drittel waren. Die Berechnung der durchschnittlichen Entfernungen ergibt meist höhere Werte, werden sie doch von einigen wenigen Extremwerten beeinflußt. Auch innerhalb von Großstädten wurde ein starker Abfall von Heiratsbeziehungen mit der Distanz nachgewiesen. Die beachtlichen Regelmäßigkeiten in den Distanzkurven veranlaßten *Morrill* und *Pitts* (1967) in einem inzwischen klassisch gewordenen Aufsatz, auf der Basis von Heiratsverflechtungen Informationsfelder abzugrenzen, denen für weitergehende Untersuchungen wie die Analyse der Ausbreitung von Innovationen große Bedeutung zukommt. Der Zusammenhang von Informationsfeldern und Heiratskreisen wird daran deutlich, daß beide an Sprach-, Konfessions- und politischen Grenzen und dort, wo topographische Barrieren Verhaltensgrenzen darstellen, oft scharf abbrechen. Wenn infolge von Verkehrsverbesserungen Informationsfelder sich ausweiten, spiegelt sich das in den Heiratskreisen wider. So stieg die mittlere Heiratsdistanz im Siegerland von 10 km um die Mitte des vorigen Jahrhunderts auf 34 km im Jahre 1970 (*Weber* 1977). Gleichzeitig sank der Anteil der endogamen Heiraten, worunter hier die Heiraten der am selben Ort wohnenden Partner verstanden werden, von 36% auf 18%. Wie die Studie von *Weber* zeigt, müssen die Durchschnittswerte insofern differenziert werden, als die Aktionsräume unterschiedlicher sozialer Schichten und von Konfessionsgruppen deutlich variieren. Ist eine Bevölkerungsgruppe durch kulturelle und topographische Barrieren von den sie umgebenden Bevölkerungsgruppen getrennt, so kommt es zur Bildung von Isolaten, also geschlossenen Heirats- und Fortpflanzungsgemeinschaften, z. B. in Rückzugsgebieten.

Das Heiratsmuster einer Bevölkerung wird außer durch Heiratshäufigkeit und -alter durch die Häufigkeit von Scheidungen bestimmt. Diese ist abhängig sowohl von den gesetzlichen Möglichkeiten zur Scheidung als auch von der Bedeutung der Ehe und der Stellung der Frau. Die Geschiedenenanteile an der Bevölkerung sind relativ hoch in den USA, in Nordeuropa und den Ostblockstaaten, aber auch in manchen afrikanischen Ländern (vgl. Tab. 2.4.2/1). Geringe Anteile charakterisieren Länder mit starkem Gewicht der katholischen Kirche, daneben viele Staaten Asiens. Insgesamt ist es also keineswegs das Ausmaß an Industrialisierung und Urbanisierung, das allein den Geschiedenenanteil determiniert. Aussagekräftiger als diese Quote ist allerdings die Zahl der Scheidungen pro 10 000 bestehende Ehen. In der Bundesrepublik Deutschland war diese Quote nach dem Zweiten Weltkrieg hoch, erreichte 1950 einen Wert von 68, sank dann auf Werte um 33 und stieg seit Mitte der sechziger Jahre wieder an auf 69 im Jahre 1976 (*Höhn* u. a. 1980) und 88 im Jahr 1987. Eine ähnliche Entwicklung ist für viele westliche Industrieländer charakteristisch. Im jüngeren Anstieg der Ziffern zeigt sich die oben angesprochene veränderte Einstellung zur Ehe, die sich auch in einer verminderten Wiederverheiratung von Geschiedenen und Verwitweten äußert. Die Veränderung der Heiratsmuster ist regional sehr unterschiedlich ausgeprägt, wobei katholische Gebiete im ländlichen Raum die geringsten Scheidungsziffern aufweisen. So schwankte die Zahl der Scheidungen je 10 000 Ehen 1980 in den Kreisen Baden-Württembergs zwischen 33 im Landkreis Biberach und 103 im Stadtkreis Freiburg.

2.4.2.2 Familientypen und Familienzyklen

In engem Zusammenhang mit den Heiratsmustern steht die Struktur der Familien in einer Gesellschaft. Als Familie sei hier in Anlehnung an soziologische Definitionen die kleinste Verwandtschaftseinheit bezeichnet, die als soziale Institution angesehen wird (vgl. *König* 1976, S. 53), wobei Verwandtschaft auch durch Adoption zustandekommen kann, die etwa in Japan früher eine große Rolle gespielt hat. Die vorherrschende Form der Familienorganisation in den Industrieländern ist die der *Kernfamilie*, die aus einem Ehepaar und ihren unverheirateten Kindern besteht. Daneben gibt es jedoch in nicht unbeträchtlichem Ausmaß weitere Familienformen, so daß heute wie auch zu früheren Zeiten von einem Nebeneinander mehrerer Formen auszugehen ist, deren regionale Differenzierungen von besonderem Interesse für die Geographie sind. Von der Organisation her unterscheidet man neben der Kernfamilie die *Stammfamilie*, in der ein verheiratetes Kind im Haushalt der Eltern unter patriarchalischer Leitung des Vaters verbleibt, und die *Verbundfamilie* (joint family), in der mehrere verheiratete Geschwister mit ihren Kindern zusammenbleiben. Komplizierter noch ist die Struktur der Familie zu einem bestimmten Zeitpunkt, an dem sich Kombinationen von Eltern- und Großelternteilen, einzelnen Kindern und entfernteren Verwandten ergeben können. Dennoch kann man versuchen, den jeweils in einer Gesellschaft dominierenden Familientyp zu beschreiben. Auf der Grundlage einer ethnographischen Zusammenstellung genügend bekannter Gesellschaften und von komplexeren heutigen Staaten haben *Blumberg* und *Winch* (1972) nachgewiesen, daß ein u-förmiger Zusammenhang zwischen dem Grad der ökonomischen und sozialen Komplexität und der Komplexität der Familienstruktur besteht. Während auf einfachen wirtschaftlichen Entwicklungsstufen häufig die Kernfamilie dominiert, werden mit zunehmender Organisation der Landwirtschaft die Familien umfangreicher und weisen eine zunehmende innere Differenzierung auf. Unter dem Einfluß von Industrialisierung und Urbanisierung wird dann die Komplexität der Familie wieder reduziert. Tab. 2.4.2/2 demonstriert diese Beziehung anhand der ökonomisch-technischen Struktur der Gesellschaften, wobei Daten aus ausgewählten Entwicklungsländern um 1960 zum Vergleich mit den ethnographisch erfaßten Volksgruppen herangezogen wurden. Die Familienstruktur einer Gesellschaft wurde als wenig komplex bezeichnet, wenn unabhängige Kernfamilien mit Monogamie oder nur gelegentlicher Polygamie

Tab. 2.4.2/2: Zusammenhang zwischen der ökonomischen Struktur und der Familienkomplexität einer Gesellschaft

Ökonomisch-technische Struktur	Anteil der Gesellschaften mit geringer Familienkomplexität	N
a) Gesellschaften des ethnographischen Atlas		
Jäger u. Sammler	46,1	180
Beginnender Ackerbau	34,9	86
Extensiver Acker- oder Gartenbau	20,5	415
Intensiver Ackerbau mit permanentem Feldanbau	19,6	163
Intensiver Ackerbau mit Bewässerung	34,8	89
b) Entwicklungsländer		
Beginnende Entwicklung	40,0	15
Höhere Entwicklung	88,0	25

Quelle: Blumberg/Winch 1972, Tab. 1 u. 11

dominierten. Dieser Vergleich von Gesellschaften läßt darauf schließen, daß enge Beziehungen zwischen der Arbeitsverfassung und -organisation und der Familienstruktur bestehen. Ein Beispiel für solche Zusammenhänge bietet eine Arbeit von *Chiffre* (1981), der die Ausbildung des ländlichen Siedlungswesens in einem Teil Burgunds untersuchte. Hier finden sich auf der einen Seite große Gutshöfe in Streulage, auf der anderen Seite Weiler und Dörfer inmitten einer engparzellierten Flur. *Chiffre* konnte nachweisen, daß seit der Neuzeit in den Weilern unabhängige Kernfamilien vorherrschten, deren Land durch den Erbgang immer mehr zersplittert wurde, während die Bewirtschaftung der Gutshöfe durch komplexe Großfamilien erfolgte, die von der Gutsherrschaft als ökonomisch sinnvolle Einheiten gefördert wurden.

Die von *Blumberg* und *Winch* ermittelten Zusammenhänge scheinen auch das von *Emile Durkheim* aufgestellte ‚Kontraktionsgesetz' zu bestätigen, wonach infolge der Industrialisierung und des Verlustes an Funktionen die Familien immer weniger umfangreich und komplex wurden. Dieses Gesetz gilt allerdings für große Teile Europas nicht, denn wie die historische Familienforschung zeigen konnte (vgl. *Mitterauer* 1980), waren im wesentlichen in den Gebieten, in denen das europäische Heiratsmuster vorherrschte, schon Jahrhunderte vor der Industrialisierung Kernfamilien dominant und keineswegs erweiterte Großfamilien. Letztere, z. B. die slawische Zadruga, bestimmten dagegen die Familienorganisation in Ost- und Südosteuropa, wo ja auch ein anderes Heiratsmuster vorhanden war. Auch in denjenigen Gebieten Europas, in denen die Stammfamilie die Norm darstellte, wie im Süden Frankreichs oder in Teilen Österreichs, erreichten viele Familien höchstens kurzfristig das Stadium des Zusammenlebens dreier Generationen. Dem standen die hohe Sterblichkeit und das späte Heiratsalter entgegen. Zur Ausbildung von Drei- und mehr-Generationenfamilien kam es im ländlichen Raum in verstärktem Ausmaß erst nach Beginn der Industrialisierung, als die Lebenserwartung anstieg und das Heiratsalter vorverlegt werden konnte. Diese allgemeinen Aussagen über vorherrschende Typen von Familien sind allerdings insofern zu ergänzen, als schichtenspezifische Unterschiede in der Regel vorhanden waren. Während in der Oberschicht große, erweiterte Familien, in denen Besitz und Traditionen weitergegeben wurden, charakteristisch waren, lebten Heimarbeiter und unterbäuerliche Schichten oft in Kernfamilien. Die Familienform im Bauerntum war, wie oben betont, abhängig von der Arbeitsorganisation, der Hofgröße, den obrigkeitlichen Maßnahmen und von kulturspezifischen Einflüssen, die sich in regionalen Traditionen, im Erbrecht u.a. niederschlagen. Aus alledem wird jedenfalls deutlich, daß die weitverbreitete Annahme, die Kernfamilie sei infolge der mit der Industrialisierung und Urbanisierung verknüpften Trennung von Wohn- und Arbeitsplatz entstanden, nicht aufrecht zu erhalten ist.

Die bisherigen Ausführungen haben gezeigt, daß zumindest bei landwirtschaftlich orientierten Völkern oder Schichten die Familienorganisation nicht zuletzt als Ausdruck der Mensch-Umwelt-Beziehungen bei gegebenem Stand der Technik zu verstehen ist, wobei unter ‚Umwelt' nicht nur die natürliche, sondern auch die soziale verstanden wird. Die Wirkungen der sozialen Umwelt sind besonders deutlich bei Einwanderergruppen, bei denen der Familie häufig eine wichtige Schutzfunktion innerhalb der fremden Gesellschaft zukommt. Je nach dem Ausmaß der freiwilligen oder unfreiwilligen Segregation der Gruppe verstärkt oder verliert sich die Bedeutung überkommener Familienformen. Dies zeigte *Jayawardena* (1968) am Beispiel der Inder. Dort, wo diese von den übrigen Bevölkerungsgruppen des Einwanderungslands stark segregiert leben, wie auf den Fiji-Inseln oder in Ostafrika, hat die traditionelle Familienform der Inder, die erweiterte Familie als Stamm- oder Verbundfamilie, ihr Gewicht behalten, während dort, wo die Inder in engem Kontakt zu der übrigen Bevölkerung stehen, eine Anpassung an deren Familienformen erfolgte, so in Guayana in Richtung der Kernfamilie.

Trotz der Vorherrschaft der Kernfamilie in den Industrieländern gibt es beachtliche Anteile anderer Familientypen, deren Verteilungen große regionale Unterschiede aufweisen. In der Bundesrepublik Deutschland erfaßt die Statistik Familien durch die Volkszählung bzw. den Mikrozensus. Der statistische Familienbegriff basiert auf der Eltern-Kind-Gemeinschaft, so daß auch mehrere Familien in einem Haushalt leben können. Es werden Familien, die aus Ehepaaren mit oder ohne Kindern bestehen, von den übrigen Familien, in denen ein Elternteil fehlt, getrennt. Im Jahre 1988 waren z. B. 36,7% der Familien Ehepaare mit Kindern, 27,0% Ehepaare ohne Kinder, 8,0% Alleinstehende mit Kindern und 28,3% Alleinstehende ohne Kinder, meist verwitwete oder geschiedene Einzelpersonen (Statistisches Bundesamt, Fachserie 1, Reihe 3: Haushalte und Familien 1988). Die zuletzt genannte Gruppe ist vor allem von der Altersstruktur abhängig. Seit der Volkszählung 1970 ist der Anteil der Ehepaare mit Kindern von 44% auf 37% zurückgegangen, während die Anteile der Ehepaare ohne Kinder und die der Alleinstehenden ohne Kinder deutlich angestiegen sind. Gerade bei den Alleinstehenden sind bemerkenswerte regionale Unterschiede nachzuweisen. So waren 1988 in West Berlin nicht nur die Verwitweten und Geschiedenen ohne Kinder mit 35,2% der Familien stark überrepräsentiert, sondern auch die Verwitweten und Geschiedenen mit ledigen Kindern mit 6,7% (Bundesdurchschnitt 6,0%) sowie die ledigen Alleinstehenden mit Kindern (2,5% gegenüber einem Wert von 1,1% für die Bundesrepublik). Innerhalb der Flächenstaaten waren letztere mit 1,4% am stärksten in Bayern vertreten, das traditionell hohe Unehelichenquoten aufgewiesen hat. Weitere Familientypen lassen sich nur aus der Haushaltsstatistik entnehmen, so die Drei- und Mehr-Generationenhaushalte, die 1970 in der Bundesrepublik Deutschland immerhin noch 4,8% aller Mehrpersonenhaushalte ausmachten, in Gemeinden unter 500 Einwohnern sogar 16,6%. Bis 1988 ist der Bundeswert auf 2,2% stark gefallen.

Jede Form der Familienorganisation durchläuft bestimmte Phasen der Entwicklung, die mit dem Hinzukommen und Ausscheiden einzelner Familienmitglieder und den unterschiedlichen Rollen im Alterungsprozeß zusammenhängen. So ist in einer Stammfamilie die Phase eines Dreigenerationenhaushalts auf die Zeit von der Geburt des ersten Kindes bis zum Tod von dessen Großeltern beschränkt. Für die moderne Kernfamilie hat es sich eingebürgert, wichtige definierte Phasen als Stadien im *Familienzyklus* zu beschreiben. Der Familienzyklus beginnt in seiner klassischen Form mit der Gründung einer neuen Familie durch die Eheschließung von Braut und Bräutigam, die zu diesem Zeitpunkt ihre elterlichen Herkunftsfamilien verlassen. Mit der Geburt des ersten Kindes wird das Stadium der wachsenden Familie erreicht, das bis zur Geburt des letzten Kindes anhält. Daran schließt sich die Phase der konsolidierten Familie an, in der die Kinder aufwachsen und ihre Ausbildung erhalten. Der Auszug der Kinder aus dem elterlichen Haushalt vollzieht sich im Rahmen des Stadiums der schrumpfenden Familie, nach der das ältere Ehepaar allein im ‚leeren Nest' (empty nest) zurückbleibt. Aufgrund der Übersterblichkeit der Männer kommt es dann wahrscheinlich zu einer Witwenzeit der Frau. Der Zyklus wird durch die Familiengründungen der Kinder fortgesetzt. In Abb. 2.4.2/3 ist im mittleren Strang dieses klassische Schema dargestellt. Zu den genannten Phasen tritt häufig noch eine Phase des Alleinlebens vor der eigentlichen Familiengründung. Dadurch erweitert sich der Familienzyklus zum Lebenszyklus einer Person, der mit der Geburt beginnt und dann die genannten Stadien im Lebenslauf durchschreitet. Neben diesem ‚Hauptstrang' zeigt Abb. 2.4.2/3 auf der linken Seite die Entwicklung einer alleinstehenden Person mit Kind(ern). Dabei handelt es sich einerseits um ledige Mütter oder Väter, andererseits um Geschiedene oder Verwitwete, die vom Hauptstrang überwechseln. Auf der rechten Seite sind die Lebensläufe von kinderlosen Ehepaaren und einer alleinstehenden Person dargestellt mit der Angabe einiger Verbindungen zum Hauptstrang. Im Diagramm fehlen komplexere Familientypen wie die Dreigenerationenfamilie, aber die heute in den Industriegesellschaften vorherrschenden Formen sind ganz überwiegend erfaßt.

Das Modell des Familien- und Lebenszyklus ist für die Bevölkerungs- und Sozialgeographie bedeutsam geworden, weil die Phasenwechsel zu veränderten Ansprüchen an Wohnung und Wohnumfeld führen und Auswirkungen auf das Konsum- und Freizeitverhalten besitzen. Besonders für die Untersuchung innerregionaler Wanderungen hat sich das Konzept des Lebenszyklus bewährt (vgl. 2.2.3.3). Daher sind räumliche und zeitliche Variationen in der Dauer der einzelnen Stadien für die geographische Analyse wichtig.

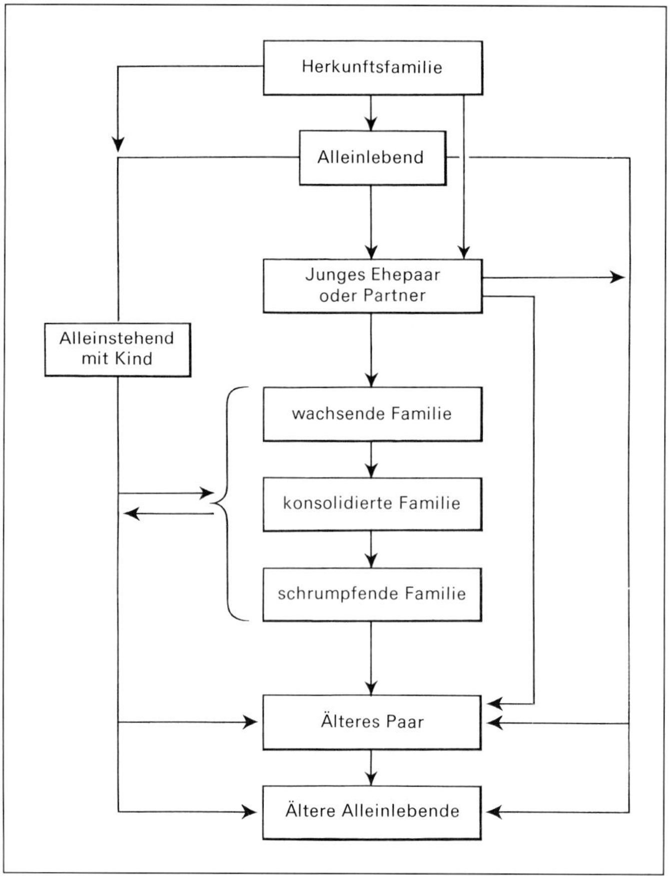

Abb. 2.4.2/3
Phasen im Familienlebenszyklus
aus: *Kemper* 1985, S. 191.

2.4.2.3 Haushaltsstrukturen

In enger Verbindung zum Begriff der Familie steht derjenige des Haushalts. Während ersterer eine Verwandtschaftseinheit auf sozio-biologischer Grundlage darstellt, wird letzterer nach sozioökonomischen Merkmalen abgegrenzt und ist gekennzeichnet durch gemeinsame Wohnung und Hauswirtschaft. Bei statistischen Erhebungen in den einzelnen Staaten werden zur Ausgliederung von Haushalten die beiden Kriterien der gemeinsamen Wohnung und der gemeinsamen Wirtschaft in unterschiedlicher Weise herangezogen. Insbesondere gibt es verschiedenartige Regelungen über die Zuordnung von Untermietern. Allgemein werden Anstaltshaushalte (Altenheime, Krankenanstalten, Kasernen u.a.) von Privathaushalten unterschieden. Nur von letzteren soll im weiteren die Rede sein. Sie können neben Familien auch familienfremde Personen enthalten. Dennoch bilden Familien meist auch Haushaltungen, weshalb viele im vorangehenden Abschnitt entwickelte Konzepte der Familientypen und -zyklen auf Haushalte übertragen werden.
Ein leicht zu ermittelnder Indikator der Haushaltsstruktur eines Gebietes ist die durchschnittliche Haushaltsgröße. Um 1980 reichte sie in Europa von 2,3 für Schweden bis zu 3,7 für Irland. In den USA lebten 2,7 Personen in einem Haushalt, in der UdSSR 4,0, während es in vielen Entwicklungsländern zwischen 5 und 6, gelegentlich bis zu 7 Personen waren (Angaben nach Demographic Yearbook 1987). Die letzteren Werte sind deutlich höher als durchschnittliche Haushaltsgrößen im Europa vor der Industrialisierung, zumindest was das Gebiet des europäischen Heiratsmusters angeht. Wie umfangreiche Gemeindeuntersuchungen der historischen Demographie gezeigt haben, lag z.B. die

Haushaltsgröße in England vom 16. bis zum 18. Jahrhundert relativ konstant bei 4,75 Personen (*Mitterauer* 1977), wobei noch zu berücksichtigen ist, daß in dieser Zahl das zahlreiche Gesinde und Hauspersonal enthalten ist. In diesen Unterschieden spiegeln sich einerseits die verschiedenen Heirats- und Familienmuster, andererseits der Stand der Mortalität. Heute wird die Haushaltsgröße geprägt von der Fruchtbarkeit, der Familienorganisation und der Bedeutung familienfremder Haushaltsmitglieder, während die Sterblichkeit keine solch große Rolle mehr spielt. Um diese Einflußfaktoren auseinanderzuhalten, empfiehlt es sich, Indikatoren für die Komponenten zu bilden. Dies ist relativ einfach, wenn man den Kinderanteil ausschließen will, wozu man die Zahl der Erwachsenen pro Haushalt berechnet. Häufig nimmt man dazu die Zahl der Personen im Alter von 15 und mehr Jahren pro Haushalt. Dieser Wert reichte Anfang der achtziger Jahre von 1,88 für Dänemark (2,12 für die Bundesrepublik Deutschland) bis zu 3,5–3,7 in einigen Staaten der Dritten Welt. In der Rangfolge sind deutliche Verschiebungen gegenüber der durchschnittlichen Haushaltsgröße zu erkennen. So übertraf Botswana mit 5,4 Personen pro Haushalt (1981) deutlich den entsprechenden Wert Hongkongs von 3,7 (1986), wovon aber nur 2,78 Erwachsene waren gegenüber 2,81 in Hongkong. Zur Erklärung kann auf die höhere Geburtenrate Botswanas und den starken Fruchtbarkeitsrückgang in Hongkong in jüngerer Zeit verwiesen werden. Eine weitere Diskrepanz ergibt sich beim Vergleich von mittelamerikanischen Ländern, die einen hohen Anteil von Schwarzen oder Mulatten besitzen, mit ökonomisch weniger entwickelten europäischen Staaten. So wies Guatemala 1981 eine durchschnittliche Haushaltsgröße von 5,2 auf und 2,86 Erwachsene pro Haushalt, während Spanien bei nur 3,5 Personen je Haushalt eine nur etwas geringere Erwachsenenanzahl von 2,62 besaß. Der relativ geringe Erwachsenenanteil in Mittelamerika ist auf die dort üblichen ‚unvollständigen' Familien, denen vor allem Frauen vorstehen, zurückzuführen.

Sind die großräumigen Unterschiede der Haushaltsgröße insbesondere durch die Fruchtbarkeit und die Familienstruktur bestimmt, so sind kleinräumige Differenzierungen in hohem Ausmaß mit der Siedlungs- und Wohnungsstruktur verknüpft. Fast überall sind die Haushalte in den Städten kleiner als auf dem Lande, und in Streusiedlungsgebieten werden oft größere Haushalte als in engbebauten Dörfern beobachtet. In der Bundesrepublik Deutschland sank die mittlere Größe der Privathaushalte im Jahr 1987 von 2,83 Personen in den Gemeinden unter 5000 Einwohnern auf 2,01 in den Großstädten. Weitere Einflußfaktoren der Haushaltsgröße sind die Erwerbsstruktur einer Region, die Arbeitsverfassung, im ländlichen Raum die Besitzstrukturen und die Pachtverhältnisse.

Die weltweite Betrachtung der Haushaltsgrößen hat gezeigt, daß es keine monokausale Beziehung zwischen dem Grad der Industrialisierung und der Haushaltsstruktur gibt. Dennoch kann man im großen und ganzen davon ausgehen, daß mit zunehmender Industrialisierung und Urbanisierung eines Gebietes die Haushaltsgröße sinkt. Im Deutschen Reich lebten 1871 4,63 Personen in einem Haushalt, 1933 noch 3,61. Nach dem Zweiten Weltkrieg setzte sich der Rückgang fort; in der Bundesrepublik Deutschland von 2,99 im Jahr 1950 auf 2,26 Personen 1988. Waren bis zum Zweiten Weltkrieg die geringer werdende Zahl der Kinder und die Verminderung von familienfremden Haushaltsmitgliedern entscheidend für den Rückgang der Haushaltsgröße, so werden nach dem Krieg Veränderungen in der Familienstruktur von immer größerer Bedeutung, die sich in der Beschränkung auf die Kernfamilie und besonders der zunehmenden Vereinzelung im Haushaltsbereich äußern. Von 1871 bis 1933 stieg der Anteil der Einpersonenhaushalte nur von 6,2 auf 8,4% an, während er nach dem Krieg 1950 19,4% erreichte und ab den sechziger Jahren dann sehr schnell anstieg, 1987 mit 33,4% ein Drittel aller Haushalte ausmachte (Tab. 2.4.2/3). Die jüngere Zunahme der Einpersonenhaushalte, die durch die Erleichterungen der Haushaltsführung und ein entsprechendes Wohnungsangebot überhaupt erst ermöglicht wurde, ist besonders auf Verhaltensänderungen in zwei Altersgruppen zurückzuführen. Auf der einen Seite ist eine zunehmende Neigung junger Leute festzustellen, einen eigenen Haushalt zu gründen. Hierdurch und durch den Anstieg beim Heiratsalter ist der Anteil der Alleinlebenden unter den 20–24jährigen von 10,2% (1972) auf 17,9% (1988) gestiegen, unter den 25–29jährigen entsprechend von 9,2% auf 20,6%. Auf der anderen Seite leben immer mehr ältere

Tab. 2.4.2/3: Haushaltsgrößenverteilung in der Bundesrepublik Deutschland und in Berlin (West). (Angaben in Prozent aller Privathaushalte)

Personen	1950	1961	1970	1987	Berlin 1987
1	19,4	20,6	25,1	33,4	51,1
2	25,3	26,5	27,1	28,4	27,5
3	23,0	22,6	19,6	17,7	12,1
4	16,2	16,0	15,2	13,7	6,6
5 und mehr	16,1	14,3	12,9	6,7	2,7
Durchschnittl. Haushaltsgröße	2,99	2,88	2,74	2,35	1,84

Quelle: Berechnet nach Angaben des *Statistischen Jahrbuchs der Bundesrepublik Deutschland* 1989

Menschen, vor allem ältere Frauen, in Einpersonenhaushalten. Ihr Anteil an den Personen im Alter von 70 und mehr Jahren stieg von 36,2% (1972) auf 46,4% (1988). Insgesamt zählen heute von 10 Alleinlebenden 4 zu den älteren Menschen über 64 Jahren. Sowohl die älteren wie verstärkt die jüngeren Einpersonenhaushalte sind überdurchschnittlich oft in Großstädten anzutreffen und dort in bestimmten Stadtteilen (ältere Bausubstanz, zentrumsnah). Ein extremes Beispiel ist West-Berlin (vgl. Tab. 2.4.2/3).

Bis zum Beginn der siebziger Jahre waren auch die Ausländer durch einen hohen Anteil von Alleinlebenden gekennzeichnet. Im Gegensatz zur Entwicklung bei der deutschen Bevölkerung ist aber die Haushaltsgröße bei den Ausländern durch Familienzusammenführung in den siebziger Jahren gestiegen. Während 1972 noch 40% der Ausländer in Einpersonenhaushalten wohnten, waren es 1982 nur noch 25%.

Die geschilderten Entwicklungen haben in der Bundesrepublik Deutschland zu einer Haushaltsstruktur geführt, in der heute mit über 60% die Ein- und Zweipersonenhaushalte dominieren. Von besonderem Interesse ist neben der Größenstruktur die Zusammensetzung der Haushalte nach Lebenszyklusgruppen, die an das Modell in Abb. 2.4.2/3 angeglichen sind. Nach Ergebnissen des Mikrozensus von 1988 machen jüngere Einpersonenhaushalte bis 45 Jahren 13,2% der Privathaushalte aus. Ehepaare ohne Kinder finden sich in 22,4% der Haushalte, wobei in vier von fünf Fällen der Haushaltsvorstand 45 Jahre oder älter ist. In 38,7% der Haushalte leben mit dem Vorstand geradlinig verwandte Kinder, davon 37,2% in Zweigenerationenhaushalten und 1,5% in Drei- und mehr-Generationenhaushalten. Nur 31,9% sind Haushalte, die aus einem Ehepaar mit Kindern bestehen, also die klassischen Familienzyklusphasen der wachsenden, konsolidierten und schrumpfenden Familie darstellen. Alleinstehende mit Kindern bilden 6,8% der Haushalte. Eine der größten Gruppen sind die älteren Einpersonenhaushalte ab 45 Jahren mit einem Prozentanteil von 21,7% (vgl. *Pöschl* 1989).

Die räumliche Verteilung der Haushaltsgruppen weist deutliche Muster auf, die von der Erwerbsstruktur, der Fruchtbarkeit, dem Wohnungsangebot und dem Wohnumfeld abhängen und die eng mit der Altersstruktur verknüpft sind (vgl. 2.4.1.4). Die Einpersonenhaushalte sind in Städten, besonders in Großstädten, konzentriert, und zwar um so stärker, je jünger sie sind. Ältere Alleinstehende sind auch in manchen Teilen des ländlichen Raumes überdurchschnittlich vertreten. Aufgrund des Arbeitsplatzangebots findet man junge weibliche Alleinstehende auch verstärkt in den Fremdenverkehrsgebieten. Während die jüngeren Ehepaare ohne Kinder überproportional häufig im Verdichtungsraum wohnen, sind ältere Ehepaare ohne Kinder relativ gleichmäßig auf verschiedene Raumkategorien verteilt. Alleinstehende mit Kindern leben einerseits besonders in Großstädten – ausgenommen altindustrialisierte Zentren –, andererseits in einigen Teilen des ländlichen Raumes mit hoher Unehelichenquote wie das östliche Niedersachsen und Niederbayern. An der Peripherie und im Umland der Großstädte sowie verstärkt in denjenigen Teilen des ländlichen Raumes, die traditionell eine hohe Fruchtbarkeit aufweisen, ist der Anteil der Familien mit Kindern überdurchschnittlich, wobei die größten Haushalte im westlichen Niedersachsen und im östlichen Bayern anzutreffen sind. In geographischen Untersuchungen ist bislang das größte Augenmerk der Verteilung von Haushaltsgruppen in Städten und ihrem Umland zuteil geworden. Das allgemeine Ergebnis, daß mit zunehmender Distanz vom Stadtzentrum die Haushaltsgröße ansteigt, gilt durchweg für westliche Industrieländer und hängt zusammen mit den Bodenpreisen, dem Wohnungsmarkt und den Selektionsmechanismen der innerregionalen Mobilität (vgl. 2.2.3.3).

Der enge Zusammenhang von Wohnungs- und Haushaltsstruktur ist von hoher regionalplanerischer Bedeutung, zum einen, um regionale Disparitäten der Wohnungsversorgung zu erkennen, zum anderen, um regionalisierte Prognosen des Wohnungsbedarfs zu erstellen. Dazu werden bestimmte Mindestnormen der Wohnungsgröße, die sich aus der Größe der Haushalte ergeben, herangezogen. Jeder Haushalt soll einen Anspruch auf eine eigene Wohnung haben und auf soviel Zimmer, wie er Mitglieder hat, zusätzlich eines weiteren Raumes, der Küche. Bei gegebener Haushalts- und Wohnungsgrößenstruktur läßt sich dann bestimmen, wieviel Haushalte welcher Größe unterversorgt sind. Entsprechende Untersuchungen für die Bundesrepublik Deutschland haben gezeigt, daß eine Unterversorgung großer Haushalte nicht nur in Großstädten, besonders im Ruhrgebiet, sondern auch in ländlichen Räumen wie Ostbayern vorhanden war (vgl. *Monheim* 1979). Aus der Unterversorgung läßt sich der Nachholbedarf errechnen, während für eine Prognose des Wohnungsbedarfs die erwarteten Veränderungen der Haushaltsstruktur entscheidend sind.

Eine Haushaltsgruppe, die in den siebziger und achtziger Jahren nicht nur in der Bundesrepublik zunahm, und die in den erwähnten Lebenszyklusgruppen nicht enthalten ist, bilden die Haushalte nicht-verwandter Personen, die 1988 mit 3,4% einen mehr als doppelt so hohen Anteil an allen Privathaushalten einnahmen als die Drei- und mehr-Generationenhaushalte mit 1,4%. Es handelt sich hier zum größten Teil um zusammenlebende unverheiratete Paare. Obwohl es keine genauen statistischen Angaben über diese Gruppe gibt, wird nach neueren Schätzungen damit gerechnet, daß die ‚freien Lebensgemeinschaften' in der Bundesrepublik Deutschland von 137 000 im Jahre 1972 auf 820 000 im Jahr 1988 angewachsen sind. Von letzteren leben 88% nicht mit Kindern zusammen. Es handelt sich hier um eine Entwicklung, die viele Industrieländer betrifft und die mit den jüngeren Veränderungen der Heiratsmuster in Verbindung steht. In Europa gibt es einen deutlichen Nord-Süd-Gegensatz, wobei das Zusammenleben ohne Trauschein besonders in Skandinavien verbreitet ist. So waren in Schweden schon in den siebziger Jahren etwa die Hälfte der zusammenwohnenden Paare unter 30 Jahren nicht verheiratet (*Trost* 1978). Die freien Lebensgemeinschaften sind dort auch deshalb von besonderer Bedeutung, weil immer mehr Kinder aus ihnen entstammen, während sie in Frankreich oder Deutschland bislang oft mehr eine Vorstufe als eine endgültige Alternative zur Ehe dargestellt haben. Die heutige Verbreitung in den nordischen Ländern wird von *Trost* (1978) als Wiederaufleben eines traditionellen Verhaltensmusters des vor- und außerehelichen Zusammenlebens gesehen, das dort unter der Herrschaft des alten Heiratsmusters mit spätem Heiratsalter und der Bindung an eine ökonomische Vollstelle häufig vorkam.

2.4.3 Ethnische, religiöse und kulturelle Differenzierung der Bevölkerung (*Günter Thieme*)

Neben demographischen Merkmalen differenzieren vielfältige ethnische, religiöse und kulturelle Strukturen die Bevölkerung. Auf die rassische Gliederung der Erdbevölkerung (Europide, Mongolide und Negride sowie einige weitere, zahlenmäßig weniger bedeutende Rassen) soll hier nicht weiter eingegangen werden: Es handelt sich dabei eher um einen Gegenstand der Anthropologie bzw. Bevölkerungsbiologie. Von Bedeutung und Interesse auch für die Bevölkerungsgeographie, insbesondere wenn sie unter sozialgeographischem Aspekt betrieben wird, sind Fragen rassischer Zugehörigkeit jedoch dann, wenn verschiedene Rassen in einer Region sich unterschiedlich verhalten und damit zugleich räumliche Strukturen hervorbringen.

Zahl und räumliche Verteilung der Rassen wie auch der feiner differenzierten ethnischen Gruppen sind nicht zuletzt durch z. T. großräumige Wanderungsbewegungen bestimmt. So ist die heutige Besiedlung Nordamerikas, weiter Teile Südamerikas sowie Australiens und Neuseelands im wesentlichen das Ergebnis der europäischen Überseewanderung. Nach *Bouvier et al.* (1977/1979) wanderten allein von 1820 bis 1930 ca. 55 Millionen Europäer in die neue Welt aus. Vergleichbare Änderungen der ethnischen Bevölkerungsstruktur brachte die Ausbreitung der Russen in den asiatischen Teil des damaligen Zarenreiches bzw. der Sowjetunion sowie die Auswanderung von Indern und Chinesen nach Südostasien, Ost- und Südafrika, Ozeanien und Teilen Amerikas.

Die beiden letztgenannten Bevölkerungsgruppen waren ursprünglich meist als Kontraktarbeiter angeworben worden, blieben später aber in vielen Fällen im Zielland und betätigten sich im Handel und Dienstleistungsbereich oder begannen selbst die marktorientierte Erzeugung von Agrarprodukten. Auf diese Weise sind vor allem in Südostasien, aber auch in Teilen der pazifischen Inselwelt regelrechte *duale Gesellschaften* entstanden, in denen die autochthone Bevölkerung einer starken Minderheit von Zuwanderern gegenübersteht – im Einzelfall haben sich die Mehrheitsverhältnisse sogar umgekehrt, wie z. B. in Singapur mit einer deutlichen Bevölkerungsmehrheit der Chinesen oder auf den Fiji-Inseln, wo die indischen Zuwanderer mittlerweile die melanesische Bevölkerung an Zahl übertroffen haben.

Auch der beträchtliche Anteil schwarzer Bevölkerung in Nordamerika und dem karibischen Raum ist bekanntlich auf ökonomisch begründete Wanderungsvorgänge zurückzuführen, freilich in einer besonders abschreckenden Form der Zwangsmigration, nämlich dem Sklavenhandel. Die Schätzungen gehen zwar weit auseinander, man kann jedoch annehmen, daß vom 16. bis ins 19. Jahrhundert zwischen 11 und 15 Millionen Negersklaven in die amerikanischen Gebiete der Plantagenwirtschaft gebracht wurden.

Die durch das Zusammenleben verschiedener ethnischer Gruppen oft hervorgerufenen Probleme kommen nicht nur durch die Zuwanderung ursprünglich fremder Bevölkerungsgruppen zustande. Auch die Zusammenfassung von Volksgruppen mit zum Teil völlig unterschiedlicher kultureller Tradition, Wirtschaftsweise und politisch-sozialer Organisation in einem Staat oder die Aufteilung größerer Volksgruppen unter mehrere Staaten hat oft zu Konflikten geführt. Besonders in Afrika, wo die Grenzen der meisten Staaten in der Regel den alten Demarkationslinien der Kolonialzeit folgen, die ihrerseits ohne Rücksicht und oft sogar ohne Kenntnis der ethnischen Verhältnisse nach rein machtpolitischen Erwägungen gezogen worden waren, kam es bereits zu schweren Auseinandersetzungen mit bürgerkriegsähnlichem Charakter. Die schließlich niedergeschlagenen Sezessionsbestrebungen der Ibo in Ostnigeria und der Grenzkonflikt zwischen Äthiopien und Somalia sind vielleicht die bekanntesten, aber keineswegs die einzigen Beispiele für derartige ethnische Konflikte.

Zu Beginn des Kapitels wurde auch die Möglichkeit erwähnt, Bevölkerungsstrukturen durch im weitesten Sinne sozio-kulturelle Überbauphänomene zu charakterisieren. In der Tat ist es sehr reizvoll, ausgehend von der ethnischen Gliederung der Bevölkerung, aber durchaus nicht immer in strikter Übereinstimmung mit ihr, eine Vielzahl materieller wie auch immaterieller Kulturelemente zur Differenzierung der Bevölkerung heranzuziehen: Hausformen, Wohnkultur, Folklore, Freizeitverhalten, aber auch die politische und soziale Organisation des Gemeinwesens sind, um nur einige Beispiele zu nennen, durchaus geeignete Indikatoren für Einstellungen, Verhaltensweisen und Werthierarchien einzelner Bevölkerungsgruppen.

Hier soll jedoch nur ein, allerdings besonders bedeutendes kulturelles Element angesprochen werden, nämlich die Zugehörigkeit zu bestimmten Religionen bzw. Konfessionen (vgl. auch Kap. 3.4.3). Die räumliche Verteilung der Religionsgruppen wird in den gängigen Atlanten durchweg thematisiert, wobei eine solche Dokumentation jedoch keineswegs unproblematisch ist. So läßt sich beispielsweise die religiöse Einstellung bzw. die Zugehörigkeit der Bevölkerung zu bestimmten Konfessionen in manchen Ländern Osteuropas oder Asiens mit einem sozialistischen und dezidiert atheistischen politischen System nur sehr schwer einschätzen. Ähnlich schwierig ist die Situation in weiten Teilen

Afrikas, wo die animistischen Stammesreligionen zunehmend durch Missionierung von seiten der christlichen Konfessionen, vor allem aber durch den Islam, zurückgedrängt werden, ohne freilich ihren Einfluß auch nach vollzogener Bekehrung völlig zu verlieren. Geht man davon aus, daß das religiöse Bekenntnis einer Bevölkerungsgruppe auf dem Wege über den Aufbau einer Hierarchie von Werten und Normen letztlich auch das soziale und räumliche Verhalten prägt, kann es wichtiger sein, anstelle der formalen Zugehörigkeit zu einer Religions- oder Konfessionsgruppe den Grad der Intensität der kirchlichen oder religiösen Bindung zu erfassen. So vertritt *Shortridge* die Auffassung, daß für Nordamerika nicht die konventionelle Untergliederung in Lutheraner, Baptisten, Methodisten, Mormonen oder Katholiken, um die bedeutendsten Gruppierungen zu nennen, entscheidend sei, sondern vielmehr die Differenzierung nach konservativ-fundamentalistischen und – im Gegensatz hierzu – eher liberalen, weltoffeneren Varianten dieser Bekenntnisse. Dementsprechend unterscheidet er einen konservativ-protestantischen *bible belt* im Südosten der USA und im Gebiet der Mormonen, vor allem im Staate Utah, von einer liberaleren Spielart des Protestantismus im Norden der USA sowie an der Westküste und streng katholische Gebiete vor allem bei den Franko-Kanadiern und in Teilen des Südwestens der USA (*Shortridge* 1977, zitiert nach *Jordan und Rowntree* 1979, S. 188–191). Die Zugehörigkeit zu verschiedenen ethnischen, religiösen und kulturellen Gruppen – so wurde bisher schon mehrfach argumentiert – beeinflußt auch das menschliche Verhalten. Hierbei gilt es vor allem zu differenzieren zwischen generativem Verhalten sowie unterschiedlichen Tendenzen bei Mobilität, Siedlungs- und Wirtschaftsweise.

Seit den klassischen Ansätzen von *Max Weber* (Die protestantische Ethik und der Geist des Kapitalismus) hat sich eine Vielzahl von Arbeiten mit dem Einfluß religiöser Überzeugungen auf das wirtschaftliche Handeln beschäftigt. Bekannt ist der Gewerbefleiß protestantischer Glaubensflüchtlinge wie der Hugenotten, der Salzburger Emigranten oder der Herrnhuter, aber auch im Agrarsektor zeichneten sich religiöse Gruppen öfter durch besondere Aufgeschlossenheit oder auch extremen Konservatismus aus. *Hard* (1963) berichtet über die modernen Arbeitsmethoden und mustergültige Wirtschaftsführung der Mennoniten in der Pfalz, *Bender* (1976) schildert die Einführung und Verbreitung des Hopfenanbaus durch die gleiche Glaubensgruppe, die im 18. Jahrhundert aus der Schweiz in die Pfalz eingewandert war. Das genaue Gegenteil, nämlich ein extrem konservatives und traditionsgebundenes wirtschaftliches Verhalten, zeigen dagegen einige protestantische Sekten in Nordamerika, von denen die sog. Amish, ebenfalls eine aus Mitteleuropa in die USA eingewanderte Untergruppierung der Mennoniten, am bekanntesten sind. In strenger wortwörtlicher Befolgung der Bibel haben die Amish bis heute eine im Grunde vorindustrielle, fast ausschließlich agrarische Wirtschaftsweise inmitten einer hochtechnisierten Umgebung bewahrt und öffnen sich erst in jüngster Zeit zögernd gewissen Einflüssen der Mechanisierung und Technisierung in der landwirtschaftlichen Produktion (vgl. *Tank* 1979). Mag auch in diesem Falle eine sehr klare Kausalbeziehung zwischen religiöser Überzeugung und ökonomischem Handeln vorliegen, so muß prinzipiell doch davor gewarnt werden, vorschnell von der religiösen Bindung auf einen bestimmten „Wirtschaftsgeist" zu schließen. Zahlreiche intervenierende Variable wie der soziale Status oder die räumliche Mobilität von Bevölkerungsgruppen – etwa in bezug auf die Frage, ob es sich um Ortsansässige oder Zugewanderte handelt – modifizieren und überprägen die Beziehung zwischen Religion und Wirtschaftsverhalten. *Hahn* (1958) zeigt am Beispiel des Tecklenburger Landes, daß besondere wirtschaftliche Aktivitäten weniger durch die Zugehörigkeit zur evangelischen oder katholischen Konfession zu erklären sind, sondern vielmehr Ausdruck vermehrter Anstrengungen religiöser Minderheiten sind und somit eine Art Diasporaerscheinung darstellen.

Auch die Untersuchungen von *Wirth* (1965) im Libanon und in Syrien legen den Schluß nahe, daß die unbestreitbar größeren wirtschaftlichen Erfolge christlicher gegenüber islamischen Bevölkerungsgruppen nicht unmittelbares Ergebnis des christlichen Glaubens selbst sind, sondern erst auf dem Umweg über vielfältige psychologische und soziale Strukturen, z. B. die engeren Kontakte der christlichen Gemeinden mit Glaubensbrüdern in Europa oder Amerika, finanzielle Zuwendungen von dieser Seite und dementsprechend bessere Ausbildungsbedingungen, wirksam werden.

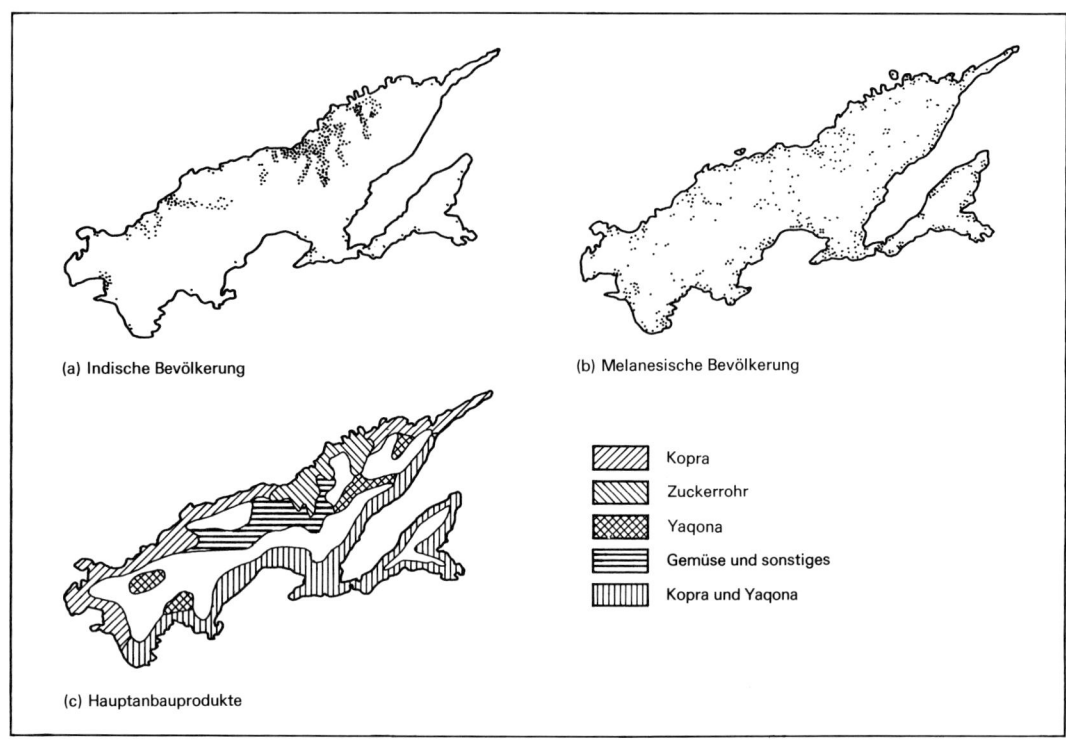

Abb. 2.4.3/1
Bevölkerung und Landnutzung auf Vanua Levi (Fiji)
nach: *Ward* 1965, S. 87.

Zusammen mit der Religion hat auch die ethnische Differenzierung der Bevölkerung oft erhebliche Bedeutung für das Wirtschaftsleben. Als Beispiel mag die oben schon kurz angesprochene Situation auf den Fiji-Inseln dienen (vgl. Abb. 2.4.3/1).
Zum einen erkennt man eine recht unterschiedliche Bevölkerungsverteilung: Während die melanesische Urbevölkerung relativ gleichmäßig über die Inseln verteilt ist, zeigt die indische Bevölkerung eine deutliche Konzentration auf wenige küstennahe Bereiche. Dieses räumliche Muster weist klare Parallelen zur agrarischen Nutzung auf: Das Gebiet mit überwiegend indischer Bevölkerung entspricht weitgehend einer Region marktorientierter Landwirtschaft mit Vorherrschen der Zuckerrohrpflanze als exportorientierter „cash crop", der melanesische Bevölkerungsteil ist vorwiegend in den Bereichen mit Subsistenzwirtschaft oder Produktion für den Binnenmarkt (Gemüse; Yacona, eine Art Pfefferstrauch, dessen zerstoßene Wurzel in Wasser aufgelöst ein beliebtes Getränk liefert) lokalisiert. Man kann diesen Sachverhalt sicher zum Teil durch die offenbar mangelnde Befähigung oder Bereitschaft der Melanesier zu einer kommerziellen Produktion erklären, doch auch in diesem Fall gilt es, den historischen Kontext miteinzubeziehen. Die erste Ansiedlung von Indern auf den Fiji-Inseln erfolgte im Zuge der Entwicklung des Plantagenwesens während der britischen Kolonialzeit, wobei zwar ursprünglich nur eine Aufenthaltszeit von fünf Jahren vorgesehen war, mehr als die Hälfte der Kontraktarbeiter sich jedoch auf Dauer niederließ und seit jener Zeit ganz überwiegend, zunehmend auch als selbständige Bauern, in der Zuckerrohrwirtschaft tätig ist.
Unterschiede der ethnischen und religiösen Bevölkerungsstruktur beeinflussen oft auch das generative Verhalten. Ganz abgesehen von solch krassen Fällen wie der Sekte der Hutterer in Nordamerika, die durch eine extrem hohe Fruchtbarkeit von ihrer Umgebung abweicht (vgl. Kap. 2.1.2.1), verdie-

Tab. 2.4.3/1: Altersspezifische Geburtenziffern türkischer und deutscher Frauen 1978

Alter in Jahren	Lebendgeborene von Müttern nebenstehenden Alters auf 1000 Frauen entsprechenden Alters		
	Türkische Frauen		Deutsche Frauen im Bundesgebiet
	im Bundesgebiet	in der Türkei	
15–19	99	93	15
20–24	237	259	77
25–29	176	218	101
30–34	120	154	54
35–39	68	101	16
40–44	28	38	4
45–49	7	2	0

Quelle: Schwarz 1980, S. 417

nen gerade solche Fertilitätsunterschiede Beachtung, da sie nicht selten auch eine gewisse politische Brisanz aufweisen.

Die Beispiele für diese Problematik sind zahlreich: Zu denken ist etwa an die Verhältnisse in Nordirland mit einer wachsenden katholischen Minderheit, ähnliches gilt für die arabisch-islamische Bevölkerungsgruppe innerhalb des Staates Israel. Auch in der ehemaligen Sowjetunion war die russische Bevölkerungsgruppe von den anderen Nationalitäten, nicht zuletzt aus den asiatischen Republiken, an Zahl bereits übertroffen worden.

In der Bundesrepublik stellt sich die Frage insbesondere im Zusammenhang mit der Zuwanderung von ausländischen Arbeitern und deren Familien. *Schwarz* (1980) berichtet in einer Untersuchung der demographischen Merkmale der türkischen Bevölkerung in der Bundesrepublik Deutschland auch über das generative Verhalten dieser ethnischen Gruppe und vergleicht es mit den entsprechenden Werten der deutschen Bevölkerung wie auch der Türken in ihrem Heimatland. Erwartungsgemäß liegt die Geburtenziffer der Türken in Deutschland (1978: 31,4) beträchtlich über derjenigen der deutschen Bevölkerung (8,7) und unterscheidet sich kaum von derjenigen ihrer Landsleute in der Türkei. Die rohe Geburtenziffer gibt jedoch im Grunde ein verfälschtes Bild der wahren Situation, da sie die unterschiedliche Alters- und Familienstruktur außer acht läßt. Einen besseren Eindruck vermitteln die altersspezifischen Geburtenziffern (vgl. Tab. 2.4.3/1), die deutlich machen, daß die türkischen Frauen in der Bundesrepublik zwar erheblich mehr Kinder zur Welt bringen als die deutschen Frauen gleichen Alters, andererseits aber signifikant niedrigere altersspezifische Geburtenziffern als die Türkinnen in der Türkei aufweisen. Die Differenz der Fertilität wird durch die altersspezifischen Geburtenziffern sogar noch unterschätzt, da die Türkinnen in Deutschland zu einem bedeutend höheren Prozentsatz verheiratet sind als die Türkinnen im Heimatland. *Schwarz* stellt zwar mit Recht heraus, daß dieses unterschiedliche Verhalten zum Teil auch durch eine stärkere Beteiligung von Türken aus städtischen Gebieten mit von vornherein niedrigerer Fertilität an der Wanderung nach Deutschland zu erklären sein könnte, eine gewisse Anpassung an das generative Verhalten des Zuwanderungslandes erscheint jedoch unbestreitbar.

2.4.4 Erwerbsstruktur (*Günter Thieme*)

2.4.4.1 Die Beteiligung der Bevölkerung am Erwerbsleben

Zu den wichtigsten Komponenten der Bevölkerungsstruktur gehört die Erwerbsstruktur, basiert doch auf ihr das Wirtschaftsleben und somit über das jeweilige Sozialprodukt auch der ökonomische Entwicklungsstand eines Staates.

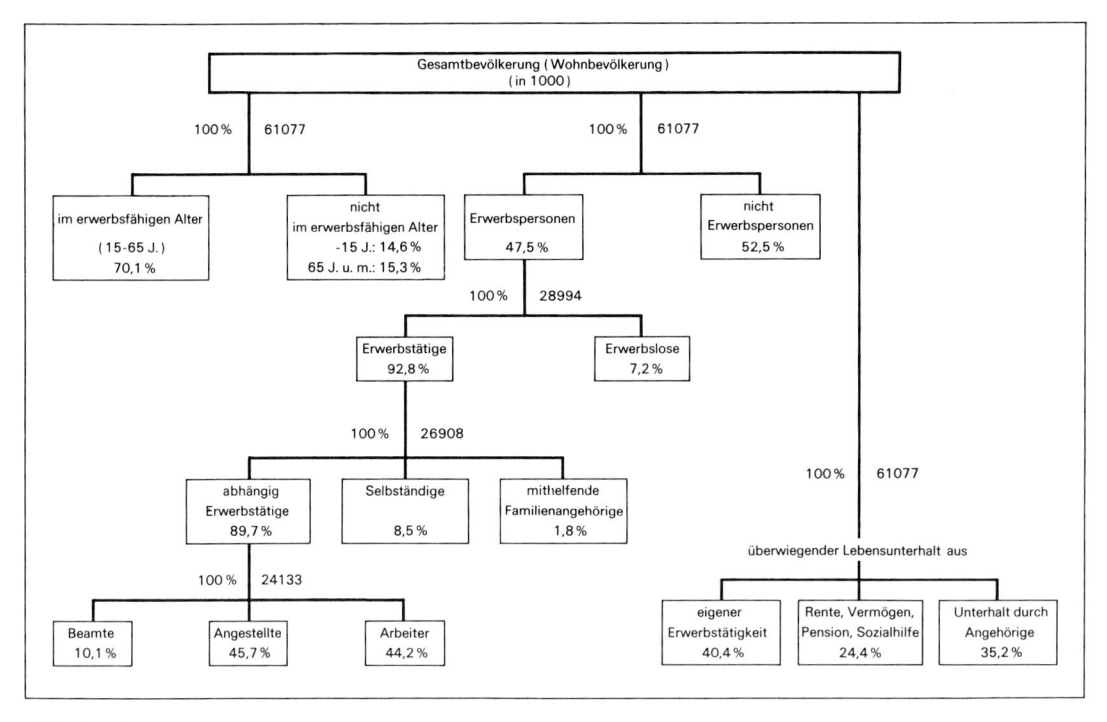

```
                    Gesamtbevölkerung (Wohnbevölkerung)
                                 (in 1000)
        100%    61077                              100%    61077
   ┌──────────────┬──────────────┐          ┌──────────────┬──────────────┐
   im erwerbsfähigen      nicht              Erwerbspersonen        nicht
      Alter         im erwerbsfähigen Alter      47,5%         Erwerbspersonen
   (15-65 J.)       -15 J.: 14,6%                                 52,5%
    70,1%           65 J. u. m.: 15,3%
                                              100%    28994
                                        ┌──────────────┬──────────────┐
                                        Erwerbstätige        Erwerbslose
                                          92,8%                7,2%
                                         100%    26908
                              ┌──────────────┬──────────────┐
                              abhängig      Selbständige    mithelfende
                             Erwerbstätige     8,5%       Familienangehörige
                              89,7%                            1,8%
                                                                          100%    61077
                             100%    24133                                    │
                     ┌──────────┬──────────┐                    überwiegender Lebensunterhalt aus
                   Beamte    Angestellte   Arbeiter      ┌──────────────┬──────────────┐
                   10,1%       45,7%        44,2%        eigener      Rente, Vermögen,   Unterhalt durch
                                                       Erwerbstätigkeit Pension, Sozialhilfe  Angehörige
                                                         40,4%            24,4%             35,2%
```

Abb. 2.4.4/1
Gliederung der Bevölkerung der Bundesrepublik Deutschland nach Erwerbs- und Unterhaltskonzept (1987)
Entwurf: G. Thieme in Anlehnung an *Boustedt* 1975, S. 64.

Dabei kommt es einmal auf die Erwerbsbeteiligung der Bevölkerung an, zum anderen wird die Verteilung der Erwerbsbevölkerung auf die einzelnen Wirtschaftssektoren zu diskutieren sein.
Die Statistik der Bundesrepublik Deutschland geht prinzipiell vom sog. Erwerbspersonenkonzept aus, wobei als Erwerbspersonen diejenigen bezeichnet werden, „die eine unmittelbar oder mittelbar auf Erwerb gerichtete Tätigkeit ausüben oder suchen" (Statistisches Jahrbuch 1989 für die Bundesrepublik Deutschland, S. 88). Aufgrund dieser Definition wird deutlich, daß der Begriff ‚Erwerbsperson' von ‚Erwerbsfähigen' einerseits und von ‚Erwerbstätigen' andererseits zu trennen ist. Als potentiell erwerbsfähig werden in den meisten Industrieländern die Angehörigen der Altersgruppe von 15 bis 60 bzw. 65 Jahren definiert. Die Grenzen sind in der Regel durch das Ende der Schulpflicht und den Beginn des Ruhestands festgelegt und berücksichtigen nicht eventuelle Erwerbsunfähigkeit, die Möglichkeit des freiwilligen früheren Ausscheidens aus der beruflichen Tätigkeit oder, umgekehrt, Erwerbstätigkeit über die Pensionsgrenze hinaus.
Die Erwerbstätigen schließen dagegen im Vergleich zu den Erwerbspersonen alle diejenigen aus, die zunächst oder vorübergehend keinem Erwerb nachgehen, sich aber um eine solche Tätigkeit bemühen. So waren z.B. in der Bundesrepublik im Durchschnitt des Jahres 1988 8,7% der über 28 Millionen Erwerbspersonen arbeitslos. Ganz generell ist beim Erwerbspersonenkonzept weiterhin zu berücksichtigen, daß es bestimmte Formen gesellschaftlicher Arbeit ausschließt, z.B. ehrenamtliche Tätigkeiten oder Hausarbeit.
Abb. 2.4.4/1 gibt die Gliederung der Bevölkerung der Bundesrepublik Deutschland nach dem Erwerbskonzept wieder und bietet gleichzeitig eine grobe Differenzierung nach dem überwiegenden Lebensunterhalt der Bevölkerung, wodurch eine stärker am Verbrauch orientierte Alternative dem Erwerbskonzept mit seiner Ausrichtung an der Produktionskraft der Bevölkerung gegenübergestellt wird.

Nachdem somit die wichtigsten Begriffe der Erwerbsstruktur geklärt sind, soll im folgenden zunächst die Erwerbsquote in ihrer räumlichen und zeitlichen Variation sowie in ihrer Differenzierung nach Geschlecht und Altersgruppen behandelt werden.

Der Vergleich von Erwerbsquoten (Anteil der Erwerbspersonen an der Gesamtbevölkerung) im internationalen Maßstab ist außerordentlich problematisch. Besonders in den Ländern der Dritten Welt bestehen bei der Definition und quantitativen Bestimmung dieses Maßes erhebliche Schwierigkeiten – verschiedentlich werden statt dessen auch die Begriffe ‚Partizipationsziffer' oder ‚Anteil der wirtschaftlich aktiven Bevölkerung' benutzt. Dies betrifft z. B. die Abgrenzung sog. marginaler Tätigkeiten, etwa kurzfristiger und sporadischer Aushilfsarbeiten, die saisonal völlig unterschiedliche Arbeitsbelastung z. B. in der Landwirtschaft oder auch die Einschätzung der Erwerbsbedeutung mithelfender Familienangehöriger. Zweifellos verbirgt sich hinter den Angaben zur Erwerbsbeteiligung der Bevölkerung in vielen Staaten Afrikas, Asiens und Lateinamerikas ein beträchtliches Ausmaß an Unterbeschäftigung in allen Wirtschaftssektoren, das meist auch durch ein Wachstum der Industrieproduktion oder des Volkseinkommens insgesamt nicht gemindert wird, da diese Entwicklungen nicht selten auf Großprojekten basieren und an der Subsistenzwirtschaft der überwiegenden Mehrheit der Bevölkerung vorbeigehen (vgl. *Hauser* 1974, S. 211 ff). Wenn trotz aller inhaltlichen und methodischen Vorbehalte ein Überblick über die Erwerbsquoten einzelner Länder gegeben wird, die als repräsentativ für verschiedene Kulturräume gelten dürfen, so geschieht dies, weil die sehr unterschiedlichen Werte noch immer die verschiedenen Einflußfaktoren auf die Erwerbsbeteiligung erkennen lassen (Tab. 2.4.4/1).

Bei einer Interpretation der Zahlen fällt zunächst auf, daß die Erwerbsquoten der männlichen Bevölkerung eine deutlich geringere Variationsbreite aufweisen als die der Frauen. Gerade die Extremwerte von über 50% weiblicher Erwerbsbeteiligung in Nordeuropa (Schweden) und im Gegensatz dazu noch nicht einmal 5% in manchen islamisch geprägten Ländern zeigen sehr klar, wie entscheidend sozio-kulturelle Verhältnisse, hier insbesondere die Stellung der Frau in der Gesellschaft, als Determinanten der Erwerbstätigkeit sind (vgl. *Kuls* 1980, S. 95). Als weiterer wichtiger Bestimmungsgrund ist sicher der Altersaufbau der Bevölkerung anzuführen, wobei der Anteil junger, noch nicht erwerbsfähiger Menschen in den Entwicklungsländern besonders hervorzuheben ist (vgl. Kap. 2.4.1.2).

Tab. 2.4.4/1: Geschlechtsspezifische Erwerbsquoten ausgewählter Länder (Angaben je nach Land 1981–1990)

	Erwerbsquote	
	männl.	weibl.
Frankreich (1985)	50,8	35,5
Schweden (1986)	54,1	50,5
Ungarn (1986)	50,9	40,8
Jugoslawien (1981)	51,8	31,9
Sowjetunion (1986)	44,6	40,7
USA (1985)	55,6	41,5
Kanada (1985)	57,4	41,9
Thailand (1986)	58,3	49,1
Singapur (1988)	58,4	38,0
Japan (1990)	61,3	40,7
Indien (1981)	51,1	19,2
Saudi-Arabien (1990)	49,2	4,6
Algerien (1985)	36,7	4,8
Ägypten (1986)	46,9	8,9
Zaire (1990)	49,1	26,4
Kenia (1985)	48,4	33,5
Brasilien (1987)	54,7	30,4
Peru (1981)	49,0	19,3

Quelle: Statistisches Bundesamt: Statistik des Auslandes (versch. Länderberichte)

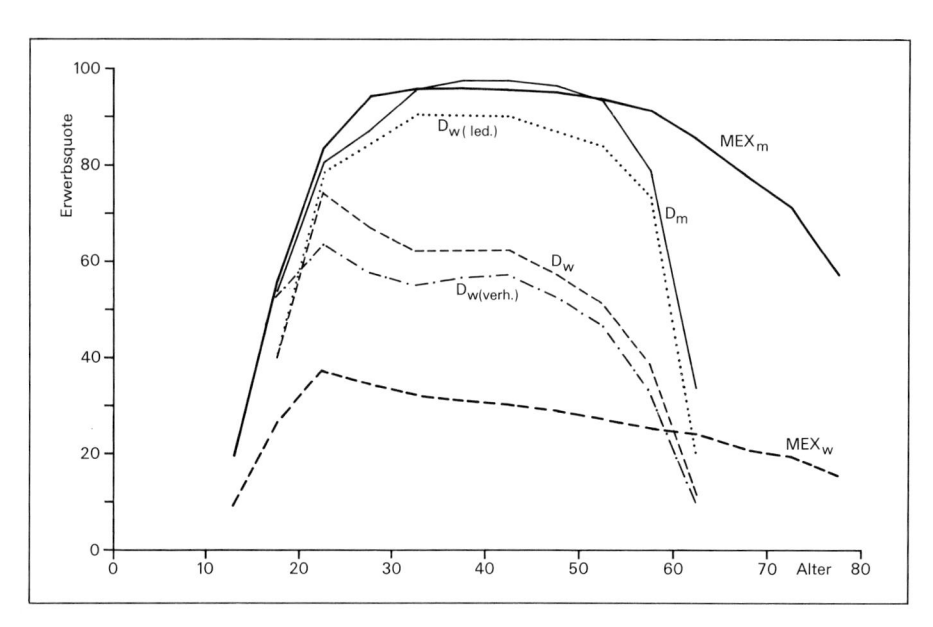

Abb. 2.4.4/2
Erwerbsquoten in der Bundesrepublik Deutschland (1986) und Mexiko (1980) nach Alter, Geschlecht und Familienstand
Entwurf: G. Thieme; Datenquellen: Statistisches Jahrbuch für die Bundesrepublik Deutschland 1988; Demographic Yearbook 1984.

Die Analyse alters- und geschlechtsspezifischer Erwerbsquoten gibt bereits ein differenzierteres Bild: Am Beispiel der Bundesrepublik Deutschland und Mexikos wird die durchaus unterschiedliche Beteiligung der Bevölkerung am Erwerbsleben in Industrie- und Entwicklungsländern deutlich (Abb. 2.4.4./2, vgl. auch *Hauser* 1974, S. 215ff.).
Die Erwerbsquote der Männer liegt in beiden Staaten beträchtlich höher als die der Frauen, wobei die Kurve des Industrielandes noch meist hinter der des Entwicklungslandes zurückbleibt. Die Gründe hierfür sind zum einen in der längeren Ausbildungszeit der Jugendlichen in Industrieländern zu suchen, während in der Dritten Welt Jugendliche und sogar Kinder schon sehr früh durch ihre Erwerbstätigkeit zum Lebensunterhalt der Familie beitragen müssen. Auch bei den älteren Männern sind es ökonomische Zwänge, die die Erwerbstätigkeit deutlich über das Niveau der Industrieländer ansteigen lassen, da hier im allgemeinen jegliche soziale Absicherung in der Form von Alters- oder Krankheitsvorsorge fehlt und somit Erwerbstätigkeit irgendwelcher Art bis ins hohe Alter nötig ist. In diesem Zusammenhang ist noch der vermeintliche Widerspruch aufzuklären, daß zwar in Mexiko die Erwerbsquote der Männer bis auf die 35–50jährigen in allen Jahrgängen über dem Vergleichswert der Industrieländer liegt, dort jedoch die männliche Erwerbsquote insgesamt die der Länder der Dritten Welt deutlich übertrifft (vgl. Tab. 2.4.4/1). Der Grund liegt wiederum im ganz unterschiedlichen Altersaufbau der beiden Ländertypen mit einem sehr viel höheren Anteil erwerbsfähiger Bevölkerung in den Industrieländern.
Was die weibliche Bevölkerung betrifft, so weisen die Industrieländer durchweg höhere altersspezifische Erwerbsquoten auf. Eine Ausnahme bilden, aus den gleichen Gründen wie oben für die männliche Bevölkerung beschrieben, weibliche Jugendliche und ältere Frauen. Die generell höhere Erwerbsbeteiligung der Frauen in den Industrieländern ist vor allem auf das umfangreichere und differenziertere Angebot an Arbeitsplätzen zurückzuführen, während in der Dritten Welt die Beschäftigungsmöglichkeiten im wesentlichen auf die Arbeit in der Landwirtschaft und in Teilen des tertiären Sektors beschränkt sind und gerade in diesen Bereichen viele Tätigkeiten nicht als Erwerb definiert werden.

Das Maximum der weiblichen Erwerbstätigkeit wird sowohl in Mexiko wie in der Bundesrepublik Deutschland ungefähr im Alter von 20–25 Jahren erreicht. Während von diesem Zeitpunkt an die Rate in Mexiko kontinuierlich sinkt, ist in der BRD nach einem Abfall bis zum Alter von 30–35 Jahren eine Konsolidierung zu beobachten, bevor mit etwa 45 Jahren die Erwerbsquote endgültig abnimmt. In anderen europäischen Ländern und auch den USA ist oft ein zweites Maximum der Erwerbsbeteiligung der Frauen ungefähr zwischen 40 und 50 Jahren festzustellen, wobei in den skandinavischen Ländern und Großbritannien in dieser Altersgruppe die Erwerbsquote sogar den absolut höchsten Wert erreicht (vgl. *Kirk* 1981, S. 150). Diese Tatsache ist wohl dadurch zu erklären, daß in diesen Ländern die Erwerbstätigkeit verheirateter Frauen nach und zum Teil auch während der Kindererziehung schon länger gesellschaftlich akzeptiert wird und der Wiedereintritt ins Berufsleben auch durch entsprechende sozialpolitische Maßnahmen erleichtert wird.

Die Rate der Erwerbsbeteiligung kann auch innerhalb eines Landes erheblich variieren, insbesondere was die weibliche Bevölkerung anbelangt. So schwankte bei der Volkszählung 1987 in den Raumordnungsregionen der Bundesrepublik Deutschland die Erwerbsquote der Frauen im Alter von 15–64 Jahren zwischen 35,4 und 58,9 bei einem Mittelwert von 47,9% (zur Situation zum Zeitpunkt der Volkszählung 1970 vgl. *Atlas zur Raumentwicklung* 1976, Blatt 1.07).

Das räumliche Verteilungsmuster der gesamten Erwerbsquote wird wiederum primär durch die Variation der weiblichen Erwerbstätigkeit bestimmt und zeigt für das Bundesgebiet, abgesehen von den hohen Werten in den Zentren der großen Verdichtungsräume, einen deutlichen Nord-Süd-Gegensatz mit einer Konzentration überdurchschnittlicher Werte in Bayern und Baden-Württemberg. Die Ursachen für diesen zunächst überraschenden Sachverhalt sind sicher regional verschieden, lassen sich aber unter folgenden Gesichtspunkten zusammenfassen. Zum einen finden wir in Teilen Süddeutschlands noch eine weitgehend intakte klein- bis mittelbäuerliche Landwirtschaft vor, in der viele Frauen als mithelfende Familienangehörige tätig sind. Weiterhin fördert z. B. in der Schwäbischen Alb und in Teilen Oberfrankens eine bestimmte Branchenstruktur der Industrie (Vorherrschen von Leichtindustrien wie Textil- und Bekleidungsindustrie, Schuh- und Lederindustrie, Papierverarbeitung, feinkeramische Industrie) die Beschäftigungsmöglichkeiten weiblicher Arbeitnehmer, und schließlich ist in den süddeutschen Verdichtungsräumen der Anteil an Ausländern, die sich durch eine weit überdurchschnittliche Erwerbsquote auszeichnen, besonders hoch. Auch im Zusammenhang mit der Gemeindegröße variiert das Erwerbsverhalten. *Boustedt* (1975) zeigt in einer Auswertung der Volkszählungsergebnisse 1970, daß die Erwerbsbeteiligung der Frauen ein erstes Maximum in Gemeinden unter 2000 Einwohnern und ein zweites in Großstädten mit über 100 000 Einwohnern aufweist, wobei mit zunehmendem Alter die Erwerbstätigkeit in den kleinen ländlichen Gemeinden immer stärker dominiert. Während an diesem Beispiel einerseits die traditionelle Verbindung der Frauen mit der Arbeit in der Landwirtschaft und andererseits die neuen Möglichkeiten im expandierenden Dienstleistungssektor der Großstädte deutlich hervortreten, bleibt die männliche Erwerbsquote in den einzelnen Gemeindegrößenklassen nahezu unverändert.

Neben der räumlichen Variation der Erwerbsquote trägt deren zeitliche Entwicklung zum Verständnis der jeweiligen sozioökonomischen Situation bei. Auch bei dieser Frage ist zumindest eine Differenzierung nach Geschlecht und Familienstand sinnvoll, da die Globalzahlen oft wenig aussagekräftig sind. So unterscheidet sich die Erwerbsquote der Gesamtbevölkerung in Deutschland beispielsweise 1986 (Bundesrepublik Deutschland) nur unwesentlich von der des Jahres 1907 (Deutsches Reich), während im gleichen Zeitraum vor allem die Erwerbstätigkeit verheirateter Frauen bedeutend anstieg – bei den 20–30jährigen von 22% auf 60%, bei den 30–40jährigen von 26% auf 56%. *Schwarz* (1981) geht auf die Ursachen dieser Entwicklung ein und nennt hierbei die Verbesserung der schulischen und beruflichen Ausbildung der Frauen, das größere Angebot an Arbeitsplätzen, die für Frauen erschlossen wurden oder für sie besonders geeignet erscheinen, Entlastung bei der Hausarbeit durch Mechanisierung und geringere Selbstversorgung sowie vor allem die veränderten Auffassungen von der Rolle der Frau.

Diese Einflußfaktoren haben, insbesondere seit etwa 1960, die Lebensbedingungen der Frauen zwar generell verändert, es zeigen sich jedoch deutliche schichtspezifische Unterschiede des Erwerbsverhaltens. So nimmt mit steigendem Nettoeinkommen des Ehemanns die Erwerbsquote deutlich ab, die gleiche Tendenz weist eine Differenzierung nach der beruflichen Stellung des Ehemanns auf. Neben diesen sozioökonomischen Determinanten des Erwerbsverhaltens steht natürlich besonders die Kinderzahl in einem wechselseitigen Abhängigkeitsverhältnis zur Berufstätigkeit der Frauen, worauf hier jedoch nicht näher eingegangen werden kann.

Die bisherigen Ausführungen lassen erkennen, daß Prognosen der zukünftigen Erwerbsbeteiligung aufgrund des Zusammenwirkens mehrerer Einflußfaktoren überaus problematisch sind. Noch am leichtesten lassen sich die demographischen Strukturen einschätzen: In der Bundesrepublik Deutschland zeigt sich, daß bis Mitte der achtziger Jahre durch den Eintritt geburtenstarker Jahrgänge in das Erwerbsleben und ab Ende der achtziger Jahre durch den Zustrom von Aus- und Übersiedlern eine erhebliche Belastung des Arbeitsmarktes erfolgte, während ab Mitte der neunziger Jahre bei sonst konstanten Bedingungen eher mit einem Mangel an Arbeitskräften zu rechnen ist.

Sehr viel schwerer sind langfristige soziale und wirtschaftliche Entwicklungen in ihrem Einfluß auf das Erwerbsverhalten zu beurteilen. Der gesamte Prozeß der Industrialisierung und Urbanisierung oder auch die Expansion des Bildungswesens haben ohne Zweifel vielfältige neue Erwerbsmöglichkeiten geschaffen und auch die Einstellung zur Berufstätigkeit, besonders bei Frauen, grundlegend verändert. Prognosen gestalten sich hier jedoch sehr schwierig. Maßnahmen des Gesetzgebers können ebenfalls durchgreifende Veränderungen im Erwerbsverhalten bewirken. Zu denken ist hier an die Einrichtung von Teilzeitarbeitsplätzen oder an das Angebot einer flexiblen Altersgrenze für die Beendigung der beruflichen Tätigkeit. Die letztgenannte Maßnahme hat in der Bundesrepublik in den letzten zwanzig Jahren bereits zu einer starken Reduzierung der Erwerbsquote vor allem bei Männern über 60 Jahren geführt.

2.4.4.2 Die Gliederung der Erwerbsbevölkerung nach Wirtschaftssektoren

Bislang war das Erwerbsverhalten der Bevölkerung zwar in seiner Differenzierung nach Alter und Geschlecht untersucht worden, aber noch weitgehend unabhängig von der Frage, um welche Art von Erwerb es sich im einzelnen handelt.

Gerade die Gliederung der Erwerbsbevölkerung nach Wirtschaftsbereichen ist jedoch von großer Bedeutung für den Grad der wirtschaftlichen Entwicklung einer Region und ihrer Bevölkerung. Gewöhnlich wird eine Unterteilung nach drei Wirtschaftssektoren vorgenommen, wobei die land- und forstwirtschaftliche Urproduktion unter dem Begriff des primären Sektors zusammengefaßt wird. Der Bergbau und das verarbeitende Gewerbe, sei es Industrie oder produzierendes Handwerk, machen den sekundären Sektor aus, und Handel, Verkehrs- und Nachrichtenwesen sowie der Bereich privater und öffentlicher Dienstleistungen bilden den tertiären Wirtschaftssektor. Verschiedentlich wird vom tertiären Sektor (Handel und Verkehr) noch ein quartärer Wirtschaftssektor unterschieden, der der Gesellschaft im wesentlichen Dienstleistungen intellektueller Natur (Forschung, Bildung, Verwaltung etc.) anbietet. Der Anstoß für diese Differenzierung kam vor allem durch Untersuchungen der Berufsstruktur in den großen US-amerikanischen Verdichtungsräumen, besonders der sog. Megalopolis-Stadtregion von Boston bis Washington (D.C.), in der bereits mehr als zwei Drittel der Beschäftigten in Berufen des traditionellen tertiären Sektors tätig waren und somit eine weitere Differenzierung sinnvoll erschien, die sich jedoch noch nicht allgemein durchgesetzt hat.

Die amtliche Statistik der Bundesrepublik Deutschland trennt bei der Gliederung der Erwerbstätigen nach Wirtschaftsbereichen Land- und Forstwirtschaft, Produzierendes Gewerbe (einschl. Bergbau), Handel und Verkehr sowie sonstige Wirtschaftsbereiche, im wesentlichen Dienstleistungen.

Wie grundlegend sich die Erwerbsstruktur in den letzten hundert Jahren gewandelt hat, mag die folgende Übersicht zeigen (Tab. 2.4.4./2), die die Verteilung der Erwerbsbevölkerung auf die drei

Tab. 2.4.4/2: Erwerbsbevölkerung nach Wirtschaftsbereichen in Deutschland 1882–1989

Jahr/Gebiet	Erwerbspers./ Erwerbstätige insges. (1000)	% davon in… Land- und Forstwirtsch.	Produz. Gewerbe	Handel, Verkehr, Dienstl.
1882 (DR)	18957	43,4	33,7	22,8
1907 (DR)	28092	35,2	40,1	24,8
1925 (DR)	32009	30,5	41,4	28,2
1939 (DR)	35732	25,0	40,8	34,2
1950 (BRD)	23489	22,1	44,7	33,1
1960 (BRD)	26653	13,3	48,4	38,3
1970 (BRD)	26617	8,9	48,6	42,5
1980 (BRD)	25833	5,9	44,8	49,3
1989 (BRD)	27742	3,7	40,9	55,4

Quellen: Statistisches Bundesamt: Bevölkerung und Wirtschaft 1872–1972; Statistisches Jahrbuch der Bundesrepublik Deutschland 1990

Wirtschaftssektoren von der ersten relativ verläßlichen Berufszählung des Deutschen Reichs bis zur Gegenwart wiedergibt.

Die Tabelle zeichnet sehr deutlich die Entwicklung Deutschlands von einem gegen Ende des letzten Jahrhunderts noch stark agrarisch bestimmten Staat zu einer Gesellschaft, die heute zunehmend durch den tertiären Sektor geprägt ist. Erst um die Jahrhundertwende verlor im Deutschen Reich, das von der Industrialisierung später erreicht wurde als westeuropäische Nationen wie England oder Belgien, der Agrarsektor seine Stellung als stärkster Wirtschaftsbereich, um seither jedoch kontinuierlich auf gegenwärtig knapp 5% zurückzugehen. Hierbei handelt es sich offensichtlich um einen säkularen Prozeß, der auch durch starke Rezessionen der gewerblichen Wirtschaft nur verlangsamt, nicht aber unterbrochen oder gar umgekehrt werden kann. Anstelle des primären Sektors dominierte dann das produzierende Gewerbe, und erst in der Mitte der siebziger Jahre wurde der tertiäre Sektor zum zahlenmäßig stärksten Wirtschaftsbereich. Innerhalb des tertiären Wirtschaftssektors wiederum nahm in jüngster Zeit vor allem die Beschäftigung im öffentlichen Dienst stark zu.

Diese allgemeinen Veränderungen der Erwerbsstruktur schlagen sich natürlich auch im regionalen Verteilungsbild nieder. Während im Gebiet der heutigen Bundesrepublik Deutschland um die Jahrhundertwende außerhalb der städtischen Zentren, der Bergbaugebiete und einiger traditionell gewerblicher Regionen (vor allem Textilindustrie) die überwiegende Mehrheit der Bevölkerung noch in der Landwirtschaft tätig war, bietet sich zum Zeitpunkt der Volkszählung 1970 ein sehr differenziertes Bild (vgl. *Atlas zur Raumentwicklung* 1976, Blatt 1.03). Ein gewisses Übergewicht des sekundären Sektors ist im Rhein-Main-Gebiet, in Südwestdeutschland und Nordbayern zu beobachten, demgegenüber ein Vorherrschen des tertiären Sektors in den meisten städtischen Oberzentren sowie weiten Teilen Norddeutschlands, der Mittelgebirge und des Voralpenraums. Die einstmals dominierende Landwirtschaft steht heute auch in peripheren ländlichen Räumen nirgends mehr an erster Stelle der Erwerbssektoren.

Eine sehr anschauliche Möglichkeit der Typisierung von Ländern oder auch kleineren regionalen Einheiten nach der Zugehörigkeit der Erwerbspersonen zu den drei Wirtschaftssektoren bietet das sog. Dreiecksdiagramm. Abb. 2.4.4/3 zeigt deutlich die sehr unterschiedliche Position einzelner Länder bzw. Ländertypen.

Die meisten asiatischen, lateinamerikanischen und vor allem afrikanischen Entwicklungsländer sind noch eindeutig agrarisch geprägt, einige der sog. Schwellenländer wie Brasilien oder Korea, aber auch europäische Länder wie Jugoslawien oder Griechenland sind ungefähr im Zentrum des Diagramms zu lokalisieren. Die Länder Ost- und Südosteuropas zeichnen sich durch einen besonders hohen

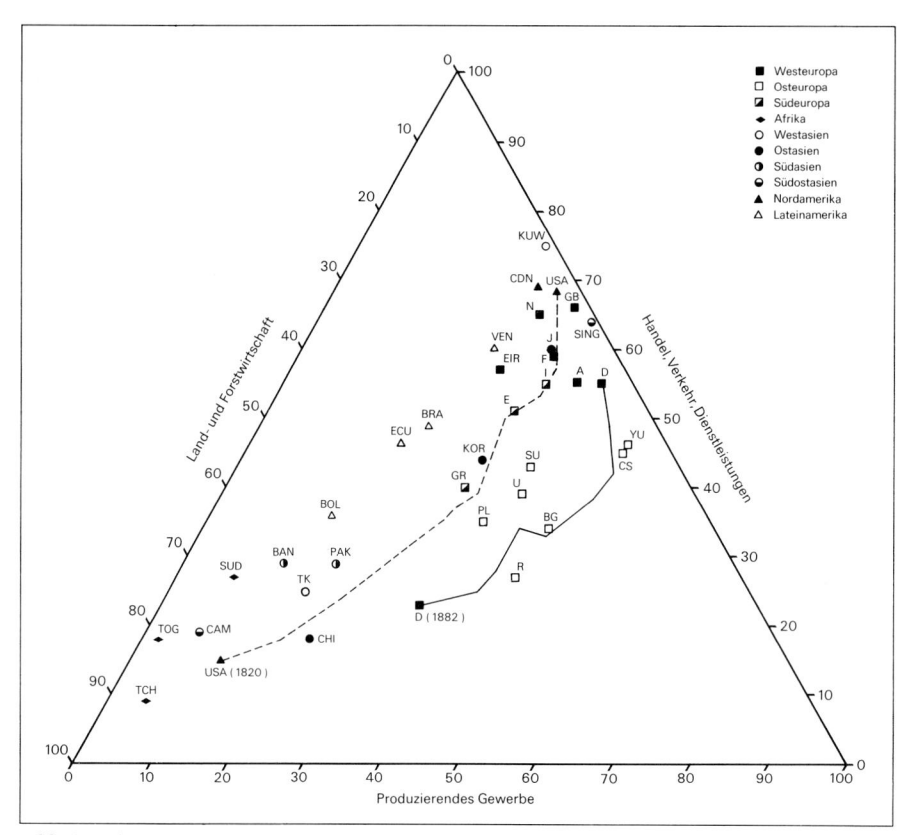

Abb. 2.4.4/3
Erwerbsbevölkerung ausgewählter Länder nach Wirtschaftsbereichen (um 1986)
Entwurf: G. Thieme; Datenquellen: Stat. Bundesamt: Statistik des Auslandes (versch. Länderberichte).

Beschäftigtenanteil im sekundären Sektor aus, offensichtlich ein Ergebnis der forcierten Industrialisierungspolitik dieser Staaten, während in den Industrieländern Westeuropas sowie auch in den USA, Kanada und Australien der tertiäre Sektor bereits klar dominiert. Zur Gruppe dieser von ihrer Erwerbsstruktur her besonders weit entwickelten Länder gehören seit jüngster Zeit auch einige Staaten, deren Wirtschaftsstruktur durch die Erdölförderung durchgreifend verändert wurde, wie beispielsweise Kuwait, die Vereinigten Arabischen Emirate oder auch Venezuela.

Im Dreiecksdiagramm lassen sich auch zeitliche Entwicklungen der Beschäftigtenstruktur verfolgen, wie dies hier exemplarisch für die USA (1820–1986) und Deutschland (1882–1988) dargestellt ist. Entwicklungstrends der Erwerbsstruktur wie in diesen beiden Ländern – andere Beispiele europäischer oder überseeischer Industrienationen weisen in eine ähnliche Richtung – haben zu Versuchen geführt, diesen Wandel modellhaft zu beschreiben. Besondere Bekanntheit erlangte der Erklärungsansatz von *Fourastié* (1963), der das 19. und 20. Jahrhundert als eine Epoche des Umbruchs zwischen einer stabilen, vorindustriellen Agrargesellschaft und einer abermals konsolidierten Gesellschaft, die im wesentlichen durch den tertiären Sektor geprägt ist, interpretiert.

Im einzelnen geht *Fourastié* – wie Abb. 2.4.4/4 zeigt – davon aus, daß der primäre Sektor seit Ende der präindustriellen Phase ständig an Bedeutung verliert. In einer zweiten, der industriellen Phase weist zunächst der sekundäre Sektor die höchsten Steigerungsraten auf, um gegen Ende dieses Abschnitts vom tertiären Sektor übertroffen zu werden, der dann in der postindustriellen Phase bei sinkenden Erwerbsanteilen des sekundären und Bedeutungslosigkeit des primären Sektors eindeutig dominiert.

Abb. 2.4.4/4
Modellhafte Entwicklung der Erwerbstätigkeit nach Wirtschaftssektoren beim Übergang von der Agrar- zur Dienstleistungsgesellschaft nach: *Fourastié* 1969.

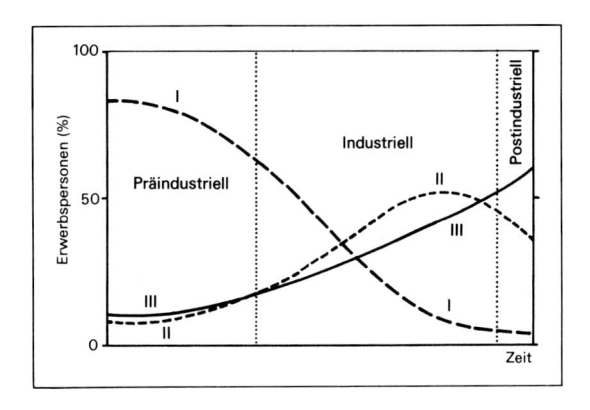

Fourastiés Entwicklungsmodell gehört in die traditionsreiche Theorie der Wirtschaftsstufen (vgl. *Schätzl* 1978, S. 112ff.) und berücksichtigt die Erkenntnis, daß ökonomische Investitionen generell in die besonders produktiven Bereiche einer Volkswirtschaft verlagert werden. Seine These freilich, die Entwicklung von der Agrar- über die Industrie- zur Dienstleistungsgesellschaft werde zu einer wenigstens vorläufigen Stabilisierung der gesellschaftlichen Verhältnisse führen und sei somit – dies der Titel von *Fourastiés* Hauptwerk – „die große Hoffnung des 20. Jahrhunderts", ist in vieler Hinsicht problematisch. Ganz abgesehen davon, daß die gegenwärtige Situation der Erdbevölkerung, und zwar sowohl in den Entwicklungs- wie auch in den Industrieländern, mit erheblichen Schwierigkeiten bei der Energieversorgung, unzureichendem Wirtschaftswachstum in qualitativer wie quantitativer Hinsicht sowie gravierenden ökologischen Problemen nicht unbedingt den Eindruck zunehmender Stabilisierung erweckt, erscheinen einige Anmerkungen notwendig.

Ein erster Vorbehalt betrifft die Abfolge der einzelnen Phasen des Modells, die in der Empirie keineswegs immer in idealtypischer Weise auftreten. Die Entwicklung der Erwerbsstruktur in Deutschland seit dem 19. Jahrhundert läßt sich noch in etwa mit *Fourastiés* Schema vereinbaren, jedoch schon in den USA und besonders in Kanada hatte das produzierende Gewerbe nie an erster Stelle der Erwerbssektoren gestanden (bei freilich gegenüber Deutschland veränderter Abgrenzung zwischen sekundärem und tertiärem Sektor), ganz zu schweigen von solch krassen Beispielen wie einigen erdölproduzierenden Staaten, die im Grunde übergangslos von der präindustriellen zur postindustriellen Gesellschaft wechselten.

Weitere Bedenken richten sich gegen die Wahl des Beschäftigtenanteils im tertiären Sektor als Maß für die Entwicklung der Erwerbsstruktur: In vielen Ländern ist dies ein keineswegs unzweideutiger Indikator. Gerade zahlreiche Staaten der Dritten Welt verfügen zwar über einen relativ hohen Anteil an Erwerbspersonen im Tertiärbereich – auch nach *Fourastiés* Definition – doch zeichnen sich diese Wirtschaftszweige keineswegs durch überdurchschnittliche Produktivität aus. Das Vorherrschen marginaler Existenzen wie Kleinhändler, Hausierer, Boten oder Hauspersonal ohne gesichertes Einkommen läßt die in der Literatur verschiedentlich vorgenommene Charakterisierung als *primitiver tertiärer Sektor* durchaus gerechtfertigt erscheinen (vgl. *Kuls* 1980, S. 103).

Insgesamt ist wohl nicht zu erwarten, daß die Entwicklungsländer den für die westeuropäischen Industriestaaten typischen Wandel der Erwerbsstruktur nachvollziehen werden. Es kann vielmehr angenommen werden, daß der überwiegende Teil der Erwerbspersonen, die aus der Landwirtschaft ausscheiden, eine Tätigkeit im tertiären Wirtschaftssektor anstrebt, während das produzierende Gewerbe nie eine den europäischen Industrieländern vergleichbare Bedeutung erlangen wird. Zudem ist anzumerken, daß in vielen Entwicklungsländern der Anteil der im primären Sektor Beschäftigten zwar abnimmt, die absoluten Zahlen der landwirtschaftlichen Erwerbstätigen aber nach wie vor steigen.

2.4.5 Sozialstruktur (*Günter Thieme*)

2.4.5.1 Dimensionen sozialer Schichtung und Aspekte ihrer räumlichen Verteilung

Die Gliederung nach sozialen Gruppierungen gehört zusammen mit der Differenzierung nach ökonomischen Gesichtspunkten zweifellos zu den bedeutendsten und folgenreichsten Merkmalen der Bevölkerungsstruktur. Auch die Geographie hat verstärkt sozialgeographische Fragestellungen aufgegriffen, sie versucht räumliche Strukturen und Prozesse nicht zuletzt durch das Handeln sozialer Gruppen zu erklären, welches wiederum – innerhalb bestimmter gesellschaftlicher Rahmenbedingungen – durch spezifische Normen und Wertvorstellungen dieser Gruppen beeinflußt wird.

Um so bemerkenswerter ist angesichts der unbestrittenen Wichtigkeit sozialer Merkmale die sehr unbefriedigende Erfassung dieses Sachverhalts in der amtlichen deutschen Statistik. Seit 1882 werden zwar bei den Volkszählungen die Erwerbspersonen nach ihrer Stellung im Beruf erfaßt, doch vermag diese geradezu ständische Gliederung in Selbständige, mithelfende Familienangehörige, Beamte, Angestellte und Arbeiter kaum den bescheidensten Ansprüchen sozialer Schichtung zu genügen. Bei den Selbständigen wird keinerlei Unterscheidung zwischen Landwirten, Handwerkern, Fabrikanten oder Angehörigen freier Berufe vorgenommen, bei den Beamten und Angestellten fehlt jegliche Differenzierung zwischen einfachen, mittleren und leitenden Angehörigen dieser Gruppen, und auch bei den Arbeitern müßte zwischen ungelernten Arbeitern und z.T. hochqualifizierten Facharbeitern unterschieden werden. Selbst die ebenfalls sehr grobe Einteilung in *blue-collar-* und *white-collar-*Arbeitnehmer, wie sie in den angelsächsischen Ländern üblich ist (vgl. *Dicken* und *Lloyd* 1984, S. 163 ff.), erscheint demgegenüber noch aussagekräftiger.

Erst bei der Volkszählung im Jahre 1970 wurde der höchste Schulabschluß der befragten Personen erhoben. Dies ermöglichte erstmals differenzierte Aussagen zum Bildungsstand der Bevölkerung als einer Teildimension des sozialen Status. Nur in der jährlichen Stichprobenerhebung des Mikrozensus finden sich dagegen Angaben über die Quellen und vor allem die Höhe des monatlichen Nettoeinkommens. Aufgrund des zu großen Stichprobenfehlers bei einer kleinen Zahl von Fällen ist jedoch die gerade für die Geographie so wichtige regionale Differenzierung sehr erschwert: Schon Aussagen auf der räumlichen Einheit von Stadt- oder Landkreisen sind in der Regel für diese Variablen nicht mehr möglich. Das gleiche Problem stellt sich verstärkt bei den Sozialstrukturanalysen auf der Basis von Umfragen. Dennoch sollen hier die Ergebnisse einer Repräsentativbefragung des Zentrums für Umfragen, Methoden und Analysen (ZUMA) vorgestellt werden, da sie die allzu groben Kategorien der Volkszählung feiner unterteilt und zudem die Resultate einer Mikrozensus-Zusatzerhebung von 1971 aktualisiert (Tab. 2.4.5/1). Trotz einer gewissen Fehlermarge wird hier ein genügend realistischer Eindruck der gesellschaftlichen Differenzierung in der Bundesrepublik vermittelt.

Nach der kurzen Quellenkritik soll im folgenden zunächst ein Einblick in verschiedene Varianten sozialer Differenzierung gegeben werden, wobei wir davon ausgehen müssen, daß soziale Ungleichheit als mehr oder minder universelles Phänomen geradezu ein konstituierendes Merkmal menschlicher Gesellschaften ist.

Als eine der striktesten Formen sozialer Gliederung ist das Kastensystem anzusehen. In der Zeit von ca. 1500–1100 v. Chr. entwickelten sich auf dem indischen Subkontinent die vier Hauptstände der Priester (Brahmanen), Krieger (Kshatriyas), Händler und Kaufleute (Vaishyas) sowie der Bauern und dienenden Berufe (Sudras). Außerhalb dieser Gruppierungen, von denen vor allem die letzten beiden vielfältig in die eigentlichen Kasten untergliedert waren, standen die Unberührbaren, die sog. Harijans oder Parias.

Das Kastensystem ist zwar sicher das Ergebnis politischer und gesellschaftlicher Auseinandersetzungen, gewann seine Legitimation aber vor allem aus der mythologisch-religiösen Überlieferung des Hinduismus. Die Kastenzugehörigkeit wird mit der Geburt festgelegt und bestimmt von da an wesentliche Lebensbereiche, angefangen von den beruflichen Möglichkeiten bis hin zu detaillierten Verhaltenserwartungen, z.B. Ernährungsgewohnheiten. Soziale Mobilität, d.h. vor allem der Auf-

Tab. 2.4.5/1: Erwerbstätige in der Bundesrepublik Deutschland nach beruflicher Stellung 1976[1]) in %

	männlich	weiblich	insgesamt
selbständige Landwirte mit landwirtsch. genutzter Fläche von	3,6	1,6	3,0
unter 10 ha	0,3	1,0	0,5
10 bis unter 20 ha	1,0	0,3	0,8
20 ha und mehr	2,3	0,3	1,7
Selbständige außerhalb der Landwirtschaft mit	10,2	5,9	8,9
1 Mitarbeiter oder allein	5,4	5,2	5,3
2 bis 9 Mitarbeiter	3,6	0,7	2,8
10 Mitarbeiter und mehr	1,2	–	0,8
mithelfende Familienangehörige	–	1,0	0,3
Beamte/Richter/Berufssoldaten	14,1	5,2	11,4
Beamte im einfachen Dienst	2,0	–	1,4
Beamte im mittleren Dienst	5,4	0,7	4,0
Beamte im gehobenen Dienst	4,1	4,2	4,1
Beamte im höheren Dienst, Richter	2,6	0,3	1,9
Wehrpflichtige (1960 und später, sonst letzte zivile Tätigkeit)	0,3	–	0,2
Angestellte	34,1	55,0	40,3
Industrie- u. Werkmeister im Angest. Verh.	2,6	0,7	2,0
einfache Angestellte	3,8	22,8	9,4
mittlere Angestellte	13,2	24,6	16,6
gehobene Angestellte	13,5	6,6	11,5
höhere Angestellte	1,0	0,3	0,8
Arbeiter	32,4	16,2	27,7
ungelernte Arbeiter	1,6	6,2	3,0
angelernte Arbeiter	8,0	6,6	7,6
gelernte und Facharbeiter	17,6	3,1	13,3
Vorarbeiter und Kolonnenführer	3,3	0,3	2,5
Meister/Poliere	1,9	–	1,3
in Ausbildung	1,1	2,6	1,6
kaufmännische u. Verwaltungslehrlinge	0,3	0,3	0,3
gewerbliche Lehrlinge	0,6	0,3	0,5
haus- u. landwirtschaftliche Lehrlinge	–	–	–
Beamtenanwärter/Beamte im Vorbereitungsdienst	0,1	1,0	0,4
Praktikanten/Volontäre	0,1	1,0	0,4
keine Angabe	4,1	12,1	6,4
N (Zahl der Fälle)	688	289	977

Quelle: nach *Mayer* 1979.1, S. 85
[1]) Daten der ZUMABUS-Repräsentativstichprobe 1976

stieg in eine höhere Kaste, ist nach hinduistischer Überzeugung im Diesseits nicht möglich, eine nicht adäquate Heirat oder der Verstoß gegen rituelle Vorschriften, insbesondere Reinheitsgebote, führt zum Abstieg in eine tiefere Kaste. Die Politik der indischen Regierungen nach der Unabhängigkeit erstrebte zwar eine Lockerung der rigiden Kastengrenzen und versuchte vor allem die Diskriminierung der Unberührbaren zu mildern, beispielsweise durch eine Vertretung in der Verwaltung und den öffentlichen Diensten entsprechend ihrem Anteil an der Gesamtbevölkerung. Dennoch ist die Macht der alten Eliten nach wie vor deutlich spürbar.

In seinen Untersuchungen südindischer Dörfer weist *Bronger* (1970 und 1989) den noch immer beherrschenden Einfluß der Kastenzugehörigkeit auf den Landbesitz und damit letztlich die gesamten ökonomischen Lebensbedingungen nach (Tab. 2.4.5/2), vgl. auch Kap. 4.3.2. Auch in den naturgemäß stärker säkularisierten und von westlichen Einflüssen eher betroffenen Städten besteht ein signifikanter Zusammenhang zwischen Kastenzugehörigkeit und Berufsprestige: Untersuchungen von *Bellwinkel* (1980) in Kanpur/Nordindien zeigen, daß bei mehr als 50% aller Haushalte der Beruf in einer Verbindung mit der traditionellen ökonomischen Funktion der jeweiligen Kaste stand. Besonders die als unrein angesehenen Berufe des Straßenkehrers, Wäschers, Gerbers oder Abdeckers werden nahezu ausschließlich von den Unberührbaren ausgeübt, während umgekehrt die oberen Kasten ganz überwiegend nicht-manuelle Tätigkeiten wahrnehmen.

Eine Reihe von Ähnlichkeiten bestehen zwischen dem indischen Kastensystem und der ständisch-feudalen Gesellschaft, die in Europa, von Land zu Land unterschiedlich, bis ins 18. bzw. 19. Jahrhundert dominierte (vgl. *Zingg* und *Zipp* 1979, S. 92f.).

Auch hier wird jedem Menschen mit der Geburt eine gesellschaftliche Position zugewiesen, soziale Mobilität ist nur sehr begrenzt durch Kooptation höherer Stände möglich. Ihren statischen, geschlossenen Charakter erhält die ständische Gesellschaft – auch dies eine Parallele zum Kastenwesen – durch eine letztlich religiöse Legitimation, die Berufung auf die gottgewollte Ungleichheit der Menschen.

Ganz anders beschaffen ist das Selbstverständnis des Gesellschaftssystems, das wir seit der Aufklärung und der Industriellen Revolution in Westeuropa und Nordamerika, allerdings in einer Fülle sehr unterschiedlicher Spielarten, finden. Nicht die soziale Herkunft eines Menschen legt seinen Status von vornherein fest, sondern, so die funktionalistische Schichtungstheorie z. B. von *Parsons*, jeder erwirbt sich seinen Rang bzw. seine Position in der Gesellschaft aufgrund seiner individuellen Leistungsfähigkeit und Leistungsbereitschaft. Soziale Ungleichheit ist nach dieser Auffassung nicht nur legitim, sondern unausbleiblich, denn jede Gesellschaft verteilt ihre Mitglieder ständig auf soziale Positionen. Diese Positionen sind nun keineswegs alle gleich erstrebenswert und erfordern höchst unterschiedliche Talente. Je knapper die geforderten Talente und Begabungen sind und je wertvoller die Leistungen für die Erhaltung und Stabilisierung der Gesellschaft, desto höher werden die sozialen Belohnungen, z. B. in Form von Einkommen, Macht oder Ansehen für die jeweiligen Leistungen ausfallen. Das Ergebnis einer solchen im Grunde an den Gesetzen des Marktes orientierten Gesellschaftstheorie ist eine soziale Schichtung, die jedoch nicht statisch bleibt, sondern prinzipiell sozialer Mobilität freien Raum läßt.

Selbstverständlich kann an dieser Stelle die äußerst umfangreiche Diskussion über die Theorien sozialer Schichtung nicht wiedergegeben werden, es erscheint jedoch angebracht, zumindest auf einen Begriff zu verweisen, der als Alternative zum Schichtkonzept auch ein ganz anderes Gesellschaftsbild repräsentiert. Es handelt sich um den Begriff der sozialen Klasse, der zwar in manchen Ländern, so z. B. in Großbritannien mit der Unterscheidung von upper class, middle class und working class, ganz allgemein zur Differenzierung gesellschaftlicher Rangordnungen verwendet wird, im Grunde aber nicht von der marxistischen Gesellschaftsanalyse zu trennen ist. Mit der Orientierung am Klassenbegriff des Marxismus verbunden ist eine sehr klare, ökonomisch begründete Differenzierung der Bevölkerung in diejenigen, die über Produktionsmittel verfügen und solche, denen diese Verfügungsgewalt fehlt. Folgerichtig führt eine derartige Vorstellung zu einem stark antagonistischen, konfliktgeprägten Gesellschaftsbild.

Tab. 2.4.5/2: Landbesitz und Besitzstruktur nach Religions- und Kastenzugehörigkeit in drei Dorfgemeinden des Deccan (P=Pochampalli, C=Chintakunta, T=Thallasingaram)

	Bevölkerung			% Anteil am Gesamtbesitz nach Kastenzugehörigkeit a) Anzahl der Landbesitzer			% Anteil am Bewässerungsfeldland			Ø Besitzgröße (in acre)		
	P	C	T	P	C	T	P	C	T	P	C	T
Zahl der Bewohner (1961)[1]	3604	1390	586									
Zahl der Haushalte (1961)[1]	659	263	113									
Gemarkungsfläche (in acre)	7027	2466	1427	319	192	66						
davon den Kasten/Religionen gehörend	6267	1625	1379									
Anteil an der Gesamtbevölkerung (in %)												
Muslims	3,0	7,5	6,1	28,4	15,5	8,1	3,6	7,9	4,7	254,7		18,7
Brahmanen	1,7	1,1	0,8	17,3	7,1	9,7	25,9	7,2	21,1	54,2		16,8
Kshatriyas					4,6			4,2				
Vaishyas	1,8		1,8	0,5			0,6			32,3		
Sudras												
a) höhere Bauernkasten	12,4	34,2	7,1	35,2	56,2	53,0	42,3	65,1	46,7	22,2		48,7
	18,9	35,3[2]	15,8	81,4	83,4	70,8	72,4	84,4	72,5			
b) übrige Sudras	68,0	40,0	54,1	15,6	15,8	23,3	21,7	14,4	26,1	6,5		11,9
Parias	13,1	16,6	30,1	3,0	0,8	5,9	5,9	1,2	1,4	4,4		8,1
	81,1	64,1[2]	84,2	18,6	16,6	29,2	27,6	15,6	27,5			

Quelle: Bronger 1970, S. 198

[1] Nach: *District Census Handbook*: Nalgonda District (für Pochampalli und Thallasingaram); *District Census Handbook*: Karimnagar District (für Chintakunta).
[2] Die in Chintakunta lebenden 20 Muslim-Familien sind sämtlich landlos. Da die überwiegende Anzahl von ihnen überdies den in der Vorstellung der Hindus über die Berufshierarchie sehr tiefstehenden Beruf des Steinbrucharbeiters ausübt, sind sie zu den „übrigen Sudras" gerechnet worden.

Zur Frage, ob die Bundesrepublik Deutschland durch Klassstruktur oder Sozialschichtung charakterisiert wird, liegt eine umfangreiche soziologische Literatur vor (vgl. etwa zusammenfassend *Schäfers* 1979, S. 53 ff., *Zingg* und *Zipp* 1979, S. 148 ff.).

Ganz abgesehen von der unterschiedlichen Beantwortung dieser Frage sind weder Schichtungs- noch Klassentheorie zu einem Konsens über die Zuordnung von Individuen oder Gruppen in die jeweiligen Kategorien gelangt, eine Tatsache, die empirische Arbeiten auf diesem Gebiet beträchtlich erschwert. Im folgenden soll zunächst versucht werden, einen zentralen Begriff der Schichtungstheorie, nämlich den sozialen Status, zu differenzieren und damit auch näher zu erläutern. Anschließend sollen dann kurz Konsequenzen sozialer Schichtung am Beispiel des generativen Verhaltens der Bevölkerung beleuchtet werden.

In zahlreichen Arbeiten zur sozialen Schichtung wird immer wieder von *Status* bzw. *sozioökonomischem Status* gesprochen. Man versteht darunter generell die Bewertung bzw. den Rang einer Position in der Gesellschaft. Bei der offensichtlichen Notwendigkeit, diesen Begriff zu konkretisieren und zu differenzieren, herrscht jedoch keineswegs Einigkeit. Während *Friedrichs* (1977) Berufsrang, Einkommen und Schulbildung als Teildimensionen des sozioökonomischen Status nennt, unterscheiden *Bolte/Hradil* (1984) neben den Bereichen Einkommen und Eigentum sowie Bildung auch noch die Statusdimensionen Macht und Herrschaft sowie Prestige. Unter Prestige wird dabei nicht nur ein wenigstens zum Teil objektiv meßbares Berufsprestige verstanden, sondern ausdrücklich die Summe der subjektiven und oft eng personenbezogenen Wertschätzungen.

Ein derart umfassender Statusbegriff fügt dem Problemfeld zwar interessante Nuancen hinzu, ist aber, was die Dimensionen Macht/Herrschaft und Prestige angeht, nur sehr schwer präzise zu definieren, während der zuerst genannte Ansatz den Vorzug aufweist, daß seine Teildimensionen relativ problemlos durch geeignete Merkmale, sog. Statusindizes, konkretisiert werden können. Ganz unabhängig davon, welcher Auffassung man sich anschließt, taucht generell das Problem auf, daß die Bewertung einer Person in den einzelnen Teilbereichen des Status erheblich differieren kann. So sind Kombinationen von hohem Einkommen und geringem Prestige oder hohem Grad an Bildung und niedrigem Einkommen nicht nur vorstellbar, sondern allgemein bekannt. Ebenfalls erscheint es möglich, daß in verschiedenen Lebensbereichen (z. B. Beruf, Familie, Freizeit) unterschiedliche Positionen eingenommen werden. Die Soziologie spricht in solchen Fällen von der sog. *Statusinkonsistenz*, einem Phänomen, das insbesondere in den mittleren Bereichen der sozialen Hierarchie recht häufig vorkommt, während in den hohen und niedrigen Rängen der Gesellschaft eher Statuskonsistenz anzunehmen ist.

Die Kombination der einzelnen Statusdimensionen führt dann letztlich zu der bekannten Einteilung in Ober-, Mittel- und Unterschicht, wobei Mittel- und Unterschicht in der Regel weiter unterteilt werden. Einen ersten Einblick in den räumlichen Aspekt der sozialen Schichtung gibt die Untersuchung von *Kleining* (1975), der die Schichtzugehörigkeit einer repräsentativen Bevölkerungsstichprobe in der Bundesrepublik nach den Raumkategorien Stadt und Land ermittelte (vgl. Tab. 2.4.5/3). Dabei zeigt sich das freilich nicht überraschende Bild „eine(r) Häufung privilegierter sozialer Positionen in den Städten und besonders in den Metropolen (die gleichzeitig Verwaltungszentren sind), dagegen stärkere Besetzung der unterprivilegierten Statuspositionen auf dem Land" (ebenda, S. 274). Auf der mittleren Ebene von Kreisen oder Planungsregionen sind Untersuchungen der sozioökonomischen Differenzierung relativ selten. Um dennoch einen gewissen Eindruck von der räumlichen Verteilung einiger Dimensionen des sozialen Status über das gesamte Bundesgebiet zu vermitteln, werden in Abb. 2.4.5/1 zwei Merkmale aus den Bereichen Einkommen und Bildung zueinander in Beziehung gesetzt. Obwohl die beiden Indikatoren einige Probleme aufwerfen (das Einkommensteueraufkommen ist sicher kein ganz exaktes Maß für den Wohlstand der Bevölkerung, beim Bildungsindikator spielt die unterschiedliche Organisation der Sekundarstufe in den einzelnen Bundesländern eine Rolle) zeichnen sich doch deutlich einige regionale Muster ab: Die ländlichen Regionen, besonders in Süddeutschland, weisen bei beiden Merkmalen sehr niedrige Werte auf, in den Industrieräu-

Tab. 2.4.5/3: Bevölkerung der Bundesrepublik Deutschland nach sozialem Status und Siedlungsgröße (1974 in %)

Schicht		BRD	Metropolen	andere Städte	Land
O	Oberschicht	0,5	1,2	0,4	0,1
OM	Obere Mittelschicht	7,4	11,5	8,3	4,0
MM	Mittlere Mittelschicht	11,3	14,3	12,8	7,2
UM/ni	Untere Mittelschicht/nicht industriell	28,0	32,9	28,3	24,9
UM/i	Untere Mittelschicht/industriell	12,3	10,9	12,9	11,9
OU/ni	Obere Unterschicht/nicht industriell	9,2	7,5	8,2	11,9
OU/i	Obere Unterschicht/industriell	18,4	12,5	18,0	22,0
UU	Untere Unterschicht	10,7	6,8	9,7	14,5
SV	Sozial Verachtete	2,2	2,4	1,4	3,5
N[1])		10900	1610	5995	3295

Metropolen: Berlin, Hamburg, Bremen, Düsseldorf, Köln, Frankfurt, Stuttgart, München; andere Städte: über 5000 E. exkl. Metropolen; Land: bis 4999 E.

Quelle: Kleining 1975, S. 273
[1]) N = Summe der (repräsentativ) für die Untersuchung ausgewählten Personen

men, vor allem den altindustrialisierten Gebieten, verfügen die Beschäftigten zwar über ein relativ hohes Einkommen, die Bildungsqualifikation ist aber deutlich niedriger. Die höchsten Werte bei beiden Merkmalen finden wir in den hoch verdichteten Zentren des tertiären Sektors.

Als besonders ertragreich haben sich Untersuchungen zum sozialen Status der Bevölkerung bei Fragen der innerstädtischen Differenzierung erwiesen. Ausgehend von der Beobachtung, daß sich einzelne Stadtviertel in der sozialen Zusammensetzung ihrer Bevölkerung oft erheblich voneinander unterscheiden, suchte die in den USA von *Shevky* und *Bell* (1955) entwickelte Richtung der *Sozialraumanalyse* diesen Sachverhalt zu systematisieren und in eine Theorie des sozialen Wandels einzuordnen. Neben den Merkmalen ‚Urbanisierung' (städtischer Lebensstil) und ‚Segregation' (Bedeutung ethnischer Minderheiten) wurde insbesondere der soziale Rang der Bevölkerung als Kriterium der sozialen Differenzierung herangezogen. In einer Anwendung der Sozialraumanalyse am Beispiel von Hamburg faßt *Friedrichs* (1977, S. 199 ff.) den Faktor ‚sozialer Rang' durch den Arbeiteranteil, den Anteil der Personen mit Volksschulabschluß sowie durch Mietniveau und Wohnungsgröße und gelangt auf diese Weise zu einer sehr klaren Klassifikation der Hamburger Ortsteile.

Bei der Frage nach den Auswirkungen der Schichtzugehörigkeit soll mit *Tumin* (1970) zwischen den Konsequenzen für Lebensstil und Lebensbedingungen unterschieden werden. Zum *Lebensstil* gehören u. a. die Einstellungen zu Religion, Politik, Arbeit, Familie und Erziehung, aber auch Vereinsmitgliedschaften und Wahl des Bekanntenkreises ebenso wie das generelle Wohn-, Konsum- und Freizeitverhalten. Daß in diesen Bereichen erhebliche schichtspezifische Verhaltensunterschiede bestehen, ist in zahlreichen Einzeluntersuchungen nachgewiesen worden und kann hier nicht behandelt werden (vgl. z. B. *Bolte* und *Hradil* 1984, S. 279 ff.).

Interessanter für unsere Fragestellung sind Unterschiede der *Lebensbedingungen*. Recht klare Zusammenhänge bestehen beispielsweise zwischen Schichtzugehörigkeit und Mortalität: sowohl die Säuglingssterblichkeit als auch die Sterblichkeit der erwerbsfähigen Bevölkerung differiert in den einzelnen sozialen Schichten erheblich. So war 1970–1972 in England und Wales die Rate der Säuglingssterblichkeit bei den Kindern ungelernter Arbeiter mit 31,2 mehr als doppelt so hoch wie bei den Kindern der Angehörigen sog. freier Berufe (12,0). Diese erhöhte Sterblichkeit setzt sich auch in den Jahren der Erwerbsfähigkeit fort. Die Mortalität der männlichen Bevölkerung im Alter von 15–64 Jahren

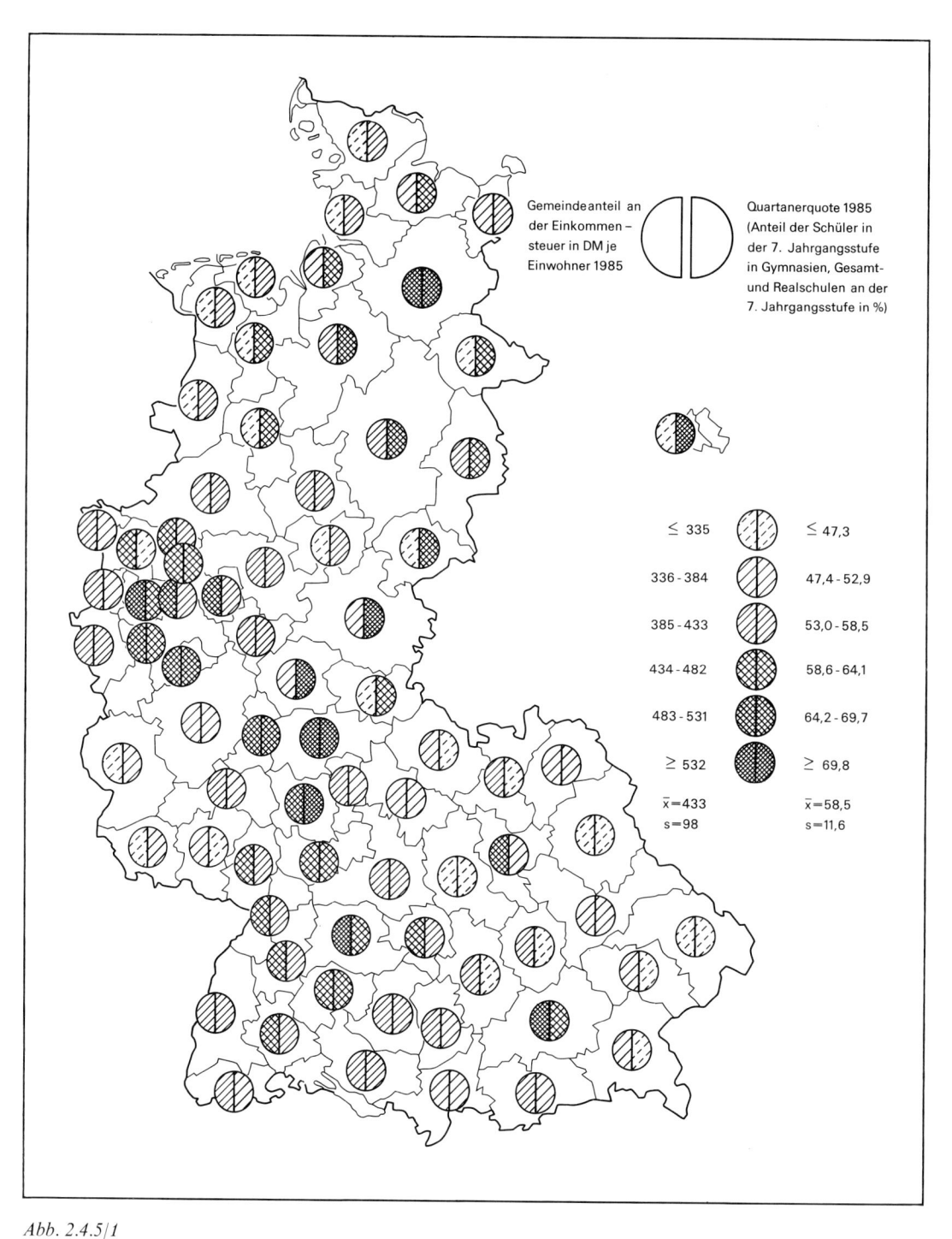

Abb. 2.4.5/1
Einkommensniveau und schulischer Ausbildungsstand in den Raumordnungsregionen der Bundesrepublik Deutschland 1985
Entwurf: G. Thieme; Datenquellen: BfLR.

lag 1970–1972 bei der niedrigsten Sozialschicht um mehr als ein Drittel über dem Bevölkerungsdurchschnitt, bei der Oberschicht um fast ein Viertel niedriger. Die relativen Abstände der Sozialschichten zueinander sind in den letzten Jahrzehnten sogar deutlich größer geworden (*Jones* 1981, S. 53 ff.). Die Gründe für die erhöhte Mortalität der sozialen Unterschicht, die auch durch Untersuchungen in anderen Industrieländern bestätigt wird, liegen zum einen vermutlich in der schlechteren medizinischen Betreuung, vor allem aber in den ungünstigeren allgemeinen Lebens- und Arbeitsbedingungen dieser Gruppen begründet.

Weniger eindeutig sind die Zusammenhänge zwischen sozialer Schicht und Fertilität. Generell geht man davon aus, daß die durchschnittliche Kinderzahl pro Familie zunächst in den oberen Sozialschichten abnahm, so daß eine negative Beziehung zwischen Sozialstatus und Fertilität bestand. Mit fortschreitender sozioökonomischer Entwicklung erreichte die Fruchtbarkeit ihr Minimum bei den Mittelschichten, während die Unter- und vor allem die Oberschichten höhere Fertilitätsraten aufwiesen. Schon diese Aussagen müßten nach städtischer und ländlicher Bevölkerung differenziert werden; eine Studie von *Schwarz* (1979) zeigt zudem, daß sich das traditionelle Verhaltensmuster in jüngster Zeit umgekehrt hat: zwischen dem Einkommen als wichtigem Statusindikator und der Kinderzahl besteht bei den zwischen 1963 und 1967 geschlossenen Ehen insgesamt ein eindeutig positiver Zusammenhang. Bei einem monatlichen Nettoeinkommen des Mannes von weniger als 1200 DM wurden nur 146 Kinder pro 100 Ehen geboren, bei einem Einkommen über 2500 DM sind es immerhin 183. Diese Zahlen sollten allerdings nicht so interpretiert werden, als gäbe es eine monokausale Abhängigkeit der Kinderzahl vom Einkommen. *Schwarz* weist mit Recht darauf hin, daß eine Reihe weiterer Einflüsse diese Beziehung überlagert; zu denken ist u. a. an das Bildungsniveau, das Heiratsalter und vor allem die Erwerbstätigkeit der Frau.

In den Entwicklungsländern führt die Frage nach dem Zusammenhang zwischen sozialem Status und Fruchtbarkeit zu widersprüchlichen Ergebnissen. Während für Taiwan mit steigendem Bildungsgrad der Frau Maßnahmen der Geburtenkontrolle häufiger praktiziert wurden und auch eine Neigung zu niedrigeren Kinderzahlen bestand (*Jones* 1981, S. 153), deuten Untersuchungen in Indonesien darauf hin, daß hier die höchste Fertilität bei relativ wohlhabenden und gebildeten Frauen zu beobachten ist (*Hull et al.* 1977, S. 22). Offenbar verhindern also die große kulturelle Vielfalt und auch bereits bestehende sozioökonomische Entwicklungsunterschiede innerhalb der Länder der Dritten Welt eindeutige Beziehungen zwischen Sozialstruktur und generativem Verhalten.

2.4.5.2 Soziale Mobilität

Die soziale Schichtung einer Bevölkerung ist im Grunde immer nur eine Momentaufnahme im Prozeß des sozialen Wandels, vielfältige Auf- und Abstiegsvorgänge verändern ständig den Aufbau der Gesellschaft. Soziale Mobilität ist sicher ein entscheidender Indikator für die Offenheit, ja in gewisser Weise sogar für die Funktionsfähigkeit eines Gesellschaftssystems, und hat zudem auf Grund ihrer häufigen Verbindung mit räumlicher Mobilität durchaus auch geographische Aspekte. Bei der sozialen Mobilität, definiert als Bewegung von Individuen oder Gruppen zwischen sozialen Positionen, unterscheidet man zwischen Intergenerationen-Mobilität, z. B. Auf- oder Abstiegsprozessen vom Vater zum Sohn, und Intragenerations- oder Karrieremobilität (vgl. Kap. 2.2.1.1).

Unter den Bestimmungsgründen für soziale Mobilität sind neben individuellen Persönlichkeitsmerkmalen und Einzelereignissen wie Kriegen oder Wirtschaftskrisen nicht zuletzt Wandlungen der gesamten Sozial- und Wirtschaftsstruktur zu beachten. Ob in einem Gesellschaftssystem Zunftzwang oder Gewerbefreiheit, Freizügigkeit oder Schollenzwang herrscht, ist für die Möglichkeit des Wechsels sozialer Positionen ebenso entscheidend wie die rigorose Trennung einzelner Stände oder, im Gegensatz hierzu, die politisch-ideologische Leitvorstellung der Chancengleichheit in einer Gesellschaft, die ihre Positionen ausschließlich nach Verdienst und Leistung verteilt.

Soziale Mobilität wird weiterhin schon durch allgemeine Veränderungen der Wirtschafts- und Erwerbsstruktur unumgänglich. Besonders deutlich wird dies am Beispiel der Landwirte, deren Zahl seit Ende des 19. Jahrhunderts kontinuierlich abgenommen hat (vgl. Tab. 2.4.4.2), so daß gar nicht für alle Angehörigen der folgenden Generation die Möglichkeit gegeben war, den väterlichen Beruf auszuüben. Unterschiede in der beruflichen Position von Vater und Sohn sind also nicht notwendigerweise ein Zeichen für die Offenheit einer Gesellschaft, und *Mayer* (1979) untergliedert folgerichtig in einem mehrstufigen Verfahren die gesamte soziale Mobilität in eine strukturelle Komponente, die durch den Wandel der wirtschaftlichen Verhältnisse gleichsam erzwungen wird, und in eine Austauschkomponente als Indiz der Offenheit des Beschäftigungssystems. Die bisherigen Ausführungen haben gezeigt, daß soziale Mobilität vor allem unter dem Aspekt der Berufsmobilität und hierbei wiederum besonders die Intergenerationen-Mobilität untersucht wurde. Eine Reihe inhaltlicher und methodischer Probleme erschwert jedoch klare Aussagen über Intensität und Richtung der Mobilität (vgl. *Bolte/Recker* 1976, S. 50ff.). Zum einen macht teilweise bereits die Zuordnung von Berufsgruppen zu sozialen Positionen Schwierigkeiten: So ist beispielsweise keineswegs eindeutig zu beantworten, ob der Wechsel eines Landwirtssohnes in den Beruf eines Facharbeiters als sozialer Aufstieg oder Abstieg interpretiert werden soll. Fraglich ist weiterhin, ob – wie dies in aller Regel geschieht – die Berufe der Vätergeneration nach der heutigen Skala des Berufsprestiges eingeordnet werden dürfen. Schließlich wird auch je nach der Differenzierung von Berufsgruppen zwangsläufig der Anteil derjenigen, die in eine andere Position überwechseln, ganz unterschiedlich ausfallen.

Wenn im folgenden eine Übersicht über die berufliche Intergenerationenmobilität in der Bundesrepublik gegeben wird (Tab. 2.4.5/4), so deswegen, weil sich trotz aller Einschränkungen doch einige

Tab. 2.4.5/4: Berufliche Stellung 1971 nach der beruflichen Stellung des Vaters (1920–1940 geborene Männer, Übergangsquoten in %)

Berufliche Stellung der Väter	Berufliche Stellung der Söhne 1971									Anteile der Väter
	1	2	3	4	5	6	7	8	9	
1	**29,7**	3,6	2,3	4,2	10,7	1,1	31,0	15,1	2,1	14,2
2	1,2	**20,0**	8,4	6,9	25,5	3,8	15,7	16,3	2,5	6,8
3	0,6	10,0	**28,0**	5,3	29,4	5,9	6,5	12,0	2,3	6,8
4	0,4	4,7	3,0	**12,1**	39,8	2,9	13,7	21,5	1,9	6,9
5	0,3	5,7	4,7	5,1	**56,5**	9,1	5,5	11,6	1,6	13,8
6	0,3	6,2	8,2	1,6	43,6	**36,2**	1,4	1,8	0,9	1,9
7	0,5	2,7	1,6	5,9	14,8	0,5	**40,1**	31,0	3,0	23,0
8	0,3	3,9	2,8	7,0	24,7	1,2	18,6	**38,1**	3,4	22,7
9	0,8	4,6	5,0	5,7	36,9	2,8	13,8	23,6	**6,8**	3,8
Anteile der Söhne	4,6	5,4	5,1	6,2	27,1	3,5	21,7	23,9	1,9	
Differenz Väter/Söhne	9,6	1,4	1,7	0,7	–13,3	–1,6	1,3	–1,2	1,9	

1: Landwirte
2: Selbständige, 1 Mitarbeiter
3: Selbständige, 2 und mehr Mitarbeiter
4: Einfache Beamte und Angestellte, Werkmeister
5: Mittlere und gehobene Beamte und Angestellte
6: Höhere Beamte und Angestellte
7: Ungelernte und angelernte Arbeiter
8: Facharbeiter
9: Vorarbeiter und Meister

Quelle: vereinfacht nach *Mayer* 1979.2, S. 274f.

allgemeine Aussagen machen lassen (ebenda, S. 52ff.). In vielen Fällen wird eine Position auf die folgende Generation übertragen: Besonders bei der sozialen Oberschicht, den sog. Eliten, ist sowohl die Vererbung einer Position als auch – von der nachfolgenden Generation her gesehen – der Grad der Selbstrekrutierung sehr hoch. Vererbungs- und Selbstrekrutierungsquote sind dann auch wieder bei der sozialen Unterschicht relativ hoch, hier allerdings weniger auf Grund bestimmter beruflicher Traditionen oder der Vererbung von Besitz als vielmehr bedingt durch geringere Motivation zum sozialen Aufstieg. Wenn Veränderungen der sozialen Position auftreten, dann ganz überwiegend in benachbarte Statusgruppen. Diese Beobachtungen treffen nicht nur für Deutschland, sondern generell für die Industrienationen zu, auch für die USA, wo sich die Erfolgsgeschichte des sozialen Aufstiegs aus einfachsten Verhältnissen bis hin zu gesellschaftlichen und wirtschaftlichen Spitzenpositionen schon lange als Mythos erwiesen hat. Weiterhin prägt, wie oben bereits ausgeführt, der strukturelle Wandel auch die soziale Mobilität, und es läßt sich zudem nachweisen, daß soziale Auf- und Abstiege einander ungefähr in gleicher Zahl gegenüberstehen.

Räumliche und soziale Mobilität stehen in einem engen Zusammenhang, bei dem jedoch oft nicht eindeutig feststeht, was unabhängige Variable (Ursache) und abhängige Variable (Auswirkung) ist. Einen interessanten Teilaspekt der Beziehung zwischen räumlicher und sozialer Mobilität untersucht *Niedzwetzki* (1977) in einer Arbeit über das räumliche Verhalten von Abiturienten im Raum Ellwangen (Württemberg), einer peripheren ländlichen Region der Bundesrepublik. Obwohl die Stichprobengruppe über den gleichen Bildungsabschluß verfügte und auf dem Weg über ein Hochschulstudium in entsprechend qualifizierte Berufe gelangte, ergaben sich charakteristische Unterschiede der Distanzen sowohl der Studienorte als auch der Arbeitsorte zum ehemaligen Schulort Ellwangen. Je nach sozialer Herkunft – gemessen am Beruf des Vaters, den *Niedzwetzki* nach vier Kategorien differenziert – besteht eine sehr unterschiedliche Bereitschaft, sowohl für das Studium als auch für die spätere berufliche Tätigkeit größere Entfernungen zum Heimatort in Kauf zu nehmen oder sogar anzustreben. Die mittlere Entfernung des ersten Studienwohnortes und des ersten Arbeitswohnortes betrug bei der Herkunft aus der oberen und mittleren Mittelschicht 129 km (Studienort) bzw. 125 km (Arbeitsort), bei der Unterschicht dagegen nur 89 bzw. 80 km. Das Motiv „Nähe zum Heimatort" spielt offenbar mit steigendem Status der Herkunftsfamilie eine immer geringere Rolle. Soziale Aufsteiger aus der unteren Mittelschicht, der Unterschicht oder aus der Landwirtschaft blieben dagegen in signifikant niedrigerer Entfernung zum Herkunftsort und akzeptierten eher das bescheidenere Angebot an beruflichen Positionen im Heimatraum.

2.4.5.3 Segregation

Auch beim Problemkreis von Segregation und Assimilation geht es um den Zusammenhang sozialer und räumlicher Aspekte. Die oft zu beobachtende räumliche Trennung unterschiedlicher Bevölkerungsgruppen hat zweifellos vielfältige Ursachen und Auswirkungen, aber die Hypothese, daß ein hohes Maß an sozialer Distanz auch zu sehr unterschiedlichen räumlichen Verteilungsmustern führt, hat sich für die Analyse von Segregationsvorgängen als grundlegend erwiesen.

Das Phänomen der Segregation ist aus allen Kulturen mit einem Mindestmaß an gesellschaftlicher Differenzierung bekannt. In den europäischen Städten des Mittelalters und der frühen Neuzeit war etwa das Stiftsviertel der geistlichen Oberschicht deutlich von der bürgerlichen Kaufmannsstadt getrennt, während sich letztere wiederum von den Vierteln nicht-zünftiger Berufe (Gerber, Abdecker etc.) abhob. Eine lange Tradition hat auch die Segregation von Bevölkerungsgruppen nach ethnischen und religiösen Merkmalen, angefangen vom jüdischen Ghetto über die nach Volksgruppen und Religionsgemeinschaften getrennten Viertel der orientalischen Städte bis hin zur klaren Trennung protestantischer und katholischer Bezirke in Nordirland und der Entstehung eindeutig von schwarzer Bevölkerung geprägter Viertel in den Städten Nordamerikas, für die sich bezeichnenderweise wiederum der Begriff Ghetto durchgesetzt hat (vgl. Kap. 3.4.2). Auch in der Bundesrepublik haben sich neben der seit jeher bekannten Differenzierung nach sozialen Schichten zumindest in den Großstädten auch Viertel von aus dem Mittelmeerraum zugewanderten Gastarbeitern mit ihren Familien gebildet. Bereits diese wenigen Beispiele zeigen, um welch komplexes Problem es sich bei der Segregation handelt. Dennoch erscheint es gerechtfertigt, Fragen der Segregation und Assimilation innerhalb eines Kapitels „Sozialstruktur der Bevölkerung" zu behandeln, denn die räumliche Trennung ethnischer und religiöser Bevölkerungsgruppen hat zumeist auch eine soziale Komponente, wenngleich beide Merkmale der Analyse unabhängig voneinander bedürfen.

Noch vor quantitativen Angaben über das Ausmaß von Segregationserscheinungen und Überlegungen zu den Gründen der räumlichen Trennung mag an einem Beispiel dargelegt werden, wie tiefgreifend die Zugehörigkeit zu einer bestimmten Gruppe das gesamte Verhalten, nicht zuletzt auch in räumlicher Hinsicht, prägen kann, so daß nahezu abgeschlossene Territorien in direkter Nachbarschaft zueinander entstehen.

Boal hat in mehreren Veröffentlichungen die sozialgeographischen Verhältnisse in dem Teil der nordirischen Hauptstadt Belfast untersucht, wo katholische und protestantische Bevölkerungsgruppen unmittelbar aufeinandertreffen. Die räumliche Trennung der beiden Gruppen ist scharf ausgeprägt und führt zu konfessionell jeweils sehr einheitlichen Teilregionen (vgl. Tab. 2.4.5/5). Während bezogen auf ganz Belfast die Katholiken eindeutig einen niedrigeren sozioökonomischen Status haben und in den deutlich schlechter ausgestatteten Teilgebieten wohnen, ist in *Boals* Untersuchungsgebiet,

Tab. 2.4.5/5: Ausgewählte Merkmale der Bewohner städtischer Teilgebiete in West-Belfast 1966

Merkmale	Teilgebiet von Belfast (nach Entfernung vom CBD)				
	Shankill	Clonard	New Barnsley	Turf Lodge	Ladybrook
Anteil Katholiken	1	98	12	99	90
Dichte (Personen/ha Nettowohnbauld.)	438	353	195	259	96
Haushaltsgröße	3,3	3,9	5,7	7,0	4,2
Berufsindex	1,68	2,27	2,47	2,13	3,26
Anteil Haushalte mit PKW	15	29	18	23	77
Vorheriger Wohnstandort					
% im westlichen Sektor	87	81	75	85	87
% in prot. Subsektoren	82	5	67	5	11
% in kath. Subsektoren	5	76	8	80	76
Soziale Kontakte					
% im westlichen Sektor	83	93	84	85	79
% in prot. Subsektoren	79	5	76	5	8
% in kath. Subsektoren	4	88	6	80	71
Wohnstandort vor Eheschließung					
% im westlichen Sektor	91	85	79	83	86
% in prot. Subsektoren	89	7	71	7	13
% in kath. Subsektoren	2	78	8	76	73
Anhänger von Fußballvereinen					
% „Glasgow Celtic"	0	73	1	63	11
% „Linfield"	74	0	63	0	0
Leser von Zeitungen					
% „Irish News"	3	83	3	74	39
% „Belfast Telegraph"	68	58	72	70	62

Quelle: nach *Boal* 1975, S. 256ff.

einem Arbeiterbezirk im Südwesten der Stadt, die Berufsstruktur und auch die Ausstattung mit bestimmten gehobenen Konsumgütern (PKW, Telephon) durchaus ähnlich. In einer 10%-Stichprobenbefragung, die 1967/68, also vor dem Beginn der gewalttätigen Auseinandersetzungen und der nahezu formalisierten Viertelstrennung in Belfast vorgenommen wurde, konnte der Autor im katholischen und protestantischen Gebiet ganz unterschiedliche Verhaltensweisen und Aktivitätsmuster nachweisen. Die Lektüre von Lokalzeitungen und die Anhängerschaft zu Fußballklubs, aber auch bereits die Benennung des Viertels trennt die Bevölkerungsgruppen sehr deutlich. Bei Fahrten in die Innenstadt suchen Protestanten wie Katholiken Bushaltestellen im eigenen Viertel auf, auch wenn hierzu eine größere Distanz zurückzulegen ist. In ähnlicher Weise trifft dies auch für das Versorgungsverhalten zu: Durchweg werden Lebensmittel im eigenen Viertel eingekauft, man nimmt dafür auch längere Wege und teilweise ein weniger vielfältiges Angebot in Kauf. Noch deutlicher ist die Trennung der Aktionsbereiche bei persönlichen Kontakten: Freundschaften und Bekanntschaften sind fast ausschließlich auf das eigene ‚Territorium' beschränkt, Heiraten mit einem Partner des anderen Viertels die seltene Ausnahme. Insgesamt bietet sich das Bild zweier sozialer Systeme mit einem ganz eindeutigen Überwiegen der Innenkontakte und nur äußerst beschränkten Interaktionen mit dem jeweils anderen Bereich.

Während sich die beschriebenen Verhaltens- und Aktivitätsmuster generell nur durch eine Befragung ermitteln lassen, ist die räumliche Segregation der Wohngebiete der Analyse leichter zugänglich. Neben den bereits in Kap. 2.4.1.5 erläuterten Segregations- bzw. Dissimilaritätsindizes wird verschiedentlich auch der Konzentrationsindex berechnet. Die Formel

$$I_K = \frac{1}{2} \Sigma |x_i - y_i|$$

unterscheidet sich nur dadurch vom Segregationsindex S_1, daß unter x_i der Prozentsatz der Fläche im Gebiet i an der Gesamtfläche und unter y_i der Prozentsatz der jeweiligen Bevölkerungsgruppe im entsprechenden Gebiet an der Gesamtzahl dieser Bevölkerungsgruppe verstanden wird. I_K kann zwischen 0 (bei völliger Gleichverteilung) und einem Wert nahe 100 (bei extremer Konzentration) (vgl. Kap. 2.3.2: Lorenzkurve) schwanken. Im folgenden soll an einigen Beispielen die Anwendung und Interpretation der Indizes demonstriert werden.

In der soziologischen Literatur ist die Trennung ethnischer Gruppen vor allem am Beispiel der USA diskutiert worden. Die Immigranten aus Europa und im 20. Jahrhundert besonders auch die Binnenwanderung der schwarzen Bevölkerung ließen eine große Anzahl ethnischer Quartiere entstehen, die in unterschiedlicher Weise von ihrer Umgebung segregiert waren.

Auch in Europa, nicht zuletzt in der Bundesrepublik Deutschland, ist jedoch das Problem ethnischer Minderheiten mit seinen Konsequenzen der räumlichen Segregation durch die Zuwanderung der sog. Gastarbeiter stärker ins Bewußtsein getreten. In einer Arbeit über die Konzentration und Segregation von Ausländern in Frankfurt/M. berechnet *Helmert* (1981) die Dissimilaritätsindizes verschiedener ethnischer Bevölkerungsgruppen (vgl. Tab. 2.4.5./6) auf der Basis von 104 Stadtbezirken. Die Segregation von Deutschen und Ausländern ist zwar bei weitem nicht so stark wie die zwischen weißer und

Tab. 2.4.5/6: Segregation ausgewählter ethnischer Gruppen in Frankfurt 1976 (Dissimilaritätsindizes)

	Deutsche	Italiener	Jugoslawen	Türken
Deutsche	–			
Ausländer insges.	24,8			
Südeuropäer	31,3			
Italiener	27,2	–		
Jugoslawen	34,4	24,1	–	
Türken	37,5	24,6	17,0	–

Quelle: Helmert 1981, S. 266

schwarzer Bevölkerung in den USA, wo durchweg S1-Werte von über 80 ermittelt wurden, aber dennoch deutlich ausgeprägt. Als Gründe für den unterschiedlichen Grad der Trennung sind zum einen kulturelle Faktoren anzuführen – der höchste S1-Wert besteht zwischen Türken und Deutschen. Zum anderen spielt wohl auch die unterschiedliche Aufenthaltsdauer eine Rolle: Die Italiener als Gruppe mit der längsten Tradition als Gastarbeiter in Deutschland weisen die relativ geringste Segregation auf.

Dissimilaritätsindizes sind auch zur Kennzeichnung sozialer Segregation geeignet. Eine Reihe von Arbeiten sowohl aus dem deutschen wie dem englischen Sprachraum (*Friedrichs* 1977, *Farley* 1977, *Woods* 1980) zeigen immer wieder eine U-förmige Verteilung mit besonders hoher Segregation der untersten wie der obersten Sozialschichten von jeweils allen übrigen, während die Mittelschicht durch vergleichsweise niedrige Indizes charakterisiert wird. Segregationsindizes erlauben noch keine unmittelbare Aussage über die Distanz der einzelnen Bevölkerungsgruppen zueinander und ihre räumliche Verteilung in einem Gebiet. Hilfe bei der Beantwortung der letztgenannten Frage kann der Konzentrationsindex geben, wobei zu erwarten ist, daß eine starke Konzentration dann auftreten wird, wenn der jeweilige Bevölkerungsteil nicht bzw. noch nicht in die Gesamtbevölkerung integriert ist. Diese Hypothese wird durch Untersuchungen bei Einwanderern in Australien bestätigt (*Jones* 1967, *Galvin* 1980), die deutlich belegen, daß sprachliche und kulturelle Barrieren die Integration behindern und die räumliche Konzentration verstärken (hohe Werte für Griechen, Italiener und Jugoslawen, besonders niedrige für Neuseeländer und Briten).

In den zahlreichen Arbeiten, die sich mit den Gründen von Segregationserscheinungen befassen, sind recht unterschiedliche Schwerpunkte gesetzt worden. Dies kann kaum überraschen, denn die Entstehung eines scharf von seiner Umgebung abgegrenzten schwarzen Ghettos in einer US-amerikanischen Stadt kann – um nur ein Beispiel zu nennen – nicht mit der vergleichsweise milden Segregation sozialer Schichten im Wohnvorort einer deutschen Großstadt verglichen werden. Dennoch, so scheint es, lassen sich einige Züge herausarbeiten, die als gemeinsame Merkmale der meisten Segregationsphänomene angesehen werden können. Mit *Friedrichs* (1977) sollen dabei sozialpsychologische Erklärungsmöglichkeiten auf der Ebene des Individuums und ökologische Gründe auf der Ebene von Gebieten unterschieden werden.

Bei den sozialpsychologischen Variablen argumentiert *Friedrichs* vor allem mit den Begriffen soziale Distanz, Vorurteil und Diskriminierung. Allgemein besteht der Wunsch, in einem Wohnquartier zu leben, dessen Bewohner ungefähr den eigenen sozialen Status aufweisen. Gleichzeitig strebt man Distanz zu statusniedrigeren Gruppen an, die in vielen Fällen mit negativen Vorurteilen und Antipathien belegt werden (vgl. Kap. 3.4.2). Diese Vorurteile werden gewöhnlich um so massiver, je größer der Anteil dieser Minderheit ist und je stärker sie dementsprechend eine eigene Subkultur entwickelt. Einmal besetzte Territorien werden von der statushöheren Gruppe durch vielfältige Diskriminierung verteidigt, beispielsweise indem man Wohnungen nicht an die jeweils andere Gruppe vermietet, den Zugang zu Schulen, Arbeitsplätzen oder Vereinen verweigert oder erschwert. Gelingt es nicht, das eigene Wohngebiet gegen den unerwünschten Zuzug abzusichern, wird die räumliche Distanz durch Abwanderung wieder hergestellt. Diese im Grunde modellhafte Abfolge von Entscheidungen wird durch zahlreiche Fallstudien bestätigt, die selektive Wanderungen gehobener Sozialschichten mit dem Ziel hohen Wohnprestiges nachweisen.

Durchaus im Zusammenhang mit der sozialpsychologischen Begründung der Segregation steht der sog. ökologische Erklärungsansatz: Einzelne Gebiete, insbesondere Stadtviertel, unterscheiden sich hinsichtlich Topographie, Umweltqualität (z. B. Emissionen), infrastruktureller Einrichtungen, Nutzungsart, Wohnungsausstattung u. a. voneinander, was zu einer unterschiedlichen Bewertung der jeweiligen Quartiere und schließlich zu einer entsprechenden Staffelung der Bodenpreise und Mieten führt. Wohnviertel mit abwechslungsreicher Topographie, geringer Umweltbelastung, guter Bausubstanz und großzügigem Wohnungszuschnitt stehen somit nur noch einem eng begrenzten Personenkreis zur Verfügung, besonders, wenn zusätzlich eine geringe Distanz zum Stadtzentrum angestrebt wird. Die Segregation der Bevölkerung auf Grund der unterschiedlichen Ausstattung bestimmter Gebiete spiegelt sich auch in den bekannten Modellen der inneren Gliederung von Städten wider, die alle nicht nur eine Differenzierung nach städtischen Funktionen, sondern auch eine soziale Viertelsbildung enthalten.

Die Segregation von Bevölkerungsgruppen scheint, ebenso wie die soziale Schichtung, ein durchgehendes Merkmal menschlicher Gesellschaften zu sein: Soziale Mischung ist offenbar nur schwer realisierbar. Besonders gravierend stellt sich das Problem dann, wenn bei der Segregation Rassenunterschiede eine Rolle spielen. Auch wenn offiziell eine Politik der Integration verfolgt wird, wie seit den sechziger und siebziger Jahren in den USA, hat sich die Trennung von weißer und schwarzer Bevölkerung in eigenen Vierteln kaum verändert, bestehen nach wie vor in den amerikanischen Großstädten die schwarzen Ghettos mit all ihren wirtschaftlichen und sozialen Disparitäten, die immer wieder zu schweren Konflikten geführt haben (vgl. unten Kap. 3.4.2).

Unter solchen Bedingungen erscheint allenfalls eine *Akkulturation* möglich, d.h. Interaktionen zwischen Bevölkerungsgruppen, in deren Verlauf die Kultur der untergeordneten Gruppe durch Anpassung an die dominante Gruppe modifiziert wird. Eine über die Anpassung an das Kultursystem hinausgehende *strukturelle Assimilation*, die durch Teilnahme am und Aufnahme in das soziale Leben der dominanten Gruppe gekennzeichnet wird, ist in der Situation einer durch Diskriminierung unfreiwillig herbeigeführten Segregation nur schwer vorstellbar.

2.5 Bevölkerungsentwicklung, Tragfähigkeit und Bevölkerungsprognose

2.5.1 Modelle und Typen der Bevölkerungsentwicklung (*Franz-Josef Kemper*)

2.5.1.1 Wachstum der Erdbevölkerung und Wachstumsmodelle

Eine der bekanntesten Darstellungen zur Illustrierung globaler Bevölkerungsprobleme ist die Wachstumskurve der Erdbevölkerung seit mehreren tausend Jahren. Allgemein vertraut ist das langsame, relativ stetige Ansteigen der Bevölkerung in vorindustrieller Zeit, das besonders in unserem Jahrhundert von einer wahren Bevölkerungsexplosion abgelöst wird. In diesem Zusammenhang ist oft die Rede vom exponentiellen Wachstumsverlauf, der – in die Zukunft verlängert – die verheerende Gewalt einer ‚Bevölkerungsbombe' in sich berge (vgl. etwa die Studie für den Club of Rome über die ‚Grenzen des Wachstums'). Da einerseits solche, dem Anspruch nach auf das Wesentliche hin vereinfachte Darstellungen die Gefahr manchen Mißverständnisses enthalten, andererseits das Bevölkerungswachstum zweifellos eines der zentralen globalen Probleme bildet, erscheint es ratsam, den Wachstumsverlauf detaillierter zu betrachten.

Allgemein ist die Bevölkerungsentwicklung eines Raumes während eines abgegrenzten Zeitraumes auf der einen Seite durch die Differenz von Geburten- und Sterbefällen – das natürliche Wachstum also – bestimmt, auf der anderen Seite durch den Wanderungssaldo (vgl. 2.1.1). Die Bedeutsamkeit beider Komponenten hängt von der Größe der betrachteten Raumeinheit ab. Da in diesem Abschnitt die Erde oder sehr große Räume behandelt werden, können die Wanderungen erst einmal vernachlässigt werden.

In Abb. 2.5.1/1 ist auf der Basis von neueren Schätzungen des französischen Bevölkerungswissenschaftlers *Biraben* (1979) die Bevölkerungsentwicklung dreier großer Kulturräume seit 400 v.Chr. dargestellt. Auch wenn die Werte insbesondere der Zeit vor 1500 mit schwer abschätzbaren Fehlern behaftet sein können, sind die Kurvenverläufe wohl im großen und ganzen zutreffend. In den Kurven sind keine kurzfristigen Schwankungen der Bevölkerungszahlen von Jahr zu Jahr dargestellt, die in vorindustrieller Zeit besonders durch Schwankungen der Sterbeziffer zustande kamen, sondern säkulare Bevölkerungsentwicklungen. Die Kurve für Europa zeigt einen Anstieg auf 44 Mio. Menschen

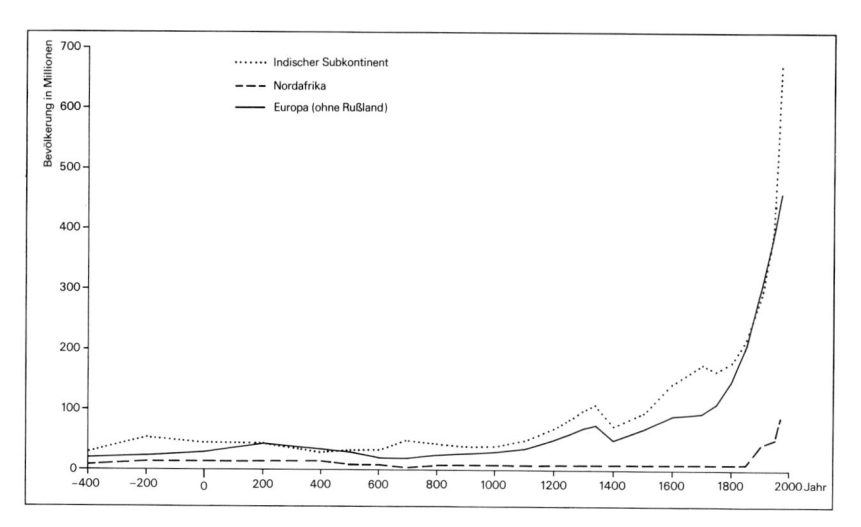

Abb. 2.5.1/1
Bevölkerungsentwicklung von 400 v. Chr. bis 1970 für ausgewählte Kulturregionen der Erde
nach: *Biraben* 1979, S. 16.

um 200 n. Chr., gefolgt von einem Absinken auf die Hälfte dieser Bevölkerungszahl im 7. Jahrhundert. Dieser Rückgang wurde verursacht durch Seuchen, Epidemien und die Wirren der Völkerwanderungszeit. Nach einem langsamen Bevölkerungsanstieg im frühen Mittelalter wächst die Bevölkerung ab etwa 1100 stärker an. In Mitteleuropa ist diese ökonomisch prosperierende Periode mit einem Vorrücken der Besiedlung in den Mittelgebirgen (hochmittelalterliche Siedlungsperiode) und einer Intensivierung der Landwirtschaft (Vergetreidung, Ausbreitung der Dreifelderwirtschaft) verbunden. Durch die Verbreitung des Schwarzen Todes (Pest) und die darauf folgende Bevölkerungs- und Wirtschaftskrise wird die Bevölkerung von etwa 74 Mio. im Jahre 1340 bis 1400 um etwa ein Drittel reduziert, wobei regional noch größere Verluste zu verzeichnen waren und zur spätmittelalterlichen Wüstungsperiode führen. Als Verursachungsfaktoren könnten auch Klimaschwankungen eine Rolle spielen, deren Zusammenhänge mit Bevölkerungsveränderungen von *Galloway* (1986) behandelt werden. Die nächste größere Krise des Dreißigjährigen Krieges macht sich für ganz Europa in einem nur schwachen Wachstum im 17. Jahrhundert bemerkbar, während ab etwa 1800 ein schneller Bevölkerungsanstieg in Verbindung mit der Industrialisierung und Fortschritten im Gesundheitswesen einsetzt. Insgesamt zeigt die Entwicklungskurve Europas in vorindustrieller Zeit also kein langsames und relativ stetiges Wachstum, sondern säkulare *Zyklen* von Anstieg und Rückgang bzw. Stagnation der Bevölkerung, die von einem beschleunigten Wachstum in den letzten 200 Jahren abgelöst werden.

Auch in der Entwicklungskurve für den indischen Subkontinent lassen sich mehrere solcher Zyklen unterscheiden, die aufgrund der eigenständigen Entwicklung im allgemeinen nicht parallel mit denen Europas verlaufen. Eine Ausnahme bildet der Zyklus im hohen und späten Mittelalter. Die Zyklen sind mit dem Wandel der ökonomischen und politischen Situation in Indien verbunden, auf die hier nicht näher eingegangen werden kann. Schon lange vor einer beginnenden Industrialisierung des Landes kommt es ab Mitte des 19. Jahrhunderts zu einem starken Bevölkerungsanstieg, der in jüngster Zeit besonders rasant verläuft.

Die dritte Verlaufskurve zeigt die Bevölkerungsentwicklung in Nordafrika. Es ist bekannt, daß in der Antike sowohl im Maghreb als auch in Ägypten höhere Bevölkerungszahlen erreicht wurden als in den darauf folgenden Jahrhunderten, wenngleich über die Zeit von 500 bis 1800 keine genauen Angaben vorliegen. Im Zusammenhang mit der Kolonialisierung in der zweiten Hälfte des 19. Jahrhunderts wuchs die Bevölkerung stark an mit einer Wachstumsrate, die erst nach dem Zweiten Weltkrieg wieder erreicht wurde.

Auch wenn die Bevölkerungswerte für die einzelnen Kulturräume zur Wachstumskurve der Erdbevölkerung vereinigt werden (Abb. 2.5.1/2), lassen sich Wachstumszyklen in vorindustrieller Zeit deutlich

Abb. 2.5.1/2
Entwicklung der Weltbevölkerung von 1600
v. Chr. an
nach: *Biraben* 1979, S. 22.

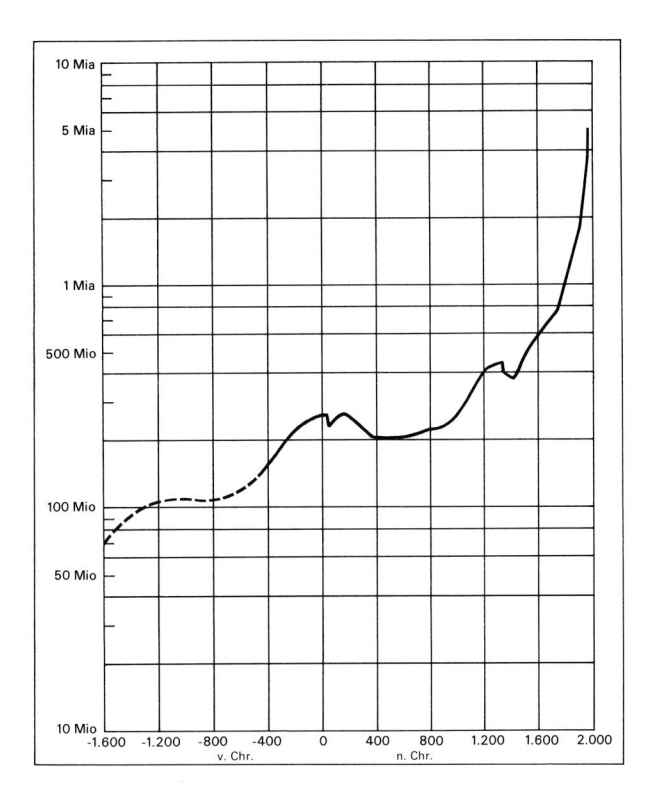

erkennen. Es soll nun weiter die Frage gestellt werden, ob die Zyklen seit etwa 1800 in ein exponentielles Wachstum übergegangen sind.

Das *Modell des exponentiellen Wachstums* geht davon aus, daß sich ein Bestand mit einer gleichbleibenden Wachstumsrate vermehrt. Da nicht nur der Ausgangsbestand dieser Zuwachsrate unterworfen ist, sondern auch die jeweils hinzukommenden Bestände, werden wie bei der Zinseszinsrechnung die absoluten Zuwachszahlen immer größer. Wenn man an jährlichen Zuwachsraten interessiert ist, erhält man das exponentielle Wachstumsmodell in seiner diskreten Form:

$$P_t = P_0(1+p)^t,$$

wobei P_0 die Bevölkerung zur Ausgangszeit 0 ist, t die Zahl der Jahre, P_t die Bevölkerung nach t Jahren und p die jährliche Wachstumsrate. Bei einer jährlichen Wachstumsrate von 1% wird $p=0{,}01$ gesetzt usw. Mit negativen Werten von p wird ein Bevölkerungsrückgang beschrieben. Man erkennt an der angegebenen Formel, daß für $p=1$ eine geometrische Reihe realisiert wird. Es sei angemerkt, daß der Name exponentielles Wachstum von der kontinuierlichen Form $P_t = P_0 e^{rt}$, in der r die momentane Wachstumsrate ist, herstammt. Die Anwendung des Modells auf Bevölkerungen scheint dann plausibel zu sein, wenn die Differenz von Geburten- und Sterbeziffer auf längere Zeit konstant ist und die aufeinanderfolgenden Generationen sich mit gleichbleibender Rate vermehren. Eine wichtige Eigenschaft des exponentiellen Wachstums besteht darin, daß die Bevölkerung sich in immer gleichen Zeitabständen verdoppelt. Diese *Verdopplungszeiten*, die sich leicht aus der Wachstumsformel berechnen lassen, betragen z. B. für jährliche Zuwachsraten von:

1%	70 Jahre
2%	35 Jahre
3%	23 Jahre
4%	18 Jahre

Kehren wir nun zu der Frage zurück, ob die jüngere ‚Bevölkerungsexplosion' dem Modell des exponentiellen Wachstums entspricht. Wenn dies der Fall ist, müssen die jährlichen Wachstumsraten konstant sein. Berechnet man diese Raten aufgrund der den Abbildungen 2.5.1/1 und 2 zugrundeliegenden Zahlen, ergeben sich zeitlich variierende Raten. So wuchs die Weltbevölkerung in der Periode 1850–1900 um durchschnittlich 0,6% jährlich, in der ersten Hälfte des 20. Jahrhunderts um 0,9% und von 1950 bis 1970 um 1,8%. In den siebziger Jahren betrug die Wachstumsrate 1,9%, während danach ein leichter Rückgang zu vermerken ist, zurückzuführen auf eine weltweit verminderte Geburtenziffer. Für die erste Hälfte der neunziger Jahre rechnen die Vereinten Nationen mit einer Rate von 1,7% (*Sadik* 1990). Auch für die einzelnen Kulturräume der Erde sind die Wachstumsraten nicht längerfristig konstant. Für Indien stieg die Rate von 0,6% in der zweiten Hälfte des 19. Jahrhunderts auf 0,8% von 1900 bis 1950 und 2,2% 1950–1970. Für den Zeitraum 1990–1995 werden 2,1% erwartet. Einzelne Entwicklungsländer, besonders in Schwarzafrika, haben heute noch höhere Raten, die über 3%, bisweilen sogar über 4% liegen, während die europäischen Industrieländer auch zur Zeit ihres schnellsten natürlichen Wachstums eine Rate von 1,5% kaum überschritten haben.

Als Ergebnis ist festzuhalten, daß das Wachstum der Bevölkerung der Erde und ihrer Teilregionen nicht dem exponentiellen Modell entspricht, weil es längerfristig keine konstanten Wachstumsraten gab. Die Beschreibungen der Bevölkerungsexplosion der heutigen Entwicklungsländer als exponentielles Wachstum sind meist auf unklare und falsche Vorstellungen über die dem Modell zugrundeliegenden Annahmen zurückzuführen. Trotzdem läßt sich das Modell sinnvoll für Bevölkerungen verwenden, weil man, insbesondere durch die Verdopplungszeiten, das zu einem Zeitpunkt bestehende Wachstumspotential einer Bevölkerung anschaulich erfassen kann. Darauf wird im Zusammenhang mit der Bevölkerungsprognose noch einzugehen sein.

Die aufgrund der empirischen Bevölkerungszahlen nachgewiesenen zeitlichen Variationen der Wachstumsraten seit der Industrialisierung sind nach dem Modell des demographischen Übergangs (vgl. 2.1.3) zu erwarten. Aus diesem Modell kann abgeleitet werden, daß die Zuwachsrate zunächst ansteigt und, wenn sich die Schere zwischen Geburten- und Sterbeziffer zu schließen beginnt, wieder abnimmt. Das resultierende Bevölkerungswachstum entspricht einer S-Kurve, die durch das Modell des *logistischen Wachstums* beschrieben wird (Abb. 2.5.1/3). Nach diesem Modell nähert sich der Bevölkerungsbestand einer Sättigungsgrenze K, ohne diese ganz zu erreichen. Mit fortschreitender Zeit nähert sich die Wachstumsrate immer mehr dem Wert 0. Es konnte für einige Tierpopulationen nachgewiesen werden, daß ihr Wachstum dem logistischen Modell entspricht. Die Gründe hierfür lagen in einer starken Vermehrung durch verbesserte Umwelt- und Ernährungsbedingungen im ‚Aufschwung' und in einer erhöhten Mortalität bei der Annäherung an bzw. beim Überschreiten einer Tragfähigkeitsschwelle. Diese Entwicklung kommt grob gesehen durch eine Kombination von Geburten- und Sterbeziffern zustande, wie sie in Abb. 2.5.1/4a dargestellt ist. Die Abbildung zeigt aber auch, daß ein logistischer Wachstumszyklus auf unterschiedliche Art und Weise entstehen kann. Die

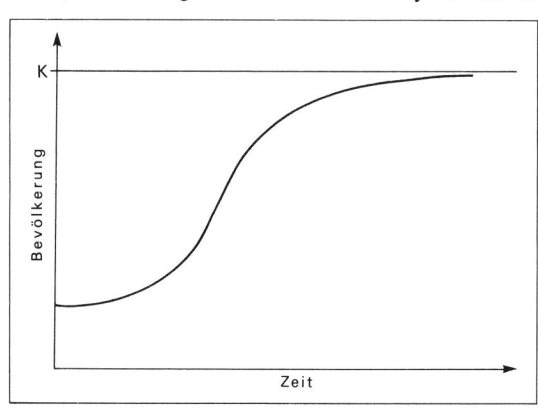

Abb. 2.5.1/3
Logistische Wachstumskurve.

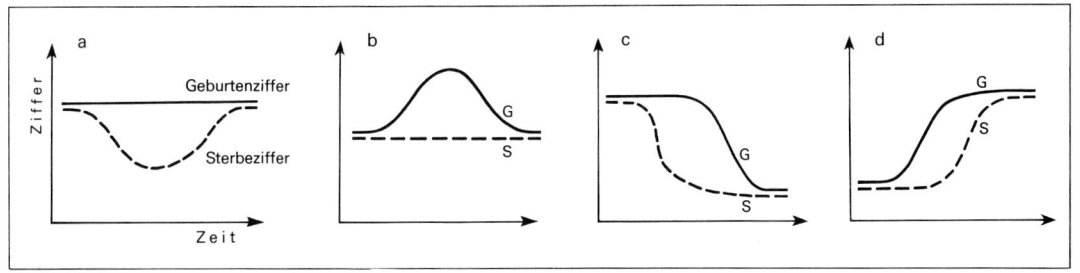

Abb. 2.5.1/4
Variationen von Geburten- und Sterbeziffern mit resultierendem logistischem Wachstum nach Cowgill
nach: *Woods* 1982, S. 31.

in 4b aufgezeigte Entwicklung entspricht dem ‚baby-boom' des wirtschaftlichen Aufschwungs der Nachkriegszeit in vielen Industriestaaten. Durch ein Absinken der Geburtenziffer unter die Sterbeziffer in den siebziger Jahren ist es in einigen Ländern zu einem Rückgang der Bevölkerung gekommen, wobei die Grenzlinie K des logistischen Wachstumsabschnitts keineswegs als Tragfähigkeitsgrenze zu deuten ist. Das aus dem Modell des demographischen Übergangs resultierende S-förmige Wachstum demonstriert 4c, während in 4d eine seltener auftretende Entwicklung konstruiert ist, die wie die Situation in 4a den Gedanken von *Malthus* über das Bevölkerungswachstum und dessen Eindämmung durch Hemmnisse, die zu einer erhöhten Mortalität führen, entspricht (vgl. 2.5.5). Insgesamt erweist sich das Modell des logistischen Wachstums zur Beschreibung von Teilabschnitten der Bevölkerungsentwicklung als durchaus angemessen, wenngleich verschiedenartige Kombinationen demographischer Prozesse zu gleichen Entwicklungsverläufen führen. Daher ist der unmittelbare Vergleich von Wachstumsphasen in tierischen und menschlichen Populationen und die Interpretation der Wachstumsgrenze K als Tragfähigkeitsschwelle nicht immer sinnvoll.

2.5.1.2 Empirische Typen der Bevölkerungsentwicklung

Standen im vorangehenden Abschnitt großräumige Einheiten und der Einfluß der natürlichen Bevölkerungsbewegung auf die Bevölkerungsentwicklung im Vordergrund, so sollen nun auch kleinere Raumeinheiten betrachtet werden, für deren Wachstum Wanderungsprozesse eine große Rolle spielen. Die daraus resultierenden Entwicklungskurven der Bevölkerung sind im allgemeinen erheblich komplexer als die oben behandelten und lassen sich nicht durch einfache Wachstumsmodelle beschreiben. Um dennoch die Vielfalt möglicher Entwicklungsverläufe in den Griff zu bekommen, versucht man, diese zu Verlaufstypen zusammenzufassen, deren unterschiedliche Charakteristika dann durch demographische und außerdemographische Prozesse erklärt werden.
Einen derartigen Weg haben *Bartels, Blotevogel* und *Schöller* (1978) beschritten, um für den Band Nordrhein-Westfalen des Deutschen Planungsatlasses mehr als 4000 Gemeinden nach ihrer Bevölkerungsentwicklung von 1837 bis 1970 zu klassifizieren. Aus dieser Arbeit sollen hier einige Typen vorgestellt und kurz erläutert werden (vgl. auch 2.3.4). Für alle Untersuchungsgemeinden wurden die Bevölkerungszahlen für sieben Zeitpunkte (1837, 1871, 1905, 1939, 1950, 1961, 1970) erhoben, so daß Entwicklungsverlaufskurven erstellt werden konnten. Um diese zu überschaubaren Typen zu vereinigen, wurde – getrennt nach Einwohnergrößenklassen am Ende des Untersuchungszeitraumes – ein quantitatives Klassifizierungsverfahren eingesetzt. Es ergeben sich schließlich elf Typen des Entwicklungsverlaufs und eine Restgruppe aus wenigen nicht zuzuordnenden Sonderfällen. Da es bei der Klassifizierung nicht um absolute Einwohnerzahlen ging, sondern um den Kurvenverlauf, können die Typen dadurch standardisiert werden, daß die Bevölkerung 1970 gleich 1 gesetzt wird. Sehen wir uns einige Verlaufstypen etwas genauer an.
Die Typen A und B kennzeichnen Großstädte (Abb. 2.5.1/5). Während Typ A ein starkes Wachstum in der früh- und hochindustriellen Phase aufweist, das nach 1905 deutlich abgeschwächt ist, beginnt

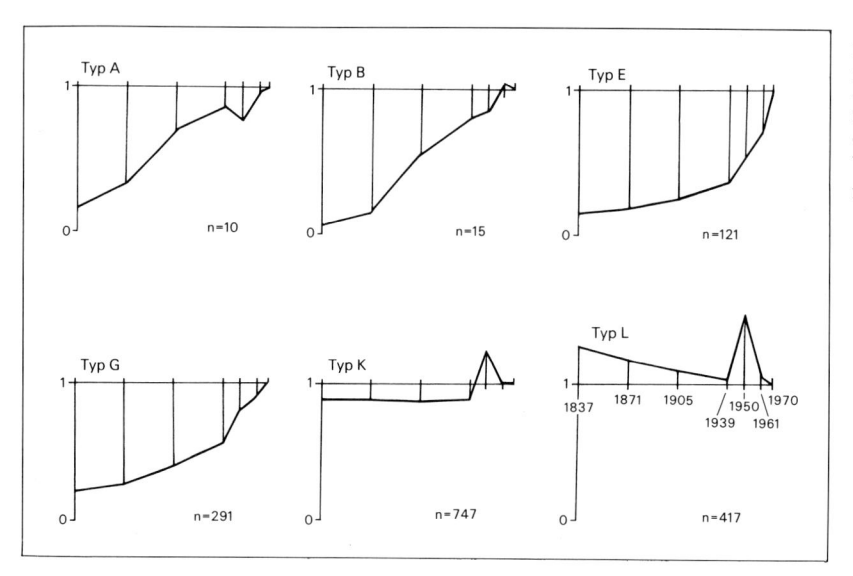

Abb. 2.5.1/5
Entwicklungsverlaufsklassen der Bevölkerung 1837–1970 für Gemeinden Nordrhein-Westfalens
nach: *Bartels* u. a. 1978.

das Wachstum von Typ B erst in der Phase 1870–1905, dann aber mit rapidem Anstieg, und setzt sich 1905–1939 fast unvermindert fort. Zu Typ A („Großstädte mit früher industrieller Entwicklung') zählen vor allem rheinische Industriestädte, die ihre wirtschaftliche Basis in der Textilindustrie (Krefeld, Mönchengladbach, Aachen, Wuppertal) oder der eisenverarbeitenden Industrie (Remscheid, Solingen) fanden. Dagegen charakterisiert Typ B („Großstädte mit jüngerer industrieller Entwicklung') die meisten Großstädte des Ruhrgebiets. Bemerkenswert ist die Entwicklung in der Zeit nach 1939. Während die Städte des Typs A durch die Kriegseinwirkungen 1939–1950 deutlich an Bevölkerung verloren, holten die zum Typ B gehörenden Großstädte solche Verluste schon bis 1950 voll auf, wachsen deutlich in den fünfziger Jahren und verlieren in den sechziger Jahren an Bevölkerung, was sich in den siebziger und achtziger Jahren übrigens noch verstärkt. Wie diese beiden Typen zählen die meisten Orte des Typs E („Klein- und Mittelstädte mit sehr starker Entwicklung in jüngerer Zeit') zu den heutigen Ballungsräumen, allerdings zu deren suburbanen Teilen, die vor allem durch den Prozeß der Randwanderung in der Nachkriegszeit anwuchsen. Sowohl am Rand der Verdichtungsräume als auch im ländlichen Raum finden sich Gemeinden vom Typ G („Klein- und Mittelstädte mit insgesamt durchschnittlicher Entwicklung'). Im ländlichen Raum handelt es sich um Zentren mit industriellem Wachstum oder Stärkung der zentralörtlichen Position, vor allem in der Nachkriegszeit. Ganz anders sehen die Entwicklungsverläufe der Typen K und L aus, die beide periphere ländliche Regionen charakterisieren. Abgesehen von dem durch Zuwanderung von Evakuierten, Flüchtlingen und Vertriebenen induzierten kurzfristigen Bevölkerungswachstum von 1939 bis 1950, dem in den fünfziger Jahren durch Abwanderung ein entsprechender Bevölkerungsverlust folgte, sind im Typ K ‚langfristig stagnierende Landgemeinden' vereinigt, während Typ L ‚langfristig abnehmende Landgemeinden' enthält, vor allem Agrargemeinden in den Mittelgebirgen mit ständiger Abwanderung. Zur detaillierten Interpretation solcher Typen ist es notwendig, die allgemeinen Züge der Bevölkerungsentwicklung im Untersuchungsgebiet zu beachten. Informationen darüber geben für das vorgestellte Beispiel *Bartels* u.a. (1978) (vgl. auch *Steinberg* 1974). Für den Geschichtlichen Atlas der Rheinlande haben *Laux* und *Busch* (1989) ein ähnliches Verfahren gewählt, um Typen der Bevölkerungsentwicklung von Gemeinden im Zeitraum 1815–1980 zu bestimmen. Dabei zeigte sich u.a., daß die jüngste Periode 1970–1980 durch eine Ausweitung des suburbanen Raumes gekennzeichnet war.

In derartigen Typen der Bevölkerungsentwicklung spiegeln sich neben charakteristischen Zügen der Bevölkerungsdynamik auch die wirtschaftliche und soziale Entwicklung einer Gemeinde oder einer Region, die im allgemeinen in enger Verbindung stehen, denn die Bevölkerung reagiert einerseits auf sozioökonomische Strukturveränderungen und beeinflußt diese andererseits. Neben Wachstumsphasen werden Stagnations- und Abwanderungsphasen sichtbar, deren regionale Ausprägungen von besonderem Interesse für die Geographie sind. So weisen in vielen peripheren Regionen Frankreichs die meisten Gemeinden eine typische Abfolge von Bevölkerungswachstum bis zu einem Maximum im 19. oder frühen 20. Jahrhundert auf, gefolgt von einem Bevölkerungsrückgang, der je nach Ausmaß zu einer krisenhaften Entleerung geführt hat. In jüngerer Zeit verzeichnet ein Teil der Gemeinden, z. B. durch touristische Inwertsetzung, wieder einen Anstieg der Bevölkerung. Als Indikator für die Dauer des Entleerungsprozesses wird in französischen geographischen Arbeiten häufig das Jahr des Bevölkerungsmaximums gewählt. In vielen dieser Gemeinden ist sowohl der Rückgang als auch ein erneuter Anstieg der Bevölkerung mehr durch externe Einflußfaktoren als durch interne Impulse aus der Gemeinde selber gesteuert worden. Einerseits führte die Schaffung von Arbeitsplätzen in der Industrie und die Attraktivitätssteigerung der Zentren zur Land-Stadt-Wanderung, andererseits sind jüngere Wachstumsimpulse häufig von städtischen Bevölkerungsgruppen in ländliche Gemeinden hereingetragen worden. Ähnliche Zusammenhänge haben *Brozowski, Romsa* und *Lall* (1973) für kleine Gemeinden im ländlichen Raum Ontarios aufgezeigt, wo für die Bevölkerungsentwicklung im Zeitraum von 1941 bis 1966 die Nähe zu Städten und der regionale Standort, der die Entwicklung von Bergbau oder Tourismus begünstigte, wichtiger waren als interne Einflußfaktoren wie Ortsgröße und Wirtschaftsstruktur des Ortes zu Beginn des Untersuchungszeitraumes.

2.5.2 Faktoren und Komponenten der Bevölkerungsentwicklung (*Franz-Josef Kemper*)

Zur Interpretation der vorgestellten Entwicklungsverläufe wurde schon auf einige Einflußfaktoren des Bevölkerungswachstums zurückgegriffen. Will man solche Faktoren systematisch behandeln, so empfiehlt es sich, die Aufteilung der Bevölkerungsdynamik nach den beiden Komponenten natürliche Bevölkerungsbewegung und Wanderungen wieder aufzugreifen und nach Einflußfaktoren der Geburtenbilanz, der Fertilität und Mortalität auf der einen Seite, der Wanderungsbilanz, der Zu- und Abwanderungen auf der anderen Seite zu fragen. Weil darüber schon in den Abschnitten 2.1 und 2.2 berichtet wurde, kann es an dieser Stelle genügen, einige zusammenfassende Bemerkungen anhand des Schemas der Abb. 2.5.2/1 zu machen.

Es ist offensichtlich, daß die demographische Struktur einer Bevölkerung sowohl deren natürliche Bevölkerungsbewegung als auch die Wanderungen, die ja z. B. altersspezifisch selektiv verlaufen, beeinflußt. Im Bereich der physischen Faktoren lassen sich biologische Einflußfaktoren, die besonders die Mortalität, daneben die Fertilität bestimmen, von Faktoren der natürlichen Umwelt, die das Wanderungsverhalten und die Sterblichkeit beeinflussen, trennen. Ein enger Zusammenhang bindet die Faktoren aus dem sozio-ökonomischen Bereich (ökonomische, soziale, politische Einflußgrößen). Zum Lebensstandard soll auch die Quantität und Qualität des Wohnungsangebots gerechnet werden, das eng mit (innerregionalen) Wanderungen zusammenhängt. Unter den sozialen Determinanten sind auch kulturelle Einflußfaktoren subsumiert, darunter Gebräuche wie z. B. Vererbungssitten. Der technologische Bereich, der wissenschaftlich-technische Entwicklungen bei der Entfaltung der Produktivkräfte beinhaltet, hat sehr enge Beziehungen zu den anderen Einflußbereichen, wie auch diese untereinander, so daß von einem interdependenten Komplex von Einflußfaktoren auszugehen ist.

Die nähere Darstellung der beiden Komponenten der Bevölkerungsentwicklung gelingt sehr einfach mit Hilfe eines Diagramms, das auf einem kartesischen Koordinatensystem aufbaut. Auf der y-Achse wird die Bilanz der natürlichen Bevölkerungsbewegung aufgetragen – positive Werte zeigen Geburtenüberschüsse, negative Sterbeüberschüsse –, auf der x-Achse der Wanderungssaldo. Durch die beiden Diagonalen läßt sich das Diagramm in acht Sektoren unterteilen, die durch einen Größenvergleich der beiden Komponenten charakterisiert werden (z. B. Geburtenüberschuß größer als Wanderungsverlust). Die Diagonale von rechts oben bis links unten ist dadurch gekennzeichnet, daß Geburtenbilanz und Wanderungssaldo wertmäßig identisch sind, während die andere Diagonale ein Nullwachstum der Bevölkerung wiedergibt.

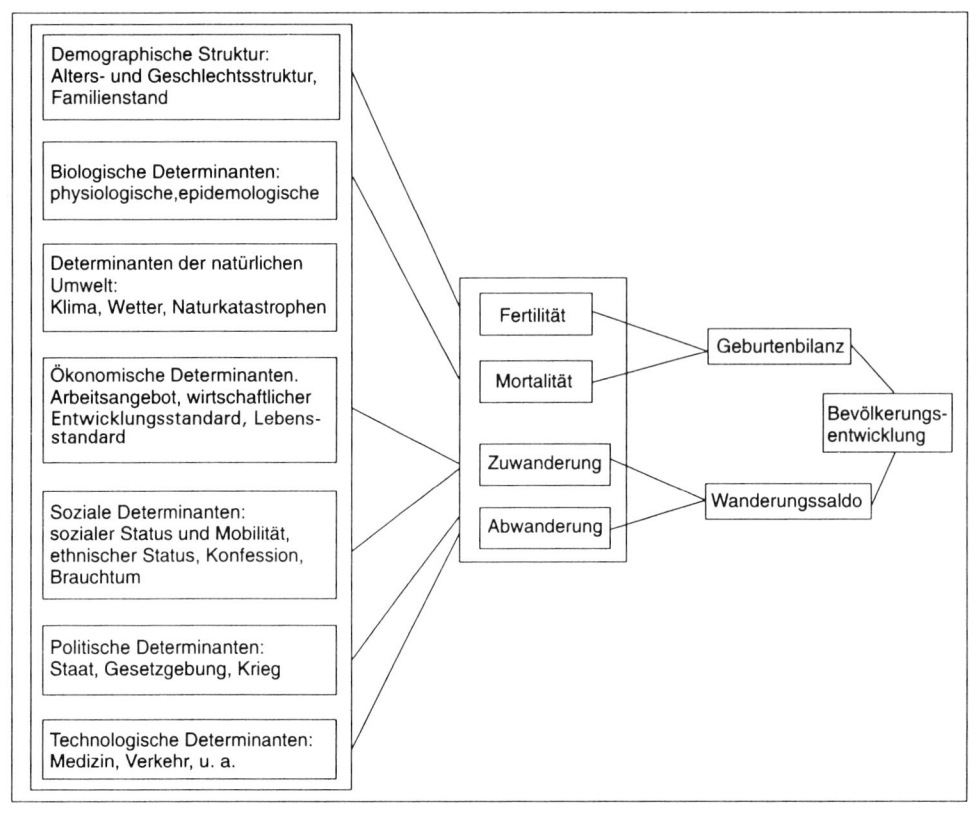

Abb. 2.5.2/1
Schematische Darstellung von Determinanten der Bevölkerungsentwicklung
nach: *Woods* 1982, S. 15.

2.5.3 Bevölkerungswachstum und Unterhaltsquellen – die Frage der Tragfähigkeit (*Wolfgang Kuls*)

Die Zusammenhänge zwischen Bevölkerungsentwicklung und der Ausweitung der dafür erforderlichen Lebensgrundlagen, insbesondere Fragen, die die Sicherung einer ausreichenden Ernährungsbasis der Menschen betreffen, werden heute unter zunehmender Berücksichtigung vieler anderer Faktoren, die ‚Grenzen des Wachstums' setzen, weltweit und kontrovers – nicht selten auch reichlich emotionsbeladen – erörtert. Dabei handelt es sich jedoch nicht um ein neues Thema, das erst unter dem Eindruck nie dagewesener Zuwachsraten der Weltbevölkerung, vor allem der Bevölkerung fast aller Entwicklungsländer, aufgegriffen wurde, sondern um eine Problematik, der seit nunmehr fast 200 Jahren von wissenschaftlicher – und auch nichtwissenschaftlicher – Seite wechselnde und vor allem in den letzten Jahrzehnten wachsende Aufmerksamkeit geschenkt wird.
Ausgangspunkt umfassender Auseinandersetzungen ist der berühmte, 1798 von *Thomas Robert Malthus* veröffentlichte ‚Essay on the Principle of Population, as it Affects the Future Development of Society' (s. 2.5.5). Das vorliegende Schrifttum, an dem seit dem ausgehenden 19. Jahrhundert zunehmend auch Geographen beteiligt sind, hat einen großen Umfang erreicht und schwillt ständig weiter an. Grundlegend war für *Malthus* die Annahme, daß sich die Zahl der Menschen ohne eine Geburtenbeschränkung ungleich stärker vermehren würde als dies bei den für sie erforderlichen Unterhaltsquellen möglich wäre. Die Folgen einer ungehemmten Bevölkerungsvermehrung seien unzureichende Nahrung und Kleidung, zunehmende Krankheiten und erhöhte Sterblichkeit. In Ab-

Abb. 2.5.3/1
Wachstum von Bevölkerung und Unterhaltsquellen: hypothetische Abläufe nach *Malthus*
Entwurf: W. Kuls.

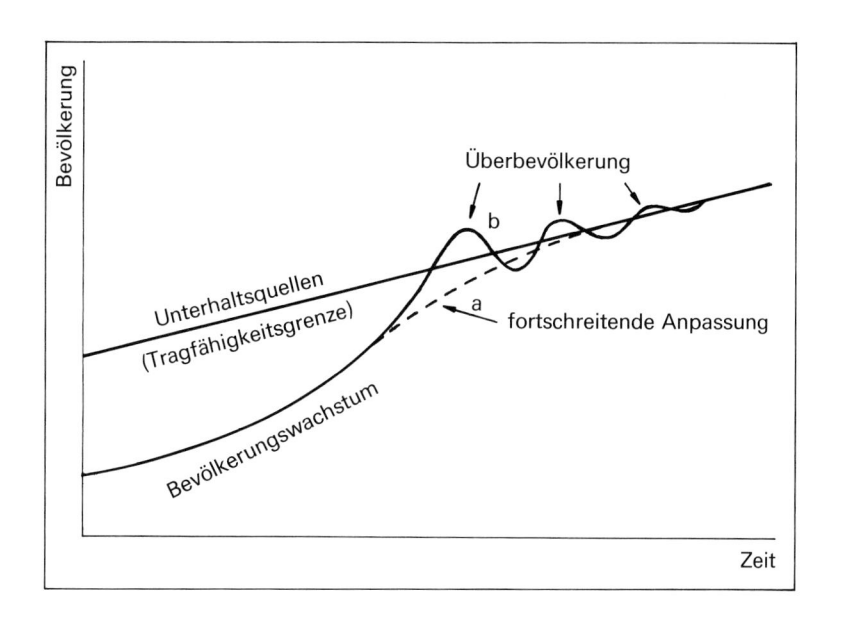

bildung 2.5.3/1 sind einige Zusammenhänge, wie sie von *Malthus* und seinen Nachfolgern gesehen wurden, verdeutlicht. Nähert sich die Bevölkerungszahl der ‚Tragfähigkeitsgrenze', dann kann (Kurvenverlauf a) durch Geburtenbeschränkung und andere ‚präventive checks' das Bevölkerungswachstum verringert, den Unterhaltsquellen allmählich angepaßt und eine Katastrophe vermieden werden. Setzt sich jedoch das Wachstum der Bevölkerung unvermindert fort oder beschleunigt es sich gar, dann führt dies nach Überschreiten der Tragfähigkeitsgrenze zu einer Zunahme der Sterblichkeit infolge Verelendung (‚positive checks'), die Bevölkerungszahl geht zurück, und erst in einem fortgeschrittenen Anpassungsprozeß bildet sich ein Gleichgewicht von Bevölkerungszahl und Unterhaltsquellen aus (Kurvenverlauf b). Natürlich sind auch anders ablaufende Entwicklungsprozesse als in der Abbildung wiedergegeben denkbar: Etwa unverändert bleibende oder gar (zum Beispiel durch Bodenzerstörung oder Klimaveränderungen) sinkende Unterhaltsquellen.

Hier kann es nun nicht darum gehen, die Entwicklung der Fragestellungen und des methodischen Vorgehens bei Tragfähigkeitsuntersuchungen näher zu verfolgen. Ein ausführlicher Überblick über das ältere Schrifttum liegt von *Scharlau* (1953) vor; darauf sei nachdrücklich verwiesen. An dieser Stelle mag lediglich herausgestellt werden, daß ernsthafte Versuche, konkrete Vorstellungen über ‚maximale' oder ‚optimale' Bevölkerungszahlen, über eine ‚höchste denkbare Tragfähigkeit' u. a. zu gewinnen, erst am Ende des vergangenen Jahrhunderts unternommen werden konnten, nachdem man über einigermaßen verwendbare Datengrundlagen auf globaler Grundlage (Naturgrundlagen der Produktion, Bevölkerungszahlen, Wachstumsraten, Ernährungsweisen, Wirtschaftsmethoden etc.) verfügte.

Von geographischer Seite hat erstmals wohl *Ravenstein* (1891) das Problem der maximalen Bevölkerung der Erde behandelt und damit eine Reihe weiterer Untersuchungen angeregt. Besonders bekannt geworden ist dann zumindest in Deutschland der auf die Ermittlung des Ernährungspotentials (Nahrungsspielraumes) gerichtete Ansatz von *Albrecht Penck* (1924), in dem er sich einer Untersuchung der physischen Voraussetzungen der globalen Tragfähigkeit zuwandte. *Penck* ging vom physiologischen Nahrungsbedarf der Menschen aus und berechnete für die einzelnen Klimazonen ‚höchste denkbare' und ‚wahrscheinlich größtmögliche' Einwohnerzahlen. Bei letzteren kam er zu einer Zahl von 7,7 Milliarden. Es wurde von ihm innerhalb einer Klimazone der Teilraum mit besonders hoher Produktionsleistung und entsprechend hoher Bevölkerungsdichte ermittelt. Dieser Wert wurde dann mit einigen Korrekturen für die gesamte Klimazone als erreichbar angenommen. Daß es dabei zu einer Fehleinschätzung insbesondere der feuchten Tropen kam, ist aufgrund des damaligen Kenntnisstandes über den Naturraum der Tropen, vor allem über tropische Böden und tropische Vegetation, verständlich (s. hierzu *Weischet* 1972). *Fischer* (1925) führte seine Berechnungen gleichzeitig auf der Basis von Ländern und kleineren Raumeinheiten durch, indem er neben den Bodenverhältnissen auch das Nahrungsbedürfnis und die Nahrungsgewohnheiten der jeweiligen Bevölkerungsgruppen berücksichtigte. Seine Berechnungen führten zu einem ähnlichen Ergebnis wie es *Penck* erzielt hatte. 1937 unternahm dann *Hollstein* den Versuch einer die ganze Erde umfassenden Bonitierung. Er war bestrebt, die bei intensiver Bewirtschaftung erzielbaren Erträge von Körnerfrüchten auf den anbaufähigen Flächen zu ermitteln und kam zu einer Zahl von 13,3 Milliarden Menschen, für die ausreichende Nahrungsmengen erzeugt werden könnten, weit mehr also, als es die Berechnungen von *Penck* und *Fischer* ergeben hatten.

Die verschiedenartigen Versuche, Aussagen über die Tragfähigkeit der Erde zu machen, zeigen, daß sich allenfalls Grundvorstellungen über die Größenordnung des vorhandenen Nahrungsspielraumes gewinnen lassen. Natürlich konnten im Laufe der Zeit die Kenntnisse von großräumigen Unterschieden und besonderen Problemen einzelner Teilräume der Erde erheblich erweitert werden, deutlich geworden ist aber vor allem auch, daß die künftigen Existenzgrundlagen der Menschheit keineswegs allein von den Möglichkeiten der Nahrungserzeugung abhängig sind, sondern daß zahlreiche weitere Bedingungen Grenzen für das Bevölkerungswachstum setzen, insbesondere zunehmende Umweltbelastungen und fortschreitende Erschöpfung von mineralischen und anderen Rohstoffquellen. Gewiß sind auch hierzu Beiträge von geographischer Seite möglich, aber die Antwort auf viele Fragen macht bei einem so ungemein komplexen Sachverhalt die Zusammenarbeit von Wissenschaftlern aus einer Vielzahl verschiedener Forschungsdisziplinen erforderlich (s. dazu etwa *Ehlers* 1986).

Der Schwerpunkt geographischen Interesses und geographischer Mitarbeit dürfte künftig bei Fragen nach der Tragfähigkeit, insbesondere der agraren Tragfähigkeit, von enger begrenzten Räumen liegen, der namentlich im Rahmen der Entwicklungsländerforschung große Bedeutung zukommt. Es gibt dabei einige ältere Ansätze, etwa unter dem Stichwort ‚Ackernahrung', worunter der Mindestumfang der landwirtschaftlichen Nutzfläche verstanden wurde, der zur Existenzsicherung eines bäuerlichen Familienbetriebes erforderlich ist.

Aus dem deutschsprachigen Schrifttum zum Problem agrarer Tragfähigkeit lassen sich als Beispiele anführen Arbeiten von *Waller/Hofmeier* (1968) über Kenia, von *Borcherdt/Mahnke* (1973) über Venezuela, von *Ehlers* (1977) über Ägypten, von *Kolb/Jaschke* (1977) über Nordaustralien und von *Geist* (1989) über Senegal. Wichtiger Anstoß für Auseinandersetzungen mit Tragfähigkeitsproblemen begrenzter Räume im außereuropäischen Bereich waren Arbeiten von *Allan* (1949, 1965). *Allan* sah in der Tragfähigkeit primitiver Landwirtschaft die dauerhafte Ernährungsmöglichkeit, die eine Landfläche einer größtmöglichen Zahl von Menschen unter einem gegebenen Nutzungssystem bietet, ohne daß eine Verschlechterung des Landes mit entsprechendem Ertragsrückgang eintritt. Dieses Konzept ist vielfach akzeptiert, aber auch kritisiert worden. So hat z. B. *Street* (1969) besonders auf die Probleme verwiesen, die bei dem Versuch auftreten, sichere Aussagen darüber zu machen, ob und unter welchen Bedingungen es bei einem bestimmten Nutzungssystem zu einer Verschlechterung der Anbaufläche kommt.

Borcherdt/Mahnke (1973) haben das Gemeinsame der verschiedenen Ansätze von Tragfähigkeitsuntersuchungen in folgender Definition zu fassen gesucht: „Die Tragfähigkeit eines Raumes gibt diejenige Menschenmenge an, die in diesem Raum unter Berücksichtigung des hier/heute erreichten Kultur- und Zivilisationsstandes auf agrarcher/natürlicher/gesamtwirtschaftlicher Basis ohne/mit Handel mit anderen Räumen unter Wahrung eines bestimmten Lebensstandards/des Existenzminimums auf längere Sicht leben kann" (S. 16).

In dieser Definition sind als Teilaspekte bzw. Zielsetzungen enthalten:
– Effektive und potentielle Tragfähigkeit; effektiv verstanden als Tragfähigkeit bei Anwendung der in einem begrenzten Raum bekannten und praktizierten Wirtschaftsmethoden, potentiell verstan-

den als Tragfähigkeit bei Anwendung von heute bekannten bestmöglichen Techniken.
– Agrarische, naturbedingte, gesamtwirtschaftliche Tragfähigkeit; hier erfolgt die Unterscheidung durch die jeweils andersartige Bezugsbasis.
– Optimale und maximale Tragfähigkeit; hier ist ein Qualitätsbegriff der Versorgung impliziert, wofür es allerdings kaum einen eindeutigen und allgemein akzeptierbaren Maßstab gibt.
– Innenbedingte und außerbedingte Tragfähigkeit; unterschieden danach, ob die Bevölkerung eines Landes ihre Bedürfnisse allein aus dem Lande deckt oder ob die Bedarfsdeckung durch den Handel mit anderen Räumen erreicht werden kann.

Bei der Kennzeichnung der agraren Tragfähigkeit haben *Borcherdt/Mahnke* ebenso wie *Allan* die Bedingung einer dauerhaften Nutzungsmöglichkeit ohne Beeinträchtigung des Naturhaushaltes betont, sie sind aber bei ihren Berechnungen nicht von bestehenden Nutzungsbedingungen ausgegangen, sondern von einem „in naher Zukunft erreichbaren Kultur- und Zivilisationsstand". Damit ist nicht die Übernahme modernster Techniken aus wirtschaftlich weit entwickelten Ländern gemeint, sondern eine Reihe von Verbesserungen, deren Einführung keines großen Aufwandes bedarf.
Wenn es speziell zu Fragen der agraren Tragfähigkeit erst eine begrenzte Zahl eingehender Untersuchungen mit konkreten Aussagen gibt, dann ist das damit zu erklären, daß selbst bei einer technologisch einfachen Landbewirtschaftung die für die Tragfähigkeit bedeutsamen Faktoren sehr vielfältig und oft nur schwer zu fassen sind. Es kommt hinzu, daß Zusammensetzung und Gewicht der Faktoren bereits auf kurze Distanz und innerhalb kurzer Zeitspannen bedeutsame Veränderungen erfahren können. In aller Regel lassen sich deshalb nur in einem kleinräumigen Betrachtungsrahmen, d. h. im großen, allenfalls mittleren Maßstab, Einsichten gewinnen, die dann auch für landwirtschaftliche Beratung und Planung bedeutsam werden können.
Einen wichtigen Schritt zu umfassenden Tragfähigkeitsanalysen bilden die in jüngerer Zeit von verschiedenen Arbeitsgruppen aufgenommenen Untersuchungen zur Bestimmung des natürlichen Potentials von Agrarräumen, bei denen methodisch neue Wege eingeschlagen wurden (s. *Winiger* 1986). *Geist* (1989) hat erst kürzlich die vielschichtige Problematik sowie mögliche Wege anwendungsorientierter ‚agrarisch-ökologisch-demographischer Tragfähigkeitsanalysen' in kritischer Auseinandersetzung mit vorliegenden Forschungsansätzen herausgestellt, und *Borcherst/Mahnke* haben sich bei ihren Untersuchungen in Venezuela mit einer Vielzahl für die Tragfähigkeit bedeutsamer Faktoren und deren Verflechtung untereinander befaßt (s. dazu die Beispiele in 3.5.1).
Das Erreichen oder Überschreiten der Tragfähigkeitsgrenzen, das Vorhandensein eines Bevölkerungsdrucks, ist gewöhnlich mit Hilfe von einigen, relativ leicht verfügbaren Indikatoren festgestellt worden. Zu derartigen Indikatoren gehören Abwanderung, Ausweitung des Siedlungsraumes durch Rodung von Wäldern, Neulandgewinnung, fortschreitende Bodenzerstörung u.a. Die Indikatoren sind jedoch durchaus nicht immer eindeutig, können doch für ihr Auftreten auch ganz andere Ursachen vorliegen, wie etwa politische und gesellschaftliche Zwänge oder eine hohe Attraktivität von Zielgebieten als Ursache von Wanderungen, die Einführung ‚moderner', aber an die Naturbedingungen nicht angepaßter Methoden der Bodenbewirtschaftung als Ursache von Bodenzerstörungen usw. So hat z. B. *Fricke* (1979) bei Untersuchungen in Ostafrika auf Schwierigkeiten verwiesen, aus Abwanderungen auf einen Bevölkerungsdruck in dem betreffenden Raum zu schließen, weil eben nur ein Teil der Wanderungen – von *Fricke* als ‚settlement migration' von ‚cash migration' unterschieden – sich auf Landhunger, auf ökologisch begrenzte Tragfähigkeit zurückführen ließ.
Immerhin geben Abwanderung, fortschreitende Ausweitung des Siedlungsraumes und auftretende Bodenzerstörungen Hinweise auf die Möglichkeit bestehender Tragfähigkeitsprobleme, die sich allein aus Dichtewerten – gleich welche Dichtemaße Verwendung finden – nicht ableiten lassen. Ein Bevölkerungsdruck, eine Übervölkerung kann bereits gegeben sein, wenn nur wenige Menschen auf der Fläche leben, z. B. dort, wo im Rahmen eines agrarischen Nutzungssystems große Flächen zur Existenzsicherung erforderlich sind. Das ist bei der auch heute noch in vielen Teilen der Tropen

anzutreffenden Landwechselwirtschaft der Fall; hierbei wird gewöhnlich ein Vielfaches der jeweils bewirtschafteten Fläche benötigt, um dem Boden durch längere Brachzeiten die Möglichkeit zur Regeneration zu geben. Bei traditionellen Landnutzungssystemen auf dem Niveau der Subsistenzwirtschaft ergaben sich im tropischen Afrika Anzeichen für das Überschreiten der Tragfähigkeit bereits bei 10–20 Einwohnern je qkm. In Waldgebieten Zentralghanas lagen entsprechende Dichtewerte bei 50–60 Einwohnern/qkm und in den Savannen der nordöstlichen Landesteile bei etwa 100 (*Manshard* 1978).

Zumindest teilweise mit Grenzen der Tragfähigkeit altbesiedelter Räume in Verbindung zu bringen sind Kolonisationsvorgänge, bei denen, wie in Mitteleuropa während des Mittelalters, der Siedlungsraum weit in den Bereich der ‚Randökumene' (*Nitz* 1982) vorgeschoben wurde. Hierzu gehört das Vordringen in die Höhenregion der Gebirge, die Rodung von Waldgebieten mit landwirtschaftlich wenig ertragreichen Böden oder auch die Urbarmachung und Besiedlung von Mooren und Sumpfgebieten. Das kann, ebenso wie die Auswanderung in späterer Zeit und die Abwanderung in die Städte, auf Bevölkerungsdruck (Druck auf die Ressourcen) in altbesiedelten agrarischen Gebieten zurückzuführen sein; welche Ursachenkomplexe jedoch im konkreten Fall tatsächlich wirksam waren und wo in einzelnen Räumen zu verschiedenen Zeiten die Grenzen der Tragfähigkeit lagen, ist freilich erst durch eingehende Untersuchungen zu klären.

2.5.4 Regionale Bevölkerungsprognose (*Franz-Josef Kemper*)

2.5.4.1 Funktion und Annahmen von Prognosen

Die Erstellung von Prognosen der Bevölkerung gehört heute zur selbstverständlichen Anforderung sowohl der öffentlichen Verwaltung wie der privaten Wirtschaft, um längerfristige Aufgaben zu erfüllen. Da von der zukünftigen Entwicklung der Bevölkerung die Nachfrage nach Nahrungsmitteln, Energie, Arbeitsplätzen, Infrastruktureinrichtungen und sozialen Leistungen, wie z.B. Renten, abhängt und da die Kapazitätsausnutzung neu zu schaffender Einrichtungen von der zukünftigen Nachfrage bestimmt wird, ist es zur Erleichterung einer rationalen Daseinsfürsorge notwendig, Prognosen über die Bevölkerung und ihre Teilgruppen vorzunehmen. Dabei spielt der regionale Aspekt eine wichtige Rolle, weil eine sinnvolle Lokalisierung neuer Einrichtungen von der zukünftigen räumlichen Verteilung der Bevölkerung abhängt. Dennoch sind Bevölkerungsprognosen nicht unumstritten. Die Skepsis ihnen gegenüber wurde durch ‚falsche' Prognoseergebnisse unterstützt. So wurden noch zu Beginn der siebziger Jahre Prognosen über die Bevölkerung der Bundesrepublik erstellt, die zu stark überhöhten Werten etwa für 1980 kamen, weil das Ausmaß des Geburtenrückgangs bei weitem unterschätzt wurde. Es erscheint daher nützlich, der Demonstrierung von Prognoseverfahren einige Gedanken über Möglichkeiten und Grenzen der Prognose voranzustellen.

Prognosen können niemals Prophetien über die Zukunft sein, sondern allein begründete Aussagen über mögliche Entwicklungsabläufe, die unter bestimmten Annahmen und Bedingungen erstellt werden. Um jedes Mißverständnis auszuschließen, wäre der Begriff Projektion statt Prognose sicherlich adäquater. Entscheidend ist die Offenlegung und Rechtfertigung der zugrundeliegenden Annahmen, die für ein Prognoseergebnis oft von größerer Bedeutung als die benutzten Verfahren sind. Die Annahmen sollten auf einer eingehenden Analyse der in der Vergangenheit abgelaufenen Prozesse beruhen, und sie sind um so besser abzusichern, je eher in den Prozessen kausal begründbare Regelmäßigkeiten aufgedeckt werden konnten. Dies ist aber bislang für die Entwicklung der Bevölkerungskomponenten wie Fertilität und Wanderungen nur mit Einschränkungen möglich gewesen. Insgesamt lassen sich mehrere Strategien in bezug auf die Annahmen unterscheiden.

Man kann erstens unterstellen, daß abgelaufene Entwicklungen ihren Trend beibehalten und so in die Zukunft verlängert werden können. Auf diese Weise gelangt man zu Status-quo-Prognosen. Zweitens kann man Veränderungen bestimmter Entwicklungsabläufe postulieren, die sich aufgrund von

Kenntnissen über Wirkungszusammenhänge begründen lassen. So wird für Bevölkerungsprojektionen einer Reihe von Entwicklungsländern davon ausgegangen, daß dank medizinischer und hygienischer Fortschritte die Sterberate fallen wird. Drittens kann man von einem bestimmten Ziel der Bevölkerungsentwicklung ausgehen und mögliche Entwicklungsabläufe auf das Ziel hin untersuchen (Zielprognose). Als Beispiel hierfür sei eine Analyse des amerikanischen Demographen *Frejka* genannt (vgl. *World Population Projections*, 1974), der als Ziel ein Nullwachstum der Weltbevölkerung ansetzte, genauer eine stationäre Bevölkerung, in der langfristig Geburtenrate gleich Sterberate ist (vgl. 2.4.1.3). Als notwendige, aber nicht hinreichende Bedingung zur Erreichung dieses Ziels muß die Nettoreproduktionsrate auf 1 absinken (vgl. 2.1.2), so daß jede Generation ihren Bestand erhält. Zu Beginn des Prognosezeitraumes 1970 lag diese Rate weltweit bei 1,9, und es wurde neben die optimistische Annahme (,schneller Weg'), daß 30 Jahre später der Wert auf 1 gesunken sein würde, eine alternative Annahme gestellt (,langsamer Weg'), daß dies erst in 70 Jahren zu erreichen wäre. Die Berechnungen führten zu einer Weltbevölkerung im Jahre 2000 von etwa 6 Milliarden Menschen beim schnellen und von 6,8 Mrd. beim langsamen Weg. Die neuere Prognose von Global 2000 ergab übrigens 6,18 Mrd. Beim Erreichen des Nullwachstums in der zweiten Hälfte des 21. Jahrhunderts wurden für den schnellen Weg gut 8 Mrd, für den langsamen etwa 15 Mrd errechnet. Diese Werte, insbesondere für solch lange Zeiträume, sollten nicht als direkte Zukunftsvoraussagen interpretiert werden; sie zeigen aber eindrucksvoll das große Wachstumspotential, durch das vor allem aufgrund der Altersstruktur der Bevölkerung in den Entwicklungsländern, auch bei optimistischen Annahmen über sinkende Geburtenraten, die Anzahl der Menschen auf der Erde noch erheblich ansteigen wird (vgl. auch Abschnitt 2.5.5).

Durch unterschiedliche Annahmen werden verschiedene Typen von Prognosen definiert, die in enger Verbindung mit dem Zweck der Prognose stehen. Bevölkerungsprognosen lassen sich weiter differenzieren, und zwar erstens nach dem Prognosezeitraum (kurz-, mittel-, langfristig), zweitens nach der Größenordnung der Untersuchungsräume (groß-, mittel-, kleinräumig) und drittens nach dem Prognoseverfahren. Diese Aspekte sind miteinander verknüpft. So beschränken sich großräumige Projektionen meist auf die natürliche Bevölkerungsentwicklung, während für kleinräumige Projektionen sinnvoll nur Verfahren gewählt werden, die Wanderungen mitberücksichtigen. Der Prognosezweck hängt offenbar mit dem Prognosezeitraum zusammen. Bevölkerungsprojektionen, die mit einer gewissen Eintreffenswahrscheinlichkeit Vorausschätzungen machen wollen, sind auf kurze Zeiträume von 10–15 Jahren beschränkt, weil nur so lange die nicht voraussehbare Entwicklung der Fertilität keine entscheidende Bedeutung für das Gesamtergebnis besitzt. Projektionen für längere Zeiträume werden auch als Modellrechnungen der Bevölkerungsentwicklung bezeichnet, weil sie die längerfristige Wirkung bestimmter Annahmen auf die Bevölkerungsveränderung aufzeigen, aber nicht als mehr oder weniger wahrscheinliche Vorausschätzungen betrachtet werden können.

2.5.4.2 Allgemeine Verfahren der Bevölkerungsprognose

Bevor auf die speziellen Techniken multi-regionaler Projektionen eingegangen werden kann, müssen zunächst die allgemeinen Verfahren einer Bevölkerungsprognose vorgestellt werden, von denen man drei Typen unterscheiden kann. Zum ersten Typ zählen alle Projektionen, die auf der *Extrapolation* einer Bevölkerungsentwicklung beruhen, z. B. lineare Trendberechnungen oder die Extrapolation eines exponentiellen Wachstums. Diese Verfahren, die mit ausführlichen Rechenbeispielen bei *Schwarz* (1975) vorgestellt werden, besitzen zwar den Vorteil einer schnellen Berechenbarkeit, haben aber den gravierenden Nachteil, daß sie ein konstantes absolutes Wachstum bzw. eine konstante Wachstumsrate unterstellen. Daher werden sie heute in der Praxis nur selten angewendet.

Am bedeutsamsten für die praktische Durchführung von Prognosen ist der zweite Verfahrenstyp, der als *demographische Komponentenmethode* bezeichnet werden kann und der Fertilität, Mortalität und Wanderungen berücksichtigt. Am einfachsten ist es, wenn für jedes Jahr die Zahl der Geburten durch die Geburtenrate und die Zahl der Sterbefälle durch die Sterbeziffer berechnet und die so ermittelte

Bevölkerung um den Wanderungssaldo verändert wird. Zur Durchführung der Prognose müssen Annahmen über Geburten- und Sterberaten sowie über den Wanderungssaldo gemacht werden. Ein solches Verfahren verarbeitet zwar schon spezifischere Informationen als eine einfache Extrapolation, bleibt aber unbefriedigend, weil die genannten Raten eng mit der Altersstruktur der Bevölkerung, die sich ändern kann, zusammenhängen. Daher wird die Komponentenmethode im allgemeinen so angewendet, daß die Bevölkerung nach Alter und Geschlecht fortgeschrieben wird unter Benutzung alters- und geschlechtsspezifischer Fruchtbarkeits-, Mortalitäts- und Wanderungsraten. Zur näheren Erläuterung des Verfahrens sollen zunächst die Wanderungen vernachlässigt werden.
Gegeben seien die Zahl der Männer $P_{i,0}^m$ und der Frauen $P_{i,0}^w$ für jeden Altersjahrgang i ($i = 0, 1, 2 \ldots$, 100) bzw. jede Altersgruppe i zum Ausgangszeitpunkt $t = 0$. Weiter seien die alters- und geschlechtsspezifischen Sterbewahrscheinlichkeiten $M_{i,t}^m$, $M_{i,t}^w$ für jedes Jahr t des Prognosezeitraumes gegeben (vgl. 2.1.2.2), desgleichen die altersspezifischen Fruchtbarkeitsziffern $F_{i,t}$ (vgl. 2.1.2.1). Dann wird die Bevölkerung von jedem Jahr t zum nächsten Jahr $t+1$ fortgeschrieben durch:

$$P_{i+1,t+1}^m = P_{i,t}^m (1 - M_{i,t}^m)$$
$$P_{i+1,t+1}^w = P_{i,t}^w (1 - M_{i,t}^w)$$

Zur Prognose der Altersklasse der Säuglinge werden über die Fruchtbarkeitsziffern die Lebendgeborenen L berechnet:

$$L = \sum_{i=15}^{45} P_{i,t}^w \cdot F_{i,t}$$

und nach einem Erfahrungswert für die Sexualproportion der Neugeborenen in Jungen $P_{0,t+1}^m$ und Mädchen $P_{0,t+1}^w$ aufgeteilt. Man sieht, daß die Altersstruktur der potentiellen Mütter in der Prognose berücksichtigt wird. Um die Prognose durchzuführen, bedarf es geeigneter Annahmen über die $M_{i,t}^m$, $M_{i,t}^w$, und $F_{i,t}$. Am einfachsten ist die Status-quo-Prognose, in der diese Ziffern konstant auf die entsprechenden Werte des Ausgangszeitpunktes gesetzt werden, also $F_{i,t} = F_{i,0}$ usw. Durch verschiedene Annahmen über die zeitlichen Variationen der Raten können alternative Modellrechnungen durchgespielt werden. Als Ergebnis der Prognose stehen für jedes Jahr des Prognosezeitraumes Angaben über die Alters- und Geschlechtsgliederung der Bevölkerung zur Verfügung, die häufig von mindestens so großer Bedeutung sind wie die Angaben über die Gesamtbevölkerung.
Als Beispiel für eine derartige Bevölkerungsprojektion mittels der demographischen Komponentenmethode seien Modellrechnungen des Statistischen Bundesamtes für die Bundesrepublik Deutschland zur Bevölkerungsentwicklung der deutschen Bevölkerung in den alten Bundesländern 1984 bis 2030 genannt (vgl. Statistisches Jahrbuch 1986). Folgende Annahmen wurden in bezug auf die Raten der natürlichen Bevölkerungsbewegung gemacht: Die Fruchtbarkeitsziffern wurden auf der Basis der beobachteten Werte für das Jahr 1984 konstant gehalten. Dies entsprach einer Nettoreproduktionsrate (NRR) von 0,59. Hinsichtlich der Sterblichkeit wurde ein den bisherigen Entwicklungen entsprechender Rückgang der Ziffern angenommen. In Anlehnung an Ziffern in Staaten mit den günstigsten Mortalitätsverhältnissen wurde ein Anstieg der Lebenserwartung bei der Geburt um 2,3 Jahre für Männer und um 2,0 Jahre für Frauen unterstellt, der bis 1995 erreicht wird. Für den folgenden Zeitraum wurde dann Konstanz der Werte vorausgesetzt. Besonders unsicher sind die Annahmen zur Außenwanderung, auch wenn die Prognose sich auf die deutsche Bevölkerung beschränkt. Es wurde ein linearer Rückgang des jährlichen Zuwanderungsüberschusses von 40 000 im Jahr 1985 über 20 000 (1999) bis auf 10 000 (2029) angenommen. Die hohen Zahlen der Aus- und Übersiedler am Ende der achtziger Jahre sind also nicht berücksichtigt. Schließlich wurde eine Einbürgerungszahl unterstellt, die von 14 000 (1985) auf 25 000 (2025) ansteigt.
Nach dieser Modellrechnung, die in ihren Annahmen einer ‚mittleren' Variante entspricht, sinkt die deutsche Bevölkerung von 56,6 Mio 1985 auf 54,9 Mio im Jahr 2000 und 42,6 Mio 2030. Neben solchen absoluten Zahlen sind die Entwicklungen der Altersgruppen von besonderem Interesse. So

Abb. 2.5.4/1 Modellrechnungen der deutschen Bevölkerung in der Bundesrepublik Deutschland (alte Bundesländer) bis 2030 *Entwurf: F.J. Kemper; Datenquellen:* Statistisches Jahrbuch für die Bundesrepublik Deutschland 1981, 1986.

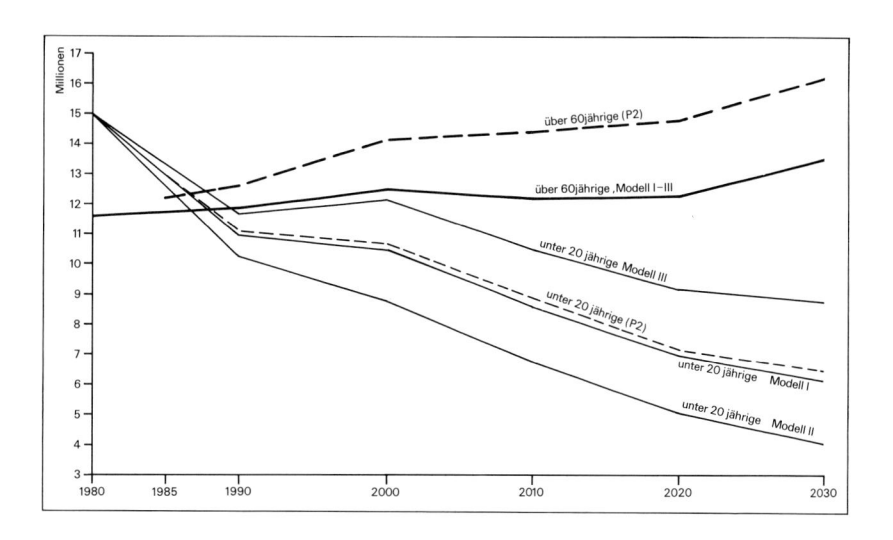

steigt der Anteil der Personen ab 60 Jahren von 21% (1985) auf 38% (2030). Sowohl relativ wie absolut wird die Zahl der älteren Menschen deutlich anwachsen, während die Zahl der Kinder und Jugendlichen zurückgeht (vgl. Abb. 2.5.4./1). Bedingt durch den unregelmäßigen Aufbau der Bevölkerungspyramide der Bundesrepublik Deutschland werden die Entwicklungen einzelner Altersgruppen aber auch deutlichen Schwankungen unterliegen. So wird die Zahl der 5–9jährigen von 1985 bis 2000 noch um 11% ansteigen und dann bis 2030 stark um 42% zurückgehen. Dagegen werden nach der Prognose die Anzahl der 15–19jährigen schon bis zum Jahre 2000 um 42% sinken.

Um zu demonstrieren, welche Auswirkungen unterschiedliche Annahmen über Fruchtbarkeit und Sterblichkeit auf die Ergebnisse haben, wurden in Abb. 2.5.4/1 Modellrechnungen des Statistischen Bundesamts mit Prognosebeginn 1979 den Ergebnissen der Prognose von 1985 gegenübergestellt: Bei der früheren Prognose wurden drei Varianten mit jeweils unterschiedlichen Annahmen zur Fruchtbarkeit berechnet. Modell I entspricht einer Konstanz der NRR von 1978 und kommt, was die Zahl der unter 20jährigen betrifft, der späteren Prognose recht nahe. Dagegen unterscheiden sich die Ergebnisse hinsichtlich der Zahl der älteren Menschen beträchtlich. Dies ist darauf zurückzuführen, daß bei der ersten Prognose von einer zeitlichen Konstanz der Sterblichkeitsverhältnisse ausgegangen wurde und der Rückgang der Mortalität nicht genügend Beachtung fand.

Die demographische Komponentenmethode kann dadurch verfeinert werden, daß zur Vorhersage der Geburten die Verheiratetenquoten der Frauen herangezogen und altersspezifische Fruchtbarkeitsraten für verheiratete und unverheiratete Frauen aufgestellt werden. Eine weitere interessante Variante haben *Birg* und *Koch* (1987) für die Bundesrepublik Deutschland dadurch berechnet, daß die Fertilität nach einzelnen Kohorten (Geburtsjahrgängen der Frauen) und nach der Häufigkeit der Ordnungszahlen der Geburten (Erst-, Zweit-, Drittkinder usw.) differenziert wurde.

Ein dritter Verfahrenstyp zur Bevölkerungsprognose benutzt *außerdemographische Merkmale*, von denen bekannt ist, daß sie mit der Bevölkerungsdynamik eng zusammenhängen. So beeinflussen die Zahl der neugeschaffenen Arbeitsplätze die Zuwanderungen, Veränderungen im Wohnungsbestand den intraregionalen Wanderungssaldo, die Einkommensentwicklung die Fertilität. Der Einbezug außerdemographischer Merkmale ist besonders bedeutsam zur Prognose der Wanderungen, wobei allerdings die beeinflussenden Merkmale wie Arbeitsplätze u.a. vorausgeschätzt werden müssen. Für kleinräumige Prognosen ist dieser Verfahrenstyp wohl unverzichtbar, da kleinräumige Bevölkerungsveränderungen sehr eng mit Veränderungen der Quantität und Qualität der Wohnungssubstanz zusammenhängen. Ein Beispiel hierfür liefert ein Ansatz von *Kreibich* (1981), der für Dortmund empirisch die Abhängigkeit der Bevölkerungsstruktur einzelner Viertel von der Wohnungssubstanz gemessen hat und dann mittels Modellrechnungen simulierte, welchen Einfluß z. B. die Sanierung einer Arbeitersiedlung oder die Errichtung eines bestimmten Neubaugebietes auf Entwicklung und Struktur der Bevölkerung dieser Viertel besitzen wird.

2.5.4.3 Multi-regionale Bevölkerungsprognose

Bevölkerungsprognosen, die aufeinander abgestimmte Vorausschätzungen für mehrere Teilgebiete eines Untersuchungsraumes machen, bauen durchweg auf den im vorigen Abschnitt behandelten Verfahrenstypen auf. Sie reichen von relativ einfachen ‚Verhältnis-Verfahren' (ratio-methods), bei denen die Gesamtergebnisse für den Untersuchungsraum nach einem vorgegebenen Schlüssel auf die

Abb. 2.5.4/2
Prognose ausgewählter Altersgruppen bis 2005 nach siedlungsstrukturellen Kategorien
aus: *Böltken/Irmen/Runge* 1988, S. 715.

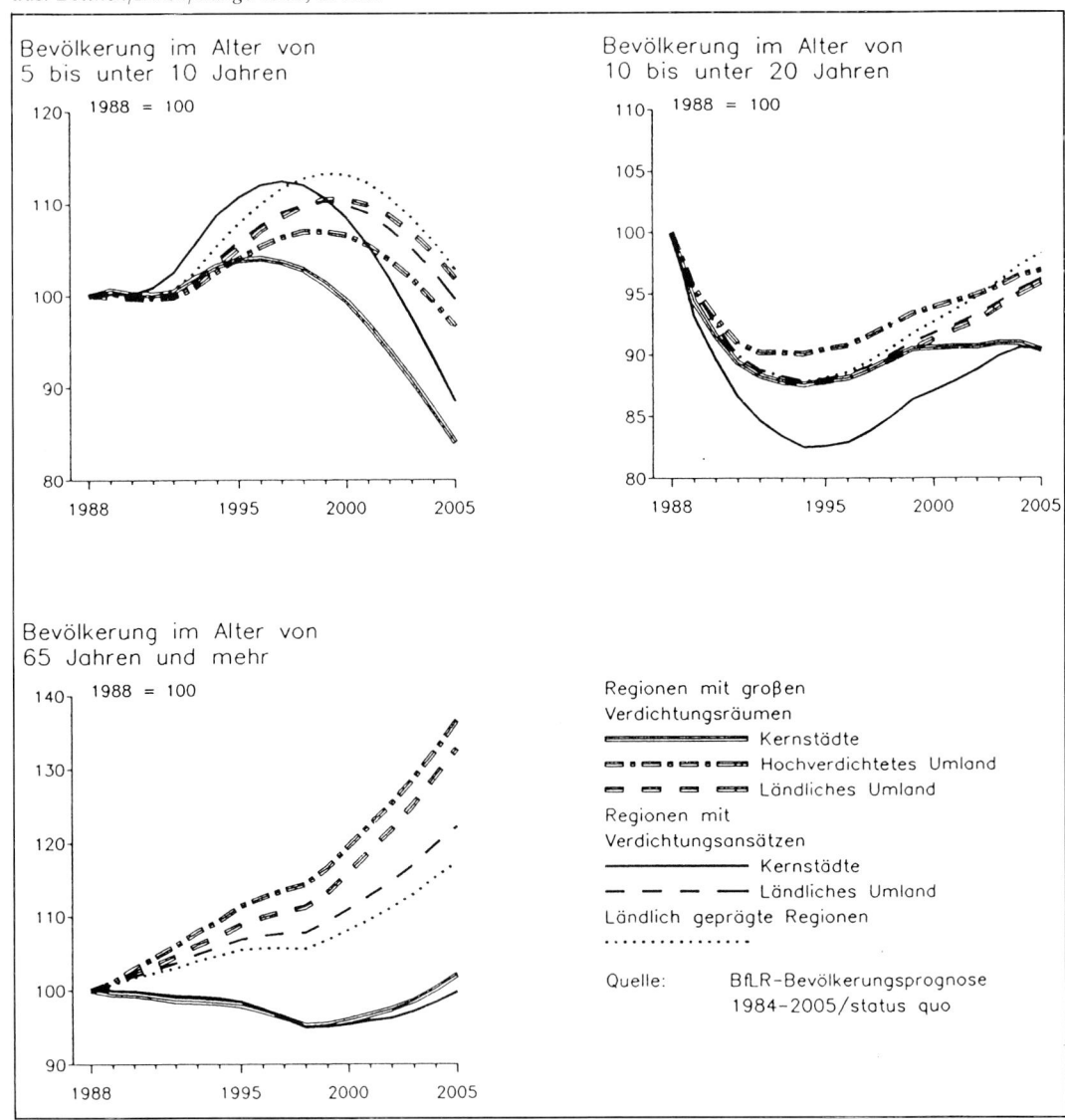

Subregionen aufgeteilt werden, bis zu komplexen mathematischen Matrix-Modellen, auf die hier nicht eingegangen werden kann. Bei den meisten dieser Verfahren sind die Wanderungsprognosen bedeutsame Bestandteile. Im folgenden sollen einige wesentliche Annahmen und Aussagen des umfangreichen Bevölkerungsprognosemodells der Bundesforschungsanstalt für Landeskunde und Raumordnung (BfLR) dargestellt werden (vgl. *Gatzweiler* 1985).

Die räumliche Basis des BfLR-Modells sind die 75 Raumordnungsregionen des alten Bundesgebietes. Durch Unterteilung der verdichteten Regionen in Kernstädte und Umlandgebiete entstehen 139 Prognoseräume. Die Bevölkerung soll nach Geschlecht, Alter und Nationalität (Deutsche, Ausländer) in einem mittelfristigen Bezugsrahmen von 15 bis 20 Jahren vorausgeschätzt werden. Dazu wird ein demographisches Komponentenmodell, das Fruchtbarkeit und Sterblichkeit berücksichtigt, mit einem Wanderungsmodell verknüpft. Für beide Teilmodelle werden jeweils regional differenzierte Ausgangsdaten berücksichtigt, und es wird versucht, aus beobachteten Zeitreihen in der Vergangenheit Trends für künftige Entwicklungen der Modellparameter zu erschließen.

Beim Wanderungsmodell wird eine Unterscheidung nach intra- und interregionalen Wanderungen vorgenommen (vgl. 2.2.1) und ein Verursachungs- von einem Verteilungsmodell abgegrenzt. Aus dem Verursachungsmodell ergeben sich Fortzugswahrscheinlichkeiten für jede Raumeinheit, während das Verteilungsmodell die so berechneten Migrationen potentiellen Zielgebieten zuordnet. Dabei werden in Anlehnung an die Stadien des Lebenszyklus vier Wanderungsgruppen nach dem Alter unterschieden. Die zahlreichen Einzelannahmen können hier nicht im Detail geschildert werden und sind bei *Gatzweiler* (1985) oder *Bucher/Gatzweiler/Schmalenbach* (1984) nachzulesen.

Ergebnisse der BfLR-Prognose, die in regelmäßigen Zeitabständen neu berechnet wird, enthält die angegebene Literatur (vgl. auch *Bucher* 1986). An dieser Stelle soll nur eine Differenzierung nach Siedlungskategorien herausgegriffen werden, die durchaus verschiedenartige Entwicklungen ausgewählter Altersgruppen aufzeigt (Abb. 2.5.4/2). Sehr ausgeprägte regionale Unterschiede sind vor allem bei den älteren Menschen zu erwarten, deren Anzahl im suburbanen Raum stark zunehmen wird, in den Kernstädten aber bis zum Ende des Jahrhunderts abnimmt.

2.5.5 Weltbevölkerungsentwicklung und Bevölkerungspolitik

2.5.5.1 Weltbevölkerungsentwicklung *(Hans Dieter Laux)*

Der sprunghafte Anstieg der Weltbevölkerung seit 1950 (vgl. Tab. 2.5.5/2) und insbesondere das überproportionale Anwachsen der Einwohnerzahlen in den wirtschaftlich weniger entwickelten Regionen der Erde mit den daraus resultierenden ökologischen, ökonomischen und politischen Problemen haben seit den alarmierenden Thesen und Prognosen des ‚Club of Rome' über die ‚Grenzen des Wachstums' zu Beginn der siebziger Jahre (vgl. *Meadows* 1972) in zunehmendem Maße das Interesse von Wissenschaft und Öffentlichkeit beansprucht. Unter dem Etikett ‚Weltbevölkerungsproblem' werden dabei vor allem Fragen der künftigen Bevölkerungsentwicklung, die möglichen Wechselwirkungen zwischen Bevölkerungswachstum und sozio-ökonomischer Entwicklung, Aspekte des Nahrungsspielraums und der Tragfähigkeit sowie die Konzepte und Strategien der Bevölkerungspolitik behandelt. Die Antworten auf diese z. T. schon seit Jahrzehnten diskutierten Fragen sind – in Abhängigkeit von den bevölkerungs- und wirtschaftstheoretischen Grundpositionen – nicht selten kontrovers; sie reichen von pessimistischen Voraussagen eines baldigen Zusammenbruchs des Weltsystems aufgrund von ‚Übervölkerung' und damit verbundenen Hungersnöten, ökologischen Katastrophen und politischen Konflikten bis hin zu recht optimistischen Annahmen über eine schnelle Eindämmung des globalen Bevölkerungswachstums und eine ausreichende Steigerung der Nahrungsmittelproduktion. Der damit angesprochene Problemkreis soll im abschließenden Kapitel dargestellt werden, das – als Zusammenfassung und Ausblick konzipiert – in manchem Detail sicherlich skizzenhaft bleiben muß.

Von einigen ausgesprochen optimistischen Thesen wie etwa denen des amerikanischen Wirtschaftswissenschaftlers *Simon* (vgl. Weltentwicklungsbericht 1984, S. 93) abgesehen, überwiegt in der Gegenwart unter Wissenschaftlern und Politikern, wenn auch keine durchgehend pessimistische, so doch eine zumindest skeptische und besorgte Einstellung zu den Problemen des Weltbevölkerungswachstums (vgl. hierzu u. a. *Keyfitz* 1987; *Merrick* 1989). Es ist weniger das Ausmaß der Bevölkerungszunahme an sich, was zu wirtschaftlichen und politischen Problemen zu führen droht, sondern vielmehr die starke Konzentration des Wachstums auf die ökonomisch noch unterentwickelten und z. T. von den natürlichen Ressourcen her benachteiligten Regionen der Erde (vgl. Tab. 2.5.5/2). Hier existiert die große Gefahr, daß die Gesellschaften in einer ‚Armutsfalle' gefangen bleiben, die darin besteht, daß die bescheidene Kapitalbildung unmittelbar durch die Kosten eines überdurchschnittlichen Bevölkerungswachstums aufgezehrt wird (vgl. *Schmid* 1982, S. 57). In einem solchen Armutskreislauf verschlingt die Versorgung der Bevölkerung mit elementaren Gütern und Dienstleistungen wie Ernährung, Kleidung oder auch eine einfache Schulbildung und medizinische Versorgung einen großen Teil jener Ressourcen, die den sozialen und wirtschaftlichen Entwicklungsprozeß vorantreiben könnten. Dies schlägt sich z. B. nieder in den geringen Ersparnissen der privaten Haushalte und dem fehlenden Investivkapital der Unternehmen und des öffentlichen Sektors, Erscheinungen, die als ausgesprochen hemmend für die wirtschaftliche Entwicklung eines Landes angesehen werden. Darüber hinaus ist unverkennbar, daß – trotz der unbestreitbaren Erfolge der ‚Grünen Revolution', d. h. der züchterischen und technischen Verbesserungen im Agrarsektor – zumindest in einigen Teilen der Erde, und zwar insbesondere in Afrika, in der jüngeren Vergangenheit nicht einmal die Produktion an Nahrungsmitteln mit dem Bevölkerungswachstum Schritt halten konnte. So sank auf dem afrikanischen Kontinent die Nahrungsmittelproduktion pro Kopf der Bevölkerung im Jahrzehnt zwischen 1970 und 1980 um durchschnittlich 1,1% (vgl. Tab. 2.5.5/1), eine Entwicklung, die in den meisten Ländern Schwarzafrikas in den achtziger Jahren weiter anhielt (vgl. *Heilig/Krebs* 1987; Weltbevölkerungsbericht 1990, S. 10). Hier hat bei einer ohnehin seit langem bestehenden Gefahr der Unter- und Mangelernährung die Bevölkerung zumindest zeitweise und im regionalen Maßstab die Grenzen der Tragfähigkeit bereits deutlich überschritten. Es ist daher damit zu rechnen, daß sich in der Zukunft

Tab. 2.5.5/1: Zuwachsraten der Nahrungsmittelproduktion nach Regionen 1960 bis 1980 (durchschnittliche Veränderungsraten in %)

Region/Ländergruppe	Insgesamt		Pro Kopf	
	1960–70	1970–80	1960–70	1970–80
Entwicklungsländer	2,9	2,8	0,4	0,4
mit niedrigem Einkommen	2,6	2,2	0,2	−0,3
mit mittlerem Einkommen	3,2	3,3	0,7	0,9
Afrika	2,6	1,6	0,1	−1,1
Naher Osten	2,6	2,9	0,1	0,2
Lateinamerika	3,6	3,3	0,1	0,6
Südostasien[1]	2,8	3,8	0,3	1,4
Südasien	2,6	2,2	0,1	0,0
Südeuropa	3,2	3,5	1,8	1,9
Marktwirtschaftliche Industrieländer	2,3	2,0	1,3	1,1
Planwirtschaftliche Industrieländer	3,2	1,7	2,2	0,9
Welt insgesamt	2,7	2,3	0,8	0,5

Quelle: *Internationale Bank für Wiederaufbau/Weltbank* (Hg.) 1984: Weltentwicklungsbericht 1984, S. 105
[1]) ohne China

die Ernährungssituation in zahlreichen Entwicklungsländern weiter verschärfen und es zu deutlichen Erscheinungen der ‚Übervölkerung' (vgl. *Leib/Mertins* 1983, S. 204ff.) kommen wird. Inwieweit dies auf eine grundsätzliche ökologische Benachteiligung tropischer Länder zurückzuführen ist (vgl. *Weischet* 1977) oder primär als Ausdruck ökonomischer und sozialer Unterentwicklung gedeutet werden muß, soll hier nicht näher erörtert werden.

Vorausschätzungen des zukünftigen Bevölkerungswachstums der Erde und ihrer Teilregionen gehören sicherlich zu den schwierigsten, aber auch für die Öffentlichkeit interessantesten und von Politikern am meisten nachgefragten Aufgaben der Bevölkerungswissenschaft. Auch wenn die ersten Ansätze einer globalen Bevölkerungsprognose bereits mehr als 300 Jahre zurückliegen, so wurden, sieht man von einigen älteren Arbeiten zur Bestimmung der Tragfähigkeit der Erde (vgl. 2.5.3) einmal ab, erst seit den 20er Jahren unseres Jahrhunderts ernsthafte Versuche unternommen, das zukünftige Wachstum der Weltbevölkerung vorauszuschätzen (vgl. hierzu *Frejka* 1983). Waren diese Versuche zunächst noch weitgehend durch die Extrapolation einer Gesamtbevölkerung aufgrund früherer Entwicklungstendenzen gekennzeichnet, so wurden nach dem Zweiten Weltkrieg die Projektionsverfahren in Anlehnung an den methodischen und theoretischen Fortschritt in den Bevölkerungswissenschaften immer mehr verfeinert. Eine wegweisende Rolle spielten dabei die seit 1951 regelmäßig erscheinenden Weltbevölkerungsvorausschätzungen der Vereinten Nationen.

Folgende Voraussetzungen und Merkmale kennzeichnen i.d. Regel die modernen Prognoseverfahren:

1. eine mehr oder weniger ausgearbeitete Theorie des Bevölkerungswandels, aus der Annahmen über den zukünftigen Verlauf demographischer Prozesse abgeleitet werden;
2. eine umfassende Sammlung von statistischen Informationen als empirische Grundlage der Projektionen;
3. eine möglichst starke regionale und/oder nationale Differenzierung der Schätzungen und
4. die Anwendung der Komponentenmethode, bei der die Bevölkerung nach Altersgruppen und Geschlecht unter getrennter Berücksichtigung von Sterblichkeit und Fruchtbarkeit sowie ggf. auch der Wanderungsbewegungen fortgeschrieben wird (vgl. 2.5.4.2).

Es liegt in der Natur von langfristigen Bevölkerungsprognosen, daß sie niemals zu einer exakten Vorhersage künftiger Bevölkerungszahlen führen können, spiegeln ihre Annahmen doch stets nur die wissenschaftliche Erfahrung und den Kenntnisstand zum Zeitpunkt der Vorausschätzung wider. Dabei wird die Unsicherheit von Projektionen mit wachsendem Zeithorizont immer größer, weil – ganz abgesehen etwa von den unvorhersehbaren Auswirkungen möglicher kriegerischer Konflikte oder des Auftretens neuer Krankheiten wie z.B. der Immunschwäche AIDS (vgl. *Caldwell/Caldwell/Quiggan* 1989) – selbst kleine Ungenauigkeiten in den Basisannahmen sich mit zunehmender Prognosedauer zu starken Fehlern akkumulieren können. Um diesen Unsicherheitsbereich besser abschätzen zu können, versucht man häufig – wie z.B. bei den Projektionen der UNO –, Prognosevarianten mit unterschiedlichen Annahmen zur Entwicklung von Fruchtbarkeit und Sterblichkeit zu erstellen. So zeigt ein Vergleich der tatsächlichen Weltbevölkerung des Jahres 1980 von etwa 4,4 Milliarden Menschen mit den Prognosen der UNO seit 1951 (vgl. *Frejka* 1983, Tab. 1), daß selbst durch die sog. ‚hohen Varianten' noch eine Unterschätzung des Bevölkerungswachstums vorgenommen wurde, was in erster Linie auf einen zu gering veranschlagten Rückgang der Mortalität zurückzuführen ist. Demgegenüber besitzen die Projektionen seit Anfang der 60er Jahre eine beachtliche Treffsicherheit, lag doch die ‚wahre' Bevölkerungszahl im Jahre 1980 nur um knapp 2,5% über der ‚mittleren' Prognosevariante des Jahres 1963.

Im folgenden sollen die Ergebnisse einer Bevölkerungsvorausschätzung von 1980 bis zum Jahre 2100 präsentiert werden. Die hierzu herangezogenen Prognosen der Weltbank (*Vu* 1985) liefern zwar keine alternativen Schätzungen, sie haben jedoch gegenüber den Projektionen der UNO den Vorzug, daß sie jährlich aktualisiert werden und – auf der Basis von Einzelstaaten erstellt – beliebig zu Teilregionen und Ländergruppen aggregiert werden können (vgl. *Demeny* 1984, S. 105). Verglichen mit den Schät-

Tab. 2.5.5/2: Bevölkerungszahlen und Bevölkerungsanteile nach Regionen und Ländergruppen unterschiedlichen Entwicklungsstandes 1950–2100

	Bevölkerung (in Mill.)							Anteile an der Weltbevölkerung (%)						
	1950	1980	1990	2000	2025	2050	2100	1950	1980	1990	2000	2025	2050	2100
Welt insgesamt	2504	4442	5261	6147	8160	9496	10424	100,0	100,0	100,0	100,0	100,0	100,0	100,0
Afrika insgesamt	223	484	655	879	1508	2044	2477	8,9	10,9	12,5	14,3	18,5	21,5	23,8
Nordafrika[1]	.	109	142	182	283	362	417	.	2,5	2,7	3,0	3,5	3,8	4,0
Afrika südl. d. Sahara[2]	.	395	539	730	1283	1762	2157	.	8,9	10,2	11,9	15,7	18,6	20,7
Amerika insgesamt	331	612	721	827	1052	1172	1235	13,2	13,8	13,7	13,5	12,9	12,3	11,8
Nordamerika	166	255	277	294	326	325	325	6,6	5,7	5,3	4,8	4,0	3,4	3,1
Lateinamerika u. Karibik	165	357	444	533	726	847	910	6,6	8,0	8,4	8,7	8,9	8,9	8,7
Asien insgesamt	1366	2573	3072	3592	4688	5343	5749	54,6	57,9	58,4	58,4	57,5	56,3	55,2
Ost- und Südostasien	846	1531	1766	2012	2480	2688	2794	33,8	34,5	33,6	32,7	30,4	28,3	26,8
Süd- und Südwestasien	520	1042	1306	1580	2208	2655	2955	20,8	23,4	24,8	25,7	27,1	28,0	28,4
Europa insgesamt	572	750	787	821	878	898	923	22,8	16,9	15,0	13,4	10,8	9,5	8,9
Europa ohne Sowjetunion	392	484	499	515	539	540	547	15,7	10,9	9,5	8,4	6,6	5,7	5,2
Ozeanien	13	23	26	29	35	38	40	0,5	0,5	0,5	0,5	0,4	0,4	0,4
Einkommensgruppen 1983[3,4]														
Länder m. niedrig. Einkommen	1176	2212	2666	3162	4297	5050	5580	47,0	49,8	50,7	51,4	52,7	53,2	53,5
Länder m. mittl. Einkommen														
untere Kategorie	289	624	793	986	1460	1815	2063	11,5	14,0	15,1	16,0	17,9	19,1	19,8
obere Kategorie	234	492	616	747	1037	1229	1342	9,3	11,1	11,7	12,2	12,7	12,9	12,9
Ölexporteure mit hohem Einkommen[5]	6	16	24	33	56	74	87	0,2	0,4	0,5	0,5	0,7	0,8	0,8
Marktwirtschaftliche Industrieländer	529	719	756	788	835	827	826	21,1	16,2	14,4	12,8	10,2	8,7	7,9
Osteuropäische Staatshandelsländer	270	378	406	429	473	497	520	10,8	8,5	7,7	7,0	5,8	5,2	5,0

Quellen: Demeny 1984; *Vu* 1985; *Demographic Yearbook*, Historical Supplement 1979

[1]) einschließlich Sudan
[2]) umfaßt Süd-, Zentral-, West- u. Ostafrika sowie Sudan
[3]) Gruppierung nach Bruttosozialprodukt pro Kopf der Bevölkerung: unter 400 US-Dollar=niedriges Einkommen; 400 bis 1635 US-Dollar=mittleres Einkommen, untere Kategorie; über 1635 US-Dollar=mittleres Einkommen, obere Kategorie
[4]) Bevölkerungszahlen für 1950 in Anlehnung an *Demeny* (1984) z. T. geschätzt
[5]) Bahrain, Kuwait, Libyen, Oman, Katar, Saudi Arabien, Vereinigte Arabische Emirate

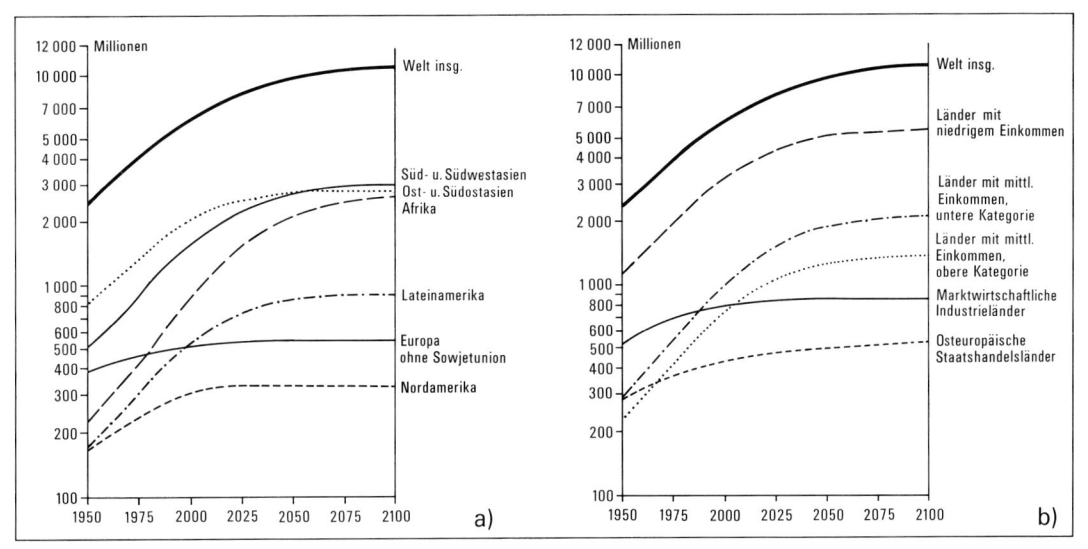

Abb. 2.5.5/1
Entwicklung der Weltbevölkerung 1950–2100 in ausgewählten Regionen und Ländergruppen unterschiedlichen Entwicklungsstandes
Entwurf: H.-D. Laux; Datenquellen: Demeny 1984; Vu 1985; Demographic Yearbook, Historical Supplement 1979.

zungen der UNO liegen die Zahlen der Weltbank etwa im Bereich der mittleren Prognosevariante. Den in den Tab. 2.5.5/2 und 2.5.5/3 sowie der Abb. 2.5.5/1 dargestellten Vorausschätzungen liegt als theoretischer Rahmen das Modell des demographischen Übergangs (vgl. 2.1.3.1) zugrunde. Dabei wird angenommen, daß zum einen die Lebenserwartung in allen Ländern der Erde auf einen Maximalwert von 82,5 Jahren für die weibliche Bevölkerung steigt (für manche Länder wird dies erst nach 2100 erwartet) und sich zum anderen die Fruchtbarkeit mehr oder weniger rasch auf das Bestandserhaltungsniveau (Nettoreproduktionsrate = 1) senken bzw. heben und von da ab konstant bleiben wird. Daraus folgt, daß die Weltbevölkerung einer logistischen Kurve folgend sich langfristig dem Nullwachstum annähert und in einen stationären Zustand (vgl. 2.4.1.3) übergeht. Es wird angenommen, daß dieses stationäre Niveau mit 10,68 Milliarden Menschen bald nach 2100 erreicht sein wird (*Vu* 1985, S. XX).

Tab. 2.5.5/3: Bevölkerungsentwicklung und Bevölkerungsanteile der zehn einwohnerreichsten Staaten der Erde (1980) zwischen 1950 und 2105

	Bevölkerung (in Mill.)						Anteile an der Weltbevölkerung (%)					
	1950	1980	2000	2025	2055	2105	1950	1980	2000	2025	2055	2105
China	546,7	978,3	1242,3	1480,8	1548,8	1571,3	21,8	22,0	20,2	18,1	16,0	15,0
Indien	350,4	687,3	994,4	1308,6	1535,0	1641,8	14,0	15,5	16,2	16,0	15,9	15,7
Sowjetunion	180,1	265,5	305,5	338,9	360,9	376,3	7,2	6,0	5,0	4,2	3,7	3,6
Vereinigte Staaten	152,3	227,7	261,2	288,3	287,7	287,8	6,1	5,1	4,2	3,5	3,0	2,8
Indonesien	79,5	146,3	212,0	282,6	335,3	358,1	3,2	3,3	3,4	3,5	3,4	3,4
Brasilien	53,4	121,3	178,8	239,2	278,2	294,5	2,1	2,7	2,9	2,9	2,9	2,8
Japan	83,6	116,8	128,3	131,8	128,3	127,9	3,3	2,6	2,1	1,6	1,3	1,2
Bangladesch	42,3	88,5	141,1	209,9	269,0	298,9	1,7	2,0	2,3	2,6	2,8	2,9
Nigeria	32,2	84,7	162,7	295,1	431,3	511,2	1,3	1,9	2,6	3,6	4,5	4,9
Pakistan	40,0	82,1	133,1	208,5	277,5	317,5	1,6	1,8	2,2	2,6	2,9	3,0
Insgesamt	1560,5	2798,5	3759,4	4783,5	5452,0	5785,3	62,3	63,0	61,2	58,6	56,4	55,3

Quellen: Demeny 1984; Vu 1985

Wie sind nun die z. T. frappierenden Ergebnisse der langfristigen Projektionen der Weltbank zu bewerten? Auch wenn die Unsicherheit und der hypothetische Charakter der Schätzwerte im einzelnen unbestritten sind, so liefern die Zahlen doch ein relativ plausibles Szenario, vor dessen Hintergrund das den gegenwärtigen Bevölkerungsstrukturen und -prozessen innewohnende Wachstumspotential mit seinen vielfältigen Konsequenzen einsichtig gemacht werden kann. Damit eröffnen sich zugleich Ausblicke auf die Herausforderungen, Möglichkeiten und Chancen eines auf die Bevölkerungsprobleme bezogenen politischen Handelns.

Es erscheint nicht notwendig, die Tabellen und die Abbildung im einzelnen zu interpretieren, die Zahlen sprechen weitgehend für sich selbst. Hervorzuheben bleibt indes, daß sich aufgrund der unterschiedlichen Wachstumsgeschwindigkeiten die Bevölkerungsverteilung auf der Erde z. T. dramatisch verändern wird. Dies gilt nicht nur für die Gewichte zwischen den einzelnen Kontinenten und ihren Teilräumen, sondern auch ganz besonders für die Verteilung der Menschheit auf die – gemessen am Stand zu Beginn der 80er Jahre – wirtschaftlich unterschiedlich entwickelten Regionen der Erde. Während die Industriestaaten Westeuropas und Nordamerikas schon um das Jahr 2025 in ein Nullwachstum übergehen werden und auch die ehemaligen Staatshandelsländer Osteuropas nur mehr geringe Zuwächse erwarten können, muß in den Entwicklungsländern – und hierbei insbesondere in Afrika und Südasien – noch lange mit beträchtlichen Bevölkerungszunahmen gerechnet werden. Dies wird besonders deutlich bei einer Betrachtung der Bevölkerungsentwicklung in den zehn einwohnerreichsten Staaten der Erde. Hier läßt sich auch zeigen, daß selbst bei einer schnellen Senkung der Fruchtbarkeit auf das Reproduktionsniveau, wie in China bis zum Jahr 2010 angenommen, aufgrund des ‚demographischen Moments' oder ‚Schwungs', der im Bevölkerungsaufbau angelegt ist, das Wachstum einer Population noch über Jahrzehnte hinweg weitergehen kann.

Als Konsequenz aus diesen Projektionen aber steht zu erwarten, daß sich der Gegensatz zwischen Nord und Süd, zwischen den reichen und armen Ländern und Regionen der Erde und damit auch das Potential an globalen politischen, ökonomischen und ökologischen Krisen und Konflikten in der Zukunft eher verstärken als vermindern wird.

2.5.5.2 Bevölkerungstheorien *(Franz-Josef Kemper)*

Dem starken Bevölkerungswachstum, das heute in der Dritten Welt zu beobachten ist, war im 19. und frühen 20. Jahrhundert ein bis dahin beispielloser Anstieg der Bevölkerungszahlen in vielen Industrieländern vorausgegangen. Darauf reagierten schon frühzeitig Politiker, Gesellschaftsanalytiker und Propheten, und es wurden allgemein *Bevölkerungstheorien* formuliert, die Beziehungen zwischen Bevölkerung und Ernährung bzw. Tragfähigkeit zum Thema hatten. Diese Theorien, die Anlaß zu überaus kontroversen Diskussionen und sehr verschiedenartigen bevölkerungspolitischen Vorschlägen und Maßnahmen gaben, enthalten in beachtlichem Maße Ansätze und Argumentationen, die in die heutigen Diskussionen zum ‚Weltbevölkerungsproblem' eingeflossen sind, so daß auf sie in gebotener Kürze eingegangen werden soll. Dabei läßt sich mit starker aber doch wohl zulässiger Vereinfachung eine Aufteilung in ‚optimistische' und ‚pessimistische' Theorien vornehmen.

Der mit Abstand einflußreichste Vertreter der Pessimisten war der englische Geistliche und Nationalökonom *Thomas Robert Malthus*, der in seiner gegen aufklärerische Freigeister gerichteten Streitschrift ‚An Essay on the Principle of Population ...', die in erster Auflage 1798 erschien, ein ‚Bevölkerungsgesetz' postulierte. Danach beruht die Reproduktion der Bevölkerung auf dem historisch unveränderbaren Sexualtrieb der Menschen, was zu einem Wachstum in Form einer geometrischen Reihe (z. B. 1, 2, 4, 8, 16 . . .) führt. Dies ist die diskrete Variante des exponentiellen Wachstums (vgl. 2.5.1.1). Demgegenüber könne die Nahrungsmittelproduktion höchstens in arithmetischer Progression (z. B. 1, 2, 3, 4, 5, . . .) ansteigen, da das Gesetz vom abnehmenden Ertragszuwachs eine größere Produktionssteigerung verhindere. Die unterschiedlichen Wachstumsfaktoren führen nun unfehlbar zu einer Situation, in der die Bevölkerung den Nahrungsmittelspielraum überschreitet und durch repressive oder positive Hemmnisse (checks) reduziert werden müsse. Diese checks verkörpern sich in der Unheilstrias von war, vice and misery, worunter Krieg, Laster, Hungersnöte und Seuchen zu verstehen sind. In späteren Auflagen seiner Schrift, die stärker empirisch gestützt sind, hat *Malthus* diese Schreckensvisionen durch die Berücksichtigung präventiver Hemmnisse gemildert, die Enthaltsamkeit und Spätheirat beinhalten und deren Anwendung die sonst unausweichlichen Katastrophen verhindern kann. Diese Thesen von *Malthus* haben im gesamten 19. Jahrhundert die Debatten um das Bevölkerungswachstum beherrscht und gegen Ende des Jahrhunderts die Variante des Neo-Malthusianismus hervorgerufen, nach der bewußte Geburtenkontrolle das erste und wichtigste Mittel ist, die Verelendung ganzer Völker oder Klassen zu verhindern.

Die Gegenpositionen der Bevölkerungsoptimisten basieren auf unterschiedlichen Denktraditionen, von denen eine schon auf die Wirtschaftsgesinnung des Merkantilismus und seiner Ausformungen im 18. Jahrhundert zurückgeht. Danach ist die Bevölkerung Grundlage der Wirtschaftskraft und des Gewerbefleißes eines Landes und durch Steigerung der Bevölkerungszahlen – durch ‚Peuplierung' – eine Ankurbelung des Wirtschaftswachstums zu erreichen. Ein wichtiger Vertreter dieses Ansatzes, der preußische Pfarrer *Johann Peter Süßmilch*, schlug deshalb in einer 1741 erschienenen Schrift die Aufhebung aller Ehehindernisse und der traditionellen Bevölkerungsbeschränkungen vor. Mit aufklärerischem Optimismus postulierte er, daß es den Menschen dank ihrer Vernunft und einer gottgewollten Ordnung von wirtschaftlichen und sozialen Bedingungen, die sich frei von äußeren Zwängen entfalten können, möglich sein wird, sich den Grenzen der Tragfähigkeit anzupassen. Ähnliche Gedanken werden in der nationalökonomischen Klassik des 19. Jahrhunderts aufgegriffen, insofern das Bevölkerungswachstum durch Steigerung der Nachfrage nach Gütern als ein Motor des Wirtschaftswachstums angesehen wird und somit als ein Faktor, der zum Anstieg des gesellschaftlichen Reichtums führt.

Eine zweite Variante des Bevölkerungsoptimismus wurde von *Karl Marx* in seiner Auseinandersetzung mit *Malthus* entwickelt. Danach kann es nur historisch-spezifische Populationsgesetze und kein allgemeingültiges geben. Das für seine Zeit gültige Gesetz sah *Marx* in der kapitalistischen Produktionsweise begründet. Durch Akkumulation von Kapital und Maschineneinsatz werde Arbeitskraft freigestellt, wodurch die Löhne sinken und eine ‚industrielle Reservearmee' entstehe, aus der die Unternehmer in Phasen wirtschaftlichen Aufschwungs zusätzliche Arbeitskräfte rekrutieren können, ohne eine deutliche Lohnerhöhung befürchten zu müssen. In der Arbeiterklasse sind die Geburtenziffern hoch, weil Kinder schon früh ihren Beitrag zum Familieneinkommen leisten. Auf diese Weise ersetzt *Marx* das Problem der ‚Überbevölkerung' von *Malthus* durch das Problem der ‚relativen Surpluspopulation', das nur durch eine veränderte Produktionsweise gelöst werden kann und somit in der sozialistischen Gesellschaft verschwindet. Ergänzt werden diese Folgerungen von *Marx* durch das Vertrauen, das *Engels* in die Entwicklung von Wissenschaft und Technik setzte, deren Fortschritt auch ein starkes Bevölkerungswachstum beherrschbar machen.

Die heutigen Diskussionen zum Weltbevölkerungsproblem, das sich von den Industrieländern in die Dritte Welt verlagert hat, lassen sich in ihren Argumentationen zu erstaunlich großen Teilen auf die skizzierten älteren Bevölkerungstheorien zurückführen. Vor allem in den 50er und 60er Jahren, später abgemildert, dominierte *neo-malthusianisches* Gedankengut vielfach die Entwicklungspolitik, insofern als Geburtenkontrolle eindeutige Priorität erhielt vor Maßnahmen in Richtung auf einen gesellschaftlichen und wirtschaftlichen Wandel wie z. B. Bodenreform, Entwicklung angepaßter Technologien usw. Von den zahlreichen Katastrophenszenarien, die immer wieder die Öffentlichkeit wachrütteln wollen, sei nur das 1968 im Original erschienene Buch ‚Die Bevölkerungsbombe' des amerikanischen Biologen *Paul Ehrlich* erwähnt, der in der ‚Bevölkerungsexplosion' die Ursache der meisten globalen Probleme sieht und zur ‚Bevölkerungskontrolle' aufruft. Dagegen stehen die Positionen der *Neo-Marxisten*, die nur in der Überwindung traditioneller und kapitalistischer Wirtschafts- und Gesellschaftssysteme einen Weg zur Lösung der Bevölkerungsprobleme sehen. Neuere entsprechende Analysen bedienen sich häufig eines dependenzanalytischen Rahmens, wie z. B. in dem recht differenzierten Ansatz des Wirtschaftsgeographen *Yapa* (1985). *Yapa* stellt der Situation in den Industrieländern, wo viel mehr als im 19. Jahrhundert dank der hohen Löhne die Nachfrage der Bevölkerung wirtschaftliches Wachstum induziert, die durch die Aufspaltung in einen Exportsektor und die übrige Wirtschaft gekennzeichnete Lage der Entwicklungsländer gegenüber. Da der Exportsektor mit relativ hohem Lohnniveau nur einen geringen Anteil der Arbeitskräfte beschäftigt, sind für die breite Masse der auf dem Subsistenzniveau verharrenden Bevölkerung Kinder weiterhin von großer wirtschaftlicher Bedeutung als zusätzliche Arbeitskräfte und zur Unterstützung im Alter. Diese weiten Teile der Bevölkerung, die ganz außerhalb des ‚kapitalistischen Weltsystems' steht, übersteigen quantitativ in großem Ausmaß die von *Marx* konstatierte industrielle Reservearmee. Solchen neo-marxistischen Ansätzen, denen im übrigen zum nicht geringen Teil der Optimismus abhanden gekommen ist, werden schließlich von *neoklassisch* orientierten Wirtschaftswissenschaftlern Argumentationen entgegengesetzt, die in optimistischer Perspektive Bevölkerungswachstum als Motor wirtschaftlicher Entwicklung auffassen. Derartige Effekte können sich aber nach dem Amerikaner *Julian Simon*, der Menschen als Ressource und nicht als Quelle der Armut betrachtet, nur unter geeigneten, d.h. marktwirtschaftlichen Rahmenbedingungen entfalten.

Diese kurzen Hinweise auf bevölkerungstheoretische Ansätze lassen keine vereinfachenden Schlußfolgerungen zu, sie machen eher die Komplexität und Verflochtenheit des Weltbevölkerungsproblems deutlich.

2.5.5.3 *Bevölkerungspolitik (Günter Thieme)*

Bevölkerungsfragen hatten schon immer auch eine politische Dimension, und bestimmte demographische Situationen haben staatliche Instanzen in vielfältiger Weise zum Eingreifen veranlaßt, wobei abrupte Kurswechsel nicht ausbleiben (vgl. hierzu Kap. 3.1.3 sowie *Höhn* und *Schubnell* 1986). Die 1946 erfolgte Gründung der Bevölkerungskommission der Vereinten Nationen und die Einberufung sog. Weltbevölkerungskonferenzen, von denen besonders die beiden letzten in Bukarest 1974 und Mexiko Stadt 1984 große Aufmerksamkeit fanden, zeigen zudem deutlich, daß Bevölkerungspolitik keineswegs nur als nationale Maßnahme verstanden werden darf.

Der Begriff Bevölkerungspolitik kann unterschiedlich weit definiert werden. Prinzipiell sind sowohl die Beeinflussung der natürlichen Bevölkerungsentwicklung als auch die Steuerung von Wanderungsbewegungen und planmäßige Veränderungen der Bevölkerungsverteilung unter diesen Terminus zu fassen. Im folgenden soll aber eine engere Definition bevorzugt werden, die sich im wesentlichen auf staatliche Interventionen im Bereich der Fertilität konzentriert. Hierbei wiederum wird gewöhnlich zwischen pro-natalistischer, d.h. auf eine Steigerung der Fertilität abzielender, und anti-natalistischer Politik differenziert.

Obwohl in einer Reihe von Industrieländern gegenwärtig bzw. in der jüngsten Vergangenheit verschiedene Varianten pro-natalistischer Maßnahmen ergriffen wurden (vgl. *Jones* 1981, S. 182ff.), erscheint doch heute in Anbetracht des oben beschriebenen Wachstums der Weltbevölkerung die Wirksamkeit anti-natalistischer Bevölkerungspolitik, insbesondere in Ländern der Dritten Welt, als das gravierendere Problem. Nach dem Zweiten Weltkrieg fand das „Weltbevölkerungsproblem" zunehmende Beachtung in der Öffentlichkeit: Die zunächst beständig steigende Wachstumsrate der Weltbevölkerung, die Entstehung riesiger städtischer Ballungsgebiete in den Entwicklungsländern, Ernährungsprobleme in Form von Hungerkatastrophen oder chronischer Unterernährung weiter Bevölkerungsschichten, weit verbreitete offene oder latente Arbeitslosigkeit – all dies schien das Malthusianische Dilemma zu bestätigen. Es mag dahingestellt bleiben, inwieweit bei der zunächst vor allem in den Industrieländern Europas und Amerikas verbreiteten Besorgnis über das exzessive Bevölkerungswachstum auch Ängste vor dem zusammen mit der Bevölkerungsexpansion wachsenden politischen Gewicht farbiger Völker mitspielten, die sich aus kolonialen Abhängigkeiten zu lösen begannen.

In einer ersten Phase anti-natalistischer Bevölkerungsprogramme, die von ca. 1950 bis in die Mitte der sechziger Jahre reichte (vgl. *Schmid* 1984, S. 151) stand daher die Geburtenkontrolle im Mittelpunkt, vorwiegend praktiziert in medizinisch-klinischen Einrichtungen. Das Bevölkerungswachstum erschien aus dieser Sichtweise als technisch und durch Aufklärung manipulierbare Größe. Schon bald stellte sich jedoch heraus, daß diese oft von außen an die Bevölkerung herangetragene Politik der Geburtenkontrolle zum Scheitern verurteilt war. Ohne Berücksichtigung der sozialen und kulturellen Gegebenheiten der einzelnen Länder erreichten derartige Programme nur eine dünne, an der Modernisierung des generativen Verhaltens interessierte Mittel- und Oberschicht. Schon bald wurde daher diese Strategie modifiziert zugunsten von Maßnahmen der Familienplanung, die nicht auf klinische Einrichtungen in den großen Städten beschränkt waren, sondern vor Ort in den ländlichen Regionen angeboten wurden und durch behutsame, den jeweiligen Traditionen und Werthierarchien möglichst angepaßte Aufklärung über Maßnahmen der Empfängnisverhütung größere Teile der Bevölkerung ansprechen konnten. Erst jetzt begann man allmählich einzusehen, daß die Entscheidung für oder gegen eine hohe Kinderzahl sich auf der Ebene der einzelnen Familie (Mikroebene), für die es oft auf jede einzelne zusätzliche Arbeitskraft u.a. zur Sicherung der Altersversorgung ankam, ganz anders darstellte als für die jeweilige Regierung (Makroebene), aus deren Sicht die knappen Ressourcen durch allzu großes Bevölkerungswachstum aufgezehrt wurden.

Trotz dieser revidierten Planungsstrategien stießen Maßnahmen der Bevölkerungspolitik seit Mitte der sechziger Jahre zunehmend auf Kritik. Die These, das Bevölkerungswachstum sei die Ursache für die verbreitete Armut in den Entwicklungsländern, wurde keineswegs mehr allgemein akzeptiert, sondern vielmehr umgekehrt. Aus der Sicht der Kritiker erschien das Bevölkerungswachstum als konsequente Folge der wirtschaftlichen Verarmung vieler Länder Asiens, Lateinamerikas und Afrikas. Die Auffassung, daß die Entwicklungsprobleme der Dritten Welt nicht demographisch gelöst werden könnten, wurde von marxistischer Seite, aber auch von manchen politischen Führern der Gruppe blockfreier Länder, zusätzlich mit dem Vorwurf verknüpft, Geburtenkontrolle und Familienplanung seien im Grunde nur eine neue Variante imperialistischer Politik.

Nicht zuletzt als Folge dieser Opposition gegen Bevölkerungskontrolle folgte während der Dekade von ca. 1965 bis 1974/75 eine Phase, in der die sozioökonomische Entwicklung der Dritten Welt als vordringliches Problem angesehen wurde. Entwicklung ist die beste Bevölkerungspolitik – so könnte man thesenartig diese Auffassung zusammenfassen (vgl. *Schmid* 1984, S. 153). Nur durch eine durchgreifende Verbesserung der äußeren Lebensumstände, z. B. durch Alphabetisierung, Veränderung des sozialen Status der Frau sowie durch eine wesentliche Erhöhung des materiellen Wohlstands schien eine Lösung des Bevölkerungsproblems erreichbar. Auf der Weltbevölkerungskonferenz in Bukarest 1974 wurden zwar die Argumente der Befürworter und Kritiker von Maßnahmen zur Familienplanung zunächst kontrovers ausgetauscht, schließlich bildete sich jedoch ein vermittelnder Ansatz heraus, der von der überwiegenden Mehrzahl sowohl der Industrie- als auch der Entwicklungsländer mitgetragen wurde (vgl. *Schmid* 1982, S. 58f. und *Jones* 1981, S. 192f.). Dieser ‚dritte Weg' einer bevölkerungsbezogenen Entwicklungspolitik sieht das Bevölkerungsproblem durchaus als Bestandteil der allgemeinen sozialen und wirtschaftlichen Entwicklung und sucht in diesen Bereichen verbesserte Rahmenbedingungen für eine Änderung des generativen Verhaltens zu schaffen. Eine wachsende Zahl von Ländern der Dritten Welt steht jedoch auch anti-natalistischen Maßnahmen nicht mehr prinzipiell ablehnend gegenüber, sondern sieht sie als notwendige Begleitmaßnahme an, um der ‚Armutsfalle' zu entgehen.

Diese Strategie wurde auf der folgenden Weltbevölkerungskonferenz in Mexiko-Stadt 1984 bekräftigt, bei der lediglich die Haltung der USA-Delegation einige Irritation auslöste. In völliger Umkehr der bisherigen amerikanischen Politik wurde nun, den Ideen der neoklassischen Wirtschaftstheorie folgend, das Bevölkerungswachstum als langfristig positiv wirkender Faktor dargestellt, den es durch Familienplanungsmaßnahmen nicht zu behindern gelte. Die Armut in der Dritten Welt sei keine Folge des Bevölkerungswachstums, sondern nur Konsequenz einer falschen Politik, die den marktwirtschaftlichen Kräften zu wenig Entfaltungsmöglichkeiten gebe (vgl. *Skriver* 1986, S. 175ff.).

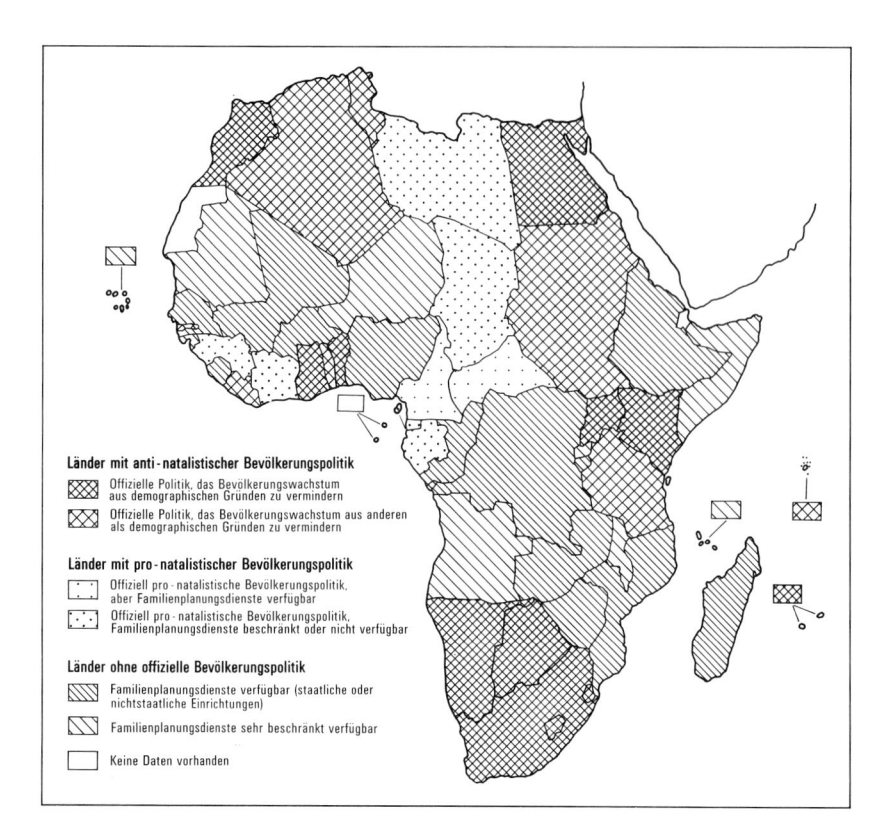

Abb. 2.5.5/2
Bevölkerungspolitik und Maßnahmen der Familienplanung in Afrika (um 1980) nach: *Rogge* 1982, S. 169.

Daß von einer einheitlichen bevölkerungspolitischen Strategie zur Zeit noch keineswegs die Rede sein kann, zeigt Abb. 2.5.5/2, in der die offizielle Bevölkerungspolitik und der Entwicklungsgrad von Einrichtungen der Familienplanung in Afrika dargestellt werden, dem Kontinent also, der sich durch die größte Fruchtbarkeit und das höchste Bevölkerungswachstum der Welt auszeichnet. Selbst Staaten mit sehr ähnlichen Wachstumsraten der Bevölkerung und vergleichbarem sozioökonomischen Entwicklungsstand praktizieren ganz unterschiedliche bevölkerungspolitische Maßnahmen.

Wenn auch das Verfolgen explizit pro-natalistischer Bevölkerungspolitik einerseits und anti-natalistischer Bevölkerungspolitik andererseits in benachbarten Staaten wenig einsichtig erscheint, so ist es doch sicher richtig, die Gewichtung bevölkerungspolitischer Maßnahmen in einzelnen Großregionen der Erde unterschiedlich vorzunehmen. So nennt beispielsweise die *Weltbank* (1984, S. 188ff.) für Afrika südlich der Sahara die erste Einrichtung von Diensten der Familienplanung als wichtigstes Ziel, in Nordafrika und den islamischen Regionen Westasiens dagegen gilt es vor allem, die Stellung der Frau zu verbessern. In Lateinamerika und dem karibischen Raum sollte demgegenüber die Verringerung sozialer Ungerechtigkeiten höchste Priorität genießen, während in Ostasien vor allem Anreize zur Bildung kleiner Familien nötig erscheinen.

Aufgrund des verschiedenen historischen Erbes, des unterschiedlichen Grades gesellschaftlicher Differenzierung und ökonomischer Entwicklung sowie nicht zuletzt sehr verschiedenartiger religiös-kultureller Grundstrukturen stellen sich der Bevölkerungspolitik ganz unterschiedliche Aufgaben, es bieten sich ihr aber auch vielfältige Möglichkeiten. Zu welchen der hier angesprochenen Maßnahmen auch immer gegriffen wird, so sollte doch heute klar sein, daß Erfolg nur von einem Zusammenwirken von Bevölkerungspolitik bzw. Familienplanung mit einer umfassend angelegten Entwicklungspolitik erwartet werden kann.

3 Regionalgeographischer Teil

3.1 Natürliche Bevölkerungsbewegung

3.1.1 Grundzüge der Bevölkerungsentwicklung in den beiden deutschen Staaten bis zur Wiedervereinigung (*Hans Dieter Laux*)

Mit der Vereinigung der Bundesrepublik Deutschland und der DDR am 3. Oktober 1990 entstand ein Staat in der Mitte Europas, der mit einer Bevölkerungszahl von annähernd 80 Mill. Menschen die nächstgrößten Länder der Europäischen Gemeinschaft, Italien, Großbritannien und Frankreich, um mehr als 20 Mill. Einwohner überragt. Nicht nur der damit verbundene Gewinn an ökonomischer Macht und der mögliche Zuwachs an weltpolitischem Einfluß, sondern bereits die Bevölkerungsgröße allein wurde von ausländischen Kommentatoren nicht ohne gewisse Irritationen und Ängste zur Kenntnis genommen.

Diese Einschätzung kontrastiert mit der Tatsache, daß die beiden deutschen Staaten, vor allem aber die ehemalige Bundesrepublik, in der jüngeren Vergangenheit zu den Ländern der Erde mit den niedrigsten Geburtenraten und einem negativen Saldo der natürlichen Bevölkerungsbewegung gehörten und nach den Prognosen der UNO und der Weltbank in den nächsten Jahrzehnten einen überdurchschnittlich starken Rückgang ihrer Einwohnerzahlen zu erwarten hatten. Diese Entwicklungstrends wurden in den 80er Jahren in Presse und Politik der Bundesrepublik Deutschland mit wachsender Besorgnis registriert und kommentiert. So wurde in einer Artikelserie unter dem Titel „Die lautlose Katastrophe" (Die Welt, Dezember 1985) der drohende Untergang der deutschen Nation, der Verlust ihrer kulturellen Werte und ihrer wirtschaftlichen Leistungsfähigkeit beschworen, und Bundeskanzler *Helmut Kohl* forderte auf dem 14. Delegiertentag der CDU-Frauenvereinigung im September 1985 mit Nachdruck dazu auf, die „Katastrophe unserer demographischen Entwicklung zur Kenntnis zu nehmen" (FAZ, 30.9.1985).

Auch wenn angesichts der politischen Umwälzungen seit 1989 und des wachsenden Stromes von Zuwanderern die öffentliche Diskussion von Fragen der natürlichen Bevölkerungsentwicklung etwas in den Hintergrund getreten ist, so gibt doch gerade die politische Vereinigung Anlaß dazu, einen vergleichenden Blick auf das Bevölkerungswachstum in den beiden deutschen Staaten seit Beginn der 50er Jahre zu werfen. Dabei sind nicht nur die Gemeinsamkeiten und Unterschiede in den demographischen Entwicklungstrends herauszuarbeiten; es gilt vor allem zu prüfen, ob und in welchem Umfang die beobachteten Unterschiede auf die Einflüsse der gegensätzlichen politisch-gesellschaftlichen Systeme in den beiden Teilen Deutschlands zurückzuführen sind. Damit wird die historische Bilanz zugleich zum Ausgangspunkt der bedeutsamen, aber erst in der Zukunft zu beantwortenden Frage, ob sich die demographischen Prozesse auf dem Gebiet der bisherigen DDR weiter fortsetzen oder aber an die Entwicklungen in den alten Bundesländern anpassen werden.

Beginnen wir mit einer Betrachtung der Bevölkerungsentwicklung und ihrer Komponenten seit Beginn der 50er Jahre. Wie die Tab. 3.1.1/1 ausweist, hat die Bundesrepublik Deutschland in den 40 Jahren zwischen 1950 und 1990 mit mehr als 13 Mill. Menschen einen Bevölkerungszuwachs von 26,3% erlebt, während im gleichen Zeitraum die Einwohnerzahl der DDR um 2,4 Mill. bzw. 12,6% abnahm. Auf den Gesamtzeitraum bezogen waren in beiden Fällen die Wanderungsbewegungen die entscheidenden Komponenten der Bevölkerungsentwicklung. Verlor die DDR per Saldo annähernd 3,4 Mill. Einwohner durch Abwanderung, d.h. ganz überwiegend durch Flucht und Übersiedlung in die Bundesrepublik, so konnte letztere einen Zuwanderungsüberschuß von mehr als 8,5 Mill. verzeichnen. Neben dem Bevölkerungszustrom aus der DDR und einer wachsenden Zahl von deutschstämmigen Aussiedlern aus den Ländern Osteuropas ist dieser Wanderungsgewinn vor allem seit den 60er Jahren auf den Zuzug von Gastarbeitern aus der Türkei und den europäischen Mittelmeerlän-

Tab. 3.1.1/1: Komponenten der Bevölkerungsentwicklung — Bundesrepublik Deutschland und DDR 1950–1990

Jahr	Bundesrepublik Deutschland				DDR			
	Bevölkerungs-bestand am Jahresanfang in 1000	Saldo der natürlichen Bevölkerungs-entwicklung in 1000	Wande-rungs-saldo in 1000	Veränderung insgesamt in 1000	Bevölkerungs-bestand am Jahresanfang in 1000	Saldo der natürlichen Bevölkerungs-entwicklung in 1000	Wande-rungs-saldo in 1000	Veränderung insgesamt in 1000
1950	49661				18793			
		+1268	+1198	+2466		+429	−1220	−791
1955	52127				18002			
		+1442	+1554	+2996		+308	−1024	−716
1960	55123				17286			
		+1887	+1578	+3465		+346	−628	−282
1965	58588				17004			
		+1458	+1149	+2607		+117	−46	+71
1970	61195				17075			
		−103	+900	+797		−140	−44	−184
1975	61992				16891			
		−678	+125	−553		−98	−53	−151
1980	61439				16740			
		−522	+132	−390		+42	−111	−69
1985	61049				16671			
		−266	+1917	+1651		+9	−246	−237
1990	62700				16434			
Summe		+4486	+8553	+13039		+1013	−3372	−2359

Quellen: nach *Höhn/Mammey/Wendt* 1990, S. 142ff.; *Statistisches Bundesamt* (Hg.) 1972: Bevölkerung und Wirtschaft 1872–1972; *Statistisches Jahrbuch der DDR* 1982, 1985, 1990; *Statistisches Jahrbuch für die Bundesrepublik Deutschland* 1967, 1985, 1990

dern zurückzuführen. Ein Ausländeranteil von 7,7% am Ende des Jahres 1989 ist das Resultat dieser Entwicklung.

Betrachtet man die Bevölkerungsentwicklung in ihrer zeitlichen Differenzierung, so zeigt sich, daß in der Bundesrepublik bis Ende der 60er Jahre – trotz der starken Zuwanderungen aus der DDR und nach 1961 aus den Mittelmeerländern – das Bevölkerungswachstum in erster Linie noch durch die Geburtenüberschüsse getragen wurde. Nachdem im Jahre 1972 die Zahl der Geburten erstmals unter die Zahl der Sterbefälle gesunken war, erlebte die Bundesrepublik bis in die Gegenwart z. T. beträchtliche natürliche Bevölkerungsverluste, die jedoch bis 1975 noch durch Wanderungsgewinne mehr als ausgeglichen werden konnten. Bedingt durch die wirtschaftliche Entwicklung und den Anwerbestopp für Arbeitnehmer aus Staaten von außerhalb der EG im November 1973 kam es in der Dekade von 1975 bis 1985 nur noch zu sehr schwachen Wanderungsgewinnen und dementsprechend zu einer Reduzierung der Gesamteinwohnerzahl um fast 1 Mill. Menschen. Erst mit der Zunahme der Aussiedlerzahlen aus Osteuropa seit 1986/87 und vor allem mit der Massenbewegung der Flüchtlinge und Übersiedler aus der DDR in der zweiten Hälfte des Jahres 1989 (vgl. hierzu *Höhn/Mammey/Wendt* 1990, S. 159ff.) kam es zu einem deutlichen Wiederanstieg der Wanderungsgewinne auf einen Wert von nahezu 2 Mill. für den Zeitraum zwischen 1985 und 1990. Dementsprechend erlebte auch die Gesamtbevölkerung nach einer längeren Phase der Stagnation und des Rückgangs einen deutlichen Zuwachs auf den Nachkriegshöchststand von 62,7 Mill. Einwohnern.

Ganz anders ist demgegenüber die Bevölkerungsentwicklung in der DDR verlaufen. Sie erlebte über den gesamten Beobachtungszeitraum von 40 Jahren hinweg von Jahr zu Jahr mehr oder weniger starke Wanderungsverluste, die nur in wenigen Jahren durch die Gewinne aus der natürlichen Bevölkerungsbewegung kompensiert werden konnten. Dies hat zur Folge, daß die DDR seit ihrer Gründung im Oktober 1949 einen kontinuierlichen Bevölkerungsverlust zu erleiden hatte und damit als ein ausgesprochener Sonderfall in der Welt (*Dorbritz/Speigner* 1990, S. 68) betrachtet werden muß. Die Angaben über das gesamte Auswanderungsminus schwanken dabei zwischen etwa 3,9 Mill. (*Dorbritz/Speigner* 1990, S. 68) und dem in der Tab. 3.1.1/1 mit Hilfe der Differenzmethode (Kap. 2.1.1) ermittelten Wert von ca. 3,4 Mill. Menschen. Dabei erscheint der letztgenannte Wert aufgrund von möglichen Fehlern bei der Bevölkerungsfortschreibung durch die Behörden der DDR eher als zu niedrig.

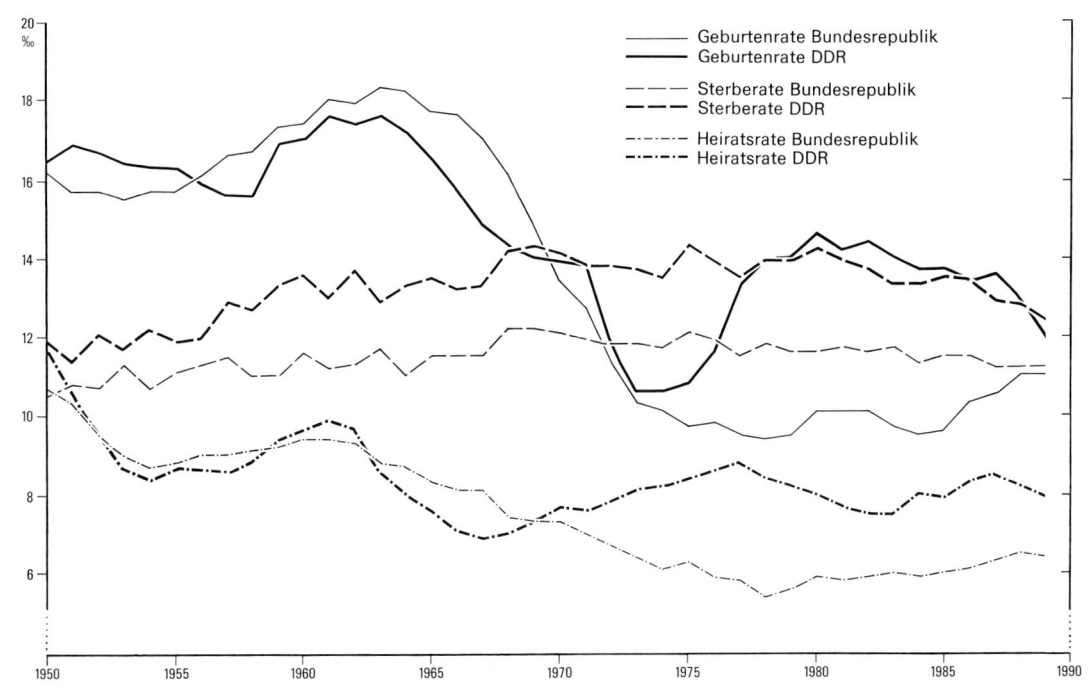

Abb. 3.1.1./1
Geburten-, Sterbe- und Heiratsraten in der Bundesrepublik Deutschland und der DDR 1950–1989
Entwurf: H. D. Laux; Datenquellen: Stat. Bundesamt (Hg.) 1972: Bevölkerung und Wirtschaft 1872–1972; Statistisches Jahrbuch der DDR 1982, 1985, 1990; Statistisches Jahrbuch für die Bundesrepublik Deutschland 1990; *Wendt* 1991, S. 12–14.

So stehen dem gesamten Wanderungsverlust von etwa 246 000 Personen zwischen 1985 und 1990 (vgl. Tab. 3.1.1/1) nach bundesrepublikanischen Quellen bereits 344 000 Menschen gegenüber, die allein im Jahre 1989 in den Westen gekommen waren (vgl. *Höhn/Mammey/Wendt* 1990, S. 162).

Nach diesem Überblick soll im folgenden dem Verlauf der natürlichen Bevölkerungsentwicklung die weitere Aufmerksamkeit gewidmet werden. Zu diesem Zwecke zeigt die Abb. 3.1.1/1 den Verlauf der allgemeinen Geburten-, Sterbe- und Heiratsraten von 1950 bis 1989 für die Bundesrepublik und die DDR. Im gesamten Zeitraum liegen Fruchtbarkeit und Sterblichkeit auf einem Niveau, das nach dem ‚Modell des demographischen Übergangs' für die posttransformative Phase (Kap. 2.1.3.3.1) charakteristisch ist. Trotz kleiner Sprünge bis zur Mitte der 60er Jahre halten die Kurven der Sterberate für die beiden deutschen Staaten insgesamt ein recht gleichmäßiges Niveau bei einem sich allerdings bis in die 80er Jahre hinein leicht vergrößernden Abstand zueinander. Dieser Verlauf verschleiert jedoch die Mortalitätsentwicklung während der vergangenen 40 Jahre, weil die rohen Sterberaten bekanntlich stark durch die Veränderungen im Altersaufbau der Bevölkerung beeinflußt werden (vgl. Kap. 2.1.2.2). In Wirklichkeit hat sich die mittlere Lebenserwartung der männlichen bzw. weiblichen Bevölkerung in der Bundesrepublik seit Beginn der 50er Jahre von 64,6 bzw. 68,5 bis 1986 auf 71,8 bzw. 78,4 Jahre erhöht. Demgegenüber verlief die Entwicklung in der DDR vor allem seit der Mitte der 60er Jahre deutlich langsamer, was dazu führte, daß die Lebenserwartung der Männer und Frauen im Vergleichszeitraum von 63,9 und 68,0 auf lediglich 69,5 bzw. 75,5 Jahre anstieg (*Höhn/Mammey/Wendt* 1990, S. 157).

Zeigt die Sterblichkeit in den beiden deutschen Staaten insgesamt sehr ähnliche Entwicklungstendenzen, so weisen die Verläufe der Geburten- und Heiratsraten teils auffallende Gemeinsamkeiten, teils aber auch bemerkenswerte Divergenzen auf. Bis zum Beginn der 70er Jahre läuft die Geburtenentwicklung weitgehend parallel zueinander: Nach einem Anstieg bis zum Maximalstand des Jahres 1963 fallen die Geburtenziffern in einem Zeitraum von 10 Jahren auf nur noch 56,3% (Bundesrepublik) bzw. 60,2% (DDR) dieses Höchstwertes. Dabei sinkt die Zahl der Neugeborenen in der DDR zum erstenmal im Jahre 1969 unter die Anzahl der Sterbefälle; in der Bundesrepublik tritt diese Situation erst drei Jahre später ein.

Im Westen Deutschlands verharrt nun die Geburtenrate bis Mitte der 80er Jahre auf dem einmal erreichten und für lange Zeit in der Welt einzigartigen Tiefstand von etwa 10‰. Erst zwischen 1986 und 1989 ist hier ein deutlicher Wiederanstieg der Geburtenzahlen auf einen Wert erfolgt, wie er zuletzt zu Anfang der 70er beobachtet werden konnte (vgl. Tab. 3.1.1./2). Demgegenüber erlebte die Geburtenrate in der DDR nach dem Tiefstwert des Jahres 1975 in wenigen Jahren eine schnelle Wiederzunahme auf ein Maximum von 14,6‰ (1980). Seit 1982 zeigt die Zahl der Geborenen indes eine erneute, zunächst noch recht langsame, ab 1987 jedoch verstärkte Abnahme, was dazu führt, daß im Jahre 1989 die Geburtenrate erstmals wieder unter die Sterberate sinkt. Auffallendes Resultat dieser Entwicklung ist die starke Annäherung des Fruchtbarkeitsniveaus in den beiden deutschen Staaten.

Bevor die Ursachen dieser Entwicklungsabläufe diskutiert werden, ist es notwendig, eine etwas detailliertere Analyse der Fertilitätsveränderungen vorzunehmen, als dies allein auf der Basis der rohen Geburtenziffern möglich ist. Hierzu wurden in Tab. 3.1.1/2 u. a. die ‚totale Fertilitätsrate auf 1000 Frauen im Alter zwischen 15 und 45 Jahren' und die ‚Nettoreproduktionsrate' (vgl. Kap. 2.1.2.1) zusammengestellt. Diese Kennziffern stellen nicht nur genauere, weil von der jeweiligen Altersstruktur unabhängige Maßzahlen dar; sie machen zugleich Aussagen darüber, in welchem Umfang die aktuelle Fruchtbarkeit in positiver oder negativer Richtung vom sog. Bestandserhaltungsniveau abweicht. Dieses Niveau entspricht einer Nettoreproduktionsrate von 1,00 sowie bei den gegenwärtigen Sterblichkeitsverhältnissen einer durchschnittlichen Zahl von etwa 2,1 Kindern je Frau, d. h. einer totalen Fertilitätsrate von 2100. Unter diesen Bedingungen würde eine Generation von Müttern genau durch die Generation ihrer Töchter ersetzt.

Tab. 3.1.1/2: Indikatoren zur Geburtenentwicklung — Bundesrepublik Deutschland und DDR 1950–1989

Jahr	Bundesrepublik Deutschland				DDR			
	Lebendgeborene	davon nichtehelich (%)	totale Fertilitätsrate je 1000 Frauen (15–45 J.)	Nettoreproduktionsrate	Lebendgeborene	davon nichtehelich (%)	totale Fertilitätsrate je 1000 Frauen (15–45 J.)	Nettoreproduktionsrate
1950	812835	9,7	2091	0,93	303866	12,8	2374	.
1960	968629	6,3	2360	1,10	292985	11,6	2328	.
1965	1044328	4,7	2502	1,18	281058	9,8	2483	.
1970	810808	5,5	2012	0,95	236929	13,3	2193	1,04
1971	778526	5,8	1917	0,90	234870	15,1	2131	1,00
1972	701214	6,1	1710	0,80	200443	16,2	1786	0,85
1973	635633	6,3	1541	0,73	180336	15,6	1577	0,75
1974	626373	6,3	1510	0,71	179127	16,3	1540	0,73
1975	600512	6,1	1449	0,68	181798	16,1	1542	0,73
1976	602851	6,4	1453	0,68	195483	16,2	1637	0,78
1977	582344	6,5	1402	0,66	223152	15,8	1851	0,88
1978	576468	7,0	1379	0,65	232151	17,3	1899	0,90
1979	581984	7,1	1377	0,65	235233	19,6	1895	0,90
1980	620657	7,6	1443	0,68	245132	22,8	1942	0,93
1981	624557	7,9	1434	0,68	237543	25,6	1854	0,89
1982	621173	8,5	1406	0,66	240102	29,3	1858	0,89
1983	594177	8,8	1330	0,63	233756	32,0	1790	0,85
1984	584157	9,1	1290	0,61	228135	33,6	1735	0,83
1985	586155	9,4	1280	0,60	227648	33,8	1734	0,84
1986	625963	9,6	1344	0,63	222269	34,4	1700	0,81
1987	642010	9,7	1367	0,64	225959	32,8	1740	0,83
1988	677259	10,0	1411	0,66	215734	33,4	1670	0,81
1989	681537	10,2	1444	.	198512	.	1556	.

Quellen: Bundesinstitut für Bevölkerungsforschung 1984, S. 349ff.; *Höhn/Otto* 1985, S. 456ff.; *Höhn/Mammey/Wendt* 1990, S. 142ff.; *Statistisches Bundesamt* (Hg.) 1986; Statistisches Jahrbuch der DDR 1982, 1985, 1990; Statistisches Jahrbuch für die Bundesrepublik Deutschland 1990; *Wendt* 1991, S. 11ff.

Eine genaue Prüfung der Tabelle zeigt, daß die Entwicklung der totalen Fertilitätsraten und der Nettoreproduktionsziffern weitgehend dem bereits geschilderten Verlauf der rohen Geburtenraten folgt. Dabei ist jedoch hervorzuheben, daß in der Bundesrepublik lediglich zu Ende der 50er und während der 60er Jahre, d. h. zur Zeit des sog. ‚Baby-Booms', das Bestandserhaltungsniveau leicht überschritten wurde. Seit 1970 liegen die Nettoreproduktionsraten konstant unter 1,00, wobei nach einer Phase relativer Stagnation zwischen 1975 und 1982 und einem Absinken auf den Tiefstwert von 0,60 im Jahre 1985 in der jüngsten Zeit ein spürbarer Wiederanstieg stattgefunden hat. Dennoch bedeutet der Wert von 0,66 für das Jahr 1988, daß bei Anhalten dieses Niveaus die Generation der Töchter um etwa ein Drittel kleiner wäre als die ihrer Mütter und damit auch die Bevölkerung um einen entsprechenden Betrag schrumpfen würde.

Ein Blick auf die Entwicklung in der DDR zeigt, daß dort das Bestandserhaltungsniveau erst im Jahre 1972 unterschritten wurde. Der Wiederanstieg der Geburtenzahlen zwischen 1975 und 1980 reichte indes nicht aus, um den negativen Wachstumstrend zu stoppen; die Nettoreproduktionsraten blieben unter 1,00 und zeigen in der jüngsten Zeit einen erneuten Rückgang.

Nun ist bei der Interpretation der genannten Kennziffern zu berücksichtigen, daß es sich hierbei um sog. Querschnitts- oder Periodenmaße handelt, die zwar das aktuelle Geschehen wiedergeben, die langfristigen Entwicklungstrends jedoch u. U. über- oder unterschätzen können (vgl. hierzu Kap. 2.1.2.1). Solche ‚Periodeneffekte' können z. B. auftreten, wenn sich das unterschiedliche generative Verhalten verschiedener Geburtsjahrgänge oder Eheschließungskohorten in einem Zeitraum überlagert. Es empfiehlt sich daher, für die Analyse des langfristigen Fertilitätswandels auf sog. Kohortenwerte zurückzugreifen.

Für die Entwicklung der ehelichen Fruchtbarkeit liefert die Tab. 3.1.1/3 entsprechende Angaben. In ihr sind die endgültigen Kinderzahlen der zwischen 1900 und 1974 geschlossenen Ehen verzeichnet. Da die Reproduktionsperiode der nach 1970 geschlossenen Ehen noch nicht vollständig abgeschlossen war, mußten hierfür z. T. Schätzungen vorgenommen werden. Die Tabelle zeigt sehr deutlich den kontinuierlichen Rückgang der Kinderzahlen pro Ehe seit der Jahrhundertwende. Ausgehend von der

Tab. 3.1.1/3: Endgültige Kinderzahlen der Ehejahrgänge 1900–1974

Eheschließungs-jahr[1]	Von 100 Ehen haben					Kinder insgesamt
	0	1	2	3	4 und mehr Kind(er)	
1900–1904	9	12	16	15	47	393
1905–1909	10	15	20	17	38	335
1910–1912	12	17	22	17	32	294
1913–1918	14	20	24	17	25	252
1919–1921	16	23	24	15	21	234
1922–1925	18	24	24	15	20	222
1926–1930	17	23	25	15	20	223
1931–1935	16	22	27	17	18	218
1936–1940	14	25	31	17	14	205
1941–1945	13	25	31	17	14	205
1946–1950	13	26	30	17	14	207
1951–1955	13	25	31	17	14	205
1958–1962	13	22	36	19	10	200
1961–1965	14	24	40	16	6	180
1965–1969	16	29	40	12	3	159
1970–1974	19	29	40	10	2	148

Quelle: Höhn/Mammey/Wendt 1990, S. 169

[1]) Bis 1912 Ergebnisse der Volkszählung 1933 in Preußen. 1913–1921 Ergebnisse der Volkszählungen 1933 und 1939 im Deutschen Reich. 1922–1935 Ergebnisse der Volkszählung 1950 (ohne Berlin). Danach Ergebnisse der Volkszählung 1970 und des Mikrozensus

Tatsache, daß, je nachdem ob 10% oder 20% der Bevölkerung niemals heiraten, 2,3 bis 2,5 Kinder pro Ehe geboren werden müssen, um die Bestandserhaltung der Generationen zu sichern, lassen die Zahlen erkennen, daß dieses Niveau bereits von den in den 20er Jahren geschlossenen Ehen unterschritten und seither von keiner Kohorte mehr erreicht wurde. Der ‚Baby-Boom' der 60er Jahre macht sich allenfalls in einer vorübergehenden Stagnation des säkularen Fruchtbarkeitsrückgangs bemerkbar. Dieser Geburtenanstieg ist in erster Linie als Periodeneffekt zu deuten und auf eine zunehmende Zahl von Eheschließungen und eine schnellere Folge (Vorverlegung) der Geburten zurückzuführen. Die Tabelle zeigt weiterhin sehr deutlich, daß der langfristige Fertilitätsrückgang in erster Linie durch eine starke Abnahme der Zahl ‚großer' Familien, d.h. von Familien mit drei und mehr Kindern, verursacht wird. Demgegenüber spielt die Zunahme von kinderlosen Ehen nur eine untergeordnete Rolle. Darüber hinaus aber lassen die Zahlen erkennen, daß die eheliche Fruchtbarkeit seit den 60er Jahren deutlich weniger gesunken ist als die Fertilität der Gesamtbevölkerung.

Diese bemerkenswerte Differenz kann, da trotz eines spürbaren Anstiegs der Quote der nichtehelich Geborenen in der Bundesrepublik die überwiegende Mehrheit der Kinder in Ehen zur Welt kommt (vgl. Tab. 3.1.1/2), nur auf eine nachhaltige Änderung des Heiratsverhaltens zurückgeführt werden. Die Kurven der Heiratsraten in Abb. 3.1.1/1 sowie die ausführlicheren Indikatoren in Tab. 3.1.1/4 geben hierüber detaillierte Auskunft. Nach einem – durch nachgeholte Eheschließungen bedingten – Maximum um das Jahr 1950 verbleiben die Heiratsraten in beiden deutschen Staaten bis ins erste Drittel der 60er Jahre auf einem relativ hohen Niveau. Seither sinkt in der Bundesrepublik die Heiratshäufigkeit stetig ab und geht dann, trotz des Eintritts der geburtenstarken Jahrgänge in das ‚heiratsfähige Alter', seit Beginn der 80er Jahre in einen nur sehr moderaten Wiederanstieg über. Parallel hierzu steigt das mittlere Alter bei der Erstheirat, das bis 1975 deutlich gesunken war, wieder spürbar an. Mit dieser rückläufigen Heiratsneigung geht, wie sich aus den Ehescheidungsziffern in Tab. 3.1.1/4 entnehmen läßt, eine zunehmende Instabilität der Ehen einher. So entfielen im Jahre 1984 auf 100 neu geschlossene Ehen bereits 36 Ehescheidungen, ein Wert, der allerdings bis Ende der 80er Jahre einen leichten Rückgang erlebt.

Die genannten Veränderungen im Heiratsverhalten haben zur Folge, daß seit 1972 die Zahl der bestehenden Ehen stetig abnimmt, denn seither liegen die Ehelösungen durch Tod oder Scheidung ständig über der Zahl neu geschlossener Ehen. An deren Stelle treten immer häufiger mehr oder weniger stabile nichteheliche Lebensgemeinschaften, deren Zahl bereits zu Anfang der 80er Jahre je nach Quelle zwischen 600 000 und 1,25 Mill. angenommen wurde (*Höhn/Otto* 1985, S. 450). Auch im europäischen Vergleich sind ähnliche Entwicklungen zu beobachten, wobei die nichtehelichen Lebens-

Tab. 3.1.1/4: Indikatoren zur Entwicklung des Heiratsverhaltens — Bundesrepublik Deutschland und DDR 1950–1989

Jahr	Bundesrepublik Deutschland						DDR					
	Eheschließungen	auf 1000 Einw.	Ehescheidungen	auf 1000 Einw.	mittleres Heiratsalter lediger		Eheschließungen	auf 1000 Einw.	Ehescheidungen	auf 1000 Einw.	mittleres Heiratsalter lediger	
					Männer	Frauen					Männer	Frauen
1950	535 708	10,7	84 740	1,7	28,1	25,4	214 744	11,7	49 860	2,7	26,1	24,0
1960	521 445	9,4	48 878	0,9	25,9	23,7	167 583	9,7	24 540	1,4	23,9	22,5
1965	492 128	8,3	58 728	1,0	26,0	23,7	129 002	7,6	26 576	1,6	24,2	22,9
1970	444 510	7,3	76 520	1,3	25,6	23,0	130 723	7,7	27 407	1,6	24,0	21,9
1975	386 681	6,3	106 829	1,7	25,3	22,7	142 130	8,4	41 632	2,5	23,2	21,3
1980	362 408	5,9	96 222	1,6	26,1	23,4	134 195	8,0	44 794	2,7	23,4	21,3
1985	364 661	6,0	128 124	2,1	27,2	24,6	131 514	7,9	51 241	3,1	24,3	22,2
1986	372 112	6,1	122 443	2,0	27,5	24,9	137 208	8,3	52 439	3,2	24,6	22,5
1987	382 564	6,3	129 850	2,1	27,7	25,2	141 283	8,5	50 640	3,0	24,8	22,7
1988	397 738	6,5	128 729	2,1	28,0	25,5	137 165	8,2	49 380	3,0	25,0	22,9
1989	397 639	6,3	.	.	.	.	130 989	7,9	50 063	3,0	25,3	23,2

Quellen: Statistisches Bundesamt (Hg.) 1986, 1990; Statistisches Jahrbuch der DDR 1982, 1985, 1990; Statistisches Jahrbuch für die Bundesrepublik Deutschland 1990

gemeinschaften insbesondere in den skandinavischen Ländern weite Verbreitung gefunden haben. Hier führen sie allerdings, wie etwa der Prozentsatz der nichtehelichen Geburten von 46% (1985) in Schweden andeutet (*van de Kaa* 1987, S. 24), offenbar recht häufig zu neuen ‚Familien', während in der Bundesrepublik noch weitgehend die Regel zu gelten scheint: ‚wenn Kind, dann Heirat'.

Faßt man die bisherigen Aussagen zusammen, so beruht der Geburtenrückgang in der Bundesrepublik Deutschland seit der Mitte der 60er Jahre auf zwei voneinander relativ unabhängigen Entwicklungen. Es ist dies zum einen der Rückgang der innerehelichen Fruchtbarkeit vor allem durch die Abnahme größerer Familien und zum anderen die sinkende Heiratsneigung und die damit verbundene Zunahme der Kinderlosigkeit der Frauen (vgl. *Kaufmann* 1990, S. 384). So haben genaue Analysen gezeigt, daß der allgemeine Geburtenrückgang zu etwa 40% auf die abnehmende Heiratsneigung und die Zunahme der Ehescheidungen zurückzuführen ist (*Schwarz* 1987, S. 429).

Ein Blick auf die Entwicklung in der DDR (vgl. Abb. 3.1.1/1) zeigt nun, daß dort die Heiratsraten seit der Mitte der 60er Jahre bis 1977 einen stetigen Anstieg erleben, um seither – bei gewissen Schwankungen – in einen leichten Rückgang überzugehen. Diese gegenüber der Bundesrepublik deutlich höhere Heiratshäufigkeit korrespondiert mit einem erheblich niedrigeren mittleren Alter bei der Ersthirat (vgl. Tab. 3.1.1/4). Obwohl auch in der DDR seit dem Tiefstwert von 1975 ein Wiederanstieg des durchschnittlichen Heiratsalters zu beobachten ist, so hat sich der Abstand zu den Vergleichswerten für die Bundesrepublik bis 1988 für beide Geschlechter dennoch auf nahezu drei Jahre vergrößert. Was schließlich die Rate der Ehescheidungen betrifft, so liegt diese seit den 50er Jahren in der DDR beständig über den Quoten für die Bundesrepublik. Wie dort, ist in den letzten Jahren allerdings eine leicht rückläufige Entwicklung des Scheidungsniveaus zu beobachten. Bezieht man schließlich die Zahl der Ehescheidungen auf den Umfang der geschlossenen Ehen, so weicht die Rate in der DDR im Jahre 1988 mit 36,0% nur noch geringfügig von dem entsprechenden Wert für die Bundesrepublik mit 32,4% ab. Die höhere Scheidungshäufigkeit in der DDR ist wohl nicht zuletzt auf die größere Instabilität der in jüngerem Alter geschlossenen Ehen zurückzuführen.

Ein entscheidender Unterschied zwischen den beiden deutschen Staaten aber besteht im Anteil der nichtehelichen Geburten (vgl. Tab. 3.1.1/2). Lag diese Quote in der DDR schon in den 50er und 60er Jahren deutlich über den Werten für die Bundesrepublik, so ist allein zwischen 1976 und 1984 mehr als eine Verdopplung der Unehelichenrate zu verzeichnen, die seither auf einem konstanten Niveau verharrt. Dabei ist bemerkenswert, daß 57,4% aller nichtehelichen Geburten in der DDR auf Mütter im Alter von unter 23 Jahren entfielen (1989), während dies in der Bundesrepublik nur 32,6% (1988) waren. Dies weist auf den generellen Unterschied im Durchschnittsalter der Frauen bei der Geburt ihrer Kinder in den beiden deutschen Staaten hin. Dieses lag in der Bundesrepublik im Jahre 1987 bei 27,7 Jahren, während in der DDR bei einem mittleren Alter von 24 Jahren die Kinder von wesentlich jüngeren Frauen geboren wurden (*Höhn/Mammey/Wendt* 1990, S. 149).

Es stellt sich nun die Frage nach den Ursachen der bis zu Anfang der 70er Jahre noch relativ ähnlichen, seither aber deutlich voneinander abweichenden demographischen Entwicklung in den beiden deutschen Staaten. Von besonderem Interesse ist dabei der mögliche Einfluß der unterschiedlichen Gesellschafts- und Wirtschaftssysteme auf das Bevölkerungsgeschehen.

In der Fachliteratur kontrovers diskutiert wird die Frage, ob der seit der Mitte der 60er Jahre in Deutschland und in weiten Teilen Europas zu beobachtende Geburtenrückgang lediglich die Fortsetzung eines bereits im 19. Jahrhundert wurzelnden Trends darstellt oder ob diese jüngere Entwicklung als eine völlig neue Phase des Fertilitätswandels anzusehen ist (vgl. *van de Kaa* 1987). Für diese letztere Deutung sprechen offenbar das nachhaltige Absinken der Fruchtbarkeit unter das Reproduktionsniveau sowie die in der Bundesrepublik sichtbar werdenden neuen Muster des Heiratsverhaltens; für die Fortsetzung eines generellen Trends dagegen spricht, daß der Geburtenrückgang seit den 60er Jahren im Kontext des gesamten Fertilitätswandels seit 1900 keineswegs von exzeptionellem Ausmaß ist.

Was die Ursachen des jüngeren Geburtenrückgangs betrifft, so sind diese im Zusammenspiel verschiedener Einflußfaktoren zu suchen. Der in Kap. 2.1.5.2 entwickelte Erklärungsrahmen kann dabei als

Ausgangspunkt dienen. Demnach ist die Fruchtbarkeitsentwicklung seit den 60er Jahren als Resultat des anhaltenden Struktur- und Funktionswandels der Familie und damit als Fortsetzung säkularer Entwicklungstrends zu deuten (vgl. *Linde* 1984, S. 183 ff.).

So ist mit dem weiteren Ausbau des sozialstaatlichen Sicherungssystems der private, d. h. familiäre ökonomische ‚Nutzen' von Kindern fast völlig verlorengegangen. Dies aber steht im deutlichen Widerspruch zur gesellschaftlichen Notwendigkeit einer ausreichend großen Nachkommenschaft, denn diese allein kann z. B. bei der Finanzierung der Altersversorgung nach dem Prinzip des Generationenvertrags eine dauerhafte Sicherung des erreichten Standards gewährleisten. Demgegenüber ist der private Wert oder Nutzen von Kindern weitgehend nur noch emotionaler Natur. Nachkommen werden als Adressaten affektiver Zuwendung zur Quelle von Freude, Glück, Sinnerfahrung oder Selbstbestätigung im Gefühl der Elternschaft. Diese emotionalen Werte und Erfahrungen aber lassen sich durchaus an wenigen, im Grenzfall sogar an einem einzigen Kind realisieren. Die mit den steigenden materiellen Ansprüchen ebenfalls wachsenden Kosten für den Unterhalt und die Erziehung von Kindern treten in Konkurrenz zu alternativen Konsumansprüchen und Lebenszielen. Dabei kommt es zu einer ökonomischen und sozialen Benachteiligung und zur psychologischen Verunsicherung von ‚kinderreichen' Familien in einem Gesellschaftssystem, dessen „Wirtschafts- und Sozialpolitik einseitig die Kinderlosigkeit prämiert" (*Kaufmann* 1990, S. 393). All dies führt dazu, daß neben das ehemals selbstverständliche Modell einer ‚Familienkarriere' zunehmend alternative und von der Gesellschaft tolerierte sowie durch Kinderlosigkeit gekennzeichnete Lebensformen treten.

Eine besondere Rolle spielt dabei der als ‚Emanzipation' bezeichnete Statuswandel der Frau in Familie und Gesellschaft. Das steigende Ausbildungsniveau, die wachsende Beteiligung am Erwerbsleben und die daraus resultierende größere ökonomische Selbständigkeit haben den Wandel des weiblichen Rollenverständnisses nachhaltig beeinflußt. Frauen suchen und finden ihre Lebensaufgabe nicht mehr nur als Hausfrau und Mutter, sondern auch in der außerhäuslichen Arbeitswelt. Diese Entwicklung ist zugleich Ausdruck des säkularen Wandels von Normen und Wertvorstellungen hin zu einer immer stärkeren Betonung des Individuums und seiner Freiheitsräume und damit des Rechts auf die Erfüllung subjektiver Glückserwartungen. In diesem Zusammenhang steht nicht zuletzt auch die Liberalisierung und Entabuisierung der Sexualität und deren weitgehende Trennung von der Institution der Ehe und dem Wunsch nach Nachkommenschaft. Auch wenn der Verfügbarkeit moderner Kontrazeptiva seit Anfang der 60er Jahre (z. B. ‚Pille') im eigentlichen Sinne keine ‚ursächliche' Bedeutung für den Fertilitätsrückgang zukommt, so ist der Einfluß dieser effizienten Methode der Geburtenkontrolle nicht zu unterschätzen. Die mögliche Risikolosigkeit sexueller Beziehungen bedeutet, daß man sich heute in der Regel *für* ein Kind entscheiden muß, während früher die Entscheidung dagegen zu treffen war (vgl. *Höhn/Otto* 1985, S. 467). Vor diesem Hintergrund ist denn auch der Rückgang der Heiratshäufigkeit auf einen ähnlichen Ursachenkomplex zurückzuführen wie die Abnahme der Kinderzahlen innerhalb der Ehen; beide Prozesse sind gleichermaßen Ausdruck eines nachhaltigen Wandels im generativen Verhalten (vgl. *Schwarz* 1985, S. 114).

Was nun die Entwicklungsabläufe in den beiden deutschen Staaten angeht, so spricht vieles dafür, daß die genannten Bestimmungsfaktoren des Geburtenrückgangs über die verschiedenen politischen Systeme hinweg bis zu Beginn der 70er Jahre insgesamt in sehr ähnlicher Weise das demographische Geschehen beeinflußt haben, auch wenn einzelnen Komponenten ein z. T. unterschiedliches Gewicht zukommen mag. So lag in der DDR seit jeher der Anteil der erwerbstätigen Frauen und Mütter sehr viel höher als in der Bundesrepublik, während etwa die Aufwandsnormen für Kinder aufgrund des unterschiedlichen Sozialsystems in der DDR vergleichsweise niedriger anzusetzen sind (vgl. *Mammey* 1984, S. 558).

Wie ist jedoch die zunehmend divergierende Entwicklung des Heiratsverhaltens sowie der Wiederanstieg der Geburtenraten in der DDR nach 1974 zu erklären? Hierfür sind offenbar zwei, in ihrer Wirksamkeit nur schwer voneinander zu trennende ‚Ursachen' zu nennen: zum einen die gesamtgesellschaftlichen Rahmenbedingungen und zum anderen die Auswirkungen von gezielten bevölkerungspolitischen Maßnahmen.

Als Antwort auf die – angesichts der permanenten ‚Wanderungsverluste' – politisch und gesellschaftlich als besonders nachteilig bewertete negative Bilanz der natürlichen Bevölkerungsbewegung hatte die DDR seit Beginn der 70er Jahre ein „umfassendes System sozial- und bevölkerungspolitischer Leistungen" entwickelt (vgl. hierzu vor allem *Höhn/Schubnell* 1986, S. 187 ff.). Als Ziel dieser pronatalistischen Bevölkerungspolitik, die sich als „untrennbarer Bestandteil der Gesamtpolitik der Partei der Arbeiterklasse und des sozialistischen Staates" verstand (S. 189), wurde die „Sicherung der einfachen Reproduktion", d. h. der Ersatz der Elterngeneration, und damit eine langfristig zumindest konstante Bevölkerungszahl angesehen. Dabei wurde das Recht der persönlichen Entscheidung über die Zahl der Kinder und den Zeitpunkt der Geburt betont. Die angebotenen Leistungen sollten jedoch die Voraussetzungen für die Realisierung der Kinderwünsche schaffen, wobei ein prinzipielles Bedürfnis nach Mehrkinderfamilien angenommen wurde.

Mit der Freigabe des Schwangerschaftsabbruchs innerhalb der ersten 12 Wochen im Jahre 1972 wurden zugleich die ersten flankierenden Maßnahmen zur Familien- und Geburtenförderung in Kraft gesetzt. 1976 wurden diese Programme erweitert und in den Jahren 1979 und 1984 ergänzt und verbessert. Die Maßnahmen waren teils bevölkerungspolitischer Natur im engeren Sinne, d. h. auf die Erhöhung der Geburtenzahlen ausgerichtet, teils besaßen sie mehr familien- bzw. sozialpolitischen Charakter. Besondere Beachtung wurde dabei der Vereinbarkeit von Berufstätigkeit und Mutterschaft geschenkt. Als wichtigste Maßnahmen sind zu nennen (vgl. *Höhn/Schubnell* 1986, S. 190):

– die Geburtenbeihilfe von 1000 M und das Familiengründungsdarlehen bis zur Höhe von 5000 M, das bis zur Geburt des dritten Kindes sukzessive getilgt werden konnte;
– ein monatliches Kindergeld von je 20 M für das erste und zweite sowie von 100 M für das dritte und jedes weitere Kind;
– ein Mutterschaftsurlaub von 6 Wochen vor und 20 Wochen nach der Geburt bei voller Entlohnung;
– die bezahlte Freistellung der Mutter aus dem Arbeitsprozeß bis zum Ende des ersten Lebensjahres beim zweiten Kind und bis zum 18. Lebensmonat ab dem dritten Kind, bei Garantie des Arbeitsplatzes.

Diese Leistungen wurden u. a. ergänzt durch die Arbeitsbefreiung bei Erkrankung der Kinder, einen Zusatzurlaub für Mütter, die besondere Unterstützung alleinstehender Mütter und Väter sowie die bevorzugte Wohnungsvergabe für Familien mit drei und mehr Kindern. In ihrem Gesamteffekt sollten diese Leistungen vor allem die Bereitschaft zum dritten und weiteren Kind wecken.

Wie ist der Erfolg all dieser Maßnahmen zu bewerten? Wie die Abb. 3.1.1/1 und die Tab. 3.1.1/2 erkennen lassen, haben die genannten Maßnahmen ohne Zweifel einen deutlichen Wiederanstieg der Geburtenzahlen zwischen 1974 und 1980 zur Folge gehabt. Das bedeutet, daß der langfristige Trend des Fertilitätsrückgangs vorübergehend rückgängig gemacht, zumindest aber gestoppt werden konnte. Beim genaueren Hinsehen zeigt sich jedoch, daß das angestrebte Ziel der Bestandserhaltung nicht erreicht wurde. Trotz der umfangreichen bevölkerungspolitischen Maßnahmen ist es in der DDR nicht gelungen, die Bereitschaft zur Geburt von dritten und weiteren Kindern wesentlich zu erhöhen (vgl. *Höhn/Mammey/Wendt* 1990, S. 148). Vielmehr zeigt der erneute Rückgang der Fertilitätswerte seit 1982, daß die langfristige Wirksamkeit der ergriffenen Maßnahmen offenbar geringer zu veranschlagen ist, als der Anstieg der Periodenmaße der Fruchtbarkeit in Tab. 3.1.1/2 andeuten mag. Die starke Zunahme der Geburtenzahlen zwischen 1974 und 1980 ist daher zumindest teilweise durch sog. Mitnahmeeffekte, d. h. durch das Nachholen und insbesondere das Vorziehen von ohnehin geplanten Geburten unter Wahrnehmung der angebotenen sozialpolitischen Leistungen, zu erklären.

Dennoch bleibt die Wirkung der bevölkerungspolitischen Maßnahmen unbestritten. Ihr Erfolg muß indes nach Auffassung verschiedener Autoren (vgl. u. a. *Höhn/Mammey/Wendt* 1990, S. 148 f.) im Rahmen der gesamtgesellschaftlichen Situation in der DDR gesehen werden. Unter den Bedingungen der politisch-ideologisch und auch räumlich weitgehend ‚geschlossenen Gesellschaft' eines zentralistischen planwirtschaftlichen Staates konnte sich eine Pluralität der Lebensformen (vgl. *Kaufmann* 1990, S. 386) wie in der Bundesrepublik nicht entwickeln. Vielmehr führten die fehlende Mitbestimmung im Arbeitsleben und in der Politik, die mangelnde Befriedigung in der Erwerbsarbeit, die unzureichenden Möglichkeiten bei der Freizeitgestaltung und der Befriedigung konsumtiver Wünsche sowie die generelle Fremdbestimmtheit durch Staat und Partei zu einem Rückzug ins ‚Private'; sie förderten damit eine stärkere Orientierung auf die Familie und die Ausprägung eines relativ stabilen Kinderwunsches von ein bis zwei Kindern. In diesem Zusammenhang ist auch die Neigung zu früher Heirat zu sehen, da nur Ehepaare mit Kind(ern) Aussichten auf eine schnelle Wohnraumzuteilung besaßen. Ähnlich muß die hohe Rate und der starke Anstieg der nichtehelichen Geburten gewertet werden, da seit 1976 für alleinstehende Mütter besondere sozialpolitische Maßnahmen bereitstanden. Ein beträchtlicher Anteil der nichtehelich Geborenen sind demnach als Kinder aus Lebensgemeinschaften bzw. als voreheliche Kinder zu betrachten.

Vor diesem Hintergrund aber kann erwartet werden, daß sich der tendenzielle Rückgang der Geburten seit Anfang der 80er Jahre in den neuen Ländern nach der Wiedervereinigung weiter fortsetzen wird. Ursachen hierfür sind sowohl die z.T. beträchtlichen sozialen Unsicherheiten, die noch für längere Zeit aus dem gesellschaftlichen und ökonomischen Umbruch der Jahre 1989/90 resultieren werden, als auch die sich schrittweise erweiternden Wahlmöglichkeiten in der Lebensgestaltung und im Konsum.

Muß nach den Erfahrungen in der DDR – und ähnliches gilt für andere Ostblockstaaten – die Wirkung von bevölkerungspolitischen Maßnahmen, vor allem auch in Form von direkten monetären Transferleistungen zur Steigerung der Geburtenzahlen, als relativ gering eingeschätzt werden, so sind die Erfolgsaussichten einer solchen pronatalistischen Politik unter den ökonomischen und gesellschaftlichen Rahmenbedingungen in der Bundesrepublik Deutschland noch sehr viel skeptischer zu bewerten. Obwohl seit einigen Jahren in der öffentlichen Diskussion immer wieder die Forderung nach gezielten bevölkerungspolitischen Initiativen erhoben wurde, hat man in der Bundesrepublik bisher auf unmittelbare Maßnahmen zur Beeinflussung des Fruchtbarkeitsniveaus und des Heiratsverhaltens verzichtet. Bevölkerungspolitik wurde und wird nur indirekt über sozial- und familienpolitische Maßnahmen als Beitrag zum Familienlastenausgleich betrieben, wobei jedoch geburtensteigernde Nebeneffekte nicht ausgeschlossen werden und durchaus erwünscht sind. Zu diesen familienpolitischen Leistungen zählten in der Vergangenheit u.a. das Kindergeld, verschiedene Steuerfreibeträge und die Einrichtung des Mutterschaftsurlaubs. Mit dem 1. Januar 1986 sind z.T. neue und ergänzende Maßnahmen in Kraft getreten. Es sind dies vor allem (vgl. *Schwarz* 1987, S. 414f.):

– die Gewährung eines Erziehungsgeldes von 600 DM monatlich für insgesamt 10 Monate (ab 1988 12 Monate) mit Beschäftigungsgarantie;
– die Erhöhung des steuerlichen Kinderfreibetrags und die Einführung eines Kindergeldzuschlags bis zu 46,– DM;
– die Anerkennung von Kindererziehungszeiten in der gesetzlichen Altersversicherung.

Die Ergebnisse dieser Initiativen können bisher nicht schlüssig beurteilt werden. So kann nicht völlig ausgeschlossen werden, daß der leichte Wiederanstieg der Geburtenzahlen seit 1985, der nicht nur auf die günstige Altersstruktur, sondern in erster Linie auf eine Änderung des generativen Verhaltens zurückzuführen ist, durch die familienpolitischen Leistungen mitbeeinflußt wurde (*Höhn/Mammey/Wendt* 1990, S. 147). Auf der anderen Seite darf jedoch vermutet werden, daß der Geburtenanstieg der letzten Jahre durch den Zuzug junger Aus- und Übersiedler und deren höhere Geburtenhäufigkeit mitverursacht wurde. Auch wenn zu bezweifeln ist, ob die familienpolitischen Maßnahmen zu einer Änderung des tief in Wertvorstellungen und Lebensstilen verwurzelten generativen Verhaltens führen können, so soll damit jedoch nicht der Sinn und die gesellschaftspolitische Notwendigkeit eines gerechten Familienlastenausgleichs in Frage gestellt werden.

Blickt man schließlich auf die künftige demographische Entwicklung im neuvereinigten Deutschland, so kann, bei aller Schwierigkeit einer Prognose, angenommen werden, daß sich die Fruchtbarkeitsniveaus in den alten und neuen Bundesländern annähern werden, daß dabei jedoch regionale Unterschiede weiter bestehen bleiben und sich kurzfristig sogar verstärken können. Darüber hinaus aber ist davon auszugehen, daß auch die vergrößerte Bundesrepublik Deutschland ihre Einwohnerzahl langfristig nur durch eine permanente Einwanderung wird halten können.

3.1.2 Räumliche Aspekte des Heiratsverhaltens – Beispiele aus Mitteleuropa (*Günter Thieme*)

Die Untersuchung des Heiratsverhaltens gehört zu den angestammten Inhalten der Bevölkerungsgeographie, aber auch benachbarter Disziplinen wie der Anthropologie, der Soziologie oder der Wirtschafts- und Sozialgeschichte.

Im folgenden werden jedoch nicht die im engeren Sinne demographischen Aspekte von Heiraten (Heiratsalter, Heiratshäufigkeit, Scheidungsrate und Wiederverheiratungsquote) behandelt (vgl. dazu Kap. 2.1.2.1). Vielmehr sollen anhand von Beispielen aus Westdeutschland und dem Alpenraum regionale Muster von Heiratsbeziehungen aufgezeigt und interpretiert werden.

Auch bei der Konzentration auf den räumlichen Aspekt des Heiratsverhaltens können durchaus unterschiedliche Schwerpunkte gesetzt werden. Zunächst wurden Heiratsbeziehungen und Heiratskreise, insbesondere in Untersuchungen aus dem Geographischen Institut Innsbruck, als Nachweis der Seßhaftigkeit, Bodenständigkeit und eng gefaßten Nachbarschaftsbeziehungen ländlich-agrarischer Bevölkerungsgruppen angesehen. Bereits in diesen deutlich am Volkstumsgedanken orientierten Arbeiten aus dem Alpenraum wurden Heiratsverflechtungen unter das Gesamtphänomen der Mobilität subsumiert. Spätere Untersuchungen zunächst aus dem angelsächsischen Bereich führten diesen Gedanken fort und sahen Heiratskreise im größeren Zusammenhang von Kontakt- und Informationsfeldern sowie Aktionsräumen – die für diesen Ansatz exemplarische Arbeit von *Morrill/Pitts* (1967) wurde bereits im allgemeingeographischen Teil (Kap. 2.4.2.1) erwähnt.

Unter welcher Zielsetzung man sich auch immer mit räumlichen Aspekten des Heiratens befaßt, stets spielt die Frage der Distanzen eine entscheidende Rolle. Die Schwierigkeiten beginnen jedoch bereits mit der Definition des Distanzbegriffs. Als Alternativen bieten sich die Entfernungen zwischen den

Abb. 3.1.2/1
Anteil der Ehen zweier Ortsgebürtiger im Wipptal (Tirol)
nach: *Penz* 1972, S. 67f.

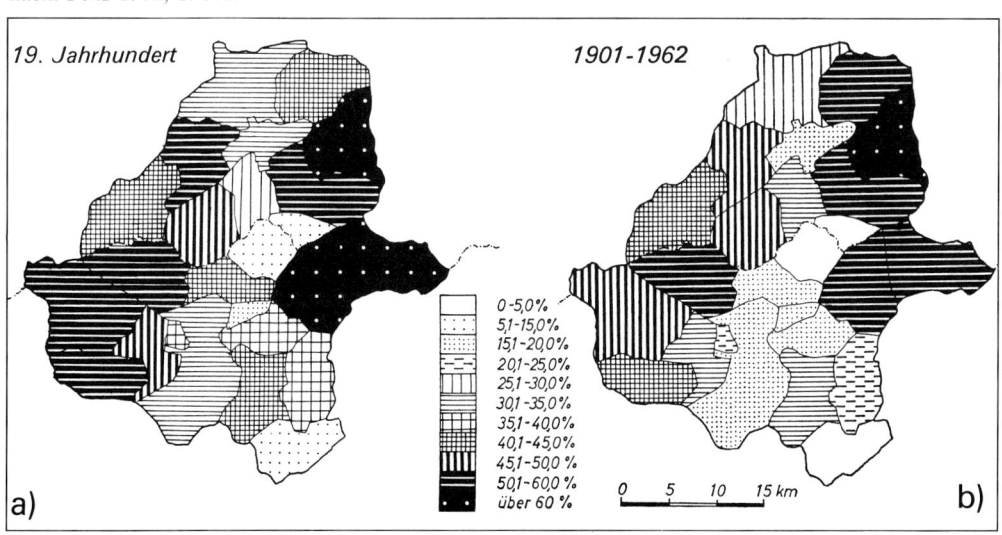

Tab. 3.1.2/1: Heiratskreise einzelner Teilregionen des Wipptals 1801–1962

	Der Heiratskreis des nördlichen Haupttales in Prozent			
	1801–1867	1868–1919	1920–1962	1801–1962
Beide aus dem Ort	35,2	23,4	26,9	29,0
Mann nicht a. d. O.	18,6	19,4	19,7	19,1
Frau nicht a. d. O.	33,8	29,9	30,7	31,6
Beide nicht a. d. O.	12,4	27,3	22,7	20,3
Untersuchte Fälle	1622	1294	1309	4235

	Der Heiratskreis der nördlichen Seitentäler in Prozent			
	1801–1867	1868–1919	1920–1962	1801–1962
Beide aus dem Ort	55,4	57,2	52,7	55,2
Mann nicht a. d. O.	12,0	15,8	21,3	16,2
Frau nicht a. d. O.	26,1	21,2	16,7	21,7
Beide nicht a. d. O.	6,5	5,8	9,3	6,9
Untersuchte Fälle	923	745	780	2448

	Der Heiratskreis des südlichen Haupttales in Prozent			
	1801–1867	1868–1919	1920–1962	1801–1962
Beide aus dem Ort	39,5	24,4	15,6	26,6
Mann nicht a. d. O.	18,7	17,7	23,9	19,7
Frau nicht a. d. O.	30,6	26,0	24,6	27,1
Beide nicht a. d. O.	11,2	31,9	35,9	26,6
Untersuchte Fälle	2469	2434	2390	7293

	Der Heiratskreis der südlichen Nebentäler in Prozent			
	1801–1867	1868–1919	1920–1962	1801–1962
Beide aus dem Ort	58,9	44,9	39,3	48,7
Mann nicht a. d. O.	13,0	16,3	24,4	17,5
Frau nicht a. d. O.	24,1	27,0	23,7	24,8
Beide nicht a. d. O.	4,0	11,8	12,6	9,0
Untersuchte Fälle	1272	989	1016	3277

Quelle: *Penz* 1972, S. 70

Geburtsorten von Braut und Bräutigam bzw. zwischen deren Wohnorten vor der Eheschließung an – die Entscheidung, ob bei der Distanzmessung Luftlinien oder Straßen- bzw. Bahnkilometer erfaßt werden sollen, erscheint demgegenüber sekundär.

In seiner landeskundlichen Monographie über das Wipptal, d.h. die Tiroler Talregion zu beiden Seiten der Brennergrenze, stützt sich *Penz* (1972) entsprechend der Tradition der Innsbrucker Schule auf die Erfassung der Gebürtigkeit. Bei der Erhebung der Geburtsorte aller Eheleute im Untersuchungsgebiet während der Jahre 1801 bis 1962 (vgl. Abb. 3.1.2/1a und 1b sowie Tab. 3.1.2/1) zeigt sich zum einen ein deutlicher Kontrast zwischen Haupttal und Seitentälern. In den abgelegenen

Tab. 3.1.2/2: Heiraten im Siegerland nach Distanzklassen

Distanz von... bis... km	Zeitraum 1855–1859		1895–1896		1970	
	absolut	in % (kum.)	absolut	in % (kum.)	absolut	in % (kum.)
0[1])	1058	36,12	471	34,50	310	18,19
1– 4	957	68,79	231	51,40	311	36,44
5– 9	388	82,04	190	65,31	375	58,44
10– 14	208	89,14	137	75,34	178	68,89
15– 19	98	92,48	79	81,12	103	74,93
20– 24	50	94,18	53	85,00	70	79,04
25– 29	45	95,71	36	87,63	31	80,86
30– 34	15	96,22	29	89,75	21	82,09
35– 39	12	96,62	25	91,58	23	83,44
40– 44	10	96,96	11	92,39	12	84,14
45– 49	10	97,31	12	93,27	13	84,90
50– 59	12	97,72	13	94,22	7	85,31
60– 69	12	98,12	11	95,02	12	86,01
70– 79	7	98,35	10	95,75	14	86,83
80– 89	4	98,49	5	96,12	14	87,65
90– 99	11	98,86	8	96,70	15	88,53
100–149	17	99,44	25	98,53	101	94,46
150–199	5	99,61	9	99,19	38	96,69
200–249	3	99,71	2	99,34	5	96,98
250–299	1	99,73	1	99,41	12	97,68
300–399	4	99,90	4	99,70	14	98,50
400 u. m.	2	100,00	4	100,00	25	100,00
Summe	2929	100,00	1366	100,00	1704	100,00

Quelle: Weber 1977, S. 67
[1]) Heiraten innerhalb der Gemeinden

Nebentälern von Sill und Eisack lag der Anteil sog. endogamer Heiraten, d. h. Verbindungen, in denen beide Ehepartner aus demselben Ort stammten, z. T. bis in die Gegenwart über 50%. Zu ähnlichen Ergebnissen gelangen auch *Furrer* und *Pfenninger* (1983–1985) in ihrer Studie über Schweizer Bergdörfer. In den Gemeinden des Haupttals hat sich dagegen von einem ohnehin niedrigeren Niveau endogamer Ehen deren Anteil bis heute überdurchschnittlich stark reduziert. Die Isolation der Dörfer in den Nebentälern wird noch deutlicher, wenn man bedenkt, daß die Pfarrbezirke dort wesentlich kleiner sind als in den Haupttalgemeinden und somit eigentlich nur ein recht beschränktes ‚Potential' von Ehepartnern am Ort zur Verfügung steht.

Neben der Differenzierung nach Heiraten, die zwischen Ortsgebürtigen bzw. über diesen Kreis hinaus geschlossen werden, interessieren auch die im einzelnen zwischen der Herkunft von Braut und Bräutigam bestehenden räumlichen Distanzen. Einen wiederum recht engen Einzugsbereich ermittelt *Fliri* (1948) in einer bevölkerungsgeographischen Studie, in der er über einen Zeitraum von ca. 300 Jahren (1636–1939) die Trauungs-, Tauf- und Sterbebücher von vier Gemeinden des Unterinntals östlich von Innsbruck auswertete. Danach wurden über den gesamten Bearbeitungszeitraum hinweg 75% aller Heiraten von Personen geschlossen, die aus dem Untersuchungsgebiet selbst stammten, weitere 10% kamen aus einer Entfernung bis 10 km, nur 8% aus einem Distanzbereich über 30 km. Diese Angaben beziehen sich auf die – freilich bis in unser Jahrhundert eindeutig überwiegende – bäuerliche Bevölkerung. Die Heiratskreise der nichtbäuerlichen Eheschließenden reichten weiter.

Über diese allgemeine Erkenntnis der im ländlich-agrarischen Bereich stark eingeschränkten räumlichen Heiratsverflechtungen hinaus sind für die Beurteilung langfristiger Tendenzen des Heiratsverhaltens genauere Angaben über einzelne Perioden sowie auch eine differenziertere Distanzgliederung nötig. Beiden Forderungen entspricht eine detaillierte Untersuchung über die Rolle der Heiratsverflechtungen als Indikator der sozialräumlichen Entwicklung des Siegerlandes (*Weber* 1977). *Weber* berechnete den Anteil der Heiraten in 22 Distanzklassen für einen Zeitraum vor der eigentlichen Industrialisierung (1855–1859), einer Periode zur Zeit der Hochindustrialisierung (1895–1896) und ein Jahr der voll entwickelten modernen Industriegesellschaft (1970).

Zunächst fällt auf, daß sich die durchschnittlichen Heiratsdistanzen, hier gemessen als Entfernung zwischen den Wohnorten von Braut und Bräutigam vor der Eheschließung, seit der Mitte des 19. Jahrhunderts beträchtlich ausgeweitet haben (vgl. Tab. 3.1.2/2). Der Anteil von Heiraten zwischen Ehepartnern aus demselben Ort reduziert sich auf die Hälfte, und der Distanzbereich, innerhalb dessen 90% aller Ehen geschlossen werden, steigt von 15 km (1855–1859) über 35 km (1895–1896) auf genau 100 km (1970). Dennoch ist aber ein deutlicher Intensitätsabfall der Heiratsverflechtungen mit wachsender Distanz auch in der Gegenwart zu beobachten. Diese Ausweitung der Heiratsdistanzen kann – im Gegensatz zu den Ergebnissen von Untersuchungen in peripher-ländlichen Gebieten Frankreichs (*Ogden* 1974, *Perry* 1977) nicht durch Verminderung der Möglichkeiten erklärt werden, am Ort einen geeigneten Ehepartner zu finden. Das Siegerland hat im Unterschied zu den Verhältnissen im französischen Zentralmassiv während des gesamten Untersuchungszeitraums z. T. deutliche Bevölkerungsgewinne zu verzeichnen.

Die Verteilung von Heiraten auf Distanzklassen ist sicherlich ein gut geeignetes Verfahren zur Beschreibung räumlicher Strukturen des Heiratens. Mittelwerte, insbesondere das arithmetische Mittel, können stark durch Extremwerte beeinflußt werden und geben in der Regel die Distanzabhängigkeit der Heiraten nur unvollkommen wieder. Es empfiehlt sich daher, bei der Berechnung mittlerer Heiratsentfernungen nicht nur das arihemtische Mittel, sondern auch den Median (d.h. den Wert, der die nach ihrer Größe geordneten Heiratsdistanzen in zwei gleich große Teile gliedert) bzw. das obere und untere Quartil (Vorgehen analog wie beim Median, aber Einteilung der Fälle in vier gleich große Teile) zur Interpretation heranzuziehen.

Tab. 3.1.2/3 stellt diese verschiedenen ‚mittleren Werte' der Heiratsdistanzen für die Gemeinde Weeze/Niederrhein im Zeitraum von 1878 bis 1978 einander gegenüber (vgl. *Thieme* 1980). Ähnlich wie bei den Untersuchungen von *Weber* im Siegerland zeigt sich auch hier, daß einerseits ein großer Teil der Heiraten in einem recht engen Bereich geschlossen wird (das untere Quartil liegt beständig bei Null, der Medianwert schwankt nur zwischen 3 und 5 km). Andererseits ist aber auch hier in jüngster Zeit festzustellen, daß ein gewisser Teil der Heiratsdistanzen den Nahbereich deutlich überschreitet. Die empirischen Fallstudien bestätigen demnach die These, daß die räumliche Distanz zwar eindeutig als limitierender Faktor der Heiratsbeziehungen anzusehen ist, daß dieser Einfluß jedoch vor allem in den letzten Jahrzehnten an Bedeutung verloren hat.

Tab. 3.1.2/3: Arithmetisches Mittel, Median und Quartile der Heiratsdistanzen in der Gemeinde Weeze 1878–1978

Zeitraum	Arithm. Mittel I	Arithm. Mittel II[1])	Unteres Quartil	Median	Oberes Quartil
1878–1898	7,46	7,46	0	3	9
1903–1918	10,23	9,34	0	5	13
1923–1943	17,79	9,24	0	4	9
1948–1963	11,75	9,49	0	3	9
1968–1978	40,58	13,02	0	5	18

Quelle: Thieme 1980, S. 63
[1]) ohne Berücksichtigung von Distanzen >100km

Es liegt nahe, sowohl die grundsätzliche Konstanz der Heiratsfelder als auch die jüngste Ausweitung der Heiratsdistanzen in Zusammenhang mit den Kontaktfeldern und Aktionsreichweiten der jeweiligen Bevölkerung zu bringen. Die Entfernung zwischen den Ehepartnern ist aus dieser Sicht nicht zuletzt als ein Indikator für die Wahrscheinlichkeit von Sozialkontakten anzusehen.

Im Nachbarschafts- und Nahbereich werden sich die häufigen, zunächst flüchtigen und unbeabsichtigten Kontakte tendenziell öfter zu dauerhaften Beziehungen bis hin zur Heirat entwickeln als dies bei Kontakten auf größere Distanz der Fall ist. Sowohl in ländlichen als auch in städtischen Regionen waren bis zur Entwicklung eines leistungsfähigen Verkehrsnetzes im Verlaufe der Industrialisierung die Aktionsradien der Bevölkerung eng begrenzt. Nach *Perry* (1969) war das Kontaktfeld zumindest der Unterschicht im viktorianischen England durch die Entfernung begrenzt, die man (im Hin- und Rückweg) zu Fuß nach Beendigung der täglichen Arbeitszeit zurücklegen konnte, eine These, die ohne weiteres auf die Verhältnisse in Deutschland übertragen werden kann.

Wenn sich auch diese Aktionsreichweite an arbeitsfreien Fest- und Feiertagen vergrößerte, so kann man doch davon ausgehen, daß die erste spürbare Erweiterung des Kontaktfeldes weiter Teile der Bevölkerung nicht vor dem Ausbau des Eisenbahnnetzes zustande kam. Das Siegerland mag hier abermals als Beispiel dienen (vgl. *Weber* 1977, S. 63). Der Vergrößerung des Eisenbahnnetzes von knapp 75 km Streckenlänge (0,11 km/km^2) im Jahre 1861 auf über 175 km (0,27 km/km^2) 1895 entsprach im gleichen Zeitraum eine merkliche Ausweitung der Heiratskreise. Die anschließende Schrumpfung des Eisenbahnnetzes auf knapp 160 km (0,24 km/km^2) bis 1970 wurde durch die außergewöhnlich starke Expansion des privaten Kraftfahrzeugverkehrs mehr als kompensiert. Im Gegensatz zur Eisenbahn ist das Automobil zu einer nahezu flächendeckenden Raumerschließung in der Lage und bewirkt auf diese Weise zumindest potentiell eine beträchtliche Erweiterung der Aktionsradien.

Daß die reale Vergrößerung der Heiratsentfernungen mit diesen exponentiell wachsenden Möglichkeiten der Kontaktaufnahme nicht Schritt hält, kann kaum verwundern. Die mehr oder minder flüchtige Kommunikation mit anderen Menschen in größeren Distanzbereichen reicht in ihrer Intensität in der Mehrzahl der Fälle nicht aus, um eine länger andauernde Beziehung, die sogar zur Heirat führt, zu begründen. Heiraten scheinen dagegen auch heute noch primär vom Erfahrungs- und Handlungsraum in relativ geringen Distanzen bestimmt zu sein.

Die immer wieder zu beobachtende Tatsache, daß die Intensität der Heiratsverflechtungen, wenn auch in regionaler und zeitlicher Variation, mit wachsender Entfernung abnimmt, hat zu vielfältigen Versuchen geführt, diese Distanzabhängigkeit mathematisch zu erfassen. Dabei wird die Zahl der Heiraten (H) als mathematische Funktion der Distanz der Wohnorte beider Partner dargestellt: $H = f(d)$. Im einfachsten Fall einer linearen Abhängigkeit ergäbe sich die Gleichung $H = a + bd$ oder, allgemeiner formuliert, $y = a + bx$, wobei die Gerade durch den Abschnitt a auf der y-Achse und die (beim vorliegenden Sachverhalt durchweg negative) Steigung b eindeutig bestimmt wird. Es zeigt sich jedoch, daß gerade derartige Distanzfunktionen gewöhnlich nicht linear sind, so daß eine (meist logarithmische) Transformation notwendig ist, um die Funktion als Gerade darstellen zu können. Dabei erweist sich generell die sog. homogene Potenzfunktion bzw. Pareto-Funktion als zur Beschreibung der Verteilung am besten geeignet. Die Pareto-Funktion $y = ax^b$, wobei wiederum y die Zahl der Heiraten und x die Heiratsdistanz in Kilometern angibt (a und b sind durch Regressionsanalyse zu schätzende Parameter), wird durch doppelt logarithmische Transformation zur Geraden $\ln y = \ln a + b \ln x$ (zur Berechnung vgl. *Bahrenberg* und *Giese* 1975, S. 175ff.).

In der bereits erwähnten Arbeit über das Heiratsverhalten im Siegerland ergeben sich für die drei untersuchten Zeiträume folgende Distanzfunktionen:

1855–1859 $\ln y = 5{,}85 - 2{,}099 \ln x$
1895–1896 $\ln y = 4{,}88 - 1{,}980 \ln x$
1970 $\ln y = 5{,}14 - 1{,}569 \ln x$.

Entscheidend für die Interpretation ist der Wert des Parameters b, der die Steigung der Geraden bestimmt: hohe absolute Werte für b entsprechen einem steilen Distanzgradienten, niedrige Werte lassen auf eine geringe Distanzempfindlichkeit schließen. Dabei zeigt sich hier ein im Laufe der Zeit zunehmend flacher Verlauf der Distanzgradienten und somit offensichtlich eine Zunahme der Heiraten in mittlerer und größerer Entfernung (*Weber* 1977, S. 68).

Unter den Faktoren, die die Distanz der früheren Wohnorte der Ehepartner beeinflussen, kommt neben der Bevölkerungsverteilung und Siedlungsstruktur (vgl. *Fliri* 1948, S. 80) und dem Heiratsalter (vgl. *Coleman/Haskey* 1986, S. 348 ff.) vor allem auch dem sozialen Status große Bedeutung zu. Diese Beobachtung entspricht einer der Basishypothesen der modernen Sozialgeographie, nämlich der Vorstellung gruppenspezifischer Aktionsreichweiten.

In manchen Studien zum Heiratsverhalten beschränkt sich die Differenzierung der sozialen Gruppen auf eine Unterscheidung zwischen Landwirten und Nichtlandwirten (*Furrer/Pfenninger* 1983–1985), *Martin* 1977). Mindestens seit der Zeit nach dem Ersten Weltkrieg wird jedoch eine solch grobe Einteilung der gesellschaftlichen Realität nicht mehr gerecht. Der nichtlandwirtschaftliche Bereich muß also weiter untergliedert werden, oder, bei allgemeinem Zurücktreten des bäuerlichen Elements, die Landwirte müssen in ein allgemeines Modell sozialer Schichtung integriert werden.

Bei den Heiratsdistanzen der verschiedenen Sozialgruppen sind beträchtliche Unterschiede zu erwarten (vgl. zum folgenden *Thieme* 1980, S. 68 f.). Für Landwirte wird generell eine starke räumliche Beschränkung der Heiratskreise angenommen. Diese Gruppe erscheint mit ihrer Umgebung emotional in besonderer Weise verwurzelt, durch die Bindung an den Hof in ihrer Aktionsreichweite eingeschränkt und zudem oft durch konkrete betriebliche Interessen (Arrondierung, Betriebsvergrößerung) auf einen Ehepartner in der engeren oder weiteren Nachbarschaft angewiesen. Während bei Arbeitern und Handwerkern nur geringfügig weitere Heiratsentfernungen zu erwarten sind, ist bei Angehörigen höherer Sozialschichten ein klarer Trend zu größeren Heiratsentfernungen wahrscheinlich. Dies ist wegen des allgemein weiter gespannten Kommunikationsnetzes dieser Gruppe ebenso zu erwarten wie aufgrund der Schwierigkeit dieser meist relativ kleinen Sozialschicht, im Lokalbereich einen „angemessenen", d. h. sozial gleichstehenden Partner zu finden.

Tab. 3.1.2/4: Durchschnittliche Heiratsdistanzen der Sozialschichten im Siegerland

	1855–1859	1895–1896	1970
Sozialschicht 1	31,78	27,90	73,37
Sozialschicht 2	11,07	10,55	20,40
Sozialschicht 3	6,68	8,45	18,33
Sozialschicht 4	4,18	6,33	11,92
Gesamt	7,68	9,04	21,28

Sozialschicht 1: akademisch-vorgebildete Berufe oder solche Berufe, die eine führende Position in der gesellschaftlichen Schichtung erkennen lassen, sowie gehobene mittlere Berufe (z.B. Fabrikanten, Gewerken, Ärzte, Lehrer, Pfarrer, Studenten an Universitäten und Fachhochschulen, Ingenieure, Landlehrer); hohes bis sehr hohes Einkommen

Sozialschicht 2: gelernte Berufe, bei denen auf eine verantwortliche Funktion zu schließen ist (mittlere Angestellte, Industriemeister, Steiger); mittleres Einkommen

Sozialschicht 3: alle gelernten Berufe in abhängiger Stellung (z.B. Bergleute, Facharbeiter, niedere Angestellte, aber auch Kleinbauern); unterdurchschnittliches Einkommen

Sozialschicht 4: ungelernte bzw. angelernte Berufe (z.B. Landmann, Tagelöhner, Hilfsarbeiter); geringes bis sehr geringes Einkommen

Quelle: Weber 1977, S. 73

Die Resultate der bereits erwähnten Gemeindestudie am Niederrhein bestätigen im großen und ganzen diese Hypothesen. Insbesondere fallen die seit dem späten 19. Jahrhundert bis zur Gegenwart deutlich überdurchschnittlichen Heiratsdistanzen der höheren Sozialschichten auf. Die Heiratskreise der landwirtschaftlichen Bevölkerung und der Arbeiter unterscheiden sich dagegen kaum: Lediglich Ende des vorigen Jahrhunderts zeichnen sich Landwirte durch signifikant geringere Heiratsdistanzen aus.

Diese Befunde liegen auf einer Linie mit den Untersuchungen, die *Weber* im allerdings schon im 19. Jahrhundert bedeutend stärker industrialisierten Siegerland durchführte (Tab. 3.1.2/4). Es bot sich daher hier die Orientierung an einem einheitlichen Schichtungsmodell an. In der Tat weisen die Heiratsdistanzen eine recht enge Beziehung zum sozialen Status auf. In allen Untersuchungszeiträumen ist ein Abfall der durchschnittlichen Heiratsentfernungen von der höchsten zur niedrigsten Sozialschicht zu beobachten, wobei die Extreme (Sozialschichten 1 und 4) sich besonders deutlich von den mittleren Gruppen abheben.

Der rein geometrisch-distanzielle Aspekt des Heiratsverhaltens vermittelt zweifellos wertvolle Erkenntnisse über die Entwicklung von Kontaktfeldern und Aktionsreichweiten in zeitlicher Entwicklung und sozialer Differenzierung und ermöglicht auch Analogieschlüsse für die Gestaltung von Migrationsfeldern oder die Ausbreitung von Neuerungen/Innovationen. Dennoch sollte neben der Ermittlung von durchschnittlichen Heiratsdistanzen und Distanzgradienten die konkrete Gestaltung von Heiratsverflechtungen nicht vernachlässigt werden, die meist von der modellhaften Kreisringstruktur abweicht und eine deutliche Bevorzugung bestimmter Heiratsrichtungen erkennen läßt. Die Faktoren, die eine Modifizierung der idealtypischen Distanzabfolge bewirken, reichen von physischen

Abb. 3.1.2/2
Die Heiratsbeziehungen innerhalb des Wipptals 1801–1962
aus: Penz 1972, S. 77f.

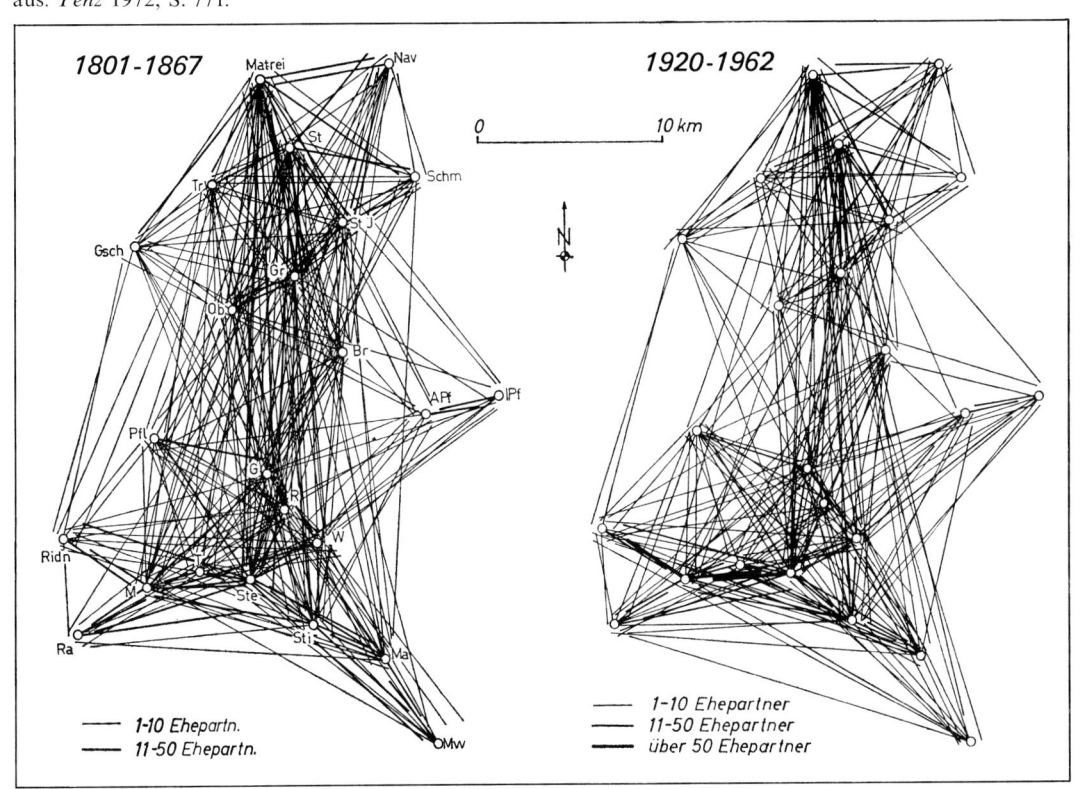

Barrieren über bestimmte Merkmale der Bevölkerungsverteilung bis zu politischen und soziokulturellen Gegebenheiten. Sie überlagern sich zudem häufig in ihrer Wirkung, so daß es schwer ist, die Gestaltung des Heiratsfeldes durch den Effekt eines einzelnen Einflußfaktors zu erklären.

In manchen Räumen prägt bereits die Gestaltung des Reliefs die Heiratsverflechtungen entscheidend. Dies trifft insbesondere für abgelegene, schwer zugängliche Gebirgsregionen zu, wie von *Winkler* (1973, S. 86 ff.) für das Martelltal in Südtirol geschildert. Neben Gebirgszügen wirken auch andere physische Leitlinien als die Heiratskreise einschränkende Faktoren. Hier ist beispielsweise die trennende Wirkung größerer Flüsse zu nennen: Die Analyse der Heiratsbeziehungen der Gemeinde Weeze am linken Niederrhein von der Hochindustrialisierung bis in die Gegenwart zeigt sehr deutlich die Barrierewirkung des Rheins nicht nur im späten 19. Jahrhundert, sondern auch unter den Bedingungen der modernen Verkehrserschließung (vgl. *Thieme* 1980, S. 68).

Bislang war vorwiegend von Verhältnissen die Rede, die zur Begrenzung oder doch Reduzierung der Heiratsverflechtungen führen. Gute Verkehrsverbindungen sowie ein entsprechendes Bevölkerungspotential können umgekehrt eine Verdichtung der Heiratsbeziehungen entlang bestimmter Siedlungsachsen bewirken. Dieses Phänomen zeigt sich bereits in einem so kleinen Gebiet wie dem schon erwähnten Wipptal. Während vor dem Bau der Brennereisenbahn ein sehr vielfältiges Geflecht von Heiratsbeziehungen zwischen fast allen Gemeinden des Untersuchungsgebiets zu beobachten war, konzentriert sich das Heiratsgeschehen im 20. Jahrhundert zunehmend auf die Gemeinden des Haupttals (vgl. Abb. 3.1.2/2). Neben der besseren Verkehrserschließung des Haupttals ist bei dieser Entwicklung sicher auch der besonders in der zweiten Hälfte unseres Jahrhunderts unverkennbare Bevölkerungsverlust der Gebirgsregionen beteiligt.

Äußerst wichtig zur Erklärung der Muster von Heiratskreisen ist die Kenntnis der konfessionellen Verhältnisse sowie unter Umständen auch alter Territorialstrukturen. Das Siegerland und seine Randbereiche bieten mit ihrer differenzierten territorialen Vergangenheit und entsprechenden konfessionellen Verhältnissen ein gutes Beispiel für die Persistenz historischer Strukturen. Noch heute

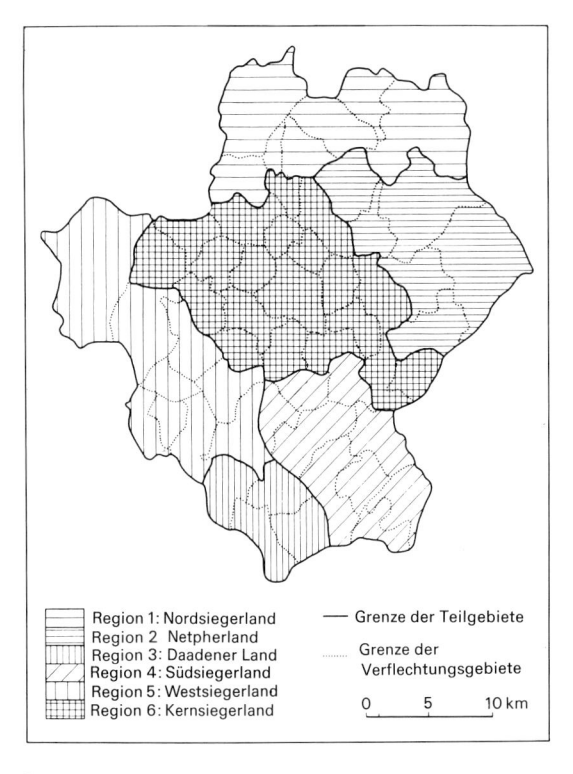

Abb. 3.1.2/3
Heiratsregionen im Siegerland 1970
aus: *Weber* 1977, S. 95.

Abb. 3.1.2/4
Konfessionsverhältnisse
im Siegerland 1970
aus: *Weber* 1977, S. 51.

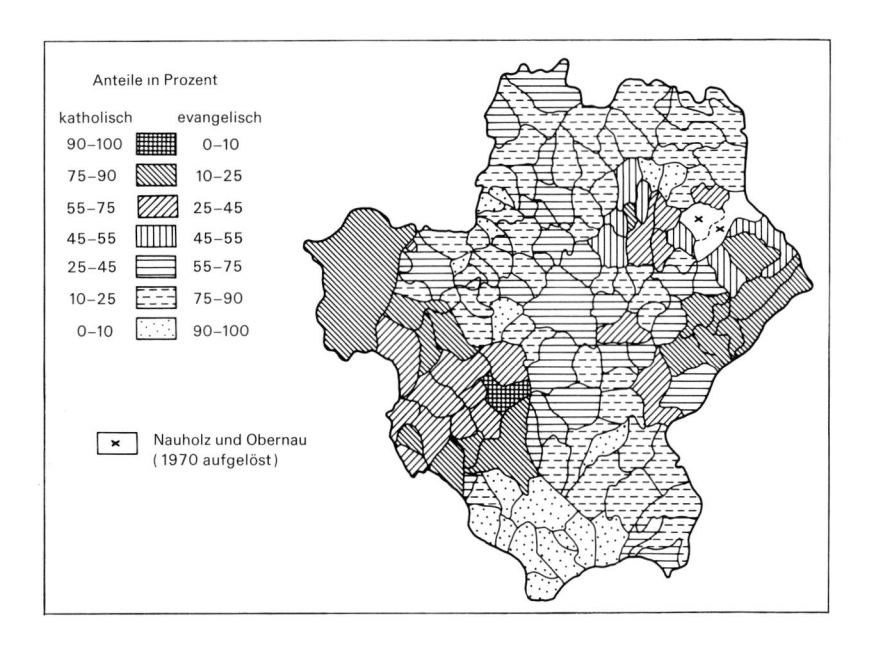

ähneln die Regionen typischer Heiratsverflechtungen (vgl. Abb. 3.1.2/3) in verblüffender Weise den territorialgeschichtlich angelegten Konfessionsverhältnissen (Abb. 3.1.2/4). Diese Regionen wurden durch die Zusammenfassung der Heiratsverflechtungen mit Hilfe des multivariaten statistischen Verfahrens der Faktorenanalyse erzeugt, auf das hier jedoch nicht eingegangen werden soll.

3.2 Räumliche Bevölkerungsbewegungen

3.2.1 Wanderungen griechischer Gastarbeiter in der Bundesrepublik Deutschland (*Hans Böhm*)

Viele Untersuchungen, die sich mit dem Problem großräumiger Arbeiterwanderungen befaßt haben, verwenden zur Beschreibung und Erklärung der Migration push-pull-Modelle (2.2.2.2). Sie orientieren sich damit am Gleichgewichts-Paradigma der strukturell-funktionalen Gesellschaftstheorie, aus deren Sicht die Arbeiterwanderung einen Prozeß darstellt, der Ungleichgewichte der wirtschaftlichen bzw. gesamtgesellschaftlichen Entwicklung auf quasinatürliche Weise ausgleicht. So verweisen fast alle ex-post-Erklärungen der internationalen Arbeiterwanderungen des Zeitraums 1960–1973 auf den sehr hohen ‚Erklärungsgehalt' konjunktureller Schwankungen und damit verbundener Nachfrageveränderungen auf dem deutschen Arbeitsmarkt. In die Argumentation einbezogen werden in der Regel die von der Bevölkerung individuell sehr deutlich wahrgenommenen Lohnunterschiede zwischen dem Herkunftsland und der Zielregion einer potentiellen Migration. Alle Versuche, auf dieser Basis und durch möglichst umfassende Operationalisierung von pull- und push-Faktoren eine Erklärung des Migrationsverhaltens der Gastarbeiter für den Zeitraum nach 1973 zu finden, blieben letztlich unbefriedigend (vgl. *Bürkner/Heller/Unrau* 1988), weil nichts über die Ursachen der angezeigten Entwicklungsunterschiede bzw. der Rückständigkeit der Entsendeländer ausgesagt werden konnte.

Einen diesbezüglichen Erklärungsansatz vermittelt die Theorie der strukturellen Abhängigkeit, deren Zentrum-Peripherie-Relation hier als deskriptive Kategorie benutzt werden soll, um die abhängige Entwicklung Griechenlands und die damit verbundene Arbeitsemigration aufzuzeigen. Wesentliche regionale Unterschiede des griechischen Wirtschaftsraumes resultieren aus osmanischer Zeit, in der sich in den fruchtbaren Ebenen Thessaliens, Zentralgriechenlands, Euböas, Makedoniens und Thra-

kiens ein Großgrundbesitz der türkischen Oberschicht herausbildete. Gleichzeitig festigte sich auf den Inseln und in den gebirgigen Regionen des Landes ein kleinbäuerlicher Besitz. Im Bereich des türkischen Großgrundbesitzes waren bis ins 19. Jahrhundert keine nennenswerten Veränderungen der Bevölkerungs- und Wirtschaftsstruktur zu verzeichnen. Außerhalb dieses Einflusses setzte, vor allem auf den Inseln und in den Gebirgsregionen, abhängig von rasch steigenden Bevölkerungszahlen schon früh eine Erwerbsorientierung auf außeragrarische Bereiche (Handel, Handwerk, Schiffahrt) und eine Abwanderung eines Teils der Bevölkerung in die großen Städte West-, Mittel-, Osteuropas, Kleinasiens und Ägyptens ein. Hier, und nicht in den wenigen stark agrarisch orientierten Städten, entstand eine griechische Bourgeoisie, die bis ins 19. Jahrhundert den Handel im Mittelmeerraum bestimmte und wesentlich dazu beitrug, englische, französische und deutsche Industrieprodukte in den Anrainerstaaten des Mittelmeeres zu vermarkten. Nach Gründung des neugriechischen Staates im Jahr 1832 trug das Investitionsverhalten der Auslandsgriechen entscheidend zu einer Peripherisierung weiter Teile des Landes bei. Von der neugriechischen Verwaltung, die zur Sanierung der Staatsfinanzen dringend Kapital benötigte, erwarben sie in Zentralgriechenland große Teile des vormals türkischen Großgrundbesitzes und bewirkten dadurch eine nachhaltige Refeudalisierung sowie eine Stabilisierung des Gegensatzes von extensiv bewirtschafteten Landgütern und kleinen Subsistenzwirtschaften. Unter Einschluß der bis zum Ersten Weltkrieg eingegliederten Teile Mittel- und Nordgriechenlands umfaßte dieser Großgrundbesitz 30–40% der anbaufähigen Fläche des Landes (*Luetkens* 1981).
Im außeragrarischen Bereich fand eine Konzentration des nationalen Kapitals in Handels- und Schiffahrtsgesellschaften statt, und nur in ganz geringem Umfang wurde in den Aufbau einer nationalen Industrie investiert. Die bereits seit Ende des 19. Jahrhunderts geforderte Auflösung des Großgrundbesitzes wurde nach der kleinasiatischen Katastrophe von 1922 vordringlich, nachdem ca. 1,5 Mio griechische Flüchtlinge im Bereich des um Thrakien erweiterten Staatsgebietes aufgenommen werden mußten (Abb. 3.2.1/1). Die zwischen 1917 und 1936 eingeleitete Landreform ermöglichte zwar auf ca. 1,7 Mio ha Ackerland eine Ansiedlung von ca. 300 000 Bauernfamilien, führte aber nicht zu durchgreifenden Entwicklungsimpulsen in der Landwirtschaft, da sich die Wirtschaftsflächen aus einer Vielzahl von Kleinstparzellen in Streulage zusammensetzten und die Betriebsgrößen viel zu klein waren. Um sich neben der Selbstversorgung eine Existenzgrundlage zu verschaffen, nahmen viele Flüchtlingsfamilien angesichts des Tabakbooms nach 1923 den ihnen bekannten Anbau von Tabak auf oder beteiligten sich an dessen Verarbeitung bzw. Vermarktung. Sie gerieten dadurch ähnlich wie der Großgrundbesitz, der sich auf Baumwollanbau spezialisierte, in starke Abhängigkeit von den schwankenden Weltmarktpreisen.
Die begrenzt verfügbaren Siedlungsflächen und die berufliche Zusammensetzung der Flüchtlinge machten eine Eingliederung in den ländlichen Bereich schwierig. Mehr als die Hälfte von ihnen hatte eine außerlandwirtschaftliche Ausbildung und suchte daher Unterkunft und Arbeit in den Städten, insbesondere in Athen, Piräus, Thessaloniki, Komotini, Drama, Serres, Kavala, Xanthi und Volos (*Banco* 1976). Auf diese Weise wurde den griechischen Städten ein relativ qualifiziertes Arbeitskräftepotential zugeführt, das verbunden mit dem im europäischen Rahmen relativ niedrigen Lohnniveau für ausländische Kapitalanlagen einen komparativen Standortvorteil darstellte. Daher kam es in den 20er Jahren zunehmend zur Gründung von Industriebetrieben, die hinsichtlich ihrer Produktion, insbesondere im Großraum Athen, weniger von den Bedürfnissen des griechischen Binnenmarktes als vielmehr von den Erfordernissen der Kapitalgeberländer bestimmt waren. Diese abhängige Entwicklung verstärkte sich in den Folgejahren sowohl im agrarischen wie im außeragrarischen Bereich und bewirkte innergriechisch eine wachsende Polarisierung zwischen dem Großraum Athen und den übrigen Landesteilen.
Die aufgrund der Industrieansiedlung erwarteten Sekundäreffekte blieben aus, da die hochtechnisierten Anlagen einen geringen Beschäftigungseffekt hatten, überwiegend an den zentralen Standorten errichtet wurden und deswegen nicht in der Lage waren, die Unterbeschäftigung im Agrarsektor der peripheren Regionen Griechenlands aufzufangen (vgl. u. a. *Heller* 1982). Die Folge war eine Verschär-

Abb. 3.2.1/1
Flüchtlingszustrom nach Griechenland in den Jahren vor und nach 1922 aus: *Banco* 1976, Abb. 20.

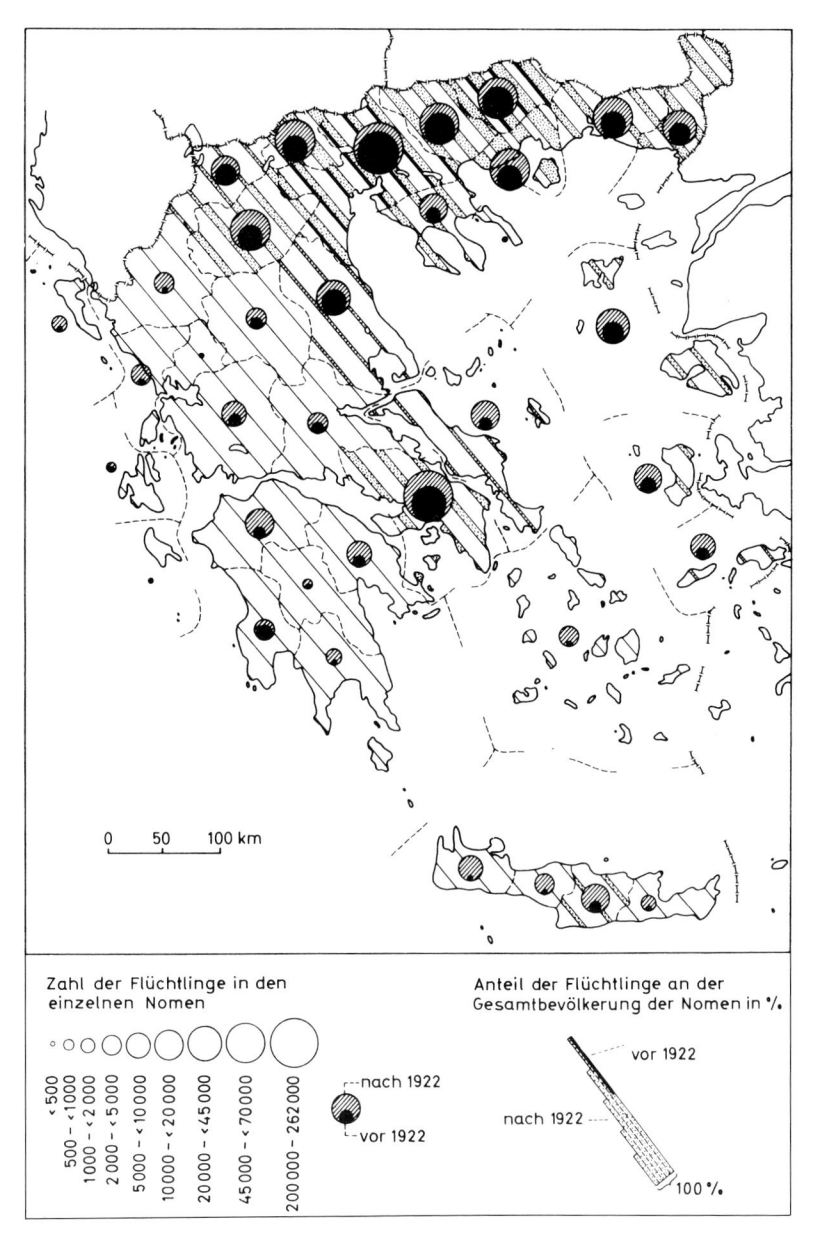

fung der dualen Regional- und Wirtschaftsstruktur mit modernen, überwiegend exportorientieren, räumlich konzentrierten, hochproduktiven Industriebetrieben auf der einen Seite und dem dispers verteilten traditionellen Sektor andererseits mit vielen unproduktiven, maschinell schlecht ausgestatteten Handwerks- und Kleinindustriebetrieben, an die die Masse der nichtlandwirtschaftlichen Arbeitskräfte des Landes gebunden war, und einem marginalen Dienstleistungssektor, der für die Bevölkerung in den Städten vielfach die einzige Alternative zur Arbeitslosigkeit darstellte.

In der Arbeitsmigration sahen viele Griechen eine Möglichkeit, die aus der abhängigen Entwicklung resultierenden wirtschaftlichen und sozialen Probleme auf persönlicher Ebene zu lösen. Die mit Beginn der 60er Jahre von unter 10 000 auf über 85 000 Personen jährlich anwachsende europäische Arbeitsmigration ersetzte aber keineswegs die seit dem ausgehenden 19. Jahrhundert für Mittel- und

Tab. 3.2.1/1: Emigration aus Griechenland[1]) nach Zielen 1821–1977

Jahre	Ziele Total	USA	andere Übersee[2])	Europa[3])	Europa darunter BRD
1821–1830	20	20	–	–	–
1831–1840	49	49	–	–	–
1841–1850	16	16	–	–	–
1851–1860	31	31	–	–	–
1861–1870	72	72	–	–	–
1871–1880	213	210	3	–	–
1881–1890	2.310	2.308	2	–	–
1891–1895	5.790	5.790	–	–	–
1896–1900	11.189	11.189	–	–	–
1901–1905	51.479	49.962	1.517	–	–
1906–1910	122.034	117.557	4.477	–	–
1911–1915	128.521	118.916	9.605	–	–
1916–1920	67.598	65.285	2.313	–	–
1921–1925	50.531	42.323	8.208	–	–
1926–1930	40.838	27.352	13.486	–	–
1931–1935	14.797	11.363	3.434	–	–
1936–1940	15.703	10.540	5.163	–	–
1941–1945	–	–	–	–	–
1946	1.558	1.326	232	–	–
1947	4.901	2.571	2.330	–	–
1948	4.819	2.047	2.772	–	–
1949	4.263	1.483	2.780	–	–
1950	4.635	1.890	2.745	–	–
1951	14.155	8.930	5.225	–	–
1952	6.640	2.155	4.485	–	–
1953	8.820	1.320	7.500	–	–
1954	18.682	3.487	15.195	–	–
1955	29.787	6.896	12.870	10.021	679
1956	35.349	8.982	14.165	12.202	–
1957	30.428	1.807	12.976	15.645	1.455
1958	24.521	3.870	10.972	9.679	1.975
1959	23.684	2.528	11.343	9.813	2.543
1960	47.768	3.561	14.203	30.004	21.532
1961	58.837	3.471	13.865	41.501	31.107
1962	84.054	4.460	17.499	62.095	49.532
1963	100.072	4.564	19.895	75.613	64.662
1964	105.569	2.890	22.437	80.242	73.343
1965	117.167	2.782	26.253	88.132	80.569
1966	86.896	12.193	20.900	53.803	45.494
1967	42.730	11.778	14.545	16.407	9.730
1968	50.866	9.839	16.052	24.975	20.201
1969	91.552	12.716	15.709	63.127	59.449
1970	92.681	11.484	12.669	68.528	65.285
1971	61.745	8.275	10.415	43.055	40.052
1972	43.397	6.613	6.626	30.158	26.693
1973	27.525	6.028	5.678	15.819	12.838
1974	24.448	6.347	6.033	12.068	8.259
1975	20.330	4.567	4.239	11.524	7.338
1976	20.374	4.180	3.975	12.219	6.829
1977[4])	16.510	3.027	2.815	10.668	9.756

Quellen: Statistical Yearbook of Greece 1973, S. 41/1975, S.67/1983, S. 45; *Luetkens* 1981, S. 208; *Kilzer* 1984, S. 28

[1]) in seinen jeweiligen Grenzen
[2]) vor allem: Australien, Brasilien, Kanada, Kuba, Südafrika
[3]) Nordwesteuropa (vor allem BRD) und andere Mittelmeerländer
[4]) 1977 nur bis September, ab Oktober 1977 wurde die Erfassung der Emigranten und Remigranten eingestellt

Südgriechenland charakteristische Überseewanderung in die USA, nach Kanada, Australien, Südafrika und Lateinamerika. Dies belegen die auch nach 1960 recht konstanten Zahlen der griechischen Überseewanderung (Tab. 3.2.1/1). Aufgrund der erst nach 1913 erfolgten Eingliederung in den griechischen Staatsverband und einer bis Ende der 50er Jahre durch den Tabakanbau relativ gesicherten Existenz hatte sich in den Nordprovinzen im Gegensatz zu Südgriechenland keine nennenswerte überseeische Auswanderungstradition ausgebildet. Erst die Tabakkrise Anfang der 60er Jahre, die durch den rapiden Verfall der Weltmarktpreise für Orienttabake – bedingt durch veränderte Konsumgewohnheiten zugunsten amerikanischer Tabaksorten – ausgelöst wurde, gab den entscheidenden Anstoß für eine Massenauswanderung aus den nördlichen Verwaltungsbezirken Griechenlands (Abb. 3.2.1/2). Die u.a. durch das griechische Arbeitsministerium gelenkte Auswanderung konzentrierte sich auf den nordwesteuropäischen und seit 1960 zu über 80% auf den westdeutschen Arbeitsmarkt. Die Aufbruchsentschlüsse wurden somit nicht, wie dies von *Bartels* (1968) für türkische

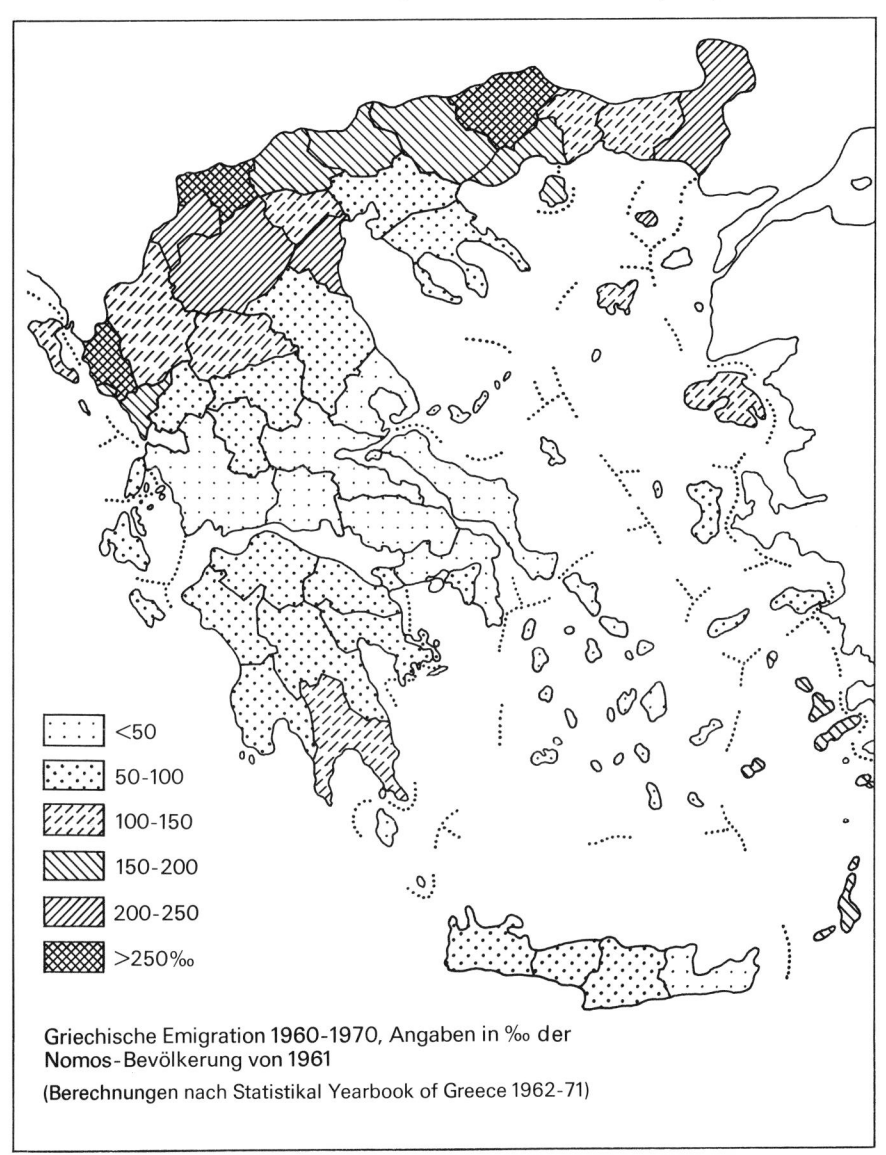

Abb. 3.2.1/2 Griechische Emigration 1960–1970, Angaben in ‰ der Nomos-Bevölkerung von 1961 aus: *Rosskopp* 1979, S. 114.

Griechische Emigration 1960-1970, Angaben in ‰ der Nomos-Bevölkerung von 1961
(Berechnungen nach Statistikal Yearbook of Greece 1962-71)

<50
50-100
100-150
150-200
200-250
>250‰

Gastarbeiter der Region Izmir nachgewiesen wurde, über ein großstädtisches Innovationszentrum gesteuert. Auch ging der Auswanderung nach Westeuropa nur in wenigen Fällen eine Land-Stadt-Wanderung voraus (*Heller* 1979; *Kilzer/Papathemelis* 1984). Selbst für die nicht unbeträchtliche Zahl der Athener Emigranten konnte *Kayser* (1964) nachweisen, daß die Mehrzahl von ihnen schon sehr lange in Athen ansässig war. Zu den Pionieren der nordgriechischen Arbeitsemigration gehörten Verwandte und Bekannte von Griechen, die während des Zweiten Weltkrieges in deutschen Fabriken gearbeitet hatten. Sie entstammten jenen Agrargemeinden der Berg- und Hügelländer, in denen „die Tabakkrise zu den krassesten Formen der Armut, der Arbeitslosigkeit und des Hungers geführt" hatte (*Luetkens* 1981, S. 148) und sich daher soziale Konventionen nicht wanderungshemmend auswirken konnten. Vermittelt durch das Beispiel und den ‚Erfolg' der bereits früher nach Deutschland Emigrierten, setzte der Emigrationsprozeß in den wirtschaftlich etwas besser strukturierten Gemeinden der Ebenen Makedoniens und Thrakiens erst Mitte der 60er Jahre ein. Eine Differenzierung des Wanderungsverhaltens nach sozioökonomischen Gruppen stellte *Patiniotis* (1979) in der Region Serres fest. Hier beteiligten sich zunächst ärmere Bevölkerungsschichten an der Emigration, während die ‚reicheren' am Ort verblieben oder in griechische Städte abwanderten. Erst nachdem den Ärmeren durch regelmäßige Geldüberweisungen bzw. durch Ersparnisse der Remigranten ein sozialer Aufstieg möglich wurde, entschieden sich bis dahin sozial Bessergestellte zur Wahrung ihre bisherigen Position auch zur Auswanderung in die Bundesrepublik Deutschland. Im Gegensatz zu diesen Ergebnissen ergaben die Untersuchungen von *Geck* (1979), daß im Nomos Pieria in der Anfangsphase qualifiziertere und sozial besser gestellte Arbeitskräfte auswanderten. Erst in der Folgezeit, bedingt durch eine breitere Information der Emigrationsmöglichkeiten, den ‚Erfolg' der Erstauswanderer und den Abbau von Wanderungshemmnissen bei der ländlichen Bevölkerung, fanden weniger qualifizierte Arbeitskräfte den Weg ins Ausland.

Läßt man die Unterscheidung zwischen Pionieren und Nachzüglern außer acht, muß man mit *Heller* (1979) und *Geck* (1979) zu der Aussage kommen, daß akute Existenzsorgen höchstens für 15–20% der griechischen Emigranten den entscheidenden Auswanderungsanstoß gaben. Für die Mehrzahl dürfte das vergleichsweise hohe Lohnniveau in Deutschland bzw. Westeuropa ausschlaggebend gewesen sein. Die arbeitsplatzorientierte Zuwanderung ausländischer Arbeitnehmer ist nicht nur auf dem Hintergrund der sozioökonomischen Entwicklung der Entsendeländer zu sehen. Sie muß auch im Kontext der Wirtschafts- und Arbeitsmarktsituation der Aufnahmeländer interpretiert werden. Hierzu gehört nicht nur die Klärung von Zusammenhängen zwischen Konjunkturverlauf und Arbeitskräftebedarf, sondern auch die Frage, ob und in welchem Umfang Arbeitgeber bereit waren, ausländische Arbeitnehmer zu beschäftigen. Die wachsende Bereitschaft zur Einstellung und Anwerbung nichtdeutscher Arbeitskräfte erklärt *Giese* (1978) als eine innovative Verhaltensänderung der Entscheidungsträger, die sich zu Beginn der 60er Jahre unter dem Druck des allgemeinen Arbeitskräftemangels im süddeutsch-schweizerischen Grenzraum einstellte und sich bis 1976 in einem hierarchisch gestaffelten Diffusionsprozeß wellenförmig von S nach N ausbreitete (Abb. 3.2.1/3). Die Zielorte der griechischen Arbeitsmigranten lagen zu Beginn der 60er Jahre im Stuttgarter Raum, in der Agglomeration Nürnberg/Fürth und im Rhein-Main-Gebiet. Erst Mitte der 60er Jahre erhöhten sich auch im Ruhrgebiet und im Bergisch-Märkischen Raum die Anteile griechischer Arbeitnehmer, nun aber nicht mehr ausschließlich durch direkte Zuwanderung aus dem Heimatland, sondern als Folge einer Binnenwanderung innerhalb von Deutschland. Eine Konzentration der Griechen in den genannten Ballungsräumen und eine, wenn auch abgeschwächte Tendenz zur Nordwanderung lassen sich trotz verstärkter Remigration bis in die Gegenwart beobachten (Abb. 3.2.1/4), wobei die z. T. erheblichen Zuwachsraten gegenüber 1975 in norddeutschen Städten allerdings nicht überbewertet werden dürfen, da hier sehr geringe Ausgangsbestände zugrundeliegen.

Zwischen 1960 und 1983 hielten sich nach deutschen Quellen ca. 1,2 Mill Griechen als Arbeitnehmer oder mitwandernde Familienangehörige für unterschiedlich lange Zeiträume in der Bundesrepublik Deutschland auf. Die im Jahre 1971 für die griechischen Arbeitnehmer im Ruhrgebiet und im

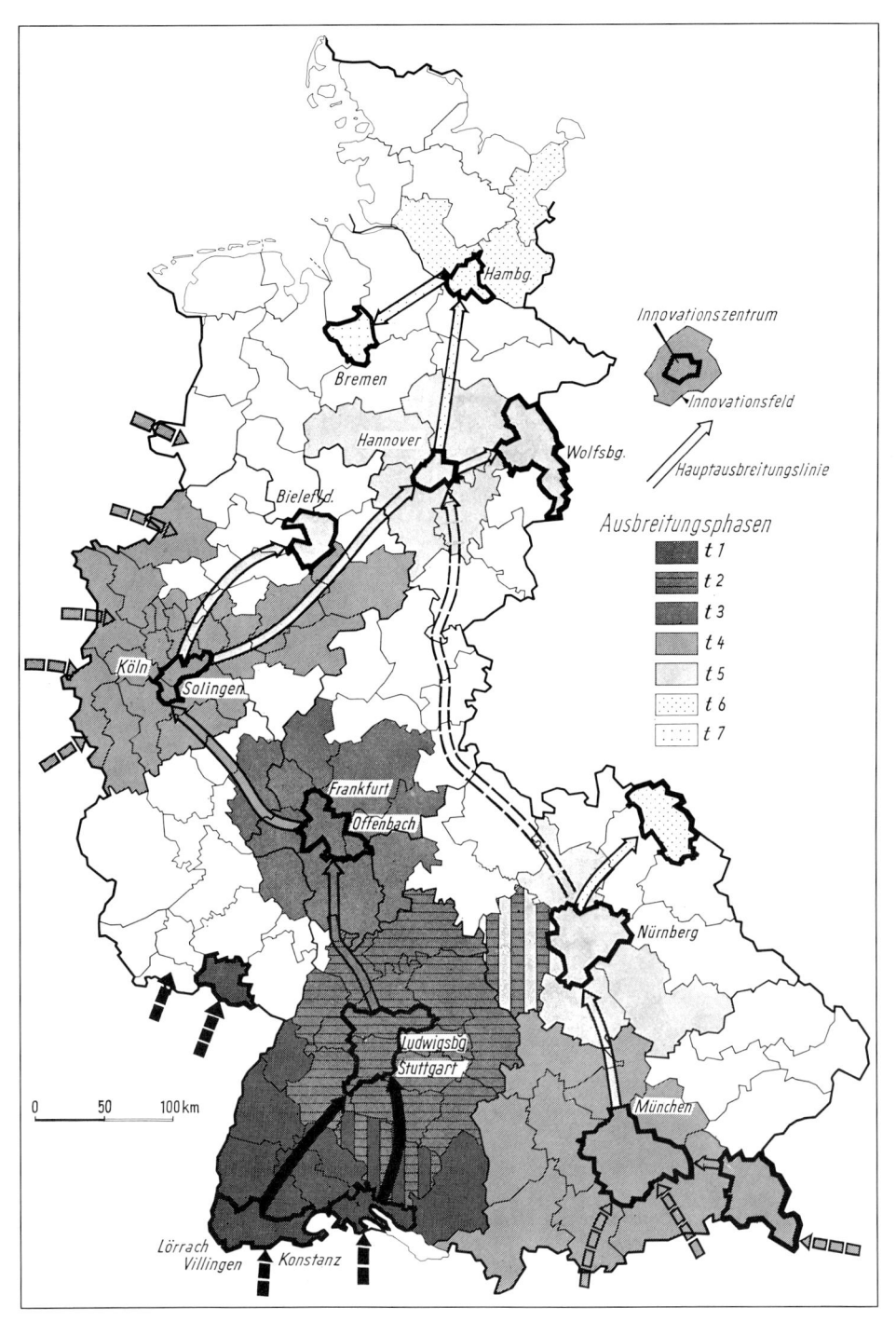

Abb. 3.2.1/3
Räumliche Diffusion ausländischer Arbeitnehmer in der Bundesrepublik Deutschland (ohne West-Berlin) 1969–1972
aus: *Giese* 1978, S. 101.

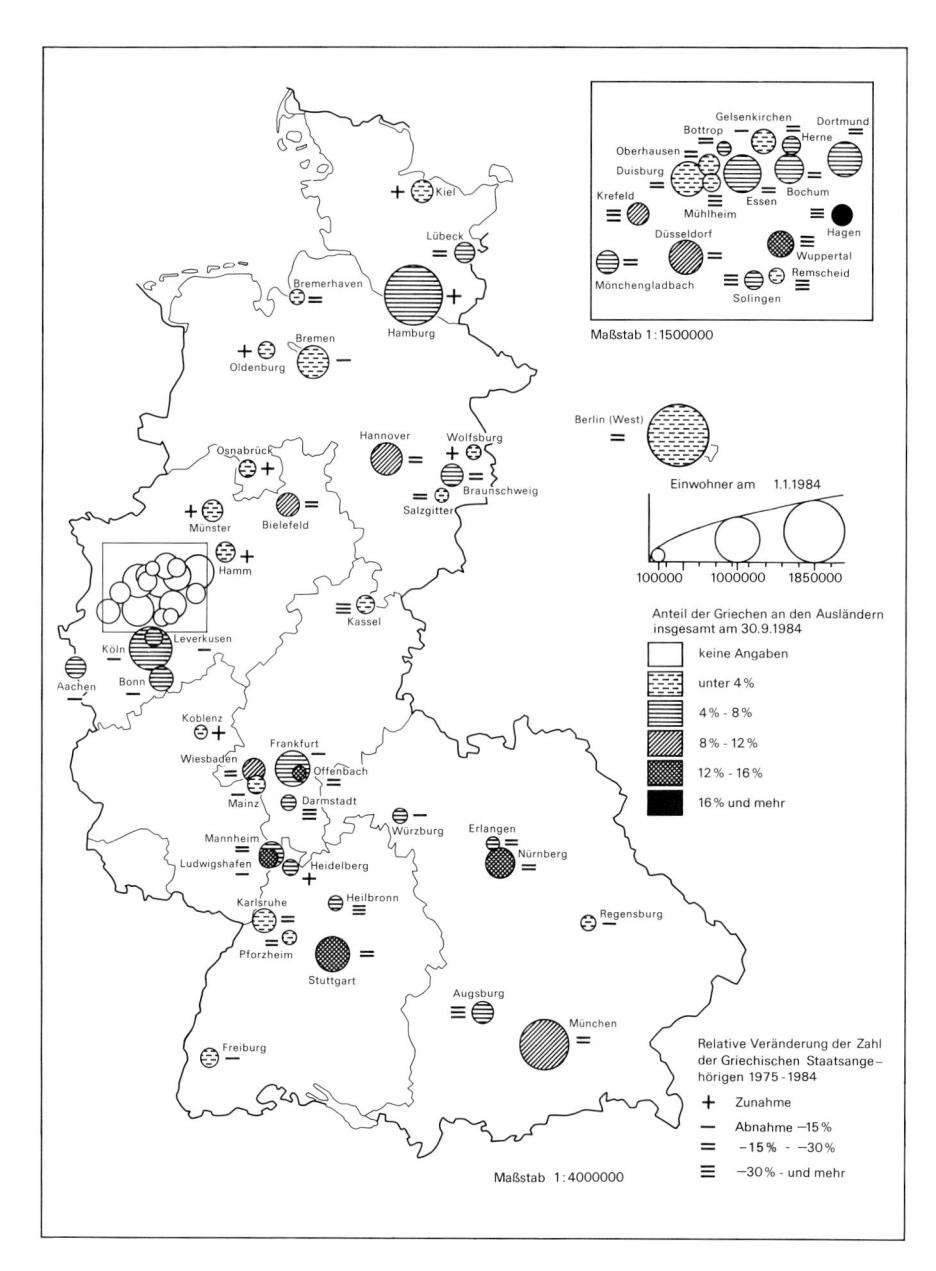

Abb. 3.2.1/4
Griechen in kreisfreien Städten (mit über 100 000 Einwohnern) der Bundesrepublik Deutschland 1984
Entwurf: H. Böhm; Datenquelle: Städte in Zahlen, H. 3, Hamburg 1985, S. 174 ff.

Bergisch-Märkischen Land ermittelte Aufenthaltsdauer (Tab. 3.2.1/2) läßt sehr gut den Einfluß der wirtschaftlichen Rezession sowie eine deutliche Asymmetrie der Häufigkeitsverteilungen für die männliche und weibliche Bevölkerung erkennen. Der letztgenannte Befund ist darauf zurückzuführen, daß in den ersten Jahren der griechischen Arbeitsemigration überwiegend Männer nach Deutschland auswanderten. Erst nach 1965 stellte sich durch die Nachwanderung von Familienangehörigen eine ausgeglichenere Sexualproportion (5:4) unter den nach Deutschland einwandernden griechi-

Tab. 3.2.1/2: Griechische Arbeitnehmer im Ruhrgebiet und im Bergisch Märkischen Land 1971

		Jahr der Einreise in die Bundesrepublik												
		1971	1970	1969	1968	1967	1966	1965	1964	1963	1962	1961	1960	vor 1960
Zahl der Arbeitnehmer	m	102	480	461	237	44	128	219	252	245	247	184	120	35
	w	63	396	369	183	25	157	208	150	113	96	47	15	14

Quelle: Hottes/Pötke 1977, S. A83

schen Arbeitskräften ein. Aufgrund einer Bestimmung des griechischen Arbeitsministeriums war der Anteil der nach Deutschland vermittelten weiblichen Arbeitnehmer zeitweise sogar höher als der der männlichen. Seit 1973 sind etwas mehr als 46% der in Deutschland lebenden Griechen weiblichen Geschlechts (Tab. 3.2.1/3).

Die Alterszusammensetzung der Emigranten und damit auch die der in Deutschland ansässigen Griechen (Tab. 3.2.1/3) hat seit 1960 wesentliche Veränderungen erfahren. Waren zwischen 1960 und 1965 noch 88,2% (1962: 90,4%) der Emigranten zwischen 15 und 45 Jahren, so betrug der Anteil dieser Altersgruppe 1973 nur noch 80% und ist seither weiter zurückgegangen. Diese strukturellen Veränderungen haben in Verbindung mit einer Verlängerung der Aufenthaltsdauer nach Erlaß des Anwerbestopps im Jahr 1973 dazu geführt, daß sich 1983 nur noch 52% der in der Bundesrepublik Deutschland lebenden Griechen in der Altersgruppe der 15–45jährigen befanden.

Im Vergleich zu anderen Nationalitäten ist nicht nur die Verheiratetenquote der griechischen Migranten recht hoch, es leben auch wesentlich mehr Griechen gemeinsam mit ihren Ehefrauen, von denen wiederum eine überdurchschnittlich hohe Zahl selbst einer abhängigen Beschäftigung nachgeht, in der Bundesrepublik Deutschland (*Geck* 1979). Die griechische Arbeitsmigration erweist sich somit als eine in hohem Maße ökonomisch motivierte von Ehepaaren und seit 1973 von Familien getragene Wanderung. Entsprechend hat in den letzten Jahren der Anteil der Kinder und Jugendlichen wie auch der Ledigen sowohl unter den Wandernden als auch unter den in der Bundesrepublik Deutschland lebenden Griechen zugenommen. Die Ausbildung bzw. die Ausbildungsmöglichkeiten der nachwachsenden Generation in Deutschland bzw. in Griechenland tauchten daher verstärkt in der Integrations-Remigrationsdiskussion Ende der 70er Jahre auf. Da Griechen während ihres Auslandsaufenthaltes vorwiegend im Familienverband ansässig wurden, verwundert es nicht, daß über 80% in Ein- und Zwei- oder Mehrfamilienhäusern Unterkunft fanden und nur ein sehr geringer Anteil in Heimen und Massenunterkünften wohnte. Sie waren allerdings, wie auch andere Ausländergruppen, vorwiegend auf weniger gut ausgestattete citynahe Wohnquartiere bzw. auf gewerblich-industriell geprägte Siedlungsbereiche der Ballungsräume verwiesen (*Heller* 1979; *Rosskopp* 1979).

Bei Erlaß des Anwerbestopps im Jahre 1973 lebten in der Bundesrepublik Deutschland ca. 400 000 Griechen, deren Zahl sich rasch um 100 000 verminderte und seit 1978 zwischen 270 000 und 300 000 schwankte. Der starke Fortzug nach 1972 erklärt sich u.a. dadurch, daß die in der Bundesrepublik Deutschland erworbenen Rentenansprüche und deren Kapitalisierung vertraglich gesichert wurden, das Ende der Diktatur im Jahre 1974 manchem Gastarbeiter die Verwirklichung individuell angestrebter Ziele zu versprechen schien und viele Familien ihren schulpflichtigen Kindern eine für das Fortbestehen formeller und informeller Kontakte wichtige Ausbildung an griechischen Schulen ermöglichen wollten. Die in den letzten Jahren deutlich abgeflachte Remigration hat dazu geführt, daß 1988 fast 75% der Griechen länger als 10 Jahre in der Bundesrepublik Deutschland lebten (Tab. 3.2.1/4). Die Mehrzahl von ihnen dürfte sich auf einen Daueraufenthalt oder zumindest auf ein Verweilen bis zum Erreichen der Altersgrenze eingerichtet haben. Es darf allerdings nicht übersehen werden, daß bei einer über viele Jahre anhaltenden negativen Bilanz der griechischen Arbeitsmigration immer noch eine relativ hohe Fluktuation vorliegt. Da die Aufenthaltsdauer in der Bundesrepublik Deutschland

Tab. 3.2.1/3: Alters-, Geschlechts- und Familienstruktur ausländischer Arbeitnehmer und deren Familienangehörigen 1973, 1978, 1983

Alter	Insgesamt %			Griechen %			Spanier %			Türken %		
	1973	1978	1983	1973	1978	1983	1973	1978	1983	1973	1978	1983
unter 6 J.	7,9	10,5	8,5	10,0	10,7	6,6	7,9	8,3	5,3	9,7	16,1	11,8
6–10	4,1	6,6	6,8	5,1	8,0	7,0	4,3	6,1	5,4	4,2	8,9	9,8
10–15	3,7	6,6	8,5	4,6	8,8	10,0	3,9	7,3	8,0	3,8	8,0	12,1
15–18	3,1	3,2	4,7	3,6	3,6	6,1	2,7	3,6	5,2	4,0	3,8	6,5
18–21	5,2	4,0	5,0	4,0	4,0	4,6	5,1	3,7	4,4	4,6	4,1	7,2
21–35	44,4	34,1	27,5	37,7	25,5	20,9	39,6	27,7	21,3	47,0	27,5	20,0
35–45	20,1	20,5	21,2	26,3	23,7	20,4	25,1	21,3	20,7	22,8	22,9	20,8
45–55	7,5	9,2	11,6	7,1	13,1	18,4	9,6	15,9	20,3	3,3	6,0	10,2
55–65	2,3	3,1	4,3	1,1	1,9	5,1	1,4	3,8	8,1	0,3	0,5	1,3
65 u. m.	1,7	2,1	2,2	0,5	0,7	1,0	0,4	0,7	1,1	0,3	0,3	0,2
Geschlecht												
m	62,6	58,3	57,5	53,9	53,2	53,7	62,9	58,2	57,2	66,4	59,4	58,2
w	37,4	41,7	42,5	46,1	46,8	46,3	37,1	41,8	42,8	33,6	40,6	41,8
Familienstand												
ledig	43,3	48,5	51,5	41,0	48,3	50,2	47,9	52,4	53,1	33,8	48,3	55,2
verh.	54,6	49,4	46,1	57,9	50,5	48,3	51,1	46,6	45,7	65,1	50,7	43,8
verw./g.	2,2	2,1	2,4	1,1	1,2	1,5	1,0	1,0	1,2	1,1	1,0	1,0

Quelle: Statistisches Jahrbuch der Bundesrepublik Deutschland 1974, 1979, 1984

Tab. 3.2.1/4: Aufenthaltsdauer ausländischer Arbeitnehmer und deren Familienangehörigen 1973, 1978, 1988

Aufenthalts-dauer in Jahren	Insgesamt %			Griechen %			Spanier %			Türken %		
	1973	1978	1988	1973	1978	1988	1973	1978	1988	1973	1978	1988
unter 1	12,2	5,8	7,6	5,3	2,2	6,9	10,7	1,7	1,8	18,4	6,2	4,4
1– 4	40,2	15,8	12,9	39,1	9,9	7,0	35,7	7,3	4,3	48,3	20,1	10,2
4– 6	18,5	16,5	5,0	20,1	10,6	3,1	17,0	12,0	2,1	17,6	23,3	4,2
6– 8	6,4	17,1	6,3	7,5	18,0	4,1	7,1	16,7	2,6	5,1	20,4	6,9
8–10	6,6	18,6	9,0	11,0	23,2	4,0	11,0	19,5	3,1	6,4	17,7	13,3
10 u. mehr	16,1	26,2	59,2	17,0	36,1	74,9	18,5	42,8	86,1	4,2	12,3	61,7
Gesamtzahl in 1000	3966,2	3981,1	4489,1	399,2	305,5	274,8	286,1	188,9	126,4	893,6	1165,1	1523,7

Quelle: Statistisches Jahrbuch der Bundesrepublik Deutschland 1974, 1979, 1990

nach dem Datum der ersten Einreise bestimmt wird, könnte sich ein Ansteigen der durchschnittlichen Verweildauer auch aus einer wachsenden Zahl von Re-Emigranten ergeben. Die Tendenz zur Wiederauswanderung erklärt *Unger* (1981, S. 37) dadurch, daß 4 von 10 befragten Remigranten ihre Rückkehr nach Griechenland „als nicht lohnend, gewissermaßen als Fehlentscheidung" bezeichneten.
Rechtlich und sozial blieben die Arbeitsmigranten während ihres Auslandsaufenthaltes Bürger der jeweiligen Heimatgemeinde. Dies ist neben den engen familiären Kontakten, der finanziellen Unterstützung der Verwandten, den regelmäßigen Besuchen während der Ferien und der Kapitalanlage in Form von Immobilien ein Grund für die enge Verknüpfung von Herkunfts- und Zielgebieten der Remigranten (Abb. 3.2.1/5). Diese formale Übereinstimmung besagt jedoch noch nicht, daß die Mehrzahl der Rückwanderer wirklich in ihre Heimatgemeinde zurückgekehrt ist. Es ist durchaus vorstellbar, daß innerhalb der Nomoi eine Bevölkerungsumverteilung als Folge der Remigration stattfand bzw. sich deutliche regionale Unterschiede hinsichtlich der Identität von Herkunfts- und Zielgebieten ergaben.
Die Regionalstudien von *Hermanns* und *Lienau* (1979/1982), *Luetkens* (1981), *Unger* (1981) und *Kilzer/Papathemelis* (1984) bestätigen diese Annahme durchaus. Differenzierend hinsichtlich der definitiven Zielortwahl wirkten, wenigstens im nordgriechischen Kontext, die folgenden Merkmale: Aus- und Rückwanderungszeitpunkt, Dauer des Auslandsaufenthaltes, Geschlecht, Beteiligung von Verwandten und Bekannten an der innergriechischen Land-Stadt-Wanderung und das wirtschaftliche Entwicklungspotential der Heimatgemeinde.
In der Frühphase der Remigration war die Heimatgemeinde offenbar überall in Nordgriechenland das dominierende Remigrationsziel. Lediglich bei der weiblichen Bevölkerung lag der Anteil der in das Heimatdorf Zurückkehrenden etwas niedriger. Dies kann damit zusammenhängen, daß ein Teil der Frauen kurz vor oder während des Auslandsaufenthaltes heiratete und bei der Remigration in den Wohnort des Mannes zog. Für einen Teil der unverheirateten weiblichen Remigranten dürfte aber auch die starke soziale Kontrolle in den Dörfern der entscheidende Grund gewesen sein, nicht dorthin, sondern in städtisch geprägte Siedlungen zurückzukehren. Nach 1974 verstärkte sich die Tendenz in andere Orte, insbesondere in die griechischen Landstädte zurückzukehren nicht nur bei der weiblichen, sondern auch bei der männlichen Bevölkerung (*Luetkens* 1981). Unabhängig von den geschlechtsspezifischen Unterschieden ließ sich in Nordgriechenland eine überproportionale Bevorzugung dörflicher Rückkehrziele bei den 15–44jährigen feststellen. Dagegen waren auf dem Peloponnes, auf Kreta und den Ägäischen Inseln städtisch geprägte Siedlungen bei Angehörigen dieser Altersgruppe die eindeutig bevorzugten Remigrationsziele. Dörfer hatten hier nur für über 44jährige eine größere Bedeutung. Da es sich hier um die klassischen Herkunftsgebiete der Überseewanderung handelt, dürfte sich die letztgenannte Altersgruppe überwiegend aus Überseeemigranten zusammensetzen, die ihren Lebensabend in den Heimatdörfern verbringen möchten. Anders lagen die Präferenzen der über 44jährigen in Nordgriechenland. Hier strebten sie, insbesondere nach einem längeren Aufenthalt in Westeuropa, vorwiegend in die Städte, wo sie einen Teil ihrer Ersparnisse in Häusern, Eigentumswohnungen oder Geschäften angelegt hatten und Lebensbedingungen erwarten konnten, die dem im Ausland erworbenen Anspruchsniveau entsprachen. Z.T. haben sie aber auch dazu beigetragen, daß die Altbausubstanz der Heimatdörfer im Hinblick auf eine Nutzung während der Ferienmonate modernisiert oder durch Neubauten ersetzt wurde. Am Beispiel des Nomos Drama wiesen *Hermanns/Lienau* (1979) und *Luetkens* (1981) auf weitere für die Regionalentwicklung wesentliche Unterschiede hin. Die Berg- und Hügelgemeinden, deren Bevölkerung sich sehr früh an der Arbeitsmigration beteiligten, verzeichneten im Gegensatz zu den städtischen Siedlungen bzw. den Gemeinden der Ebenen auffallend niedrige Remigrationsquoten sowie keine oder nur unbedeutende Anzeichen von Investitionen durch die Remigranten. Die Folgen von Arbeitsmigration, selektiver Remigration und kleinräumiger Land-Stadt-Wanderung für die demographische Struktur der Gemeinden im Nomos Drama lassen sich aus den Alterspyramiden in Abbildung 3.2.1/6 erschließen.
In der politischen Diskussion der Bundesrepublik Deutschland wurde die Rückwanderung vielfach

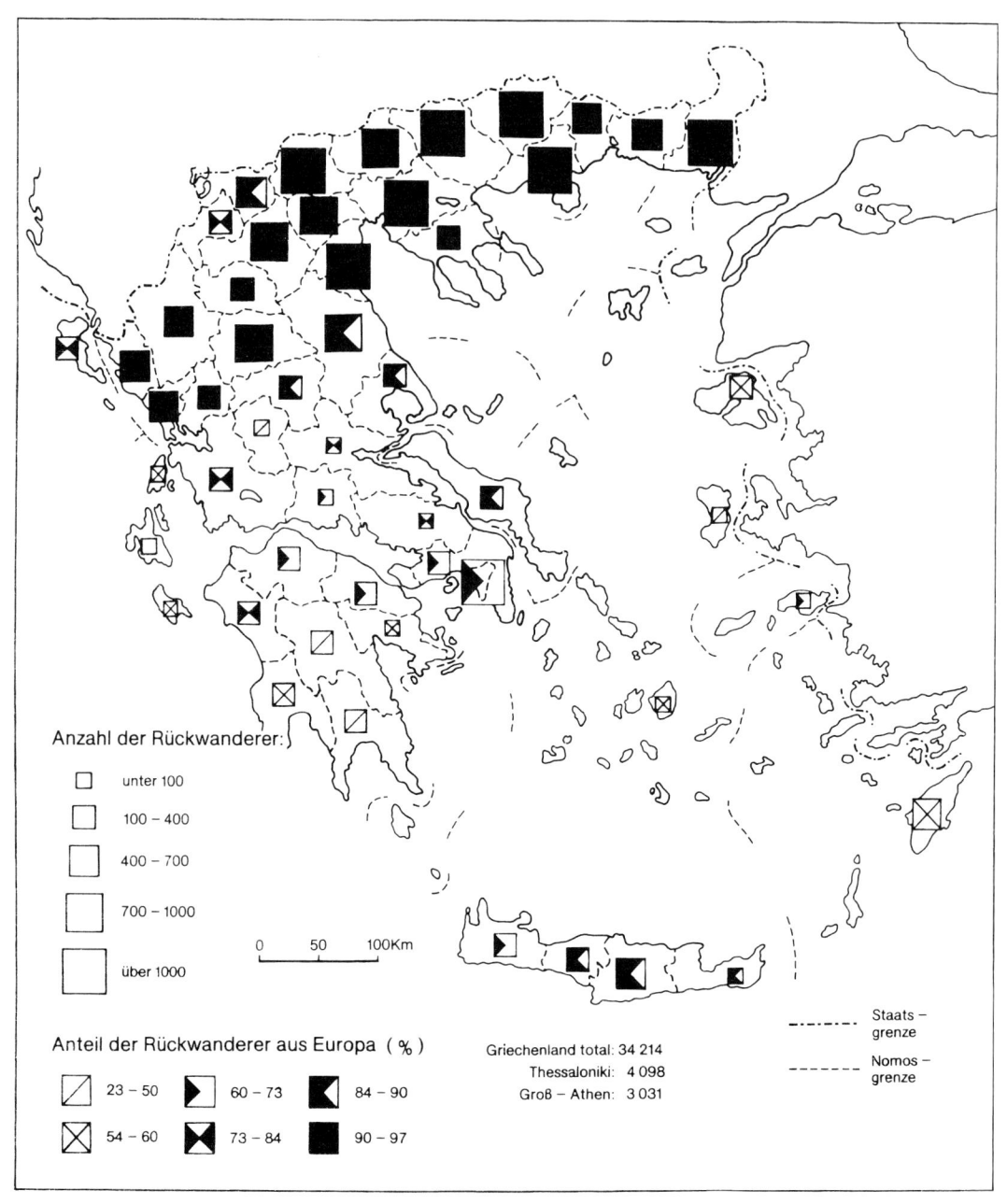

Abb. 3.2.1/5
Rückwanderung von Griechen aus dem Ausland 1975
aus: *Hermanns/Lienau* 1982, Abb. 1.

als folgerichtiger Abschluß der Arbeitsmigration mit weitgehend positiven Effekten für die wirtschaftliche Entwicklung der Entsendeländer dargestellt. Dabei wurde von der These ausgegangen, „daß zurückwandernde Gastarbeiter durch ihre erworbenen Qualifikationen, die überwiesenen und mitgebrachten Ersparnisse sowie durch die während des Auslandsaufenthalts internalisierten Verhaltensweisen positive Anstöße zur sozioökonomischen Entwicklung ihrer Heimatländer liefern konnten"

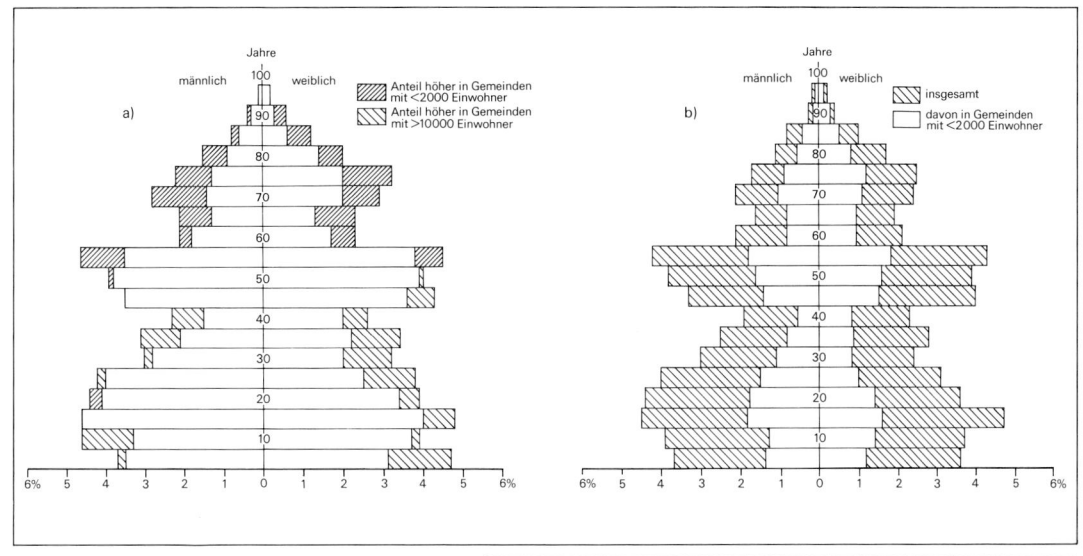

Abb. 3.2.1/6
Bevölkerung im Nomos Drama
(a) Altersaufbau der städtischen und ländlichen Bevölkerung im Nomos Drama 1981
(b) Altersaufbau der Bevölkerung im Nomos Drama 1981
(c) Altersaufbau der Bevölkerung im Nomos Drama 1971 und 1981
Entwurf: H. Böhm; Datenquelle: National Stat. Surv. of Greece.

(*Kilzer/Papathemelis* 1984, S. 2). Die Rückwanderer wurden in ihrer Mehrzahl als ‚returnees of innovation' im Sinne der Typologie von *Cerase* (1974) eingestuft. Diese innovativen Remigranten, die mit einer besseren beruflichen Qualifikation, industriegesellschaftlichen Wertesystemen und Verhaltensweisen in die Heimat zurückkehren, waren jedoch nach allen vorliegenden Untersuchungen nur zu einem geringen Prozentsatz an der Remigration beteiligt. Da sie vor allem in den agrarisch bestimmten Herkunftsregionen kaum in der Lage waren, die starre, tradierte Gesellschaftsordnung und die etablierten lokalen Interessen aufzubrechen, wanderten sie überwiegend in die großstädtischen Zentren ab. In den letzten Jahren erfuhren außerdem die Bezirkszentren einen wachsenden Zuzug dieser Remigranten, die hier u. a. in Verbindung mit ausländischen Firmen kleine textilverarbeitende Betriebe gründeten (*Lienau* 1983).

Die innovativen Remigranten sind aber nicht allein am Rückwanderungsstrom in die Agglomerationsräume beteiligt. Hinzu kommt eine sicher nicht unerhebliche Zahl der ‚Rückkehrer des Versagens' (returnees of failure), die in der Mehrzahl dem landwirtschaftlichen Bereich entstammten, während eines nur kurzen Auslandsaufenthaltes große Anpassungsschwierigkeiten hatten, schlecht bezahlte, unterprivilegierte Tätigkeiten ausübten und kaum Ersparnisse ins Heimatland mitbrachten. Da sie nicht in der Lage waren, eine Verbesserung ihres Lebensstandards zu erreichen, verfehlten sie im Sinne der heimatlichen Wertvorstellungen ein wesentliches Ziel der Emigration. Die Abwanderung in die städtischen Gebiete kann daher als Versuch gewertet werden, dieses ‚Versagen' nicht offenkundig werden zu lassen. Die Mehrzahl der Remigranten dieses Typs dürfte jedoch aufgrund familiärer oder sonstiger Bindungen in die Herkunftsgemeinden zurückgekehrt sein.

Die Masse der in die ländlichen Herkunftsregionen rückkehrenden Gastarbeiter muß im Sinne von *Cerase* (1974) zum Typ der ‚returnees of conservatism' gerechnet werden. Sie haben zwar die Anpassungsschwierigkeiten im Aufnahmeland überwunden, dort aber keine Integrationsmöglichkeit gefunden bzw. aufgrund ihrer traditionellen Wertorientierung keine Integration, sondern eine Rückwanderung angestrebt. Ihr Ziel war, während des Auslandsaufenthaltes möglichst viel zu sparen, um in der Heimat durch den Kauf bzw. Bau eines Hauses, einer Eigentumswohnung, die Vergrößerung des landwirtschaftlichen Betriebes, den Erwerb eines größeren Traktors oder durch Gründung einer selbständigen Existenz eine Statusverbesserung zu erreichen. Aufgrund der an Statuserhalt bzw. -verbesserung orientierten konservativen Grundhaltung waren diese Arbeitsmigranten nur selten an einer beruflichen Weiterqualifikation interessiert. Die mit der Arbeitsmigration verbundenen Erwartungen dürften sich für die Mehrzahl von ihnen erfüllt haben.

Die während des Auslandsaufenthaltes am außergriechischen Standard orientierten Konsumwünsche der Remigranten bewirkten eine Steigerung des Importvolumens von Konsumgütern und damit eine Vergrößerung der Abhängigkeit vom europäischen Zentrum. Die Festlegung eines großen Teils der angesparten Kapitalien durch Immobilien hatte in vielen Gemeinden eine nur kurzfristige Belebung des Bausektors zur Folge. Langfristig können diese Investitionen aber nur an wenigen Orten in Verbindung mit dem Fremdenverkehr positive Entwicklungseffekte erzielen (*Hermanns/Lienau* 1982). Im landwirtschaftlichen Bereich hatte die Arbeitsmigration in vielen Gebieten eine arbeitsextensivere Landnutzung, eine Reduzierung der Grundbesitzmobilität, eine Steigerung der Bodenpreise und eine Übermechanisierung zur Folge. Eine für viele Gemeinden Nordgriechenlands typische Erscheinung ist die Anlage von Haselnuß-Plantagen durch die Gastarbeiter. Diese Kultur (in Mittelgriechenland Mandelbäume und Ölbäume) erfordert hohe Anfangsinvestitionen, die die Arbeitsmigranten durch Ersparnisse und regelmäßige Geldüberweisungen aufbringen, und garantiert nach einigen Jahren einen relativ sicheren Geldertrag bei geringem Arbeitseinsatz. Die Umstellung vom Tabakanbau auf Haselnußkulturen ist nur ein Beispiel dafür, daß die durch die exportabhängige Agrarproduktion hervorgerufene Strukturschwäche in keiner Weise durch die Arbeitsmigration beseitigt wurde.

Abschließend sei noch an die bereits für Südgriechenland beschriebene ‚Ruhesitzremigration' (returnees of retirement) erinnert. Diesem Remigrationstyp sind Rückwanderer mit einem über 20jährigen Auslandsaufenthalt zuzuordnen, die sich im Aufnahmeland erfolgreich integrieren konnten, ihren Lebensabend aber im vertrauten Kreis der alten Freunde und Bekannten verbringen möchten.

3.2.2 Altenwanderungen in Frankreich (*Franz-Josef Kemper*)

In vielen Industrieländern sind seit einigen Jahrzehnten verstärkt Wanderungen älterer Menschen zu beobachten. Auch wenn ältere Personen nicht zu den besonders mobilen Altersgruppen gehören, wechseln immer mehr von ihnen, vor allem im Alter zwischen 60 und 70 Jahren, ihren Wohnsitz. Die zugehörigen Wanderungsströme unterscheiden sich oft sehr von denen der erwerbstätigen Bevölkerung, insofern Verdichtungsräume gemieden werden zugunsten von landschaftlich und klimatisch attraktiven Regionen. Dazu zählen besonders Küstengebiete wie Teile der Ost- und Nordsee in der Bundesrepublik Deutschland, die englische Süd- und Südwestküste, die Côte d'Azur, die ligurische Riviera und Florida. Die Migranten, die auf der Suche nach einem Altersruhesitz den Wohnort

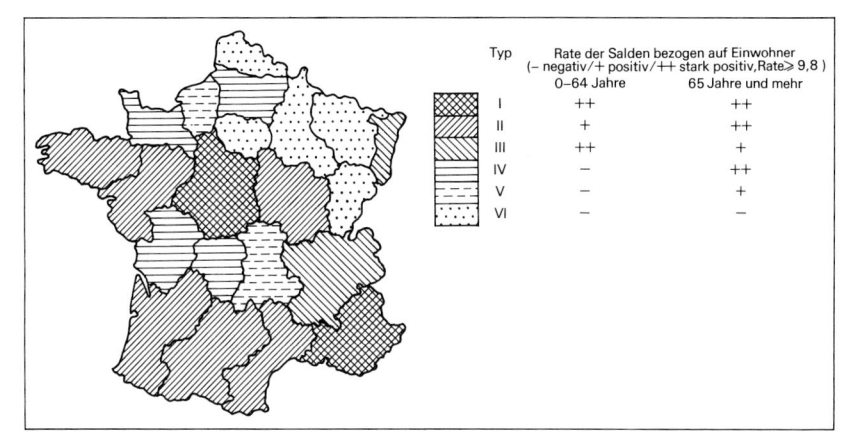

Abb. 3.2.2/1
Jährliche Wanderungssalden der unter 65jährigen und der ab 65jährigen in Frankreich 1968–1975 nach Planungsregionen ohne Korsika
Entwurf: F.-J. Kemper; Datenquelle: Courgeau 1978, S. 533.

aufgegeben haben, von dem aus sie ihrer Erwerbstätigkeit nachgingen, werden als *Ruhesitzwanderer* bezeichnet und bilden einen großen Teil der Wanderungsfälle unter der älteren Bevölkerung. Ihren Merkmalen und ihrer räumlichen Verteilung soll in diesem Kapitel besondere Aufmerksamkeit geschenkt werden, wobei das Beispiel Frankreich gewählt wurde, weil aufgrund von Besonderheiten der französischen Bevölkerungs- und Siedlungsentwicklung die Ruhesitzwanderung eine längere Tradition hat und in breiteren Bevölkerungsschichten verankert ist als in anderen Ländern. Durch Untersuchungen französischer Geographen, von denen an erster Stelle die zahlreichen Arbeiten von *Françoise Cribier* und ihren Mitarbeitern genannt werden müssen, sind wir über die mit diesen Wanderungen verbundenen räumliche Prozesse gut informiert.

In Abb. 3.2.2/1 sind die Wanderungssalden der unter 65jährigen mit denen der Älteren auf der Basis der französischen Programmregionen ohne Korsika in Beziehung gesetzt. Die höchsten Wanderungsgewinne beider Gruppen konzentrieren sich auf zwei Gebiete, die Region Centre, z.T. im Rahmen einer von Paris ausstrahlenden Suburbanisierung und Erschließung neuer Industriestandorte, und die Region Provence–Côte d'Azur. Daneben gibt es nur zwei weitere Regionen mit hohen Wanderungsgewinnen der unter 65jährigen (Elsaß, Rhône-Alpes), dagegen neun Regionen mit hohen Gewinnen der Älteren. Letztere finden sich in einem Ring um die Agglomeration Paris – mit Ausnahme der Champagne im Osten –, im Westen und im Süden des Landes. Dagegen sind Wanderungsverluste beider Altersgruppen im Norden und Nordosten Frankreichs zu konstatieren, besonders gravierend in den altindustrialisierten Regionen Lothringen und Nord (Lille). Auch die Region Paris weist im Gegensatz zu den 50er und 60er Jahren, als hohe Gewinne der Erwerbstätigen zu verzeichnen waren, bei beiden Gruppen Verluste auf, wenn diese Verluste auch bei den Älteren um ein Vielfaches höher ausfallen als bei den Jüngeren. Insgesamt verdeutlicht die Karte, daß die großräumige Umverteilung der Bevölkerung durch Wanderungen bei den Personen ab 65 Jahren wesentlich mehr Regionen, vor allem im ländlichen Raum, zugute kommt als bei der Kontrastgruppe.

Dieses großräumige Bild kann durch eine Unterscheidung nach der Gemeindegröße an Detailschärfe gewinnen (Abb. 3.2.2/2). Mustert man die verschiedenen Saldenkurven nach dem Alter durch, so stehen sich die Wanderungssalden der Agglomeration Paris und der ländlichen Gemeinden als zwei komplementäre Kontrastgruppen gegenüber. In Paris haben sich in den siebziger Jahren die Wanderungsgewinne auf die 20–30jährigen beschränkt, während jüngere Familien mit Kindern und vor allem ältere Leute zwischen 60 und 70 Jahren die Region verlassen. Genau umgekehrt sind die Verhältnisse in den ländlichen Gemeinden, die noch nach der Zugehörigkeit zu einer industrialisierten

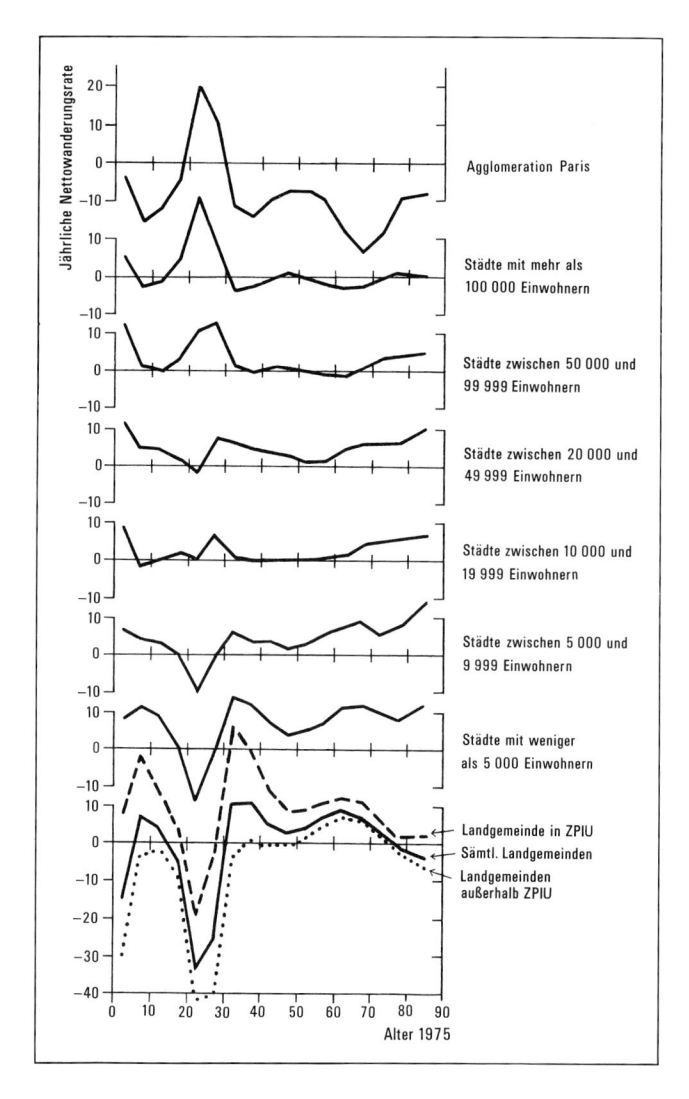

Abb. 3.2.2/2
Jährliche Raten der Wanderungssalden in Frankreich nach Alter für die Periode 1968–1975 nach Gemeindegrößenklassen
nach: *Courgeau/Lefebvre* 1982, S. 346.

und urbanisierten Zone (ZPIU = zone de peuplement industriel et urbain) unterschieden sind. Diese Differenzierung zeigt, daß in der urbanisierten bzw. suburbanisierten Zone die Familien mit Kindern als Zuwanderer dominieren, wohingegen im übrigen ländlichen Raum allein die 55–75jährigen Wanderungsgewinne aufweisen.

Einen ersten Hinweis auf die herausragende Stellung der Metropole Paris im französischen Städtesystem und ihre Bedeutung für die Ruhesitzwanderung liefert die Saldenkurve der Großstädte in der französischen Provinz, die wesentlich geringere Verluste durch Ruhesitzwanderer anzeigt, als sie für Paris gelten. Nach *Cribier* (1984) ziehen jedes Jahr in Paris ein Drittel aller Personen, die ihre Arbeit aus Altersgründen aufgeben, aus der Stadt fort, während es in den übrigen Großstädten nur zwischen 5 und höchstens 20% sind.

Die Zielgemeinden der Ruhesitzwanderer umfassen nicht nur ländliche Gemeinden, sondern in besonderer Weise Kleinstädte, wie die Salden der Städte unter 10 000 Einwohnern zeigen. In diesen Orten wie in den Mittelstädten tritt neben den Ruhesitzwanderern eine weitere Teilgruppe älterer Menschen durch Wanderungsgewinne hervor, nämlich die über 80jährigen. Hierbei dürfte es sich vor allem um Zuzüge in ein Altenheim oder zu Verwandten handeln. Es werden dabei Wohnorte bevorzugt, die über ein zureichendes Angebot an Infrastruktur und Versorgungseinrichtungen verfügen. Dementsprechend treten in den ländlichen Gemeinden außerhalb der urbanisierten Zone bei den älteren Ruheständlern Verluste auf.

Die *Fortzugsorte* der Altenwanderer sind nach den geschilderten Ergebnissen vor allem die Großstädte und Agglomerationen. Allein aus der Region Paris kommen 40% aller Ruhesitzwanderer in Frankreich (*Cribier* 1982)! Es ist daher von besonderem Interesse, die Faktoren näher zu beleuchten, die zur Abwanderung älterer Bevölkerungsgruppen im Raum Paris geführt haben.

Die für Frankreich charakteristische Zentralisierung des politischen, wirtschaftlichen und kulturellen Lebens ist schon seit Jahrhunderten in der Dominanz der Metropole verankert. Während sich vor allem der Adel und die bürgerliche Elite des Landes im Ancien régime in der Hauptstadt konzentrierten, führten die wirtschaftliche Entwicklung und der Ausbau des Verkehrsnetzes in der zweiten Hälfte des 19. und im 20. Jahrhundert zu einer massiven Zuwanderung breiter Bevölkerungsschichten nach Paris. So stieg der Anteil der heutigen Region Paris an der französischen Bevölkerung von 6,1% im Jahre 1851 über 10,3% (1891) auf 17,1% (1954) und 18,6% (1982). Besonders nach dem Ersten Weltkrieg dehnte sich das Einzugsgebiet der Hauptstadt immer weiter aus und umfaßte bis auf die Industriezonen des Nordens und Ostens, das Rhônetal und die Provence sowie einige Teile des Pyrenäen-Vorlandes und Aquitaniens ganz Frankreich. Hohe Abwanderungsraten kennzeichneten vor allem die Picardie, die Region Centre, die Bretagne, Burgund, das Limousin und einzelne Départements in den Cevennen. Im Jahre 1954 lebten z.B. 212 000 Bretonen in Paris, während in der Bretagne selbst 2 339 000 Personen wohnten. Diese Abwanderung führte in den ländlichen Gebieten mit geringer Fruchtbarkeit, also vor allem in der südlichen Hälfte Frankreichs, zu einer Entleerung ganzer Landstriche.

Es ist nun sehr kennzeichnend für die französische Entwicklung – und unterscheidet diese etwa von der Entwicklung des Ballungsraumes London –, daß die Abwandernden vielfach enge Beziehungen zu ihren Heimatregionen aufrecht hielten, die sich in persönlichen Kontakten und regelmäßigen Aufenthalten in der Provinz niederschlugen. Besonders in den ökonomischen Prosperitätsphasen nach dem Zweiten Weltkrieg konnten es sich breite Schichten der Pariser Bevölkerung leisten, einen Zweitwohnsitz in ihrem Herkunftsgebiet zu unterhalten, wobei es sich nicht selten um ältere vererbte Häuser und Gehöfte handelt. Ein möglichst häufiger Aufenthalt in der Freizeitwohnung wurde und wird gefördert durch die vielfach unzureichenden Wohnbedingungen in kleinen Mietwohnungen mit hochverdichtetem Wohnumfeld im Raum Paris. Da die Mieten aufgrund des Mietenkontrollgesetzes von 1948 relativ gering sind, konnten oft angesparte Gelder in Zweitwohnsitze oder Altersruhesitze investiert werden.

Es kann daher nicht überraschen, daß ein großer Anteil der Pariser Bevölkerung nach Beendigung des Arbeitslebens die hochverdichtete Region verläßt. Wie Abb. 3.2.2/3 zeigt, verteilen sich die Abwanderungen auf ganz Frankreich. Besonders bevorzugt werden die Départements um den Großraum Paris – vor allem im Süden –, die einen an die suburbane Zone anschließenden Gürtel von Zweitwohnsitzen enthalten, die Bretagne, der Südwesten und die Mittelmeerküsten mit Schwerpunkt an der Côte d'Azur. Relativ geringe Bedeutung haben der Osten und einige Teile der Gebirgsregionen. Dieses Raummuster ergibt sich aus der Überlagerung der Verteilungen von zwei Wanderungstypen, die bei der Ruhesitzwanderung im folgenden voneinander unterschieden werden müssen.

Beim ersten Typ handelt es sich um *Rückwanderer*, die in ihre Heimatregion bzw. in diejenige des Ehepartners zurückkehren, meist sogar in die Geburtsgemeinde oder den Kanton. Nach *Cribier* (1982) können 45% der Pariser Migranten diesem Typ zugeordnet werden; bei den Abwandernden aus Provinzstädten sind es sogar 70%. Unter dem zweiten Typ werden die *übrigen Ruhesitzwanderer* subsumiert, deren Beziehungen zum Zuzugsgebiet meist durch Urlaubsaufenthalte zustande kamen. Die räumlichen Verteilungen der Ziele beider Typen soll Abb. 3.2.2/4 verdeutlichen. Dargestellt wurden für die Typen die Altersruhesitze von je 200 pensionierten Beschäftigten der Post, die Paris zwischen 1969 und 1971 verlassen haben. Auch wenn die Verteilungen nicht in allen Facetten reprä-

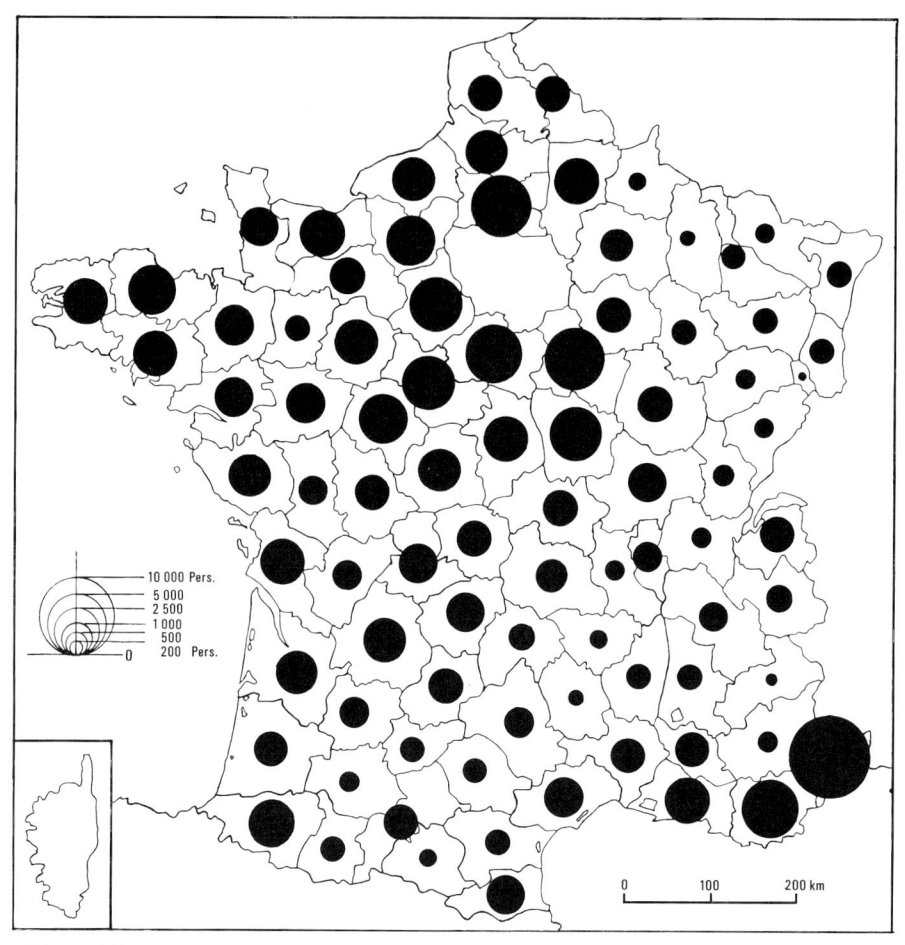

Abb. 3.2.2/3
Verteilung der Wohnsitze (Departments) 1975 von 145 435 Personen ab 65 Jahren, die seit 1968 die Region Paris verlassen haben
nach: *Cribier* 1982, S. 122.

sentativ für sämtliche Migranten sind, lassen sich die charakteristischen Unterschiede der Typen gut erkennen. Bei den Rückwanderern sind die Standorte abgesehen vom Osten Frankreichs relativ gleichmäßig über das ganze Land verteilt, mit Schwerpunkten in Hauptabwanderungsregionen wie Bretagne und Limousin. Dagegen konzentrieren sich die Zielgebiete der übrigen Ruhesitzwanderer neben Verdichtungen im Zweitwohnsitzgürtel südlich von Paris an den Küsten, wobei die Côte d'Azur besonders präferiert wird. In beiden Verteilungen sind Medianlinien für die einkommenshohen und -niedrigen Teilgruppen eingezeichnet, die jeweils einen nördlichen Landesteil mit 50% der Fälle von einem südlichen trennen. Man erkennt, daß die einkommensstarke Schicht den landschaftlich und klimatisch attraktiven Süden bevorzugt, wobei die Einkommensunterschiede bei den nicht durch Bindungen an die Heimatregion geprägten Migranten besonders frappant sind.

Weitere Unterschiede zwischen beiden Wanderungstypen können einer Befragung entnommen werden, die 1973 bei 265 Haushalten von Ruhesitzwanderern aus Paris durchgeführt wurde (*Cribier* 1982). Danach gibt es deutliche soziale Differenzierungen zwischen beiden Gruppen. Bei den Rückwanderern waren untere Sozial- und Einkommensschichten überrepräsentiert, besonders nicht-qualifizierte Arbeiter, einfache Angestellte und weibliche Hausbedienstete. Viele von ihnen hatten etwa

Abb. 3.2.2/4
Zuzugsorte von je 200 pensionierten Postbeschäftigen, die zwischen 1969 und 1971 aus Paris fortzogen und (A) in ihr Geburtsdepartment heimkehrten, (B) in andere Departments abwanderten
nach: *Cribier* 1975, S. 371.

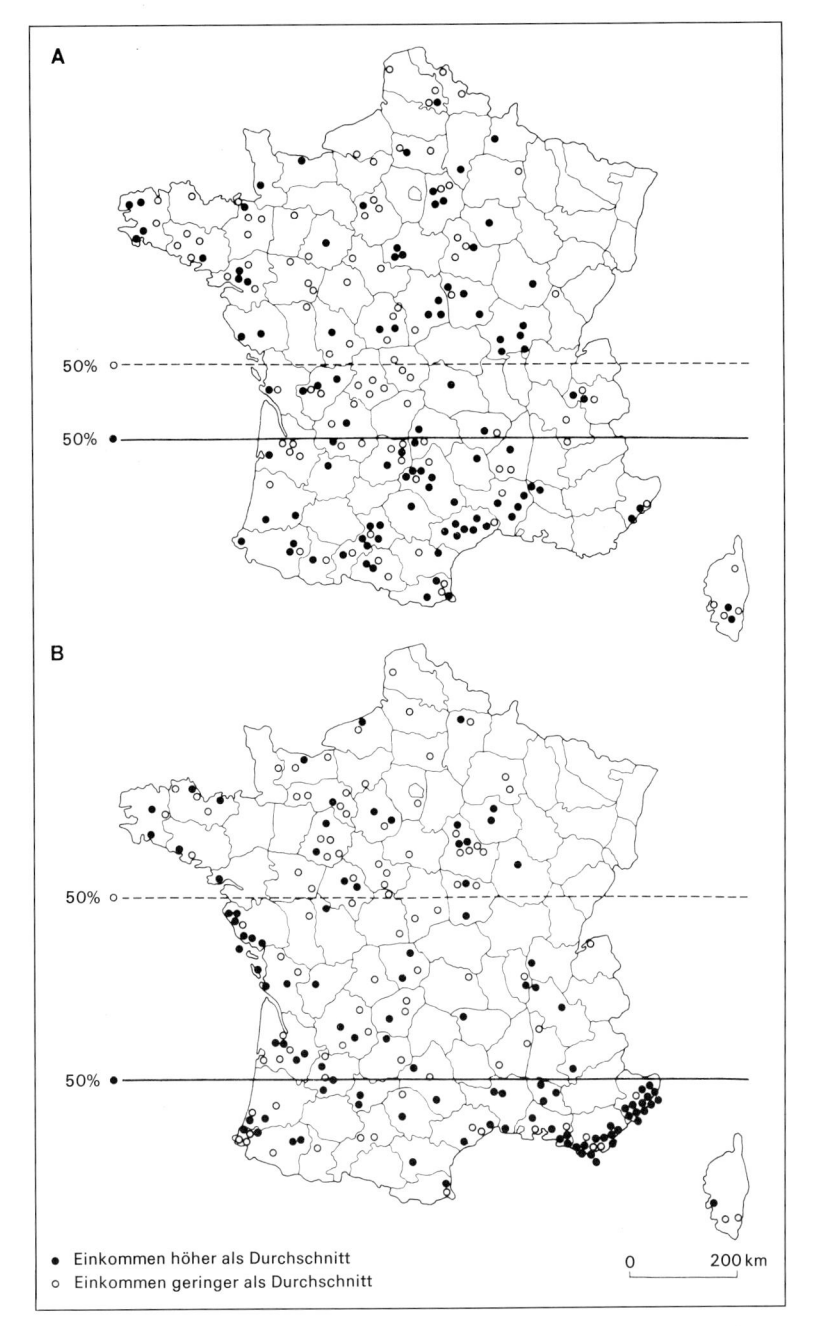

• Einkommen höher als Durchschnitt
○ Einkommen geringer als Durchschnitt

40 Jahre in Paris gearbeitet und kehrten im Alter in ihre meist ländlichen Heimatgemeinden zurück, wo sie durch Erbe oder Kauf ein älteres Haus erworben hatten, das sie schon während des Arbeitslebens in der freien Zeit unter nicht selten erheblichem zeitlichen Aufwand ausgebaut und renoviert hatten. Dagegen verfügten die übrigen Ruhesitzwanderer meist über genügende finanzielle Mittel, um eine Wohnung in einem Seebad oder einer Kleinstadt mit guten Versorgungseinrichtungen zu erwerben. Für beide Gruppen gilt aber, daß die Wohnverhältnisse sich durch die Abwanderung aus Paris deutlich verbessert haben. So wohnten von den Befragten in Paris 70% in einer Mietwohnung, nach

der Wanderung 80% im Eigentum, und 90% verfügten über einen Garten. Die durchschnittliche Zimmerzahl stieg von 2,7 auf 3,8 und der Anteil der Wohnungen mit Bad von 32 auf 77%. Ein wichtiger Grund, der für den Fortzug aus Paris genannt wurde, bestand übrigens in dem Wunsch, in Haus und Garten tätig zu sein. Trotz des jahrzehntelangen Aufenthalts in der Hauptstadt standen viele Befragte, besonders unter den Rückwanderern, dem großstädtischen Leben mit Skepsis gegenüber, hatten nur geringe Sozialkontakte in der Stadt und fürchteten die Langeweile und Anonymität. Unter den Migranten aus Paris, und dies charakterisiert die Ruhesitzwanderer allgemein, sind Verheiratete und jüngere Ruheständler überdurchschnittlich vertreten. Alleinstehende wandern in der Regel nur dann ab, wenn sie über ein höheres Einkommen verfügen. Die Folge dieser selektiven Abwanderung der älteren Bevölkerung, die sich von den 50er und 60er bis in die 70er Jahre verstärkt hat, bestand für die Hauptstadt selbst darin, daß zwar der Rentneranteil nicht stark anstieg und durch den Wegzug Wohnungen für Zuwanderer frei wurden, andererseits aber der Anteil der alten und alleinstehenden Personen unter der Rentnerbevölkerung deutlich wuchs. So betrug bei der Volkszählung von 1982 der Anteil der über 75jährigen an der älteren Bevölkerung ab 60 Jahren in der Kernstadt Paris 38,4% gegenüber 33,9% für ganz Frankreich. Jeder zwölfte Einwohner der Kapitale hatte das 75. Lebensjahr überschritten.

Die große Bedeutung der Rückwanderungen unterscheidet Frankreich von anderen Industrieländern. Dadurch sind die Ruhesitzwanderungen in weit geringerem Ausmaß als etwa in England oder den USA auf mittlere und höhere Einkommensschichten beschränkt.

Im Wechsel der Perspektive sollen nun noch einige *Zielgebiete* der Altenwanderung näher in Augenschein genommen werden. Zunächst seien einige ländliche Gebirgsregionen in den Cevennen betrachtet, die zu den Départements Lozère und Gard (*Bernard/Auriac* 1970) sowie Ardèche (*Laganier* 1977) gehören. Diese Regionen sind schon seit dem 19. Jahrhundert Entvölkerungsgebiete und haben seit Überschreitung des Bevölkerungsmaximums mehr als die Hälfte ihrer ländlichen Bevölkerung verloren. Auch nach dem Zweiten Weltkrieg hat sich der Bevölkerungsrückgang bis heute fortgesetzt, vor allem im Département Lozère. Durch die Zuwanderung älterer Menschen ist es aber vielfach zu einer Verlangsamung des Entvölkerungsprozesses und in ausgewählten Gemeinden zu einem Anstieg gekommen. So hat im Untersuchungsgebiet von *Bernard* und *Auriac* die Gesamtbevölkerung von 1962 bis 1968 um 11% abgenommen, die Zahl der Ruheständler ist aber um 28% angestiegen, vor allem durch Zuwanderung.

Bei den Migranten handelt es sich zum größten Teil um Rückwanderer. Über 40% sind in der Zuzugsgemeinde geboren (bzw. deren Ehepartner), und nur 28% haben keine familiären Bindungen in der Region. Besonders hoch ist der Rückwanderungsanteil im Abwanderungsgebiet des Lozère, wo viele in alten Bauernhäusern, die leerstanden oder als Zweitwohnsitze genutzt wurden, ihren Altersruhesitz bezogen. In den Gebirgsregionen des Département Gard konnte unter den Migranten auch ein beachtlicher Anteil von Nicht-Rückwanderern festgestellt werden, die das Gebiet durch langjährige Urlaubsaufenthalte kennengelernt haben. Eine bemerkenswerte Teilgruppe besteht aus einer nicht unerheblichen Zahl von protestantischen Pastoren, die ihren Ruhestand in einem Gebiet verleben, das seit der Verfolgung der Katharer und den französischen Religionskriegen eine lange Tradition als protestantischer Rückzugsraum besitzt.

Insgesamt gehören die älteren Zuwanderer aber – das bestätigt auch die Untersuchung von *Laganier* über den Zeitraum 1968–1975 – eher unteren und mittleren Einkommensgruppen an, wenngleich sie im Verhältnis zu den nichtmobilen Ruheständlern über ein höheres Einkommen verfügen. In beiden herangezogenen Studien, deren Daten auf Gemeindebasis erhoben wurden, ergab sich eine deutliche Konzentration der Zuwanderer auf einige Gemeinden und Gebiete, wobei ein Mindestmaß an Bevölkerungszahl und Infrastruktur von Bedeutung war. Wichtige Faktoren waren ferner die Dichte des Verkehrsnetzes, die Nähe zu Zentren und zur medizinischen Versorgung – bei insgesamt geringer Bevölkerungsdichte der Region. Eine geringe Nachfrage betraf stark frequentierte Fremdenverkehrsgebiete wie den Raum um die Talschluchten des Tarn.

Abb. 3.2.2/5
Bevölkerungspyramiden der Küstenstädte Menton, Cannes und Dinard 1968 nach: *Cribier* u. a. 1974, S. 476.

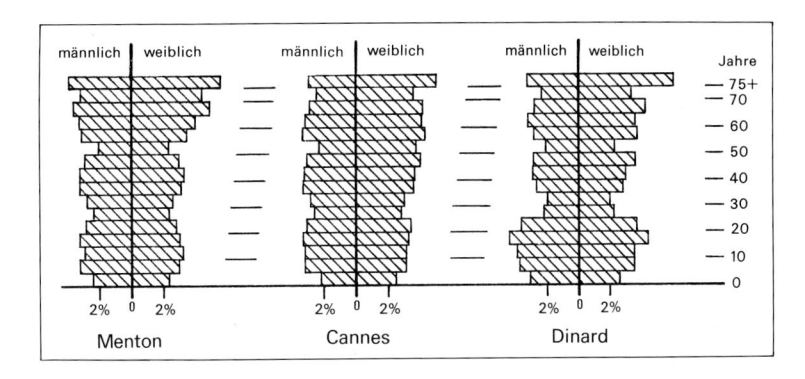

Einen ganz anderen Typ von Zielbereichen stellen die zahlreichen Seebäder und Küstenorte dar, die sowohl aus klimatischen Gründen (milde Winter, Sonne im Süden) wie wegen der ausgebauten Versorgungsinfrastruktur und der Freizeitmöglichkeiten als Altersruhesitze bevorzugt werden. Durch diese Zuwanderung ist die Bevölkerung ab 65 Jahren in den etwa 300 Fremdenverkehrsorten an der Küste von 1954 bis 1975 um 68% angestiegen gegenüber einem Wert von 44% für das ganze Land (*Cribier* 1984). In Abb. 3.2.2/5 sind die beträchtlichen Altenquoten der Küstenstädte Menton und Cannes an der Côte d'Azur und Dinard an der Nordküste der Bretagne z. B. deutlich zu erkennen. Aufgrund der starken Nachfrage sind die Kosten für Grundstücke, Wohnungen und Lebenshaltung in einer Reihe von Orten, vor allem an der Côte d'Azur, so hoch, daß dort im wesentlichen höhere Einkommensschichten zuziehen. Allerdings gibt es auch Seebäder in weniger präferierten Regionen mit einem ‚volkstümlicheren' Image und entsprechend geringerem Preisniveau. Insgesamt tritt aber überall der Anteil der Rückwanderer an den Ruhesitzmigranten deutlich zurück. Wenn es sich um solche handelt, ist der Zuzugsort in der Regel nicht der Geburtsort, sondern eines der zur Heimatregion gehörenden Seebäder.

Nähere Aufschlüsse über die Zuwanderungsgründe kann eine Befragung bieten, die 1979 und 1983 in 22 Küstenorten außerhalb der Côte d'Azur durchgeführt wurde (*Cribier* 1984). Es zeigte sich, daß neben der guten Versorgungssituation für viele das Wohnungsangebot ein entscheidender Faktor für die Zuwanderung war. Weiter waren persönliche Kontakte wichtig. Über ein Viertel der Befragten gab an, daß sie in die Nähe von Verwandten und Freunden ziehen wollten. Ein bemerkenswerter Zusammenhang zwischen der Suche nach Kontakten und der Freizeitattraktivität der Zuzugsorte bestand in der vielfach geäußerten Erwartung, daß die Kinder und deren Familien ihre Ferien im gewählten Seebad verbringen würden. Aufgrund der guten Wohnsituation der Befragten ließ sich dies besonders bei sehr vielen der jüngeren Ruheständler auch realisieren. Die Befragung zeigte ferner eine insgesamt hohe Zufriedenheit der Interviewten mit ihrer Entscheidung zur Wahl des Ruhesitzes. Eine Minorität von 15%, meist ältere, verwitwete Frauen, bedauerten allerdings den Wegzug aus der Großstadt, weil dadurch die Kontakte zur Familie und zu Freunden reduziert wurden. Solche Probleme, in anderen Orten noch verstärkt durch ungenügende Erreichbarkeit von Versorgungseinrichtungen, führen nicht selten zu weiteren Wanderungen von Ruheständlern in höherem Alter.

Wenden wir uns zum Schluß dieses Kapitels noch einmal der Abb. 3.2.2/1 zu. Dort wurden die Wanderungssalden der Älteren denen der unter 65jährigen auf der Basis der Programmregionen gegenübergestellt. Wurden bislang mehr die Unterschiede zwischen beiden Altersgruppen herausgestellt, so können doch auch Ähnlichkeiten in den regionalen Saldenverteilungen nicht übersehen werden, die sich vor allem in einer Abwanderung aus den nördlichen industrialisierten Regionen und in einer Zuwanderung in Regionen der Mitte und des Südens äußern. Diese Tendenzen bestanden für die Älteren in der gesamten Nachkriegszeit, setzten sich für die Jüngeren aber erst in den späten 60er Jahren durch. So waren im Zeitraum 1954–1962 Regionen wie Burgund, Bretagne, Languedoc und Midi-Pyrénées durch hohe Abwanderungsraten der Jüngeren gekennzeichnet, während Abb. 3.2.2/1 für 1968–1975 positive Salden ausweist. Hatten noch 1954–1962 die Saldenverteilungen beider Altersgruppen mit einem Korrelationskoeffizienten von $-0{,}303$ gegensätzliche Tendenzen, so beschreibt der positive Wert von $r=0{,}471$ für 1968–1975 deutliche Übereinstimmungen zwischen beiden Mustern. Großräumig betrachtet haben sich also die Wanderungen der Erwerbstätigen denjenigen der Ruheständler angepaßt. Inwieweit hinter dieser räumlichen Umorientierung auch eine Umorientierung der Wanderungsmotive steht, etwa im Hinblick auf die Bewertung der natürlichen Umwelt und der Freizeitmöglichkeiten, kann hier nicht geklärt werden. Es scheint immerhin manches dafür zu sprechen, die räumlichen Entscheidungen der Altenwanderer als gleichsam ‚innovativ' im Hinblick auf andere Bevölkerungsgruppen anzusehen.

3.2.3 Europäische Überseewanderung nach Südamerika (*Hans Böhm*)

Als regionales Beispiel der europäischen Überseewanderung soll Südamerika vorgestellt werden, um die bereits erwähnten Unterschiede (2.2.3.1) zur quantitativ zweifelsohne bedeutenderen und in der wissenschaftlichen Literatur besser aufgearbeiteten Auswanderung nach Nordamerika zu verdeutlichen. Zwischen 1800 und dem Ausbruch des Zweiten Weltkrieges entschlossen sich schätzungsweise 14–15 Mill Europäer zu einer Auswanderung nach Lateinamerika. Genauere Angaben sind kaum möglich, da die Einwanderungsstatistiken unzuverlässig und widersprüchlich sind, Einwanderungen über Drittländer erfolgten und das statistische Zuordnungskriterium vielfach der letzte Aufenthaltsort war bzw. in europäischen Auswanderungsstatistiken nur die legalen Auswanderungen mit exakten Zielangaben Eingang gefunden haben. So weist beispielsweise die italienische Auswanderungsstatistik 399 729 Auswanderer nach Argentinien im Zeitraum 1882–1891 aus. Die argentinische Einwanderungsstatistik verzeichnet jedoch für diese Jahre 488 890 Einwanderer aus Italien (*Calafut* 1977). Derartige Unstimmigkeiten erklären sich z. T. durch hohe Rückwanderungsquoten, vor allem bei südeuropäischen Auswanderungen.

Unter Berücksichtigung von Herkunft und regionaler Verteilung der Einwanderer läßt sich die europäische Überseewanderung nach Südamerika in sechs Phasen untergliedern:

– Die erste Phase umfaßt die Zeit der kolonialen Abhängigkeit, in der die Einwanderung überwiegend von Spaniern und Portugiesen getragen und, im Falle von Brasilien, durch eine Zuwanderung von ca. 3,7 Mill Negersklaven ergänzt wurde.
– In der zweiten Phase, zwischen 1820 und 1845, konzentrierte sich die Einwanderung – u. a. aus West- und Südwestdeutschland – auf Südbrasilien und stand in den übrigen südamerikanischen Ländern weitgehend in Verbindung mit der Gründung europäischer Handelsniederlassungen.
– Die dritte Phase umfaßt die Jahre zwischen 1845 und 1860, in denen die nationalstaatliche Konsolidierung der lateinamerikanischen Länder erfolgte und sich deren Einwanderungspolitik kurz mit den Worten des argentinischen Staatswissenschaftlers *Alberdi* ‚Regieren heißt Bevölkern' beschreiben läßt. In dieser Zeit war ein starker Einwandererschub insbesondere aus deutschen Staaten auf Südbrasilien sowie auf Südchile (Valdivia, Llanquihue) und die argentinischen Zentralprovinzen gerichtet. Aus deutscher Sicht wurde diese Phase durch das preußische Verbot einer Anwerbung und Beförderung von Auswanderern nach Brasilien beendet. In Brasilien wurde in dieser Phase die Einfuhr afrikanischer Sklaven (1850) untersagt. Die Sklaverei selbst wurde in Brasilien jedoch erst 1888, in Paraguay allerdings schon 1842 verboten. In Chile wurde diese Periode durch das 1845 verabschiedete Kolonisationsgesetz eingeleitet und in Argentinien wurde in dieser Zeit die erste deutsch-schweizerische Siedlung Santa Esperanza (1856) in der Provinz Santa Fe, die ‚Wiege der nationalen Kolonisation', gegründet.
– In der vierten Phase (1860–1897) wurden Chile und Paraguay für deutsche, Brasilien für italienische und Argentinien für wolgadeutsche Einwanderer zu den wichtigsten Zielländern. Aufgrund von sehr liberalen Einwanderungsgesetzen, die in vielen Ländern erlassen wurden, sollte eine raschere Besiedlung der nationalen Grenzräume erreicht werden. Dabei wurden national gemischte Siedlungen vor allem in Chile und Uruguay bewußt gefördert.

Tab. 3.2.3/1: Deutsche, italienische und portugiesische Auswanderungen

Zielgebiete	Nationalitäten				
	Deutsche	Italiener		Spanier	Portugiesen
	1880–1889	1882–1891	1906–1910	1906–1910	1906–1910
Europa	–	904031	–	21237	673
Asien/Ozeanien	14960	3711	–	5018	3331
Afrika	3660	39286	–	122320	2976
Argentinien	7523	399729	456086	354244	–[1])
Brasilien	16330	317200	103258	30955	155860
Übriges Amerika	1319945	374003	1331099	2170052[2])	35086

Quellen: Deecke 1898, S. 158; *Quelle* 1920, S. 169; *Kellenbenz/Schneider* 1976, S. 394f; *Calafut* 1977, S. 329f
[1]) Zahlen in den Angaben „Übriges Amerika" enthalten.   [2]) Davon etwa 75% nach Kuba

- In der fünften Phase zwischen 1897 und dem Ausbruch des Ersten Weltkrieges wanderten nach Gründung der Republik Brasilien (1889) und der Aufhebung des preußischen Anwerbe- und Beförderungsverbotes (1896) Deutsche in größerer Zahl nach Brasilien, Chile und Zentralamerika. Mit der neuen brasilianischen Verfassung wurden u.a. die Religionsfreiheit und die Einbürgerung aller Einwanderer eingeführt und damit wesentliche Vorbehalte deutscher Staaten aufgehoben. In den 90er Jahren wurde die seit etwa 1860 in Nord-Italien (Piemont, Venetien) beginnende Südamerika-Auswanderung zu einer Massenauswanderung, von der vor allem Mittel- und Süditalien betroffen waren (1906 523000 und 1913 565000 Personen). Hauptzielgebiete waren Brasilien, wo Italiener, gefolgt von Portugiesen, die stärkste europäische Einwanderungsgruppe bildeten, und Argentinien (Italiener und Spanier, Tab. 3.2.3/1).
- Die sechste Phase umfaßt die Zeit nach dem Ersten Weltkrieg. In den 20er Jahren stiegen die Einwanderungszahlen in Brasilien und Argentinien nach Stabilisierung der politischen Verhältnisse erneut rasch an. Neben einem starken Zustrom von Japanern wurde in dieser Zeit ein Teil der permanenten Auswanderung nach Brasilien und Argentinien insbesondere von Italienern und Deutschen (Tab. 3.2.3/2) durch eine transozeanische Saisonwanderung abgelöst. Es waren vor allem Kleinbauern, Landarbeiter und Bauhandwerker, die während des Nordsommers in Europa und während des Nordwinters in Südamerika arbeiteten. Wichtig für die Kolonisationsgeschichte Südamerikas wurde darüber hinaus, daß Mexiko und Paraguay 1921 gesetzlich allen einwandernden Mennoniten ihre religiös begründeten Privilegien garantierten (Freiheit vom Militär- bzw. Ersatzdienst, Recht zur Erziehung der Kinder in selbstverwalteten, deutschsprachigen Schulen).

Tab. 3.2.3/2: Überseeische Ein- und Auswanderungen in Brasilien nach Nationalitäten 1925–1929

Nationalität	Einwanderer	Auswanderer
Japaner	50573	3238
Portugiesen	65166	29782
Litauer	23208	1098
Rumänen	23060	4856
Spanier	27312	11688
Jugoslawen	13475	3110
Italiener	29472	19118
Syrer	10833	3819
Polen	8982	3621
Deutsche	16133	12271

Quelle: Schauff 1959, S. 181

Mit dem Stichwort ‚Bevölkerungsdruck', das in der fraglichen Zeit auf alle genannten Herkunftsländer zutrifft, sind die Ursachen der Massenauswanderung nach Südamerika nur unzureichend angedeutet. Zwischen 1820 und 1850 waren die Löhne in Mitteleuropa sowohl im agrarischen als auch im nichtagrarischen Bereich bei einer gleichzeitigen Verdoppelung der Preise für Grundnahrungsmittel kaum gestiegen. Dies hatte in weiten Teilen West-, Südwest- und Süddeutschlands sowie in Sachsen, Mecklenburg und Pommern zu einer Verarmung der ländlichen Bevölkerung geführt. In dieser Situation war die Auswanderung eine Möglichkeit, sich der materiellen Not bzw. der befürchteten oder drohenden Verarmung zu entziehen (*v. Hippel* 1984). Ein Teil der Auswanderungen insbesondere nach Südamerika war darüber hinaus durch die liberale Grundhaltung der Vormärztage und die Revolution von 1848 ausgelöst worden. Es waren einerseits Bevölkerungsgruppen, die in den sich abzeichnenden gesellschaftspolitischen Veränderungen eine Gefährdung ihrer sozialen Position zu erkennen glaubten, zum anderen Personen, die nach den Ereignissen von 1848 die Hoffnung auf eine Verwirklichung ihrer liberalen Ideen in einem der deutschen Staaten aufgegeben hatten.

Die deutsche Auswanderung nach Südamerika war überwiegend eine Auswanderung im Familien-, Nachbarschafts- oder Dorfverband. Dies gilt auch für die Ende des 19. und Anfang des 20. Jahrhunderts in Südamerika eingewanderten Rußlanddeutschen, die sich, nachdem ihre Privilegien (u.a. Wehrdienstbefreiung) durch die zaristische Regierung außer Kraft gesetzt worden waren, zu einer erneuten Wanderung entschlossen hatten. Einzelwanderungen, die in der Regel durch bereits in Südamerika ansässige Bekannte oder Verwandte veranlaßt wurden, kamen erst gegen Ende des

Abb. 3.2.3/1
Altersaufbau und Familienstand walisischer Einwanderer in Patagonien 1875/76 und 1890–1914
nach: *Williams* 1976, S. 287ff.

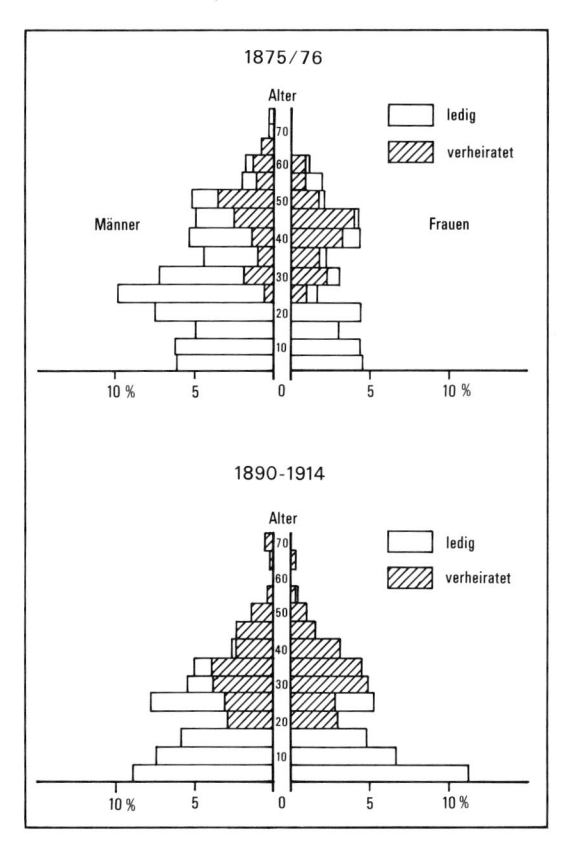

Abb. 3.2.3/2
Zahl der Geborenen, Gestorbenen und Heiraten 1819–1827 in der Kolonie Neu Freiburg (Prov. Rio de Janeiro)
nach: *Nicoulin* 1976, S. 188.

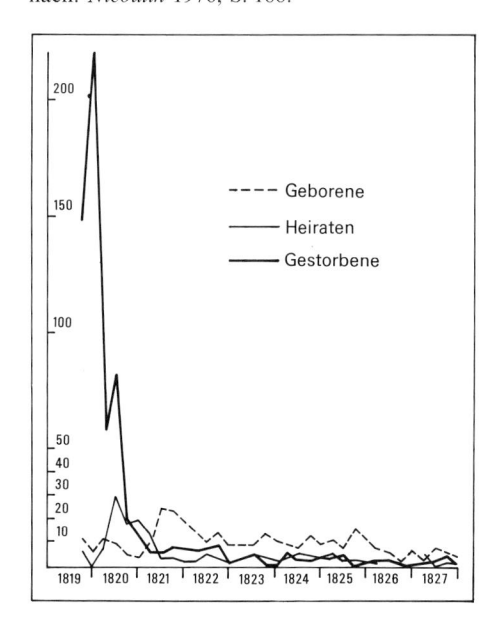

19. Jahrhunderts häufiger vor. Da nur wenige Untersuchungen genauere Anhaltspunkte über die demographische Zusammensetzung der Auswanderergruppen gaben, kann hier nur auf Einzelbeispiele hingewiesen werden, deren Verallgemeinerung nur eingeschränkt möglich ist. Die für die 1875/76 nach Patagonien ausgewanderten walisischen Arbeiterfamilien (*Williams* 1976) in Abbildung 3.2.3/1 (a) nachgewiesene Alterszusammensetzung dürfte auch für die deutsche Auswanderung der 50er bis 70er Jahre des 19. Jahrhunderts typisch gewesen sein. In der Alterspyramide und in der Zusammensetzung der Emigranten sind typische Merkmale des westeuropäischen Heiratsmusters (2.1.2.1) mit hohem Heiratsalter und geringer Heiratshäufigkeit erkennbar. Es wanderten 86% der Waliser als Ledige, jung Verheiratete oder als erwachsene Kinder im Familienverband nach Patagonien aus. Das Durchschnittsalter der Väter lag bei 34,7, das der Mütter bei 33,4 Jahren, und die durchschnittliche Kinderzahl pro Familie betrug 3,2. Für die süddeutsche Auswanderung nach Südamerika war im Vergleich zur Nordamerika-Auswanderung ebenfalls ein relativ hohes Durchschnittsalter bei Personen beiderlei Geschlechts charakteristisch (*v. Hippel* 1984). Bemerkenswert ist auch der hohe Überbesatz der männlichen Bevölkerung im Alter zwischen 15 und 30 Jahren, der dadurch bedingt ist, daß sich den auswandernden Bergarbeiterfamilien 1875/76 jüngere Einzelauswanderer in einer größeren Zahl anschlossen. Bei den Folgewanderungen der Jahre 1890–1914 (Abb. 3.2.3/1 b), die überwiegend landwirtschaftliche Berufsgruppen umfaßte, ist dieser Überbesatz nicht mehr so ausgeprägt.

Gegenüber der mittel- und nordeuropäischen Lateinamerikaauswanderung war die der Südeuropäer vorwiegend eine Einzelauswanderung junger Männer. Unter den zwischen 1890 und 1909 nach Argentinien ausgewanderten erwachsenen Personen waren ca. 72% Männer (*Vidaurreta* 1982), und im Falle von Italien betrug der Frauenanteil an den Auswanderungen zwischen 1876 und 1905 nur 12–25% (*Rühl* 1912). Von den auswandernden Frauen waren 40–50% ledig. Die Mehrzahl von ihnen folgte ihren Verlobten, die bereits einige Jahre vorher ausgewandert waren. Daher betrug der Anteil endogamer Ehen in Argentinien um die Jahrhundertwende bei Spaniern 70,8%, Deutschen 58,7% und Italienern 55,5% (*Vidaurreta* 1982). Die Bevölkerungsentwicklung dürfte in vielen Kolonien Lateinamerikas ähnlich verlaufen sein wie in der schweizerischen Ansiedlung Neu Freiburg (Prov. Rio de Janeiro) während der Jahre 1819–1827 (Abb. 3.2.3/2). Die auffallend hohen Gestorbenenzahlen der Gründerjahre resultieren aus schlechten hygienischen Bedingungen während der Überfahrt, Anpassungsschwierigkeiten an die klimatischen Verhältnisse in Brasilien sowie aus einer unzureichenden Nahrungsmittelversorgung. Abgesehen von diesen Schwierigkeiten war die Zahl der Gestorbenen in den Folgejahren immer wesentlich niedriger als die Zahl der Geborenen.

Die deutsche Auswanderung nach Südamerika gehört mit Ausnahme der Mecklenburger Sträflinge überwiegend der sozialen Mittelschicht des ländlichen Raumes an. Der städtische Bevölkerungsanteil muß ebenso wie bei der südeuropäischen Auswanderung gering gewesen sein (*Rühl* 1912; *Quelle* 1920). Die wirtschaftlichen Verhältnisse der Auswanderer lassen sich aufgrund der Quellenlage nicht eindeutig beurteilen. Insgesamt dürfte aber die Mehrzahl der Südamerika-Auswanderer in Anbetracht der relativ hohen Überfahrtkosten und der Angaben über das mitgeführte Vermögen im Gegensatz zu den Nordamerika-Auswanderern nicht zu den Ärmsten der Armen gehört haben (*Struck* 1966; *v. Hippel* 1984). Für Italien wies bereits *Rühl* (1912) darauf hin, daß die Auswanderer aus Sizilien meist Gemeinden mit mittlerem Lohn- und überdurchschnittlichem Bildungsniveau entstammten.

Für die Südamerika-Auswanderung ist weiterhin charakteristisch, daß die Herkunftsgebiete der Emigranten in Spanien, Portugal und vor allem in Deutschland nicht gleichmäßig über das Land verteilt waren. Es traten vielmehr einzelne Provinzen bzw. Kreise schwerpunkthaft hervor, und innerhalb dieser Gebiete waren es meist nur wenige Orte, die die Masse der Auswanderer stellten. So kamen nach den Untersuchungen von *Struck* (1966) die meisten Südamerika-Auswanderer des Herzogtums Nassau bis 1866 aus den Gemeinden Eltville, Östrich, St. Goarshausen, Rüdesheim, Nassau, Idstein und Hadamar. Eine ähnliche Konzentration auf wenige Herkunftsorte weist *Williams* (1976) für die walisische Auswanderung nach Patagonien nach. Die Entscheidung für eine Auswanderung nach Lateinamerika dürfte daher in weit stärkerem Maße, als dies für die Nordamerika-Auswanderung gilt, vom Einfluß einzelner einflußreicher Persönlichkeiten bzw. Agenten gesteuert oder von schriftlichen und mündlichen Informationen durch Verwandte und Bekannte abhängig gewesen sein. Für die meisten Herkunftsgebiete dürften sich die Zusammenhänge zwischen Erst- und Folgewanderungen durch das ‚psychologische Gesetz der Auswanderung' beschreiben lassen, das *Sartorius* 1911 aufgrund von Beobachtungen in Italien formulierte (*Tichy* 1985, S. 308). Danach zieht jede erfolgreiche Auswanderung weitere Emigrationen derselben Herkunft nach sich, solange die Verdienstmöglichkeiten im Zielland besser sind als im Heimatland. Eine räumliche Diffusion der Informationen, die zu einer regelhaften Ausbreitung von Auswanderungsentschlüssen geführt hätte, hat wohl nirgendwo vorgelegen. Beeinträchtigt wurde eine derartige Ausbreitung in Deutschland nicht zuletzt durch die, bis Anfang der 1890er Jahre anhaltende, ablehnende Haltung der Regierungen in Württemberg, Baden, den hessischen Territorien und in Preußen gegenüber allen Kolonisationsversuchen in Lateinamerika, insbesondere in Brasilien (*Sudhaus* 1940). Von deutscher Seite wurden die Auswanderungen nach Südamerika bis ins ausgehende 19. Jahrhundert lediglich durch die Stadtstaaten Bremen und Hamburg aktiv unterstützt. Sie waren an einer Ausweitung von Handelsbeziehungen interessiert und glaubten, sich nur mit Hilfe deutscher Siedler der englischen und der aufkommenden nordamerikanischen Konkurrenz erwehren zu können.

Die Südamerika-Auswanderung der südeuropäischen Länder Italien, Spanien und Portugal wurde erst Ende des 19. Jahrhunderts zu einer Massenauswanderung, die in allen drei Ländern eine schon über 100 Jahre bestehende, saisonale oder auch längerfristige innereuropäische Arbeiterwanderung ablöste. Traditionelle Zielgebiete dieser innereuropäischen Arbeitsauswanderung waren Frankreich, die Schweiz, Österreich und Deutschland. Die deutsch-französischen Auseinandersetzungen der 1870er Jahre sowie Mißernten in Südeuropa, die sich besonders nachteilig in Gebieten mit Halb- bzw. Teilpacht auswirkten, setzten eine Umorientierung der traditionellen Wanderungsbewegungen zugunsten der Überseewanderung in Gang. In diese Wanderungsbewegungen wurden nach und nach auch die südlichen Landesteile der italienischen und iberischen Halbinsel einbezogen. So können wir ein älteres Gebirgs- und innereuropäisches Auswanderungsgebiet im Norden der Halbinseln von einem Überseewanderungsgebiet im Süden unterscheiden. Zwischen den drei südeuropäischen Ländern bestanden insofern Unterschiede, als die Auswanderung nach Europa wie auch die Überseewanderung Spaniens und Portugals zu 70%–75% landwirtschaftlichen Berufszweigen oder der Tagelöhnerschaft entstammten. Dagegen waren die Italiener zu einem nicht unerheblichen Teil dem Baugewerbe zuzuordnen. Sie bestimmten in Südamerika nach der Jahrhundertwende den Bausektor und das Architektenwesen, so daß heute viele Städte Südamerikas einen eher italienischen als spanischen oder portugiesischen Charakter tragen (*Thistlethwaite* 1972).

Es wurde bereits darauf hingewiesen, daß für die südeuropäische Überseewanderung hohe Rückwanderungsquoten charakteristisch sind. So kehrten zwischen 1892 und 1896 ca. 52% der ausgewanderten Italiener (*Deecke* 1898) bzw. Portugiesen und zwischen 1912 und 1916 ca. 65% der nach Argentinien ausgewanderten Spanier in ihr Heimatland zurück (*Quelle* 1920), um der Wehrpflicht nachzukommen, Pflege- und Erntearbeiten im eigenen kleinen landwirtschaftlichen Betrieb auszuführen oder sich mit dem in Übersee ersparten Geld anzukaufen und selbständig zu machen. Die Ersparnisse wurden vielfach dadurch erkauft, daß sich die Emigranten im Ausland mit der einfachsten Kost und primitivsten Unterkünften begnügten. Die Geldmengen, die bis zur Weltwirtschaftskrise durch die Aus- bzw. Rückwanderer von Lateinamerika nach Südeuropa transferiert wurden, haben nicht unwesentlich zur Deckung von Handelsbilanzdefiziten oder sogar zu Zahlungsbilanzüberschüssen beigetragen, einen relativen Wohlstand der ‚Americani' bzw. ‚Brasileiros', aber auch erhebliche Bodenpreissteigerungen in den Heimatgemeinden bewirkt (*Quelle* 1920; *Vöchting* 1951). Im Gegensatz zu den italienischen Saison- bzw. Rückwanderern haben die spanischen Landarbeiter nach ihrer Rückkehr versucht, Anbau- und Bearbeitungstechniken, die sie in Übersee kennengelernt hatten, in ihren Heimatgemeinden einzuführen.

Soweit der entscheidende Anstoß zur Südamerika-Auswanderung nicht im Sinne einer Kettenwanderung (2.2.2.1) erfolgte, waren für die Anwerbung Agenten verantwortlich, die im Auftrag von zahlungskräftigen Unternehmern oder Schiffsgesellschaften tätig waren. In NW-Spanien bedienten sie sich der Kleinhändler, die die Bevölkerung des unwegsamen Streusiedlungsgebietes regelmäßig mit Gütern des täglichen Bedarfs versorgten. Diese Händler bezahlten die Schiffspassagen und ließen sich als Gegenleistung Pfandscheine ausstellen, die nach Jahresfrist durch den Verkauf bzw. die Versteigerung der meist kleinen landwirtschaftlichen Besitzungen eingelöst wurden (*Quelle* 1920). Dies bewirkte in den Herkunftsgebieten eine Mobilisierung des Grundbesitzes, die unter ähnlichen Bedingungen auch in vielen Teilen Deutschlands stattgefunden hat. Eine ausreichende Nachfrage nach Grund und Boden, die aus den landwirtschaftlichen Einkommen allein nicht zustande gekommen wäre, sicherte der Zustrom außerlandwirtschaftlicher Einkommen in Form von Geldüberweisungen der Ausgewanderten.

Die europäische Überseewanderung hat nach 1820 vor allem wesentlich zur Erschließung und Kolonisation des bis dahin dünn besiedelten subtropischen Lateinamerika beigetragen. So lebten beispielsweise 1852 in Argentinien nur 1,2 Mill Menschen. Bis 1900 kam allein durch die Nettowanderung eine ebenso große Zahl hinzu, und bis zum Ausbruch des Ersten Weltkrieges war ein weiterer Nettowanderungsgewinn von 2,6 Mill Personen zu verzeichnen, darunter ca. 1,2 Mill Italiener und ca. 1 Mill Spanier. Daher ist Argentinien heute neben Uruguay das europäischste Land Südamerikas. Die Zugehörigkeit der einzelnen Länder zum ehemaligen spanischen bzw. portugiesischen Kolonialbereich war für die Kolonisation allerdings insofern entscheidend, als die Einwanderer im spanischen Bereich auf einen fest etablierten Großgrundbesitz trafen, der eine bäuerliche Kolonisation nur eingeschränkt zuließ und die Bildung einer breiten agrarischen Mittelschicht verhinderte. Die als Pächter angesiedelten Emigranten wanderten nach kurzer Zeit in die Städte Argentiniens, wo sie sich als Einzelhändler niederließen oder in kleineren Gewerbebetrieben ihrer Landsleute eine Beschäftigung fanden. So waren 1886 in Buenos Aires 49% aller Handelsbetriebe in spanischer bzw. italienischer Hand, sie besaßen aber nur ca. 5% des in ihrem Bereich umlaufenden Kapitals (*Vidaurreta* 1982). Im portugiesischen Bereich begegneten die Einwanderer einer Voreingenommenheit, die jegliche körperliche Arbeit mit Sklavenarbeit gleichsetzte.

Mit wenigen Ausnahmen, zu denen etwa das südchilenische Seengebiet gehört (*Golte* 1973), wurde die Kolonisation nicht im Rahmen eines groß angelegten Planes durchgeführt. Es waren einzelne, räumlich und zeitlich isolierte Gründungen, die aufgrund der großen Entfernungen und der fehlenden Verkehrsinfrastruktur kaum zu einem geschlossenen Siedlungsgebiet zusammenwachsen konnten. Die räumliche Isolierung der meist ethnisch und konfessionell einheitlichen, sprachlich geschlossenen Kolonien trug dazu bei, daß der Assimilationsprozeß wesentlich langsamer ablief als bei den meisten Gruppen in Nordamerika. Hinzu kam, daß in den Neusiedlungen überwiegend eine kleinbäuerliche und gewerbliche Mittelschicht vertreten war, die in allen Ländern Lateinamerikas an ihrem angestammten Volkstum stärker festhielt als die jeweilige Oberschicht. Dies galt besonders für die deutschen Einwanderer, die in sozial geschlossenen Gemeinschaften, in denen fast alle Berufe der damaligen europäischen Gesellschaft vertreten waren, in abgelegenen Gebieten konzentrierter als andere Volksgruppen siedelten und ihre eigene Wirtschaft, ihr Sozial- und Schulwesen selbst organisieren konnten. Deutschsprachige Zeitungen, der kontinuierliche Zustrom aus dem deutschsprachigen Europa und der aus der Diasporasituation in Lateinamerika resultierende Aufbau einer deutschsprachigen evangelischen Kirchenorganisation haben nicht zuletzt auch in Gebieten mit wachsender Einwanderung aus Südeuropa zur Bewahrung einer deutschsprachigen Tradition geführt.

Es ist sicher richtig, daß die Einwanderung aus Europa in den südamerikanischen Staaten wesentlich zum Aufbau einer bis in die 50er Jahre des 19. Jahrhunderts in der Gesellschaftsordnung fehlenden breiten Mittelschicht beigetragen hat. Dieser Prozeß ist, wie *Kohlhepp* (1966; 1968) am Beispiel des südbrasilianischen Staates Santa Catarina, in dem Anfang der 1960er Jahre 410 000 deutschstämmige Brasilianer lebten, gezeigt hat, in mehreren Phasen abgelaufen. Die im Staate Santa Catarina vom

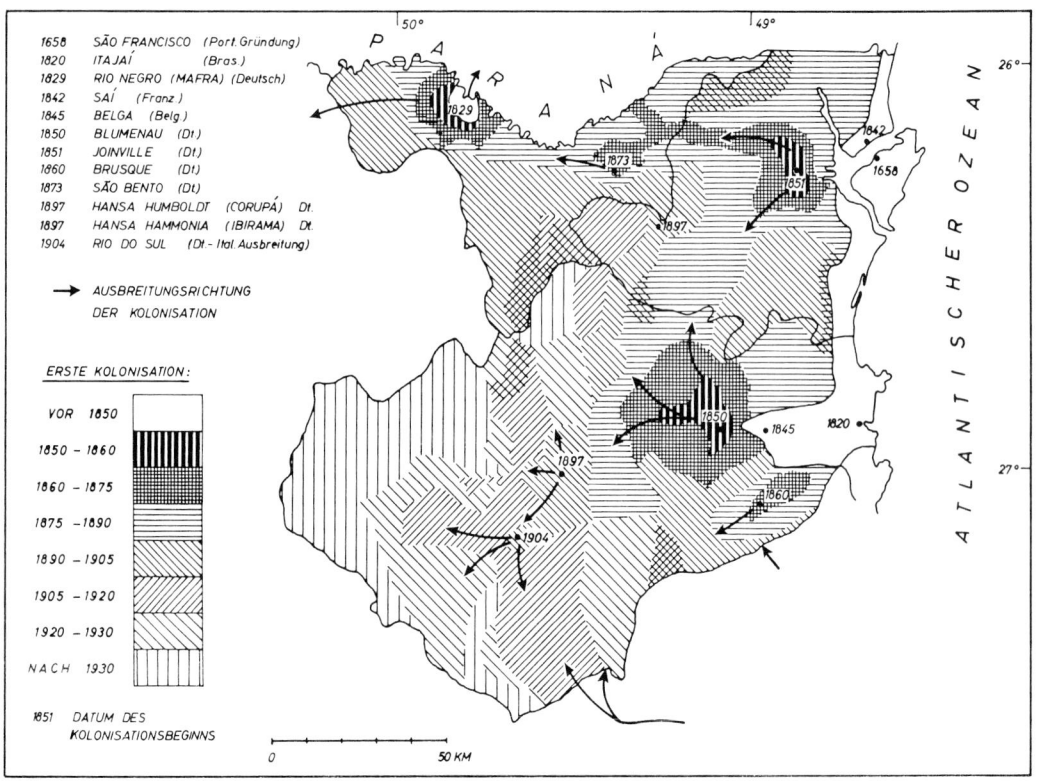

Abb. 3.2.3/3
Phasen der Kolonisation in Nordost-Santa Catarina
aus: *Kohlhepp* 1968, S. 43.

Atlantischen Ozean nach W fortschreitende Kolonisation durch europäische Siedler (Abb. 3.2.3/3) weist formal Parallelen zur Ost-West-Verschiebung der nordamerikanischen Frontier auf. Eingeschränkt wird dieser Vergleich dadurch, daß die europäischen Siedler in Südamerika in ein subtropisches Waldgebiet vordrangen, in dem sie ihre herkömmliche Agrartechnik und die gewohnten Anbaumethoden nicht anwenden konnten. Daher übernahmen die ersten Siedler, denen Dr. *H. Blumenau* 1850 im Itajai-Gebiet Siedlungsflächen bereitstellte, von den Eingeborenen den Anbau von Mais, Bohnen und Maniok und als Arbeitsgeräte neben der Hacke den Grabstock. Der Anbau in den gerodeten Waldgebieten war lediglich auf den Eigenbedarf ausgerichtet, zumal ein städtisches Zentrum, das eine landwirtschaftliche Überschußproduktion hätte aufnehmen können, in der Region fehlte bzw. zu weit entfernt war. Bis in die Gegenwart hat eine geringe Aufgeschlossenheit gegenüber allen Neuerungen in vielen Seitentälern des Itajai-Gebietes eine primitive Form der Landrotation erhalten. Wirtschaftliche und kulturelle Rückständigkeit, Armut, Inzucht und eine hohe Krankheitsanfälligkeit infolge mangelnder Hygiene sind bei diesen deutschstämmigen Kolonisten bis heute nicht zu übersehen. Eine weitere kleinbäuerliche Kolonistengruppe, die sich etwas später im Blumenauer Gebiet niederließ, legte in den Talniederungen gepflegte Kunstweiden an, führte die Stallhaltung und Milchverarbeitung ein. In ganz Brasilien ist dieses Gebiet bis heute für seinen Butterexport bekannt. Die Einwanderer der 1880er Jahre, unter denen sich viele sächsische Weber befanden, hatten die Industrialisierung in Deutschland bereits miterlebt und verfügten über grundlegende gewerbliche Kenntnisse. Sie leiteten im Blumenauer Gebiet eine erste Phase der industriellen Entwicklung ein (Textilsektor). Nach dem Ersten Weltkrieg wurde die Einwanderung durch Handwerker, Facharbeiter, Kaufleute und Unternehmer bestimmt, die sich vorzugsweise in den kleinen Siedlungskernen

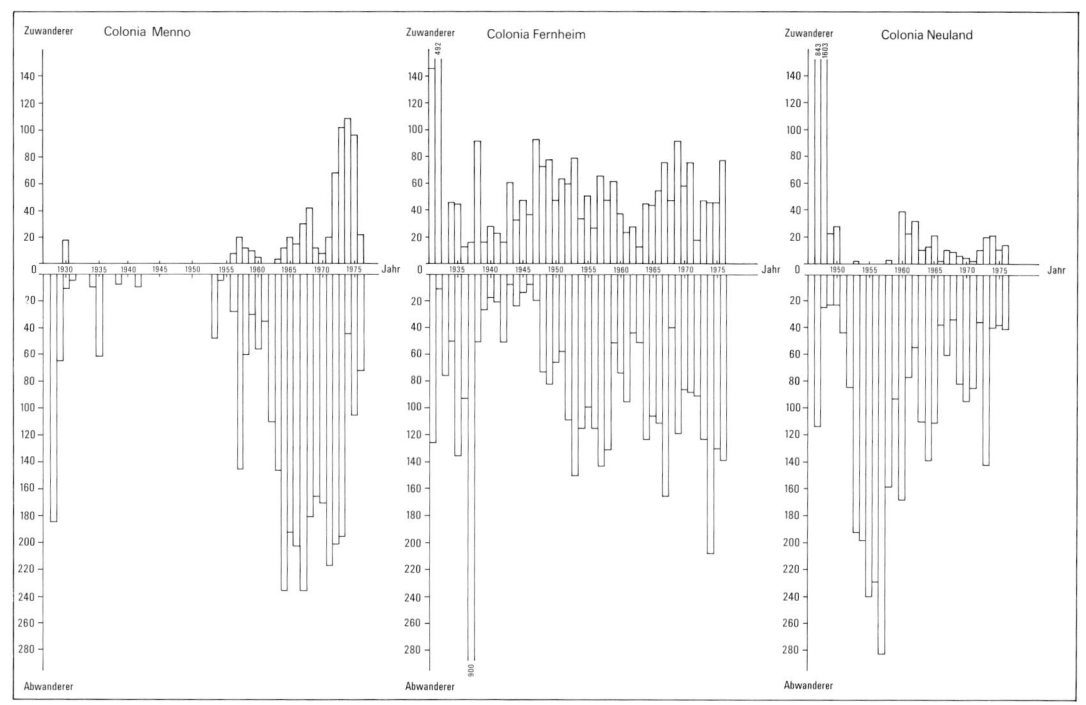

Abb. 3.2.3/4
Zu- und Abwanderungen in den Mennonitensiedlungen Menno, Fernheim und Neuland
nach: *Kohlhepp* 1980, S. 375 ff.

niederließen, neue Produktionstechniken in der Textilindustrie einführten und zu einer Diversifizierung dieses Wirtschaftszweiges beitrugen. Durch die Gründung zahlreicher kleiner, z. T. sehr spezialisierter Betriebe, u. a. auch im Bereich der Metall- und Holzverarbeitung hat diese Siedlergeneration wesentlich zur Entwicklung eines kleinstädtischen Siedlungsnetzes beigetragen.

Abschließend sei noch auf eine zahlenmäßig nicht sehr große, aber hinsichtlich ihrer kolonisatorischen Leistung sehr bedeutsame Einwanderergruppe hingewiesen: die Mennoniten. 1927 gründeten 1765 kanadische Mennoniten in der Abgeschiedenheit des Chaco die Kolonie Menno. Dieser Gründung folgte 1930/32 die Anlage der Kolonie Fernheim durch russische Mennoniten (2008 Personen), die nach der russischen Revolution ihre Siedlungsgebiete in der Ukraine, Krim, Mittelrußland und Sibirien verlassen mußten. In der dritten Siedlungswelle kam es 1947 in der Kolonie Neuland zur Ansiedlung von 644 Familien (davon 253 ohne männlichen Haushaltsvorstand, insgesamt 2472 Personen), die im Verlauf des Zweiten Weltkrieges aus der Ukraine in den Warthegau umgesiedelt wurden, von dort aus vor der Roten Armee nach Westen flohen und schließlich über Westdeutschland nach Paraguay auswanderten. 1976 lebten in Menno 6152, in Fernheim 2612 und in Neuland nur noch 977 Personen. Die drei Mennonitensiedlungen zeigten somit seit ihrer Gründung eine sehr unterschiedliche Bevölkerungsentwicklung, die entscheidend durch die Zu- und Abwanderungen beeinflußt wurde (Abb. 3.2.3/4). Abgesehen von einigen Abwanderungen in der Frühphase, setzten in der Kolonie Menno Abwanderungen erst Ende der 50er Jahre ein. Diese wurden zum größten Teil durch Auswanderungen in die neun seit 1954 in Bolivien im Halbkreis um die Stadt Santa Cruz gegründeten Mennonitenkolonien hervorgerufen (Tab. 3.2.3/3). Anfang der 60er Jahre führte eine Lockerung der konservativen religiösen Auffassungen zu einer überwiegend wirtschaftlich motivierten Abwanderung, u. a. in die Hauptstadt Asunción. Demgegenüber war die Bevölkerungsentwicklung der Kolonie Fernheim seit Bestehen durch eine starke Fluktuation gekennzeichnet, bedingt

Tab. 3.2.3/3: Mennonitenkolonien in der Umgebung der Stadt Santa Cruz (Bolivien)

Name	Gründungsjahr	Einwohner 1972
Tres Palmas	1954	12
Canadiense	1957	380
Bergthal	1963	350
Rheinland	1964	300
Riva Palacio	1967	2400
Swift	1968	800
Sommerfeld	1968	270
Paurito	1968	500
Las Piedras	1968	600

Quelle: Fröschle 1979, S. 149

Tab. 3.2.3/4: Entwicklung der Geburtenraten in den Mennonitenkolonien Paraguays 1935–1977

Jahr	Menno	Fernheim	Neuland
1935	49,5	48,5	–
1950	47,7	35,9	47,4
1960	44,0	31,9[1])	35,9
1970	41,4	28,5	22,0
1977	29,4	18,8	25,6

Quelle: Kohlhepp 1980, S. 378
[1]) Angabe für 1959

durch die Inhomogenität der Siedler hinsichtlich ihrer regionalen Herkunft und des wirtschaftlichen Entwicklungsstandes. In der jüngsten Kolonie setzte die Abwanderung bereits wenige Jahre nach der Gründung ein. Die starken Bevölkerungsverluste waren durch die extremen wirtschaftlichen Schwierigkeiten hervorgerufen, denen die Siedler ausgesetzt waren. Hinzu kam, daß bei diesen Kolonisten infolge der Kriegsereignisse in Europa und sowjetischer Zwangsmaßnahmen eine nur noch geringe Gruppenbindung vorlag. Außerdem hatten die Älteren z. Zt. des Dritten Reiches die deutsche Staatsangehörigkeit erhalten und konnten daraus abgeleitet in der Bundesrepublik Deutschland Lastenausgleichs- bzw. Rentenansprüche geltend machen. In allen Siedlungen wären die Bevölkerungsverluste weit höher gewesen, wenn nicht aufgrund der hohen Geburtenüberschüsse Wanderungsverluste z. T. kompensiert worden wären. Geburtenraten von über 40‰ waren bis ca. 1970 für alle Siedlungen charakteristisch (Tab. 3.2.3/4). Seither läßt sich ein Rückgang der Geburtenziffern beobachten, der in einer Lockerung der konservativen Auffassung von Familie und Familiengröße begründet ist.

3.3 Bevölkerungsverteilung und Bevölkerungsdichte

3.3.1 Gebirgsentvölkerung – das Beispiel des Apennin (*Wolfgang Kuls*)

Weitreichende Wandlungen gesellschaftlicher und wirtschaftlicher Strukturen, ebenso umwälzende technische Neuerungen, sind in der Regel mit Veränderungen der Bevölkerungsverteilung verbunden. Das läßt sich an einer Vielzahl von Beispielen aus verschiedenen Zeiten und Räumen nachweisen. Bedeutsame Auswirkungen derartiger Veränderungen zeigen sich vor allem im Siedlungswesen, indem neue Siedlungen entstehen, andere ganz oder teilweise aufgegeben werden und einzelne funktionale Siedlungstypen ein ungleiches Wachstum erfahren. Auch die Grenzen des besiedelten Raumes, der Ökumene, können dabei erheblich verschoben werden.

In jüngerer Vergangenheit hat die in den europäischen Ländern zu verschiedenen Zeiten einsetzende Industrialisierung bekanntlich zu einem nachhaltigen Konzentrationsprozeß geführt. Auf Kosten ländlicher Abwanderungsgebiete sind Großstädte und großstädtisch-industrielle Verdichtungsräume entstanden, die mit fortschreitender Motorisierung weiter Bevölkerungsteile eine zunehmende Ausweitung erfuhren. Ursachen, Ablauf und Auswirkungen dieses Konzentrationsprozesses sind schon früh auf ein breites Interesse von Wissenschaft, Politik und Wirtschaft gestoßen, während man den in der Bevölkerungsentwicklung stagnierenden oder gar durch Bevölkerungsverluste gekennzeichneten Räumen lange Zeit weit weniger Aufmerksamkeit zugewandt hat. Dies geschah im allgemeinen erst dann, als die durch verstärkte Abwanderung hervorgerufenen Probleme unübersehbar wurden und staatliche Eingriffe erforderlich machten.

Bergländer und Hochgebirgsregionen sind dabei innerhalb des ländlichen Raumes vielfach besonders stark von einer Abwanderung betroffen worden, und damit einhergehend hat sich deren Stellung im Rahmen größerer Wirtschaftsräume und Staaten oft nachhaltig gewandelt. Meist später als ihre Umgebung besiedelt, boten sie ihren Bewohnern in vielen Fällen nur eine schmale landwirtschaftliche Existenzgrundlage. Andere Wirtschaftszweige von teilweise überregionaler Bedeutung, wie Bergbau und die Verarbeitung von Rohstoffen unterschiedlichster Art, vor allem mit Hilfe der gewöhnlich reichlich vorhandenen Wasserkräfte, bildeten häufig eine wesentliche Ergänzung, wenn nicht die primäre Erwerbsgrundlage von Teilen der Bevölkerung. Die Entstehung moderner Industriebetriebe unter ganz anderen Standortvoraussetzungen außerhalb oder am Rande der Gebirge brachte dann viele der traditionellen Gewerbe von Gebirgsräumen zum Erliegen. In der meist kleinbetrieblichen Landwirtschaft waren bei großenteils ungünstigen natürlichen Produktionsbedingungen den Möglichkeiten einer Modernisierung und Mechanisierung der Betriebe oft enge Grenzen gesetzt. Im Zuge des Ausbaus moderner Verkehrsnetze von Eisenbahn und kraftfahrzeuggerechten Straßen gerieten große Teile der Gebirge in eine ausgesprochene Abseitslage. Sie wurden Teil der ‚Peripherie' von Wirtschaftsräumen und Staaten. Für eine wachsende Zahl von Menschen blieb kaum eine andere Wahl als zumindest zeitweilig abzuwandern, wobei einmal ausgebildete Wanderungsströme häufig eine Selbstverstärkung erfuhren. Nur in einzelnen Teilräumen und in der Regel erst spät haben sich für die Gebirgsbevölkerung besonders durch den Fremdenverkehr neue Erwerbsgrundlagen gefunden; in vielen Bereichen Europas ist jedoch die Entvölkerung von Bergländern auch heute noch nicht zum Stillstand gekommen.

Im Schrifttum ist vielfach für den durch Abwanderung verursachten Bevölkerungsrückgang im Gebirge der Begriff ‚Höhenflucht' verwendet worden. Das hat sich indessen als wenig treffend erwiesen: Nicht die absolute Höhenlage ihrer Siedlungen hat für die Menschen unter den zahlreichen Faktoren, die zur Abwanderung führten, die entscheidende Rolle gespielt, vielmehr waren es in erster Linie Schwierigkeiten, die sich aus der Gebirgsnatur vornehmlich für die Landbewirtschaftung, aber auch für die Erreichbarkeit von Märkten und andere zentralen Einrichtungen, auf die man mit zunehmender Lösung von der Selbstversorgungswirtschaft mehr und mehr angewiesen war, ergaben. Der Begriff ‚Bergflucht' scheint deshalb sicher eher angebracht (s. *Leidlmair* 1958, S. 85). Von ‚Gebirgsentvölkerung' wird mit *Kühne* (1974, S. 17) dann zu sprechen sein, wenn größere Räume einen starken und länger anhaltenden Bevölkerungsverlust mit entsprechend weitreichenden Auswirkungen auf Siedlung und Wirtschaft zu verzeichnen haben.

Bei der Erfassung konkreter Vorgänge ist zunächst herauszustellen, daß Gebirgsentvölkerung bzw. Bergflucht in den einzelnen Teilen Europas zu verschiedenen Zeiten einsetzten und auch unterschiedlich lange angedauert haben (s. *Lichtenberger* 1979). Das bedeutet, daß man von jeweils andersartigen und andersartig bewerteten Bedingungen für Ursachen, Ablauf und Auswirkungen der Vorgänge auszugehen hat. Es gibt eine ausgeprägte Phasenverschiebung von West nach Ost, indem bedeutende Abwanderungen aus dem Französischen Zentralmassiv bereits in der ersten Hälfte des 19. Jahrhunderts einsetzten, die ab 1850 auch zur Entsiedlung führten, während entsprechende Vorgänge im deutschsprachigen Alpenraum erst in der zweiten Hälfte des 19. Jahrhunderts größere Bedeutung erlangten und die Gebirgsentvölkerung in süd- und südosteuropäischen Ländern sich vornehmlich in unserem Jahrhundert vollzog, wobei die Zeit nach dem Zweiten Weltkrieg v. a. in Italien wie auch in Teilen Jugoslawiens besonders nachhaltige Veränderungen mit sich brachte. Innerhalb der deutschen Mittelgebirge hat es größere Bevölkerungsverluste durch Abwanderung hauptsächlich in der zweiten Hälfte des 19. Jahrhunderts gegeben (s. das von *Graafen* 1961 untersuchte Beispiel der Eifel), sie erreichten jedoch bei weitem nicht so extreme Ausmaße wie im Zentralmassiv und im Apennin, in dem die Entwicklung näher verfolgt werden soll.

In Italien hatte um die Jahrhundertwende, später als in West- und Mitteleuropa, eine starke Auswanderung nach Übersee eingesetzt, von der auch die Gebirgsregionen des Landes erfaßt worden sind. Zusammen mit Abwanderungen in die sich allmählich herausbildenden Industrieregionen des Landes gab es hier schon damals in den Alpen und im Apennin beträchtliche Bevölkerungsverluste, die jedoch selten über den natürlichen Zuwachs hinausgingen und vor allem im Apennin von denen der 50er und 60er Jahre weit übertroffen wurden. Eine grobe Übersicht über die zwischen 1951 und 1971 (Volkszählungsdaten) stattgefundenen Veränderungen vermittelt Tabelle 3.3.1/1. Als Gebirgsgemeinden des Apennin sind dabei solche erfaßt, die im Norden des Landes mit dem größten Teil ihrer Fläche über 600 m, im Süden über 700 m hoch liegen. Das ist, zumal in den Zahlen teilweise auch die Bevölkerung von Provinzhauptstädten enthalten ist, nicht gerade befriedigend, vermag aber immerhin Tendenzen deutlich zu machen. So zeigen sich beträchtliche Unterschiede zwischen den großen Teilregionen des Apennin, indem die absoluten und relativen Veränderungen im Norden noch in recht engen Grenzen blieben, während der Süden in beiden durch die Volkszählungen abgegrenzten Dekaden gleichbleibend hohe Bevölkerungsverluste zu verzeichnen hatte. Im Gegensatz dazu hat es in den Gebirgsregionen Mittelitaliens zwischen 1961 und 1971 eine deutliche Verringerung der negativen Bilanz gegeben, wenn es sich auch immer noch um einen Bevölkerungsrückgang von mehr als 60000 Menschen handelte. Neuere Zahlen zeigen ein räumlich sehr differenziertes Bild. In ganz Italien hat die Wohnbevölkerung von Gebirgsgemeinden zwischen 1971 und 1981 zwar nur um etwas mehr als 1% abgenommen, doch gibt es in allen Landesteilen Provinzen, in denen die Bevölkerungsverluste dieser Gemeinden auch zwischen den beiden letzten Großzählungen beträchtlich über die 10%-Marke hinausgehen, neben solchen, die sogar einen Zuwachs zu verzeichnen haben. So ist z. B. in der Provinz Isernia (Molise) die Wohnbevölkerung der dort erfaßten 42 Gebirgsgemeinden von 58824 auf 52051 zurückgegangen, während die 41 Gebirgsgemeinden der Nachbarprovinz Campobasso in der gleichen Region einen Zuwachs von 116316 auf 118947 aufzuweisen haben (*Annuario Statistico Italiano* 1983). Vergrößert man den Betrachtungsmaßstab und erfaßt die Situation innerhalb einzelner Teilräume des Apennin etwa auf Gemeindebasis, dann lassen sich besonders krasse Entwicklungsunterschiede registrieren. Sowohl im Norden wie auch in Mittel- und Süditalien finden sich nahe beieinander Gemeinden, deren Bevölkerung in einer der in Tabelle 3.3.1/1 erfaßten Dekaden um mehr als 40% zurückgegangen ist, und solche mit nur unbedeutenden Verlusten. Bevölkerungszunahmen bilden allerdings die Ausnahme. Sie blieben im wesentlichen beschränkt auf Gemeinden am Gebirgsrand und auf Großgemeinden mit mehr als 20000 Einwohnern (Übersichtskarten finden sich bei *Tichy* 1966 und *Rother*

Tab. 3.3.1/1: Entwicklung der Apennin-Bevölkerung nach Großräumen

Teilraum des Apennin	Anwesende Bevölkerung			Veränderungen in %	
	1951	1961	1971	1951/61	1961/71
Norditalien	1170268	1190384	1171889	+ 1,7	− 1,5
Mittelitalien	1195695	1073762	1012504	−10,2	− 5,7
Süditalien	2092696	1862462	1655901	−11,0	−11,1
Italien	4458659	4126608	3830294	− 7,5	− 6,9

Quelle: Rother/Wallbaum 1975, S. 211

und *Wallbaum* 1975). Zu berücksichtigen ist dabei, daß es sich jeweils um Angaben für ganze Gemeinden, nicht aber einzelne Siedlungen handelt. Von diesen haben vor allem die kleinen Ortschaften starke Bevölkerungsverluste zu verzeichnen, sofern sie nicht völlig aufgegeben wurden.

Als wichtige Ursache für den Bevölkerungsrückgang im Gebirge werden im vorliegenden Schrifttum immer wieder die unzureichenden Lebensbedingungen (Erwerbsmöglichkeiten, Versorgung, Bildung) in den Abwanderungsgebieten und eine durch verbesserte Informations- und Kommunikationsmöglichkeiten verstärkte Anziehungskraft der Städte genannt. Häufig wird die Situation in den Gebirgsräumen mit dem Begriff ‚Übervölkerung' gekennzeichnet. Es wird mit dem Überschreiten der ‚Tragfähigkeit' argumentiert, der ‚Bevölkerungsdruck' als wesentlicher Faktor herausgestellt, wobei jedoch selten konkrete Untersuchungen vorgenommen wurden, um bestehende Zusammenhänge eindeutig zu erfassen. In jedem Falle dürfte es erforderlich sein, die Verwendbarkeit der angeführten Begriffe hinsichtlich ihrer Aussagekraft zu prüfen. Es muß berücksichtigt werden, daß Bedingungen, Möglichkeiten und Wertmaßstäbe, die in der Gegenwart eine entscheidende Rolle spielen, in der Vergangenheit nicht stets die gleiche Bedeutung hatten. Man muß davon ausgehen, daß es dabei ausgeprägte regionale Unterschiede gibt und an der Gebirgsentvölkerung durchaus verschiedene Gruppen in jeweils spezifischer wirtschaftlicher und sozialer Situation mit ihnen eigenen Einstellungen und Traditionen beteiligt sind. Das hat sich auf das Wanderungsverhalten vielfach entscheidend ausgewirkt. Gerade den sozialgruppenspezifischen Unterschieden beim Wanderungsverhalten von Gebirgsbewohnern ist *Kühne* (1974) in einer umfassenden Untersuchung der Verhältnisse in Teilen des Apennin nachgegangen. Durch die Erfassung von mehr als 90 000 Abwanderern aus ausgewählten Gemeindegruppen im nördlichen und mittleren Apennin ist es *Kühne* gelungen, mehrere Wanderungstypen herauszustellen, wobei als Gruppen gleichartigen Wanderungsverhaltens insbesondere Kleinbauern, Mezzadri und Schäfer Berücksichtigung fanden. Regionspezifische Bedingungen der Lage und Lagebeziehungen, der Landesnatur, der wirtschaftlichen und sozialen Situation der Bevölkerung, wie auch Siedlungsweise, ererbte Strukturen und Traditionen erwiesen sich für mehr oder weniger ausgeprägte Besonderheiten als höchst bedeutsam.

Das Ausmaß der Gebirgsentvölkerung innerhalb der von *Kühne* ausgewählten Untersuchungsräume wird dadurch deutlich, daß sich die dort lebende Bevölkerung allein in der Zeit zwischen 1951 und 1967 von 122 366 auf 78 010 verringert hat. Zur Hauptsache handelte es sich bei der Abwanderung um eine Binnenwanderung über relativ kurze Distanzen. Die früher für einzelne Landesteile kennzeichnende Auswanderung ist fast überall stark zurückgegangen, sie spielte in den vergangenen Jahrzehnten als europäische ‚Gastarbeiterwanderung' vor allem für den süditalienischen Raum noch eine größere Rolle.

Ein Beispiel für Abwanderung aus einem kleinbäuerlichen Gebiet mit Weilern und kleinen Dörfern gibt *Kühne* aus dem ligurischen Apennin nordöstlich von Genua. In diesem Fall war die nur etwa 25 km entfernt liegende Großstadt das weitaus wichtigste Wanderungsziel sowohl von ganzen Familien als auch von – vornehmlich weiblichen – Einzelpersonen, für die es in Genua während des Untersuchungszeitraumes ein günstiges Arbeitsplatzangebot gab. Durch die starke Abwanderung von Frauen ist es hier, abgesehen von einer Überalterung, zu einem sonst ungewöhnlichen Männerüberschuß gekommen. Die in der Landwirtschaft Verbliebenen (außeragrarische Erwerbsmöglichkeiten boten sich kaum) haben wegen des Mangels an Kapital und einer weitgehend fehlenden Bodenmobilität ihre zersplitterten Betriebe in der Regel weder modernisieren von vergrößern können, so daß sich die Situation in der Landwirtschaft trotz starken Rückgangs der Agrarbevölkerung kaum verbessert hat. Große Teile der ehemals landwirtschaftlich genutzten Flächen liegen brach. Sie blieben in der Hand ihrer fortgezogenen Eigentümer, die jedoch enge Bindungen mit ihrer jeweiligen Herkunftsgemeinde durch Aufenthalte an Wochenenden und in den Ferien aufrecht erhalten. Das trägt u. a. zu einer umfassenden Information der im Gebirgsraum verbliebenen Bevölkerung über die Lebensbedingungen in der Großstadt bei und hat zumindest in Zeiten günstiger Wirtschaftslage zu einer Verstärkung des Abwanderungsstromes geführt. Heute geraten die näher zur Stadt gelegenen Gemeinden des

Gebirgslandes mehr und mehr in den Bereich täglicher Pendelwanderung und werden damit zu Wohnvororten.

In den Hauptverbreitungsgebieten der Mezzadria, einer durch besondere Rechtsnormen gekennzeichneten Form der Teilpacht (s. *Kühne* 1974, S. 191, *Sabelberg* 1975, S. 328), zeigt sich eine durchaus andersartige Situation. Die Mehrzahl der Mezzadri lebt in Einzelhöfen und ist weit weniger an Boden und soziale Umwelt gebunden als die bäuerliche Bevölkerung, die ihr Eigentum auf dem Lande als Rückhalt für Notzeiten, als Ferien- und/oder Alterssitz zu halten sucht. Mezzadri haben auch früher schon häufiger den von ihnen bewirtschafteten Hof gewechselt, wozu vielfach dann Anlaß gegeben war, wenn sich die Zahl der in der Familie verfügbaren Arbeitskräfte verändert hatte. Im Gegensatz zur Vergangenheit, wo freigewordene Höfe von den Eigentümern meist ohne Schwierigkeiten wiederbesetzt werden konnten, ist die Entwicklung in den letzten Jahrzehnten dadurch gekennzeichnet, daß viele Mezzadria-Höfe ganz aufgegeben wurden, weil sich für sie weder neue Pächter noch Käufer finden ließen. Dies trifft vor allem für abseits und in höheren Gebirgslagen vorhandene Einzelhöfe zu. Von dort sind viele Mezzadro-Familien – nicht selten in mehreren Etappen – in tiefer gelegene Teile des Berglandes bzw. in Becken und Ebenen gezogen, um dort einen günstiger gelegenen und leichter zu bewirtschaftenden Hof zu übernehmen. Völliges Ausscheiden aus der Landwirtschaft und Fortzug in die Stadt sind am ehesten in stadtnahen Bereichen festzustellen. Teilweise wurden die bei der ‚Bergflucht' der einheimischen Bevölkerung verlassenen Höfe in höheren Gebirgslagen von Zuwanderern aus Süditalien übernommen, doch war dies für viele dieser Migranten lediglich eine Etappe auf der Weiterwanderung in den Norden, wenn nicht nach einigen Jahren aufgrund wirtschaftlicher Mißerfolge und der ungewohnten Isolierung in den Streusiedlungen eine Rückwanderung nach Süditalien erfolgte. Ein Beispiel für das Ausmaß der in kurzer Zeit eingetretenen Kulturlandschaftsveränderungen zeigt Abbildung 3.3.1/1, wozu zu bemerken ist, daß die Mehrzahl der hier erfaßten verlassenen Höfe erst nach 1954 aufgegeben wurde. Natürlich sind mit einer so weitreichenden Entvölkerung und Entsiedlung grundlegende Veränderungen in der Aufgliederung und im Zustand der Wirtschaftsflächen eingetreten.

Auch bei der Abwanderung der Mezzadri von den im Gebirge liegenden Höfen handelt es sich ganz überwiegend um Wanderungen über kurze Distanzen, oft nur in die jeweilige Nachbargemeinde. Fernwanderungen in die großen Städte im Nordwesten Italiens oder gar in andere europäische Länder spielen kaum eine Rolle. Solange mit der Wanderung nicht auch ein Ausscheiden aus der Landwirtschaft verbunden ist, bleibt der Familienverband erhalten. Bei der Wanderung in die Städte sind hingegen auch im Verbreitungsgebiet der Mezzadria in erster Linie Einzelwanderer zu registrieren. Sie gehören gewöhnlich anderen Sozialgruppen als die Mezzadri an.

Eine weitere Gruppe mit einem wieder andersartigen Wanderungsverhalten bilden die im Gebirgsraum lebenden Schäfer. Für deren Wanderungsziele spielen oft die alten, im Rahmen der Transhumanz – einer Form der Fernweidewirtschaft – entwickelten Raumbeziehungen eine bedeutsame Rolle. So sind im Bereich der Monti Sibillini (märkisch-umbrischer Apennin) in den dort von *Kühne* näher untersuchten Gemeinden die Winterweidegebiete in den Maremmen und in der römischen Campania wichtige Ziele auch einer endgültigen Abwanderung geworden. Dort wurden von den Gebirgsbewohnern teilweise im Zuge der Bodenreform neu errichtete Höfe übernommen, wenn nicht Rom selbst das Ziel – besonders wieder von Einzelwanderern – war.

Die angeführten Beispiele sozialgruppenspezifischen Wanderungsverhaltens stützen sich auf Untersuchungen in Gemeinden des nördlichen Apennin und des Nordteils des mittleren Apennin. In allen Fällen spielte die Auswanderung zumindest während der 50er und 60er Jahre keine große Rolle. Anders sah es hingegen in den Abruzzen, einem traditionellen Auswanderungsgebiet Italiens, aus. Hier haben viele der in größeren Dörfern vor allem von der Schafhaltung lebenden Menschen bereits seit der Jahrhundertwende das Land verlassen, um sich eine neue Existenz in Übersee zu suchen. Ein Teil ist auch in die Winterweidegebiete der apulischen Tavoliere gezogen. Bevorzugtes Ziel der Auswanderung aus den von *Kühne* erfaßten Gemeinden am Südosthang des Gran Sasso-Massivs war

PALAZZUOLO
Ausmaß der Entvölkerung
Oktober 1966

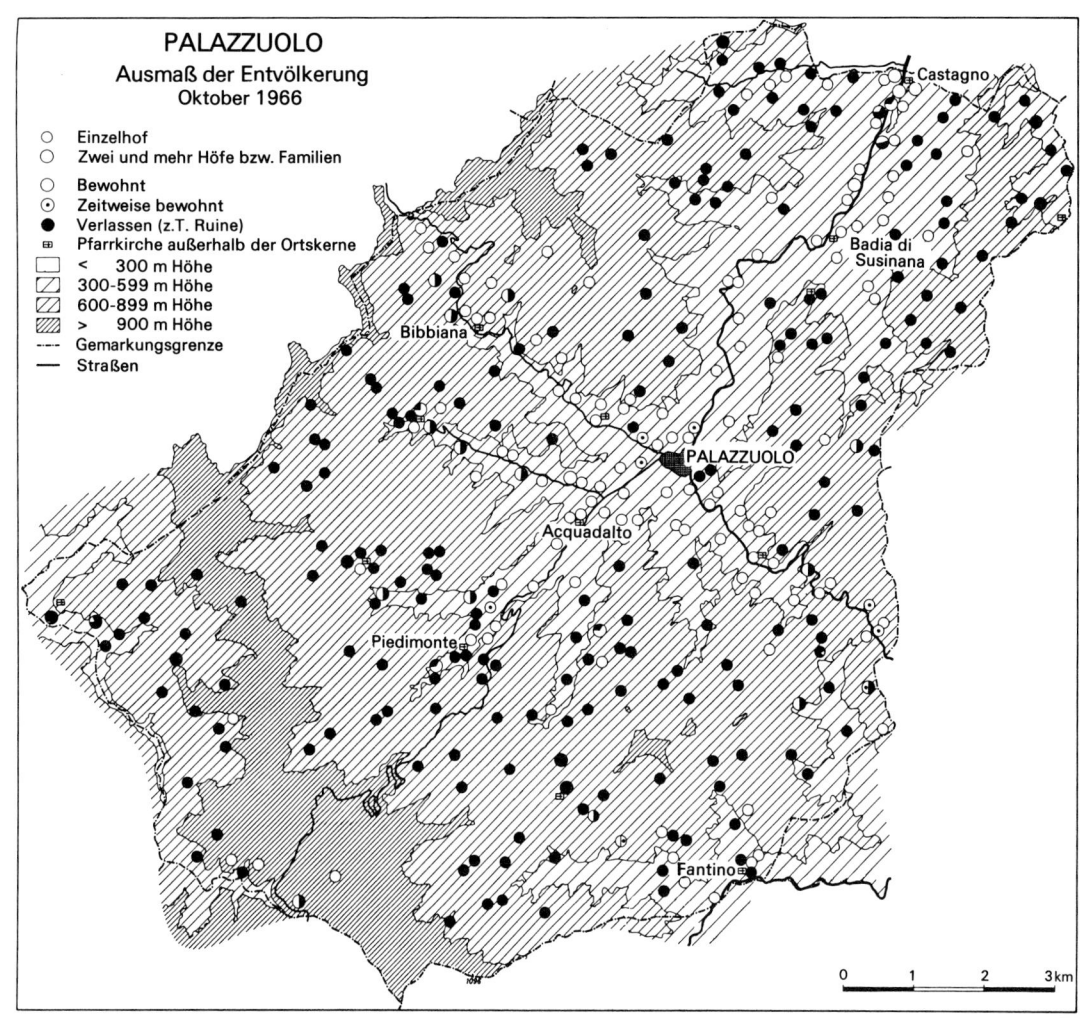

○ Einzelhof
○ Zwei und mehr Höfe bzw. Familien
○ Bewohnt
⊙ Zeitweise bewohnt
● Verlassen (z.T. Ruine)
⊞ Pfarrkirche außerhalb der Ortskerne
▢ < 300 m Höhe
▨ 300-599 m Höhe
▨ 600-899 m Höhe
▨ > 900 m Höhe
--- Gemarkungsgrenze
— Straßen

Abb. 3.3.1/1
Ausmaß der Entvölkerung der Gemeinde Palazzuolo im romagnolischen Apennin, Oktober 1966
nach: *Kühne* 1974, S. Beilage 7.

Kanada. Die Übersiedlung nach Nordamerika erfolgte dabei meist im Familienverband. Durch teilweise Rückwanderung älterer Menschen verstärkt, blieben zwischen Herkunfts- und Zielgebiet stets enge Bindungen bestehen, so daß einmal ausgebildete Wanderungsströme, die sich anderswo auf die USA, auf Brasilien oder Australien richteten, erhalten blieben und zeitweilig verstärkt worden sind. Aufgrund der vorhandenen familiären Beziehungen zum Ausland lag für die Bewohner der Abruzzendörfer die Stadt in Übersee psychologisch oft näher als beispielsweise eine große Industriestadt Nordwestitaliens oder das räumlich doch noch recht nahe Rom (*Kühne* 1974, S. 265). Offenbar gab es hier beim spürbar werdenden Bevölkerungsdruck in der Nähe keine attraktiven ‚Gelegenheiten' als Wanderungsziel, die Lösung bestehender Existenzprobleme wurde eben in erster Linie in der Auswanderung gesehen.

Mit seiner umfassenden Studie über das Wanderungsverhalten einzelner Gruppen der Agrarbevölkerung des Apennin hat *Kühne*, dessen Forschungsergebnisse sich weitgehend mit denen anderer Autoren in Einklang bringen lassen, deutlich gemacht, daß real vorhandene Gegebenheiten wirtschaftlicher, sozialer oder auch politischer Art – im hohen Maße abhängig von den jeweiligen Informations- und Kontaktfeldern – durch derartige Gruppen in ihren höchst unterschiedlichen Bindungen. bzw. Traditionen durchaus verschiedene Bewertungen erfahren. Das kommt u.a. in einem jeweils spezifischen Wanderungsverhalten zum Ausdruck. Als Gebirgsregionen, die in den vergangenen Jahrzehnten besonders stark von Abwanderung und Entvölkerung betroffen waren, sind jene Teile des Apennin herauszustellen, in denen für eine kleinbäuerliche Bevölkerung weder durch Fremdenverkehr noch durch Industrieansiedlung neue Erwerbsmöglichkeiten geschaffen werden konnten. Weiter handelt es sich um Teile des Gebirgsraumes, in denen die Mezzadria weit verbreitet war bzw. noch ist, und schließlich im Gebiete mit traditioneller Saisonwanderung (besonders im Rahmen der Transhumanz). Wie anderswo sind im übrigen auch die im Umkreis von Großstädten, jedoch jenseits der sich ausweitenden Pendlerbereiche gelegenen Räume großenteils Abwanderungsgebiete.

Fragt man nach den Auswirkungen der Gebirgsentvölkerung, dann läßt sich kaum ein Bereich des Bevölkerungs- und Siedlungswesens, der Wirtschaft und der Raumstruktur nennen, in dem sie nicht zutage treten, häufig in ähnlicher Weise, oft aber doch auch differenziert in Abhängigkeit von der jeweiligen Ausgangssituation und den sich in sehr unterschiedlicher Form vollziehenden Wanderungsvorgängen.

Wie für viele ländliche Abwanderungsgebiete ist auch für die von einer Entvölkerung betroffenen Gebirgsräume des Apennin eine mehr oder weniger ausgeprägte Überalterung kennzeichnend. Der damit meist verbundene stark überhöhte Anteil weiblicher Bevölkerung ist in den italienischen Beispielsregionen jedoch nur dort anzutreffen, wo es sich um traditionelle Auswanderungsgebiete handelt; sonst ist das zahlenmäßige Verhältnis beider Geschlechter weithin ausgeglichen. Bemerkenswert ist u.a., daß eine verschiedentlich zu verzeichnende ‚Feminisierung' der in der Landwirtschaft noch tätigen Bevölkerung nicht beobachtet werden konnte. Im Falle des weiteren Hinterlandes von Genua zeigte sich infolge der starken Abwanderung von Frauen sogar ein umgekehrter Effekt. In den hier näher untersuchten Gemeinden mit ausgeprägter Überalterung entfielen im Jahre 1961 auf 100 Männer nur 91 Frauen, während es in Ligurien und in Genua selbst genau umgekehrt aussah: 108 bzw. 110 Frauen auf 100 Männer.

Die Konsequenzen von Überalterung und einer bei der jüngeren Bevölkerung sehr unausgeglichenen Sexualproportion sollen hier nicht erörtert werden. Sie zeigen sich in erster Linie in der zu erwartenden künftigen Bevölkerungsentwicklung und in vielen Bereichen der Infrastrukturausstattung.

Weitreichende Folgen der Gebirgsentvölkerung haben sich dann mit Veränderungen der Bevölkerungsverteilung vor allem im Siedlungswesen ergeben. Von Wüstungsvorgängen sind in erster Linie die Einzelhofgebiete im Bereich der Mezzadria betroffen (s. Abbildung 3.3.1/1). Läßt sich für einen solchen Hof niemand mehr finden, der ihn bewirtschaften will und kann, dann verfallen die Bauten gewöhnlich rasch, denn auch kurzzeitige Nutzung und damit Erhaltung der Höfe als Feriensitz für deren ehemalige Bewohner kommt nicht in Betracht, da es sich ja nicht um deren Eigentum handelt (auf die in jüngerer Zeit verstärkte Umwandlung von Mezzadria-Höfen in Feriensitze für höhere Einkommensschichten aus Städten und aus dem Ausland durch kapitalkräftige Unternehmer ist hier nicht einzugehen).

Auch in den durch Dörfer und Weiler gekennzeichneten Kleinbauerngebieten gibt es oft in erheblichem Umfang Wüstungserscheinungen, doch handelt es sich hier überwiegend um partielle und temporäre Wüstungen. Selten ist ein Dorf anzutreffen, in dem nicht mehrere Wohn- und Wirtschaftsgebäude leerstehen und vielfach auch schon Verfallserscheinungen zeigen. Manchmal ist es die Hälfte aller Gebäude oder gar mehr, wobei vorhandene Ruinen aufzeigen, daß bereits vor längerer Zeit ein Abwanderungsprozeß eingesetzt hat. Von den noch erhaltenen Wohngebäuden werden im Gegensatz zu den Mezzadria-Gebieten noch viele von den fortgezogenen Eigentümern als Nebenwohnsitz genutzt, so daß sich an Wochenenden und in der Ferienzeit in den Ortschaften ein ganz anderes Leben zeigt als in der Arbeitswoche und außerhalb der Urlaubssaison.

Besonders gravierend für die in den Gebirgssiedlungen verbleibende Wohnbevölkerung ist der fort-

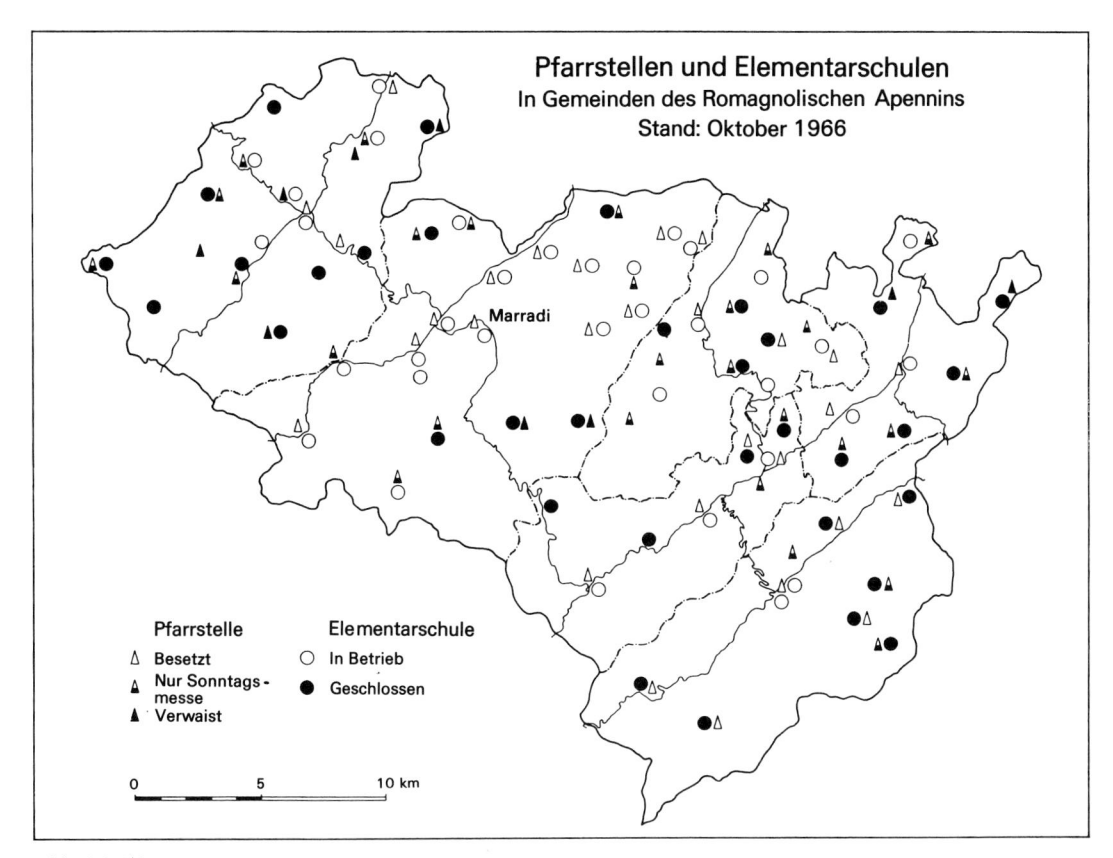

Abb. 3.3.1/2
Pfarrstellen und Elementarschulen in Gemeinden des romagnolischen Apennin, Oktober 1966
nach: *Kühne* 1974, S. 116.

schreitende Abbau von Versorgungs- und Bildungseinrichtungen, die schließlich nur noch in den größeren Gemeindezentren übrig bleiben. Wiederum hauptsächlich in den Streusiedlungsgebieten sind u. a. zahlreiche Schulen und Kirchen geschlossen. Das alles trägt maßgeblich zur Verstärkung von Abwanderungstendenzen bei. Abbildung 3.3.1/2 gibt ein Beispiel für das Ausmaß von Veränderungen im romagnolischen Apennin südwestlich Forli. In den hier erfaßten Gemarkungen waren 1966 34 von 69 oft erst kurze Zeit vorher gebauten Elementarschulen geschlossen, und von den 65 Pfarrstellen waren 36 nicht mehr ständig besetzt.

Auf die weitreichenden Auswirkungen der Gebirgsentvölkerung auf Grundeigentumsverhältnisse und Landnutzung kann nur stichwortartig verwiesen werden. In den vergangenen Jahrzehnten hat es im erheblichen Umfang Erwerb von Grundeigentum durch Geldadel, Kapitalgesellschaften und den Staat gegeben, wobei letzterer vor allem bestrebt war, Flächen für eine Aufforstung zu gewinnen. Das trifft auch für einen Teil der neuen städtischen Grundeigentümer zu, die das von ihnen erworbene Land ausschließlich als Kapitalanlage betrachten und es z.T. durch Lohnarbeiter bewirtschaften lassen, wobei Monokulturen wie Haselnußpflanzungen oder auch reine Großviehhaltung zumindest in den vergangenen Jahrzehnten häufiger anzutreffen waren. Von dem im bäuerlichen Besitz verbliebenen Land liegen meist größere Teile brach, im übrigen lassen sich hier vielfach Extensivierungserscheinungen beobachten.

Gewiß wird sich die Entvölkerung vieler bisher agrarisch genutzter Gebirgsräume auch in absehbarer Zukunft fortsetzen oder sich doch zumindest nicht allgemein umkehren lassen. Ihre Auswirkungen sind aus wirtschaftlicher, sozialer und ökologischer Sicht ganz unterschiedlich zu bewerten. Die weitere Entwicklung dürfte noch differenzierter ablaufen als dies bereits bisher der Fall war, indem wenigstens Teilen des Gebirgsraumes neue Funktionen im Bereich von Freizeit und Erholung und vor allem auch des Landschafts- und Naturschutzes zugewachsen sind. Es wird erforderlich sein, die Prozesse durch staatliche Eingriffe so zu steuern, daß sich für die unmittelbar und mittelbar betroffene Bevölkerung möglichst wenig nachteilige Auswirkungen ergeben. Aber eben dafür lassen sich keine allgemeinen Rezepte finden. Es bedarf vielmehr zunächst konkreter Untersuchungen der in den einzelnen Räumen tatsächlich abgelaufenen Prozesse mit ihren jeweiligen Voraussetzungen und Folgen bevor an konkrete Steuerungsmaßnahmen gedacht werden kann.

3.4 Bevölkerungsstruktur

3.4.1 Entwicklung der Familien- und Haushaltsstrukturen in Österreich seit vorindustrieller Zeit (*Franz-Josef Kemper*)

In diesem Abschnitt sollen einige der in Kapitel 2.4.2 skizzierten allgemeinen Entwicklungen der Familien- und Haushaltsstrukturen am Beispiel Österreichs konkretisiert werden. Österreich eignet sich zu diesem Zweck recht gut, weil es zwar zum Geltungsbereich des alteuropäischen Heirats- und Familienbildungsmusters zählt, und zwar zur östlichen Peripherie, aber eine größere Vielfalt von historischen Familienformen aufweist als ‚Kernländer' wie England, und damit verbunden durch stärkere regionale Unterschiede gekennzeichnet wurde, die sich noch in den heutigen Strukturen widerspiegeln. Außerdem liegt für Österreich dank der systematischen Aufarbeitung zahlreicher Haushaltslisten vom 17. bis zum frühen 20. Jahrhundert durch Wiener Sozialhistoriker um *Mitterauer* das beste Material innerhalb des mitteleuropäischen Raumes vor. Ziel der folgenden Ausführungen soll es vor allem sein, die regional differenzierte Vielfalt historischer und heutiger Familien- und Haushaltsformen aufzuzeigen, ein realitätsgerechteres Bild vom Einfluß der Industrialisierung und Urbanisierung auf die Haushaltsstrukturen zu geben, als es in der Öffentlichkeit oft noch vorherrscht, und die Bedeutung historisch überkommener kultureller Verhaltensweisen für heutige Prozesse der Familien- und Haushaltsbildung nachzuweisen.

Das ‚westliche Familienmuster', das in großen Teilen des vorindustriellen Europa galt, wird heute als eines der wichtigsten Merkmale angesehen, das Europa von den anderen Kulturräumen der Erde getrennt hat. Ihm lagen nach *Hajnal* (1982) folgende drei Regeln der Familienbildung zugrunde. Regel A beinhaltet die Spätheirat für beide Geschlechter mit einem Heiratsalter für Männer von über 26 Jahren und für Frauen von über 23 Jahren sowie einem relativ geringen Altersunterschied der Ehegatten. Nach Regel B, die ‚Neolokalität' ausdrückt, gründet ein Ehepaar nach der Heirat einen eigenen Haushalt. Der manchmal lange Lebenszyklus-Abschnitt vor der Eheschließung wird nach Regel C durch das Eintreten in den Gesindedienst und die Zirkulation zwischen verschiedenen Haushalten, verursacht durch die hohe Mobilität des Gesindes, gekennzeichnet. Diese ‚Lebenszyklus-Dienstboten' entstammten keineswegs nur den ärmeren Schichten der Bevölkerung, sondern kamen auch aus Bauernfamilien, die selber Gesinde beschäftigten. Regel C ist mit Regel A dadurch verbunden, daß die Dauer der Dienstphase durch das Heiratsalter determiniert wurde, das je nach Konjunkturlage und Verfügbarkeit über ökonomische Ressourcen schwankte. Auf diese Weise konnten in der alteuropäischen Gesellschaft sowohl die Zahl neuer Haushalte als auch die Geburtenziffern reguliert werden.

Dieses allgemeine Muster galt für Österreich voll bezüglich der Regeln A und C, mit gewissen Einschränkungen bezüglich Regel B. Nach *Mitterauer* (1985) waren in vielen vorindustriellen Gemeinden zwischen 40 und 50% der 20–24jährigen als Dienstpersonal beschäftigt. Der Gesindedienst

Tab. 3.4.1/1: Aufteilung des Gesindes auf Altersgruppen für Stichproben österreichischer Pfarreien im 17. und frühen 20. Jahrhundert

Altersgruppe	Prozentanteile	
	17. Jahrh.	20. Jahrh.
0– 9	0,8	0,0
10–19	33,7	38,8
20–29	46,3	27,8
30–39	13,1	17,7
40–49	4,1	5,5
≥50	2,0	10,2
gesamt	100,0	100,0

Quelle: Schmidtbauer 1983, S. 359

begann im 13. oder 14. Lebensjahr und endete meist erst mit der Eheschließung. Wie Tab. 3.4.1/1 zeigt, waren im 17. Jahrhundert 80% des Gesindes, wozu Gesellen im Handwerk, Knechte und Mägde in der Landwirtschaft und Hauspersonal zählten, zwischen 10 und 29 Jahren alt. Die Tabelle verdeutlicht daneben, wie in der ersten Hälfte des 20. Jahrhunderts mit dem starken Rückgang des Gesindes auch die Bindung an bestimmte Altersklassen zerfällt. Der Gesindedienst führte nicht nur zu regionaler Mobilität, wobei bäuerliche Dienstboten im allgemeinen über geringere Distanzen wanderten als Handwerksgesellen, sondern nicht selten auch zum Wechsel des sozialen Milieus. Ganz bewußt wurden z. B. im Grenzraum von Sprachgebieten ältere Kinder als Dienstboten in das andere Gebiet geschickt, um dort die fremde Sprache zu lernen, so am Grenzsaum zwischen Österreich und Böhmen. Je nach der Wirtschaftsstruktur einer Region gab es beachtliche regionale Unterschiede im Gesindeanteil. Dieser war hoch in landwirtschaftlichen Gebieten mit großbetrieblicher Struktur oder Dominanz der Viehzucht, z. B. in großen Teilen Kärntens, niedrig dagegen bei unterbäuerlichen Schichten, in heimgewerblich geprägten ländlichen Regionen und in Bergbaugemeinden.

Die oben genannte Regel B des Familiensystems, die Neolokalität, die zur Form der Kernfamilie führte, traf nicht für alle Teile des heutigen Staates Österreich in gleicher Weise zu. Im alpinen Westen war in größeren bäuerlichen Betrieben eine modifizierte Form der Stammfamilie (vgl. 2.4.2.2) häufig vertreten, in der der Erbe nach der Heirat zwar die Haushalts- und Betriebsführung übernahm, die Eltern aber im selben Haushalt blieben. Der Rückzug der älteren Generation von der Leitung wurde allerdings oft möglichst lange hinausgezögert (*Held* 1982). Eine Haushaltsliste der ländlichen Pfarrei Villgraten bei Innsbruck aus dem Jahre 1781 enthält einen beachtlichen Anteil von solchen Dreigenerationenfamilien, die zu den ‚multiplen Haushalten' mit mehreren verheirateten oder verheiratet gewesenen Generationen zählen. Der Anteil dieser Haushaltsgruppe betrug für die ganze Pfarrei 18% und stieg sehr deutlich mit der Größe des landwirtschaftlichen Betriebs, gemessen durch die Anzahl des Großviehs (Tab. 3.4.1/2). In anderen Teilen Österreichs war der Anteil der Dreigenerationenhaushalte wesentlich geringer, so im kleinbetrieblichen Nordosten und in Gewerbegebieten. Auch zentrale Orte im ländlichen Raum wiesen kaum modifizierte Stammfamilien auf. So betrug der Anteil multipler Haushalte im Marktort Metnitz in Kärnten 1757 gerade 1,4%, auch in der Umgebung war er mit 1,2% verschwindend gering (*Schmidtbauer* 1983).

Insgesamt dominierte im vorindustriellen Österreich, was die miteinander verwandten Haushaltsmitglieder betrifft, die vollständige Kernfamilie, die nur in einigen Regionen und bestimmten sozioökonomischen Schichten zur Dreigenerationenfamilie erweitert wurde. Etwas häufiger gab es die Erweiterung durch ledige Verwandte. Besonders kennzeichnend war aber die Ergänzung durch familienfremde Haushaltsmitglieder, die zum Gesinde oder, mit weniger Bedeutung, zu den ‚Inwohnern' zählten, die ein Zimmer mieteten und oft zu Saisonspitzen im Betrieb mithalfen. Der Grad der

Tab. 3.4.1/2: Anteile multipler Haushalte an allen Haushalten in der Pfarrei Villgraten (1781) nach Betriebsgröße

	Prozent multiple Haushalte	Gesamtzahl Haushalte
Landwirtschaftl. Bevölkerung:		
0– 4 Stück Großvieh	1,9	103
5– 6 Stück Großvieh	14,1	71
7– 9 Stück Großvieh	21,6	116
10–14 Stück Großvieh	25,7	105
≥15 Stück Großvieh	47,5	40
Nicht-landwirtsch. Bevölkerung:		
0– 4 Stück Großvieh	7,4	68
≥ 5 Stück Großvieh	26,3	19
Gesamt	17,8	522

Quelle: Schmidtbauer 1983, S. 364

Erweiterung und damit die Haushaltsgröße waren naturgemäß eng mit regionalen Unterschieden in der Wirtschafts- und Siedlungsstruktur verknüpft. Zum einen bestimmten Größenstruktur und Anbauform der Landwirtschaft, traditionelle Bauformen und Siedlungsstruktur die Erfordernisse und Möglichkeiten der Haushaltserweiterung. In Streusiedlungsgebieten mit großen Einzelhöfen wie in Teilen Kärntens waren die Haushalte wesentlich größer als in Regionen mit verdichteten Haufendörfern. Zum anderen zeichneten sich zentrale Orte und Städte durch einfache Haushalte und geringe Erweiterung aus, nicht zuletzt, weil es dort Formen der Lohnarbeit gab, die nicht in eine Familienwirtschaft integriert waren. Dadurch wiesen schon vorindustrielle Städte hohe Anteile von Einpersonenhaushalten auf. So machte diese Haushaltsgruppe im Salzburg des Jahres 1794 12,8% aller Haushalte aus (*Mitterauer* 1979.1). Unter den Alleinlebenden befanden sich auch zahlreiche ältere Menschen, vor allem Witwen, die in den Städten keineswegs immer bei ihren Kindern oder Verwandten wohnten. Mit der Industrialisierung im 19. Jahrhundert stieg der Anteil von Lohnarbeitsplätzen stark an. Die Auswirkungen für die Haushaltsstrukturen lassen sich am Beispiel der Stadt Wien verdeutlichen, für die eine eingehende Studie von *Ehmer* (1980) vorliegt. *Ehmer* unterscheidet für Wien drei Phasen der sozio-ökonomischen Entwicklung, die durch spezifische Formen der Arbeitsorganisation geprägt waren. Bis etwa 1830 reicht die erste Periode, die Manufakturphase, die der eigentlichen Industrialisierung mit Fabrikarbeit vorausging und in der heimgewerbliche Produktion dominierte, besonders im Textilbereich. Aufgrund dieser Arbeitsmöglichkeiten für Männer und für Frauen konnte früh geheiratet werden, und viele neue Kernfamilien entstanden. Die mittlere Haushaltsgröße lag aber trotz hoher Fruchtbarkeit nur etwas über 4 Personen (Abb. 3.4.1/1), da die Kindersterblichkeit sehr hoch war. Von etwa 1820 bis 1870 dauerte die Periode der Industriellen Revolution mit besonders rapider Entwicklung in den 50er und 60er Jahren. Die ‚Leitindustrie' war in Wien der Maschinenbau. Die sich ausbreitende Fabrikproduktion wurde unterstützt durch viele zuarbeitende Kleingewerbebetriebe, bei denen in hausrechtlicher Arbeitsorganisation zahlreiche Gesellen im Haushalt der Meister lebten. Die Nachfrage nach gering qualifizierten Arbeitskräften führte zur Massenzuwanderung von jüngeren ledigen Personen. Diese fanden meist Wohnung bei ihrem Arbeitgeber oder als Untermieter, denen ein ganzes Zimmer zur Verfügung stand, bzw. als Bettgeher, denen nur ein Bett zur Nutzung blieb. So lebten im Jahre 1869 von allen unselbständig Beschäftigten nur 42% in einer eigenen Wohnung, während 28% beim Arbeitgeber und 30% als Untermieter oder Bettgeher wohnen mußten. Aufgrund dieser ungemein verdichteten Wohnbedingungen stieg die mittlere Haushaltsgröße deutlich an (Abb. 3.4.1/1). Dies und die relativ geringen Verdienste im produzierenden Gewerbe erschwerten

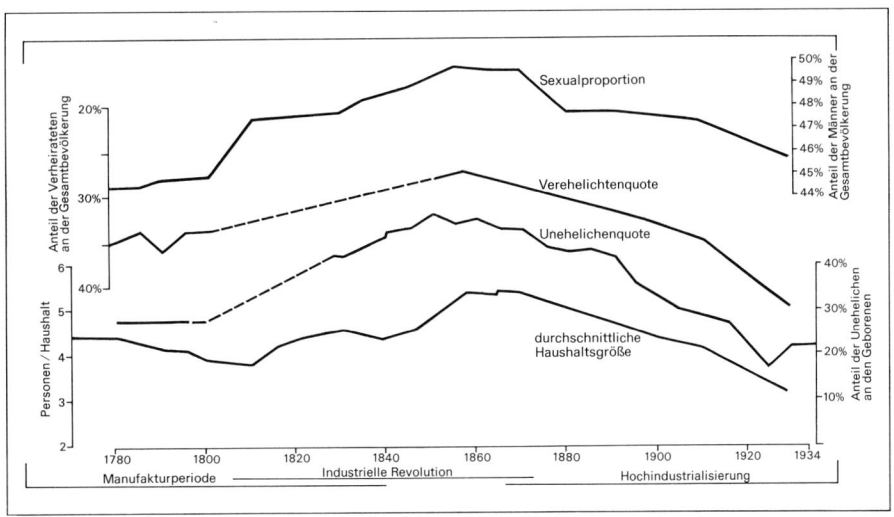

Abb. 3.4.1/1
Verlaufskurven demographischer Indizes in Wien, 1780–1934
nach: *Ehmer* 1980, S. 13.

die Heiratsmöglichkeiten für jüngere Arbeiter. Gleichzeitig wuchs die Unehelichenquote stark an. Erst mit Beginn der Hochindustrialisierung ab 1870, durch industrielle Großbetriebe mit qualifizierteren Arbeitsplätzen gekennzeichnet, verbesserten sich die Wohn- und Arbeitsbedingungen für viele Arbeiterfamilien. Abb. 3.4.1/1 zeigt, daß die Heiratsmöglichkeiten stiegen und die Unehelichenquoten zurückgingen. Parallel dazu nahm der Anteil familienfremder Personen in den Haushalten ab. Von einem überaus hohen Prozentanteil von 43% (1869) sank dieser Wert auf 28% (1890), 18% (1910) und schließlich 8% (1934) (*Bobek/Lichtenberger* 1966). Dieser Rückgang ist nicht zuletzt auf den Neubau relativ preisgünstiger Mietwohnungen zurückzuführen, der vor allem in der Zwischenkriegszeit durch die Kommune erfolgte.

Auch im ländlichen Raum kam es im Verlauf des 19. Jahrhunderts zu Veränderungen der Haushalts- und Familienzusammensetzung, die sich – wie in Industriestädten – in einem vorübergehenden Anstieg der Haushaltsgröße äußerten. Gesteuert durch die zunehmende Nachfrage nach landwirtschaftlichen Erzeugnissen in Städten und Industriegebieten stieg die Agrarproduktion in Österreich stark an. Diese ‚Agrarrevolution' erfolgte bis etwa in die 1870er Jahre durch Verdichtung und Zunahme der landwirtschaftlichen Arbeitskräfte, danach mehr durch Produktivitätssteigerung (*Mitterauer* 1982). Der zusätzliche Arbeitskräftebedarf wurde sowohl durch familieneigene wie familienfremde Personen gedeckt, die in den bäuerlichen Haushalt integriert wurden und diesen erweiterten. Ein zweiter Faktor für die Haushaltsvergrößerung war die steigende Lebenserwartung, die mit einem weiteren, dritten Faktor in Verbindung steht. Besonders in den reichen Getreideanbauzonen verbesserte sich nämlich die Einkommenssituation so, daß ältere Bauern sich früher von der Betriebsleitung zurückzogen und den Erben die Übernahme und die Heirat ermöglichten. Dadurch nahm hier der Anteil von Dreigenerationenhaushalten im Laufe des 19. Jahrhunderts deutlich zu. Diese Entwicklung hielt noch an, als mit der zweiten Phase der Agrarrevolution ab etwa 1870 das Gesinde an Bedeutung verlor und die ‚Familisierung der bäuerlichen Arbeitsorganisation" (*Mitterauer* 1982) erreicht wurde, die sich vollends im 20. Jahrhundert durchsetzte.

Ein für die Familienstruktur gerade in Österreich bedeutsamer Faktor ist die Illegitimität. Die Zahl der unehelichen Geburten stieg in vielen Teilen Europas seit der 2. Hälfte des 18. Jahrhunderts, vor allem aber in der 1. Hälfte des 19. Jahrhunderts stark an, und Österreich zählte zu denjenigen Ländern, in denen besonders hohe Werte erreicht wurden. Nun trifft aber keineswegs zu, wie man

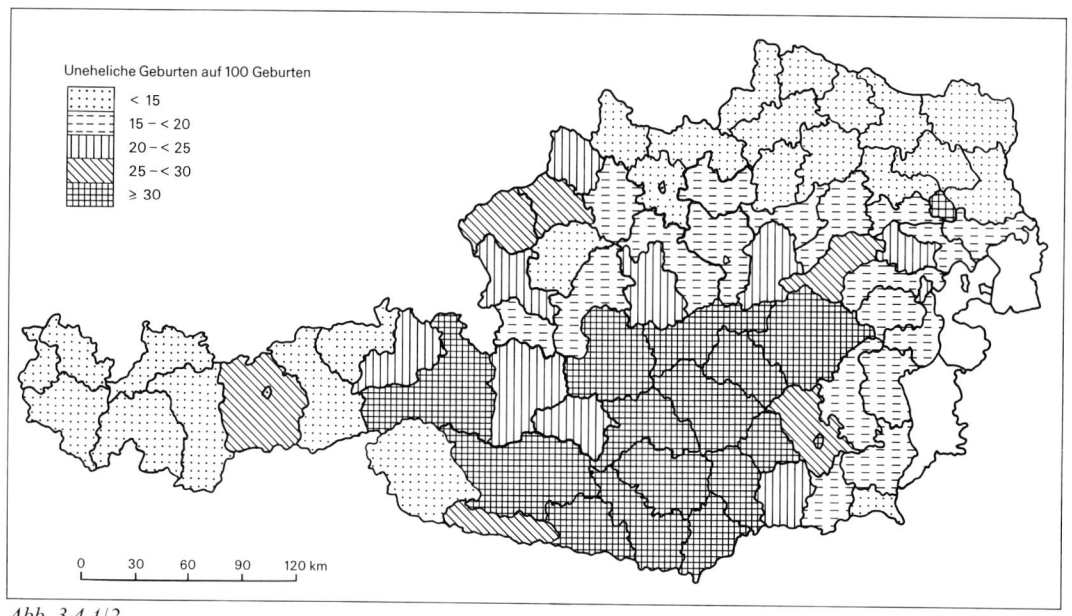

Abb. 3.4.1/2
Unehelichquoten im Jahr 1900 in den Politischen Bezirken Österreichs
nach: *Münz* 1986.

vielleicht annehmen könnte, daß dieser Prozeß im wesentlichen verstädterte oder sich industrialisierende Gebiete betraf; ganz im Gegenteil lagen ländlich-periphere Räume mit an der Spitze der Unehelichenquoten. Zwischen 1870 und 1874 wurden etwa die höchsten Quoten in Kärnten und in alpinen Regionen der Steiermark und Salzburgs registriert. An der Spitze standen der ländliche Bezirk St. Veit in Unterkärnten, wo 68% aller Kinder unehelich geboren wurden, und die Stadt Klagenfurt mit 69%, gefolgt von Murau mit 50%, wohingegen in Wien nur 40% erreicht wurden. Bedeutsamer als Stadt-Land-Unterschiede waren offenbar regional begrenzte Verhaltensmuster (Abb. 3.4.1/2), deren Erklärung bislang noch nicht vollständig gelungen ist. Nach *Mitterauer* (1979.2) müssen ein sozio-ökonomischer und ein kultureller Faktor Berücksichtigung finden, nämlich die Arbeitsorganisation in der Landwirtschaft und die Geltungskraft kirchlicher Moralvorstellungen. Die Landwirtschaft des zentralen Ostalpenraumes war durch große, auf Viehwirtschaft ausgerichtete Einzelhöfe mit Gesindereichtum gekennzeichnet, für die als Arbeitskräfte auch uneheliche Kinder willkommen waren, während Eheschließungen durch die geringe Zahl von ‚Vollstellen' sehr erschwert wurden. Das Anerbenrecht mit Erbfolge des ältesten Sohnes ermöglichte dessen Heirat erst in fortgeschrittenem Alter. Auf der anderen Seite ist die Re-Katholisierung desselben Gebietes in der Gegenreformation nie vollständig gelungen, ja es kam sogar zu einer ‚Entkirchlichung der Bauernschaft'. Auf dem Hintergrund der geschilderten Agrarrevolution des 19. Jahrhunderts erhielten beide Faktoren eine besondere Bedeutung, die dann zu den hohen Unehelichenquoten führte.

Seit Beginn des 20. Jahrhunderts haben sich in Österreich Entwicklungen der Haushalts- und Familienstrukturen vollzogen, wie sie für viele Industrieländer charakteristisch sind. So ist die mittlere Haushaltsgröße von 4,75 im Jahre 1890 in der österreichischen Hälfte der Monarchie auf 3,11 (1951) und 2,77 (1981) gesunken, wobei sowohl der Geburtenrückgang als auch die Entlastung durch familienfremde Mitglieder als Komponenten wirken. Weiterhin ist der Anteil der Einpersonenhaushalte auf 17,5% (1951) und 26,1% (1981) gestiegen, ist das Heiratsalter lange Zeit gesunken und haben die Unehelichenquoten 1965 mit 11% einen historischen Tiefpunkt erreicht. Wie in anderen Staaten stieg dann in den siebziger Jahren das Heiratsalter, ging die Heiratsneigung zurück und erhöhte sich die Unehelichenquote wieder auf 22% im Jahre 1985.

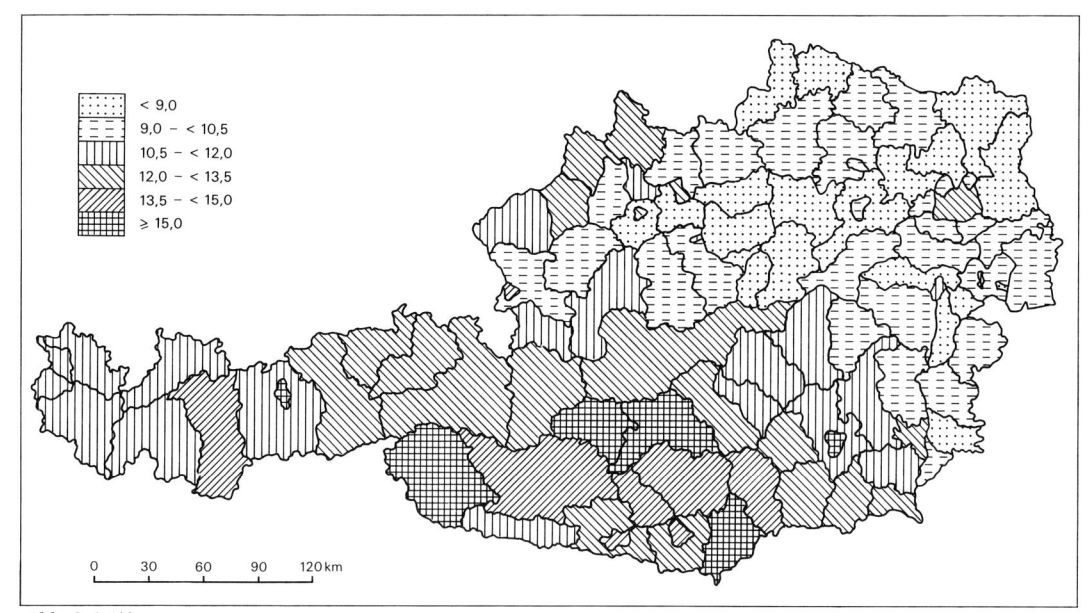

Abb. 3.4.1/3
Anteil alleinstehender Mütter an allen Familien 1981 in den Politischen Bezirken Österreichs
Entwurf: F.-J. Kemper; Datenquelle: Hanika 1986, Tab. 2.

Aufgrund der Ergebnisse der Volkszählung 1981 können neuere Familienstrukturen in regionalem Detail aufgeschlüsselt werden. Die österreichische Statistik zählt als Familien Ehepaare und Lebensgemeinschaften, mit oder ohne Kinder, sowie alleinstehende Elternteile mit Kindern, die jeweils in einem Haushalt zusammenleben. Von allen Familien war 1981 der Typ Ehepaare mit 82,9% vertreten, gefolgt von den alleinstehenden Müttern mit 11,4%, den Lebensgemeinschaften mit 4,1% und den alleinstehenden Vätern mit 1,6% (*Hanika* 1986). Über zwei Drittel (69%) der Familien hatten Kinder. Betrachtet man die regionalen Unterschiede in der Zahl der Kinder pro Familie, so ergibt sich neben einem Stadt-Land-Gegensatz auch ein West-Ost-Gefälle, das keine Beziehung zum Verdichtungsgrad eines Bezirkes besitzt. Der Stadt-Land-Gegensatz äußert sich in den geringen Kinderzahlen der Städte und einiger Umlandbezirke. Während die durchschnittliche Kinderzahl von Familien mit Kindern in ganz Österreich 1,89 betrug, lagen die Ziffern in Wien bei 1,54, in Graz bei 1,59 und in Salzburg bei 1,68. Zur Begründung muß neben dem generativen Verhalten die spezifische Altersstruktur der Großstädte mit überdurchschnittlichen Anteilen älterer Menschen genannt werden. Das West-Ost-Gefälle mit hohen Werten in Vorarlberg, Tirol und Kärnten und niedrigen Ziffern im Burgenland, dem Bundesland mit der höchsten Agrarquote, spiegelt entsprechende schon länger bestehende Unterschiede im generativen Verhalten wider, die für die demographische Struktur Österreichs sehr bedeutsam sind. Im Übergangsbereich zwischen dem alpinen Westen und dem Osten gibt es Gebiete, die sich von ihrer Umgebung abheben, wie das ländliche Mühlviertel im nördlichen Oberösterreich, das hohe Kinderzahlen aufweist, und die alte Industriezone der Mur-Mürz-Furche in der Obersteiermark mit recht geringen Zahlen.

Beachtliche regionale Unterschiede findet man auch bei den Haushalten der alleinstehenden Mütter (Abb. 3.4.1/3). Zwar ergibt sich ein kleinerer Anteil dieser Haushaltsgruppe nur deshalb, weil der Ehemann seinen Hauptwohnsitz an einem anderen Ort deklarierte, doch wachsen in der Mehrzahl der Familien die Kinder ohne Vater auf. Die räumliche Verteilung zeigt wieder zu erwartende höhere Werte in Städten, die mit überdurchschnittlichen Scheidungsziffern zusammenhängen. Weit wichtiger sind aber großräumige Gegensätze, die wesentlich auf die Unehelichenquoten zurückgehen. Letztere

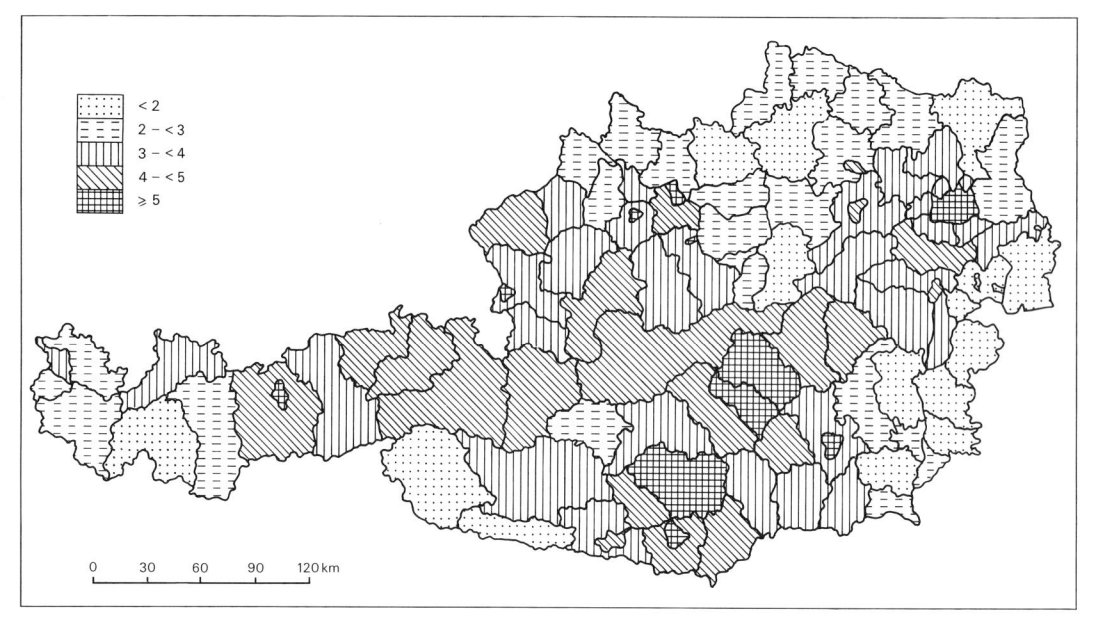

Abb. 3.4.1/4
Anteil der Lebensgemeinschaften an allen Familien 1981 in den politischen Bezirken Österreichs
Entwurf: F.-J. Kemper; Datenquelle: Hanika 1986, Tab. 2.

erreichen ihre Maxima in Kärnten und angrenzenden Bezirken der Steiermark, Salzburgs und Tirols, wobei der steirische Bezirk Murau mit 42% (1981–1983) an der Spitze steht und z. B. den Wert von Wien (15%) weit übersteigt. Insgesamt weist die räumliche Verteilung der heutigen Unehelichenquoten große Ähnlichkeiten mit der oben vorgestellten Verteilung um die Jahrhundertwende auf, obwohl damals wirksame Faktoren wie Heiratsbeschränkungen, Erbrecht, Gesindestatus ihre Bedeutung gänzlich verloren haben. Dieses persistente Verhaltensmuster beeinflußt auch den Anteil der Lebensgemeinschaften (Abb. 3.4.1/4), wobei zu berücksichtigen ist, daß Haushalte nur dann dieser Familienform zugeordnet wurden, wenn die Befragten dies in den Erhebungsbögen ausdrücklich angaben. Im Vergleich zur Abb. 3.4.1/3 treten die Städte deutlicher hervor, wobei sich Maxima in Salzburg (7,2%), Klagenfurt (7,1%) und Graz (6,2%) finden. Großräumig sind Ähnlichkeiten zur Verteilung der alleinstehenden Mütter unverkennbar, was sich in einer Korrelation von 0,68 auf Ebene der Bundesländer bestätigt. Diese Ähnlichkeiten sind begründet in regionalspezifischen Verhaltensformen und kollektiven Normen, die in erstaunlichem Maße zeitlich persistent sind. Solche Ergebnisse können aber gleichzeitig verdeutlichen, wie fragwürdig verbreitete Vorstellungen von der Entwicklung der Familien unter dem Einfluß der Industrialisierung und Urbanisierung sind, die einer intakten vorindustriellen Großfamilie heutige isolierte und sich auflösende Kernfamilien undifferenziert gegenüberstellen.

3.4.2 Segregation in nordamerikanischen Großstädten – das Problem der schwarzen Ghettos (*Günter Thieme*)

Die Erscheinung ethnischer und sozialer Segregation begegnet uns in vielen Ländern und Gesellschaftssystemen. Ein besonders eindrucksvolles Beispiel bildet die schwarze Bevölkerung in Nordamerika, vor allem in den USA.
Seit Beginn unseres Jahrhunderts hat diese Bevölkerungsgruppe eine durchgreifende Veränderung ihrer regionalen Verteilung und sozioökonomischen Struktur vollzogen. Noch um die Jahrhundert-

Tab. 3.4.2/1: Wanderung schwarzer Bevölkerung der USA nach Großregionen 1910–20 bis 1975–80 (Angaben in 1000)

Zeitraum	Süden	Nordosten	Mittelwesten	Westen
1910–20	− 454	+182	+244	+ 28
1920–30	− 749	+349	+364	+ 36
1930–40	− 347	+171	+128	+ 49
1940–50	−1599	+463	+618	+339
1950–60	−1473	+496	+541	+293
1960–70	−1380	+612	+382	+301
1970–75	+ 14	− 64	− 52	+102
1975–80	+ 195	−175	− 51	+ 30

Quelle: nach *Reid* 1982, S. 19

wende lebten mehr als 90% der Schwarzen in den Südstaaten und waren ganz überwiegend in der Landwirtschaft tätig. Ab ca. 1890, mit einem ersten deutlichen Anstieg zur Zeit des Ersten Weltkriegs, begann die Abwanderung aus dem Süden der USA in die Städte des industrialisierten Nordens. Diese in den USA als *Great Migration* bezeichnete Abwanderung erreichte ihren Höhepunkt im Zweiten Weltkrieg und führte von 1910 bis 1970 zu einem Nettowanderungsverlust des Südens von über 6 Millionen schwarzer Einwohner (vgl. Tab. 3.4.2/1). Erst in jüngster Zeit kehren sich auf Grund der veränderten wirtschaftlichen Entwicklungsdynamik in den Teilregionen der USA diese Wanderungsrichtungen wieder um.

Die *Great Migration* brachte für die an ihr beteiligte schwarze Bevölkerung nicht nur eine räumliche Veränderung mit sich, sondern auch eine nachhaltige Änderung der Lebensform: Aus einer ländlich-agrarischen Bevölkerung wurde in weniger als einem Menschenalter eine hoch urbane Bevölkerungsgruppe – im Gegensatz zu den Verhältnissen zu Beginn unseres Jahrhunderts ist der Anteil städtischer Bevölkerung bei den Schwarzen deutlich höher als bei den Weißen (vgl. Tab. 3.4.2/2). Auch innerhalb der Stadtregionen (in den USA als SMSA = Standard Metropolitan Statistical Area bezeichnet) haben sich die Anteile schwarzer und weißer Bevölkerung recht unterschiedlich entwickelt. Während bei den Weißen ein deutlicher Trend zum Wohnen in den Vorstädten ausgeprägt ist (1980 lebt nur noch ca. ein Drittel in der Kernstadt), wohnen über 70% der Schwarzen nach wie vor im Zentrum der Stadtregion (vgl. Abb. 3.4.2/1).

Die Trennung der Wohngebiete von Schwarzen und Weißen ist jedoch nicht nur eine Frage der Raumkategorien Stadt/Land und Kernstadt/Vorort: Vor allem innerhalb der nordamerikanischen Städte hat sich seit langem eine sehr scharfe räumliche Segregation der beiden Bevölkerungsgruppen entwickelt, so daß in nahezu allen Großstädten der USA sog. schwarze Ghettos entstanden sind.

Tab. 3.4.2/2: Schwarze und weiße Bevölkerung der USA nach städtischen und ländlichen Regionen 1890–1980 (Angaben in Prozent)

Jahr	Schwarze		Weiße	
	städtisch	ländlich	städtisch	ländlich
1890	20	80	38	62
1910	27	73	49	51
1940	49	51	57	43
1950	62	38	64	36
1960	73	27	70	30
1970	81	19	72	28
1980	85	15	71	29

Quelle: nach *Reid* 1982, S. 6

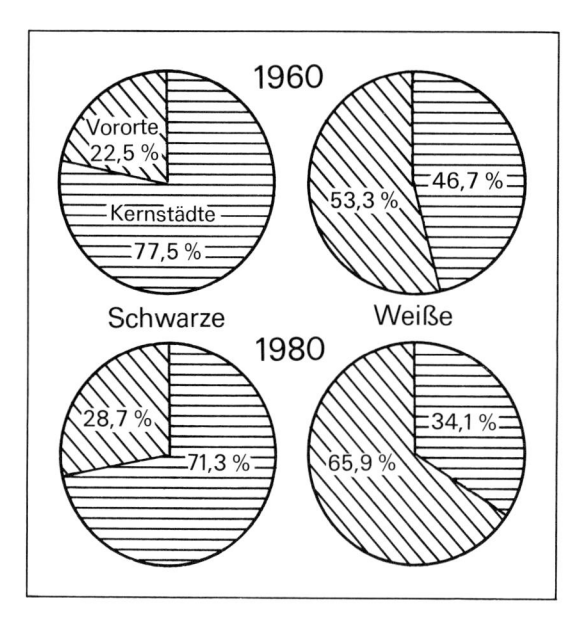

Abb. 3.4.2/1
Schwarze und weiße Bevölkerung der USA in Städten, unterteilt nach Kernstadt und Vororten
nach: *Reid* 1982, S. 7.

Da der Begriff ‚Ghetto', der bekanntlich zunächst für die Viertel der Juden in den europäischen Städten des Mittelalters und der Neuzeit verwendet wurde, heute oft recht unpräzise für fast alle Erscheinungen sozialer oder ethnischer Segregation benutzt wird, sei er im folgenden kurz erläutert und gegen einige andere Bezeichnungen abgegrenzt.

Ein wesentliches Merkmal des Ghettos ist es, daß die räumliche Konzentration der Minderheit und ihre Segregation von der Bevölkerungsmehrheit nicht in erster Linie auf den Wunsch der Minorität zurückzuführen ist, sondern mehr oder minder deutlich erzwungen wird und von vielfältigen Diskriminierungen begleitet ist. Diese Eigenschaft trennt das Ghetto von ethnischen oder religiösen Eigenvierteln, die eher freiwillig entstanden sind. Auch die Gleichsetzung der Begriffe ‚Ghetto' und ‚Slum' ist nicht korrekt. Wenngleich unbestritten in den meisten Wohnvierteln der schwarzen Bevölkerung der Anteil des Wohneigentums niedriger, die Wohndichte höher und die Qualität der Bausubstanz, gemessen z. B. am Alter der Häuser und der Ausstattung mit sanitären Einrichtungen, deutlich niedriger ist als in anderen Teilen der Städte, darf man die Verhältnisse in Bereichen der New Yorker Viertel Harlem oder Süd-Bronx nicht auf alle schwarzen Ghettos der USA übertragen. Zum einen zeichnet sich auch das Ghetto durch ein gewisses Maß an innerer Differenzierung aus (vgl. *Rose* 1976, S. 40 ff.) und zum anderen sind die Wohnbedingungen und Einkommensverhältnisse besonders in einigen Städten des Westens auch für die schwarze Bevölkerung deutlich besser (vgl. *Farley* 1988, S. 482 ff.).

Die erste stärkere Konzentration schwarzer Bevölkerung außerhalb ihres traditionellen Verbreitungsgebietes in den Südstaaten erfolgte, wie schon erwähnt, zur Zeit des Ersten Weltkriegs, der auf Grund der kriegsbedingten Abwesenheit weißer Erwerbstätiger und der gleichzeitigen industriellen Hochkonjunktur eine starke Nachfrage nach schwarzen Arbeitskräften bewirkte.

Die Ansiedlung begann häufig in der *zone in transition* des Stadtmodells nach *Burgess*, d. h. am Rande des Geschäftszentrums (Central Business District = CBD) in Gebieten älterer Bausubstanz und oft in Nachbarschaft zu industriellen und sonstigen gewerblichen Einrichtungen. In vielen Fällen rückten die Schwarzen in Viertel nach, die von anderen ethnischen Gruppen, z. B. Juden oder Italienern, aufgegeben worden waren: Man spricht daher auch vom Prozeß der *Sukzession*.

Unter den Faktoren, die zur räumlichen Konzentration der Schwarzen in den Städten führten, erscheinen nach *Morrill* (1965) die folgenden vier besonders wichtig. An erster Stelle sind massive Vorurteile von seiten der weißen Bevölkerung zu nennen. Umgekehrt hat jedoch auch die schwarze

Minorität eine deutliche Tendenz, in eigenen Stadtvierteln zu bleiben, da es fast nur dort möglich ist, soziale Bindungen zu knüpfen und gesellschaftlich akzeptiert zu werden. An dritter Stelle sind bis heute andauernde Diskriminierungen der Schwarzen durch Grundstücksmakler und Kreditgewerbe zu erwähnen. Der vierte Faktor *Morrills*, gesetzliche Barrieren, die auf eine Trennung von Wohnvierteln nach Rassen hinwirken, hat zwar durch Abschaffung einer Anzahl von Gesetzen und Verordnungen (z. B. Verbot des Verkaufs von Wohneigentum an Minderheitsgruppen, Forderung nach rassischer Homogenität bei staatlichen Wohnungsbauprojekten) bis zur Gegenwart an Wirkung verloren, ist aber zumindest auf der lokalen politischen Ebene noch immer nicht zu unterschätzen.

In den schwarzen Ghettos der US-amerikanischen Städte herrschte von Beginn an ein erheblicher Bevölkerungsdruck. Zum einen war hierfür die höhere Geburtenzahl der schwarzen Bevölkerung verantwortlich, wobei die totale Fertilitätsrate (vgl. Kap. 2.1.2.1) zwar der Entwicklung in der Gesamtbevölkerung folgte, jedoch stets über dem entsprechenden Wert der Weißen lag. In stärkerem Maße trug jedoch die Zuwanderung aus den ländlichen Gebieten des Südens sowie später auch aus der Karibik zur Notwendigkeit der Ausweitung der schwarzen Ghettos bei. Die Expansion folgt dabei fast immer dem gleichen Muster: Die dem CBD abgewandte Seite des Ghettos weitet sich zur Peripherie hin aus (vgl. Abb. 3.4.2/2).

Der Ausbreitungsprozeß schreitet blockweise fort und läuft in der Regel in mehreren Phasen ab (vgl. *Duncan/Duncan* 1957, zitiert nach *Friedrichs* 1977, S. 154 ff.). Im ersten Stadium des Eindringens (*penetration*) mieten einzelne Angehörige der schwarzen Bevölkerungsgruppe Häuser oder Wohnungen in einem überwiegend von Weißen bewohnten Gebiet; in der anschließenden Phase der *invasion* steigt die Zahl der nachfolgenden Schwarzen auf ca. 2%, in der dritten, sog. *Konsolidierungsphase* erfolgt ein zunehmendes Eindringen bis zu einem Bevölkerungsanteil von 80%, und schließlich folgt das *piling up* (Stapelung), wobei das neugewonnene Gebiet völlig in das Ghetto integriert wird und der schwarze Bevölkerungsanteil bei zunehmender Überbelegung der Wohnungen 95% und mehr erreicht.

Ein entscheidender Moment innerhalb dieses Prozesses der Ghetto-Expansion ist der in der Literatur oft beschriebene *tipping-point*. Er markiert einen von Fall zu Fall unterschiedlichen, generell bei 10% bis 20% liegenden kritischen Anteil schwarzer Bevölkerung. Bevor dieser Wert erreicht ist, versuchen die Weißen das Eindringen der Schwarzen mit den ihnen zu Gebote stehenden Mitteln zu verhindern; ist er jedoch überschritten, so setzen, oft geschürt durch entsprechende Strategien der Grundstücksmakler auf Grund des befürchteten Statusverlustes, Panikverkäufe und massive Abwanderung auf seiten der weißen Bevölkerung ein.

In der Geschichte der Bevölkerung Nordamerikas hat seit jeher die Vorstellung eine entscheidende Rolle gespielt, daß die verschiedenen ethnischen Gruppen der Einwanderer sich, vor allem in den großen Städten, über kurz oder lang zu einer einheitlichen amerikanischen Nation verbinden würden. Es kann daher nicht überraschen, daß diese Schmelztiegel-Hypothese auch auf den schwarzen Bevölkerungsanteil angewandt wurde und man erwartete, daß sich mit wachsendem ökonomischem Wohlstand der Negerbevölkerung auch deren räumliche Konzentration ähnlich wie bei anderen Einwanderergruppen vermindern werde. Das schwarze Ghetto galt aus dieser Sicht als eine Übergangserscheinung, deren Existenz damit erklärt wurde, daß die Schwarzen als letzte Gruppe in die großen Städte des Nordens gekommen seien (vgl. *Peach* 1983, S. 278 f.).

Diese optimistische Sicht der Entwicklung kann heute nur schwerlich aufrechterhalten werden. Die räumliche Konzentration und Segregation der Schwarzen, ohnehin schon immer höher als bei anderen ethnischen Gruppen, hat sich im Verlaufe der letzten Jahrzehnte kaum verändert: Die Segregationsindizes (vgl. Kap. 2.4.1.5) liegen durchweg bei 80 bis über 90, d. h. um eine gleichmäßige Verteilung der beiden Gruppen zu erreichen, müßten 80% bis 90% entweder der Schwarzen oder der Weißen ihren Wohnsitz wechseln! Ein Vergleich der Werte für New York City läßt sogar eine leichte Verschärfung der Segregation während der Zeit von 1960 bis 1970 erkennen (vgl. Tab. 3.4.2/3).

Ein wichtiger und durchaus kontrovers diskutierter Aspekt bei der Beurteilung der Segregation der

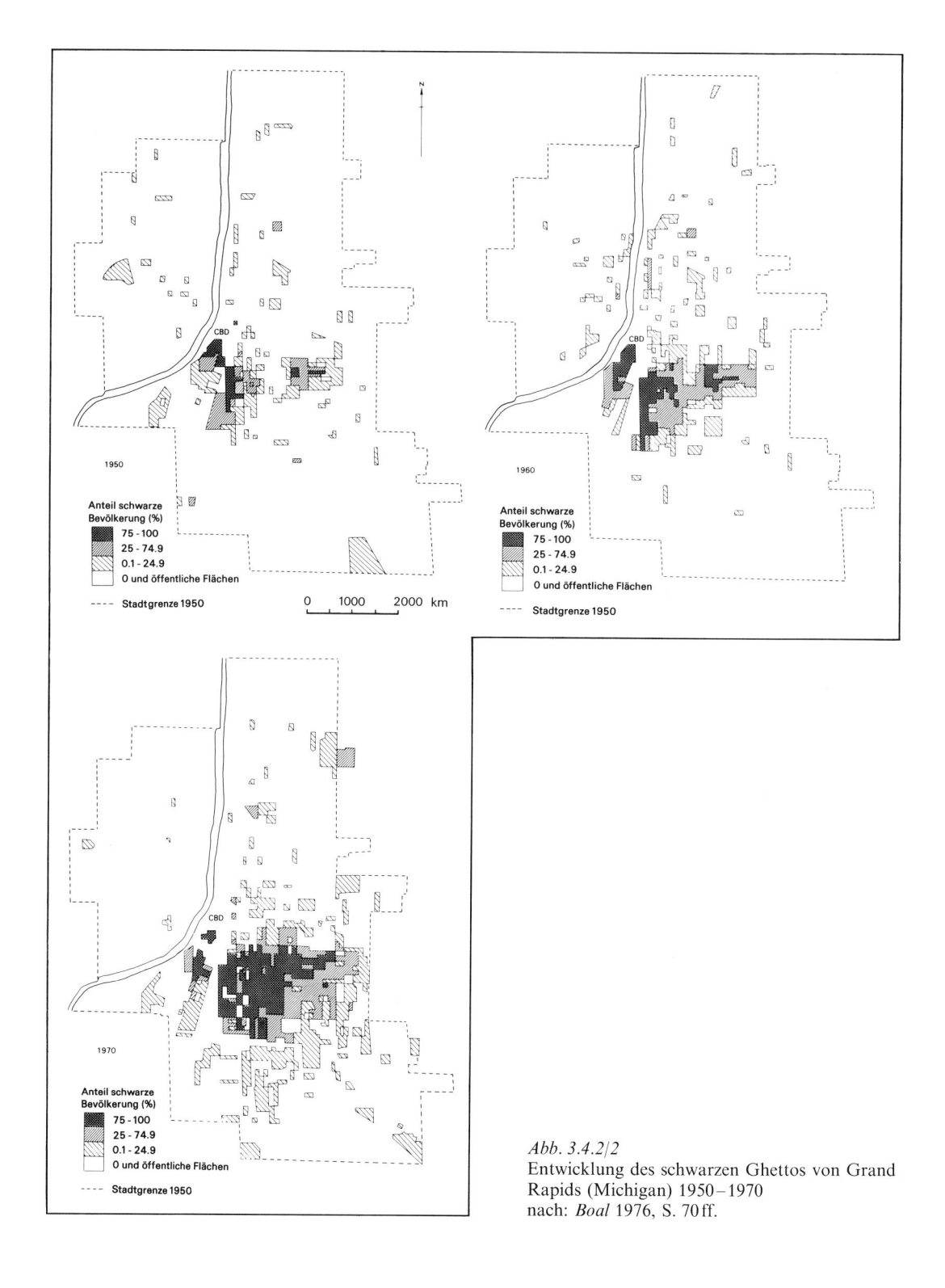

Abb. 3.4.2/2
Entwicklung des schwarzen Ghettos von Grand Rapids (Michigan) 1950–1970
nach: *Boal* 1976, S. 70 ff.

Tab. 3.4.2/3: Segregationsindizes verschiedener ethnischer Gruppen in der Stadt New York 1960 und 1970 (oberhalb der Diagonale: 1970; unterhalb der Diagonale: 1960)

Abstammung/ ethnische Gruppe	1.	2.	3.	4.	5.	6.	7.	8.	9.	10.	11.	12.
1. Briten	–	35,0	46,0	32,7	46,8	43,5	47,1	52,6	34,8	70,6	77,6	81,5
2. Iren	31,9	–	52,7	41,8	58,7	55,0	61,5	54,5	48,0	75,3	78,9	84,4
3. Schweden	44,8	51,5	–	52,2	64,5	61,0	65,2	61,9	50,0	76,6	84,1	87,1
4. Deutsche	30,7	38,1	53,5	–	47,7	43,4	50,1	51,6	42,7	72,2	79,2	83,2
5. Polen	48,1	57,9	66,9	49,6	–	39,1	21,1	57,3	51,0	75,4	77,7	82,0
6. Ungarn	47,8	54,1	61,0	45,9	39,7	–	39,8	61,7	46,5	73,8	79,7	84,7
7. Russen	52,1	62,4	69,8	54,0	20,2	42,6	–	63,8	51,1	74,9	80,2	82,5
8. Italiener	52,7	55,7	63,7	52,5	57,4	63,1	63,4	–	55,1	79,0	78,6	84,6
9. Kanadier	45,3	50,4	56,0	50,1	57,9	52,4	60,5	59,6	–	72,0	78,1	81,8
10. Mexikaner	82,6	85,4	76,8	83,4	84,0	78,3	86,1	87,3	63,1	–	69,2	79,1
11. Puertoricaner	78,3	76,3	85,2	78,4	75,1	78,7	77,8	77,2	82,0	87,1	–	52,8
12. Schwarze	81,2	83,1	86,4	81,6	80,6	82,8	83,1	83,0	84,9	87,6	62,6	–

Quelle: nach *Jackson* 1981, S. 115

schwarzen Bevölkerungsgruppe ist die Frage des Anteils sozialer bzw. ethnischer Komponenten. Falls, wie verschiedentlich argumentiert wird, die scharfe Trennung der Wohngebiete von Schwarzen und Weißen nicht primär rassisch bedingt ist, sondern im wesentlichen das Resultat sozialer und ökonomischer Statusunterschiede ist, müßten sich Tendenzen des Zusammenwohnens weißer und schwarzer Bevölkerungsgruppen der gleichen sozialen Schicht nachweisen lassen. Eine Untersuchung des Demographen *Farley* (1977) in den 29 größten Stadtregionen (SMSAs) der USA zeigt, daß das Gegenteil der Fall ist. Die räumliche Trennung, wiederum gemessen mit Hilfe des Segregationsindexes, zwischen Gruppen mit unterschiedlichem Bildungsgrad, Berufsstatus und Einkommenshöhe war sowohl bei Weißen als auch bei Schwarzen zwar vorhanden, aber auf der räumlichen Ebene von Zensusbezirken nicht sehr stark ausgeprägt: Die Segregationsindizes nach dem Bildungsgrad erreichen für Weiße im Durchschnitt einen Wert von 22,7, für Schwarze 22,8. Im Gegensatz hierzu ist die Trennung zwischen Schwarzen und Weißen in allen sozialen Schichten und Einkommensgruppen deutlich sichtbar; in keinem Fall liegt der Segregationsindex unter 80, bei den höchsten Einkommensgruppen ist die räumliche Trennung der Rassen tendenziell sogar am stärksten. Am Beispiel der Stadt Detroit weist *Farley* nach, daß der Segregationsindex zwischen Weißen und Schwarzen mit abgeschlossener Universitätsausbildung bei 91 liegt, zwischen den am besten und den am schlechtesten ausgebildeten Weißen jedoch nur bei 41!

Offensichtlich ist demnach der Wunsch nach rassisch-ethnischer Trennung im Wohnbereich tiefer verwurzelt als das Bedürfnis nach sozioökonomischer Segregation. Auch verschiedene staatliche Maßnahmen mit dem Ziel der Desegregation, wie z. B. das *busing*, die Entwicklung eines Schulbussystems, um schwarzen Kindern den Besuch ‚besserer' Schulen außerhalb ihres eigenen Wohnviertels zu ermöglichen und somit zur Integration der Rassen beizutragen, haben zumindest in der Anfangsphase keine durchgreifenden Erfolge erzielt, sondern eher zu Protesten oder Vermeidungsreaktionen (Abwanderung) der weißen Bevölkerung geführt.

Eine gewisse Hoffnung, die Isolierung der schwarzen Bevölkerung in Ghettos zu überwinden, wird mit dem Prozeß der Suburbanisierung verbunden, der seit mehreren Jahrzehnten als wichtige Tendenz der Binnenwanderung in den USA angesehen werden kann. In der Tat ist dieser Zug aus den Kernstädten in die Vororte auch bei der schwarzen Bevölkerung erkennbar, wenngleich weit weniger deutlich ausgeprägt als bei den Weißen (vgl. Abb. 3.4.2/1). Die besten Beispiele für derartige Wanderungsvorgänge an die Peripherie der Verdichtungsräume lassen sich im Westen der USA beobachten, wo auf Grund der günstigeren ökonomischen Entwicklung auch die schwarze Bevölkerung größere Chancen hat, am wirtschaftlichen Aufstieg teilzuhaben.

Ford/Griffin (1979) beschreiben in ihrem Aufsatz über die Stadt San Diego in Südkalifornien die Entstehung eines neuen Ghettotyps, der zumindest einige Alternativen zur bisherigen, wenig ermutigenden Entwicklung von Wohngebieten der schwarzen Minderheit anbietet.

Auch in San Diego befand sich das schwarze Ghetto ursprünglich am Rande des CBD in einem Mischgebiet von Wohnen und Gewerbe mit heruntergekommener Bausubstanz, zerschnitten durch Eisenbahnlinien und Autobahnen. Die Wohnungseigentümer wohnten nicht im Viertel, die Bewohner des Ghettos selbst befanden sich am unteren Ende der sozioökonomischen Schichtung. Wie in den Metropolen des Nordostens der Erste Weltkrieg den Beginn der Zuwanderung markierte, so war es in San Diego wie in weiten Teilen des Westens der USA der Zweite Weltkrieg, der Arbeitsmöglichkeiten in der Produktion kriegswichtiger Güter auch für die schwarze Bevölkerungsgruppe schuf. Bis 1960 wuchs die Zahl der Schwarzen auf 35 000, bis 1970 auf 52 000. Seit 1968 ist jedoch die Entwicklung des Ghettos in San Diego in eine neue Phase getreten. Das Wohnviertel der Schwarzen hat sich deutlich vom Geschäftszentrum zur östlichen Peripherie der Stadt verlagert und hierbei schon bald relativ dünn besiedelte, halb ländliche Gebiete erreicht.

Fast 40% der gesamten schwarzen Bevölkerung San Diegos lebten gegen Mitte der siebziger Jahre bereits in diesem ‚neuen' Ghetto, das sich durch lockere Bebauung mit hohem Grünflächenanteil sowie durch das Vorherrschen von Einfamilienhäusern jüngeren Baualters auszeichnet. Die Bürgerrechtsgesetzgebung der späten sechziger Jahre hat zusammen mit kommunalen Initiativen dafür gesorgt, daß die infrastrukturelle Ausstattung, z. B. mit Schulen, Sport- und Freizeitstätten, nicht hinter dem Standard der Gesamtstadt zurückbleibt. Auf staatlichen Druck hin wurden zudem in wachsendem Maße Hypotheken in Gebiete ethnischer Minderheiten vergeben, wobei jedoch das Niveau der Immobilienpreise trotz z. T. besserer Ausstattung deutlich unter dem in weißen Wohngebieten liegt.

Auch im Falle San Diegos tritt das Phänomen der Sukzession auf: Im CBD-nahen ‚alten' Ghetto folgen zunehmend Chicanos, d. h. Amerikaner mexikanischer Abstammung, den an den Stadtrand abwandernden Schwarzen.

Bei dem am Beispiel San Diegos beschriebenen Prozeß der Suburbanisierung ändert sich die Segregation der schwarzen Bevölkerung nicht nennenswert. Weder nehmen Weiße die Vorteile niedriger Haus- und Grundstückspreise in den attraktiven neuen Wohnvierteln der Schwarzen wahr, noch gelingt es letzteren, Zugang zu den traditionellen Wohnbezirken der Weißen zu finden. Dieses Ergebnis entspricht den auf breiterer Basis durchgeführten Untersuchungen von *Farley* (1977, S. 508 ff.), der im suburbanen Randbereich der großen US-amerikanischen Verdichtungsräume Segregationsindizes ermittelte, die noch um jeweils einige Punkte über den bereits hohen Werten der Kernstädte lagen.

Dennoch könnte die Entwicklung der schwarzen Wohngebiete in San Diego, und ähnliche Ansätze gibt es in Seattle, Denver, Atlanta, Las Vegas und anderen Großstädten (vgl. *Ford/Griffin* 1979, S. 158), eine realistische Alternative zum Konzept voll integrierter gemischtrassiger Wohnbezirke sein. Für dieses *ghetto enrichment*, also den zumindest vorläufigen Verzicht auf Integration bei gleichzeitiger Verbesserung oder Erneuerung der Bausubstanz sowie der Schaffung einer angemessenen Infrastruktur, ist allerdings eine günstige ökonomische Situation in der jeweiligen Stadtregion notwendig. Nur unter dieser Voraussetzung können sich die Erwerbs- und Einkommensverhältnisse der Schwarzen so weit bessern, daß sich ihnen der Weg in eine eigenständige Suburbanisierung öffnet. Daß eine solche Vorstellung jedoch zumindest in den traditionellen Industriegebieten des *manufacturing belt* zu optimistisch ist, zeigen die gegenwärtigen Arbeitslosenziffern, die dort noch über dem ohnehin hohen nationalen Durchschnitt von 20% für schwarze Erwachsene und über 45% für Jugendliche unter 20 Jahren liegen (*Reid* 1982, S. 27, Zahlenangaben für 1982). Insgesamt wird daher die Erscheinung ethnisch und vor allem rassisch segregierter Stadtbezirke auf absehbare Zeit eines der schwierigsten Probleme der amerikanischen Gesellschaft bleiben.

3.4.3 Soziokulturelle Einflüsse auf Bevölkerungsentwicklung und Bevölkerungsstruktur – das Beispiel des Islam (*Günter Thieme*)

Zu den grundlegenden Hypothesen im Modell des demographischen Übergangs (vgl. Kap. 2.1.3) gehört die Auffassung, daß die einzelnen Komponenten der natürlichen Bevölkerungsbewegung wesentlich durch den Grad der sozialen und wirtschaftlichen Entwicklung beeinflußt werden. Es ist jedoch unbestreitbar, daß Länder ähnlichen sozioökonomischen Entwicklungsstandes sich durch recht unterschiedliche demographische Kennziffern auszeichnen oder, umgekehrt, Länder mit durchaus vergleichbaren Fertilitätsverhältnissen sich in ganz verschiedenen Stadien der Wirtschaftsentwicklung (gemessen etwa am Durchschnittseinkommen) befinden.

Zur Erklärung dieser Diskrepanz zwischen demographischen und ökonomischen Entwicklungsindikatoren wird mit Recht auf tiefgreifende soziokulturelle Unterschiede in einzelnen Ländern oder Ländergruppen verwiesen. Unter den kulturellen Faktoren kommt sicher der Religion als Ausdruck der z. T. institutionalisierten Werte und Normen einer Gesellschaft besondere Bedeutung zu. Religiöse Glaubenssätze, Überzeugungen und Wertvorstellungen beeinflussen in vielfältiger Weise, bewußt oder unbewußt, das Denken und Handeln der Menschen. Was das generative Verhalten angeht, so wirken religiöse Normen allerdings eher indirekt über Modalitäten der Eheschließung, den Status und die gesellschaftliche Rolle der Frau, die soziale Hierarchie oder die Bewertung der Geburt von Söhnen oder Töchtern (vgl. *Schubnell* 1985, S. 233). Zudem ist der unterschiedliche Grad der Bindung an die religiöse Gruppe sowie das Ausmaß der Akzeptanz religiöser Vorschriften zu berücksichtigen.

Ein sehr eindrucksvolles, aber auch vielschichtiges Beispiel für die Wirkung der Religion auf Bevölkerungsentwicklung und Bevölkerungsstruktur stellen die islamischen Länder dar, die sich insgesamt durch eine bemerkenswerte Verzögerung des demographischen Übergangs auszeichnen (vgl. *Clarke* 1985).

Gegenwärtig bekennen sich – die Schätzungen gehen weit auseinander – zwischen 600 und 850 Millionen Menschen in einem Gebiet, das von Nordwestafrika über den Vorderen Orient bis Südostasien reicht, zum Islam. Das arabische Kerngebiet der Religionsgemeinschaft ist seit langem weit überschritten, und unter den acht Ländern mit der (in absoluten Zahlen) größten islamischen Bevölkerung (Indonesien, Pakistan, Bangladesch, Indien, Türkei, Ägypten, Iran und Nigeria) ist nur ein arabischer Staat.

Ein Blick auf die wichtigsten demographischen Merkmale von 36 Staaten mit islamischer Bevölkerungsmehrheit (Tab. 3.4.3/1) zeigt in mancher Hinsicht das aufgrund des unterschiedlichen ökonomischen Entwicklungsstandes zu erwartende vielfältige Bild. Dies betrifft insbesondere die Mortalitätsverhältnisse. Die rohe Sterberate schwankt zwischen 23 (einem der höchsten Werte der Erde) in Guinea, Tschad und Afghanistan und dem, nicht zuletzt wegen der starken Zuwanderung jüngerer Bevölkerung, äußerst niedrigen Wert 2 in Katar. Ähnliches gilt für die Säuglingssterblichkeitsrate, bei der die Extreme von 17,5% in Mali bis zu 1,6% in Kuwait reichen.

Bemerkenswert ist aber auch das ganz unabhängig vom wirtschaftlichen Status durchweg sehr hohe Niveau der Fruchtbarkeit: Unter den siebzehn Ländern mit einer totalen Fertilitätsrate und somit einer durchschnittlichen Kinderzahl pro Frau von 7 und mehr sind allein zehn islamische Länder zu finden. Bei beständig hoher Fruchtbarkeit und durchaus vorhandenen Möglichkeiten der weiteren Sterblichkeitsreduzierung ist daher in den islamischen Ländern auf absehbare Zeit mit einem deutlich überdurchschnittlichen Bevölkerungswachstum zu rechnen (vgl. auch Abb. 3.4.3/1).

Trotz rasanter ökonomischer Modernisierung in manchen Regionen der islamischen Welt, die insbesondere einige ölexportierende Staaten am Persisch-Arabischen Golf zu den reichsten Ländern der Erde werden ließ, sind offenbar die sozialen Institutionen und damit auch das generative Verhalten noch immer als extrem konservativ anzusehen.

Unter den Gründen für dieses partielle Modernisierungsdefizit kommt sicherlich religiösen Bindungen mit all ihren Folgen für Werthierarchien und Verhaltensweisen hohe Bedeutung zu. Dies erscheint

Tab. 3.4.3/1: Allgemeine Bevölkerungsdaten für 36 islamische Länder (um 1989)

	Bevölkerg. 1989 (Mill.)	% Moslems	RGR	RSR	NWR	TFR	SSR	% unter 15 J.	% über 64 J.	PKE
Nordafrika										
Algerien	24,9	97	42	10	32	6,4	81	46	4	2760
Ägypten	54,8	91	38	9	29	5,3	93	40	4	710
Libyen	4,1	98	39	8	31	5,6	74	46	2	5500
Marokko	25,6	95	36	10	26	4,9	90	42	4	620
Sudan	24,5	72	45	17	28	6,5	113	45	3	330
Tunesien	7,9	92	32	7	24	4,3	77	40	4	1210
Westafrika										
Gambia	0,8	90	47	22	25	6,4	148	44	4	220
Guinea	7,1	65	47	23	24	6,2	153	43	3	.
Mali	8,9	60	50	22	29	6,7	175	46	3	200
Mauretanien	2,0	96	46	20	27	6,5	132	46	3	440
Niger	7,4	85	51	22	29	7,1	140	47	3	280
Senegal	7,2	82	46	20	26	6,4	135	44	3	510
Ostafrika										
Komoren	0,4	80	47	14	33	7,0	96	47	4	380
Djibouti	0,4	94	48	18	30	6,6	127	46	3	.
Somalia	8,2	99	48	21	26	7,4	137	45	3	290
Zentralafrika										
Tschad	4,9	50	43	23	20	5,3	143	44	2	150
Südwestasien										
Bahrain	0,5	91	31	4	28	4,6	26	32	2	.
Gaza	0,6	90	48	7	41	7,2	56	48	3	.
Irak	18,1	95	45	8	38	7,1	69	45	3	.
Jordanien	4,0	93	41	6	35	6,2	54	46	2	1540
Kuwait	2,1	93	30	3	28	4,5	16	36	1	14870
Libanon	3,3	51	28	7	21	3,8	50	41	5	.
Oman	1,4	100	46	13	33	7,2	100	44	3	5780
Katar	0,4	100	30	2	27	4,5	31	28	1	12360
Saudi Arabien	14,7	95	42	8	34	7,2	71	45	3	6930
Syrien	12,1	87	44	6	38	6,8	48	49	4	1820
Türkei	55,4	98	30	8	22	3,7	81	37	4	1200
Verein. Arab. Emirate	1,7	92	27	4	23	5,2	32	30	1	15680
Nordjemen	6,9	99	52	18	35	7,7	132	49	3	580
Südjemen	2,5	90	48	15	34	7,1	113	48	3	420
Mittl. Südasien										
Afghanistan	14,8	99	49	23	26	6,9	172	46	4	.
Bangladesch	114,7	85	43	15	28	5,8	138	43	3	160
Iran	53,9	98	44	10	34	6,2	93	45	3	.
Malediven	0,2	100	47	10	37	7,0	80	45	2	300
Pakistan	110,4	97	43	14	29	6,5	120	43	4	350
Südostasien										
Indonesien	184,6	90	29	9	20	3,5	83	39	3	450

RGR=Rohe Geburtenrate; RSR=Rohe Sterberate; NWR=Natürliche Wachstumsrate; TFR=Totale Fruchtbarkeitsrate; SSR=Säuglingssterblichkeitsrate; PKE=Jährl. Pro-Kopf-Einkommen (Dollar)

Quellen: World Population Data Sheet 1989; Clarke 1985, S. 121

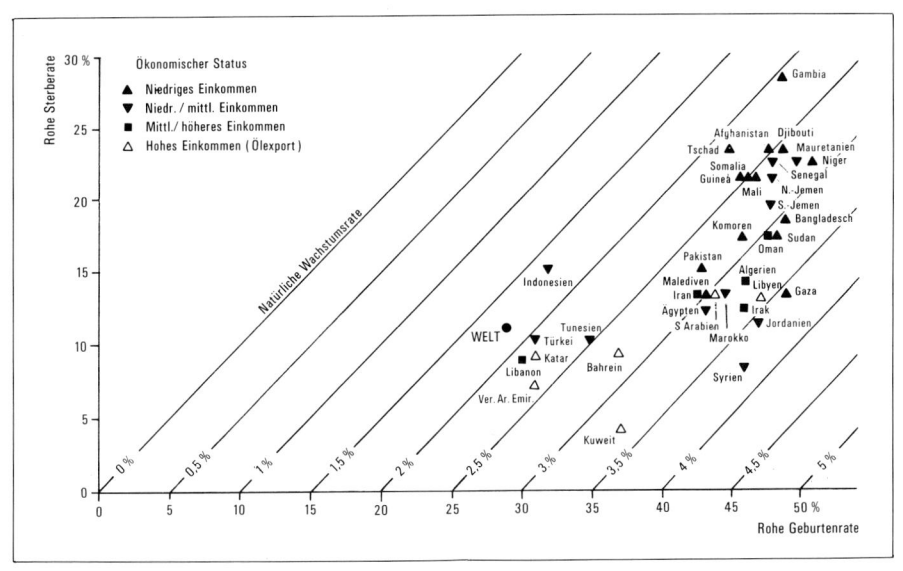

Abb. 3.4.3/1
Natürliche Bevölkerungsentwicklung in 36 islamischen Ländern
nach: *Clarke* 1985, S. 123.

vor allem deshalb plausibel, weil der Islam in starkem Maße in das Alltagsleben eingebunden ist und durch den Koran sowie einen aus ihm abgeleiteten Verhaltenscode in vielfältiger Weise in Staatsordnung, Rechtsprechung, das Wirtschaftsleben, aber auch die zwischenmenschlichen Beziehungen eingreift (vgl. *Schubnell* 1985, S. 229f.).
Bei der Beschäftigung mit Fragen der Bevölkerungsentwicklung und -struktur nehmen der Status und die Rolle der Frau im Islam eine Schlüsselrolle ein. Das patriarchalische System mit einer weitgehenden Unterordnung der Frau ist in der *Scharia* verankert, die überwiegend auf dem Koran basiert (vgl. zum folgenden *Schönig* 1985, S. 439ff.). Die *Scharia*, die in Ländern wie z. B. Saudi-Arabien oder dem Iran geltendes Recht ist und im Zuge fundamentalistischer Bewegungen in Teilen der islamischen Welt neuerdings wieder an Bedeutung gewinnt, teilt der Frau außer dem Recht auf Unterhalt im wesentlichen Pflichten der Unterordnung zu.
Die Fremdbestimmung der Frau im Islam kommt schon bei der Heirat deutlich zum Ausdruck, die in der Regel sehr früh erfolgt und so gut wie universell ist. Traditionell ist die Braut beim Abschluß des Ehevertrags weder beteiligt noch anwesend – ihr nächster männlicher Verwandter ist der Vertragspartner des Bräutigams. Blutsverwandtschaft gilt zwar prinzipiell als ein Ehehindernis, doch sind in der Realität Ehen zwischen Cousin und Cousine nicht selten, da dies für den Mann nahezu die einzige Möglichkeit ist, eine ihm bekannte Frau zu heiraten. Eine geradezu existenzielle Benachteiligung der Frau stellt vor allem die herkömmliche Praxis der Ehelösung im Islam dar: Durch bloße Äußerung einer rituellen Scheidungsformel kann der Ehemann seine Frau verstoßen. Nach einer Wartefrist von wenigen Monaten ist eine neue Ehe möglich (der Koran erlaubt ohnehin dem Mann die Ehe mit bis zu vier Frauen), während die geschiedene Frau keinerlei Unterhaltsanspruch stellen kann. Weitere juristische Diskriminierungen der Frau betreffen das eingeschränkte Gewicht ihrer Zeugenaussage sowie ihre geminderte Erbberechtigung. Selbst das ohnehin geringere Erbteil wird von Frauen oft zu Gunsten eines Bruders ausgeschlagen, um im Falle einer Scheidung oder Verwitwung von ihm oder seiner Familie die Zusicherung des Lebensunterhalts zu erlangen (vgl. *Arthur/McNicoll* 1978, S. 52).
Manche dieser Benachteiligungen der Frau sind zwar in einzelnen islamischen Staaten de jure abgeschafft worden, insbesondere die Türkei und Tunesien sind hier als vergleichsweise progressiv zu

Tab. 3.4.3/2: Status der Frau in 28 islamischen Ländern (um 1980)

	% verheir. Frauen im Alter von 15–19 J.	Analphabeten in % der Erw.		% Schüler im Alter von 12–17 J.		Erwerbsquote		Lebenserwartung (Frauen)
		F	M	F	M	F	M	
Nordafrika								
Algerien	44	71	44	35	57	2	43	59,7
Ägypten	30	59	33	30	54	5	51	58,4
Libyen	72	61	25	22	64	3	46	59,4
Marokko	31	85	63	25	44	8	44	59,4
Sudan	43	94	64	17	32	7	55	50,0
Tunesien	6	64	37	25	45	4	44	60,7
Westafrika								
Gambia	.	97	73	11	23	43	55	44,1
Guinea	52	64	46	40	59	30	44	52,5
Mali	79	98	81	10	22	50	57	45,0
Mauretanien	66	.	.	9	29	3	59	45,0
Niger	81	99	90	6	11	6	57	45,0
Senegal	63	94	67	25	38	31	52	45,0
Ostafrika								
Somalia	14	99	90	22	42	22	55	46,0
Zentralafrika								
Tschad	73	99	64	6	20	18	60	47,6
Südwestasien								
Irak	32	77	37	36	72	2	46	56,7
Jordanien	28	53	31	54	70	3	24	59,5
Kuwait	28	46	31	59	67	5	46	72,9
Libanon	13	32	15	58	72	10	42	68,9
Saudi-Arabien	.	98	70	30	43	3	49	51,5
Syrien	28	62	29	47	80	6	44	60,7
Türkei	21	51	19	36	58	31	52	63,8
Nordjemen	50	99	84	3	25	2	52	43,0
Südjemen	.	89	33	27	66	3	48	47,6
Mittl. Südasien								
Afghanistan	49	99	78	5	26	13	53	46,1
Bangladesch	72	82	37	11	37	12	54	49,5
Iran	45	72	35	48	76	8	47	56,5
Pakistan	31	91	46	7	21	6	47	54,2
Südostasien								
Indonesien	32	42	23	34	46	20	48	53,9

Quelle: nach *Clarke* 1985, S. 125

bezeichnen, die Diskrepanz zwischen Theorie der Liberalisierung und ihrer praktischen Durchsetzung ist jedoch, vor allem in ländlichen Gebieten, beträchtlich (vgl. *Schönig* 1985, S. 442f.).

Andere, allgemein bekannte Anzeichen der untergeordneten Rolle der Frau im Islam umfassen die schon erwähnte Möglichkeit der Polygamie sowie den weitgehenden Ausschluß der Frau vom öffentlichen Leben und ihre Einengung auf den Bereich der Familie. Besonders der letztgenannte Tatbestand hat schwerwiegende Konsequenzen, denn zusammen mit der frühen Heirat erschwert die Isolation der Frau eine Emanzipation auf dem Wege verbesserter Bildung und der Beteiligung am Erwerbsleben. Tab. 3.4.3/2 faßt einige der wichtigsten Merkmale der Situation der Frau in islamischen Ländern zusammen. Die Disparitäten der Geschlechter im Bildungs- und im Erwerbssektor werden überaus deutlich. Dabei sagen diese Daten noch nichts über die Qualität der Bildungs- und Erwerbsbeteiligung aus. Selbst in einem relativ fortschrittlichen Land wie Ägypten wurden erst 1962 Studentinnen zugelassen, und in Kuwait, einem Land mit hohem Verstädterungsgrad und einem der höchsten Pro-Kopf-Einkommen der Erde waren 1975 über 90% der erwerbstätigen Frauen im sozialen oder privaten Dienstleistungsbereich tätig, unter ihnen die Mehrzahl Ausländerinnen (*Davis* 1984, S. 404).

Die letzte Spalte von Tab. 3.4.3/2 zeigt, daß auch im Bereich von Mortalität und Lebenserwartung die Situation der Frau unbefriedigend ist. Nur in fünf der aufgeführten Staaten übersteigt die weibliche Lebenserwartung 60 Jahre, in vielen der ärmeren islamischen Nationen liegt sie zum Teil deutlich unter 50 Jahren. Im Unterschied zu den Verhältnissen in Europa ist auch in einer Reihe von islamischen Ländern die Sterblichkeitsrate der weiblichen Bevölkerung deutlich höher als die der männlichen.

Als Beleg hierfür mag eine Studie dienen, welche die Sterblichkeit, speziell die Säuglings- und Kindersterblichkeit, in einer ländlichen Region in Bangladesch untersuchte (*D'Souza/Chen* 1980). Tab. 3.4.3/3 beweist, daß das Sterberisiko der Mädchen durchweg über dem Vergleichswert der Jungen liegt. Einzige Ausnahme ist die neonatale Säuglingssterblichkeit (Mortalität bis zum Lebensalter von einem Monat), die primär durch biologisch-konstitutionelle Faktoren geprägt ist. Hier sind in allen Ländern Knaben stärker gefährdet – auch Bangladesch macht dabei keine Ausnahme. Nach dem ersten Lebensmonat sind dagegen für die Überlebenswahrscheinlichkeit soziokulturelle Faktoren wie Intensität der Pflege, Ernährung und Ausmaß der Zuwendung maßgeblich. In dieser Lebensphase ist eine deutliche Benachteiligung der Mädchen unverkennbar, die insbesondere in den Jahren knapper Ernten und entsprechend schlechter Ernährungssituation (1974–1975) auftrat. Die Autoren erklären dieses Phänomen mit mehr oder weniger bewußter Vernachlässigung der Mädchen bei der Ernährung, was diese wiederum anfälliger für die in dieser Region noch immer weit verbreiteten Infektionskrankheiten machte. Zusammen mit den ebenfalls beobachteten geringeren Anstrengungen bei der medizi-

Tab. 3.4.3/3: Säuglingssterblichkeit (bezogen auf 1000 Lebendgeborenen) und Kindersterblichkeit (bezogen auf 1000 der jeweiligen Altersgruppe) in der Region Matlab (Bangladesch) 1974–1977

Alter		1974	1975	1976	1977
– 1 Monat	insgesamt	78,1	79,9	65,3	71,3
	männl.	87,9	81,6	72,0	73,1
	weibl.	67,8	78,1	58,1	69,4
1–12 Monate	insgesamt	59,8	111,9	37,6	42,4
	männl.	54,6	98,4	33,3	40,2
	weibl.	65,1	126,3	42,1	44,8
1 Jahr	insgesamt	31,6	47,4	48,2	29,9
	männl.	22,9	38,4	40,9	23,8
	weibl.	40,6	56,8	55,9	36,6
2 Jahre	insgesamt	34,8	38,6	33,0	23,8
	männl.	25,7	31,4	29,5	16,1
	weibl.	44,4	46,1	36,6	32,2
3 Jahre	insgesamt	22,5	31,7	24,1	18,2
	männl.	16,0	26,0	20,4	12,6
	weibl.	29,2	37,7	28,1	24,0
4 Jahre	insgesamt	11,6	18,8	15,2	10,5
	männl.	7,7	17,2	13,0	8,4
	weibl.	15,8	20,6	17,5	12,7

Quelle: nach *D'Souza/Chen* 1980, S. 260

nischen Versorgung von Mädchen erfüllt ein derartiges Verhalten, das auch aus arabischen Staaten berichtet wird (vgl. *Scrimshaw* 1983, S. 250), bereits den Tatbestand des passiven Infantizids (Kindestötung).

Aus den geschilderten Beispielen der vielfältigen Benachteiligung der Frau wird klar erkennbar, daß die islamische Religion heute ein den Fortschritt im Familienbereich stark hemmendes Element bildet. Freilich sollte man sich vor allzu pauschalen Urteilen hüten: Der Islam ist keineswegs allein für die untergeordnete Stellung der Frau verantwortlich. In mancher Hinsicht ist die heutige Situation lediglich das Ergebnis vorislamischer gesellschaftlicher Strukturen. Zur Zeit seiner Einführung brachte der Islam den Frauen sogar gewisse Verbesserungen im Vergleich zur vormohammedanischen Epoche (vgl. *Baer* 1964, S. 34 ff sowie *Stöber* 1990), später hat sich der Islam jedoch vielfach als sehr konservativ und wenig aufgeschlossen für sozialen Wandel erwiesen.

Sicherlich haben die Einflüsse der Religion auch Konsequenzen für das generative Verhalten und erklären zu einem nicht geringen Teil die außerordentlich hohe Fertilität in islamischen Ländern selbst fortgeschrittenen Entwicklungsstandes. Die schon erwähnte allgemein übliche und sehr frühe Heirat ist als erster wichtiger Bestimmungsgrund zu nennen. Zusammen mit der hohen Bewertung von ehelicher Sexualität, Mutterschaft und Fruchtbarkeit und der gleichzeitigen Ablehnung jeglicher zölibatärer Vorstellungen ist hierdurch bereits die Basis für eine hohe Kinderzahl gelegt. Die frühe Heirat erschwert bzw. verhindert zudem den Zugang der Frau zu weiterführenden Bildungseinrichtungen und reduziert ihre Beteiligung am Erwerbsprozeß, beides bekanntlich die entscheidenden Ansatzpunkte für die Emanzipation der Frau in Europa und damit zugleich wichtige Faktoren für die ‚Modernisierung' des generativen Verhaltens im Sinne einer deutlichen Reduzierung der Kinderzahl. Weitere pro-natalistische Wirkungen übt in den islamischen Ländern die Bevorzugung von Söhnen aus, während der Effekt der Polygamie, die ohnehin an Bedeutung verliert, umstritten ist.

Welche bevölkerungspolitischen Folgerungen leiten die islamischen Länder aus ihren weit überdurchschnittlichen Geburten- und Wachstumsraten ab? Es wäre sicherlich falsch, von einer generellen Ablehnung der Geburtenkontrolle zu sprechen. Der Islam ist nicht grundsätzlich gegen Familienplanung eingestellt, und selbst Abtreibung ist in den meisten islamischen Staaten erlaubt, wenn das Leben oder die Gesundheit der Mutter gefährdet ist. *Clarke* (1985, S. 126 f) stellt die bevölkerungspolitischen Grundauffassungen und Maßnahmen der wichtigsten islamischen Staaten tabellarisch zusammen. Dabei zeigen sich bei der Einschätzung des aktuellen Fertilitätsniveaus (15 Länder: zu hoch, 18: akzeptabel, ein Land: zu niedrig), bei der Strategie zur Beeinflussung der Fertilität (12 Länder: Verminderung, 8: Beibehaltung des Niveaus, 2: Erhöhung, 12: keine Einflußnahme) und auch beim Angebot von Dienstleistungen und Mitteln zur Empfängnisverhütung erhebliche Unterschiede. Insgesamt zeichnet sich eine Orientierung an den demographischen Realitäten ab: Die Länder mit beträchtlichem Bevölkerungsdruck und Problemen der Tragfähigkeit, z. B. Ägypten, Bangladesch oder Indonesien, erscheinen eher bereit, Maßnahmen zur Geburtenkontrolle zu ergreifen. Die dünn besiedelten, ölexportierenden Staaten des Mittleren Ostens, die zudem durch die Förderung des Wachstums der eigenen Bevölkerung ein Gegengewicht zur Zuwanderung ausländischer Bevölkerungsgruppen schaffen wollen, nehmen eine restriktivere Haltung zur Familienplanung ein.

Bislang war ausschließlich über Länder mit einer deutlichen, oft sogar überwältigenden islamischen Bevölkerungsmehrheit gesprochen worden. Abschließend sollen Bevölkerungsmerkmale islamischer Bevölkerungsgruppen innerhalb eines ethnisch und religiös vielfältig strukturierten Staates betrachtet werden. Gerade solche Verhältnisse sind für den Bevölkerungswissenschaftler von hohem Reiz: Paßt sich eine Minderheit dem generativen Verhalten der Mehrheit an? Prägt die Minderheit langfristig auch die Bevölkerungsentwicklung der Majorität? Entsteht ein besonders ausgeprägtes Verharren der Minorität in ihren überkommenen Verhaltensweisen? All dies sind mögliche Alternativen für Bevölkerungsprozesse in ethnisch-religiös dualen oder pluralistischen Gesellschaften.

Ein geeignetes Beispiel für die Untersuchung derartiger Fragestellungen bildet der Staat Israel. Seit dessen Gründung im Jahre 1948 haben sich die Anteile einzelner Bevölkerungsgruppen deutlich

Tab. 3.4.3/4: Bevölkerung Israels nach Religion, ethnischer Herkunft und Geburtsort 1948–1982

Bevölkerungsgruppe	in 1000			
	1948	1961	1972	1982
Gesamtstaat	881,7	2 179,4	3 147,7	4 063,6
Jüdische Bevölkerung				
insgesamt	716,7	1 932,3	2 686,7	3 373,2
Europäisch-amerikanischer Herkunft				
insgesamt	591,4	1 007,1	1 187,3	1 343,6
in Europa oder Amerika geboren	393,0	672,1	749,7	785,3
zweite Generation, in Israel geboren	198,4	335,0	437,6	558,3
Afrikanisch-asiatischer Herkunft				
insgesamt	105,0	818,3	1 273,6	1 496,7
in Afrika oder Asien geboren	70,0	529,8	665,0	628,1
zweite Generation, in Israel geboren	35,0	288,5	608,6	868,6
Europäisch-amerikanische und afro-asiatische Herkunft, dritte Generation, in Israel geboren	20,3	106,9	225,8	532,9
Nichtjüdische Bevölkerung				
insgesamt	165,0	247,1	461,0	690,4
Moslemische Araber	.	170,8	352,0	530,8
Christliche Araber	.	50,5	72,1	94,0
Drusen und andere	.	25,8	36,9	65,6

Quelle: nach *Friedlander/Goldscheider* 1984, S. 9

verschoben (vgl. Tab. 3.4.3/4). Das Gesamtverhältnis jüdischer zu arabischer Bevölkerung hat sich zwar kaum verändert (von 81 : 19 im Jahre 1948 zu 83 : 17 im Jahre 1982), da die höhere Fruchtbarkeit der Araber durch die starke Einwanderung jüdischer Bevölkerung kompensiert wurde. (Die von Israel besetzten Gebiete auf dem westlichen Jordanufer ('West Bank') sind in diesen Zahlen nicht berücksichtigt.) Innerhalb der jüdischen Bevölkerungsgruppe hat sich jedoch der Anteil orientalischer Juden erheblich vergrößert, und bei den Arabern im Staate Israel überwiegt der islamische Bevölkerungsanteil mittlerweile eindeutig.

Die in Tab. 3.4.3/4 aufgeführten Bevölkerungsgruppen unterscheiden sich wesentlich in wichtigen sozio-demographischen Merkmalen voneinander (vgl. Tab. 3.4.3/5). Auch nach einer Zeitspanne von 35 Jahren innerhalb des Staates Israel hat sich die arabische Bevölkerung nicht an die jüdische Mehrheit angepaßt, eine Tatsache, die sicher auch durch die gespannte politische Situation zwischen Israel und seinen arabischen Nachbarn zu erklären ist. Einer Integration der beiden Bevölkerungsgruppen stehen dabei auf beiden Seiten weiterhin erhebliche Widerstände gegenüber: So ist nach wie vor die Heirat zwischen Juden und Arabern eine seltene Ausnahme (vgl. *Friedlander/Goldscheider* 1984, S. 10).

Während die Lebenserwartung des arabischen Bevölkerungsteils nur unwesentlich von der der Juden abweicht, zeigen sich charakteristische Unterschiede beim Heiratsalter (vor allem der Frauen) und bei entscheidenden sozioökonomischen Indikatoren. Der Anteil der Araber in qualifizierten Berufen bleibt weit hinter dem Vergleichswert europäischer und amerikanischer, aber nur gering hinter dem der orientalischen Juden zurück – grundsätzlich anders verhalten sich jedoch Araber und Juden bei der Frage der Beteiligung von Frauen am Erwerbsleben. Die schon öfter in diesem Kapitel angesprochene Diskriminierung der Frau im Islam macht sich hierbei wiederum deutlich bemerkbar.

Tab. 3.4.3/5: Sozio-demographische Kennziffern wichtiger Bevölkerungsgruppen Israels 1982

Bevölkerungs-gruppe	Mittleres Alter bei Erstheirat		Totale Fruchtbar-keitsrate	Lebenser-wartung bei der Geburt	Anteil Männer mit hoch qualifiz. Beruf	Erwerbs-quote Frauen 25–34 J.
	Männer	Frauen				
Juden insgesamt	24,7	21,9	2,79	74,5	25,7	60
in Europa oder Amerika geboren	25,5	22,5	2,81	74,0	33,7	64
in Israel geboren, europäisch-amerikan. Herkunft	24,3	21,6	2,66	74,2	43,0	68
in Afrika oder Asien geboren	25,9	22,7	3,06	73,7	13,5	49
in Israel geboren, afrikanisch-asiat. Herkunft	24,3	21,6	2,88	74,2	12,4	57
Araber insgesamt	23,4	19,4	5,21	72,0	11,9	14
Moslems	23,6	19,4	5,53	.	.	.
Christen	26,8	21,4	2,34	.	.	.

Quelle: nach *Friedlander/Goldscheider* 1984, S. 11

Was die Fruchtbarkeit der einzelnen Bevölkerungsgruppen Israels anbelangt, so verdienen insbesondere die Differenzen innerhalb der ethnischen Gruppe der Araber Beachtung. Die durchschnittliche Kinderzahl pro Frau ist unter den moslemischen Arabern fast zweieinhalb mal so hoch wie bei christlichen Arabern, die sogar die niedrigste Fruchtbarkeitsrate von allen Bevölkerungsgruppen des

Abb. 3.4.3/2
Totale Fruchtbarkeitsrate für Juden und Araber in Israel 1955–1982
nach: *Friedlander/Goldscheider* 1984, S. 25.

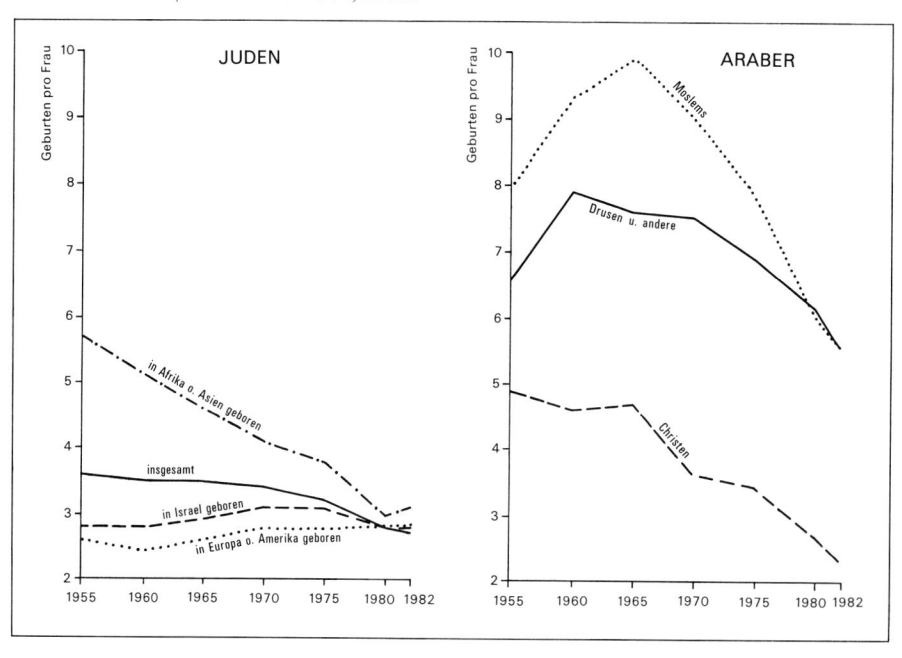

Landes aufweisen. Offensichtlich ist also weniger die ethnische Zugehörigkeit als die religiöse Bindung für das generative Verhalten prägend, wenn auch einschränkend anzumerken ist, daß der Anteil städtischer Bevölkerung unter den christlichen Arabern deutlich höher ist als bei den Moslems und somit die weit überdurchschnittliche Kinderzahl der islamischen Araber durch eine Kombination kulturell-religiöser und sozioökonomischer Faktoren zu erklären ist.

Ein Blick auf den zeitlichen Verlauf der totalen Fruchtbarkeitsrate bei Juden und Arabern (Abb. 3.4.3/2) läßt den Wandel der Bevölkerungsentwicklung klarer hervortreten.

Während die ursprünglich je nach afro-asiatischer oder europäisch-amerikanischer Herkunft sehr unterschiedliche Geburtenzahl des jüdischen Bevölkerungsteils bis zum Beginn der achtziger Jahre auf einen Wert von ungefähr 3 hin konvergiert (noch 1955 hatte die totale Fertilitätsrate der orientalischen Juden immerhin bei fast 5,7 gelegen), ist die Situation bei der arabischen Bevölkerung differenzierter zu betrachten. Mit kontinuierlich sinkender Fruchtbarkeit entsprechen die christlichen Araber weitgehend dem Trend der jüdischen Bevölkerung. Im Gegensatz hierzu steigt die Fruchtbarkeit der moslemischen Araber von einem ohnehin hohen Niveau bis 1965 auf einen Wert von fast 10 Geburten pro Frau. Erst in den siebziger und achtziger Jahren fallen die Werte deutlich auf einen allerdings noch immer überdurchschnittlichen Stand.

Als Begründung für den Geburtenanstieg der islamischen Bevölkerung Israels geben *Friedlander/ Goldscheider* (1984, S. 26ff) zum einen die Fortdauer der traditionell-patriarchalischen Familienstruktur auch unter den gewandelten politischen Herrschaftsverhältnissen an. Zudem ließen gesundheits- und sozialpolitische Maßnahmen, die allen Bürgern des Staates zugute kamen (Gesundheitsvorsorge, kostenlose Entbindung in Krankenhäusern, Mutterschutz und vor allem ein relativ großzügiges Kindergeld), zunächst die Fortsetzung des althergebrachten Ideals der vielköpfigen Familie erstrebenswert erscheinen. Quantitativ schwer einzuschätzen, aber in seiner Wirkung vermutlich nicht zu vernachlässigen, ist weiterhin das typische Verhalten einer ethnisch-religiösen Minorität, die ihren Bestand durch hohe Geburtenzahlen zu sichern versucht. Erst mit deutlicher Verzögerung beeinflussen Tendenzen der Modernisierung und des sozialökonomischen Wandel auch das generative Verhalten der islamischen Araber in Israel.

Die These von *Friedlander* et al. (1979), daß wirtschaftliche Entwicklung zwar notwendige Voraussetzung für den demographischen Wandel sei, aber den Rückgang der Fertilität noch nicht hinreichend begründe, gilt sicher nicht nur für die Araber in Israel, sondern für weite Teile der islamischen Welt, in der nach wie vor starke traditionelle Kräfte der Modernisierung des generativen Verhaltens entgegenstehen.

3.5 Bevölkerungsentwicklung, Tragfähigkeit und Bevölkerungsprognose

3.5.1 Untersuchungen über agrare Tragfähigkeit – Beispiele aus Venezuela (*Wolfgang Kuls*)

Im vorliegenden Schrifttum zu Fragen der Tragfähigkeit ist erst in jüngerer Zeit eine größere Anzahl von Arbeiten zu finden, die sich mit kleinräumigen Analysen befassen, d. h. die in mehr oder weniger eng umgrenzten Siedlungs- und Wirtschaftsräumen herrschenden Bedingungen und Entwicklungsmöglichkeiten zu erforschen suchen und damit auch Erkenntnisgrundlagen von allgemeiner Bedeutung für das Tragfähigkeitsproblem liefern können. Hauptsächlich sind dabei Beispiele aus Gebieten vorherrschender Subsistenzwirtschaft auf einem niedrigen agrartechnischen Niveau herangezogen worden, besonders aus dem Bereich der feuchten und wechselfeuchten Tropen mit der dort auch heute noch neben zahlreichen anderen Bodennutzungssystemen weit verbreiteten Landwechselwirtschaft. Das Interesse zahlreicher Forscher richtete sich vornehmlich auf die genauere Erfassung bestehender Nutzungssysteme und die Ermittlung des damit verbundenen Landbedarfs von bäuerlichen Betrieben, um so eine Antwort auf Fragen nach maximalen/optimalen Bevölkerungszahlen begrenzter Raumeinheiten geben zu können.

Eine größere Rolle für die Beurteilung der Tragfähigkeit bestehender Nutzungssysteme hat die sicher nur teilweise zutreffende Annahme gespielt, wonach sich in traditionellen Gesellschaften mit geringem oder gar fehlendem Bevölkerungswachstum bei der Bewirtschaftung des Bodens ein auf langen Erfahrungen beruhendes ‚ökologisches Gleichgewicht' herausgebildet hätte: Man ging von einer weitreichenden Anpassung der mit den verfügbaren Arbeitskräften und Hilfsmitteln entwickelten Methoden zur Nahrungssicherung an die natürlichen Bedingungen aus, wodurch die Erhaltung der Bodenfruchtbarkeit gewährleistet würde. Ein Überschreiten der Tragfähigkeitsgrenze infolge starken Bevölkerungswachstums lasse sich an Indikatoren wie Abwanderung, Nahrungsmangel oder Bodenzerstörung erkennen. Auf die Problematik, die jedoch mit der Verwendung derartiger Indikatoren verbunden ist, wurde schon in Kapitel 2.5.3 hingewiesen.

Besondere Bedeutung hat bei der Diskussion um die Landwechselwirtschaft, ihre Bedingungen und Auswirkungen, die Erfassung und Beurteilung der Brachzeiten gehabt. Sie haben ja zur Folge, daß für die Sicherung der dauerhaften Existenz bäuerlicher Familien ein Mehr- oder gar Vielfaches der jährlichen Anbaufläche als Brachfläche zur Bodenregeneration zur Verfügung stehen muß. Damit können Tragfähigkeitsprobleme bereits bei einer sehr geringen Bevölkerungsdichte auftreten.

Borcherdt/Mahnke (1973) haben bei Untersuchungen in Venezuela, die der agraren Tragfähigkeit in verschiedenen Teilräumen des wirtschaftlich relativ weit entwickelten Landes galten, nicht mit Hilfe einzelner Indikatoren versucht, zu möglichst differenzierten Aussagen zu gelangen, vielmehr gingen sie von einer umfassenden großmaßstäbigen Aufnahme landwirtschaftlicher Betriebe aus und suchten deren vielfältige Bedingungen, insbesondere den Landflächenbedarf zu klären. Dieser zur Existenzsicherung bäuerlicher Familien jeweils erforderliche Bedarf – die Ackernahrung – diente unter Berücksichtigung des ländlichen Lebensstandards, der Betriebsformen und der verfügbaren landwirtschaftlich nutzbaren Fläche als Grundlage für Aussagen über die agrare Tragfähigkeit. Deren im allgemeingeographischen Teil (2.5.3) wiedergegebene Begriffsbestimmung enthält zwei wesentliche Forderungen:

– Berücksichtigung eines „in naher Zukunft erreichbaren Kultur- und Zivilisationsstandes",
– Möglichkeit einer dauerhaften Nutzung ohne nachteilige Auswirkungen auf den Naturhaushalt.

Es wird also weitgehend von realen Gegebenheiten und nicht von theoretisch vorhandenen Möglichkeiten, wie sie die moderne Agrartechnik hoch entwickelter Länder bietet, ausgegangen, und es wird gleichzeitig gefordert, daß die natürlichen Produktionsbedingungen auch langfristig erhalten bleiben. Die Forderung, das in naher Zukunft Erreichbare zu berücksichtigen, läßt sich wohl weitgehend erfüllen, wenn auch subjektive Elemente einer Bewertung nicht auszuschließen sind. Der zweiten Forderung ist dagegen nur dann ausreichend nachzukommen, wenn man sich bei der Erfassung nachteiliger Auswirkungen nicht auf einzelne besonders auffallende Erscheinungen beschränkt (z. B. die Ausbildung tiefer Erosionsrinnen auf Acker- und Weideland oder die Feststellung stark rückläufiger Ernteerträge), sondern langfristige Beobachtungen der natürlichen Produktionsvoraussetzungen und ihrer Veränderungen vornimmt (s. *Street* 1969).

Wichtigstes Ziel der Untersuchung in Venezuela war die Erfassung des die jeweilige Tragfähigkeit bestimmenden komplexen Wirkungsgefüges. Nachfolgend werden drei Beispiele angeführt:

Beispiel 1: Colonia Tovar
Die Siedlung liegt in der wirtschaftlichen Kernzone des Landes zwischen den Städten Guatire und Valencia. Eine relativ hohe Kaufkraft der Bevölkerung des stark verstädterten Raumes ermöglicht die Existenz zahlreicher marktorientierter Kleinbetriebe, die ihre Gartenbauerzeugnisse (Gemüse, Obst) teils direkt an Verbraucher, teils auf den gut erreichbaren großstädtischen Märkten absetzen können. Die Marktnähe ist jedoch durchaus nicht der allein bestimmende Faktor der in dieser Zone anzutreffenden Betriebsformen. Soziale Differenzierung der Landbevölkerung und eine Reihe höchst unterschiedlicher Minimumfaktoren bedingen hier wie in anderen Teilen des Landes beträchtliche kleinräumige Unterschiede, die sich entsprechend auf die Tragfähigkeit auswirken.

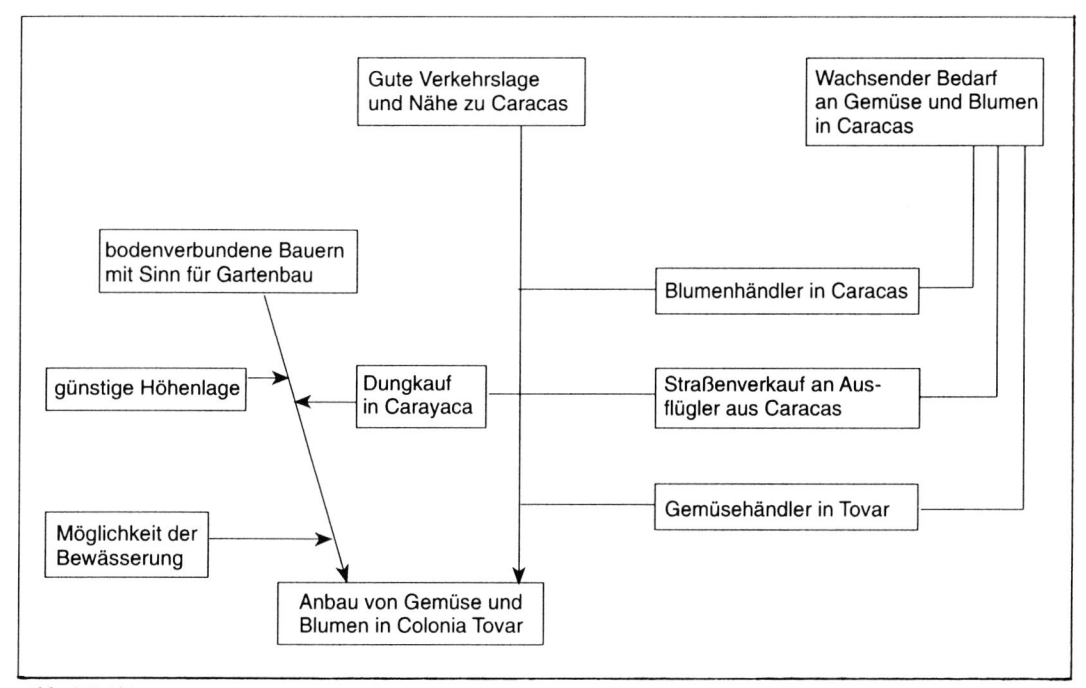

```
┌─────────────────────────────────────────────────────────────────────────────┐
│                                                                             │
│              ┌──────────────────────┐         ┌──────────────────────┐     │
│              │ Gute Verkehrslage    │         │ Wachsender Bedarf    │     │
│              │ und Nähe zu Caracas  │         │ an Gemüse und Blumen │     │
│              └──────────────────────┘         │ in Caracas           │     │
│                                               └──────────────────────┘     │
│   ┌──────────────────────┐                                                  │
│   │ bodenverbundene Bauern│        ┌──────────────────────┐                │
│   │ mit Sinn für Gartenbau│        │ Blumenhändler in     │                │
│   └──────────────────────┘         │ Caracas              │                │
│                                    └──────────────────────┘                │
│   ┌──────────────────────┐  ┌──────────────────┐                           │
│   │ günstige Höhenlage   │→ │ Dungkauf         │ ┌──────────────────────┐ │
│   └──────────────────────┘  │ in Carayaca      │ │ Straßenverkauf an    │ │
│                             └──────────────────┘ │ Ausflügler aus       │ │
│                                                  │ Caracas              │ │
│                                                  └──────────────────────┘ │
│   ┌──────────────────────┐                                                  │
│   │ Möglichkeit der      │                       ┌──────────────────────┐ │
│   │ Bewässerung          │                       │ Gemüsehändler in     │ │
│   └──────────────────────┘                       │ Tovar                │ │
│                                                  └──────────────────────┘ │
│                    ┌──────────────────────┐                                 │
│                    │ Anbau von Gemüse und │                                 │
│                    │ Blumen in Colonia    │                                 │
│                    │ Tovar                │                                 │
│                    └──────────────────────┘                                 │
└─────────────────────────────────────────────────────────────────────────────┘
```

Abb. 3.5.1/1
Tragfähigkeit in Colonia Tovar (Venezuela) durch Anbau von Gemüse und Blumen
nach: *Borcherdt/Mahnke* 1973, S. 57.

Colonia Tovar wurde in der Mitte des vergangenen Jahrhunderts von deutschen Einwanderern gegründet, sie findet sich in 1800 m Höhe und erhielt 1963 eine Straßenverbindung mit der Landeshauptstadt. Damit änderten sich die Produktionsvoraussetzungen für die landwirtschaftlichen Betriebe entscheidend. Beschränkte sich vorher die Erzeugung von Marktprodukten weitgehend auf Kaffee, dessen Transport mit Tragtieren einigermaßen zu bewerkstelligen war, und diente ein großer Teil des verfügbaren Landes der Selbstversorgung (Getreideanbau, Rinderhaltung), so stehen heute bei einer Straßenentfernung von nur 50 km nach Caracas Gemüse und Blumen ganz im Vordergrund. Die dafür benötigten Flächen beschränken sich je Betrieb auf 10–20 Ar. Der Rest der Betriebsfläche (zwischen etwa 3 und 10 ha) bleibt jetzt unbewirtschaftet oder dient als extensiv genutztes Weideland. Die Ackernahrung lag vorher bei ungefähr 8–12 ha. Heute kann sie auf einen Bruchteil davon reduziert werden, was zumindest theoretisch bedeutet, daß jetzt sehr viel mehr Menschen von der Landwirtschaft leben könnten, sofern die günstigen Marktbedingungen bestehen bleiben. Maßgebliche Bestimmungsfaktoren der gegenwärtigen Tragfähigkeit sind dem in Abbildung 3.5.1/1 wiedergegebenen Schema zu entnehmen: Zu günstigen klimatischen Voraussetzungen für den Anbau von Gemüse und Blumen kommen Möglichkeiten zur Bewässerung und vor allem gute Absatzbedingungen aufgrund einer ausgezeichneten Verkehrslage, die auch den Ankauf von Dung an Absatzstandorten im Einzugsbereich von Caracas ermöglicht. Zu den wesentlichen Faktoren gehört schließlich die Aufgeschlossenheit der Bauern für den Anbau von Gartengewächsen.

Beispiel 2: Mocoties-Tal im Südwestteil der venezolanischen Anden
Dieses Beispiel verdeutlicht die außerordentliche Differenzierung der Bodenbewirtschaftung, der Betriebsverhältnisse und damit der Tragfähigkeit innerhalb des Gebirgsraumes. Das rund 800 km von der Hauptstadt entfernte Gebiet, das verkehrsmäßig relativ gut erschlossen ist, weist einige Gartenbauinseln auf, deren Erzeugnisse (Kartoffeln und Gemüse) großenteils auf weit entfernten großstädtischen Märkten abgesetzt werden können, da die Produkte aus höheren Gebirgslagen als qualitativ

```
                    NW                              SE
         trocken          3000 m                   feucht
              III                        IV
    Regenfeldbau, Weideviehhaltung (60)   Viehhaltung mit Futterbau und
    Feldgraswirtschaft mit langer         Umtriebsweide · Landwechsel-
    Brachdauer (23)                       wirtschaft mit langer Brachdauer (45)
                             2000 m
              II                         II
                                         Bewässerungsfeldbau in Andino-
                             1500 m      betrieben (90-130) und in
                                         Isleño-Betrieben (60-75) · Regen-
                                    I    feldbau und Weideviehhaltung (60-75)
                              Tropischer Dauerfeldbau (90)
```

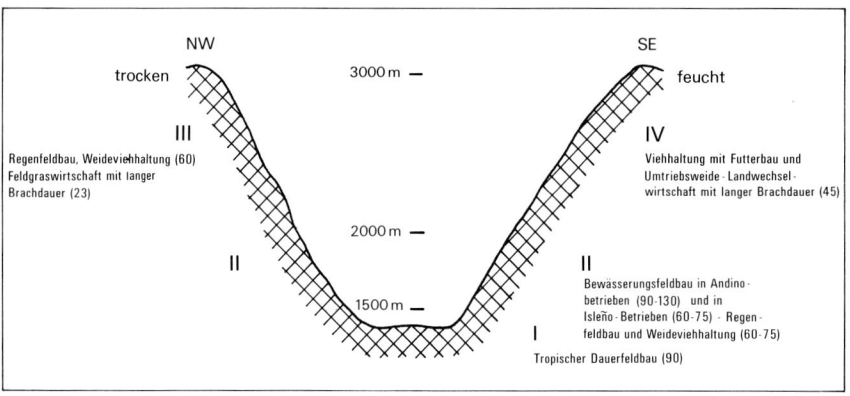

Abb. 3.5.1/2
Schema der Nutzung einzelner Höhenstufen im oberen Mocoties-Tal (Venezuela).
Die Zahlen in Klammern geben die ermittelte Tragfähigkeit je km² an.
Entwurf: W. Kuls nach Borcherdt/Mahnke 1973, S. 60 f.

hochwertig geschätzt sind und damit Preise erzielen, die die Transportkostenbelastung ausgleichen können. Impulse für den Gemüseanbau in dieser Region sind von europäischen Siedlern ausgegangen (vor allem von Isleños, Einwanderern von den Kanarischen Inseln). Inzwischen haben ihn auch – soweit dafür geeignete Flächen vorhanden waren – die einheimischen Andinos übernommen. Als geeignet für den Gartenbau, der im Rahmen bäuerlicher Betriebsstrukturen nur sehr kleine Flächen erfordert, erweisen sich dabei fast ausschließlich die Talsohlen und an den Hängen vorhandene kleinere Verebnungen, während die Steillagen dafür nicht in Frage kommen. So lassen sich im Zusammenhang mit den unterschiedlichen klimatischen Bedingungen in der Regel mehrere Anbauzonen unterscheiden, die in Abbildung 3.5.2/2 schematisch angedeutet sind. Zone I umfaßt Höhenlagen unter 1500 m mit Alluvialböden auf großenteils ebenem Gelände. Sie werden heute noch überwiegend für die Erzeugung von Zuckerrohr, Mais und Bananen zum Eigenbedarf verwendet, eine gewisse Rolle spielt auch der Kaffee. In dem näher untersuchten Abschnitt des Mocoties-Tales handelt es sich nur um ein sehr kleines Areal, auf dem etwa fünf Betriebe eine ausreichende Basis finden können. Einen beträchtlich größeren Flächenanteil hat die zwischen 1500 und 2000 m hoch liegende zweite Zone. Hier findet sich auf ebenen und weniger geneigten Flächen intensiver Gemüse- und Kartoffelanbau mit Hilfe von Bewässerung, während die steileren Hänge durch Regenfeldbau und extensive Weideviehhaltung genutzt werden. Die Ackernahrung von Betrieben venezolanischer Bauern wird mit 7–10 ha angegeben, die von Isleño-Betrieben (mit 15 je Betrieb unterhaltenen Personen gegenüber durchschnittlich 9 Personen in den Andino-Betrieben) mit 20–25 ha. Beim Regenfeldbau werden 10–15 ha benötigt, woraus sich eine zwischen 60 und 130 Menschen liegende agrare Tragfähigkeit je qkm errechnen läßt. Zone III umfaßt die oberen steilen Hänge der nordwestlichen Talflanke bis etwa 3000 m. Hier gibt es neben Regenfeldbau mit Weideviehhaltung auch eine primitive Feldgraswirtschaft mit sehr langen Brachzeiten, woraus Ackernahrungsgrößen von 15 bzw. 40 ha und Tragfähigkeitswerte zwischen 60 und 23 Menschen/qkm errechnet wurden. In Zone IV schließlich, die in der gleichen Höhenlage wie Zone III liegt, aber die feuchteren Südosthänge einnimmt, ist überwiegend eine primitive Landwechselwirtschaft mit langer Brachdauer anzutreffen, daneben gibt es auch Formen der Viehhaltung mit Futterbau und Umtriebsweide. Als Ackernahrung wurden Werte von 20 ha/Betrieb ermittelt, was eine Tragfähigkeit von 45 Menschen/qkm bedeutet.
Von der Gesamtfläche des Tales ist nach Auffassung von *Borcherdt/Mahnke* weit mehr als die Hälfte nur in Form einer Feldgraswirtschaft nutzbar. Es wird erwartet, daß sie bei steigendem Lebensstandard aufgegeben wird, und das wiederum hätte zur Folge, daß die auf 2900 Menschen geschätzte agrare Tragfähigkeit um 1600 vermindert würde. Als künftig denkbare Nutzung wird in Zone I und

in dafür geeigneten Teilen der Zone II der marktorientierte Bewässerungsfeldbau angesehen, auf mittelmäßigen Böden der Zonen II und III eine Weidewirtschaft in Verbindung mit Futterbau. Die für einen Anbau und die Beweidung nicht geeigneten Böden müßten aufgeforstet werden, was allerdings in der trockenen Zone III mit Problemen verbunden sein dürfte.

Beispiel 3: Colonia Turén
Hier handelt es sich um eine seit 1949 bestehende Siedlung von Venezolanern und Ausländern auf hochwertigen Alluvialböden am Südfuß der Anden nahe der Stadt Acarigua. Vorhanden sind nebeneinander mittelgroße, etwa 40–60 ha umfassende Betriebe von Siedlern europäischer Herkunft und Kleinbetriebe venezolanischer Siedler (Campesinos) mit 5–10 ha. Allein daraus ergeben sich manche Probleme. In den Kleinbetrieben sind häufig größere Brachlandanteile zu finden. Die althergebrachte Landwechselwirtschaft wird von den Campesinos als unabdingbar für die Erhaltung der Bodenfruchtbarkeit betrachtet. In den größeren Betrieben gibt es dagegen zwei Anbauzyklen im Jahr, ohne Brache und – bisher – auch ohne nachhaltige Düngung. Allgemeine Schwierigkeiten resultieren aus der starken Variabilität der Niederschläge, bei den Betrieben europäischer Siedler dann besonders aus wachsendem Aufwand zur Unkrautbeseitigung und Schädlingsbekämpfung. Das Problem der Kleinbetriebe ist vor allem ihre unzureichende Landausstattung. Bei begrenzten Absatzmöglichkeiten für anderen Produkte herrscht Anbau von Baumwolle und Mais auf leichteren Böden und von Trockenreis und Sesam auf schweren Böden vor. Ein Bewässerungssystem, das bei Gründung der Kolonie angelegt wurde, ist verfallen, weil es keinen Markt für Erzeugnisse auf Bewässerungsland gab. Denkbar wäre mit Hilfe von Beregnungsanlagen der Anbau von Zuckerrohr auf den schweren Böden, es gibt jedoch weder eine aufnahmefähige Zucker- noch eine Konservenfabrik in erreichbarer Nähe. Die steigenden Kosten, besonders auch für landwirtschaftliche Maschinen, ließen sich nur durch Erweiterungen der landwirtschaftlichen Betriebsflächen erwirtschaften, denen jedoch gesetzliche Grenzen gesetzt sind. So ergibt sich hier für die agrare Tragfähigkeit eine ganz andere Faktorenkonstellation als im ersten Beispiel, indem besondere Probleme aus dem Nebeneinander zweier sozialer Betriebstypen, aus einer unklaren Agrarpolitik und aus der Marktferne, die wenig Spielraum für die Auswahl von Anbauprodukten zuläßt, resultieren (Abb. 3.5.2/3).

Die zuletzt angeführte Situation macht die Vielfalt der die agrare Tragfähigkeit eines Raumes bedingenden Faktoren besonders deutlich und läßt im Vergleich mit den anderen Beispielen erkennen, daß die Faktorenkonstellation räumlich und zeitlich weitreichende Unterschiede aufweist. Der Bau einer Straße, die Anlage von Speichern für bestimmte Erzeugnisse, eine verbesserte Ausbildung der Landbevölkerung, Einführung von neuen Anbaugewächsen und Anbaumethoden können neben vielen anderen Faktoren die regionalen Bedingungen der Tragfähigkeit nachhaltig verändern, so daß für Aussagen, die langfristig und für größere Gebiete Gültigkeit haben, kaum ausreichende Grundlagen vorhanden sind. Dies kann aber auch nicht das vordringliche Ziel geographischer Beiträge zum Tragfähigkeitsproblem sein. Wichtiger erscheint die bislang meist unzureichende Einsicht in konkret bestehende Zusammenhänge, die für die Tragfähigkeit eines begrenzten Raumes zu einer bestimmten Zeit maßgeblich sind. Erst auf einer solchen Grundlage ließen sich auch erforderliche Handlungskonsequenzen ziehen.

Daß sich der Durchführung von Untersuchungen in der Art, wie sie hier – recht verkürzt – dargestellt wurden, große Schwierigkeiten entgegenstellen, dürfte gleichfalls deutlich geworden sein. Manche Zusammenhänge können lediglich vermutet werden, und eine Quantifizierung ist allenfalls teilweise möglich, am wenigsten da, wo es sich um langfristige Wirkungen handelt. Das heißt jedoch nicht, daß Fragestellungen und Methoden, wie sie bei den Untersuchungen in Venezuela maßgeblich waren, nur zu wenig verwertbaren Ergebnissen führen. Das wichtigste Ziel, das „raumwirksame Kräftegefüge transparenter zu machen" (*Borcherdt/Mahnke* 1973, S. 6) und nicht – wie es oft geschehen ist – Bedingungen und absolute Werte der Tragfähigkeit allein aus einzelnen Natur- und Kulturfaktoren abzuleiten, konnte erreicht werden, und das ist als bedeutsamer Fortschritt in der Erforschung der Tragfähigkeitsproblematik zu werten. Sicher müssen auch andere begrenzte Ziele, wie etwa die

Ermittlung der bodenbedingten Tragfähigkeit eines bestimmten Nutzungssystems, verfolgt werden (was im übrigen gleichfalls kein einfaches Unterfangen ist). Hier ging es um die Frage agrarer Tragfähigkeit unter ganz konkreten Bedingungen, und darin wird sicher mit Recht ein spezifisches Aufgabenfeld der Geographie im Rahmen von Tragfähigkeitsuntersuchungen gesehen.

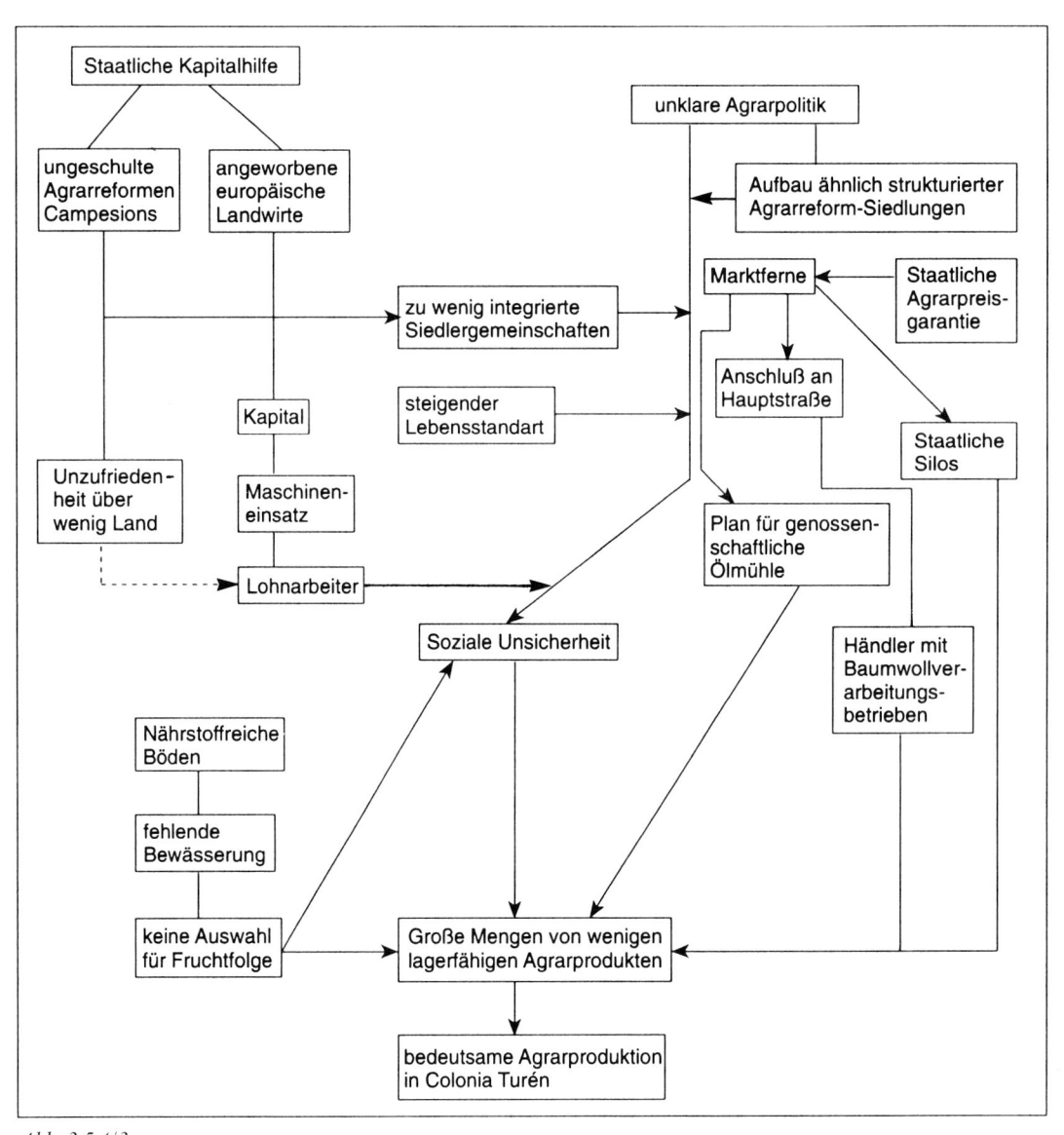

Abb. 3.5.1/3
Tragfähigkeit in Colonia Turén
nach: *Borcherdt/Mahnke* 1973, S. 71.

4 Unterrichtspraktischer Teil

4.0 Einführung (*Dieter Börsch*)

Bevölkerungsprobleme gehören zu den drängendsten Weltproblemen, die Auseinandersetzung mit Bevölkerungsfragen ist eine Grundvoraussetzung räumlicher Planung — dennoch haben sich im Geographieunterricht ausgedehntere Sequenzen, in denen das Thema „Bevölkerung" behandelt wird, nicht dauerhaft entwickeln können.
Bevölkerungsgeographische Fragen z.B. für ein ganzes Halbjahr zum Kursthema zu machen, müßte auch ihrer Vermittlung eher schaden als nützen, denn es würde einmal deren weitgehende Isolierung bedeuten, zum anderen aber auch der Erfassung ihrer raumwirksamen Dynamik sicher Abbruch tun.
Die Beiträge dieses unterrichtspraktischen Teils sind so angelegt, daß im global wie im regional ausgerichteten Geographieunterricht die große Relevanz bevölkerungsgeographischer Fragen hinreichend sichtbar gemacht werden kann. Dabei gibt es für die Behandlung der Ursachen und Auswirkungen der Bevölkerungsentwicklung in Industrie- und Entwicklungsländern (4.1.0) durchaus die Möglichkeit, mehrere der sieben Vorschläge in einer Folge für den Unterricht zusammenzuführen. Die Vorschläge zu räumlichen Bevölkerungsbewegungen (4.2) sind dann so angelegt, daß Beispiele für verschiedene Formen (Gastarbeiterwanderung, Auswanderung) am griffigen Beispiel dargestellt werden, womit dann gleichzeitig die Anregung zum Transfer gegeben ist. Die Beschränkung, die darin liegt, um auch den Rahmen dieses Handbuchs nicht zu sprengen, gilt ebenso für die unter 4.3 und 4.4 angeführten Beispiele, die Themen erfassen, die im Geographieunterricht bei der Behandlung wichtiger Räume und Zukunftsfragen auf verschiedenen Stufen einen sicheren Platz haben.
Insgesamt ist zu vermerken, daß ein deutlicher Anstoß gegeben werden soll zu eigenen Untersuchungen spezieller bevölkerungsgeographischer Probleme der eigenen oder einer benachbarten Region.

4.1 Natürliche Bevölkerungsbewegung (*Gerhard Kirchlinne*)

4.1.0 Ursachen und Auswirkungen der Bevölkerungsentwicklung in Industrie- und Entwicklungsländern

Im Rahmen der Behandlung bevölkerungsgeographischer Themen im Unterricht kommt einer Reihe zur Bevölkerungsentwicklung in Industrie- und Entwicklungsländern eine besondere Stellung zu. Sie deckt Problemkreise ab, die von dramatischen demographischen Entwicklungen in den letzten Jahrzehnten ausgehen und sowohl die Entwicklungsländer als auch die Industrienationen betreffen. So zwang die Bevölkerungsexplosion die Mehrzahl der Entwicklungsländer zu einer rücksichtslosen Ausschöpfung vorhandener natürlicher Ressourcen, was gerade in den klimatisch und ökologisch labilen Räumen der Tropen und Subtropen zu einer Reihe nicht wieder gutzumachender Umweltzerstörungen führte. Übernutzung der Böden, Abholzung, Erosionsschäden, Ausbreitung der Wüsten, Dürrekatastrophen, Bodenversalzung und in deren Folge Bürgerkriege, Landflucht und Slumbildung sind nicht zuletzt Auswirkungen der Bevölkerungsexplosion und wirken gleichzeitig auf sie zurück.
Demgegenüber belastet der Bevölkerungsrückgang zunehmend die sozioökonomische Entwicklung in zahlreichen Industrieländern und stellt deren dringend benötigte Hilfsbereitschaft für die Entwicklungsländer in Frage. In den vergangenen Jahren sind solche Zusammenhänge zunehmend in den Blickpunkt der Öffentlichkeit gerückt worden, so daß davon ausgegangen werden kann, daß auch bei einem größeren Teil der Schüler ein begrenztes Bewußtsein für diesen Problembereich entwickelt ist. Eine sachbezogene, primäre Motivation, die von einem solchen fächerübergreifenden, durch vielschichtige soziale und wirtschaftsgeschichtliche Prozesse gesteuerten Problemkomplex ausgeht, kann

jedoch allenfalls bei Schülern von der Klassenstufe 9 ab erwartet werden. Hier setzt eine Entwicklungsphase ein, in der die Schüler aus ihrer ichbezogenen Lebensorientierung herauswachsen und auf der Grundlage einer sich weiterentwickelnden Denk- und Urteilsfähigkeit nach Ausweitung und Versachlichung wie auch nach problembezogener Vertiefung ihres Weltbildes streben.

Für Schüler der Sekundarstufe II wird sich außerdem der Umstand motivationsfördernd auswirken, daß für sie das Ende ihrer Schullaufbahn und ihre Eingliederung in das Berufsleben in greifbare Nähe gerückt ist. Insbesondere die Unterrichtseinheit 4.1.7 versucht, dieser Lebenssituation der Schüler Rechnung zu tragen. Sie erkennen, daß die demographische Entwicklung in der Bundesrepublik Deutschland ihre bevorstehende Berufsausbildung, ihre weiteren beruflichen Chancen und ihre Einbindung in das System der sozialen Sicherheit maßgeblich bestimmen wird.

Eine weitergehende Eingrenzung in der Alterszuordnung der Unterrichtsreihe 4.1 wurde bewußt vermieden. In den jeder Unterrichtseinheit vorangestellten Erläuterungen und Übersichten wird jedoch auf Möglichkeiten verwiesen, einzelne Inhalte und Lernziele an das Leistungs- und Abstraktionsvermögen der jeweiligen Altersstufe oder Lerngruppe anzupassen. Lediglich die Unterrichtseinheit 4.1.4 nimmt eine Sonderstellung ein, da sie allein für den Einsatz in der Sekundarstufe II geeignet ist. Durch die Ausklammerung dieser Einheit in der Sekundarstufe I wird der weitere Unterrichtsablauf nicht gestört (vgl. Vorwort zu 4.1.4).

Die Unterrichtsreihe will einerseits Einsichten in die demographischen Abläufe bei Industrie- und Entwicklungsländern vermitteln und andererseits über einen solchen regionalen Vergleich hinaus zu verallgemeinernden Struktureinsichten hinführen. Dabei wurde berücksichtigt, daß Schülern der Sekundarstufe I und meist auch der Sekundarstufe II die logischen und wissensmäßigen Voraussetzungen für den Umgang mit Strukturmodellen fehlen und daß somit ein nomothetischer Ansatz zur Einführung des Modells vom demographischen Übergang wenig geeignet ist. Die Unterrichtsreihe geht daher von der Analyse einzelner demographischer Entwicklungsprozesse aus und leitet die Schüler in einem zweiten Schritt zum Vergleich und zur Klassifizierung regionaler Untersuchungsergebnisse an. Diese auf induktivem Wege gewonnenen Einsichten bilden die Grundlage für die Erarbeitung allgemeingültiger Aussagen zur demographischen Transformation und werden so den Schülern die sich anschließenden Auseinandersetzungen mit den abstrakten, modellhaften Vorstellungen erleichtern. Der Unterrichtende sollte daher der Möglichkeit besondere Beachtung schenken, daß die Schüler auf der Grundlage ihrer methodischen Kenntnisse und Erfahrungen selbständig eine kritische Bewertung der Aussagekraft und der Anwendungsmöglichkeiten des Modells leisten können. Hiermit wird dem Lernziel einer wissenschaftspropädeutischen Ausbildung Rechnung getragen und gleichzeitig ein für den weiteren Unterrichtsverlauf notwendiger Lernschritt vollzogen. Denn ein Verständnis für Ablauf und Ursachen der bisherigen und zukünftigen Bevölkerungsentwicklung in der Dritten Welt kann nur erreicht werden, wenn die Schüler das Modell der demographischen Transformation nicht als ein nur mechanisch anwendbares Vergleichs- oder Testinstrument begreifen. Das gilt sowohl für Dauer und Verlauf der Transformation als auch für die speziell in den Entwicklungsländern von außen hereingetragenen Ursachen und spezifischen sozioökonomischen, religiösen und kulturellen Rahmenbedingungen der Bevölkerungsexplosion.

Inhalte und Untersuchungsbeispiele dieser Unterrichtsreihe sind in Anlehnung an den allgemeinen und regionalgeographischen Teil dieses Bandes ausgewählt worden. Bei der nachfolgenden Vorstellung der einzelnen Unterrichtseinheiten kann daher auf eine detaillierte Sachanalyse der Unterrichtsinhalte verzichtet werden.

4.1.1 Das Wachstum der Weltbevölkerung

Als Einstieg dient ein kurzer Zeitungsartikel (M 4.1/1), der anhand übersichtlicher Zahlenangaben die Bevölkerungsexplosion in den Entwicklungsländern darstellt. Der Text unterscheidet zwischen der derzeitigen demographischen Entwicklung in Industrie- und Entwicklungsländern, gibt aber keinerlei Erklärungen hierfür. Die Schüler werden somit motiviert, nach den Ursachen für diese konträren Entwicklungen zu fragen.

Die Arbeitsmaterialien (M 4.1/2–4) ermöglichen es, die Weltbevölkerungsexplosion in einem größeren zeitlichen Zusammenhang zu beurteilen und die globalen Aussagen des Zeitungstextes zur derzeitigen und zukünftig zu erwartenden Entwicklung der Weltbevölkerung nach Ländergruppen genauer gegeneinander abzugrenzen.

In der letzten Phase dieser Unterrichtseinheit sollen die Schüler anhand einer Gegenüberstellung der demographischen Entwicklung von Industrie- und Entwicklungsländern (M 4.1/5) einen ersten, formalen Erklärungsansatz für die unterschiedliche Bevölkerungsentwicklung erarbeiten. Es wird deutlich, daß der Verlauf von Geburten- und Sterberaten durch bestimmte Entwicklungsstufen der Staaten charakterisiert ist. Die Schüler lernen gleichzeitig die Grundbegriffe der Demographie (Geburtenrate, Sterberate, natürliches Bevölkerungswachstum) kennen und können deren rechnerischen Zusammenhang selbständig erarbeiten (A 4.1/3).

Die Aufgaben A 4.1/4–6 sollen den Blick der Schüler darauf lenken, daß auch die Industrieländer in der Vergangenheit eine Phase stärkerer Bevölkerungszunahme erlebt haben und daß eine Überwindung der heutigen Bevölkerungsexplosion in den Entwicklungsländern in gleicher Weise durch eine Senkung der Geburtenraten erreicht werden könnte. Diese Erkenntnisse motivieren die Schüler, die Ursachen des Fertilitätsrückgangs in den Industrieländern zu untersuchen und nach den Bedingungen für einen möglicherweise ähnlichen Ablauf der demographischen Transformation in den Entwicklungsländern zu fragen. Der weitere Verlauf des Unterrichts wird ihnen so einsichtig.

Unterrichtsphasen	Stufe		– Materialien (M) – Medien – Aufgaben (A)	– Unterrichtsformen – Sozialformen	Bedeutung und Ziele der Unterrichtsphasen
	SI	SII			
1. Textanalyse zum Weltbevölkerungswachstum	x	x	M 4.1/1 M 4.1/2–4	– Stillarbeit – spontane Schüleräußerungen	– Motivation – Beurteilung der Weltbevölkerungszunahme – Sammlung von Problemfragen
2. Analyse des Wachstums der Weltbevölkerung	x	x	A 4.1/1–2	– Stillarbeit (Partnerarbeit) – Unterrichtsgespräch	– Begriffsbestimmung – Einengung des Problems des Bevölkerungswachstums auf die Entwicklungsländer
3. Vergleich der demographischen Entwicklung in Industrie- und Entwicklungsländern	x	x	M 4.1/5 A 4.1/3–6	– Stillarbeit – Unterrichtsgespräch	– Erarbeitung von Grundbegriffen der Demographie – Problemvertiefung – Überleitung zur zweiten Unterrichtseinheit

M 4.1/1:

> ### Menschheit wächst weiter
> #### Im Jahr 2000 wird Indien China vermutlich fast eingeholt haben
>
> **Washington.** (ap) Im Jahr 2000 wird es nach Hochrechnungen amerikanischer Statistiker mehr als sechs Milliarden Menschen geben. Den Berechnungen zufolge wird von den 20 bevölkerungsreichsten Staaten der Erde nur die Bundesrepublik Deutschland menschenärmer. Sie wird von jetzt 61 auf dann 59 Millionen Menschen und damit in der Liste dieser 20 Staaten, in der drei Viertel der Menschheit leben, von Platz 12 auf Platz 17 zurückfallen...
> Bei den ersten sechs ändert sich nichts an der Reihenfolge China, Indien, Sowjetunion, USA, Indonesien, Brasilien. Indien hat aber dann mit mehr als einer Milliarde Menschen China schon fast eingeholt...
> Die Zahlen ergeben sich aus einem vor Weihnachten veröffentlichten Bericht des Washingtoner Bevölkerungsinstituts, der auf Daten des Jahres 1985 basiert. Darin heißt es, daß in dem genannten Jahr alle zehn Sekunden 40 Kinder geboren wurden. Am Ende des Jahrtausends würden es 45 Kinder sein. Auch wenn die Zahl der Toten abgezogen werde, wachse die Erdbevölkerung noch immer um zwei bis drei Menschen pro Sekunde. Von den 4,9 Milliarden Menschen Mitte des Jahres 1985 werde die Zahl auf 6,2 Milliarden im Jahr 2000 wachsen.
> Dem Forschungsbericht zufolge hat sich die Erdbevölkerung in den 25 Jahren von 1950 — damals waren es 2,6 Milliarden — bis 1985 fast verdoppelt...

aus: *Bonner Rundschau* vom 19. Januar 1987

M 4.1/2: Explosionsartiger Anstieg der Weltbevölkerung bis zum Jahre 2000 (Graphiken in *Diercke* Weltatlanten, 1979, S. 184 und 1991, S. 232)

M 4.1/3: Bevölkerungszahlen und Bevölkerungsanteile, nach Regionen und Ländergruppen unterschiedlichen Entwicklungsstandes, 1950–2100 (Tab. 2.5.5/2)

M 4.1/4: Wachstum der Erdbevölkerung seit vorgeschichtlicher Zeit

	geschätzte Erdbevölkerung	zur Verdopplung benötigte Zeit
8000 v. Chr.	5 Mio.	
1650 n. Chr.	500 Mio.	1500 Jahre
1850 n. Chr.	1000 Mio.	200 Jahre
1930 n. Chr.	2000 Mio.	80 Jahre
1975 n. Chr.	4000 Mio.	45 Jahre
Verdopplungszeit um 1970		35–37 Jahre

aus: *Tobatzsch* 1981, S. 31

Aufgaben

A 4.1/1: Erkläre, warum für die Bevölkerungsentwicklung auf der Erde häufig der Begriff „Bevölkerungsexplosion" gebraucht wird!

A 4.1/2: Untersuche, welche Länder und Ländergruppen in besonderer Weise
   a) für die derzeitige
   b) für die weitere, bis zum Jahre 2100 vorausgesagte Weltbevölkerungszunahme verantwortlich sind!

M 4.1/5: Ungefährer Verlauf der Geburten- und Sterberaten seit 1800 für die Gruppen der Industrie- und der Entwicklungsländer

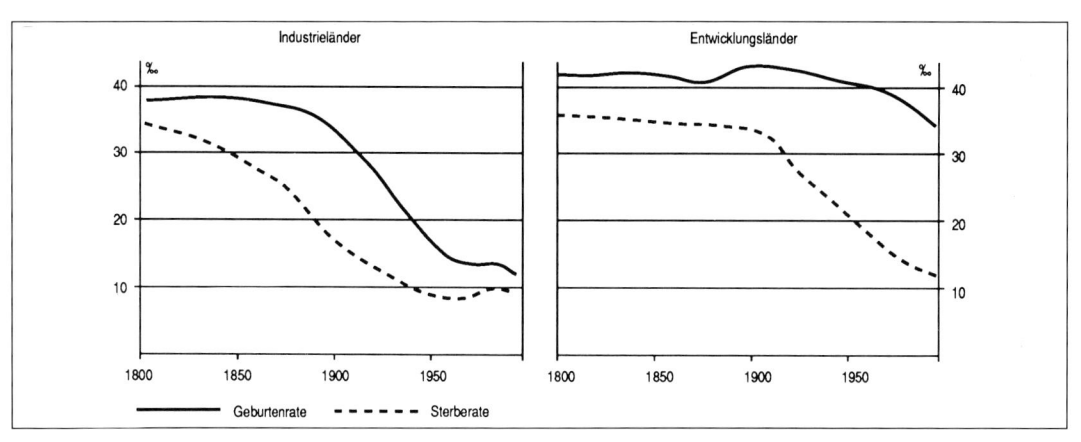

Entwurf: *G. Kirchlinne* (nach *Bähr* 1991, S. 4; *Birg* 1989, S. 45; *Hauser* 1974, S. 137)

Aufgaben

A 4.1/3: Erarbeite anhand der Darstellung M 4.1/5 eine Definition des Begriffes „natürliches Bevölkerungswachstum" (auch: „natürliche Bevölkerungsbilanz")!

A 4.1/4: Vergleiche die beiden graphischen Darstellungen miteinander und ermittle nun, welchen Anteil Industrie- und Entwicklungsländer an der Weltbevölkerungszunahme der vergangenen zwei Jahrhunderten hatten!

A 4.1/5: Welche Gemeinsamkeiten und welche Unterschiede kannst Du für beide Ländergruppen im Verlauf von Geburten- und Sterberaten feststellen?

A 4.1/6: Überlege, welche Veränderung nötig wäre, um die Bevölkerungsexplosion in den Entwicklungsländern zu stoppen!

4.1.2 Verlauf und Ursachen des demographischen Übergangs in den Industrieländern untersucht am Beispiel Deutschlands

In der ersten Unterrichtsphase werden die Schüler angeleitet, durch eine genaue Analyse der Geburten- und Sterberaten den phasenhaften Ablauf der demographischen Transformation in Deutschland herauszuarbeiten (M 4.1/6, A 4.1/7–8). Die Auswertung dieser graphischen Darstellung (M 4.1/6) wird auch für Schüler der Sekundarstufe II meist nicht ohne Hilfen zu leisten sein, da hierfür eine gewisse Fähigkeit zur generalisierenden Betrachtung erforderlich ist und eine nur geringe Öffnung der Bevölkerungsschere während des demographischen Übergangs vorliegt. Daher wurden in der Teilaufgabe 4.1/7a) Jahreszahlen gewählt, die den Schülern Anhaltspunkte für die nachfolgende Phaseneinteilung liefern. Erst auf der Grundlage einer solchen zeitlichen Strukturierung der demographischen Transformation in Deutschland können die Ursachen für den Verlauf von Geburten- und Sterberaten erarbeitet werden (vgl. Kap. 2.1.3).

Für die nachfolgende Arbeitsphase wurden neun Materialien ausgewählt (M 4.1/8–16), die den Schülern die komplexen geschichtlichen, wirtschaftlichen und sozialen Einflüsse auf die demographische Entwicklung in Deutschland einsichtig machen sollen. Zusätzlich sollten historische Kenntnisse der Schüler über Ursachen und Ablauf der industriellen Revolution abgerufen oder entsprechende Abschnitte aus Geschichtsbüchern als Hintergrundinformationen in den Unterricht einbezogen werden (Hausaufgabe).

Die Komplexität der zu erarbeitenden Zusammenhänge und die Fülle des Arbeitsmaterials legen es nahe, in dieser Unterichtsphase arbeitsteilige Gruppenarbeit einzusetzen. Dabei können die Materialien 4.1/8–12 (Entwicklung der Sterberaten) und 4.1/13–16 (Entwicklung der Geburtenraten) zu zwei thematischen Einheiten zusammengefaßt werden. Eine weitergehende Aufteilung der Materialien auf vier Arbeitsgruppen grenzt die Möglichkeit ein, Querbezüge zwischen verschiedenen Materialaussagen aufzuzeigen, und sollte daher nur erwogen werden, wenn aus Gründen der Zeitaufteilung eine Verkürzung dieser Arbeitsphase erforderlich ist. Eine sinnvolle Auswertung aller Arbeitsergebnisse soll dadurch ermöglicht werden, daß die Arbeitsgruppen ihre Stichworte geordnet zusammentragen und fixieren können. Dies wird durch die Sicherung der Gruppenergebnisse in einem vorbereiteten Arbeitsblatt (Raster entsprechend Tafelbild M 4.1/7) und eine abschließende Koordinierung aller Schülerbeiträge im Tafelbild M 4.1/7 gewährleistet.

Mit der Frage nach der Allgemeingültigkeit der Ergebnisse (A 4.1/10) soll nach Abschluß der Gruppenarbeit der Einstieg in eine vertiefte Auseinandersetzung mit dem Thema erreicht werden. Dabei sollte deutlich werden, daß die demographische Transformation in den Industrieländern aus deren eigenständiger sozioökonomischer Entwicklung hervorgegangen ist und in einem dem landwirtschaftlichen und industriellen Wachstum entsprechenden Tempo ablief.

Im Hinblick auf die in den folgenden Unterrichtseinheiten im Mittelpunkt stehende Frage, ob und unter welchen Bedingungen die Entwicklungsländer durch eine Senkung der Geburtenraten die demographische Transformation durchlaufen können, sollten hier folgende Ursachen für das Sinken der Geburtenraten in den Industrienationen eingehend erarbeitet werden: Mit fortschreitender Industrialisierung wurden die Kinderarbeit schrittweise abgeschafft, Sozial- und Altersversorgung eingeführt und die Konsumansprüche der Bevölkerung gesteigert. Die wachsenden Rechte des Kindes und gleichzeitig steigenden Kosten für Bildung und Unterhalt mußten zu einer grundlegenden Veränderung der Bewertung von Kindern führen. Sie wurden nicht mehr — wie noch in den vor- und frühindustriellen Phasen — in ihrer materiellen Bedeutung für die Existenzsicherung der Familie, sondern als Kostenfaktor gesehen, womit sich eine Bejahung von Kindern zunehmend auf die Ebene der ideellen Wertschätzung verlagerte. Dieser Wandel der Wert-Kosten-Relation kann als wichtigster, durch mehrere Faktoren gesteuerter Grund für den Rückgang der Geburtenraten während des fortschreitenden Industrialisierungsprozesses angesehen werden (vgl. Kap. 2.1.5.2).

Es kann davon ausgegangen werden, daß problembewußte Schüler sich in dieser Phase des Unterrichts die Frage stellen, welche Bedeutung die eingehende Analyse der Bevölkerungsentwicklung Deutschlands für eine Beurteilung der Bevölkerungsexplosion in den Entwicklungsländern haben kann. Da bereits in der ersten Unterrichtseinheit Industrie- und Entwicklungsländer nach dem ungefähren Verlauf ihrer Geburten- und Sterberaten verglichen wurden, liegt es nahe, daß die Schüler selbst diese Frage auflösen und erkennen, daß die derzeitige Bevölkerungsexplosion nur gebremst werden kann, wenn die weitere Bevölkerungsentwicklung in der Dritten Welt analog zu derjenigen der Industrieländer verlaufen wird. Ausgehend von dieser grundlegenden Erkenntnis sollten die Schüler ausreichend Gelegenheit erhalten, selbständig eine Reihe weitergehender Teilfragen zu entwickeln. Dabei könnten folgende Aspekte erarbeitet und für die nachfolgende Unterrichtseinheit festgehalten werden:

– Hat das Absinken der Geburtenraten in den Entwicklungsländern gleiche oder ähnliche Ursachen wie in den Industrienationen?
– Welche Bedeutung kommt der Tatsache zu, daß eine Verbesserung der medizinischen und hygienischen Bedingungen in den Entwicklungsländern — anders als bei den Industrienationen — von außen gesteuert wurde?
– Unter welchen Bedingungen werden die Entwicklungsländer ihre Geburtenraten senken können?
– Wie werden Kinder in den Entwicklungsländern bewertet?

- Unter welchen Bedingungen kann in den Entwicklungsländern die Bewertung von Kindern als soziale Sicherheit für die Familie überwunden werden?
- Welche Möglichkeiten ergeben sich für die Entwicklungsländer, nach dem Vorbild der Industrienationen ein System der Sozialen Sicherheit für die Menschen aufzubauen?
- Ist eine schnelle Industrialisierung der Entwicklungsländer die Voraussetzung für eine Senkung der Geburtenrate?

Der Hinweis darauf, daß diese Fragen im Mittelpunkt der nachfolgenden Unterrichtseinheiten stehen, wird die Schüler zur weiteren Mitarbeit motivieren.

Unterrichtsphasen	Stufe SI	Stufe SII	– Materialien (M) – Medien – Aufgaben (A)	– Unterrichtsformen – Sozialformen	Bedeutung und Ziele der Unterrichtsphasen
1. Erarbeitung der Phasen des demographischen Übergangs in Deutschland	x	x	M 4.1/6 A 4.1/7–8	– Stillarbeit (Partnerarbeit) – Unterrichtsgespräch	– Begriffserklärung – Entwicklung methodischer Fähigkeiten zur Strukturierung eines Prozesses – Problematisierung
2. Ursachen der Entwicklung von Geburten- und Sterberaten in Deutschland	x	x	Raster nach Tafelbild zu M 4.1/7/Arbeitsblatt, M 4.1/8–16 A 4.1/9 M 4.1/7: Tafelbild zur Ergebnissicherung	– arbeitsteilige Gruppenarbeit (2 oder 4 Arbeitsgruppen) – Tafelanschrieb der Schüler und Schülervorträge	– Erarbeitungsphase – fachübergreifendes Arbeiten – Entwicklung von Fähigkeiten und Fertigkeiten der Materialauswertung – selbständiger Vortrag von Arbeitsergebnissen
3. Überprüfung der Arbeitsergebnisse auf ihre Allgemeingültigkeit		x	A 4.1/10	– Schülerbeiträge – Diskussion	– Problemvertiefung – Überleitung zur dritten Unterrichtseinheit

M 4.1/6: Entwicklung von Geburten- und Sterberaten in Deutschland (ab 1946 Bundesrepublik Deutschland) = Abbildung 2.1.3/3

Aufgaben

A 4.1/7: Beschreibe die Bevölkerungsentwicklung Deutschlands und ermittle dabei:
  a) die Höhe des natürlichen Bevölkerungswachstums für die Jahre 1870, 1900, 1920 und 1935
  b) Phasen (Abschnitte), in die sich die gesamte Entwicklung entsprechend dem jeweiligen Verlauf von Geburten- und Sterberaten einteilen läßt!

A 4.1/8: Bevölkerungswissenschaftler bezeichnen diese Bevölkerungsentwicklung in Deutschland vom 19. Jahrhundert bis heute meist kurz mit dem Begriff „Bevölkerungsübergang" (auch: „demographischer Übergang" oder „demographische Transformation"). Versuche, diesen Begriff zu erklären!

M 4.1/7: Vorbereitetes Arbeitsblatt zur schriftlichen Auswertung der Materialien M 4.1/8–16 (Raster entsprechend Tafelbild M 4.1/7)

M 4.1/7: Tafelbild: Verlauf und Ursachen des demographischen Übergangs in Deutschland

Phase	I **Vorbereitungsphase** (prätransformative Phase)	II **Einleitungsphase** (frühtransformative Phase)	III **Umschwungphase** (mitteltransformat. Phase)	IV **Einlenkungsphase** (spättransformative Phase)	V **Phase des Ausklingens** (posttransformative Phase)
			DEMOGRAPHISCHER ÜBERGANG		
Entwicklung der **GEBURTENRATE**	hoch/ 35–40‰	1870 bleibt hoch bei 37–42‰	ca. 1900 sinkt langsam auf 33‰	ca. 1920 sinkt schnell auf 17‰	ca. 1935 bleibt niedrig zw. 10 und 20‰
Ursachen	Kinder = mithelfende Arbeitskräfte im Rahmen der familienorientierten Wirtschaftsform, als Altersversicherung für die Eltern keine bewußte Familienplanung	Kinder bleiben Mitverdiener und soziale Sicherheit im Rahmen der Familienwirtschaft	Auflösung der Familienwirtschaft durch die Industrialisierung → individueller Geldlohn tritt an die Stelle der mithelfenden Arbeit in der Großfamilie Verbot der Kinderarbeit (in Preußen 1839) und Einführung der allgemeinen Schulpflicht Kinder werden „Kostenelement" Einführung der Sozialgesetzgebung in Dtld.: 1883 Krankenversicherung 1884 Unfallversicherung 1889 Alters- u. Invaliditätsvers.		Entwicklung von Mitteln zur Empfängnisverhütung verstärktes Engagement der Frauen im Beruf Erhöhung des Heiratsalters Lösung der Menschen von kirchl. u. religiösen Bindungen Selbstverwirklichung u. Selbstbestimmung bei Familienplanung
Entwicklung der **STERBERATE**	hoch/ 25–30‰	sinkt langsam auf 27‰	sinkt kontinuierlich von 27 auf 12‰		gleichbleibend niedrig um 12‰
Ursachen	Hungersnöte Kriege schlechte medizinische Versorgung unzureichende Hygiene Seuchen hohe Kindersterblichkeit schlechte Wohnverhältnisse	Verbesserung des Lebensstandards und der Ernährungslage durch teilweise bereits im 18. Jh. einsetzende Maßnahmen wie: Agrarreformen (Allmendaufteilung, Flurbereinigung) – verbesserte Anbaumethoden →Ausdehnung des Ackerlandes – Intensivierung des Kartoffel- und Getreideanbaus durch künstl. Düngung – Bodenmeliorationen – Ausweitung der Tierhaltung durch verstärkten Feldfutterbau – verstärkter regionaler Austausch von Agrarprodukten bei Mißernten und Hungersnöten Fortschritte in der medizinischen Wissenschaft (Schutzimpfungen, Verbesserung der medizinischen Infrastruktur, Rückgang der Kindersterblichkeit Verbesserung der privaten und öffentl. Hygiene (Kanalisation, Trinkwasserversorgung, Ungezieferbekämpfung)		weiterer Anstieg der Lebenserwartung zunehmende Veränderung der Altersstruktur durch steigenden Anteil älterer Menschen	Zivilisationskrankheiten gewinnen zunehmend Bedeutung als Todesursache die Lebenserwartung kann nur noch geringfügig gesteigert werden

M 4.1/8: Entwicklung von Medizin und Hygiene während des 19. Jahrhunderts in Europa

> Zwischen den Jahren 1000 und 1855 sind in Westeuropa 450 örtliche *Hungersnöte* gezählt worden…
> Die direkte Abhängigkeit der Bevölkerungsbewegung vom Nahrungsmittelvorrat ist für diesen Zeitraum noch exemplarisch. Nach Mißernten steigen die Todesfälle rapide an und gehen im Herbst desselben Jahres, mit der Einbringung der neuen Ernte, ebenso rasch zurück. Daraus erklärt sich die extreme Auf- und Abwärtsbewegung der Sterbeziffern in vorindustrieller Zeit…
> Eine weitere Ursache für die Ausschläge an sich schon hoher Sterbeziffern sind die *Seuchen,* denen die Menschen hilflos gegenüberstanden. Pest, Pocken, Cholera, Typhus fegten ganze Landstriche leer. Besonders die *Pest* in ihren verschiedenen Erscheinungsformen hat sichtbar das Wachstum der Weltbevölkerung beeinträchtigt…
> Eine Pockenepidemie erlebte Europa zuletzt 1870 bis 1873. Das Deutsche Reich machte 1874 die Pockenschutzimpfung zur Pflicht und brachte dadurch die Krankheitsfälle zum Verschwinden…
> Robert Koch hatte 1884 ihre Ursache im Mangel an individueller und öffentlicher Hygiene entdeckt. Verbesserungen auf diesem Gebiete führten dazu, daß die Cholera ab 1892 in Westeuropa nicht wieder aufgetreten ist…
> Man kann das ungehinderte Auftreten von Seuchen auf das Fehlen sanitärer Einrichtungen, auf katastrophale Wohnverhältnisse, unzureichende Versorgung mit Fließwasser und ein mangelhaftes Abwässersystem zurückführen…
> Die Schaffung eines öffentlichen Gesundheitswesens und seine ständige Verbesserung waren ein weiterer Schritt voran. Wasserwerke, Kläranlagen und Abwässersysteme waren zwar seit der Antike bekannt — es sei nur an Roms „Cloaca maxima" erinnert —, doch war es bis ins 19. Jahrhundert hinein nicht üblich, sie überall zu installieren. Die Verwendung von Filtern und Chlor in den urbanen Wasserversorgungsanlagen hat Cholera und Typhus praktisch beseitigt. Mit der öffentlichen Sanität ging auch die private Hygiene einher. Baumwollkleidung, eiserne Bettstellen usw. erleichterten die Sauberhaltung von Wohnung und Menschen. Seife wurde zum Gebrauchsartikel, und das Bad war nicht länger Luxus wie in früheren Zeiten…
> Das 19. Jahrhundert brachte die erwähnten sozialen, technischen und medizinischen Errungenschaften, die den Weg von ihrer Erfindung bis zur unmittelbaren praktischen Anwendung erst noch zurücklegen mußten. Die Industrialisierung brachte Rationalisierung und Organisation in allen Bereichen und ermöglichte auch die serienmäßige Herstellung von Impfstoffen, pharmazeutischen Präparaten, Desinfektionsmitteln, Filtern u. a. m. Doch dauerte es seine Zeit, bis sich ihre Wirkung auch in den demographischen Meßzahlen niederschlug. In Schweden fiel die Sterbeziffer schon ab 1800, im Deutschen Reich erst ab 1880.

aus: *Schmid* 1976, S. 125 ff.

M 4.1/9: Veränderung des Lebensstandards während des Industrialisierungsprozesses

> Dennoch haben die gesellschaftlichen Umwälzungen im 19. Jahrhundert den Kampf gegen die hohe Sterblichkeit der Menschen aussichtsreich gemacht. Um 1800 begannen einige soziale Faktoren zu einer Anhebung des Lebensstandards beizutragen, die mitunter schon einige Generationen vorher installiert worden waren, die aber erst zu diesem Zeitpunkt zu wirken begannen. Das gilt vor allem für die Verbesserung landwirtschaftlicher Methoden, die höhere Ernteerträge einbrachten. Nachdem sie sich Jahrhunderte hindurch kaum verändert hatten, wurden gegen Ende des 17. Jahrhunderts Neuerungen auf dem Gebiete der Bebauung, Düngung und Maschinerie erfolgreich erprobt.
> Der Wandel von handwerklicher zu maschineller Produktion erhöhte in einer Weise den Ausstoß von Gütern, daß er sich in einer Senkung der Sterblichkeit niederschlagen mußte. Das gilt allerdings langfristig, denn die Industrialisierung und Proletarisierung von Menschenmassen hatte die Sterblichkeit noch einmal ansteigen lassen. Die industrielle Massenproduktion macht aber zunehmend Güter verfügbar, die den herrschenden Sterbeursachen entgegenwirkten: Winterkleidung, Transportmittel, eiserne Pflugscharen u. a. m. Jeder Innovation mit sozialen Folgen liegt prinzipiell die neue industrielle, kapitalistische Produktionsweise zugrunde. Das neue Verkehrswesen erleichterte die Distribution landwirtschaftlicher und industrieller Güter. Der Lebensstandard einer Region mußte nicht länger in dieser Region selbst produziert werden, sondern konnte umverteilt werden.

aus: *Schmid* 1976, S. 128

M 4.1/10: Entwicklung der landwirtschaftlichen Produktion im 19. Jahrhundert

Die *durch die Bauernbefreiung* in Gang gesetzte *Aufwärtsentwicklung der* landwirtschaftlichen *Produktion* setzte sich auch im zweiten Drittel des 19. Jahrhunderts fort:
– Die *Ausdehnung der* jährlich bebauten *Ackerflächen* von etwa 1820 bis 1875 *um rund 40 bis 45 v.H.* fand je zur Hälfte vor und nach 1835 statt. Um 1860 war dieser Prozeß im wesentlichen abgeschlossen.

Quellen für die Ausdehnung der bebauten Ackerflächen waren:
– *Gemeinheitsteilungen* (Umwandlung von bisher gemeinsam beanspruchten Flächen in individuelle Nutzflächen) waren nach 1835 stärker zu finden als vorher.
– *Kultivierung von Ödland* (bisher landwirtschaftlich überhaupt nicht genutzter Boden) wurde in verstärktem Maße erst nach dem Anstieg der Agrarpreise sinnvoll und zwar daher ebenfalls hauptsächlich nach 1830/35 zu finden.
– Die *Bebauung der Brache* setzte bereits in den letzten Jahrzehnten des 18. Jahrhunderts ein und war bis auf Reste (die sich z.T. noch bis ins 20. Jahrhundert erhalten haben) im ersten Drittel des 19. Jahrhunderts abgeschlossen.
– Die *Erhöhung der Erträge* je Flächeneinheit war vor allem in den 40er und 50er Jahren zu finden. Während die Ertragssteigerungen im ersten Drittel des 19. Jahrhunderts kaum mehr als 10 v.H. betrugen, stiegen sie beim Getreide nunmehr um weitere 50 bis 55 v.H.
– Der *verstärkte Anbau von Blattfrüchten* kam über den Feldfutterbau (Klee usw.) der Tierhaltung und über den Kartoffel- und Zuckerrübenanbau auch der Ernährung der Menschen mit pflanzlichen Produkten zugute.
– Eine *verbesserte Fütterung der Tiere* erhöhte die *Leistungen je Tier* und mit der zahlenmäßigen *Ausdehnung der Viehhaltung* die gesamte tierische Produktion…

aus: *Henning* 1973, S. 185 ff.

M 4.1/11: Entwicklung der Landwirtschaft in Deutschland zwischen 1846 und 1910
Dargestellt am Beispiel der Produktionsmengen und Hektarerträge für Kartoffeln und Hafer sowie der Ausgaben für Kunstdünger

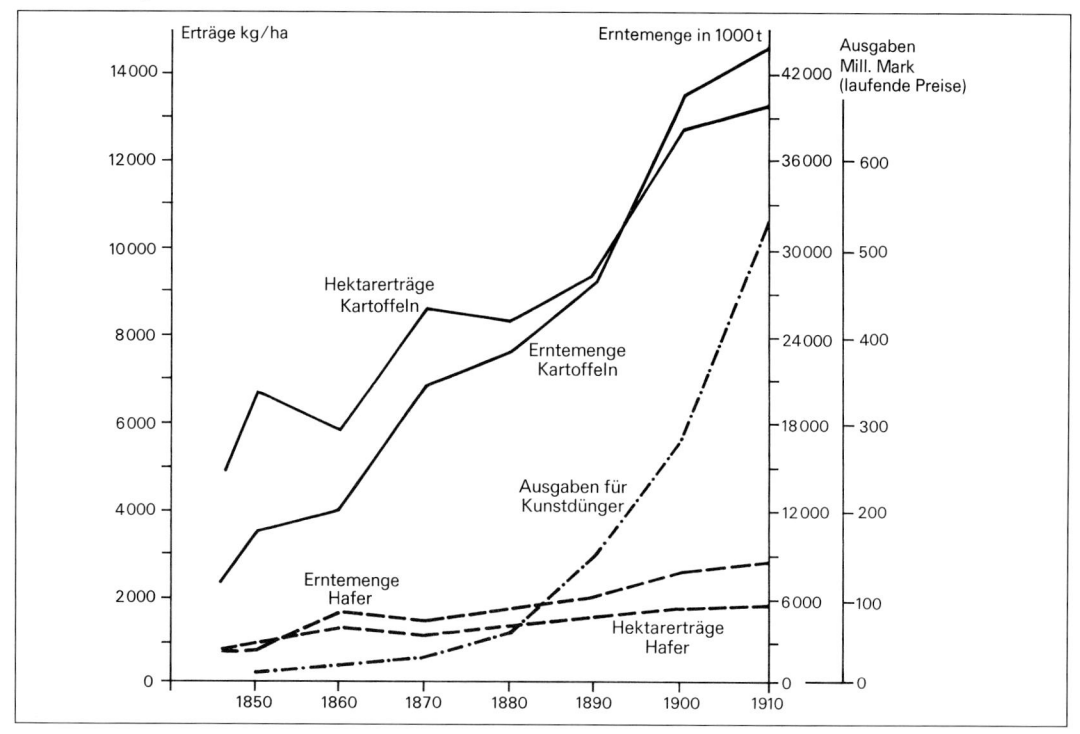

Entwurf: *G. Kirchlinne*; Datenquelle: *Hoffmann* 1965, S. 278 ff.

M 4.1/12: Entwicklung von Viehbeständen und Fleischproduktion in Deutschland von 1816 bis 1910

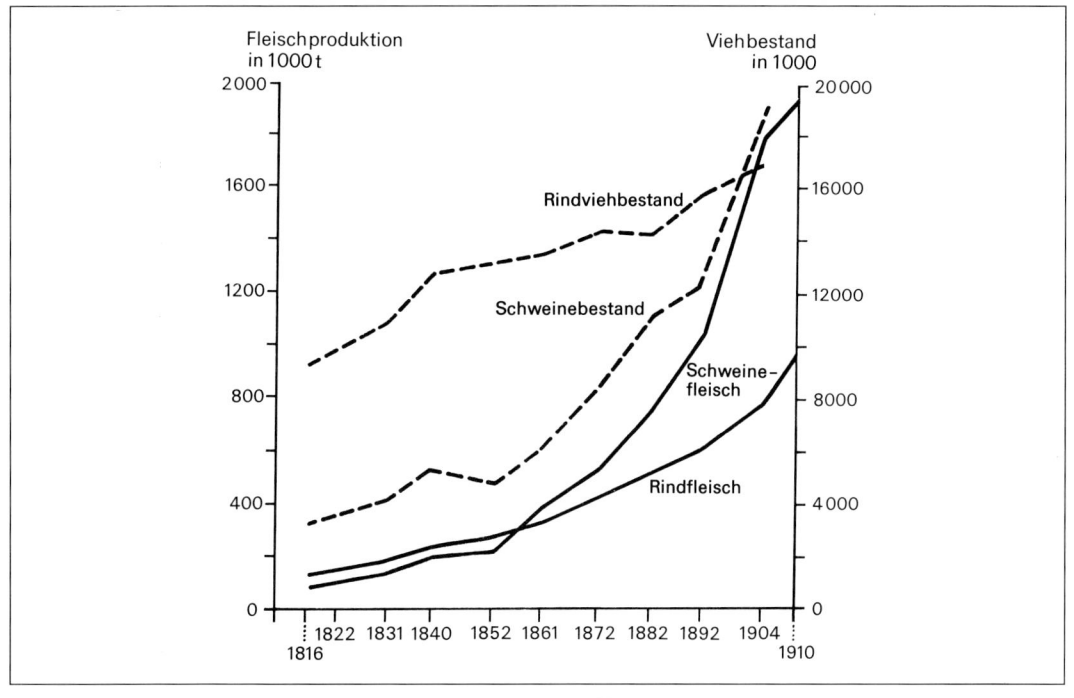

Entwurf: *G. Kirchlinne*; Datenquelle: *Hoffmann* 1965, S. 297 ff.

M 4.1/13: Bedeutung der Familie in vorindustrieller Zeit

Hinter dieser hohen Geborenenziffer stand die durchweg unangefochten geltende Sozialethik der christlichen Kirchen, die einen Bevölkerungsoptimismus vertraten. Weiter hingen die großen Kinderzahlen auch eng mit den Erfordernissen einer familiär ausgerichteten Produktionsweise zusammen, in der billige Arbeitskräfte willkommen waren und die elterliche Leistungserwartung nicht durch Schulpflicht, Spiel- und Freizeitinteressen der Heranwachsenden gemindert wurden.
Die beträchtliche Säuglings- und Kindersterblichkeit stand in einer Art von Wechselbeziehung zum Kindersegen der Familien: Die hohen Verlustraten in der ersten Lebensjahren wurden durch eine hohe Kinderzahl ausgeglichen.
Der Bevölkerungsvorgang der vorindustriellen Zeit wurde weitgehend durch Heiratshäufigkeit und Festsetzen des Heiratsalters bestimmt…
Auf dem Lande bestimmten im allgemeinen die Grundherren, wem nach Erfüllung der wirtschaftlichen Voraussetzungen die Heirat gestattet wurde, in den Städten behielten die Berufsverbände (Zünfte und Gilden) sich dieses Recht vor…
Als mithelfende Familienkraft hatten alle Personen Anspruch auf Versorgung auch nach Ausscheiden aus dem Erwerbsleben.

aus: *Pulte* 1972, S. 93 f.

M 4.1/14: Kinderarbeit in der Großindustrie

In den Kohlen- und Eisenbergwerken arbeiten Kinder von 4, 5, 7 Jahren; die meisten sind indes über 8 Jahre alt. Sie werden gebraucht, um das losgebrochene Material von der Bruchstelle nach dem Pferdeweg oder dem Hauptschacht zu transportieren, und um Zugtüren, welche die verschiedenen Abteilungen des Bergwerks trennen, bei der Passage von Arbeitern und Material zu öffnen und wieder zu schließen. Zur Beaufsichtigung dieser Türen werden meist die kleinsten Kinder gebraucht, die auf diese Weise 12 Stunden täglich im Dunkeln einsam in einem engen, meist feuchten Gange sitzen müssen, ohne selbst auch nur soviel Arbeit zu haben, als nötig wäre, sie vor der verdummenden, vertierenden Langeweile des Nichtstun

> zu schützen. Der Transport der Kohlen und des Eisengesteins dagegen ist eine sehr harte Arbeit, da dies Material in ziemlich großen Kufen ohne Räder über den holprigen Boden der Stollen fortgeschleift werden muß, oft über feuchten Lehm oder durch Wasser, oft steile Abhänge hinauf, und durch Gänge, die zuweilen so eng sind, daß die Arbeiter auf Händen und Füßen kriechen müssen. Zu dieser anstrengenden Arbeit werden daher ältere Kinder und heranwachsende Mädchen genommen. Je nach den Umständen kommt entweder ein Arbeiter auf die Kufe oder zwei jüngere, von denen einer zieht und der andere schiebt.

aus: *F. Engels*, Die Lage der arbeitenden Klasse in England, Barmen, 1845, zitiert nach *Pfahlmann* 1974, S. 60 f.

M 4.1/15: Gesetz zur Beschränkung der Kinderarbeit in Preußen vom 6.4.1839

> § 1. Vor zurückgelegtem neunten Lebensjahre darf niemand in einer Fabrik oder bei Berg-, Hütten- und Pochwerken zu einer regelmäßigen Beschäftigung angenommen werden.
> § 2. Wer noch nicht einen dreijährigen regelmäßigen Schulunterricht genossen hat oder durch ein Zeugnis des Schulvorstandes nachweist, daß er seine Muttersprache geläufig lesen kann und einen Anfang im Schreiben gemacht hat, darf vor zurückgelegtem sechzehnten Jahr zu einer solchen Beschäftigung in den genannten Anstalten nicht angenommen werden.
> Eine Ausnahme hiervon ist nur da gestattet, wo die Fabrikherren durch Errichtung und Unterhaltung von Fabrikschulen den Unterricht der jungen Arbeiter sichern. Die Beurteilung, ob eine solche Schule genüge, gebührt den Regierungen, welche in diesem Falle auch das Verhältnis zwischen Lern- und Arbeitszeit zu bestimmen haben.

aus: *Pfahlmann* 1974, S. 62

M 4.1/16: Die Sozialgesetzgebung

> *Bereits vor 1878* bestand *eine Fülle von sozialen Einrichtungen,* die aber noch erhebliche Lücken in der Sicherung der sozialen Lage beließen. In den gesellschaftlichen Auseinandersetzungen innerhalb Deutschlands wurden *vom Staat die sozialistisch ausgerichteten Gruppierungen als gefährlich angesehen,* weil sie die *Beseitigung der bestehenden Staatsordnung zum Ziel* hatten. Die Mittel zur Aufhebung dieser Gefahr waren:
> – *Die Sozialgesetzgebung* (in der Thronrede Wilhelms I. am 17. November *1881 angekündigt):*
>   – *1883 Krankenversicherung*: Ärztliche Behandlung, Arzneimittel und Krankengeld bei Arbeitsunfähigkeit durch Krankheit für 13, später 26 Wochen. *Beiträge = Arbeitnehmer (2/3) und Arbeitgeber (1/3).* 1/3 der Versicherungspflichtigen war in der neu eingerichteten Allgemeinen Ortskrankenkasse, 2/3 waren weiterhin in Betriebskrankenkassen. Bis zum Ersten Weltkrieg stieg der Anteil der AOK auf 60 v.H.
> Die Zahl der Versicherten stieg von
>   1885 = 4.294.173 auf
>   1914 = 15.609.586…
> Diese Versicherung umfaßte nicht nur die Arbeiter, sondern auch die Angestellten mit einem Jahreseinkommen von weniger als 2.000 Mark.
> *1884 Unfallversicherung*: Berufsgenossenschaftliche *Haftung der Unternehmer* für Berufsunfälle. (Bis dahin hatte die normale Haftung für Verschulden oder die Gefährdungshaftung gegolten).
> Zunächst wurden aufgenommen (1884): Bergwerke, Steinbrüche, Gräbereien und Fabriken.
> Bis 1887 kamen hinzu: Transportbetriebe des Binnenlandes, landwirtschaftliche Betriebe, noch nicht versicherte Bauarbeiten…
>   – Krankenversorgung zur Wiederherstellung der Arbeitsfähigkeit.
>   – Erwerbsunfähigenrente, Hinterbliebenenrente, Sterbegeld.
> – *1889 Alters- und Invaliditätsrentenversicherung*:
> Mittel wurden aufgebracht:
>   – 1/2 von Arbeitgebern
>   – 1/2 von Arbeitnehmern
>   – Anfangs Zuschüsse vom Staat
>   Leistung nach dem 70. Lebensjahr…
> – *1911* wurde ebenfalls die *Reichsversicherungsordnung erlassen,* die eine Zusammenfassung aller Vorschriften der gesetzlichen Versicherungen brachte.

aus: *Henning* 1973, S. 268 ff.

Aufgaben

A 4.1/9: Die Materialien geben Auskunft über einige, für die Bevölkerungsentwicklung in Deutschland wichtige, wirtschaftliche, gesellschaftliche und historische Ursachen.
Erarbeitet für diese Zusammenhänge allgemeinverständliche Stichworte und tragt sie in die entsprechende Spalte des Arbeitsblattes ein! Stelle Dich darauf ein, Deine Stichworte den Mitschülern der übrigen Arbeitsgruppen zu erläutern!

A 4.1/10: Überlege, ob die in Deutschland zu beobachtende Entwicklung der Geburten- und Sterberaten und deren Ursachen grundsätzlich auch für die übrigen Industrieländer zutreffen! Begründe!

4.1.3 Das Modell des demographischen Übergangs

Diese Unterrichtseinheit stellt das Modell des demographischen Übergangs und seine Funktionen in den Mittelpunkt (vgl. die Kapitel 2.1.3.1–3 im allgemeingeographischen Teil!).
In einem ersten Lernschritt sollen die Schüler ihre am Beispiel Deutschlands gewonnenen Kenntnisse über Verlauf und Ursachen der demographischen Transformation auf ein weiteres europäisches Fallbeispiel übertragen. Hierfür wurde Schweden ausgewählt (M 4.1/17), weil dieses Land eine deutlich erkennbare Transformation vollzogen hat und Bevölkerungsdaten bis zum Jahre 1750 zurückverfolgt werden können. Anhand dieser Anleitung zu einer vergleichenden Betrachtung zweier Entwicklungen vollziehen die Schüler den methodischen Schritt, sich von der regional-thematischen Betrachtung zu lösen und globale Struktureinsichten herauszuarbeiten.
Durch dieses induktive Vorgehen wird die nachfolgende Darstellung des idealtypischen Verlaufs der demographischen Transformation (M 4.1/18) einsichtig. Dabei wird das Modell nicht kritiklos als Lernstoff übernommen, sondern in seiner Funktion als Korrektiv für die bis dahin aus den Fallbeispielen gewonnenen Erkenntnisse und Struktureinsichten gesehen. Gleichzeitig wird den Schülern der nächste wichtige methodische Schritt im Unterrichtsablauf transparent: Sie lernen das Modell als Beurteilungsmaßstab bei der Analyse weiterer Fallbeispiele kennen (A 4.1/14).
Einsatzmöglichkeiten und Zielsetzungen der induktiven und deduktiven Methoden sollte Schülern der Sekundarstufe II bewußt gemacht werden. Hierdurch wie auch durch eine Diskussion über Wesen und Funktion wissenschaftlicher Modelle kann der Unterricht sinnvoll vertieft und Problem- und Methodenbewußtsein der Schüler gefördert werden (vgl. Kap. 2.1.3.3/*Bähr* 1991, S. 2ff.).
Die Frage nach dem Sinn eines solchen Modells leitet zur dritten Unterrichtsphase über. Am Beispiel Tunesien (M 4.1/19) wird die Einordnung eines Entwicklungslandes in die entsprechende Phase des Transformationsprozesses vorgenommen (A 4.1/15). Spätestens an dieser Stelle können auch Schüler der Klassenstufe 9 die Bedeutung des Modells als Mittel zur Klassifikation und Interpretation individueller Entwicklungen erfassen.
In der letzten Phase dieser Unterrichtseinheit wird die bereits in der Unterrichtseinheit 4.1.1 entwickelte Frage wieder aufgegriffen (A 4.1/16), ob die derzeit in den Entwicklungsländern zu beobachtende Bevölkerungsexplosion analog zum Phasenverlauf des Modells überwunden werden kann. Ein vorschnelles, unkritisches Urteil soll dabei anhand eines Textes über die Ursachen des Kinderreichtums in Ghana (M 4.1/20) verhindert werden, der die Schüler mit den Auswirkungen traditioneller und religiös bestimmter Einstellungen im Bereich des generativen Verhaltens konfrontiert. Die Angaben zur demographischen Entwicklung Ghanas (M 4.1/21) belegen, daß staatliche Familienplanungsprogramme wenig erfolgreich sind, wenn sie nicht durch eine entsprechende sozioökonomische Entwicklung in den betroffenen Ländern begleitet werden. Somit wird den Schülern deutlich, daß bei den Entwicklungsländern eine Analogie zum Ablauf der demographischen Transformation in den europäischen Industrieländern kaum erwartet werden kann (vgl. Kap. 2.1.5.4).
Diese grundlegenden Erkenntnisse können bei entsprechenden Hilfen auch von Schülern mit einem weniger entwickelten Problembewußtsein gewonnen werden. Sowohl der Rückgriff auf das Tafelbild

zu den Ursachen des demographischen Übergangs in Deutschland (vgl. M 4.1/7) als auch eine gezielte Analyse weiterer Arbeitsmaterialien zu den spezifischen sozialen, wirtschaftlichen und religiösen Bedingungen der Fertilität in den Entwicklungsländern (vgl. dazu auch Materialien in *Fuchs* 1976) können zur Unterstützung der selbständigen Erarbeitung dieser abschließenden Erkenntnisse einbezogen werden.

Unterrichtsphasen	Stufe SI	Stufe SII	– Materialien (M) – Medien – Aufgaben (A)	– Unterrichtsformen – Sozialformen	Bedeutung und Ziele der Unterrichtsphasen
1. Vergleich des demographischen Übergangs in Deutschland und Schweden	x	x	M 4.1/6 A 4.1/11 Einzeichnungen in M 4.1/17	– Stillarbeit (Partnerarbeit) – Unterrichtsgespräch	– Transferleistung (Lernzielkontrolle)
2. Modell des demographischen Übergangs, seine Erstellung und Bedeutung	x	x	M 4.1/18 A 4.1/12–14	– Stillarbeit (Partnerarbeit) – Schülerbeiträge – Diskussion	– Entwicklung methodenbezogener Kenntnisse und Fähigkeiten: Entwicklung, Bedeutung und Aussagekraft von Strukturmodellen
Wesen und Funktion wissenschaftlicher Modelle		x		– Lehrerimpulse – Diskussion	– Vertiefung von Problem- und Methodenbewußtsein
3. Einordnung Tunesiens in das Phasenmodell	x	x	M 4.1/19 A 4.1/15	– Stillarbeit (Partnerarbeit) – Schülerbeiträge – Unterrichtsgespräch	– Transferleistung – Anwendung des Modells als Beurteilungsmaßstab
4. Chancen und Möglichkeiten einer Überwindung der Bevölkerungsexplosion in Entwicklungsländern	x	x	M 4.1/19–21 A 4.1/16	– Lehrerimpulse – Diskussion	– Anwendung vergleichender Betrachtungen zur Lösung einer Problemfrage

M 4.1/17: Demographischer Übergang in Schweden (1750–1970) = Abbildung 2.1.3/1

M 4.1/18: Idealtypischer Verlauf des demographischen Übergangs = Abbildung 2.1.3/2

Aufgaben

A 4.1/11: Vergleiche die demographische Entwicklung Schwedens mit derjenigen Deutschlands und versuche dabei, auch die Bevölkerungsentwicklung Schwedens in Phasen einzuteilen!

A 4.1/12: Erkläre, wie diese Darstellung des idealtypischen Ablaufs des demographischen Übergangs — auch „Modell des demographischen Übergangs" genannt — entwickelt wurde!

A 4.1/13: Denke darüber nach, warum in der Modelldarstellung weder Jahreszahlen noch ablesbare Angaben über die Höhe der Geburten- und Sterberaten eingetragen sind! Vergleiche auch die Abbildungen in M 4.1/5 der Unterrichtseinheit 4.1.1!

A 4.1/14: Welchen Sinn kann es haben, ein solches Modell zu erstellen?

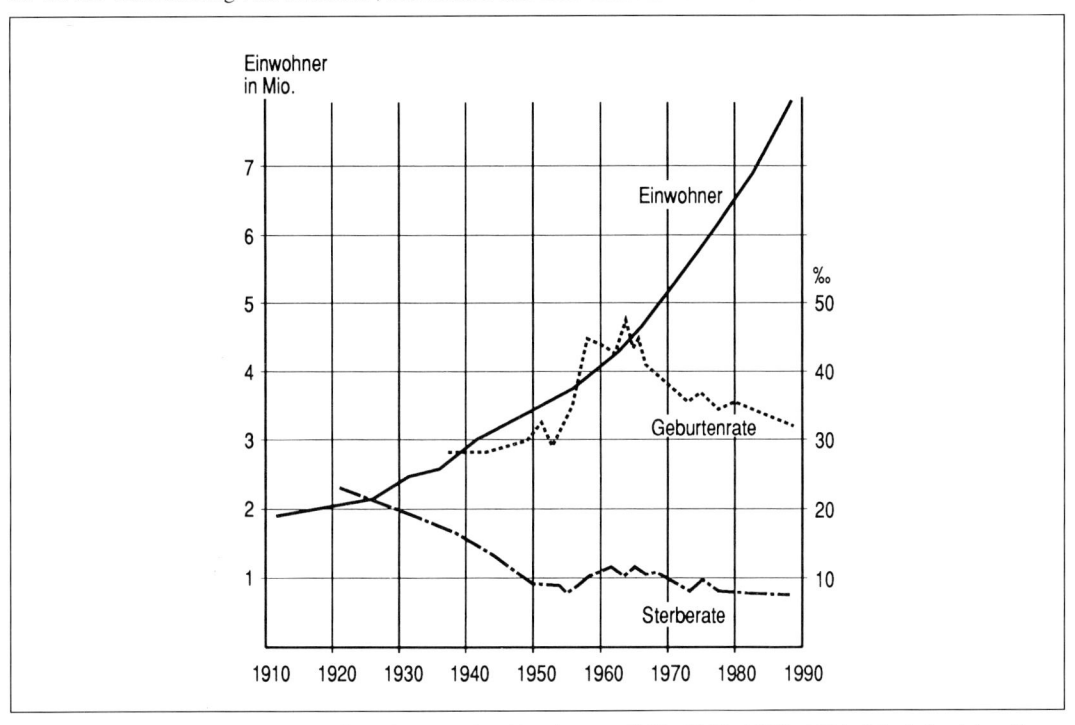

M 4.1/19: Entwicklung von Geburten-, Sterberaten und Einwohnerzahlen Tunesiens von 1911 bis 1989

Entwurf: *G. Kirchlinne*; Datenquellen: *Statistisches Bundesamt* 1963, 1966, 1976, 1984; Länderberichte Tunesien

Aufgabe

A 4.1/15: Ordne Tunesien nach seinem demographischen Entwicklungsstand der entsprechenden Phase des demographischen Übergangs zu! Begründe Deine Zuordnung!

M 4.1/20: Einstellung der Bevölkerung Ghanas zum Kinderreichtum

Das einzige wichtige „Kapital" des ghanaischen Bauern auf der untersten Stufe ist der menschliche Körper, der alle Arbeit leistet, aber auch wieder alles verbraucht, was er erzeugt. So drückt sich der wirtschaftliche Wert, der dem menschlichen Körper innewohnt, im ganzen Leben des Eingeborenen aus. Ernten können ausbleiben, Haustiere sterben, Werkzeuge werden unbrauchbar, Häuser verfallen, der Boden verliert seine Fruchtbarkeit, der Körper aber ist die einzige Besitzform, die so lange aushält wie sein Eigentümer. Selbst das Großvieh ist nicht eigentlich in unserem Sinne als Kapital anzusprechen, da es fast nur als Zahlungsmittel beim „Brautkauf" und als Opfergabe Verwendung findet. Eine große Familie und zahlreiche Kinder sind deswegen eine Kapitalanlage und zugleich Alters- und Sozialversicherung. In Nordghana muß der Mann den Eltern seiner Frau im allgemeinen noch eine solche „Kompensation" zahlen, denn der Verlust eines weiblichen Familienmitgliedes reduziert die Zahl der Hände und damit das „Kapital" und Prestige der Familie. Männlicher Nachwuchs ist nicht nur wichtiger, weil er mehr arbeiten kann, sondern weil die Männer meist, den Stammessitten entsprechend, bei der Familie bleiben, während die Frauen die Familie verlassen können.

aus: *Manshard* 1961, S. 280

M 4.1/21: Daten zur demographischen Situation Ghanas

Im Jahre 1969 setzte in Ghana ein staatliches Familienplanungsprogramm mit dem Ziel ein, die Bevölkerungsexplosion des Landes zu bremsen. 1980 beliefen sich die öffentlichen Ausgaben zur Begrenzung der Geburtenraten in Ghana auf 2,8 Millionen Dollar.			
Jahr	1960	1982	1989
Geburtenziffern	50‰	49‰	44‰
Sterbeziffern	20‰	13‰	13‰
natürliches Wachstum	30‰	36‰	31‰

Datenquellen: *Weltbank* 1984, S. 173, 232, 290; *World Population Data Sheet* 1984

Aufgabe

A 4.1/16: Denke darüber nach, ob erwartet werden kann, daß Ghana in Zukunft so wie die Industrienationen die fünfte Phase des demographischen Übergangs erreichen wird!
Beziehe dabei auch Deine Kenntnisse über Ablauf und Ursachen des demographischen Übergangs in Deutschland mit ein!

4.1.4 Vergleich von Industrie- und Entwicklungsländern nach ihrem demographischem Entwicklungsstand (demographisches Vergleichsdiagramm)

In dieser Einheit stehen methodenbezogene und instrumentale Lernziele im Vordergrund. Anhand der Umsetzung umfangreichen Zahlenmaterials (M 4.1/22) in ein vielschichtig interpretierbares Verteilungsdiagramm (Raster entsprechend M 4.1/23) sollen die Schüler einen genaueren Überblick über den Stand einer größeren Zahl von Industrie- und Entwicklungsländern im Prozeß des demographischen Übergangs gewinnen. Die Auseinandersetzung mit den weitergehenden Interpretationsaufgaben setzt ein Abstraktionsvermögen und die Fähigkeit zur Einsicht in komplexe graphische Zusammenhänge voraus, was nur von Schülern der Sekundarstufe II erwartet werden kann. Da geplante Inhalte und Lernschritte dieser Unterrichtseinheit nicht unbedingt für den Ablauf der nachfolgenden Reihenthemen vorausgesetzt sein müssen, kann diese Einheit für eine Unterrichtssequenz in der Sekundarstufe I problemlos ausgeklammert werden.

Die für den ersten Unterrichtsabschnitt geplante Umsetzung der Geburten- und Sterberaten einer Reihe von Ländern in ein Verteilungsdiagramm ist von den Schülern ohne Hilfe zu leisten (M 4.1/22, A 4.1/17). Durch die Vorgabe eines einheitlichen Koordinatenrasters (entsprechend M 4.1/23) kann gesichert werden, daß die Arbeitsergebnisse vergleichbar sind und schnell überprüft werden können. Diese Aufgabe sollte daher den Schülern zur häuslichen Arbeit angetragen werden, zumal hierdurch der Unterricht zeitlich erheblich entlastet werden kann. Bei der Auswahl der Länder wurde berücksichtigt, daß außer den in der Unterrichtsreihe behandelten Beispielen auch weitere Staaten aller Stufen des wirtschaftlichen und demographischen Entwicklungsstandes vertreten sind. Damit ist gewährleistet, daß die für den demographischen Übergang typische halbkreisförmige Verteilung der Länder im Vergleichsdiagramm (M 4.1/23) erkennbar wird (vgl. *Kirchlinne* 1991, S. 29).

Bei der Interpretation des Diagramms eröffnet ein Rückgriff auf das Modell des demographischen Übergangs die Möglichkeit, die Schüler zu einer vertieften Auseinandersetzung mit dem Material hinzuführen. Die halbkreisförmige Anordnung der Länder im Diagramm kann als Bestätigung für den idealtypischen Ablauf der demographischen Transformation gewertet werden (A 4.1/19–20). Die Frage nach der Aussagekraft des Verteilungsdiagramms (A 4.1/21) soll den Blick der Schüler darauf lenken, daß umfangreiche Zahlenreihen in einem zweidimensionalen Koordinatensystem sinnvoll zusammengefaßt werden können. Es sollte deutlich werden, daß durch das Zusammenziehen von Geburten- und Sterberaten zu jeweils einem Punkt im Diagramm Länder und Ländergruppen sich visuell und somit in sehr übersichtlicher Form nach ihrem demographischen Entwicklungsstand einordnen und vergleichen lassen.

In der letzten Unterrichtsphase wird durch Hinzunahme eines demographischen Ablaufdiagramms (M 4.1/24) eine kritische Haltung der Schüler bezüglich der Aussagekraft des Modells angeregt. Der Vergleich Deutschlands mit den übrigen Beispielländern verdeutlicht die mögliche Bandbreite im Ablauf der demographischen Transformation und bietet somit einen Ansatz zur Diskussion über die begrenzte Aussagekraft des Modells. Weiterhin kann aus dem Diagramm entnommen werden, daß die Sterberaten in den Entwicklungsländern schnell bis auf das Niveau Deutschlands gesunken und demgegenüber die Geburtenraten nur geringfügig gefallen sind (vgl. *Kuls* 1980, S. 143).

Je nach Problembewußtsein der Schüler kann an dieser Stelle das „Variable Modell des demographischen Übergangs" (vgl. Abb. 2.1.3/4 und Kap. 2.1.3) vorgestellt und diskutiert werden. Die Diskussion über Aufgaben und Aussagekraft wissenschaftlicher Modelle kann mit Schülern der Sekundarstufe II an dieser Stelle fortgesetzt und vertieft werden (vgl. *Bähr* 1991, S. 3 f.). Weiterhin sollten Schüler dieser Stufe lernen, zwischen einem Vergleichsdiagramm, das ein Momentbild wiedergibt, und einem Ablaufdiagramm als Mittel zur Darstellung von demographischen Entwicklungen zu unterscheiden.

Unterrichtsphasen	Stufe		– Materialien (M) – Medien – Aufgaben (A)	– Unterrichtsformen – Sozialformen	Bedeutung und Ziele der Unterrichtsphasen
	SI	SII			
1. Erarbeitung eines demographischen Vergleichsdiagramms für ausgewählte Industrie- und Entwicklungsländer	x		M 4.1/22 Raster entsprechend M 4.1/23 (=vorbereitetes Arbeitsblatt) A 4.1/17–18, Vorstellung einer Schülerarbeit (=M 4.1/23) mit Episkop	– Hausaufgabe oder Stillarbeit – Schülervortrag zu den Arbeitsergebnissen – Unterrichtsgespräch	– Anregung zur methodischen Fähigkeit der Umsetzung von Tabellen in übersichtliche und besser interpretierbare Graphiken
2. Interpretation der Verteilung von Industrie- und Entwicklungsländern im demographischen Vergleichsdiagramm	x		M 4.1/23 A 4.1/19–21	– Partnerarbeit – Schülerbeiträge – Lehrerimpulse	– Entwicklung von Fähigkeiten zur Interpretation von Graphiken
3. Kritische Auseinandersetzung mit der Aussagekraft des Modells anhand eines demographischen Ablaufdiagramms	x		M 4.1/24 Rückgriff auf M 4.1/5 der ersten Unterrichtseinheit A 4.1/6	– Stillarbeit – Unterrichtsgespräch – Diskussion	– Vergleich der Darstellungsarten Phasenmodell und Verlaufdiagramm – Feststellung der begrenzten Aussagekraft des Modells – Bewertung des Modells als Strukturgesetz
4. „Variables Modell des demographischen Übergangs"		x	Abb. 2.1.3/4	– Lehrerimpulse – Diskussion	– Vertiefung von Problem- und Methodenbewußtsein

M 4.1/22: Geburten- und Sterberaten ausgewählter Länder 1989

Land	auf 1000 Einwohner		Land	auf 1000 Einwohner	
	Geburten	Sterbefälle		Geburten	Sterbefälle
1 Bundesrep. Dtld.	11	11	23 Türkei	30	8
2 USA	16	9	24 Chile	22	6
3 Japan	11	6	25 Brasilien	28	8
4 Kuba	17	6	26 Algerien	42	10
5 Sowjetunion	20	10	27 Argentinien	22	9
6 Irland	17	9	28 Griechenland	11	10
7 China	21	7	29 Israel	23	7
8 Sri Lanka	22	6	30 Hongkong	12	5
9 Albanien	25	6	31 Iran	44	10
10 Mexiko	30	6	32 Saudi Arabien	42	8
11 Tunesien	32	7	33 Großbritannien	14	11
12 Ägypten	38	9	34 Frankreich	14	10
13 Bolivien	40	14	35 Schweden	13	11
14 Jordanien	41	6	36 Deutsche Demokr. Rep.	14	13
15 Somalia	48	21	37 Ghana	44	13
16 Kenia	54	13	▲ Afrika		
17 Äthiopien	44	23	▼ Asien		
18 Indien	33	11	■ Lateinamerika		
19 Indonesien	29	9	● Angloamerika		
20 Nigeria	46	17	◆ Europa		
21 Marokko	36	10			
22 Peru	29	8			

Datenquelle: *World Population Data Sheet* 1989

Aufgaben

A 4.1/17: Trage die Geburten- und Sterberaten der Länder mit den entsprechenden Symbolen in ein Koordinatendiagramm ein! (entsprechend Raster in Abb. 2.1.3/6)

A 4.1/18: Erläutere anhand der Lage der Länder im Diagramm, wie das natürliche Bevölkerungswachstum abgelesen werden kann!

A 4.1/19: Beschreibe die Verteilung der Länder im Diagramm und überlege, ob diese Anordnung zufällig ist!

A 4.1/20: Vergleiche die Länder nach Ihrer Gruppenzugehörigkeit!

A 4.1/21: Denke darüber nach, ob sich diese graphische Umsetzung der Tabelle lohnt! Begründe!

M 4.1/23: Demographisches Vergleichsdiagramm = Abbildung 2.1.3/6

4.1.5 Auswirkungen der Bevölkerungsexplosion auf die Altersstruktur und die wirtschaftliche Entwicklung Ägyptens

Nachdem Ablauf und Ursachen demographischer Entwicklungen erarbeitet wurden, sollen in dieser Unterrichtseinheit die Auswirkungen der Bevölkerungsexplosion auf die sozioökonomische Situation der Entwicklungsländer untersucht werden.

Den Schülern wird am Beispiel Ägyptens die zentrale Bedeutung der demographischen Entwicklung für das Zusammenwirken wirtschaftlicher und sozialer Faktoren im Ursachenkreislauf der Unterentwicklung verdeutlicht. Die hierfür ausgewählten Arbeitsmaterialien sind in ähnlicher Form und

M 4.1/24: Demographisches Ablaufdiagramm für die Länder Ägypten, Brasilien, Deutschland, Indonesien und Tunesien

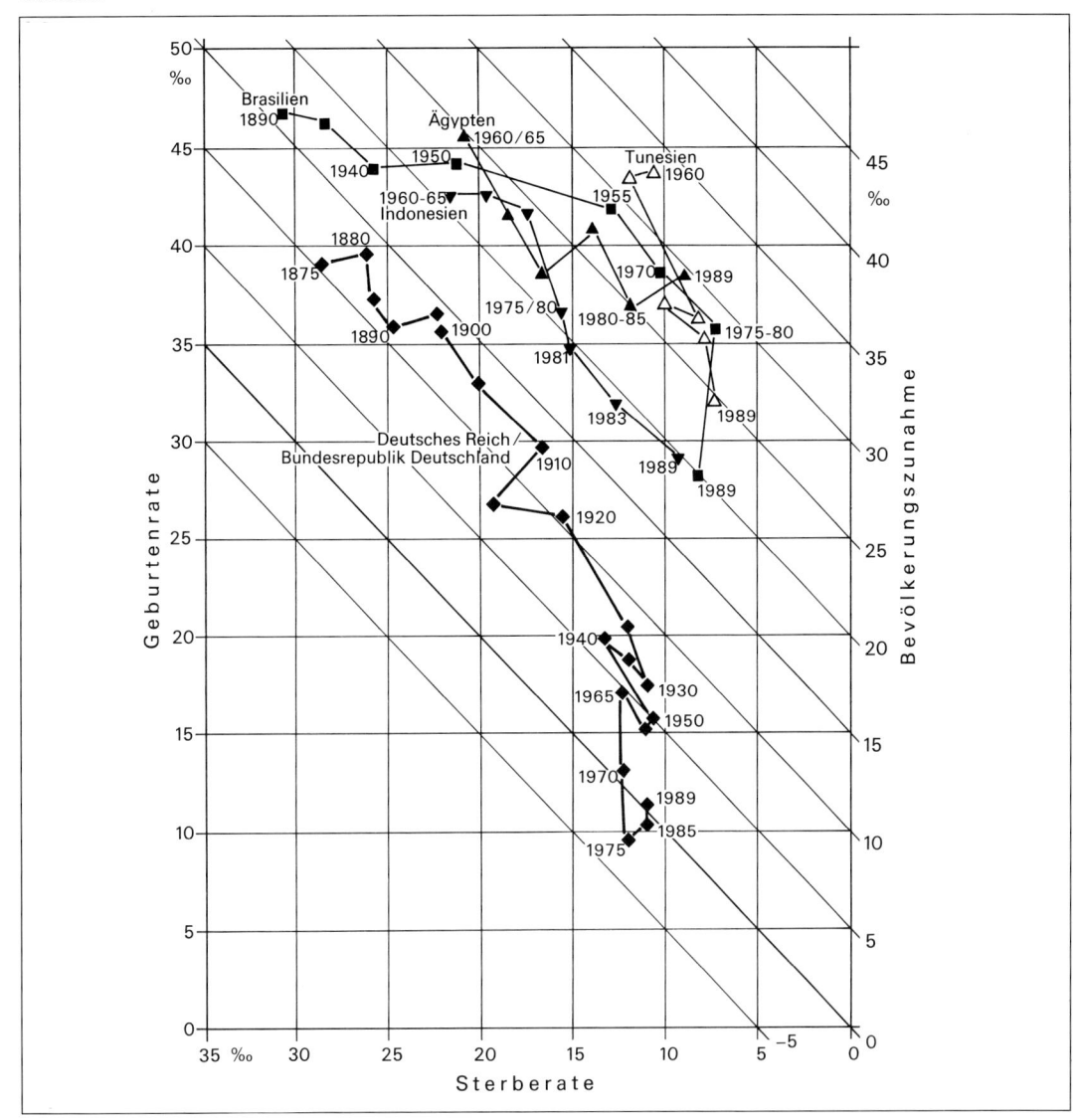

Entwurf: *G. Kirchlinne;* Datenquellen: *Statistisches Bundesamt,* Länderbericht Ägypten, Brasilien, Indonesien, Tunesien, Wiesbaden, versch. Jahre; Statistisches Jahrbuch für das Deutsche Reich, versch. Jahre; World Population Data Sheet 1989; UN Demographic Yearbook, versch. Jahre

mit vergleichbaren Inhalten für eine größere Zahl von Entwicklungsländern leicht zugänglich (z.B. Länderberichte des Statistischen Bundesamtes und länderkundliche Reihen). Es können daher auch andere Untersuchungsräume für diese Unterrichtseinheit ausgewählt oder den Schülern Transferbeispiele zu selbständigen Bearbeitung oder zur Lernzielkontrolle übergeben werden.

Zu Beginn der Unterrichtseinheit sollten zumindest diejenigen Lerngruppen, die bisher keine Erfahrung in der Auswertung graphischen Materials zur Altersstruktur einer Bevölkerung gesammelt haben, in diesen Arbeitsbereich eingeführt werden. So wird es für Schüler der Sekundarstufe I meist erforderlich sein, anhand einfacher Tafelskizzen die natürliche Bevölkerungsentwicklung als Zusammenspiel zwischen Aufstockung der Alterspyramide durch jeden neuen Geburtsjahrgang und des gleichzeitig ablaufenden seitlichen Abtrags des Pyramidenrandes durch die über alle Altersstufen verteilten Sterbefälle eines Jahres zu erläutern.

Die Analyse der demographischen Entwicklung Ägyptens (A 4.1/22) kann nun von den Schülern anhand der Bevölkerungspyramiden (M 4.1/25) und des Diagramms zur Entwicklung von Geburten- und Sterberaten (M 4.1/26) selbständig vorgenommen werden (vgl. auch Abb. 2.1.3/7). Die Veränderungen der Pyramidenform Ägyptens weisen auf die zurückgehende Sterblichkeit vor allem bei Säuglingen und Kindern und auf eine weit geöffnete Bevölkerungsschere hin. Denn der schnelle Bevölkerungszuwachs lagerte sich an der Basis der Pyramide an und wuchs während der letzten drei bis vier Jahrzehnte in die mittleren Altersgruppen hinein. Es wird erkennbar, daß unterschiedliche Entwicklungszustände von Ländern bestimmte Pyramidenformen charakterisieren. Ägypten befindet sich bei weit geöffneter Bevölkerungsschere mitten im Prozeß des demographischen Übergangs, wobei trotz erheblicher staatlicher Anstrengungen zur Senkung der Geburtenraten (M 4.1/28) eine wesentliche Beschleunigung dieses Übergangsprozesses nicht beobachtet (M 4.1/26) und aufgrund der traditionsgeprägten positiven Haltung der Bevölkerung zum Kinderreichtum (M 4.1/27) nicht erwartet werden kann.

Gestützt wird diese Einschätzung auch dadurch, daß sich seit den 60er Jahren ein wachsender Anteil der Bevölkerung ins reproduktive Alter hinein verschoben hat, eine Entwicklung, die sich in den kommenden Jahren aufgrund der ständig gewachsenen Basis der Pyramide noch verstärken dürfte. Allein wegen dieser durch die derzeitige Altersstruktur bedingten demographischen Situation wird Ägypten eine Senkung der Geburtenraten in den kommenden Jahren kaum erreichen können. Anhand solcher Zusammenhänge kann verdeutlicht werden, daß die aus Bevölkerungspyramiden ablesbaren Zahlenverhältnisse zwischen den Altersgruppen die Entwicklung von Eheschließungs-, Geburten- und Sterberaten maßgeblich beeinflussen und somit die weitere Bevölkerungsentwicklung mitbestimmen.

In der dritten Unterrichtsphase soll anhand eines synoptischen Diagramms (M 4.1/29) auch weniger erfahrenen Schülern der Ansatz zu einer synthetischen Betrachtung über die Folgen der Bevölkerungsexplosion nahegelegt werden. Demgegenüber stellt der Text von Wander über die Beziehungen zwischen Bevölkerungs- und Wirtschaftsentwicklung (M 4.1/30) hohe Anforderungen an die Schüler. Ausgehend von der sich ändernden Alters- und Erwerbsstruktur einer schnell wachsenden Bevölkerung werden die komplexen volkswirtschaftlichen Folgen des wachsenden Ungleichgewichts zwischen der Arbeitsbevölkerung und dem von ihr mitzuversorgenden Bevölkerungsanteil dargestellt. Für eine Erarbeitung der vielschichtigen Kausalzusammenhänge bietet sich die Entwicklung einer Strukturskizze an (vgl. Tafelbild zu A 4.1/26), zumal die Schüler damit auch ein hilfreiches Mittel für die Zusammenfassung schwieriger Sachtexte kennen- bzw. anwenden lernen.

Eine abschließende Bewertung der demographischen Situation Ägyptens (A 4.1/27) soll den Schülern Spielraum geben, die bisher gesammelten Erkenntnisse zur Bildung eines persönlichen Urteils zu verwerten und ihre Einstellung in einer kontroversen Diskussion zu vertreten.

Unterrichtsphasen	Stufe		– Materialien (M) – Medien – Aufgaben (A)	– Unterrichtsformen – Sozialformen	Bedeutung und Ziele der Unterrichtsphasen
	SI	SII			
1. Bevölkerungsexplosion in Ägypten und ihr Einfluß auf die Altersstruktur	x	x	M 4.1/25–26 A 4.1/22–23	– Stillarbeit – Unterrichtsgespräch – Lehrerimpulse	– Entwicklung analytischen Denkens – Erarbeitung grundlegender Kenntnisse und Fähigkeiten zur Interpretation von Bevölkerungspyramiden

Unterrichtsphasen	Stufe SI SII	– Materialien (M) – Medien – Aufgaben (A)	– Unterrichtsformen – Sozialformen	Bedeutung und Ziele der Unterrichtsphasen
				– Analyse der Auswirkungen demographischer Daten auf die Altersstruktur
2. Auswirkungen staatlicher Maßnahmen zur Familienplanung	x x	M 4.1/27–28 A 4.1/24	– Stillarbeit (M 4.1/27 als Hausaufgabe einsetzbar) – Schülerbeiträge – Unterrichtsgespräch	– Erkenntnis über die begrenzten Möglichkeiten der Familienplanungsprogramme
3. Sozioökonomische Folgen der Bevölkerungsexplosion in Entwicklungsländern untersucht am Beispiel Ägyptens	x x	M 4.1/25, 27, 29, 30 A 4.1/25–26 Tafelbild zu A 4.1/25–26	– Stillarbeit (M 4.1/30 als Hausaufgabe einsetzbar) – Tafelanschrieb u. Schülerbeiträge zu A 4.1/26 – Diskussion – Lehrerimpulse	– Entwicklung der Fähigkeiten zu analytischem Denken – Entwicklung methodischer Fähigkeiten zur Erarbeitung und Zusammenfassung komplexer Kausalzusammenhänge in einer Struktursskizze
4. Abschließende Beurteilung der Bevölkerungsexplosion	x x	A 4.1/27 ev. Fixierung der Diskussionsergebnisse in Form von Thesen	– freie Diskussion – Lehrerimpulse	– Entwicklung der Fähigkeit zur Bildung eines begründeten Urteils

M 4.1/25: Bevölkerungspyramiden Ägyptens für die Jahre 1960, 1976 und 1985

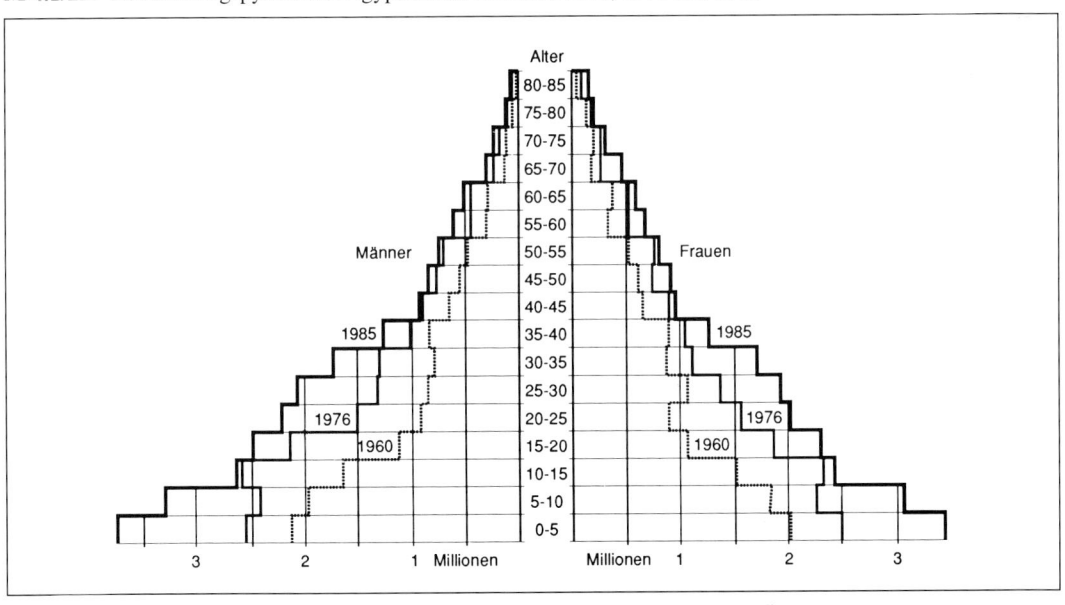

Entwurf: *G. Kirchlinne;* Datenquellen: *Statistisches Bundesamt,* Länderberichte Ägypten, 1974, 1984, 1988

M 4.1/26: Entwicklung der Geburten- und Sterberaten Ägyptens = Abbildung 2.1.3/5

Aufgaben

A 4.1/22: Untersuche, in welcher Phase des demographischen Übergangs sich Ägypten befindet!

A 4.1/23: Kläre, welche Auswirkungen die Entwicklung der Geburten- und der Sterberaten auf die Altersgliederung der ägyptischen Bevölkerung hat!

M 4.1/27:

Alle zehn Monate eine Million mehr

Kairo. (rtr) Fathi Mohamed ist Vater von zwölf Kindern. Aber er möchte noch mehr haben, damit er beim Bestellen seiner Felder möglichst viele Helfer hat. Wie Millionen von anderen ägyptischen Kleinbauern meint Mohamed, mehr Kinder bedeuteten mehr Hände bei der Arbeit und mehr Erzeugnisse zu verkaufen. Was immer auch die Vorzüge der Geburtenkontrolle sein mögen, der Scheich seines Dorfes habe ihm gesagt, sie sei gegen den Willen Gottes und damit eine Sünde.

Für die Regierung in Kairo schafft die Haltung von Mohamed und Millionen wie ihm ein Bevölkerungsproblem von gewaltigen Ausmaßen — alle zehn Monate kommt zu den gegenwärtig 44 Millionen Ägyptern eine Million dazu. Präsident Hosni Mubarak hat führende Wirtschaftsexperten zu einer Konferenz zusammengerufen, auf der überlegt werden sollte, wie das Bevölkerungswachstum gebremst und die schwerfällige Wirtschaft auf Trab gebracht werden kann.

Am Ende der dreitägigen Beratungen erklärten die 44 Fachleute, sie brauchten mehr Zeit, um Empfehlungen auszuarbeiten, wie das Bevölkerungswachstum vermindert, die staatlichen Subventionen für die Grundnahrungsmittel herabgesetzt und die Wirtschaft verbessert werden könnten.

„Das Land versinkt unter dem Gewicht der Bevölkerung", sagte einer der Experten...

Die Einnahmen aus dem Suez-Kanal und aus der Öl-Förderung werden von den Subventionen verschlungen, mit denen die Regierung die Preise für Grundnahrungsmittel wie Zucker, Speiseöl, Mehl, Tee, Fleisch und Geflügel niedrig hält.

Bemühungen, durch die Urbarmachung der Wüste neue Anbaugebiete zu gewinnen, haben die Lagen nicht verbessert. Die Lebensmittel-Einfuhren steigen ständig weiter an. Ein Wirtschaftsexperte empfahl, die Subventionen für Lebensmittel auf zehn unbedingt notwendige Produkte zu beschränken und sie in fünf Jahren ganz auslaufen zu lassen. Aber die Fühler, die die Regierung ausstreckte, ergaben, daß das Volk dies nicht hinnehmen würde...

Als sie 1977 versucht wurde, brachen im ganzen Land prompt Unruhen aus...

Seit mehr als einem Jahrzehnt läuft eine Kampagne der Regierung, die Bevölkerung mit der Geburtenkontrolle vertraut zu machen. Von dem damaligen Präsidenten Gamal Abdel Nasser eingeleitet, arbeitet sie mit Anreizen wie der kostenlosen Vergabe von Verhütungsmitteln. Aber die Auswirkungen auf die Geburtenrate sind gering.

aus: *Bonner Generalanzeiger* vom 15.03.1982

M 4.1/28: Daten zur Familienplanung in Ägypten

Im Jahre 1965 wurde in Ägypten mit Maßnahmen zu einem öffentlichen Familienplanungsprogramm begonnen. Im Jahre 1980 beliefen sich die öffentlichen Ausgaben im Rahmen dieses Programms auf 34,1 Mio. Dollar; Bezüglich der Höhe der Aufwendungen für die Familienplanung lag Ägypten damit an achter Stelle aller Länder der Welt.

(Fortsetzung S. 301 oben)

Jahr	Planungszentren			Verhütungsmethoden	
	insgesamt	in Städten	in Landgemeinden	Orale Verhütungsmittel[1])	Intrauterinpessare[2])
	Anzahl			1000	
1970......	2852	973	1879	312	44
1975......	3453	1222	2231	388	76
1977......	3550	1272	2278	347	95
1978......	3635	1305	2330	275	58
1979......	3703	1316	2387	248	64
1980......	3764	–	–	–	–

[1]) Durch Kliniken verteilt.
[2]) Behandlung in Familienplanungszentren.

aus: *Statistisches Bundesamt,* Länderbericht Ägypten 1988, S. 31; *Weltbank,* Weltentwicklungsbericht 1984, S. 173, 232

Aufgabe

A 4.1/24: Beurteile das Familienplanungsprogramm Ägyptens!

M 4.1/29: Vergleichsdaten zur Entwicklung von Bevölkerung, Erwerbstätigkeit und Landwirtschaftlicher Nutzfläche in Ägypten seit 1937

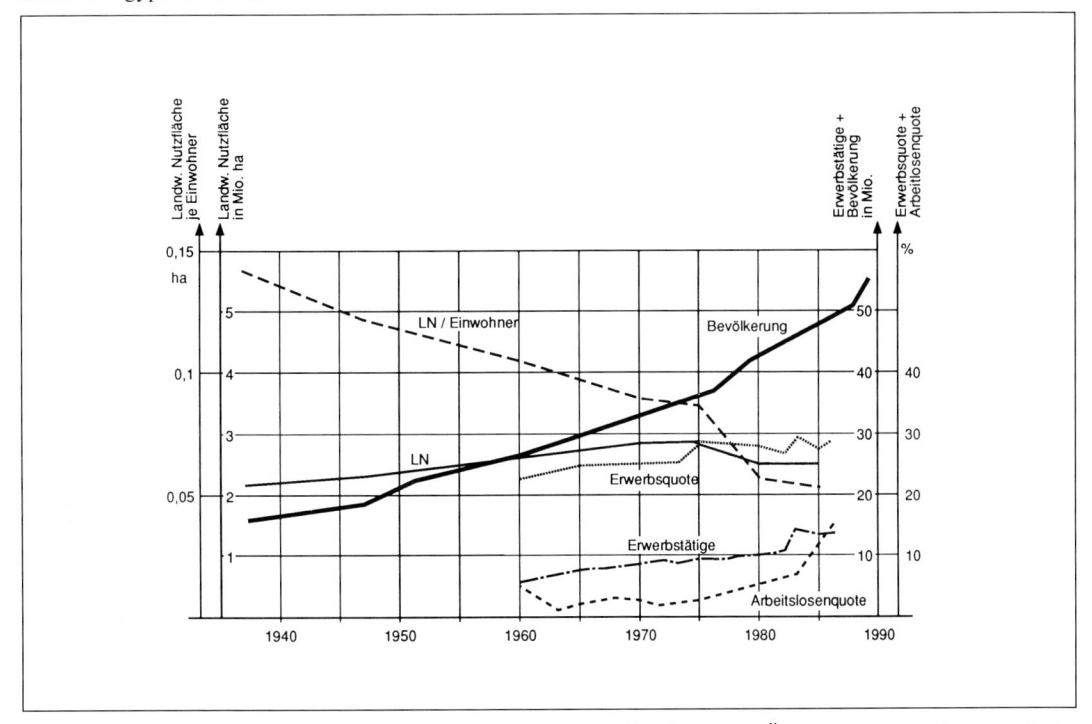

Entwurf: *G. Kirchlinne;* Datenquellen: *Statistisches Bundesamt,* Länderbericht Ägypten 1974, 1977, 1984, 1986, 1988; *World Population Data Sheet* 1989

M 4.1/30: Die Beziehungen zwischen Bevölkerungs- und Wirtschaftsentwicklung

> Eine Bevölkerung, die über eine hinreichend lange Zeit bei hoher Fruchtbarkeit und hoher Sterblichkeit nur wenig oder gar nicht wuchs, hat einen Altersaufbau, der graphisch einer Pyramide gleicht, deren Basis die relativ große Zahl von Kleinkindern bildet, über der sich die übrigen Jahrgänge in zahlenmäßig rasch abnehmender Stärke schichten. In einer solchen Bevölkerung ist die Relation von Produzenten zu Konsumenten ungünstig, denn bei der hohen Sterblichkeit erreichen nur verhältnismäßig wenige Kinder das erwerbsfähige Alter und werden wirtschaftlich produktiv. Unter solchen Umständen ist die Volkswirtschaft mit vergleichsweise hohen Kosten für das Aufziehen des Nachwuchses belastet, die sich nur ungenügend verzinsen…
>
> Je mehr Kinder im Zeitablauf geboren werden, um so breiter wird die Alterspyramide. Eine Bevölkerung, die infolge hoher Fruchtbarkeit und niedriger Sterblichkeit ständig rasch wächst, hat also nicht nur einen hohen Kinderanteil, sondern auch eine schnell steigende Kinderzahl. Zwar nimmt unter stabilen Bedingungen das Arbeitspotential mit gleicher Intensität zu, aber die relativ hohe Last, die dem einzelnen Arbeiter durch die Versorgung vieler Kinder auferlegt ist, hebt die ökonomischen Vorteile niedriger Sterblichkeit und verlängerter Lebensdauer ganz oder teilweise wieder auf. Der massierte Konsumbedarf der Kinder engt die Sparfähigkeit ein. Die Investitionen, die die Volkswirtschaft aus eigener Kraft zu leisten vermag, bleiben zu klein, um den Nachwuchs gesund zu erhalten, ihn auszubilden und mit Produktionskapital zu versehen…
>
> Die Bevölkerung ist im Wirtschaftsprozeß sowohl Produzent und Investor als auch Konsument und Sparer. Welche dieser Funktionen durch das demographische Wachstum gefördert oder gehemmt werden und wie sie sich aufeinander abstimmen, hängt neben der absoluten Zunahme der Bevölkerung gleichfalls von der Altersgliederung und der durch sie mitbestimmten Erwerbsstruktur ab…
>
> Der einzelne Arbeiter hat somit nicht nur höhere Versorgungslasten, sondern zugleich höhere Investitionen zur Vermehrung seiner Leistung zu tragen. Diese Bedingung ist ein wichtiger Grund für das Unvermögen der meisten Entwicklungsländer, ihren Wohlstand schnell zu heben, denn ihre gegenwärtige demographische Situation begünstigt überproportionale Zunahmen der jüngeren, noch nicht arbeitsfähigen Jahrgänge. Alle diese Länder haben ungeachtet ihres Beschäftigungsgrads ein relatives Kräftedefizit. Es ist die Hauptursache des Kapitalmangels und damit sowohl von Unterbeschäftigung als auch von ungenügend genutzten natürlichen Ressourcen. Die verbreitete Gewohnheit, dieses Defizit durch den Einsatz von Kindern auszugleichen, bringt keine Lösung des Problems, da deren geringe Leistungsfähigkeit die Arbeitsproduktivität drückt und die Erzeugung verteuert. Nur echte Mehrleistung, d.h. intensivere Kapitalnutzung, rationellere Arbeitsorganisation und gegebenenfalls verlängerte individuelle Arbeitszeit vermögen der einkommenssenkenden Tendenz relativen Kräftemangels entgegenzuwirken und die Kapitalbildung zu begünstigen.

aus: *Wander* 1965, S. 15 ff.

Aufgaben

A 4.1/25: Erarbeite anhand der Materialen 4.1/25, 27 und 30 und unter Einbeziehung Deiner Vorkenntnisse die unterschiedlichen wirtschaftlichen und sozialen Folgen, die die Bevölkerungsexplosion für die Entwicklungsländer nach sich zieht!

A 4.1/26: Stelle die Ergebnisse aus Aufgabe 4.1/25 zu einer Strukturskizze zusammen, in welcher die kausalen Abhängigkeiten zwischen den verschiedenen Folgen der Bevölkerungsexplosion durch Pfeile verdeutlicht werden!

A 4.1/27: Denke über die Fragen nach, welchen Stellenwert die heutige demographische Situation in der Dritten Welt für derem Unterentwicklung und deren weitere Entwicklungschancen einnimmt!

4.1.6 Möglichkeiten und Grenzen einer Überwindung der Bevölkerungsexplosion durch Geburtenregelung, untersucht am Beispiel der VR China

Zum Schluß der vorhergehenden Unterrichtseinheit wurde deutlich, welche weit ausgreifenden wirtschaftlichen und sozialen Folgen die demographische Situation in den Entwicklungsländern nach sich zieht. Die Schüler haben erkannt, daß die Lösung der Bevölkerungsprobleme eine der wichtigsten Voraussetzungen ist, die Unterentwicklung zu überwinden. Folgerichtig wird nun der Frage

Tafelbild zur Sicherung der Ergebnisse aus A 4.1/26:
Wirtschaftliche und soziale Auswirkungen der Bevölkerungsexplosion in Entwicklungsländern

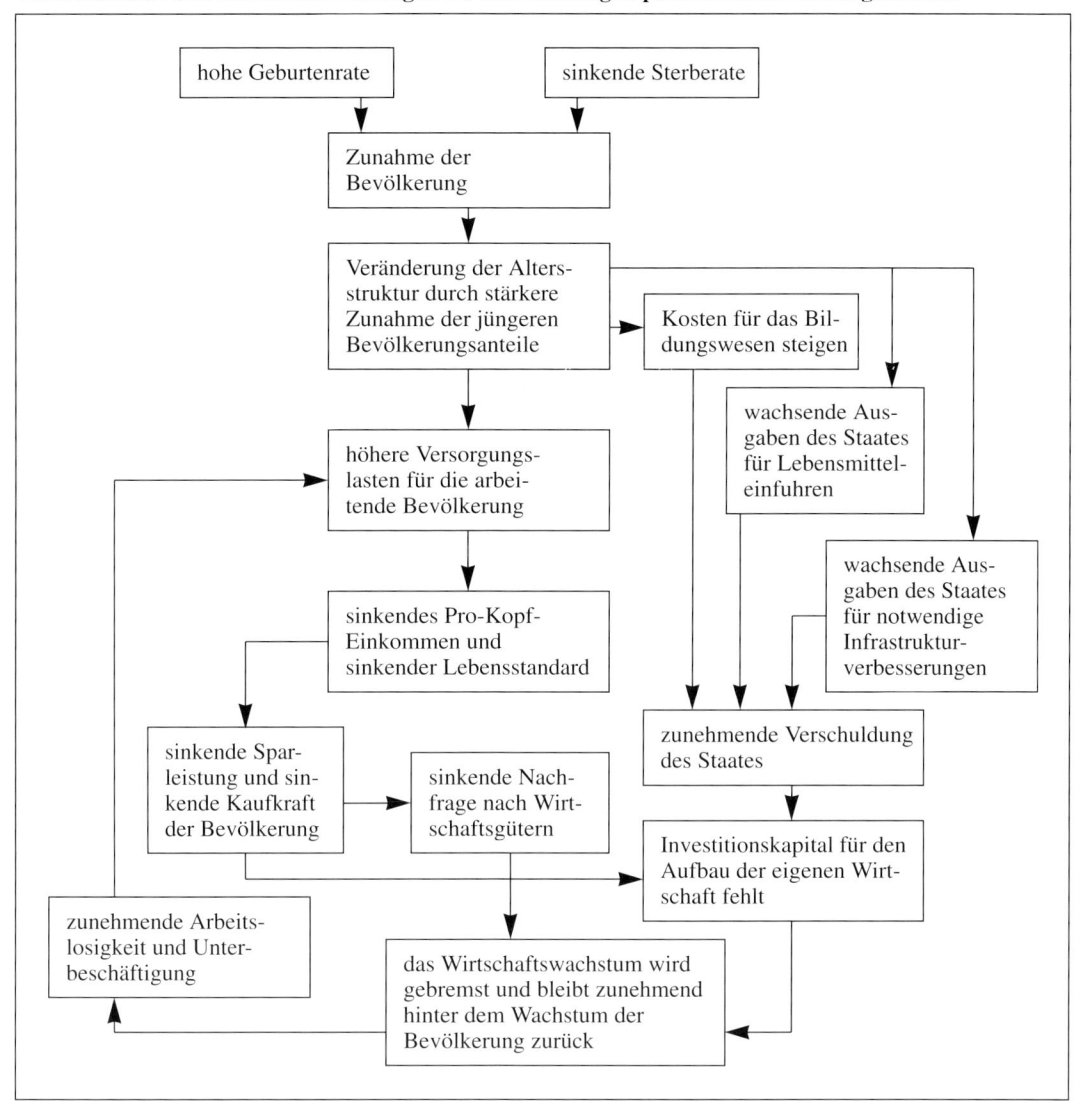

```
   hohe Geburtenrate          sinkende Sterberate
            │                         │
            └────────┬────────────────┘
                     ▼
              Zunahme der
              Bevölkerung
                     │
                     ▼
         Veränderung der Alters-  ──────►  Kosten für das Bil-
         struktur durch stärkere            dungswesen steigen
         Zunahme der jüngeren
         Bevölkerungsanteile                wachsende Aus-
                     │                      gaben des Staates
                     ▼                      für Lebensmittel-
         höhere Versorgungs-                einfuhren
         lasten für die arbei-
         tende Bevölkerung                  wachsende Aus-
                     │                      gaben des Staates
                     ▼                      für notwendige
         sinkendes Pro-Kopf-                Infrastruktur-
         Einkommen und                      verbesserungen
         sinkender Lebensstandard
                     │                      ▼
                     ▼                zunehmende Verschuldung
         sinkende Spar-    sinkende Nach-   des Staates
         leistung und sin- frage nach Wirt-
         kende Kaufkraft ► schaftsgütern    ▼
         der Bevölkerung                  Investitionskapital für den
                                          Aufbau der eigenen Wirt-
         zunehmende Arbeits-              schaft fehlt
         losigkeit und Unter-
         beschäftigung       das Wirtschaftswachstum wird
                             gebremst und bleibt zunehmend
                             hinter dem Wachstum der
                             Bevölkerung zurück
```

Entwurf: *G. Kirchlinne*

nachzugehen sein, ob es Wege gibt, der Bevölkerungsexplosion in den Ländern der Dritten Welt zu begegnen bzw. den weiteren Ablauf der demographischen Transformation zu beschleunigen. Als Beispielland für eine Untersuchung dieser Frage wurde aus folgenden Gründen die VR China ausgewählt:

1. Die 1982 durchgeführte Volkszählung lieferte umfangreiches und zuverlässiges Zahlenmaterial für eine Analyse der Bevölkerungsentwicklung;
2. In der VR China wird seit 1978 eine rigorose Bevölkerungspolitik praktiziert, deren Erfolgsaussichten mittlerweile kritisch beurteilt werden können;
3. Die VR China ist das volkreichste Land der Erde, dessen Bevölkerung sich zwischen 1953 (582,6 Mill.) und 1982 (1008,2 Mill.) nahezu verdoppelt hat.

Diese demographische Sonderstellung und die Bedeutung des Landes für die Weltbevölkerungsentwicklung sollen Schülern während der ersten Unterrichtsphase anhand des Rückgriffs auf die Materialien M 4.1/1–3 verdeutlicht werden. Dieser Einstieg läßt erwarten, daß die Schüler zur Mitarbeit bei der nachfolgenden Auswertung des umfangreichen Textmaterials motiviert werden.

Die Textsammlung M 4.1/31 a–e beinhaltet ein Raster wichtiger wirtschaftlicher, sozialer und kulturhistorischer Informationen, ohne die eine Beurteilung der Bevölkerungspolitik Chinas sowie deren Probleme und Erfolgsaussichten nicht möglich ist. Aufgrund ihres Umfangs und ihres rein informativen Charakters können diese Texte in häuslicher Vorbereitung erarbeitet werden. Eine eingehende Besprechung dieser Materialien muß nicht geschlossen erfolgen, da die Schüler während des weiteren Unterrichtsverlaufs aufgefordert werden, diese Informationen in die Beurteilung der zugehörigen Problembereiche einzubringen.

In der dritten Unterrichtsphase werden die Schüler angehalten (A 4.1/28), Ziele und Maßnahmen der Bevölkerungspolitik Chinas zu erarbeiten und deren Erfolg anhand der demographischen Entwicklung und der Veränderungen in der Altersstruktur der Bevölkerung (M 4.1/32–34) zu beurteilen. Es wird erkennbar, daß trotz beachtlicher Erfolge in den 70er Jahren die gesteckten Ziele nicht voll erreicht werden konnten.

Bei der Auswertung der Materialien M 4.1/32–33 sind folgende Zusammenhänge zu beachten: Hinter der demographischen Krise der Jahre 1958–1961 verbirgt sich eine Tragödie, deren wirtschaftliche, gesellschaftliche und ideologische Folgen die chinesische Politik bis in die Gegenwart hinein erschütterten. Es ist dies das Scheitern des sog. „Großen Sprungs", mit dem China in einem gewaltigen Kraftakt alle seine wirtschaftlichen Entwicklungsprobleme bewältigen wollte. Aufgrund politischer Fehlplanungen und verstärkt durch klimatisch bedingte Naturkatastrophen endete dieses Experiment in einer der schwersten Hungerkrisen der Geschichte, in der — weitgehend unbemerkt von der Weltöffentlichkeit — schätzungsweise 30 Mill. Menschen vorzeitig starben. Der starke Anstieg der Geburtenrate in den darauffolgenden Jahren hat seine Ursache in einem Nachholen von Heiraten und Geburten nach Überwindung dieser Krise.

Der spürbare Rückgang der Geburtenraten seit etwa 1967 deutet auf erste Erfolge der zu Beginn der 60er Jahre einsetzenden staatlichen Bevölkerungspolitik hin. Diese Entwicklung wurde lediglich kurzfristig durch den Zusammenbruch der Verwaltung und vieler Kontrollinstanzen im Laufe der 1966 von Mao Zedong initiierten „Kulturrevolution" unterbrochen.

Der extreme Abfall der Geburtenziffern seit 1970 endet schon im Jahre 1978, was zur Folge hat, daß das erklärte Planziel, die Bevölkerung bis zum Jahre 2000 nicht über 1,2 Milliarden Menschen anwachsen zu lassen, kaum mehr erreicht werden kann. Für diese Trendwende sind die in den Materialien M 4.1/35–36 dargestellten Widerstände der Bevölkerung gegen die Familienplanungspolitik verantwortlich.

Die Frage nach den Ursachen für den nur begrenzten Erfolg der antinatalistischen Politik Chinas schließt sich folgerichtig in der vierten Unterrichtsphase an (A 4.1/29–30). Dabei lenken die beiden Zeitungstexte (M 4.1/35–36) das Augenmerk der Schüler auf die in der Bevölkerungspolitik Chinas liegende Spannung zwischen deren verständlicher Zielsetzung auf der einen und den zu ihrer Durchsetzung angewandten restriktiven Maßnahmen auf der anderen Seite. Insbesondere für eine Beurteilung dieser Maßnahmen unter humanitären Gesichtspunkten ist die Einbeziehung aller Texte dieser Unterrichtseinheit erforderlich. Die Schüler lernen dabei, umfangreiche Materialien systematisch und zielgerichtet auszuwerten.

Zum Schluß der Unterrichtseinheit sollen die am Beispiel Chinas erarbeiteten Kenntnisse auf ihre Übertragbarkeit auf die übrigen Entwicklungsländer hin untersucht werden (A 4.1/31a,b). Dabei muß deutlich werden, daß die Durchsetzung einer rigorosen Bevölkerungspolitik nur bei einem ausgebauten, staatlich organisierten Überwachungssystem und einem hohen Anteil leicht kontrollierbarer städtischer Bevölkerung möglich ist. Diese Bedingungen sind jedoch in den übrigen Entwicklungsländern in noch geringerem Maße gegeben als im volkreichen kommunistischen China. Gerade das Beispiel China zeigt, daß nur von denjenigen Menschen eine gewisse Akzeptanz antinatalistischer Maßnahmen erwartet werden kann, die von einem funktionierenden System sozialer Sicherheit erfaßt sind. Der Aufbau eines Systems sozialer Absicherungen setzt jedoch Vollbeschäftigung, die Aufgabe der in den Entwicklungsländern weit verbreiteten Subsistenzwirtschaft und einen funktionierenden Verwaltungsapparat voraus, Bedingungen, die die Entwicklungsländer allenfalls im Bereich staatlicher Beschäftigung erfüllen.

Als ergänzende Literatur zur Bevölkerungsentwicklung und Bevölkerungspolitik Chinas sowie zu ihren sozialen und ökonomischen Aspekten sind vor allem die Arbeiten von *Dürr* (1983), *Keyfitz* (1984), *Scharping* (1985) und *Storkebaum* (1989) zu nennen.

Unterrichtsphasen	Stufe SI	Stufe SII	– Materialien (M) – Medien – Aufgaben (A)	– Unterrichtsformen – Sozialformen	Bedeutung und Ziele der Unterrichtsphasen
1. Bedeutung der weiteren demographischen Entwicklung Chinas für die Weltbevölkerungsexplosion	x	x	Rückgriff auf M 4.1/1–3 der Unterrichtseinheit 4.1.1	– Lehrerimpulse – Unterrichtsgespräch	– Einstieg – Hinführung zum Problem – Motivation
2. Kulturelle Tradition und sozioökonomische Entwicklung Chinas seit dem Ende der Kulturrevolution (1976)	x	x	M 4.1/31 a–e	– Hausaufgabe (Schülerbeiträge werden in den folgenden Unterrichtsphasen eingebracht)	– Erarbeitung von Grundkenntnissen für eine Beurteilung von Maßnahmen einer antinatalistischen Bevölkerungspolitik und deren Erfolgschancen
3. Maßnahmen der Geburtenregelung und ihre Auswirkungen auf die demographische Entwicklung Chinas	x	x	M 4.1/32–34 A 4.1/28	– Stillarbeit (Partnerarbeit)	– Erarbeitungsphase – Transferleistung und Lernzielkontrolle bei der Auswertung von M 4.1/32–33
4. Ursachen des begrenzten Erfolges der chinesischen Bevölkerungspolitik	x	x	A 4.1/29–30 M 4.1/35–37 Einbeziehung von M 4.1/31–34 Tafelbild	– Stillarbeit – Schülerbeiträge – Unterrichtsgespräch	– Problemvertiefung und -strukturierung – Erfassen der Fertilität als multikausal gesteuerten Prozeß – Ergebnissicherung
5. Möglichkeiten und Grenzen einer Übertragbarkeit der chinesischen Bevölkerungspolitik auf die übrigen Entwicklungsländer	x	x	A 4.1/31 a,b	– Diskussion	– Problemausweitung durch Übergang von exemplarischer zu globaler Betrachtungsweise

M 4.1/31: Texte zur kulturellen Tradition Chinas und zur wirtschaftlichen und sozialen Entwicklung des Landes nach der Kulturrevolution (seit 1976)

a) Konfuzianische Tradition

Der Philosoph Konfuzius (551–479 v. Chr.) versuchte, alte, religiös bestimmte Stammesideologien in sittlich-moralische Verhaltenslehren für das Volk umzusetzen. Seine Schüler verbreiteten seine Ideen, die bewirken sollten, die Einheit des Staates zu sichern, mit großem Erfolg. Im Verlaufe der Han-Dynastie (206 v. bis 220 n. Chr.) wurde der Konfuzianismus zur Staatslehre erhoben.

> Uralte Vorstellungen (Kinder als „Altersversorgung"; nur Söhne vollzogen den Ahnenkult) scheinen bis heute mehr oder weniger unbewußt wirksam geblieben zu sein.
> Die Chinesen sind ein asiatisches Volk mit einer eigenständigen Kultur. Das will besagen, daß sie anders leben, denken und handeln als wir Abendländer.
> Während bei uns seit den Tagen der Renaissance der Mensch sich zunehmend als Einzelwesen begreift und so oft Individualismus und Egoismus triumphieren, herrscht heute noch in weiten Teilen Asiens die Geborgenheit des „wir" im Schoß der Großfamilie, der Sippe. Wer stirbt, stirbt als anonymes Mitglied der Sippe: ein Platz wird leer, die Lücke ohne viel Aufhebens geschlossen. Wer wundert sich da noch, wenn ihm ein älterer Chinese mit heiterer Gelassenheit den für ihn schon bereitstehenden, schön lackierten Sarg zeigte? Wer Unehre über die Sippe brachte, wurde ausgestoßen — lebend zwar — „tot".
> Den Zusammenhalt der Sippe sicherte im alten China die konfuzianische Lebensordnung und der Ahnenkult. Der Sippenälteste opferte den Ahnen und ergänzte die Ahnentafeln. Er entschied über wirtschaftliche Belange und ordnete die Familienbeziehungen. Jedes Sippenmitglied war verpflichtet, zum Wohl des Ganzen beizutragen, war aber im Falle der Arbeitsunfähigkeit vor materieller Not geschützt.

aus: *Irrgang* 1979, S. 3

b) Landwirtschaftsreformen

> 80 Prozent der Bevölkerung Chinas leben auf dem Lande; ca. 73 Prozent aller Beschäftigten sind in der Landwirtschaft tätig, und ca. 63 Prozent befassen sich mit der Getreideproduktion. Die Landwirtschaft liefert einen beträchtlichen Teil der Rohstoffe für die Leichtindustrie. Nach 1957 war der Pro-Kopf-Konsum an Nahrungsmitteln abgesunken; erst 1975 konnte das Niveau von 1957 wieder erreicht werden…
> Der Führung war nicht verborgen geblieben, daß die Bauern auf ihren Privatparzellen vergleichsweise hohe Erträge erzielt hatten. Die Reform setzte denn auch folgerichtig am Eigeninteresse der Bauern an; im System der „Produktionsverantwortlichkeit" wurde die individuelle Leistung bei Feldarbeit und Betriebsführung zum Motor und Maßstab des Wirtschaftens gemacht. Seit 1978 wurde zunächst mit unterschiedlichen Vertragssystemen der Produktionsverantwortlichkeit experimentiert; das Ziel bestand darin, die am besten geeigneten Lösungen herauszufinden. Es bildeten sich zwei Grundtypen aus, nach denen heute mehr als 90 Prozent der Bauern wirtschaften.
> Beim *ersten Typ* wird beispielsweise einer Bauernfamilie oder einer größeren Einheit, z.B. einer Produktionsgruppe (bestehend aus 10 bis 12 Bauernfamilien), für eine bestimmte Zeit — zunächst waren fünf Jahre vorgesehen, im März 1984 wurde von 15 und mehr Jahren gesprochen — Land zur eigenverantwortlichen Bewirtschaftung zugewiesen. Die zugeteilte Landfläche richtet sich nach der Größe der Haushalte bzw. nach der Zahl der zur Verfügung stehenden Arbeitskräfte. Als Gegenleistung für die Landnutzung muß durchschnittlich ein Drittel der Ernte an die staatliche Agentur — meist vertreten durch eine Produktionsbrigade, der mehrere Produktionsgruppen verwaltungsmäßig unterstehen — zu einem staatlich festgesetzten Fixpreis geliefert werden. Ein weiterer Teil der Ernte soll als sogenannte Überquoten-Menge zu einem ausgehandelten Preis ebenfalls an den Staat verkauft werden, während der Rest auf freien Bauernmärkten nach marktwirtschaftlichen Regeln zu Knappheitspreisen abgesetzt wird…
> Der *zweite Typ* ist vor allem im Bereich der Intensivlandwirtschaft zu finden, wo hauptsächlich Gemüseanbau und Viehzucht betrieben werden. Da hier Klimaeinflüsse eine geringe Rolle spielen, haben die Verträge meist eine feste Ablieferungsmenge zum Inhalt. Mehr als 15,6 Millionen Bauernhaushalte — ca. 10 Prozent aller Bauernhaushalte des Landes haben sich inzwischen als sog. spezialisierte Haushalte (zhuanye hu) auf eine Güterart konzentriert und erzielen im allgemeinen weitaus höhere Einkommen als die normalen Haushalte…
> Die Bauern haben nun die weitgehende Freiheit, Anbaumethoden, Arbeitsorganisation usw. selbst zu bestimmen. Es können jetzt auch Produktionsmittel, z.B. Traktoren, als Privateigentum erworben werden.

Die Freisetzung der Eigeninitiative hat die Produktion und das Einkommen der Bauern stark ansteigen lassen. Während das jährliche Pro-Kopf-Einkommen der Bauern 1978 noch durchschnittlich 134 Yuan betrug, war es 1982 schon auf 200 Yuan gestiegen. Allerdings scheint sich die ungleichmäßige Verteilung der Einkommen auf dem Lande zu verschärfen.

aus: *Louven* 1985, S. 68 ff.

c) Industriereformen

Auch in der Industrie ist das System der Produktionsverantwortlichkeit eingeführt worden mit dem Ziel, eine bessere Effizienz zu erreichen. Die Anbindung der Entlohnung der Arbeiter und Angestellten an das Produktionsergebnis soll zu einer besseren Nutzung der Ressourcen, zu höherer Arbeitsproduktivität und gesamtwirtschaftlich zu besseren Ergebnissen führen.

Nach dem alten Wirtschaftssystem wurden die erzielten Überschüsse — die Gewinne — an den Staat abgeführt, der den Betrieben seinerseits Fondsmittel für Investitionen und Umlaufkapital zuwies. Das neue System arbeitet im Prinzip mit Steuerabgaben der Betriebe für die staatlichen Aufgaben. Die nach Abzug der Steuern verbleibenden Gewinne können nach der freien Entscheidung der Betriebe auf die verschiedenen Fonds für Investitionen, Soziales und Prämien für die Arbeiter aufgeteilt werden...

Da die Städte als Zentren von Wirtschaft, Politik, Wissenschaft, Technik, Kultur und Erziehung angesehen werden, in denen die sozialistische Modernisierung eine führende Rolle spielt, komme deren schneller Entwicklung entscheidende Bedeutung zu.

aus: *Louven* 1985, S. 68 ff.

d) Sozialwesen

Konkret wirken sich die direkten und indirekten Einkommensunterschiede zwischen den verschiedenen Teilen der chinesischen Bevölkerung auch auf dem Gebiet der sozialen Leistungen besonders deutlich aus. Die vielfältigen Beschreibungen, die man in der Vergangenheit zu Chinas „Errungenschaften" lesen konnte, litten zumeist darunter, daß sie die Versorgung der zum staatlich-wirtschaftlichen Bereich gehörenden städtischen Bevölkerung mit dem Zugang der gesamten chinesischen Bevölkerung zu den sozialen Einrichtungen verwechselten. Die in folgendem aufgezählten Leistungen gelten also ausschließlich für jene 15 Prozent der Bevölkerung, die von den staatlichen Arbeitern und Angestellten sowie ihren Familienangehörigen gestellt wird:

1. Leistungen bei Geburt und Schwangerschaft: Zuteilung leichter Arbeit vom 7. Schwangerschaftsmonat an; Mutterschaftsurlaub von 56 bis 70 Tagen, je nach Schwierigkeit der Geburt; volle Lohnfortzahlung während der Zeit erleichterter Arbeit bzw. des Mutterurlaubs; nach Wiederaufnahme der Arbeit keine Schwer- bzw. Nachtarbeit für sieben weitere Monate.
2. Leistungen bei Krankheit: Kostenlose ärztliche Betreuung, Behandlung, Medikamentenstellung und Krankenhausaufenthalt für arbeitende Familienmitglieder; 50 Prozent Kostenerstattung für abhängige Familienangehörige, falls der Kostenselbstbeitrag die Zahlungsfähigkeit der Familie übersteigt, wird ein Zuschuß aus einem spezifischen Gewerkschaftsfonds gezahlt, was u.a. den Beitritt zur Gewerkschaft attraktiv macht. Bei Krankheitsdauer bis zu sechs Monaten 60 bis 100 Prozent Lohnfortzahlung, danach Krankengeld von 40 bis 60 Prozent der ehemaligen Lohnhöhe aus dem bereits erwähnten Versicherungsfonds der Gewerkschaft.
3. Leistungen bei Invalidität: Invaliditätsrente von 40 Prozent des Lohns bzw. 60 Prozent bei Arbeitsunfall.
4. Leistungen im Sterbefall: Zahlung von drei Monatsgehältern an die Familie sowie 25 bis 50 Prozent der Lohnsumme bis zum Selbstversorgungsalter abhängiger Personen bei Arbeitsunfall, ansonsten sechs bis zwölf Monatsgehälter.
5. Leistungen der Altersrente: Pensionsalter für Männer 60 Jahre bei Mindestlebensarbeitszeit von 25 Jahren, bei Frauen 50 Jahre bei Mindestlebensarbeitszeit von 20 Jahren; Höhe der Altersrente 50 bis 70 Prozent des Lohns.
6. Arbeitszeit und Urlaub: 6-Tage-Woche mit 48 Arbeitsstunden, kein Jahresurlaub mit Ausnahme von fünf zusammenhängenden Feiertagen; Gewährung von zwei bis drei Wochen Jahresurlaub bei beruflich bedingter Trennung von Ehepartnern.

Im Gegensatz zur sozialen Sicherheit der staatlich-wirtschaftlichen Sphäre ist die Wohlfahrt im ländlichen Bereich lückenhaft. Zwar gibt es Ansätze zum sozialen Versorgungsprinzip, aber die Leistungen müssen von den ländlichen Kollektiven selbst getragen werden, d.h. sie sind direkt von deren wirtschaftlicher Leistungsfähigkeit abhängig, so daß in den ärmsten Gebieten des Landes die Leistungen am niedrigsten sind. Darüber hinaus hat sich während der letzten Jahre aufgrund der Einführung der einzelwirtschaftlichen Produktionsverfahren auch in bessergestellten ländlichen Einheiten das Bewußtsein für die Notwendigkeit sozialer Leistungen verringert. An die Stelle der Kollektive ist wieder verstärkt die Familie als soziales Auffangnetz getreten. Unter diesen Umständen ist es verständlich, wenn das Leistungsmaß sozialer Art insgesamt gesunken ist.

aus: *Machetzki* 1985, S. 82 f.

e) Bevölkerungsproblematik

Die größte Gegenwarts- und Zukunftsherausforderung Chinas liegt, verkürzt ausgedrückt, in dem Gegensatz einer seit Jahrzehnten rasch wachsenden Bevölkerung und den nur mühsam zu erweiternden Grundlagen ihrer Versorgung. Das Ausmaß der Problems wird deutlich, wenn man sich daran erinnert, daß die vorletzte Verdoppelung der chinesischen Bevölkerung von 270 Millionen (1770) auf 540 Millionen (1950) 180 Jahre dauerte, während sich die letzte Verdoppelung auf über eine Milliarde Menschen in nur 30 Jahren vollzog…

Zudem hat sich das Wachstum der ländlichen Bevölkerung während der letzten zwei bis drei Jahre wiederum beschleunigt, so daß für die nächsten Jahre mit einem jährlichen Zuwachs von rd. 15 Millionen Menschen zu rechnen ist. Unter diesen Umständen scheint das bevölkerungspolitische Ziel der chinesischen Führung, das Wachstum der Bevölkerung bis zum Jahr 2000 bei 1,2 Milliarden zum Stillstand zu bringen, kaum noch erreichbar. Alle wichtigen Trends deuten darauf hin, daß die stationäre Endbevölkerung eher bei 1,5 Milliarden liegen dürfte. Das heißt, die chinesische Landwirtschaft, die Konsumgüterindustrie, Handel und Gewerbe und andere Dienstleistungsbereiche müssen ihre gegenwärtige Leistung noch einmal um rund 50 Prozent steigern, um pro Kopf der Bevölkerung auch nur den jetzigen Standard zu halten. Das macht in der Getreideerzeugung allein knapp 200 Millionen Tonnen aus, eine notwendige Mehrleistung, die z.B. annähernd der gesamten Ernte der Sowjetunion entspricht…

Aufgrund der tatsächlichen Entwicklung ist die chinesische Führung in ihrer Zielsetzung wirklichkeitsbewußter geworden. Zur Zeit spricht sie nur noch davon, das Bevölkerungswachstum soweit als möglich zu verringern. Die Möglichkeiten, auf die Bevölkerung einzuwirken, sind naturgemäß unterschiedlich.

aus: *Machetzki* 1985, S. 88 f.

M 4.1/32: Bevölkerungsentwicklung in China 1950–1990

M 4.1/33: Altersaufbau der Bevölkerung Chinas 1990

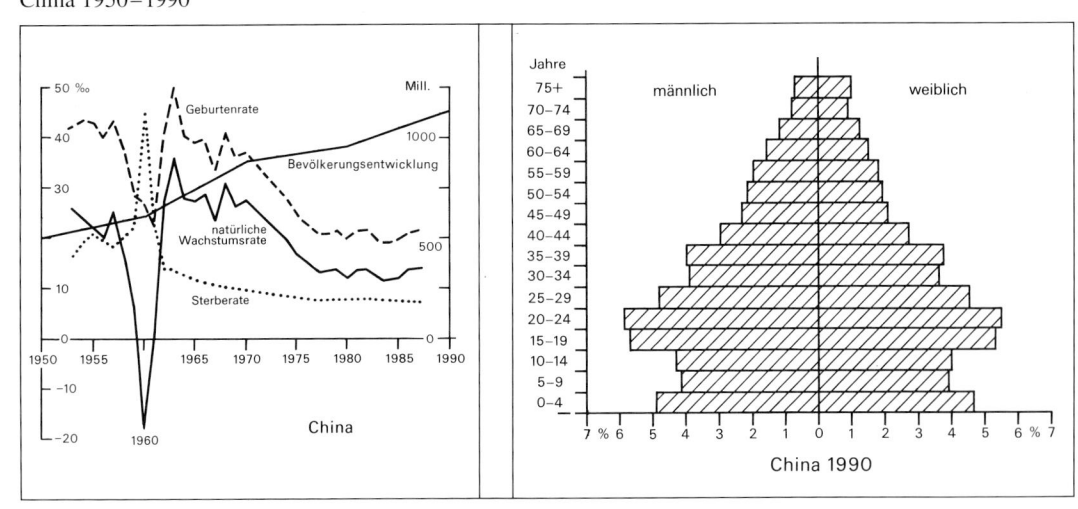

Entwurf: *H. D. Laux;* Datenquellen: *Banister* 1984; *Feeney* u.a. 1989; *Tien* 1983, 1991

Entwurf: *H. D. Laux;* Datenquelle: *Zachariah/Vu* 1988

M 4.1/34:

Chinas Politik der Ein-Kind-Familie

Die Geburtenkontrolle gehört in China seit 1971 zu den vorrangigen nationalen Anliegen, als die Regierung ein neues Programm verabschiedete, um ein späteres Heiratsalter, längere Abstände zwischen den Geburten und eine geringere Kinderzahl zu fördern. In den späten siebziger Jahren wurde deutlich, daß das Bevölkerungswachstum in Anbetracht der großen Zahl von Frauen, die als Folge früherer hoher Geburten- und sinkender Sterbeziffern ins gebärfähige Alter kamen, selbst bei Einhaltung der „Zwei-Kinder-Familien-Norm" nicht genügend stark zurückgehen würde, um das nationale Ziel einer Bevölkerung von 1,2 Milliarden bis zum Jahre 2000 einzuhalten. Im Jahre 1979 führte man in der Provinz Szechwan Maßnahmen ein, durch die verheiratete Paare überzeugt werden sollten, sich jeweils nur ein Kind zuzulegen.

China verfügt über das umfassendste Arsenal an Anreizen und Sanktionen, die (erst unlängst) auf die Förderung der nationalen Bevölkerungspolitik und in den meisten Provinzen auch auf die Ein-Kind-Familie zugeschnitten wurden. Seit den frühen siebziger Jahren haben Frauen, die sich verschiedenen Arten von fruchtbarkeitsbeeinflussenden Operationen unterziehen, Anspruch auf bezahlten Urlaub: in städtischen Gebieten 14 Tage bei einer Schwangerschaftsunterbrechung, 10 Tage bei Tubenligatur, 2 bis 3 Tage bei Einsetzung oder Entfernung von Spiralen und im Falle einer postnatalen Sterilisation 7 Tage zusätzlich zu den regulären 56 Tagen an bezahltem Mutterschaftsurlaub. Seit 1979 hat die Zentralregierung jedes Gebiet und jede Provinz wiederholt ermuntert und sogar aufgefordert, eigene Anreize und Sanktionen einzuführen. So gewährt Szechwan heute jeder Ein-Kind-Familie eine monatliche Unterstützung von 5 Yuan (oder 8 Prozent des wöchentlichen Durchschnittslohns eines Arbeiters), bis das Kind 14 Jahre alt ist. Das Kind wird später bevorzugt zu den Schulen zugelassen und vorrangig bei der Vergabe von Fabrikarbeitsplätzen berücksichtigt. In den ländlichen Gegenden von Yünan erhalten die Eltern mit nur einem Kind bis zu dessen 14. Lebensjahr eine jährliche Prämie sowie ein Stück Land zur privaten Nutzung und Baulandparzellen, die für eine Zwei-Kind-Familie ausreichen. In einigen städtischen Gegenden werden dem Einzelkind Nahrungsmittelrationen für Erwachsene zugeteilt. Die meisten Fabriken und andere Arbeitseinheiten bevorzugen bei der Zuteilung knapper Wohnungen Ein-Kind-Familien. In einigen Fällen werden Ansprüche auf medizinische Versorgung und Schulerziehung vorrangig jenen Eltern eingeräumt, deren einziges Kind ein Mädchen ist — ein Weg, über den die Regierung die Vorliebe für Söhne zu überwinden hofft.

Übermäßige Fruchtbarkeit wird in den einzelnen Gebieten Chinas ebenfalls durch unterschiedliche Sanktionen geahndet. In einigen Regionen müssen Paare, die ein zweites Kind bekommen, sämtliche für das erste Kind erhaltenen Vergünstigungen zurückgeben. Ein Ehepaar, das ein zweites Kind haben will, muß unter Umständen für dieses Privileg zahlen. (In einer Brigade in Peking, die von ausländischen Forschern beobachtet wurde, waren verschiedene Ehepaare bereit, für ein zweites Kind mehr als das doppelte des jährlichen kollektiven Einkommens zu zahlen, das an jedes Brigademitglied verteilt wurde.) In anderen Fällen müssen Eltern für Getreide, das sie für ein zweites Kind kaufen, das unter dem Geburtenplanungsprogramm nicht bewilligt war, höhere Preise entrichten. Einige Gebiete und Provinzen erheben nur für das dritte und alle weiteren Kinder Steuern, die bis zu 10 Prozent des Familieneinkommens ausmachen können. Ähnlich erhalten Mütter beim dritten Kind manchmal keinen bezahlten Mutterschaftsurlaub, und die Eltern müssen unter Umständen für die medizinischen Kosten aufkommen.

aus: *Weltbank* (Hg. 1984), Washington D.C., S. 144 u. 207

Aufgabe

A 4.1/28: Untersuche, in welchem Maße es der VR China gelungen ist, durch die vom Staate gesteuerte Familienplanung das Problem der Bevölkerungsexplosion unter Kontrolle zu bringen!

M 4.1/35:

Chinas Bauern halten nichts von der „Ein-Kind-Familie"
Ein neuer Babyboom bereitet der Regierung in Peking Sorgen

VON U. M. MENZE

Die Pekinger Regierung schlägt wieder Alarm. Sie sorgt sich um die neuerliche Bevölkerungsexplosion und sieht in entsprechenden Gegenstrategien eine ihrer wichtigsten Aufgaben. Das Wachstumstempo im weiten Reich der Mitte ist in der Tat erschreckend.

1985 nahm die Zahl der Chinesen um 11,3 Millionen, letztes Jahr um 14,8 Millionen zu, und 1987 werden es — entsprechend der jüngsten Prognose — voraussichtlich sogar 16 Millionen sein. Wenn das so weitergeht, hieße das: Jedes Jahr wächst China um „ein Australien"! Dagegen fällt selbst der Zuwachs im „konkurrierenden" Indien (jährlich zwischen 14 bis 15 Millionen) zurück.

Beginn unter Mao

Dabei waren Chinas Familienplaner davon überzeugt, daß sie den richtigen Weg zu einer gemäßigten Entwicklung gefunden hatten. Die Vereinten Nationen bestärkten sie 1983 in ihrer Überzeugung durch die Verleihung des „UN-Bevölkerungspreises". Es galt ja nicht zuletzt als chinesisches Verdienst, daß die Weltbevölkerung jährlich „nur" noch um zwei Prozent anstieg. Chinas Bevölkerungspolitik hatte immerhin 200 Millionen Geburten verhindert.

Chinas Bemühungen, als führendes Land der Dritten Welt auch in der Familienplanung eine Vorreiter-Rolle zu spielen, waren Anfang der 70er Jahre noch unter Mao begonnen worden, der allerdings früher für seine gigantischen Pläne nie genug Arbeitskräfte haben konnte. Nach neuen Einsichten billigte der greise Vorsitzende dann erste Kampagnen der Familienplanung. Sie bestand aus zwei Hauptteilen: Spätheirat und Geburtenkontrolle.

Männer sollten nicht vor dem 25., Frauen nicht vor dem 23. Lebensjahr heiraten. Millionen zunächst wenig qualifizierte „Berater" suchten ihre Landsleute über die Vorteile der kleinen Familie aufzuklären. Während einer China-Reise im Sommer 1973 konnte man erfahren, daß allein in Peking 15 000 Kontrolleure ständig unterwegs waren, um den Frauen klarzumachen, wie schlecht es sei, mehr als zwei oder gar drei Kinder zu haben.

Verstärkte Aufklärung, erheblich verbesserte Hygiene und wachsendes Bildungsniveau schienen den Anstieg der Bevölkerung auf ein halbwegs erträgliches Maß zu drücken.

1979 führte der Modernisierer Deng Xiaoping in großangelegten Kampagnen die Ein-Kind-Familie ein. Die Geburtenkontrolleure versuchten, ihre Richtlinien rücksichtslos durchzusetzen. Man half nach mit massenhaften Abtreibungen. Das machte zwar böses Blut in Washington, ließ aber die Zuwachsrate auf ein Prozent absinken.

Doch es zeigte sich, wie schwer die Verhaltensweisen der Menschen vorausberechenbar und veränderbar sind, auch gerade beim größten Volk der Erde. Für viele Chinesen — besonders auf dem Lande — galt offenbar noch immer die alte Maxime: „Viele Kinder bringen viel Glück".

Die reformfreudigen Herrscher Chinas wollten — soweit möglich — Zwang durch Freiwilligkeit, kollektive Entscheidung durch Eigeninitiative ersetzen. Das führte allerdings nicht überall zum Erfolg. In der Bevölkerungspolitik brachte es viele neue Probleme. 1981 hob der Volkskongreß ein „progressives Ehegesetz" aus der Taufe. Nun konnten Männer ab 22, Frauen ab 20 heiraten. Sofort gab es einen Anstieg der Geburten.

Um die Leute nicht zu verprellen, durchlöcherten die Reformpolitiker zum Kummer der Experten die selbstgemachten Regeln der Eindämmung der Bevölkerungsexplosion. Sie ließen immer mehr Ausnahmen zu. Bei einem kranken Kind oder in schwierigen Bergregionen durften viele Familien wieder zwei oder gar drei Kinder haben. Für die 60 Millionen zählenden nationalen Minderheiten galt ohnehin schon lange eine großzügige Auslegung der Familienplanung.

Unterschätzt wurde zudem der Erfindungsreichtum chinesischer Bauern, wenn es heißt, den Geburtenkontrolleuren ein Schnippchen zu schlagen und für viele helfende Hände in der Familie zu sorgen.

Scheidung zum Schein

Eigene Kinder werden als „Pflegekinder" ausgegeben, oder Eheleute lassen sich formal scheiden, damit jeder Teil ein oder zwei Kinder mitnehmen kann. Nach der Kontrolle vereinigen sich die Paare wieder in „wilder Ehe".

aus: *Bonner Rundschau,* 9. September 1987

M 4.1/36:

Drachensöhne kommen so ungelegen wie nie

Steigende Geburtenziffern bedrohen Chinas Wirtschafts- und Ernährungsmöglichkeit

VON EDGAR BAUER

Peking. Für Chinas Geburtenplaner konnte es schlimmer nicht kommen: Nach dem chinesischen Mondkalender steht das „Jahr des Drachens" vor der Tür, und das, so glauben die Chinesen, bringt eine besonders gesunde, kräftige, kluge und tüchtige Nachkommenschaft hervor. Die wohlgeplanten „Longzi" („Drachensöhne") und „Longsun" („Drachenenkel"), wie die Kinder erfüllten Familienlebens im Volksmund heißen, kommen jedoch ungelegen wie nie zuvor in der Geschichte der Volksrepublik.

Die jüngsten Geburtenziffern haben die Politiker in Peking aufgeschreckt: Chinas Bevölkerung ist trotz restriktiver Geburtenkontrolle wieder alarmierend angewachsen. Mit knapp 15 Millionen Chinesen mehr lag der amtlich registrierte Zuwachs 1987 noch deutlicher als im Jahr davor über dem Soll...

Viele der rund 800 Millionen Landbewohner — auf sie kommt es bei der Statistik vor allem an — halten sich, folgt man chinesischen Zeitungsberichten, nicht mehr an die unpopuläre Einer-Regel, sofern der Himmel sie zunächst mit einer Tochter „gestraft hat". Für die gewünschte männliche Nachkommenschaft nutzen Dorfkader ihre Stellung und Beziehungen, gefälschte Dokumente und Bestechungen sind an der Tagesordnung. Reiche Bauern zahlen für überzähligen Nachwuchs bereitwillig Strafen, wenn sie sich damit einen Stammhalter „erkaufen" können. Unerwünschte Mädchen werden immer noch ertränkt, ausgesetzt oder sterben den Hungertod.

Was schon zu Konfuzius' Zeiten die Familienstruktur bestimmte, gilt auf dem Land auch heute wieder: Mehr Söhne bedeuten mehr Glück und die Erfüllung der Daseins-Pflichten gegenüber den Ahnen. Eine Tochter hingegen ist zu nichts nutze, sie zählt nicht einmal als richtiges Familienmitglied, da sie mit der Heirat das Elternhaus verlassen wird. Und für eine Mutter ist es „schlimmer als der Tod, keinen Jungen zur Welt zu bringen".

Nach wie vor gibt es für die meisten chinesischen Bauern keine Rente, so daß Söhne weiter als beste Altersversorgung angesehen werden. Und seit Zulasssung der privaten Bewirtschaftung im Zuge der Reformpolitik bedeuten mehr Kinder auch wieder mehr Arbeitskräfte. Dem Einer-Ideal entsprechen so auf dem Land gegenwärtig nur 14 Prozent der Familien. Rund 40 Prozent der Landfrauen haben nach offiziellen Statistiken in den vergangenen Jahren drei und mehr Kinder zur Welt gebracht. Ins Gewicht fällt weiter, daß etwa 20 Prozent der Paare auf dem Land sich nicht an das legale Mindestheiratsalter von 22 Jahren (Männer) und 20 Jahren (Frauen) halten.

Zu einer immer größeren Lücke im Netz der Geburtenkontrolle ist jüngst ein neues Phänomen geworden: Schwangere Frauen reisen zu heimlichen Geburten Tausende von Kilometern. Sie hausen unter Zeltplanen am Straßenrand, unter Brücken oder auch auf Dächern, „sichere Häfen für planlose Geburten", kritisiert die Volkszeitung. Chinas Geburten-Flüchtlinge nehmen das illegale Nomadenleben ohne „Hukou" (Aufenthaltserlaubnis) auf sich, um in einer anderen Stadt oder einer entfernten Provinz unter unhygienischen Umständen, aber ohne Zugriff der Behörden „Hei Haizi" („Schwarze Kinder") zur Welt zu bringen. Die Zeitung „Wenzhai" sprach in Abwandlung der florierenden Wirtschaftssonderzonen von regelrechten „Geburtssonderzonen".

Chinas Regierung hat diesen Auswüchsen jetzt den Kampf angesagt. (dpa)

aus: *Bonner Rundschau,* 13.2.1988

M 4.1/37: Vergleich der Geburten- und Sterberaten im ländlichen und städtischen Raum der Volksrepublik China
aus: *Stadelbauer,* 1984, S. 568

Aufgaben

A 4.1/29: Nach Berechnungen der Weltbank wird die Bevölkerung Chinas, die nach den Volkszählungsergebnissen von 1982 bei 1008 Mio. lag, bis zur Jahrhundertwende um jährlich etwa 1 % auf 1196 Mio. Einwohner anwachsen. Diese Prognose dürfte aufgrund des derzeitig zu beobachtenden Babybooms sogar noch zu niedrig angesetzt sein.
Wie ist diese weitere Bevölkerungszunahme zu erklären?

A 4.1/30: Beurteile die Ziele der chinesischen Bevölkerungspolitik und die Maßnahmen, die zur Senkung der Geburtenziffern ergriffen wurden!

> **A 4.1/31:** Der Rückgang der Geburtenrate in den Industrieländern hing eng mit den wirtschaftlichen und sozialen Veränderungen zusammen, die durch die Industrialisierung verursacht wurden. Der Wille, die Familie klein zu halten, war in diesen Ländern somit eine vielschichtige Reaktion der Menschen auf die veränderte wirtschaftliche und soziale Situation.
> a) Überlege, ob in den Entwicklungsländern eine Geburtenregelung allein ein geeignetes Instrument zur Überwindung der Bevölkerungsexplosion sein kann!
> b) Überlege, in welchem Maße der Erfolg einer antinatalistischen Bevölkerungspolitik von den politischen und sozialen Bedingungen eines Landes bestimmt wird!

4.1.7 Ökonomische, soziale und sozialpolitische Konsequenzen der Bevölkerungsentwicklung in der Bundesrepublik Deutschland

In dieser Unterrichtseinheit sollen am Beispiel der Bundesrepublik Deutschland Ursachen und Folgen des Bevölkerungsrückgangs untersucht werden, eine demographische Situation, die sich für einen Teil der Industrieländer während der posttransformativen Phase einstellte (vgl. Kap. 3.1.1). Der Bevölkerungsrückgang weist einige grundsätzliche Parallelen zur Bevölkerungsexplosion in den Entwicklungsländern auf, da auch sie zu einer Verschiebung der Altersstruktur zuungunsten des wirtschaftlich aktiven Bevölkerungsteils führt und das ökonomische und soziale System eines Staates belastet.

Während der ersten Unterrichtsphase wird es darauf ankommen, Ablauf und demographische Zusammenhänge des Geburtendefizites zu klären (A 4.1/32, M 4.1/38–41, M 4.1/7). Dabei muß deutlich werden, daß der für das Absinken der Geburtenrate seit Beginn der 60er Jahre oft verwendete Begriff „Pillenknick" die komplexen demographischen und sozioökonomischen Ursachen des Bevölkerungsrückgangs nicht erfaßt. So müssen demographische Ursachen wie die Veränderungen des Heiratsalters, der Eheschließungs- und Scheidungsraten ebenso in die Beurteilung der Bevölkerungsentwicklung einbezogen werden wie der den Bevölkerungsrückgang überlagernde Wanderungsgewinn (vgl. Tafelbild). Während die demographischen Komponenten des Fertilitätsrückgangs in ihren kausalen Bezügen leicht zu überblicken sind, stellen die sozialen und ökonomischen Ursachen ein weitgefächertes und schwer bewertbares Feld ineinandergreifender Bewertungskriterien dar.

Der in M 4.1/42 zusammengestellte umfangreiche Katalog möglicher positiver und negativer Einstellungen der Bevölkerung zu Kindern soll den Schülern die Komplexität der soziokulturellen und ökonomischen Determinaten des Fertilitätsrückgangs verdeutlichen und sie zu einer vertieften Diskussion anregen (A 4.1/33). Wichtig ist die Erkenntnis, daß nicht nur ökonomische Gründe für den Geburtenrückgang verantwortlich gemacht werden können. Somit wird eine Bevölkerungspolitik, die eine Erhöhung der Kinderzahl allein auf der Grundlage ökonomischer Anreize anstrebt, nur wenig erfolgversprechend sein. Vor allem das veränderte Selbstbewußtsein der Frau, das wachsende Streben der Menschen nach Freiheit, Unabhängigkeit und Teilnahme am gesellschaftlichen Leben aber auch die Furcht vor den wachsenden Problemen bei der Kindererziehung sind mit ökonomischen Mitteln kaum zu beeinflussen.

In der dritten Unterrichtsphase erhalten die Schüler einen vertieften Einblick in die demographischen Zusammenhänge der Fertilität einer Bevölkerung und erfahren, warum Bevölkerungsprognosen über vier Jahrzehnte hin möglich und relativ zuverlässig sind (M 4.1/44, A 4.1/34 a,b).

Diese Erkenntnisse bilden die Grundlage für die nachfolgende Beurteilung des Wandels der Altersstruktur bis zum Jahre 2030 (M 4.1/43, A 4.1/35). Dabei sollte zumindest bei Schülern der Sekundarstufe II die langfristige Eigendynamik der Bevölkerungsentwicklung thematisiert werden. So kann der momentan zu beobachtende Anstieg der Geburtenrate nicht als Zeichen einer Trendwende gewertet werden, da er überwiegend die um eine Generation verschobene Folge des Babybooms der sechziger Jahre darstellt. In dieser Phase bietet sich der Einsatz weiterer, die Ursachen der Überalterung darstellender Materialien an: Abb. 2.1.2/1–3 und Abb. 2.1.4/1.

In A 4.1/36 a werden die Schüler aufgefordert, sich entsprechend ihres Geburtsjahrganges in die heutige und für das Jahr 2030 prognostizierte Altersgliederung der Bevölkerung einzuordnen. Hierdurch verbindet sich die Analyse der aus der Überalterung der Bevölkerung zu erwartenden wirtschaftlichen und sozialen Probleme (M 4.1/45–46, A 4.1/36–38) für die Schüler mit der Frage nach ihren eigenen, sozialen und wirtschaftlichen Zukunftsaussichten.

Für den Unterricht in der Sekundarstufe II besteht die Möglichkeit, die bisher erarbeiteten Erkenntnisse über Ablauf und Folgen der Bevölkerungsimplosion in der Bundesrepublik Deutschland genauer zu untersuchen (M 4.1/47, A 4.1/39). Hierfür kann auf gut erreichbare Materialien zurückgegriffen werden, die die Gesamtzahlen über die zukünftige Bevölkerungsentwicklung nach Altersgruppen und siedlungsstrukturellen Gebietstypen aufschlüsseln (vgl. *Haubrich* 1987, S. 510 f. und Raumentwicklungsberichte). Die sozialen und wirtschaftlichen Probleme einer Überalterung der Bevölkerung können so in ihrer räumlichen und zeitlichen Entwicklung untersucht und verglichen werden. Eine solche differenzierte Untersuchung liefert Einblicke in Aufgaben und Probleme zukünftiger Raumplanung.

Unterrichtsphasen	Stufe SI	Stufe SII	– Materialien (M) – Medien – Aufgaben (A)	– Unterrichtsformen – Sozialformen	Bedeutung und Ziele der Unterrichtsphasen
1. Demographische Ursachen der Bevölkerungsentwicklung in der Bundesrepublik Deutschland	x	x	A 4.1/32 M 4.1/38–41 u. Rückgriff auf M 4.1/7 Ergebnissicherung (Tafelbild)	– Stillarbeit (Partnerarbeit) – Schülervorträge – Unterrichtsgespräch	– Einbeziehung von Heiratsverhalten, Ehescheidungsraten u. Wanderungssalden in die Beurteilung der Bevölkerungsentwicklung
2. Ursachen des Geburtenrückgangs in der Bundesrepublik Deutschland	x	x	M 4.1/42 A 4.1/33	– Partnerarbeit – Diskussion	– Problemstrukturierung: Unterscheidung zw. Mittel u. Ursache des Geburtenrückgangs – Problemlösung: Fruchtbarkeitsverhalten als Ergebnis komplexer sozioökonomischer Entscheidungsprozesse
3. Bevölkerungsprognose für die Bundesrepublik Dtld. bis zum Jahre 2030 — Erstellung u. Sicherheit der Prognose	x	x	M 4.1/43–44 A 4.1/34	– Stillarbeit – Schülerbeiträge – Unterrichtsgespräch	– Problemvertiefung: Aussagekraft von Bevölkerungsprognose – Textanalyse – Entwicklung analytischen Denkens
4. Veränderung der Altersstruktur bis zum Jahre 2030 und ihre Folgen	x	x	M 4.1/43, M 4.1/45–46 A 4.1/35–38	– Unterrichtsgespräch – Diskussion	– Entwicklung einer kritischen Haltung durch persönliche Betroffenheit
5. Regionale Differenzierung der künftigen Bevölkerungsveränderungen u. ökonomische u. soziale Folgen für Stadt und Land		x	M 4.1/47 A 4.1/39	– Partnerarbeit – Schülerbeiträge – Diskussion	– Übertragung der demographischen Entwicklung und deren Folgen auf den Raum

M 4.1/38: Komponenten der Bevölkerungsentwicklung in der Bundesrepublik Deutschland seit 1950 = Tab. 3.1.1/1

M 4.1/39: Indikatoren zur Entwicklung des Heiratsverhaltens in der Bundesrepublik Deutschland seit 1950 = Tab. 3.1.1/4

M 4.1/40: Entwicklung der Geburten-, Sterbe- und Heiratsrate in der Bundesrepublik Deutschland seit 1950 = Abb. 3.1.1/1

M 4.1/41: Entwickung der Haushaltsgröße in Deutschland seit 1900

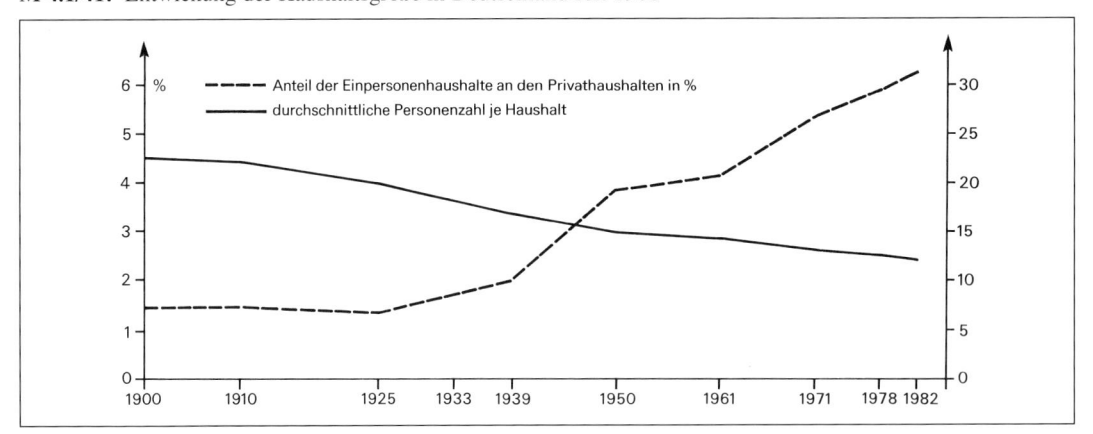

Entwurf: *G. Kirchlinne;* Datenquelle: *Statistisches Bundesamt,* Statistische Jahrbücher der Bundesrepublik Deutschland, diverse Jahrgänge

Aufgabe

A 4.1/32: Untersuche die Bevölkerungsentwicklung der Bundesrepublik Deutschland und stelle die demographischen Ursachen und Zusammenhänge zur Erklärung dieser Nachkriegsentwicklung in einem Kausalschema zusammen!

Tafelbild (Ergebnissicherung)
Demographische Ursachen des Bevölkerungsrückgangs in der Bundesrepublik Deutschland

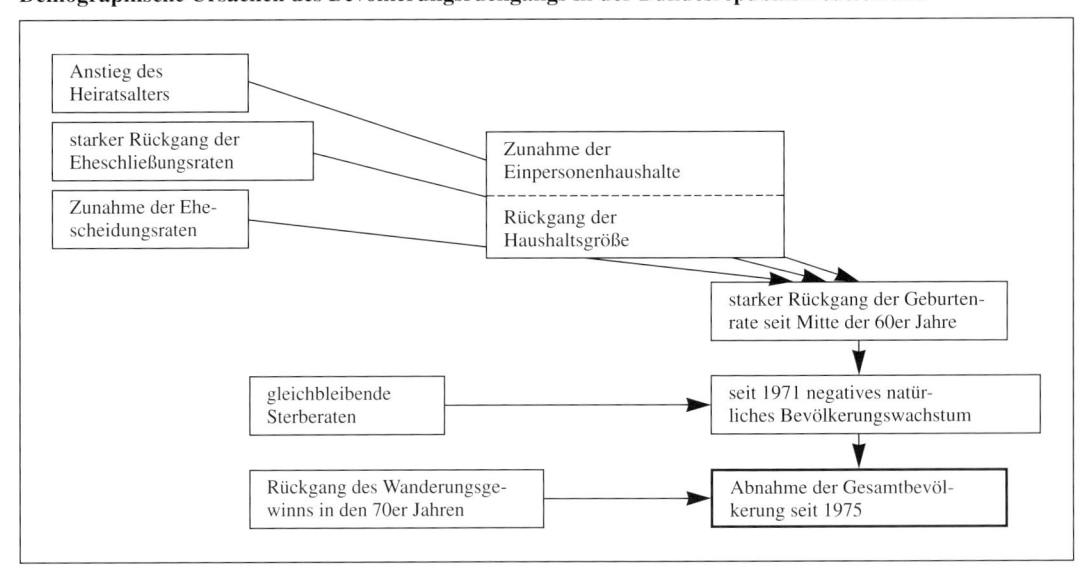

M 4.1/42: Zusammenstellung möglicher Vor- und Nachteile in der Einstellung zu Kindern

Von Kindern zu erwartende Vorteile:

a) Emotionale Gründe
– Gemeinschaft, keine Einsamkeit
– Liebe, Zuneigung
– Spiel, Spaß mit Kindern, keine Langeweile
– Ablenkung vom Leistungsdruck und von Problemen
– Einzigartigkeit, Besonderheit der Eltern-Kind-Beziehung
– Verlangen, für Kinder zu sorgen
– Freude am Heranwachsen, an der Entwickung der Kinder
– Möglichkeit zu lehren, zu lenken, Werte zu vermitteln
– Stolz auf die Leistungen der Kinder
– Beweis der Fruchtbarkeit, der Männlichkeit, der Weiblichkeit
– Zufriedenheit über die eigene Fähigkeit, Kinder zu erziehen

b) Wirtschaftlicher Nutzen, Sicherheit
– Hilfe im Haushalt, bei Familienpflichten
– Hilfe im Familienunternehmen, auf dem Bauernhof
– Wirtschaftliche Hilfe im Alter, Gemeinschaft, Fürsorge
– Kinder als Erben, Übertragung des Familienbesitzes
– Vermehrung des Einflusses, der Macht der Familie

c) Soziale und religiöse Einflüsse
– Kinder als Vorteil für die Gesellschaft
– Kinder als Grund für bzw. als Erfüllung der Ehe
– Kinder als Sinn des Familienlebens
– Fortführung des Familiennamens und der Familientradition
– Vermehrung des Ansehens der Familie
– Übereinstimmung mit religiösen Normen
– Ablehnung der Schwangerschaftsverhütung

Von Kindern zu erwartende Nachteile:

a) Emotionale Belastungen
– Verantwortung, die sich aus der Elternschaft ergibt
– Gesundheitsprobleme von Kindern
– Sorge um Erfolg und Glück der Kinder in der Zukunft
– Sorge um Erfüllung der Wünsche von Kindern
– Lärm, Unordnung, Störung
– Sorge vor allgemeinen Erziehungsproblemen
– Sorge vor Uneinigkeit über Erziehungsfragen

b) Wirtschaftliche Belastungen
– Kosten der Kindererziehung
– Zu geringe finanzielle Entlastung durch Kindergeld und steuerliche Vergünstigungen
– Hohe Kosten für schulische und berufliche Ausbildung
– Verzicht auf größere Anschaffungen
– Teilweise oder völlige Aufgabe der beruflichen Tätigkeit eines Ehepartners
– Einschränkung des beruflichen Engagements, der Karriere
– Sorge vor allgemeiner wirtschaftlicher Unsicherheit, Arbeitslosigkeit

c) Physische Beanspruchung der Eltern
– Gesundheitsrisiko durch Schwangerschaft
– Körperliche Arbeit; Müdigkeit, hervorgerufen durch Kinder

d) Einschränkung der persönlichen Freiheit
– Einschränkung der Reisemöglichkeiten
– Einschränkung der Freizeit, der Geselligkeiten
– Weniger Zeit, Beeinträchtigung der Partnerbeziehung

zusammengestellt und ergänzt nach: *Schmid* 1976, S. 195 f.

Aufgabe

A 4.1/33: Das schnelle Absinken der Geburtenziffern in der Bundesrepublik und in anderen Industriestaaten ab Mitte der 60er Jahre wurde sofort mit dem Auftauchen empfängnisverhütender Mittel auf dem Markt in Verbindung gebracht und „Pillenknick" genannt. Der während der Weltwirtschaftskrise der 20er Jahre zu beobachtende Geburtenrückgang in Deutschland (vgl. M 4.1/6) zeigt jedoch, daß die Pille lediglich ein wirksames Mittel, die jeweilige Einstellung der Menschen zum Nachwuchs und zur Familiengröße hingegen die eigentliche Ursache für den Geburtenrückgang darstellt.

Denkt anhand des Stichwortkataloges über mögliche soziale Ursachen des Geburtenrückgangs in der Bundesrepublik nach!

M 4.1/43: Veränderung der Altersstruktur der Bundesrepublik Deutschland (alte Bundesländer) von 1986 bis zum Jahre 2030

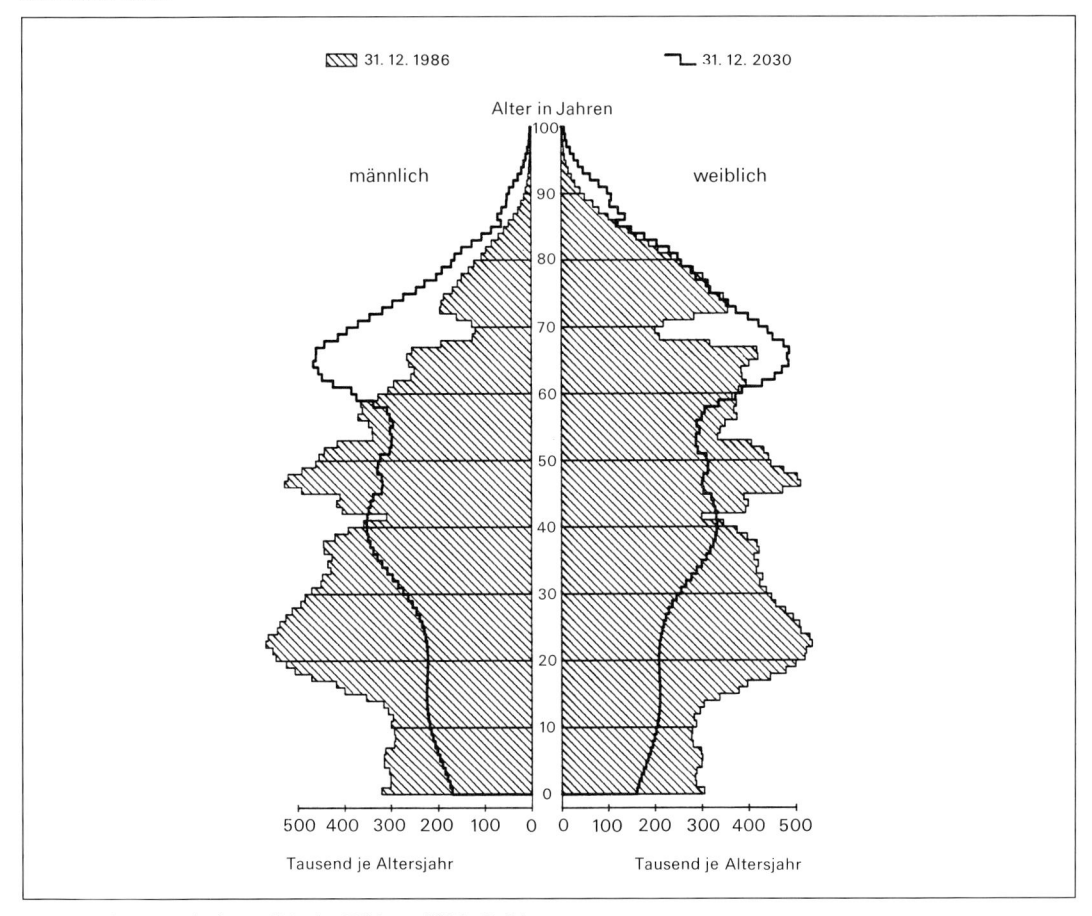

aus: *Bundeszentrale für politische Bildung* 1988, S. 21

M 4.1/44: Die lähmende Angst vor der Zukunft

In der Bundesrepublik Deutschland bringt jede Frau im statistischen Durchschnitt im Verlauf ihres Lebens 1,3 Kinder zur Welt, während es für die langfristige Konstanz der Bevölkerung zwei Kinder sein müßten: ein männlicher Nachkomme für die Reproduktion, ein weiblicher Nachkomme für die Reproduktion der Frauen.

Die Zahl der weiblichen Nachkommen pro Frau wird in der Demographie als Nettoreproduktionsrate (NRR) bezeichnet. Die NRR gibt darüber Auskunft, ob sich eine Bevölkerung gerade reproduziert NRR=1) oder ob sie sinkt (NRR kleiner 1) oder wächst (NRR größer 1). Sie ist ein Maß für das „generative Verhalten" beziehungsweise für die „Fertilität" einer Bevölkerung — ein genaueres Maß als die Geburtenzahl. In der Bundesrepublik nahm die Geburtenzahl im Jahr 1985 aufgrund der gestiegenen Zahl der Frauen in dem für die Geburten wichtigen Altersbereich von 15 bis 45 zu, obwohl die Fertilität, gemessen durch die NRR, sank. Die Bundesrepublik hat die niedrigste Nettoreproduktionsrate, die jemals seit dem Beginn demographischer Aufzeichnungen im 18. Jahrhundert registriert wurde (NRR=0,63).
…

Demographische Entwicklungsverläufe haben die Eigenart, daß sie durch die Vergangenheit stärker bestimmt sind als andere geschichtliche Prozesse. Dreiviertel der Einwohner, die im Jahr 2010 in der Bundesrepublik leben werden, sind bereits geboren; große Prognosefehler sind nicht mehr möglich. Auch für noch nicht Geborene sind die Aussagen relativ zuverlässig, denn die Zahl der Geburten hängt nur von zwei Faktoren ab: von der Zahl der Frauen im „gebährfähigen" Alter (15–45), die etwa 15–20 Jahre im voraus weitgehend bekannt ist (die Frauen, die im Jahr 2000 im Alter 15–45 sind, leben bereits) und von generativen Verhalten dieser Frauen, das sich nicht sprunghaft ändert.

Die in den Modellrechnungen des Statistischen Bundesamtes geschätzte Abnahme der Bevölkerungszahl der Bundesrepublik von 61 Millionen (heute) auf etwa 43 Millionen im Jahr 2030 wäre jetzt schon amtlich, wenn es nicht Ein- und Auswanderungen gäbe. Daß die Bevölkerungszahl dank der Einwanderungen konstant bleiben könnte, ist jedoch unwahrscheinlich; der Anteil der Ausländer müßte dann auf 30 Prozent ansteigen. In den Großstädten wären die Deutschen in der Minderheit. Heute kommen auf jede Person im Rentenalter (über 65) noch zwei Personen im erwerbsfähigen Alter (15–65); bis zum Jahr 2030 verschlechtert sich dieses Verhältnis beträchtlich: Auf jede Person im Rentenalter entfällt dann nur noch eine Person im erwerbsfähigen Alter. Die heutige Relation läßt sich durch eine Erhöhung der Geburtenzahl kaum halten, denn dann müßten die Frauen im Durchschnitt wieder vier Kinder haben, wodurch die Bevölkerungszahl auf über 100 Millionen wachsen würde…

Eine Vielzahl von Arbeitsgruppen beschäftigt sich auf allen Ebenen der Verwaltung mit den Problemen der Bevölkerungsschrumpfung, die seit dreizehn Jahren in der Bundesrepublik in Gange ist. Hinzu kommen Forschergruppen an Universitäten, Stiftungen und wissenschaftlichen Akademien. Vom Bundeskabinett wurde die „Arbeitsgruppe Bevölkerungsfragen" eingesetzt, die unter dem Vorsitz des Bundesministers des Innern tätig ist. Sie hat die bisher breiteste Untersuchung über die „Auswirkungen der Bevölkerungsentwicklung auf die verschiedenen Bereiche von Staat und Gesellschaft" vorgelegt und in zwei Berichten veröffentlicht. Im ersten Bericht sind die Modellrechnungen zur künftigen Bevölkerungsentwicklung dargestellt (der Begriff „Prognose" wird im amtlichen Sprachgebrauch meist vermieden); im zweiten Bericht folgte eine Vielzahl von Berechnungen über die Auswirkungen der demographischen Entwicklung: auf die öffentlichen Finanzen, die Einnahmen und Ausgaben der Rentenversicherung, auf die Beschäftigungsmöglichkeiten für Lehrer, auf das Gesundheitswesen, den Betreuungsbedarf von Pflegebedürftigen usw. Dabei sind die Konsequenzen für den Arbeitsmarkt und das Wirtschaftswachstum am bedeutsamsten — nicht nur, weil von ihnen der finanzielle Handlungsspielraum des Staates abhängt, sondern weil die ökonomische Entwicklung komplizierte Rückwirkungen auf die Bevölkerungsentwicklung hat (Eheschließungshäufigkeit, Geburtenhäufigkeit, die Einwanderungen aus dem Ausland). In den vergangenen Jahren sind mehr Menschen aus dem Ausland in die Bundesrepublik gezogen als Deutsche hier geboren wurden (im Zeitraum 1974–84 wurden 5,2 Millionen Deutsche geboren, 5,3 Millionen Personen zogen zu). Jeder zweite der 4,5 Millionen lebt länger als zehn Jahre in der Bundesrepublik. Die Bundesrepublik ist ein Einwanderungsland.

Die Zuverlässigkeit demographischer Vorausberechnungen beruht darauf, daß sich die Lebenserwartung in entwickelten Gesellschaften nur noch allmählich ändert. In der ersten Hälfte unseres Jahrhunderts nahm die Lebenserwartung pro Jahrzehnt noch um durchschnittlich vier Jahre zu. Die kleiner werdenden Zuwächse lassen sich in Vorausberechnungen berücksichtigen.

aus: *Birg* 1987, S. 8f

Aufgaben

A 4.1/34: a) Unterstreiche im Text alle Aussagen, die erklären, wie die Bevölkerungspyramide der Bundesrepublik für das Jahr 2030 ermittelt wurde und
b) nimm stichwortartig Stellung zu der Frage, wie gesichert eine so weit vorausschauende Prognose ist!

A 4.1/35: Vergleiche die Bevölkerungspyramiden der Bundesrepublik für die Jahre 1986 und 2030! Beschreibe und begründe die zu erwartenden Veränderungen der Alterszusammensetzung!

M 4.1/45: „15 Jahre Rente genießen"

Der sogenannte dritte Abschnitt im Leben eines Menschen wird immer länger. Unsere Großeltern begannen das Arbeitsleben mit 15 Jahren und gingen mit 62 Jahren in den Ruhestand. Da sie im Durchschnitt nur 67 Jahre alt wurden, blieben ihnen nur fünf Jahre für den Lebensabend ohne Arbeit. So ergibt es sich aus den durchschnittlichen Lebensläufen von Männern und Frauen des Jahrgangs 1911.
Heutige Berufsanfänger (Jahrgang 1967) beginnen ihr Arbeitsleben mit 18,5 Jahren und können damit rechnen, daß sie mit 60 Jahren ausscheiden. Da ihre Lebenserwartung beträchtlich höher liegt als die ihrer Großeltern, nämlich bei 75 Jahren, haben sie Aussicht auf 15 Jahre Ruhestand. Natürlich weiß niemand genau, ob es wirklich so kommt. Denn erst im Jahre 2027 werden die Berufsanfänger von heute 60 Jahre alt. Und denkbar ist, daß das Rentenalter bis dahin wegen schrumpfender Bevölkerung heraufgesetzt werden muß. Andererseits könnte aufgrund des technischen Fortschritts auch eine weitere Verkürzung der Arbeitszeit erforderlich sein.

aus: *Bonner Rundschau,* 23.9.1987

M 4.1/46: Entwicklung der Rentenversicherung in der Bundesrepublik Deutschland (alte Bundesländer) von 1987 bis 2040

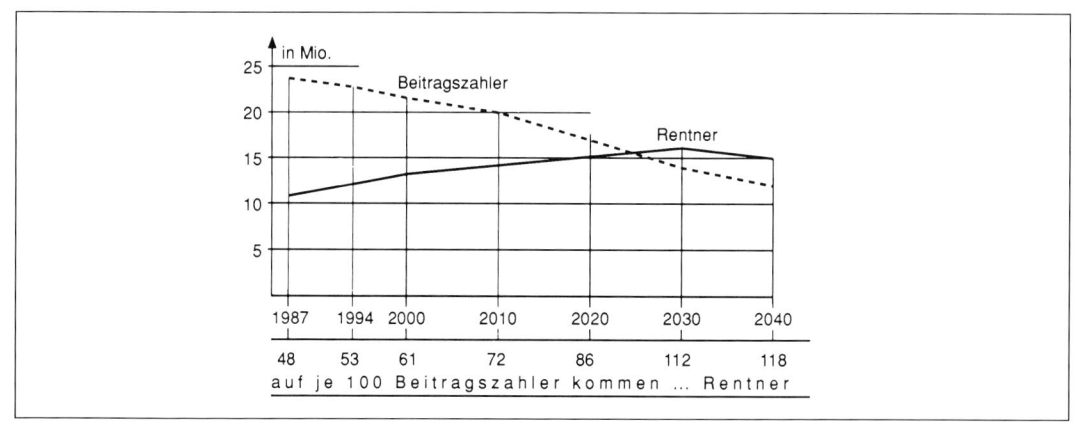

aus: *G. Kirchlinne* 1991, S. 33

Aufgaben

A 4.1/36: a) Markiere in den Alterspyramiden von 1986 und 2030 Deinen eigenen Geburtsjahrgang und beschreibe jeweils die Stellung Deines Jahrgangs zu den übrigen Altersgruppen!
b) Denke über die Folgen nach, die die demographische Situation für die Angehörigen Deines Altersjahrgangs mit sich bringen wird!

A 4.1/37: Untersuche am Beispiel der Rentenversicherung die Auswirkungen der sich wandelnden Altersstruktur auf das System der sozialen Sicherheit in der Bundesrepublik Deutschland!

A 4.1/38: Denke über weitere soziale und wirtschaftliche Folgen dieser Veränderungen der Altersstruktur nach, und beziehe dabei Deine Kenntnisse über die Auswirkungen der Bevölkerungsexplosion in den Entwicklungsländern ein!

M 4.1/47: Bundesrepublik Deutschland — Regionale Bevölkerungs-, Beschäftigten- und Einkommensentwicklung
Abbildungen 1–10 aus: GR-Dokumentation, Bundesrepublik Deutschland Regionale Bevölkerungs-, Beschäftigten- und Einkommensentwicklung, bearbeitet von Hartwig *Haubrich,* Geographische Rundschau 39, 1987, S. 510 f.

Aufgaben

A 4.1/39: Untersuche die bis zum Jahre 2000 für die Bundesrepublik Deutschland prognostizierte Bevölkerungsentwicklung in ihrer Differenzierung nach Altersgruppen und siedlungsstrukturellen Gebietstypen!
Stelle die unterschiedlichen sozioökonomischen Folgen und Belastungen zusammen, welche die Stadt-Land-Differenzen im Altersaufbau und der Entwicklung der Bevölkerung für die einzelnen Gebietstypen mit sich bringen werden!

4.2 Räumliche Bevölkerungsbewegungen

4.2.1 Gastarbeiterwanderungen zwischen der Türkei und der Bundesrepublik Deutschland (*Edgar Enzel*)

„Bist nie richtig weggegangen und nie richtig angekommen."
(Worte eines Gastarbeiters zur Charakterisierung seiner Situation)

4.2.1.1 Didaktisch-methodische Hinweise

Gastarbeiter, ausländische Arbeitnehmer, Fremdarbeiter und andere Bezeichnungen zeigen, daß wir Deutschen in der Bundesrepublik eigentlich ungewisse Vorstellungen von diesem Personenkreis haben, obwohl seit nunmehr knapp vierzig Jahren Gastarbeiter in unserem Land leben.

Der vorliegende Unterrichtsvorschlag wendet sich in erster Linie an Schüler der Sekundarstufe I. Deshalb liegt auch das Hauptaugenmerk auf dem Erfahren und Kennenlernen der Gastarbeiterproblematik und deren Bestimmungsfaktoren im Rahmen des altersgemäßen Verständnisses von raumbezogenen Gegenwartsfragen und -aufgaben. Die angesprochenen Schüler der Klassen 7 bis 10 sollen sensibilisiert und vielleicht auch betroffen gemacht werden für die familiären, sozialen und gesellschaftlichen Probleme der türkischen Gastarbeiter und deren Familien in der Bundesrepublik Deutschland. Es müssen nicht nur die türkischen Gastarbeiter betrachtet werden; genausogut kann man andere Nationalitäten wählen; doch stellen die Türken bekanntlich die größte und wahrscheinlich auch fremdartigste Gruppe dar.

Der Unterrichtsvorschlag kombiniert die drei räumlichen Beziehungsgefüge, in denen der Schüler steht und die auch sein gegenwärtiges und zukünftiges Leben beeinflussen; das sind die unmittelbare Umwelt, Deutschland und die Welt. Dadurch soll ein Beitrag zum problem- und zukunftsorientierten Bewußtsein der Schüler geleistet werden. Gleichzeitig werden auch die topographischen Kenntnisse über die angesprochenen Räume vertieft.

Um die angestrebten Unterrichtsziele zu erreichen, empfiehlt sich eine Exkursion (Unterrichtsgang), um die Problematik vor Ort kennenzulernen. An fast jedem Schulstandort lassen sich bestimmte Viertel ermitteln, die von einem höheren Anteil ausländischer Bewohner geprägt sind. Sie sollen aufgesucht werden. Im Verlauf des Unterrichtsganges von zwei bis vier Zeitstunden können die Schüler z.B. die Türklingeln und Türschilder nach ausländischen Namen überprüfen und Vermutungen darüber notieren, welche Nationalität sich wohl hinter dem gefundenen Familiennamen verbirgt. Der Lehrer muß vorher im Unterricht allerdings auf charakteristische Familiennamen bestimmter in Frage kommender Nationalitäten hinweisen. Mit Hilfe dieser lerngruppenangemessenen Erhebungsmethode lassen sich zwar keine vollständigen und exakten Angaben über die Bewohner ermitteln; wie wohl können dadurch auch nicht alle Familien erfaßt werden. Die Anzahl der Ausländer in einer Gemeinde läßt sich im übrigen bei der Gemeindebehörde erfahren. Doch reichen die beim Unterrichtsgang gewonnenen Ergebnisse aus, um nach Eintrag in eine Karte (Maßstab 1:1250, 1:2500 oder 1:5000, bei den örtlichen Katasterämtern erhältlich) ein signifikantes Bild zu vermitteln.

Die Kartierung wird besonders aufschlußreich und aussagekräftig, wenn zusätzlich zu den Nationalitäten, die in einem Gebäude anzutreffen sind, noch der Erhaltungszustand, evtl. auch das Alter des Gebäudes oder der Wohnung, aufgenommen wird. Meist verrät der äußere Zustand der Gebäude schon die zu erwartende sanitäre Ausstattung und den Komfort des Gebäudes bzw. der Wohnung. Die Kriterien zur Klassifizierung des Gebäudezustandes können in einem Unterrichtsgespräch zwischen Lehrer und Schülern gemeinsam festgelegt werden. Drei Grundkategorien reichen für den Erhaltungszustand eigentlich schon aus: gut – mäßig – schlecht. Doch kann je nach Interessenlage oder Bereitschaft der Lerngruppe das Kartierungsraster weiter verfeinert werden, etwa indem man einzelne Gebäudeteile unterscheidet.

Die Kartierung selbst soll vor Ort von einzelnen Schülergruppen durchgeführt werden, die sich über den Kartierungsbereich verteilen und jeweils einen Straßenzug oder ein Ensemble kartieren. Die Gruppenbildung erfolgt vorher im Unterricht nach bekannten pädagogischen Kriterien. Während der Arbeit vor Ort hält sich der Lehrer am besten an einem zentralen Punkt auf, um dort den Schülern bei Kartierungsschwierigkeiten, die immer wieder auftreten können, zu helfen. Falls sich unter den Schülern Fotoamateure befinden, können diese den Auftrag erhalten, die Straßen und charakteristischen Gebäude oder Situationen im Bild festzuhalten. Diese Aufgabe könnte auch der Lehrer bei einer Vorexkursion oder während der Kartierungsphase übernehmen. Die Nachbereitung der Feldarbeit findet im Klassenzimmer statt, indem die Teilergebnisse der Gruppen auf eine große Übersichtskarte oder Folie des Untersuchungsgebietes übertragen werden. Die so entstandene Karte zeigt allen Beteiligten ein sichtbares Unterrichtsergebnis und stellt bei der Endbesprechung die notwendige Grund- und Vorlage dar. Ein wichtiges Ergebnis der Kartierung soll sein, daß die Schüler erfahren haben, daß die ausländischen Personen/Familien meist in Gebäuden/Wohnungen mit mäßigem oder schlechtem Zustand, sehr dicht, häufig in Hinterhäusern, in Sanierungsgebieten leben, sich dort konzentrieren und die deutschen Bewohner teilweise zahlenmäßig überflügeln. Die so gewonnenen Ergebnisse lassen sich auf die in der Sachanalyse noch zu treffenden allgemeineren Behauptungen beziehen und modifizieren, wodurch der Schüler die Bedeutung der Problematik erkennt und evtl. sein Verhalten ändert.

Neben einer Exkursion mit Kartierung lassen sich noch andere Gestaltungsmöglichkeiten finden. Falls sich Kinder aus Gastarbeiterfamilien in der Klasse befinden, können sie aufgefordert werden, in einem zwanglosen Gespräch über ihre empfundene Situation in der jeweiligen Gemeinde zu sprechen und auch von Erfahrungen anderer Ausländer zu berichten. Ein solches Gespräch kann auch als Motivation an den Anfang der Unterrichtsreihe gestellt werden oder als Abschluß im Sinne einer Ergebnisüberprüfung durch einen Betroffenen.

Eine derartige Exkursion böte sich auch im Rahmen einer Projektwoche in der Schule an, vielleicht unter dem Thema: „Ausländische Mitbürger in unserer Stadt". Als Ergebnis der Exkursion sollte dann die fertige Karte zusammen mit den Fotos auf einer Informationstafel im Foyer oder im Flur der Schule den anderen Schülern, den übrigen Lehrern und evtl. auch den Eltern präsentiert werden.

Eine Kontrolle der Unterrichtseinheit durch die Schüler ließe sich auch dadurch erreichen, daß die Schüler ausländische Mitbürger eigens befragen, um die Interviewergebnisse mit den Unterrichtsergebnissen zu vergleichen und evtl. zu relativieren. Genausogut kann man eine solche Befragung als Ersatz für die Kartierung einsetzen. Bei einer derartigen Befragung ist es in der Sekundarstufe I nicht sinnvoll, wenn ein spezieller Fragebogen im Unterricht erarbeitet wird, sondern Lehrer und Schüler verständigen sich nur über bestimmte notwendige Fragenkomplexe (wie Herkunft, Familiengröße und -zusammensetzung, Beruf, Verweildauer, Wohnverhältnisse, Erfahrungen mit den deutschen Mitbürgern, Ausländerfeindlichkeit…), die von den Interviewern in einem zwanglosen Gespräch an die Befragten gerichtet werden. Die Interviews werden von jeweils zwei Schülern durchgeführt, wobei einer fragt, und der andere notiert.

Die gewonnenen Ergebnisse, die im Unterricht zusammengetragen und diskutiert worden sind, sollen dazu beitragen, daß der Schüler den Unterrichtsinhalt selbst überprüfen kann und die Fähigkeit entwickelt, zu Behauptungen kritisch Stellung zu nehmen. Affektives Lernziel soll Verständnis für die ausländischen Mitbürger sein.

Besonders günstig wäre eine Kombination beider Methoden innerhalb der Unterrichtsreihe, um mit Hilfe der Kartierung und der Befragung Ergebnisse zu erzielen, die einander ergänzen. Insgesamt wird damit bei den Schülern auch die Fähigkeit gefördert, bewußt Vorgänge im eigenen Erlebnis- und Erfahrungsraum wahrzunehmen und zu bewerten.

Den gesamten Unterrichtsverlauf sollen Filme, Videocassetten und Diareihen begleiten (s. Auswahl am Ende des Literaturverzeichnisses), die vom Lehrer an entsprechender Stelle im Verlauf der Unterrichtsreihe eingesetzt werden können.

Das Problem der Gastarbeiter oder der Ausländerfeindlichkeit ist darüber hinaus auch in anderen Unterrichtsfächern zu behandeln, wie etwa im Religionsunterricht, im Deutschunterricht (anhand der fremden Literatur), im Sozialkundeunterricht. So wäre auch daran zu denken, das Thema „Gastarbeiter" im Rahmen einer Projektwoche fächerübergreifend zu behandeln, um der Problematik von vielen Aspekten her näherzukommen.

4.2.1.2 Sachanalyse

Herkunfts- und Zielgebiete

Die türkischen Arbeitnehmer in der Bundesrepublik Deutschland gaben zu mehr als 65% der Befragten (isoplan Repräsentativumfrage 1982, *Werth* 1983, S. 28/29) als ihren letzten Wohnsitz in der Türkei Provinzen an, die westlich der Linie Hatay-Samsun liegen (M 4.2/5). Diese Gebiete weisen vor dem Hintergrund des in der Türkei festzustellenden West-Ost-Entwicklungsgefälles einen relativ hohen Entwicklungsstand auf. Starke Abwanderungstendenzen zeigen neben den städtischen Ballungsräumen Ankara und Izmir vor allem die Provinzen Zonguldak, Konya, Trabzon (vgl. entsprechende Atlas-Karten).

Die angesprochene isoplan-Befragung bestätigte nochmals die Ergebnisse älterer Untersuchungen, daß sich schon vor 1973 (in der dritten Phase) die Abwanderung hauptsächlich auf die städtischen Ballungsräume und westliche Provinzen konzentrierte (*Werth* 1983, S.31).

Die ungleichgewichtige Verteilung der Abwanderungsgebiete hat sich bis heute kaum verändert und läßt sich auch noch an aktuellen Untersuchungen über die Herkunft türkischer Arbeitnehmer in der arabischen Ölstaaten zeigen. Mehr als zwei Drittel kamen aus Istanbul (*Werth* 1983, S. 31).

Die angesprochenen städtischen Ballungsräume sind aber meist nicht der Geburtsort der Wandernden, sondern stellen eine Stufe im typischen Wanderungsprozeß türkischer Gastarbeiter dar. Das gemeinte Phänomen der „Kettenwanderung" (vgl. 2.2.2.1 und 2.2.3) wurde zum einen durch die langen Wartezeiten aufgrund des langwierigen Vermittlungsverfahrens vor dem Anwerbestopp und den daraus entstehenden vermehrten Zustrom Auswanderungswilliger in die Städte hervorgerufen; zum anderen trieb die Hoffnung auf freiwerdende Arbeitsplätze durch die Auswanderer immer wieder neue Bewohner ländlicher Räume in die Städte. Demnach sind starke Binnenwanderungsströme innerhalb der Türkei aus Gebieten östlich der Linie Hatay-Samsun in die Ballungszentren Istanbul, Ankara und Izmir der erste Prozeß innerhalb der Kettenwanderung, die schließlich zur Abwanderung in Gastarbeiterländer wie die Bundesrepublik Deutschland führt (*Werth* 1983, S. 31, vgl. 2.2.2.1/2.2.3 und M 4.2/6).

In der Bundesrepublik nun läßt sich ebenfalls eine gewisse Konzentration der Gastarbeiterwanderungsströme erkennen (vgl. 2.2.3/3.2.1 u. Abb. 3.2.1/3).

Großräumig betrachtet läßt sich feststellen, daß die Gastarbeiter vor allem in den großen Ballungszentren wie München, Stuttgart, Rhein-Main, Ludwigshafen-Mannheim, Köln (mehr als 150 auf 1000 der Wohnbevölkerung) anzutreffen sind. Auf Bundesländerebene finden wir in Baden-Württemberg, Hessen, Bayern, Nordrhein-Westfalen höhere Konzentrationen. Auf der einen Seite kann man in der Bundesrepublik ein ausgeprägtes Süd-Nord-Gefälle (Ausnahme Rhein-Ruhr-Ballung) feststellen; auf der anderen Seite stehen Räumen hoher Konzentration solche sehr geringen Besatzes gegenüber (M 4.2/6).

Kleinräumig betrachtet lassen sich ebenfalls Räume unterschiedlicher Ausprägung unterscheiden. In den Ballungsgebieten gibt es mit den Altstadtkernen oder den citynahen alten Wohngebieten Räume hoher Ausländerkonzentration; hinzu kommen in einzelnen Ballungsräumen auch die Dorfkerne der im Umland gelegenen Wohnvororte. Daneben existieren Wohnviertel ohne ausländische Bewohner. Besonders intensiv ist die Ausländerkonzentration in Berlin (West), speziell im Stadtteil Kreuzberg mit seinen Türkenproblemen (s. dazu *Kluczka* 1985). Gelegentlich kann die Konzentration von Ausländern in einzelnen Stadtteilen so hoch sein, daß man schon von „Ausländer-Gettos" spricht (vgl. dazu *Selke* 1979, S. 310–314).

Wanderungsmotive
Anhand der isoplan-Rückkehrerbefragung kann man einige wichtige Motive erkennen: An erster Stelle steht mit weitem Abstand die Verbesserung (M 4.2/7) der finanziellen und wirtschaftlichen Lage des einzelnen. Die in der Türkei herrschende Arbeitslosigkeit kann als zweitwichtigstes Motiv angesehen werden. Die Tabelle zeigt aber auch, daß eine Kombination mehrerer Wanderungsmotive die typische Erscheinungsform darstellt. Die angesprochene Arbeitslosigkeit im Heimatland verliert gegenüber finanziellen Motiven an Bedeutung. Andere sekundäre und tertiäre Motive dagegen gewinnen immer mehr an Bedeutung (selbständige Existenz, Zukunftssicherung, Auslandserfahrung…) (*Werth* 1983, S. 35/36). (Vgl. zu den Wanderungsmotiven und push-pull-Faktoren 2.2.2.1/2.2.2.2/3.2.1).

Die Ergebnisse der isoplan-Repräsentativumfrage 1982/83 zeigen ein wesentliches Merkmal auf: Die überwiegende Mehrzahl der Befragten sieht den Aufenthalt im Ausland zeitlich begrenzt an; nur 3,5 % gaben an, für immer in Deutschland bleiben zu wollen (*Werth* 1983, S. 35).

Soziale und berufliche Situation
Eine ausführliche Beschreibung der demographischen und sozialen Merkmale der türkischen Bevölkerung in der Bundesrepublik soll hier nicht gegeben werden. (Vgl. dazu 3.2 und die Phasen der Ausländerbeschäftigung). Wie bereits geschildert, war die Frühphase der Zuwanderung eine „Männermigration". Erst im Zuge der Familienzusammenführung hat sich der Anteil türkischer Frauen an der Wohnbevölkerung sukzessive erhöht und liegt jetzt bei 42 %. Bezüglich des Familienstandes weist die türkische Wohnbevölkerung den größten Anteil an ledigen Personen unter den Gastarbeitern auf. Das ist in erster Linie auf die hohe Zahl türkischer Jugendlicher zurückzuführen, die entweder bereits in der Bundesrepublik geboren oder im Rahmen der Familienzusammenführung hierhin gekommen sind.

Zwar ist das Nachzugspotential an Ehefrauen noch nicht erschöpft, aber auch nicht derart groß, daß man in Zukunft einen starken Zuzug von Türkinnen befürchten müßte. Ebenso ist das Potential der noch in der Türkei lebenden Kinder, die in naher Zukunft nachgeholt werden sollen, mit nur 5 % eher gering (*Werth* 1983, S. 37–40). Auch vor dem Hintergrund evtl. steigender Arbeitslosenzahlen erweist sich die Befürchtung vor einer „Überfremdung" durch die Türken als überzogen.

Integration – Reintegration
Laut isoplan-Erhebung hatten zum Zeitpunkt der Befragung
– 10,5 % der türkischen Haushalte die Rückkehr für die nächsten drei Jahre geplant,
– 37,5 % eine Rückkehr vor, aber nach unbestimmter Aufenthaltsdauer,
– 7,3 % der Haushalte einen endgültigen Verbleib in der Bundesrepublik vor,
– 44,7 % noch keine Entscheidung getroffen (*Werth* 1983, S. 57).

Das bedeutet, daß etwa die Hälfte aller türkischen Haushaltsvorstände (denn diese sind befragt worden) in die Heimat zurückkehren wird und ein weiterer Teil, der heute noch unentschlossen, eben-

falls. Die isoplan-Befragung ermittelte auch die Verbleib- und Rückkehrmotive (M 4.2/9). Faßt man die Einzelmotive zusammen, so sind folgende Motivkomplexe eher verbleiborientiert:
- Existenzüberlegungen
- Lebenssituation in der Bundesrepublik
- Ausbildung der Kinder
- Altersversorgung (Rentenanwartschaft)
- Reintegrationsbefürchtungen;

demgegenüber sind die folgenden Motivkomplexe rückkehrorientiert:
- Integrationsprobleme
- Ausländerfeindlichkeit
- ausländerrechtliche Aspekte
- Existenzgründung (Selbständigkeit) (*Werth* 1983, S. 65).

(Vgl. dazu 3.2.1).

Bei der Rückkehr ins Heimatland ist zu unterscheiden, ob der Migrant in die ursprüngliche Heimat, d.h. in den Geburtsort zieht oder lieber in die städtisch-industriell geprägten Wachstumsräume (*Harsche* 1983, S. 31).
Eine solche Entscheidung ist nicht zuletzt auch davon abhängig, welche Erfahrungen im Gastgeberland gemacht wurden und welche Funktion im Heimatland nach der Rückkehr angestrebt wird.

Türkische Arbeitnehmergesellschaften
Bei den in die Türkei zurückgekehrten Gastarbeitern sind mehrere Möglichkeiten der Geldanlage zu beobachten. Alle konnten während ihres Auslandsaufenthaltes für türkische Verhältnisse viel Geld sparen, da das Lohnniveau in der Bundesrepublik bekanntlich wesentlich höher liegt (z.T. um das Zehnfache). Diese Ersparnisse werden nunmehr investiert:
- für die Sanierung, Mechanisierung oder Rationalisierung des eigenen landwirtschaftlichen oder handwerklichen Betriebes,
- für den Ankauf von Prestigeobjekten, die keine echte Anhebung des Lebensstandards bedeuten,
- für den Erwerb neuer Produktionsmittel oder Renditeobjekte,
- für die Ausbildung jugendlicher Verwandter (besonders der Söhne),
- als Investition in türkische Arbeitnehmergesellschaften.

(Vgl. dazu auch 3.2.1).

Gerade der letzte Punkt verdient eine genauere Betrachtung, ist doch das Genossenschaftswesen in der Türkei weit verbreitet. Absatzgenossenschaften, Kreditgenossenschaften, die staatliche Monopolverwaltung und weitere private oder halbstaatliche Kooperationen prägen das türkische Wirtschaftsleben. Darum haben auch die Gastarbeiter Interessengemeinschaften zur Anlage ihrer Ersparnisse in der Türkei gegründet. In der ersten Phase dieser Entwicklung sind damit genossenschaftlich organisierte Fabriken und einige Touristenzentren entstanden. Die in sie gesetzten Hoffnungen wurden aber nicht erfüllt. Räumlich konzentrieren sich die Gesellschaften im stärker entwickelten und industrialisierten Westen des Landes. Ihre Anteilseigner waren in der Bundesrepublik vornehmlich in den großen Ballungszentren beschäftigt, wo die Kenntnis von diesen Gesellschaften über Vermittler gewonnen wurde. Fast 85 % der Arbeitnehmergesellschaften entfallen auf den produzierenden Sektor, und hierbei v.a. auf das Baugewerbe. 240.000 Anteilseignern (isoplan-Erhebung 1980) stehen aber nur 20.000 Arbeitsplätze, die die Gesellschaften geschaffen haben, gegenüber. Dies macht deutlich, daß die Möglichkeiten der Arbeitnehmergesellschaften noch nicht genügend genutzt werden. Deshalb haben die beiden Regierungen der Türkei und der Bundesrepublik eine Aufklärung über und eine Förderung der Gründung von Arbeitnehmergesellschaften vereinbart. (Genaueres über die Arbeitnehmergesellschaften bei *Toepfer* 1983).

Eine Lösung der sogenannten „Gastarbeiterproblematik" wird sicherlich durch den von der Türkei angestrebten Beitritt zur EG leichter werden. Aber aufgrund der in der EG garantierten Freizügigkeit könnte es andererseits auch zu einem starken Zustrom türkischer Menschen in die Bundesrepublik Deutschland kommen.

Unterrichtsphasen	Stufe I		– Materialien (M) – Aufgaben (A)	– Unterrichts- methoden – Sozialformen	Inhalte
	SI	SII			
1. Einstiegs- und Motivationsphase	x		Ausspruch eines Gastarbeiters A 4.2/1	– Tafelanschrieb (TA) – Unterrichtsgespräch (UG)	– Diskussion über den Ausspruch – eigene Erfahrungen
Problematisierungs- und Erarbeitungsphase I	x		M 4.2/1–2 A 4.2/2–3	– UG, Partnerarbeit: Anfertigung eines Diagramms (M 2 evtl. als TA)	– Entwicklung der Gastarbeiterzahl in der Bundesrepublik Deutschland – Phaseneinteilung
II	x		A 4.2/4	– Schülerbeiträge – Diskussion	– eigene Erfahrung mit Gastarbeiterkindern – Integrationsmöglichkeiten
III	x		allgemeiner Medienbezug A 4.2/5–6	– UG, Stegreifspiel (Rollenspiel)	– Ausländerfeindlichkeit in der Bundesrepublik Dtl.
IV	x		M 4.2/3 A 4.2/7	– UG (Auswertung eines Diagramms)	– Berufe der Gastarbeiter
V	x		A 4.2/8	– Partner-/Gruppenarbeit – TA: Gründe für Integration und für Rückkehr	– Integration oder Rückkehr der Gastarbeiter?
2. Motivations- und Reflexionsphase	x		Unterrichtsfilm A 4.2/9 (s. Verzeichnis)	– Diskussion und Bewertung	– Gastarbeiterprobleme am Beispiel der Türken
3. Spezielle Erarbeitungsphase I	x		M 4.2/4, Atlas-Karten A 4.2/10	– Lehrerimpuls – Partnerarbeit – Schülerbeiträge – TA: Bestimmungsfaktoren der Herkunftsregionen	– Herkunftsgebiete türkischer Gastarbeiter
II		x	M 4.2/5 A 4.2/11 allg. Teil des Bandes A 4.2/12	– Lehrereinführung – UG; Lehrervortrag	– Modell der Kettenwanderung; Arten der Wanderung
III		x	M 4.2/6, 3.2.1/3, Atlas-Karten A 4.2/13	– Partnerarbeit – UG – Schülerbeiträge – TA: Bestimmungsfaktoren der Zielregionen/-orte (Ergänzung zu TA oben)	– Zielgebiete türkischer Gastarbeiter in der Bundesrepublik
Transferphase		x	Atlas-Karten A 4.2/14	– Schülerbeiträge – TA: Ergänzung zu oben	– Bedeutung des Wohnortes innerhalb der Zielgebiete

Unterrichtsphasen	Stufe I SI SII	– Materialien (M) – Aufgaben (A)	– Unterrichts- methoden – Sozialformen	Inhalte
4. Motivations- und Informationsphase	x	Unterrichtsfilm A 4.2/15 (s. Verzeichnis)	– Diskussion und Bewertung	– Illegale türkische Gastarbeiter und deren Probleme
5. Erarbeitungs- und Reflexionsphase I	x	M 4.2/7–8 A 4.2/16–17 bisherige Unterrichts- ergebnisse	– Lehrerimpuls – UG – Schülerbeiträge – TA: Push-Pull-Fak- toren	– Push-Pull-Faktoren im Rahmen der Gastarbeiterwande- rungen
II	x	Text A 4.2/18	– Lehrervortrag – Diskussion	– Türkische Arbeitneh- mergesellschaften

Exkursion und Befragung

Unterrichtsphasen	Sekundar- stufe I	– Materialien (M) – Aufgaben (A)	– Unterrichts- methoden – Sozialformen	Inhalte
1. Vorbereitungs- phase I	x	Bildung von Arbeits- gruppen A 4.2/19	– UG	– Kriterien der Exkur- sion
II	x	Materialbeschaffung, Kartierungsunterla- gen A 4.2/20	– außerschulische Partner-/Gruppen- arbeit	– Vorbereitung der Exkursion
III	x	s. oben A 4.2/21	– UG – Schülerbeiträge – TA: wichtige Fragen im Fragebogen – Hausaufgabe:	– Fragenkomplexe des Fragebogens – Vorbereitung aller notwendigen Ma- terialien und Unter- lagen
2. Durchführungs- phase (Erarbei- tungsphase I)	x	Kartierungsunterlagen Fragebogen A 4.2/22	– Gruppen-/Partnerar- beit vor Ort	– Kartierung der Wohnstandorte/Er- haltungszustand der Gebäude; Befragung
3. Nachbereitungs- phase (Erarbei- tungsphase II)	x	Karte der Kartierungs- ergebnisse Tabelle der Befra- gungsergebnisse A 4.2/23	– Gruppen-/Gesamtar- beit (evtl. als Haus- aufgabe) – s. o.	– Anfertigung einer thematischen Karte – Anfertigung einer Tabelle der Befra- gungsergebnisse
Reflexions- und Transferphase	x	alle angefertigten Ma- terialien, alle Unter- richtsergebnisse	– Diskussion	– Beschreibung und Bewertung der Un- tersuchungsergeb- nisse
	x	wie vorher	– Gruppen-/Gesamtar- beit	– Anfertigung einer Schautafel mit den Untersuchungser- gebnissen

Medienverzeichnis

Alamanya – Türken in Deutschland. 16 mm, Lichtton. 6 min. sw 1982 FWU

Von der Türkei nach Deutschland. 16 mm, Lichtton. 30 min. f 1983 FWU

Sie dienen Allah und den Deutschen. 16 mm, Lichtton. 30 min. f 1974 FWU

Vater, würdest du nochmal nach Deutschland gehen? Lebenslauf eines türkischen Arbeitsmigranten. 16 mm, Lichtton. 22 min. f 1985 FWU

Zwischen Istanbul und München. Leben in zwei Kulturen. 16 mm, Lichtton. 21 min. f 1986 FWU

Ali wird Soldat. aus der Serie: Zu Gast in unserem Land. 16 mm, Lichtton. 54 min. f 1979 Bundeszentrale für politische Bildung, Bonn.

Kemal. aus der Serie: Zu Gast in unserem Land. 16 mm, Lichtton. 53 min. f 1979 BZpB, Bonn.

Illegal. aus der Serie: Zu Gast in unserem Land. 16 mm, Lichtton. 54 min. f 1979 BZpB, Bonn.

Materialien und Arbeitsaufträge:

M 4.2/1: Ausländer in der Bundesrepublik Deutschland; Wohnbevölkerung (WB) und Beschäftigte (Besch.) insgesamt und nach ausgewählten Nationalitäten (in Tausend)

Jahr	Ausländer		Nationalitäten									
			Griechen		Italiener		Jugoslawen		Spanier		Türken	
	WB	Besch.	WB	Besch.	WB	Besch.	WB	Besch.	WB	Besch.	WB	Besch.
1950	567,9		–		–		–		–		–	
1951	506,0		3,3		23,5		23,7		1,6		1,3	
1952	466,2		3,4		24,5		21,7		1,7		1,3	
1953	489,7		3,6		26,0		22,1		1,8		1,5	
1954	481,9	72,9	3,6	0,5	25,6	6,5	21,0	1,8	1,9	0,4	1,5	
1955	484,8	79,6	3,8	0,6	25,8	7,5	21,0	2,1	2,1	0,5	1,7	
1956		98,8		1,0		18,6		2,3		0,7		
1957		108,2		1,8		19,1		2,8		1,0		
1958		127,1		2,8		25,6		4,8		1,5		
1959		166,8		4,1		48,8		7,3		2,2		
1960		329,4		20,8		144,2		8,8		16,5		2,5
1961	686,1	548,9	52,3	42,1	224,6	196,7	16,4		61,8	44,2	6,7	
1962		711,5		80,7		276,8		23,6		94,0		18,6
1963		828,7		116,9		287,0		44,4		119,6		33,0
1964		985,5		154,8		296,1		53,1		151,1		85,2
1965		1216,8		187,2		372,3		64,1		182,8		132,8
1966		1313,5		194,6		391,3		96,7		178,2		161,0
1967	1806,7	991,3		140,3		266,8		95,7		118,0		131,3
1968	1924,2	1089,9		144,7		304,0		119,1		115,9		152,9
1969	2381,1	1501,4	271,3	191,2	514,6	349,0	331,6	265,0	206,9	143,1	322,4	244,3
1970	2976,5	1949,0	342,9	242,2	573,6	381,8	514,5	423,2	245,5	171,7	469,2	353,9
1971	3438,7	2240,8	394,9	268,7	589,8	408,8	594,3	478,3	270,4	186,6	652,8	453,1
1972	3526,6	2352,4		270,1		426,4		474,9		184,2		511,1
1973	3966,2	2595,0	399,2	250,0	622,0	450,0	673,3	535,0	286,1	190,0	893,6	605,0
1974	4127,4	2286,6	406,4	229,2	629,6	331,5	707,8	466,7	272,7	149,7	1027,8	606,8
1975	4089,6	2038,8	390,5	196,2	601,4	292,4	677,9	415,9	247,4	124,5	1077,1	543,3
1976	3948,3	1920,9	353,7	173,1	568,0	279,1	640,4	387,2	219,4	107,6	1079,3	521,0
1977	3948,3	1888,6	328,5	162,5	570,8	281,2	630,0	377,2	201,4	100,3	1118,0	517,5
1978	3981,1	1869,3	305,5	146,8	572,5	288,6	610,2	369,5	188,9	92,6	1165,1	514,7
1979	4143,8	1933,6	296,8	140,1	594,4	300,4	620,6	367,3	182,2	89,9	1268,3	540,4
1980	4453,3	2070,0	298,0	132,9	618,0	309,2	632,0	357,4	180,0	86,5	1462,0	591,8
1981	4629,7	1929,7	299,3	123,8	624,5	291,1	637,3	340,6	177,0	81,8	1546,3	580,9
1988	4374		257		588		545		147		1531	

aus: *Korte/Schmidt* 1983, S. 12/13; *Stat. Bundesamt* Hg., 1990, S. 87

Aufgaben

A 4.2/1: Diskutiert den Ausspruch des Gastarbeiters. Berichtet über eigene Erfahrungen mit Gastarbeitern!

A 4.2/2: Fertigt in Partnerarbeit ein Kurvendiagramm zur Tabelle M 4.2/1 an. Erläutere den Verlauf der Kurve mit Hilfe von Lehrerinformationen; erkläre markante Punkte im Kurvenverlauf mit Hilfe aktueller Geschichtsdaten (M 4.2/2)!

M 4.2/2: Phasen der Ausländerbeschäftigung in der Bundesrepublik Deutschland unter besonderer Berücksichtigung der Türken

I. Phase: Die ersten Saisonarbeiter (1950–1960)
Italiener als Saisonarbeiter in der Landwirtschaft + Flüchtlinge und Zuwanderer v.a. aus der DDR
→ Probleme der Wohnungsversorgung

II. Phase: Der Begriff „Gastarbeiter" wird geprägt (1961–1967)
13.8.1961 Bau der Berliner Mauer
Anwerbevereinbarung mit der Türkei (Ende 1961)
starker Zustrom von Gastarbeitern
Funktion der Gastarbeiter als „Konjunkturpuffer"
→ Integrationsprobleme

III. Phase: Der Gastarbeiterboom (1968–1973)
Während des Wirtschaftsaufschwunges nach der Rezession (1967) starker Zustrom von Gastarbeitern (1973: 2,5 Mio. im Land).
Türken als stärkste Nationalität
Nachzug von Familienangehörigen
→ Verbesserung der Wohnsituation

IV. Phase: Aus Gastarbeitern werden ausländische Arbeitnehmer (1974–1977)
Anwerbestopp nach der sogenannten Ölkrise im Nov. 1973
verstärkter Nachzug von Familienangehörigen, v.a. bei den Türken u.a. auch wegen mehrfacher Kindergelderhöhungen ab 1975
→ soziale Probleme in bestimmten Stadtvierteln/Überfremdung

V. Phase: Konflikte zwischen Deutschen und Ausländern (seit 1978)
weitere Zunahme der Zahl von Gastarbeitern aufgrund von Zuwanderungen und hoher Geburtenrate
+ Asylanten
+ Aussiedler (seit 1985)
Türken stellen nun ein Drittel aller Gastarbeiter
→ Ausländerfeindlichkeit v.a. gegenüber Türken und Asylanten

Eigener Entwurf nach *Korte/Schmidt* 1983, S. 14–29

Aufgaben

A 4.2/3: Teilt den Kurvenverlauf in einzelne Phasen ein und begründet die Einteilung (M 4.2/1, M 4.2/2).

A 4.2/4: Berichtet über Kontakte zu Gastarbeiterkindern. Überlege gemeinsam mit den Mitschülern Möglichkeiten, die Kinder stärker zu integrieren.

A 4.2/5: Die Medien berichten häufig über Ausländerfeindlichkeit in der Bundesrepublik Deutschland. Sucht nach Gründen für eine solche Haltung. Zeigt typische Verhaltensweisen der Gastarbeiter einerseits und der Deutschen andererseits auf.

A 4.2/6: Mache typische Verhaltensweisen in einem Stegreifspiel (Rollenspiel) deutlich.

M 4.2/3:

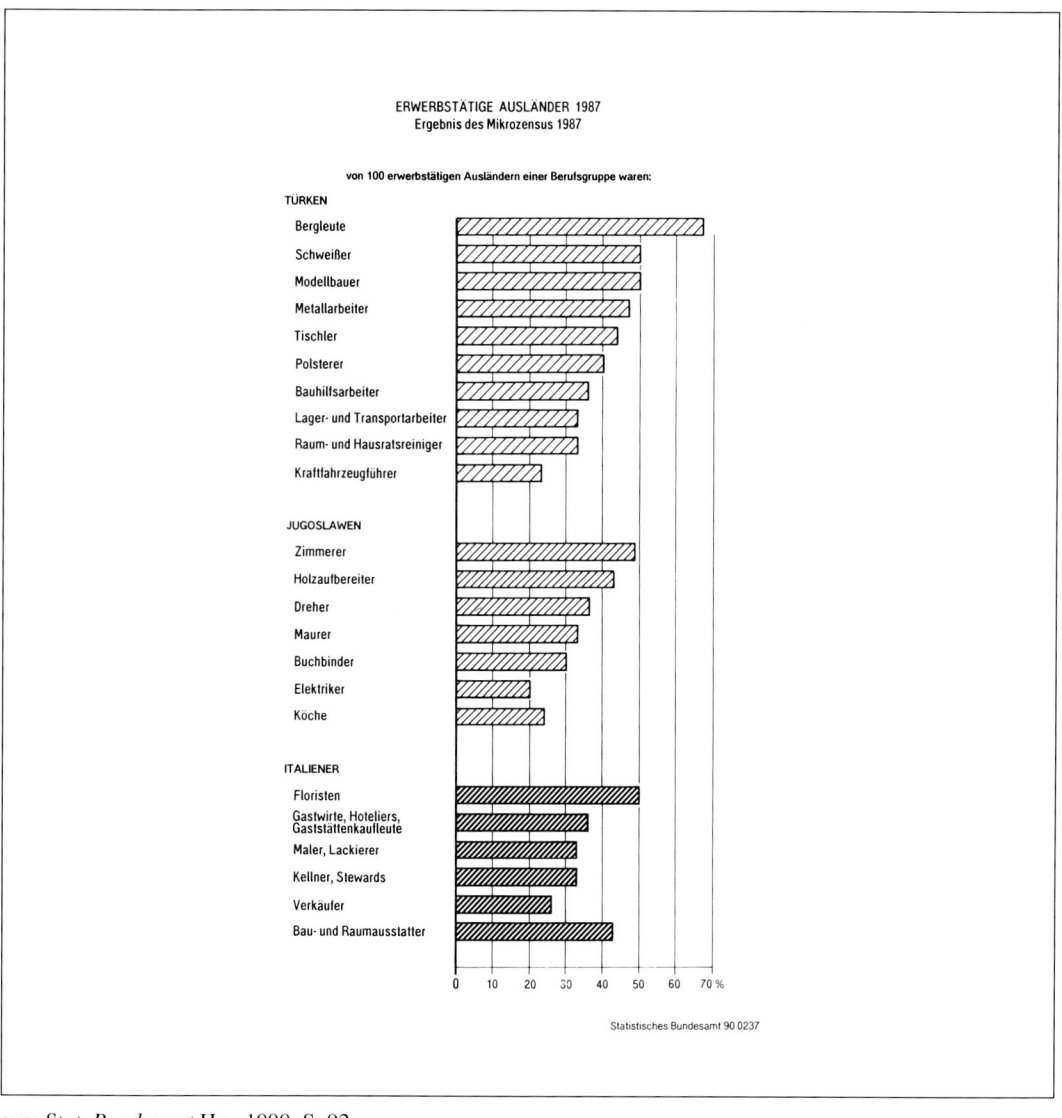

ERWERBSTÄTIGE AUSLÄNDER 1987
Ergebnis des Mikrozensus 1987

von 100 erwerbstätigen Ausländern einer Berufsgruppe waren:

TÜRKEN
- Bergleute: ~70
- Schweißer: ~50
- Modellbauer: ~50
- Metallarbeiter: ~45
- Tischler: ~42
- Polsterer: ~40
- Bauhilfsarbeiter: ~37
- Lager- und Transportarbeiter: ~30
- Raum- und Hausratsreiniger: ~28
- Kraftfahrzeugführer: ~22

JUGOSLAWEN
- Zimmerer: ~48
- Holzaufbereiter: ~42
- Dreher: ~35
- Maurer: ~35
- Buchbinder: ~30
- Elektriker: ~20
- Köche: ~25

ITALIENER
- Floristen: ~50
- Gastwirte, Hoteliers, Gaststättenkaufleute: ~37
- Maler, Lackierer: ~35
- Kellner, Stewards: ~35
- Verkäufer: ~25
- Bau- und Raumausstatter: ~42

Statistisches Bundesamt 90 0237

aus: *Stat. Bundesamt* Hg., 1990, S. 92

Aufgaben

A 4.2/7: Gebt typische Berufe der Gastarbeiter ind der Bundesrepublik Deutschland an (M 4.2/3). Überprüft daran, ob die Behauptung zutrifft, daß die Gastarbeiter den Deutschen die Arbeitsplätze wegnehmen.

A 4.2/8: Stellt in Partner- oder Gruppenarbeit Gründe zusammen, die für eine Integration der Gastarbeiter sprechen. Verfahrt ebenso mit den Gründen, die für eine Rückkehr ins Heimatland sprechen. Vergleicht die beiden Argumentgruppen und wägt sie gegeneinander ab.

A 4.2/9: Diskutiert die in einem Film zur Gastarbeiterproblematik gezeigten Probleme (s. Medienverzeichnis), und vergleicht sie mit den im Unterricht erarbeiteten Bestimmungsfaktoren.

M 4.2/4: Regionale Herkunft der befragten türkischen Haushaltsvorstände (isoplan-Repräsentativumfrage 1982)

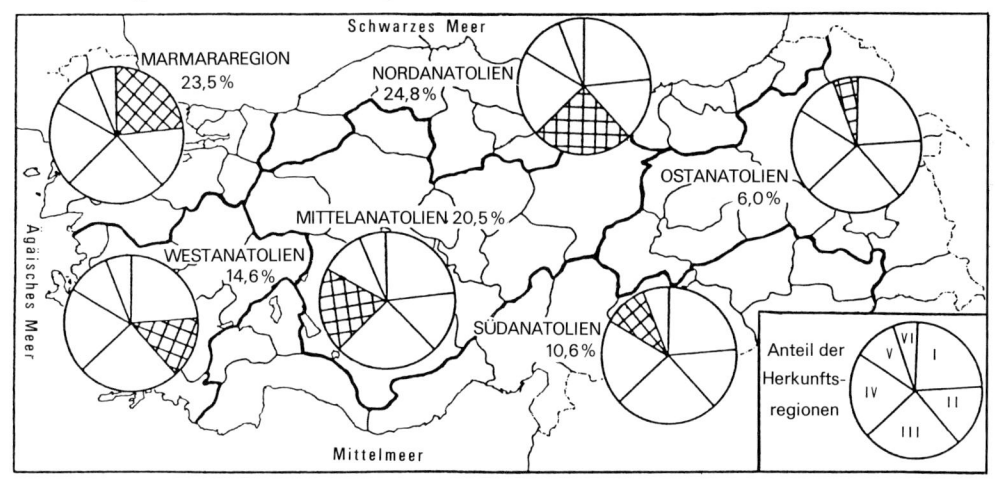

aus: *Werth* (1983), S. 29

M 4.2/5: Typus einer Kettenwanderung

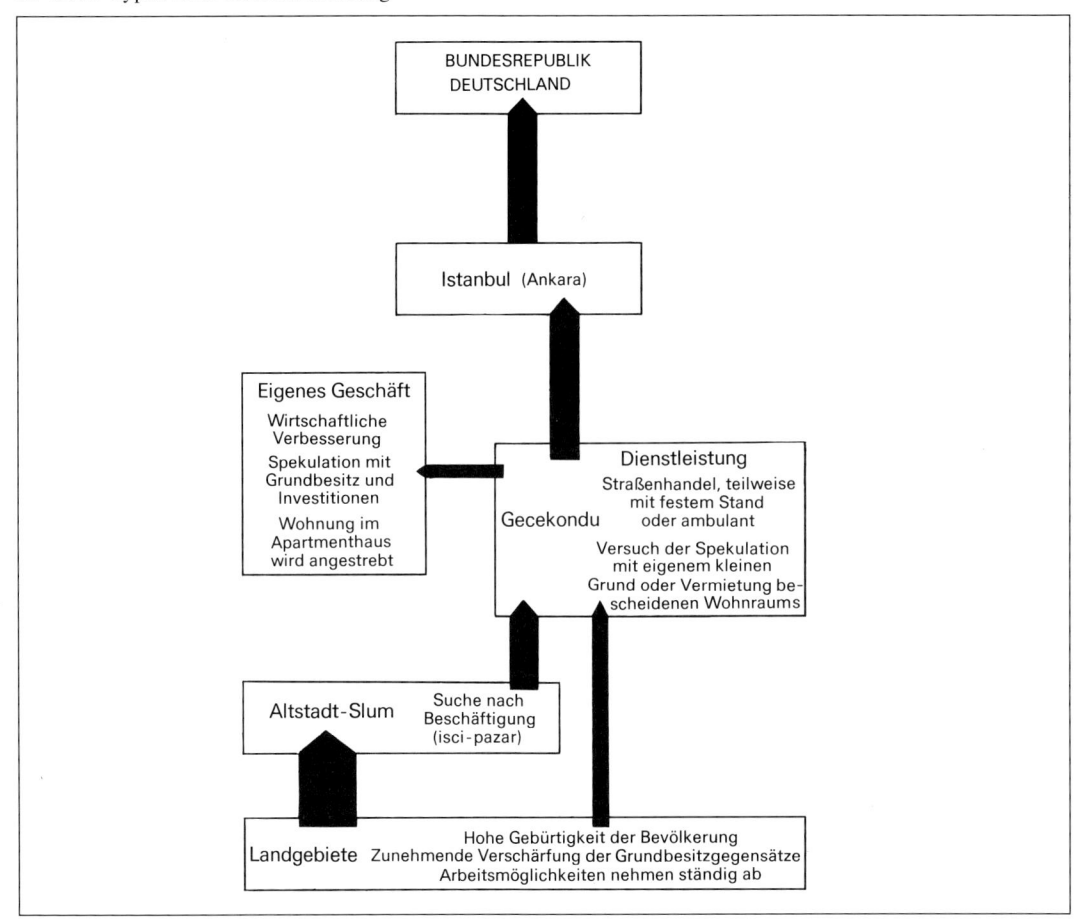

aus: *Werth* 1983, S. 30

Aufgaben

A 4.2/10: Ermittelt in Partnerarbeit die Herkunftsgebiete der türkischen Gastarbeiter (M 4.2/4). Bestimmt die ermittelten Räume näher, indem ihr mit Hilfe von Atlas-Karten deren wirtschaftliche Situation betrachtet.

A 4.2/11: Ordnet die gefundenen Ergebnisse in das Modell der Kettenwanderung ein (M 4.2/5).

A 4.2/12: Lerne andere Arten der Wanderungen kennen, und gib jeweils Beispiele dazu aus dem eigenen Umfeld an.

M 4.2/6: Prozentualer Anteil der Türken an der ausländischen Bevölkerung in großen Städten der Bundesrepublik Deutschland 1982

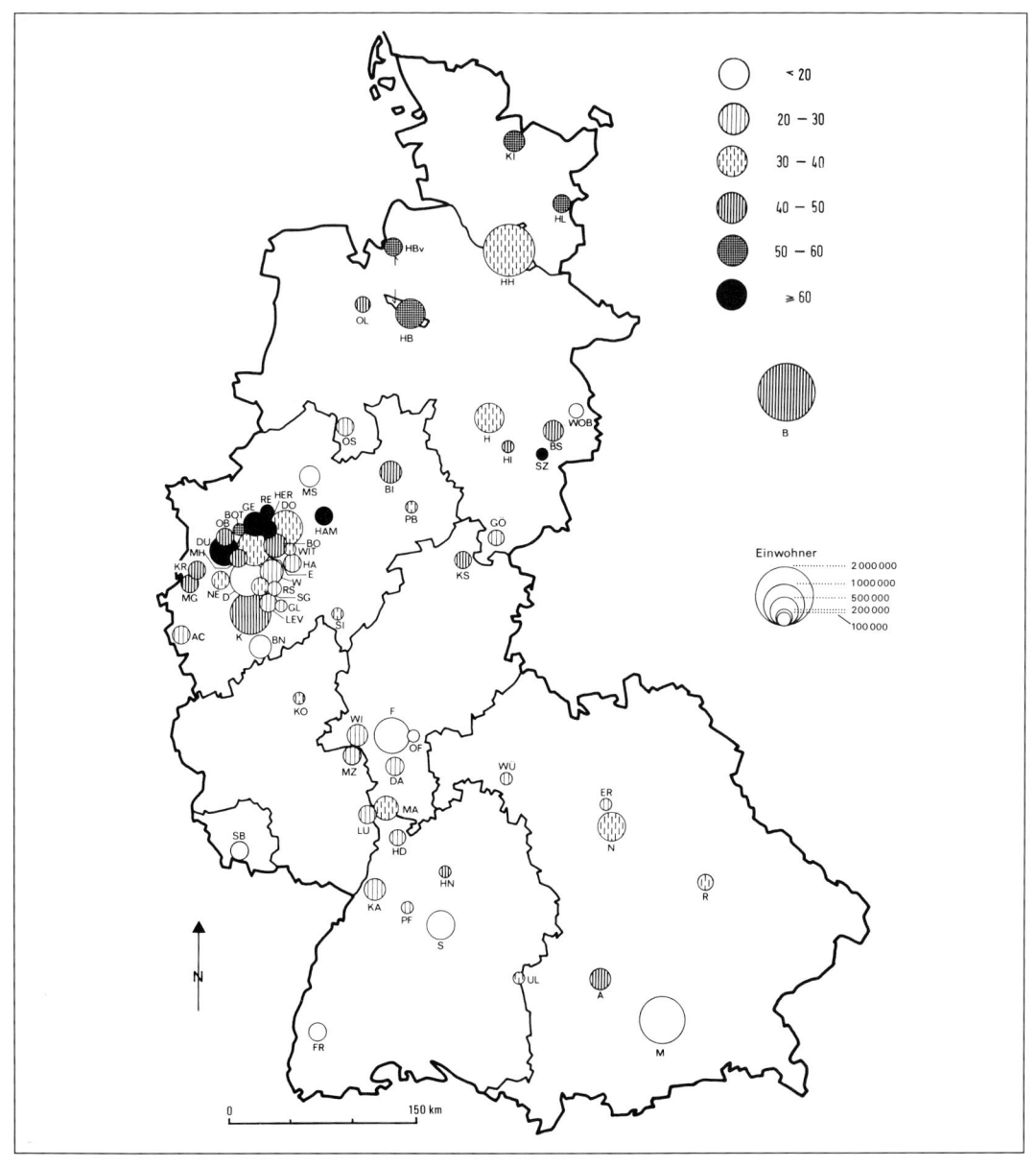

aus: *Bähr/Gans* 1987, S. 49

Aufgaben

A 4.2/13: Ermittelt in Partnerarbeit die bevorzugten Zielgebiete der Gastarbeiter in der Bundesrepublik Deutschland (M 4.2/6). Erklärt die Wanderungsströme und die Zielgebiete mit Hilfe von Atlas-Karten zur Wirtschaft in Deutschland.

A 4.2/14: Ordne deinen Schulstandort/Wohnort in die ermittelten Räume ein, und begründe die Einordnung aus eigener Anschauung vor Ort.

A 4.2/15: Weist nach der Betrachtung eines Films über illegale Gastarbeiter (s. Medienverzeichnis) auf die entstandenen Problemfelder hin.

M 4.2/7: Gründe für die Migration in die Bundesrepublik (isoplan-Rückkehrerbefragung) 1980

	1. Nennung (wichtigster Grund)	2. Nennung (zweitwichtigster Grund)	3. Nennung (drittwichtigster Grund)	Nennungen insgesamt I (Basis: alle Nennungen)	Nennungen insgesamt II (Basis: alle Befragten)
– Verbesserung der finanziellen und ökonomischen Lage	72,1	33,1	4,9	56,4	86,7
– allgemein: Sicherung der Zukunft	2,5	8,3	22,0	5,5	8,6
– Arbeitslosigkeit	11,3	8,9	9,8	10,6	16,3
– Wunsch nach besseren Arbeitsbedingungen	1,9	4,5	2,4	2,7	4,2
– Ausbildung, Sammeln von Arbeitserfahrungen, Studium	3,6	11,5	12,2	6,5	10,0
– Aufbau einer selbständigen Existenz	9,8	5,1	17,1	3,2	5,0
– Kauf von Immobilien	1,5	1,9	7,3	2,0	3,0
– Einfluß von Verwandten und Bekannten	1,4	3,2	–	1,8	2,8
– Reise- und Abenteuerlust, Erwerb von Sprachkenntnissen	2,8	18,5	14,6	8,1	12,4
– sonstige Gründe	2,3	5,1	9,7	3,4	5,3
	n = 362	n = 157	n = 41	Anzahl der Nennungen: 559 = 100%	n = 362

M 4.2/8:

a) Rangfolge der Verbleibmotive (Mehrfachnennungen erlaubt)

	Zahl der Nennungen	In % der Befragten	In % der Nennungen
– Ich bekomme in der Türkei wahrscheinlich keinen Arbeitsplatz	162	52	16,8
– Ich habe in der Türkei zur Zeit (noch) keine Möglichkeit, als Selbständiger zu arbeiten	147	47	15,2
– Ich würde in der Türkei weniger verdienen als in Deutschland	129	41	13,3
– In Deutschland gibt es bessere Verdienstmöglichkeiten	101	32	10,5
– Ich habe mich hier in Deutschland gut eingelebt	80	26	8,3
– Meine Kinder sollen zuerst ihre Ausbildung in Deutschland abschließen	73	23	7,5
– Ich habe die Rentenanwartschaft (15 Jahre) noch nicht erreicht; ich strebe eine Verbesserung der Altersversorgung an	67	21	6,9
– Ich möchte noch mehr Geld ansparen	66	21	6,8
– Ich möchte zuerst ein Haus bauen in der Türkei (bzw. Hausbau noch nicht abgeschlossen)	50	16	5,2
– Ich befürchte Eingewöhnungsschwierigkeiten in der Türkei bzw. meine Familie	49	16	5,1
– Meine Familie/meine Kinder wollen in Deutschland bleiben	23	7	2,4
– Ich strebe die deutsche Staatsangehörigkeit an	12	4	1,2
– Sonstige Gründe	7	2	0,7
	966	–	100,0

Anzahl der Befragten: 312

b) Rangfolge der Rückkehrmotive

	Zahl der Nennungen	In % der Befragten	In % der Nennungen
– Einsamkeit und Heimweh nach Familie und der Türkei	157	55	16,1
– Ausländerfeindlichkeit in Deutschland	126	44	12,9
– Leben und Arbeit in Deutschland gefallen nicht mehr	107	37	10,9
– Möglichkeit einer selbständigen Existenz in der Türkei	101	35	10,3
– Gute Versorgung, Erziehung und Pflege der Kinder in Deutschland nicht möglich oder gefährdet	96	33	9,8
– Finanzielle Gründe, Leben in Deutschland zu teuer	94	33	9,6
– Schlechte Behandlung in Deutschland	59	20	6,0
– Klima	55	19	5,7
– Allgemein: familiäre Gründe, Familie konnte nicht nachgeholt werden	46	16	4,7
– Genug gearbeitet und verdient	43	15	4,4

	Zahl der Nennungen	In % der Befragten	In % der Nennungen
– Arbeitslosigkeit	37	13	3,8
– Wehrdienst	32	11	3,3
– Stellenangebot in der Türkei	12	4	1,2
– Krankheit, Unfall	9	3	0,9
– Ablauf der Aufenthaltserlaubnis	4	1	0,4
	978	–	100,0

Anzahl der Befragten: 288

aus: *Werth* 1983, S. 35, 62 u. 64

Aufgaben

A 4.2/16: Stellt mit Hilfe der Materialien (M 4.2/7, M 4.2/8) und vor dem Hintergrund der bisher gewonnenen Ergebnisse die Gründe dar, die Gastarbeiter aus der Türkei veranlassen, in die Bundesrepublik Deutschland zu wandern (Pull-Faktoren), und diejenigen, die sie aus der Türkei drängen (Push-Faktoren).

A 4.2/17: Stellt in einer Tabelle die Gründe dar, die Gastarbeiter veranlassen könnten, nach einem bestimmten Zeitraum wieder in ihr Heimatland zurückzukehren. Unterscheidet dabei nach Push- und Pull-Faktoren.

A 4.2/18: Nennt Möglichkeiten, das in der Bundesrepublik Deutschland verdiente Geld im Heimatland anzulegen. Informiere dich über die türkischen Arbeitnehmergesellschaften und beurteile ihre Wirksamkeit.

Die nachfolgenden Arbeitsaufträge beziehen sich auf Kartierung und Befragung:

A 4.2/19: Überlegt innerhalb einer Arbeitsgruppe, wie ihr den Wohnstandort von Gastarbeitern in eurem Schul-/Wohnort ermitteln und festhalten könnt.

A 4.2/20: Beteiligt euch an der Vorbereitung der Exkursion (Materialbeschaffung, Kontaktaufnahme zu den zu Befragenden).

A 4.2/21: Stellt Fragen zusammen, die ihr an die Befragten richten wollt, um die im Unterricht erzielten Ergebnisse überprüfen zu können.

A 4.2/22: Kartiert die Wohnstandorte und den Erhaltungszustand des Gebäudes/der Wohnung auf der Kartengrundlage. Befragt ausländische Personen und notiert die Antworten.

A 4.2/23: Fertigt gemeinsam aus den Einzelkartierungen eine Übersichtskarte an. Stellt die Befragungsergebnisse in einer Tabelle zusammen.

A 4.2/24: Beschreibt die Aussagen eurer Arbeit vor Ort vor dem Hintergrund der bis dahin gewonnenen Unterrichtsergebnisse.

4.2.2 Die europäische Überseewanderung (*Michael Boßmann*)

Die Bevölkerungsentwicklung der beiden amerikanischen Kontinente ist entscheidend durch die Einwanderung von außeramerikanischen Bevölkerungsgruppen bestimmt worden. Dabei hat die Auswanderung aus Europa seit dem Beginn der Erschließung der beiden Kontinente eine wesentliche Rolle gespielt. Einwanderer aus nahezu allen Teilen Europas haben besonders den nordamerikanischen Kontinent geprägt. Zu diesem Thema soll deshalb ein vorwiegend für die S II geeigneter Unterrichtsvorschlag vorgestellt werden, bevor anschließend einige Hinweise zur Einwanderung nach Südamerika gegeben werden.

1. Die europäische Überseewanderung in die USA

Auswanderer aus dem deutschsprachigen Raum bildeten eine der größten Gruppen innerhalb der Einwanderer aus Europa, die in den USA eine neue Heimat fanden. Diese Gruppe soll deshalb bei den nachfolgenden Ausführungen im Mittelpunkt stehen.

Lernziel:

Die Schüler sollen Umfang und zeitlichen Verlauf der deutschen und europäischen Überseewanderung sowie Motive und Auswirkungen erkennen und erklären und die Bedeutung für die Entwicklung des nordamerikanischen Kontinents einschätzen.

Motivation:

Zur Einführung in das Thema eignen sich zwei Auszüge (M 4.2/9–10) aus Briefen nach Nordamerika ausgewanderter Deutscher in besonderer Weise. Nahezu von allein stellen sich bei dem Versuch, die äußerst kontroversen Erfahrungen der Briefschreiber zu erklären, die Fragen nach den Motiven, der Herkunft oder dem sozialen Status der Auswanderer.

Erarbeitung:

Über den zeitlichen Verlauf der Einwanderung in die USA geben die Abbildungen M 4.2/11 und M 4.2/12 Auskunft. Sie informieren die Schüler nicht nur über den zeitlichen Ablauf und den Umfang der deutschen und europäischen Auswanderungen nach Nordamerika, sondern bei der Suche nach den Gründen für die extremen Schwankungen der Gesamtzahlen werfen sie auch erneut die Frage nach den Motiven der Auswanderer auf.
Diese Frage wird noch weiter verstärkt, wenn man die Karte der regionalen Auswanderungsintensität in den Herkunftsgebieten (M 4.2/13) betrachtet. Die besonders hohen Auswandererzahlen in den Realteilungsgebieten SW-Deutschlands liefern einen ersten Erklärungsansatz. Sie zeigen, daß neben dem Mythos Amerika („Land der unbegrenzten Möglichkeiten") als Pullfaktor vor allem Pushfaktoren eine wesentliche Bedeutung für den Entschluß zur Auswanderung gehabt haben.
Dies wird durch den Text M 4.2/14, der in knapper Form einen Überblick über den Verlauf der europäischen Auswanderung nach Nordamerika gibt, bestätigt. M 4.2/15 geht darüber hinaus besonders auf die Motive deutscher Überseewanderer ein. Neben diesen Texten sollte aber außerdem noch geschichtliches Vorwissen der Schüler bei den Erklärungsversuchen einbezogen werden; gegebenenfalls ist dieses durch den Fachlehrer zu ergänzen. Dann lassen sich sowohl die regionale Verteilung der Auswanderer in den Herkunftsgebieten als auch die Hoch- und Tiefpunkte in der Kurve der Auswandererzahlen (M 4.2/11) weitgehend erklären.
Von ebenso großem Interesse wie die Herkunftsgebiete der Überseewanderer dürfte die Verteilung auf die Zielgebiete sein. Hierüber geben die Karte M 4.2/16 und der Text M 4.2/17 deutlich Auskunft. Anhand des Textes und mit Hilfe entsprechender Klima- und Vegetationskarten aus dem Atlas lassen sich Erklärungsansätze für das Verteilungsmuster in der Karte M 4.2/16 ableiten. Außerdem muß auf den Zusammenhang zwischen der europäischen Überseewanderung und der fortschreitenden Erschließung des Kontinents eingegangen werden. Der Text M 4.2/17 liefert zusätzlich noch einen Nachtrag zur Frage nach den Motiven der Überseewanderer. Neben verschiedenen Pull- und Pushfaktoren haben offenbar Kenntnisse über positive Erfahrungen innerhalb eines bestehenden Bekanntenkreises eine entscheidende Rolle für den Wanderungsentschluß gespielt, so daß es sich hierbei um eine Form von Nachahmung handelt. Daß es dabei gelegentlich zu Fehleinschätzungen gekommen ist, ist eine der Ursachen für die unterschiedlichen Erfahrungen der Überseewanderer (M 4.2/9–10).

Vertiefung:

Am Beginn der Vertiefung soll die Einordnung der europäischen Überseewanderung in die Gesamtentwicklung der Einwanderungen in die USA stehen. M 4.2/18 läßt erkennen, daß Ende des 19. Jahrhunderts die Einwanderung aus Nord- und Westeuropa im Mittelpunkt stand, während zu Beginn des 20. Jahrhunderts die Einwanderung aus Süd- und Osteuropa dominierte. Danach hat die Einwanderung aus Europa langsam an Bedeutung verloren, und seit den 70er Jahren unseres Jahrhunderts steht die Einwanderung aus Lateinamerika und Asien deutlich im Vordergrund. Dies läßt erkennen, daß die USA auch heute noch ein wichtiges Einwanderungsland sind. Ob diese Entwicklung unbegrenzt weitergehen kann, ist aber durchaus fraglich, wenn man bedenkt, daß es trotz großer Landreserven Regionen mit einer extrem hohen Bevölkerungsdichte (z.B. atlantische Megalopolis, Kalifornien) gibt. — Bei einer Beurteilung ist außerdem zu bedenken, daß die Einwanderer nicht nur den Aufstieg der USA zu Weltmacht entscheidend förderten, sondern andererseits auch verschiedene soziale Probleme mit sich brachten. Zudem ist die Frage nach der Integration der Einwanderer zu stellen. Neben einer problemlosen Assimilation vieler Einwanderer steht auch heute noch die deutliche Betonung der nationalen Eigenständigkeit. Sie äußert sich in der unterschiedlichsten Weise, angefangen von Paraden zu nationalen Gedenktagen (z.B. St. Patrick's Day der Iren, Steuben-Parade der Deutschen) bis hin zu Bildung ethnisch bestimmter Stadtviertel oder Ghettos.

2. Die europäische Überseewanderung nach Südamerika

Im Bewußtsein der Öffentlichkeit spielt die europäische Auswanderung nach Südamerika eine sehr viel geringere Rolle als diejenige nach Nordamerika, sieht man einmal von dem Einfluß Spaniens und Portugals als Kolonialmächte ab. Im Anschluß an eine Behandlung der europäischen Einwanderung nach Nordamerika bietet sich aber ein Vergleich mit der Einwanderung nach Südamerika geradezu an.

Lernziel:

Die Schüler sollen Gemeinsamkeiten und Unterschiede zwischen der europäischen Überseewanderung nach Nord- und derjenigen nach Südamerika erkennen und erklären und die jeweilige Bedeutung beurteilen.
Materialien zur Südamerikawanderung finden sich im Kapitel 3.2.3, worauf an dieser Stelle zurückzugreifen ist. Darüber hinaus sollen hier lediglich einige Vergleichspunkte angesprochen werden.
Zunächst ist der wesentlich geringere Umfang der Südamerikawanderung herauszustellen (vgl. hierzu auch Tab. 3.2.3/1), wobei als Erklärung u.a. auf die unterschiedlichen klimatischen Gegebenheiten im Zielgebiet hinzuweisen ist.
Wenn auch die Pushfaktoren im Bereich der Herkunftsgebiete weitgehend identisch sind, so spielt bei der Südamerikawanderung die oben bereits angesprochene Form der Nachahmung (psycholog. Gesetz der Auswanderung; vgl. Kap. 3.2.3) eine besonders wichtige Rolle.
Weitere wesentliche Unterschiede sind der in der Regel etwas höhere soziale Status der Südamerikawanderer, die hohe Rückwanderungsquote nach Südeuropa und die langsamere Assimilation der Einwanderer in Südamerika.
Sollte darüber hinaus noch Zeit zur Verfügung stehen, so läßt sich dieses Thema am Beispiel der Mennoniten mit Hilfe der in Kapitel 3.2.3 enthaltenen Informationen noch weiter vertiefen.

Unterrichtsphasen	Stufe SI SII	– Materialien (M) – Medien – Aufgaben (A)	– Unterrichtsformen – Sozialformen	Bedeutung und Ziele der Unterrichtsphasen
1. Erfahrungsberichte deutscher Amerikaauswanderer	x x	Texte M 4.2/9–10 Tafel: mögliche Erklärungen zu M 4.2/9–10, Auflistung von Fragen zur Amerikaauswanderung	– Stillarbeit u. anschließende Diskussion – Unterrichtsgespräch	– Motivation und Herausarbeitung von Fragen zur Unterrichtseinheit
2. Zeitlicher Ablauf und Umfang der deutschen u. europ. Auswanderung in die USA	x x	Abb. M 4.2/11 (evtl. als Folie, um später Erklärungen zum Kurvenverlauf eintragen zu können) Abb. M 4.2/12	– Gruppenarbeit (je eine Gruppe für M 4.2/11–12) – Unterrichtsgespräch	– Beschreibung der deutschen/europ. Überseewanderung (Umfang und zeitl. Verlauf) – Erklärungsversuche zum Kurvenverlauf
3. Herkunftsgebiete der deutschen Überseewanderer	x	Abb. M 4.2/13	– Stillarbeit oder Partnerarbeit mit anschließendem Schülervortrag	– Erkennen der unterschiedlichen regionalen Auswanderungsintensitäten – Erklärungsversuche zum Verteilungsbild
4. Ursachen der deutschen und europ. Überseewanderung in die USA	x	Texte M 4.2/14–15 Tafel: Ergebnissicherung Abb. M 4.2/11–13 (im Rückgriff)	– Partner- oder Gruppenarbeit mit anschließendem Unterrichtsgespräch – Unterrichtsgespräch und Diskussion (evtl. Lehrervortrag: histor. Hintergrund)	– Erkennen der Auswanderungsmotive – Ordnen nach Pull- u. Pushfaktoren – Herausarbeitung regionaler Unterschiede (evtl. Gewichtung der Motive) – Überprüfung der Erklärungsversuche aus 3. u. 4., evtl. Korrektur – Zusammenfassende Darstellung der bisherigen Ergebnisse – Einordnung in historischen Zusammenhang
5. Ansiedlung der deutschen Überseewanderer in den USA	x	Abb. M 4.2/16 (evtl. nur als Folie) Text M 4.2/17 Atlas	– Stillarbeit oder Partnerarbeit mit anschließendem Schülervortrag – Unterrichtsgespräch	– Beschreibung der Siedlungsgebiete deutscher Einwanderer und Erklärung des Verteilungsmusters – Herstellen von Zusammenhängen mit der Erschließungsgeschichte der USA (Einbringen von Vorkenntnissen)

Unterrichtsphasen	Stufe	– Materialien (M) – Medien – Aufgaben (A)	– Unterrichtsformen – Sozialformen	Bedeutung und Ziele der Unterrichtsphasen
	SI SII			
6. Beurteilung der USA als Einwanderungsland und Bewertung der gegenwärtigen Situation	x	Abb. M 4.2/17	– Stillarbeit – Schülervortrag – Diskussion	– Einordnung der europ. Überseewanderung in die Gesamteinwanderung in die USA – Beschreibung u. Erklärung der Veränderungen – Beurteilung der USA als Einwanderungsland (evtl. Materialkritik)

Mögliche Unterrichtsfortsetzung:
1) Bevölkerungs- und Siedlungs-/Stadtgeographie der USA
2) Vergleich der europäischen Überseewanderung nach Nordamerika mit derjenigen nach Südamerika

M 4.2/9:

Nikolaus Frett, geb. 1795 in Virmburg, Kreis Mayen, ausgew. 1841
Chicaco, 30. Aug. 1841 an Kaufmann Marhöffer

Man weiß auch hier von keinen Steuern. Man braucht sich hier nicht für den Müssiggänger zu plagen als wie in Deutschland. Hier arbeitet man für sich… Wir verlangen nicht mehr nach Deutschland. Jeden Tag danken wir dem liben Gott, daß er uns aus der Sklaverei gleichsam ins Paradies geführt hat. Auch dieses wünschte ich meinen lieben Freunden, Schwestern und Brüdern von Herzen gerne, die doch in Deutschland gleichsam als unter Löven und Drachen wohnen und jeden Augenblick fürchten, von ihnen verschlungen zu werden.
Die Tracht der Kleider ist in Amerika wie in Deutschland bei den größten Herrschaften. Besonders bei der Frauenzimmern ist die Tracht sehr vornehm… Auch ist die Amerikanische Kost gut und billig. Der gemeine Mann lebt in Amerika besser, als in Deutschland der vornehmste. Kurz mit einem Wort, man kann nicht beschreiben, wie gut es in Amerika ist.

aus: *Helbich* 1985, S. 33

M 4.2/10:

Simon Dietzler
New Orleans, 1. Jan. 1853 an seine Familie in Münster-Metternich im Reg.-Bezirk Koblenz

… Amerika ist ein freies Land, wo keine Religion und Freundschaft ist, und auch kein baldigster Verdienst. Drum bleibe ein jeder, wo er ist, und ziehe nicht nach Amerika… Den Montag sind wir mit den Kisten aus dem Schiffe, wo ich einen guten Mann antraf aus den Neugierigen, wo ich bis heute meine Kost frei bekomme, und habe noch keine Arbeit. Bedenke ein jeder, wie es mir zu Mut ist, und wie oft ich mich zu meiner liebsten Frau und Kindern wünsche. Ich hoffe aber, mit Gottes Hülfe in den nächsten Tagen Arbeit zu bekommen.
Ich wünsche keinen Freund und Feind nach Amerika. Bleibe ein jeder, wo er ist. Alle, die gut schreiben nach Deutschland, sind Lügner und versetzen ganze Familien in großes Elend. Wo ich schon überhaupt bin. Wo so viele Familien in Orleans ohne Aufenthalt und ohne Verdienst sind!

aus: *Helbich* 1985, S. 53

Aufgabe

A 4.2/25: Beschreiben Sie mit wenigen Stichworten die von den beiden Briefschreibern mitgeteilten Erfahrungen! Versuchen Sie dann, Erklärungen zu finden!

M 4.2/11: Deutsche Auswanderung in die Vereinigten Staaten von Amerika 1820–1914

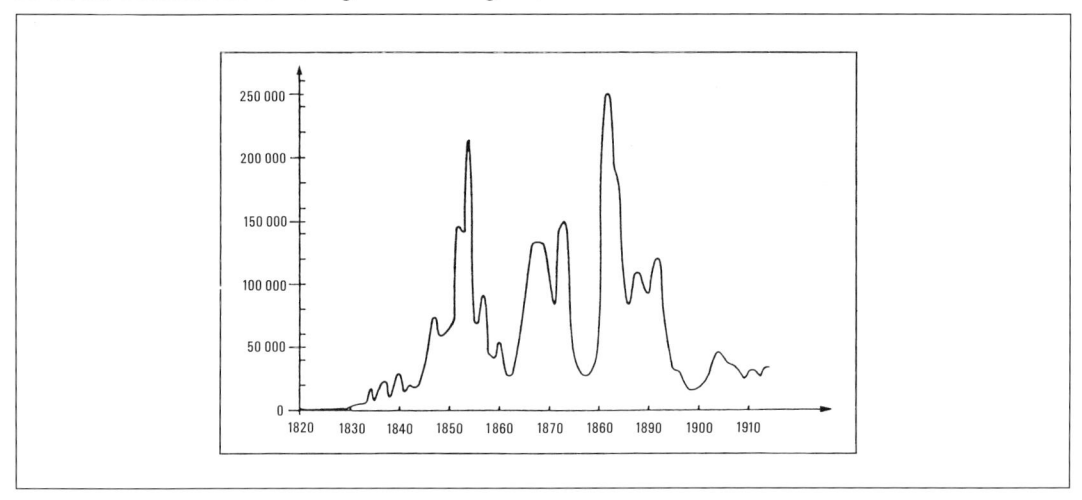

aus: *Moltmann* 1976, S. 201

M 4.2/12: Einwanderung 1820–1970 nach wichtigen Herkunftsländern

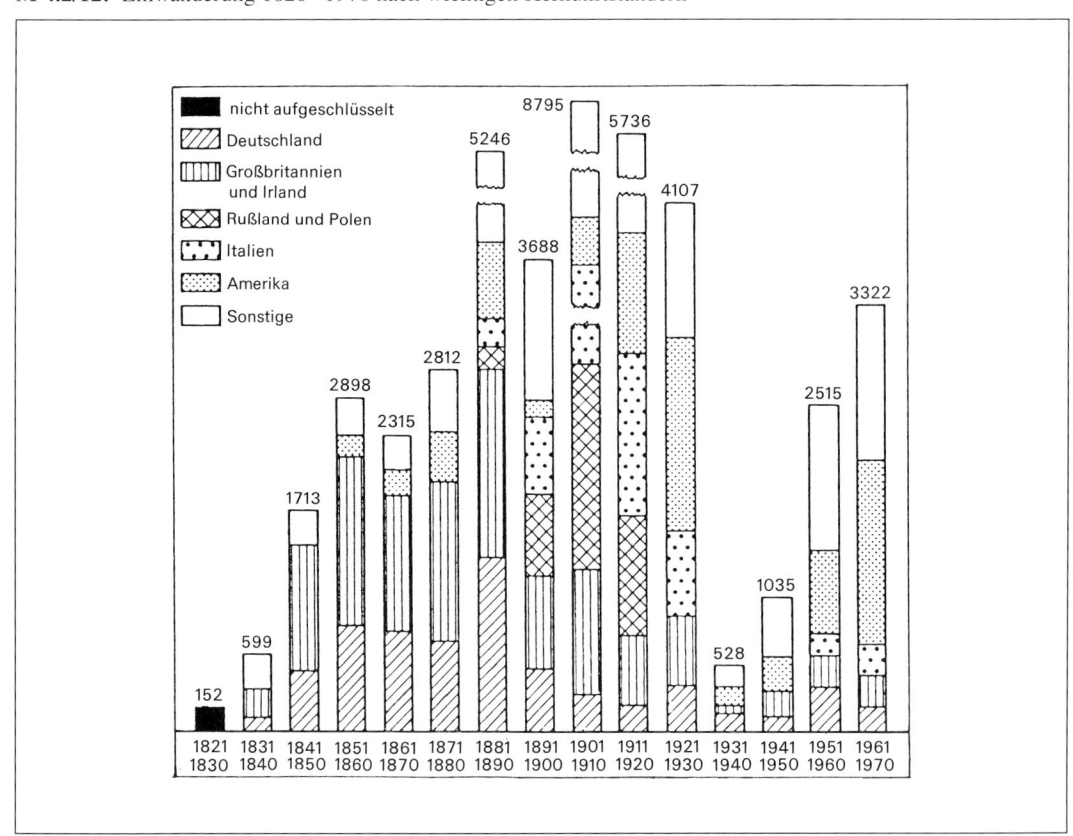

aus: *Inform. z. pol. Bild.* 1981, S. VI

M 4.2/13:

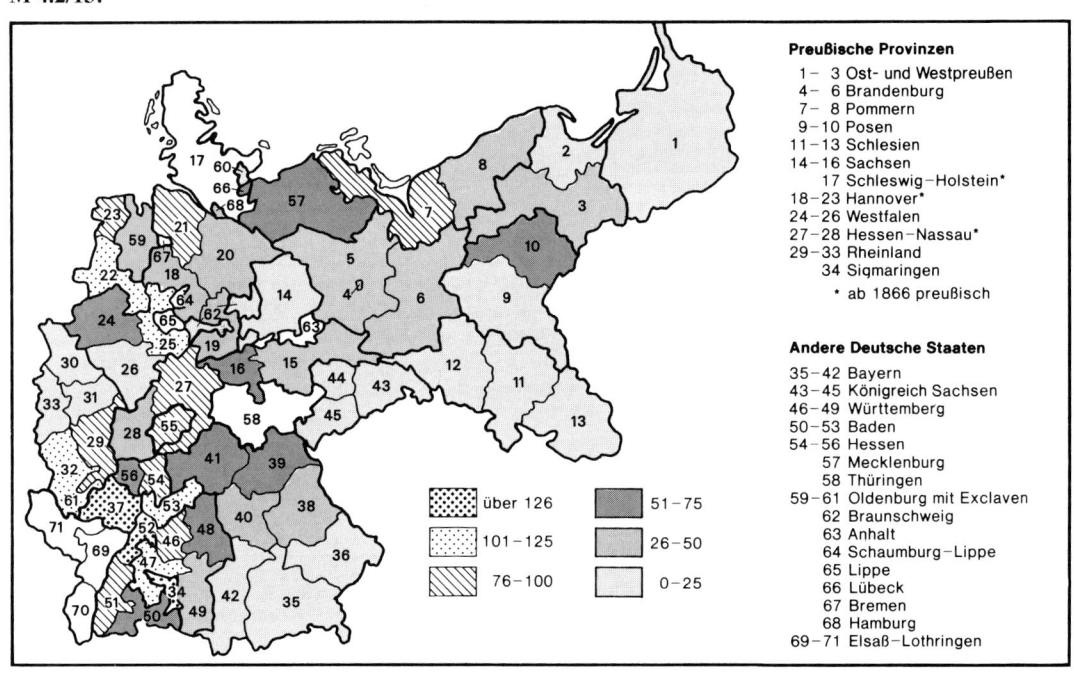

Preußische Provinzen
1 – 3 Ost- und Westpreußen
4 – 6 Brandenburg
7 – 8 Pommern
9 – 10 Posen
11 – 13 Schlesien
14 – 16 Sachsen
17 Schleswig-Holstein*
18 – 23 Hannover*
24 – 26 Westfalen
27 – 28 Hessen-Nassau*
29 – 33 Rheinland
34 Sigmaringen

* ab 1866 preußisch

Andere Deutsche Staaten
35 – 42 Bayern
43 – 45 Königreich Sachsen
46 – 49 Württemberg
50 – 53 Baden
54 – 56 Hessen
57 Mecklenburg
58 Thüringen
59 – 61 Oldenburg mit Exclaven
62 Braunschweig
63 Anhalt
64 Schaumburg-Lippe
65 Lippe
66 Lübeck
67 Bremen
68 Hamburg
69 – 71 Elsaß-Lothringen

Legende: über 126 | 101–125 | 76–100 | 51–75 | 26–50 | 0–25

Index der regionalen Auswanderungsintensität: Einwanderer in die Vereinigten Staaten pro Tausend Einwohner des Herkunftsgebietes, 1870

aus: *Kamphoefner* 1983, S. 170

Aufgabe

A 4.2/26 (zu M 4.3/11): Beschreiben Sie den Verlauf der abgebildeten Kurve, und stellen Sie einige Besonderheiten heraus! Gibt es dafür Erklärungen?

Aufgabe

A 4.2/27 (zu M 4.3/12): Zeigen Sie anhand der Abbildung die Entwicklung der Gesamteinwanderung in die USA auf, und untersuchen Sie zusätzlich den Anteil der jeweiligen Nationalitäten!

Aufgabe

A 4.2/28 (zu M 4.3/13): Erläutern Sie die Karte, und versuchen Sie, einige Erklärungen für das Verteilungsbild zu finden!

M 4.2/14:

Die Einwanderung in die Vereinigten Staaten ist für den Aufstieg zur Groß- und Weltmacht ebenso entscheidend gewesen wie die Lage und die Natur des Landes. Man schätzt, daß etwa 50 Millionen Menschen von 1820 bis 1985 in die USA einwanderten, etwa 38 Millionen allein aus Europa.

Es zeigt sich, daß die Einwanderzahlen schwankten. Sie hingen ab von Ereignissen, die Europäer aus der Heimat trieben, wie gescheiterte Revolutionen (zum Beispiel 1849) oder Mißernten (zum Beispiel in Irland 1845/46) oder negative soziale Auswirkungen der Industrialisierung. Andererseits lockten die schier endlosen, noch unbesiedelten Weiten der USA, die Chancen des wirtschaftlichen und sozialen Aufstiegs in diesem „Land der unbegrenzten Möglichkeiten" und — die Freiheit.

Anstoß zur Auswanderung gaben oft Ereignisse wie Goldfunde (zum Beispiel der „Gold rush" in Kalifornien 1843) oder Wirtschaftsblüten, abschreckend wirkten dagegen die sich häufig wiederholenden Börsenkrachs oder Wirtschaftskrisen in den USA. Weiter ist abzulesen, daß bis 1890 Großbritannien, Irland, Deutschland und Skandinavien die größten Kontingente der meist protestantischen Einwanderer stellten (die „alte Immigration"), dann aber überwog die Zahl der vorwiegend katholischen Süd- und Osteuropäer deutlich (die „neue Immigration"). Diese letzteren waren meist weniger gebildet, arbeiteten aber hart und lebten sparsam. Sie blieben in überwiegender Zahl als billige Arbeitskräfte in den Industriestädten des Ostens, oft in eigenen Stadtvierteln.

aus: *Inform. z. pol. Bild.* 1986, S. 12

M 4.2/15:

Auswanderungsforscher haben oft Motivlisten aufgestellt. Religiöse, politische, wirtschaftlich-soziale und individuell-psychologische Gründe hätten Deutsche über das Meer geführt. Tatsächlich kann man feststellen, daß in der Frühzeit des Wanderungsprozesses, im 17., 18. und beginnenden 19. Jahrhundert, zahllose religiöse Dissidentengruppen fortgezogen sind, daß zu bestimmten Zeiten im 19. und 20. Jahrhundert politische Flüchtlinge nach Amerika gegangen sind, daß aber das wirtschaftlich-soziale und vielleicht auch das individuell-psychologische Motiv eine außerordentlich große Rolle gespielt haben. Besser kommt man den Gründen, die hinter den Auswanderungsentschlüssen standen, jedoch auf die Spur, wenn man auf eine strikte Kategorisierung der Motive verzichtet. Meist beruhte die Entscheidung auf Motivkomplexen. Außer bei religiösen Dissidentengruppen haben wirtschaftliche Nöte oft Pate gestanden. Wirtschaftliche Probleme waren ihrerseits oft verknüpft mit politischen. In Not befindliche Deutsche protestierten mit ihrem Abzug ausgesprochen oder unausgesprochen auch gegen eine schlechte Sozialpolitik in ihrer Heimat. Politische Flüchtlinge wichen nicht nur politischem Druck, sondern meist auch der Aussichtslosigkeit, angesichts ihrer Opposition gegen das herrschende politische System eine wirtschaftlich gesicherte Existenz gründen zu können. In solchen und ähnlich komplexen Verquickungen werden Auswanderungsentschlüsse am besten begreiflich. Auswanderungsmotive sind auch nicht unabhängig von den Herkommensregionen zu verstehen. Südwestdeutschland — Baden, Württemberg, die Pfalz und das südliche Hessen — waren lange Zeit der Hauptherd der Abzugsbewegung. Noch in der 1830er Jahren kam der allergrößte Teil der Amerikaauswanderer von dorther. Bis zur Mitte des Jahrhunderts griff dann die Auswanderung auch auf Bayern und Westdeutschland, in der zweiten Jahrhunderthälfte auf Nord- und Ostdeutschland über. Die Ackerverfassung, die Wirtschaftsentwicklung und die sozialen Verhältnisse in den deutschen Ländern begünstigten oder verzögerten die Auswanderungsbewegung. Zum Beispiel führte das Realteilungsprinzip im Erbrecht Süddeutschlands zu kleinbäuerlichen Strukturen, die der Abwanderung Vorschub leisteten. Die Zerrüttung der Heimindustrie durch das Aufkommen von Fabriken und Industrien war ein anderer Faktor, der Menschen aus dem Lande trieb. Die Konzentrationsbewegung in der Gutswirtschaft östlich der Elbe in der zweiten Hälfte des 19. Jahrhunderts bildete den Hintergrund für den Abzug von Angehörigen der dortigen bäuerlichen Unterschichten. Im Zeitalter der Hochindustrialisierung mit Konjunkturschwankungen und Arbeitsmarktkrisen gingen Arbeiter nach Amerika, um dort ein besseres Auskommen zu finden. Insbesondere führte auch das große Ansteigen der Bevölkerungszahlen im 19. Jahrhundert zu einer Verstärkung der Auswanderungsbewegung.

aus: *Moltmann* 1982, S. 310–311

Aufgaben

A 4.2/29: Stellen Sie anhand der Texte eine Liste verschiedener Gründe für die deutsche und europäische Überseewanderung zusammen!

A 4.2/30: Versuchen Sie, die in Aufgabe 1 gefundenen Gründe nach Pull- und Pushfaktoren zu ordnen! Gibt es Gründe, die nicht in dieses Schema passen!

A 4.2/31: Stellen Sie, geordnet nach Herkunftsgebieten, unterschiedliche Gründe heraus!

A 4.2/32: Welche Gründe halten Sie für besonders gravierend, welche für weniger bedeutsam?

M 4.2/16: Geographische Verteilung der deutschen Einwanderer und deren Kinder in Amerika in Bezug auf klimatische Verhältnisse

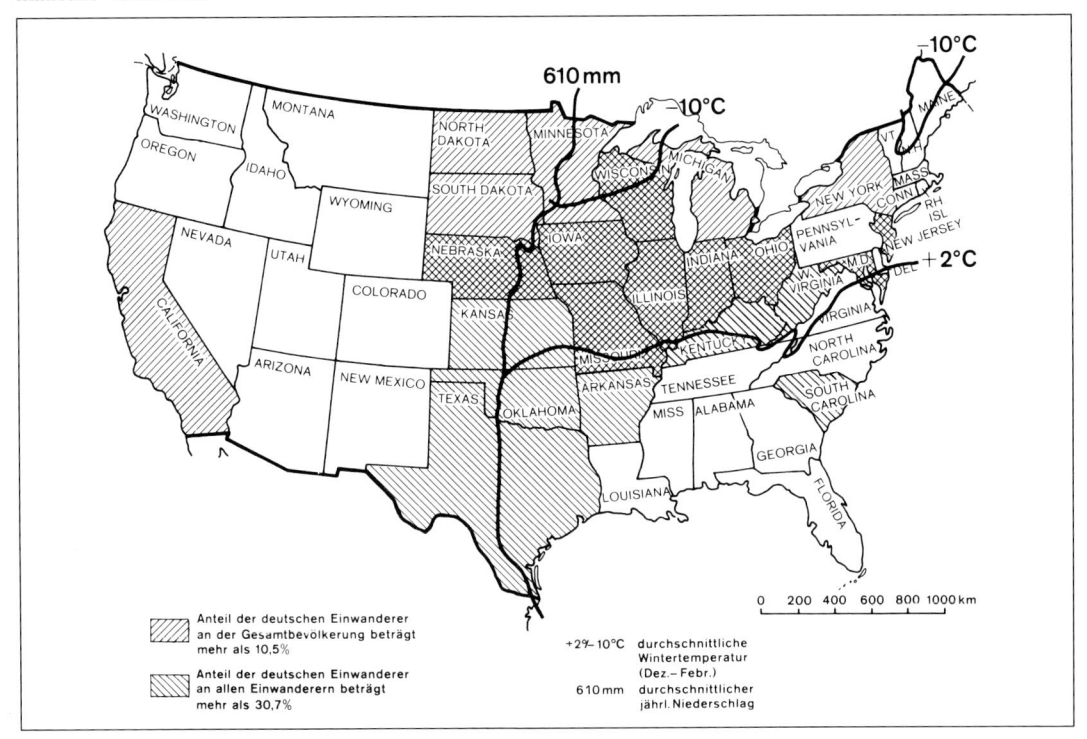

aus: *Kamphoefner* 1983, S. 171

M 4.2/17:

Während die Masse der im Mittelwesten konzentrierten deutschen Einwanderer im ländlichen Raum siedelte, ließen sich jene Landsleute, die den E der Vereinigten Staaten bevorzugten, mehrheitlich in Städten nieder. So wählten z. B. drei Viertel aller Deutschen im Staat Maryland Baltimore als Zielort.
Wenn auch Pennsylvania den fünften Platz bei der absoluten Zahl deutscher Immigranten besetzte, so lag es bei beiden genannten Kategorien leicht unter dem Durchschnitt.
Der NE der USA war von seiner naturräumlichen Ausstattung potentieller Siedlungsraum für Deutsche, alleine überschritten die Kaufpreise für Ackerland in jenem Teil der USA die finanziellen Möglichkeiten der meisten deutschen Einwanderer.
Auswanderer verschiedener Regionen Deutschlands zeigten ebenfalls verschiedene Verteilungsmuster in Amerika. In gewissem Umfang war dies durch den zeitlichen Verlauf der Auswanderung beeinflußt. Viele Süddeutsche siedelten an der Ostküste, Emigranten aus Nordwestdeutschland, dem zweiten Quellgebiet deutscher Wanderung in die „Neue Welt", konzentrierten sich im Gebiet von Ohio bis Missouri. Nordostdeutsche, die letzte deutsche Auswanderergruppe, waren äußerst stark in der Region nordwestlich von Chicago und den Großen Seen vertreten. Als Faustregel mag gelten: je später ausgewandert wurde, desto weiter westlich wurde gesiedelt.
Kettenwanderung, also der Einfluß von Familie, Freunden und Bekannten, die bereits ausgewandert waren, stellte den wichtigsten Faktor für die Wahl der Zielortes oder der Zielregion dar. Für die Mehrzahl der im

19. Jahrhundert in die USA ausgewanderten Deutschen war die Emigration keineswegs ein Schritt ins Unbekannte, sondern vielmehr ein Wiedersehen mit Menschen, mit denen man in einer verwandtschaftlichen oder para-verwandtschaftlichen Beziehung stand.

aus: *Kamphoefner* 1983, S. 172

Aufgaben

A 4.2/33: Beschreiben Sie das in der Karte erkennbare Verteilungsbild!

A 4.2/34: Versuchen Sie, eine Erklärung für die Verteilung zu finden! Benutzen Sie dabei nicht nur den Text, sondern auch den Atlas (Karten über Vegetation, Klima usw.)!

M 4.2/18: Legale Einwanderer in die USA von 1861 bis 1979 (differenziert nach dem Geburtsort; Angaben in Prozent der Gesamtzahl des entsprechenden Zeitraums)

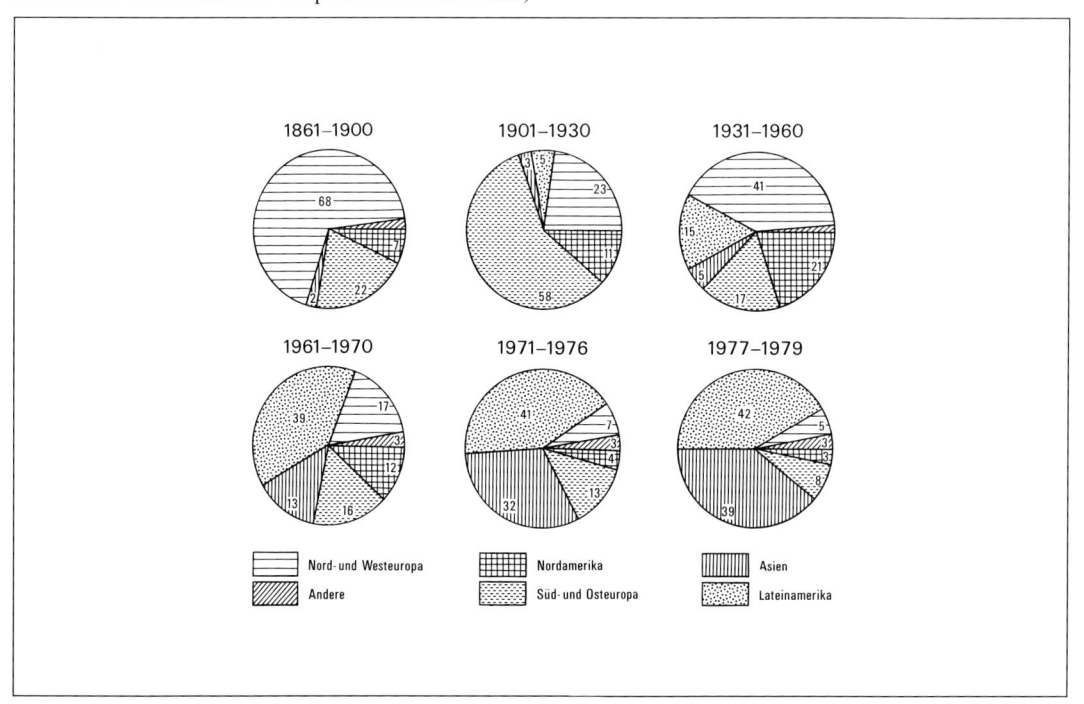

nach: *Pop. Ref. Bureau* 1982, S. 20–21

Aufgaben

A 4.2/35: Erläutern Sie die obige Abbildung, und versuchen Sie, die erkennbaren Veränderungen zu erklären!

A 4.2/36: Beurteilen Sie die Gesamtentwicklung!

342

4.3 Bevölkerungsstruktur (*Dieter Jesgarz*)

4.3.1 Segregation in nordamerikanischen Großstädten

4.3.1.1 Curricularer Rahmen

Die Segregation von Bevölkerungsgruppen ist, ebenso wie die soziale Schichtung, ein durchgehendes Merkmal menschlicher Gesellschaften. Die räumliche Trennung unterschiedlicher Bevölkerungsgruppen begegnet uns im Geographieunterricht häufig und erfährt immer wieder eine oft traurige Aktualität. Als Beispiele hierfür seien etwa Stichworte wie „Apartheid", „Negerghetto", „Gastarbeiter", „Asylanten" und „Nordirland" genannt. Für jedes dieser Beispiele kann deutlich gemacht werden, daß ein hohes Maß an sozialer Distanz, an Vorurteilen und Diskriminierungen zu sehr unterschiedlichen räumlichen Verteilungsmustern führt.

In der Sekundarstufe I ist der geographische Bezugsraum Außereuropa. Das Themenbeispiel „Schwarz und Weiß in den Städten der USA" *(Richtlinien,* 1978, S. 20) fordert als wesentliches Lernziel, den Einfluß unterschiedlicher sozialer Gruppen auf die Gestaltung von Räumen zu erläutern. Als zentraler Grundbegriff soll hierbei der Terminus „Ghetto" erklärt werden *(Richtlinien,* 1978, S. 20).

In der gymnasialen Oberstufe kann das Thema „Segregation in nordamerikanischen Großstädten" unter Betonung seines räumlichen Aspektes im Kurshalbjahr 12.1 bearbeitet werden. Etwa innerhalb einer Unterrichtsreihe „Verstädterung und Entwicklung von Ballungsräumen, Mobilität als raumprägender Faktor" *(Richtlinien,* 1981, S. 69). Für eine Heraushebung des sozialgeographischen Aspektes der Problemstellung bietet sich das Kurshalbjahr 13.1 an. Die Themenstellung lautet hier: „Problemzonen heutiger Städte, Funktionswandel der Stadt in Ursachen und Folgen". Die dazugehörenden Gegenstände sind: Schwächen in der Sozialstruktur der Bevölkerung, schwindende Attraktivität der Wohnzonen, innerstädtische Segregationsprozesse und Slumbildung *(Richtlinien,* 1981, S. 67 u. 71). Die Behandlung in 13.1 ist zu bevorzugen, um mit der Forderung nach kurshalbjahrübergreifender Themenstellung eine wesentliche Bedingung für den Abiturbereich zu erfüllen.

4.3.1.2 Entwurf einer fünfstündigen Unterrichtsreihe

Vorbemerkungen

Im Regionalteil (vgl. Kap. 3.4.2) werden wesentliche historische, räumliche und soziale Aspekte des Prozesses der Segregation in nordamerikanischen Städten und Stadtregionen beschrieben. Text, Tabellen und Abbildungen bieten Arbeitsmaterial, um diese Vorgänge didaktisch für den Unterricht aufzubereiten.

Unterrichtseinheit 1: Veränderung der regionalen Verteilung der schwarzen Bevölkerung in den USA
Im Anschluß an eine Unterrichtsreihe über den Wandel amerikanischer Stadtstrukturen auf dem Hintergrund bevölkerungsgeographischer, wirtschaftlicher und sozialer Veränderungen in den USA, bieten die Mobilitätsvorgänge der schwarzen Bevölkerung einen Unterrichtsgegenstand, um die vorher erarbeiteten Aspekte wie Industrialisierung und Städtewachstum, regionale Unterschiede im Wachstum der Großstadträume in den USA, Dezentralisierung und Suburbanisierung, Innenstadtverfall und Gegen-Urbanisierung am Beispiel einer Minorität widerzuspiegeln und in ihrer sozialgruppenspezifischen Besonderheit kennenzulernen.

Die regionale Verteilung der Negerbevölkerung in den USA hat seit dem Beginn unseres Jahrhunderts eine deutliche Veränderung erfahren. Lebten um die Jahrhundertwende noch mehr als 90% der schwarzen Bevölkerung in den Südstaaten und waren dort überwiegend in der Landwirtschaft tätig (vgl. Kap. 3.4.2), so setzte mit zunehmender Industrialisierung die *Great Migration* ein (M 4.3/1–2), die für den Süden im Zeitraum von 1910 bis 1970 einen Nettowanderungsverlust von mehr als 6 Millionen schwarzer Einwohner ergab und bevorzugt in die Teilregionen der Nordens zielte (M 4.3/1).

Seit 1970 kehren sich die Wanderungsrichtungen aufgrund regional veränderter wirtschaftlicher Entwicklungsprozesse wieder um (M 4.3/1). Die Wanderungstendenz führt jetzt aus dem krisengeschüttelten *Industrial Belt* in den aufstrebenden *Sunbelt* und in den Westen.

Unterrichtseinheit 2: Der Wandel des Lebensraumes der schwarzen Bevölkerung
Die *Great Migration* führte nicht nur zu einer Veränderung der räumlichen Verteilung der schwarzen Bevölkerung, sondern brachte gleichzeitig einen tiefgreifenden Wandel ihrer Lebensformen mit sich: Die ländlich-agrarische Lebensweise änderte sich in eine großstädtisch-urbane. Lebten 1880 80% der schwarzen Bevölkerung in ländlichen Gebieten und 20% in städtischen, so hat sich dieses Verhältnis hundert Jahre später umgekehrt: 85% lebten in städtischen Regionen und nur noch 15% in ländlichen (M 4.3/3). Damit ist der Anteil der städtischen Bevölkerung bei den Schwarzen heute deutlich höher als bei den Weißen (und auch höher, als der Anteil weißer städtischer Bevölkerung jemals war (M 4.3/3)). Der bevorzugte Lebensraum innerhalb der Stadtregionen ist für die schwarze Bevölkerung die Kernstadt, obwohl auch diese Sozialgruppe seit 1960 den Prozeß der *Suburbanisierung* mitträgt, wenn auch in deutlich geringerem Maße als die weiße Bevölkerung (M 4.3/4). Innerhalb der Kernstadt finden sich die schwarzen Wohnviertel überwiegend in der *zone in transition* des konzentrischen Stadtmodells nach Burgess, die unmittelbar an den CBD angrenzt (M 4.3/5). Diese Übergangszone bildete in der frühen Stadtgeschichte die gehobenen Wohnviertel von Kaufleuten und anderen erfolgreichen Bürgern, in die mit zunehmendem Städtewachstum während der Industrialisierung die Einwanderer der ersten Generation einzogen (z.B. Juden oder Italiener), die dann ihrerseits nach gelungener Integration diese Viertel für die Schwarzen räumten. Dieser Prozeß wird mit dem Terminus *Sukzession* gekennzeichnet.

Unterrichtseinheit 3: Der Ausbreitungsprozeß des schwarzen Ghettos
Daß das Ghetto eine Erscheinungsform sozialer und ethnischer Segregation ist, die weitgehend erzwungen ist und von vielfältigen Diskriminierungen begleitet wird, läßt sich aus einer Analyse der Materialien M 4.3/5 und M 4.3/6 schließen. Erste Anzeichen hierfür waren schon in seiner räumlichen Lage in der *zone in transition* erkennbar, mit ihrer überalterten Bausubstanz, dem schlechten Bauzustand der Häuser, der schwindenden Attraktivität der Wohnzone und der Schwäche der Sozialstruktur ihrer Bewohner.
M 4.3/5 verdeutlicht den blockweise voranschreitenden Ausbreitungsprozeß des Ghettos, der auf der dem CBD entgegengesetzten Seite beginnt und sich in Richtung Peripherie fortsetzt. Entscheidend für das Schicksal eines Wohnviertels ist hierbei der *tipping point,* der etwa einen Anteil von 10 bis 20% schwarzer Bevölkerung beinhaltet. Ist dieser Wert überschritten, so greift die Ghettobildung nach dem Muster einer *self-fulfilling prophecy* um sich. Die Angst vor Statusverlust führt zu Panikverkäufen und raschem Abwandern der weißen Bevölkerung. Dieser Vorgang ist an M 4.3/6 gut nachzuvollziehen. Steigt der Anteil des negereigenen Grundbesitzes über 5%, so geht der Anteil der Weißen an der Immobilienmobilität dramatisch zurück. Aus der Analyse und Interpretation von M 4.3/5 und M 4.3/6 kann unter Einbeziehung des Textes Kapitel 3.4.2 in einem strukturierten Unterrichtsgespräch erarbeitet werden, daß der Ausbreitungsprozeß in der Regel nach folgenden Phasen verläuft:

Penetration: Stadium des Eindringens der ersten schwarzen Bewohner in ein überwiegend weißes Wohnviertel.

Invasion: Anteil der schwarzen Bevölkerung steigt auf ca. 2%.

Konsolidierungsphase: Zunehmendes Eindringen schwarzer Bewohner bis zu einem Anteil von 80%.

Piling up: Das neugewonnene Gebiet wird voll in das Ghetto integriert. Bei zunehmender Überbelegung der Wohnungen erreicht der Anteil der schwarzen Bevölkerung 95% und mehr.

Unterrichtseinheit 4: Das alte und das neue Ghetto von San Diego

Ein Vergleich von M 4.3/7 und M 4.3/8 zeigt, daß sich das Ghetto von San Diego zwischen 1950 und 1975 in erheblichem Maße nach Osten bis an die Peripherie der Stadt ausgedehnt hat. Untersucht man unter Hinzuziehung der Materialien M 4.3/9–13 die Strukturen dieses Gebietes, so kann man deutlich das alte von dem neuen Ghetto unterscheiden:

Das alte Ghetto erstreckt sich vom östlichen Rand des CBD bis zur Euclid Avenue. Es ähnelt in vielem dem Ghetto-Stereotyp. Es ist dicht bebaut. Die alte Bausubstanz ist in schlechtem Zustand. Das Viertel wird durchschnitten von Eisenbahnlinien und Autobahntrassen. Das Einkommen der Bewohner beträgt weniger als 70% des mittleren Einkommens. Der Grundbesitz wird von Immobilienbesitzern kontrolliert, die außerhalb des Viertels wohnen. Die Kreditinstitute vermeiden es, Hypotheken und Kredite für Objekte in diesem Viertel zu vergeben; es ist *redlined.* Für den südöstlichen, unmittelbar an den CBD angrenzenden Bezirk ist der in der Unterrichtseinheit 2 erörterte Prozeß der *Sukzession* festzustellen. Der Anteil der schwarzen Bevölkerung ging hier von 10,0 bis <50% auf weniger als 2% zurück, bei niedrigstem Einkommensniveau der Bevölkerung, einem Bauzustand der Häuser, der zu über 30% baufällig ist und einer vollständigen Meidung des Bezirkes von Seiten der Kreditinstitute. Nachgerückt sind Einwohner aus Mexico, die Chicanos (vgl. Kap. 3.4.2).

Das neue Ghetto verläuft von der Euclid Avenue im Westen bis zur Stadtgrenze. Es zeichnet sich durch lockere Bebauung mit hohen Grünflächenanteilen sowie durch das Vorherrschen von Einfamilienhäusern aus (vgl. Kap. 3.4.2). Der Bauzustand der Gebäude ist gut, das Einkommen der Bewohner liegt deutlich höher als im alten Ghetto. Die Immobilienbesitzer wohnen zumeist selbst in diesem Viertel und sie werden von den Kreditinstituten nicht diskriminiert. Das neue Ghetto ist ein Beleg dafür, daß die schwarze Bevölkerung, auch wenn dieses Beispiel nicht überbewertet werden darf, an dem für die Entwicklung der nordamerikanischen Großstädte während der 70er Jahre charakteristischen Prozeß der *Suburbanisierung* mitbeteiligt war.

Unterrichtseinheit 5: Differenzierung des Ghetto-Begriffs

Im Anschluß an die Analyse des neuen Ghettos von San Diego kann der Begriff des Ghettos genauer definiert werden. Die Vorstellung, die mit dem Begriff Ghetto verfallene Häuser, heruntergekommene Wohnungen, aufgegebene Autowracks, Bauruinen voller Müll, hohe Geburtenraten der Bevölkerung, Umweltverschmutzung, Armut und Kriminalität verknüpft, ist nicht korrekt. Wesentlicher Bestandteil des Begriff ist jedoch die räumliche Konzentration der Minderheit und ihre Segregation von der Bevölkerungsmehrheit, wobei noch die Frage zu untersuchen bleibt, inwieweit diese Trennung erzwungen und von Diskriminierungen begleitet wird. Hierzu sollen zwei Thesen diskutiert werden:

1. Die Schmelztiegel-Hypothese, die das Ghetto nur als Übergangserscheinung bis zur Integration der schwarzen Bevölkerung ansieht (vgl. Kap. 3.4.2).
2. Die These, die die Segregation der schwarzen Bevölkerung als Ergebnis sozialer und wirtschaftlicher, weniger als Resultat ethnischer Unterschiede erklärt.

Als Argumentationshilfen werden die Materialien M 4.3/13–14 eingesetzt. Die *Segregationsindizes* (vgl. Kap. 2.4.5.3) verschiedener ethnischer Gruppen in der Stadt New York 1960 und 1970 (M 4.3/13) machen deutlich, daß die räumliche Segregation der schwarzen Bevölkerung deutlich höher liegt als die anderer ethnischer Gruppen. Auch die zweite These kann als unhaltbar zurückgewiesen werden. Die *Segregationsindizes* zwischen schwarzer und weißer Bevölkerung mit ähnlichem Bildungsstand in Kernstädten und Vororten nordamerikanischer Stadtregionen (M 4.3/14) ergeben:

1. Auch die räumliche Segregation schwarzer und weißer Bevölkerung mit höherem Bildungsgrad (High School- und Collegeabschluß) liegt bei Werten zwischen 80 und 90.
2. In den Vorstädten der Stadtregionen ist, wie auch das Beispiel San Diego zeigte, die Segregation keineswegs geringer, sondern weist durchgehend für alle Bildungsniveaus noch höhere Werte auf als die in den Kernstädten.

M 4.3/1: Wanderung schwarzer Bevölkerung der USA nach Großregionen 1910/80
= Tab. 3.4.2/1

M 4.3/2: = Diercke Weltatlas, S. 174 Karte 1: Rassenprobleme

M 4.3/3: Schwarze und weiße Bevölkerung der USA nach städtischen und ländlichen Regionen
= Tab. 3.4.2/2

M 4.3/4: Schwarze und weiße Bevölkerung der USA in Städten, unterteilt nach Kernstadt und Vororten
= Abb. 3.4.2/1

M 4.3/5: Entwicklung des schwarzen Ghettos von Grand Rapids (Michigan) 1950–1970
= Abb. 3.4.2/2

M 4.3/6: Häuserkäufe von Farbigen am Ghettorand

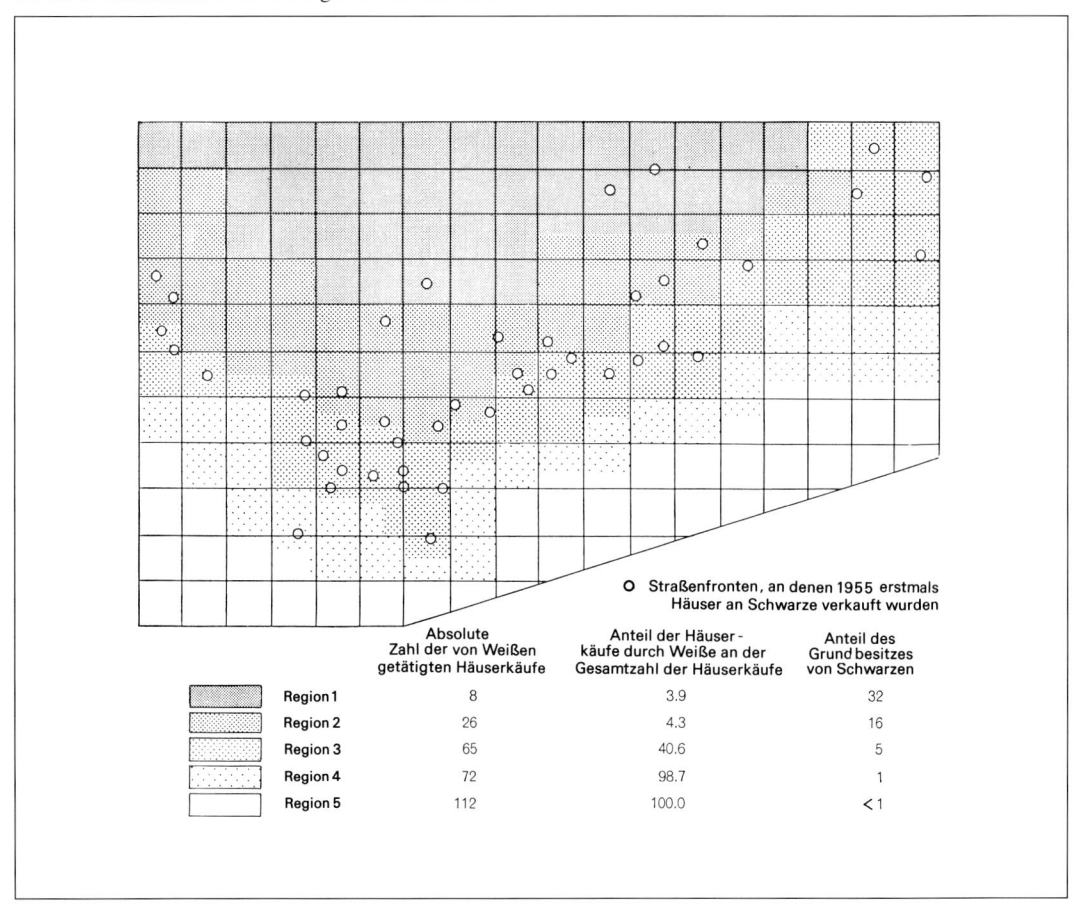

	Absolute Zahl der von Weißen getätigten Häuserkäufe	Anteil der Häuserkäufe durch Weiße an der Gesamtzahl der Häuserkäufe	Anteil des Grundbesitzes von Schwarzen
Region 1	8	3.9	32
Region 2	26	4.3	16
Region 3	65	40.6	5
Region 4	72	98.7	1
Region 5	112	100.0	<1

○ Straßenfronten, an denen 1955 erstmals Häuser an Schwarze verkauft wurden

aus: *Morrill* 1965, S. 347

M 4.3/7: San Diego 1950. Prozentualer Anteil schwarzer Bevölkerung

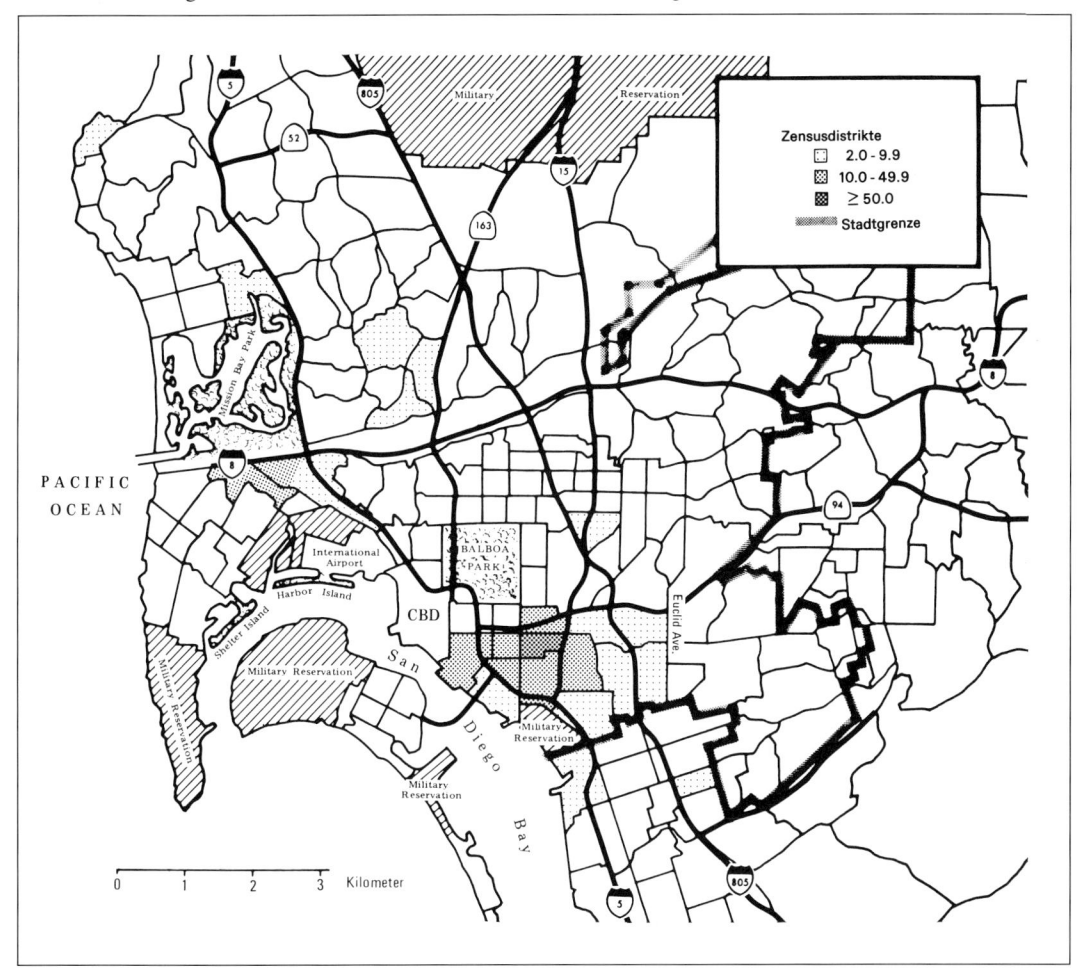

Zensusdistrikte
- 2.0 - 9.9
- 10.0 - 49.9
- ≥ 50.0
- Stadtgrenze

nach: *Ford/Griffin* 1979, S. 144

M 4.3/8: San Diego 1975. Prozentualer Anteil schwarzer Bevölkerung

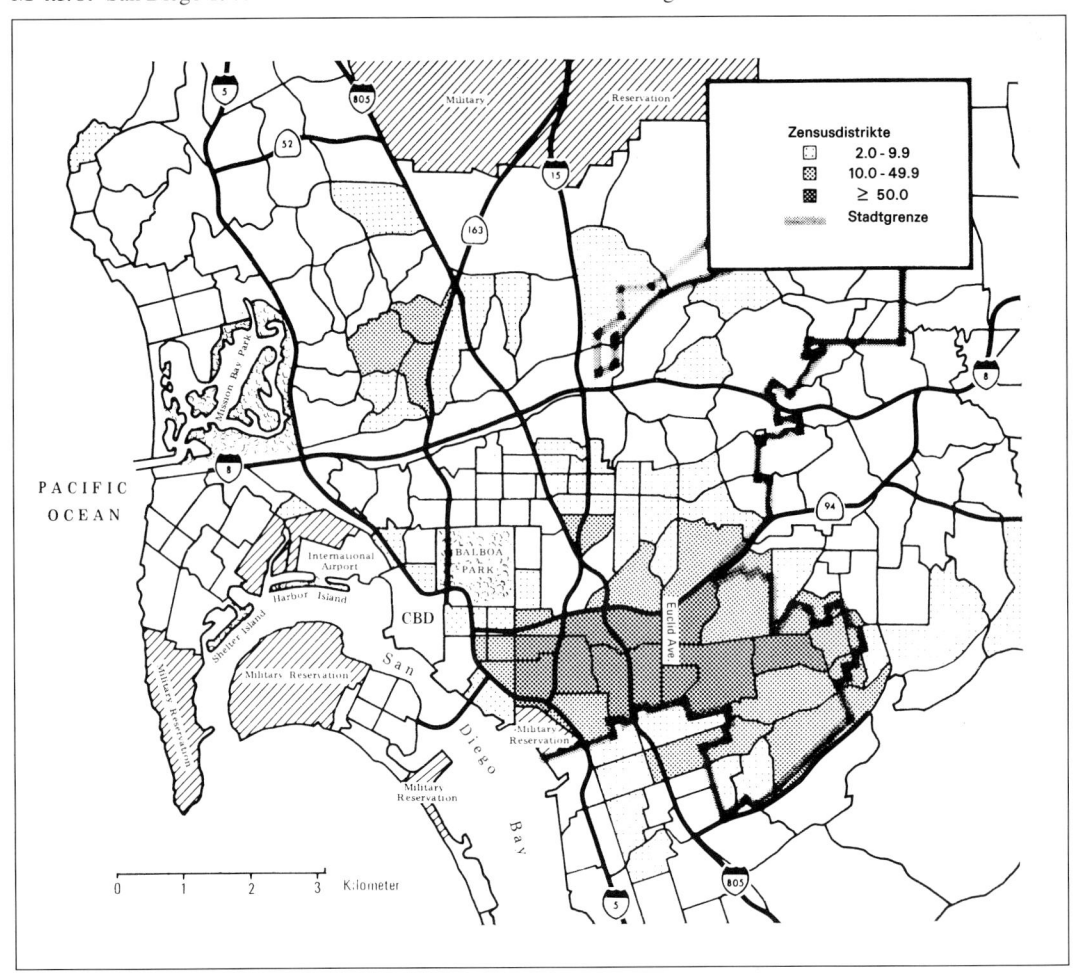

nach: *Ford/Griffin* 1979, S. 148

M 4.3/9: San Diego. Prozentualer Anteil von Häusern in schlechtem oder baufälligem Zustand 1975

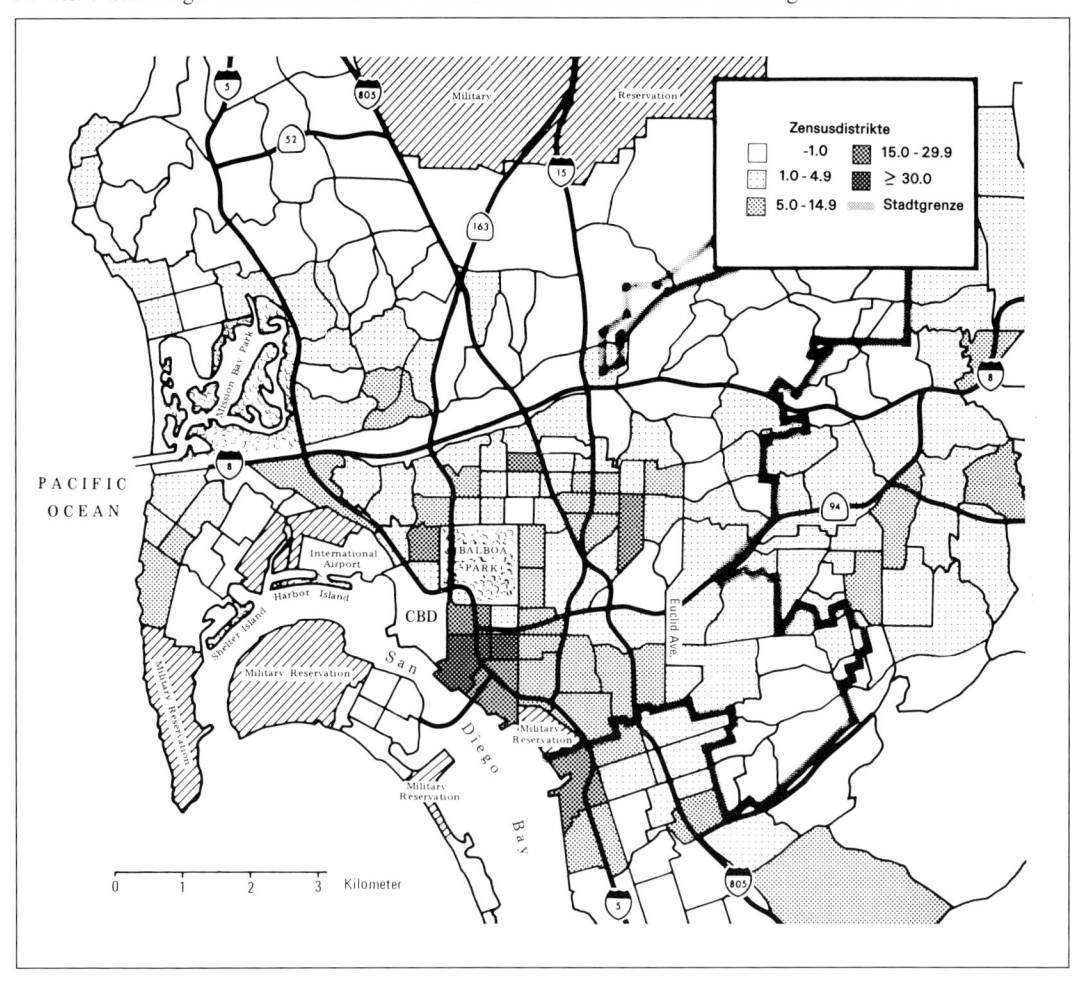

nach: *Ford/Griffin* 1979, S. 154

M 4.3/10: San Diego. Durchschnittliches Einkommen pro Zensus-Bezirk 1975

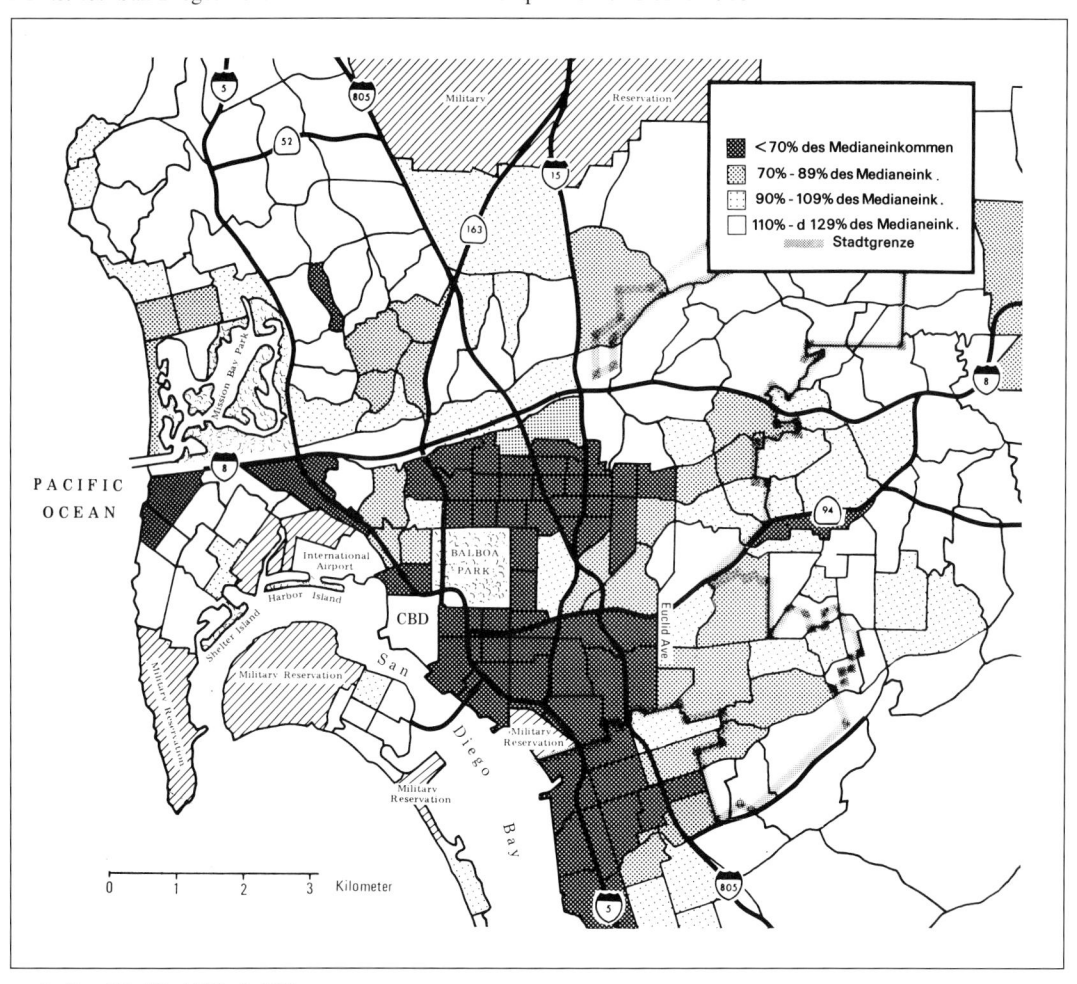

nach: *Ford/Griffin* 1979, S. 153

M 4.3/11: San Diego. Von den fünf größten Kreditinstituten gewährte Kredite (in $ 1000)

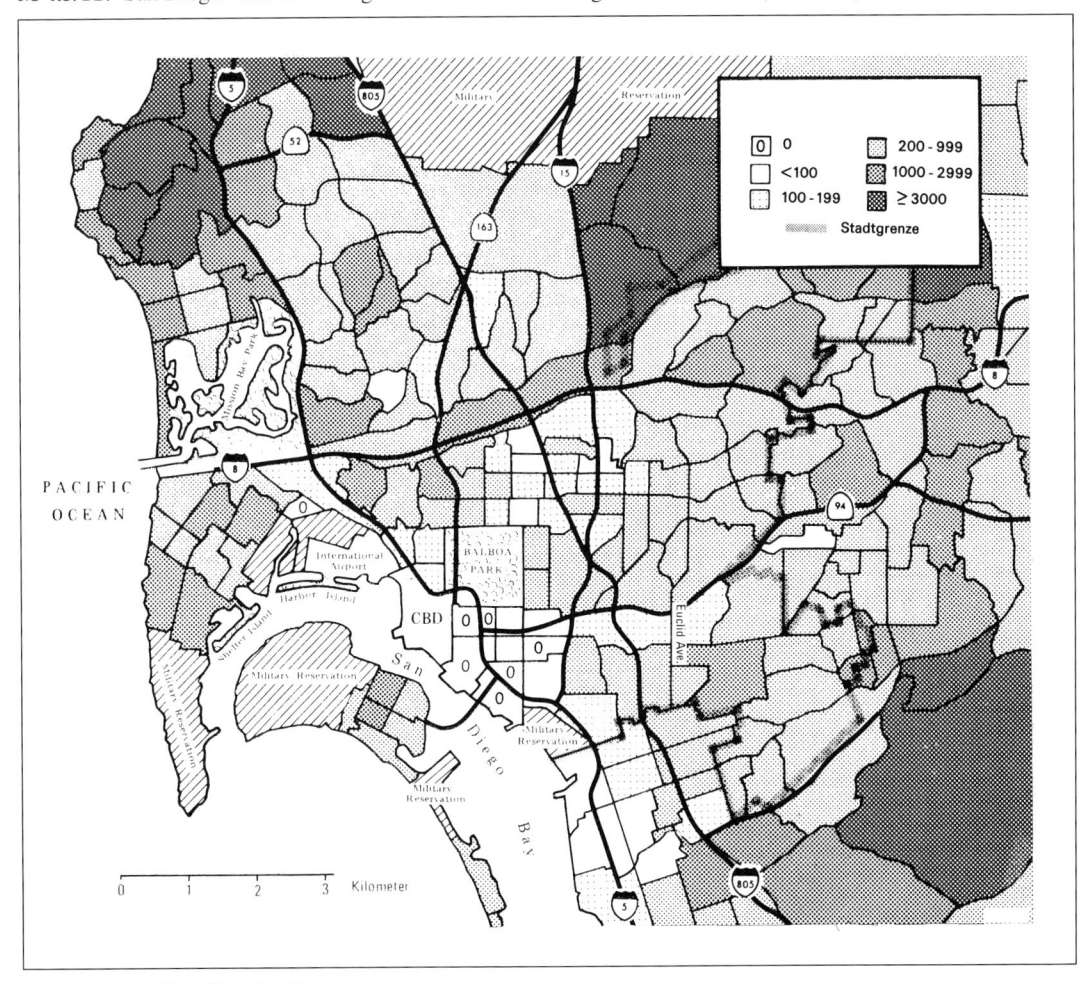

nach: *Ford/Griffin* 1979, S. 155

M 4.3/12: San Diego. Prozentualer Anteil der vom Besitzer bewohnten Gebäude

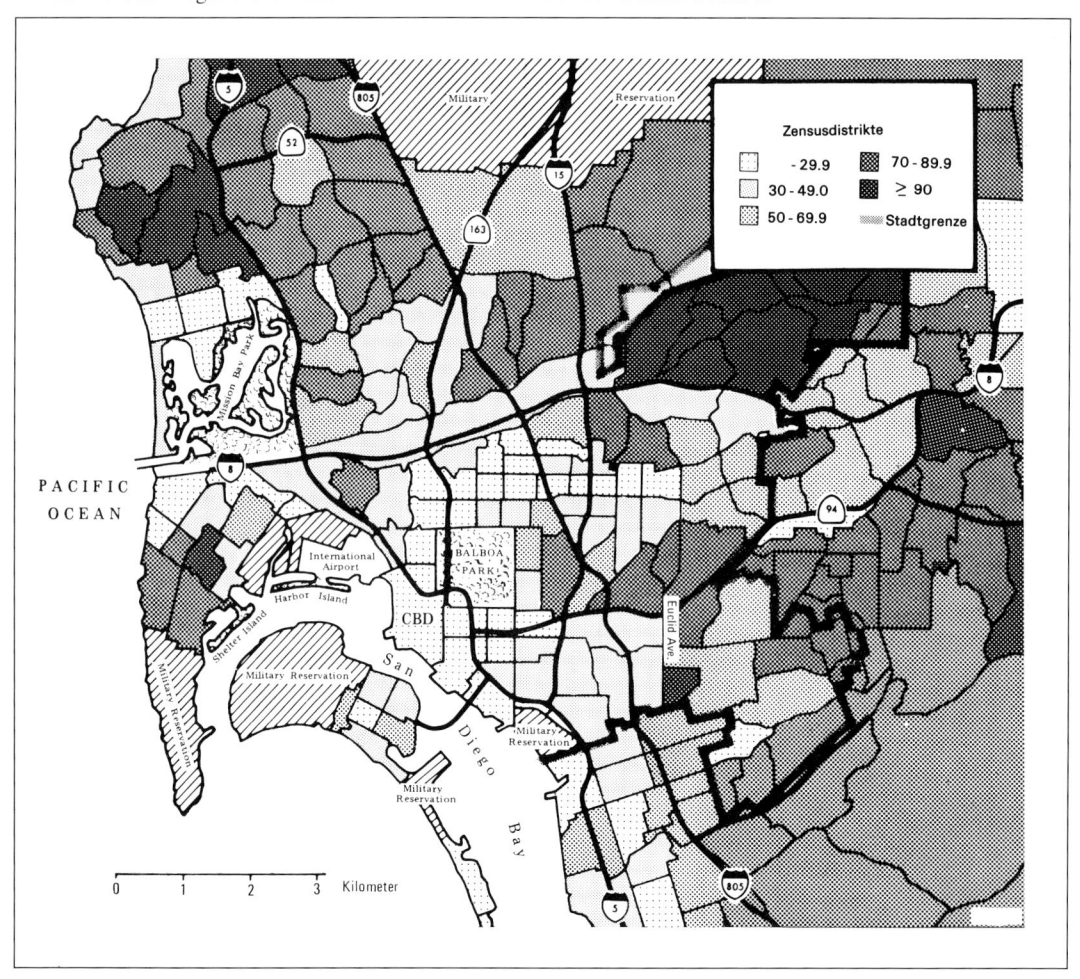

nach: *Ford/Griffin* 1979, S. 156

M 4.3/13: Segregationsindizes verschiedener ethnischer Gruppen in der Stadt
= Tab. 3.4.2/3

M 4.3/14: Segregationsindizes schwarzer und weißer Wohnbevölkerung mit ähnlichem Bildungsstand in Kernstädten und Vororten 1970

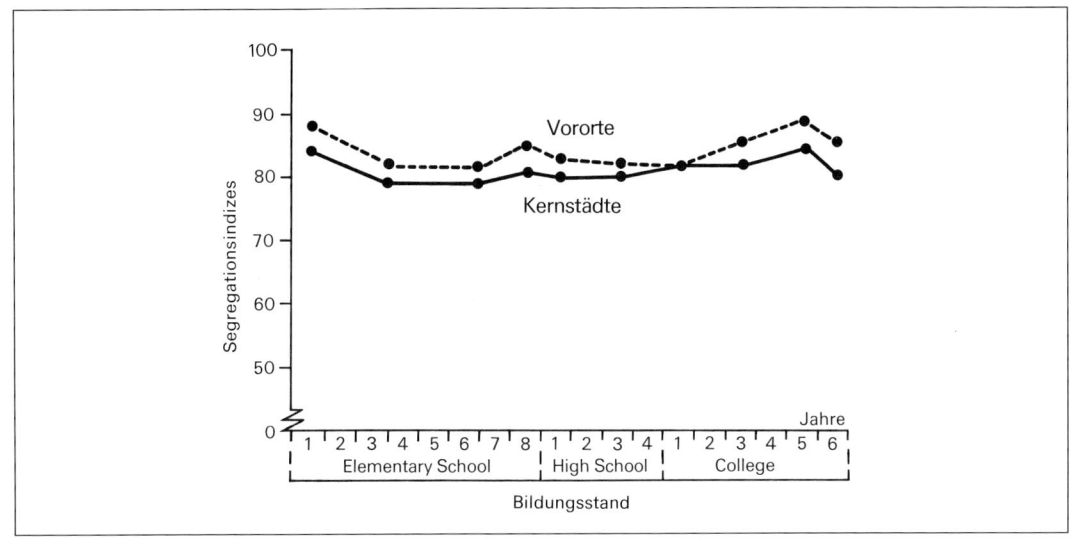

nach: *Farley* 1977, S. 506

4.3.2 Soziokulturelle Differenzierung der Bevölkerung, dargestellt am Beispiel des Kastenwesens in Indien

4.3.2.1 Curricularer Rahmen

Die Richtlinien und Lehrpläne für das Gymnasium in Nordrhein-Westfalen lassen verschiedene Möglichkeiten offen, das Thema Kastenwesen in den Unterricht einzubringen. In den Klassen 7/8 wird die Inwertsetzung und der Wertwandel von außereuropäischen Räumen behandelt. Die raumgestaltende Wirkung menschlicher Tätigkeit soll erkannt, unterschiedliche Nutzungsformen der Landwirtschaft sollen beschrieben und erklärt, die Wirkung von Innovationen auf den Agrarraum soll erläutert werden (*Richtlinien*, 1978, S. 17–20). Am Themenbeispiel der *Grünen Revolution* in Indien können diese Lernziele exemplarisch vermittelt werden. Die Frage nach dem Erfolg der *Grünen Revolution* kann auf dem Hintergrund der Kastenstruktur der indischen Gesellschaft differenziert und vertieft werden. Dabei werden dieser Altersstufe gemäß beschreibende Darstellungen im Vordergrund des Unterrichtes stehen, etwa die Kastenhierarchie eines indischen Dorfes (M 4.3/15), die funktionale Gliederung einer ländlichen Siedlung (M 4.3/16), aber auch Fragen nach Abhängigkeiten zwischen Kastenstruktur und Siedlungsaufriß, Lage des Wohnplatzes, Hausformen usw.

Eine ausführlichere Beschäftigung und eine größere Bedeutung kommt dem indischen Kastenwesen innerhalb des Oberstufenunterrichts zu. Die raumwirksamen Veränderungen in Entwicklungsländern sollen in Abhängigkeit von wirtschaftlichen und sozialen Wandlungen erkannt werden und dabei hemmende Faktoren in der Gesellschaftsordnung und geschichtliche Faktoren als Ursachen für die Unterentwicklung eines Landes bestimmt werden (*Richtlinien*, 1981, S. 70). Bei einer Behandlung des Raumbeispiels Indien kann das Kastenwesen unter diesen Aspekten untersucht werden, zudem macht eine ausführliche Einbeziehung der sozioökonomischen Problematik des Kastenwesens den wirtschaftlichen und sozialen Entwicklungsstand Indiens erst erfaßbar und die Möglichkeiten zur Verbesserung dieses Entwicklungsstandes abschätzbarer.

Die geplante fünfstündige Unterrichtssequenz „Die Bedeutung des Kastenwesens für die Entwicklung im ländlichen Indien" soll die oben genannten Lernziele des Oberstufenunterrichtes vermitteln helfen. Für die Durchführung sind einige Informationen über das Kastenwesen notwendig, die die Ausführungen über die Dimensionen sozialer Schichtung und Aspekte ihrer räumlichen Verteilung im allgemeinen Teil (vgl. 2.4.5.1) ergänzen.

4.3.2.2 Entstehung und Bedeutung des indischen Kastenwesens

Aus dem Gebiet des heutigen Afghanistan drangen in der zweiten Hälfte des 2. Jahrtausends v. Chr. nomadische Stämme der Arier über den Hindukusch nach Nordwestindien ein. Nach der Unterwerfung der einheimischen Bevölkerung und der Seßhaftwerdung der militärisch überlegenen Indo-Arier nach 1000 v. Chr. ergab sich eine zunehmende Differenzierung in den Stämmen. Die drei freien arischen Stände der freien Stammesangehörigen (*vis*), des Stammesadels und der Krieger (*ksatriya*) sowie der Priester (*brahmin*) grenzten sich gegen die unterworfene, einheimische Bevölkerung ab. Abgrenzungskriterium war die dunkle Hautfarbe (*varna*) der Einheimischen. In diese vier ursprünglichen *Varna* wurden später die eigentlichen Kasten eingeordnet. Diese tragen den Namen *Jati*, da man in die Kasten hinein „geboren" (=jati) wird (*Kulke/-Rothermund,* 1982, S. 38).

Schon bald wird das Kastenwesen fester Bestandteil der traditionellen indischen Gesellschaft und von Mythologie und Religion gerechtfertigt: „Um diese ganze Schöpfung zu beschützen, teilte das Wesen mit dem großen Glanz die Menschen, je nachdem, ob sie aus seinem Mund, seinen Armen, seinen Schenkeln oder seinen Füßen hervorgingen verschiedene Tätigkeiten zu. Den *Brahmanen* befahl er, zu lehren und zu studieren, für sich selbst und andere Opfer darzubringen, sie zu geben und zu nehmen; den *Kshatriyas,* kurz gesagt, das Volk zu beschützen, zu geben, für sich Opfer darzubringen, zu studieren, sich nicht an sinnliche Dinge zu klammern; den *Vaishyas,* das Vieh zu halten, zu geben, für sich Opfer darzubringen, zu studieren, zu handeln, gegen Zinsen Geld zu leihen und das Land zu bestellen; den *Shudras* aber hat der Herr nur eines geboten: den drei anderen *Varnas* neidlos zu dienen." (Manu-Smitri, ca. 500 v. Chr., nach *Bronger,* 1989, S. 74).

Der geistige und politische Gründer des heutigen Staates Indien, Mahatma Gandhi (1869–1948), trug maßgeblich dazu bei, daß in der Indischen Verfassung die „Unberührbarkeit" abgeschafft und ihre Aufrechterhaltung verboten wurde. Zur Verwirklichung dieses Verfassungsanspruchs und um Kastenunterschiede abzubauen, sind seit der indischen Unabhängigkeit 22,5 Prozent der Stellen im Staatsdienst für unberührbare *Harijans* und *other backward classes* reserviert. Von Beginn an war diese Maßnahme umstritten. Der erste Premierminister der Republik war gegen Stellen-Quoten auf der Grundlage der Kastenzugehörigkeit, vor allem im Staatsdienst, weil sie Ineffizienz und sinkende Qualität nach sich zögen. Nehrus Urteil aus dem Jahr 1961: „Wenn wir das Zweitklassige fördern, sind wir verloren." (*FAZ,* 90).

Im Herbst 1990 droht die Gefahr von Kastenkriegen. Die oberen Kasten (17,5 Prozent der Bevölkerung) sind aufgeschreckt. Sie sorgen sich um ihre Führungspositionen im *Indian Administrative Service,* denn jetzt sollen 27 Prozent der Posten in der Bürokratie und bei Staatsbetrieben für *other backward classes* festgeschrieben werden. Mit der neuen Posten-Quote wird die Hälfte der acht bis zehn Millionen Stellen bei Staat, Universitäten, Schulen und staatlich unterstützten Firmen aus dem Leistungswettbewerb herausgenommen, allein Geburtsurkunde und Kastenzugehörigkeit entscheiden (*FAZ,* 90).

Die Bedeutung des Kastenwesens als Bestimmungsfaktor der indischen Gesellschaft ist in den ländlichen Gebieten bis heute ungebrochen. Für die ländliche Bevölkerung, und rund 80 Prozent der 850 Millionen Einwohner Indiens lebt in mehr als 570.000 ländlichen Gemeinden, ist in allererster Linie die *community,* bzw. der Gemeindeverband, der in *jati* (Kasten) organisiert ist, der wesentliche räumliche Bezugsrahmen, der bis in die Einzelheiten hinein die Lebensbereiche der Menschen beeinflußt. Die wichtigsten Merkmale des Kastenwesens:

– Zugehörigkeit zu einer Kaste mit der Geburt
– Verbot des *Interkonnubiums* (Heirat zwischen Angehörigen verschiedener Kasten)

– Reinheits-(Speise-)vorschriften
– Platz der Kaste in der Ranghierarchie
– Kasten-Berufsbedingtheit

sind nach Bronger (*Bronger*, 1989, S. 79) in den ländlichen Gebieten Indiens bis heute weitgehend gültig. Seine Untersuchung einer Beispielgemeinde 185 km südwestlich von Hyderabad bietet Ergebnisse, die Aussagen über den Zusammenhang von Kastenwesen und Entwicklung zulassen. Diese Aussagen können durch Analyse und Interpretation aus den ausgewählten Arbeitsmaterialien erschlossen werden, wenn einige Informationen über die vier wichtigsten sozialökonomischen Kasten des ländlichen Indiens vorgegeben sind:

Die Madiga-Kaste

Die *Madiga* gehören zu den Unberührbaren (*scheduled castes*) und stehen auf der untersten Stufe in der Dorfhierarchie der Beispielgemeinde. Die 60 Haushalte leben in einräumigen, häufig fensterlosen mit Reisstroh gedeckten Hütten am Rande der Gemeinde in einer für ganz Indien typischen auch räumlichen Separierung. Die Lebenserwartung der männlichen Mitglieder ist so gering, daß nur wenige von ihnen als Oberhaupt einer aus drei Generationen bestehenden *joint family* amtieren. In immer geringerem Maße können sich die *Madigas* von ihrem traditionellen Kastenberuf ernähren. Schon im Jahre 1921 übten nur noch weniger als 10 Prozent der *Madigas* ihren Beruf als Abdecker, Gerber und Schuster aus, dagegen waren damals bereits zwischen 60 und 80 % in der Landwirtschaft beschäftigt. Die Agrarreformgesetzgebung nach der Unabhängigkeit hat sich für die *Madigas* als Bumerang erwiesen. Die meisten von ihnen sanken auf den Stand des Landarbeiters ab, da nur die allerwenigsten von ihnen bebautes Land hatten (Status des *unprotected tenant*). Dank des Quotensystems sind die *Madigas* mit einem Mitglied im Dorfrat vertreten. Obwohl diese Beteiligung eines *Madiga* an den politischen Entscheidungsprozessen in jedem der *village panchayats* in Indien verwirklicht ist, geändert hat sich dadurch in Wirklichkeit nichts (*Bronger*, 1989, S. 76–77).

Die Reddi-Kaste

Sie gehört zu den *dominant castes* und ist aufgrund ihres Landbesitzes zum beherrschenden politischen Faktor des Bundesstaates Andhra Pradesh aufgestiegen. Von den *village panchayats* über die Blockparlamente bis in die Regierung hinein halten sie die einflußreichsten Posten. In der Beispielgemeinde besitzen sie den größten Anteil an den agrarischen Produktionsmitteln. Auf die beiden Großgrundbesitzer entfällt zum Beispiel fast die Hälfte aller Ochsenkarren, dem nach wie vor wichtigsten, oft einzigen Transportmittel. Gleichzeitig kontrollieren sie als Präsident des *village panchayats* sowie als Chef der Exekutive das politische Leben in der Gemeinde (*Bronger*, 1989, S. 77).

Die Vodla- und Mangali-Kaste

Die *Vodla* (Zimmerleute) bilden eine für die indische Agrargesellschaft charakteristische Berufskaste, die nach wie vor voll in das Dorfleben integriert ist. Für die Herstellung und Reparatur der Ackergeräte werden die Vodlas im Rahmen des *Jaymani-Systems* in Naturalien entlohnt, während sie für Sonderaufträge, wie z.B. die Herstellung von Ochsenkarren, Türen, Stühlen, Pfeilern, Balken usw. Bargeld erhalten. Das Berufsmonopol dieser Kaste ist noch völlig ungebrochen. In der Beispielgemeinde haben die beiden Zimmermannsfamilien bei 111 Landeigentümer-Kunden im Dorf ihr Einkommen.

Im Gegensatz zu den *Vodlas* ist die wirtschaftliche Existenz der *Mangali* (Friseure) besonders in Stadtnähe zunehmend gefährdet. Gerade die häufiger eine Stadt aufsuchenden Schichten der *landlords* und Händler bevorzugen mehr und mehr einen „städtischen" Haarschnitt. Die Folge ist, daß die auf den einzelnen *Mangali* entfallende Kundenzahl immer kleiner wird, mithin die Familien zunehmend weniger durch den Kastenberuf ernährt werden können. In der Beispielgemeinde hat eine *Mangali*-Familie deshalb das Dorf bereits verlassen (*Bronger,* 1989, S. 78–79).

4.3.2.3 Entwurf einer fünfstündigen Unterrichtsreihe

Unterrichtseinheit 1:
Für die erste Unterrichtseinheit empfiehlt sich eine Doppelstunde. Der Einstieg erfolgt mit einem aktuellen Zeitungsbericht zum Problembereich des Kastenwesens, etwa dem Artikel „Kastenkriege in Nordindien" (*FAZ*, 1990). Daran anschließend sollten durch ein Schülerreferat Informationen über Entstehung und Bedeutung des Kastenwesens vermittelt werden (vgl. 4.4.2.2). Anschließend kann die Hierarchie nach Kastenkategorien in der Beispielgemeinde analysiert werden (M 4.3/15). Es ist festzuhalten, daß der Rang jeder Kaste stringent festgelegt ist, mit den *Brahmanen* an der Spitze und den *Unberührbaren* am Ende der Skala. Im mittleren Bereich der Hierarchie erfogt die Festlegung weniger eindeutig.

Unterrichtseinheit 2: Auswirkungen des Kastenwesens auf die innere Differenzierung der ländlichen Gemeinden.
Die Analyse der funktionalen Gliederung eines indischen Dorfes (M 4.3/16) ergibt, daß der starken sozioökonomischen Schichtenstruktur der Bevölkerung auch charakteristische Raummuster zuzuordnen sind. Die sich aus 21 Kasten bzw. Kastengruppen zusammensetzende Bevölkerung der Beispielgemeinde siedelt mehrheitlich in Kastenvierteln, wobei die Randgruppen innerhalb der Kastenhierarchie (*Madiga, Muslim*) auch geographisch eine Randstellung einnehmen. Für die Antipoden der Kastenhierarchie (M 4.3/15) läßt sich deutlich ihre sozioökonomische Bedeutung innerhalb des Dorfes am Siedlungsaufriß ablesen (*Balija, Reddi, Kuruba, Boya, Madiga*).

Unterrichtseinheit 3: Auswirkungen des Kastenwesens auf die Wirtschaftsstruktur.
Aus einer Analyse der Arbeitsmaterialien M 3, M 4 und M 5 können wesentliche Aussagen über den Zusammenhang zwischen der Stellung in der Kastenhierarchie und der landwirtschaftlichen Besitzstruktur gewonnen werden. Die 5 am höchsten rangierenden Kasten der *Brahmanen, Kommatis, Balijas, Reddis* und *Kapus* besitzen einen erheblichen Anteil des Landeigentums (7% der Bevölkerung, 35% des gesamten Landeigentums) (M 4.3/17, Spalte 4 und 6). Der Anteil dieser *dominant castes* an dem kostbaren, nur 4,5% der kultivierten Fläche ausmachenden bewässerbaren Land ist mit 43% besonders hoch (M 4.3/18, Spalte 2 und 3). Die Übersicht über die Größe des individuellen Landeigentums unterstreicht die wirtschaftliche Vormachtstellung der oberen Kasten. Die zum Existenzminimum notwendigen 40 *converted dry acres* (M 4.3/19) werden von fast der Hälfte ihrer Haushalte erreicht; bei den übrigen Kasten liegt dieser Anteil bei nur 5%. Die vier großen Grundbesitzer, die einzigen, die in der Lage sind, nennenswert für den Markt zu produzieren, gehören ebenfalls zu diesen Kasten (M 4.3/19, Spalte 2, 4, 5). Mit diesen wirtschaftsstrukturellen Merkmalen korrespondieren entsprechende sozioökonomische Gegebenheiten. Während die *landlords* ausschließlich von den Mitgliedern der oberen Kasten gestellt werden, rekrutieren sich die Tagelöhner überwiegend aus den *Unberührbaren* und den *Boyas* (M 4.3/20). Zusatzinformation: Die soziale und wirtschaftliche Dominanz der oberen Kasten wird durch den politischen Einfluß dieser Gruppen erweitert: Fünf der sieben Mitglieder des Dorfrates (*village panchayat*) kommen aus den oberen Kasten (2 *Kommatis,* 2 *Reddis,* 1 *Balija,* 1 *Boja,* 1 *Madiga*) (*Bronger,* 1989, S. 76).

Unterrichtseinheit 4: Bedeutung des Kastenwesens für die Entwicklung
Ein Vergleich der Veränderung des Landbesitzes verschiedener Kasten innerhalb des Zeitraumes von 1954/55 bis 1982/83 macht den Einfluß der Kastenzugehörigkeit auf die wirtschaftliche Entwicklung deutlich. Hierzu sollen vier Kasten näher betrachtet werden: Die Antipoden der Kastenhierarchie, die *Reddi* und *Madiga,* und zwei für die dörfliche Wirtschaft besonders charakteristische Kasten aus dem

mittleren Bereich der Kastenhierarchie, die *Vodla* (Zimmerleute) und die *Mangali* (Dienstleistungskaste, Friseure).

Für die *Madiga* und *Mangali* hat sich die wirtschaftliche Situation in dem angesprochenen Zeitraum deutlich verschlechtert, der Landbesitz der *Unberührbaren* verringerte sich von 245,9 acres auf 127,4 acres, der Besitz der *Mangali* nahm von 69,77 auf 32,77 acres ab (M 4.3/17). Die Ursachen für diesen Rückgang sind ganz unterschiedlich und kastentypisch. Die *Madiga* wurden aufgrund ihres Status als *unprotected tenant* von der Agrargesetzgebung benachteiligt (vgl. 2.4.2.2) und waren wegen ihrer prekären wirtschaftlichen Situation gezwungen, weiteres Land zu verkaufen. Der Zwang zum Landverkauf aus der Verschlechterung der wirtschaftlichen Situation trifft auch auf die *Mangali* zu, bei ihnen jedoch, weil ihr traditioneller Friseurberuf als Einkommensquelle immer mehr an Bedeutung verloren hat (vgl. 2.4.4.2).

Im Gegensatz zu dem Dienstleistungsberuf Friseur ist das Handwerk der Zimmerleute nicht von der modernen Entwicklung des industriellen und tertiären Sektors betroffen, sondern nach wie vor in das Wirtschaftsleben der dörflichen Gemeinschaft integriert (vgl. 2.4.4.2), so daß die *Vodla* auf der Basis eines bescheidenen wirtschaflichen Wohlstandes ihren Besitz in diesem Zeitraum von 27,25 auf 53,72 acres vergrößern konnten (M 4.3/17). Die wirtschaftliche, soziale und politische Vormachtstellung der *Reddi* (vgl. 2.4.4.2) ist in den zum Vergleich anstehenden 28 Jahren gewachsen, ihr Landbesitz hat von 448,57 auf 524,60 acres zugenommen (M 4.3/17).

Zusammenfassend kann festgestellt werden: Das Kastenwesen beeinflußt in starkem Maße die wirtschaftliche Entwicklung in den ländlichen Gebieten Indiens, wobei die einzelnen Sozialgruppen von ihrer Kastenzugehörigkeit profitieren (*Reddi, Vodla*), in starkem Maße aber benachteiligt werden (*Mangali, Madiga*). Eine besondere Benachteiligung besteht für die Handwerks- und Dienstleistungskasten, die in ihren jahrtausendealten traditionellen Berufen kein Auskommen mehr finden und in kastenfreie Beschäftigungen wechseln müssen. Für sie bleibt in industriefernen Räumen nur die Landwirtschaft übrig, in der sie sich als Landarbeiter, oft nur als Tagelöhner verdingen müssen. Von diesem Prozeß sind neben den *Unberührbaren* besonders die Kasten der Töpfer, Weber, Ölpresser, Schneider, Fleischer und — in Stadtnähe — Goldschmiede und Friseure betroffen (M 4.3/20) (*Bronger*, 1989, S. 82).

Unterrichtsphasen	Stufe SI SII	– Materialien (M) – Medien – Aufgaben (A)	– Unterrichtsformen – Sozialformen	Bedeutung und Ziele der Unterrichtsphasen
1. Einstieg	x x	aktueller Zeitungsartikel	– freies Unterrichtsgespräch	– Motivation und Sensibilisierung für die Problemstellung
Entstehung und Bedeutung des Kastenwesens		Text 4.3.2.2	– Schülerreferat	– Erkennen: Kasten = das Ergebnis politisch-gesellschaftlicher Auseinandersetzungen, historischer und mythologischer Hintergrund
Kastenhierarchie eines indischen Dorfes		M 4.3/15	– Stillarbeit oder Hausaufgabe	– Gegensatz Verfassungsanspruch – Verfassungswirklichkeit Der Rang einer Kaste ist streng festgelegt, mit den Brahmanen an der Spitze und den Unberühr-

Unterrichtsphasen	Stufe	– Materialien (M) – Medien – Aufgaben (A)	– Unterrichtsformen – Sozialformen	Bedeutung und Ziele der Unterrichtsphasen
	SI SII			
				baren am Ende der Skala. Im mittleren Bereich erfolgt die Festlegung weniger eindeutig
2. Auswirkungen des Kastenwesens auf die innere Differenzierung der ländlichen Gemeinden	x x	M 4.3/15–16	– Stillarbeit mit anschließender Zusammenfassung der Arbeitsergebnisse – Unterrichtsgespräch	– Erkennen: Dorfbevölkerung setzt sich aus 21 Kasten zusammen, die in Kastenvierteln siedeln. Randgruppen nehmen auch geographisch eine Randstellung ein – Differenzierter Siedlungsaufriß nach dem sozialen Status (bauliche Gestaltung, Größe, Lage)
3. Auswirkungen des Kastenwesens auf die Wirtschaftsstruktur	x	M 4.3/17–19	– Gruppenarbeit – Unterrichtsgespräch	– Erkennen: Zusammenhang zwischen Kastenhierarchie und landwirtschaftlicher Besitzstruktur. Dominant castes (7% der Bevölkerung) haben einen überproportionalen Anteil am Landbesitz (35%) und am Bewässerungsland (43%) Großbauern und landlords rekrutieren sich aus den oberen Kasten, untere Kasten stellen die Tagelöhner
4. Bedeutung des Kastenwesens für die Entwicklung	x	Text 4.3.2.2 M 4.3/17 M 4.3/20	– Gruppenarbeit mit anschließender Zusammenfassung und Bewertung der Ergebnisse	– Erkennen: Das Kastenwesen muß als hemmender Faktor in der Gesellschaftsordnung für die wirtschaftliche und soziale Entwicklung Indiens angesehen werden und stellt einen wesentlichen Faktor für die Unterentwicklung des Landes dar Eine besondere Benachteiligung be-

Unterrichtsphasen	Stufe SI SII	– Materialien (M) – Medien – Aufgaben (A)	– Unterrichtsformen – Sozialformen	Bedeutung und Ziele der Unterrichtsphasen
				steht für die Handwerks- und Dienstleistungskasten, die in kastenfreie Beschäftigungen wechseln müssen. Die soziale und wirtschaftliche Überlegenheit der oberen Kasten ist auf dem Lande ungebrochen

M 4.3/15: Hierarchie nach Kastenkategorien in einer südindischen Gemeinde

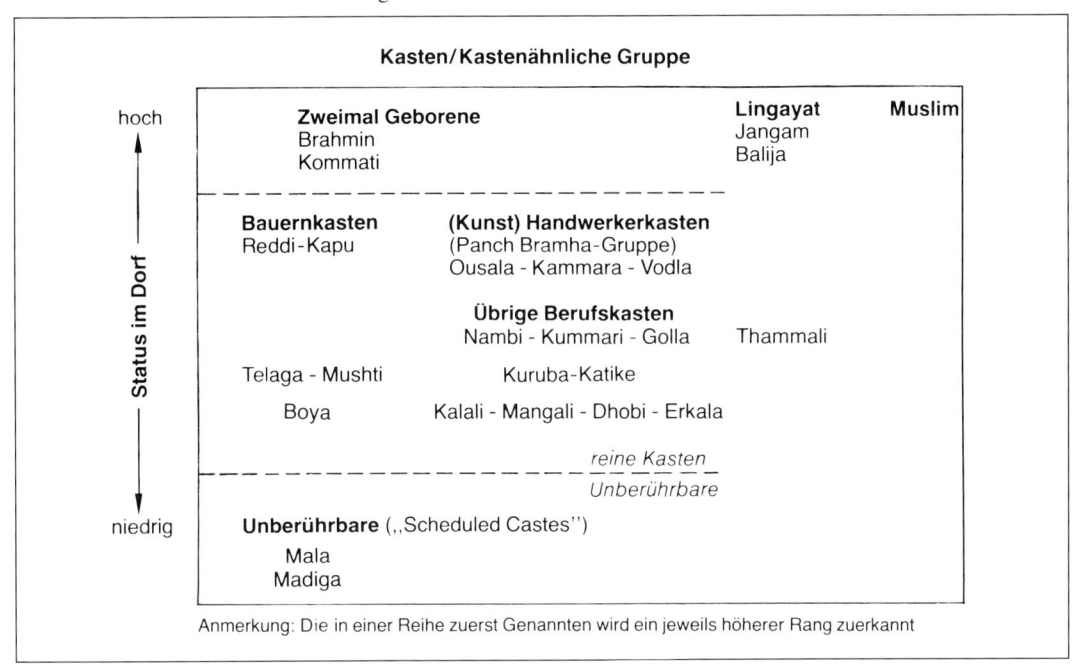

```
                        Kasten/Kastenähnliche Gruppe
                                                    Lingayat      Muslim
   hoch      Zweimal Geborene                       Jangam
              Brahmin                                Balija
              Kommati
            ─────────────────────────────────────────────────────
             Bauernkasten      (Kunst) Handwerkerkasten
              Reddi-Kapu        (Panch Bramha-Gruppe)
                                Ousala - Kammara - Vodla

                                Übrige Berufskasten
                                Nambi - Kummari - Golla   Thammali

             Telaga - Mushti    Kuruba-Katike

              Boya              Kalali - Mangali - Dhobi - Erkala
            ─────────────────────────────── reine Kasten ─────
                                            Unberührbare
   niedrig   Unberührbare („Scheduled Castes")
              Mala
              Madiga

Anmerkung: Die in einer Reihe zuerst Genannten wird ein jeweils höherer Rang zuerkannt
```

Status im Dorf (hoch ↕ niedrig)

aus: *Bronger* 1989, S. 75

M 4.3/16: Juriyal: Kastensystem — Sozialökonomische Schichtenstruktur — Funktionale Gliederung
aus: *Bronger* 1989, S. 76

M 4.3/17: Kaste: Produktionsfaktor Boden (1 acre = 0,4 ha)

Funktions-bereich	Kaste	Anzahl der Haus-halte	Anteil an der Gesamt-bevölke-rung %	Landeigentum 1982/83 insgesamt — davon:				Landeigentum 1954/55 insgesamt — davon:			
				Fläche (acres)	Anteil %	innerhalb d. Ge-meinde lebend	absentee landlords	Fläche (acres)	Anteil %	innerhalb d. Ge-meinde lebend	absentee landlords
1	2	3	4	5	6	7	8	9	10	11	12
Landwirt-schaft	Reddi	4	1,55	524,60	18,76	354,68	169,92	448,57	16,16	292,20	156,37
	Kapu	2	0,77	24,80	0,89	1,20	23,60	34,72	1,25	22,52	12,20
	Telaga	65	25,19	706,30	25,25	706,30	–	677,01	24,39	677,01	–
	Mushti	10	3,88	201,10	7,19	201,10	–	192,20	6,92	192,20	–
	Boya	34	13,18	206,15	7,37	166,72	39,43	200,20	7,21	178,43	21,77
übriger primärer Sektor	Golla	–	–	13,02	0,47	–	13,02	19,93	0,72	6,90	13,03
	Kalali	4	1,55	–	–	–	–	23,78	0,86	23,78	–
	Erkala	2	0,77	–	–	–	–	–	–	–	–
Handel	Kommati	4	1,55	47,83	1,71	47,83	–	45,57	1,64	45,57	–
	Balija	7	2,71	168,13	6,01	168,13	–	103,10	3,71	103,10	–
Handwerk/ Gewerbe	Ousala	1	0,39	2,33	0,08	2,33	–	2,33	0,08	2,33	–
	Kammara	2	0,77	2,75	0,10	2,75	–	2,75	0,10	2,75	–
	Vodla	2	0,77	53,72	1,92	53,72	–	27,25	0,98	27,25	–
	Kummari	–	–	104,33	3,73	–	104,33	64,73	2,33	–	64,73
	Kuruba	36	13,95	66,25	2,37	66,25	–	93,65	3,39	93,65	–
	Katike	4	1,55	–	–	–	–	–	–	–	–
Dienst-leistungen	Brahmin	1	0,39	211,48	7,56	24,00	178,48	211,48	7,61	22,42	189,06
	Jangam	1	0,39	14,10	0,51	–	14,10	14,10	0,51	–	14,10
	Nambi	1	0,39	51,70	1,85	51,70	–	51,48	1,86	51,48	–
	Thammali	–	–	4,87	0,17	–	4,87	19,42	0,70	–	19,42
	Mangali	3	1,16	32,77	1,17	32,77	–	69,77	2,51	69,77	–
	Dhobi	5	1,94	86,30	3,08	86,30	–	100,05	3,60	100,05	–
Scheduled Castes übrige	Mala	–	–	6,25	0,22	–	6,25	6,25	0,22	–	6,25
	Madiga	60	23,27	127,40	4,56	127,40	–	245,90	8,86	245,90	–
	Muslim	10	3,88	140,45	5,03	75,02	65,43	121,90	4,39	75,02	46,88
Total		258	100,0	2796,63	100,0	2168,20	628,43 (22,47%)	2776,14	100,0	2232,33	543,81 (19,59%)

aus: *Bronger* 1989, S. 78

M 4.3/18: Kaste: Produktionsfaktor Wasser

Kaste	Bewässerungsfeldland („wet land") 1982/83					
	insgesamt		Art der Bewässerung			
			Brunnen		Kunta	
	Fläche (acres)	Anteil (%)	Fläche (acres)	Anteil (%)	Fläche (acres)	Anteil (%)
1	2	3	4	5	6	7
Reddi	28,73	22,58	24,61	21,35	4,12	34,42
Kapu	1,15	0,90	1,15	1,00	–	–
Telaga	33,32	26,18	30,47	26,43	2,85	23,81
Mushti	9,60	7,54	9,60	8,32	–	–
Boya	3,92	3,08	3,92	3,40	–	–
Golla	–	–	–	–	–	–
Kalali	–	–	–	–	–	–
Erkala	–	–	–	–	–	–
Kommati	3,15	2,48	3,15	2,73	–	–
Balija	11,65	9,16	10,60	9,19	1,05	8,77
Ousala	–	–	–	–	–	–
Kammara	2,30	1,81	2,30	1,99	–	–
Vodla	–	–	–	–	–	–
Kummari	1,27	1,00	1,27	1,10	–	–
Kuruba	–	–	–	–	–	–
Katike	–	–	–	–	–	–
Brahmin	10,08	7,92	8,68	7,53	1,40	11,69
Jangam	–	–	–	–	–	–
Nambi	3,02	2,37	3,02	2,62	–	–
Thammali	–	–	–	–	–	–
Mangali	0,22	0,17	–	–	0,22	1,84
Dhobi	4,00	3,14	4,00	3,47	–	–
Mala	–	–	–	–	–	–
Madiga	8,20	6,44	6,12	5,31	2,08	17,38
Muslim	6,65	5,23	6,40	5,55	0,25	2,09
Total	127,26	100,00	115,29	100,00	11,97	100,00

aus: *Bronger* 1989, S. 79

M 4.3/19: Größe des individuellen Landeigentums nach Kastenzugehörigkeit in der Beispielgemeinde

Kaste	Großgrundbesitzer >200 c. d. a.[1]		Großbauer >100 c.d.a.		Mittelbauer >40 c. d. a.		Kleinbauer >20 c. d. a.		Kleinstbauer <20 c. d. a.		Haushalte insgesamt	Σ		Σ		ohne Land (%)
	a[2]	b[3]	a	b	a	b	a	b	a	b		a	b	a	b	
1	2	3	4	5	6	7	8	9	10	11	12	13	14			15
Reddi	2	–	–	–	1	2	–	1	1	1	4	4	4			0
Kapu	–	–	–	–	–	–	1	–	–	2	2	1	2			50
Telaga	–	–	–	–	6	–	7	–	35	–	65	48	–			38
Mushti	–	–	–	–	3	–	2	–	5	1	10	10	1			0
Boya	–	–	–	–	1	–	2	–	7	–	34	10	–			71
Golla	–	–	–	–	–	–	–	–	–	2	4	–	2			100
Kalali	–	–	–	–	–	–	–	–	–	–	2	–	–			100
Erkala	–	–	–	–	–	–	–	–	–	–	4	1	–			100
Kommati	–	–	1	–	1	–	1	–	–	–	7	5	–			75
Balija	–	–	–	–	3	–	–	–	–	–	1	–	–			29
Ousala	–	–	–	–	–	–	–	–	1	–	2	2	–			0
Kammara	–	–	–	–	–	–	1	1	2	–	2	2	–			0
Vodla	–	–	–	–	–	–	–	–	1	–	–	–	–			–
Kummari	–	–	–	–	–	–	–	–	–	–	–	–	–			–
Kuruba	–	–	–	–	–	–	–	–	8	–	36	8	2			78
Katike	–	–	–	–	–	–	–	–	–	–	4	–	–			100
Brahmin	–	–	–	–	–	1	1	–	–	2	–	1	4			0
Jangam	–	–	–	–	–	–	–	–	–	–	1	–	1			100
Nambi	–	–	–	–	1	–	–	–	–	–	1	1	–			0
Thammali	–	–	–	–	–	–	–	–	–	–	–	–	–			–
Mangali	–	–	–	–	2	–	4	–	2	–	3	2	1			33
Dhobi	–	–	–	–	–	–	–	–	1	–	5	5	–			0
Mala	–	–	–	–	–	–	2	–	–	1	–	–	–			–
Madiga	–	–	–	–	2	–	2	–	1	–	60	5	1			83
Muslim	–	–	–	–	–	1	3	–	2	–	10	5	–			50
Total	2	–	1	–	18	5	24	2	66	11	258	111	19			57

[1] „converted dry acres" (1 acre Regenfeldland = 1 converted dry acre; 1 acre 2 x/Jahr bewässerbares Land = 10 converted dry acres; 1 acre 1 x/Jahr bewässerbares Land = 5 converted dry acres)
[2] innerhalb der Gemeinde lebend
[3] absentee landlords
Aufgrund des geringen Nährstoffgehaltes der hier anstehenden Rotlehmböden sind zumindest 40 „converted dry acres" als Existenzminimum notwendig

aus: *Bronger* 1989, S. 80

M 4.3/20: Kaste — Rang — Beruf — Berufswirklichkeit in einer südindischen Gemeinde

Kaste/Rang	traditioneller Beruf (Kastenberuf)	ausgeübte Berufe (in der Rangfolge des erwirtschafteten Einkommens)
Brahmin[1]	Priester	Priester, Landlord, höhere kommunale Dienste
Kommati	Händler	Kaufmann, Getreidehändler, Geldverleiher, Landlord
Jangam[1]	Priester	Priester, Landlord
Balija	Kaufmann	Landlord, Kaufmann, Geldverleiher
Reddie	Großbauer	Landlord, höhere kommunale Dienste
Kapu	Mittelbauer	Landwirt, Pächter
Ousala	Goldschmied	Goldschmied, Landwirt, Beediarbeiter
Kammara	Grobschmied	Grobschmied, Landwirt
Vodla	Zimmermann	Zimmermann, Landwirt
Nambi	Tempeldiener (Hanuman Tempel)	Landwirt, Tempeldiener
Thammali[2]	Tempeldiener (Shiva Tempel)	Tempeldiener, Landwirt
Kummari[2]	Töpfer	Töpfer, Landwirt
Golla[2]	Schäfer	Schäfer, Landwirt
Telaga	Mittel- u. Kleinbauer	Landwirt, Landarbeiter, Pächter, Beediarbeiter
Mushti	Mittel- u. Kleinbauer	Landwirt, Landarbeiter
Kuruba	Wollweber	Wollweber, Landarbeiter, Landwirt
Katike	Fleischer	Landarbeiter, Beediarbeiter, Ladenbesitzer
Boya	Kleinbauer	Landarbeiter, Pächter, Landwirt, Beediarbeiter
Kalali (Gowd)	Palmsaftzapfer	Palmsaftzapfer, Ladenbesitzer, Landarbeiter
Mangali	Friseur	Friseur, Beediarbeiter, Landwirt
Dhobi	Wäscher	Wäscher, Landwirt, Landarbeiter
Erkala	Schweinehalter	Schweinehalter, Mattenflechter
Mala[2]	Pferdehalter	Landarbeiter, Landwirt
Madiga	Abdecker, Gerber, Schuster	Beediarbeiter, Landarbeiter, Landwirt, Abdecker, niedere kommunale Dienste

[1] z.T. in Nachbargemeinden lebend;
[2] in der Nachbargemeinde lebend

aus: *Bronger* 1989, S. 81

4.4 Das Problem der agraren Tragfähigkeit (*Michael Boßmann*)

Spätestens seit *Th. R. Malthus'* „Essay on the Principle of Population" im Jahre 1798 hat das Problem der Tragfähigkeit der Erde immer wieder die Aufmerksamkeit der Geographie beansprucht. Die Aktualität dieses Themas ist auch heute nach wie vor ungebrochen, so daß es sich für eine Behandlung im Erdkundeunterricht in besonderer Weise eignet, ohne daß dabei jedoch der gesamte Problemkreis vollständig dargestellt und abschließend behandelt werden kann.

Lernziel:

Die Schüler sollen den Begriff der (agraren) Tragfähigkeit darstellen und erläutern, die Risiken und Probleme bei der Ermittlung der Tragfähigkeit erklären und mögliche Antworten auf die Frage nach der Tragfähigkeit beurteilen.

Motivation:

Zur Einführung in das Thema wird den Schülern eine Karikatur (M 4.4/1) vorgelegt, die im Juli 1987 in der Wochenzeitung „Die Zeit" anläßlich der Geburt des fünfmilliardsten Erdbewohners erschien. Die Schüler werden aufgefordert, die Karikatur, die unmittelbar zur Thematik der Unterrichtsreihe (Kann die Erde diese Bevölkerungszahl noch tragen, oder geht ihr buchstäblich die Luft aus?) führt, zu erläutern und dazu Stellung zu beziehen.

Erarbeitung:

Am Beginn der Erarbeitung soll zunächst der historische Hintergrund des Problems (M 4.4/2) behandelt werden, wobei die Schüler erkennen, daß es sich um eine Frage handelt, die die Wissenschaft nun schon seit fast zwei Jahrhunderten beschäftigt. — Anhand eines einfachen Rechenbeispiels kann dabei die besondere Brisanz der Aussagen von *Malthus* verdeutlicht werden. Die Formel für die Berechnung der Bevölkerungszahl z lautet: $z = 1{,}02^x \cdot 1000$, und diejenige für die Berechnung der Nahrungsmittelmenge m: $m = 1000 + 20x$, wobei x jeweils die Zahl der Jahre ist. Diese Formeln können — je nach Kenntnisgrad — von den Schülern selbst entwickelt oder aber vorgegeben werden. Besonders herauszustellen ist die Tatsache, daß *Malthus* Probleme erkannt hat, wie sie auch heute noch in verschiedenen Teilen der Erde bestehen, auch wenn die Schlagzeile des Zeitungsartikels M 4.4/3 zunächst in deutlichem Kontrast zu den Gedanken von *Malthus* zu stehen scheint. Dieser — die Schüler zusätzlich motivierende — Widerspruch läßt sich durch die Unterscheidung von entwickelten Ländern und Entwicklungsländern sowie die Untersuchung der wirtschaftlichen Situation dieser Länder auflösen, wobei entsprechende Vorkenntnisse der Schüler vorauszusetzen sind.

Bevor nun die Frage, wie viele Menschen die Erde tragen (ernähren) kann, aufgrund des gegenwärtigen Kenntnisstandes untersucht wird, sollen zunächst einige Aussagen zum Begriff der Tragfähigkeit (M 4.4/4–6) gemacht werden. Dieser Teil kann allerdings bei Zeitknappheit auch entfallen, und es kann direkt mit der Untersuchung der beiden wesentlichen Bestimmungsgrößen für die (agrarische) Tragfähigkeit begonnen werden, nämlich der Bevölkerungsentwicklung und der Entwicklung der landwirtschaftlichen Produktion (siehe unten!).

Die in M 4.4/4 wiedergegebene und vergleichsweise einfache Definition der Tragfähigkeit weist die Schüler auf die zuvor bereits erwähnten Bestimmungsgrößen hin, und M 4.4/5 gibt ein konkretes Beispiel für die Berechnung. Besonders umstritten ist hierbei die extrem hoch angesetzte Tragfähigkeit des Tropischen Regenwaldes, wobei jedoch die Fruchtbarkeit der vulkanischen Böden Westjavas nicht auf den Gesamtbereich des Regenwaldes übertragen werden kann. Die Beantwortung der Fragen A 4.4/6–10 zu M 4.4/5 setzt entsprechende Vorkenntnisse der Schüler voraus. Sind diese nicht vorhanden, so sind solche Kenntnisse erst zu erarbeiten, da das Fallbeispiel der „feuchtheißen Urwaldklimate" besonders geeignet ist, die Schwierigkeiten und Probleme einer solchen Tragfähigkeitsberechnung zu verdeutlichen. — Die aus dem Jahre 1973 stammende, komplexere Definition der Tragfähigkeit von *Borcherdt* und *Mahnke* (vgl. Kap. 2.5.3) berücksichtigt — im Gegensatz zu derjenigen *Pencks* — die Abhängigkeit vom Kultur- und Zivilisationsstand wie auch Fragen der Umweltzerstörung, wodurch eine Ermittlung der Tragfähigkeit erheblich schwieriger wird.

Im folgenden sollen nun die beiden Hauptbestimmungsgrößen der Tragfähigkeit, Bevölkerungsentwicklung und Entwicklung der landwirtschaftlichen Produktion, näher untersucht werden, wobei die Reihenfolge der Behandlung vertauschbar ist. Eventuell kann dies auch in Gruppenarbeit durch zwei Schülergruppen geschehen, wenn die Ergebnisse anschließend im Plenum vorgestellt werden.

Bevölkerungsentwicklung: Abbildung M 4.4/7 vergleicht die Bevölkerungsentwicklung von Industrie- und Entwicklungsländern, wobei insbesondere die entscheidenden Unterschiede im Rahmen des Modells vom demographischen Übergang herauszuarbeiten sind. (Zum Modell vom demographischen Übergang vgl. auch Kap. 2.1.3.1). Zusammenfassend läßt sich die These 1 (siehe unten!) als

Ergebnis der Untersuchungen an der Tafel festhalten (diese und die folgenden Thesen nach *Ehlers* 1986). — Tabelle M 4.4/8 zeigt die (geschätzte) Bevölkerungsentwicklung von 1960 bis zum Jahr 2025, wobei deutlich zwischen verschiedenen Gebieten und insbesondere zwischen höher und weniger entwickelten Regionen zu unterscheiden ist. Die Tendenz bei der Entwicklung der Wachstumsrate ist eindeutig und führt zusammen mit M 4.4/7 zur These 2 (siehe unten!).
Bei entsprechender Kenntnis des Modells vom demographischen Übergang lassen sich die Thesen 1 und 2 auch im Rahmen einer Kursarbeit erarbeiten. Ein entsprechender Vorschlag wird am Schluß dieser Ausführungen vorgestellt.

Entwicklung der landwirtschaftlichen Produktion: Der Zeitungsartikel M 4.4/9 greift erneut das Beispiel des Tropischen Regenwaldes auf, dessen Zerstörung in erheblichem Maß auf die Ausdehnung landwirtschaftlicher Nutzflächen zurückzuführen ist. Der Artikel nennt einerseits die Ursachen der Zerstörung und zeigt andererseits die Fragwürdigkeit eines solchen Handelns. Letzteres sollte besonders deutlich herausgestellt werden, wobei ein entsprechendes Flußdiagramm wie in Abbildung M 4.4/10 zu erarbeiten ist. Darüber hinaus liefert M 4.4/9 einen Beleg für die These 3 (siehe unten!). — In deutlichem Kontrast zum vorhergehenden Text steht die Tabelle M 4.4/11. Am Beispiel der Bundesrepublik Deutschland zeigt sie die Steigerung der Nahrungsmittelproduktion in den entwickelten Ländern durch Intensivierungsmaßnahmen. Sie bestätigt somit die These 4 (siehe unten!). Die Gründe für diese Entwicklung sind — wie auch der Begriff des „Integrierten Pflanzenbaus" — möglichst in Anlehnung an Abbildung M 4.4/12 zu erarbeiten.
Nach Auswertung der Materialien M 4.4/7–12 sind folgende Tatsachen festzuhalten (Tafel oder Folie):

Bevölkerungsentwicklung:

These 1: Das heute in den Ländern der Dritten Welt so explosive Wachstum der Bevölkerung hat seinen Vorläufer im Wachstum der Bevölkerung des prä- und frühindustriellen Europa.

These 2: Das Wachstum der Weltbevölkerung wird sich nach der transformativen Phase verlangsamen und in absehbarer Zeit auf ein neues Gleichgewicht einpendeln!

aus: *Ehlers* 1986, S. 2, 4, 6, 8

Entwicklung der landwirtschaflichen Produktion:

These 3: In den Ländern der Dritten Welt vollzieht sich die Steigerung der Nahrungsmittelproduktion primär über die flächenhafte Ausweitung der landwirtschaftlichen Nutzflächen, d.h. durch Anbauflächenextension.

These 4: Die entscheidenden Fortschritte bei der Steigerung der Nahrungsmittelproduktion erfolgen durch wissenschaftliche Forschung und Technologie, d.h. über Anbauflächenintension.

Extremer Gegensatz:

Industrieländer ⟵⎯⎯⎯⟶ Entwicklungsländer

Bevölkerungsstagnation ⟵⟶ Bevölkerungsexplosion
Nahrungsmittelexplosion ↔ Nahrungsmittelstagnation

Transfer:

Die Frage nach der Bewertung der zuvor erarbeiteten Sachverhalte leitet schließlich über zur Hauptthese (M 4.4/13). Hier sind die Schüler aufgefordert, diese These zu unterstützen oder zu verwerfen und ihre Aussagen entsprechend den zuvor bearbeiteten Materialien zu begründen. Hinsichtlich der noch zu lösenden Probleme ist auf folgende Punkte besonders einzugehen (vgl. *Ehlers* 1986, S. 11):

- Einschränkung der Fruchtbarkeit, um eine deutliche Reduzierung des Bevölkerungswachstums in der Dritten Welt zu erreichen;
- Technologie- und Wissenschaftstransfer, insbesondere zur Verbesserung der Nahrungsmittelproduktion in der Dritten Welt;
- Hilfe zur Selbsthilfe, um die Abhängigkeit der Entwicklungsländer von den Industrieländern zu reduzieren.

Hinsichtlich erfolgreicher, aber sicherlich auch umstrittener Beispiele kann vor allen Dingen auf die Situation der VR China hingewiesen werden. Hier ist es gelungen, sowohl die Nahrungsmittelproduktion deutlich zu erhöhen, als auch einen deutlichen Rückgang der Bevölkerungswachstums herbeizuführen. Ob die zur Erreichung dieser Ziele eingesetzten restriktiven Maßnahmen auch auf andere Staaten zu übertragen sind, bleibt allerdings fraglich.

Bei einer kritischen Nachbetrachtung ist außerdem darauf hinzuweisen, daß der Aspekt der Nahrungssicherung im Vordergrund der Betrachtungen stand, während andere wesentliche Aspekte wie die Schaffung von Bildungseinrichtungen, die Errichtung einer angemessenen Infrastruktur oder die Bereitstellung von Arbeitsplätzen unberücksichtigt blieben, deren Einbeziehung zu weiteren, nur schwer lösbaren Problemen führen dürfte.

Unterrichtsphasen	Stufe SI	Stufe SII	– Materialien (M) – Medien – Aufgaben (A)	– Unterrichtsformen – Sozialformen	Bedeutung und Ziele der Unterrichtsphasen
1. Betrachtung der Karikatur „Fünf Milliarden"	x	x	M 4.4/1 (möglichst als Folie)	– Unterrichtsgespräch und Diskussion	– Motivation – Hinführung zur Fragestellung für die gesamte Unterrichtseinheit
2. Theorie von Malthus und die Frage nach ihrer Gültigkeit	x	x	M 4.4/2 und M 4.4/3 Tafel: Auflistung der Voraussetzungen und Behauptungen von Malthus, Ergebnisse der Berechnungen zu M 4.4/2	– Unterrichtsgespräch – Stillarbeit oder Partnerarbeit bei den Berechnungen zu M 4.4/2	– Kenntnisse der Prognosen Malthus und des historischen Hintergrunds – Unterscheidung von geometrischem und arithmetischem Wachstum – Erkennen der Probleme
3. Tragfähigkeitsbegriff: – Tragfähigkeit nach Penck – Beispiel für die Berechnung nach Penck – Tragfähigkeit nach Borcherdt u. Mahnke		x	M 4.4/4 M 4.4/5 M 4.4/6	– Unterrichtsgespräch – Still-, Partner- oder Gruppenarbeit mit anschl. Schülervortr. – Unterrichtsgespräch	– Kenntnisse über den Begriff der Tragfähigkeit – Erkennen der Probleme bei der Berechnung der Tragfähigkeit (Wiederholung: Trop. Regenwald) – Unterscheidung unterschiedlicher Tragfähigkeitsbegriffe

Unterrichtsphasen	Stufe SI	Stufe SII	– Materialien (M) – Medien – Aufgaben (A)	– Unterrichtsformen – Sozialformen	Bedeutung und Ziele der Unterrichtsphasen
4.1 Bevölkerungsentwicklung: – Industrieländer – Entwicklungsländer – Prognosen	x	x	M 4.4/7 M 4.4/8 Tafel: Thesen 1 u. 2	– Partner- oder Gruppenarbeit mit anschließendem Schülervortrag – Unterrichtsgespräch und Diskussion	– Beschreibung der Bevölkerungsentwicklung in Industrie- und Entwicklungsländern – Herausarbeitung regionaler Unterschiede – Erklärung der regionalen Unterschiede (Wiederh.: Demographischer Übergang) – Erarbeitung von Thesen
4.2 Entwicklung der landwirtschaftlichen Produktion: – Extensivierung der landwirtschaftlichen Nutzfläche in der Dritten Welt – Intensivierung der Anbauflächen in den Industriestaaten	x	x	Atlas u. M 4.4/9 Tafel: Ursachen und Folgen der Waldvernichtung, Entwicklung des Flußdiagramms M 4.4/10 Tafel: Entwicklung des Schemas M 4.4/12 Tafel: Thesen 3 u. 4	– Partner- oder Gruppenarbeit – Unterrichtsgespräch – Partner- oder Gruppenarbeit mit anschl. Schülervortrag – Diskussion	– Beschreibung der Verbreitung des tropischen Regenwaldes – Beschreibung von Ursachen und Folgen der Zerstörung des Tropischen Regenwaldes – Unterscheidung von Anbauflächenextension in der Dritten Welt und -flächenintension in den Industriestaaten – Erarbeitung von Thesen – Erkennen der Diskrepanz Erste und Dritte Welt

5. Bewertung der Möglichkeiten zur ausreichenden Ernährung aller Menschen	x	x	M 4.4/13
			Tafel: Sammlung der von der Politik zu lösenden Probleme
				– Diskussion
				– Unterrichtsgespräch
				– Diskussion
					– Beurteilung der Hauptthese und Herausarbeitung der zu lösenden politischen Probleme
					– Kritischer Rückblick zur Unterrichtseinheit:
					  – Tragfähigkeitsbegriff
					  – Materialkritik

Mögliche Unterrichtsfortsetzung:
Untersuchung verschiedener Landschaftszonen hinsichtlich einer agrarischen Inwertsetzung

M 4.4/1: Fünf Milliarden

FÜNF MILLIARDEN   MURSCHETZ

aus: *Die Zeit* 31. Juli 1987

M 4.4/2: Essay on the principle of population

…
„Meiner Ansicht nach kann ich mit Recht zwei Postulate aufstellen.
Erstens: Die Nahrung ist für die Existenz des Menschen notwendig.
Zweitens: Die Leidenschaft zwischen den Geschlechtern ist notwendig und wird in etwa in ihrem gegenwärtigen Zustand bleiben:"
…
„Indem ich meine Postulate als gesichert voraussetze, behaupte ich, daß die Vermehrungskraft der Bevölkerung unbegrenzt größer ist als die Kraft der Erde, Unterhaltsmittel für den Menschen hervorzubringen.
Die Bevölkerung wächst, wenn keine Hemmnisse auftreten, in geometrischer Reihe an. Die Unterhaltsmittel nehmen nur in arithmetischer Reihe zu. Schon einige wenige Zahlen werden ausreichen, um die Übermächtigkeit der ersten Kraft im Vergleich zu der zweiten vor Augen zu führen."
…

aus: *Malthus* 1977, S. 17–18

Aufgaben

A 4.4/1: Der angeführte Text (M 4.4/2) ist in einem Buch des englischen Nationalökonomen und Sozialphilosophen *Th. R. Malthus* aus dem Jahr 1798 enthalten.
    a) Von welchen Voraussetzungen geht *Malthus* bei seinen Ausführungen aus, welche Behauptungen stellt er auf?
    b) Verdeutlichen Sie die geometrische und arithmetische Progression an folgendem vereinfachtem Beispiel:
    Für eine Gesamtbevölkerung von 1000 Personen stehen (täglich) 1000 kg Nahrungsmittel zur Verfügung (also 1 kg/Person). Die Bevölkerung wächst jährlich um 2 %, die Nahrungsmittelproduktion nimmt gleichmäßig so zu, daß in jedem Jahr (täglich) 20 kg mehr für die Gesamtbevölkerung zur Verfügung stehen. Berechnen Sie die entsprechenden Angaben für die folgende Tabelle!

nach ...... Jahren	1	2	10	50	100	200
Bevölkerungszahl: 1000	1020	1040	1219	...	...	...
(tägl.) Nahrungsmittelmenge in kg: 1000	1020	1040	1200	...	...	...
kg Nahrungsmittel pro Person: 1	1,00	1,00	0,98	...	...	...

c) Sind die Aussagen von *Malthus* auch heute noch gültig? Begründen Sie ihre Antwort!

Ergebnis der Berechnungen in der Aufgabe 4.4/1:

	50	100	200
...	2692	7245	52485
...	2000	3000	5000
...	0,743	0,414	0,095

M 4.4/3:

Zuwachs an Nahrung größer als der an Menschen
Entscheidend dazu beigetragen hat die Volksrepublik China

hi. FRANKFURT. Während der vergangenen zehn Jahre hat die Weltproduktion an Nahrungsmitteln stärker zugenommen als die Weltbevölkerung. Zu diesem Schluß kommt das amerikanische Landwirtschaftsministerium in einer Untersuchung. Bemerkenswerte regionale Abweichungen von dieser allgemeinen Tendenz habe es vor allem in den Ländern südlich der Sahara gegeben. Gestiegen sei während der letzten zehn Jahre auch die Pro-Kopf-Produktion an Nahrungsmitteln. Hierzu habe eine sehr starke Zunahme in der Volksrepublik China während der vergangenen vier Jahre entscheidend beigetragen. Berücksichtige man China bei dieser Rechnung nicht, ergebe sich ein Rückgang der Pro-Kopf-Produktion mit einer Jahresrate von 0,2 Prozent. In den letzten zehn Jahren sei die Pro-Kopf-Produktion in der Hälfte der insgesamt 111 Länder, über die einschlägige Angaben vorlägen, gesunken. 29 dieser Länder mit Produktionsverlusten zählen zum afrikanischen Kontinent, schreibt das Ministerium.

Während der letzten 35 Jahre hat sich auch die Zusammensetzung der Nahrungsmittelproduktion rund um den Erdball geändert, fährt das Ministerium fort. Die Erzeugung von Getreide, Ölsaaten und Fleisch sei erheblich gestiegen. Dagegen habe die Produktion von Knollenfrüchten, Hülsenfrüchten und Milch abgenommen.

aus: *Blick in die Wirtschaft* 16. Mai 1986

Aufgaben

A 4.4/2: Sind mit dem Zeitungsartikel (M 4.4/3) die Aussagen von Malthus widerlegt?

A 4.4/3: Nennen Sie Gründe für die unterschiedlichen Entwicklungen in verschiedenen Teilen der Erde!

M 4.4/4: Tragfähigkeit nach *A. Penck*

„Variabel sind nur die Intensität der Bodenkultur und, in beschränktem Umfang, die Nahrungsbedürfnisse des einzelnen. Solange dieses unveränderlich bleibt, schwankt die mögliche Zahl der Menschen auf der Erde lediglich mit der Bodenkultur, aber diese kann über ein gewisses Maximum hinaus nicht zunehmen. Sobald allenthalben auf der Erde eine Höchstkultur des Bodens erreicht ist, kann die Zahl der Menschen nicht mehr zunehmen. Die so bestimmte Höchstzahl der Bevölkerung nennen wir die potentielle Bevölkerung, der eine potentielle Volksdichte und die Kapazität der Länder entspricht."

aus: *Penck* 1924, S. 246

Aufgabe

A 4.4/4: 1924 definierte der deutsche Geograph *Albrecht Penck* den Begriff der Tragfähigkeit wie in M 4.4/4 angegeben.
  a) Erläutern Sie die von A. Penck gegebene Definition!
  b) Wovon hängt nach *Pencks* Ansicht die Tragfähigkeit fast ausschließlich ab?

M 4.4/5: Tragfähigkeitsberechnung nach A. Penck

Klimate	Fläche (in Mill. km^2)	Dichtest besiedelte Länder und angenommene größte Volksdichte (Einw./km^2)	Höchste denkbare Einwohnerzahl (in Mill.)	Wahrscheinliche mittlere Volksdichte (E./km^2)	Wahrscheinliche größtmögl. Einwohnerzahl (in Mill.)
1. Feuchtheiße Urwaldklimate	14,0	Westjava	350	5600	200	2800
2. Period. trockene Savannenklimate	15,7	Madras	115	1806	90	1413
3. Steppenklimate	21,2	Dongebiet	21	212	5	106
4. Wüstenklimate	17,9	Ägypten	14	54	1	18
5. Warme wintertrockene Klimate	11,3	Bengalen	228	2576	110	1243
6. Warme sommertrockene Klimate	2,5	Italien	125	312	90	225
7. Feuchttemperierte Klimate	9,3	Südjapan	220	2046	100	930
8. Winterfeuchte kalte Klimate	24,5	Kongreßpolen	106	2597	30	735
9. Wintertrockene kalte Klimate	7,3	Tschili	96	701	30	219
10. Tundraklimate	10,3	Grönland	0,02	0	0,01	0
11. Klimate des ewigen Frostes	15,0	Antarktika	0	0	0	0
Gesamte Landoberfläche	149,0			15904	51	7689

aus: *Penck* 1924, S. 251

Aufgaben

A 4.4/5: Erläutern Sie die Tabelle, in der A. Penck die Tragfähigkeit der Erde berechnet hat!

Heute wissen wir, daß die Berechnung — so wie A. Penck sie 1924 durchführte — nicht immer richtig ist. Insbesondere die Einschätzung des Tropischen Regenwaldes ist heute umstritten.

A 4.4/6: Erklären Sie das ökologische System des Tropischen Regenwaldes!

A 4.4/7: Wie konnte es zu der — umstrittenen — Einschätzung des Tropischen Regenwaldes durch *Penck* kommen!

A 4.4/8: Warum können die Verhältnisse in Westjava nicht auf alle Tropischen Regenwälder übertragen werden?

A 4.4/9: Welche traditionellen Formen der Nutzung des Tropischen Regenwaldes kennen Sie, welches sind ihre Besonderheiten?

M 4.4/6: Tragfähigkeit nach *Borcherdt* und *Mahnke*

> Die agrare Tragfähigkeit eines Raumes gibt diejenige Menschenmenge an, die von diesem Raum unter Berücksichtigung eines dort in naher Zukunft erreichbaren Kultur- und Zivilisationsstandes auf überwiegend agrarischer Grundlage auf die Dauer unterhalten werden kann, ohne daß der Naturhaushalt nachteilig beeinflußt wird.

aus: *Borcherdt/Mahnke* 1973, S. 23

Aufgabe

A 4.4/10: *Borcherdt* und *Mahnke* gaben 1973 eine neue Definition der Tragfähigkeit.
    a) Wodurch unterscheidet sich diese Definition von derjenigen *Pencks*?
    b) Was ergibt sich daraus für die Berechnung der Tragfähigkeit?

M 4.4/7: Vergleich Entwicklungsländer — Industrieländer

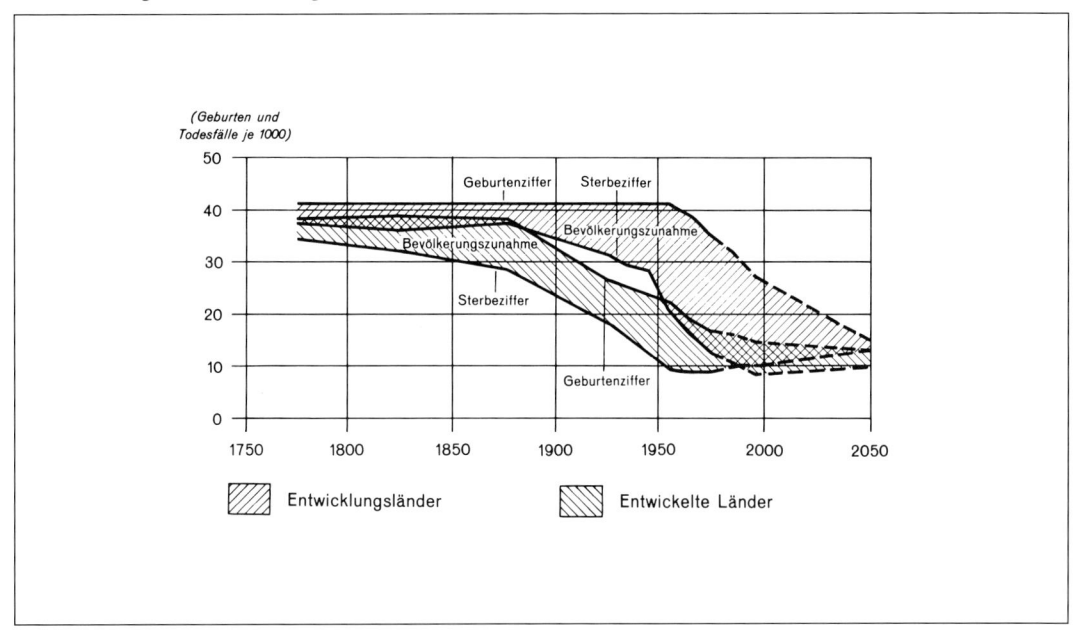

aus: *Ehlers* 1986, S. 4

Aufgaben

A 4.4/11: a) Erläutern Sie anhand der Abbildung die Entwicklung der Geburten- und Sterbeziffern in den Entwicklungs- und Industrieländern!
       b) Welches sind die entscheidenden Unterschiede zwischen beiden Ländergruppen?

A 4.4/12: a) Stellen Sie das Modell vom demographischen Übergang dar!
       b) Vergleichen Sie die vorliegende Abbildung (M 4.4/7) mit dem Modell vom demographischen Übergang!

M 4.4/8: Bevölkerungszahl und Bevölkerungszuwachs auf der Erde, 1960–2025 (basierend auf Schätzungen im Jahre 1980, mittlere Schätzungsvariante)

a) Bevölkerungszahl

	1960	1970	1975	1980	1985	1990	2000	2025
Erde gesamt	3037	3695	4066	4432	4826	5242	6119	8195
Höher entwickelte Regionen	945	1047	1092	1131	1170	1206	1272	1377
Weniger entwickelte Regionen	2072	2684	2974	3301	3656	4036	4847	6818
Afrika	275	355	407	546	635	853	1542	
Lateinamerika	216	283	322	364	410	459	865	
Nordamerika	199	226	236	248	261	274	299	343
Südasien	877	1116	1257	1404	1565	1731	2075	2819
Europa	425	459	474	484	492	499	512	522
Ozeanien	16	19	21	23	25	26	30	36
UdSSR	214	242	253	265	278	290	310	355

b) Wachstumsrate (in %)

	1960–1965	1970–1975	1975–1980	1980–1985	1985–1990	1990–1995	1995–2000	2020–2025
Erde gesamt	1,99	1,91	1,72	1,70	1,65	1,60	1,50	0,96
Höher entwickelte Regionen	1,19	0,84	0,71	0,68	0,61	0,58	0,48	0,24
Weniger entwickelte Regionen	2,33	2,32	2,08	2,04	1,98	1,89	1,77	1,10
Afrika	2,48	2,73	2,90	3,00	3,02	2,99	2,90	1,91
Lateinamerika	2,80	2,54	2,45	2,38	2,28	2,15	2,02	1,48
Nordamerika	1,49	0,86	0,95	1,04	0,95	1,05	0,70	0,42
Südasien	2,40	2,36	2,22	2,17	2,02	1,90	1,72	0,95
Europa	0,91	0,63	0,40	0,34	0,30	0,27	0,24	0,03
Ozeanien	2,08	1,85	1,47	1,44	1,36	1,29	1,19	0,61
UdSSR	1,49	0,95	0,93	0,93	0,84	0,70	0,64	0,50

aus: *Ehlers* 1986, S. 5

Aufgaben

A 4.4/13: Werten Sie die Tabelle aus, und arbeiten Sie dabei insbesondere die regionalen Unterschiede heraus! Wie lassen sich diese Unterschiede erklären?

A 4.4/14: Stellen Sie begründete Vermutungen darüber an, wie sich diese Entwicklung über das Jahr 2025 hinaus fortsetzen könnte!

M 4.4/9:

Alarmierende Vernichtung von Tropenwäldern

Internationale Strategieberatungen auf hoher Ebene

Landgewinnung für agrarische Nutzung und die Bereitstellung von Brennholz für 2 Milliarden Menschen in den tropischen Entwicklungsländern vernichten jährlich 11 Millionen Hektaren des noch verbleibenden Naturwaldes. Nur durch sofortige Gegenmaßnahmen können schwere ökologische Gefahren vermieden werden. Ein „Gipfeltreffen" in Bellagio appellierte an Regierungen und Weltöffentlichkeit, den „Tropischen Forstwirtschaflichen Aktionsplan" zu unterstützen.

K. W. Anfang Juli haben sich in Bellagio ein Dutzend hochstehender Politiker aus Asien, Afrika und Lateinamerika und Führungsspitzen der Weltbank, der FAO, des UNDP sowie des „World Resources Institute" als veranstaltenden Organisationen versammelt (vgl. NZZ Nr. 152). Vertreten waren auch weitere multilaterale und bilaterale Entwicklungsagenturen und holzverarbeitende Industrien. Der Hauptgegenstand der Beratungen betraf Maßnahmen gegen die fortschreitende Zerstörung der Tropenwälder. Es ergab sich, daß der *Umweltschutz,* dem im Westen heute ein sehr hoher politischer Rang zukommt, in den armen und unterentwickelten Ländern einen bedeutend niedrigeren Stellenwert hat. Doch belasten die schwerwiegenden Waldzerstörungen in diesen Ländern in gravierendem Maß ihr landwirtschaftliches Produktionspotential, namentlich wegen den schädigenden Auswirkungen auf Wasser, Boden und generell die Ökosysteme. Die Vernichtung der Tropenwälder berührt die Lebensgrundlagen der nachwachsenden Generationen nicht nur in den unmittelbar betroffenen Ländern, sondern auch in der übrigen Welt. Die Bewältigung dieser Probleme wird als eine der großen *Herausforderungen* unserer Zeit angesehen.

Fakten, Probleme, Perspektiven

Gegenwärtig werden jährlich etwa 7,3 Mio. Hektaren in geschlossenen Wäldern der feuchten Tropen und 3,8 Mio. Hektaren in den offenen Gehölzformationen der semiariden Gebiete vernichtet. Die *Aufforstungen* werden demgegenüber nur mit 1,1 Mio. Hektaren beziffert. Das Verhältnis zwischen Aufforstung und *Rückgang von Waldflächen* beträgt für das tropische Asien 1:4,5, für Lateinamerika 1:10,5 und für Afrika 1:29. In einigen Ländern sind bereits alle zugänglichen Wälder gerodet. So ist der dichtbesiedelte indische Bundesstaat *Westbengalen* nur noch zu 0,35 Prozent bewaldet. In den meisten *westafrikanischen* Ländern ist der geschlossene Hochwald auf 5 bis 10 Prozent der Gesamtfläche gesunken, wird jedoch oft weiterhin stark abgeholzt.

Hauptursachen der Waldzerstörung sind der Brandhackbau, die Brennholzgewinnung sowie die Plantagen- und die Viehwirtschaft. Der *Brandhackbau* ist eine extensive, nomadische Bewirtschaftungsweise des Bodens, die das zeitweise Abbrennen der Dschungel einschließt. In dem durch die Asche gedüngten Boden werden dann Cassava, Mais, Yams usw. gepflanzt. Wegen absinkender Erträge und Unkrautwuchses muß jedoch die Bebauung meist nach zwei bis drei Jahren aufgegeben werden, worauf jeweils ein neues Stück Wald gerodet wird. *Wachsende Bevölkerungen* und Mangel an Neuland führten in vielen Gegenden dazu, daß die frühere Brachezeit von etwa 15 Jahren auf die Hälfte oder noch weniger reduziert wurde, was zu Ertragsminderungen, Erosion und anderen Bodenschäden führte.

Ein ebenso ernstes Problem ist die Gewinnung von *Brennholz,* das für etwa die Hälfte der Weltbevölkerung die Hauptenergiequelle darstellt. Sein Anteil am Gesamtenergiebedarf liegt in Afrika südlich der Sahara bei 93 Prozent und in Südasien bei 95 Prozent. Die Folgen der zunehmenden Verknappung zeigen sich in vielen Ländern in Form verlängerter Transportwege für die Holzbeschaffung und in steigenden Preisen sowie in der Verwendung anderer organischer Stoffe (Ernterückstände), die damit dem Nährstoffkreislauf entzogen werden. Falls die gegenwärtige Entwicklung anhält, werden im Jahr 2000 etwa 3 Milliarden Menschen unter Brennstoffmangel leiden. Es wird dabei mit einem Defizit von fast einer Milliarde Kubikmeter Holz gerechnet. Sorgen bereitet überdies der durch die Waldvernichtung ausgelöste *Artenschwund* bei Fauna und Flora. In den tropischen Regenwäldern lebt etwa die Hälfte der 2 Millionen auf unserem Planeten bekannten Tier- und Pflanzenarten. Viele von ihnen haben große Bedeutung für die wissenschaftliche Forschung, für Medizin und Pflanzenzüchtung erreicht. Ihre Zerstörung würde, so wurde gemahnt, einen unersetzlichen Verlust für die Menschheit bedeuten.

Konzepte und Strategien

Die Konferenzteilnehmer waren sich darüber im klaren, daß der Schlüssel zur Verminderung der Waldvernichtung einerseits auf der *politischen Ebene*, namentlich der verantwortlichen Mitwirkung der Regierungen, andererseits in einer *rationelleren Landnutzung* liege. Sie richteten deshalb einen dringenden Aufruf an die Regierungen, vor allem an diejenigen der 56 besonders betroffenen Staaten, die grundlegende Bedeutung der Erhaltung der Tropenwälder für die wirtschaftliche Entwicklung und das Wohlergehen ihrer Völker anzuerkennen und dies durch entsprechende Reformen von Wirtschaftspolitik und Entwicklungsplanung zum Ausdruck zu bringen. Da viele Entwicklungs- und Umweltprobleme nur durch enge *internationale Zusammenarbeit,* einschließlich wirksamer Hilfe, gelöst werden können, wurden die *Entwicklungsagenturen* aufgefordert, ihre Hilfsvorhaben besser zu koordinieren. Die Leitfunktion des von der *FAO* schon 1985 erstellten „Tropischen Forstwirtschaftlichen Aktionsplans" fand volle Unterstützung. Insbesondere wies man auf Konkretisierungen durch *länderspezifische* integrierte land- und forstwirtschaftliche Entwicklungsprojekte hin. Eine *Task Force,* zusammengesetzt aus Delegierten der Initianten der Konferenz, wurde beauftragt, der im nächsten Jahre abzuhaltenden Nachfolgekonferenz einen detaillierten *Lagebericht* vorzulegen. Am Rand der Tagung vermerkte man übrigens mit Bedauern, daß der frühere deutsche Bundeskanzler *Helmut Schmidt*, der die spezifisch europäischen Erfahrungen hinsichtlich Waldsterbens und Umweltschutzes in die Diskussion hätte einbringen sollen, aus gesundheitlichen Gründen den Beratungen fernbleiben mußte.

aus: *Neue Zürcher Zeitung* 13. Juli 1987

Aufgaben

A 4.4/15: Ermitteln Sie mit Hilfe des Atlas die Hauptverbreitungsgebiete des Tropischen Regenwaldes!

A 4.4/16: a) Nennen Sie die Gründe, die zur Vernichtung der Tropischen Regenwälder führen!
b) Welche Probleme entstehen durch das Abholzen der Tropenwälder, gibt es eventuell Lösungen?

A 4.4/17: Wodurch wird im wesentlichen eine Steigerung der Gesamtproduktion in der Landwirtschaft erreicht? Gibt es Alternativen?

M 4.4/10:

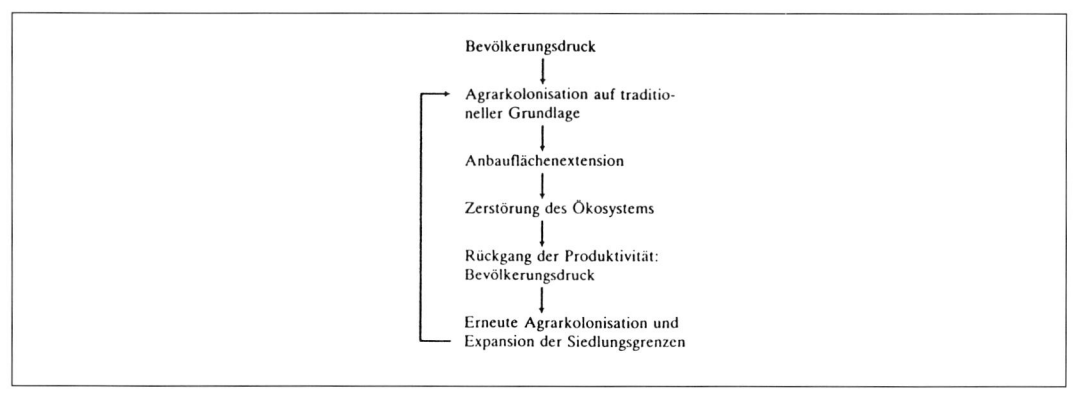

```
           Bevölkerungsdruck
                 ↓
    → Agrarkolonisation auf traditio-
   |    neller Grundlage
   |         ↓
   |   Anbauflächenextension
   |         ↓
   |   Zerstörung des Ökosystems
   |         ↓
   |   Rückgang der Produktivität:
   |   Bevölkerungsdruck
   |         ↓
   └── Erneute Agrarkolonisation und
       Expansion der Siedlungsgrenzen
```

aus: *Ehlers* 1984, S. 134

M 4.4/11: Strukturdaten zur Entwicklung der Landwirtschaft in der Bundesrepublik Deutschland 1949–1981 und ihr Vergleich mit der Vorkriegssituation

Jahr	Landw. Nutzfläche (in 1000 ha)	Weizenanbaufläche abs. (in 1000 ha)	Weizenertrag (dt/ha)	Kartoffelanbaufläche abs. (in 1000 ha)	Kartoffelertrag (dt/ha)
1939	13772	1101	22,7	1125	181,3
1949	13487	931	–	1124	185,8
1955	14251	1164	28,9	1128	202,7
1960	13101	1396	35,5	1041	235,8
1965	12982	1419	30,8	783	231,1
1970	12760	1493	37,9	597	272,2
1975	12559	1569	44,6	415	261,3
1980	12172	1668	48,9	258	259,5
1981	12112	1631	50,9	246	308,9

aus: *Ehlers* 1986, S. 9

Aufgaben

A 4.4/18: Beschreiben Sie die in der Tabelle M 4.4/11 erkennbare Entwicklung!

A 4.4/19: Wie ist diese Entwicklung zu erklären?

A 4.4/20: Welche Folgerungen lassen sich daraus eventuell für die Landwirtschaft in den Ländern der Dritten Welt ziehen?

M 4.4/12: Integrierter Pflanzenbau

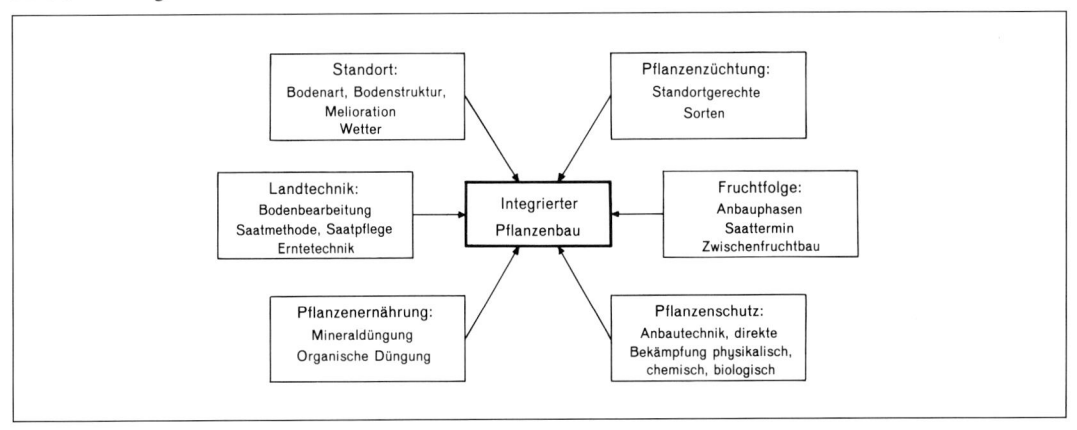

```
         Standort:                        Pflanzenzüchtung:
    Bodenart, Bodenstruktur,              Standortgerechte
        Melioration                           Sorten
          Wetter

       Landtechnik:                          Fruchtfolge:
     Bodenbearbeitung      Integrierter      Anbauphasen
   Saatmethode, Saatpflege  Pflanzenbau       Saattermin
       Erntetechnik                        Zwischenfruchtbau

    Pflanzenernährung:                     Pflanzenschutz:
      Mineraldüngung                    Anbautechnik, direkte
    Organische Düngung                 Bekämpfung physikalisch,
                                         chemisch, biologisch
```

aus: *Ehlers* 1986, S. 10

M 4.4/13:

Hauptthese:

Die ausreichende Ernährung aller auf der Erde lebenden Menschen ist möglich. Die Realisierung dieser These ist ein politisches Problem und nur durch die Politik zu lösen.

aus: *Ehlers* 1986, S. 10

Aufgaben

A 4.4/21: Nehmen Sie zu der Hauptthese Stellung, und begründen Sie Ihr Urteil!

A 4.4/22: a) Welches sind die Probleme, die zur Realisierung der These von der Politik zu lösen sind?
b) Kennen Sie Beispiele, in denen einige dieser Probleme erfolgreich gelöst wurden? Wie sieht es mit der Übertragbarkeit der Lösung aus?

Beispiel einer Kursarbeit:

Der Inhalt der nachfolgenden Kursarbeit entspricht in weiten Bereichen den anhand der Materialien M 4.4/7–8 zu erarbeitenden Sachverhalten und kann an die Stelle des entsprechenden Unterrichtsabschnitts treten bzw. diesen ergänzen.

Das Wachstum der Weltbevölkerung

Unterrichtliche Voraussetzungen:

Bei der vorliegenden Kursarbeit handelt es sich um eine zweistündige Arbeit, die aufgrund des vergleichsweise geringen Materialumfanges und der relativ einfachen und eng umgrenzten Aufgabenstellung besonders für einen Grundkurs der Jahrgangsstufe 11 (Einführungskurs) zum Thema „Bevölkerungswachstum und Ernährungsprobleme einer wachsenden Weltbevölkerung" geeignet ist.

Das Modell vom demographischen Übergang muß zuvor im Unterricht behandelt worden sein, wie auch Kenntnisse wichtiger Grundbegriffe aus der Demographie (Geburten-/Sterberate usw.) vorhanden sein müssen. Das demographische Vergleichsdiagramm braucht dagegen nicht unbedingt bekannt zu sein.

Aufgabenstellung:

1) Stellen Sie das Modell vom demographischen Übergang dar, und überprüfen Sie anhand von M 4.4/14 die Gültigkeit des Modells für die Länder Schweden und Sri Lanka!
2) Tragen Sie die in M 4.4/15 aufgeführten Geburten- und Sterberaten in das in M 4.4/16 vorgegebene demographische Vergleichsdiagramm ein, und erläutern Sie das Ergebnis! Gibt es Beziehungen zum Modell vom demographischen Übergang?
3) Nehmen Sie zu den Thesen 1 und 2 Stellung!

Erwartungshorizont:

Das an Untersuchungen in England und Wales entwickelte Modell vom demographischen Übergang zeigt die Entwicklung der Geburten- und Sterberaten sowie der daraus resultierenden Wachstumsrate auf. Die fünf Phasen (Vorbereitung, Einleitung, Umschwung, Einlenken und Ausklingen) sind in der Arbeit als Reproduktionsaufgabe klar herauszustellen und in ihren wesentlichen Merkmalen zu beschreiben. Dieses Modell läßt sich trotz deutlicher Abweichungen auch auf Schweden und Sri Lanka übertragen. In Schweden verlief die Entwicklung wie in den meisten Industriestaaten relativ langsam; der Übergang ist inzwischen abgeschlossen bzw. über die Phase 5 hinausgegangen (Geburtenrate niedriger als Sterberate). In Sri Lanka setzte die Entwicklung wie in vielen anderen Ländern der Dritten Welt wesentlich später ein und verlief sehr viel schneller. Der Übergang ist noch keineswegs vollzogen, das Land befindet sich etwa in Phase 4 des Modells vom demographischen Übergang.

Bei entsprechender Eintragung der Geburten- und Sterberaten aus der Tabelle M 4.4/15 in das Diagramm M 4.4/16 lassen sich deutlich drei Gruppen von jeweils vier Staaten unterscheiden (diese Staaten wurden bewußt entsprechend gewählt): Bei der ersten Gruppe (Äthiopien, Gambia, Malawi, Niger) handelt es sich um sehr wenig entwickelte afrikanische Staaten mit hohen Geburten- und Sterberaten sowie einer relativ hohen Wachstumsrate (Phasen 1–2 des Modells vom demographischen Übergang). Die Länder der zweiten Gruppe (El Salvador, Guatemala, Mexiko, Paraguay) sind in ihrer Entwicklung fortgeschritten. Aufgrund der deutlich niedrigeren Sterberate und der noch relativ hohen Geburtenrate verfügen diese lateinamerikanischen Staaten über die höchsten Wachstumsraten (Phasen 3–4 des Modells vom demographischen Übergang). Die Industriestaaten Kanada, Norwegen, Österreich und USA bilden die dritte Gruppe mit niedrigen Geburten- und Sterberaten sowie einem geringen Bevölkerungswachstum oder sogar -rückgang (Phase 5 des Modells vom demographischen Übergang oder darüber hinaus).

Aufgrund der Materialien müssen beide Thesen als richtig angesehen werden, wenn sich auch der demographische Übergang in vielen Ländern der Dritten Welt heute wesentlich schneller vollzieht als während der Industrialisierung in den europäischen Staaten. Die Auswirkungen und Probleme werden dadurch in den Entwicklungsländern sehr viel gravierender sein. Unklar ist allerdings, wie lange die transformative Phase dauern wird und ob es tatsächlich auch in den ärmsten Ländern der Dritten Welt gelingt, das demographische Verhalten in entsprechender Weise zu verändern, so daß sich die Weltbevölkerung langfristig auf einem bestimmten Niveau stabilisieren wird. Hier scheint zumindest etwas Skepsis angebracht, obwohl die VR China als Beispiel für eine z.T. erfolgreiche Einschränkung des Bevölkerungswachstums an dieser Stelle angeführt werden kann.

Bewertungsvorschlag:

Aufgrund der unterrichtlichen Voraussetzungen und der vorherrschenden Anforderungsbereiche in den Teilaufgaben ergibt sich der folgende Bewertungsvorschlag:

Aufgabe	vorherrschender Anforderungsbereich	Anteil an der Gesamtnote
1	I/II	30%
2	II	40%
3	III	30%

M 4.4/14: Entwicklung der Geburten- und Sterberaten in Schweden und Sri Lanka

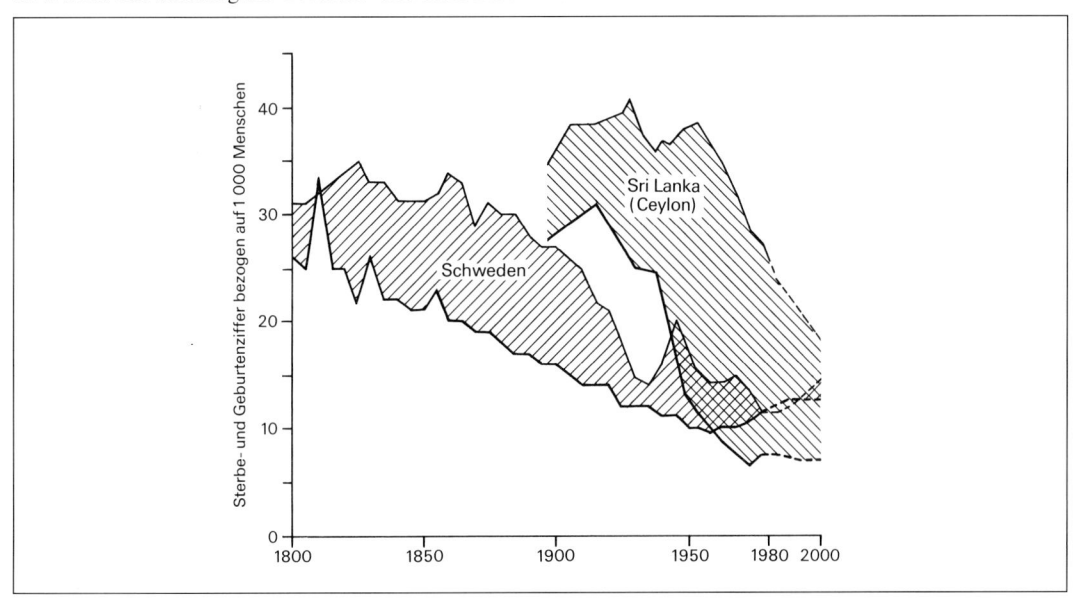

aus: *Mahler* 1980, S. 83

M 4.4/15: Geburtenrate (GR) und Sterberate (SR) ausgewählter Länder (in alphabet. Reihenfolge)

	GR	SR
1) Äthiopien	50	25
2) El Salvador	36	8
3) Gambia	47	23
4) Guatemala	42	7
5) Kanada	15	7
6) Malawi	49	25
7) Mexiko	38	8
8) Niger	51	22
9) Norwegen	12	10
10) Österreich	11	12
11) Paraguay	37	8
12) USA	16	9

aus: *Diercke – Weltstatistik* 84/85, S. 98, 194, 102, 196, 179, 110, 202, 116, 74, 75, 218, 183

M 4.4/16: Demographisches Vergleichsdiagramm

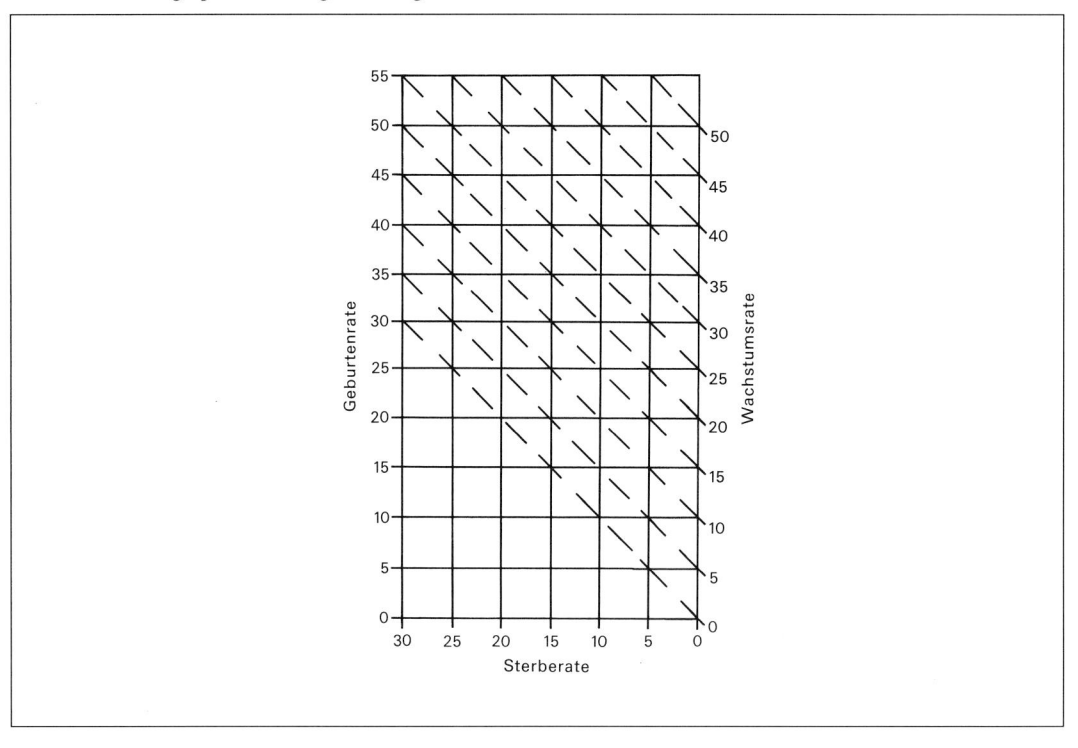

(Diagramm: Geburtenrate (0–55) auf der linken Achse, Sterberate (30–0) auf der x-Achse, Wachstumsrate (0–50) auf der rechten Achse)

M 4.4/17:

These 1: Das heute in den Ländern der Dritten Welt so explosive Wachstum der Bevölkerung hat seinen Vorläufer im Wachstum der Bevölkerung des prä- und frühindustriellen Europa.

These 2: Das Wachstum der Weltbevölkerung wird sich nach der transformativen Phase verlangsamen und in absehbarer Zeit auf ein neues Gleichgewicht einpendeln!

aus: *Ehlers* 1986, S. 4 u. 6

5 Literatur

Adams, D. K./Mills, S. F./Rodgers, H. B. (1979): An Atlas of North American Affairs. New York.
Albrecht, G. (1972): Soziologie der geographischen Mobilität. Zugleich ein Beitrag zur Soziologie des sozialen Wandels. Stuttgart.
Alestalo, J. (1983): The concentration of population in Finland between 1880 and 1980. – In: Fennia 161,2. S. 263–288.
Allan, W. (1965): The African husbandman. London.
– (1949): Studies in African land usage in Northern Rhodesia. London u. a. (Rhodes Livingstone Papers 15).
Ariès, Ph. (1980): Two Successive Motivations for the Declining Birth Rate in the West. – In: Population and Development Review 6. S. 645–650.
Arthur, W. B./McNicoll, G. (1978): An Analytical Survey of Population and Development in Bangladesh. – In: Population and Development Review 4. S. 23–80.
Ashton, B. u. a. (1984): Famine in China, 1958–61. – In: Population and Development Review 10. S. 613–645.
Backé, B. (1971): Altersstruktur und regionale Bevölkerungsprognose, dargestellt am Beispiel des Landes Niedersachsen. – In: Neues Archiv für Niedersachsen 20. S. 17–29.
Bähr, J. (1991): Weltweites Bevölkerungswachstum – Zur Anwendung des „Modells des demographischen Übergangs" auf die Länder der Dritten Welt. – In: Geographie und Schule 13, H. 69. S. 2–10.
– (1990): Weltbevölkerung 1990. – In: Geographische Rundschau 42. S. 48–54.
– (1984): Bevölkerungswachstum in Industrie- und Entwicklungsländern. – In: Geographische Rundschau 36. S. 544–551.
– (1983): Bevölkerungsgeographie. Verteilung und Dynamik der Bevölkerung in globaler, nationaler und regionaler Sicht. Stuttgart. (UTB 1249).
Bähr, J./Gans, P. (Hrsg, 1991): The Geographical Approach to Fertility. Kiel. (Kieler Geographische Arbeiten 68).
– (1987): Development of the German and Foreign Population in the Larger Cities of the Federal Republic of Germany since 1970. – In: *Glebe, G./O'Loughlin, J.* (Hrsg.): Foreign Minorities in Continental European Cities. Wiesbaden. (Erdkundliches Wissen 84). S. 90–105.
Bähr, J./Haubrich, H. (1984): GR-Dokumentation: Weltbevölkerung 1984. – In: Geographische Rundschau 36. S. 582–586.
Baer, G. (1964): Population and Society in the Arab East. London.
Bahrenberg, G./Giese, E. (1975): Statistische Methoden und ihre Anwendung in der Geographie. Stuttgart. (Teubner Studienbücher Geographie).
Banco, I. (1976): Studien zur Verteilung und Entwicklung der Bevölkerung von Griechenland. Bonn. (Bonner Geographische Abhandlungen 54).
Banister, J. (1984): An Analysis of Recent Data on the Population of China. – In: Population and Development Review 10. S. 241–271.
Bartels, D. (1968): Türkische Gastarbeiter aus der Region Izmir. Zur raumzeitlichen Differenzierung der Bestimmungsgründe ihrer Aufbruchsentschlüsse. – In: Erdkunde 22. S. 313–324.
Bartels, D./Blotevogel, H./Schöller, P. (1978): Die Bevölkerungsentwicklung in den Gemeinden 1837–1970 nach Entwicklungsverlaufsklassen. – In: Deutscher Planungsatlas Band I, Nordrhein-Westfalen. Lieferung 13. (Veröffentlichungen der Akademie f. Raumforschung und Landesplanung).
Baucic, I. (1975): Die jugoslawische Auswanderung im Lichte des Nord-Süd-Konfliktes. – In: *Leggewie, C./Nikolinakos, M.* (Hrsg.): Europäische Peripherie. Meisenheim. S. 286–301.
Bellwinkel, M. (1980): Die Kasten-Klassenproblematik im städtisch-industriellen Bereich. Historisch-empirische Fallstudie über die Industriestadt Kanpur in Uttar Pradesh. Wiesbaden.
Bender, R. J. (1976): Mennoniteneinwanderung und Entwicklung des Hopfenanbaus in der Südpfalz. – In: Berichte zur deutschen Landeskunde 50. S. 125–139.
Bergmann, E./Friedag, H./Krämer, K./Mackensen, R. (1979): Regionale Mobilitätsprozesse in der Bundesrepublik Deutschland. Berlin. (Arbeitshefte d. Inst. f. Stadt- u. Regionalplanung der TU Berlin 12).
Bernard, M.-C./Auriac, F. (1970): Les retraités en milieu rural. Exemple en montagne lozérienne et gardoise. – In: Bulletin Société Languedocienne de Géographie 93. S. 115–134.
Berry, B. J. L. (1976): The counterurbanization process: Urban America since 1970. – In: *Berry, B. J. L.* (Hrsg.): Urbanization and counterurbanization. Beverly Hills u. London. (Urban Affairs Annual Reviews). S. 17–30.
Berry, B. J. L./Simmons, J. W./Tennant, R. J. (1963): Urban population densities: structure and change. – In: Geographical Review 53. S. 389–405.
Biegert, C. (1979): Indianerschulen – als Indianer überleben, von Indianern lernen. Hamburg. (rororo Taschenbuch 7278).
Biraben, J.-N. (1979): Essai sur l'évolution du nombre des hommes. – In: Population 34. S. 13–25.

Birg, H. (1989): Die demographische Zeitenwende. – In: Spektrum der Wissenschaft, Heft 1. S. 40–49.
– (1987): Die lähmende Angst vor der Zukunft. – In: Die Zeit, Nr. 24 vom 5.6.1987.
– (1986): Regionales Humankapital und räumliche Mobilität. Bielefeld. In: Institut für Bevölkerungsforschung und Sozialpolitik. Materialien 21. S. 97–112.
Birg, H./Koch, H. (1987): Der Bevölkerungsrückgang in der Bundesrepublik Deutschland: Langfristige Bevölkerungsvorausschätzungen auf der Grundlage des demographischen Kohortenmodells und der biographischen Theorie der Fertilität. Frankfurt a. M.
Blumberg, R. L./Winch, R. F. (1972): Societal complexity and familial complexity. Evidence for the curvilinear hypothesis. – In: American Journal of Sociology 77. S. 898–920.
Boal, F. (1976): Ethnic Residential Segregation. – In: *Herbert, D. T./Johnston, R. J.* (Hrsg.): Social Areas in Cities, Vol. 1. London u. a. S. 41–79.
– (1975): Social Space in the Belfast Urban Area. – In: *Peach, C.* (Hrsg.): Urban Social Segregation. London u. New York. S. 245–265.
Bobek, H. (1959): Die Hauptstufen der Gesellschafts- und Wirtschaftsentfaltung in geographischer Sicht. – In: Die Erde 90. S. 259–298.
Bobek, H./Lichtenberger, E. (1966): Wien. Bauliche Gestalt und Entwicklung seit der Mitte des 19. Jahrhunderts. Graz u. Köln.
Böhm, H. (1979): Bevölkerungsstruktur und Bevölkerungsbewegungen in der zweiten Hälfte des 19. Jahrhunderts unter besonderer Berücksichtigung der Preußischen Rheinprovinz. – In: Innsbrucker Geogr. Studien 5. S. 173–198.
Böhm, H./Kemper, F.-J./Kuls, W. (1975): Studien über Wanderungsvorgänge im innerstädtischen Bereich am Beispiel von Bonn. Bonn. (Arbeiten z. Rheinischen Landeskunde 39).
Böltken, F./Irmen, E./Runge, L. (1988): Ausgewählte aktuelle Trends in der räumlichen Entwicklung. – In: Informationen zur Raumentwicklung, H.11/12. S. 711–729.
Bolte, K. M./Hradil, S. (1984): Soziale Ungleichheit in der Bundesrepublik Deutschland. Opladen.
Bolte, K. M./Kappe, D./Schmid, J. (1980): Bevölkerung. Statistik, Theorie, Geschichte und Politik des Bevölkerungsprozesses. Opladen. 4. Aufl. (UTB 986).
Bolte, K. M./Recker, H. (1976): Vertikale Mobilität. – In: *König, R.* (Hrsg.): Handbuch der empirischen Sozialforschung 5. Stuttgart, S. 40–103.
Borcherdt, C./Mahnke, H. P. (1973): Das Problem der agraren Tragfähigkeit mit Beispielen aus Venezuela. – In: Stuttgarter Geographische Studien 85. S. 1–93.
Boustedt, O. (1975): Grundriß der empirischen Regionalforschung. Teil II: Bevölkerungsstrukturen. Hannover. (Taschenbücher zur Raumplanung 5).
– (1960): Die Stadtregionen in der Bundesrepublik Deutschland. – In: Forschungs- und Sitzungsberichte Akademie f. Raumforschung u. Landesplanung 14. S. 5–29.
Bouvier, L. F./Shryock, H. S./Henderson, H. W. (1977/1979): International Migration: Yesterday, Today, and Tomorrow. Population Bulletin 32, 4 (updated reprint 1979).
Bronger, D. (1989): „Kaste" und „Entwicklung" im ländlichen Indien. – In: Geographische Rundschau 41. S. 74–82.
– (1970): Der sozialgeographische Einfluß des Kastenwesens auf Siedlungs- und Agrarstruktur im südlichen Indien. – In: Erdkunde 24. S. 89–106 und 194–207.
Brown, D. (1972): Begrabt mein Herz an der Biegung des Flusses. Hamburg. (Knaur Taschenbuch 3351).
Bucher, H. (1986): Bevölkerungsentwicklung in der Bundesrepublik Deutschland. Auswirkungen auf ausgewählte Lebensbereiche. – In: Geographische Rundschau 38. S. 448–455.
Bucher, H./Gatzweiler, H. P./Schmalenbach, I. (1984): Das regionale Bevölkerungsprognosemodell der BfLR. Prognose der regionalen Bevölkerungsentwicklung im Bundesgebiet bis zum Jahre 2000. – In: Informationen zur Raumentwicklung, H. 12. S. 1129–1180.
Bundesforschungsanstalt für Landeskunde und Raumordnung (1987): Laufende Raumbeobachtung. Aktuelle Daten zur Entwicklung der Städte, Kreise und Gemeinden 1986. Bonn. (BfLR Seminare, Symposien, Arbeitspapiere 28).
– (1976): Atlas zur Raumentwicklung. Themenheft 1: Arbeit. Bonn.
Bundesinstitut für Bevölkerungsforschung (1984): Demographische Fakten und Trends in der Bundesrepublik Deutschland. – In: Zeitschrift für Bevölkerungswissenschaft 10. S. 297–397.
Bundeszentrale für politische Bildung (Hrsg., 1988): Bevölkerungsentwicklung. München. (Informationen zur politischen Bildung 220).
– (1987): Der Sozialstaat. München. (Informationen zur politischen Bildung 215).
– (1986.1): Die Sowjetunion. Bonn. (Informationen zur politischen Bildung 182).
– (1986.2): Die Vereinigten Staaten von Amerika. Bonn. (Informationen zur politischen Bildung 211).
– (1981): Die Vereinigten Staaten von Amerika. Bonn. (Informationen zur politischen Bildung 156).

Bürkner, H.-J./Heller, W./Unrau, J. (1988): Die erfolgreiche Rückkehr von Arbeitsemigranten – Mythos oder Wirklichkeit? Kritische Anmerkungen zur Verwendung von Wanderungstypologien in der geographischen Remigrationsforschung. – In: Die Erde 119. S. 15–24.

Calafut, G. (1977): An Analysis of Italian Emigration Statistics 1876–1914. – In: Jahrbuch für Geschichte von Staat, Wirtschaft und Gesellschaft Lateinamerikas 14. S. 310–331.

Caldwell, J.C. (1982): Theory of Fertility Decline. London u. a.

Caldwell, J.C./Caldwell, P./Quiggin, P. (1989): The Social Context of AIDS in sub-Saharan Africa. – In: Population and Development Review 15. S. 185–234.

Cerase, F. (1974): Expectations and reality: A case study of return migration from the United States to Southern Italy. – In: International Migration Review 8. S. 245–261.

Chiffre, J. (1981): Le rôle des communautés familiales dans la formation et l'évolution du paysage rural de la Bourgogne. – In: Bulletin Association des Géographes Français 58. S. 95–105.

Chung, R. (1970): Space-Time Diffusion of the Transition Model: The Twentieth Century Patterns. – In: *Demko, G.J./Rose, H.M./Schnell, G.A.* (Hrsg.): Population Geography: A Reader. New York u. a. S. 220–239.

Clark, A.R. (1975): Age segregation in nine cities, 1960 to 1970. – In: Proceedings Association of American Geographers 7. S. 55–60.

Clark, C. (1977): Population Growth and Land Use. London u. Basingstoke. 2. Aufl.

– (1951): Urban population densities. – In: Journal of the Royal Statistical Society 144. S. 490–496.

Clarke, J.I. (1985): Islamic Populations: Limited Demographic Transition. – In: Geography 70. S. 118–128.

Clarke, J.I./Khogali, M./Kosinski, L.A. (Hrsg., 1985): Population and development projects in Africa. Cambridge.

Coale, A.J./Anderson, B.A./Härm, E. (1979): Human Fertility in Russia since the Nineteenth Century. Princeton (N.J.).

Coale, A.J./Watkins, S.C. (Hrsg., 1986): The Decline of Fertility in Europe. The Revised Proceedings of a Conference on the Princeton European Fertility Project. Princeton (N.J.).

Coleman, D.A./Haskey, J.C. (1986): Marital Distance and its Geographical Orientation in England and Wales, 1979. – In: Transactions Institute of British Geographers, N.S. 11. S. 337–355.

Cook, R.C. (1972): World population projections 1965–2000. – In: *Stanford, Q.H.* (Hrsg.): The world's population. Oxford. S. 24–32.

Courgeau, D. (1978): Les migrations internes en France de 1954 à 1975. I. Vue d'ensemble. – In: Population 33. S. 525–545.

Courgeau, D./Lefebvre, M. (1982): Les migrations internes en France de 1954 à 1975. II: Migrations et urbanisation. – In: Population 37. S. 341–370.

Cowgill, D.O. (1949): The theory of population growth cycles. – In: American Journal of Sociology 55. S. 163–170.

Cribier, F. (1984): La retraite au bord de la mer. La fonction d'accueil des retraités des villes touristiques. – In: Bulletin Association des Géographes Français 61. S. 133–139.

– (1982): Aspects of retirement migration from Paris: An essay in social and cultural geography. – In: *Warnes, A.M.* (Hrsg.): Geographical perspectives on the elderly. Chichester u. a. S. 111–137.

– (1975): Retirement migration in France. – In: *Kosinski, L./Prothero, R.* (Hrsg.): People on the move. London. S. 360–373.

Cribier, F./Deniau, C./Kych, A./Lepape, L. (1974): La composition par âge de 141 villes touristiques du littoral français. – In: Population 29. S. 465–487.

Cromm, J. (1988): Bevölkerung – Individuum – Gesellschaft. Theorien und soziale Dimensionen der Fortpflanzung. Opladen.

Dangschat, J. (1985): Residentielle Segregation der Altersgruppen in Warschau. – In: Geographische Zeitschrift 73. S. 81–105.

Davis, K. (1984): Wives and Work: Consequences of the Sex Role Revolution. – In: Population and Development Review 10. S. 394–417.

Deecke, W. (1898): Italien. Berlin.

Degen, K. (1916): Die Herkunft der Arbeiter in den Industrien Rheinland-Westfalens bis zur Gründerzeit. Diss. Bonn.

Dematteis, G. (1982): Repeuplement et revalorisation des espaces périphériques: le cas de l'Italie. – In: Revue Géographique des Pyrénées et du Sud-Ouest 53. S. 129–143.

Demeny, P. (1984): A Perspective on Long-term Population Growth. – In: Population and Development Review 10. S. 103–126.

Deutsche Gesellschaft für die Vereinten Nationen (Hrsg., 1990): Weltbevölkerungsbericht 1990. Entscheidungen für das nächste Jahrhundert. Bonn.

Dicken, P./Lloyd, P.E. (1984): Die moderne westliche Gesellschaft. New York.

Diercke-Weltstatistik 84/85 (1984): Staaten, Wirtschaft, Bevölkerung, Politik. München u. Braunschweig. (dtv Taschenbuch 3402).

Dinkel, R. (1984): Sterblichkeit in Perioden- und Kohortenbetrachtung. – In: Zeitschrift für Bevölkerungswissenschaft 10. S. 477–500.
– (1983): Analyse und Prognose der Fruchtbarkeit am Beispiel der Bundesrepublik Deutschland. – In: Zeitschrift für Bevölkerungswissenschaft 9. S. 47–72.
Dinnerstein, L./Reimers, D. M. (1982): Ethnic Americans – A History of Immigration and Assimilation. New York.
Dixon, R. (1971): Explaining cross-cultural variations in age of marriage and proportions never marrying. – In: Population Studies 25. S. 215–233.
Dorbritz, J./Speigner, W. (1990): Die Deutsche Demokratische Republik – ein Ein- und Auswanderungsland? – In: Zeitschrift für Bevölkerungswissenschaft 16. S. 67–85.
D'Souza, S./Chen, L. C. (1980): Sex Differentials and Mortality in Rural Bangladesh. – In: Population and Development Review 6. S. 257–270.
Dürr, H. (1983): Bevölkerungsfragen in der Volksrepublik China. Nach dem dritten Zensus (1982). – In: Geographische Rundschau 35, H. 4, Beihefter S. 1–8.
Duncan, O. D./Duncan, B. (1957): The Negro Population of Chicago. Chicago (Ill).
Dwyer, D. J. (1975): People and housing in Third World cities. London u. New York.
Eckey, H.-F./Harney, K. (1982): Zur theoretischen und empirischen Erfassung von Zusammenhängen zwischen Bildungsniveau, regionalem Einkommen und interregionaler Wanderung. – In: Forschungs- und Sitzungsberichte der Akademie für Raumforschung und Landesplanung 143. S. 89–124.
Ehlers, E. (1986): Wieviel Menschen trägt die Erde? – Gedanken und Anregungen zur Frage von Bevölkerungswachstum und Nahrungsspielraum auf der Erde. – In: Geographie und Schule 8. S. 2–11.
– (1985): Die agraren Siedlungsgrenzen der Erde. – In: Geographische Rundschau 37. S. 330–338.
– (1984): Bevölkerungswachstum – Nahrungsspielraum – Siedlungsgrenzen der Erde. Frankfurt. (Studienbücher Geographie).
– (1977): Ägypten: Bevölkerungswachstum und Nahrungsspielraum. – In: Geographische Rundschau 29. S. 98–107.
Ehmer, J. (1980): Familienstruktur und Arbeitsorganisation im frühindustriellen Wien. München.
Ernst, R. T./Hugg, L. (Hrsg.) (1976): Black America. Geographic Perspectives. Garden City (N.Y.).
Esser, H. (1980): Aspekte der Wanderungssoziologie. Darmstadt.
Evangelinides, M. (1976): Regional development – Core-periphery relations: the Greek case. – In: The Greek Review of Social Research 24. S. 320–355.
Farley, R. (1988): After the Starting Line: Blacks and Women in an Uphill Race. – In: Demography 25. S. 477–495.
– (1977): Residential Segregation in Urbanized Areas of the United States in 1970: An Analysis of Social Class and Racial Differences. – In: Demography 14. S. 497–518.
Feeney, G. u. a. (1989): Recent Fertility Dynamics in China: Results from the 1987 One Percent Population Survey. – In: Population and Development Review 15. S. 297–322.
Feichtinger, G. (1973): Bevölkerungsstatistik. Berlin u. New York.
Felderer, B./Sauga, S. (1988): Bevölkerung und Wirtschaftsentwicklung. Frankfurt u. New York.
Fischer, A. (1925): Zur Tragfähigkeit des Lebensraumes. – In: Zeitschrift für Geopolitik 2. S. 763–779 und 842–858.
Fliri, F. (1948): Bevölkerungsgeographische Untersuchungen im Unterinntal (Baumkirchen, Fritzens, Gnadenwald und Terfens). Innsbruck. (Schlern-Schriften 55).
Ford, L./Griffin, E. (1979): The Ghettoization of Paradise. – In: Geographical Review 69. S. 140–158.
Fourastié, J. (1963): Le grand espoir du XXe siècle. Paris. (Deutsche Übersetzung: Die große Hoffnung des 20. Jahrhunderts. Köln 1969, 3. Aufl.).
Franklin, S. H. (1956): The pattern of sex-ratios in New-Zealand. – In: Economic Geography 32. S. 162–176.
Franz, P. (1984): Soziologie der räumlichen Mobilität. Eine Einführung. Frankfurt u. New York. (Campus Studium 556).
Frejka, T. (1983): Weltbevölkerungsvorausschätzungen: Ein knapper geschichtlicher Überblick. – In: Zeitschrift für Bevölkerungswissenschaft 9. S. 73–92.
Fricke, W. (1979): Bevölkerungs- und Siedlungsstruktur als Ausdruck landschaftsökologischer Anpassung? Beispiele aus dem Blatt Lake Victoria des deutschen Afrika-Kartenwerkes. – In: Geomethodica 4. S. 17–44.
Friedlander, D./Eisenbach, Z./Goldscheider, C. (1979): Modernisation Patterns and Fertility Change: The Arab Populations of Israel and the Israel-Administered Territories. – In: Population Studies 33. S. 239–254.
Friedlander, D./Goldscheider, C. (1984): Israel's Population: The Challenge of Pluralism. Population Bulletin 39, 2.
Friedrichs, J. (1977): Stadtanalyse. Soziale und räumliche Organisation der Gesellschaft. Reinbek (roro studium 104).
Friese, H. W./Hofmeister, B. (1980): Die USA. Frankfurt. (Studienbücher Geographie).
Fröschle, H. (Hrsg.) (1979): Die Deutschen in Lateinamerika; Schicksal und Leistung. Tübingen u. Basel.

Fuchs, G. (1976): Bevölkerungsprobleme in Ländern der Dritten Welt. Stuttgart. (S. II Arbeitsmaterialien Geographie).

Furrer, G./Pfenninger, H. (1983–1985): Heiratskreise von Schweizer Bergdörfern. – In: Jahrbuch der Geographischen Gesellschaft von Bern 55. S. 397–412.

Gaebe, W. (1987): Verdichtungsräume. Strukturen und Prozesse in weltweiten Vergleichen. Stuttgart. (Teubner Studienbücher Geographie).

Galloway, P. R. (1986): Long-term fluctuations in climate and population in the preindustrial era. – In: Population and Development Review 12. S. 1–24.

Galvin, J. (1980): Indices of Social Change in Ethnic Studies. – In: Australian Geographical Studies 18. S. 155–168.

Gans, P. (1983): Raumzeitliche Eigenschaften und Verflechtungen innerstädtischer Wanderungen in Ludwigshafen/Rhein zwischen 1971 und 1978. Kiel. (Kieler Geographische Schriften 59).

Ganser, K. (1969): Pendelwanderung in Rheinland-Pfalz. Struktur, Entwicklungsprozesse und Raumordnungskonsequenzen. Mainz.

Gatzweiler, H. P. (1976): Die altersspezifische Selektivität von Wanderungen als Folge regional ungleichwertiger Lebensbedingungen. – In: Geographische Rundschau 28. S. 186–194.

– (1975): Zur Selektivität interregionaler Wanderungen. Ein theoretisch-empirischer Beitrag zur Analyse und Prognose altersspezifischer interregionaler Wanderungen. Bonn. (Forschungen zur Raumentwicklung 1).

Gaymu, J. (1985): Les populations âgées en France au recensement de 1982. – In: Population 40. S. 699–724.

Geck, H.-M. (1979): Die griechische Arbeitsmigration. Eine Analyse ihrer Ursachen und Wirkungen. Königstein/Ts. (Materialien zur Arbeitsmigration und Ausländerbeschäftigung 3).

Gehmacher, K./Kubat, D./Mehrländer, U. (Hrsg., 1978): Ausländerpolitik im Konflikt. Bonn. (Schriftenreihe des Forschungsinstitutes der Friedrich-Ebert-Stiftung. Bd. 139).

Gehrmann, R. (1979): Einsichten und Konsequenzen aus neueren Forschungen zum generativen Verhalten im demographischen Ancien Régime und in der Transitionsphase. – In: Zeitschrift für Bevölkerungswissenschaft 5. S. 455–485.

Geist, H. (1989): Agrare Tragfähigkeit im westlichen Senegal. Zur Problematik von Nahrungsspielraum und Bevölkerungsentwicklung in den semiariden Tropen Westafrikas. Hamburg. (Arbeiten aus dem Institut für Afrika-Kunde 60).

Gerber, J. (1982): Einwanderung und Besiedlung (UE Kl. 9/10). – In: Praxis Geographie 12, H. 11. S. 4–9.

Giese, E. (1978.1): Räumliche Diffusion ausländischer Arbeitnehmer in der Bundesrepublik Deutschland 1960–1976. – In: Die Erde 109. S. 92–110.

– (1978.2): Arbeitslosigkeit und Gastarbeiterbeschäftigung in der Bundesrepublik Deutschland. Ein methodischer Beitrag zur Analyse räumlicher und zeitlicher Zusammenhänge mit Hilfe der Regressions- und Korrelationsrechnung. – In: Geographische Rundschau 30. S. 427–432.

Gillman, C. (1936): A population map of Tanganyika territory. – In: Geographical Review 26. S. 353–375.

Golte, W. (1973): Das südchilenische Seengebiet; Besiedlung und wirtschaftliche Erschließung seit dem 18. Jahrhundert. Bonn. (Bonner Geographische Abhandlungen 47).

Gosal, G. S. (1970): Demographic dynamics in Punjab and increasing pressure on its resources. – In: *Zelinsky, W./Kosinski, L. A./Prothero, R. M.* (Hrsg.): Geography and a crowding world. A symposium on population pressures upon physical and social resources in the developing lands. New York. S. 442–466.

Graafen, R. (1961): Die Aus- und Abwanderung aus der Eifel in den Jahren 1815 bis 1955. Bad Godesberg. (Forschungen zur deutschen Landeskunde 127).

Greenhalgh, S. (1988): Fertility as Mobility: Sinic Transitions. – In: Population and Development Review 14. S. 629–674.

Grigg, D. (1982): Modern population growth in historical perspective. – In: Geography 67. S. 97–108.

Gwatkin, D. R. (1980): Indications of Change in Developing Country Mortality Trends: The End of an Era? – In: Population and Development Review 6. S. 615–644.

Hägerstrand, Th. (1957): Migration and area. Survey of a sample of Swedish migration fields and hypothetical considerations on their genesis. – In: *Hanneberg, D./Hägerstrand, Th./Odeving, B.* (Hrsg.): Migration in Sweden. Lund. (Lund Studies in Geography, Ser. B 13). S. 27–158.

Haggett, P. (1983): Geographie – eine moderne Synthese. New York. (UTB große Reihe).

Hahn, H. (1958): Konfession und Sozialstruktur. Vergleichende Analysen auf geographischer Grundlage. – In: Erdkunde 12. S. 241–253.

Hahn, R. (1981): USA. Stuttgart. (Klett-Länderprofile).

Hajnal, J. (1982): Two kinds of preindustrial household formation system. – In: Population and Development Review 8. S. 449–494.

– (1965): European marriage patterns in perspective. – In: *Glass, D. V./Eversley, D. E. C.* (Hrsg.): Population in History. London. S. 101–143.

Hanika, A. (1986): Regionale Unterschiede der Alters- und Familienstruktur. – In: Berichte zur Raumforschung und Raumplanung 30. S. 15–20.

Hard, G. (1963): Die Mennoniten und die Agrarrevolution. Die Rolle der Wiedertäufer in der Agrargeschichte des Westrich. Saarbrücken. (Saarbücker Hefte 18).

Harsche, E. (1983): Regionale Orientierung der Rückwanderung von Gastarbeitern und Motivationsstruktur anlageorientierter Sparverhalten. Materialien zur Wirtschafts- und Regionalsoziologie. Gießen.

Hartke, W. (1938): Das Arbeits- und Wohnortsgebiet im Rhein-Mainischen Lebensraum. Frankfurt. (Rhein-Mainische Forschungen 18).

Haubrich, H. (1987): GR-Dokumentation Bundesrepublik Deutschland. Regionale Bevölkerungs-, Beschäftigten- und Einkommensentwicklung. – In: Geographische Rundschau 38. S. 510–513.

Hauser, J. A. (1974): Bevölkerungsprobleme der Dritten Welt. Ein Vademecum mit Tatsachen, Beziehungen und Prognosen. Bern u. Stuttgart. (UTB 316).

Heberle, R. (1955): Theorie der Wanderungen: Soziologische Betrachtungen. – In: Schmollers Jahrbuch 75. S. 1–23.

Heberle, R./Meyer, Fr. (1937): Die Großstädte im Strome der Binnenwanderung. Leipzig

Heilig, G./Krebs, Th. (1987): Bevölkerungswachstum und Nahrungsversorgung in Schwarzafrika. Modellrechnungen zur künftigen Entwicklung. – In: Zeitschrift für Bevölkerungswissenschaft 13. S. 81–119.

Heins, F. (1985): Regionalstatistische Informationen zur Struktur und Entwicklung der ausländischen Arbeitnehmer aus der laufenden Raumbeobachtung. – In: Informationen zur Raumentwicklung, H. 6. S. 559–606.

Helbich, W. (Hrsg., 1985): „Amerika ist ein freies Land ...“ – Auswanderer schreiben nach Deutschland. Darmstadt u. Neuwied. (Sammlung Luchterhand 541).

Held, T. (1982): Rural retirement arrangements in seventeenth- to nineteenth-century Austria. A cross-community analysis. – In: Journal of Family History 7. S. 227–254.

Hellen, J. A. (1981): The Delivery of Family Planning Services in Egypt with Particular Reference to Population Policy and Health Care Planning. – In: GeoJournal 5. S. 369–384.

Heller, W. (1982): Griechenland – ein unterentwickeltes Land in der EG. – In: Geographische Rundschau 34. S. 188–195.

– (1979): Komponenten räumlichen Verhaltens von Gastarbeitern in der Bundesrepublik Deutschland, mit besonderer Berücksichtigung von Griechen in ausgewählten Orten (Göttingen, Hannoversch Münden und Kassel). – In: Berichte zur Deutschen Landeskunde 53. S. 5–34.

Helmert, U. (1981): Konzentrations- und Segregationsprozesse der ausländischen Bevölkerung in Frankfurt a. M. – In: *Hoffmann-Nowotny, H.-J./Hondrich, K.-O.* (Hrsg.): Ausländer in der Bundesrepublik Deutschland und in der Schweiz. Segregation und Integration: eine vergleichende Studie. Frankfurt u. New York. S. 256–293.

Henning, F. W. (1973): Die Industrialisierung in Deutschland 1800 bis 1914. Paderborn. (UTB 145).

Hermanns, H. (1982): Kooperatives Forschungsprojekt: Industrialisierung, regionaler Arbeitsmarkt und produktive Investitionen von Rückwanderern in einer peripheren Region: Das Beispiel Thrakien in Nord-Griechenland. Münster.

Hermanns, H./Lienau, C. (1982.1): Griechenland – ein europäisches Entwicklungsland? Entwickelte Unterentwicklung oder unterentwickelte Entwicklung – das Problem der Deformation räumlicher und gesellschaftlicher Strukturen am Beispiel eines Landes der europäischen Südperipherie. – In: Die Erde 113. S. 133–150.

– (1982.2): Forschungsprojekt: Rückwanderung griechischer Gastarbeiter und Regionalstruktur ländlicher Räume – Schlußbericht. Münster

– (1981.1): Siedlungsentwicklung in Peripherräumen Griechenlands. Außengesteuerte Wiederbelebung in Abhängigkeit von Tourismus und Arbeitsmigration. – In: Marburger Geographische Hefte 84. S. 233–254.

– (1981.2): Untersuchungen zum Problem der Reintegration griechischer Gastarbeiter in Nomos Pieria/Nordgriechenland. Münster.

– (1979): Rückwanderung griechischer Gastarbeiter und Entwicklung ländlicher Räume in Griechenland. – In: *Weber, P.* (Hrsg.): Periphere Räume. Strukturen und Entwicklung in europäischen Problemgebieten. Paderborn. (Münstersche Geographische Arbeiten 4). S. 52–86.

Hippel, W. v. (1984): Auswanderung aus Süddeutschland – Studien zur württembergischen Auswanderung und Auswanderungspolitik im 18. und 19. Jahrhundert. Stuttgart. (Industrielle Welt 36).

Höhn, Ch. (1987): Frauen und Entwicklung – Anmerkungen zur Bedeutung von Tradition, Kultur und Religion. – In: Zeitschrift für Bevölkerungswissenschaft 13. S. 69–80.

– (1984): Generationensterbetafeln versus Periodensterbetafeln. – In: *Putz, F./Schwarz, K.* (Hrsg.): Neuere Aspekte der Sterblichkeitsentwicklung. Wiesbaden. S. 117–144.

Höhn, Ch./Mammey, U./Wendt, H. (1990): Bericht 1990 zur demographischen Lage: Trends in beiden Teilen Deutschlands und Ausländer in der Bundesrepublik Deutschland. – In: Zeitschrift für Bevölkerungswissenschaft 16. S. 135–205.

Höhn, Ch./Otto, J. (1985): Bericht über die demographische Lage in der Bundesrepublik Deutschland und über Weltbevölkerungstrends. – In: Zeitschrift für Bevölkerungswissenschaft 11. S. 445–518.

Höhn, Ch./Schubnell, H. (1986): Bevölkerungspolitische Maßnahmen und ihre Wirksamkeit in ausgewählten europäischen Industrieländern. – In: Zeitschrift für Bevölkerungswissenschaft 12. S. 3–51 u. 185–219.

Hoffmann, W.G. (1965): Das Wachstum der deutschen Wirtschaft seit der Mitte des 19. Jahrhunderts. Berlin, Heidelberg u. New York.
Hoffmann-Nowotny, H.-J. (1970): Migration. Ein Beitrag zu einer soziologischen Erklärung. Stuttgart.
Hollstein, W. (1937): Eine Bonitierung der Erde auf landwirtschaftlicher und bodenkundlicher Grundlage. Gotha. (Petermanns Mitteilungen Ergänzungsheft 234).
Holzach, M. (1980): Das vergessene Volk. München.
Horstmann, K. (1969): Die horizontale Mobilität. – In: *König, R.* (Hrsg.): Handbuch der empirischen Sozialforschung 2. Stuttgart. S. 43–64.
Hottes, K.H./Pötke, P.M. (1977): Ausländische Arbeitnehmer im Ruhrgebiet und im Bergisch-Märkischen Land. Eine bevölkerungsgeographische Studie. Paderborn. (Bochumer Geographische Arbeiten, Sonderreihe 6).
Howe, M.G. (1979): Statistical and Cartographic Methods of Analysing Spatial Patterns of Mortality. – In: Geoforum 10. S. 311–322.
Hubbard, W.H. (1983): Familiengeschichte. Materialien zur deutschen Familie seit dem Ende des 18. Jahrhunderts. München.
Hull, T.H./Hull, V.J./Singarimbun, M. (1977): Indonesia's Family Planning Story: Success and Challenge. Population Bulletin 32, 6.
Imhof, A.E. (1985): Die verlängerte Lebenszeit – Auswirkungen auf unser Zusammenleben. – In: Saeculum 36. S. 46–69.
– (1981): Die gewonnenen Jahre. München
Internationale Bank für Wiederaufbau und Entwicklung/Weltbank (Hrsg., 1990): Weltentwicklungsbericht 1990. Washington, D.C.
– (1989): Weltentwicklungsbericht 1989. Washington, D.C.
– (1986): Weltentwicklungsbericht 1986. Washington, D.C.
– (1984): Weltentwicklungsbericht 1984. Washington, D.C.
Irrgang, W. (1979): China, die kommende Weltmacht. Würzburg. (Geographische Zeitfragen 5).
Jackson, P. (1981): Paradoxes of Puerto Rican Segregation in New York. – In: *Peach, C./Robinson, V./Smith, S.* (Hrsg.): Ethnic Segregation in Cities. London. S. 109–126.
Jayawardena, C. (1968): Migration and social change: a survey of Indian communities overseas. – In: Geographical Review 58. S. 426–445.
Jones, F.L. (1967): Ethnic Concentration and Assimilation: An Australian Case Study. – In: Social Forces 45. S. 412–423.
Jones, H. (1981): A Population Geography. London u.a.
Jordan, T.G./Rowntree, L. (1979): The Human Mosaic. A Thematic Introduction to Cultural Geography. New York u.a., 2. Aufl.
Kamphoefner, W.D. (1983): 300 Jahre Deutsche in den USA. – In: Geographische Rundschau 35. S. 169–173.
Kant, E. (1953): Migrationerans Klassifikation och Problematik. – In: Svensk Geogr. Arsbok 29. S. 180–209.
Kastenkriege in Nordindien? (1990). – In: Frankfurter Allgemeine Zeitung vom 1.9.1990.
Kaufmann, F.-X. (1990): Ursachen des Geburtenrückgangs in der Bundesrepublik Deutschland und Möglichkeiten staatlicher Gegenmaßnahmen. – In: Zeitschrift für Bevölkerungswissenschaft 16. S. 383–396.
Kayser, B. (1964): Nouvelles données sur l'émigration grecque. – In: Population 19. S. 707–726.
Kayser, B./Pechoux, P.-Y./Sivignon, M. (1971): Exode rural et attraction urbaine en Grèce. Matériaux pour une étude géographique des mouvements de poulation dans la Grèce contemporaine. Athen.
Kellenbenz, H./Schneider, J. (1976): La emigración alemana a América Latina desde 1821 hasta 1930. – In: Jahrbuch für Geschichte von Staat, Wirtschaft und Gesellschaft Lateinamerikas 13. S. 386–401.
Kemper, F.-J. (1985): Die Bedeutung des Lebenszyklus-Konzepts für die Analyse intraregionaler Wanderungen. – In: *Kemper, F.-J./Laux, H.D./Thieme, G.* (Hrsg.): Geographie als Sozialwissenschaft. Bonn. (Colloquium Geographicum 18). S. 180–212.
Kemper, F.-J./Eckermann, D./Heins, F./Maas, A. (1979): Das Bevölkerungspotential der Bundesrepublik Deutschland. – In: Raumforschung und Raumordnung 37. S. 177–183.
Kemper, F.-J./Kosack, K. (1988): Bevölkerungsgeographische Skizze der Stadt Bonn. – In: *Mayer, E./Fehn, K./Höllermann, P.-W.* (Hrsg.): Bonn – Stadt und Umland. Bonn. (Arbeiten zur Rheinischen Landeskunde 58). S. 19–44.
Kemper, F.-J./Kuls, W. (1986): Wanderungen älterer Menschen im ländlichen Raum am Beispiel der nördlichen Landesteile von Rheinland-Pfalz. Bonn. (Arbeiten zur Rheinischen Landeskunde 54).
Keyfitz, N. (1987): Fünf Milliarden Menschen. – In: Zeitschrift für Bevölkerungswissenschaft 13. S. 11–28.
– (1984): Die Bevölkerung Chinas. – In: Spektrum der Wissenschaft, Heft 4. S. 104–114.
Keyfitz, N./Flieger, W. (1971): Population. Facts and Methods of Demography. San Francisco.
Kilzer, Fr./Papathemelis, S. (1984): Remigration and Reintegration griechischer Gastarbeiter. Bielefeld. (IBS-Materialien Nr. 14).

Kirchlinne, G. (1991): Unterrichtsreihe zum Thema „Ablauf, Ursachen und sozio-ökonomische Folgen der Bevölkerungsentwicklung in Industrie- und Entwicklungsländern". – In: Geographie und Schule 13, H. 69. S. 23–33.
Kirk, M. (Hrsg.) (1981): Demographic and Social Change in Europe 1975–2000. Liverpool.
Kleining, G. (1975): Soziale Mobilität in der Bundesrepublik Deutschland. – In: Kölner Zeitschrift für Soziologie und Sozialpsychologie 27. S. 273–292.
Klingbeil, D. (1969): Zur sozialgeographischen Theorie und Erfassung des täglichen Berufspendelns. – In: Geographische Zeitschrift 57. S. 108–131.
Kluczka, G. (1985): Berlin (West) – Grundlagen und Entwicklung. – In: Geographische Rundschau 37. S. 429–436.
Knodel, J. E. (1979): Stadt und Land im Deutschland des 19. Jahrhunders: Eine Überprüfung der Stadt-Land-Unterschiede im demographischen Verhalten. – In: *Schröder, W. H.* (Hrsg.): Moderne Stadtgeschichte. (Historisch-Sozialwissenschaftliche Forschungen 8). Stuttgart. S. 238–265.
– (1974): The Decline of Fertility in Germany, 1871–1939. Princeton (N.J.).
Koch, R. (1980): ‚Counterurbanisation' auch in Westeuropa? – In: Informationen zur Raumentwicklung, H. 2. S. 59–69.
Köllmann, W. (1974): Bevölkerung in der industriellen Revolution. Göttingen.
– (1971): Die Bevölkerung Rheinland-Westfalens in der Hochindustrialisierungsperiode. – In: Vierteljahresschrift für Sozial- und Wirtschaftsgeschichte 58. S. 359–388.
– (1955): Bevölkerung und Raum in Neuerer und Neuester Zeit. – In: Raum und Bevölkerung in der Weltgeschichte. Bevölkerungs-Ploetz 2/III. Würzburg. S. 139–404.
Kohlhepp, G. (1980): Bevölkerungs- und wirtschaftsgeographische Entwicklungstendenzen in den mennonitischen Siedlungsgebieten des Chaco Boreal in Paraguay. – In: Tübinger Geographische Studien 80. S. 367–405.
– (1968): Industriegeographie des nordöstlichen Santa Catarina (Südbrasilian) – Ein Beitrag zur Geographie eines deutsch-brasilianischen Siedlungsgebietes. Heidelberg. (Heidelberger Geographische Arbeiten 21).
– (1966): Die deutschstämmigen Siedlungsgebiete im südbrasilianischen Staate Santa Catarina. Geographische Grundlagen, Aspekte und Probleme ländlicher und städtischer Kolonisation unter besonderer Berücksichtigung der wirtschaftlichen Entwicklung. – In: Heidelberger Geographische Arbeiten 15. S. 219–244.
Kolb, A./Jaschke, D. (1977): Die agrare Tragfähigkeit Nordaustraliens. – In: Geographische Rundschau 29. S. 366–375.
König, R. (1976): Soziologie der Familie. – In: *König, R.* (Hrsg.): Handbuch der empirischen Sozialforschung 7. Stuttgart. S. 1–217.
Korte, H./Schmidt, A. (1983): Migration und ihre sozialen Folgen. Göttingen. (Schriftenreihe der Stiftung Volkswagenwerk 23).
Kortum, G. (1979): Räumliche Aspekte ausgewählter Theorienansätze zur regionalen Mobilität und Möglichkeiten ihrer Anwendung in der wirtschafts- und sozialhistorischen Forschung. – In: *Brockstedt, J.* (Hrsg.): Regionale Mobilität in Schleswig-Holstein 1600–1900. Neumünster. S. 13–40.
Kosinski, L. A. (1976): Demographic Aspects of Urbanization. – In: Geoform 7. S. 313–325.
Kreibich, V. (1981): Kleinräumige Bevölkerungsprognose auf der Grundlage der Wohnungsbelegung. – In: Zürcher Geogr. Schriften 1. S. 187–200.
Kühne, I. (1974): Die Gebirgsentvölkerung im nördlichen und mittleren Apennin in der Zeit nach dem Zweiten Weltkrieg. Unter besonderer Berücksichtigung des gruppenspezifischen Wanderungsverhaltens. Erlangen. (Erlanger Geographische Arbeiten, Sonderband 1).
Kulke, H./Rothermund, D. (1982): Geschichte Indiens. Stuttgart.
Kuls, W. (1980): Bevölkerungsgeographie. Eine Einführung. Stuttgart. (Teubner Studienbücher Geographie).
– (1979): Regionale Unterschiede im generativen Verhalten. – In: Innsbrucker Geographische Studien 5. S. 215–228.
– (Hrsg., 1978): Probleme der Bevölkerungsgeographie. Darmstadt. (Wege der Forschung 468).
Kunz, D. (1986): Anfänge und Ursachen der Nord-Süd-Drift. – In: Informationen zur Raumentwicklung, H. 11/12. S. 829–838.
Laganier, C. (1977): Retraités et résidents secondaires en Basse-Ardèche. – In: Bulletin Société Languedocienne de Géographie 11. S. 141–151.
Langewiesche, D. (1977): Wanderungsbewegungen in der Hochindustrialisierungsperiode. Regionale interstädtische und innerstädtische Mobilität in Deutschland 1880–1914. – In: Vierteljahresschrift für Sozial- und Wirtschaftsgeschichte 64. S. 1–40.
Laux, H. D. (1971): Der sozial-ökonomische Wandel der Gemeinde Waldesch bei Koblenz seit 1945. – In: *Kuls, W.* (Hrsg.): Untersuchungen zur Struktur und Entwicklung rheinischer Gemeinden. Bonn. (Arbeiten zur Rheinischen Landeskunde 32). S. 91–112.
Laux, H. D./Busch, U. (1989): Entwicklung und Struktur der Bevölkerung 1815 bis 1980. Geschichtlicher Atlas der Rheinlande, Beiheft VIII/2–VIII/4. Köln.
Lee, E. S. (1966): A Theory of migration. – In: Demography 3. S. 47–57. (Deutsche Übersetzung in: *Széll* 1972).
Leib, J./Mertins, G. (1983): Bevölkerungsgeographie. Braunschweig. (Das geographische Seminar).

Leidlmair, A. (1958): Bevölkerung und Wirtschaft in Südtirol. Innsbruck. (Tiroler Wirtschaftsstudien 6).
Lesthaeghe, R.J. (1977): The Decline of Belgian Fertility, 1800–1970. Princeton (N.J.).
Lesthaeghe, R.J./Wilson, Ch. (1982): Les modes de production, la laicisation et le rythme de baisse de la fécondité en Europe de l'Ouest de 1870 à 1930. – In: Population 37. S. 623–646.
Lichtenberger, E. (1984): Gastarbeiter. Leben in zwei Gesellschaften. Wien, Köln u. Graz.
– (1979): Die Sukzession von der Agrar- zur Freizeitgesellschaft in den Hochgebirgen Europas. – In: Innsbrucker Geographische Studien 5. S. 401–436.
Lienau, C. (1983): Remigration – Was danach? Das Beispiel Griechenland. – In: Geographische Rundschau 35. S. 67–72.
Linde, H. (1984): Theorie der säkularen Nachwuchsbeschränkung 1800–2000. Frankfurt u. New York.
– (1952): Grundfragen der Gemeindetypisierung. – In: Raum und Wirtschaft. Forschungs- und Sitzungsberichte Akademie für Raumforschung und Landesplanung 3. S. 58–141.
Lindig, W./Münzel, M. (1978): Die Indianer. München. (dtv Wissenschaftliche Reihe 4317).
Livi-Bacci, M. (1977): A History of Italian Fertility during the Last Two Centuries. Princeton (N.J.).
Louven, E. (1985): „Reform" und „Modernisierung" der chinesischen Wirtschaft seit 1976. – In: Ostkolleg der Bundeszentrale für politische Bildung (Hrsg.): VR China im Wandel. Köln. (Schriftenreihe der Bundeszentrale für politische Bildung 235). S. 66–80.
Luetkens, Chr. (1981): Die unglückliche Rückkehr. Die Remigrationsproblematik am Beispiel griechischer Arbeitsmigranten aus dem Nomos Drama. Frankfurt u. New York.
Lutz, W. (1984): Die Entwicklung paritätsspezifischer Fruchtbarkeitskontrollen. – In: Zeitschrift für Bevölkerungswissenschaft 10. S. 449–462.
Machetzki, R. (1985): Einkommen, Wohlfahrt und Lebenssituation in der VR China. – In: Ostkolleg der Bundeszentrale für politische Bildung (Hrsg.): VR China im Wandel. Köln. (Schriftenreihe der Bundeszentrale für politische Bildung 235). S. 81–93.
Mackenroth, G. (1953): Bevölkerungslehre. Theorie, Soziologie und Statistik der Bevölkerung. Berlin u.a.
Mackensen, R. (1981): Wanderungstendenzen und Wanderungstheorien. – In: *Schubnell, H.* (Hrsg.): Alte und neue Themen der Bevölkerungswissenschaft. Festschrift für H. Harmsen. Wiesbaden, S. 87–104.
Mahler, H. (1980): Weltbevölkerung. – In: Spektrum der Wissenschaft, H. 11. S. 75–89.
Maier, J./Paesler, R./Ruppert, K./Schaffer, F. (1977): Sozialgeographie. Braunschweig. (Das Geographische Seminar).
Malthus, Th. R. (1977): Das Bevölkerungsgesetz. München. (dtv Taschenbuch 6021). (Vollständige Ausgabe nach der 1. Auflage: An essay on the principle of population, as it affects the future improvement of society, with remarks on the speculations of Mr. Godwin. M. Condorcet and other writers. London 1798).
Mammey, U. (1984): Bevölkerungsentwicklung in den beiden deutschen Staaten. – In: Geographische Rundschau 36. S. 553–559.
Manshard, W. (1978): Bevölkerungswachstum und Ernährungsspielraum. – In: Geographische Rundschau 30. S. 42–47.
– (1961): Die geographischen Grundlagen der Wirtschaft Ghanas. Beiträge zur Länderkunde Afrikas. Wiesbaden. (Sonderfolge der Kölner Geographischen Arbeiten 1).
Marel, K. (1980): Inter- und intraregionale Mobilität. Eine empirische Untersuchung zur Typologie der Wanderer am Beispiel der Wanderungsbewegungen der Städte Mainz – Wiesbaden 1973–1974. Boppard.
Marr, R.L. (1964): Der Bevölkerungsschwerpunkt und weitere, die Bevölkerung repräsentierende Punkte – Theorie und Anwendung auf den Kanton Baselland. – In: Regio Basiliensis 5. S. 152–173.
Marschalck, P. (1984): Bevölkerungsgeschichte Deutschlands im 19. und 20. Jahrhundert. Frankfurt a.M.
Marsden, B.S. (1970): Temporal aspects of urban population densities: Brisbane, 1861–1966. – In: Australian Geographical Studies 8. S. 71–83.
Martin, R. (1977): Heiratskreise und Wanderungsfelder im Bereich ländlicher Gemeinden. Eine Fallstudie zur Frage der Abgrenzung von Kontaktfeldern durch Heiratskreise, erörtert an Beispielen aus dem östlichen Steigerwald. – In: Zeitschrift für Bevölkerungswissenschaft 3. S. 41–60.
Marx, H. (1983): Deutsche in der Neuen Welt. Braunschweig.
Mayer, K.U. (1979.1): Berufliche Tätigkeit, berufliche Stellung und beruflicher Status. – In: *Pappi, F.U.* (Hrsg.): Sozialstrukturanalysen mit Umfragedaten. Königstein/Ts. S. 79–123.
Mayer, K.U. (1979.2): Strukturwandel im Beschäftigungssystem und berufliche Mobilität zwischen Generationen. – In: Zeitschrift für Bevölkerungswissenschaft 5. S. 267–298.
McKeown, Th. (1976): The Modern Rise of Population. London.
Meadows, D. (1972): Die Grenzen des Wachstums. Bericht des Club of Rome zur Lage der Menschheit. Stuttgart.
Merrick, Th. W. (1989): World Population in Transition. Population Bulletin 41, 2.
Mertins, G. (1991): Zum Prozeß der rückläufigen Bevölkerungsentwicklung in den Industrieländern. – In: Geographie und Schule 13, H. 69. S. 11–18.

Mertins, G. (1983): Zwischen Integration und Remigration. Die Gastarbeiterpolitik der Bundesrepublik nach 1973. – In: Geographische Rundschau 35. S. 46–53.

Mills, E. S./Tan, J. P. (1980): A Comparison of Urban Population Density Functions in Developed and Developing Countries. – In: Urban Studies 17. S. 313–321.

Mitchell, B. R. (1982): International Historical Statistics – Africa and Asia. London u. Basingstoke.

– (1981): European Historical Statistics 1750–1975. London u. Basingstoke. 2. Aufl.

Mitterauer, M. (1985): Gesindedienst und Jugendphase im europäischen Vergleich. – In: Geschichte und Gesellschaft 11. S. 177–204.

– (1982): Auswirkungen der Agrarrevolution auf die bäuerliche Familienstruktur in Österreich. – In: *Mitterauer, M./Sieder, R.* (Hrsg.): Historische Familienforschung. Frankfurt a. M. S. 241–270.

– (1980): Der Mythos von der vorindustriellen Großfamilie. – In: *Mitterauer, M./Sieder, R.*: Vom Patriarchat zur Partnerschaft. Zum Strukturwandel der Familie. München. 2. Aufl., S. 38–65.

– (1979.1): Faktoren des Wandels historischer Familienformen. – In: *Pross, H.* (Hrsg.): Familie – wohin? Reinbek. S. 83–124.

– (1979.2): Vorindustrielle Familienformen. Zur Funktionsentlastung des „ganzen Hauses" im 17. und 18. Jahrhundert. – In: *Mitterauer, M.* (Hrsg.): Grundlagen alteuropäischer Sozialformen. Stuttgart. S. 35–97.

– (1979.3): Familienformen und Illegitimität in ländlichen Gebieten Österreichs. – In: Archiv für Sozialgeschichte 19. S. 123–188.

Moltmann, G. (1982): Die deutsche Auswanderung nach Nordamerika im Überblick. – In: Zeitschrift für Kulturaustausch 32. S. 307–311.

– (Hrsg., 1976): Deutsche Amerikaauswanderung im 19. Jahrhundert. Stuttgart.

Monheim, R. (1979): Wohnungsversorgung und Wohnungswechsel. Probleme einer mobilen Gesellschaft. – In: Geographische Rundschau 31. S. 17–28.

Morrill, R. (1965): The Negro Ghetto: Problems and Alternatives. – In: Geographical Review 55. S. 339–361.

Morrill, R./Pitts, F. R. (1967): Marriage, Migration, and the Mean Information Field: A Study in Uniqueness and Generality. – In: Annals of the Association of American Geographers 57. S. 401–422.

Mose, I. (1987): „So lange das Gras wächst und das Wasser fließt ...". – In: Praxis Geographie 17, H. 7/8. S. 34–40.

Münz, R. (1986): Familien- und sozialpolitische Maßnahmen in Österreich. Vervielf. Manuskript vorgelegt zur Tagung der Dt. Ges. für Bevölkerungswiss. Bielefeld 11.–14.3.86.

– (1980): Zur Entwicklung der Weltbevölkerung und zu den Ergebnissen des World Fertility Survey. – In: Zeitschrift für Bevölkerungswissenschaft 6. S. 245–254.

Myers, G. C. (1984): Sterblichkeitsrückgang, Lebensverlängerung und Altern der Bevölkerung. – In: Zeitschrift für Bevölkerungswissenschaft 10. S. 463–475.

Newling, B. E. (1969): The spatial variation of urban population densities. – In: Geographical Review 59. S. 242–252.

Nicoulin, M. (1976): Gênese de Nova Friburgo: História de una pesquisa. – In: Jahrbuch für Geschichte von Staat, Wirtschaft und Gesellschaft Lateinamerikas 13. S. 181–188.

Niedzwetzki, K. (1977): Soziale Herkunft und regionale Mobilität, dargestellt am Beispiel von Abiturienten aus einem großstadtfernen, stark traditional geprägten Raum (Mittelbereich Ellwangen). – In: Mitteilungen der Geographischen Gesellschaft München 62. S. 113–134.

Nipper, J. (1975): Mobilität der Bevölkerung im engeren Informationsfeld einer Solitärstadt. Gießen. (Gießener Geographische Schriften 33).

Nitz, H.-J. (1982): Kulturlandschaftsverfall und Kulturlandschaftsumbau in der Randökumene der westlichen Industriestaaten. – In: Geographische Zeitschrift 70. S. 162–183.

Noin, D. (1983): La transition démographique dans le monde. Paris.

Ogden, P. E. (1974): Expression spatiale des contacts humains et changement de la société: l'exemple de l'Ardèche. – In: Revue de Géographie de Lyon 49. S. 191–209.

Omran, A. R. (1977): Epidemiologic Transition in the U.S. Population Bulletin 32, 2. Reprint 1980.

Patiniotis, N. (1979): Strukturelle Abhängigkeit und Arbeitsmigration. Dargestellt am Beispiel Griechenlands (1955–1975). Frankfurt.

Peach, C. (1983): The Dissolution and Growth of Ethnic Areas in American Cities. – In: *Patten, J.* (Hrsg.): The Expanding City. Essays in Honour of Professor Jean Gottmann. London u. a. S. 277–294.

Penck, A. (1924): Das Hauptproblem der Physischen Anthropogeographie. – In: Sitzungsberichte der Preußischen Akademie der Wissenschaften XII. S. 242–257.

Penz, H. (1972): Das Wipptal. Bevölkerung, Siedlung und Wirtschaft der Paßlandschaft am Brenner. Innsbruck. (Tiroler Wirtschaftsstudien 27).

Perry, P. J. (1977): Marriage et distance dans le canton du Bleymard (Lozère). – In: Etudes Rurales 67. S. 61–70.

– (1969): Working-Class Isolation and Mobility in Rural Dorset, 1837–1936: A Study of Marriage Distances. – In: Transactions and Papers Institute of British Geographers 46. S. 121–141.

Petersen, W. (1958): A general typology of migration. – In: Americ. Sociol. Rev. 23. S. 256–266. (Deutsche Übersetzung in: *Széll* 1972).
Pfahlmann, H. (1974): Die Industrielle Revolution. Würzburg. (Ploetz Arbeitsmaterialien).
Population Reference Bureau: ‚World population data sheet' und ‚The United States population data sheet'. – Verschiedene Jahresausgaben.
– (Hrsg., 1982): US Population: Where We Are; Where We're Going. Population Bulletin 37,2.
– (1981.1): World Fertility. Washington (D.C.).
– (1981.2): Fertility and the Status of Women. Washington (D.C.).
Pulte, P. (1972): Bevölkerungslehre. München u. Wien.
Quelle, O. (1920): Die spanisch-portugiesische Auswanderung. – In: Schmollers Jahrbuch für Gesetzgebung, Verwaltung und Volkswirtschaft 44,3. S. 141–172.
Ravenstein, E. G. (1891): Lands of the globe still available for European settlement. – In: Proceedings of the Royal Geographical Society 13. S. 27–35.
– (1885): The laws of migration. – In: Journal Royal Stat. Society 48. S. 167–227. (Deutsche Übersetzung eines Teils in: *Széll* 1972).
Reid, J. (1982): Black America in the 1980s. Population Bulletin 37,4.
Reulecke, J. (1985): Geschichte der Urbanisierung in Deutschland. Frankfurt a. M. (edition suhrkamp 1249).
Richtlinien Erdkunde (1981), Gymnasiale Oberstufe. Die Schule in Nordrhein-Westfalen. Eine Schriftenreihe des Kultusministers. Heft 4715. Köln.
– (1978), Gymnasium, Sekundarstufe I. Die Schule in Nordrhein-Westfalen. Eine Schriftenreihe des Kultusministers. Heft 3408. Köln.
Rose, H. M. (1976): The Origin and Pattern of Development of Urban Black Social Areas. – In: *Ernst, R. T./Hugg, L.* (Hrsg.): Black America. Geographic Perspectives. Garden City (N.Y.). S. 34–43.
Roseman, C. C. (1971): Migration as a spatial and temporal process. – In: Annals Assoc. Americ. Geog. 61. S. 589–598. (Deutsche Übersetzung in: *Kuls* 1978).
Rossi, P. H. (1955): Why families move. A study in the social psychology of urban residential mobility. Glencoe (Ill.).
Rosskopp, R. (1979): Gastarbeiterwanderung, eine Extremform geographischer Mobilität. Eine wirtschafts- und sozialgeographische Analyse der Ansiedlung, Mobilität und Auswanderungsmotivation griechischer Gastarbeiter in der Bundesrepublik Deutschland, unter besonderer Berücksichtigung der Stadt Troisdorf/Rheinland und der drei ostmakedonischen „Nomoi" Drama, Kavala und Serres. Bonn.
Rother, K./Wallbaum, U. (1975): Die Entvölkerung des Apennins 1961–1971. – In: Erdkunde 29. S. 209–213.
Rühl, A. (1912): Die geographischen Ursachen der italienischen Auswanderung. – In: Zeitschrift der Gesellschaft für Erdkunde Berlin. S. 655–671.
Sabelberg, E. (1975): Kleinbauerntum, Mezzadria, Latifundium. – In: Geographische Rundschau 27. S. 326–336.
Sadik, N. (1990): Weltbevölkerungsbericht 1990. Entscheidungen für das nächste Jahrhundert. Bonn.
Sander, H.-J. (o. J.): Bevölkerungsgeographie. Frankfurt. (Materialien zur Geographie – Sek.-Stufe II).
Schäfers, B. (1979): Sozialstruktur und Wandel in der Bundesrepublik Deutschland. Ein Studienbuch zu ihrer Soziologie und Sozialgeschichte. Stuttgart, 2. Aufl.
Schätzl, L. (1978): Wirtschaftsgeographie 1. Theorie, Paderborn. (UTB 782).
Scharlau, K. (1953): Bevölkerungswachstum und Nahrungsspielraum. Geschichte, Methoden und Probleme der Tragfähigkeitsuntersuchungen. Hannover. (Veröffentlichungen der Akademie für Raumforschung und Landesplanung 24).
Scharping, Th. (1985): Demographische Entwicklung und Bevölkerungspolitik in der Volksrepublik China. – In: Aus Politik und Zeitgeschichte. Beilage zur Wochenzeitung Das Parlament, B 39/85, 28. September. S. 17–29.
Schauff, J. (Hrsg.) (1959): Landerschließung und Kolonisation in Lateinamerika. Berlin u. Bonn.
Schmid, J. (1984): Bevölkerung und soziale Entwicklung. Der demographische Übergang als soziologische und politische Konzeption. Boppard. a. Rh. (Schriftenreihe des Bundesinstituts für Bevölkerungsforschung 13).
– (1982): Das Weltbevölkerungsproblem. – In: *Opitz, P.J.* (Hrsg.): Weltprobleme. Schriftenreihe der Bundeszentrale für politische Bildung 188. München. S. 31–75.
– (1976): Einführung in die Bevölkerungssoziologie. Reinbek (rororo Studium 98).
Schmidtbauer, P. (1983): The changing household: Austrian household structure from the seventeenth to the early twentieth century. – In: *Wall, G.* (Hrsg.): Family forms in historic Europe. Cambridge. S. 347–378.
Schöller, P. (1956): Die Pendelwanderung als geographisches Problem. – In: Berichte z. dt. Landeskunde 17, 2. S. 254–256.
Schönig, H. (1985): Die rechtliche Stellung der Frau im Islam. – In: Zeitschrift für Kulturaustausch 35. S. 439–443.
Schrettenbrunner, H. (1986): Die Verwendung von Typologien in der Wanderungsforschung. – In: *Schaffer, F./Poschwatta, W.* (Hrsg.): Angewandte Sozialgeographie. Karl Ruppert zum 60. Geburtstag. Augsburg. (Angewandte Sozialgeographie 12). S. 387–404.

Schubnell, H. (1985) Bevölkerungspolitik und Weltreligionen. Zur Dimension möglicher Zusammenhänge. – In: Zeitschrift für Bevölkerungswissenschaft 11. S. 219–240.
– (1981): Bevölkerungspolitische Zielsetzungen in der Volksrepublik China und ihre sozio-ökonomische Begründung. – In: Zeitschrift für Bevölkerungswissenschaft 7. S. 3–57.
Schütz, M. W. (1985): Die Trennung von Jung und Alt in der Stadt. Eine vergleichende Analyse der Segregation von Altersgruppen in Hamburg und Wien. Hamburg. (Beiträge zur Stadtforschung 9).
Schulz, G. (1970): Darstellungsfragen des Kartenmaßstabs 1 : 1 000 000. Berlin. (Kartographische Miniaturen 3).
Schwarz, K. (1987): Demographische Wirkungen der Familienpolitik in Bund und Ländern nach dem Zweiten Weltkrieg. – In: Zeitschrift für Bevölkerungswissenschaft 13. S. 409–450.
– (1985): Geburtenentwicklung in der Bundesrepublik Deutschland und in der Deutschen Demokratischen Republik seit 1965. – In: Zeitschrift für Bevölkerungswissenschaft 11. S. 113–116.
– (1981): Erwerbstätigkeit der Frau und Kinderzahl. – In: Zeitschrift für Bevölkerungswissenschaft 7. S. 59–86.
– (1980): Demographische Charakteristika der Türken in der Bundesrepublik Deutschland. – In: Zeitschrift für Bevölkerungswissenschaft 6. S. 411–420.
– (1979): Einkommen und Kinderzahl. – In: Zeitschrift für Bevölkerungswissenschaft 5. S. 299–315.
– (1975): Methoden der Bevölkerungsvorausschätzung unter Berücksichtigung regionaler Gesichtspunkte. Hannover. (Taschenbücher zur Raumplanung 3).
– (1970): Meßzahlen zur Beurteilung der räumlichen Verteilung der Bevölkerung im Bundesgebiet. – In: Wirtschaft und Statistik, H. 7. S. 337–342.
– (1969): Analyse der räumlichen Bevölkerungsbewegung. Hannover. (Veröffentl. d. Akad. f. Raumf. u. Landesplanung, Abh. 58).
Schweizer, W./Müller, G. (1979): Interregionale Wanderungen in der Bundesrepublik Deutschland. Eine empirische Untersuchung gravitationstheoretischer Wanderungsmodelle. – In: Zeitschrift für Bevölkerungswissenschaft 5. S. 439–453.
Schwind, M. (1972): Allgemeine Staatengeographie. Berlin.
Scrimshaw, S. C. M. (1983): Infanticide as Deliberate Fertility Regulation. – In: *Bulatao, R. A./Lee, R. D.* (Hrsg.): Determinants of Fertility in Developing Countries. Vol. 2. New York u. a. S. 245–266.
Selke, W. (1979): Räumliche Entwicklungchancen und Ausländerwanderung. – In: Geographische Rundschau 31. S. 310–314.
Shevky, E./Bell, W. (1955): Social Area Analysis. Stanford (CA) (Deutsche Übersetzung in: *Atteslander, P./Hamm, B.* (Hrsg.): Materialien zur Siedlungssoziologie. Köln 1974. S. 125–139).
Shortridge, J. R. (1977): A New Regionalization of American Religion. – In: Journal for the Scientific Study of Religion 16. S. 146 ff.
Sidhu, M. S. (1978): A spatial study of peninsular Malaysia's sex composition, 1921–1970. – In: Journal of Tropical Geography 46. S. 76–85.
Staatliche Zentralverwaltung für Statistik (Hrsg., diverse Jahrgänge): Statistisches Jahrbuch der DDR. Berlin.
Stadelbauer, J. (1984): Gezügelte Bevölkerungszunahme und bleibende Ernährungsprobleme. Dargestellt am Beispiel der Volksrepublik China. – In: Geographische Rundschau 36. S. 565–572.
Staszewski, J. (1959): Die Verteilung der Bevölkerung der Erde nach dem Abstand vom Meer. – In: Petermanns Mitteilungen 103. S. 207–215.
Statistisches Bundesamt (Hrsg., 1990): Fachserie 1: Bevölkerung und Erwerbstätigkeit, Reihe 1: Gebiet und Bevölkerung 1988. Stuttgart.
– (1987): Datenreport 1987. Zahlen und Fakten über die Bundesrepublik Deutschland. Wiesbaden. (Schriftenreihe der Bundeszentrale für politische Bildung 257).
– (1986): Fachserie 1: Bevölkerung und Erwerbstätigkeit, Reihe 1: Gebiet und Bevölkerung 1984. Stuttgart u. Mainz.
– (1982): Fachserie 1: Bevölkerung und Erwerbstätigkeit, Reihe 2: Bevölkerungsbewegung 1980. Stuttgart u. Mainz.
– (1972): Bevölkerung und Wirtschaft 1872–1972. Stuttgart u. Mainz.
– (Hrsg., diverse Jahrgänge): Länderberichte Ägypten, Brasilien, Indien, VR China, Indonesien, Tunesien, Sowjetunion.
– (Hrsg., diverse Jahrgänge): Statistisches Jahrbuch für die Bundesrepublik Deutschland.
Steinberg H. G. (1974): Die Bevölkerungsentwicklung in den beiden Teilen Deutschlands nach dem 2. Weltkrieg. – In: Geographische Rundschau 26. S. 169–176.
Steinhausen, D./Langer, K. (1977): Clusteranalyse. Berlin.
Stöber, G. (1990): Der Islam und seine geographische Bedeutung. – In: *Ehlers, E.* u. a.: Der Islamische Orient. Grundlagen zur Länderkunde eines Kulturraums. Köln. S. 20–113.
Storkebaum, W. (1989): China – Indien. Großräume in der Entwicklung. Braunschweig. (Diercke Oberstufe).
Stouffer, S. A. (1940): Intervening Opportunities: A theory relating mobility and distance. – In: Americ. Sociol. Rev. 5. S. 845–867.

Street, J. M. (1969): An evaluation of the concept of carrying capacity. – In: Professional Geographer 21. S. 104–107.
Struck, W.-H. (1966): Die Auswanderung aus dem Herzogtum Nassau (1806–1866). Ein Kapitel der modernen politischen und sozialen Entwicklung. Wiesbaden. (Geschichtliche Landeskunde 4).
Sudhaus, F. (1940): Deutschland und die Auswanderung nach Brasilien im 19. Jahrhundert. Hamburg. (Überseegeschichte 11).
Széll, G. (Hrsg., 1972): Regionale Mobilität. München.
Tabah, L. (1981): Weltbevölkerungstrends. Eine Bestandsaufnahme. – In: Zeitschrift für Bevölkerungswissenschaft 7. S. 307–342.
Tank, H. (1979): Die Entwicklung der Wirtschaftsstruktur einer traditionellen Sozialgruppe. Das Beispiel der Old Order Amish in Ohio, Indiana und Pennsylvania, USA. Berlin. (Abhandlungen des Geographischen Instituts der FU Berlin, Anthropogeographie 27).
Thieme, G. (1991): Bevölkerungsentwicklung als Gegenstand des Geographieunterrichts. – In: Geographie und Schule 13, H. 69. S. 18–23.
– (1980): Räumlich-distanzielle Aspekte des Heiratsverhaltens. Eine Untersuchung am Beispiel der Gemeinde Weeze, 1878–1978. – In: *Aymans, G.* (Hrsg.): Niederrheinische Studien. Bonn. (Arbeiten zur Rheinischen Landeskunde 46). S. 61–72.
Thistlethwaite, F. (1972): Europäische Überseewanderung im 19. und 20. Jahrhundert. – In: *Köllmann, W./Marschalck, P.* (Hrsg.): Bevölkerungsgeschichte. Köln. S. 323–355.
Thomas, I. (1980): Population growth. Basingstoke u. London.
Tichy, F. (1985): Italien. Darmstadt.
– (1966): Kann die zunehmende Gebirgsentvölkerung des Apennins zur Wiederbewaldung führen? – In: Nürnberger Wirtschafts- und Sozialgeographische Arbeiten 5. S. 85–92.
Tien, H. Y. (1991): The New Census of China. – In: Population Today 19,1. S. 6–8.
– (1983): China: Demographic Billionaire. Population Bulletin 38,2.
Timms, D. (1965): Quantitative techniques in urban social geography. – In: *Chorley, R. J./Haggett, P.* (Hrsg.): Frontiers in geographical teaching. London. S. 239–265.
Tobatzsch, S. L. (1981): Die Erdbevölkerung. Würzburg. (Geographische Zeitfragen 1).
Toepfer, H. (1983): Die türkischen Arbeitnehmergesellschaften. – In: Geographische Rundschau 35. S. 61–66.
Trost, J. (1978): A renewed social institution: non-marital cohabitation. – In: Acta Sociologica 21. S. 303–315.
Tumin, M. M. (1970): Schichtung und Mobilität. München. 2. Aufl.
Unger, K. (1982): Arbeitskräfterückwanderung nach Griechenland. Struktur, Bedingungsfaktoren und Auswirkungen eines Migrationsprozesses. Bielefeld.
U.S. Population: Where We Are; Where We're Going (1982). Population Bulletin 37, 2.
Uthoff, D. (1967): Der Pendelverkehr im Raum um Hildesheim. Eine genetische Untersuchung zu seiner Raumwirksamkeit. Göttingen. (Göttinger Geographische Abhandlungen 39).
Vanberg, M. (1971): Kritische Analyse der Wanderungsforschung in der BRD. Berlin. (Inst. f. Soziol. d. FU Berlin, Arbeitsgr. Wanderungsf. 2).
van de Kaa, D. (1987): Europe's Second Demographic Transition. Population Bulletin 42,1.
van de Walle, E. (1974): The Female Population of France in the Nineteenth Century. A Reconstruction of 82 Départements. Princeton (N.J.).
van de Walle, E./Knodel, J. E. (1980): Europe's Fertility Transition: New Evidence and Lessons for Today's Developing World. Population Bulletin 34,6.
Vidauretta, A. (1982): Spanish Immigration to Argentina 1870–1930. – In: Jahrbuch für Geschichte von Staat, Wirtschaft und Gesellschaft Lateinamerikas 19. S. 285–319.
Vöchting, F. (1951): Die italienische Südfrage. Berlin.
Vogelsang, R./Kontuly, T. (1986): Counterurbanisation in der Bundesrepublik Deutschland. Ein Begriff zur Umschreibung gegenwärtiger regionaler Bevölkerungsveränderungen. – In: Geographische Rundschau 38. S. 461–468.
Vooys, A. C. de (1968): Die Pendelwanderung. Typologie und Analyse. – In: *Ruppert, K.* (Hrsg.): Zum Standort der Sozialgeographie. Festschrift f. W. Hartke. Kallmünz. (Münchner Studien zur Sozial- und Wirtschaftsgeographie 4). S. 99–107.
Vu, M. T. (1985): World Population Projections 1985. Short- and Long-Term Estimates by Age and Sex with Related Demographic Statistics. Baltimore.
Wagner, M. (1989): Räumliche Mobilität im Lebensverlauf. Eine empirische Untersuchung sozialer Bedingungen der Migration. Stuttgart.
Waller, P. P./Hofmeier, R. (1968): Methoden zur Bestimmung der Tragfähigkeit ländlicher Gebiete in Entwicklungsländern dargestellt am Beispiel West-Kenyas. – In: Die Erde 99. S. 340–348.
Wander, H. (1979): Ökonomische Theorien des generativen Verhaltens. – In: Ursachen des Geburtenrückgangs – Aussagen, Theorien und Forschungsansätze zum generativen Verhalten. Schriftenreihe des Bundesministers für Jugend, Familie und Gesundheit, Bd. 63. Stuttgart u. a. S. 61–76.

Wander, H. (1965): Die Beziehungen zwischen Bevölkerungs- und Wirtschaftsentwicklung, dargestellt am Beispiel Indonesiens. Tübingen. (Kieler Studien 70).
Ward, R.G. (1965): Land Use and Population in Fiji. London.
Watkins, S.C. (1981): Regional patterns of nuptiality in Europe, 1870–1960. – In: Population Studies 35. S. 199–215.
Weber, B. (1977): Sozialräumliche Entwicklung des Siegerlandes seit der Mitte des 19. Jahrhunderts. Sozialgeographische Untersuchungen unter besonderer Berücksichtigung der Veränderungen menschlicher Kommunikationsnetze (Heiratsverflechtungen). Bonn. (Arbeiten zur Rheinischen Landeskunde 43).
Weber, M. (1972): Wirtschaft und Gesellschaft. Grundriß einer verstehenden Soziologie (1921). Tübingen. 5. Aufl.
Weber, P. (1982): Geographische Mobilitätsforschung. Darmstadt.
Weischet, W. (1977): Die ökologische Benachteiligung der Tropen. Stuttgart. (Teubner Studienbücher Geographie).
Wendt, H. (1991): Geburtenentwicklung in der Bundesrepublik Deutschland und der DDR. – In: BIB-Mitteilungen. Informationen aus dem Bundesinstitut für Bevölkerungsforschung 12, H. 1. S. 11–16.
Werth, M. (1983): Rückkehr- und Verbleibabsichten türkischer Arbeitnehmer. Saarbrücken u. Fort Lauderdale. (CIM-Arbeitsmaterialien 3).
Williams, G. (1976): La emigración galesa a la Patagonia, 1865–1915. – In: Jahrbuch von Staat, Wirtschaft und Gesellschaft Lateinamerikas 13. S. 239–292.
Wilson, M.G.A. (1979): Age structure change in the NSW urban system, 1966–1976. – In: Proceedings 10. New Zealand Geography Conference, Auckland. S. 116–121.
Winiger, M. (1986): Die Bestimmung des natürlichen Potentials und dessen Inwertsetzung im Gebiet des Mount Kenya. – In: Geomethodica 11. S. 177–216.
Winkler, G. (1973): Bevölkerungsgeographische Untersuchungen im Martelltal. Innsbruck. (Schlern-Schriften 263).
Wirminghaus, A. (1895): Stadt und Land unter dem Einfluß der Binnenwanderungen. Ein Überblick über den gegenwärtigen Stand der Forschung. – In: Jahrbuch f. Nationalökonomie u. Stat. 3. Folge 9. S. 1–34 u. 161–182.
Wirth, E. (1965): Zur Sozialgeographie der Religionsgemeinschaften im Orient. – In: Erdkunde 19. S. 265–284.
Witthauer, K. (1969): Verteilung und Dynamik der Erdbevölkerung. Gotha u. Leipzig.
Woods, R. (1982): Theoretical population geography. London u. New York.
– (1980): Migration and Social Segregation in Birmingham and the West Midlands Region. – In: *White, P.E./Woods, R.I.* (Hrsg.): The Geographical Impact of Migration. London u. New York. S. 180–197.
– (1979): Population analysis in geography. London u. New York.
World Population Projections. Alternative paths to zero growth. (1974). Population Bulletin 29, 5.
Zachariah, K.C./Vu, M.T. (1988): World Population Projections 1987–1988 Edition. Short- and Long-Term Estimates. Baltimore u. London.
Zelinsky, W. (1971): The hypothesis of the mobility transition. – In: The Geographical Review 61. S. 219–249.
Zingg, W./Zipp, P. (1979): Basale Soziologie. Soziale Ungleichheit. Opladen.
Zipf, G.K. (1946): The $P_1 \cdot P_2/D$ Hypothesis: On the intercity movement of persons. – In: Americ. Sociol. Rev. 11. S. 677–686.

6 Glossar

Abhängigkeitsrelation: Auch Abhängigkeitsverhältnis oder Abhängigkeitsindex. Verhältniszahl, bei der die Anzahl der als wirtschaftlich abhängig angenommenen jungen und älteren Personen auf die Anzahl der potentiell aktiven Personen im mittleren Alter bezogen wird (bzw. auf 100 aktive Personen). Die Altersschwellen sind räumlich und zeitlich nicht konstant, meist werden die Grenzen bei 15 bzw. 20 Jahren und bei 60 bzw. 65 Jahren gewählt.
Absolutdarstellung: → Bevölkerungskarten
Abstandsziffer: Auch Proximität. Ein Dichtemaß, bei dem der Abstand ermittelt wird, in dem sich die Bewohner eines Landes bei gleichmäßiger Verteilung über die Gesamtfläche befinden würden. Die Angabe erfolgt gewöhnlich in Metern (Bundesrepublik Deutschland 1988 = 68,39 m).
Ackernahrung: Mindestumfang der landwirtschaftlichen Nutzfläche, die zur Existenzsicherung eines bäuerlichen Familienbetriebes unter Berücksichtigung des jeweiligen Lebensstandards erforderlich ist. In Abhängigkeit von den für die Landwirtschaft bedeutsamen Produktionsfaktoren und den herrschenden Lebensbedingungen sind dabei große räumliche Unterschiede und zeitliche Veränderungen festzustellen.
Agrardichte: Auch agrarische Dichte. Landwirtschaftliche Bevölkerung bezogen auf die landwirtschaftliche Nutzfläche. Die ermittelten Werte geben Hinweise auf landwirtschaftliche Produktionsfaktoren und Betriebsverhältnisse. Bei der Berechnung werden bisweilen die Teile der landwirtschaftlichen Nutzfläche (Ackerland, Wiesen, Weiden) auf Ackerlandbasis umgerechnet.
Aktionsraum: Auch Aktionsfeld. Ergibt sich aus dem durchschnittlichen wöchentlichen Bewegungszyklus einer Person oder Personengruppe. Die gemittelte Summe aller im A. regelmäßig zurückgelegten einfachen Wegstrecken wird auch als *Aktionsreichweite* oder *Aktionsradius* bezeichnet.
Altersindizes: Im weiteren Sinne: Maßzahlen zur Kennzeichnung der Altersstruktur einer Bevölkerung. Dazu gehören Prozentanteile einzelner Altersgruppen und die Verhältniswerte von zwei oder mehr Altersgruppen, z. B. die Zahl der Kinder und Jugendlichen auf 100 Erwachsene oder die → Abhängigkeitsrelation. Im engeren Sinne: Indizes zur Kennzeichnung der zahlenmäßigen Bedeutung der älteren Menschen, z. B. die Zahl der über 60jährigen bezogen auf die Zahl der Kinder und Jugendlichen (Alte/Jugendlichenverhältnis).
Alterspyramide: → Bevölkerungspyramide
Arealitätsziffer: Dichtemaß, das den Umfang der auf den einzelnen Bewohner eines Landes theoretisch entfallenden Fläche angibt (Fläche/Bevölkerungszahl).
Auswanderung: Auch → Emigration. Dauerhaftes oder vorübergehendes Verlassen eines Heimatlandes aus politischen, sozioökonomischen oder religiösen Gründen.
Bevölkerung: a) als Bestandsgesamtheit Zahl der zu einem bestimmten Zeitpunkt in einem Gebiet lebenden Menschen, b) als Vorgang die positive Bestandsveränderung der Bewohnerschaft eines dünn oder gar nicht bewohnten Gebietes. Für eindeutige statistische Erfassungen werden v. a. unterschieden: *Ortsanwesende Bevölkerung*: Die zum Erhebungszeitpunkt im Erhebungsgebiet anwesenden Personen (Wohnbevölkerung + Urlauber + Patienten in Krankenhäusern usw.). Für eine Erfassung der B. ist dies das technisch einfachste Konzept, das aber bei hoher Mobilität (Industrieländer) nur zu wenig verwertbaren Ergebnissen führt. *Wohnbevölkerung*: Personen mit ‚ständigem Wohnsitz' in der jeweiligen Gemeinde. Wohnsitz ist der Ort, von dem aus der Arbeit/Ausbildung nachgegangen wird, bzw. der überwiegenden Aufenthalts im Jahresablauf, falls weder Berufstätigkeit noch Ausbildung wahrgenommen werden. *Wohnberechtigte Bevölkerung*: Wohnbevölkerung zusätzlich derjenigen Personen, die in der Gemeinde einen weiteren Wohnsitz haben. Die Erhebungsmerkmale sind international nicht einheitlich und haben sich auch zeitlich geändert.
Bevölkerungsdichte: Zahl der Personen je Flächeneinheit (km², sqm). Als Bezugsfläche dient die Gesamtfläche der jeweiligen Raumeinheit, unabhängig von deren Bewohnbarkeit und tatsächlichen Besiedlung (arithmetische Dichte). Die B., kartographisch erfaßt in Dichtekarten (relativen Darstellungen der Bevölkerungsverteilung), wird häufig als eine der Kennziffern für Strukturmerkmale von Ländern und Regionen verwendet; mit ihr allein lassen sich jedoch keine Aussagen über die Qualität der Lebensbedingungen machen. Als weitere Dichtemaße dienen: → Abstandsziffer, agrarische Dichte, Arealitätsziffer, physiologische Dichte, Wohndichte.
Bevölkerungsfortschreibung: Auf der Anwendung der → demographischen Grundgleichung beruhendes Verfahren, mit dem der Bestand und die Zusammensetzung der Bevölkerung eines Gebietes für die Jahre zwischen zwei Volkszählungen aus den Ergebnissen der vorangegangenen Volkszählung mit Berücksichtigung der → natürlichen Bevölkerungsbewegung und der → Wanderungen ermittelt werden. Dieses Verfahren setzt eine zuverlässige amtliche Erfassung sowohl der Geburten und Sterbefälle als auch der Zu- und Abwanderungen voraus.
Bevölkerungskarten: Gewöhnlich wird zwischen Absolutdarstellungen und Dichtekarten unterschieden. *Absolutdarstellungen* geben die Verteilung der Gesamtbevölkerung oder bestimmter Bevölkerungsteile wieder, indem für jede Person bzw. eine bestimmte Personenzahl ein kartographisches Symbol entsprechend der realen räumlichen Verteilung Verwendung findet. Bei *Dichtekarten* (relative Darstellungen) dienen abgegrenzte Raumeinheiten (Staa-

ten, Verwaltungsgebiete, Naturräume, Wirtschaftsräume usw.) für die Berechnung und Darstellung von Dichtewerten. In jüngerer Zeit haben häufiger sog. *isodemographische Karten* (Kartogramme) Verwendung gefunden. Dabei werden Länder bzw. Länderteile in Anlehnung an ihre räumliche Lage und Umrißgestalt in einer Größe wiedergegeben, die der jeweiligen Bevölkerungszahl entspricht. Es müssen stets erhebliche Verzerrungen in Kauf genommen werden.

Bevölkerungsmaximum: → Tragfähigkeit.

Bevölkerungsmedian: → Bevölkerungsschwerpunkt.

Bevölkerungsoptimum: → Tragfähigkeit.

Bevölkerungspolitik: Planmäßige Beeinflussung der Bevölkerungsentwicklung durch staatliche Instanzen. In Europa wurde und wird z. T. noch heute eine *pronatalistische*, d. h. auf Steigerung der Fertilität und Sicherung des Bevölkerungsbestandes oder eines Bevölkerungswachstums abzielende B. verfolgt. In zahlreichen Ländern der Dritten Welt wird dagegen aufgrund der starken Bevölkerungsvermehrung eine *antinatalistische*, d. h. auf Familienplanung und Geburtenkontrolle ausgerichtete B. propagiert.

Bevölkerungspotential: Maß für die Erreichbarkeit eines einzelnen Ortes von allen anderen Orten eines bestimmten Raumes. Man kann das B. als Ausdruck möglicher räumlicher Interaktionen betrachten. Gebiete hohen B. sind innerhalb der Bundesrepublik Deutschland vor allem die großen Verdichtungsräume. Der Berechnung des Potentials liegen die Einwohnerzahlen und die Entfernungen aller Orte voneinander zugrunde.

Bevölkerungsprognose: Auch Bevölkerungsprojektion. Begründete Aussagen über zukünftige Entwicklungsverläufe von Bevölkerungen und ihrer Teilgruppen. In der Regel beruhen B. auf der Analyse realer Bevölkerungsprozesse in einem Beobachtungszeitraum und der Fortschreibung in die Zukunft. Bei den Fortschreibungsverfahren unterscheidet man zwischen einfachen *Extrapolationen* von beobachteten Trends der Gesamtbevölkerung und *Komponentenmethoden*, die Komponenten der Bevölkerungsveränderung berücksichtigen. Beschränkt man sich auf die Komponenten der → natürlichen Bevölkerungsbewegung, spricht man von einer *biometrischen Prognose*. Die Hinzunahme von Wanderungen wird um so wichtiger, je kleiner die betrachteten Raumeinheiten sind. Setzt man die Trends des Beobachtungszeitraums bzw. die einzelnen Veränderungsraten konstant in die Zukunft fort, handelt es sich um eine *Status-quo-Prognose*. Wird jedoch ein bestimmtes Ziel vorgegeben, z. B. Nullwachstum, und führt man Modellrechnungen durch, um aufzuzeigen, durch welche Veränderungen der demographischen Raten in welchem Zeitraum dieses Ziel erreicht werden kann, handelt es sich um eine *Zielprognose*.

Bevölkerungspyramide: Auch Alterspyramide. Diagramm, bei dem die Altersgruppen (meist Einjahres- oder 5-Jahres-Gruppen) auf der Ordinate angegeben werden und auf der Abszisse rechts vom Nullpunkt die Zahl der Frauen pro Altersgruppe, links davon die Zahl der Männer aufgetragen werden. Zum Vergleich verschiedener Bevölkerungen sollten statt absoluter Zahlen relative Werte (Prozentanteile an der Gesamtbevölkerung) verwendet werden. Es gibt verschiedene Grundformen der B., von denen nur diejenige mit hoher Fruchtbarkeit die Form einer Pyramide annimmt.

Bevölkerungsschwerpunkt: Zentrographische Maßzahl der Bevölkerungsverteilung, auch als Bevölkerungsmittelpunkt bezeichnet. Arithmetisches Mittel der durch Koordinaten erfaßten Lage und nach ihrer Einwohnerzahl gewichteten Wohnorte. Gewöhnlich erfolgt die Berechnung auf der Basis kleinerer Verwaltungsgebiete, für die zunächst ein Mittelpunkt zu bestimmen ist. Nachteile ergeben sich dadurch, daß die Lage des Schwerpunktes stark von wenigen Extremwerten beeinflußt werden kann. In diesem Falle ist die Berechnung des *Medianpunktes* (Bevölkerungsmedian) sinnvoll, dessen Koordinaten dem Median der x- und y-Werte entsprechen. Eine weitere, umständlicher zu errechnende Maßzahl ist der *Zentralpunkt* bzw. besser Distanzminimalpunkt; zu ihm bildet die Summe aller Entfernungen ein Minimum.

Bevölkerungsverteilung: Räumliche Verteilung der Gesamtbevölkerung oder auch einzelner Bevölkerungsteile (wie Agrarbevölkerung, Altersgruppen, Familien) eines bestimmten Raumes. Zur kartographischen Erfassung → Bevölkerungskarten. Verteilungsmaße → Bevölkerungspotential, Bevölkerungsschwerpunkt, Konzentrationsmaße.

Bevölkerungsweise: Auch generative Struktur einer Bevölkerung. In der historisch-soziologischen Bevölkerungstheorie von G. Mackenroth Bezeichnung für das in einer Gesellschaft vorherrschende Muster des → generativen Verhaltens, wie es sich in den Elementen des → Heiratsverhaltens, der ehelichen und unehelichen → Fruchtbarkeit sowie in der Struktur der → Sterblichkeit äußert und in massenstatistisch faßbaren Strukturkomponenten niederschlägt. Mackenroth unterscheidet idealtypisch eine vorindustrielle und industrielle Bevölkerungsweise.

Bewegungszyklus: Gesamtheit aller reziproken Bewegungen einer Person oder Personengruppe innerhalb einer Zeiteinheit (Woche, Tag). Innerhalb dieses Zyklus befinden sich mehrere Knoten- bzw. Haltepunkte (Wohnung, Arbeitsplatz, Geschäftszentren, Schule etc.).

Binnenwanderung: Wanderungsbewegung innerhalb eines Staates oder einer Region.

Biometrische Prognose: → Bevölkerungsprognose.

Counterurbanization: Bezeichnung einer verschiedentlich beobachteten Trendwende bei den vorherrschenden Binnenwanderungsströmen in wirtschaftlich weit entwickelten Ländern: Die großen Verdichtungsräume erfahren nicht nur in ihrem Kern, sondern insgesamt, Bevölkerungsverluste zugunsten ländlicher und peripherer Räume.

Der mit der Industrialisierung einsetzende lang anhaltende Konzentrationsprozeß scheint damit zu einem Ende zu gelangen. Die vorliegenden Belege erlauben jedoch noch keine sichere Aussage darüber, ob es sich um eine dauerhafte oder lediglich um eine vorübergehende (konjunkturabhängige?) Veränderung handelt.

Demographische Grundgleichung: Bestimmt die Veränderung von Umfang und Struktur der Bevölkerung eines Gebietes zwischen zwei Zeitpunkten als Resultante aus den Geburten und Sterbefällen, d. h. der → natürlichen Bevölkerungsbewegung, sowie dem Ausmaß der Zu- und Abwanderung, d. h. der Wanderungsbewegung (→ Wanderung), im entsprechenden Zeitintervall. Als Faustregel gilt, daß mit wachsender Gebietsgröße die Wanderungsbewegung an Bedeutung für die Veränderung von Bestand und Zusammensetzung einer Bevölkerung verliert. Die d. G. bildet die methodische Basis der → Bevölkerungsfortschreibung, der → Differenzmethode zur Ermittlung von Wanderungen sowie der Komponentenmethode im Rahmen der → Bevölkerungsprognose.

Demographische Raten: Auch demographische Ziffern. Messen die Intensität von Bevölkerungsprozessen. Dabei wird in der Regel die Zahl der *demographischen Ereignisse* (z. B. Geburten, Sterbefälle, Heiraten) in einem bestimmten Zeitintervall (meist innerhalb eines Kalenderjahres) auf die Anzahl der Einheiten in einer Bevölkerung bezogen, die während desselben Zeitintervalls dem Risiko eines Ereigniseintritts ausgesetzt sind (→ Risikobevölkerung). Hierbei wird in der Regel der Bevölkerungsbestand zur Jahresmitte (auch als Mittelwert aus dem Anfangs- und Endbestand eines Jahres) zugrundegelegt. Siehe u. a. → Geburtenrate, → Sterberate, → Heiratsrate.

Demographischer Übergang: Auch demographische Transformation. In zahlreichen Varianten verbreitetes Modell des Wachstums und demographischen Wandels einer Bevölkerung auf dem Weg von der agrarischen zur industriellen bzw. postindustriellen Gesellschaft. Dabei verläuft die Entwicklung von einer Phase des langsamen Wachstums bei hohen Geburten- und Sterberaten über eine durch das Auseinanderklaffen von Fruchtbarkeit und Sterblichkeit geprägte Periode starker Bevölkerungszunahme zu einem Stadium weitgehend stationärer Entwicklung auf der Basis niedriger Geburten- und Sterberaten. Es wird angenommen, daß diesem am Beispiel der europäischen Staaten induktiv gewonnenen Entwicklungsmodell auch die Länder der Dritten Welt folgen werden.

Differentielle Migration: Nach sozialen, demographischen oder anderen Merkmalen unterschiedene Wanderungsströme.

Differenzmethode: Auch Residualmethode. Methode zur Ermittlung der Wanderungsbilanz (→ Wanderung) eines Gebietes bei fehlender oder unzuverlässiger Registrierung der Zu- und Abwanderungen. Dabei wird die Wanderungsbilanz (Nettowanderung) mit Hilfe der → demographischen Grundgleichung aus der Differenz zwischen den Bevölkerungsbeständen zweier Volkszählungen unter Berücksichtigung der → natürlichen Bevölkerungsbewegung geschätzt.

Duale Gesellschaft: Gesellschaft, die aus zwei ethnisch, sozial, ökonomisch und oft auch demographisch deutlich voneinander getrennten Bevölkerungsgruppen besteht. Als Beispiele sind zu nennen: Juden und Araber in Israel, Singhalesen und Tamilen in Sri Lanka oder Chinesen und Malayen in Malaysia und Singapur.

Einwanderung: Auch Immigration. Dauerhafte oder zeitweilige Niederlassung von Ausländern in einem Staatsgebiet.

Emigration: → Auswanderung.

Epidemiologischer Übergang: Beschreibt in Anlehnung an das Konzept des → demographischen Übergangs den langfristigen Sterblichkeitsrückgang in den Industrie- und Entwicklungsländern als regelhafte Abfolge von drei Phasen, die durch das Vorherrschen bestimmter Todesursachen und damit verbundene alters- und geschlechtsspezifische Sterblichkeitsmuster gekennzeichnet sind.

Ernährungsdichte: → Physiologische Dichte.

Erwerbsperson: Person, die eine auf Erwerb ausgerichtete Tätigkeit auszuüben pflegt, unabhängig von der Bedeutung dieser Tätigkeit für den Lebensunterhalt. Die Erwerbspersonen gliedern sich in die *Erwerbstätigen* und die *Erwerbslosen* (Personen ohne Arbeit, die sich um eine Arbeitsstelle bemühen). Als *Erwerbsquote* wird der Anteil der E. an der Gesamtbevölkerung bezeichnet, wobei oft nach männlicher und weiblicher Erwerbsquote differenziert wird.

Etappenwanderung: Wanderungsbewegung, bei der mindestens ein Zwischenstandort auf dem Weg zwischen Quell- und Zielgebiet für mehr oder weniger lange Zeit Wohn- und/oder Arbeitsort gewesen ist.

Exponentielles Wachstum: Wachstumsmodell, in dem die Wachstumsrate r zeitlich konstant ist. Dabei kann r positiv, aber auch negativ sein. Bei positivem Wachstum verdoppelt sich der Bestand in immer gleichen Zeitabschnitten (Verdoppelungszeit).

Familie: Im soziologischen Sinne die kleinste Verwandtschaftseinheit, die als soziale Institution angesehen wird, z. B. ein Ehepaar mit seinen unselbständigen Kindern. Der bevölkerungsstatistische Familienbegriff beruht auf der Eltern-Kind-Gemeinschaft, so daß auch mehrere F. in einem Haushalt leben können, z. B. bei Drei-Generationen-Haushalten. In jüngerer Zeit wird der traditionelle Begriff der F. bisweilen in Frage gestellt, weil er nicht-eheliche Lebensgemeinschaften u. a. nicht erfaßt.

Familienstand: Soziales bzw. rechtliches Merkmal, das die Ausprägungen ledig, verheiratet, verwitwet und geschieden besitzt. In vielen Industrie- und Entwicklungsländern (Lateinamerika) beschreibt diese Aufteilung in letzter Zeit immer ungenauer die soziale Realität, weil nicht-eheliche Lebensgemeinschaften nicht berücksichtigt werden.

Familientypen: Unterschiedliche Formen der Zusammensetzung bzw. Organisation von Familien definieren F. Der Typ der *Kernfamilie*, die aus einem Ehepaar und seinen unverheirateten Kindern besteht, war in den meisten westlichen Industrieländern vor der Industrialisierung vorherrschend und ist es heute ebenfalls. Insgesamt gibt es aber in allen Ländern ein Nebeneinander verschiedener F. Von der Organisation her ist neben der Kernfamilie die *Stammfamilie* zu unterscheiden, in der ein verheiratetes Kind im Haushalt der Eltern unter patriarchalischer Leitung des Vaters verbleibt, und die *Verbundfamilie*, in der mehrere verheiratete Geschwister mit ihren Kindern zusammenleben.

Familienzyklus: Auch Familienlebenszyklus. Entwicklungsphasen bei der Familienbildung und -organisation, die durch das Hinzukommen und Ausscheiden einzelner Familienmitglieder definiert werden. Der Begriff wird meistens eingeschränkt auf die Phasen bei der Entstehung und Auflösung von Kernfamilien. Erweitert man den F. um Stadien, in denen nicht-familienbezogene Lebensformen verbracht werden, z. B. das Alleinleben, spricht man auch vom Lebenszyklus. Das Modell des F. bzw. Lebenszyklus ist wegen enger Beziehungen zum Wohn-, Konsum- und Freizeitverhalten bei geographischen Untersuchungen von großer Bedeutung, so in der Migrationsforschung.

Fekundität: Bezeichnet im Gegensatz zur → Fruchtbarkeit allein die biologische Fortpflanzungsfähigkeit der Frauen in einer Bevölkerung. Hiermit verwandt ist das Konzept der *natürlichen Fruchtbarkeit*, unter dem die Geburtenhäufigkeit ohne bewußte, individuelle Geburtenkontrolle, aber unter dem Einfluß von sozio-kulturellen Faktoren, wie etwa Normen des → Heiratsverhaltens, Stillgewohnheiten oder sexuellen Tabus, verstanden wird.

Fertilität: → Fruchtbarkeit.

Fruchtbarkeit: Auch Fertilität. Bezeichnet im Gegensatz zur → Fekundität den Umfang und die Formen der aktuellen Fortpflanzung (Reproduktion) einer Bevölkerung. Zur genauen Analyse der Fruchtbarkeit und ihrer Dimensionen existieren zahlreiche Maßzahlen (u. a. → Geburtenrate, → Fruchtbarkeitsraten, → Fruchtbarkeitsindizes, → Reproduktionsraten). Als *differentielle Fruchtbarkeit* bezeichnet man die Geburtenhäufigkeit von Teilbevölkerungen nach demographischen, sozialen und anderen Merkmalen. Zum Begriff natürliche Fruchtbarkeit vgl. → Fekundität.

Fruchtbarkeitsindizes: → Standardisierung.

Fruchtbarkeitsraten: Auch Fertilitätsraten. Dienen der differenzierten Analyse des Reproduktionsverhaltens von Bevölkerungen. Die allgemeine F. bezieht die Lebendgeborenen eines Jahres auf 1000 Frauen im gebärfähigen Alter (i.d.R. das Alter zwischen 15 und 44 Jahren, häufig auch bis zur Vollendung des 49. Lebensjahres). Bei den familienstandsspezifischen, d.h. den ehelichen und unehelichen F., werden die ehelichen und nichtehelichen Geburten auf die verheirateten bzw. unverheirateten Frauen der genannten Altersgruppe bezogen. Die altersspezifischen F. erfassen die von den Frauen einer bestimmten Altersgruppe Geborenen auf 1000 Frauen desselben Alters. Die Summe der altersspezifischen F. ergibt die sog. *totale Fertilitätsrate*. Sie ist als mittlere Kinderzahl zu interpretieren, die die Frauen einer Bevölkerung bis zum Ende ihrer reproduktiven Phase zur Welt bringen würden.

Geburtenrate: Auch allgemeine Geburtenrate, Geburtenziffer, Geborenenziffer. Entspricht der Zahl der Lebendgeborenen eines Gebietes in einem Zeitintervall (i.d.R. ein Kalenderjahr) bezogen auf 1000 Personen des mittleren Bevölkerungsbestandes desselben Zeitraums. Diese Maßzahl wird auch als rohe Geburtenrate bezeichnet, weil die Geburten allein auf die Gesamtbevölkerung bezogen werden und deren Differenzierung nach Alter, Geschlecht und Familienstand unberücksichtigt bleibt. Die rohe G. ist daher für den zeitlichen und räumlichen Vergleich nur bedingt geeignet.

Generatives Verhalten: Bezeichnet die Gesamtheit der auf die menschliche Fortpflanzung ausgerichteten Handlungsalternativen und Entscheidungen; siehe auch → Bevölkerungsweise.

Geschlechterverhältnis: → Sexualproportion.

Ghetto: Zunächst für die Viertel der Juden in den europäischen Städten des Mittelalters und der Neuzeit verwendet. Heute oft generell zur Bezeichnung zahlreicher Erscheinungen sozialer oder ethnischer *Segregation* benutzt, z. B. für die Quartiere der schwarzen Bevölkerung in nordamerikanischen Städten. Die Konzentration der Minderheit und ihre *Segregation* von der Mehrheit im G. sind nicht primär auf den Wunsch der Minderheit zurückzuführen, sondern meist erzwungen und in der Regel von Diskriminierungen (z. B. auf dem Wohnungsmarkt) begleitet.

Gravitationsmodell: Wanderungsmodell, das in Analogie zum Gravitationsgesetz Newtons in einfachster Form den Wanderungsstrom zwischen zwei Regionen (Städten) als Anziehungskraft zweier Bevölkerungsmassen interpretiert, die sich aus dem Produkt dieser Bevölkerungsmassen, geteilt durch das Quadrat ihres räumlichen Abstandes errechnet. Es wird unterstellt, daß der Wanderungsumfang zwischen Herkunfts- und Zielgebiet nicht nur von der Entfernung, sondern auch von den Bevölkerungszahlen beider Gebiete abhängig ist.

Haushalt: Personengemeinschaft, die durch gemeinsames Wohnen und Wirtschaften gekennzeichnet ist. Neben *Privathaushalten* werden *Anstaltshaushalte* (Altenheime, Krankenanstalten, Kasernen u. a.) unterschieden.

Heiratskreis: Gebiet, aus dem mit relativ großer Häufigkeit Ehepartner der heiratenden Personen einer Gemeinde oder einer ähnlichen Raumeinheit stammen. Ein solches durch funktionale Verflechtungen gekennzeichnetes Gebiet ist Ausdruck der Aktionsreichweiten von Bevölkerungen und wird daher auch oft gruppenspezifisch nach Beruf, Ausbildung, sozialer Schichtzugehörigkeit usw. bestimmt.

Heiratsmuster: Typisches Muster des → Heiratsverhaltens einer Bevölkerung, das durch Merkmale wie Heiratshäufigkeit (Heiratsbeschränkungen), Heiratsalter und Scheidungshäufigkeit gekennzeichnet ist. Das traditionelle „europäische H.", das vor der Industrialisierung für weite Teile West- und Mitteleuropas Geltung besaß, war z. B. durch ein hohes Heiratsalter und eine geringe Heiratshäufigkeit charakterisiert.
Heiratsrate: Die rohe oder auch allgemeine Heiratsrate entspricht der Zahl der Heiraten im Laufe eines Kalenderjahres bezogen auf 1000 Personen der mittleren Bevölkerung des gleichen Zeitraums. Genauere Aussagen erlauben die nach Alter, Geschlecht und Familienstand der Heiratenden und der entsprechenden → Risikobevölkerung differenzierten spezifischen Heiratsraten.
Heiratsverhalten: Auch Nuptialität. Sammelbegriff für die historisch und kulturell differenzierten Formen der Bildung von Ehen, d. h. dauerhaften Verbindungen oder Lebensgemeinschaften zwischen Personen verschiedenen Geschlechts, deren äußere Form durch Gesetz oder Gewohnheitsrecht vorgegeben ist. Zur Charakterisierung des Heiratsverhaltens existieren zahlreiche Maßzahlen, wie z. B. die → Heiratsraten, das durchschnittliche Alter bei der Erstheirat, die Scheidungshäufigkeit, die Wiederverheiratungsrate oder der Anteil der dauerhaft ledigen Bevölkerung.
Immigration: → Einwanderung.
Innerregionale Wanderung: Auch intraregionale Wanderung. Wohnstandortwechsel unter Beibehaltung der wesentlichen Knotenpunkte des bisherigen → Aktionsraums.
Interregionale Wanderung: Wohnstandortwechsel unter Aufgabe der wesentlichen Knotenpunkte des bisherigen → Aktionsraumes.
Isodemographische Karte: → Bevölkerungskarten.
Kaste: Besonders für den indischen Subkontinent charakteristische traditionelle Form der gesellschaftlichen Ordnung. Die Mitglieder einer K. zeichnen sich durch gemeinsame Lebensformen, gleiche Werthaltungen und oft auch durch gemeinsamen Kult aus. Die Zugehörigkeit zu einer K. wird mit der Geburt festgelegt und ist erblich. Die K. sind streng hierarchisch gegliedert, nicht selten sind bestimmte Berufe spezifischen K. vorbehalten. Der Aufstieg in eine höhere K. ist im Diesseits nicht möglich; im Gegenteil führen z. B. eine nicht adäquate Heirat oder der Verstoß gegen Reinheitsgebote zum Abstieg in eine niedrigere K.
Kernfamilie: → Familie.
Kohorte: Auch Jahrgang oder Jahrgangsgruppe. Bezeichnet eine Gesamtheit von Personen, die alle ein bestimmtes demographisches Ereignis in einem bestimmten Zeitraum erlebt haben. So umfaßt z. B. eine Geburtskohorte (auch: Generation, Geburtsjahrgang) alle Personen, die in einem gegebenen Zeitintervall geboren wurden, während eine Eheschließungskohorte von den Personen gebildet wird, die im gleichen Zeitraum geheiratet haben.
Kohortenanalyse: Auch Längsschnittanalyse. Verfahren zur Analyse von Bevölkerungsprozessen. Untersucht die demographischen Ereignisse (z. B. Geburten, Sterbefälle, Heiraten), denen eine genau definierte Bevölkerungsgruppe, d. h. eine → Kohorte, im Zeitablauf unterworfen ist. Kohortenanalysen stellen besondere Anforderungen an die Qualität und Verfügbarkeit demographischer Daten und erlauben Aussagen nur mit erheblicher zeitlicher Verzögerung. Im Gegensatz hierzu steht die → Periodenanalyse.
Komponentenmethode: → Bevölkerungsprognose.
Konzentrationsmaße: Maße zur Kennzeichnung der Bevölkerungsverteilung. Am bekanntesten und am häufigsten verwendet ist die → Lorenzkurve mit den aus ihr abgeleiteten Indizes. → Lorenzkurve, Bevölkerungspotential, Bevölkerungsschwerpunkt.
Lebenserwartung: Auch durchschnittliche bzw. mittlere Lebenserwartung. Aus der Berechnung von → Sterbetafeln gewonnene Maßzahl, die angibt, wieviele Jahre die Personen, die ein bestimmtes Alter x erreicht haben, durchschnittlich noch bis zu ihrem Lebensende zu erwarten haben. Die mittlere Lebenserwartung bei der Geburt stellt ein anschauliches und zusammenfassendes Maß für die Sterblichkeit einer Bevölkerung dar.
Lebenszyklus: → Familienzyklus.
Logistisches Wachstum: Wachstumsmodell, bei dem die Wachstumsrate nach zögerndem Beginn stärker wird, einen Höhepunkt erreicht und bei Annäherung an eine Sättigungsgrenze immer mehr abflacht.
Lorenzkurve: Konzentrationskurve, mit der die Bevölkerungsverteilung eines Raumes charakterisiert werden kann. Die Kurve wird entwickelt aus den Flächen- und Bevölkerungsanteilen möglichst gleich großer Teilgebiete des gesamten Untersuchungsraumes. Bei völliger Gleichverteilung ergibt sich im Diagramm eine Gerade als Diagonale. In der Realität weicht die Verteilung mehr oder weniger stark von der Diagonalen ab, die Kurve nähert sich mit zunehmender Konzentration den Diagrammachsen. Aus dem Verhältnis der Fläche zwischen der Diagonalen und der Konzentrationskurve zur Fläche zwischen der Diagonalen und den Koordinatenachsen kann ein Konzentrationsindex errechnet werden (Gini-Index). Er liegt zwischen 0 bei Gleichverteilung und 1 bei vollständiger Konzentration.
Malthusianismus: Eine auf den Lehren von Malthus gründende bevölkerungswissenschaftliche Konzeption, die die Begrenzung des Bevölkerungswachstums durch präventive Hemmnisse (sexuelle Enthaltsamkeit, späte Heirat u.a.) befürwortet. Als *Neomalthusianismus* wird dann später jene Haltung bezeichnet, die eine strikte Wachstumsbegrenzung durch Methoden der Geburtenkontrolle fordert.

Migration: → Wanderung.
Mobilität: In den Sozialwissenschaften ganz allgemein der Wechsel eines Individuums oder einer Gruppe von Individuen zwischen definierten Einheiten eines Systems. Ist das System sozial definiert, wird der Positionswechsel als soziale Mobilität bezeichnet. Demgegenüber werden alle Bewegungen in einem räumlich definierten System unter dem Oberbegriff räumliche (vereinzelt auch regionale oder geographische) Mobilität zusammengefaßt.
Mobilitätsrate: Auch Mobilitätsziffer, Wanderungsrate. Gibt für eine Raumeinheit das Verhältnis von Wanderungsfällen zu 1000 der mittleren Bevölkerung einer Zeitperiode an. Derartige Relativzahlen sind bei Vergleichen notwendig, um den Einfluß unterschiedlicher absoluter Bevölkerungszahlen auszuschließen. Die Zahl der Zuwanderer im Verhältnis zu 1000 der mittleren Bevölkerung ergibt die *Zuwanderungsrate*, die entsprechende Relation für die Abwanderer die *Abwanderungsrate*. Die Quotienten geben an, um welchen relativen Betrag die Bevölkerung eines Gebietes gewinnt oder verliert. Werden nur bestimmte Bevölkerungsgruppen (z. B. Berufs-, Alters- oder Familienstandsgruppen) untersucht, spricht man im Falle der Berechnung entsprechender Quotienten von *speziellen Mobilitätsziffern*.
Mobilitätsübergang: Nach Zelinsky Beschreibung der regelhaften zeitlichen Abfolge und Substitution verschiedener Arten der → räumlichen Mobilität im Verlauf des Modernisierungsprozesses einer Gesellschaft. Der Übergang von einer weitgehend immobilen zu einer hochmobilen Gesellschaft wird in 5 irreversible Phasen eingeteilt, die in Beziehung zu den Phasen des → demographischen Überganges gesetzt werden.
Mobilitätsziffer: → Mobilitätsrate.
Mortalität: → Sterblichkeit.
Nahrungsspielraum: Ein im Rahmen von Tragfähigkeitsuntersuchungen verwendeter Begriff, mit dem die Frage gekennzeichnet wird, für welche maximale Bevölkerungszahl unter gegebenen bzw. relativ leicht zu verwirklichenden Bedingungen eine ausreichende Produktion von Nahrungsmitteln möglich ist.
Natürliche Bevölkerungsbewegung: Auch biosoziale Bevölkerungsbewegung. Bezeichnet das Zusammenspiel von Geburten und Sterbefällen und dessen Einfluß auf das Wachstum einer Bevölkerung. Die Intensität des natürlichen Bevölkerungswachstums (→ Wachstumsrate) ergibt sich aus der Differenz der Geburten und Sterbefälle (natürliche Bevölkerungsbilanz, Geburtenbilanz, Geburtensaldo). Die Summe aus Geburten und Sterbefällen wird als demographischer Umsatz bezeichnet.
Nuptialität: → Heiratsverhalten.
Ortsanwesende Bevölkerung: → Bevölkerung.
Pendelwanderung: Räumliche Bewegung von → Erwerbstätigen (Berufspendler), Schülern und Studierenden (Ausbildungspendler) zwischen Wohn- und Arbeits- bzw. Ausbildungsplatz, bei der mindestens eine Gemeindegrenze überschritten wird. Als Kriterium kann auch das Überschreiten einer auf dem Weg zur Arbeits- bzw. Ausbildungsstätte mindest zumutbaren Zeit von z. B. 15 Minuten angenommen werden.
Periodenanalyse: Auch Querschnittanalyse. Untersucht die demographischen Ereignisse, denen die Mitglieder unterschiedlicher → Kohorten während eines Zeitraums (z. B. in einem Kalenderjahr) gleichzeitig unterworfen waren. Dieses Verfahren wird in der Regel bei der Konstruktion von Maßzahlen der → Fruchtbarkeit und → Sterblichkeit zugrundegelegt. Vgl. auch → Kohortenanalyse.
Physiologische Dichte: Auch Ernährungsdichte. Als Bezugsfläche für die Bevölkerung dient die landwirtschaftliche Nutzfläche. Die Berechnung und kartographische Darstellung vermag aufschlußreiche Einblicke in räumliche Strukturen zu vermitteln, vor allem, wenn sie im Zusammenhang mit anderen Dichtemaßen Verwendung findet.
Randwanderung: Wohnstandortverlagerung in den Randbereich einer städtischen Agglomeration.
Raten: → Demographische Raten.
Räumliche Mobilität: → Mobilität.
Relative Darstellung: → Bevölkerungskarten.
Reproduktionsraten: Auch Reproduktionsziffern bzw. Reproduktionsindizes. Messen die Zahl der Töchter, die von einer Generation von Frauen im Laufe ihrer reproduktionsfähigen Jahre geboren werden. Bei der Bruttoproduktionsrate bleibt die Sterblichkeit der Töchter unberücksichtigt, während die Nettoreproduktionsrate die Zahl der Töchter angibt, die unter den herrschenden Sterblichkeitsverhältnissen ihrerseits das reproduktionsfähige Alter erreichen. Bei einer Nettoreproduktionsrate von unter 1 verkleinert sich die Bevölkerung innerhalb einer Generation um den jeweiligen Faktor, bei Werten über 1 kommt es zu einem entsprechenden Wachstum.
Risikobevölkerung: → Demographische Raten.
Säuglingssterblichkeit: Auch Säuglingssterblichkeitsrate. Zahl der in einem Zeitintervall (Kalenderjahr) vor Vollendung des ersten Lebensjahres gestorbenen Kinder bezogen auf 100 bzw. 1000 Lebendgeborene desselben Zeitraums.
Segregationsindizes: Maßzahlen zur Kennzeichnung der räumlichen Segregation zweier Bevölkerungsgruppen bzw. einer Bevölkerungsgruppe (Minorität) im Vergleich mit der Restbevölkerung. Am bekanntesten ist der S. von Taeuber, bei dem für jede Raumeinheit Prozentanteile beider Bevölkerungsgruppen berechnet und die absoluten Differenzen gebildet werden. Die Summe aller Differenzen geteilt durch 2 bildet den Index, der zwischen 0 (keine Segregation) und 100 (vollständige Segregation) schwankt. In seiner formalen Berechnung entspricht dieser S. dem

allgemeinen Dissimilaritätsindex, der Unterschiede zwischen zwei räumlich verteilten Merkmalen mißt. Wenn die Merkmale Bevölkerung und Fläche sind, handelt es sich um einen Konzentrationsindex.

Sexualproportion: Auch Geschlechterverhältnis. Verhältniszahl, bei der die Anzahl der männlichen auf 1000 weibliche Personen (gelegentlich auch auf 100) bezogen wird. In der deutschsprachigen Literatur findet man auch das umgekehrte Verhältnis dargestellt. Die S. kann nicht nur für die Gesamtbevölkerung, sondern auch für Teile wie Altersgruppen oder die Neugeborenen berechnet werden.

Sozialer Status: Bei Einbezug der wirtschaftlichen Dimension auch *sozioökonomischer Status*. Bewertung bzw. Rang einer Person in der Gesellschaft. Als Elemente des S. werden meist Beruf, Einkommen und Bildung genannt, verschiedentlich, wenngleich schwer konkretisierbar, auch Macht, Herrschaft und Prestige. Differiert die Bewertung einer Person in den einzelnen Teilbereichen des S. erheblich oder werden in verschiedenen Lebensbereichen unterschiedliche Positionen eingenommen, spricht man von *Statusinkonsistenz*. Die Kombination der einzelnen *Statusdimensionen* führt letztlich zur Einteilung in Ober-, Mittel- und Unterschicht.

Stabile Bevölkerung: Modell einer geschlossenen Bevölkerung, die sich nur durch die → natürliche Bevölkerungsbewegung verändert, in der die altersspezifischen → Sterberaten zeitlich konstant sind und die jährliche Zahl der Geburten um einen konstanten Faktor k wächst. Der Faktor k entspricht der Wachstumsrate der Gesamtbevölkerung. Für $k=1$ ergibt sich der Sonderfall der → stationären Bevölkerung. In einer s. B. verändern sich die relativen Anteile der Altersgruppen nicht. Das Modell der s. B. ist von zentraler Bedeutung innerhalb der Bevölkerungswissenschaft.

Stammfamilie: → Familientypen.

Standardisierte Sterbeziffer: → Standardisierung.

Standardisierung: Verfahren zur Ermittlung von Maßzahlen vor allem der → Fruchtbarkeit (z. B. Fruchtbarkeitsindizes) und → Sterblichkeit (z. B. standardisierte Sterbeziffer), bei dem die beobachteten demographischen Ereignisse in einer Bevölkerung auf die Sterblichkeit und Fruchtbarkeit bzw. den Altersaufbau einer Standardbevölkerung bezogen und damit verglichen werden.

Stationäre Bevölkerung: Modell einer geschlossenen Bevölkerung, die sich nur durch die → natürliche Bevölkerungsbewegung verändert, in der die altersspezifischen → Sterberaten zeitlich konstant sind und die Geburtenzahlen in jedem Jahr gleichbleiben. In einer solchen Bevölkerung sind sowohl der Gesamtbestand als auch die Besetzung aller Altersgruppen in der Zeit konstant (Nullwachstum). Durch eine → Sterbetafel ist genau eine s. B. charakterisiert. Daher wird die s. B. auch *Sterbetafelbevölkerung* genannt.

Status-quo-Prognose: → Bevölkerungsprognose.

Sterberaten: Dienen der Analyse der Sterblichkeit von Bevölkerungen. Die allgemeine oder rohe Sterberate (Sterbeziffer, Todesrate) bezieht die Zahl der Todesfälle in einer Bevölkerung in einem Zeitintervall (i.d.R. innerhalb eines Kalenderjahres) auf 1000 Personen des mittleren Bevölkerungsbestandes desselben Zeitraums. Ein genaueres Bild von den Sterblichkeitsverhältnissen in einer Bevölkerung vermitteln die geschlechts- und altersspezifischen Sterberaten, die jeweils die Gestorbenen nach Geschlecht und Altersklassen auf den mittleren Bestand der entsprechenden Bevölkerungsgruppen beziehen. Die altersspezifischen S. sind Ausgangspunkt für die Berechnung der → Sterbetafeln.

Sterbetafel: Verfahren zur differenzierten Analyse der Sterblichkeitsverhältnisse in einer Bevölkerung. Sterbetafeln liefern das ausführliche Protokoll der Lebensgeschichte eines realen oder hypothetischen Geburtsjahrgangs, d. h. einer → Kohorte. Dabei wird zwischen Kohorten- und Periodensterbetafeln unterschieden (s. auch → Kohorten- und → Periodenanalyse). Eine Sterbetafel besteht aus mehreren Sterbetafelfunktionen, die mathematisch miteinander verknüpft sind. Als Ausgangspunkt dienen die altersspezifischen → Sterberaten, aus denen die Sterbewahrscheinlichkeiten abgeleitet werden, die angeben, wie hoch die Wahrscheinlichkeit ist, daß eine Person, die ein Alter x erreicht hat, im Laufe der nächsten n Jahre stirbt. Weitere Funktionen sind die → Überlebenskurve sowie die durchschnittliche → Lebenserwartung.

Sterblichkeit: Auch Mortalität. Umfaßt als Sammelbegriff die vielfältigen Erscheinungsformen und Auswirkungen des Todes in einer Bevölkerung. Zur genauen Erfassung der S. und ihrer Dimensionen existieren zahlreiche Maßzahlen (z. B. → Sterberaten, → Säuglingssterblichkeit, → standardisierte Sterbeziffern) und Analyseverfahren (→ Sterbetafel). Als *differentielle Sterblichkeit* bezeichnet man die Sterblichkeitsunterschiede von Teilbevölkerungen nach demographischen, sozialen und anderen Merkmalen.

Suburbanisierung: Verlagerung von Bevölkerung in den Umlandbereich von Verdichtungsräumen (→ Randwanderung). Der S. der Bevölkerung folgt nicht selten auch eine S. von Industriebetrieben und Einrichtungen des tertiären Sektors. In jüngster Zeit werden verschiedentlich Prozesse der → Counterurbanization beobachtet.

Tragfähigkeit: Zahl der Menschen, die in einem begrenzten Raum (auch auf der Erde insgesamt) auf der Basis der vorhandenen Unterhaltsquellen eine ausreichende Existenzgrundlage finden können. Beschränkt sich die Frage auf die Produktionsmöglichkeiten von Nahrungsmitteln, dann finden Begriffe wie Ernährungskapazität, Nahrungsspielraum u.a. Verwendung. Die T. ist kein feststehender Wert, sie kann durch Innovationen erhöht, durch Übernutzung und Zerstörung von Ressourcen verringert werden. In gleicher Bedeutung wird i. a. auch der Begriff *Bevölkerungsmaximum* verwendet. Dagegen versteht man unter *Bevölkerungsoptimum* eine Bevölkerungszahl, die ohne Nachteile für die wirtschaftliche Situation der Menschen weder vermehrt noch verringert werden könnte. *Übervölkerung* herrscht, wenn die Lebensgrundlagen für die vorhandene Bevölkerung nicht mehr ausreichen und dadurch Bevölkerungsverluste (Abwanderung, erhöhte Sterblichkeit) verursacht werden. Als *Untervölkerung* wird ein Zustand bezeichnet, bei dem die Menschenzahl zu gering ist, um die verfügbaren Möglichkeiten zur Existenzsicherung zu nutzen. Weitere im Zusammenhang mit der T. verwendete Begriffe sind: → Ackernahrung, Nahrungsspielraum.

Überlebenskurve: Funktion der → Sterbetafel, die angibt, wieviele Personen eines realen oder hypothetischen Geburtsjahrgangs ein bestimmtes Lebensalter erreichen.

Übervölkerung: → Tragfähigkeit.

Untervölkerung: → Tragfähigkeit.

Verbundfamilie: → Familientypen.

Wachstumsrate: Auch Zuwachsrate der Bevölkerung. Entspricht der prozentualen Veränderung einer Bevölkerung innerhalb eines Jahres. Wird allein die → natürliche Bevölkerungsbewertung betrachtet, so spricht man von der Rate des natürlichen Bevölkerungswachstums (natürliche Zuwachsrate). Sie ergibt sich aus der Differenz der rohen → Geburten- und → Sterberaten.

Wanderung: Bezeichnet jegliche Art von Wohnstandortwechsel. Abwanderung oder Fortzug bedeutet demnach die Aufgabe, Zuwanderung oder Zuzug die Übernahme und Umzug den Wechsel eines Wohnstandortes in einer Raumeinheit. Zur Kennzeichnung der Wanderungshäufigkeit in einer Gebietseinheit dient das *Wanderungsvolumen* (Bruttowanderung), d.h. die Summe aus Zu- (Zuwanderungsvolumen) und Fortzügen (Abwanderungsvolumen). Die Differenz aus Zu- und Fortzügen ergibt die *Wanderungsbilanz* (Wanderungssaldo, Nettowanderung). Ist der entsprechende Wert positiv, so spricht man von Wanderungsgewinn, Nettozuwanderung oder Zuwanderungsüberschuß, ist er negativ, so bedeutet dies Abwanderungsüberschuß, Wanderungsverlust oder Nettoabwanderung. In der deutschsprachigen Literatur werden die Begriffe W. und Migration synonym verwendet. Im angelsächsischen Sprachbereich bezeichnet migration hingegen in der Regel nur die interregionalen Wanderungen, sind innerregionale Wanderungen gemeint, wird der Begriff mobility verwendet.

Wanderungseffektivität: Quotient aus der Wanderungsbilanz und dem Wanderungsvolumen. Beschreibt die Auswirkungen der räumlichen Mobilität auf die regionale Bevölkerungsverteilung. Die Effektivitätsziffer kann zwischen $+1$ (nur Zuzüge) und -1 (nur Fortzüge) schwanken. Der Wert 0 zeigt eine ausgeglichene Bilanz an, der sowohl ein niedriges wie auch ein hohes Wanderungsvolumen zugrundeliegen kann.

Wanderungsrate: → Mobilitätsrate.

Wohnberechtigte Bevölkerung: → Bevölkerung.

Wohnbevölkerung: → Bevölkerung.

Wohndichte: Dichtemaß, bei dem als Bezugsfläche für die Bevölkerung das Brutto- oder Nettowohnbauland verwendet wird. Auch die Zahl der Bewohner je Wohnraum bzw. je m^2 Wohnfläche wird als W. bezeichnet.

Zentralpunkt: → Bevölkerungsschwerpunkt.

Zielprognose: → Bevölkerungsprognose.

Zirkulation: Räumliche Bevölkerungsbewegung, die innerhalb einer definierten Zeiteinheit zum Ausgangspunkt der Bewegung zurückkehrt. Hierunter fallen alle zyklischen oder reziproken Bewegungen wie z.B. Pendelwanderungen, Einkaufsfahrten, Wochenend- oder Ferienreisen, Pilgerfahrten oder Formen der Wanderarbeit.

7 Register

Abhängigkeitsrelation 122 f, 128 f
Abstandsziffer 103
Abwanderung 64, 94
Ackernahrung 180, 274
Agrarrevolution 255, 288
Akkulturation 171
Aktionsfeld s. Aktionsraum
Aktionsraum 60, 69, 90, 92, 207, 211 f
Aktionsreichweite s. Aktionsraum
Aktivitätsraum s. Aktionsraum
alleinerziehende Mütter 257 f
Altenquote 128
Altenwanderung 87, 89, 228 ff
Altersaufbau s. Altersstruktur
Altersgliederung s. Altersstruktur
Altersindizes 122 ff
Alterspyramide s. Bevölkerungspyramide
Altersstruktur 5 f, 122 ff
– innerstädtische Unterschiede 131 ff
– in Staaten der Erde 123
– nach Bevölkerungsgruppen 81, 238 f
– regionale Unterschiede 123, 128 ff, 225 f
– Typisierung 129 f
– von Städten 130 f
– zeitliche Veränderungen 34, 133 f, 316
Altersstufen 122
Amish 147
Anstaltshaushalt 142
Anwerbestopp 198, 223
Araber 271 ff
Arbeitsmigration 215 f
Arealitätsziffer 103
arithmetische Reihe 192
Armutsfalle 188, 195
Assimilation 167 f, 171
Ausbildungspendler 93
Auswanderung 76 f, 219 f, 236 ff, 333 f, 338 f

Bergflucht 245
Berufspendler 93
Bettgeher 254
Bevölkerungsdichte 97 ff, 102 f
Bevölkerungsdruck 181 f, 247
Bevölkerungsentwicklung 29 ff, 175 ff, 364 f, 372, 375 ff
– Einflußfaktoren 177 f
– in Deutschland 197 ff, 312 ff
– Komponenten 177
– Modellrechnungen 183 ff
– Verlaufstypen 175 ff
Bevölkerungsexplosion 28, 36, 174, 281 f
Bevölkerungsfortschreibung 10 f
Bevölkerungsgesetze 192 f
Bevölkerungskarten 99 f
Bevölkerungsmaximum 177, 234
Bevölkerungspolitik 194 ff, 205 f, 270, 304 ff, 312
Bevölkerungspotential 102
Bevölkerungsprognose 182 ff, 189 ff
– multi-regionale 186 ff
Bevölkerungsprojektion 182 f
Bevölkerungspyramide 34, 124, 298 f, 316 f
– Grundtypen 124
– von Modellbevölkerungen 126 ff

Bevölkerungsschwerpunkt 101 f
Bevölkerungsstruktur 5, 119 ff
Bevölkerungstheorien 192 f
Bevölkerungsverteilung 4 f, 97 ff
– global 105 ff, 192
– in Großstädten 115
– nach Höhenstufen 107
– nach Klimazonen 107
– regional 108 ff, 192
– und Siedlungsweise 110
– zeitliche Veränderungen 109 ff
Bevölkerungsvorausschätzung s. Bevölkerungsprognose
Bevölkerungswachstum 29 ff, 171 ff, 188 ff, 195, 280 f, 364 f, 372, 375 ff
Bevölkerungsweise 47
Bevölkerungswelle 134
Bewegungszyklus 69, 90
Billeter-Index 122 ff
Binnenwanderung 61 f
Bruttoreproduktionsrate 16
Bruttowanderung 64

Counterurbanization 90, 115

Demographic Yearbook 7
demographische Grundgleichung 9 ff
demographische Transformation s. demographischer Übergang
demographischer Übergang 3, 28 ff, 36, 174, 191, 199, 265, 283 f, 371, 376 f
– in Entwicklungsländern 34 f
– in Europa 31 ff
– Modell bzw. Theorie 31 ff, 38 ff, 291 f, 295
demographischer Umsatz 11
demographisches Ablaufdiagramm 295 f
demographisches Vergleichsdiagramm 36 f, 294 f
Dezentralisation 113, 115
Dichtegradient 116
Differenzmethode 10 f, 64 f
Diskriminierung 260
Dispersion 100 f
Dissimilaritätsindex 132, 170
Distanzminimalpunkt 102
Dreiecksdiagramm 155 f
Dreigenerationenhaushalt 140 f, 144, 253, 255
duale Gesellschaft 146, 148, 270

Einpersonenhaushalt 143 f
Einwanderung 77, 236 f, 333 f, 339 f
Emanzipation der Frau 54, 60, 204, 270
Emigration s. Auswanderung
Empfängnisverhütung s. Geburtenkontrolle
endogame Heiraten 138, 209
Entscheidungsmodell 62
Epidemien 41, 287
Epidemiologischer Übergang 28, 41 ff
Ergodensatz von Lotka 126
Ernährung 43, 45, 188
Ernährungsdichte 103
Ernährungspotential 179 ff, 188 f
erwerbsfähige Bevölkerung 122
Erwerbslose 150
Erwerbspersonen 150

401

Erwerbsquote 151 ff
– altersspezifische 152 f
– geschlechtsspezifische 151 ff, 268 f, 271 f
Erwerbsstruktur 149 ff
Erwerbstätige 150
Etappenwanderung 67
ethnische Gruppen 146, 148, 168, 263
European Fertility Project 19, 40
European Marriage Pattern 16, 48, 135
exponentielles Wachstum 173 f
Extrapolation der Bevölkerungsentwicklung 183

Familie 47, 50, 139, 204
Familienbildungsregeln 252
Familienformen 139 ff
Familienlebenszyklus s. Familienzyklus
Familienorganisation 139 ff
Familienplanung 13 f, 196, 270, 300 f
Familienpolitik 205 f
Familienstand 134 f, 153
Familienstruktur 6 f, 134 ff, 252 ff
– und Arbeitsorganisation 140, 254
– und ökonomische Struktur 139 f
Familientyp 139 ff
Familienwirtschaft 50, 52, 289
Familienzyklus 90, 141
Fekundität 11, 17 f
Fertilität s. Fruchtbarkeit
Fertilitätsrate, totale 15 ff, 58, 200 f, 265 f, 272 f
Fortschreibung s. Bevölkerungsfortschreibung
Fourastié, Jean 156 f
Frauenüberschuß 120 ff
Fruchtbarkeit 11 ff, 18 f, 46 ff
– Bestimmungsfaktoren 46 ff, 53 f
– eheliche 19, 201 f
– in Deutschland 20, 56 f, 197 ff, 283 f, 312 ff
– in Entwicklungsländern 57 ff, 284
– in Industrieländern 50 ff, 53
– natürliche 18
– regionale Unterschiede 53, 56 ff, 83
– soziale Unterschiede 55 f, 165, 224
– Theorien 46 ff, 52 ff
– und Religion 57, 59, 148 f, 265 f, 272 f
– uneheliche 19, 202, 255 f
Fruchtbarkeitsindizes, standardisierte 17 ff
Fruchtbarkeitskontrolle 46 f, 49 f
Fruchtbarkeitsraten 13 f
Fruchtbarkeitsrückgang 19, 46 ff, 50 f, 53, 197 ff, 204 ff, 281, 312 ff
– und Industrialisierung 39, 51

Gastarbeiter 81 f, 149, 169 f, 197 f, 215 f, 319, 321 f
Gebirgsentvölkerung 244 ff
Geborenenziffer s. Geburtenrate
Geburtenkontrolle 13 f, 18, 49, 195, 204, 270, 300 f, 304 ff
Geburtenrate 2, 12 ff, 29 f, 37, 199 f
– allgemeine bzw. rohe 12 f, 13
Geburtenrückgang s. Fruchtbarkeitsrückgang
Geburtenziffer s. Geburtenrate
generatives Verhalten 10, 46 f, 50, 204, 270, 317
geometrische Reihe 173, 192
Geschiedenenquote 138
Geschlechterverhältnis s. Sexualproportion
Ghetto 90, 167, 258 ff, 335, 343 ff
Gini-Index 244 ff
Gravitationsmodell 72
Great Migration 259, 343 f
Großfamilie 59, 140

Haushalt 142
Haushaltsgröße 142 ff, 254 ff
Haushaltsstruktur 6 f, 142 ff, 252 ff
– räumliche Unterschiede 144 f, 254
– und Wohnungsstruktur 145
Heiratsalter 16, 47 f, 134 ff, 202 f, 271 f
Heiratsdistanz 207 ff
Heiratshäufigkeit 16, 47 f, 134 ff, 202 f
Heiratskreise 138, 207 ff
Heiratsmuster 13 f, 48, 134 ff
– europäisches 48, 135, 140, 142, 252
– lateinamerikanisches 136 f
– traditionelles 135
– zeitliche Veränderungen 135 ff
Heiratsrate 16 f, 199 f, 223
Heiratsverhalten 16 f, 20, 47 f, 134 ff, 202 f, 207 ff, 252 f
Höhenflucht 245
Homogamie 138
Hungersnöte 41, 287
Hutterer 18, 148
Hygiene 42 f, 45, 287

Immigration s. Einwanderung
Infantizid 270
Informationsfeld 138
integrierter Pflanzenbau 375
Intergenerationenmobilität 165 ff
Interkonnubium 354
Invasion 261, 344
Inwohner 253
Islam 265 ff
isodemographische Karte 99 f

Joint Family s. Verbundfamilie
Juden 271 ff

Karrieremobilität 165
Kaste 158, 160 f, 353 ff
Kernfamilie 48, 59, 139 f, 253
Kettenwanderung 68, 84, 241, 321, 341
Kinderarbeit 51, 284, 289 f
Klasse, soziale 160, 162
Kohorte 15, 23
Kohortenanalyse 15, 23, 65, 201 f
Kolonisation 241 f, 335
Komponentenmethode der Prognose 183 ff, 189
Konfession 146, 214 f
Kontaktfeld 211, 213
Kontraktionsgesetz von Durkheim 140
Konzentration 100 f, 111 ff
Konzentrationsindex 169 f
Krankheiten 41 ff, 287
Kulturelemente 146

landwirtschaftliche Produktion, Entwicklung 365
Längsschnittanalyse s. Kohortenanalyse
Lebenserwartung 23, 25, 40, 45 f, 199, 268 f, 271 f
Lebensgemeinschaften, nicht-eheliche 137, 145, 202 f, 258
Lebenszyklus 49 f, 87, 90, 141 f
Lebenszyklus-Dienstboten 252
Ledigenquote 134 ff
logistisches Wachstum 31, 174 f, 191
Lorenzkurve 100 f

Malaria 44
Malthus, Thomas Robert 46, 178 ff, 192 f, 363 ff, 368
Malthusianismus 194

Männerüberschuß 120 ff
Marx, Karl 193 f
Median 210
Medizin und Sterblichkeitsrückgang 42 ff, 287
Mezzadria 248 ff
Migration s. Wanderung
Migrationsforschung s. Wanderungsforschung
Mobilität, räumliche 60 ff, 167
– soziale 60, 158, 160, 165 ff
Mobilitätsrate 66
Mobilitätsübergang 75 f, 92
Mobilitätsziffer 66
Modernisierung 39, 53, 265, 273
Mortalität s. Sterblichkeit
multipler Haushalt 253 f

Nachwuchsbeschränkung 49, 50 f, 55
Nahrungsmittelproduktion 188 f, 365 ff
natürliche Bevölkerungsbilanz 9 ff
natürliche Bevölkerungsbewegung 2, 9 ff
natürliche Wachstumsrate 29 ff, 32, 35 f, 37
Neolokalität 252 f
Neomalthusianismus 193
Nettoreproduktionsrate 16, 200 f, 317
Nettowanderung 9 f, 64
Nullwachstum 16, 126, 183
Nuptialität s. Heiratsverhalten

Pareto-Funktion 211
Pendelwanderung 92 ff
Pendlerfeld 93
Periodenanalyse 15, 23 f
Pest 43, 172
physiologische Dichte 103
Plantage 148
Pockenimpfung 43, 287
Polygamie 267 f, 270
primitiver tertiärer Sektor 157
Privathaushalt 142
Prognose s. Bevölkerungsprognose
protestantische Ethik 147
Pull-Faktoren 70 f, 73, 215, 334, 341
Push-Faktoren 70 f, 73, 215, 334, 341

Querschnittanalyse s. Periodenanalyse

Randwanderung 90
Rasse 145 f, 263
räumliche Bevölkerungsbewegung s. Wanderung
Redlining 345
Religion 146 f, 168 f
Remigration 78, 96, 220, 225, 240, 322, 335
Reproduktionsraten 16
Residualmethode s. Differenzmethode
Risikobevölkerung 12
Rückwanderung 78, 96, 220, 225, 231 ff, 240, 322, 335
Ruhesitzwanderung 87, 89, 228, 229 ff
Ruhestandswanderung s. Altenwanderung

Säkularisierung 53 f
Säuglingssterblichkeit 21 f, 25, 27 f, 50, 163, 265 f, 269 f
Scharia 267
Scheidung 267
Scheidungshäufigkeit 202 f
Scheidungsziffer 138 f, 202 f
Schichtung, soziale 158 ff, 171

Schlafgänger 93
Schmelztiegel-Hypothese 345
Schwellenländer 155
Segregation 82
– altersspezifische 131 ff
– ethnische und religiöse 167 ff, 171, 259 ff, 343 ff
– soziale 170
Segregationsindex 132 f, 169 f, 261 ff, 345
Selektion, altersspezifische 131 ff
Sexualproportion 6, 119 ff
– altersspezifische 121 f
– Einflußfaktoren 120 f
Sklavenhandel 146, 236
Sohnespräferenz 50, 59, 270
sozialer Rang s. Status, sozialer
Sozialgesetzgebung 51, 290
Sozialraumanalyse 163
soziokulturelle Strukturen 265 ff
stabile Bevölkerung 126
Stadt-Umland-Wanderung 90
Stammfamilie 139 f, 253
Standardisierung 17 ff, 22 f
ständische Gesellschaft 160
stationäre Bevölkerung 23, 27, 126, 183
Status, sozialer bzw. sozioökonomischer 158 ff, 170, 212, 334
Status der Frau 195 f, 267 ff
Status-quo-Prognose 182, 184
Statusinkonsistenz 162
Sterberate 20 ff, 29 ff, 37, 199, 265 f
– allgemeine bzw. rohe 20
– altersspezifische 20 f
Sterbetafel 23 ff
Sterbewahrscheinlichkeit 24 f
Sterbeziffer s. Sterberate
– standardisierte 22
Sterblichkeit 3, 20 ff, 40 ff, 265 f
– Bestimmungsfaktoren 42 ff
– in Entwicklungsländern 44 ff
– in Industrieländern 41 ff
Sterblichkeitsrückgang 25, 27 f, 35, 40 ff
Suburbanisierung 259 f, 263 f, 344 f
Sukzession 260, 264, 344
Süßmilch, Johann Peter 193

Taeuber-Index 132
Tipping-point 261, 344
Todesursachen 41 ff
Tragfähigkeit 5, 178 ff, 188 f, 273 ff, 363 ff, 369 ff
– agrare 180 f, 273 ff, 363 ff, 371
Tragfähigkeitsanalyse 182 ff
Tragfähigkeitsberechnung 368 ff
Tragfähigkeitsschwelle 174 f
tropischer Regenwald 364 f, 370, 372 ff

Überalterung 123 f, 131
Überlebenskurve 25
Überseewanderung 146, s. auch Wanderung, internationale
Übersterblichkeit 22
Übervölkerung 187, 247
Unehelichenquote 202, 255 f
Urbanisierung 39, 54

Verbundfamilie 139, 355
Verdopplungszeit 28, 173 ff
Verwitwetenquote 134 f
Volkszählungen 97

Wachstumsmodelle 171 ff
Wachstumspotential 174, 183
Wachstumszyklen 172 f
Wanderungen 9 ff, 61 ff
– innerregionale 67, 90 ff
– internationale 76 ff, 236 ff, 333 ff
– interregionale 70, 86 ff
– intraregionale s. innerregionale
– Maßzahlen 66
– selektive 84, 90
Wanderungsbilanz 9 f, 64, 66, 89
Wanderungseffektivität 66
Wanderungsforschung 3 f, 61 ff
Wanderungsmodelle 70 ff
Wanderungspolitik 96
Wanderungsrate 66
Wanderungssaldo s. Wanderungsbilanz
Wanderungstheorien 67 ff
Wanderungstypologien 67 f
Wanderungsvolumen 11, 66

Wealth Flows-Theorie 52
Weber, Max 46, 147
Weltbevölkerungskonferenzen 194 f
Weltbevölkerungsproblem 187 ff, 280 f
Wirtschaftsgeist 147
Wirtschaftssektoren 154 ff
Wirtschaftsstufen 157
Wohlstandstheorie 52
Wohndichte 104
Wohnvorortbildung 94
World Population Data Sheet 7, 104

Zadruga 140
Zentralpunkt 102
Zielprognose 183
Zirkulation 92 ff
Zone in transition 344
Zuwanderung 64, 77 f, 80, 82
Zweitwohnsitze 231 ff